⑦	**Ausführung der Schneidenecke**	Bei einstelligem Maß wird eine Null vorangestellt.

Kennzahl	**Eckenradius** ε_r = 0,1 · Ziffer der 7. Stelle						
Kennbuchstabe	Einstellwinkel κ_r der Hauptschneide	**A**	**D**	**E**	**F**	**P**	**Z**
		45°	60°	75°	85°	90°	besondere Angabe
	Normal-Freiwinkel α'_n **an der Planschneide** Kennbuchstabe wie oben bei α_n, Ziffer 2						

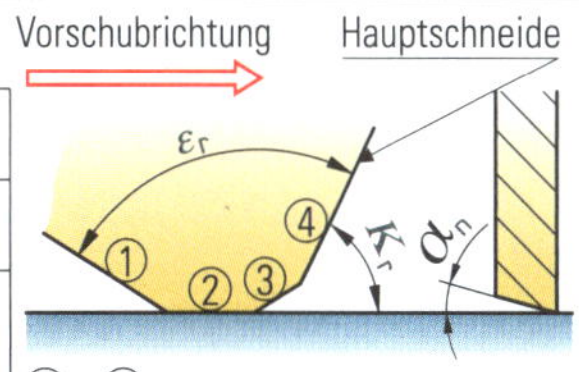

① + ② Nebenschneide
② Planschneide
③ gefaste Schneidenecke
④ Hauptschneide

⑧	**Schneidenausführung**	**E**	gerundet	**F**	scharfkantig	**K**	doppelt gefast	**P**	doppelt gefast und gerundet	**S**	gerundet und gefast	**T**	gefast
⑨	**Schneidrichtung**	**L**	linksschneidend			**R**	rechtsschneidend			**N**	links- und rechtsschneidend		

⑩ **Schneidengröße**

E	gerundet 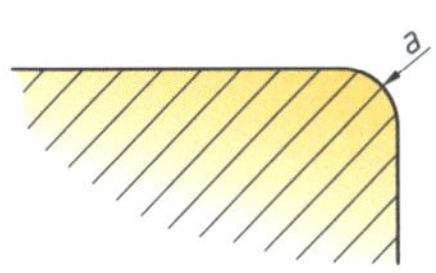	**T**	+5-stelliges Zahlensymbol gefast 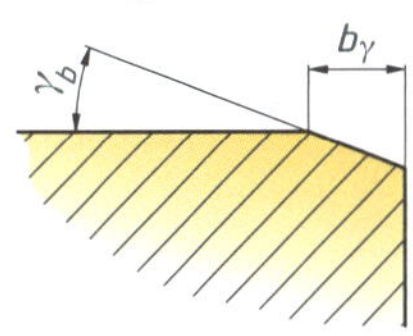	**S**	+5-stelliges Zahlensymbol gefast und gerundet 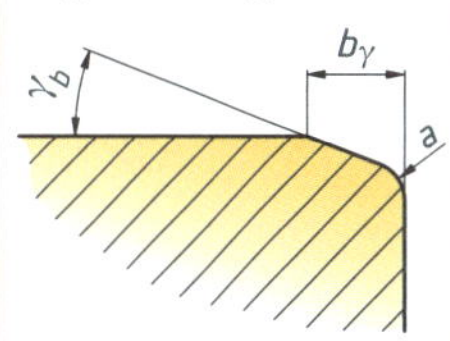
K	+5-stelliges Zahlensymbol doppelt gefast 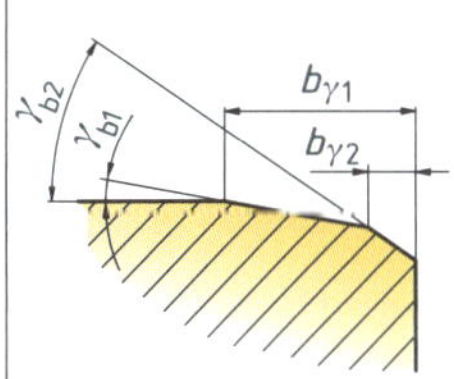	**P**	+5-stelliges Zahlensymbol doppelt gefast und gerundet 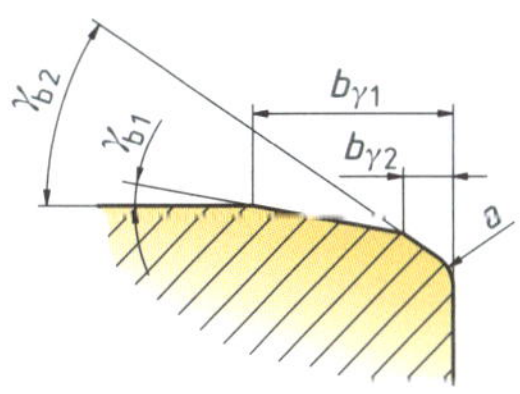		+5-stelliges Zahlensymbol gefast und gerundet 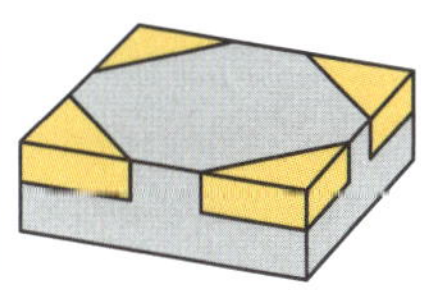

⑪ **Schneidenausführung und Eckenzahl**

bestückt	Ecken	1	2	3	4	5	6	8
	eine Seite	**A**	**B**	**C**	**D**	**G**	**H**	**J**
	beide Seiten	**K**	**L**	**M**	**N**	**P**	**Q**	**R**
	gesamte Dicke	**T**	**U**	**V**	**W**	**X**	**Y**	**Z**
	Seiten	1	2	massiv	Beispiel: bestückt – auf einer Seite – vier Ecken			
	ganze Fläche	**F**	**E**	**S**				

⑫	**Schneidenlänge**	**L**	lang	**S**	kurz
		oder 3-stelliges Zahlensymbol			
⑬	**Schneidstoff**	Herstellersymbol oder Schneidstoffbezeichnung nach ISO 513			

Auszug aus **„Tabellenbuch für Metalltechnik" 3291**
Kapitel Fertigungstechnik
Verlag Handwerk und Technik

W0387661

handwerk-technik.de

Nutzen Sie unser kostenloses digitales Zusatzangebot!

An diesem Symbol erkennen Sie, dass Zusatzmaterialien angeboten werden. 

Geben Sie in Ihrem Browserfenster folgenden Weblink ein:

handwerk-technik.de/links/3017

Anschließend wählen Sie das gewünschte Zusatzmaterial aus.

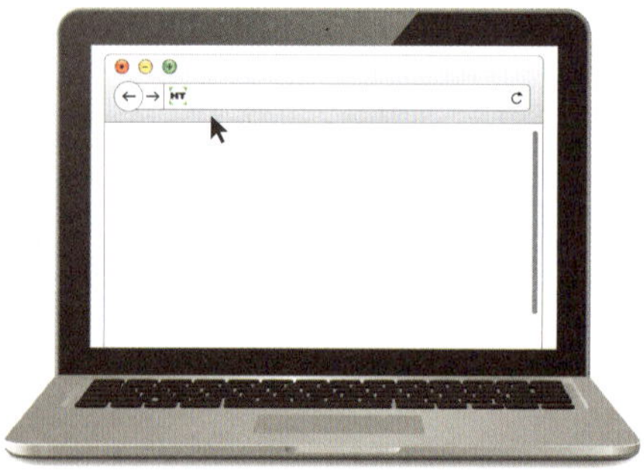

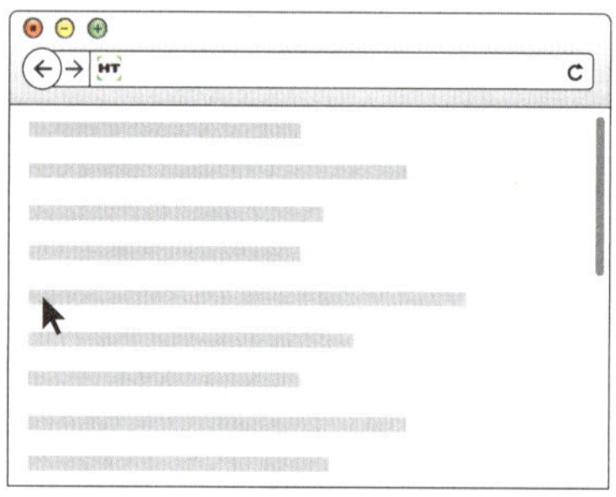

Auf der letzten Buchseite finden Sie eine Übersicht der angebotenen Zusatzmaterialien.

Fachkenntnisse Industriemechaniker

Lernfelder 5-15

von
Reiner Haffer
Hubert Aigner
Angelika Becker-Kavan
Finn Brandt
Manfred Einloft
Volker Lindner
Monika Reusmann
Elisabeth Schulz
Jochen Timm
Achim Wiemann

unter Mitarbeit von
Jeffrey Lloyd

4., aktualisierte Auflage

Handwerk und Technik – Hamburg

Für die Bereitstellung von Manuskriptteilen sei herzlich gedankt:
Christof Braun, Manfred Einloft, Hans Meier, Rainer Möller, Siegfried Pietrass

Die technischen und grafischen Zeichnungen wurden nach Vorlagen ausgeführt von Dipl.-Ing. Manfred Appel, A&I-Planungsgruppe, 23570 Lübeck, und Artbox Grafik & Satz GmbH, 28203 Bremen

Die Normblattangaben werden wiedergegeben mit Erlaubnis des DIN Deutsches Institut für Normung e. V. Maßgebend für das Anwenden der Norm ist deren Fassung mit dem neuesten Ausgabedatum, die bei der Beuth GmbH, Burggrafenstraße 6, 10787 Berlin, erhältlich ist.

ISBN 978-3-582-22420-0 Best.-Nr. 3017

Verlag Handwerk und Technik GmbH
Lademannbogen 135, 22339 Hamburg; Postfach 63 05 00, 22331 Hamburg – 2019
E-Mail: info@handwerk-technik.de – Internet: www.handwerk-technik.de

Umschlagmotive: Dipl.-Ing. Manfred Appel, A&I-Planungsgruppe, Lübeck (1); stock.adobe.com (2); ©Image Source (4); Ruhr-Universität Bochum, Lehrstuhl für Automatisierungstechnik und Prozessinformatik, Bochum (3)

Layout, Satz und Lithos: Artbox Grafik & Satz GmbH, 28203 Bremen
Druck und Bindung: aprinta druck GmbH, 86650 Wemding

Vorwort

Das vorliegende Buch wendet sich an **Auszubildende in der Industriemechanik und Feinwerkmechanik** mit dem Schwerpunkt Maschinenbau im zweiten, dritten und vierten Ausbildungsjahr und beinhaltet daher die Lernfelder fünf bis fünfzehn. Es setzt die Konzeption von „Grundkenntnisse Industrielle Metallberufe Lernfelder 1 - 4" HT3010 fort. Neben der beruflichen Erstausbildung eignet es sich auch für die Fort- und Weiterbildung im Bereich der Industriemechanik.

Das Buch ist nach **Lernfeldern** gegliedert. Diese umfassen integrativ technologische, mathematische und zeichnerische bzw. kommunikative Informationen, die es den Schülern ermöglichen, Entscheidungszusammenhänge nachzuvollziehen, Querbezüge zu erkennen und begründete Entscheidungen zu treffen. Aus diesem Grund sind die fachlichen Zusammenhänge – meist ausgehend von praktischen Beispielen bzw. Lernsituationen – schrittweise entwickelt und anschaulich dargestellt. Dabei ist es gelungen, die Fachsystematik nicht zu vernachlässigen, sodass das Nachschlagen und somit das Bearbeiten der jeweiligen Lernsituation gut möglich ist. Am Ende der Kapitel stehen Übungsaufgaben mit Projektvorschlägen, die als Lernsituationen für einen lernfeldorientierten Unterricht dienen können.

Es ist das Anliegen von Autoren und Verlag, Schülern und Lehrern ein **Unterrichts- und Nachschlagewerk** zu bieten, das als Leitmedium für einen Lernfeldunterricht dient. Durch die Projektaufgaben bzw. Lernsituationen sowie die immer wieder begründeten Entscheidungen eignet sich das Buch besonders als fachliche Basis für das **selbstverantwortliche bzw. selbstorganisierte Lernen** der Schüler und Schülerinnen.

Das Buch beinhaltet alle für die **Abschlussprüfung** relevanten Themen. Beispielhaft einige Schwerpunkte:

- Fertigungsaufträge sind zu analysieren, zu planen, auf konventionellen und CNC-Werkzeugmaschinen durchzuführen und zu bewerten. Dabei sind sowohl die Produkt- als auch die Prozessqualität zu gewährleisten.
- Steuerungstechnische und automatisierte Systeme sind mit unterschiedlichen Gerätetechniken zu planen, zu realisieren, in Betrieb zu nehmen und deren Betriebsfähigkeit sicherzustellen.
- Baugruppen und komplexe Gesamtsysteme sind zu analysieren, ihre Montage zu planen, durchzuführen, zu kontrollieren und zu bewerten.
- Technische Systeme sind instandzuhalten und instandzusetzen, wobei Fehlersuchstrategien anzuwenden sind.
- Technische Systeme sind zu planen und zu realisieren, wobei die Grundlagen des Projektmanagements anzuwenden sind.
- Störungsfrei arbeitende technische Systeme sind unter wirtschaftlichen, qualitativen und ergonomischen Aspekten zu optimieren.

Sehr großer Wert wurde auf eine gute und **fachgerechte Visualisierung** in Form von aktuellen Fotos, mehrfarbigen dreidimensionalen Abbildungen, Schaltplänen mit verschiedenen Schaltzuständen und verschiedenfarbigen Texten gelegt, um das Verständnis der dargebotenen Zusammenhänge zu erleichtern.

Das **Farb-Leitsystem** mit den verschiedenfarbigen Darstellungen auf der oberen äußeren Ecke der Seite ermöglicht eine rasche Orientierung innerhalb des Buches. Zahlreiche Querverweise am unteren Seitenrand teilen mit, wo im Buch weitere Informationen zu den dargestellten Themen zu finden sind.

Das **technische Englisch** wird im Buch in mehrfacher Hinsicht umgesetzt:

- Gängige oder wichtige Fachbegriffe sind im deutschen Text integriert *(blaue kursive Schrift)*.
- Am Ende der Kapitel sind die Übungen „**Work With Words**" eingefügt.
- An geeigneten Stellen sind Fachinhalte in englischer Sprache dargestellt.
- Am Ende des Buches befindet sich eine **englisch-deutsche Vokabelliste**.

Zu diesem Buch steht Downloadmaterial zur Verfügung, welches Zusatzinformationen zu den Lernfeldern 7, 8, 9, 10, 11 und 13 bietet.

Für Anregungen und kritische Hinweise sei im Voraus herzlich gedankt.

Autoren und Verlag

Bildquellen

Autoren und Verlag danken den genannten Firmen, Institutionen und Personen für die Überlassung von Vorlagen bzw. Abdruckgenehmigungen folgender Abbildungen:

aba Grinding Technologies GmbH, Aschaffenburg: S. 66.1 - **ABB Automation GmbH, Unternehmensbereich Robotics**, Friedberg: S. 531.3; 538.1 - **ABUS Kransysteme GmbH**, Gummersbach: S. 419.1a+c - **ACMOS CHEMIE KG**, Bremen: S. 352.2 - **Adept Technology GmbH**; Dortmund: S. 530.1 - **Hubert Aigner**, Landau: S. 125.1a+b; 137.1a-c; 147.2; 149.1a+b; 158.2; 163.2; 167.2b; 186.2; 187.2a+b; 189.1a+b, 4; 190.1, 2, 3, 4, 5, 6; 499.1, 2, 3, 4, 5; 500.1, 2; 519.2, 3; 520.1a+b, 2; 537.4 - **Alesa AG**, CH-Seengen: S. 50.2; 51.3b - **ALLGAIER WERKE GmbH**, Uhingen: S. 110.2b - **ALOtec GmbH**, Dresden: S. 344.1, 3 - **ALPEN-MAYKESTAG GmbH**, A-Puch: S 7.11, 12; 8.1a, c, d; . 110.2c - **AMF ANDREAS MAIER GmbH & Co. KG**, Fellbach: S. 56.1, 2a-c, 3, 4, 5, 6 - **ARGUS**, Herne: S. 191.1a+b; 198.1, 2, 3, 4 - **ARMATUREN-BAU GmbH**, Wesel-Ginderich: S. 166.1c+d - **Arnz FLOTT GmbH**, Remscheid: S. 68.1a+b - **Baumüller Holding GmbH & Co. KG**, Nürnberg: S. 324.4 - **Benz GmbH Werkzeugsysteme**,Haslach: S. 54.1a-c - **Blum-Novotest GmbH**, Grünkraut: S. 312.1 - **Bosch Rexroth AG**, Lohr am Main: S. 170.2; 259.5; 260.1; 321.2; 546.2, 3 - **Christof Braun**, Dortmund: S. 113.1a, 2a; 117.4; 118.2, 3, 4; 485.2, 3 - **BRECO Antriebstechnik**, **Breher GmbH & Co. KG**, Porta Westfalica: S. 385.1a+b - **Butz & Neumair GmbH Aufzugbau**, Bergkirchen: S. 171.2 - **C. & E. FEIN GmbH**, Stuttgart: S. 67.4 - **CERATIZIT Austria GmbH**, A-Reutte: S. 7.3; 8.2a-c - **ContiTech AG**, Hannover: S. 385.2, 4a+b - **Demag Cranes & Components**, Düsseldorf www.demagcranes.com: S. 365.3; 419.1b - **Josef Demmelmaier**, Langenpettenbach: S. 110.1 - **Dethleffs GmbH & Co. KG**, Isny: S. 587.1 - **Dethloff Diagnostik Consulting Maschinendiagnose**, **Meß- und Sensortechnik GmbH**, Rostock: S. 324.1 - **DMG MORI AKTIENGESELLSCHAFT**, Bielefeld: S. 251.2, 3; 253.2; 274.1; 292.3; 296.2; 298.2a+b; 299.1; 523.3 - **DMG MORI Global Marketing GmbH**, München: S. 253.3; 264.3; 292.4 - **DNV GL**, Hamburg: S. 472.1 - **Holger Döbert**, Radolfzell: S. 351.3; 480.1 - **dpa-Picture-Alliance GmbH**, Frankfurt a.M: S. 524.1©Globus-Grafik - **Dr. Johannes Heidenhain GmbH**, Traunreut: S. 262.2, 4; 263.1, 2, 3; 264.1, 2 - **E. Zoller GmbH & Co. KG**, Pleidelsheim: S. 288.2 - **Einkaufsbüro Deutscher Eisenhändler GmbH**, Wuppertal www.toolineo.de: S. 46.1a-d; 50.3a-d - **Elapuls GmbH**, **Rutesheim ergonoMedia**, **Kludsky/ Leiss GbR**, Leinfelden-Echterdingen: S. 226.2a+e - **EMCO GmbH**, A-Hallein: S. 1.6; 33.2a; 44.2; 163.1; 258.1 - **EMCO-TEST Prüfmaschinen GmbH**, A-Kuchl: S. 483.1 - **EMIL LUX GmbH & Co. KG**, Wermelskirchen: S. 110.2a - **EPSON Deutschland GmbH**, Meerbusch: S. 525.1c - **ERHARD GmbH & Co. KG**, Heidenheim: S. 350.1e - **ERLAS Erlanger Lasertechnik GmbH**, Erlangen - **www.erlas.de**; **Fotograf: Kurt Fuchs**, Erlangen - www.fuchs-foto.de: S. 120.4; 344.2 - **Evers-Druck GmbH**, Meldorf: S. 490.2 - **Fachhochschule Düsseldorf**, **Fachbereich Maschinenbau und Verfahrenstechnik**, **Werkstofftechnik**, Düsseldorf: S. 484.1 - **FANUC Deutschland GmbH**, Neuhausen a. d. F.: S. 523.4; 525.1e - **FAUDE Automatisierungstechnik GmbH**, Gärtringen: S. 530.3 - **FELUWA Pumpen GmbH**, Mürlenbach: S. 345.2 - **Festo AG & Co. KG**, Esslingen: S. 124.1; 427.1; 531.1d - **Festo Didactic SE**, Esslingen: S. 84.2; 136.1; 138.2; 547.1a+b - **FLIR Commercial Systems BV**, NL-Breda: S. 412.2 - **FLIR Systems GmbH**, Frankfurt/Main: S. 345.1a+b - **Fluke Deutschland GmbH**, Glottertal: S. 402.2 - **Forbo Siegling GmbH**, Hannover: S. 381.2, 3; 388.1a+c - **Force Ketten Germany GmbH**, Menden: S. 420.2 - **FORKARDT DEUTSCHLAND GMBH**, Erkrath: S. 32.4a+c; 33.1, 2b - **GEA Food Solutions Germany GmbH**, Wallau-Biedenkopf: S. 554.1a-c, 2a+b; 555.1, 2, 3; 558.1; 565.2; 571.1; 572.1; 574.1; 575.3; 576.1; 577.1; 578.1; 579.1; 581.2; 583.1; 584.1, 2, 3, 4, 5, 6 - **Getriebebau Nord GmbH & Co. KG**, Bargteheide: S. 378.2a - **GSI Gesellschaft für Schweißtechnik International mbH Niederlassung SLVMünchen**, München: S. 428.3, 4 - **Göpfert AG**, Weddingstedt: S. 470.1 - **Güdel Group AG**, CH-Langenthal: S. 525.1a - **Härterei Tandler GmbH & Co. KG**, Bremen: S. 120.1 - **Reiner Haffer**, Dautphetal: S. 1.1, 3; 19.3; 60.1a; 85.1; 93.3; 274.3; 287.1, 3; 288.3; 290.1a-c, 2, 3; 296.3; 297.3; 310.2, 3; 311.2a+b; 312.3; 314.1, 2, 3, 4, 5, 6, 7, 8; 552.1; 556.1, 2; 567.1; 568.1; 569.2, 3; 570.1, 2, 3; 575.1, 2; 577.2 - **Harmonic Drive AG**, Limburg an der Lahn: S. 374.3a - **HegerPro GmbH**, Enkenbach-Alsenborn: S. 113.1b, 2b - **Heinrich Höner GmbH & Co. KG**, Oelde: S. 371.1c - **Heinz Soyer Bolzenschweißtechnik GmbH**, Wörthsee: S. 427.4 - **Heinzmann Foto Meisterstudio für Industrie + Werbefotos**, Esslingen: S. 44.3 - **Helmut Diebold GmbH & Co. KG**, Jungingen: S. 55.1 - **Henkel AG & Co. KGaA**, Düsseldorf: S. 431.2 - **Hermle AG**, Gosheim, www.hermle.de: S. 257.4; 258.2 - **HIMA Paul Hildebrandt GmbH & Co. KG**, Brühl bei Mannheim: S. 517.2 - **Hirata Engineering Europe GmbH**, Mainz: S. 532.1 - **©Hoffmann GmbH Qualitätswerkzeuge**, 2017: S. 51.3a - **Hommel GmbH**, Köln: S. 67.1, 2 - **IMI Precision Engineering (Norgren GmbH)**, Alpen: S. 147.1 - **INNOVATEST Europe BV**, NL-Maastrich: S. 482.2a, 5 - **IproTech GmbH**, Iserlohn: S. 468.2 - **iStockphoto**, Berlin: S. 365.1©tarasov_vl - **Janzen Lifttechnik GmbH**, Niederlangen, www.j-lifte.com: S. 419.1d - **Jürgen Jeibmann Photographik**, Dresden: S. 200.3 - **JENOPTIK Industrielle Meßtechnik**, VS-Schwenningen: S. 88.1; 93.1, 2; 95.2, 3; 99.1 - **JÖST GmbH + Co. KG**, Dülmen: S. 322.4 - **JUDO Wasseraufbereitung GmbH**, Winnenden: S. 352.1 - **Jungheinrich AG**, Hamburg: S. 591.4; 596.1; 605.1 - **Wolfgang Kaiser**, Schleswig: S. 358.1, 2, 4; 404.3a+b; 521.1, 2a-d - **KOBOLD Messring GmbH**, Hofheim am Taunus: S. 166.2 - **KREMP-WETZLAR Präzisionszahnräder**, **Christian Kremp GmbH + Co. KG**, Wetzlar: S. 322.2 - **A. Krüss Optronic GmbH**, Hamburg: S. 357.1 - **KTR Kupplungstechnik GmbH**, Rheine: S. 236.1, 2, 4; 416.1 - **KUKA Roboter GmbH**: S. 527.1; 548.1 - **KUKA Systems GmbH** www.kuka.com: S. 427.3; 497.3 - **Kunzmann Maschinenbau GmbH**, Remchingen: S. 43.1 - **Labor für Werkstoffkunde**, **Fachhochschule Frankfurt/Main**, **Prof. Dr. Wolfgang Magin**, Frankfurt am Main: S. 484.5 - **Landefeld Druckluft und Hydraulik GmbH**, Kassel-Industriepark: S. 166.3a+b - **Lehmann Präzision GmbH**, Hardt: S. 292.1 - **Lehrstuhl für Maschinenelemente**, **Forschungsstelle für Zahnräder und Getriebebau**, **Technische Universität München**, Garching: S. 375.5 - **LIEBHERR-VERZAHNTECHNIK GMBH**, Kempten: S. 11.5 - **Volker Lindner**, Haltern am See: S. 203.2; 209.1e+f; 224.3a+b; 225.3; 226.2f; 237.2; 241.1,2 ,3 , 4, 5, 6, 7, 8, 9, 10, 11, 12, 13, 14; 242.1, 2, 3, 4, 5, 6, 7, 8, 9, 10, 11, 12; 322.1; 326.1, 2; 328.1, 2; 329.2; 330.1b, 2a; 333.1a-g; 334.1a-c; 334.2; 335.2; 350.1b; 354.3; 361.1; 481.3, 4, 5; 494.1, 2 - **LISSMAC Maschinenbau und Diamantwerkzeuge GmbH**, Bad Wurzach: S. 419.1f - **Dietmar Lober**, Ennepetal: S. 117.5; 118.1, 5a+b; 119.3; 485.1 - **LORCH Schweißtechnik GmbH**, Auenwald: S. 424.1b; 425.1b - **Lothar Huck GmbH**, Bühl-Weitenung: S. 421.oben rechts - **Mädler GmbH**, Stuttgart: S. 211.3 - **Mahr GmbH**, Göttingen: S. 81.1; 83.1; 85.2, 3a+b, 4; 86.1a; 107.1 - **MAS Rohrformteile GmbH**, Nesse-Apfelstädt: S. 324.3 - **MAXION Jänch & Ortlepp GmbH**, Pößneck-Thüringen: S. 209.1d; 224.2; 243.1; 335.1; 353.1 - **Metabowerke GmbH**, Nürtingen: S. 492.2 - **Rainer Möller**, Lübeck: S. 132.2 - **Montech AG**, CH-Derendingen: S. 386.1; 388.1d; 523.2 - **Motorgeräte Fritzsch GmbH**, Schwarzenberg: S. 384.3 - **Neue Drechslerei Helga Becker**, Steinheim: S. 384.2b; 388.1b - **Nordlicht Fotografie und Mediendesign Claus Harlandt e.K.**, Henstedt-Ulzburg: S. 148.2; 522.1 - **Oemeta Chemische Werke GmbH**, Uetersen: S. 352.3 - **Oerlikon Balzers Coating Germany GmbH**, Bingen: S. 350.1c, f, g; 351.1b - **Gunter Offterdinger**, Niefern-Öschelbronn: S. 406.2 - **Oilgear Towler GmbH**, Hattersheim: S. 169.2a - **OKAPIA KG/Dr.med. J. P. Müller**, Frankfurt/Main: S. 13.1 - **OKS Spezialschmierstoffe GmbH**, München: S. 355.2 - **OVERBECK GMBH**, Herborn: S. 66.2 - **Pekrun Getriebebau GmbH**, Iserlohn: S. 370.2 - **PELZ GmbH & Co. KG**, Moers: S. 483.2 - **Benjamin Pessl**, A-Linz S:. 482.2c - **PETER WOLTERS GmbH**, Rendsburg: S. 69.2 - **Pfister GmbH**

Präzisionstechnik, Haigerloch-Gruol: S. 493.1 - **Positech Corporation**, Laurens Iowa USA: S. 523.1 - **PROXXON S.A.**, L-Wecker: S. 31.3 - **PRÜFTECHNIK Dieter Busch GmbH**, Ismaning: S. 413.1a-f, 2 - **PWA HandelsgesmbH**, A-Linz: S. 381.1 - **Q-DAS GmbH**, Weinheim: S. 463.1-4 - **RAFI GmbH & Co. KG**, Berg / Ravensburg: S. 365.4 - **Reis GmbH & Co. KG Maschinenfabrik**, Obernburg: S. 526.1; 530.2; 531.2; 532.2, 3 - **RENISHAW GmbH**, Pliezhausen: S. 312.2; 313.2 - **REWITEC GmbH**, Lahnau: S. 487.2a+b - **Riegger Diamantwerkzeuge GmbH**, Affalterbach: S. 63.2 - **Robert Bosch GmbH**, Stuttgart: S. 1.2; 124.2 - **Robert Bosch Power Tools GmbH**, Leinfelden-Echterdingen: S. 471.2 - **Rögelberg Getriebe GmbH & Co. KG**, Meppen: S. 373.1 - **Röhm GmbH**, Sontheim / Brenz: S. 31.1, 2; 32.1, 2; 325.2; 341.1 - **Römheld GmbH**, Laubach: S. 341.2 - **RSE Röntgen-Service Egly GmbH**, Mannheim: S. 486.2a, b - **Ruhr-Universität Bochum Lehrstuhl für Automatisierungstechnik und Prozessinformatik**, Bochum: S. 497.2 - **SANDERS Gears Castings Machining**, NL-EW Goor: S. 371.1f - **Sandvik Tooling Deutschland GmbH**, GB Coromant, Düsseldorf: S. 4.3; 5.2b-d; 7.2, 5, 6, 8, 9, 10, 13; 9.1a+b, 3; 10.1, 2; 25.2b - **Sauter-Feinmechanik GmbH**, Metzingen: S. 275.1 - **Schaeffler Technologies AG & Co. KG**, Schweinfurt: S. 200.1; 214.1b+d; 216.2a-d; 221.1; 222.1b; 225.1; 247.1, 2; 321.1; 347.1; 350.1a+d; 351.1a; 382.1; 467.1; 468.1 - **SCHRÖDER-FASTI Technologie GmbH**, Wermelskirchen: S. 539.1 - **Elisabeth Schulz**, Meldorf: S. 356.3, 4 - **SCHUNK GmbH & Co. KG**, Lauffen/Neckar: S. 55.2; 531.1a-c - **Seco Tools GmbH**, Erkrath: S. 7.4; 34.3 - **SEW-EURODRIVE GmbH & Co KG**, Bruchsal www.sew-eurodrive.de: S. 371.1b - **Shutterstock Images LLC**, New York, USA: S. 321.3©Oil and Gas Photographer; 371.1a©Aumm graphixphoto; 375.7©Westermak; 423.1© Ricardo Romero - **SICK AG**, Waldkirch: S. 537.2, 5 - © **Siemens AG** 2016, Alle Rechte vorbehalten: S. 518.2 - **Siemens AG**, München: S. 260.3; 360.1; 407.1; 410.2; 411.1a+b; 435.1; 509.1; 517.1; 519.1; 520.3a+b; 542.2, 3 - **Sika Deutschland GmbH**, Stuttgart: S. 322.3 - **SKF GmbH**, Schweinfurt: S. 220.1; 221.2; 359.3 - **SpanSet Gesellschaft für Transportsysteme und Technische Bänder m.b.H. & Co. KG**, Übach-Palenberg: S. 420.3a+b - **Stahl-Armaturen PERSTA GmbH**, Warstein: S. 82.2 - **stock.adobe.com**: S. 11.3©Kadmy; 111.2©Andrei Merkulov; 112.1a©Andrei Merkulov; 112.1b©kv_san; 200.2©Image Source; 251.1© Ingo Bartussek; 365.2©industrieblick; 421.oben links©beermedia; 467.2© Nataliya Hora - **Stürmer Maschinen GmbH**, Hallstadt: S. 471.1a+b - **Suva Unternehmenskommunikation**, CH-Luzern: S. 422.1a - **SYMACON GmbH**, Barleben: S. 551.1 - **SYSTEM ROBOT AUTOMAZIONE S.r.L.**, IT-Montichiari: S. 537.1 - **TESA Technology Deutschland GmbH**, Ingersheim: S. 86.3; 87.1; 103.1 - **Jochen Timm**, Hamburg: S. 330.3; 588.1, 2, 3; 589.1, 2, 3; 590.1; 591.1, 3; 592.1, 3, 4; 593.1, 2; 594.1, 2; 599.1; 600.1, 2, 3 - **Timmer GmbH**, Neuenkirchen, www.timmer-pneumatik.de: S. 142.1a-c - **Tyrolit Schleifmittelwerke Swarovski K.G**: S. 61.1a-d - **VETTER Krantechnik GmbH**, Siegen: S. 419.1e - **Vohtec Rissprüfung GmbH**, Aalen: S. 486.4; 487.1 - **VOSS Fluid GmbH + Co. KG**, Wipperfürth: S. 187.3a-c - **VSE Volumentechnik GmbH**, Neuenrade: S. 167.1b - **Walter AG**, Tübingen: S. 9.2b; 13.2; 46.1e - **Walter Blombach GmbH**, Remscheid: S. 52.3 - **Weiler Werkzeugmaschinen GmbH**, Emskirchen: S. 24.1, 2, 3; 25.1; 367.1 - **WEKAL Maschinenbau GmbH**, Fritzlar: S. 324.2 - **Wepuko Pahnke GmbH**, Metzingen: S. 184.1 - **Achim Wiemann**, Warstein: S. 83.2, 3; 85.5, 6; 88 links unten; 94.2; 95.5; 98.2; 101.1a+b, 2a+b; 102.2, 3; 103.2, 3, 4; 104.2; 444.1, 2 - **WILO SE**, Dortmund: S. 415.2, 3 - **WITTE PUMPS & TECHNOLOGY GmbH**, Tornesch: S. 370.3 - **WITTENSTEIN AG**, Igersheim: S. 371.1e; 375.1 - **WNT Deutschland GmbH**, Kempten: S. 8.1b - **Wolfensberger AG**, CH-Bauma: S. 112.2a-c - **WTZ Roßlau GmbH**, Roßlau: S. 120.3 - **ZAE-AntriebsSysteme GmbH & Co. KG**, Hamburg: S. 359.2a-f - **Zentrum für Werkstoffanalytik Lauf GmbH**, Lauf a. d. Pegnitz: S. 482.1 - **z-werkzeugbau-gmbh**, A-Dornbirn: S. 497.1 - **Zwick GmbH & Co.KG**, Ulm: S. 476.2; 477.1

Für die besonders tatkräftige Unterstützung bei der Erstellung dieses Buches sei folgenden Firmen herzlich gedankt:
AEG Elektrofotografie GmbH, EFO, Warstein
Aleit GmbH, Steffenberg
Bernd Manthei Zerspanungstechnik GmbH & Co. KG, Dautphetal
GEA Food Solutions Germany GmbH, Wallau, Biedenkopf
DOLMAR GmbH, Hamburg
Erl Automation GmbH, Landau/Isar
IXION GmbH & Co. KG, Hamburg
Josef Köhne Spezialschrauben-KG, Rüthen
Jungheinrich Aktiengesellschaft, Norderstedt
KELLER GmbH, Wuppertal
Schneider GmbH & Co. KG, Steffenberg
SL-Automatisierungstechnik GmbH, Iserlohn
Stahl-Armaturen PERSTA GmbH, Warstein
Stromag AG, Unna

Inhalt

7 Lernfeld 7: Montieren von technischen Teilsystemen 200

Lernfeld 5: Fertigen von Einzelteilen mit Werkzeugmaschinen

In den Lernfeldern 1 und 2 haben Sie grundlegende Kenntnisse zur Fertigung von Bauelementen mit handgeführten Werkzeugen oder mit Maschinen erworben.
Darauf aufbauend befassen Sie sich in diesem Lernfeld damit, auftragsbezogen unter Berücksichtigung des Arbeits- und Umweltschutzes Werkstücke aus verschiedenen Werkstoffen auf Werkzeugmaschinen herzustellen. Zur Feinbearbeitung der Werkstücke lernen Sie dabei als neues Fertigungsverfahren z. B. das Schleifen kennen.
Grundlage Ihres Arbeitsauftrages wird in den meisten Fällen eine Fertigungszeichnung sein. Dieser entnehmen Sie die Informationen, die Sie benötigen, um die erforderlichen Fertigungsverfahren und Fertigungsschritte festzulegen. Sie erstellen Arbeitspläne, wählen geeignete Spannmittel aus und richten die Maschine ein. Schließlich entwickeln Sie Prüfpläne und wählen die geeigneten Prüfmittel aus. Bei all diesen Tätigkeiten beachten Sie die Wirtschaftlichkeit Ihrer Entscheidungen.

Rohteil
- Werkstoff
- Abmessungen

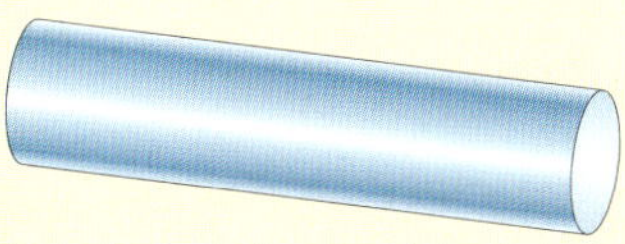

Anforderungen
- Fertigteil
  - Formen
  - Maßtoleranzen
  - Oberflächenqualitäten
  - Form- und Lagetoleranzen
- Kostengünstige Fertigung
- Arbeitssicherheit
- Umweltschutz

Fertigteil
- Formen
- Maßtoleranzen
- Oberflächenqualitäten
- Form- und Lagetoleranzen

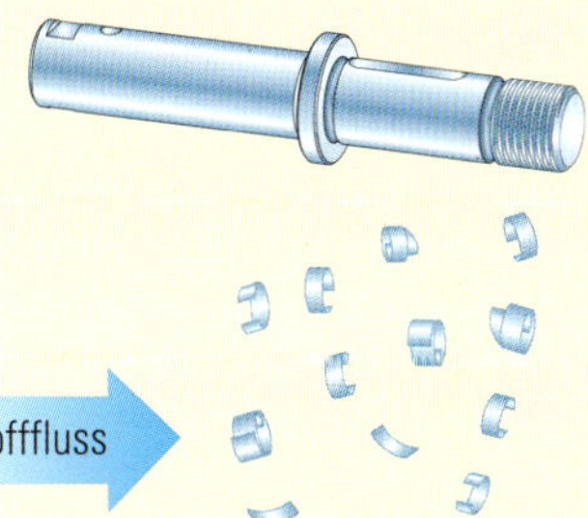

Informationsfluss

Stofffluss

Zerspanungsprozess

Stofffluss

Späne
- Möglichst kurze Fließspäne

Mechanische Energie — Energiefluss → Zerspanungsprozess — Energiefluss → **Wärmeenergie**

Informationsfluss

Einflussmöglichkeiten der Fachkraft durch Wahl von

technologischen Daten:
- Schnittgeschwindigkeit
- Vorschub
- Schnitttiefe

Werkzeug:
- Schneidengeometrie
- Schneidstoff

Werkzeugmaschine:
- Typ
- Genauigkeit
- Antriebsleistung

Spannmitteln:
- Werkstück
- Werkzeug

Kühlschmiermittel:
- Kühlung
- Schmierung
- Trockenbearbeitung
- Minimalschmierung

1 Einflussgrößen beim maschinellen Zerspanen mit geometrisch bestimmter Schneide

Mithilfe von Werkzeugmaschinen wird aus einem Rohteil ein funktionsfähiges Fertigteil *(finished part)* hergestellt. Dabei ist es die Aufgabe der Fachkraft, den Zerspanungsprozess *(machining operation)* entsprechend zu gestalten. Um begründete Entscheidungen treffen zu können, muss sie die Auswirkungen kennen, die durch das Verändern der Prozesskenngrößen entstehen.

1.1 Technologische Daten und deren Auswirkungen

1.1.1 Bewegungen und Geschwindigkeiten

Meistens sind drei Bewegungen zur Zerspanung erforderlich:

- Schnittbewegung
- Vorschubbewegung und
- Zustellbewegung (Bilder 1 und 2)

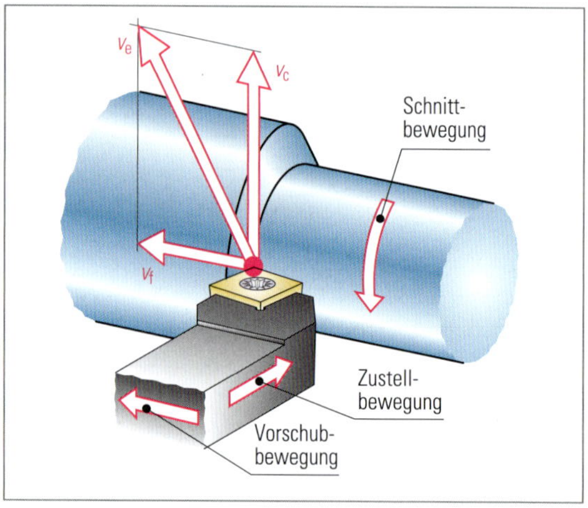

1 Bewegungen beim Drehen

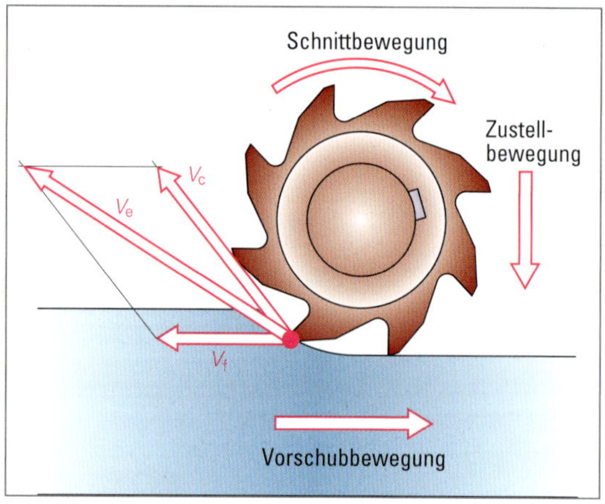

2 Bewegungen beim Fräsen

Schnittgeschwindigkeit

Die Wahl der Schnittgeschwindigkeit *(cutting speed)* v_c richtet sich vorrangig nach

- dem **Werkstoff des Werkzeugs** (Schneidstoff): je härter, desto höher v_c
- dem **Werkstoff des Werkstücks**: je härter, desto niedriger v_c
- der **Art der Zerspanung**: bei Grobbearbeitung ist v_c niedriger als bei Feinbearbeitung
- der **Kühlschmierung**: mit Kühlschmierung kann v_c höher als ohne gewählt werden

Optimale Schnittgeschwindigkeiten können Tabellen der Schneidstoffhersteller oder dem Tabellenbuch entnommen werden. Aufgrund der Formel für die Schnittgeschwindigkeit v_c kann die erforderliche **Umdrehungsfrequenz** n bestimmt werden.

$$v_c = d \cdot \pi \cdot n$$

$$n = \frac{v_c}{d \cdot \pi}$$

v_c: Schnittgeschwindigkeit
d: Durchmesser
n: Umdrehungsfrequenz

Vorschub und Vorschubgeschwindigkeit

Der **Vorschub** *(feed)* **je Umdrehung** f bzw. **je Zahn** f_z ist in erster Linie abhängig von

- der **gewünschten Oberflächenqualität** *(surface quality)*: je kleiner der Vorschub, desto besser die Oberflächenqualität (Bilder 3 und 4)
- der **Art der Zerspanung**: bei Grobbearbeitung *(rough working)* wird der Vorschub größer gewählt. Dadurch nimmt die Vorschubgeschwindigkeit zu und die Fertigungszeit ab
- dem **Werkstoff des Werkstücks** *(material of workpiece)*: je härter, desto niedriger f bzw. f_z
- dem **Werkstoff des Schneidstoffs** *(cutting material)*: je härter, desto höher f bzw. f_z

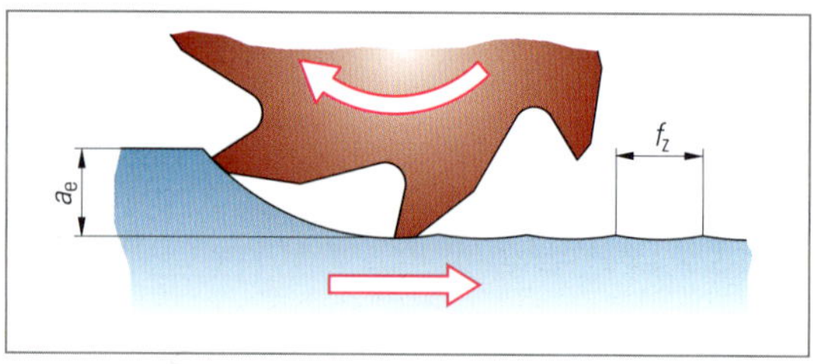

3 Vorschub f_z je Zahn und Arbeitseingriff a_e beim Fräsen

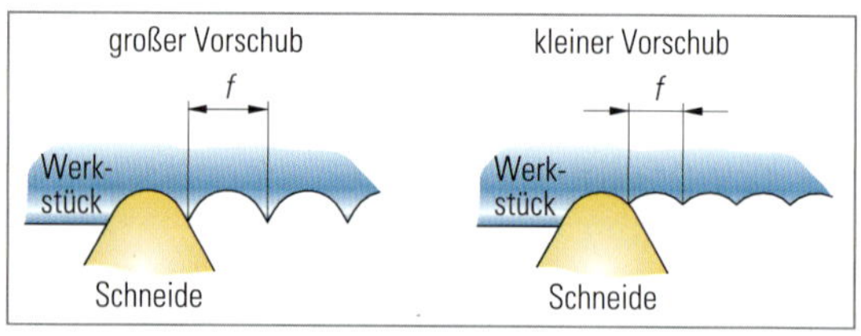

4 Vorschub und Oberflächenqualität

Übungen zur Berechnung von Schnittgeschwindigkeit und Umdrehungsfrequenz finden Sie auf den Seiten 36 und 37.

Schneidstoffhersteller empfehlen erprobte Vorschübe in Tabellen.

Die **Vorschubgeschwindigkeit** *(feed speed)* v_f ist der pro Minute zurückgelegte Weg. Sie ist mit folgenden Formeln zu berechnen.

- Beim **Drehen**:

$$v_f = f \cdot n$$

- Beim **Fräsen**:

$$v_f = f_z \cdot z \cdot n$$

v_f: Vorschubgeschwindigkeit
f: Vorschub je Umdrehung
f_z: Vorschub je Zahn
n: Umdrehungsfrequenz

Die **Wirkgeschwindigkeit** v_e (Bilder 1 und 2 auf Seite 2) ist die resultierende Geschwindigkeit aus **Schnittgeschwindigkeit** v_c und **Vorschubgeschwindigkeit** v_f. Meist ist das Verhältnis von Schnittgeschwindigkeit zu Vorschubgeschwindigkeit sehr groß, dann gilt $v_e \approx v_c$.

Zustellbewegungen

Zustellbewegungen *(infeed motions)* legen beim Drehen die **Schnitttiefe** a_p und beim Fräsen den **Arbeitseingriff** a_e fest (Bilder 1 und 2 und Seite 2 Bild 3). Beide bestimmen die Dicke der zu zerspanenden Schicht.

Überlegen Sie!

1. *Welche Auswirkungen entstehen, wenn nur Schnitt- und Zustellbewegung beim Spanen vorhanden sind?*
2. *Von welchen Faktoren hängt die Wahl der Schnittgeschwindigkeit ab?*
3. *Wie groß ist die Vorschubgeschwindigkeit beim Fräsen, wenn der Fräser mit 6 Zähnen eine Umdrehungsfrequenz von 2500/min besitzt und ein Vorschub je Zahn von 0,08 mm gewählt wird?*

1.1.2 Winkel an der Werkzeugschneide

Die **Zerspankraft** (Bild 3) bewirkt gemeinsam mit der Schnittbewegung, dass die Werkzeugschneide in das Werkstück eindringt und einen Span abtrennt.

Die Schneidengeometrie der Werkzeugschneide beeinflusst den Zerspanungsprozess maßgeblich:

MERKE

- Mit steigendem **Keilwinkel** *(wedge angle)* β nimmt die Stabilität der Werkzeugschneide zu: Je härter der Werkstoff des Werkstücks, desto größer ist β zu wählen.
- Der **Freiwinkel** *(clearance angle)* α vermindert die Reibung zwischen der Freifläche des Werkzeugs und dem Werkstück. Mit steigendem Freiwinkel α verbessert sich die Qualität der Werkstückoberfläche und vermindert sich die Wärmeaufnahme des Werkzeugs. Dabei nimmt jedoch gleichzeitig der Keilwinkel β ab.
- Der **Spanwinkel** *(rake angle)* γ wirkt sich auf die Spanbildung aus. Mit zunehmendem Spanwinkel γ wird die erforderliche Zerspankraft kleiner.
- $\alpha + \beta + \gamma = 90°$

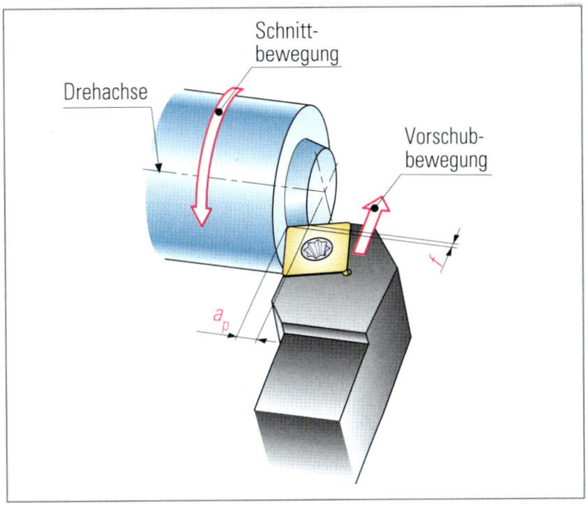

1 *Vorschub f je Umdrehung und Schnitttiefe a_p beim Plandrehen*

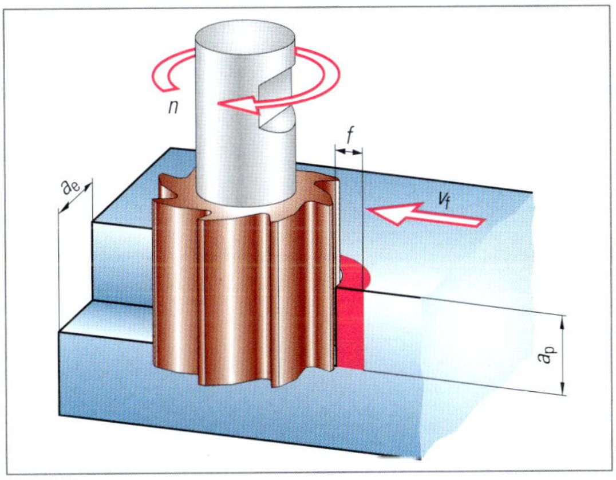

2 *Schnitttiefe a_p und Arbeitseingriff a_e beim Fräsen*

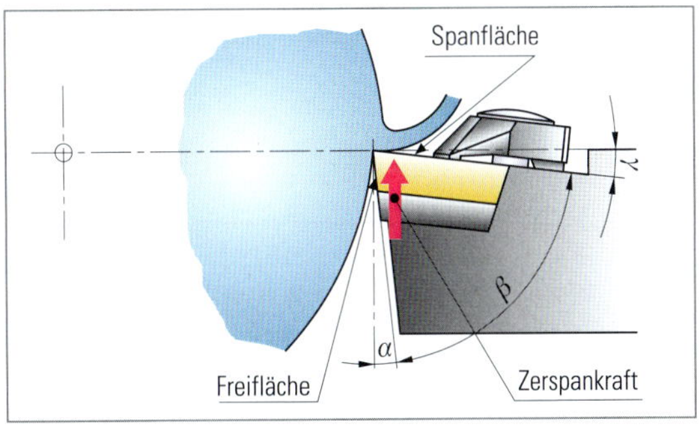

3 *Zerspanungsvorgang*

1.1.3 Spanarten und Spanformen

Selbst bei gleichem zu zerspanendem Werkstoff können durch Verändern der Prozesskenngrößen unterschiedliche Spanarten entstehen (Seite 4 Bild 1).

MERKE

Aufgrund der Spanentstehung werden drei typische Spanarten *(kinds of chips)* unterschieden: Reißspan, Scherspan und Fließspan.

Spanart	Kennzeichen	Gründe	Auswirkungen
Reißspan 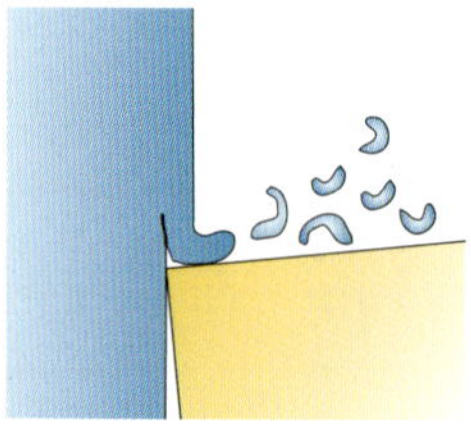	■ vorauseilender Riss ■ Herausreißen einzelner Spanteile aus dem Werkstück ■ kurze, nicht zusammenhängende Späne ■ raue Werkstückoberfläche ■ problemlose Spanabfuhr	■ zunehmende Verformbarkeit des Werkstoffs ■ steigende Schnittgeschwindigkeit ■ zunehmender Spanwinkel ■ abnehmender Vorschub ■ abnehmende Schnitttiefe	■ bessere Oberflächenqualität ■ kleinere Maßtoleranzen ■ kleinere Schnittkraftschwankungen ■ bessere Form- und Lagetoleranzen
Scherspan 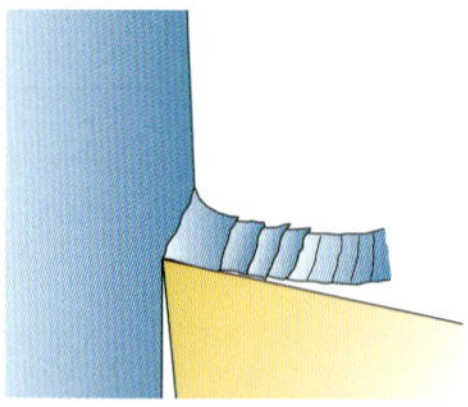	■ In der Scherzone getrennte Spanteile verschweißen teilweise wieder. ■ schuppiger Span		
Fließspan 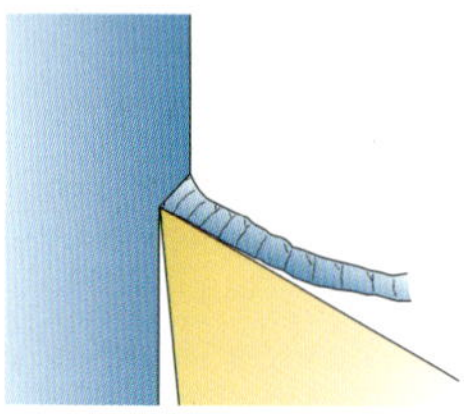	■ Umformen des Werkstoffs in der Scherebene ■ kein Trennen des Spans ■ langer, fortlaufender Span ■ schwierige Spanabfuhr		

1 *Spanarten*

Bröckelspäne	Spiralspäne	kurze Wendelspäne	Spiralwendelspäne
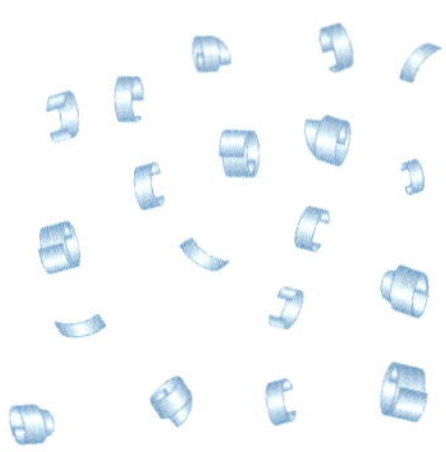	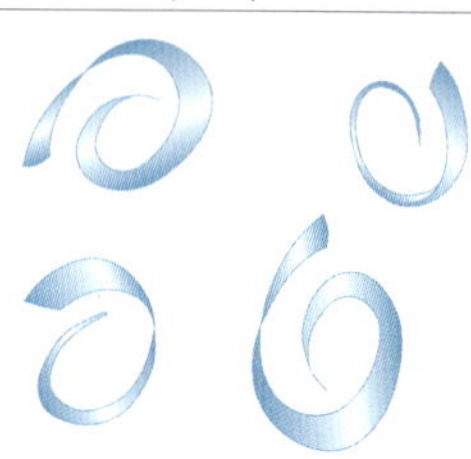	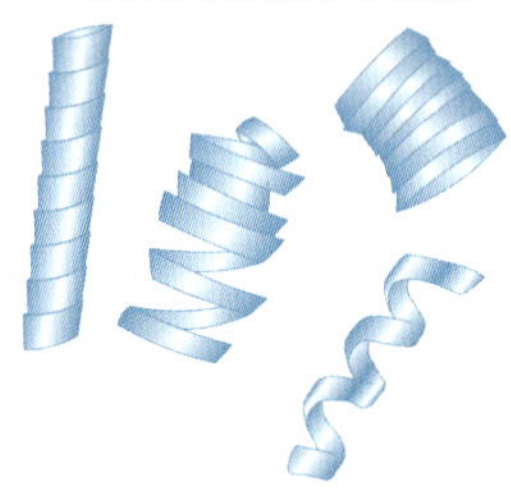	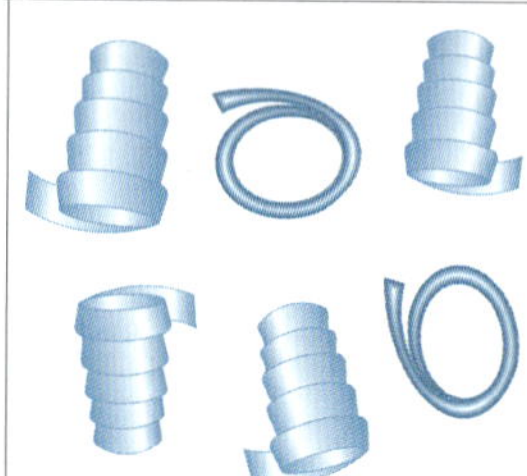

2 *Erwünschte Spanformen*

Die Einstellwerte und die Schneidengeometrie beeinflussen die Spanform.

MERKE

Erwünscht sind kurze Spanformen *(shapes of chips)* (Bild 2), die gut von der Werkzeugschneide abgeführt werden können und nicht sperrig sind.

Optimal ist ein Span, der die Vorteile der Fließspanbildung besitzt und gleichzeitig in kurzen Stücken vorliegt. Da durch die Fließspanbildung normalerweise eine lange, unerwünschte Spanform entsteht, muss der Span noch gebrochen werden. Den **Spanbruch** übernehmen **Spanformer** bzw. **Spanleitstufen**,

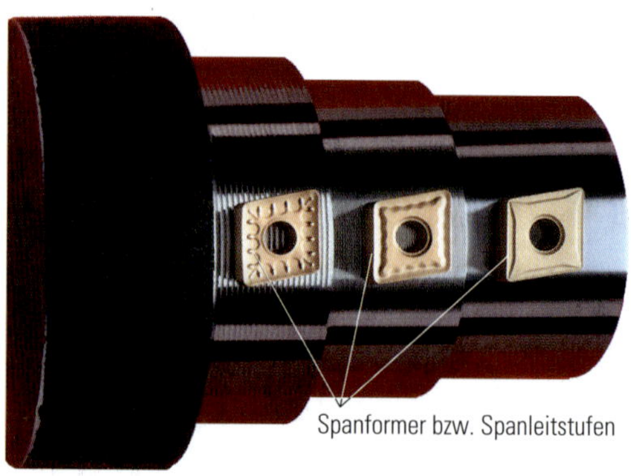

3 *Spanformer bzw. Spanleitstufen bei Wendeschneidplatten*

die sich auf der Spanfläche befinden (Seite 4 Bild 3). In **Spanbruchdiagrammen** (Bild 1) geben die Schneidstoffhersteller den Bereich an, in dem der Spanbruch sichergestellt ist. Innerhalb des dargestellten Bereichs entsteht eine günstige Spanform.

Für die verschiedenen Bearbeitungsarten (Schruppen/Schlichten) bieten die Schneidstoffhersteller unterschiedliche Schneidengeometrien an (Bild 3 auf Seite 4 und Bild 2).

Die Schneidengeometrie richtet sich nach
- der Bearbeitungsart und
- dem zu bearbeitenden Werkstoff

MERKE

Mit entsprechend gestalteter Schneidengeometrie und den richtigen Einstellwerten werden optimale kommaförmige oder kurze wendelförmige Späne erzeugt.

Überlegen Sie!

1. *Begründen Sie, weshalb bestimmte Spanformen erwünscht sind.*
2. *Beschreiben Sie die Aufgaben von Spanformern.*

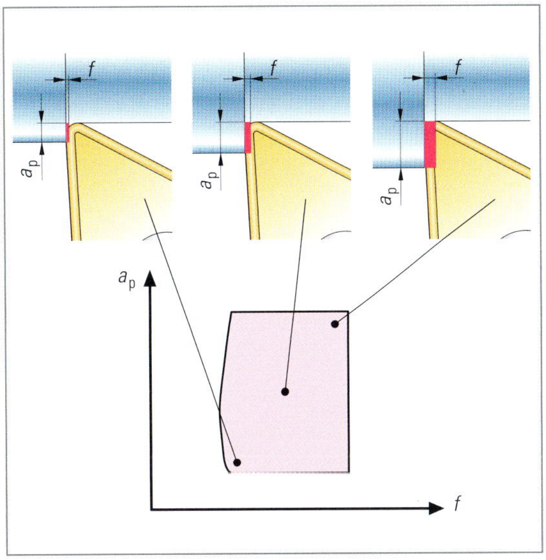

1 *Spanbruchdiagramm*

1.1.4 Schrupp- und Schlichtbearbeitung

Die Zerspanung vom Rohteil zum Fertigteil beinhaltet meist zwei unterschiedliche Bearbeitungsaufgaben:
- Schruppen *(roughing)* und
- Schlichten *(smoothing)*

MERKE

Ziel des Schruppens ist es, das gewünschte Spanvolumen in möglichst kurzer Zeit abzunehmen.

Als **Einstellwerte** werden gewählt:
- große Schnitttiefe a_p bzw. großer Arbeitseingriff a_e
- großer Vorschub je Umdrehung f bzw. großer Vorschub je Zahn f_z
- geringere Schnittgeschwindigkeit v_c

Die Werkzeugschneide erfordert eine stabile Schneidengeometrie.

Die Anforderungen an die Maßtoleranz, die Oberflächenqualität und die Form- und Lagetoleranzen sind beim Schruppen äußerst gering, da für das Schlichten noch eine Zugabe (Aufmaß) auf dem Werkstück verbleibt.

MERKE

Ziel des Schlichtens ist es, die geforderten Maßtoleranzen, Oberflächenqualitäten und Form- und Lagetoleranzen zu erzielen.

Als **Einstellwerte** werden gewählt:
- kleine Schnitttiefe a_p bzw. kleiner Arbeitseingriff a_e
- kleiner Vorschub je Umdrehung f bzw. kleiner Vorschub je Zahn f_z
- höhere Schnittgeschwindigkeit v_c

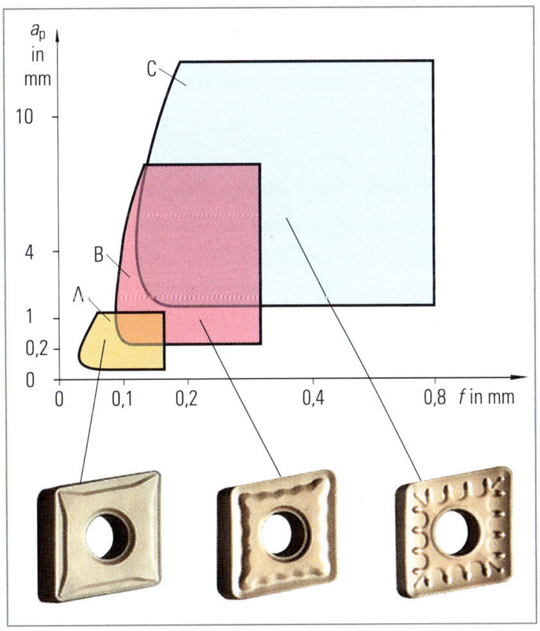

2 *Spanbruchdiagramm (Beispiel) von Schlichtbearbeitung (A) über Schruppbearbeitung (B) bis schwere Schruppbearbeitung (C)*

Überlegen Sie!

1. *Welche Ziele werden beim Schruppen und welche beim Schlichten verfolgt?*
2. *Wie müssen die Einstellwerte gewählt werden, um besonders gute Oberflächenqualitäten zu erreichen?*

1.1.5 Schneidenradius

Eine Werkzeugschneide ohne Schneidenradius *(edge radius)* würde sehr schnell verschleißen. Deshalb sind die Schneidenecken abgerundet.

Beim **Schruppen** werden Schneidenradien möglichst groß gewählt, wodurch eine stabile Schneidkante erreicht wird. Beim Schruppdrehen liegen sie häufig zwischen 1,2 mm und 1,6 mm, wobei der **Vorschub** *f* oft bei der **Hälfte des Schneidenradius** liegt.

Beim Schlichten hat der Schneidenradius maßgeblichen Einfluss auf die Oberflächenqualität (Bild 1):

MERKE
Je größer der Schneidenradius, desto besser die Oberflächenqualität.

Beim Schlichten können die erreichbare **Rautiefe** *(surface roughness)* R_t (vgl. Kap. 9.6.3) bzw. der erforderliche Vorschub *f* angenähert nach folgenden Formeln bestimmt werden (Bild 1):

$$R_t = \frac{f^2 \cdot 1000}{8 \cdot R}$$

$$f = \sqrt{\frac{R_t \cdot 8 \cdot R}{1000}}$$

R_t: Rautiefe in µm
f: Vorschub in mm
R: Schneidenradius in mm

Beim **Schlichtdrehen** liegt der Vorschub oft bei einem **Drittel des Schneidenradius**.

Überlegen Sie!

1. *Welche Rautiefe wird bei einem Vorschub von 0,25 mm bei einem Schneidenradius von 0,8 mm erreicht?*
2. *Welcher Vorschub ist einzustellen, wenn eine Rautiefe von 6,3 µm bei einem Schneidenradius von 1,2 mm erzielt werden soll?*

1.1.6 Verschleiß, Standzeit, Aufbauschneide

Während der Span bei der Spanabnahme über die Spanfläche gleitet, kommt auch die Freifläche mit dem Werkstück in Kontakt (Bild 2). An beiden Stellen entsteht Reibung, die zur Abnutzung der Schneide, d. h. zum Verschleiß *(abrasion)* führt. Wird der Verschleiß zu groß, kann das Werkzeug seine Aufgabe nicht mehr erfüllen. Zwei wichtige Verschleißarten sind in Bild 3 dargestellt.

Beim **Schlichten** gilt eine Schneide als verschlissen, wenn die geforderte Oberflächengüte nicht mehr erreicht wird. Dabei ist der **Freiflächenverschleiß** oft die entscheidende Größe. Wenn die Verschleißbreite ein bestimmtes Maß (z. B. 0,2 mm) erreicht hat, ist das Werkzeug zu wechseln.

Beim **Schruppen** muss das Werkzeug z. B. dann gewechselt werden, wenn der Span nicht mehr richtig bricht. Übermäßiger **Kolkverschleiß** führt zur Schwächung der Schneidkante, sodass die Gefahr des Schneidenbruchs entsteht.

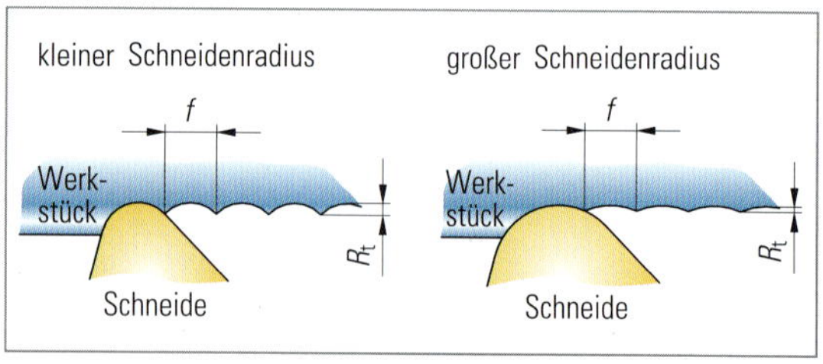

1 *Schneidenradius und Oberflächenqualität*

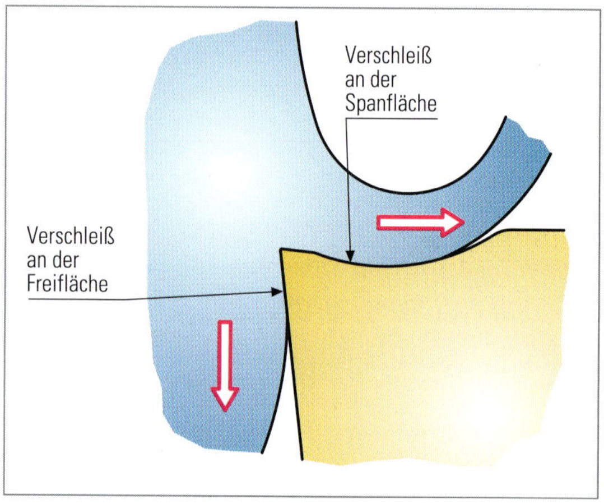

2 *Verschleiß an Frei- und Spanfläche*

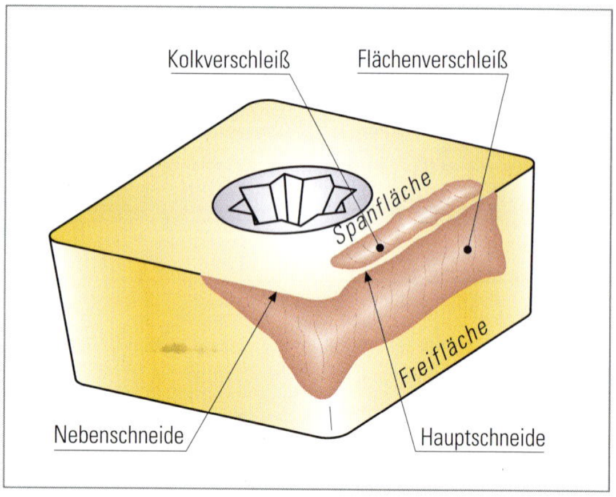

3 *Freiflächenverschleiß und Kolkverschleiß an der Spanfläche*

MERKE
Die Zeit, die eine Schneide ununterbrochen im Einsatz ist, heißt Standzeit.

Oft liegt den Angaben für die optimalen Einstellwerte eine Standzeit *(endurance)* von 15 Minuten zugrunde. Die Vergrößerung der Schnittgeschwindigkeit um 10 % senkt z. B. die Standzeit von 15 auf ca. 10 Minuten. Eine Senkung auf 70 % der angegebenen Schnittgeschwindigkeit erhöht z. B. die Standzeit auf 60 Minuten. Es ist meist wirtschaftlicher, die Schnittgeschwindigkeit bei abnehmender Standzeit zu steigern, weil damit Fertigungszeiten sinken.

Beim Zerspanen von weichen und zähen Werkstoffen verschweißen Spanteilchen auf der Spanfläche. Es entsteht eine **Aufbauschneide** *(built-up edge)*. Einerseits wird dadurch die Schneidengeometrie verändert, andererseits wird die Qualität der Werkstücksoberfläche schlechter, wenn abgebrochene Teile der Aufbauschneide an ihr hängen bleiben.
Die Gefahr der Aufbauschneidenbildung ist bei kleiner Schnittgeschwindigkeit und geringen bzw. negativen Spanwinkeln am größten.

MERKE
Durch Vergrößern der Schnittgeschwindigkeit und die Wahl eines positiven Spanwinkels kann die Aufbauschneide verhindert werden.

Überlegen Sie!

1. *Wie wirkt sich ein zu großer Freiflächenverschleiß aus?*
2. *An welcher Fläche des Schneidkeils entsteht Kolkverschleiß?*
3. *Informieren Sie sich über die Standzeiten, die Ihr Betrieb wählt.*
4. *Wie kann das Entstehen von Aufbauschneiden verhindert werden?*

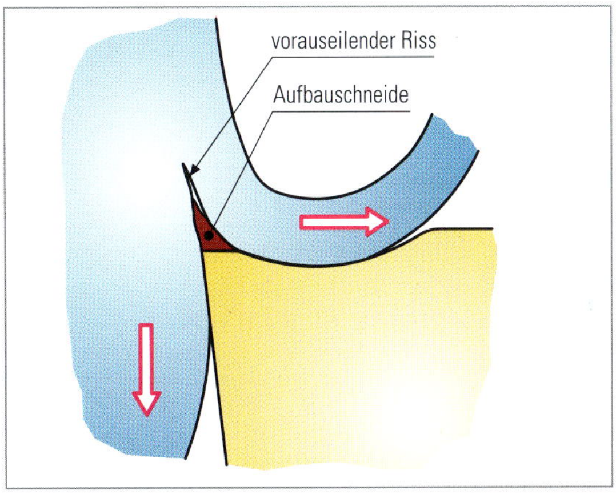

***1** Aufbauschneide*

1.2 Schneidstoffe und Wendeschneidplatten

Als Schneidstoff *(cutting material)* wird der Werkstoff des Schneidkeils bezeichnet. Er ist während seines Einsatzes hohen mechanischen und thermischen Belastungen ausgesetzt. Damit Schneidstoffe diesen Belastungen standhalten, sollten sie über folgende Eigenschaften verfügen:

- **große Härte** *(hardness)*:
  Widerstand gegen das Eindringen eines andern Körpers
- **hohe Warmhärte** *(hot hardness)*:
  bei höheren Temperaturen Härte behalten
- **große Druckfestigkeit** *(compressive strength)*:
  dem Druck des auftreffenden Spans standhalten
- **entsprechende Zähigkeit** *(toughness)*:
  Stöße auffangen ohne zu reißen
- **ausreichende Biegefestigkeit** *(bending strength)*:
  Biegespannungen an der Schneide aushalten
- **hohe Verschleißfestigkeit** *(wear resistance)*:
  möglichst geringer Verschleiß durch Reibung
- **gute Temperaturwechselbeständigkeit** *(thermal shock resistance)*: wechselnden Temperaturen standhalten

In der Praxis wird eine Vielzahl von Schneidstoffen eingesetzt, wobei jedoch die Mehrzahl der Werkzeugschneiden aus hochlegiertem Werkzeugstahl und Hartmetall bestehen (Bild 2).

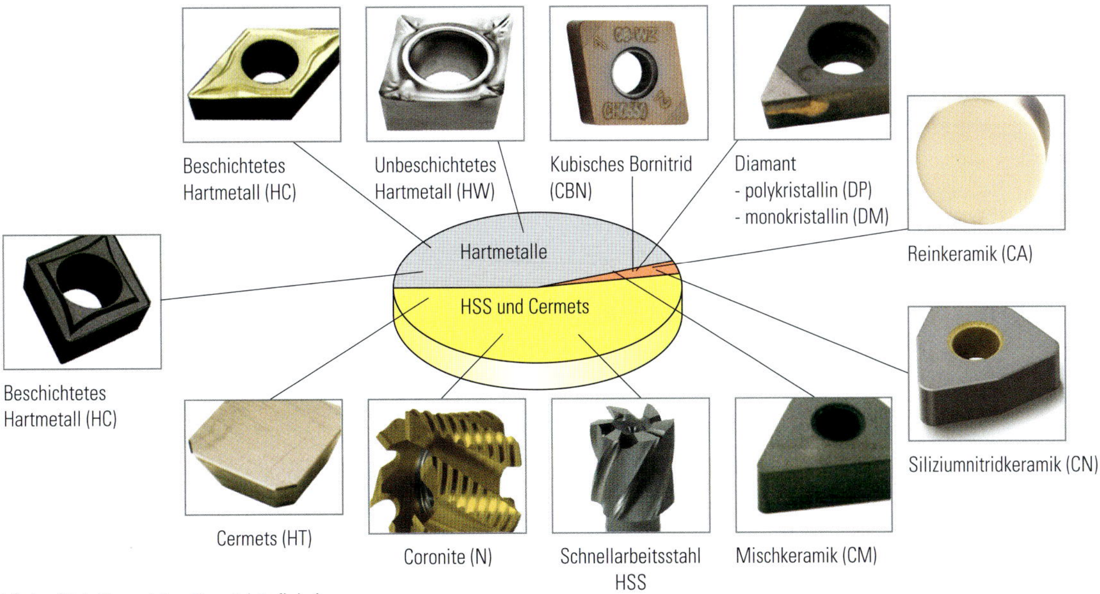

***2** Schneidstoffe und ihre Einsatzhäufigkeit*

Die Eigenschaften der Schneidstoffe sind sehr unterschiedlich, sodass es nicht einen Schneidstoff gibt, der für alle Fälle geeignet ist. Abhängig von der jeweiligen Zerspanungsaufgabe ist der bestmögliche Schneidstoff auszuwählen.

1.2.1 Schnellarbeitsstahl (HSS)

Schnellarbeitsstahl (legierter Werkzeugstahl) *(high-speed steel)* ist im Vergleich zu anderen Schneidstoffen sehr zäh und damit unempfindlich gegen Stöße und Schwankungen der Zerspankraft. Er besitzt eine hohe Biege- und Kantenfestigkeit. HSS wird daher für Zerspanungsaufgaben gewählt, bei denen scharfe Schneiden und/oder große Spanwinkel wichtig sind und die Warmhärte (ca. 600 °C) eine untergeordnete Rolle spielt. Gewindeschneidwerkzeuge, Spiralbohrer, Senker, Reibahlen, Profilfräser (Bild 1), die z. B. aufgrund ihrer Form den Einsatz von Wendeschneidplatten nur schwer ermöglichen, werden aus HSS hergestellt.

Aluminium und thermoplastische Kunststoffe, bei denen große Spanwinkel zum Einsatz kommen, werden ebenfalls mit hochlegiertem Werkzeugstahl bearbeitet. HSS-Schneidstoffe lassen sich gut nachschleifen und sind relativ preisgünstig.

1 *Werkzeuge aus hochlegiertem Werkzeugstahl (HSS)*

2 *Unbeschichtete Schneidplatte und Werkzeuge aus Hartmetall*

1.2.2 Hartmetalle

Hartmetalle werden durch Sintern von Metallpulvern hergestellt. Aus Hartmetall *(cemented carbide)* sind z. B. Wendeschneidplatten und Teile von Werkzeugen hergestellt (Bild 2).

MERKE

Hartmetalle bestehen aus verschiedenen sehr harten Metallkarbiden und meist Kobalt als Bindemittel.

Die wichtigsten Karbide (Metall-Kohlenstoff-Verbindungen) sind Wolframkarbid (WC), Titankarbid (TiC), Tantalkarbid (TaC) und Niobkarbid (NbC).

Überlegen Sie!

1. *Welche Eigenschaften hat ein Hartmetall, das über einen sehr hohen Karbidanteil verfügt (Bild 3)?*
2. *Für welche Zerspanungsbedingungen wird ein Hartmetall gewählt, das einen hohen Bindemittelanteil besitzt?*

Die Hartmetalle sind gegenüber HSS verschleißfester und besitzen eine höhere **Warmhärte** (ca. 900 °C). Dadurch können die Schnittgeschwindigkeiten auf das Fünf- bis Zehnfache gegenüber HSS gesteigert werden.

Hartmetalle sind nach DIN ISO 513:2014-05 in sechs Hauptanwendungsgruppen (siehe Tabellenbuch) eingeteilt, die sich auf verschiedene Zerspanungswerkstoffe beziehen:

P	**für Stahl:** Alle Sorten von Stahl und Stahlguss, ausgenommen nichtrostender Stahl mit austenitischem Gefüge.
M	**für nichtrostenden Stahl** Nichtrostender austenitischer und austenitisch-ferritischer Stahl und Stahlguss.
K	**für Gusseisen** Gusseisen mit Lamellengraphit, Gusseisen mit Kugelgraphit, Temperguss.
N	**für Nichteisenmetalle:** Aluminium und andere Nichteisenmetalle, Nichtmetallwerkstoffe.
S	**für Speziallegierungen und Titan:** Hochwarmfeste Speziallegierungen auf der Basis von Eisen, Nickel und Kobalt, Titan und Titanlegierungen.
H	**für harte Werkstoffe:** Gehärteter Stahl, gehärtete Gusseisenwerkstoffe, Gusseisen für Kokillenguss.

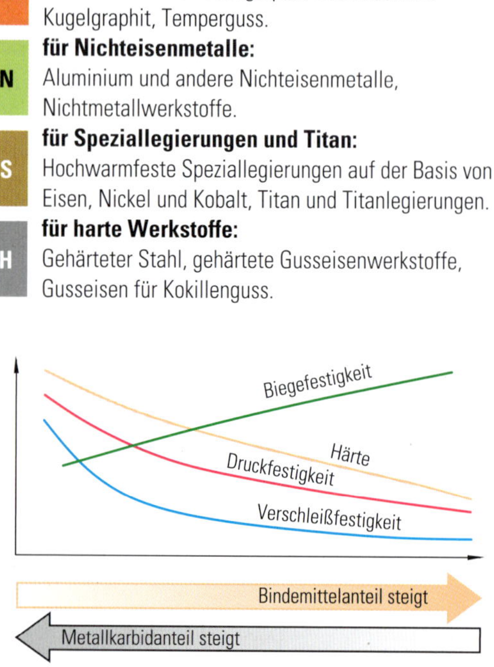

3 *Einfluss der Hartmetallmischung auf ausgewählte Eigenschaften*

Cermets

Der Name kommt von CERamic und METall, also harte keramische Stoffe in einem metallischen Binder (Seite 9 Bild 1).

MERKE

Cermets sind Hartmetalle, die statt Wolframkarbiden Titankarbide bzw. -nitride besitzen.

Hohe Verschleißfestigkeit, Warmhärte und chemische Stabilität, gutes Reibverhalten und eine geringe Neigung zur Aufbauschneidenbildung zeichnen Cermets *(cermets, ceramic metals)* aus. Es können scharfkantige Schneiden mit positiven Spanwinkeln hergestellt werden. Daher eignet sich dieser Schneidstoff besonders zum Schlichten von Stahl und Gusseisen beim Drehen und Fräsen. Zum Schruppen sind Cermets nicht geeignet, weil Zähigkeit und Biegefestigkeit zu gering sind.

Überlegen Sie!

1. *Welche Hartmetallsorte wählen Sie beim*
   - *schweren Schruppdrehen von 34 CrMo 4*
   - *Schlichten von gehärtetem Stahl*
   - *Schruppen von hochwarmfestem Stahl?*
2. *Nennen Sie einen Zerspanungsfall, bei dem Cermets wirtschaftlich eingesetzt werden und begründen Sie Ihre Entscheidung.*

1.2.3 Beschichtete Schneidstoffe

Beschichtete Schneidstoffe *(coated cutting materials)* wurden entwickelt, um die gegenläufigen Eigenschaften – hohe Zähigkeit und hohe Verschleißfestigkeit – miteinander zu kombinieren. Durch die Beschichtung *(coating)* (ca. 2...12 μm) der Hartmetalle und hochlegierten Werkzeugstähle wird die Härte und Verschleißfestigkeit der Schneidstoffoberfläche erhöht. Gleichzeitig sinkt die Reibung auf Span- und Freifläche.

MERKE

Schneidstoffe werden mit verschleißfestem Titankarbid (TiC), Titannitrid (TiN), Aluminiumoxid (Al_2O_3) und Titankarbonitrid (TiCN) beschichtet (Bild 2).

Durch das Auftragen von einer oder mehreren verschiedenen Beschichtungen kann die Schnittgeschwindigkeit auf das Drei- bis Vierfache gesteigert werden. Die damit verbundenen kürzeren Fertigungszeiten und die höheren Standzeiten rechtfertigen den Einsatz der teureren beschichteten Schneidstoffe.
Um die Beschichtung gleichmäßig aufdampfen zu können, ist eine **Rundung der Schneidkante erforderlich**. Der Radius am Keilwinkel hat bei den meisten Zerspanungsaufgaben keine negativen Auswirkungen. Lediglich beim Bearbeiten mit sehr kleinen Vorschüben und für weiche Werkstoffe ist er ungünstig.

Überlegen Sie!

1. *Welche entscheidenden Vorteile besitzen beschichtete Schneidstoffe gegenüber unbeschichteten?*
2. *Aus welchen Gründen sind die beschichteten Schneiden nicht scharfkantig?*

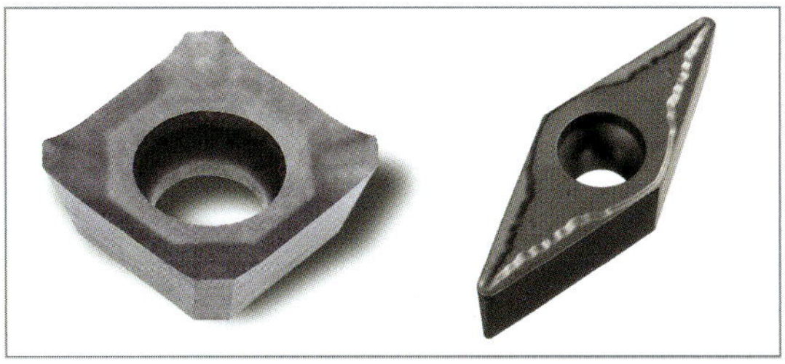

1 *Wendeschneidplatten zum Fräsen und Drehen aus Cermet*

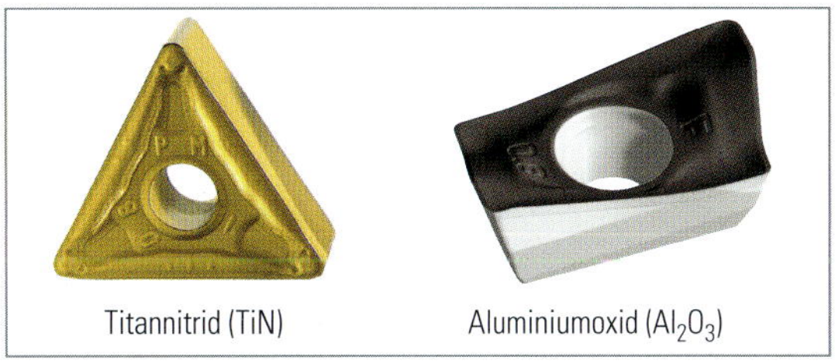

2 *Beschichtete Schneidstoffe*

1.2.4 Schneidkeramik

Keramikschneidwerkstoffe sind noch härter, warmhärter (ca. 1200 °C) und verschleißfester als Hartmetalle. Daher können sehr hohe Schnittgeschwindigkeiten gewählt werden. Schneidkeramik *(cutting ceramics)* reagiert nicht mit dem Werkstoff des Werkstücks.

MERKE

Reine Keramikschneidstoffe (Bild 3) bestehen aus Aluminiumoxiden (Al_2O_3) oder Siliziumnitriden (Si_3N_4).

3 *Wendeschneidplatten aus Schneidkeramik*

Oxidkeramik (Al_2O_3)
Wegen der sehr geringen Zähigkeit und Biegefestigkeit ist der Schneidstoff sehr stoßempfindlich, wodurch die Gefahr des Kantenbruchs sehr groß ist. Beim Zerspanen wird nicht gekühlt, weil Schneidkeramik sehr empfindlich gegenüber Temperaturschwankungen ist. Der Anwendungsschwerpunkt liegt beim Drehen (Schruppen und Schlichten) von Grauguss, Einsatz- und Vergütungsstählen im ununterbrochenen Schnitt.

Siliziumnitridkeramik (Si_3N_4)

Im Vergleich zu Oxidkeramik ist der Schneidstoff zäher und unempfindlicher gegenüber Temperaturschwankungen. Es kann mit Kühlschmierstoff gearbeitet werden. Siliziumnitridkeramik eignet sich zum Drehen und Fräsen von Grauguss auch bei unterbrochenen Schnitten und zur Hochgeschwindigkeitsbearbeitung von Grauguss. Allerdings ist der Schneidstoff teurer als Oxidkeramik.

Überlegen Sie!

Beschreiben Sie zwei Vorteile und einen Nachteil von Siliziumnitrid- gegenüber Oxidkeramik.

Kubisches Bornitrid (CBN)

Die Warmhärte von CBN (Bild 1) liegt bei ca. 2000 °C. Er ist relativ spröde, allerdings härter und zäher als Keramik. CBN ist ein vergleichsweise teurer Schneidstoff, der zur Bearbeitung von gehärtetem Stahl, HSS und hochwarmfesten Legierungen eingesetzt wird. Unter optimalen Bedingungen können beim Drehen ohne Kühlschmiermittel Oberflächenqualitäten von $R_a = 0{,}3\ \mu m$ bei sehr engen Toleranzen erreicht werden.

***1** Wendeschneidplatte aus CBN*

MERKE

Kubisches Bornitrid ist ein besonders harter Schneidstoff, dessen Härte nur noch von Diamant übertroffen wird.

Polykristalliner Diamant PD (auch PKD genannt)

Feine Diamantkristalle sintern bei hohen Temperaturen und Drücken zu kleinen polykristallinen Diamantschneiden. Diese PKD-Schneiden werden in Hartmetallwendeschneidplatten eingebettet (Bild 2).

MERKE

Aufgrund der enormen Härte ist die Standzeit von polykristallinem Diamant bis zu hundertmal höher als die von Hartmetall. Wegen seiner großen Sprödigkeit verlangt polykristalliner Diamant nach stabilen Schnittbedingungen und hohen Schnittgeschwindigkeiten (bis zu 5000 m/min).

Allerdings kann polykristalliner Diamant nicht zur Zerpanung von Eisenmetallen genutzt werden, weil er mit ihnen chemisch reagiert. Haupteinsatzgebiete des teueren Schneidstoffs sind die Bearbeitung von AlSi-Legierungen, bei denen es auf besondere Oberflächenqualität und enge Toleranzen ankommt.

Monokristalliner Diamant MD (auch MKD genannt)

Der monokristalline Diamant ist das härteste bekannte Mineral. Hartmetallplatten nehmen Naturdiamanten oder monokristalline Kunstdiamanten auf. Die Homogenität und die extreme Härte erlauben die Herstellung von scharfen Schneiden, deren Radius kleiner als 1 µm ist. Damit lassen sich beim Glanzdrehen und -fräsen spiegelnde Oberflächen von Nichteisenmetallen und Kunststoffen herstellen.

***2** Schneiden aus polykristallinem Diamant*

MERKE

Monokristalliner Diamant ist härter, verschleißfester und spröder als polykristalliner Diamant. Bei der Feinbearbeitung lassen sich damit engste Toleranzen einhalten.

1.2.5 Wendeschneidplatten

Wendeschneidplatten *(throwaway inserts)* werden auf den Drehmeißel und Fräser geschraubt oder geklemmt (Bild 3). Sie müssen so sicher gespannt sein, dass sie sowohl den Zerspankräften als auch den Fliehkräften bei rotierenden Werkzeugen standhalten, ohne sich auf dem Grundkörper zu verschieben. In der Praxis werden die verschiedensten Befestigungssysteme eingesetzt. Die exakte Positionierung der Wendeschneidplatte auf dem Werkzeug hängt auch von ihrer Befestigungsart ab.

Eine Wendeschneidplatte besitzt mehrere Schneiden. Wenn eine Schneide verschlissen ist, wird die Platte gedreht oder gewendet. Je kürzer die Zeit zum Wechseln der Platte ist, desto geringer sind die Maschinenstillstandszeiten, wodurch sich die Wirtschaftlichkeit erhöht.

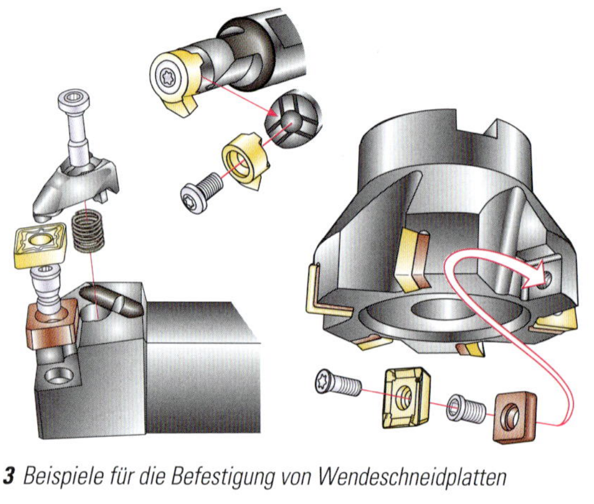

***3** Beispiele für die Befestigung von Wendeschneidplatten*

Die Wendeschneidplatten sind nach ihrer Grundform, dem Freiwinkel, der Toleranzklasse, dem Spanformer, der Befestigungsart, der Plattengröße und -dicke, der Schneidenausbildung und dem Schneidstoff genormt (siehe Tabellenbuch).
Wendeschneidplatten mit einem Freiwinkel von 0° werden als **Negativplatten** bezeichnet. Sie müssen so auf den Halter gespannt werden, dass ein Freiwinkel entsteht, was dann zu einem negativen Spanwinkel führt.
Bild 1 beschreibt den Einfluss des Eckenwinkels (vgl. Seite 25) von Wendeschneidplatten auf den Zerspanungsprozess.

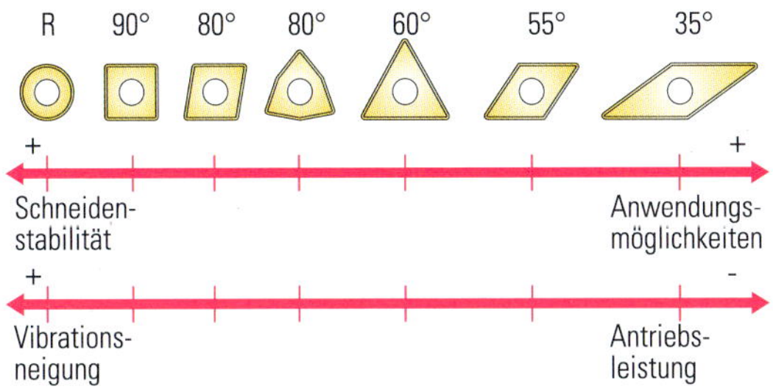

1 *Einfluss des Eckenwinkels von Wendeschneidplatten*

Überlegen Sie!

Erklären und skizzieren Sie die Bezeichnung der folgenden Wendeschneidplatte CNMM 12 04 12-P10 mithilfe des Tabellenbuchs.

1.3 Kühlschmierstoffe

1.3.1 Aufgaben der Kühlschmierstoffe

Beim Zerspanen wird mechanische Energie durch das Trennen und Verformen des Spanes in Wärmeenergie umgewandelt. Die Wärme verteilt sich zu rund 70 % auf die Späne, 20 % auf das Werkzeug und der Rest auf das Werkstück (Bild 2).
Kühlschmierstoffe *(solid cooling lubricants)* transportieren Wärmeenergie von der Wirkstelle (Bild 3). Die **Kühlung** *(cooling)* soll verhindern, dass die Warmhärte des Schneidstoffs überschritten wird. Das Kühlen des Werkstückes erhöht die Bearbeitungsgenauigkeit und verhindert Gefügeveränderungen.
Die Reibung (Bild 4), die zwischen Span und Werkzeug sowie zwischen Werkstück und Werkzeug entsteht, kann durch **Schmierung** *(lubrication)* vermindert werden.
Ob die Schmier- oder Kühlwirkung im Vordergrund steht, hängt von der jeweiligen Zerspanungsart ab. Bei niedrigen Schnittgeschwindigkeiten sind die entstehenden Temperaturen relativ gering. Deshalb ist hier besonders die **Schmierwirkung** gefragt. Gute Schmierung erleichtert das Erzielen hoher Oberflächenqualitäten (Bild 5). **Die Kühlwirkung** ist besonders wichtig, wenn die Schnittgeschwindigkeiten hoch und die Warmhärten der Schneidstoffe relativ niedrig sind (HSS und unbeschichtetes Hartmetall).
In den Fällen, in denen der **Spantransport** *(chip conveying)* von der Wirkstelle problematisch ist, muss er vom Kühlschmiermit-

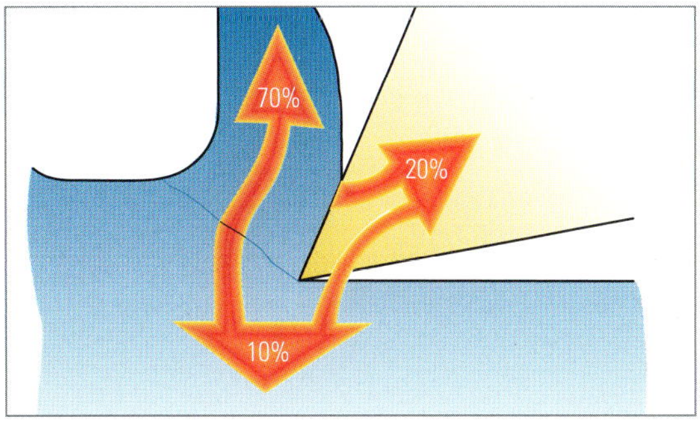

2 *Wärmeübertragung beim Schlichten von Stahl*

3 *Kühlschmierung bei der spanenden Bearbeitung*

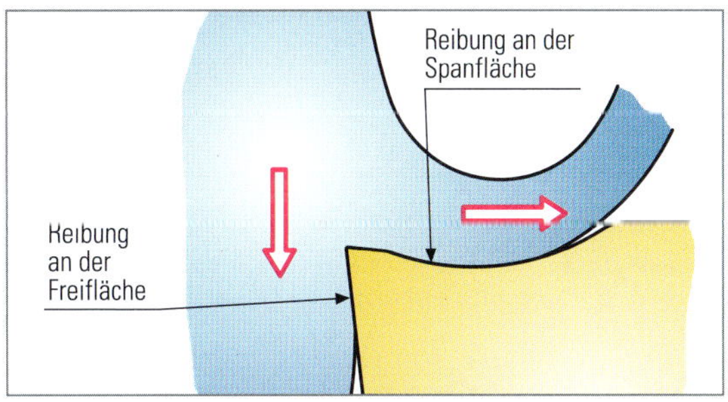

4 *Reibung an Span- und Freifläche*

5 *Schmierung beim Abwälzfräsen von Zahnrädern*

tel übernommen werden. Ein Beispiel dafür ist das Bohren von tiefen Löchern. Dabei erfolgt die Kühlschmierung durch das Werkzeug (Bild 1). Beim Schleifen werden die Späne bei großer Kühlmittelmenge weggeschwemmt.

MERKE

Kühlschmierstoffe sollen
- die Wärme von der Wirkstelle transportieren (kühlen),
- die Reibung auf Span- und Freifläche vermindern (schmieren),
- den Werkzeugverschleiß reduzieren (schmieren),
- die Oberflächenqualität des Werkstücks verbessern (schmieren),
- das Spanvolumen pro Minute beim Schruppen erhöhen (kühlen und schmieren) und
- die Späne von der Wirkstelle entfernen (transportieren).

1.3.2 Kühlschmierstoffarten

Eine Einteilung der Kühlschmierstoffe zeigt folgende Übersicht:

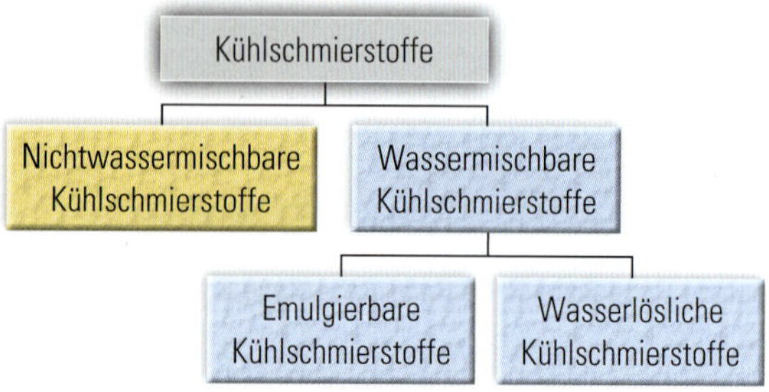

Wassermischbare Kühlschmierstoffe

Bei den wassermischbaren Kühlschmierstoffen *(water miscible cooling lubricants)* handelt es sich um Konzentrate, die mit Wasser gemischt werden. Dabei kann der Wasseranteil bis zu 98 % betragen. Die Konzentrate haben die Aufgabe, die Schmier- und Benetzungsfähigkeit der Mischung zu verbessern und die Korrosion zu verhindern. Der hohe Wasseranteil garantiert eine gute Kühlwirkung. Die wassermischbaren Kühlschmierstoffe werden bei Zerspanungsaufgaben eingesetzt, bei denen die Kühlung wichtiger als die Schmierung ist.

Emulgierbare Kühlschmierstoffe sind die gebräuchlichste Form der wassermischbaren Kühlschmierstoffe. Eine Emulsion ist eine Mischung von Flüssigkeiten, die ineinander nicht löslich sind. Dabei ermöglichen Emulgatoren die Bildung von Öltröpfchen, die im Wasser schweben.

Wasserlösliche Kühlschmierstoffe bestehen im Wesentlichen aus in Wasser gelösten Chemikalien. Sie enthalten kein Mineralöl und werden hauptsächlich beim Schleifen verwendet, weil hier die Kühleigenschaft des Kühlschmiermittels vorrangig ist.

Nichtwassermischbare Kühlschmierstoffe

Nichtwassermischbare Kühlschmierstoffe *(water immiscible cooling lubricants)* sind Mineralöle, die entsprechende Zusätze zur Verbesserung der Schmierfähigkeit, des Korrosionsschutzes, der Alterungsbeständigkeit und des Schaumverhaltens beinhalten. Sie werden als gebrauchsfähige Produkte angeliefert (Seite 11 Bild 5). Im Vergleich zu den wassermischbaren Kühlschmierstoffen zeichnen sich diese „Schneidöle" durch besseres **Schmierverhalten** und Druckaufnahmefähigkeit aus.

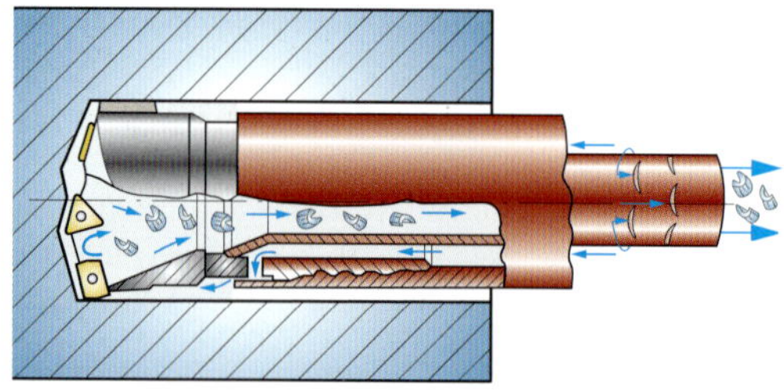

1 *Spantransport beim Tieflochbohren*

MERKE

Wassermischbare Kühlschmiermittel haben eine wesentlich größere Wärmeleitfähigkeit und Wärmekapazität als nichtwassermischbare Kühlschmierstoffe, aber eine geringere Schmierfähigkeit.

Bei der Auswahl und Wartung der Kühlschmierstoffe sind in jedem Fall die Angaben und Empfehlungen des Herstellers zu beachten.

MERKE

Ständige Wartung des Kühlschmierstoffs gewährleistet seine lange Nutzungszeit. Die innerbetriebliche Wiederaufbereitung des Kühlschmierstoffes reduziert Kosten.

Überlegen Sie!

1. *Was sind die Gründe, die für das Kühlen bei der Zerspanung sprechen?*
2. *Vergleichen Sie die Wärmeleitfähigkeit und -kapazität von Wasser und Maschinenöl (Tabellenbuch) und bewerten Sie diese im Hinblick auf die verschiedenen Kühlschmiermittel.*
3. *Welchen Einfluss hat die Schmierung auf Werkzeug und Werkstück beim Zerspanen?*
4. *Wählen Sie mithilfe Ihres Tabellenbuches Kühlschmierstoffe für folgende Zerspanungsaufgaben:*
   a) Bohren von Aluminiumlegierungen
   b) Gewindeschneiden von schwer zerspanbarem

1.3.3 Umgang mit Kühlschmierstoffen

Kühlschmierstoffe bergen Gefahren für Haut (Seite 13 Bild 1) und Atemwege. Über ein Drittel aller anerkannten Haut-Berufskrankheiten entstehen durch Kühlschmierstoffe. **Ursachen** dafür sind u. a.:
- Zusätze in den Kühlschmierstoffen können hautreizend sein.
- Kühlschmierstoff ist von Mikroorganismen (Bakterien und Pilze) befallen.
- sehr häufiger Hautkontakt mit dem Kühlschmierstoff

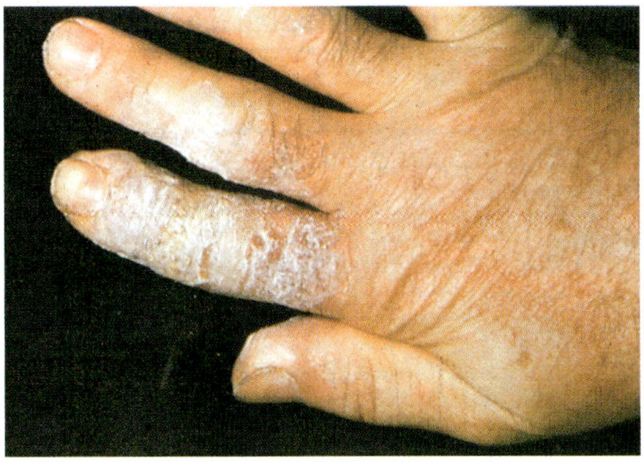

1 *Hautekzem*

- fehlender oder ungenügender Hautschutz
- Mikroverletzungen der Haut
- ungenügende Hautpflege und -reinigung vor und nach Kühlschmiermittelkontakt

1.3.4 Alternativen zur konventionellen Kühlschmierung

Bei der spanenden Serienfertigung betragen die Kosten für die Kühlschmierstoffe bis zum Vierfachen der Werkzeugkosten. Kühlschmierstoffe müssen als Sonderabfall entsorgt werden. Um die Kosten zu dämpfen, den Umweltschutz zu fördern und den Mitarbeiter weniger zu gefährden, können folgende Maßnahmen ergriffen werden:

- Geeignete Düsen sprühen bei der **Minimalmengen-Kühlschmierung** das Kühlschmiermittel direkt auf Span- und Freifläche. Die Schmierwirkung ist dabei auch mit sehr geringen Mengen gewährleistet. Die Kühlwirkung ist nicht erforderlich, wenn der Schneidstoff den auftretenden Temperaturen standhält.
- Bei der **Trockenbearbeitung** erfolgt das Zerspanen ohne Kühlschmierung. Das ist bei sehr verschleißfesten Schneidstoffen wie z. B. Oxidkeramik und CBN und selbstschmierenden Werkstückwerkstoffen wie z. B. Gusseisen möglich.

2 *Trockenbearbeitung*

ÜBUNGEN

1. Von welchen Größen hängt die Schnittgeschwindigkeit beim Drehen ab (je ... desto)?
2. Welche Einflussgrößen bestimmen die Wahl des Vorschubs beim Drehen?
3. Welche Spanformen sind beim Drehen erwünscht und durch welche Maßnahmen werden sie erreicht?
4. Stellen Sie die Ziele des Schruppens und Schlichtens gegenüber und geben Sie an, durch welche Parameter die Ziele erreicht werden.
5. Warum werden Werkzeugschneiden mit einem Schneidenradius versehen?
6. Beschreiben Sie zwei Verschleißarten und ihre Auswirkungen.
7. Erläutern Sie den Begriff „Standzeit" und geben Sie dafür gebräuchliche Zeiten an.
8. Beschreiben Sie Anforderungen, die an Schneidstoffe gestellt werden.
9. Stellen Sie Vor- und Nachteile von HSS und Hartmetall vergleichend gegenüber.
10. Unterscheiden Sie die sechs Hauptgruppen der Hartmetalle.
11. Nennen Sie Einsatzbereiche für Cermets.
12. Warum werden Schneidstoffe beschichtet?
13. Welche Vorteile besitzt Schneidkeramik gegenüber Hartmetallen?
14. Nennen Sie je einen Vor- und Nachteil von Siliziumnitridkeramik gegenüber Oxidkeramik.
15. Wo liegt die Warmhärte von kubischem Bornitrid und wozu wird dieser Schneidstoff eingesetzt?
16. Welche Vorteile hat polykristalliner Diamant und welche Werkstoffe werden damit hauptsächlich bearbeitet?
17. Erstellen Sie eine Mindmap zu Schneidstoffen, die die Eigenschaften der einzelnen darstellt.
18. Warum ist der Einsatz von Wendeschneidplatten wirtschaftlich?
19. Erkunden Sie in Ihrem Betrieb unterschiedliche Spannsysteme für Wendeschneidplatten und dokumentieren Sie diese, um sie den Mitschülern präsentieren zu können.
20. Erstellen Sie eine Mindmap zu Kühlschmiermitteln mit den Hauptästen „Aufgaben", „Arten" und „Umgang".
21. Zeigen Sie Alternativen zur Kühlschmierung auf und stellen Sie deren Vorteile heraus.

2 Drehen

2.1 Drehverfahren

Die Einteilung der Drehverfahren *(turning methods)* erfolgt nach
- der Art der Fläche,
- der Bewegung des Zerspanvorganges und
- der Werkzeugform.

Runddrehen *(cylindrical turning)*

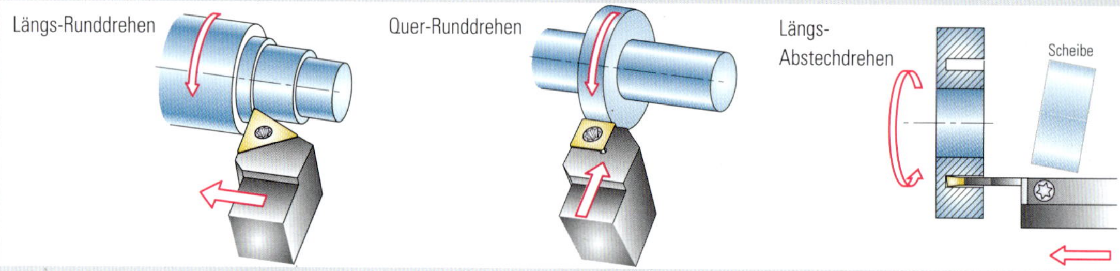

Plandrehen *(transverse turning)*

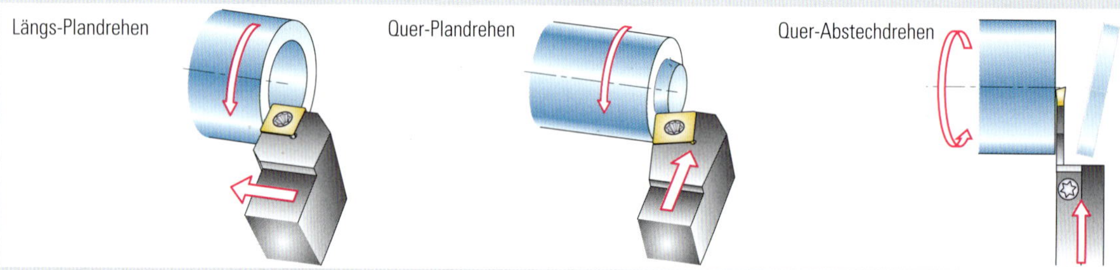

Schraubdrehen *(screw turning)*

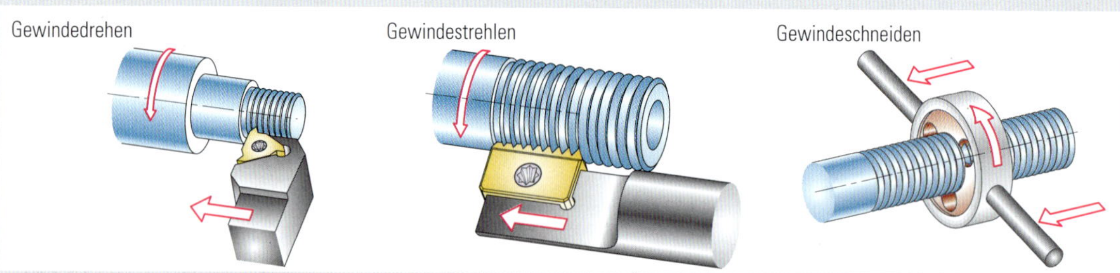

Profildrehen *(profile turning)*

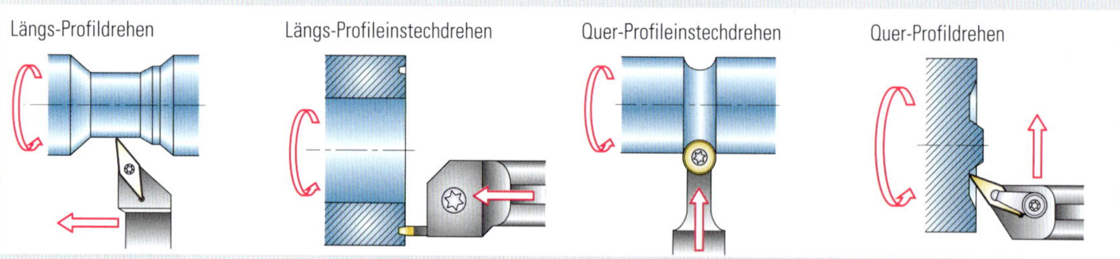

Formdrehen *(form turning)*

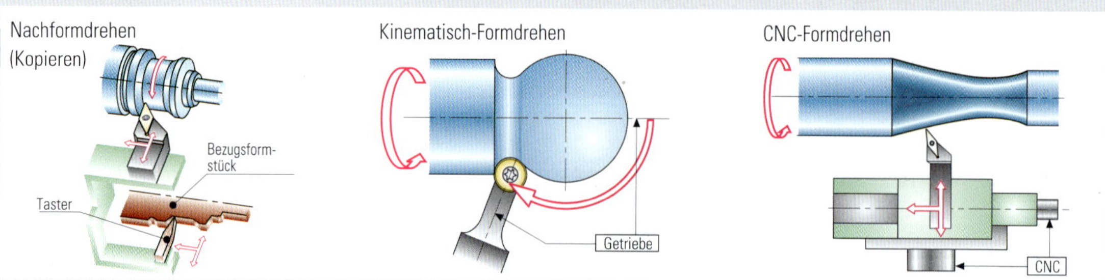

2.2 Arbeitsauftrag

Aus einem Rohling von 75 × 202 ist die Kegelradwelle aus 25MoCr4 als Ersatzteil herzustellen.

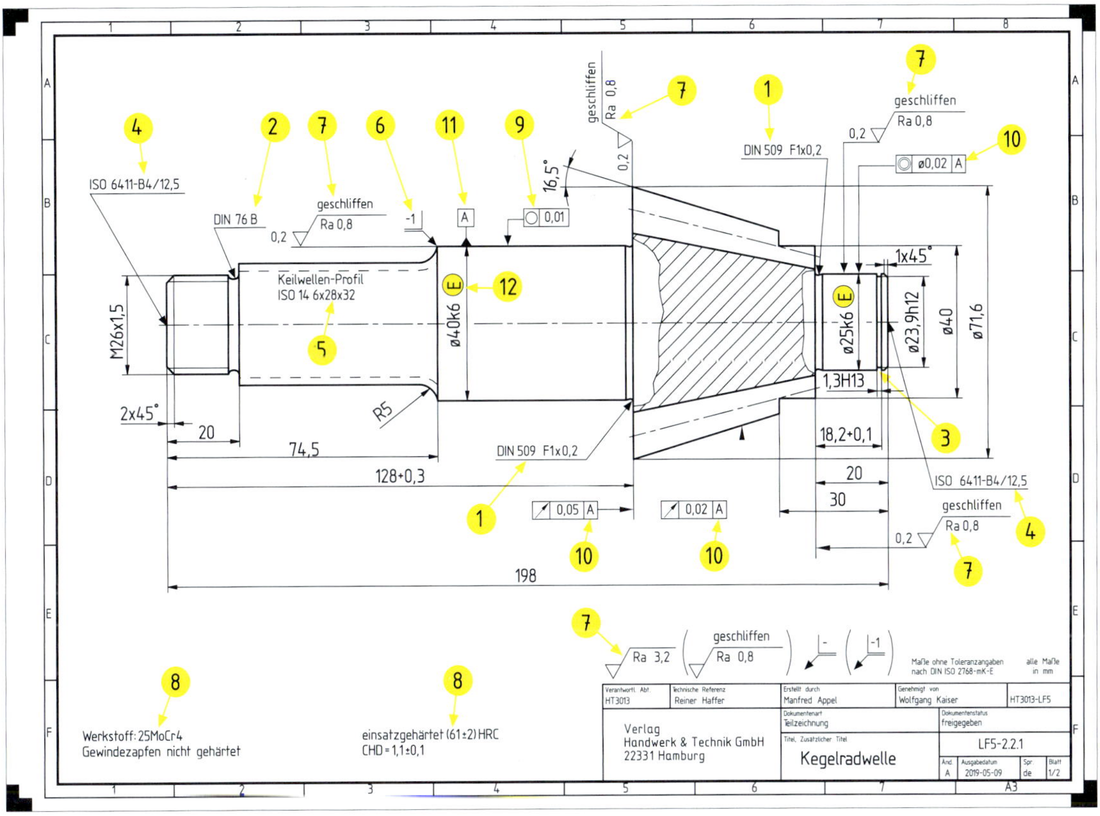

1 Kegelradwelle

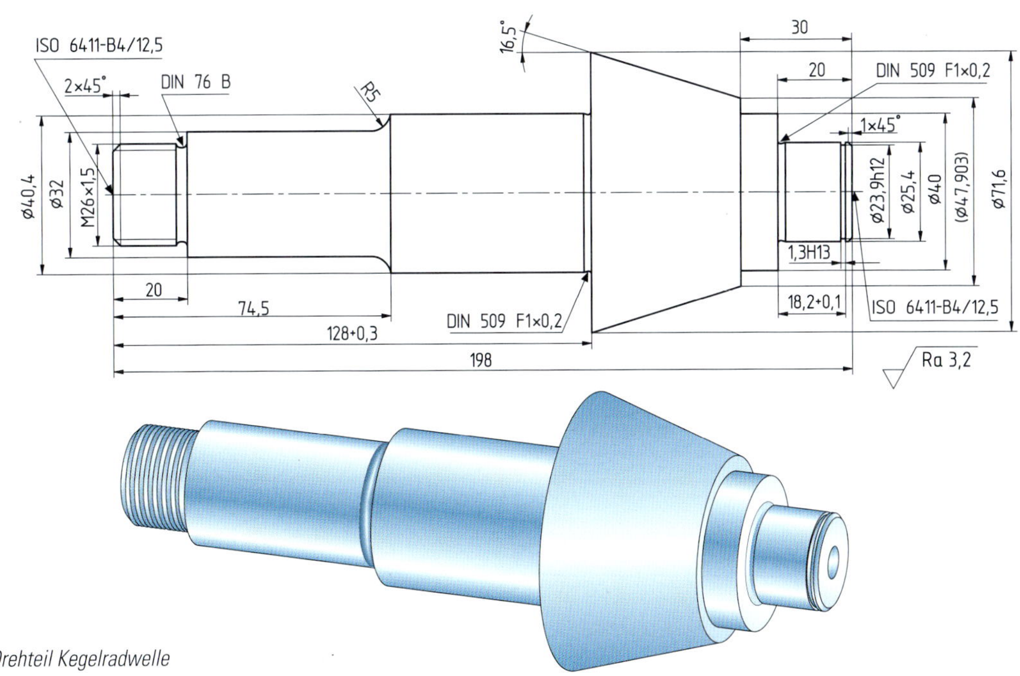

2 Drehteil Kegelradwelle

Drehen

2.2.1 Analyse der Einzelteilzeichnung

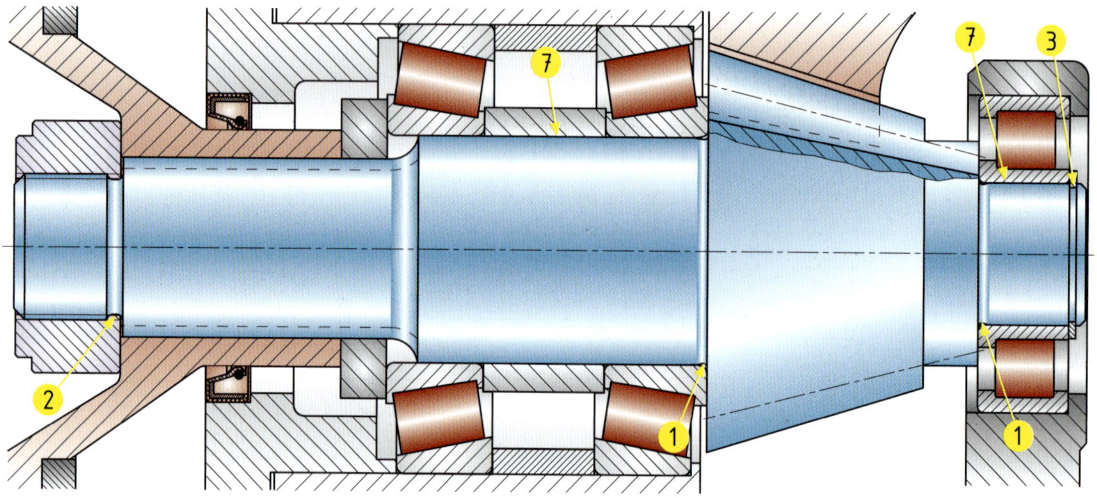

1 Kegelradwelle mit angrenzenden Bauteilen

Bevor die Fachkraft mit der Herstellung der Kegelradwelle beginnt, muss sie die Einzelteilzeichnung genau analysieren. Neben der geometrischen Form des Bauteils, den Maß- und Toleranzangaben enthält die Zeichnung weitere Informationen, die als Symbole, Textangaben oder deren Kombinationen vorliegen. Diese Zusatzinformationen weisen hin auf

- genormte Formelemente,
- Oberflächenbeschaffenheiten,
- Form- und Lagetoleranzen.

Genormte Formelemente

Die Formen und Abmessungen der Formelemente können den Normen bzw. dem Tabellenbuch entnommen werden.

- **Freistiche** 1 *(undercuts)*

  Die Kegelradwelle weist zwei Freistiche an den Absätzen auf. Die Freistiche ermöglichen, dass die Wälzlager (Bild 1) einwandfrei an den Stirnflächen anliegen. Weiterhin reduzieren sie die **Kerbwirkung**, die an einem scharfkantigen Absatz entstehen würde. Freistiche sind nach DIN 509 genormt. Ihre Größe richtet sich nach der Größe der Wellen- oder Bohrungsdurchmesser und der Beanspruchung des Bauteils.

  Meist werden Freistiche nach Form E oder F eingesetzt (Bild 2).

DIN 509 – E 0,6 × 0,2

Norm
Form
Radius (r_1)
Einstechtiefe (t_1)

Freistiche können vereinfacht oder vollständig dargestellt sein (Bild 3).

Form E
für Werkstücke
mit **einer**
Bearbeitungsfläche

Form F
für Werkstücke
mit **zwei** rechtwinklig
zueinanderstehenden
Bearbeitungsflächen

z: Bearbeitungszugabe

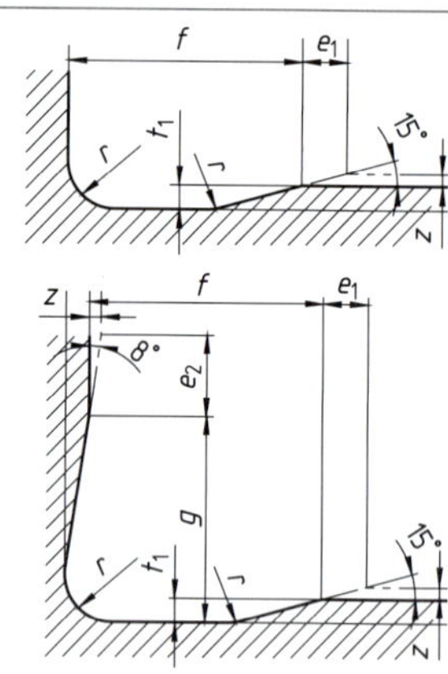

2 Freistichformen

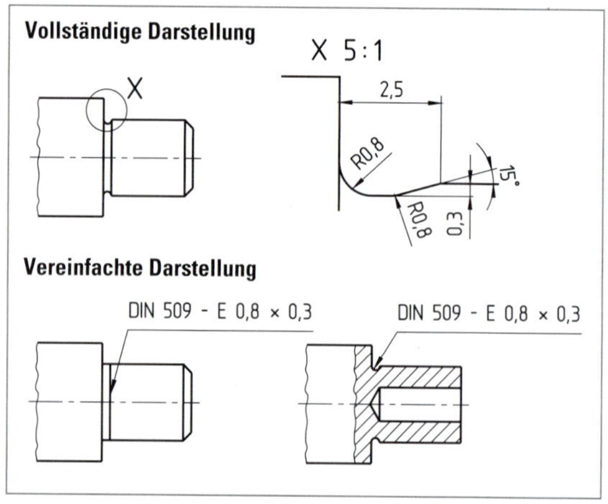

3 Darstellungsformen von Freistichen

Überlegen Sie!

1. Skizzieren Sie einen Freistich der Kegelradwelle im Maßstab 5 : 1 und legen Sie alle Maße dafür fest.
2. Ermitteln Sie die Art der Beanspruchung, die den Maßen der Freistiche an der Kegelradwelle zugrunde liegen.
3. Aus welchem Grund wurde bei der Kegelradwelle die Form F gewählt?

Gewindefreistiche (2) *(screw thread undercuts)*

Zwischen dem Gewinde M26 × 1,5 und dem Absatz der Kegelradwelle liegt ein Gewindefreistich. Gewindefreistiche ermöglichen beim Gewindeschneiden auf der Drehmaschine den Auslauf des Drehmeißels.

Freistiche für Außen- und Innengewinde sind nach DIN 76 genormt (Bild 1). Die Abmessungen sind der Norm bzw. dem Tabellenbuch zu entnehmen.

DIN 76 – B

Norm (DIN 76)
Form (Außengewinde, kurze Form) (B)

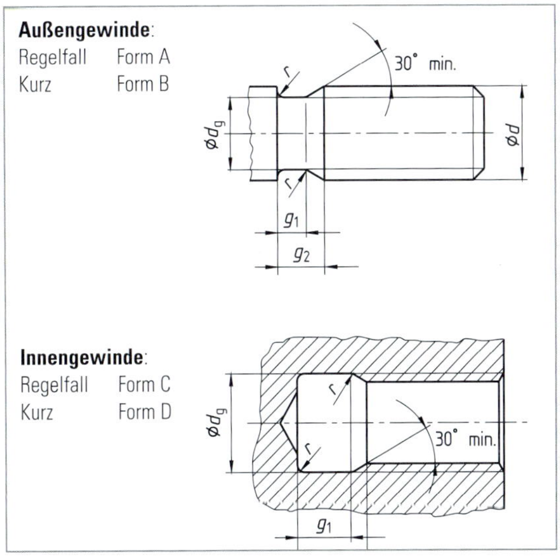

1 *Formen von Gewindefreistichen*

Gewindefreistiche können ebenfalls vollständig oder vereinfacht dargestellt werden (Bild 2).

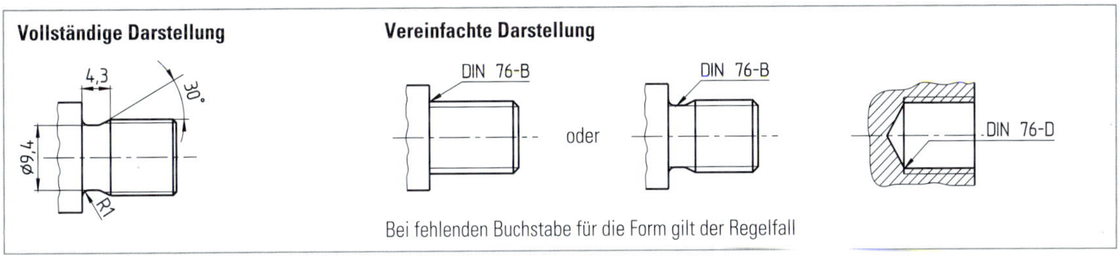

2 *Darstellungsformen von Gewindefreistichen*

Einstiche für Sicherungsringe (3)

Sicherungsringe *(circlips, retaining rings)* (Bild 3) verhindern oft das axiale Verschieben von Wälzlagern (Seite 16 Bild 1) und anderen Maschinenelementen auf Wellen. Die Größe des Sicherungsringes wird durch den Wellendurchmesser bestimmt. Ein **Einstich** *(recess)* nimmt den Sicherungsring auf. Die Maße für den Einstich sind nach DIN 471 genormt und können der Norm und dem Tabellenbuch entnommen werden. Die Toleranz für die Einstichbreite m ist H13 und die für den Einstichdurchmesser d_2 ist h12 bzw. H12.

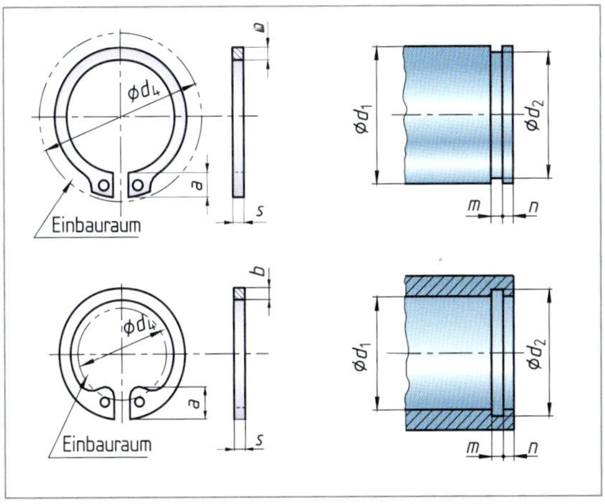

3 *Sicherungsringe und Einstiche für Sicherungsringe*

Zentrierbohrungen *(centre bores)* (4)

Zentrierbohrungen (Seite 18 Bilder 1 und 2) sind erforderlich, wenn Drehteile mit der Reitstockspitze gegengelagert (Kap. 2.3.5) oder zwischen den Spitzen gespannt (Kap. 2.5.4) werden. Beim Spannen zwischen den Spitzen definieren die Zentrierbohrungen die Lage der Drehachse.

Die Größe der jeweiligen Zentrierbohrung ist abhängig von

- den Zerspanungskräften
- dem Werkstückgewicht und
- dem Werkstückdurchmesser

ISO 6411 – A2/4,25

Norm (ISO 6411)
Form (A)
Führungsdurchmesser (d_1) (2)
Senkdurchmesser (d_2) (4,25)

Weiter Informationen zum Thema „Zentrierbohrung" finden Sie auf Seite 31.

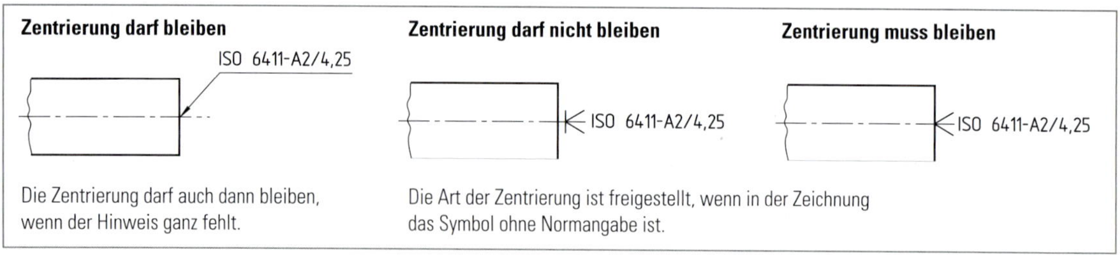

1 Vereinfachte Darstellung von Zentrierbohrungen

Die Zentrierungen werden vereinfacht nach ISO 6411 (Bild 1) oder ausführlich nach DIN 332-1 (Bild 2) dargestellt.
Die Zentrierbohrung nach ISO 6411 gibt nicht nur die Geometrie und Maße der Zentrierbohrung an, sondern legt durch ein zusätzliches Symbol noch fest, ob sie am Fertigteil bleiben darf, nicht bleiben darf oder bleiben muss (Bild 1).
Für die Herstellung ist die Tiefe t der Zentrierbohrung wichtig, weil über sie der Senkdurchmesser d_2 definiert wird.

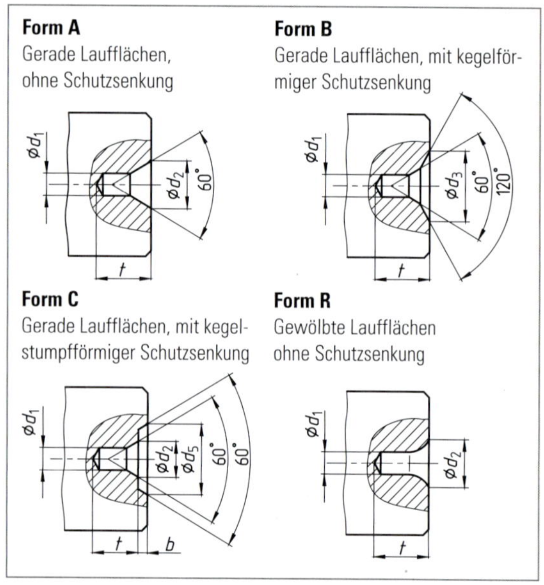

2 Ausführliche Darstellung und Formen von Zentrierbohrungen

Überlegen Sie!

1. *Skizzieren Sie eine Zentrierbohrung der Kegelradwelle im Maßstab 5:1 und legen Sie alle Maße dafür fest.*
2. *Welche Vorteile hat nach Ihrer Meinung die Form B gegenüber der Form A?*
3. *Entscheiden Sie, wie die fertige Kegelradwelle im Hinblick auf die Zentrierbohrungen aussehen wird.*

Werkstückkanten *(work piece edges)* 6

Bei der Herstellung von Werkstücken entstehen Werkstückkanten, die auf Grund ihrer Funktion unterschiedliche Ausführungsformen haben dürfen (Bilder 3 und 4). Oft sollen die Werkstücke gratfrei sein, damit

- die Montage erleichtert,
- die Verletzungsgefahr verringert,
- Werkstückspannungen genauer und
- Messfehler vermieden werden.

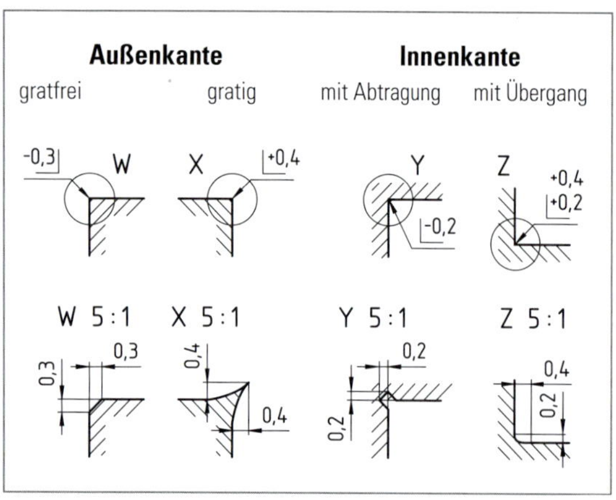

3 Ausführungen von Werkstückkanten

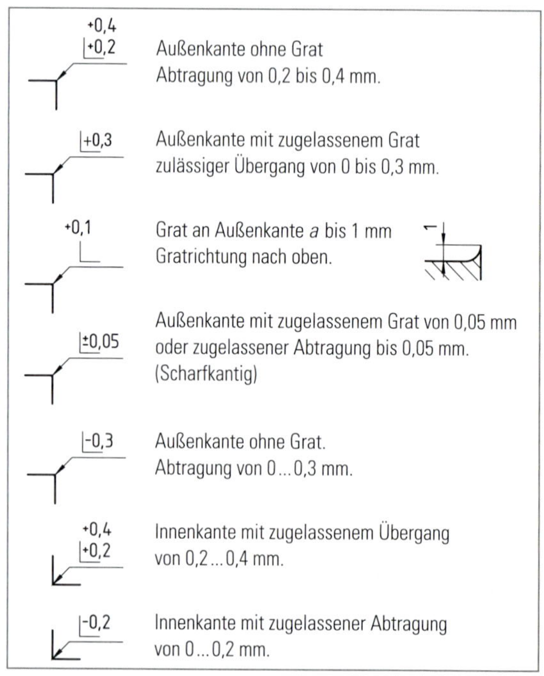

4 Beispiele von Kantenangaben nach ISO 13715

Überlegen Sie!

1. *Wie sind die meisten Außenkanten der Kegelradwelle auszuführen?*
2. *Warum ist die eine Außenkante der Kegelradwelle besonders groß abzutragen?*

Oberflächenbeschaffenheit *(surface finish)*

■ **Oberflächensymbole** *(surface symbols)* und **-messwerte** (7)

In der Teilzeichnung der Kegelradwelle ist u.a. die in Bild 1 dargestellte Angabe für die Oberflächenbeschaffenheit zu finden. Mithilfe des Bildes 2 kann das Symbol aufgeschlüsselt werden, wobei noch die Frage zu klären ist, was sich hinter der Angabe Ra 0,8 verbirgt.

1 *Oberflächenangabe*

Mit Oberflächenmessgeräten (Kap. 9.6.5) können verschiedene Messgrößen ermittelt werden. Der **Mittenrauwert Ra** *(mean roughness value)* und die **gemittelte Rautiefe Rz** *(mean roughness depth)* sind die gebräuchlichsten Angaben in Teilzeichnungen.

Für die verschiedenen Fertigungsverfahren gibt es Oberflächenvergleichsmuster (Bild 3). Durch den Vergleich der gefertigten Oberfläche mit dem Muster kann sowohl die Rautiefe als auch der Mittenrauwert am Werkstück abgeschätzt werden.

Überlegen Sie!

1. *Interpretieren Sie mithilfe des Tabellenbuches die nebenstehende Angabe.*

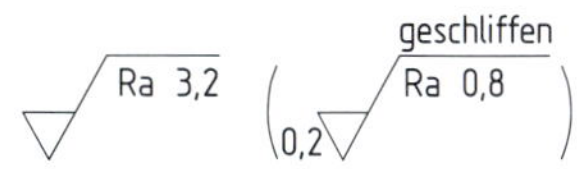

2. *Informieren Sie sich im Tabellenbuch über weitere Details zu Oberflächenangaben.*
3. *Ermitteln Sie mithilfe Ihres Tabellenbuchs, welche Ra- bzw. Rz-Werte mit dem Längsrunddrehen und Rundschleifen erreichbar sind.*

Grafisches Symbol

Materialabtrag unzulässig	jedes Fertigungsverfahren zulässig	Materialabtrag gefordert	gleiche Oberflächenbeschaffenheit auf allen Oberflächen des Werkstücks

Angabe zusätzlicher Anforderungen

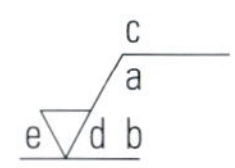

a Einzelanforderung, z.B. Rz-Wert als obere Grenze

b Einzelanforderung, z.B. Rz-Wert als untere Grenze

c Fertigungsverfahren, z.B. gefräst

d Oberflächenrillen

e Bearbeitungszugabe in mm

2 *Oberflächensymbole nach DIN EN ISO 1302*

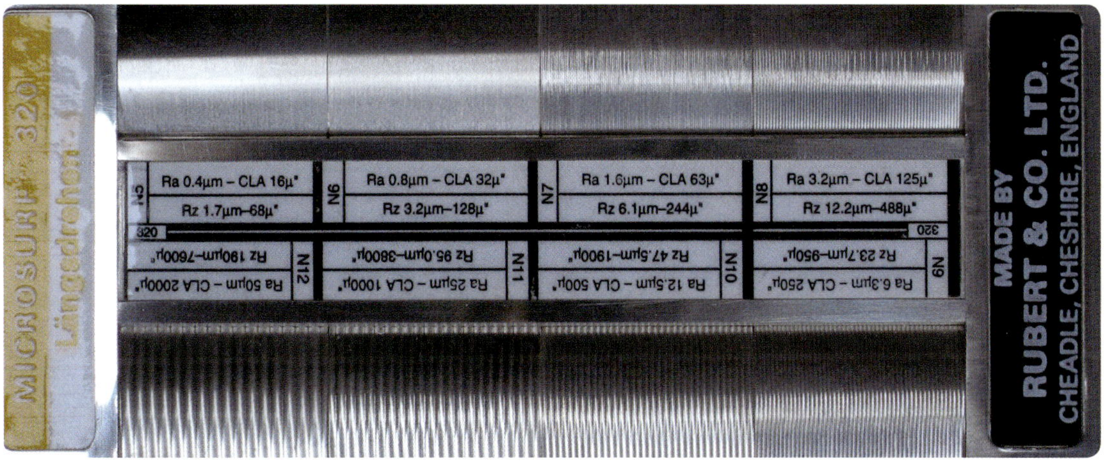

3 *Oberflächenvergleichsmuster für Längsrunddrehen*

	Wärmebehandlung des ganzen Teils gleiche Härtewerte	 unterschiedliche Härtewerte	Örtlich begrenzte Wärmebehandlung
Härten und Vergüten	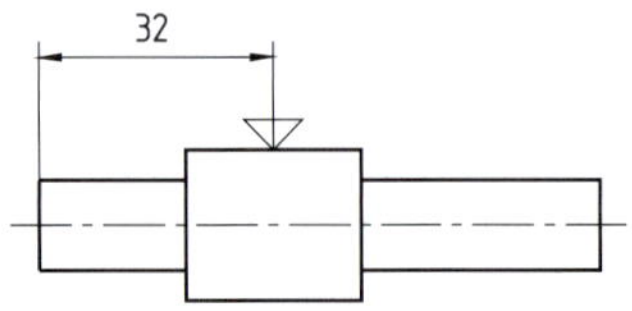 vergütet 375 + 50 HB 2,5/187,5	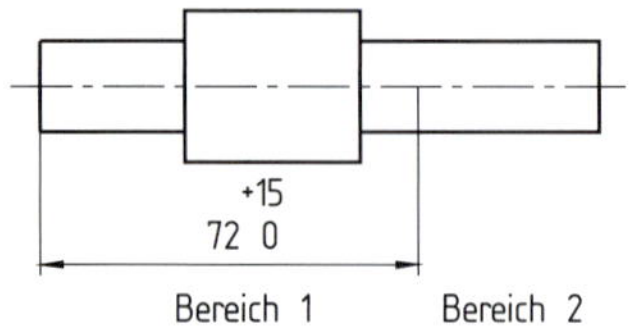 gehärtet und angelassen Bereich 1: 60 + 5 HRC Bereich 2: 50 + 5 HRC	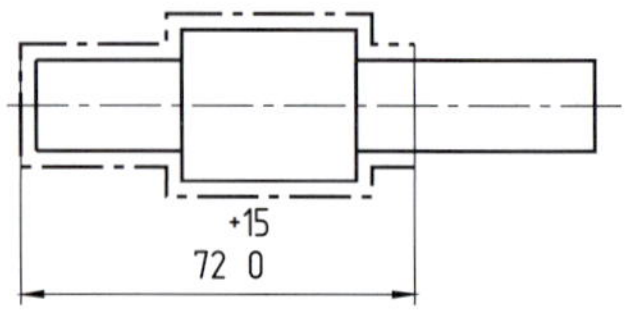 — · — gehärtet und ganzes Teil angelassen 58 + 4 HRC
Randschichthärten	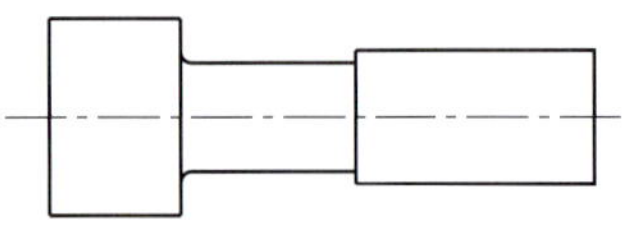 randschichtgehärtet und angelassen 600 + 100 HV 10 Eht = 0,5 + 0,3 Oberflächenhärte muss 600 ... 700 HV 10 betragen. Die Einsatzhärtetiefe CHD beträgt 0,5 ... 0,8 mm	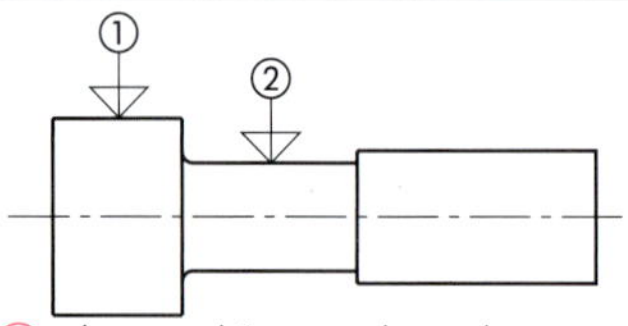 ① einsatzgehärtet und angelassen (64 ± 2) HRC CHD = 1,2 + 0,5 ② einsatzgehärtet und angelassen (58 ± 4) HRC CHD = 1 + 0,4	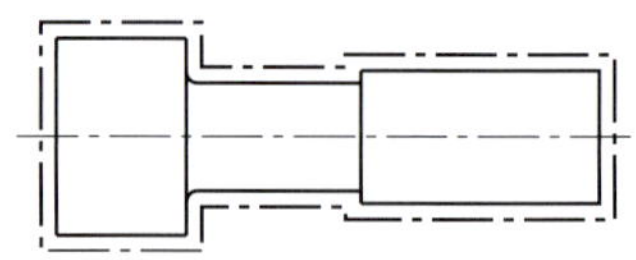 randschichtgehärtet und angelassen 60 + 4 HRC CHD = 0,8 + 0,4

***1** Härteangaben nach DIN ISO 15787*

- **Härteangaben** *(hardness numbers)* 8

  Die Kegelradwelle wird laut Zeichnung mit Ausnahme des linken Gewindezapfens 1,1 mm tief auf 61 + 2 HRC einsatzgehärtet (vgl. Kap. 10.2.6). Die Härteangaben sind nach DIN ISO 15787 genormt (Bild 1). Weitere Einzelheiten können der Norm oder dem Tabellenbuch entnommen werden.

  - Die Eintragung der Wärmebehandlung erfolgt zweckmäßigerweise in der Nähe des Schriftfeldes.
  - Die Messstelle wird – falls erforderlich – durch ein Symbol gekennzeichnet.
  - Allen Härtewerten ist eine größtmögliche funktionsbezogene Plus-Toleranz zuzuordnen.
  - Wärmebehandlungsbilder (vereinfachte und verkleinerte Darstellung des Bauteils) stehen in der Nähe des Schriftfeldes.

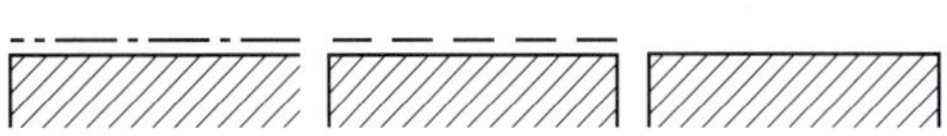

Bereiche, die wärmebehandelt werden müssen	Bereiche, die mitbehandelt werden dürfen	Bereiche, die nicht oder wenn Angaben vorhanden, ganz behandelt werden

Damit die Lagersitze (∅ 40k6 und ∅ 25k6) und die angrenzenden Stirnflächen **nach dem Drehen und Einsatzhärten** geschliffen werden können, ist beim Drehen ein Aufmaß von 0,2 mm einzuhalten.

Form- und Lagetoleranzen

Damit die Kegelradwelle sicher ihre Funktion erfüllt, ist es erforderlich,

- Werkstückformen (z. B. die Rundheit der Lagersitze) und
- Lagen von Werkstückformen zueinander (z. B. Koaxialität der beiden Lagersitze)

zu tolerieren.

- **Formtoleranzen** *(tolerances of form)* 9

MERKE

Formtoleranzen (Bild 2 und Seite 21 Bild 1) begrenzen die zulässige Abweichung eines Werkstückelements von seiner geometrischen Idealform.

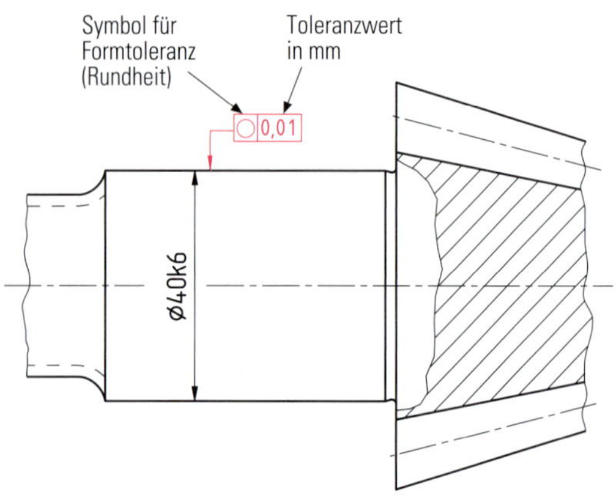

***2** Angabe der Formtoleranz „Rundheit"*

Symbol Eigenschaft	Zeichnungseintragung	Toleranzzone	Erklärung
Ebenheit	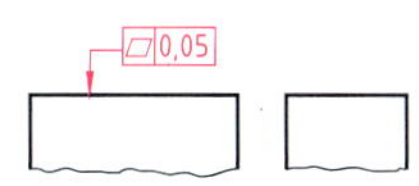	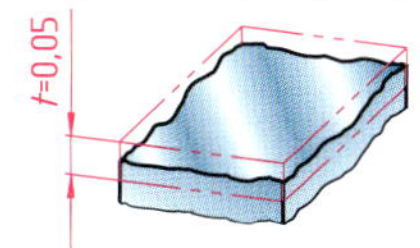	Die Ist-Fläche muss zwischen zwei parallelen Ebenen im Abstand t = 0,05 mm liegen.
Rundheit (Kreisform)	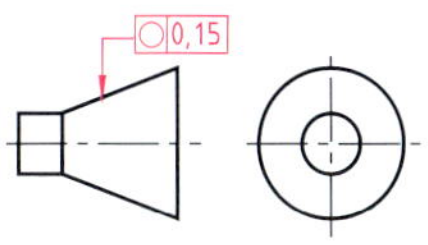	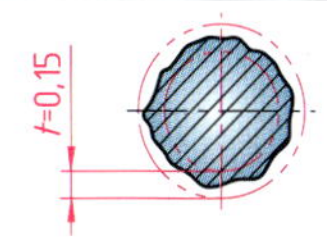	Der Ist-Umfang jedes Querschnitts muss zwischen den konzentrischen Kreisen mit dem Abstand t = 0,15 mm liegen.
Zylinderform	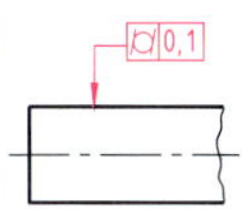	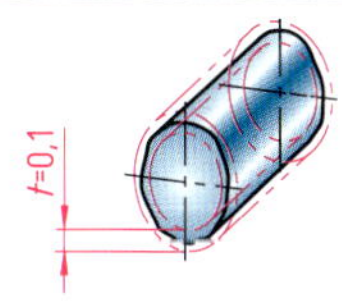	Die Ist-Zylindermantelfläche muss zwischen zwei koaxialen Zylindern mit dem Abstand t = 0,1 mm liegen.

***1** Beispiele von Formtoleranzen nach DIN EN ISO 1101*

In einem **zweiteiligen Toleranzrahmen** sind die Toleranzen festgelegt (Seite 20 Bild 2). Damit die auf der Kegelradwelle montierten Wälzlager langfristig funktionsfähig bleiben, muss die Rundheit des Lagersitzes eng toleriert sein.

Überlegen Sie!

Informieren Sie sich im Tabellenbuch über die verschiedenen Formtoleranzen und überlegen Sie, welche Formtoleranzangabe für den Wellenabschnitt in Bild 2 auf Seite 20 auch noch sinnvoll ist.

■ **Lagetoleranzen** *(tolerances of position)* 10

MERKE

Lagetoleranzen (Bild 2 und Seite 22 Bild 1) begrenzen die zulässige Abweichung zweier oder mehrerer Werkstückelemente von einer idealen Lage zueinander.

In **dreiteiligen Toleranzrahmen** sind meist die Lagetoleranzen definiert (Bild 2). Da sich diese auf andere Werkstückelemente beziehen, ist dieser Bezug im dritten Feld angegeben. Das Bezugselement, auf das sich die Lagetoleranz bezieht, ist durch einen Großbuchstaben in einem Bezugsrahmen, der mit einem Dreieck verbunden ist, gekennzeichnet (Bild 2 und Seite 22 Bild 1). Das Bezugselement kann eine Fläche oder Achse sein (Bild 3). Es bezieht sich auf die Achse, wenn es in der Verlängerung der Maßlinie steht, ansonsten auf eine Fläche oder Linie.

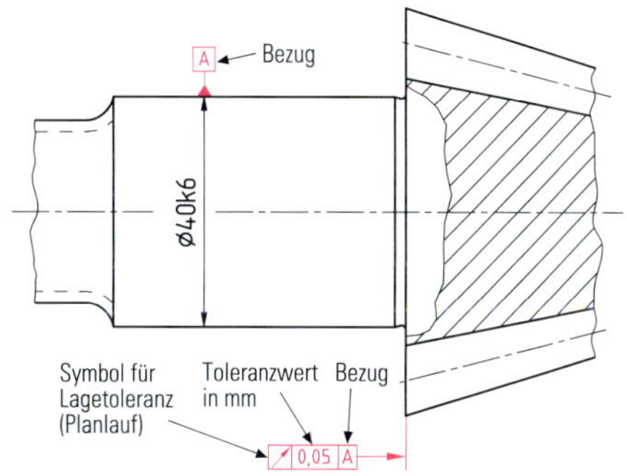

***2** Angabe der Lagetoleranz „Planlauf"*

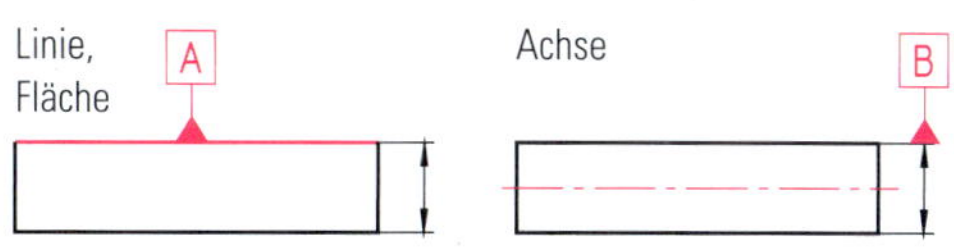

***3** Definition der Bezugselemente*

Hüllbedingung 12

Das E in der Angabe weist auf die **Hüllbedingung** (Hülle: *envelope*) hin (Bild 4). Die Hülle des Wellenabschnittes darf nicht größer als sein Höchstmaß sein. Die Hülle der Bohrung darf nicht kleiner als ihr Mindestmaß sein.

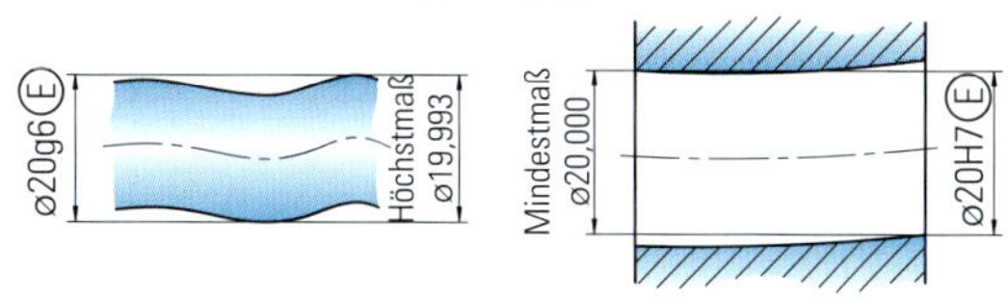

***4** Hüllbedingung E bei Welle und Bohrung*

Überlegen Sie!

1. *Informieren Sie sich im Tabellenbuch über die verschiedenen Lagetoleranzen und Bezugselementangaben.*
2. *Welche weiteren Lagetoleranzen sind in der Zeichnung der Kegelradwelle definiert?*
3. *Welches Bezugselement gilt für alle Lagetoleranzen?*
4. *Erklären Sie die einzelnen Lagetoleranzen für die Kegelradwelle.*
5. *Stellen Sie in einer Mindmap die möglichen Gründe für die Wahl der Lagetoleranzen und des Bezugsobjekts dar.*

Weitere Informationen zu Form- und Lagetoleranzen finden Sie auf Seite 97.

Symbol Eigenschaft	Zeichnungseintragung	Toleranzzone	Erklärung
Kreisförmige Lauftoleranz – radial (Rundlauf) 	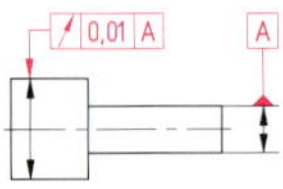	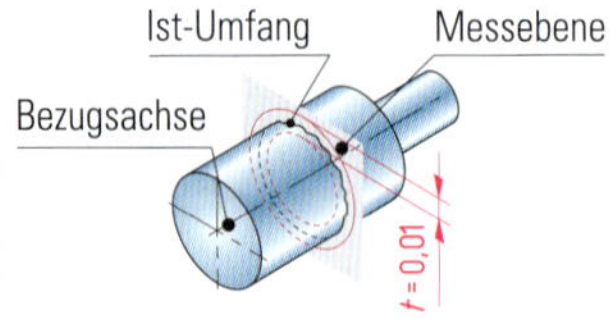	Bei Drehung um die Bezugsachse A darf die Rundlaufabweichung in jeder achssenkrechten Messebene die Toleranz t = 0,01 mm nicht überschreiten
Kreisförmige Lauftoleranz – axial (Planlauf) 	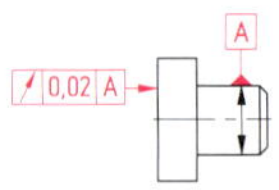	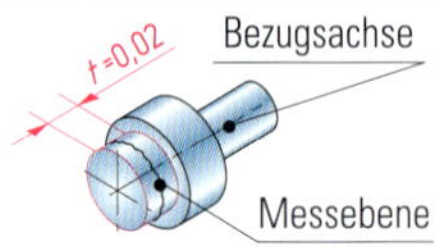	Bei einer Umdrehung um die Bezugsachse A darf bei beliebigem r die Planlaufabweichung nicht größer als t = 0,02 mm sein.
Koaxialität 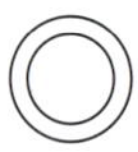	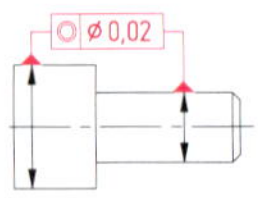	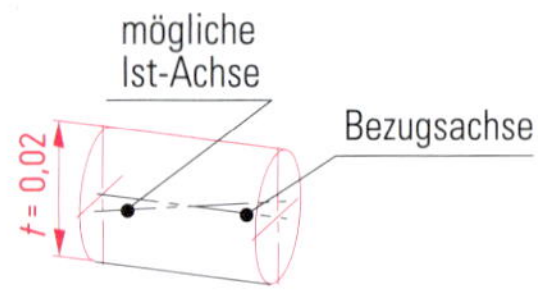	Die Ist-Achse des großen Durchmessers muss in einem Zylinder vom Durchmesser t = 0,02 mm liegen. Der Toleranzzylinder liegt koaxial zur Bezugsachse.

***1** Beispiele von Lagetoleranzen nach DIN EN ISO 1101*

2.2.2 Arbeitsplanung

Die Angaben auf der Teilzeichnung führen zu folgender **Grobplanung** für die Kegelradwelle (Seite 15 Bild 2):

- Zentrieren und Drehen
- Fräsen der Verzahnung und des Keilwellenprofils
- Härten der Oberflächen
- Schleifen der Lagersitze mit den Durchmessern 40 mm und 25 mm sowie der Verzahnung

Vor dem **Drehen** der Kegelradwelle ist eine entsprechende Arbeitsplanung *(work scheduling)* (siehe unten und die Folgeseite) vorzunehmen.

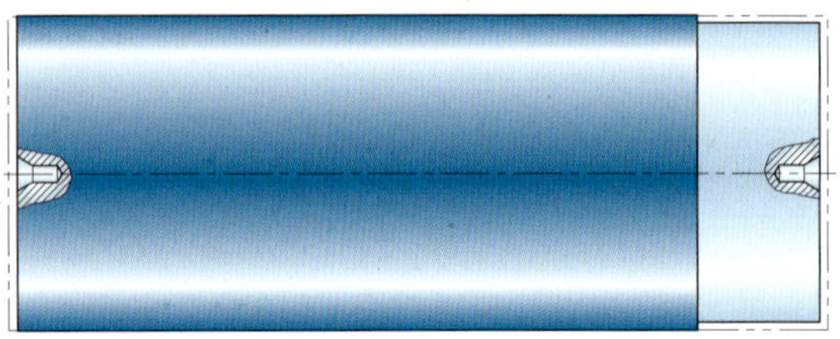

- Querplandrehen und Zentrieren der beiden Stirnflächen
- Längsrunddrehen einer Spannfläche

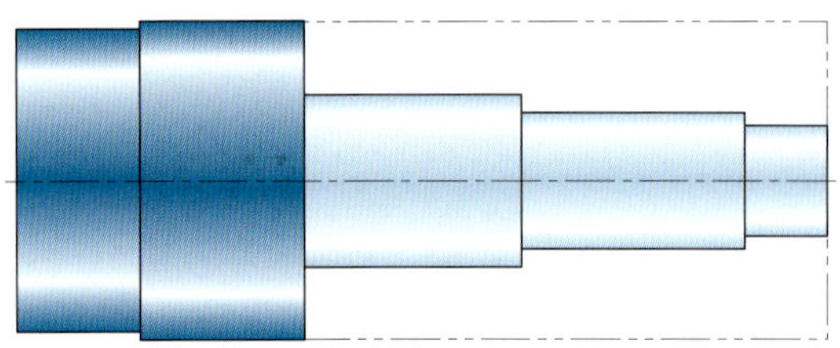

- Schruppen der ersten Seite durch Längsrunddrehen

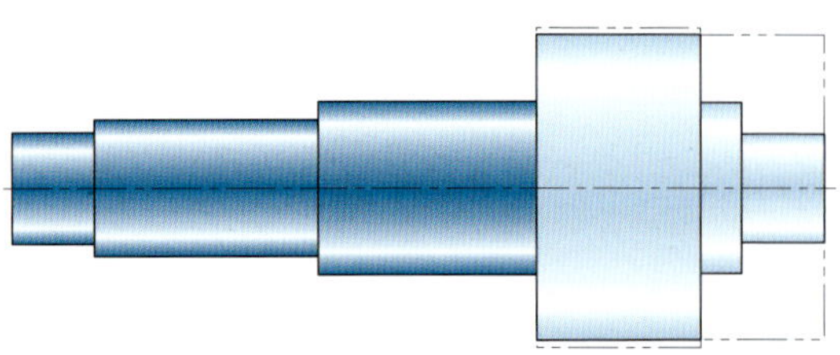

- Schruppen der zweiten Seite durch Längsrunddrehen

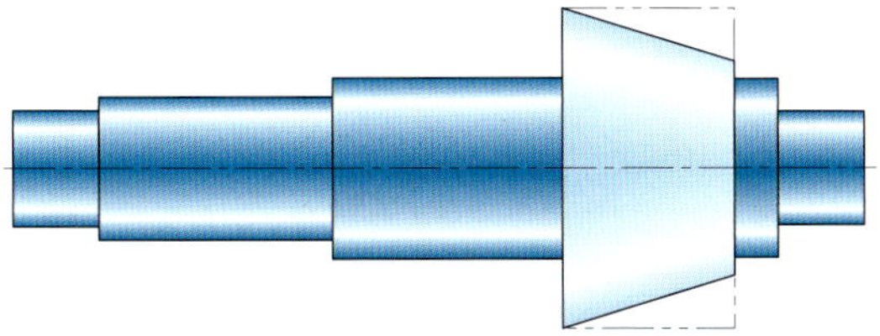

- Schruppen des Kegelrads durch Kegeldrehen

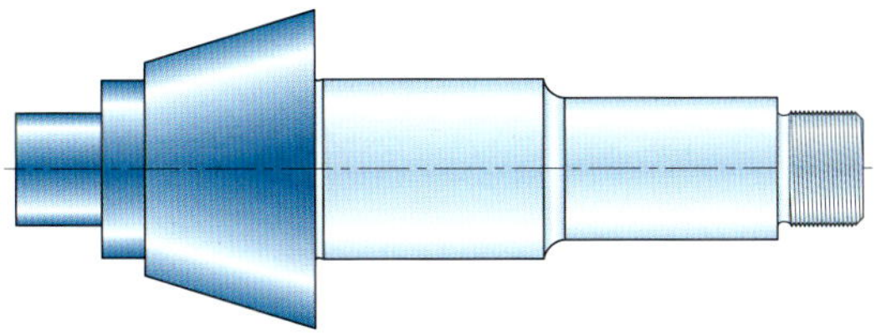

- Schlichten der ersten Seite durch Längsrund- und Querplandrehen
- Querprofileinstechen des Radius R5
- Profileinstechen des Freistichs
- Querprofileinstechen des Gewindefreistichs
- Gewindedrehen

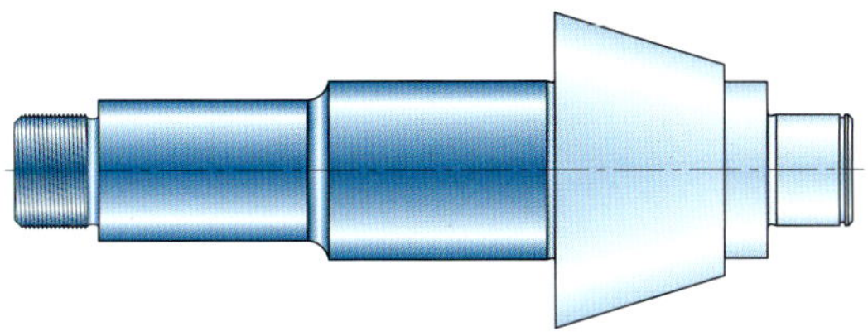

- Schlichten der zweiten Seite durch Längsrund- und Querplandrehen
- Schlichten des Kegelrads
- Querprofileinstechen des Einstichs
- Profileinstechen des Freistichs

2.3 Drehmaschinen

Drehmaschinen *(lathes, turning machines)* (Seite 24 Bild 1) dienen zur Herstellung von rotationssymmetrischen Werkstücken wie z.B. der Kegelradwelle. Sie bestehen aus einzelnen Baugruppen.

2.3.1 Stütz- und Trageinheit (Maschinenbett)

Das Maschinenbett *(machine foundation)* nimmt als Stütz- und Trageinheit den Spindelstock, den Werkzeugschlitten und den Reitstock auf. Der Elektromotor und die Antriebe für Schnitt- und Vorschubbewegungen sind entweder im Maschinenbett untergebracht oder daran befestigt. Zur präzisen Führung und Positionierung von Werkzeugschlitten und Reitstock besitzt das Maschinenbett Führungsbahnen.

MERKE

Die Qualität der Führungen ist sehr wichtig für die Arbeitsgenauigkeit der Drehmaschine. Schlechte Führungen können zu Schwingungen (Rattern) führen. Außerdem treten Formfehler beim Drehteil auf.

2.3.2 Spindelstock mit Hauptgetriebe und Arbeitsspindel

Bei konventionellen Drehmaschinen ist das **Hauptgetriebe** *(headstock gearing)* meist im Spindelstock *(headstock)* untergebracht. Es ist ein Schaltgetriebe, das die unterschiedlichen Umdrehungsfrequenzen und Drehmomente an die Arbeitsspindel abgibt.

Die **Arbeitsspindel** *(workspindle)* erfüllt eine Doppelfunktion:

- Als **Trageinheit** *(support unit)* nimmt sie die Spannvorrichtung für das Werkstück auf.
- Als **Antriebselement** *(drive unit)* leitet sie die Energie für den Zerspanungsprozess an die Wirkstelle von Werkstück und Werkzeug.

MERKE

Die genaue und möglichst spielfreie Lagerung der Arbeitsspindel ist für die erreichbaren Maß-, Form- und Lagetoleranzen sowie die Oberflächenqualität des Werkstücks sehr wichtig.

2.3.3 Vorschubgetriebe mit Leit- und Zugspindel

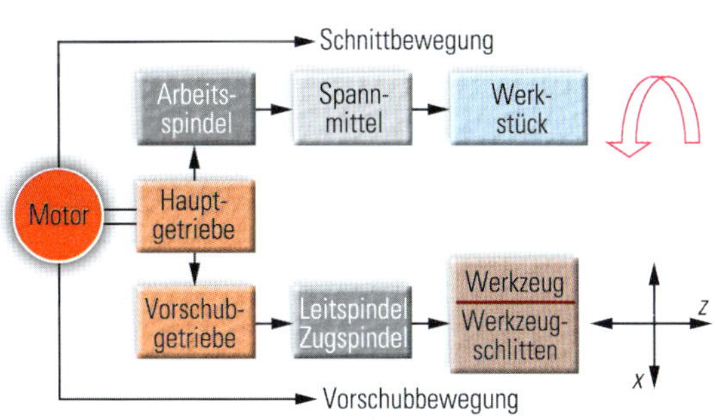

1 Schnitt- und Vorschubbewegung an konventionellen Drehmaschinen

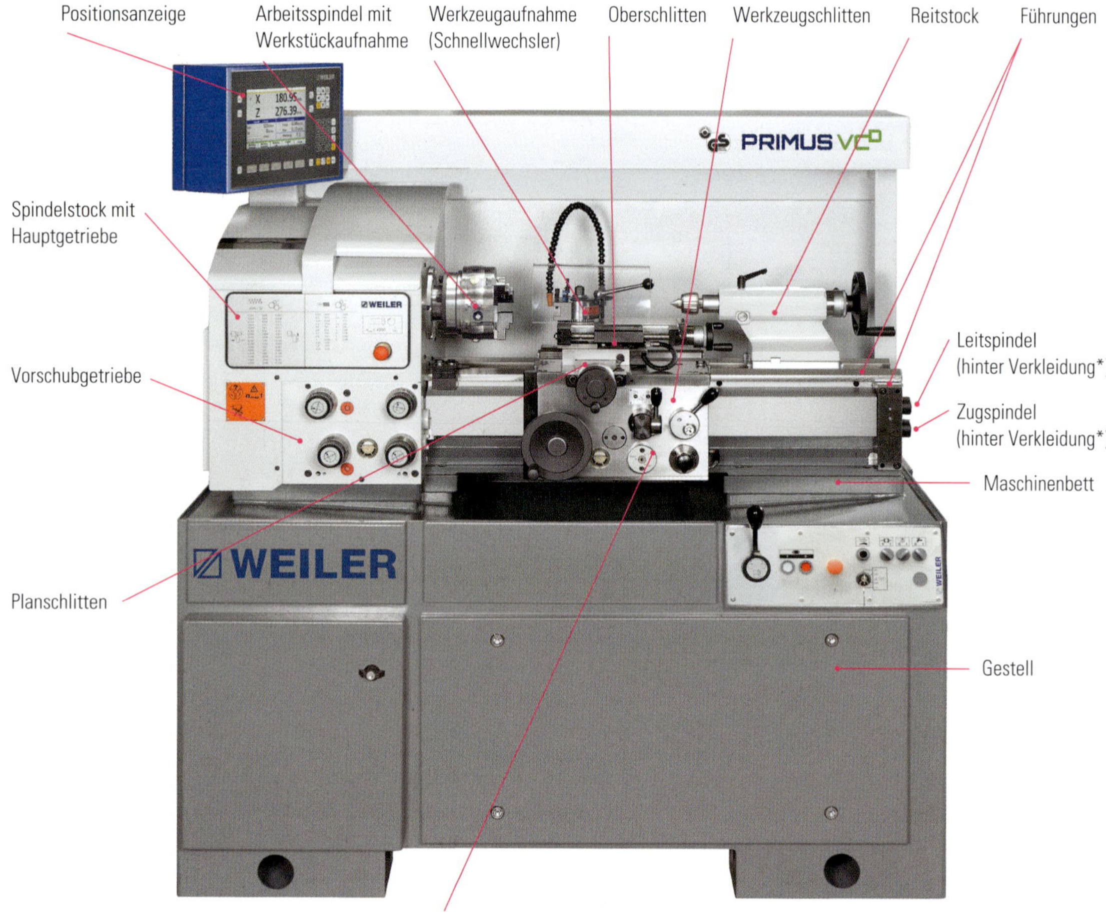

1 *Konventionelle Drehmaschine*

*Arbeitsschutz

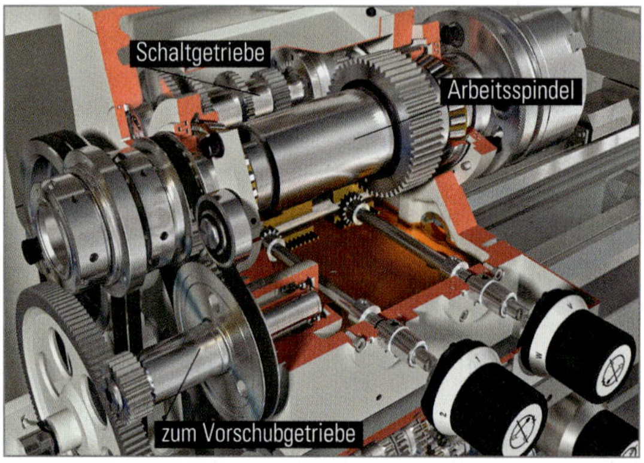

2 *Spindelstock mit Hauptgetriebe und Arbeitsspindel*

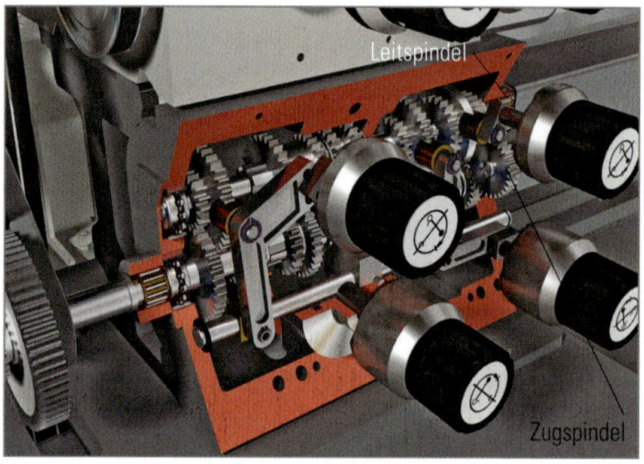

3 *Vorschubgetriebe*

An der konventionellen Drehmaschine wird nicht nur die Schnittbewegung vom Hauptgetriebe abgeleitet, sondern auch die Vorschubbewegung des Werkzeugschlittens (Bild 2 und Seite 23 Bild 1). Beim Drehen wird der Vorschub in Millimeter pro Umdrehung angegeben.

MERKE

Wenn sich die Umdrehungsfrequenz der Arbeitsspindel ändert, verändert sich im gleichen Maß die Vorschubgeschwindigkeit. Der Vorschub je Umdrehung bleibt gleich (vgl. Kapitel 1.1.1).

Die Vorschubbewegung wird vom Hauptantrieb zum **Vorschubgetriebe** *(feed train)* (Seite 24 Bild 3) geleitet. Es ermöglicht das Ändern des Vorschubs oder das Einstellen verschiedener Gewindesteigungen.

Die **Zugspindel** *(feed rod)* überträgt beim Längsrund- und Querplandrehen die Vorschubbewegung vom Vorschubgetriebe zum Werkzeugschlitten.

Die **Leitspindel** *(lead screw)* kommt beim Gewindedrehen zum Einsatz.

2.3.4 Werkzeugschlitten

Im Werkzeugschlitten ist das **Schlosskastengetriebe** *(lock box gear drive)* untergebracht.

Planschlitten *(cross slide)* und **Oberschlitten** *(top slide)* besitzen nachstellbare Schwalbenschwanzführungen. Beide werden über Gewindespindeln bewegt. Der Oberschlitten ist um 360° schwenkbar. Dadurch ermöglicht er z. B. auch das Kegeldrehen.

Viele konventionelle Werkzeugmaschinen besitzen elektronische Wegmesssysteme. Das Ablesen der digitalen Anzeigen ist sicherer als das der Rundskalen.

Die Werkzeughalter sind meist als Schnellwechsler ausgeführt.

2.3.5 Reitstock

Der Reitstock *(tailstock)* (Bild 1) übernimmt unterschiedlichste Aufgaben:

- Beim Drehen langer Werkstücke nimmt er eine Zentrierspitze auf, die das Werkstück auf der zweiten Stirnseite zentriert und abstützt.
- Die Pinole des Reitstocks nimmt Werkzeuge (z. B. Bohrer, Senker, Gewindebohrer usw.) für die stirnseitige Bearbeitung des Drehteils auf.

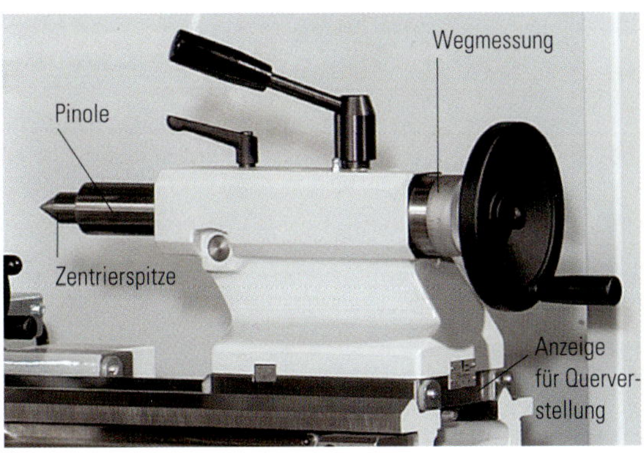

1 *Reitstock*

Überlegen Sie!

Vergleichen Sie die Aufgaben von Zug- und Leitspindel.

2.4 Drehwerkzeuge und deren Auswahl

Das Drehwerkzeug *(lathe tool)* in Bild 2 besitzt zwei Schneiden: die **Hauptschneide** *(major cutting edge)*, die in Vorschubrichtung zeigt, und die **Nebenschneide** *(minor cutting edge)*. Die Hauptschneide trennt im Wesentlichen den Span vom Werkstück.

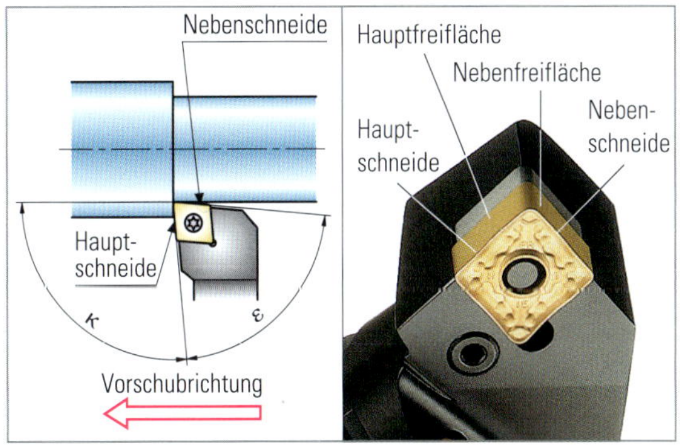

2 *Haupt- und Nebenschneide, Ecken- und Einstellwinkel*

2.4.1 Ecken-, Einstell- und Neigunswinkel

Haupt- und Nebenschneide bilden den **Eckenwinkel** ε *(included angle)*. Je größer der Eckenwinkel, desto stabiler ist die Werkzeugspitze und umso geringer ist die Gefahr des Werkzeugbruchs.

MERKE

Große Eckenwinkel kommen beim Schruppen zum Einsatz.

Hauptschneide und Werkstückachse begrenzen den **Einstellwinkel** κ *(tool cutting edge angle)* (Bild 3). Bei einem Einstellwinkel von 90° entspricht die **Spanungsbreite** b *(undeformed chip width)* der Schnitttiefe a_p. Mit abnehmendem Einstellwinkel vergrößert sich die Spanungsbreite b bei gleicher Schnitttiefe a_p. Dadurch verlängert sich die im Eingriff stehende Haupt-

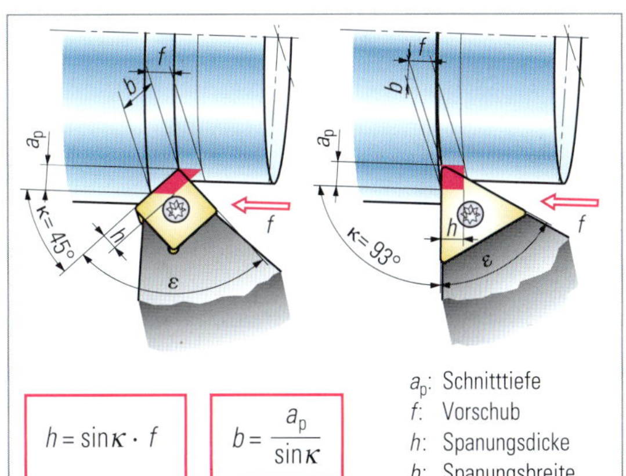

3 *Einfluss des Einstellwinkels auf die Spanungsdicke und Spanungsbreite*

schneide. Gleichzeitig verteilt sich die zum Zerspanen erforderliche Schnittkraft auf die längere Hauptschneide, wodurch sich deren Verschleiß vermindert.
Bei einem Einstellwinkel von 90° entspricht die **Spanungsdicke** h *(rise per tooth)* dem Vorschub f. Die Spanungsdicke h verringert sich mit abnehmendem Einstellwinkel κ. Dadurch wird bei zu geringem Vorschub f der Bereich des kontrollierten Spanbruchs verlassen (siehe Kapitel 1.1.3) und es kommt zu unerwünschten Spanformen.
Die Hauptschneide und die horizontale Ebene grenzen den **Neigungswinkel** λ *(inclination angle)* ein (Bild 1). Er ist positiv, wenn die Hauptschneide zur Spitze hin ansteigt. Das ist nur möglich, wenn die Wendeschneidplatten über einen entsprechend großen Freiwinkel verfügen (Bild 2).
Bei negativem Neigungswinkel erfolgt der Anschnitt nicht mit der Schneidenspitze. Dadurch wird diese entlastet und die Bruchgefahr ist geringer. Beim Schlichten ist ein positiver Neigungswinkel von Vorteil, weil der Span nicht über die bearbeitete Fläche kratzt.

Überlegen Sie!

1. *Unter welchen Bedingungen wird beim gleichen Drehmeißel die Hauptschneide zur Nebenschneide und umgekehrt?*
2. *Vergleichen Sie die Ecken- und Einstellwinkel beim Querplanen einer Stirnfläche mit denen beim Profildrehen eines Freistiches der Form E.*

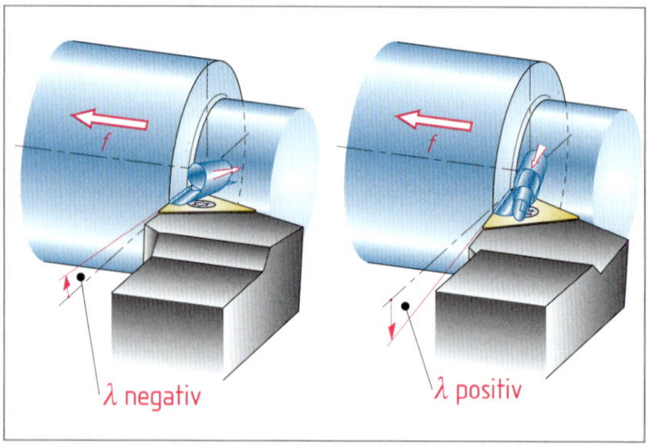

1 *Einfluss des Neigungswinkels auf den Spanfluss*
Bei λ positiv wird der Span vom Werkstück weg gelenkt.
Bei λ negativ wird der Span zum Werkstück hin gelenkt.

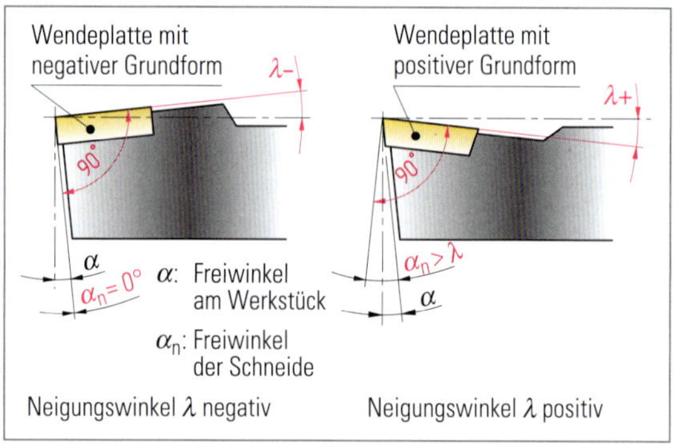

2 *Neigungswinkel und Freiwinkel*

Beim Drehen gibt es für die Außen- und Innenbearbeitung unterschiedliche Werkzeuge (Bild 3 und Seite 27 Bild 1).

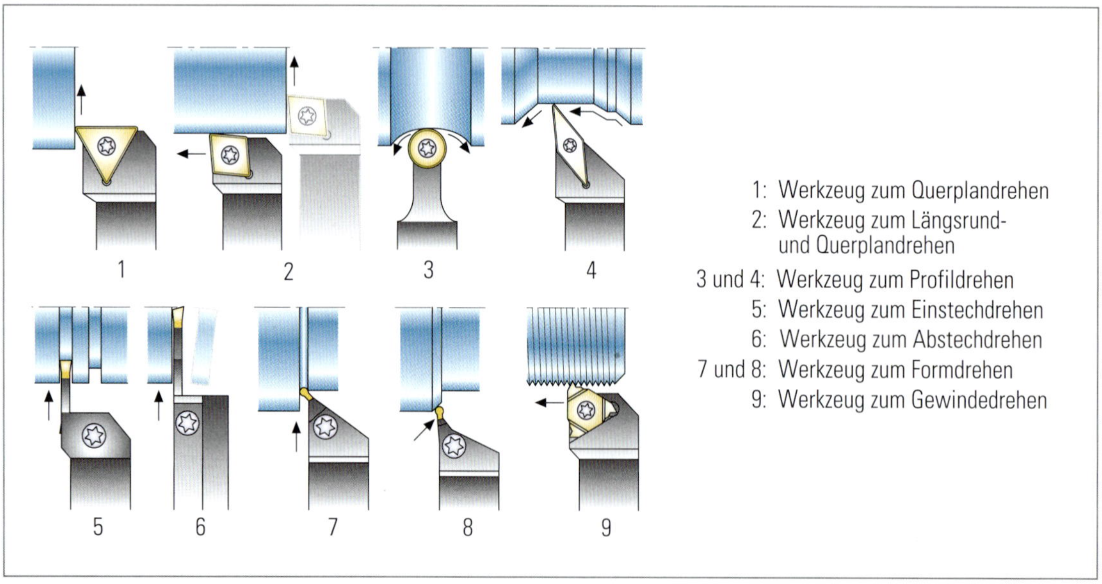

3 *Ausgewählte Werkzeuge zum Außendrehen*

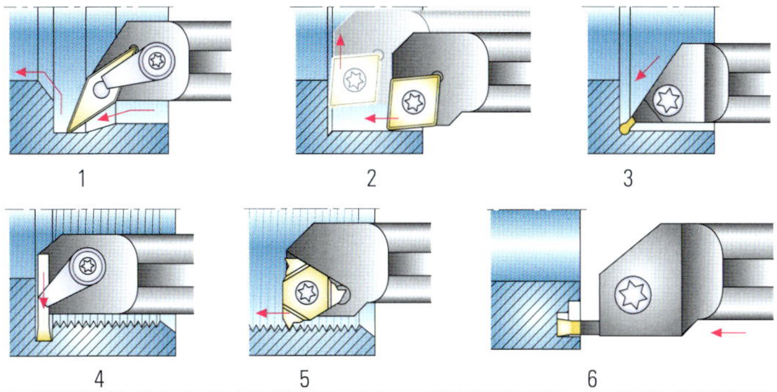

1: Werkzeug zum Profildrehen
2: Werkzeug zum Längsrund- und Querplandrehen
3: Werkzeug zum Formdrehen
4: Werkzeug zum Nutendrehen
5: Werkzeug zum Gewindedrehen
6: Werkzeug zum Einstechen

1 *Ausgewählte Werkzeuge zum Innendrehen*

2.4.2 Werkzeugauswahl und technologische Daten

Für das Schruppen beim Längsrund- und Querplandrehen wird gewählt:

- Ein Klemmhalter mit Kniehebel, weil dieser die erforderliche Stabilität für das Schruppen gewährleistet.
- Wendeschneidplattenform C ist mit einem Eckenwinkel von 80° stabil und bei einem Einstellwinkel von 95° lassen sich rechtwinklige Absätze drehen. Die Schneidplatte ist so auf dem Halter befestigt, dass ein Freiwinkel von 7° vorliegt. Der Eckenradius von 1,2 mm eignet sich gut zum Schruppen.
- Als Schneidstoff wird P20 mit TiN-Beschichtung gewählt.
- Die Schneidenlänge der Schneidplatte beträgt 12 mm.
- Bei einer Schnitttiefe von 5 mm und einem Vorschub von 0,6 mm ist der Spanbruch sichergestellt.
- Die Schnittgeschwindigkeit wird mit 250 m/min festgelegt.

Überlegen Sie!

1. *Von wem und wie können Sie weitere Informationen zur Werkzeugwahl erhalten?*
2. *Legen Sie für das Schlichten der Kegelradwelle das Werkzeug und die technologischen Daten fest.*

Festlegen der Drehwerkzeuge

1. Klemmsystem wählen

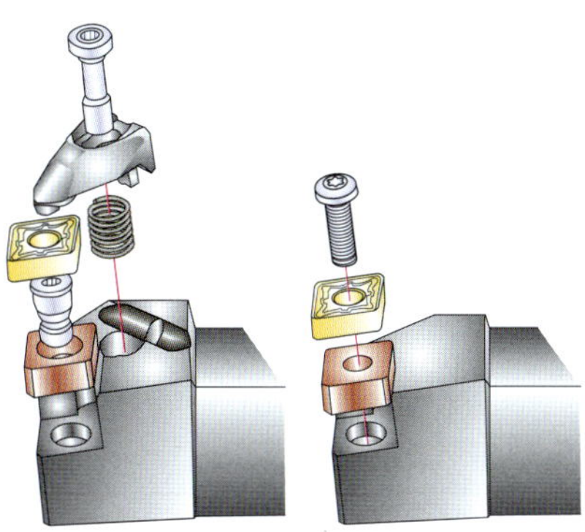

- Die Hebelklemmung drückt die Schneidplatte sicher und fest in die Ecke. Es ist eine sehr stabile Spannung, die eine Schneidplatte mit großem Eckenwinkel voraussetzt. Diese oder eine ähnliche Art, z. B. über Spannfinger, ist nach Möglichkeit zu bevorzugen.
- Die Schraubenklemmung wird bei kleineren Schneidplatten und beim Schlichten gewählt.

2. Haltertyp und Plattenform festlegen

Der Haltertyp wird zusammen mit der Plattenform gewählt. Die Plattenform kann nach folgender Tabelle bestimmt werden:

Einflussfaktoren bei der Wahl der Wendeplattenformen	R	90°	80°	80°	60°	55°	35°
Schruppen (Stabilität)	🔵	🔵	🔵	🔴	🔴		
Leichtes Schruppen/ Vorschlichten (Anzahl Schneiden)		🔴	🔵	🔵	🔵	🔵	
Schlichten (Anzahl Schneiden)			🔴	🔴	🔵	🔵	🔵
Längs- u. Plandrehen (Vorschubrichtung)			🔵	🔴	🔴	🔵	🔵
Profildrehen (Zugänglichkeit)			🔴	🔴	🔴	🔵	🔵
Flexibilität der Bearbeitung	🔴		🔵	🔴	🔴	🔵	🔴
Begrenzte Antriebsleistung			🔴	🔴	🔵	🔵	🔵
Weniger Neigung zu Vibrationen				🔴	🔵	🔵	🔵
Harter Werkstoff	🔵	🔵					
Bearbeitung mit unterbrochenem Schnitt	🔵	🔵	🔴	🔴	🔴		
Großer Einstellwinkel			🔵	🔵	🔵	🔵	🔵
Kleiner Einstellwinkel	🔵	🔵			🔵		

🔵 Alternative 🔴 Empfehlung

Der Haltertyp hängt ab von:

- dem Drehverfahren (z. B. Längsrunddrehen, Einwärts- und Auswärtsdrehen),
- der Stabilität des Werkzeugs und
- seiner vielseitigen Verwendung.

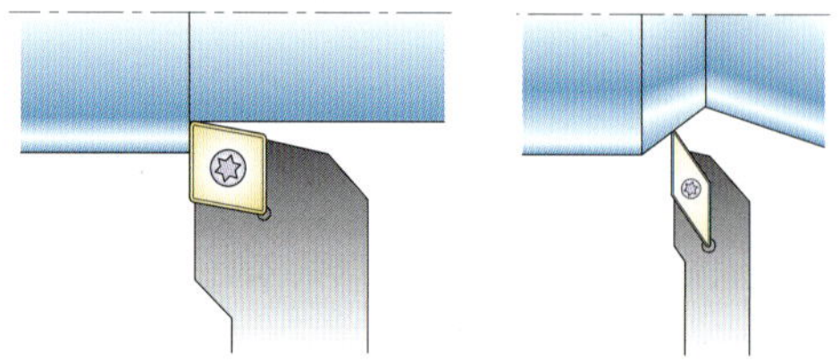

Längsrunddrehen   Einwärts- und Auswärtsdrehen

3. **Wendeschneidplattensorte und -geometrie bestimmen**
   - Der zu bearbeitende Werkstoff bestimmt z. B. bei Hartmetallen die Wahl der Schneidstoffsorte P, M, K, N, S oder H (vgl. Kap. 1.2.2).
   - Das jeweilige Bearbeitungsverfahren wie z.B. Schruppen oder Schlichten legt im Zusammenhang mit dem zu bearbeitenden Werkstoff die Schneidengeometrie und den Schneidenradius fest. Hierbei muss ein kontrollierter Spanbruch und Verschleiß gewährleistet sein.

Hartmetall Hauptgruppen						**Eigenschaften und Schnittdaten**			
						Zähigkeit	Verschleißfestigkeit	Vorschub	Schnittgeschwindigkeit
P01	M01	K01	N01	S01	H01				
P10	M10	K10	N10	S10	H10				
P20	M20	K20	N20	S20	H20				
P30	M30	K30	N30	S30	H30				
P40	M40	K40							
P50									

4. **Wendeschneidplattengröße festlegen**
   - Die Größe der Wendeschneidplatte richtet sich nach der größtmöglichen Schnitttiefe a_p.

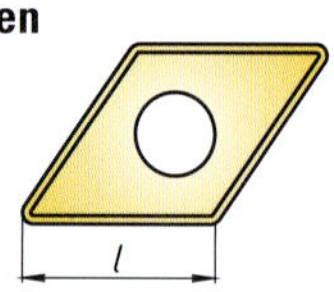

5. **Wahl der Schnittdaten v_c, f, a_p**

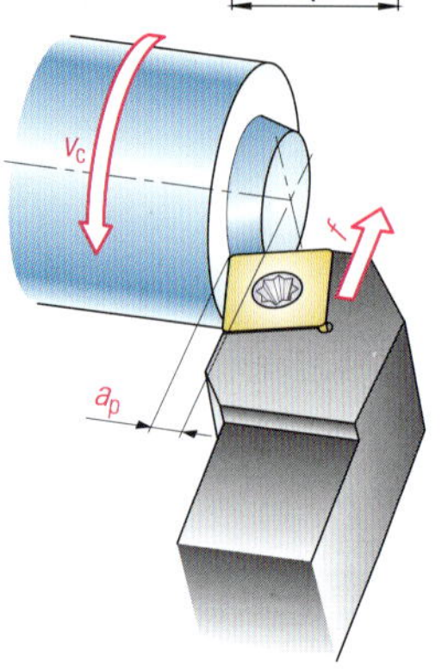

Die Schnittdaten (vgl. Kap. 1.1) richten sich nach

- dem Werkstoff des Werkstücks
- dem Schneidstoff und der Geometrie der Wendeschneidplatte
- der Standzeit
- der Werkzeugmaschine (z. B. Leistung, Steifigkeit und Genauigkeit)
- den Schnittbedingungen (z. B. unterbrochener Schnitt)
- den Bearbeitungsverfahren (Schruppen, Schlichten)

2.5 Spannmittel

2.5.1 Kräfte an Werkzeug und Werkstück

Die beim Drehen entstehende **Zerspankraft** F muss sowohl vom Werkzeug als auch vom Werkstück aufgenommen werden (Bild 1). Sie setzt sich aus den drei Einzelkräften

- Schnittkraft F_c,
- Vorschubkraft F_f und
- Passivkraft F_p zusammen.

Schnittkraft

Die Schnittkraft F_c *(cutting force)* wird im Wesentlichen vom Spanungsquerschnitt A (Seite 29 Bild 1) und dem Werkstoff des Werkstückes beeinflusst.

$$A = f \cdot a_p$$
$$A = b \cdot h$$

A: Spanungsquerschnitt in mm²
f: Vorschub in mm
a_p: Schnitttiefe in mm
b: Spanungsbreite in mm
h: Spanungshöhe in mm

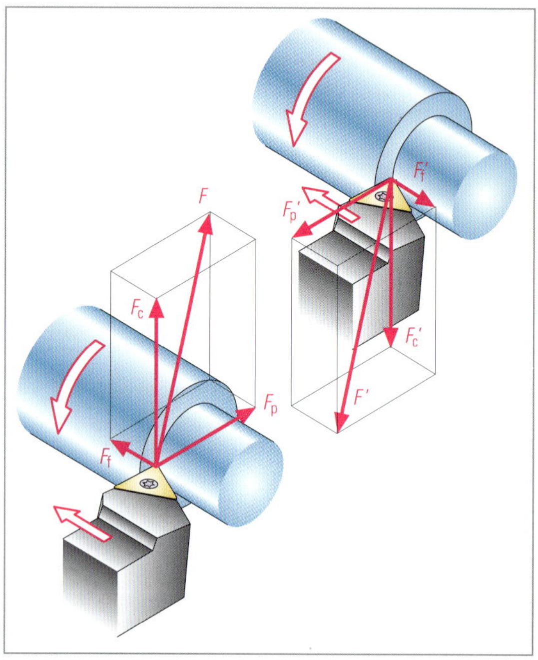

***1** Kräfte auf das Werkstück (links) und auf das Werkzeug (rechts)*

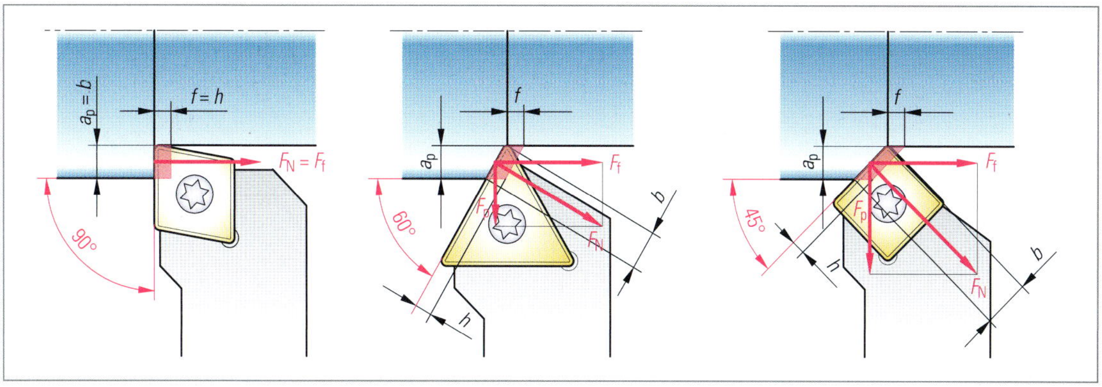

1 *Spanungsquerschnitt und Vorschub- und Passivkraft in Abhängigkeit vom Einstellwinkel* κ

Die **spezifische Schnittkraft** k_c ist die Kraft, die je Quadratmillimeter des Spanungsquerschnittes benötigt wird. Sie wird vom Werkstoff des Werkstücks und der Spanungsdicke bestimmt (siehe Tabellenbuch).

$$F_c = A \cdot k_c$$

F_c: Zerspankraft in N
A: Spanungsquerschnitt in mm²
k_c: Spezifische Schnittkraft in N/mm²

MERKE

Je größer der Spanungsquerschnitt und die Festigkeit des Werkstoffs, desto größer wird die erforderliche Schnittkraft.

Die Schnittkraft versucht, das Werkstück im Spannmittel zu verdrehen. Sie bestimmt daher maßgeblich die erforderliche Spannkraft. Da sie beim Schruppen besonders groß ist, muss auch unter diesen Bedingungen das Werkstück sicher gespannt sein.

Die Schnittkraft beansprucht den Drehmeißel auf Biegung. Damit der Meißel sich durch die Biegespannung möglichst wenig verformt, wird er so kurz wie möglich eingespannt. Dadurch werden gleichzeitig die Vibrationen, die bei schwankenden Schnittkräften auftreten, klein gehalten.

Vorschubkraft

Die Vorschubkraft F_f *(feed force)* wirkt in Vorschubrichtung. Sie ist meist wesentlich kleiner als die Schnittkraft. Da viele Drehwerkzeuge in Vorschubrichtung kraftschlüssig befestigt sind, müssen sie fest gespannt sein, damit die Vorschubkraft sie nicht aus der Halterung drückt.

Passivkraft

Die Passivkraft F_p *(passive force)* vergrößert sich bei sonst gleichen Bedingungen mit abnehmendem Einstellwinkel κ (Bild 1). Sie versucht beim Längsrunddrehen das Werkstück aus der Mitte zu verdrängen. Beim Drehen von langen dünnen Werkstücken ist die Gefahr besonders groß, dass Vibrationen und Formfehler auftreten. Daher sollen beim Schlichten Einstellwinkel über 90° und zusätzliche Spannmitteln (siehe Kapitel 2.5.6) verwendet werden.

Überlegen Sie!

1. *Welche Auswirkungen hat die Schnittkraft auf das Spannen von Werkstück und Werkzeug?*
2. *Warum ist besonders beim Schlichten die Passivkraft zu beachten?*

2.5.2 Leistungsbedarf

$$P = F \cdot v$$

P: Leistung in W
F: Kraft in N
v: Geschwindigkeit in m/s

Beim Drehen ist die Schnittkraft F_c deutlich größer als die Vorschubkraft F_f und die Schnittgeschwindigkeit beträgt mehr als das Hundertfache der Vorschubgeschwindigkeit. Dadurch wird die Vorschubleistung so gering, dass sie zu vernachlässigen ist. Somit ist die Schnittleistung die entscheidende Größe bei der Ermittlung des Leistungsbedarfs *(power demand)*.

$$P_c = F_c \cdot v_c$$

P_c: Schnittleistung in W
F_c: Schnittkraft in N
v_c: Schnittgeschwindigkeit in m/s

Unter Berücksichtigung des Wirkungsgrads η *(efficiency)* ergibt sich die Motorleistung P_M *(motor power)* der Drehmaschine:

$$P_M = \frac{P_c}{\eta}$$

$$P_M = \frac{F_c \cdot v_c}{\eta}$$

P_M: Motorleistung in W
P_c: Schnittleistung in W
F_c: Schnittkraft in N
v_c: Schnittgeschwindigkeit in m/s
η: Wirkungsgrad < 1

Beim Schruppen muss die Drehmaschine die größte Leistung zur Verfügung stellen.

Neben der auf Seite 30 dargestellten Berechnung können die Motorleistung und die Schnittleistung auch mithilfe des Diagramms von Seite 30 Bild 1 bestimmt werden.

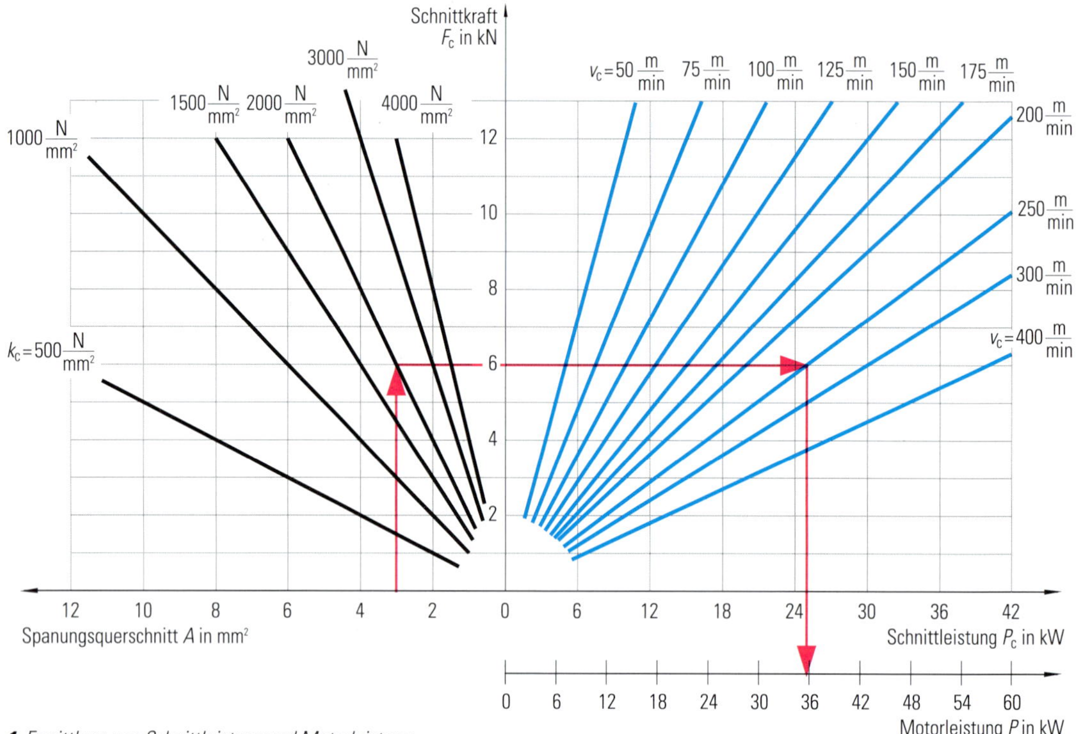

1 Ermittlung von Schnittleistung und Motorleistung

Beispielrechnungen

Welche Motorleistung wird beim Schruppen der Kegelradwelle (a_p = 5 mm, f = 0,6 mm, v_c = 250 m/min, $k_c \approx$ 2000 N/mm², η = 0,7) benötigt?

$F_c = A \cdot k_c$

$F_c = a_p \cdot f \cdot k_c$

$F_c = 5\,\text{mm} \cdot 0{,}6\,\text{mm} \cdot 2000\,\frac{\text{N}}{\text{mm}^2}$

$\underline{F_c = 6000\,\text{N}}$

$P_c = F_c \cdot v_c$

$P_c = \frac{6000\,\text{N} \cdot 250\,\text{m} \cdot 1\,\text{min}}{\text{min} \cdot 60\,\text{s}}$

$\underline{P_c = 25000\,\text{W}}$

$P_M = \frac{P_c}{\eta}$

$P_M = \frac{25000\,\text{W}}{0{,}7}$

$\underline{\underline{P_M = 35{,}7\,\text{kW}}}$

Überlegen Sie!

Stellen Sie für die folgenden Faktoren mit „je … desto …“ dar, wie sie sich auf den Leistungsbedarf beim Drehen auswirken:

a) Vorschub
b) Schnitttiefe
c) Werkstoff des Werkstücks
d) Schnittgeschwindigkeit und
e) Wirkungsgrad der Maschine

Harte Backen	**Weiche Backen**
■ sind verschleißfest und besitzen verzahnte Spannflächen ■ eignen sich für große Spannkräfte ■ beschädigen die Oberfläche	■ können in Durchmesser und Tiefe an das Werkstück angepasst werden ■ beschädigen die Oberfläche nicht ■ besitzen eine hohe Wiederholspanngenauigkeit

2.5.3 Backenfutter

Bei den handbetätigten Spannfuttern gibt es zwei Ausführungsarten: **Planspiralfutter** *(plane spiral chuck)* und **Keilstangenfutter** *(vee rod chuck)*. Die wichtigsten Merkmale sind auf Seite 31 Bild 1aufgeführt.

Zu einem Spannfutter gehören harte und meist mehrere weiche Spannbackensätze.

Das **Dreibackenfutter** *(three-jawed chuck)* spannt Werkstücke und gleichmäßige vieleckige Profile, die durch drei teilbar sind. Das Backenfutter mit Hartbacken ist meist das geeignete Spannmittel beim Schruppen, während weiche Backen oft beim Schlichten eingesetzt werden.

Vierbackenfutter *(four-jawed chuck)* dienen zum Spannen von z. B. Vier- oder Achtkantprofilen.

Übungen zur Berechnung von Schnitt- und Motorleistung finden Sie auf Seite 37.

Planspirale	Keilstange
Die Verschiebung der Backen erfolgt über	
eine **Spirale**	**schräge Keilstangen**
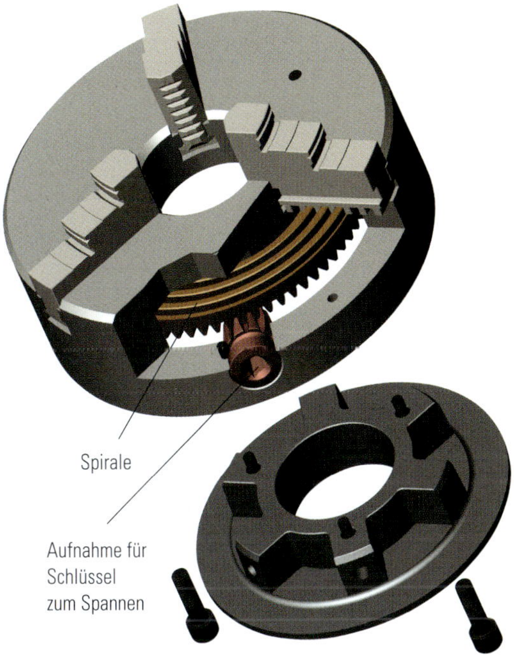 	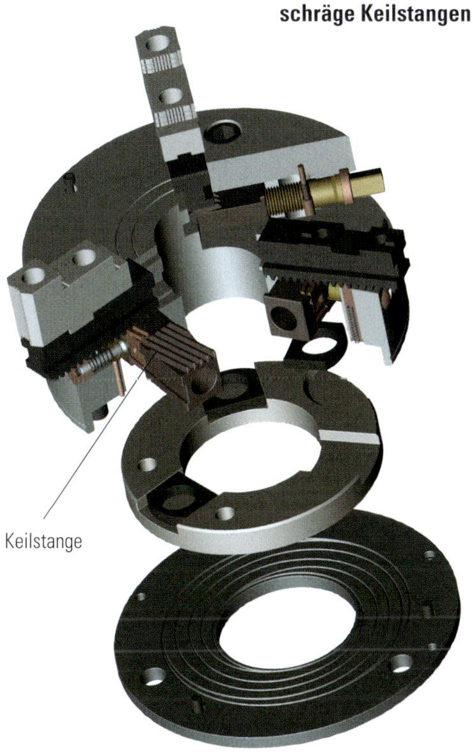
■ kürzere Bauweise möglich ■ kleinere Massen ■ geringere Beanspruchung der Hauptspindel ■ kostengünstiger	■ größere Anlagefläche zwischen Backen und Keilstange ■ hohere Rundlaufgenauigkeit ■ größere Spannkraft ■ bessere Dauer- und Wiederholgenauigkeit ■ schnellerer Backenwechsel

Die **Planscheibe** *(faceplate)* (Bild 1) dient zum Spannen unregelmäßig geformter Werkstücke. Bei ungleichen Massenverteilungen ist das Auswuchten mit Ausgleichsmassen erforderlich.

Unfallverhütung
- Werkstück und Werkzeug fest einspannen.
- Schlüssel vor dem Einschalten der Umdrehungsfrequenz aus dem Backenfutter entfernen.
- Bei Dreharbeiten eng anliegende Kleidung tragen.
- Bei langen Haaren Haarnetz oder Mütze tragen.

1 *Spannen auf der Planscheibe*

2.5.4 Spannen zwischen den Spitzen

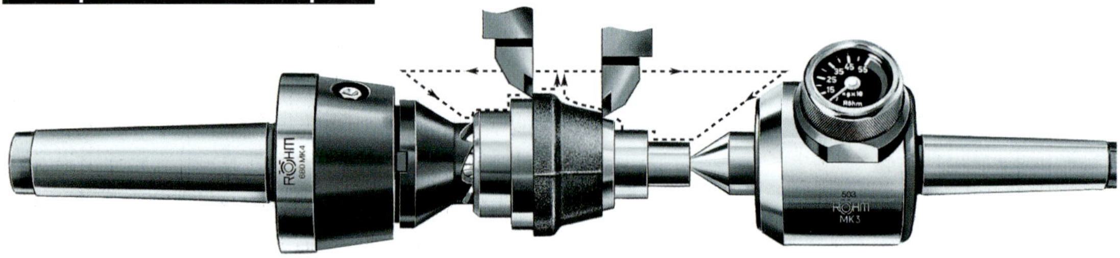

1 Spannen mit dem Stirnseitenaufnehmer

Beim Spannen mit dem **Stirnseitenmitnehmer** *(frontal area catch)* (Bild 1) wird das Drehmoment mit keilförmigen Mitnehmern an der Stirnseite übertragen. Das Werkstück wird radial und axial von Zentrierspitzen geführt. Die Zentrierspitzen sitzen in **Zentrierbohrungen** *(centre bores)* (vgl. Seite 17), die vorher am Rohteil angebracht werden.

Form und Oberflächenqualität der Zentrierbohrung müssen der Zentrierspitze angepasst sein. Die Qualität der Zentrierbohrungen beeinflusst maßgeblich die zu erreichenden Form- und Lagetoleranzen des Drehteils. Bei der Herstellung der Zentrierbohrungen sind folgende Regeln zu beachten:

- scharfes Werkzeug,
- hohe Umdrehungsfrequenz,
- niedriger Vorschub und
- reichliche Kühlschmierung.

Zum Spannen ist lediglich der Reitstock zu betätigen, wodurch die Spannzeiten niedrig bleiben. Die Spannkraft ist allerdings begrenzt, außerdem bleiben an der Stirnseite des Drehteils Spannmarken zurück. Diese Art der Werkstückspannung ermöglicht gegenüber den anderen Spannungen das Außendrehen über die gesamte Werkstücklänge.

In der Reitstockaufnahme befindet sich meist eine mitlaufende **Körnerspitze** (Bild 2). Um die Längenänderung des Drehteils durch Erwärmung auszugleichen, ist die Körnerspitze oft in Grenzen axial verschiebbar. Häufig übernehmen Tellerfedern diese Funktion.

Mit dieser Spannmethode sind bei fachgerechter Arbeitsweise sehr kleine Rundlauftoleranzen (0,01 mm im Dauerbetrieb) zu erreichen (Bild 3).

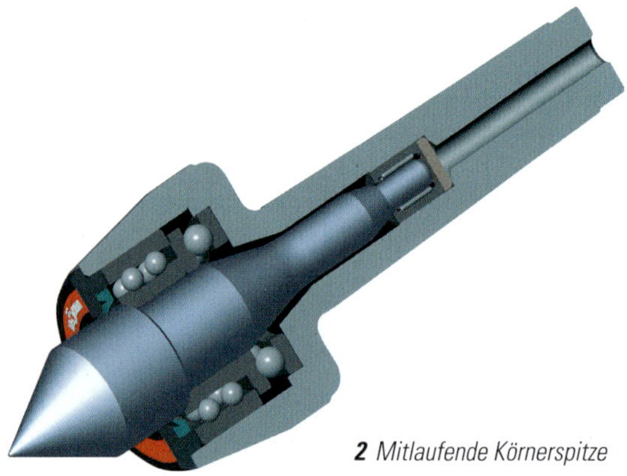

2 Mitlaufende Körnerspitze

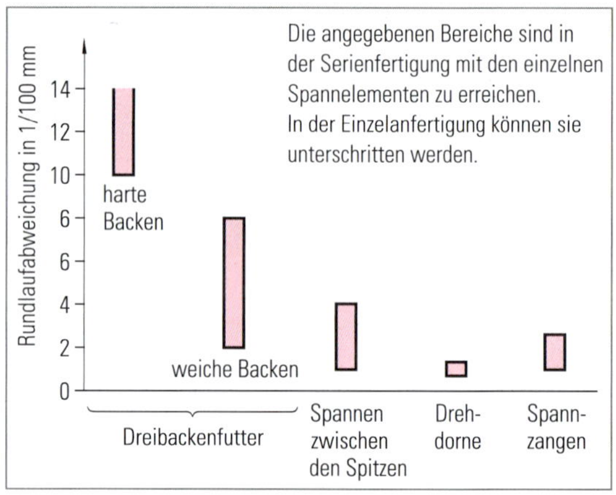

3 Rundlaufabweichungen verschiedener Spannmittel

2.5.5 Spanndorn und Spannzange

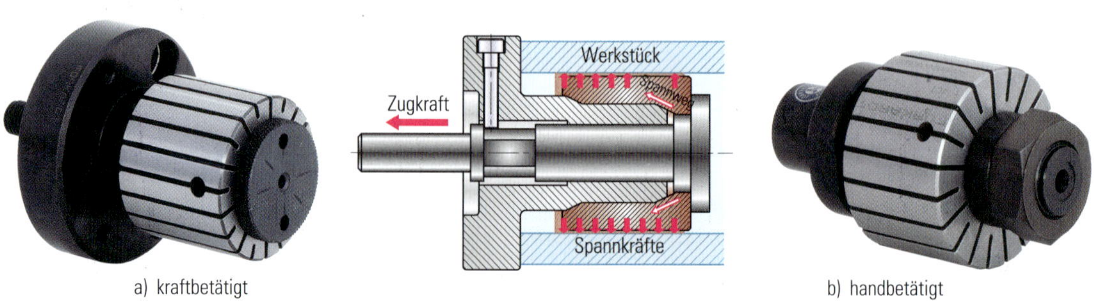

4 Spanndorn

Informationen zur zeichnerischen Darstellung und zu den verschiedenen Formen von Zentrierbohrungen finden Sie auf Seite 17.

Werkstücke mit Bohrungen werden auf einem **Spanndorn** *(mandrel)* (Seite 32 Bild 4) gespannt, wenn die Mantelflächen von Außenzylindern und Bohrung in engen Toleranzen koaxial sein müssen (siehe Kapitel 9.7.2). Über Innenkegel wird der Spanndorn gespreizt, damit die Reibkraft zwischen Dorn und Bohrungswandung die Drehmomentübertragung gewährleistet. Der Spanndorn wird meist zwischen den Spitzen gespannt.

Mit der **Spannzange** *(collet chuck)* (Bild 1) werden blanke, bearbeitete runde oder dünnwandige Teile genau und fest gespannt.

Spanndorn und Spannzange besitzen kleine Schwungmassen und sind daher für hohe Umdrehungsfrequenzen geeignet. Bei beiden verteilt sich die Spannkraft gleichmäßig am Umfang, was zu hohen Rundlaufgenauigkeiten führt (Seite 32 Bild 3).

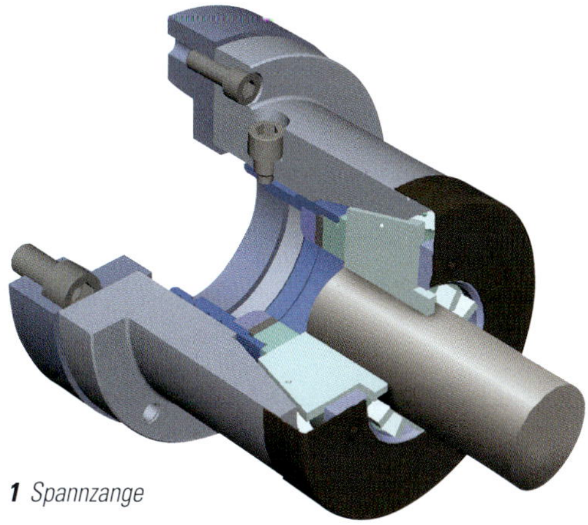

***1** Spannzange*

2.5.6 Setzstock (Lünette)

Setzstöcke *(rests)* (Bild 2) dienen zum Abstützen langer Drehteile. **Feststehende Setzstöcke** *(steady rests)* werden auf dem Maschinenbett festgeklemmt. Drei Rollbacken, die sich hydraulisch oder pneumatisch auf unterschiedliche Werkstückdurchmesser einstellen lassen, führen das Werkstück. **Mitlaufende Setzstöcke** *(follower rests)* sind auf dem Werkzeugschlitten befestigt und stützen das Werkstück in unmittelbarer Nähe der Wirkstelle ab.

***2** Setzstöcke (Lünetten)*

Überlegen Sie!

1. *Welches Backenfutter würden Sie beim Schlichten bevorzugen?*
2. *Was sind die Gründe dafür, dass beim Schlichten oft weiche Backen eingesetzt werden?*
3. *Welche Vor- und Nachteile bringt das Spannen zwischen den Spitzen?*
4. *Unter welchen Bedingungen setzen Sie einen Stirnseitenmitnehmer ein?*
5. *Stellen Sie ein Beispiel dar, bei dem Sie einen Spanndorn einsetzen.*
6. *Wann und aus welchen Gründen entscheiden Sie sich für den Einsatz eines Setzstocks?*

2.6 Spezielle Drehverfahren

2.6.1 Kegeldrehen

An der konventionellen Drehmaschine werden Kegel vorrangig durch Schwenken des Oberschlittens hergestellt (Bild 3). Es sind beliebige Kegelwinkel herzustellen und der Vorschub erfolgt meist von Hand, wodurch die erreichbare Oberflächenqualität begrenzt ist.

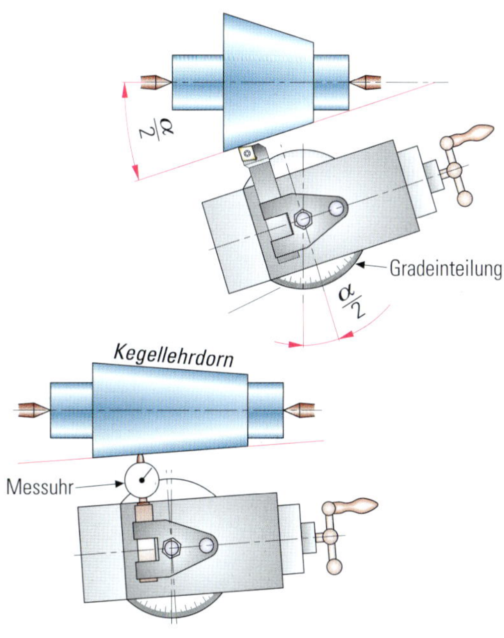

***3** Kegeldrehen (taper turning) mit Oberschlittenverstellung*

Beispielrechnungen

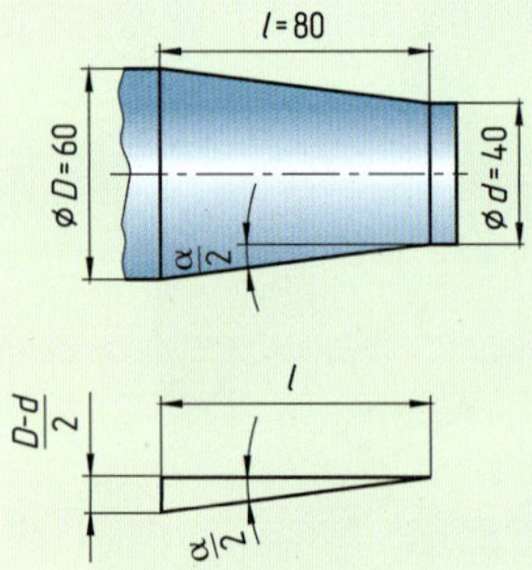

$$\tan\frac{\alpha}{2} = \frac{D-d}{2 \cdot l}$$

$\frac{\alpha}{2}$: Einstellwinkel
D: großer Durchmesser
d: kleiner Durchmesser
L: Kegellänge

$$\tan\frac{\alpha}{2} = \frac{\text{Gegenkathete } G}{\text{Ankathete } A}$$

$$G = \frac{D-d}{2}$$

$$A = l$$

$$\tan\frac{\alpha}{2} = \frac{60\text{ mm} - 40\text{ mm}}{2 \cdot 80\text{ m}}$$

$$\tan\frac{\alpha}{2} = 0{,}125$$

$$\frac{\alpha}{2} = 7{,}125° = 7°7'30''$$

***1** Berechnung des Einstellwinkels*

Beispielrechnungen

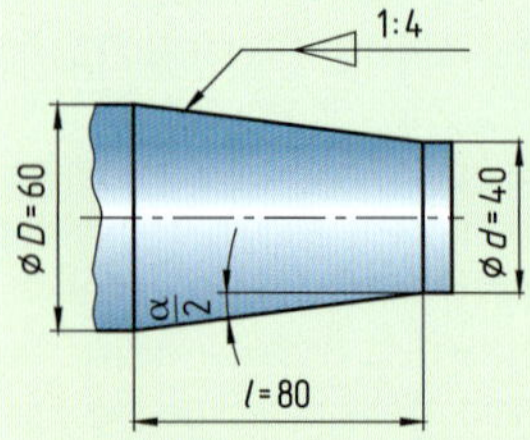

$$C = \frac{D-d}{l}$$

$$C = \frac{60\text{ mm} - 40\text{ mm}}{80\text{ mm}} = \frac{20\text{ mm}}{80\text{ mm}}$$

Im Zähler muss eine 1 stehen:

$$C = \frac{20\text{ mm} : 20}{80\text{ mm} : 20} = 1:4$$

$$C = \frac{1}{4} = 1:4$$

$$C = \frac{D-d}{l}$$

weiter gilt:

$$\frac{C}{2} = \frac{D-d}{2 \cdot l}$$

$$\tan\frac{\alpha}{2} = \frac{C}{2}$$

C: Kegelverjüngung
$\frac{C}{2}$: Neigungsverhältnis

$$\tan\frac{\alpha}{2} = \frac{1}{8}$$

$$\frac{\alpha}{2} = 7{,}125° = 7°7'30''$$

***2** Einstellwinkel und Kegelverjüngung*

Beim Schruppen der Kegelradwelle wird der Oberschlitten um den halben Kegelwinkel, den **Einstellwinkel** $\alpha/2$ *(tool cutting edge angle)* geschwenkt. Die Genauigkeit der Gradeinteilung ist dabei ausreichend. Beim Schlichten ist eine genauere Einstellung mithilfe eines Lehrdorns (Seite 33 Bild 3) möglich.

Wenn der Zeichnung weder der **Kegelwinkel** α *(taper angle)* noch der Einstellwinkel $\alpha/2$ zu entnehmen sind, muss er berechnet werden (Bild 1).

Bei Passkegeln ist oft die **Kegelverjüngung** C *(taper ratio)* angegeben. Kegelverjüngung 1 : 4 bedeutet, dass der Durchmesser des Kegels auf 4 mm Länge um 1 mm abnimmt. Der Zusammenhang von Einstellwinkel und Kegelverjüngung ist im Bild 2 dargestellt.

2.6.2 Gewindedrehen

An vielen Drehteilen wie z. B. an der Kegelradwelle auf Seite 15 sind Gewinde vorhanden, die meist in mehreren Schnitten hergestellt werden (Bild 3). Obwohl die meisten heute an CNC-Drehmaschinen erstellt werden (siehe Lernfeld 8), sind im Folgenden auch die Besonderheiten beim Gewindedrehen auf konventionellen Drehmaschinen dargestellt.

- Zum Gewindedrehen werden fast ausschließlich Wendeschneidplatten eingesetzt, wobei drei Typen zur Auswahl stehen (Seite 35 Bild 1).
- Der Gewindedrehmeißel muss genau auf Mitte und rechtwinklig zur Drehachse stehen, ansonsten kommt es zu Profilverzerrungen.
- Die Schnitttiefe je Schnitt beträgt ca. 0,1 bis 0,15 mm. Sie nimmt mit tieferem Eindringen ab, damit die Schneidenbelastung nicht zu groß wird. Im Wesentlichen gibt es zwei Zustellungsverfahren (Bild 4).

***3** Gewindedrehen (thread turning)*

Radialzustellung	**Flankenzustellung**

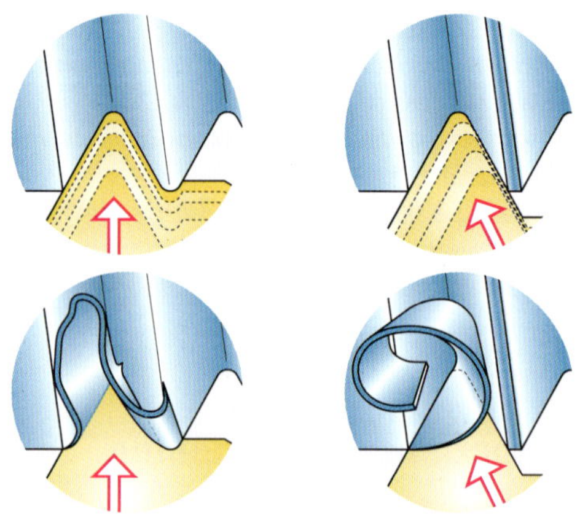

- Span entsteht an beiden Flanken der Spitze: ungünstige Schnittbedingung.
- Gleichmäßiger Verschleiß

- Span entsteht außer beim letzten Schnitt nur an einer Flanke der Spitze: günstige Schnittbedingung.
- Ungleichmäßiger Verschleiß

***4** Zustellmöglichkeiten beim Gewindedrehen*

Übungsaufgaben zu Berechnungen beim Kegeldrehen finden Sie auf den Seiten 37 und 38.

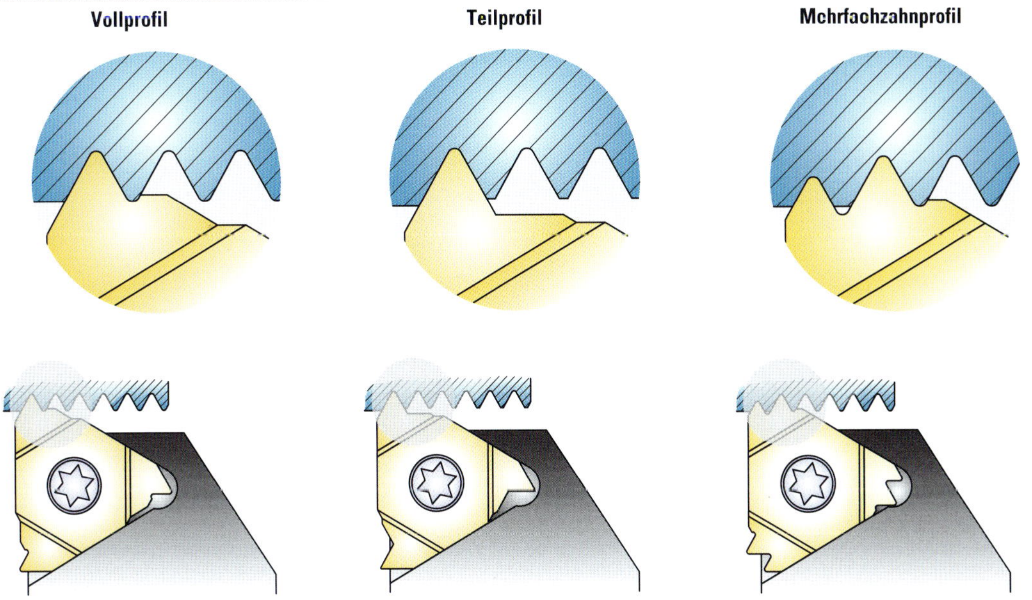

- Vom Gewindegrund bis zur Gewindespitze wird ein vollständiges, genaues Profil geschnitten.
- Für jede Gewindesteigung ist eine besondere Schneidplatte erforderlich.

- Die Gewindespitze wird nicht mitgeschnitten.
- In Grenzen können unterschiedliche Steigungen mit der gleichen Schneidplatte erstellt werden.

- Es werden vollständige Gewinde geschnitten.
- Weniger Schnitte bei größeren An- und Überläufen möglich.

***1** Wendeschneidplatten zum Gewindedrehen*

- Bei konventionellen Drehmaschinen kommt die **Leitspindel** *(lead screw)* als Vorschubantrieb zum Einsatz und es ist die geforderte Gewindesteigung am Vorschubgetriebe einzustellen. Bei CNC-Drehmaschinen ist die Gewindesteigung zu programmieren.
- Bei konventionellen Drehmaschinen muss der Bediener am Ende des Gewindes das Werkzeug bei gleichzeitiger Änderung der Spindeldrehrichtung zurückziehen. Das ist nur bei geringen Umdrehungsfrequenzen möglich, d.h., es sind nur kleine Schnittgeschwindigkeiten möglich. Bei CNC-Drehmaschinen ist eine Umkehr der Drehrichtung nicht erforderlich. Die Bewegungen werden automatisiert bei konstanter Umdrehungsfrequenz mit höheren Schnittgeschwindigkeiten durchgeführt.

Überlegen Sie!

1. In welchen Punkten unterscheidet sich Gewindedrehen an konventionellen von dem an CNC-Drehmaschinen?
2. Begründen Sie, warum der Drehmeißel auf Mitte und rechtwinklig zur Drehachse stehen muss.

ÜBUNGEN

Zeichnungsanalyse

1. Der folgende Ausschnitt ist auf einer Teilzeichnung zu finden:

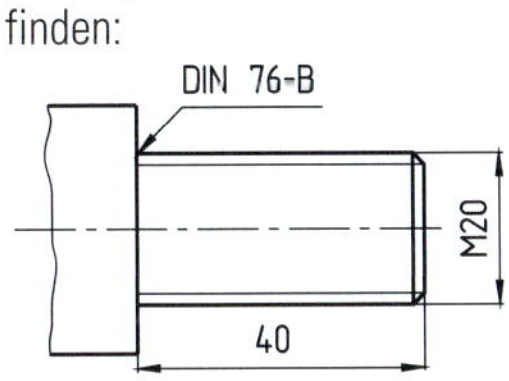

a) Erklären Sie die Zeichnungsangabe DIN 76-B.
b) Unterscheiden Sie die Formen A und B.
c) Welche Größe bestimmt maßgeblich die einzelnen Maße für den Gewindefreistich?

2. Die Zeichnung eines Drehteils enthält folgende Angabe:

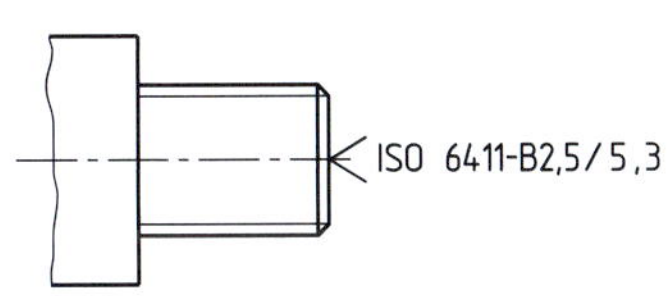

a) Erklären Sie die Zeichnungsangabe und skizzieren Sie die Einzelheit im Maßstab 5 : 1.
b) Wie tief ist zu bohren?

3. Auf das Wellenende soll ein Zahnrad von 55 mm Breite, ein Sicherungsring DIN 471 – 30 × 1,5 und eine Passfeder DIN 6885 – A8 × 7 × 40 montiert werden.

a) Skizzieren Sie das Wellenende und tragen Sie die fehlenden Maße ein.

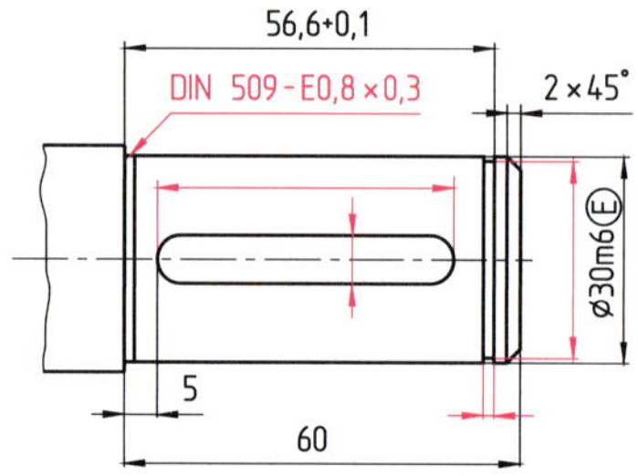

b) Skizzieren Sie den Freistich im Maßstab 10 : 1 als Detail.

c) Skizzieren Sie den Zusammenbau der Einzelteile im Schnitt.

4. Die Bohrbuchse DIN – A – 12 × 3 20 enthält zwei Lagetoleranzen.

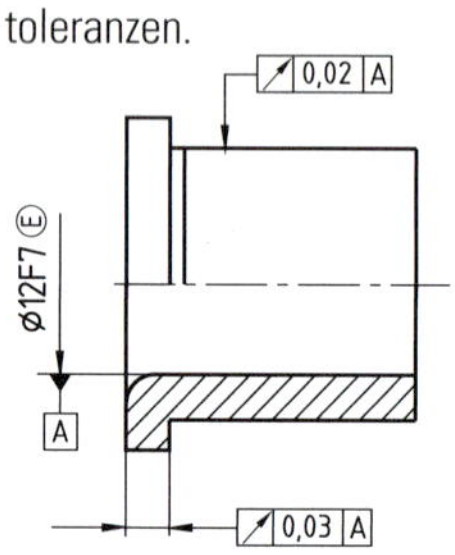

a) Welches ist das Bezugselement?

b) Erklären Sie die geforderten Eigenschaften.

c) Entscheiden Sie, in welcher Reihenfolge die Bohrbuchse gedreht wird und geben Sie die dazu erforderlichen Spannmittel an.

Drehen

1. Welche Auswirkungen haben die Führungen einer Werkzeugmaschine auf das Werkstück und was können Sie dazu beitragen, dass die Führungsqualität hoch bleibt?

2. Nennen Sie zwei Funktionen, die die Arbeitsspindel einer Drehmaschine erfüllt.

3. Unterscheiden Sie Zug- und Leitspindel.

4. Welche Aufgaben kann der Reitstock erfüllen?

5. Beschreiben Sie je einen Vor- und Nachteil, den große Eckenwinkel gegenüber kleinen besitzen.

6. Wie verändern sich die Spanungsdicke *h* und die Spanungsbreite *b* bei gleichbleibendem Vorschub *f*, wenn der Einstellwinkel von 90° auf 60° abnimmt? Formulieren Sie eine Beziehung *„Je ... desto"*.

7. Legen Sie für das Drehen der Getriebewelle aus 34CrMo4 (siehe unten) die Arbeitsschritte und die Werkzeuge fest.

8. Unter welchen Bedingungen sind im Dreibackenfutter weiche Backen harten vorzuziehen?

9. Legen Sie die Spannmittel für das Drehen der Getriebewelle von Übung 7 fest.

10. Unterscheiden Sie Spanndorn und Spannzange.

11. Welche Probleme können beim Drehen von langen Wellen auftreten und wie können sie gelöst werden?

12. Ein Drehteil aus Vergütungsstahl (25CrMo4) wird mit einer Hartmetallschneide von Ø60 auf Ø52 bei einem Vorschub von 0,6 mm abgedreht.

a) Welche Schnittgeschwindigkeit ist zu wählen?

b) Wie groß wird die Umdrehungsfrequenz?

zu Übung 7

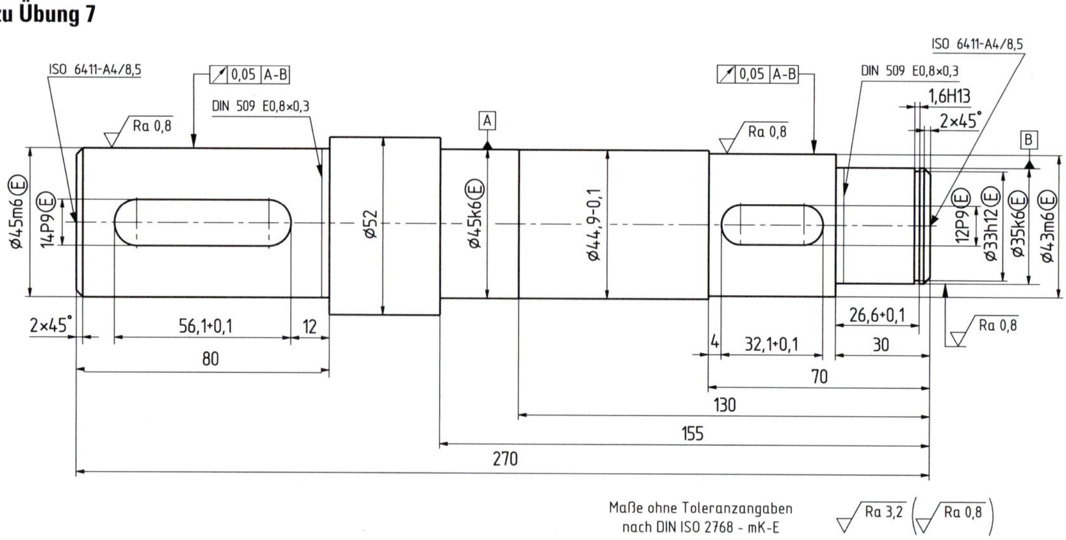

13. Ein Bolzen aus C60 wird mit einer beschichteten Hartmetallschneidplatte von ∅62 auf ∅60 abgedreht. Dabei ist der Vorschub 0,25 mm und die Umdrehungsfrequenz 3000/min. Ist die Umdrehungsfrequenz richtig eingestellt?

14. Wie verändert sich die Schnittgeschwindigkeit, wenn mit konstanter Umdrehungsfrequenz von 1000/min eine Welle von 50 mm auf 10 mm Durchmesser querplangedreht wird?

15. Wie müsste sich die Umdrehungsfrequenz an einer CNC-Drehmaschine ändern, wenn bei den gleichen Bedingungen wie in Übung 14 mit einer konstanten Schnittgeschwindigkeit von 150 m/min gespant werden soll?

16. Wie groß würde theoretisch die Umdrehungsfrequenz an einer CNC Drehmaschine bei 0 mm Durchmesser (Abstechen), wenn mit konstanter Schnittgeschwindigkeit gearbeitet wird?

17. Das dargestellte Wellenende soll mit einer Schnittgeschwindigkeit von 240 m/min durch Längsrunddrehen geschlichtet werden. Welche Umdrehungsfrequenzen sind bei den beiden Durchmessern zu wählen?

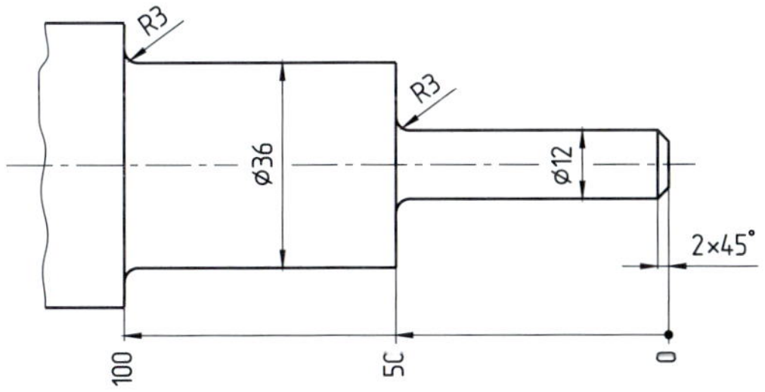

18. Erstellen Sie mit einer Tabellenkalkulation ein Programm, mit dem Sie Schnittgeschwindigkeit und Umdrehungsfrequenz bestimmen können.

19. Mit einem Bohrer von 12 mm Durchmesser soll auf einer CNC-Drehmaschine bei einem Vorschub von 0,2 mm eine Schnittgeschwindigkeit von 20 m/min erzielt werden. Welche Vorschubgeschwindigkeit in mm/min ist zu programmieren?

20. Beim Drehen wird mit einer Vorschubgeschwindigkeit von 200 mm/min gearbeitet. Wie groß ist der Vorschub je Umdrehung, wenn mit einer Umdrehungsfrequenz von 800/min gedreht wird?

21. Eine Welle von 40 mm Durchmesser wird auf 30 mm Durchmesser längsrundgedreht. Welche Vorschubgeschwindigkeit ist nötig, damit bei einer Schnittgeschwindigkeit von 150 m/min ein Vorschub von 0,5 mm erzielt wird?

22. Wie groß muss die Antriebsleistung einer Drehmaschine sein, wenn ihr Wirkungsgrad 0,75 ist, die Schnittgeschwindigkeit 200 m/min beträgt und die spezifische Schnittkraft 2500 N/mm² bei einem Spanungsquerschnitt von 5 mm² groß ist?

23. Eine Welle aus C60 wird von ∅60 auf ∅52 geschruppt. Der Vorschub beträgt 0,4 mm, die Schnittgeschwindigkeit 240 m/min und der Einstellwinkel 90°.
a) Welche Umdrehungsfrequenz ist zu wählen?
b) Wie groß sind die Schnitttiefe und die Spanungsdicke?
c) Welcher Spanungsquerschnitt ergibt sich?
d) Welche Schnittleistung ist erforderlich?
e) Wie groß muss die Antriebsleistung des Motors bei einem Wirkungsgrad von 0,75 sein?

24. An einer Drehmaschine steht eine Antriebsleistung von 40 kW zur Verfügung. Es soll eine Schnittgeschwindigkeit von 200 m/min bei $f = 1$ mm und $a_p = 10$ mm eingehalten werden. Die spezifische Schnittkraft beträgt 2000 N/mm² und der Wirkungsgrad der Maschine ist 0,7. Sind diese Schnittbedingungen zu realisieren?

25. Eine Trommel aus 34CrMo4 mit 550 mm Durchmesser wird mit einer Umdrehungsfrequenz von 50/min längsrundgedreht. Bei einer Spanungsdicke von 0,8 mm und einer Spanungsbreite von 10 mm beträgt die spezifische Schnittkraft 1733 N/mm².
a) Wie groß ist der Spanungsquerschnitt?
b) Welche Schnittleistung wird gebraucht?
c) Welche Leistung muss der Antriebsmotor abgeben, wenn die Werkzeugmaschine einen Wirkungsgrad von 76 % hat?

26. Welche Antriebsleistung muss ein Bohrwerk bei einem Wirkungsgrad von 0,72 haben, wenn maximal mit einem Bohrer von 40 mm Durchmesser bei einer Umdrehungsfrequenz von 800/min mit einer spezifischen Schnittkraft von 2000 N/mm² und einem Vorschub von 0,3 mm gearbeitet wird?

27. Erstellen Sie mit einer Tabellenkalkulation ein Programm zur Berechnung der Schnittleistung beim Drehen und Bohren.

28. Ein Kegel hat eine Kegelverjüngung von 1 : 40. Wie groß ist seine Neigung?

29. Ein genormter Kegelstift hat ein Kegelverhältnis von 1 : 50.
a) Wie groß ist der große Durchmesser für einen Kegelstift mit den Maßen 8 × 60?
b) Wie groß ist der Einstellwinkel?

30. Wie groß sind die fehlenden Werte?

	a)	b)	c)	d)	e)	f)	g)	h)	i)	j)
C	1 : 10	?	?	?	1 : 50	?	?	?	?	1 : 0,7
$C/2$	?	?	1 : 80	?	?	?	?	?	1 : 100	?
D in mm	?	?	100	60	85	80	150	?	55	115
d in mm	30	0	?	?	62,5	60	120	22,5	?	0
L in mm	200	50	200	80	?	120	?	65	220	?
$\alpha/2$ in °	?	45	?	5,71	?	?	2,86	30	?	?

31. Morsekegel haben eine Kegelverjüngung von ca. 1:20: Wie groß ist beim Morsekegel 3 der große Durchmesser und der Einstellwinkel, wenn der kleine Durchmesser 19,8 mm und die Kegellänge 81 mm beträgt? Vergleichen Sie die ausgerechneten Werte mit denen des Tabellenbuches.

32. Steilkegel besitzen eine Kegelverjüngung von 7 : 24.
   a) Wie groß ist der kleine Durchmesser, wenn der große Durchmesser 44,45 mm bei einer Kegellänge von 64,4 mm beträgt?
   b) Welcher Einstellwinkel wird bei der Fertigung benötigt?

33. Erstellen Sie mit einer Tabellenkalkulation ein Programm zur Berechnung von Kegelverjüngung, Kegelneigung, Einstellwinkel, großem und kleinem Kegeldurchmesser.

Projektaufgabe Ritzelwelle

1. Erstellen Sie die Grobplanung für das Drehen der Ritzelwelle, wobei das Rohteil ∅60 × 200 groß ist.
2. Legen Sie die erforderlichen Schneidstoffe, Wendeschneidplatten und Werkzeughalter fest.
3. Bestimmen Sie die Spannwerkzeuge für die verschiedenen Arbeitsschritte.
4. Legen Sie die Schnittgeschwindigkeiten, Vorschübe und Schnitttiefen fest.
5. Welche maximale Antriebsleistung muss die Drehmaschine unter Berücksichtigung der von Ihnen gewählten Prozessparameter bei einem Wirkungsgrad von 70 % zur Verfügung stellen?

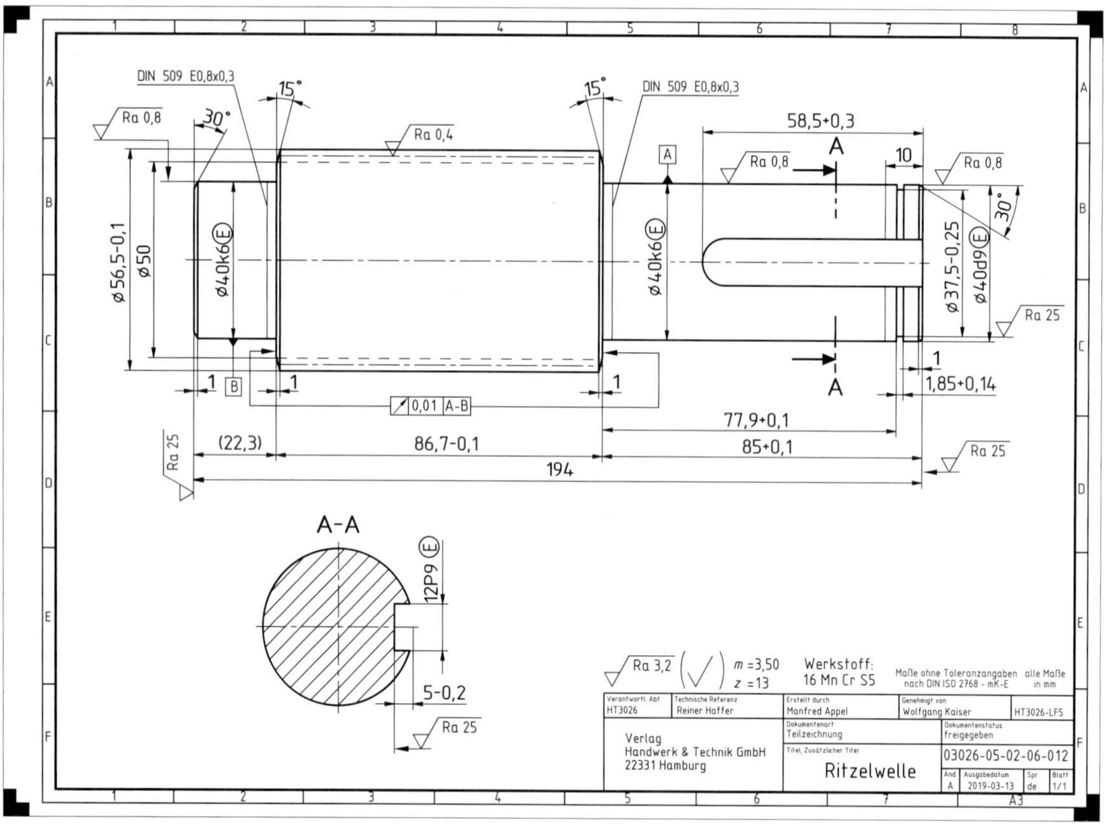

Projektaufgabe Lagerdeckel

1. Erstellen Sie die Grobplanung für das Drehen und Bohren des Lagerdeckels, der bis auf die Senkbohrungen vorgegossen ist und eine Bearbeitungszugabe von 3 mm auf allen anderen Flächen besitzt.
2. Legen Sie die erforderlichen Schneidstoffe, Wendeschneidplatten, Werkzeughalter und Bohrwerkzeuge fest.
3. Bestimmen Sie die Spannwerkzeuge für die verschiedenen Arbeitsschritte.
4. Legen Sie die Schnittgeschwindigkeiten, Vorschübe, Umdrehungsfrequenzen und Schnitttiefen fest.
5. Wird Kühlmittel benötigt?

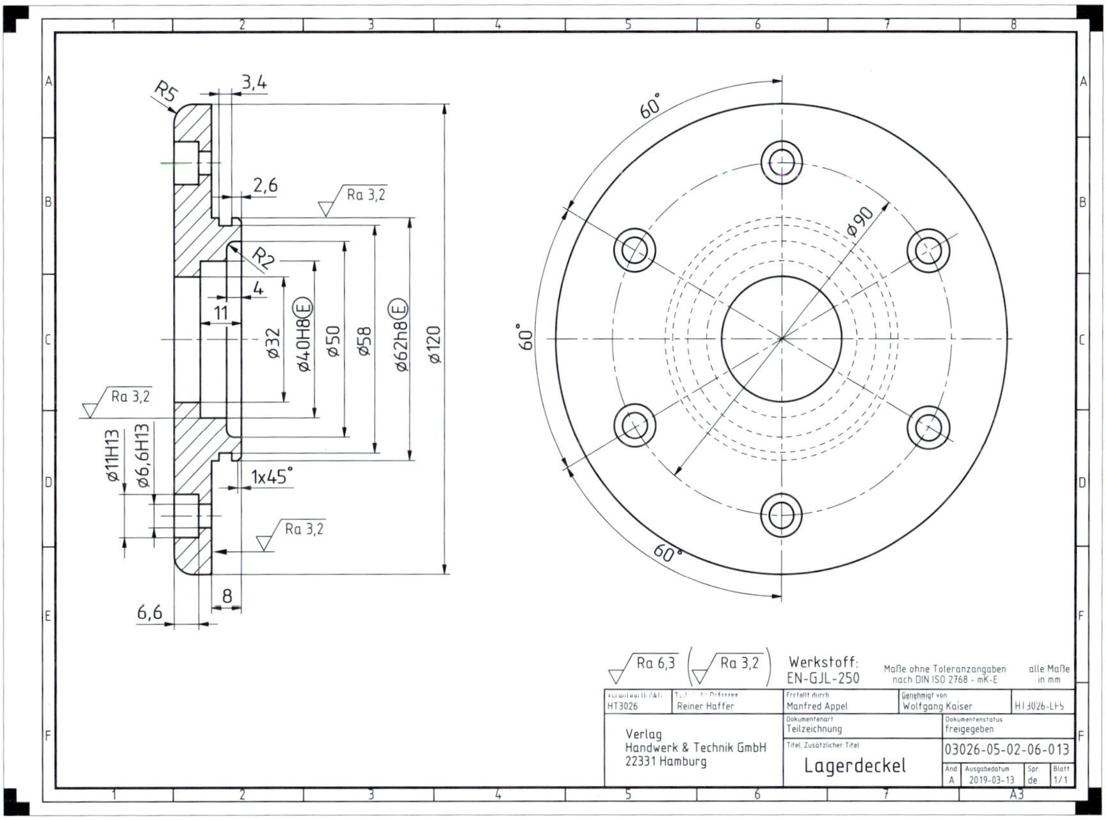

3 Fräsen

3.1 Fräsverfahren

Die Einteilung der Fräsverfahren *(milling methods)* erfolgt nach

- der Art der Fläche,
- der Bewegung beim Zerspanvorgang und
- der Werkzeugform.

Überlegen Sie!

Ordnen Sie den Pfeilen bei den dargestellten Fräsverfahren die Begriffe „Schnittbewegung", „geradlinige Vorschubbewegung" und „kreisförmige Vorschubbewegung" zu (vgl. Seite 2).

Planfräsen *(transverse milling)*

Umfangsfräsen

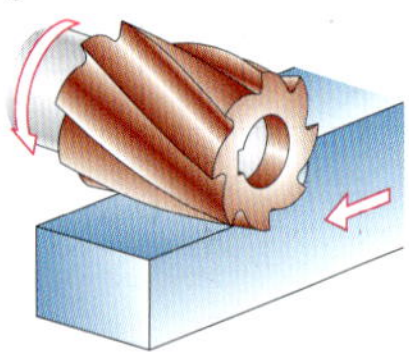

Stirnfräsen

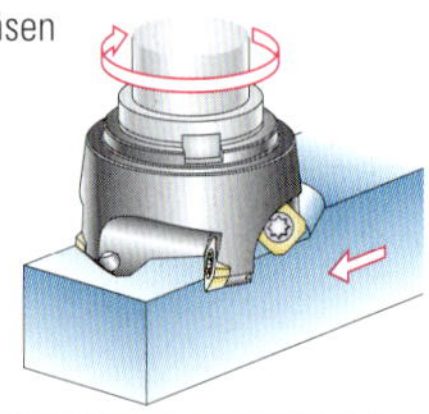

Stirn-Umfangsfräsen

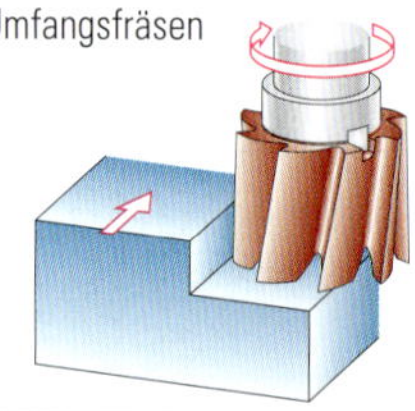

Rundfräsen *(cylindrical milling)*

Außen-Rundfräsen

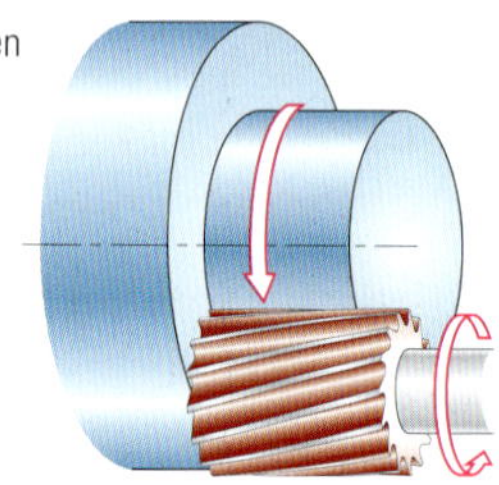

Innen-Rundfräsen

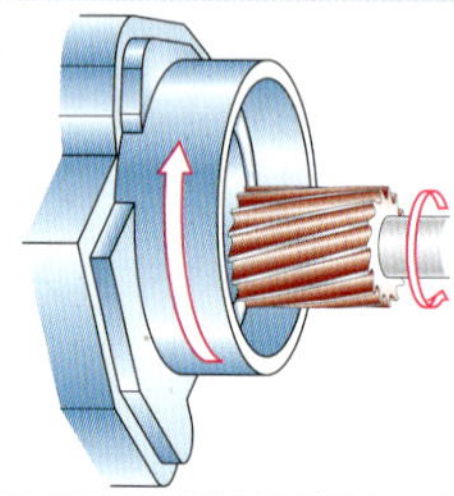

Schraubfräsen *(screw milling)*

Langgewindefräsen

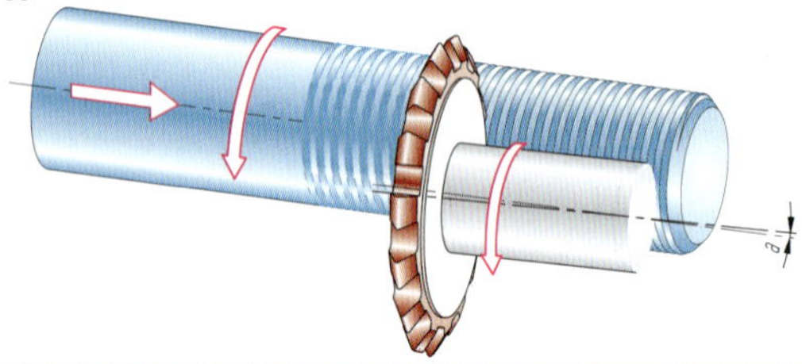

Kurzgewindefräsen

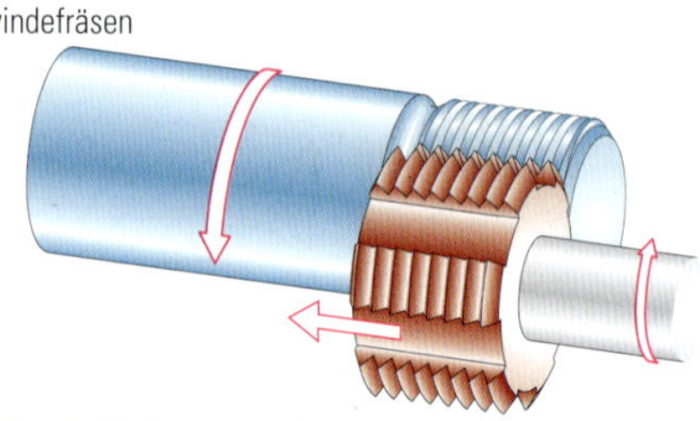

Profilfräsen *(profile milling)*

Längs-Profilfräsen

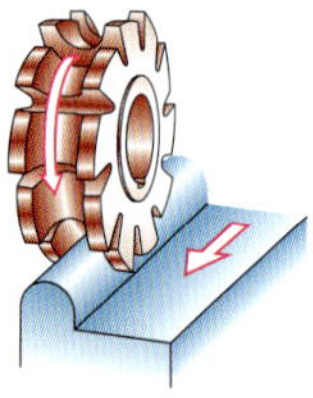

Form-Profilfräsen

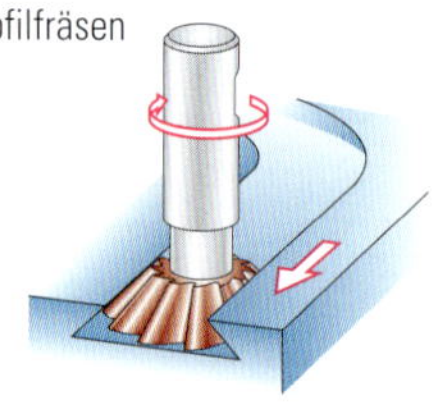

Rund-Profilfräsen

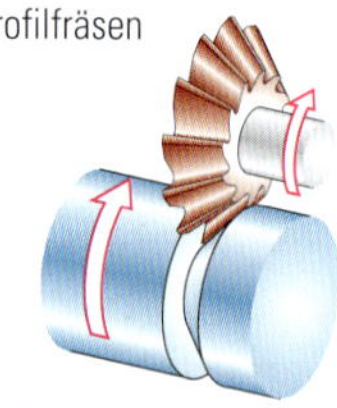

Wälzfräsen *(hobbing)*

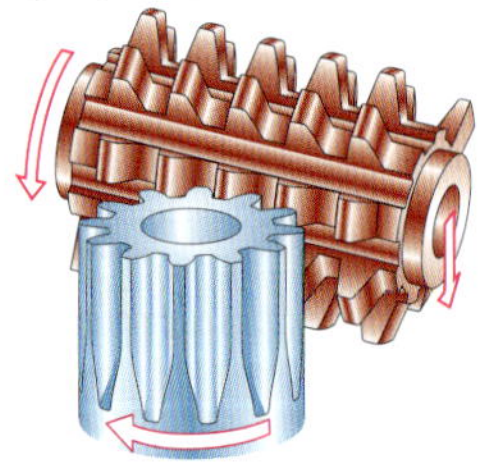

CNC-Formfräsen *(CNC-external milling)*

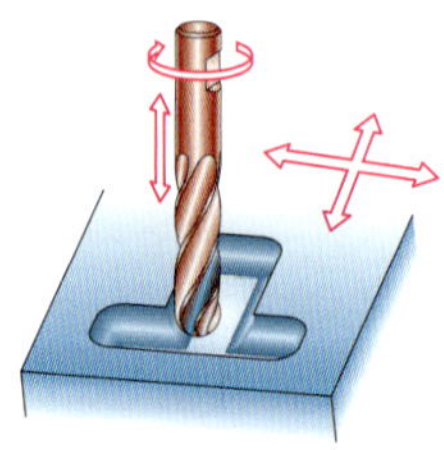

3.2 Arbeitsauftrag

Aus Rohlingen von je 120 mm × 80 mm × 102 mm sind zwei Lagerteile aus 16MnCr5 (Bild 1) zu fertigen.

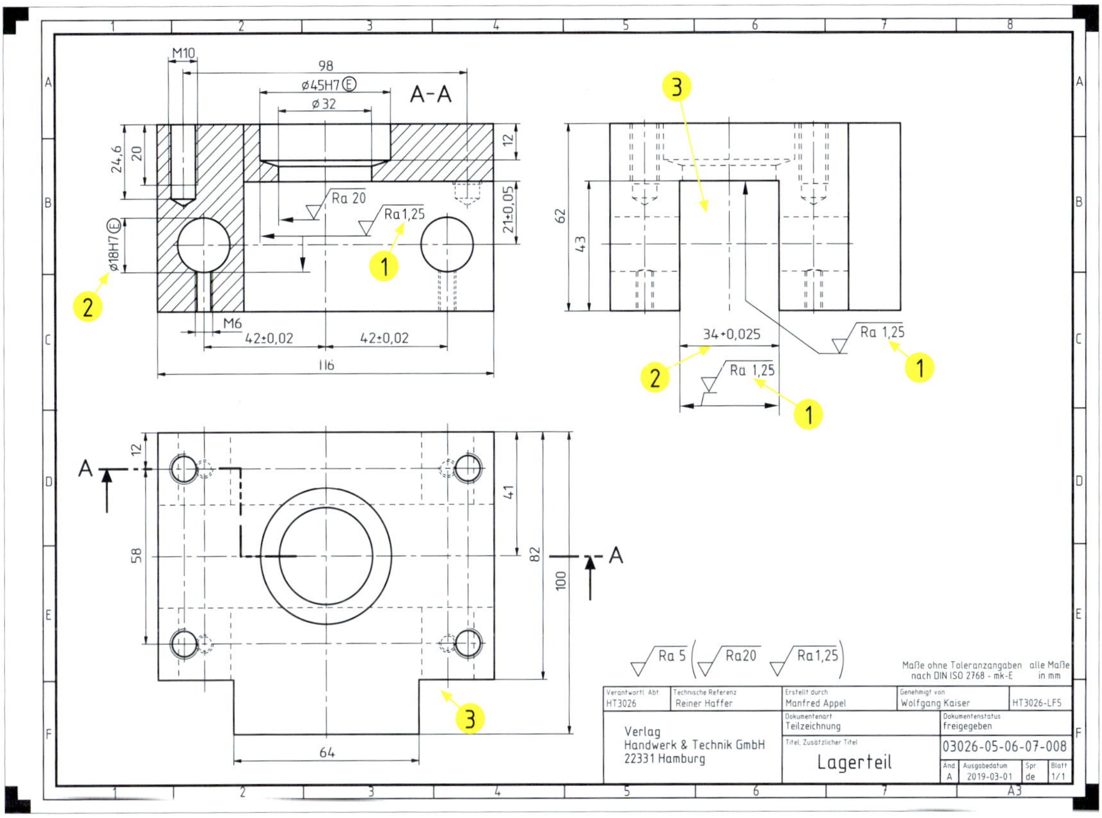

1 Lagerteil

3.2.1 Analyse der Einzelteilzeichnung

Wegen der geforderten Oberflächenqualitäten (1), den angegebenen Toleranzen (2) und der Werkstückform (3) sind eine Schrupp- und Schlichtbearbeitung erforderlich.

Überlegen Sie!

1. *Zu welcher Stahlsorte gehört der Werkstoff des Lagerteils?*
2. *Schlüsseln Sie mithilfe des Tabellenbuchs den Werkstoff für das Lagerteil auf.*
3. *Beschreiben Sie die Ziele für das Schruppen bzw. Schlichten.*
4. *Stellen Sie mithilfe des Tabellenbuchs die Einstellwerte für das Schrupp- und Schlichtfräsen vergleichend gegenüber.*
5. *Die beiden Rohlinge für die Lagerteile werden von einem Stabstahl 120 mm × 80 mm auf eine Länge von 102 mm abgesägt. Daher sind die Schruppzugaben für die Flächen der Außenkontur unterschiedlich groß. Von welchen Außenflächen ist besonders viel Material abzutragen?*
6. *Welche Schlichtzugaben würden Sie für die zu fräsenden Flächen wählen?*
7. *Geben Sie für die Maße 116, 34+0,025 und ∅ 18H7 die Höchst- und Mindestmaße sowie die Toleranz an.*
8. *Welche Oberflächenqualität sollen die Außenflächen des Lagerteils haben?*
9. *Interpretieren Sie die Oberflächenangabe auf dem Zeichenblattbereich C6.*

3.2.2 Arbeitsplanung

Die Angaben auf der Teilzeichnung führen zu der dargestellten Grobplanung für die Lagerteile.

- Schruppfräsen der Oberseite

- Schruppfräsen Unterseite und der vier Seitenflächen

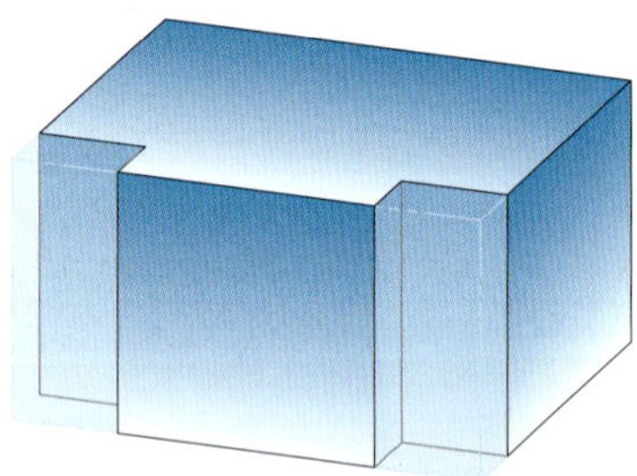

- Schruppfräsen der Ecken

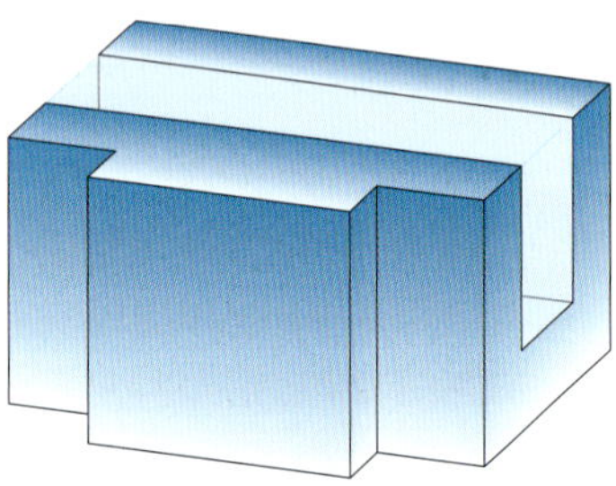

- Schruppfräsen der Nut

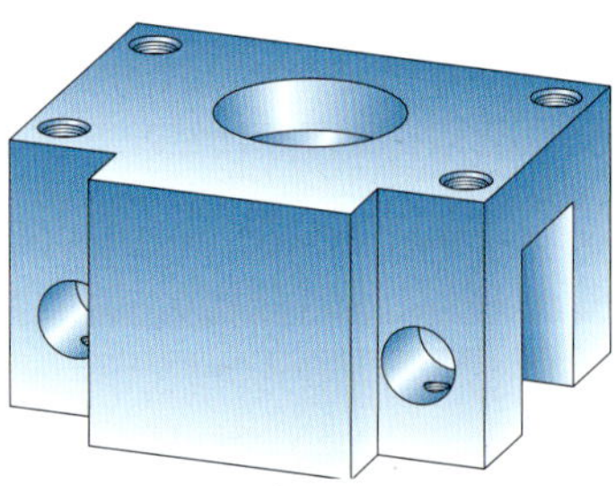

- Schlichtfräsen der Nut
- Schlichtfräsen der Ecken
- Vorbohren der Durchgangslöcher ∅18H7
- Reiben von ∅18H7
- Schlichtfräsen der vier Seitenflächen
- Schlichtfräsen der Unterseite
- Zentrieren der Gewindebohrungen auf der Unterseite
- Schlichtfräsen der Oberseite
- Zentrieren der Bohrungen auf der Oberseite
- Restbearbeitung mit der Bohrmaschine

1 *Grobplanung für das Fräsen der Lagerteile*

3.3 Fräsmaschinen

Für die Bearbeitung des Lagerteils wird eine Universal-Fräsmaschine mit digitaler Anzeige gewählt (Bild 1).

Antriebe von Fräsmaschinen

Da Fräser mehrschneidige Werkzeuge sind, hängt die Vorschubgeschwindigkeit v_f beim Fräsen vom Vorschub je Fräserzahn f_z, der Schneidenanzahl z und der Umdrehungsfrequenz des Fräsers n ab (vgl. Kapitel 1.1.1). Wegen der unterschiedlichen Zähnezahlen kann beim Fräsen der Vorschub nicht direkt von der Arbeitsspindel abgenommen werden, wie das bei der Drehmaschine der Fall ist. Daher ist ein besonderer Motorantrieb für die Vorschubbewegung erforderlich (Bild 2).

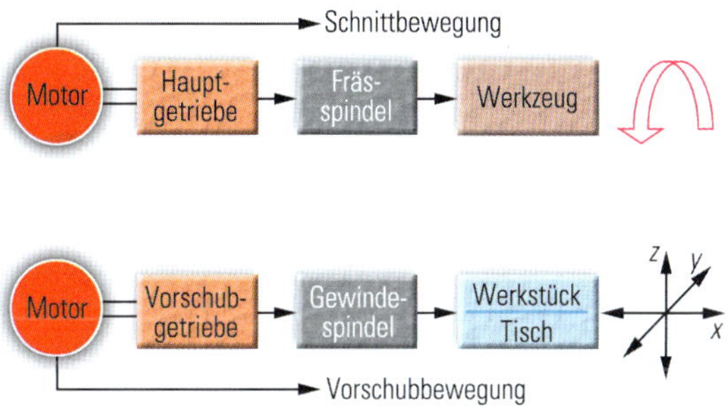

2 Antrieb einer Fräsmaschine

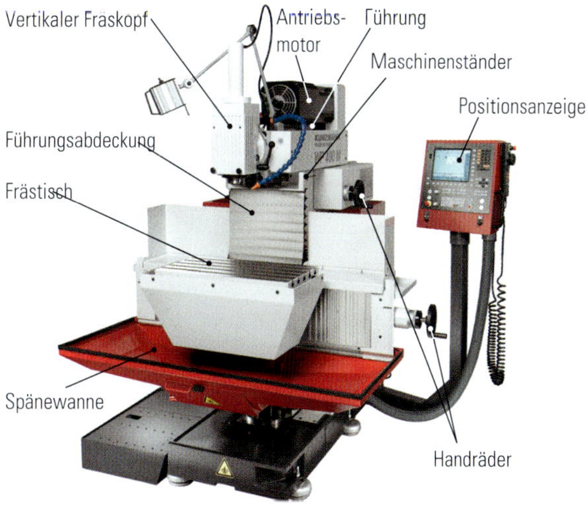

1 Universal-Fräsmaschine

- *Horizontal- oder Vertikalspindel können genutzt werden.*
- *Der Fräskopf mit der Vertikalspindel kann abgenommen oder aus dem Arbeitsbereich geschwenkt werden, sodass die Horizontalspindel freigelegt wird.*

3.4 Fräsverfahren im Vergleich

3.4.1 Stirn-Planfräsen und Umfangs-Planfräsen

Zum **Planfräsen** *(horizontal face milling)* (Schruppen der Oberseite des Lagerteils) sind zwei Verfahren möglich:

Eigenschaft	Stirnfräsen	Umfangsfräsen
Schneiden, die die Oberfläche erzeugen	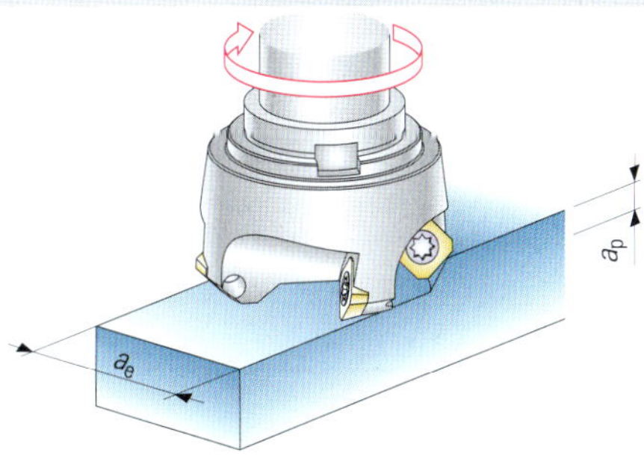 ■ Nebenschneiden an der Stirnseite des Fräsers erzeugen die Werkstückoberfläche. ■ Schnitttiefe a_p ist die axiale Zustellung.	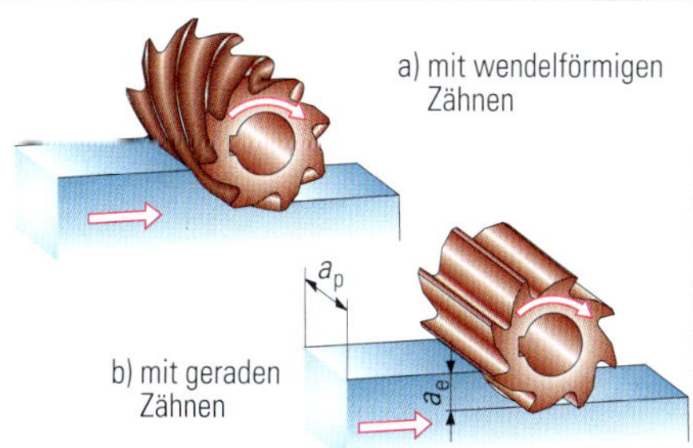 ■ Hauptschneiden am Umfang des Fräsers erzeugen die Werkstückoberfläche. ■ Arbeitseingriff a_e ist die radiale Zustellung.
Spanform und deren Auswirkung	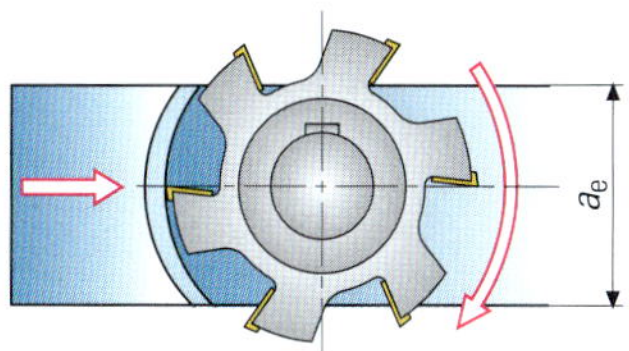 Die Spanungsdicke ist über die Spanlänge fast gleichbleibend.	Die kommaförmige Spanform führt zu Schnittkraftschwankungen, die Vibrationen auslösen können. Die Schwankungen sind besonders stark, wenn die Fräserzähne gerade angeordnet sind, weil der Ein- oder Austritt der Zähne schlagartig erfolgt.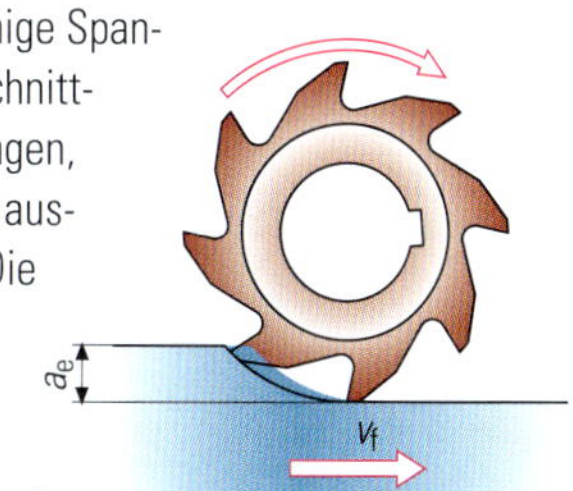

Eigenschaft	Stirnfräsen	Umfangsfräsen
Anzahl der Schneiden im Eingriff	Es sind meist mehrere Schneiden im Eingriff, wodurch die Schnittkraftschwankungen zusätzlich geringer ausfallen.	Wenige Schneiden sind im Eingriff. Die Schnittkraftschwankungen erhöhen sich dadurch. Bei Fräsern mit wendelförmigen Zähnen wird das gemindert, weil dadurch mehrere Zähne zum Einsatz kommen.
Zeitspanungsvolumen	Das pro Zeiteinheit (z. B. in einer Minute) abgetrennte Spanvolumen Q ist größer als beim Umfangsfräsen. $Q = a_p \cdot a_e \cdot v_f$	Das Zeitspanungsvolumen ist in erster Linie wegen der geringeren Vorschubgeschwindigkeiten kleiner als beim Stirnfräsen.
Werkzeugwechsel	Einfacher Werkzeugwechsel.	Wenn ein Gegenlager für die Arbeitsspindel genutzt wird (Bild 2), ist der Werkzeugwechsel aufwendiger als beim Stirnfräsen.
Fräsweg	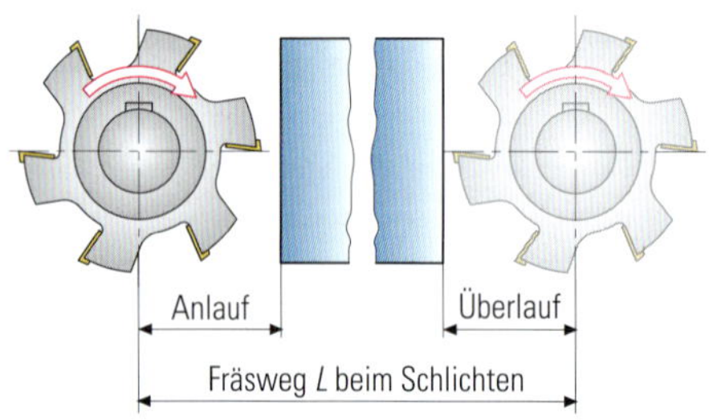 Der Fräsweg setzt sich aus der Werkstücklänge sowie dem An- und Überlauf zusammen. Er beeinflusst die Fertigungszeit. Der Anlauf ist etwas größer als der Fräserradius. Beim Schruppen ist der Fräsweg beendet, wenn die gesamte Fläche bearbeitet ist. Beim Schlichten muss der Fräser die Fläche meistens vollständig verlassen haben.	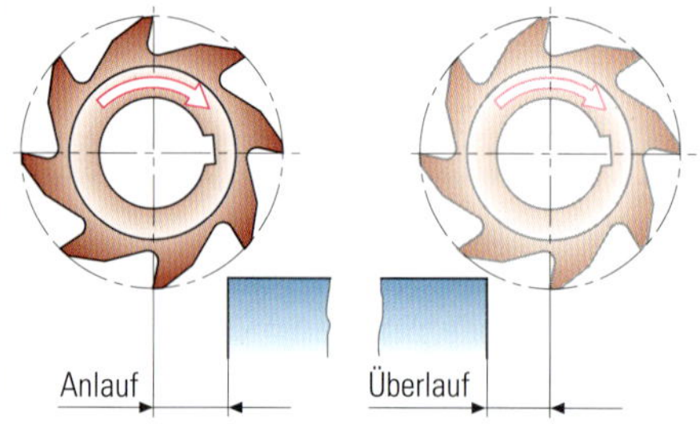 Der Anlauf ist kleiner als der Werkzeugradius, ebenso der Überlauf. Somit ist der Fräsweg beim Umfangsfräsen sowohl beim Schlichten als auch beim Schruppen kleiner als beim Stirnfräsen.

***1** Vergleich von Stirn- und Umfangsfräsen*

MERKE

Beim Planfräsen (z. B. Oberseite des Lagerteils) ist das Stirnfräsen wegen seiner Vorteile gegenüber dem Umfangsfräsen möglichst zu bevorzugen.

Nicht immer ist das **Stirnfräsen** *(vertical face milling)* wirtschaftlicher als das Umfangsfräsen. Es gibt Bedingungen, wie z. B. das Fräsen von Führungen an Werkzeugmaschinen, wo gleichzeitig mehrere Flächen durch **Umfangfräsen** *(plain milling)* mit einem Satzfräser in kurzer Fertigungszeit bearbeitet werden.

***2** Umfangsfräsen mit Satzfräser*

3.4.2 Gleichlauf- und Gegenlauffräsen

Sehr häufig wird das **Stirn-Umfangsfräsen** eingesetzt (Bild 3). In diesen Fällen werden zwei Flächen gleichzeitig bearbeitet. Am Umfang spanen Hauptschneiden und an der Stirn die Nebenschneiden. Immer dann, wenn das Umfangsfräsen eingesetzt wird, stehen dafür zwei Möglichkeiten zur Verfügung: Gleich- und Gegenlauffräsen.

***3** Stirn-Umfangsfräsen*

Eigenschaft	Gegenlauffräsen	Gleichlauffräsen
Schnitt- und Vorschubbewegung	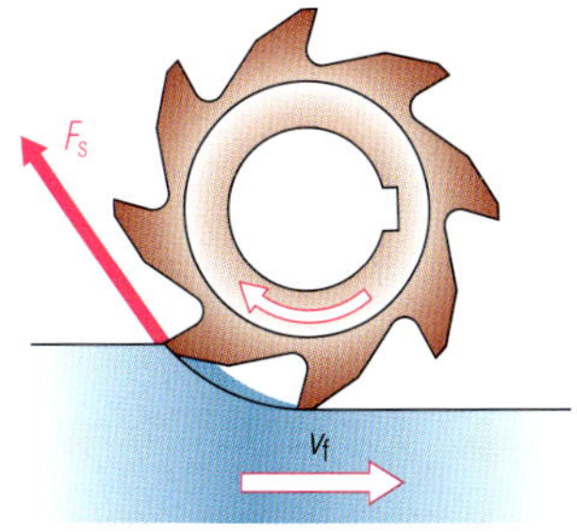 Schnittbewegung des Fräsers und Vorschubbewegung des Werkstücks verlaufen in entgegengesetzten Richtungen.	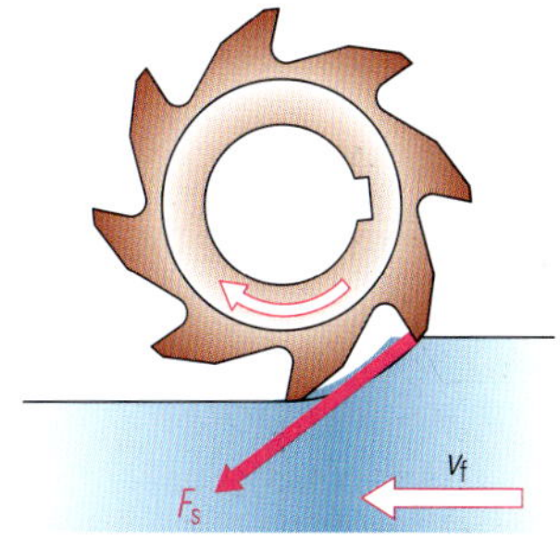 Schnittbewegung des Fräsers und Vorschubbewegung des Werkstücks verlaufen in gleicher Richtung.
Anschnitt	Die Anschnittbedingungen sind ungünstig, weil die Spanungsdicke zu Beginn kleiner ist als der Schneidenradius. 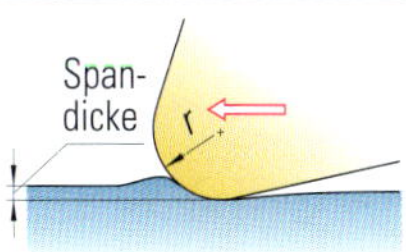 Eine Spanabnahme ist unter diesen Bedingungen schlecht möglich, weil der Werkstoff aufgrund seiner Elastizität ausweicht. An der Freifläche entsteht somit eine große Reibung. Die Folge ist eine hohe Wärmeentwicklung, verbunden mit hohem Verschleiß des Werkzeugs und einer schlechten Oberfläche des Werkstücks.	Die Spanabnahme beginnt mit der größten Spanungsdicke und sofort wird ein Span vom Werkstück getrennt. Das „Anfangsgleiten" über die Arbeitsfläche entfällt, wodurch unter sonst gleichen Bedingungen bessere Oberflächenqualitäten als beim Gegenlauffräsen entstehen. Schlägt der Fräserzahn jedoch auf eine harte und spröde Oberfläche (z. B. Guss- oder Schmiedehaut), kann dies bei sehr starker Belastung zu Schneidenausbrüchen führen. Unter diesen Bedingungen kann es daher günstiger sein, im Gegenlauf zu fräsen.
Richtung der Schnittkraft	Die Schnittkraft F_S drängt das Werkstück in eine Richtung weg vom Maschinentisch nach oben. Besonders dünnwandige Werkstücke können sich dadurch während des Fräsens elastisch nach oben verformen, sodass nach dem Fräsen die geforderte Wandstärke evtl. nicht mehr vorhanden ist.	Die Schnittkraft F_S drückt das Werkstück auf den Maschinentisch, der die auftretenden Kräfte sicher aufnehmen kann.
Spindelspiel	Die horizontale Komponente der Schnittkraft F_{sx} wirkt der Vorschubbewegung v_f. entgegen. 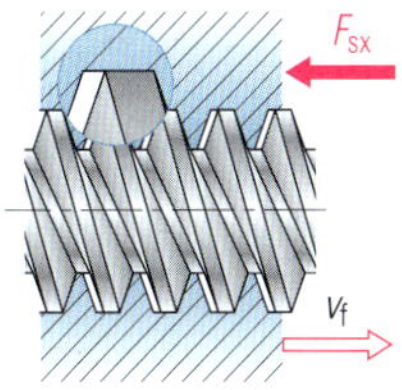 Dadurch liegen die Flanken der Gewindespindel stets an den gleichen Flanken der Gewindemutter, die am Frästisch befestigt ist.	Die horizontale Komponente der Schnittkraft F_{sx} wirkt in die gleiche Richtung wie Vorschubbewegung v_f. 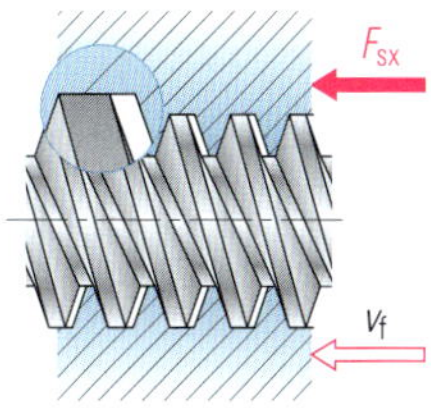 Wird diese Kraft zu groß, wird der Tisch um den Betrag des Gewindespiels verschoben. Das kann zum Rattern und im Extremfall zum Schneidenbruch führen. Gleichlauffräsen ist daher nur bei spielfreiem Vorschubantrieb möglich.

1 *Vergleich von Gleich- und Gegenlauffräsen*

MERKE

Das **Gleichlauffräsen** *(downcut milling)* ist wegen der besseren Oberflächenqualität dem **Gegenlauffräsen** *(upcut milling)* vorzuziehen, wenn ein spielfreier Vorschubantrieb vorhanden ist. Ausnahmen bilden Werkstücke mit sehr harten, das Werkzeug verschleißenden Oberflächen.

3.5 Werkzeugauswahl und Werkzeugeinsatz

3.5.1 Planfräsen

Zum Planfräsen ebener Flächen (z.B. Seitenflächen des Lagerteils) stehen Walzenstirnfräser aus HSS und Fräsköpfe mit Wendeschneidplatten zur Auswahl (Bild 1).
Aufgrund der Vorteile, die der Fräskopf gegenüber dem Walzenstirnfräser hat, wird die Außenbearbeitung des Lagerteils mit einem Fräskopf vorgenommen, der im Folgenden ausgewählt wird.

3.5.1.1 Fräserauswahl *(choice of cutters)*

Fräser müssen der jeweiligen Aufgabe entsprechend ausgewählt werden. Zu berücksichtigen sind z.B. der Schneidstoff, der Fräserdurchmesser, die Anzahl der Schneiden sowie Frei-, Keil- und Spanwinkel (α, β und γ).

Schneidstoff *(cutting material)*
Als Schneidstoff kommt eine TiNi-beschichtete Hartmetallsorte der Zerspanungshauptgruppe P in Betracht (vgl. Kap. 1.2.2). Bei der Wahl sind der zu zerspanende Werkstoff sowie die wegen des unterbrochenen Schnitts erforderliche Zähigkeit des Schneidstoffs zu berücksichtigen.

Spanwinkel *(rake angle)*
Große Spanwinkel fördern die Spanbildung und senken die erforderliche Zerspankraft (vgl. Kap. 1.1.2), schwächen allerdings den Keilwinkel. Da beim Fräsen ein unterbrochener Schnitt vorliegt, wird der Schneidkeil an Haupt- und Nebenschneide (Bild 2) schlagartig be- und entlastet. Daher ist eine stabile Schneide erforderlich.

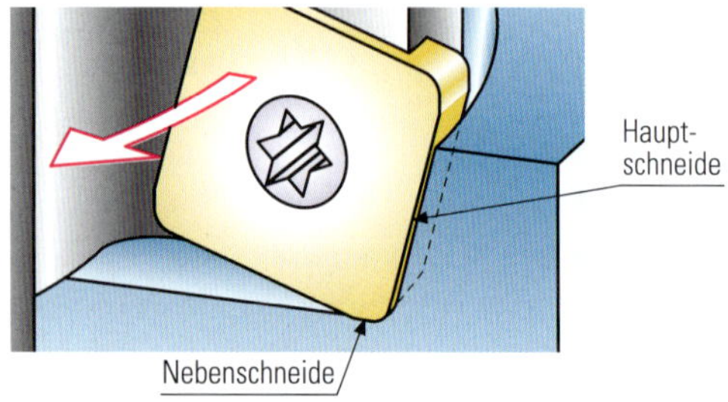

2 *Haupt- und Nebenschneide an der Schneidplatte eines Fräsers*

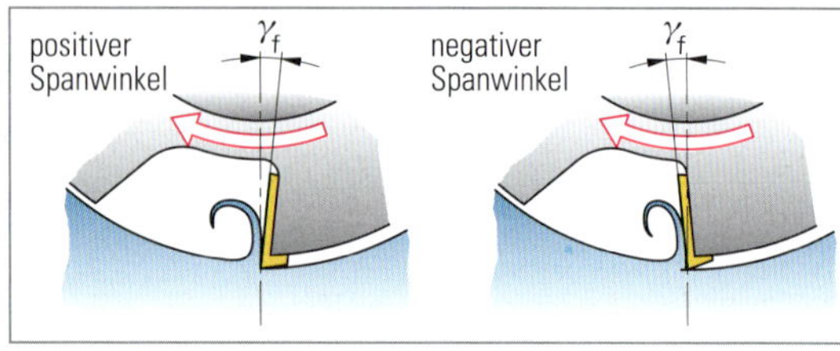

3 *Spanwinkel an der Hauptschneide (radialer Spanwinkel)*

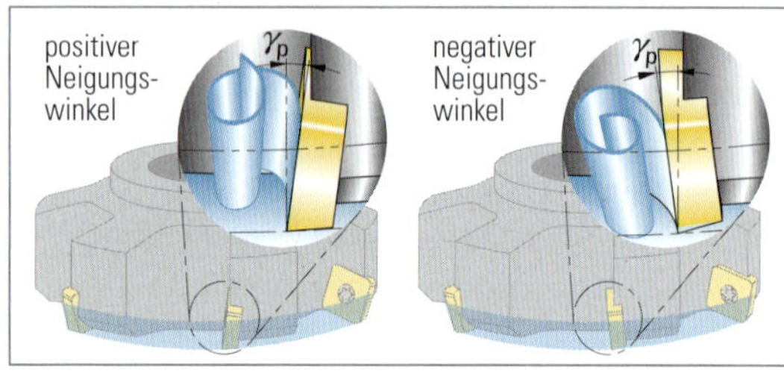

4 *Neigungswinkel λ ist der Spanwinkel der Nebenschneide*

Die Stabilität der Schneide hängt nicht nur von den Winkeln an der Hauptschneide (Bild 3) und der Form der Schneidenecke (Größe des Schneidenradius) ab. Auch an der Nebenschneide (Bild 4) sind die Winkel von Bedeutung.

Walzenstirnfräser aus HSS	Fräsköpfe mit Wendeschneidplatten

■ Große Spanwinkel und scharfe Schneiden sind möglich. ■ Kleine Zerspankräfte durch kleine Keilwinkel, wodurch die Vibrationen bei dünnwandigen Werkstücken gering bleiben. ■ Schrupp- und Schlichtfräser sind unterschiedlich profiliert, wodurch ein zusätzlicher Spanbruch erzielt wird.	■ Meist wesentlich höheres Zeitspanungsvolumen als bei HSS-Fräsern möglich. ■ Wendeschneidplatten sind austauschbar und relativ preisgünstig. ■ Keine maximalen Durchmesserbegrenzungen. ■ Ein großes Sortiment standardmäßig angebotener Fräsköpfe löst die unterschiedlichsten Fräsprobleme.

1 *Vergleich von Walzenstirnfräsern mit Fräsköpfen mit Wendeschneidplatten*

MERKE

Spanwinkel der Hauptschneide γ und Neigungswinkel λ (Spanwinkel der Nebenschneide) beeinflussen die Zerspanung.

Die **stabilste Schneide** stellt sich bei einer **doppelt-negativen** Schneidengeometrie (Bild 1) ein, d. h., wenn beide Spanwinkel negativ sind. Es kommen Negativwendeschneidplatten mit einem Keilwinkel von 90 ° zum Einsatz, wobei sich die Anzahl der Schneiden durch beidseitige Nutzung verdoppelt. Bei sehr harten Werkstoffen oder verschleißfesten Werkstückoberflächen ist der Einsatz einer doppelt-negativen Schneidengeometrie vorteilhaft.

Die **günstigsten Schnittbedingungen** liegen bei **doppelt-positiver** Schneidengeometrie (Bild 2) vor. Sie ist nach Möglichkeit zu bevorzugen. Dabei ist allerdings der Keilwinkel kleiner und die Schneidenecke weniger stabil. Es entstehen kleinere Schnittkräfte. Die Späne werden gut nach oben abgeführt. Für das Lagerteil aus 16MnCr5 (vgl. Seite 41) ist für die Hartmetallsorte P20 nach Angaben des Schneidstoffherstellers eine doppelt-positive Schneidengeometrie möglich (radialer Spanwinkel $\gamma = 2\,°$, Neigungswinkel $\lambda = 7\,°$).

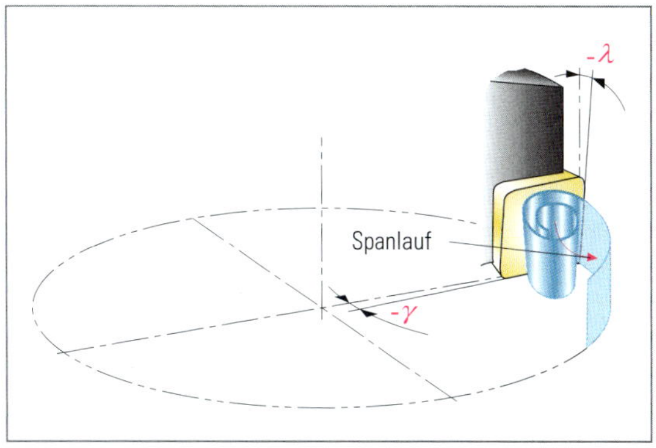

1 Doppelt-negative Schneidengeometrie

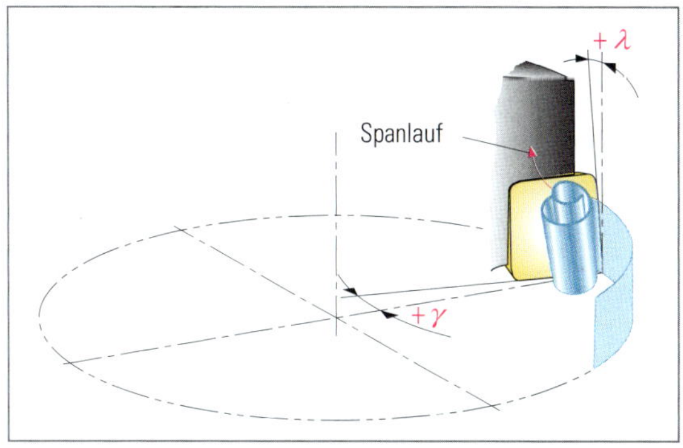

2 Doppelt-positive Schneidengeometrie

Fräskopfdurchmesser *(mill diametre)*

Für die Festlegung des Fräskopfdurchmessers gilt folgende Regel (Bild 3):

$$D \approx 1{,}3 \cdot a_e$$

D: Fräserdurchmesser
a_e: Arbeitseingriff

Hinter dieser Faustregel stehen folgende Überlegungen:

- Bei kleineren Durchmessern (Extremfall: Fräserdurchmesser = Arbeitseingriff) liegen Anschnittbedingungen wie beim Gegenlauffräsen vor. Der damit verbundene „Gleiteffekt" wird durch größere Durchmesser vermieden.
- Größere Fräser bringen für die Zerspanung keine Vorteile, sind nur merklich teurer und das erforderliche Drehmoment ist größer.

Für das Lagerteil, dessen Breite 120 mm beträgt, ergibt sich folgender Fräserdurchmesser:

$D = 1{,}3 \cdot 120$ mm;
$D = 156$ mm

Gewählt wird ein Fräskopf mit 160 mm Durchmesser.

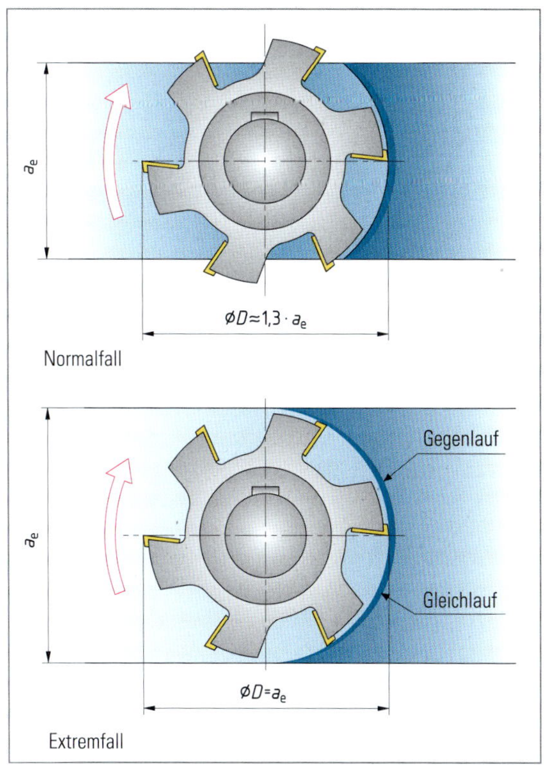

3 Zusammenhang zwischen Fräserdurchmesser und Arbeitseingriff

Fräserteilung *(space of milling cutter)*

Leistungsfähige Fräsköpfe benötigen große Spankammern für die Aufnahme und den Transport der Späne. Durch die großen Spanräume vergrößert sich der Abstand von Zahn zu Zahn, d. h., die Zähnezahl nimmt ab.

Eng geteilte Fräser sind im unteren Durchmesserbereich die beste Wahl. Sie genügen den meisten Anforderungen.

Wenn der Fräserdurchmesser größer als ca. 125 mm ist und langspanende Werkstoffe zu bearbeiten sind, entsteht ein größerer Wendelspan. Um diesen abzuführen, ist eine größere Spankammer erforderlich, d. h.; ein **weit geteilter Fräser** ist zu wählen.

Extra eng geteilte Fräser sind zu bevorzugen, wenn stabile Werkstücke aus kurzspanenden Werksstoffen auf Maschinen mit hoher Leistung bei großen Vorschubgeschwindigkeiten bearbeitet werden.
Vielfach besitzen Fräsköpfe eine ungleiche Teilung (wie Reibahlen), um die Neigung zur Vibration zu mindern.
Für das Lagerteil wird ein Fräskopf mit weiter Teilung (acht Schneiden) gewählt.

Einstellwinkel *(tool cutting edge angle)*
Für die weitere Festlegung des Fräsers und seiner Schneidplatten ist der Einstellwinkel (Bild 2) wichtig. Gleichzeitig hat er Einfluss auf die radialen und axialen Kräfte, die auf den Fräser wirken.

MERKE
Eine Verkleinerung des Einstellwinkels κ
- verlängert die aktive Schneidkante bzw. die Spanungsbreite *b* und
- verringert die Spanungsdicke *h*.
- Dadurch nimmt die Schneidenbelastung ab und die Standzeit erhöht sich.
- Die Passivkraft F_p nimmt gegenüber der Vorschubkraft F_f zu.

Ein **Einstellwinkel von 90°** erzeugt wegen der geringen Passivkraft F_p nur einen geringen Druck auf die Werkstückoberfläche.
Beim **Einstellwinkel von 45°** sind die Vorschub- und Passivkraft etwa gleich groß. Die Schneidenecke ist mit 90° sehr stabil.
Runde Platten eignen sich nicht nur zum Zerspanen anspruchsvoller Werkstoffe wie z. B. Titan. Sie werden wegen ihrer stabilen Schneide häufig als Schruppfräser eingesetzt.
Für das Fräsen des Lagerteils wird ein Einstellwinkel von 75° bei einer quadratischen Plattenform (S) (siehe Seite 389) gewählt (Bild 1).

Auswahl der Wendeschneidplatte *(indexable insert)*
Die **Plattengröße** *(insert size)* richtet sich nach der maximalen Schnitttiefe. Sie darf höchstens ²/₃ der Schneidkantenlänge betragen. Bei einer Schnitttiefe von 8,5 mm beim Lagerteil wäre zunächst eine Plattengröße von 12,8 mm erforderlich. Durch den Einstellwinkel von 75° vergrößert sich der Wert auf 13,3 mm. Gewählt wird eine Platte mit 15 mm Länge und 4,76 mm Dicke.

Überlegen Sie!
Bestimmen Sie die normgerechte Bezeichnung (siehe Seite 389) für die gewählte Wendeschneidplatte.

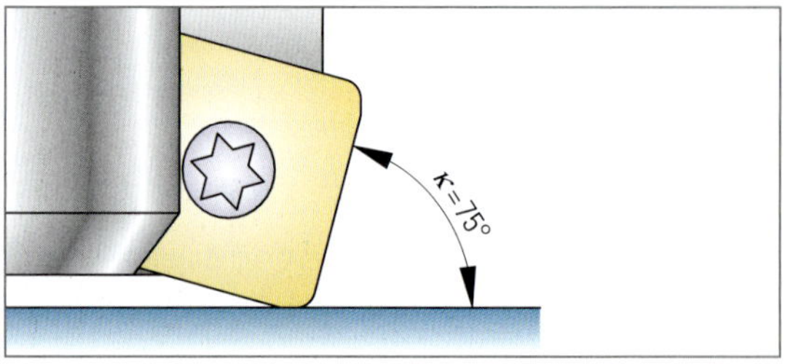

***1** Quadratische Plattenform (S) mit κ = 75°*

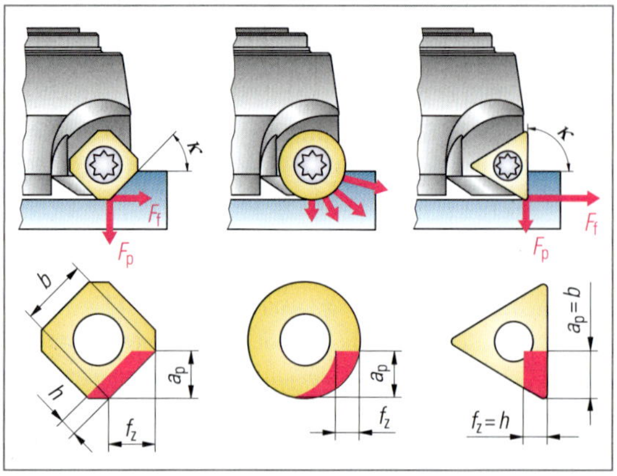

***2** Auswirkungen des Einstellwinkels κ*

3.5.1.2 Festlegen der Prozessparameter

Schnittgeschwindigkeiten *(cutting speeds)*
Für das Planfräsen des Lagerteils werden vom Schneidstoffhersteller folgende Schnittgeschwindigkeiten vorgeschlagen:
Schruppen: v_c = 250 m/min
Schlichten: v_c = 360 m/min

Überlegen Sie!
Welche Umdrehungsfrequenzen sind für die beiden Verfahren für den Fräser mit 160 mm Durchmesser zu wählen (siehe Kap. 1.1.1)?

Vorschübe *(feeds)*
Bei Fräsern mit Wendeschneidplatten soll laut Herstellerangaben der Vorschub pro Zahn f_z zwischen 0,1 mm und 0,4 mm liegen. Wenn bei zu kleinem Vorschub pro Zahn der Span zu dünn wird, entsteht an der leicht gerundeten Keilschneide eine Mischung aus Reiben und Zerspanen mit großer Wärmeentwicklung, wodurch ein extrem hoher Freiflächenverschleiß eintritt.

MERKE
- Große Härte des Werkstückwerkstoffs und hohe Oberflächenqualität verlangen nach kleinem Vorschub pro Zahn.
- Bei starkem Werkzeugverschleiß und bei Vibrationsneigungen soll der Vorschub pro Zahn erhöht werden.

Beim Fräsen kommen meistens Wendeschneidplatten mit **Planfasen** (Bild 1) und nicht wie beim Drehen mit einem Schneidenradius zum Einsatz. Der Schneidenradius würde sich an der Werkstückoberfläche abbilden und es entstünden je nach Vorschub Rillen (Bild 2). Mit Hilfe der Planfase (im Beispiel 1,4 mm) und durch die richtige Wahl des Vorschubs je Umdrehung *f* lassen sich die Rillen beim Schlichten vermeiden (Bild 3).

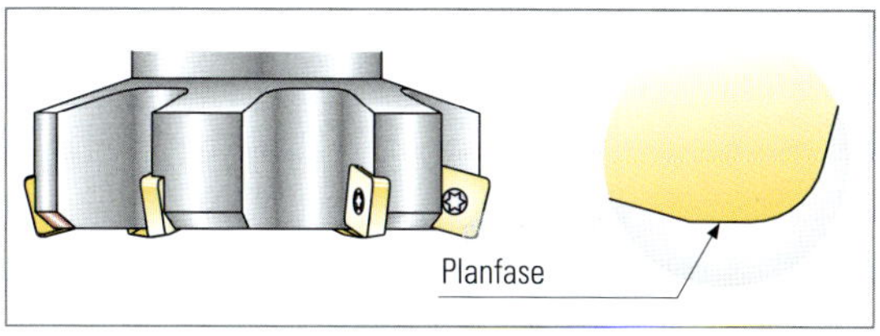

1 *Wendeschneidplatte mit Planfase bei $\kappa = 75°$*

MERKE

- Beim Schlichten muss die Nebenschneide der tiefsten Schneidplatte die Werkstückoberfläche erzeugen.
- Der Vorschub pro Umdrehung muss kleiner als die Planfase gewählt werden, damit eine „Überdeckung" vorliegt.

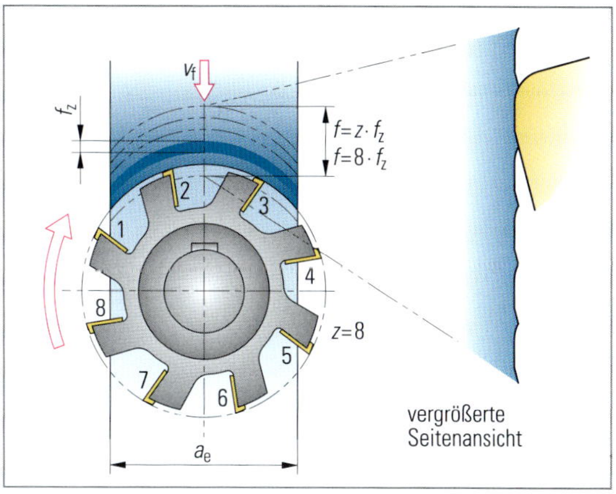

2 *Vorschübe und Oberflächen*

Für das Schruppen des Lagerteils wird ein Vorschub pro Zahn f_Z von 0,3 mm gewählt. Beim Schlichten beträgt der Vorschub je Zahn 0,125 mm. Der Fräser hat acht Wendeschneidplatten, wodurch sich ein Vorschub pro Umdrehung *f* von 8 · 0,125 mm = 1 mm ergibt.

In den meisten Fällen ist es günstig, wenn zum Schruppen und Schlichten zwei unterschiedliche Fräser zum Einsatz kommen. Das gilt auch für das Schruppen des Lagerteils. Bei einer größeren Serie wird beim Schruppen ein Einstellwinkel κ von 45° und ein negativer Spanwinkel an der Hauptschneide bevorzugt. Da aber nur zwei Lagerteile zu fertigen sind, wird mit dem gleichen Werkzeug das Schruppen und Schlichten vorgenommen.

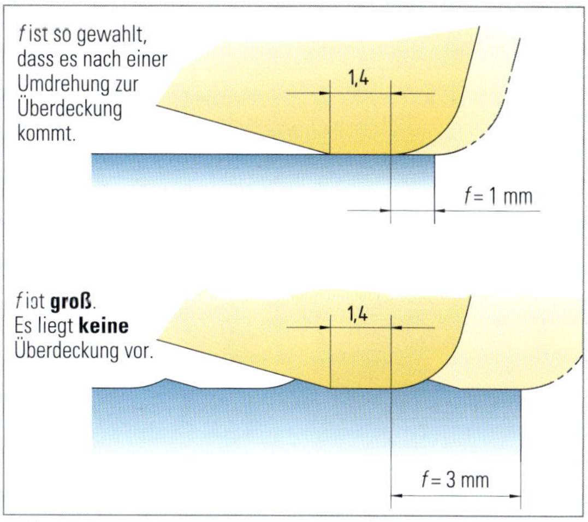

3 *Überdeckung beim Schlichten*

Überlegen Sie!

1. *Wie groß ist der Vorschub pro Umdrehung beim Schruppen?*
2. *Bestimmen Sie den Vorschub pro Zahn beim Schlichten.*
3. *Liegen die Vorschübe pro Zahn in den beschriebenen Grenzen?*
4. *Berechnen Sie für das Schruppen und Schlichten die Vorschubgeschwindigkeiten v_f in mm/min (siehe Kap. 1.1.1).*
5. *Welcher Grund spricht beim Schruppen für einen negativen radialen Spanwinkel?*

Positionierung des Fräsers

Die Positionierung des Fräsers *(position of milling cutter)* beeinflusst die Laufruhe und die Standzeit des Fräsers.

MERKE

Bei ausreichend großem Fräser soll die Positionierung leicht außermittig (Bild 4, links) erfolgen.

Das bringt folgende Vorteile:

- Kurze Eingriffsstrecke der Schneidplatte ergibt lange Standzeit.
- Gleich- und Gegenlauf rechts und links des Fräsers stehen nicht im Gleichgewicht. Die Radialkräfte F_r auf den Fräser sind von beiden Seiten im Gegensatz zur mittigen Position unterschiedlich, wodurch keine Vibrationen entstehen.

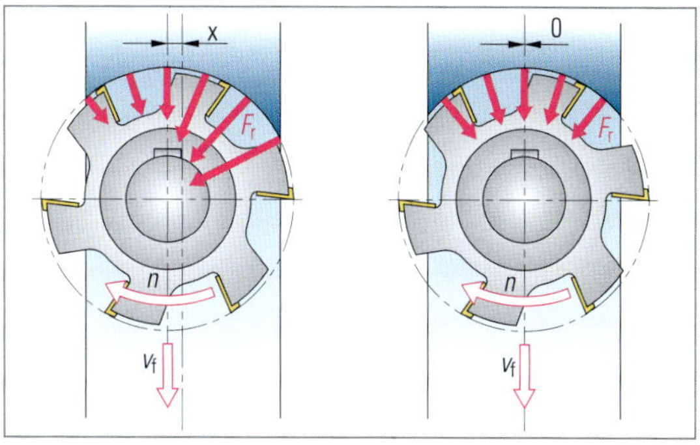

4 *Leicht außermittige und mittige Positionierungen des Fräsers beim Planfräsen*

3.5.2 Stirn-Umfangsfräsen

Am Lagerteil sind Ecken zu fräsen (Bild 1), dazu wird das Stirn-Umfangsfräsen *(conventional plain milling)* gewählt.

MERKE

Beim Stirn-Umfangsfräsen (Seite 44 Bild 3) entsteht sowohl durch die Hauptschneide (am Umfang) als auch durch die Nebenschneide (an der Stirnseite) eine Werkstückoberfläche.

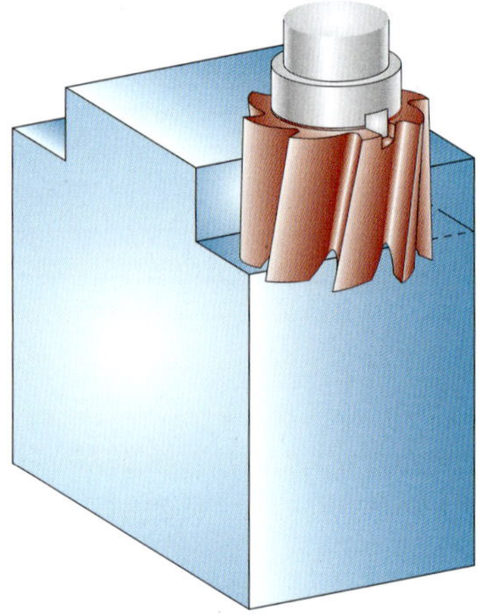

1 *Stirn-Umfangsfräsen am Lagerteil*

Walzenstirnfräser mit Schneidplatten (Bild 2) sowie Walzenstirnfräser aus HSS (Bild 3) können zum Eckfräsen genutzt werden.

Für das Schruppfräsen der Ecken am Lagerteil stehen folgende Fräser zur Auswahl:

- HSS-Walzenstirnfräser titannitridbeschichtet, $d = 63$ mm,
- Walzenstirnfräser mit Hartmetallschneiden, $d = 50$ mm.

Bevor die Entscheidung für einen der Fräser getroffen wird, sind noch einige Überlegungen für das Eckfräsen mit Schneidplatten anzustellen (Seite 51 Bild 1). Diesem Bild ist zu entnehmen, dass sich der Austrittswinkel von 0° ($a_e = d/2$) äußerst ungünstig auf die Standzeit auswirkt. Die Schneiden treten bei der größten Spanungsdicke aus dem Werkstück. Die schockartige Entlastung der Schneide mindert die Standzeit erheblich. Diese Schnittbedingungen sind zu vermeiden.

Da der Arbeitseingriff für den hartmetallbestückten Walzenstirnfräser bei 50 % des Fräserdurchmessers liegt, wird für das Eckfräsen der titannitridbeschichtete Walzenstirnfräser aus HSS gewählt.

2 *Walzenstirnfräser mit Schneidplatten*

Schruppfräser:
(TiAlN-Beschichtung)
Durch das Profil an den Hauptschneiden werden die Späne geteilt.

Schrupp-Schlichtfräser:
Durch das Profil an den Hauptschneiden werden die Späne geteilt und die Oberfläche wird geglättet.

Schlichtfräser (eng geteilt):
(TiAlN-Beschichtung)
Geeignet für Werkstoffe mit höherer Festigkeit wie z. B. Stähle.

Schlichtfräser (weit geteilt):
Geeignet für Werkstoffe mit geringerer Festigkeit wie z. B. Aluminium.

3 *Walzenstirnfräser aus HSS*

Überlegen Sie!

1. *Welche Walzenstirnfräserform (Bild 3) wählen Sie für*
   a) das Schruppen und
   b) das Schlichten der Ecken am Lagerteil (Bild 1)?
2. *Legen Sie die Zähnezahlen, die Vorschübe pro Zahn und die Schnittgeschwindigkeiten mithilfe des Tabellenbuchs oder der Werkzeugherstellerangaben für Schruppen und Schlichten des Lagerteils fest.*
3. *Berechnen Sie die erforderlichen Umdrehungsfrequenzen für Schruppen und Schlichten (siehe Kap. 1.1.1).*
4. *Berechnen Sie für das Schruppen und Schlichten die Vorschubgeschwindigkeiten v_f in mm/min.*

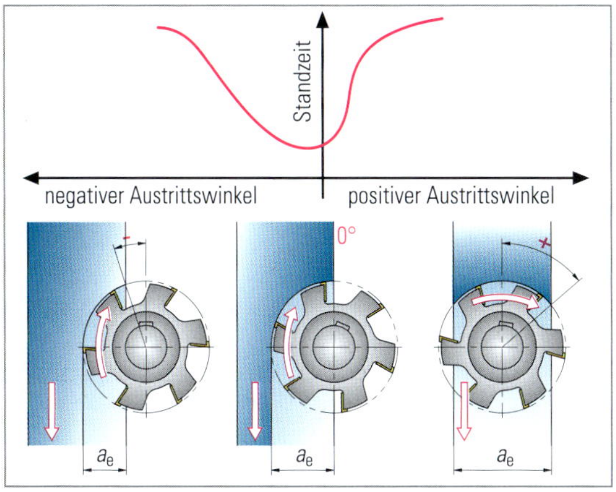

***1** Schneidplatteneingriff beim Eckfräsen*

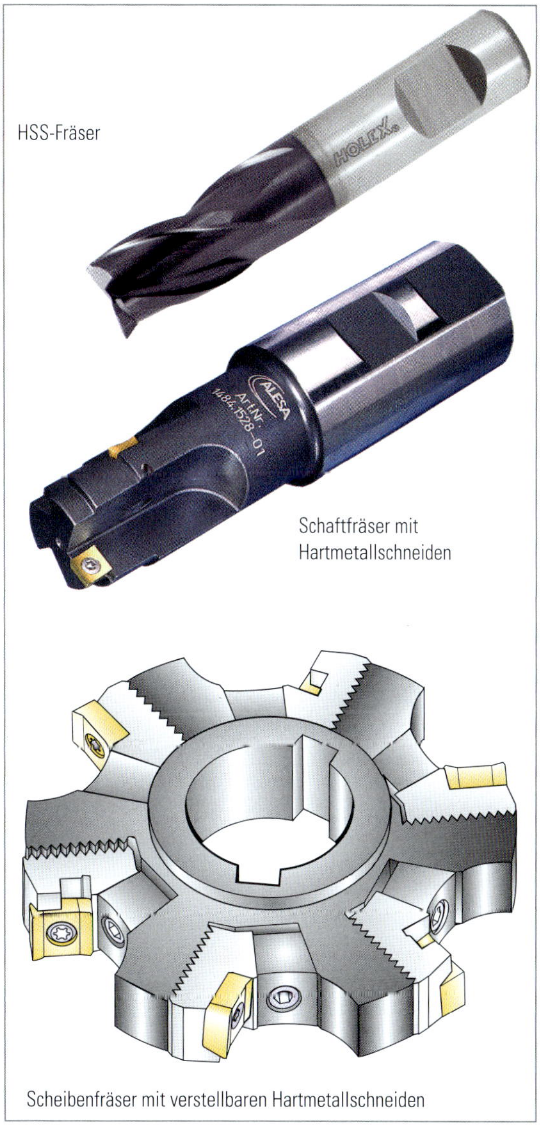

***3** Fräser zum Nutenfräsen*

3.5.3 Nutenfräsen

Nutenfräsen *(groove milling)* ist entweder mit Schaft- oder mit Scheibenfräsern möglich (Bild 2), wobei drei typische Werkzeuge eingesetzt werden können:

- Schaft- oder Langlochfräser aus HSS (Bild 3 oben)
- Schaftfräser mit Hartmetallschneiden (Bild 3 Mitte) oder
- hartmetallbestückte Scheibenfräser (Bild 3 unten)

Bei den Verfahren sind die Prozessparameter sehr unterschiedlich (Seite 52 Bild 1):

Die Zeit, die zum Spanen benötigt wird, ist ein Kriterium zur Beurteilung der Wirtschaftlichkeit der Fräsverfahren (vgl. Kapitel 7).

Die Berechnung der **Hauptnutzungszeit** t_h (vgl. Kap. 7.2) ergibt für die drei Verfahren folgende Ergebnisse:

- Schaftfräser aus HSS: 2,5 min
- Schaftfräser mit Hartmetallschneiden: 1,4 min
- Scheibenfräser 2,3 min

Der **Schaftfräser** *(end mill)* mit Hartmetallschneiden kommt zum Schruppen der Nut zum Einsatz. Dieses Ergebnis sollte nicht verallgemeinert, sondern auf den jeweils vorliegenden Fall abgestimmt werden. Der HSS-Fräser schlichtet jede Nutseite in einem Schnitt, es kommt zu keinen Absätzen wie beim Schruppen.

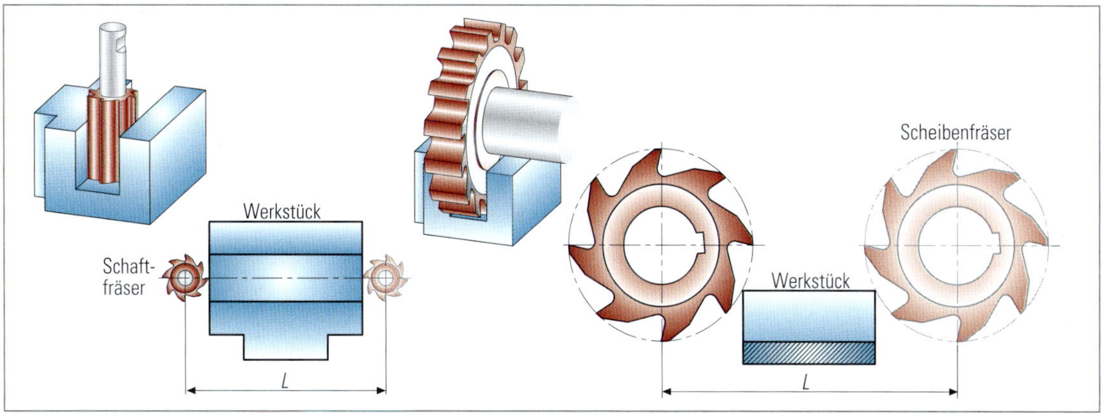

***2** Nutenfräsen mit Schaftfräser und Scheibenfräser*

Prozessparameter	Schaft- oder Langlochfräser HSS (beschichtet)	Schaft- oder Langlochfräser Hartmetall	Scheibenfräser
Anzahl der Schnitte	1	4	2
Vorschub je Zahn f_z in mm	0,036	0,2	0,07
Schnittgeschwindigkeit v_c in m/min	25	100	100
Zähnezahl	6	2	12
Durchmesser des Fräsers d in mm	32	32	162
An- und Überlauf in mm	20	20	75
Umdrehungsfrequenz in 1/min	250	100	200

1 *Prozessparameter beim Nutenfräsen*

Überlegen Sie!

1. *Bestimmen Sie die Hauptnutzungszeit für das Schlichten der beiden Nutseiten. Legen Sie dafür die Prozessparameter selbst fest.*
2. *Entwickeln Sie mithilfe einer Tabellenkalkulation die Berechnungen von Umdrehungsfrequenz, Vorschubgeschwindigkeit und Hauptnutzungszeit.*

3.5.4 Teilen

Beim Umfangsfräsen eines Keilwellenprofils[1] mit sechs Keilen (Bild 2) muss gewährleistet sein, dass die Keile gleichen Abstand (gleiche Teilung) besitzen. Bei einer konventionellen Fräsmaschine wird neben dem Formfräser mit der Nutform ein **Teilapparat** *(indexing head)* (Bild 3) benötigt.

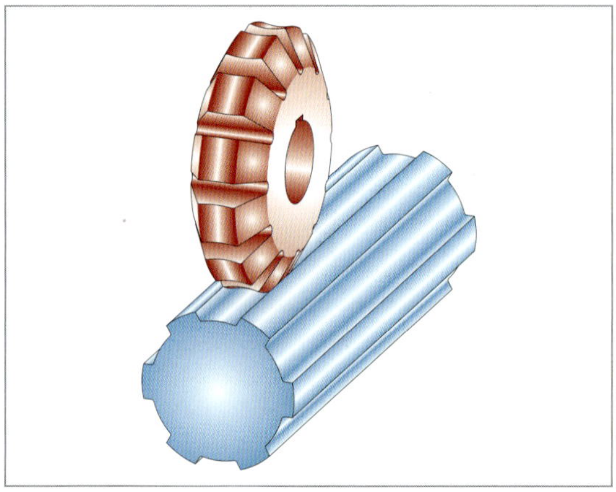

2 *Umfangsfräsen eines Keilwellenprofils*

MERKE

Mit Teilapparaten werden Werkstücke im Backenfutter oder zwischen den Spitzen sicher gespannt und um den gewünschten Teilungswinkel gedreht.

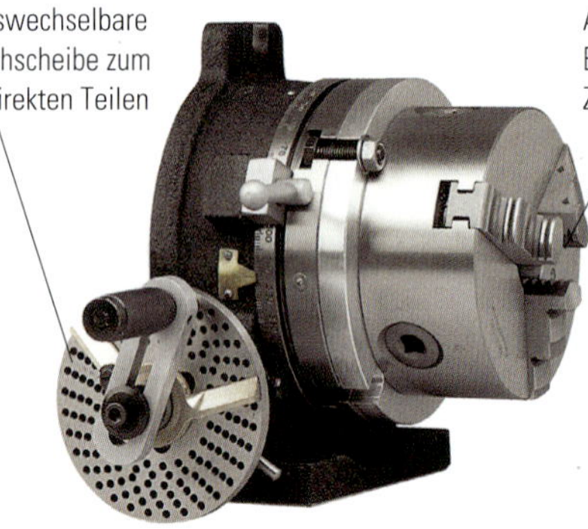

3 *Teilapparat*

3.5.4.1 Direktes Teilen *(direct indexing)*

Für einfache Teilungen wird die Teilscheibe mit 24 Bohrungen genutzt. Dabei rastet ein Stift (Pos. 10 in Bild 1 auf Seite 53) in eine der Bohrungen ein, wodurch die Teilspindel (Pos. 2) fixiert wird.

Überlegen Sie!

1. *Welche Teilung ergibt sich, wenn jede zweite Bohrung der 24-er Teilscheibe genutzt wird und wie groß ist dabei der Teilungswinkel?*
2. *Um wie viele Bohrungen muss die Teilscheibe für das Keilwellenprofil mit 6 Keilen weitergedreht werden?*
3. *Welche Teilungen und Teilungswinkel sind beim direkten Teilen möglich?*

3.5.4.2 Indirektes Teilen *(indirect indexing)*

Ein Keilwellenprofil mit 10 Keilen ist nicht mit der 24-er Teilscheibe zu fertigen, weil sich 24 nicht ganzzahlig durch 10 teilen lässt. Deshalb kommt das indirekte Teilen (Seite 53 Bild 1) zum Einsatz. Zwischen Kurbel und Teilspindel leitet ein Schneckengetriebe die Drehbewegung weiter. Die eingängige Schnecke treibt das Schneckenrad mit 40 Zähnen an, sodass ein Übersetzungsverhältnis von $i = 40 : 1$ vorliegt. Bei 40 Kurbelumdrehungen dreht sich das Werkstück einmal.

Die Anzahl der Kurbelumdrehungen n_K für die Keilwelle mit 10 Keilen ergibt sich folgendermaßen:

1 Kurbelumdrehung ergibt $^1/_{40}$ Umdrehung der Teilspindel = 40-er-Teilung

2 Kurbelumdrehungen entsprechen 20-er-Teilung

4 Kurbelumdrehungen entsprechen 10-er-Teilung

$$n_K = \frac{i}{T}$$

n_K: Umdrehungen der Kurbel

T: Teilung

i: Übersetzungsverhältnis (40 : 1)

$$n_K = \frac{40}{T}$$

1) siehe Lernfeld 7 Kap. 1.3.3 und 6.1.2.1

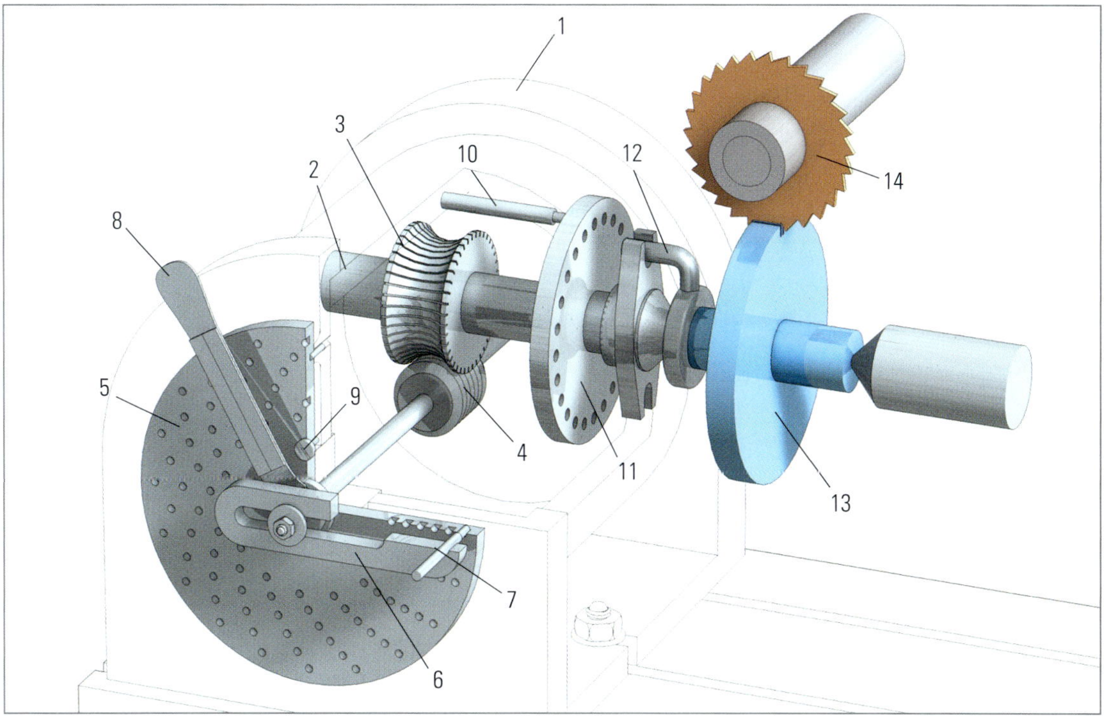

***1** Universalteilkopf (vereinfacht dargestellt)*
1 Gehäuse, 2 Teilspindel, 3 Schneckenrad mit 40 Zähnen, 4 Schnecke eingängig, 5 Lochscheibe auswechselbar, 6 Kurbel, 7 Indexstift, 8 Schere, 9 Raststift zum Festhalten der Lochscheibe, 10 Indexstift zum direkten Teilen, 11 Teilscheibe zum direkten Teilen, 12 Mitnehmer, 13 Werkstück, 14 Fräser

$\frac{1}{3}$ Umdrehungen = 5 Lochabstände am 15-er Lochkreis
oder
$\frac{1}{3}$ Umdrehungen = 6 Lochabstände am 18-er Lochkreis

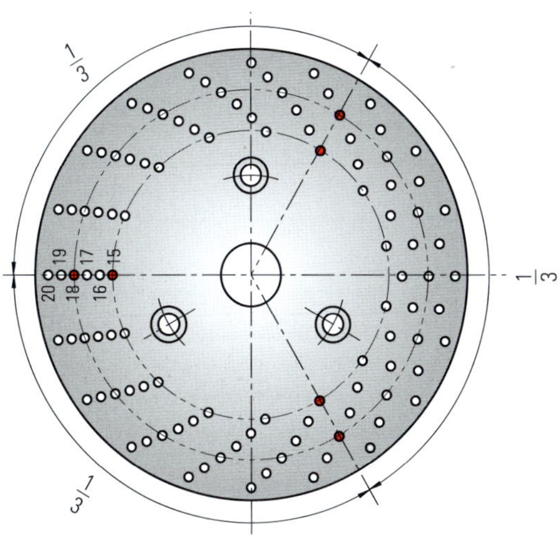

Lochscheibe I: 15 – 16 – 17 – 18 – 19 – 20 Löcher
Lochscheibe II: 21 – 23 – 27 – 29 – 31 – 33 Löcher
Lochscheibe III: 37 – 39 – 41 – 43 – 47 – 49 Löcher

***2** Lochscheibe (Möglichkeiten für 1/3 Kurbelumdrehungen)*

Um z. B. eine 120-er Teilung zu erzielen, ist eine Kurbeldrehung von ⅓ erforderlich. Zum genauen Einhalten einer Drittelumdrehung können unterschiedliche Lochscheiben (Bild 2) verwendet werden, in deren Löcher der Indexstift der Kurbel einrastet. Um nicht immer die Lochabstände auf der Lochscheibe abzählen zu müssen, wird die Schere so eingestellt, dass sie die Löcher einschließt, die die Drittelumdrehung begrenzen.

Beispielrechnung

Wie groß ist die Kurbelumdrehung für eine Kerbverzahnung mit 56 Kerben und wie viel Lochabstände sind auf welcher Lochscheibe zu wählen?

Gegeben: $T = 56$; $i = 40:1$
Gesucht: n_K

$$n_K = \frac{i}{T} = \frac{40}{T} =$$

$$n_K = \frac{40}{56} = \frac{5}{7} = \frac{5 \cdot 3}{7 \cdot 3} = \frac{15}{21}$$

n_K: 15 Lochabstände auf einer 21-er Lochscheibe

Überlegen Sie!

Es ist ein Zahnrad mit 28 Zähnen herzustellen. Wie viele Kurbelumdrehungen sind erforderlich und welche Lochscheibe ist dabei zu wählen?

3.5.5 Hochgeschwindigkeitsfräsen

Beim Hochgeschwindigkeitsfräsen *(High-Speed-Cutting: HSC)* werden je nach bearbeitetem Werkstoff Schnittgeschwindigkeiten zwischen 1000 und 7000 m/min bei Spindelumdrehungsfrequenzen bis zu 100000/min und Vorschüben bis zu 10 m/min umgesetzt. Dies ist durch die Weiterentwicklung von Schneidstoffen und Werkzeugmaschinen möglich geworden. Es werden folgende Ziele angestrebt:

- Reduzierung der Bearbeitungszeit durch hohe Umdrehungsfrequenzen und Vorschübe und damit verbundenem großem Zeitspanungsvolumen.
- Verringerung der Zerspankräfte durch kleine Vorschübe pro Zahn bei hohen Umdrehungsfrequenzen.
- Abnahme der Werkstückerwärmung durch vorrangige Wärmeabfuhr über die Späne sowie Kühlung mittels Druckluft.
- Verbesserung der Werkstückoberflächenqualität beim Schlichten durch die höheren Schnittgeschwindigkeiten und die damit verbundene bessere Spanbildung.

3.6 Spannen von Werkzeug und Werkstück

3.6.1 Spannen der Werkzeuge

MERKE

Die Fräser müssen so gespannt sein, dass
- sehr gute Plan- und Rundlaufgenauigkeit vorliegt,
- hohe Wiederholgenauigkeit in der Positionierung beim Werkzeugwechsel gewährleistet ist,
- gute Biege- und Verdrehsteifigkeit besteht und
- sehr hohe Umdrehungsfrequenzen möglich sind.

Die Verbindung zwischen Fräser und Frässpindel wird meist über einen Kegelschaft hergestellt. Der **Steilkegel** *(steep taper)* (Bild 1) besitzt eine Verjüngung von 7 : 24. Durch den relativ großen Kegelwinkel zentriert er sich beim Werkzeugwechsel gut und ist leicht lösbar. Zur sicheren Drehmomentübertragung besitzt der Steilkegel Nuten, in die die Nutensteine an der Arbeitsspindel greifen, wodurch ein Formschluss gewährleistet ist.

Der **Hohlschaftkegel** *(drilled shank taper)* besitzt einen kleineren Kegelwinkel als der Steilkegel und liegt nach dem Anziehen an der Stirnfläche der Arbeitsspindel an (Bild 2). Dadurch werden eine hohe Steifigkeit und eine hervorragende Wechselgenauigkeit in axialer Richtung erzielt. Der Hohlschaftkegel ist für hohe Umdrehungsfrequenzen (HSC-Fräsen) besonders geeignet, weil sich dabei die Spindel durch die Zentrifugalkraft aufweitet. Dabei könnte ein Steilkegel tiefer in die Spindel eingezogen werden und sich verklemmen. Durch die Plananlage wird das verhindert. Zusätzlich werden die Spannelemente durch die Zentrifugalkraft nach außen gedrückt, was eine Spannkraftverstärkung bewirkt.

Am Steil- bzw. Hohlschaftkegel kann das Werkzeug unterschiedlich gespannt werden:

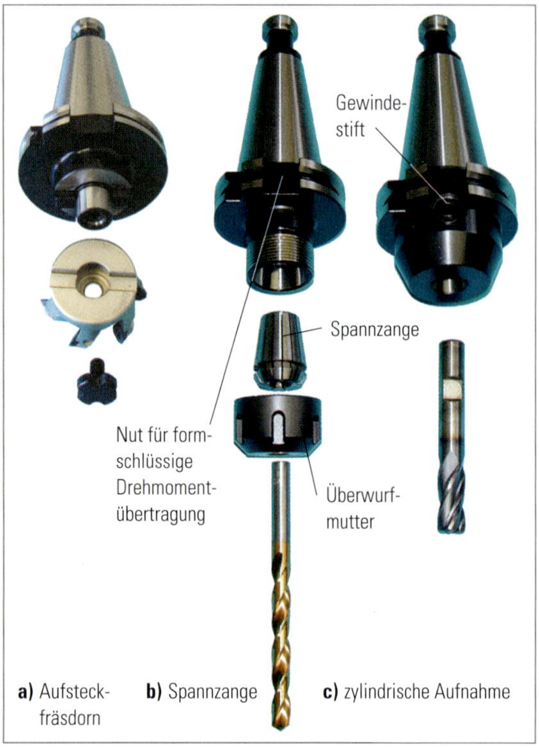

1 Werkzeugaufnahmen am Steilkegel

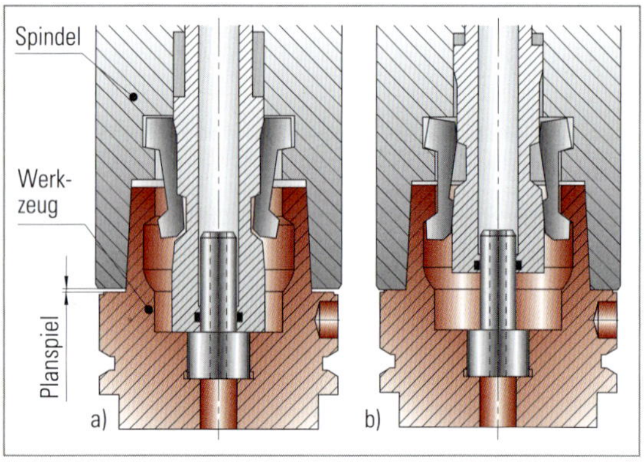

2 Hohlschaftkegel a) vor und b) nach dem Spannen

Überlegen Sie!

Berechnen Sie den Kegelwinkel für einen Steilkegel und einen Morsekegel und erläutern Sie, welche Auswirkungen der Kegelwinkel auf die kraftschlüssige Drehmomentübertragung hat.

- **Aufsteckfräsdorne** *(shell end mill arbors)* (Bild 1a) nehmen z. B. Walzenstirnfräser mit zylindrischen Bohrungen mit Längs- und Quernut auf.
- **Spannzangen** *(collet chucks)* (Bild 1b) werden durch das Anziehen der Überwurfmutter zusammengedrückt. Daher ist es mit einer Spannzange möglich, einen Durchmesserbereich von z. B. 2 mm zu spannen.

- **Zylindrische Aufnahmen** *(cylindrical retainers)* (Seite 54 Bild 1c) sind im Durchmesser sehr eng toleriert. Der Werkzeugschaft, der ebenfalls eng toleriert ist und mit einer Abflachung versehen ist, wird über einen Gewindestift gegen Verdrehen gesichert. Der Rundlauf des Werkzeuges ist besser als bei der Spannzange, weil weniger Bauteile beteiligt sind.
- **Schrumpffutter** *(shrink chucks)* (Bild 1) werden kontrolliert erwärmt, wodurch sich der Innendurchmesser weitet. Nach dem Einsetzen des Werkzeugs kühlt die Werkzeugaufnahme in wenigen Sekunden ab und schrumpft auf den Werkzeugschaft. Die Verbindung garantiert die höchste Rundlaufgenauigkeit, weil keine weiteren Verbindungselemente eingesetzt sind. Ebenso entstehen fast keine Unwuchten, wodurch diese Spannmöglichkeit beim Hochgeschwindigkeitsfräsen vorteilhaft eingesetzt wird.
- **Hydro-Dehnspannfutter** *(hydraulic expansion toolholder)* (Bild 2): Mit einem Sechskantschlüssel wird die Spannschraube (1) bis zum Anschlag eingedreht. Der Spannkolben (2) drückt über ein Dichtelement (3) das Öl in die Dehnkammer (4) und bewirkt einen Druckanstieg. Die dünnwandige Dehnbuchse (5) spannt den Werkzeugschaft (6) sicher und mit hoher Rundlaufgenauigkeit.

MERKE

Bei jedem Spannverfahren ist darauf zu achten, dass die Spannflächen von Werkzeug und Werkzeugaufnahme sowie von Arbeitsspindel und Werkzeugaufnahme sauber und gratfrei sind.

Überlegen Sie!

Vergleichen Sie die Werkzeugspannungen im Hinblick auf die Schlussart und die Rundlaufgenauigkeit.

3.6.2 Spannen der Werkstücke

Ist das Werkstück nicht sicher gespannt, wird es im Extremfall aus der Spannvorrichtung gerissen. Schwere Unfälle, Werkzeugbruch und Werkstückbeschädigungen bzw. -bruch können die Folgen sein. Bei unsachgemäßer Spannung *(clamping)* treten Vibrationen und Schwingungen auf, wodurch schlechte Oberflächenqualitäten und erhöhte Belastungen für Werkzeug und Maschine entstehen.

MERKE

Das Spannmittel muss das Werkstück so aufnehmen, dass die Zerspankraft es nicht verschieben kann. Gleichzeitig darf das Werkstück durch die Spannkräfte nicht beschädigt werden.

Zur sicheren Spannung des Werkstücks ist die Größe und Richtung der auf das Werkstück resultierenden Kraft zu beachten. Diese Kraft sollte möglichst formschlüssig aufgenommen werden (Bild 3)

Eine Übersicht von Spannelementen ist auf Seite 56 dargestellt.

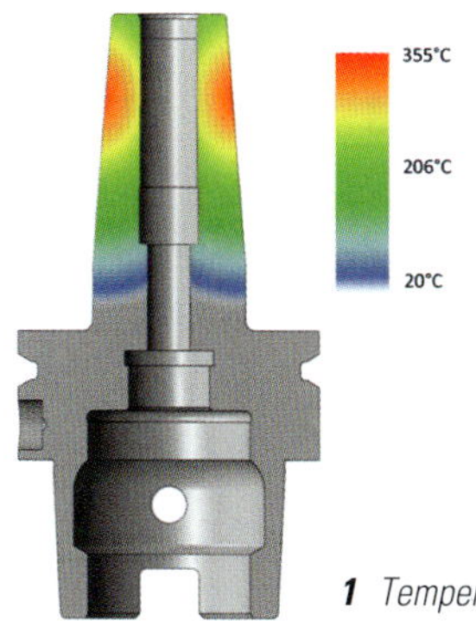

1 *Temperaturen am Schrumpffutter*

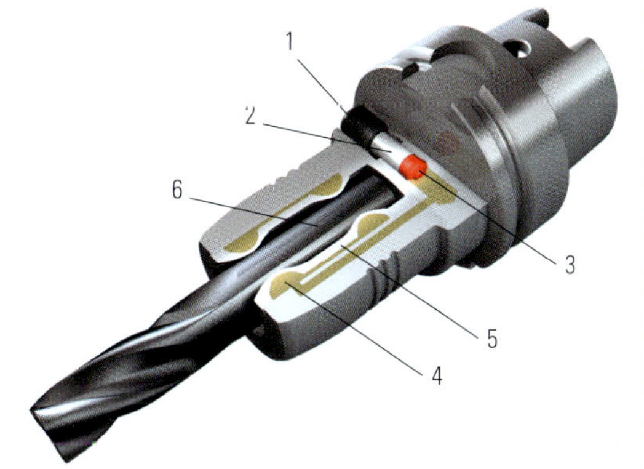

2 *Hydro-Dehnspannfutter mit Hohlschaftkegel*

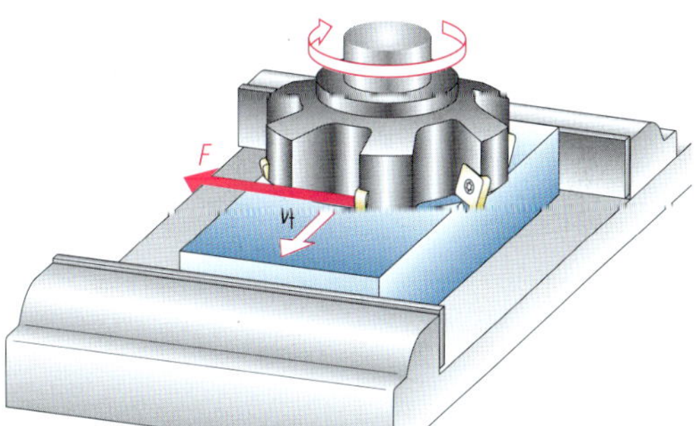

Falsch gespannt
Die Zerspankraft wird kraftschlüssig aufgenommen

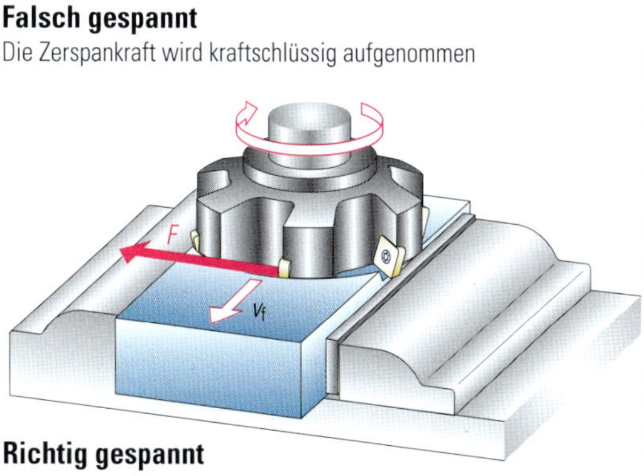

Richtig gespannt
Die Zerspankraft wirkt gegen den festen Backen (Formschluss)

3 *Falsches und richtiges Spannen des Werkstücks im Maschinenschraubstock*

1 Blockspannsystem

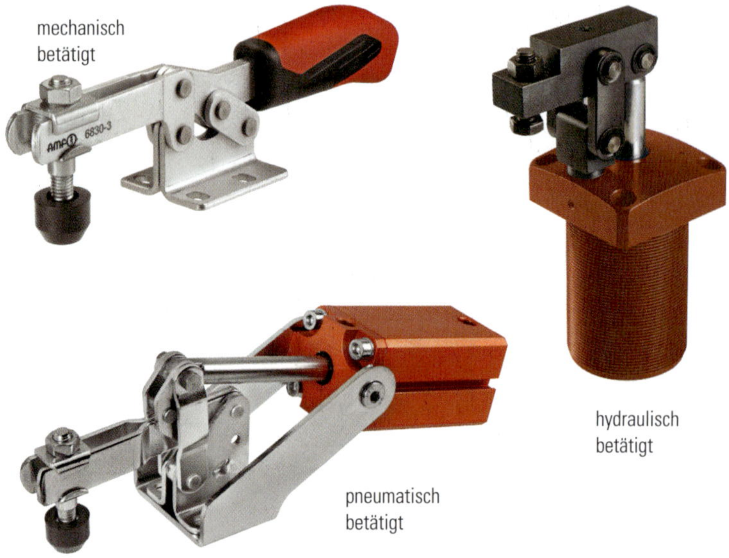

2 Kniehebelspanner

3 Magnetisches Spannsystem

4 Mechanisches Mehrfachspannsystem

5 Flexibles Vorrichtungssystem

6 Vakuumspann-system

Überlegen Sie!

1. *Beschreiben Sie jeweils die Wirkung der einzelnen Spannsysteme.*
2. *Wofür sind die verschiedenen Spannsysteme geeignet bzw. welche Vorteile besitzen sie?*

ÜBUNGEN

1. Stellen Sie in einer Mindmap die Besonderheiten von Stirn- und Umfangsfräsen sowie Gleich- und Gegenlauffräsen dar.

2. Was wird unter einer doppelt-positiven Schneidengeometrie bei einem Fräskopf mit Hartmetallschneiden verstanden und unter welchen Bedingungen kommt sie zum Einsatz?

3. Welche Zerspanungsbedingungen fordern extra eng geteilte Fräser?

4. Wie wirkt sich die Abnahme des Einstellwinkels beim Fräsen auf die Spanungsbreite und -dicke, Schneidenbelastung und Standzeit sowie die Vorschub- und Passivkraft aus?

5. Wonach richtet sich die Größe der zu wählenden Wendeschneidplatte?

6. Welche Vorteile bietet das Hochgeschwindigkeitsfräsen?

7. Stellen Sie Steil- und Hohlschaftkegel vergleichend gegenüber.

8. Beschreiben Sie das Spannen eines Fräsers in einem Schrumpffutter.

9. Informieren Sie sich in Ihrem Betrieb über die verschiedenen Spannmittel zum Fixieren der Werkstücke.

10. Mit einem Walzenfräser aus HSS mit ∅80 mm wird C45 gespant. Die Schnittgeschwindigkeit soll 28 m/min betragen. Wie groß muss die Umdrehungsfrequenz sein?

11. Ein Schaftfräser aus Hartmetall mit ∅20 mm wird mit einer Umdrehungsfrequenz von 3200/min betrieben. Welche Schnittgeschwindigkeit wird dabei erzielt?

12. Mit einem hartmetallbestückten Messerkopf von 120 mm Durchmesser soll EN-GJL 250 mit 120 m/min Schnittgeschwindigkeit bearbeitet werden. Wie groß ist die erforderliche Umdrehungsfrequenz?

13. Mit einem Schaftfräser von ∅30 aus HSS mit 4 Zähnen soll 24CrMo5 mit 0,1 mm Vorschub je Zahn zerspant werden.
a) Welche Schnittgeschwindigkeit ist zu wählen?
b) Wie groß muss die Umdrehungsfrequenz sein?
c) Welche Vorschubgeschwindigkeit ist einzustellen?

14. Auf einer CNC Fräsmaschine wird in eine Platte aus E295 mit einem Scheibenfräser ∅250 mm und 30 Hartmetallschneiden eine Nut von 20 mm Breite und 30 mm Tiefe mit einem Vorschub je Zahn von 0,2 mm gefräst. Welche Umdrehungsfrequenz und welche Vorschubgeschwindigkeit sind zu programmieren?

15. Der Werkstoff 24CrMo5 wird mit einem Fräskopf mit ∅60 mm und 8 Hartmetallschneiden bei einem Vorschub je Zahn von 0,1 mm plangefräst. Welche Umdrehungsfrequenz und welche Vorschubgeschwindigkeit sind einzustellen?

16. Wie groß ist der Vorschub je Zahn, wenn bei einem Schaftfräser mit 4 Zähnen bei einer Umdrehungsfrequenz von 1600/min mit einer Vorschubgeschwindigkeit von 240 mm/min gespant wird?

17. Beim Planfräsen von C22 mit einem Fräskopf ∅120 mm soll eine Schnittgeschwindigkeit von 200 m/min erzielt werden.
a) Welche Umdrehungsfrequenz ist einzustellen?
b) Wie groß muss die Vorschubgeschwindigkeit sein, wenn der Fräser 8 Zähne hat und der Vorschub je Zahn 0,3 mm betragen soll?

18. Beim Schlichtfräsen mit einem Messerkopf wird eine Wendeschneidplatte mit 2 mm Planfase eingesetzt. Der Vorschub je Umdrehung soll 80 % der Planfasenlänge betragen. Welche Vorschubgeschwindigkeit ist bei einer Umdrehungsfrequenz von 800/min zu wählen?

19. Erstellen Sie mit einer Tabellenkalkulation ein Programm, mit dem Sie Schnittgeschwindigkeit, Umdrehungsfrequenz und Vorschubgeschwindigkeit bestimmen können.

20. Um wie viele Löcher muss beim direkten Teilen mit einer 24-er Teilscheibe weitergeschaltet werden, um folgende Teilungen zu erhalten a) 12, b) 6, c) 4, d) 3 und e) 24?

21. Welche direkten Teilungen sind mit Teilscheiben von a) 36, b) 42 und c) 60 Löchern möglich?

22. Bei einer Reibahle ist eine unterschiedliche Teilung von 62°, 60° und 58° vorhanden. Um wie viele Löcher muss die Kurbel auf welcher Lochscheibe gedreht werden?

23. Ein Stirnrad mit 42 Zähnen ist mithilfe des Teilverfahrens zu fräsen. Welche Teilscheibe und welcher Teilschritt n_K ist einzusetzen?

24. Welche Lochscheibe und welcher Teilschritt werden benötigt, um eine Kerbverzahnung mit 76 Zähnen zu fertigen?

25. Ein Fräser mit 7 Zähnen wird gefräst. Zu bestimmen sind Lochscheibe und Teilschritt.

26. Wie groß sind die fehlenden Werte für das indirekte Teilen?

	a)	b)	c)	d)	e)	f)	g)	h)	i)	j)
T	7	9	11	13	78	–	?	–	?	–
i	40 : 1	40 : 1	60 : 1	40 : 1	40 : 1	40 : 1	40 : 1	60 : 1	60 : 1	40 : 1
α in °	?	?	100	?	?	14	12	3	3	27,5
n_K	?	?	?	?	?	?	?	?	?	?

Projektaufgabe Halter

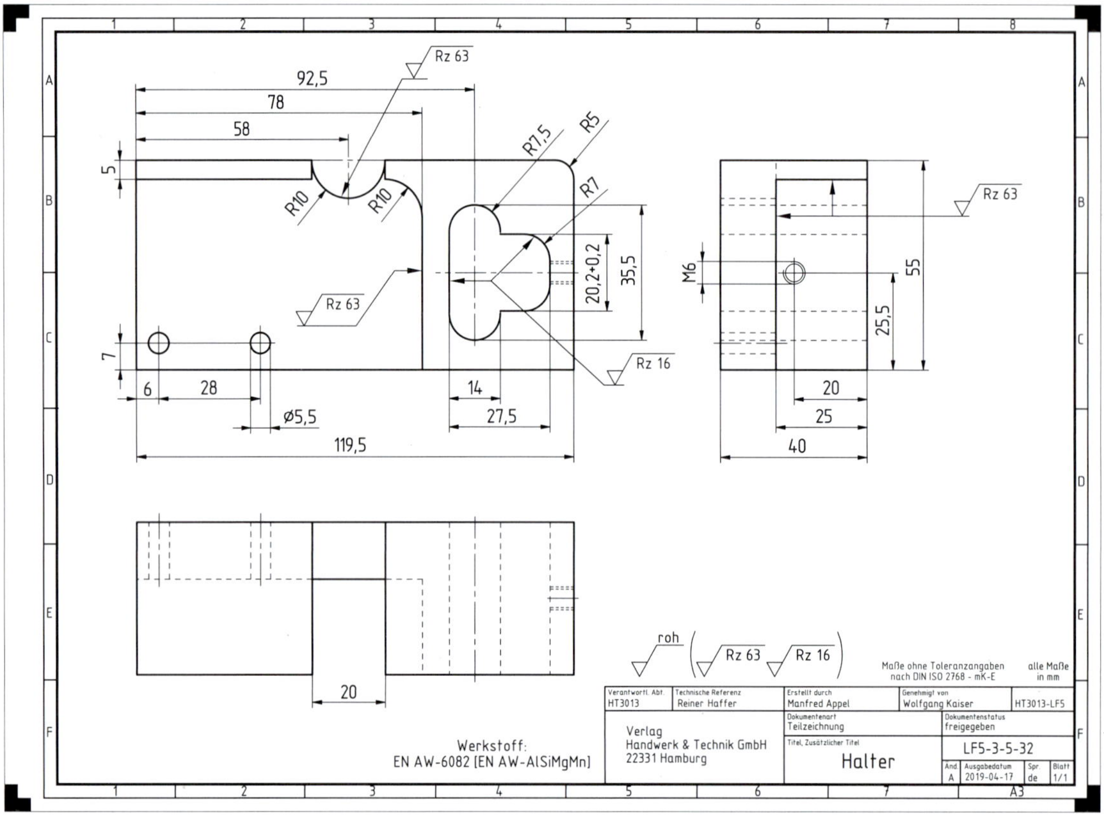

1. Erstellen Sie die Grobplanung für das Fräsen und Bohren des Halters, wobei das Rohteil 125 × 60 × 50 groß ist.
2. Bestimmen Sie die Fräsverfahren.
3. Legen Sie die erforderlichen Werkzeuge und Werkzeughalter fest.
4. Bestimmen Sie die Spannwerkzeuge für die verschiedenen Arbeitsschritte.
5. Welche Schnittgeschwindigkeiten, Umdrehungsfrequenzen und Vorschubgeschwindigkeiten sind für die einzelnen Bearbeitungsschritte zu wählen?

4 Räumen

Von dem im Bild 1 dargestellten Distanzstück aus 34CrMo4 sollen 5000 Stück hergestellt werden. Dazu wird zunächst eine Scheibe mit einem Außendurchmesser von ⌀ 100h9 und einem Innendurchmesser von ⌀ 50H7 gedreht.
Das Innenvierkant wird durch Räumen *(broaching)* hergestellt. Dabei wird ein stangenförmiges, mehrzahniges Werkzeug (Räumnadel) durch die Bohrung des Werkstücks gezogen (Seite 59 Bild 1). Das Zahnprofil der Räumnadel verändert sich vom runden auf den quadratischen Querschnitt (Seite 59 Bild 2).
Der Schaft der Räumnadel nimmt die Bohrung des Werkstücks auf, bevor er in den Ziehschlitten der Maschine eingesetzt wird. Der Führungsbereich des Werkzeugs hat die Aufgabe, das Werkstück zu zentrieren und beim Anschneiden zu führen.
Wenn die Mitten von Innen- und Außenkontur dicht beieinander liegen, muss das Spiel zwischen dem Innendurchmesser der Scheibe und der Führung der Räumnadel möglichst klein sein.

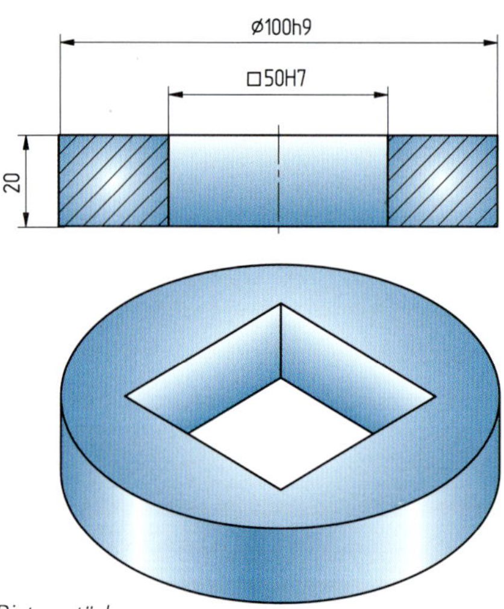

1 *Distanzstück*

Daher ist es meist erforderlich, die Führungsbohrung im Werkstück eng zu tolerieren (H7).
Der Schneidenteil dient zum Schruppen und Schlichten. Der Kalibrierteil zerspant nicht, seine Zähne gehen beim Nachschleifen der Räumnadel in den Schneidenteil über.
Das Werkzeug wird nur in Längsrichtung bewegt (Schnittbewegung). Da die Zähne immer weiter nach außen vorstehen, liegt eine ständige Zerspanung vor. Es ist keine Vorschubbewegung erforderlich. Die Schnitttiefe (Bild 3) ist auf den zu zerspanenden Werkstoff abgestimmt. Sie muss beim Nachschleifen der Räumnadel eingehalten werden. Ist sie zu groß, wird das Werkzeug überlastet und kann brechen. Ist sie zu klein, wird das Werkzeug unnötig lang. Rechtzeitiges Nachschleifen ist die Voraussetzung für eine gute Oberflächenqualität und eine niedrige Zugkraft.
Hydraulische Antriebe der Räummaschinen (Bild 1) gewährleisten eine stoßfreie, ratterfreie Schnittbewegung bei stufenlos einstellbarer Ziehgeschwindigkeit. Um gute Oberflächen am Werkstück zu erzielen, wird mit reichlich Kühlschmiermittel gearbeitet.

MERKE

Beim **Innenräumen** *(internal broaching)* wird ein stangenförmiges, mehrzahniges Werkzeug (Räumnadel; Bild 2) durch eine Bohrung im Werkstück gezogen, wodurch sich die Bohrung auf den Endquerschnitt der Räumnadel verändert.
Beim **Außenräumen** *(external broaching)* (Bild 4) wird die Räumnadel außen am Werkstück entlang gezogen. Da für jede zu räumende Form ein teures Werkzeug benötigt wird, eignet sich das Räumen nur für Großserien.

Überlegen Sie!

1. Warum ist beim Räumen keine Vorschubbewegung erforderlich?
2. Wie kann eine Passfedernut in einer Riemenscheibe geräumt werden?
3. Skizzieren Sie Innenprofile, die geräumt werden.

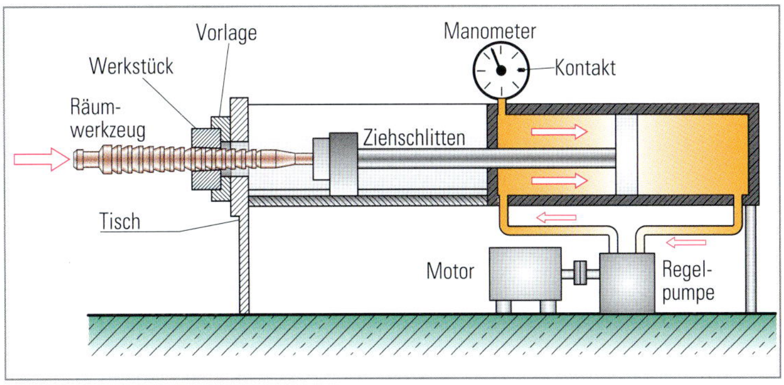

1 Hydraulische Waagrechträummaschine (schematisch)

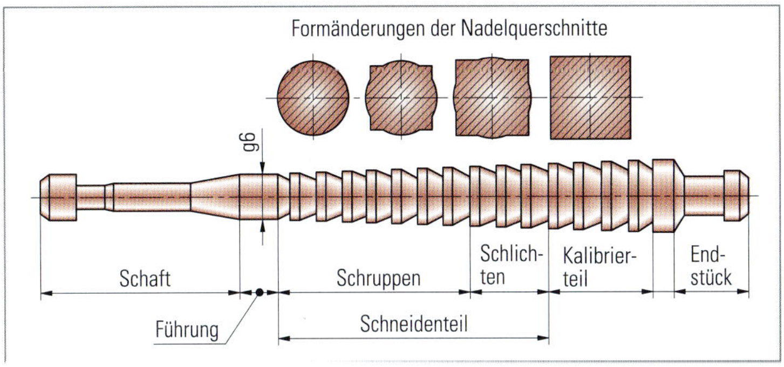

2 Räumnadel zum Innenräumen

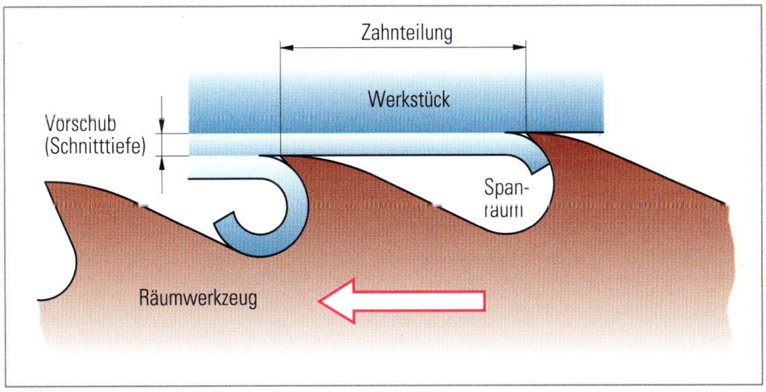

3 Spanbildung beim Räumen

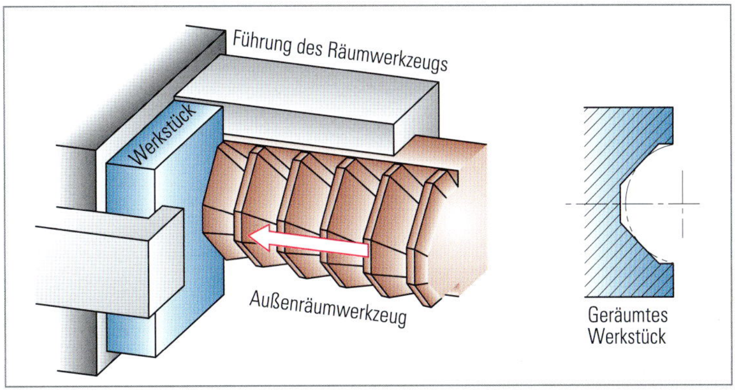

4 Außenräumen

5 Schleifen

Auf die blanken Flächen der Schieberplatte (Bild 1) aus C60 werden lineare Wälzführungen (vgl. Lernfeld 8) montiert. Deshalb müssen die Flächen sehr gute Oberflächenqualitäten ① und enge Maß- und Lagetoleranzen ② besitzen.

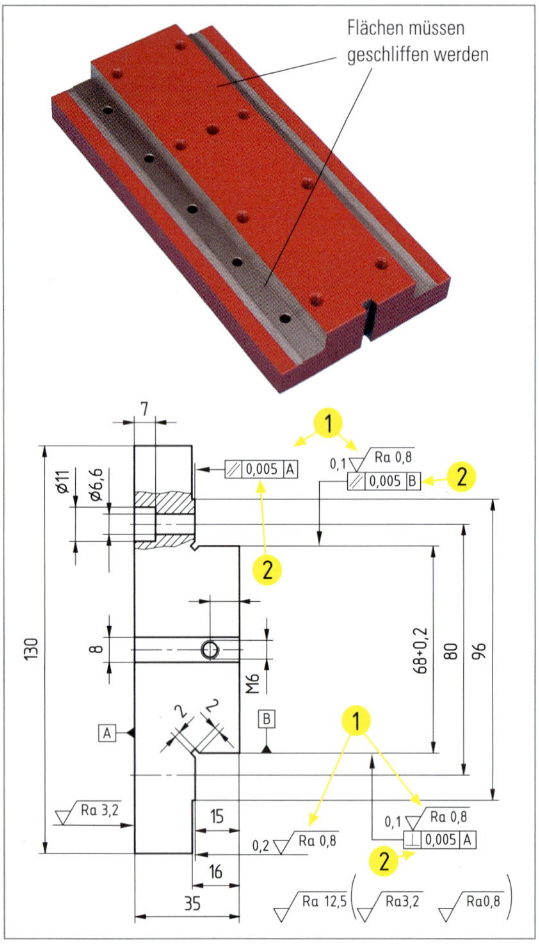

1 Schieberplatte

MERKE
Durch Schleifen können sehr gute Oberflächenqualitäten sowie enge Maß-, Form- und Lagetoleranzen erzielt werden.

5.1 Schleifkörper

Beim Schleifen *(grinding)* besteht das rotierende Werkzeug – die **Schleifscheibe** *(grinding tool)* – aus sehr harten Schleifkörnern, die von einer Bindung zusammengehalten werden (Bild 2). Die Poren der Schleifscheibe nehmen die Späne auf und transportieren sie von der Wirkstelle weg. Die Schleifkörner spanen meist mit negativen Spanwinkeln, die unterschiedlich groß sind. Die Schnittgeschwindigkeiten sind wesentlich höher als beim Drehen und Fräsen, sie werden im m/s angegeben. Bild 3 beschreibt die Auswahl der Schleifkörper.

MERKE
Schleifen ist Spanen mit einem vielschneidigen Werkzeug und geometrisch unbestimmten Schneiden.

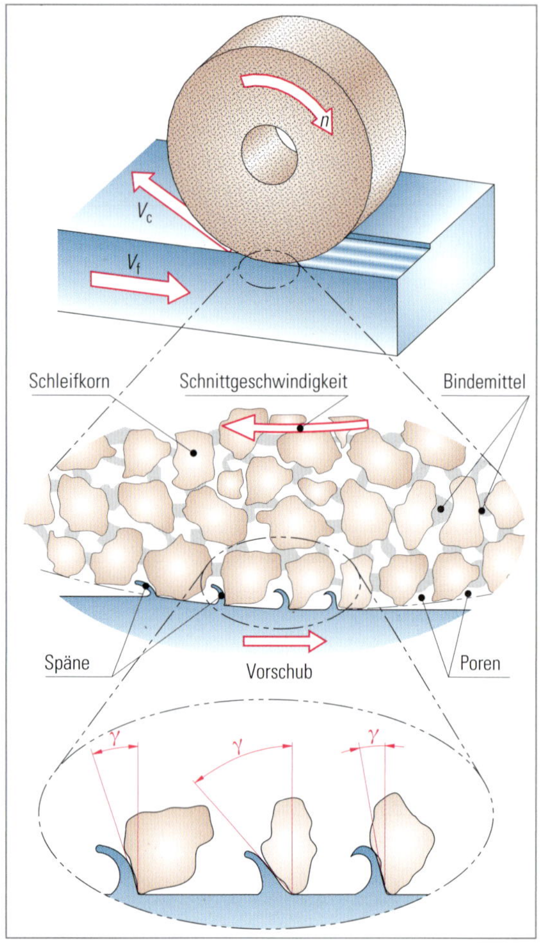

2 Prinzip des Schleifens

Schleifkörperauswahl

↓

Der zu bearbeitende **Werkstoff** bestimmt das **Schleifmittel** (Tabelle Seite 61 Bild 1)

↓

Die gewünschte **Oberflächenqualität** bestimmt die **Körnung** (Tabelle Seite 61 Bild 2)

↓

Die gewünschten **Eigenschaften des Schleifkörpers** bestimmen seine **Bindungsart** (Tabelle Seite 62 Bild 1)

↓

Das **Schleifverfahren** und der zu bearbeitende **Werkstoff** bestimmen den **Härtegrad** (Tabelle Seite 62 Bild 2)

↓

Das Schleifverfahren, die Eingriffslänge und die Art des Schleifens (Schruppen/Schlichten) bestimmen das **Gefüge**

3 Schleifkörperauswahl

Schleifmittel		Kennbuchstabe	Kornfarbe	Chemische Zusammensetzung	Eigenschaften	Einsatzbereich
Edelkorund		A	weiß, rosa, rot	Al_2O_3	zunehmende Härte und Sprödigkeit, abnehmende Zähigkeit	von Baustählen bis HSS, Titan, Glas
Siliziumcarbid		C	grün, schwarz	SiC		Hartmetall, Keramik, Gusseisen, Nichteisenmetalle
Bornitrid		B	schwarzbraun	44% B, 56% N		Präzisionsschleifen von zähharten Werkstoffen wie z.B. HSS
Diamant		D	durchsichtig bis gelb	C		Präzisionsschleifen von harten und spröden Werkstoffen wie z.B. Hartmetall, Glas, Keramik, Gusseisen

1 *Schleifmittel*

Schleifmittel *(abrasives)*
Das Schleifmittel ist der Stoff, aus dem das Schleifkorn besteht (Bild 1). Das Schleifmittel muss härter als das zu bearbeitende Werkstück sein.

MERKE
Die Auswahl der Schleifmittel richtet sich nach dem zu bearbeitenden Werkstoff.

Überlegen Sie!
Wählen Sie aus der Tabelle Bild 1 das Schleifmittel für die Schieberplatte aus C60 aus.

Körnung *(grain sizes)*
Die Körnung ist ein Maßstab für die Größe der Schleifkörner. Die Schleifkörner werden mit Hilfe von Sieben mit unterschiedlichen Maschenweiten sortiert. Die Korngröße wird mit einer Zahl angegeben wie z.B. 80. Sie gibt die Maschenzahl des Siebes pro Inch an, mit dem die Schleifkörner aussortiert wurden. Die Körnungen reichen von 6 bis 1200 (Bild 2).

MERKE
Die gewünschte Oberfläche und die Art des Schleifens legen die Körnung des Schleifmittels fest:
- Je größer das Spanvolumen pro Minute, desto gröber die zu wählende Körnung.
- Je besser die geforderte Oberflächenqualität, desto feiner die zu wählende Körnung.

Für das Schleifen der Schieberplatte wird Körnung 40 gewählt. Da die Bearbeitungszugaben für das Schleifen 0,1 mm bzw. 0,2 mm betragen, ist ein Schruppschleifen nicht erforderlich.

Bindung *(bonding material)*
Der Schleifkörper entsteht aus den Schleifkörnern und einem Bindemittel. Diese Bindung soll
- am Korn haften und die Schnitt- und Fliehkräfte aufnehmen,
- nicht zu spröde, manchmal sogar elastisch sein,

Körnung	Bezeichnung	Korngröße in mm	Rz in µm	Ra in µm	Einsatzbereich
6... 24	grob	ca. 3 ... 0,8	ca. 25 ... 6	ca. 6 ... 2	Schruppschleifen
30... 60	mittel	ca. 0,8 ... 0,25	ca. 6 ... 1,6	ca. 2 ... 0,4	Vorschleifen
70... 180	fein	ca. 0,25... 0,1	ca. 1,6 ... 0,2	ca. 0,4 ... 0,1	Feinschleifen
220...1200	sehr fein	ca. 0,1 ... 0,003	ca. 0,2 ... 0,05	ca. 0,1 ... 0,03	Präzisionsschleifen

2 *Körnungen und erreichbare Oberflächenqualitäten*

Bindungsart	Bezeichnung	Eigenschaften	Anwendungen
Keramik	V	■ formbeständig und porös ■ wasser- und ölbeständig ■ temperaturbeständig ■ schlag- und stoßempfindlich	■ meist verwendete Bindungsart für das maschinelle Schleifen ■ geeignet von Schrupp- bis Feinschleifen unterschiedlichster Werkstoffe
Kunstharz	B	■ dämpfend und wenig porös ■ höhere Festigkeit als bei Keramik ■ geringere Stoßempfindlichkeit	■ geeignet für dünne Schleifscheiben ■ Grob- bis Feinschleifen möglich
Kunstharz faserverstärkt	BF	■ Fasern erzielen höhere Festigkeit und Zähigkeit und erhöhen die Sicherheit	■ Trennscheiben für maschinellen und manuellen Einsatz
Metall	M	■ sehr hohe Festigkeit ■ stoßunempfindlich ■ hohe Standzeit	■ häufige Bindung für Diamant und kubisches Bornitrid ■ Präzisionsschleifen
Gummi	R	■ sehr elastisch ■ wasserfest ■ nicht ölbeständig	■ dünne Scheiben ■ Vorschubscheiben beim spitzenlosen Schleifen

1 *Bindungsarten*

- unempfindlich gegenüber Kühlschmiermitteln sein,
- Poren zwischen den Körnern bilden und
- temperaturbeständig sein.

MERKE

Die jeweilige Bindungsart beeinflusst wesentlich die aufgeführten Eigenschaften des Schleifkörpers (Bild 1).

Überlegen Sie!

Wählen Sie eine Bindungsart für das Schleifen der Schieberplatte mit Hilfe der Tabelle Bild 1 aus.

Härte *(hardness)*

MERKE

Die Härte der Schleifscheibe bezieht sich nicht auf die Härte der Schleifkörner, sondern sie ist der Widerstand, den die Bindung dem Ausbrechen des Schleifkorns entgegensetzt.

Der **Härtegrad** (Bild 2) des Schleifkörpers ist so zu wählen, dass die Schleifkörner dann ausbrechen, wenn sie stumpf werden und neue scharfe Körner freilegen. Dadurch schärft sich der Schleifkörper selbst. Die Wahl des Härtegrades ist ein Kompromiss zwischen dem „Selbstschärfeffekt" einerseits und dem möglichst geringen Verschleiß des Schleifkörpers andererseits. Der Härtegrad wird durch Großbuchstaben (Bild 2) angegeben. Weil bei harten Werkstoffen die Körner schneller abstumpfen als bei weichen, gilt folgende Regel:

MERKE

Bei harten Werkstoffen sind weiche Schleifkörper und bei weichen Werkstoffen harte Schleifkörper zu wählen.

Härtegrad	Bezeichnung	Anwendung
A bis D	äußerst weich	z. B. Seiten- und Innenrundschleifen von harten Werkstoffen
E bis G	sehr weich	
H bis K	weich	z. B. Umfangsschleifen von mittelharten Werkstoffen
L bis O	mittel	
P bis S	hart	z. B. Feinschleifen
T bis W	sehr hart	z. B. Außenrundschleifen von weichen Werkstoffen
X bis Z	äußerst hart	

2 *Härtegrade von Schleifkörpern*

Bei zu hart gewählten Schleifkörpern wird das Korn noch von der Bindung festgehalten, obwohl es schon stumpf ist. Das führt dazu, dass sich die Poren zusetzen und der Schleifkörper „schmiert". Gleichzeitig steigt die Temperatur an der Wirkstelle, wodurch bei wärmebehandelten Werkstücken Gefügeänderungen eintreten können.

Überlegen Sie!

Welche Auswirkungen entstehen durch die Wahl eines zu weichen Schleifkörpers?

Gefüge (Struktur) *(structure)*

Das Gefüge bzw. die Struktur eines Schleifkörpers (Seite 63 Bild 1) wird durch das Verhältnis von Schleifkörnern, Bindung und Poren bestimmt. Die Angabe des Gefüges geschieht über Zahlen (Bild 3). Mit steigender Zahl werden die Poren größer.

1 2 3 4 5 6 7 8 9 10 11 12 13 14

sehr dicht … sehr offen

3 *Gefüge*

Damit die Poren die Späne aufnehmen und abtransportieren können, soll der Schleifkörper so offen sein, wie es die geforderte Oberflächenqualität zulässt. Offene Gefüge ermöglichen beim Schruppen ein großes Zeitspanungsvolumen. Dichte Gefüge werden z. B. beim Außenrundschleifen mit kleiner Eingriffslänge des Schneidkorns und sehr guten Oberflächenqualitäten gewählt.
Da beim Umfangsplanschleifen der Schieberplatte die Eingriffslänge des Schleifkorns bei großem Schleifscheibendurchmesser relativ groß ist, wird Gefüge 12 gewählt.

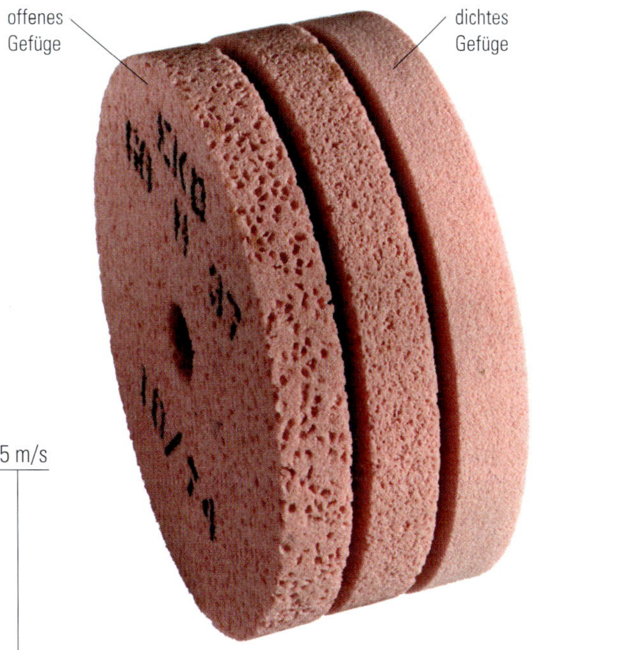

1 Schleifscheiben mit unterschiedlichem Gefüge

Schleifkörperbezeichnung

Zum Schleifen der Schieberplatte wird folgende Schleifscheibe gewählt:

Schleifscheibe ISO 603-1 – 1 – 400 × 50 × 127 – A 40 H 12 V – 35 m/s

- Normangabe (ISO 603-1)
- Schleifscheibenform 1 (gerade Schleifscheibe) (1)
- Außendurchmesser (400)
- Schleifscheibenbreite (50)
- Bohrungsdurchmesser (127)
- Schleifmittel (Korund) (A)
- Körnung (40)
- Härtegrad (H)
- Gefüge (12)
- Bindung (V)
- Zulässige Umfangsgeschwindigkeit in m/s (35 m/s)

2 Abrichtdiamanten

5.2 Abrichten

Die Härte der Schleifscheibe soll so gewählt werden, dass die Bindung stumpfe Schleifkörner zum richtigen Zeitpunkt freigibt und dadurch scharfe zum Einsatz kommen. Dieser Idealfall liegt selten vor. Selbst wenn er erreicht ist, kann sich der Schleifkörper ungleichmäßig abnutzen. Aus diesem Grund sind Schleifscheiben vor und während des Schleifprozesses abzurichten. An den Schleifmaschinen sind entsprechende Vorrichtungen mit Abziehwerkzeugen eingebaut, wobei Diamantabrichter (Bild 2) oft diese Aufgabe übernehmen. Diamantabrichter sollen im ziehenden Schnitt arbeiten (Bild 3a), damit der Diamant nicht aus der Fassung gerissen wird. Abrichtrollen aus Stahl dienen an Schleifböcken häufig zum Abrichten (Bild 3b).

MERKE

Durch das Abrichten *(dressing)* wird der Schleifkörper in die gewünschte Form gebracht und geschärft.

Nach dem Montieren einer neuen Schleifscheibe wird diese als erstes abgerichtet, damit die Scheibe rund läuft. Das geschieht noch vor dem anschließenden Auswuchten.

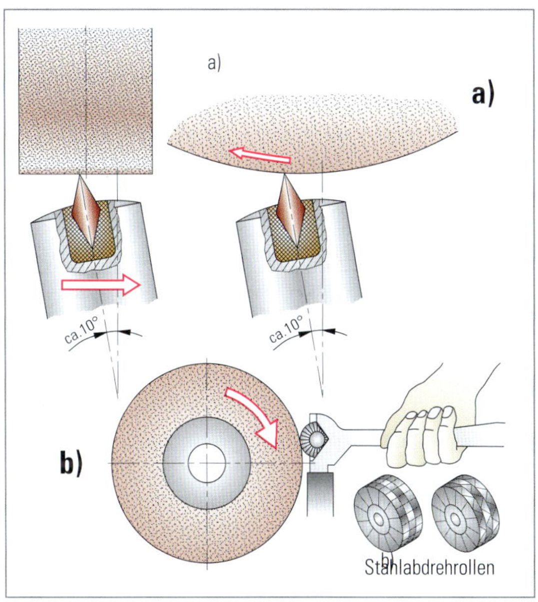

3 Abrichten mit Diamant und Abrichtrolle

Schleifen

5.3 Auswuchten

Beim Schleifen wird mit sehr großen Umfangsgeschwindigkeiten und daher auch mit sehr hohen Umdrehungsfrequenzen gearbeitet. Durch eine ungleiche Korn- und Bindemittelverteilung kann die Schleifscheibe eine Unwucht erhalten. Diese Unwucht erzeugt Fliehkräfte, die auf die Schleifspindel und deren Lager einwirken.

MERKE

Die Unwucht führt zu Schwingungen, wodurch die Oberflächenqualität schlechter und die Lebensdauer von Schleifkörper und -maschine herabgesetzt wird.

Um diese negativen Einflüsse zu vermeiden, sind die Schleifscheiben zusammen mit ihren Flanschen auszuwuchten. Beim **statischen** Auswuchten *(balancing)* wird die Schleifscheibe auf einen Dorn gesteckt und auf eine Ausgleichswaage oder einen Abrollbock (Bild 1) gelegt. Die Ausgleichsmassen sind so anzubringen, dass die Schleifscheibe in jeder Stellung in Ruhe bleibt. Bei sehr hohen Qualitätsansprüchen und bei großen, breiten Scheiben ist **dynamisch** (ähnlich wie bei Autoreifen) auszuwuchten.

5.4 Sicherheit und Unfallverhütung

Beim Schleifen ist die **Unfallgefahr** *(danger of accident)* wegen der hohen Schnittgeschwindigkeiten besonders hoch. Schleifscheiben mit keramischer Bindung sind besonders bruchempfindlich. Bei einem Bruch der Scheibe können die weggeschleuderten Teile tödliche Unfälle verursachen, wenn sie nicht durch Schutzvorrichtungen aufgefangen werden.

Beim Schleifen und beim Aufspannen der Schleifscheibe sind die Unfallverhütungsvorschriften zu beachten:

- Keramisch gebundene Schleifscheiben mit Außendurchmesser größer als 80 mm sind vor dem Aufziehen einer **Klangprobe** zu unterziehen. Dazu wird die Schleifscheibe in der Bohrung gehalten und z. B. mit einem Hartholzstück leicht angeschlagen. Bei einer rissfreien Scheibe ist der entstehende Ton hell und klar.
- Die **Flansche** zum Befestigen der Scheibe (Bild 2) müssen **Mindestgrößen** besitzen: $S \geq 1/3\,D$ bei Verwendung von Schutzhauben, $S \geq 2/3\,D$ ohne Schutzhauben und $S \geq 1/2\,D$ bei konischen Schleifscheiben. Die Flansche müssen gleich groß sein, damit die Scheibe nicht auf Biegung beansprucht wird.
- **Elastische Zwischenlagen** (z. B. aus Gummi oder Filz) sind zwischen Schleifkörper und Flansch anzubringen, damit mögliche Unebenheiten der Schleifscheibe ausgeglichen werden und es punktuell zu keinen zu hohen Anpressdrücken kommt.
- Die Schleifscheibe muss sich **leicht** auf die Spindel schieben lassen, um zusätzliche **Spannungen** in der Scheibe zu vermeiden.

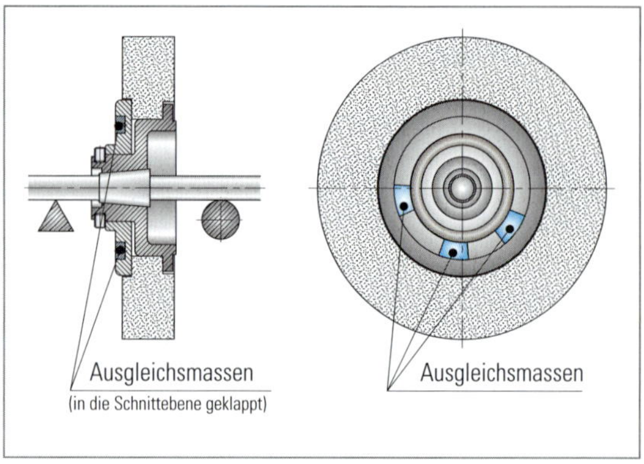

1 *Statisches Auswuchten einer Schleifscheibe*

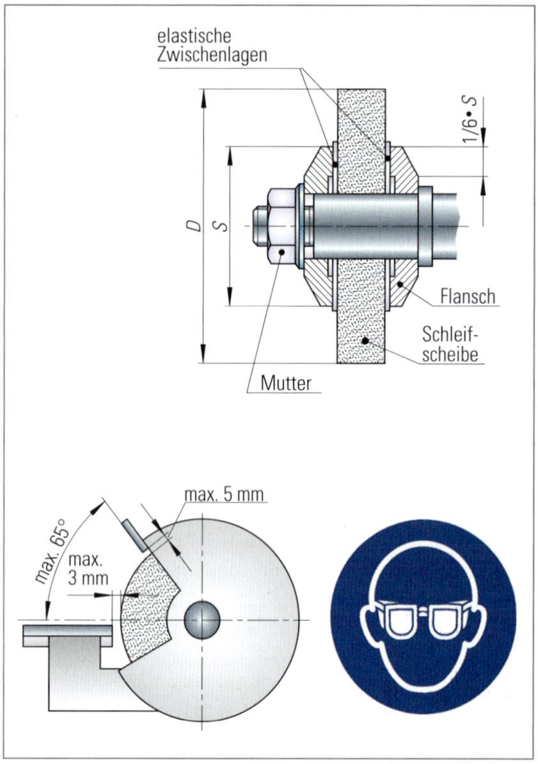

2 *Spannen von Schleifscheiben und Auflagen*

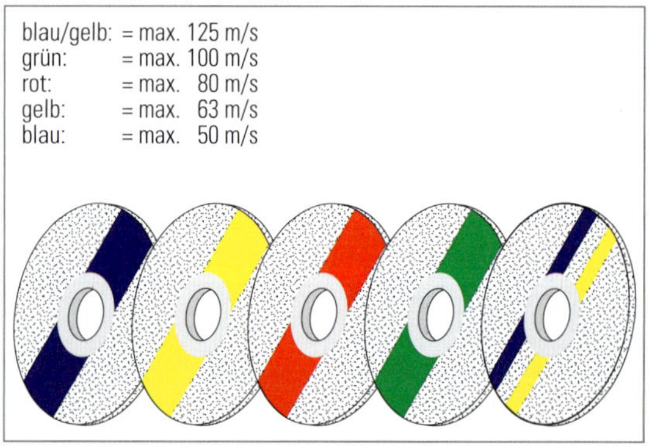

3 *Farbcodierungen der zulässigen Umfangsgeschwindigkeiten*

- Die **maximale Umdrehungsfrequenz** darf nicht überschritten werden. Für normale Schleifscheiben sind Umfangsgeschwindigkeiten bis zu 40 m/s üblich. Schleifscheiben, die höhere Umfangsgeschwindigkeiten zulassen, sind durch Farbstreifen gekennzeichnet (Seite 64 Bild 3).
- Bei vorhandener **Unwucht** ist die Scheibe auszuwuchten.
- Nach jeder Aufspannung der Scheibe ist ein **Probelauf** von mindestens fünf Minuten bei der höchstzulässigen Umdrehungsfrequenz durchzuführen.
- Die **Werkstückauflagen** (Seite 64 Bild 2) sind dicht an die Schleifscheibe anzustellen, damit beim Freiformschleifen das Werkstück nicht mitgerissen werden kann. Das Anstellen darf nur bei **stillstehender** Schleifscheibe geschehen.
- Beim Schleifen ist eine **Schutzbrille** zu tragen.

Kühlschmierung *(cooling lubricant)*

Beim Schleifen ist die Gefahr besonders groß, dass die Werkstückoberfläche zu stark erwärmt wird. Ohne Kühlung können Temperaturen über 1000 °C an der Wirkstelle entstehen. Das schnelle Aufheizen und Abkühlen der Randzone kann zu Brandflecken, Spannungsrissen und zu Gefügeveränderungen führen.

MERKE

Um die Randzonentemperatur gering zu halten, sind
- intensive Kühlschmierung,
- geringe Schnitttiefe,
- möglichst kurze Kontaktlänge,
- offenes Gefüge und
- weiche Schleifscheiben zu wählen.

Bei Verwendung von Schleifölen ist die Kühlung gegenüber Emulsionen zwar geringer, aber die Schmierung besser. Dadurch wird das Entstehen der Reibungswärme vermindert und die Schockwirkung auf die Oberfläche gemildert, wodurch geringere Spannungen im Werkstück entstehen.

MERKE

Je größer die Wärmeentwicklung, desto mehr Kühlschmierstoff muss zugeführt werden. Bei den hohen Umfangsgeschwindigkeiten wird das Kühlschmiermittel unter hohem Druck zugeführt, wodurch die Poren der Schleifscheibe gereinigt werden.

5.5 Schleifverfahren und Schleifmaschinen

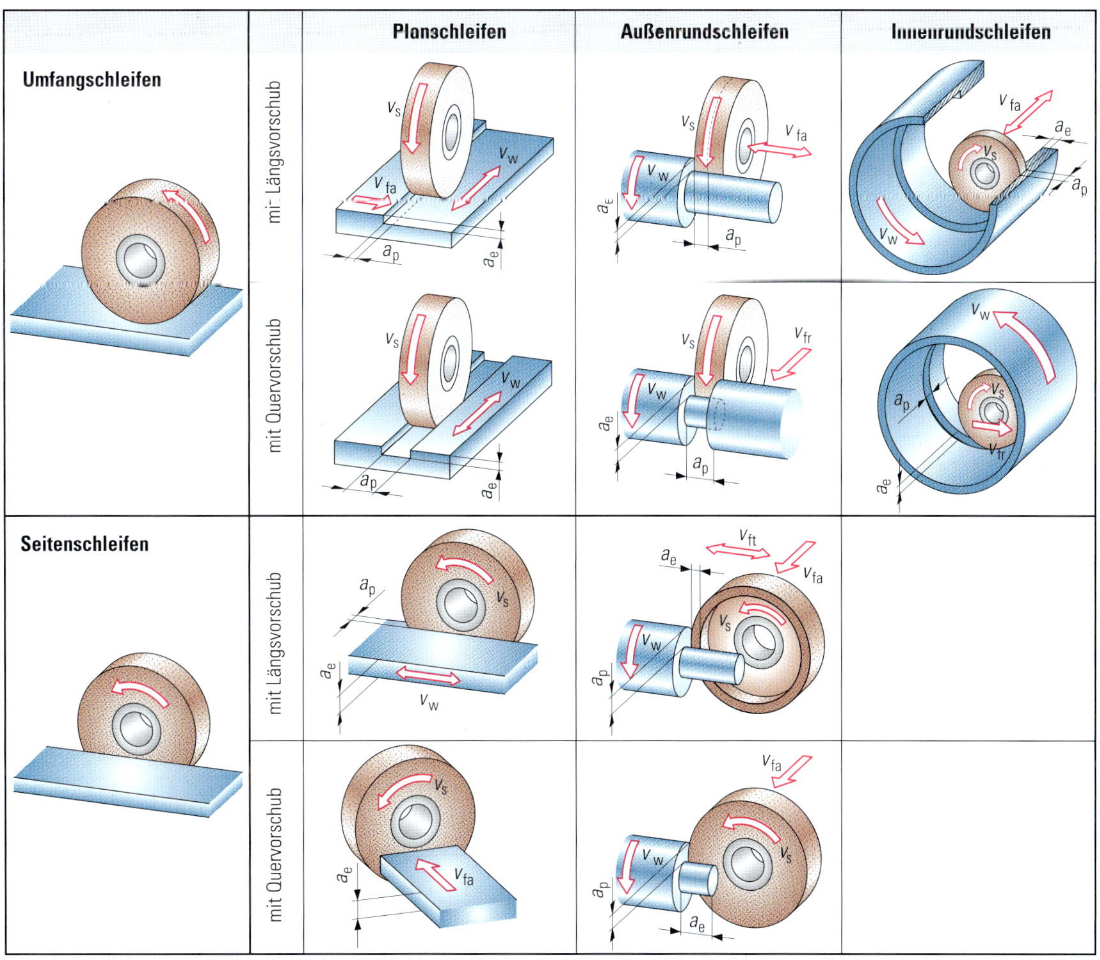

1 Schleifverfahren

In der Industrie sind Außenrundschleifen (ca. 70 %), Planschleifen (ca. 20 %) und Innenrundschleifen (ca. 7 %) die gebräuchlichsten Schleifverfahren. Dabei wird danach unterschieden, ob die Schleifscheibe am Umfang (**Umfangsschleifen**) oder an der Seite (**Seitenschleifen**) spant. Beim Längsschleifen verläuft der Vorschub parallel zur erzeugten Oberfläche, beim **Querschleifen** senkrecht dazu.
Die Schleifmaschinen für das Plan- und Rundschleifen unterscheiden sich in ihrem Aufbau (Bilder 1 und 2). Die Schleifmaschinen für das Rundschleifen sind meist zum Innen- und Außenschleifen geeignet.

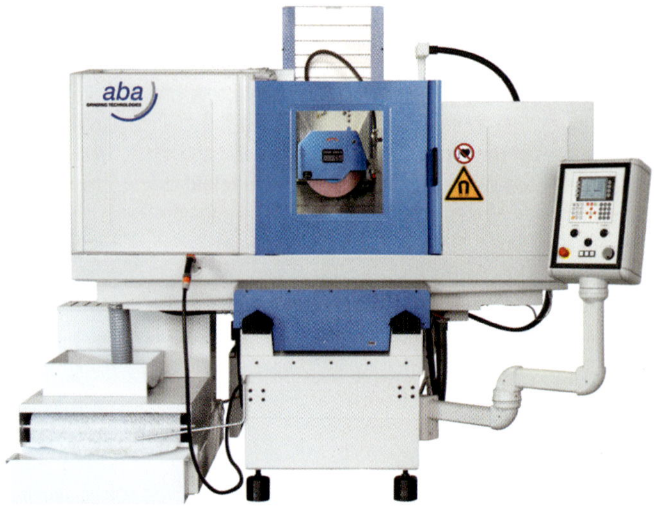

1 *Planschleifmaschine*

Planschleifen *(surface grinding)*

Beim Planschleifen nimmt oft ein Magnetspanntisch das Werkstück auf. Beim Seitenschleifen ist die Berührungsfläche (Kontaktzone) wesentlich größer als beim Umfangsschleifen. Das führt zu höherer Wärmeentwicklung und verschlechtert die Spanabfuhr. Aus diesem Grund wird das Umfangsschleifen bei größeren Werkstückflächen bevorzugt. Beim Seitenschleifen treten diese Nachteile weniger auf, wenn es sich um schmale oder von Vertiefungen unterbrochene Flächen handelt. Eine Schleifscheibe, die aus einzelnen Segmenten besteht (Bild 3), verbessert den Schleifprozess beim Seitenschleifen ebenfalls.

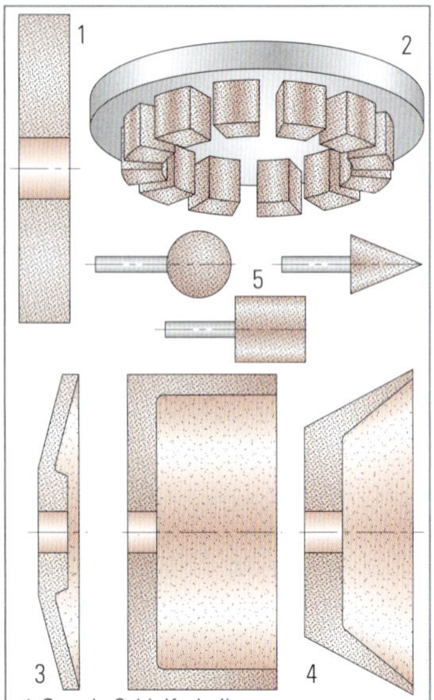

1 Gerade Schleifscheibe
2 Segmentscheibe
3 Tellerscheibe
4 Topfscheiben, zylindrisch und konisch
5 Schleifstifte

3 *Schleifkörperformen*

2 *Rundschleifmaschine*

1 Außenrundschleifen

2 Innenrundschleifen

Außenrundschleifen *(external cylindrical grinding)*
Das Werkstück wird beim Außenrundschleifen (Bild 1) meist zwischen den Spitzen gespannt, damit eine enge Rundlauftoleranz gewährleistet ist. Beim Schleifen mit Quervorschub entsteht eine drallfreie Werkstückoberfläche, wie sie z. B. benötigt wird, wenn ein Wellendichtring auf dieser Fläche gleitet. Die Schleifscheibe sollte beim Schleifen mit Längsvorschub mindestes einen Überlauf von 25 % bis 50 % der Schleifscheibenbreite haben, weil sonst am Ende zu wenig abgeschliffen wird.

Innenrundschleifen *(internal cylindrical grinding)*
Beim Innenrundschleifen (Bild 2) sind nicht nur die Werkstückspannmittel sondern auch die Schleifscheiben und deren Aufnahmen den jeweiligen Werkstückabmessungen anzupassen. Die Schleifscheibe ist im Verhältnis zum zu bearbeitenden Durchmesser kleiner, und wird aufgrund ihrer beschränkten Standzeit (lange Kontaktzone) während jedem Schleifzyklus mindestens einmal automatisch abgerichtet. Wegen der geringeren Steifigkeit der Schleifspindel kann es leichter zu Vibrationen kommen als beim Außenrundschleifen.

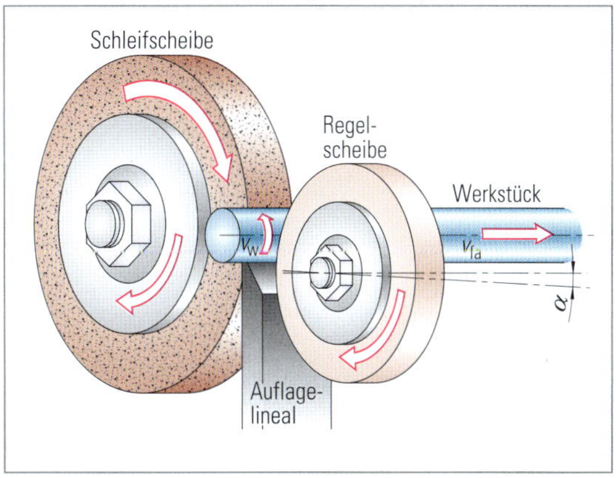

3 Prinzip des spitzenlosen Außenrundschleifens

Spitzenloses Außenrundschleifen *(centreless external cylindrical grinding)*
Beim spitzenlosen Außenrundschleifen (Bild 3) wird das Werkstück nicht in einer Spannvorrichtung befestigt, sondern es liegt lose auf einer harten Unterlage. Eine Regelscheibe stützt das Werkstück ab. Gleichzeitig überträgt sie ihre Umfangsgeschwindigkeit auf das Werkstück, wodurch die Werkstückgeschwindigkeit v_w entsteht. Die axiale Vorschubgeschwindigkeit des Werkstücks v_{fa} wird durch eine geringe Schrägstellung der Regelscheibe erzielt.

4 Winkelschleifer

Manuelles Schleifen *(manual grinding)*
Winkelschleifer *(angle grinder)* (Bild 4) werden z .B. zum Entgraten und Trennschleifen eingesetzt. Da das Werkzeug von Hand geführt wird, kommen Schleifscheiben mit Kunstharzbindung und Gewebeeinlage zum Einsatz, bei denen die Gefahr des Scheibenbruchs gering ist.

Beim **Bandschleifen** *(belt grinding)* (Bild 1) wird das Werkstück manuell geführt. Um die Verletzungsgefahr gering zu halten, ist der Schleifbereich mit der Bandabdeckung der Werkstückgröße anzupassen.

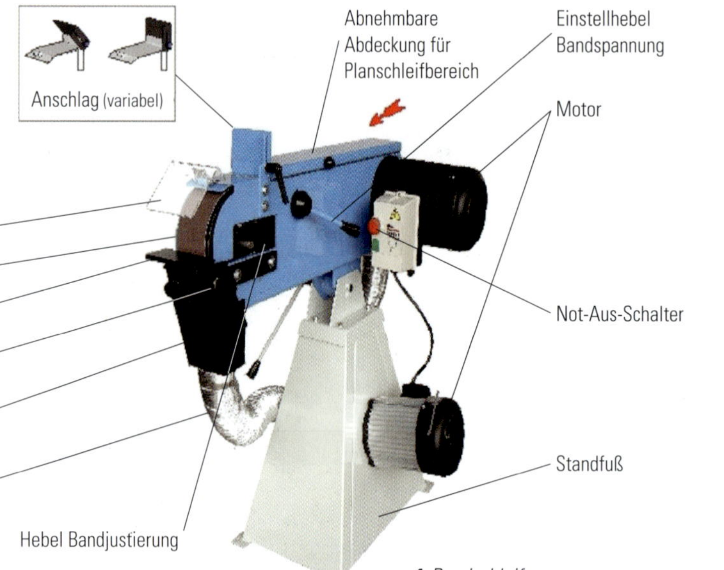

***1** Bandschleifer*

6 Feinbearbeitung

Die Verfahren der Feinbearbeitung *(finish-machined)* verbessern Maßhaltigkeit, Oberflächenqualität und geometrische Formen an Werkstücken. Die folgende Übersicht stellt ausgewählte Feinbearbeitungsverfahren dar.

Langhubhonen

Das Langhubhonen *(honing)* (Bild 2) wird mit einer **Honahle** *(honing tool)* durchgeführt. Dieses Werkzeug besitzt mehrere Honsteine aus Schleifkörpern, die am Umfang des Werkzeugs angeordnet sind und feine Späne abtragen.
Bei der Bearbeitung führt die Honahle gleichzeitig eine Dreh- und eine Hubbewegung aus. Die Geschwindigkeiten sind gegenüber dem Schleifen niedrig.

MERKE

Mit dem Langhubhonen werden erzielt:
- hohe Oberflächenqualitäten bis $R_z < 1\ \mu m$ mit gekreuzten Bearbeitungsriefen
- kleine Maßtoleranzen
- enge Rundheits- und Zylinderformtoleranzen

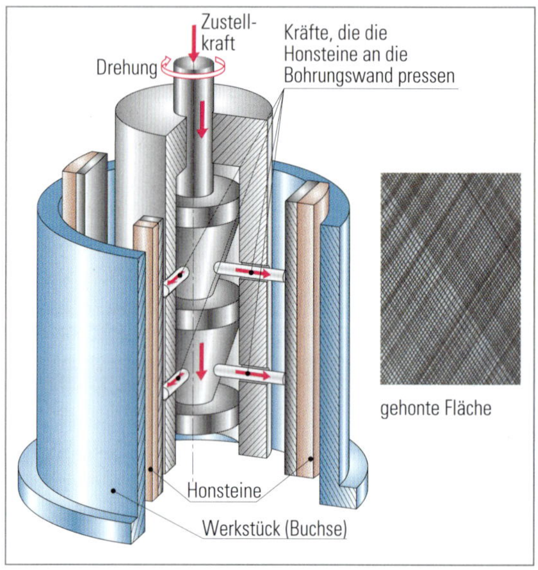

***2** Langhubhonen*

Kurzhubhonen

Beim Kurzhubhonen *(superfinish)*, das auch **Superfinish** genannt wird (Bild 3) ist ein relativ kurzer Honstein im Einsatz, der der Werkstückform angepasst ist. Das Werkzeug führt neben der axialen Vorschubbewegung eine Schwingbewegung aus. Die Hublänge der Schwingbewegung liegt zwischen 1 und 6 mm bei 500 bis 3000 Doppelhüben pro Minute. Die Umfangsgeschwindigkeit des Werkstückes liegt meist unter 15 m/min.

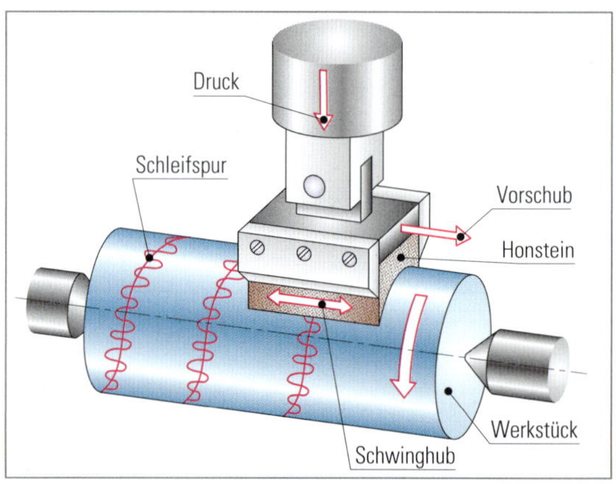

***3** Kurzhubhonen*

MERKE

Mit dem Kurzhubhonen sind
- eine sehr hohe Oberflächenqualitäten (R_z bis 0,1 µm),
- eine erhebliche Verbesserung der Rundheit, aber
- keine nennenswerte Verbesserung der Zylinderform

möglich.

Läppen

Beim Läppen *(lapping)* wird auf einer Läppscheibe das Läppmittel dünn aufgetragen, das aus einer Paste oder Flüssigkeit und feinsten Schleifkörnern besteht. Eine Druckplatte drückt die Werkstücke auf die Läppscheibe *(lap plate)*. Läppscheibe und Abrichtring rotieren und sorgen so für einen gleichmäßigen Abtrag.

MERKE

Läppen ist ein spanendes Fertigungsverfahren mit losen Schleifkörnern, das
- sehr gute Oberflächenqualitäten (R_z < 0,1 mm),
- höchste Maßgenauigkeit und
- hervorragende Formtoleranzen erzielt.

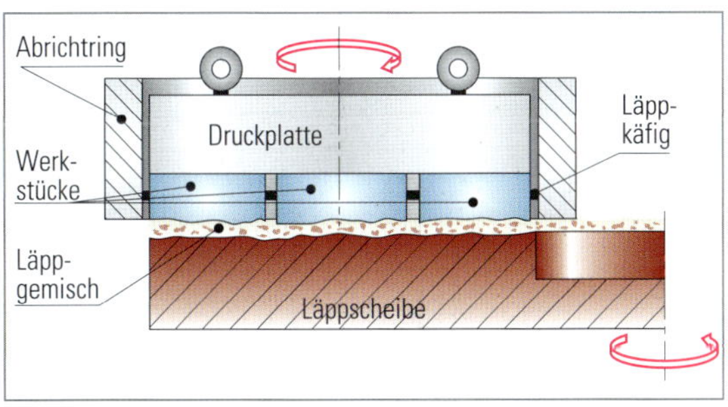

1 *Läppen*

Fcinschlcifcn

Beim Feinschleifen *(fine finishing)* liegen die Werkstücke zwischen zwei Scheiben *(grinding wheels)*, die mit Schleifsegmenten oder -pellets belegt sind (Bild 2). Die abgetragenen Späne und die ausgebrochenen Schleifkörner werden von den Spalten zwischen den Segmenten oder Pellets aufgenommen. Für Werkstücke aus Stahl wird kubisches Bornitrid (**CBN**) als Schleifmittel gewählt, während Hartmetalle und keramische Werkstücke mit Schleifmittel aus **Diamant** bearbeitet werden.

MERKE

In der Feinbearbeitung gewinnt das Feinschleifen gegenüber dem Läppen wegen der **höheren Abtragraten** zunehmend an Bedeutung. Durch das gebundene Schleifkorn lassen sich die **Entsorgungskosten** und der **Reinigungsaufwand** von Werkstück und Maschine gegenüber dem Läppen deutlich reduzieren.

2 *Belegung der Feinschleifmaschine (untere Scheibe)*

ÜBUNGEN

1. Wählen Sie die Schleifmittel für das Schleifen von
   a) Schnellarbeitsstahl und
   b) Hartmetall aus.
2. Erstellen Sie eine Mindmap zum Schleifen.
3. Erklären Sie, warum Schleifscheiben abgerichtet werden müssen.
4. Nennen Sie vier Unfallverhütungsvorschriften, die beim Aufspannen einer Schleifscheibe zu beachten sind.
5. Eine Schleifscheibe von 200 mm Durchmesser soll mit einer Schnittgeschwindigkeit von 25 m/s arbeiten. Welche Umdrehungsfrequenz ist einzustellen?
6. Mit welcher maximalen Umdrehungsfrequenz darf eine Schleifscheibe von 500 mm Durchmesser betrieben werden, wenn ihre Schnittgeschwindigkeit auf 50 m/s begrenzt ist?

7 Kosten im Betrieb

7.1 Kostenarten und Zeiten in der Fertigung

Ziel der Unternehmen ist es, ihre Produkte mit Gewinn zu verkaufen. Der Preis, den das Unternehmen für das Produkt erhält (Reinerlös) ist der **Barverkaufspreis** (netto), der die Selbstkosten und den Gewinn beinhaltet (Bild 1).

Die **Selbstkosten** (Bild 2) ergeben sich aus den **Herstellungskosten** und den **Verwaltungs-** und **Vertriebskosten**, die nicht direkt während der Herstellung des Produkts anfallen.

Die Herstellkosten (Bild 3) enthalten die **Material-** und die **Fertigungskosten**. In die **Fertigungseinzelkosten** gehen sowohl die **Lohn-** als auch die **Maschinenkosten** ein, die ihrerseits auch von der **Auftragszeit** abhängen.

1 *Barverkaufspreis*

2 *Selbstkosten*

3 *Herstellkosten*

7.2 Betriebsmittelhauptnutzungszeit

Von den Zeiten, die zusammen die **Auftragszeit** (Seite 71 Bild 1) ergeben, sind nur wenige berechenbar. Viele der Zeiten werden vor Ort gemessen oder aufgrund von Erfahrungswerten festgelegt. Zu berechen ist die Betriebsmittelhauptnutzungszeit als ein Teil der **unbeeinflussbaren Tätigkeiten**. Sie hängt von den eingestellten Prozessparametern ab, die bei einer Werkstückbearbeitung mit automatischem Vorschub eingestellt sind.

Die Betriebmittelhauptnutzungszeit – auch **Hauptnutzungszeit** t_h genannt – ist durch Umstellen der Geschwindigkeitsformel zu bestimmen.

$$v = \frac{s}{t}$$

$$t = \frac{s}{v}$$

$$t_h = \frac{L}{v_f}$$

t_h: Hauptnutzungszeit in min
v_f: Vorschubgeschwindigkeit in mm/min
L: Arbeitsweg in mm
i: Anzahl der Schnitte

Bei mehreren Schnitten i:

$$t_h = \frac{L \cdot i}{v_f}$$

Beispielhaft sind im Bild 2 auf Seite 71 für Bohren, Längsrunddrehen und Stirnfräsen die Bestimmung von **Arbeitsweg** L und **Vorschubgeschwindigkeit** v_f abgeleitet. Für weitere Verfahren sind sie dem Tabellenbuch zu entnehmen.

Auftragszeit

- **Ausführungszeit** – Zeit für das Ausführen eines Auftrags ohne die Rüstzeit
  - **Grundzeit**
    - **Unbeeinflussbare Tätigkeiten** – z. B. Überwachung bei automatischem Vorschub (**Betriebsmittelhauptnutzungszeit** t_h) usw.
    - **Beeinflussbare Tätigkeiten** – Geschicklichkeit und Anstrengung haben z. B. Einfluss auf diese Zeit
    - **Wartezeit** – z. B. Warten, bis Lötstelle erkaltet
  - **Erholzeit** – Zeit zum Erholen beim Ausführen
  - **Verteilzeit** – Zeiten für unvorhersehbare Tätigkeiten beim Ausführen
- **Rüstzeit** – Zeit zum Einrichten von Maschinen, Spannen von Werkzeug und Werkstück, Auf- und Abbau von Geräten usw.
  - **Rüstgrundzeit** – Zeit zum Rüsten ohne Rüstverteilzeit und Rüsterholzeit
  - **Rüsterholzeit** – Zeit zum Erholen beim Rüsten
  - **Rüstverteilzeit** – Zeiten für unvorhersehbare Tätigkeiten beim Rüsten

1 Auftragszeit

Bohren

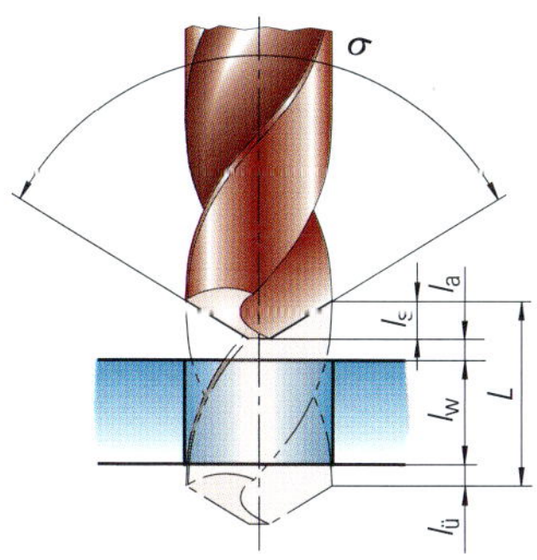

$l_a = l_ü \approx 2$ mm

σ	80°	118°	130°
l_s	$0{,}6 \cdot d$	$0{,}3 \cdot d$	$0{,}2 \cdot d$

Längsrunddrehen

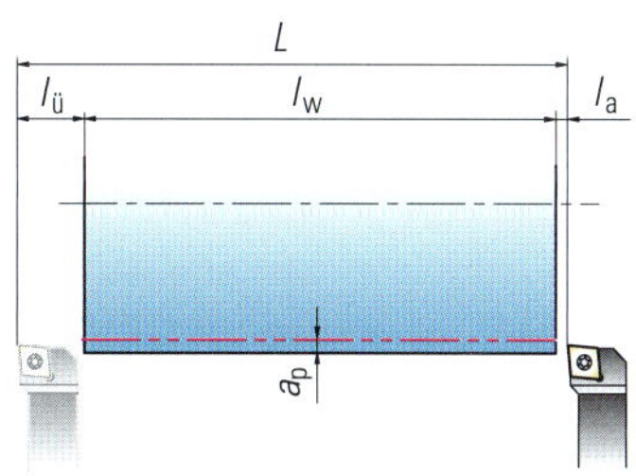

l_a und $l_ü$ abhängig von der Schneidengeometrie

Stirnfräsen

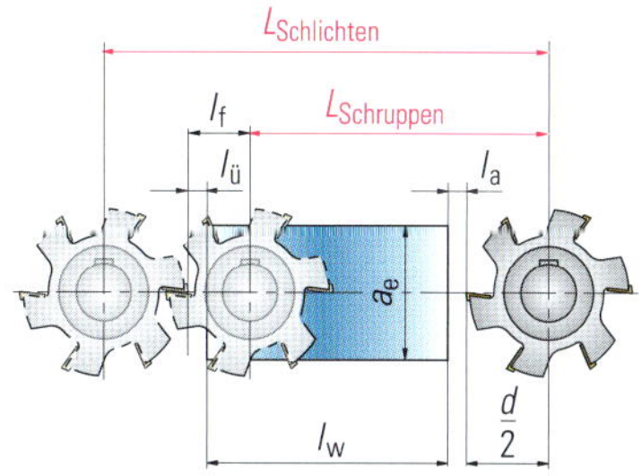

$l_a = l_ü \approx 1{,}5$ mm

l_f (Fräserzugabe) ist verfahrensabhängig

Bohren und Längsrunddrehen:

$$v_f = f \cdot n$$

$$t_h = \frac{L \cdot i}{f \cdot n} \quad \text{mit } n = \frac{v_c}{d \cdot \pi}$$

$$t_h = \frac{\pi \cdot d \cdot L \cdot i}{f \cdot v_c}$$

Stirnfräsen:

$$v_f = f_z \cdot z \cdot n$$

$$t_h = \frac{L \cdot i}{f_z \cdot z \cdot n}$$

$$t_h = \frac{\pi \cdot d \cdot L \cdot i}{f_z \cdot z \cdot v_c}$$

2 Arbeitswege, Vorschubgeschwindigkeiten und Hauptnutzungszeiten bei ausgewählten Fertigungsverfahren

Beispiel 1:
Zum Schruppen eines Absatzes der Kegelradwelle werden vier Schnitte (a_p = 5 mm) benötigt. Die Schnittgeschwindigkeit beträgt 250 m/min, der Vorschub 0,6 mm. Die Drehmaschine arbeitet mit konstanter Schnittgeschwindigkeit. Wie lange dauern die Hauptnutzungszeiten für die einzelnen Schnitte?

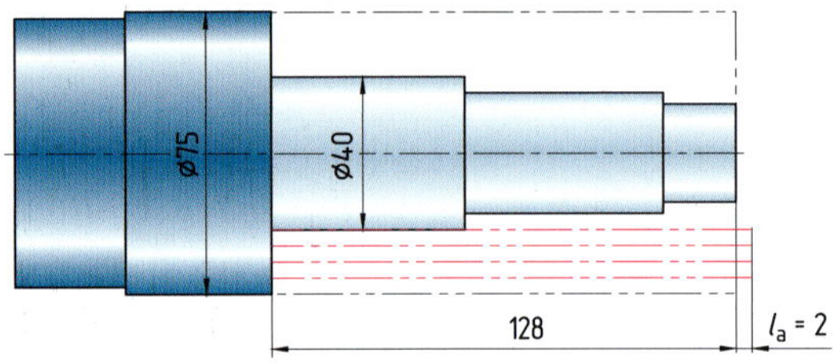

Beispielrechnungen

1. Schnitt

$$t_h = \frac{L}{v_f}$$

$$t_h = \frac{l + l_a}{v_f} \qquad v_f = f \cdot n \qquad n = \frac{v_c}{d \cdot \pi}$$

$$t_h = \frac{(l + l_a) \cdot d \cdot \pi}{f \cdot v_c} \qquad v_f = \frac{f \cdot v_c}{d \cdot \pi}$$

$$t_h = \frac{(128\text{ mm} + 2\text{ mm}) \cdot 75\text{ mm} \cdot \pi \cdot \text{min} \cdot 1\text{ m}}{0{,}6\text{ mm} \cdot 250\text{ m} \cdot 1\,000\text{ mm}}$$

$t_h = 0{,}204$ min

$\underline{\underline{t_h = 12{,}3\text{ s}}}$

4. Schnitt

$$t_h = \frac{(128\text{ mm} + 2\text{ mm}) \cdot 45\text{ mm} \cdot \pi \cdot \text{min} \cdot 1\text{ m}}{0{,}6\text{ mm} \cdot 250\text{ m} \cdot 1\,000\text{ mm}}$$

$t_h = 0{,}122$ min

$\underline{\underline{t_h = 7{,}4\text{ s}}}$

Überlegen Sie!

Bestimmen Sie die Hauptnutzungszeiten für das Längsrundschruppen der anderen Absätze der Kegelradwelle (Bild oben und Seite 15 Bild 2).

Beispiel 2:
Die Nut im Lagerteil soll mit einem Hartmetallschaftfräser von 32 mm Durchmesser mit zwei Schneiden in 4 Schnitten mit einer Schnittgeschwindigkeit von 100 m/min bei einem Vorschub pro Zahn von 0,1 mm bearbeitet werden. Die Länge des Werkstücks beträgt 116 mm, die Summe aus An- und Überlauf 20 mm. Wie groß ist die Hauptnutzungszeit für das Schruppen der Nut?

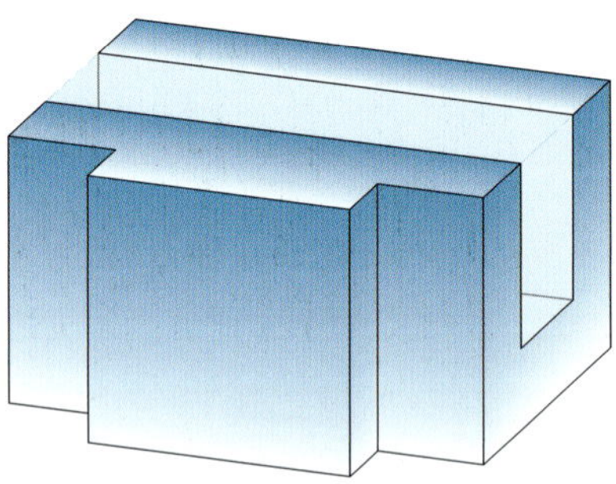

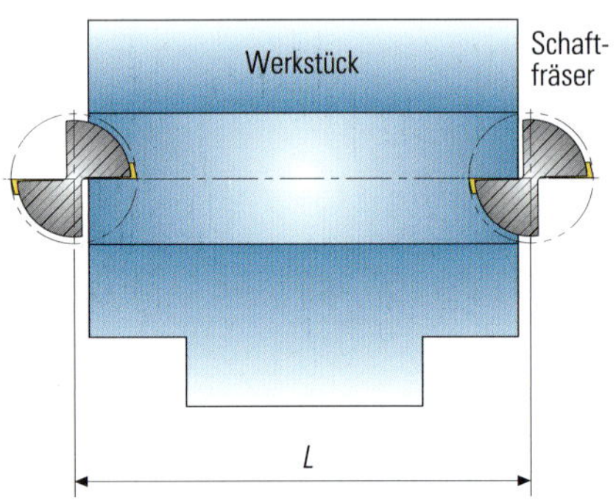

Beispielrechnungen

$$t_h = \frac{L}{v_f}$$

$$t_h = \frac{(l + l_a + l_ü) \cdot i}{v_f} \qquad v_f = f_z \cdot z \cdot n \qquad n = \frac{v_c}{d \cdot \pi}$$

$$v_f = \frac{f_z \cdot z \cdot v_c}{d \cdot \pi}$$

$$t_h = \frac{(l + l_a + l_ü) \cdot i \cdot d \cdot \pi}{f_z \cdot z \cdot v_c}$$

$$t_h = \frac{(116\text{ mm} + 20\text{ mm}) \cdot 4 \cdot 32\text{ mm} \cdot \pi \cdot \text{min} \cdot 1\text{ m}}{0{,}1\text{ mm} \cdot 2 \cdot 100\text{ m} \cdot 1\,000\text{ mm}}$$

$t_h = 2{,}73$ min

$\underline{\underline{t_h = 2\text{ min } 44\text{ s}}}$

Überlegen Sie!

Überprüfen Sie die Ergebnisse für die Hauptnutzungszeiten im Kapitel 3.5.3 Nutenfräsen.

ÜBUNGEN

1. Eine 500 mm lange, zwischen den Spitzen gespannte Spindelwelle von 160 mm Durchmesser soll längsrund geschruppt werden. Dabei werden eine Schnittgeschwindigkeit von 300 m/min und ein Vorschub von 0,6 mm gewählt. Wie groß ist dafür die Hauptnutzungszeit, wenn An- und Überlauf jeweils 3 mm betragen?

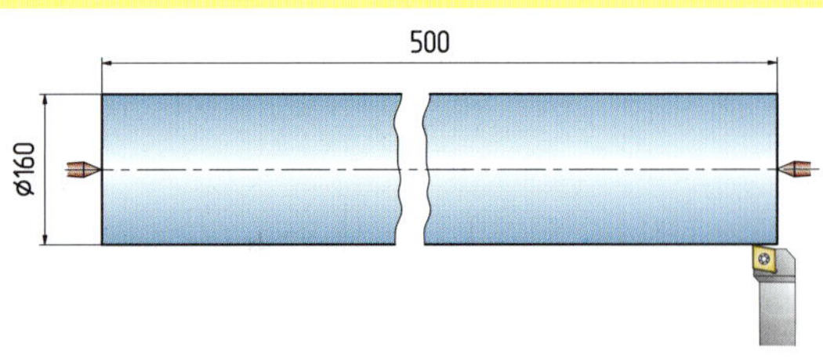

2. Eine Achse wird an der Stirnseite mit einer Umdrehungsfrequenz von 660/min und einem Vorschub von 0,15 mm quergeplandreht. Wie lange dauert der Vorgang, wenn ein Anlaufweg von 2 mm und ein Überlaufweg von 1 mm eingehalten werden?

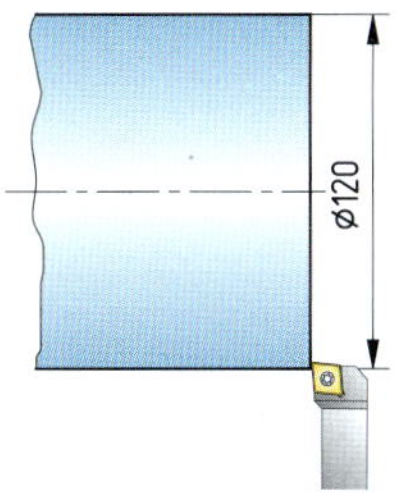

3. Die Stirnseite einer Hohlwelle wird mit konstanter Schnittgeschwindigkeit von 250 m/min bei einem Vorschub von 0,1 mm geschlichtet. Wie lange dauert dies bei einem An- und Überlauf von jeweils 2 mm?

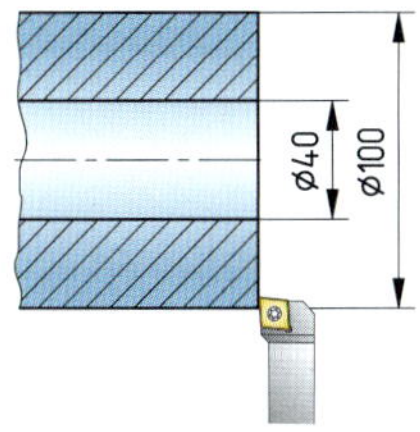

4. Eine Stahlplatte mit 400 mm × 100 mm soll mit einem Messerkopf ⌀160 geschlichtet werden. Der An- und Überlauf beträgt jeweils 5 mm. Als Schnittdaten werden gewählt:
Schnittgeschwindigkeit: 150 m/min
Vorschub je Schneide: 0,25 mm
Schneidenzahl: 8
Wie groß ist die Hauptnutzungszeit für diese Bearbeitung?

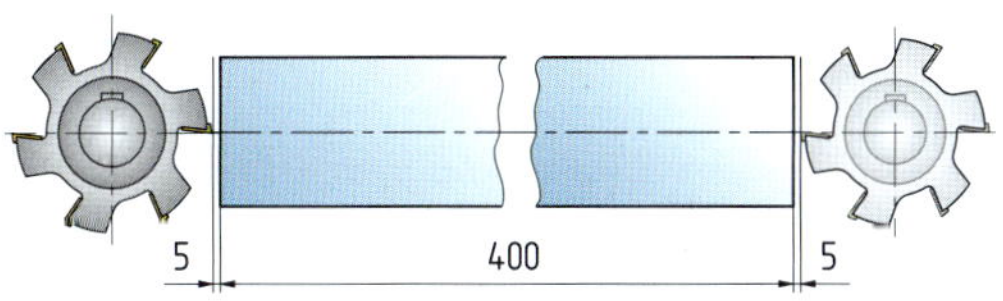

5. Die Kontur der oben rechts dargestellten Tasche wird geschlichtet, wobei eine Vorschubgeschwindigkeit an der Kontur von 400 mm/min vorliegt. Wie lange dauert der Schlichtvorgang?

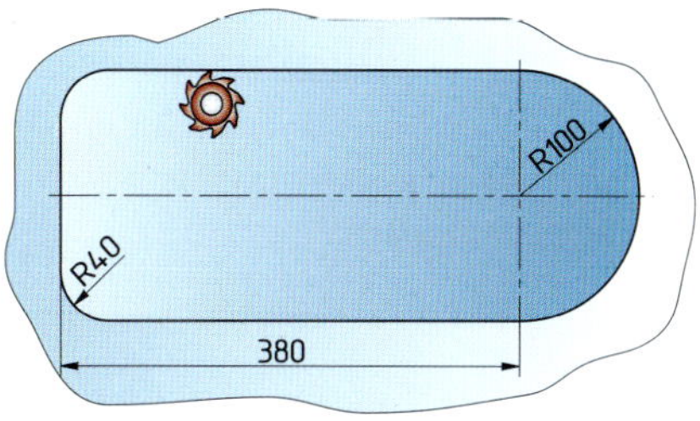

6. Die Führungsleiste wird mit einem hartmetallbestückten Schaftfräser in jeweils einem Schnitt geschruppt und geschlichtet. Dabei sind folgende Parameter eingestellt:

Parameter	Schruppen	Schlichten
Schnittgeschwindigkeit	100 m/min	120 m/min
Vorschub je Schneide	0,15 mm	0,08 mm
Schneidenzahl	8	8

Bestimmen Sie folgende Größen
a) Umdrehungsfrequenzen
b) Vorschubgeschwindigkeiten
c) Vorschubwege
d) Hauptnutzungszeiten bei $l_a = l_ü$

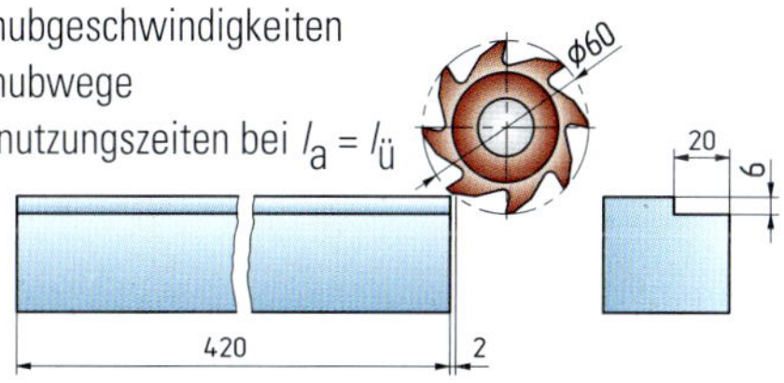

7. Entwickeln Sie mithilfe einer Tabellenkalkulation die Berechnungen für Umdrehungsfrequenzen, Vorschubgeschwindigkeiten und Hauptnutzungszeiten fur das Frasen

8. Die Achse für eine Umlenkrolle aus E295 ist zu fertigen.
a) Erstellen Sie einen Arbeitsplan für die Achse.
b) Legen Sie alle fertigungstechnischen Daten fest.
c) Bestimmen Sie die Bearbeitungswege.
d) Berechnen Sie die Hauptnutzungszeiten zum Drehen, Fräsen und Bohren.

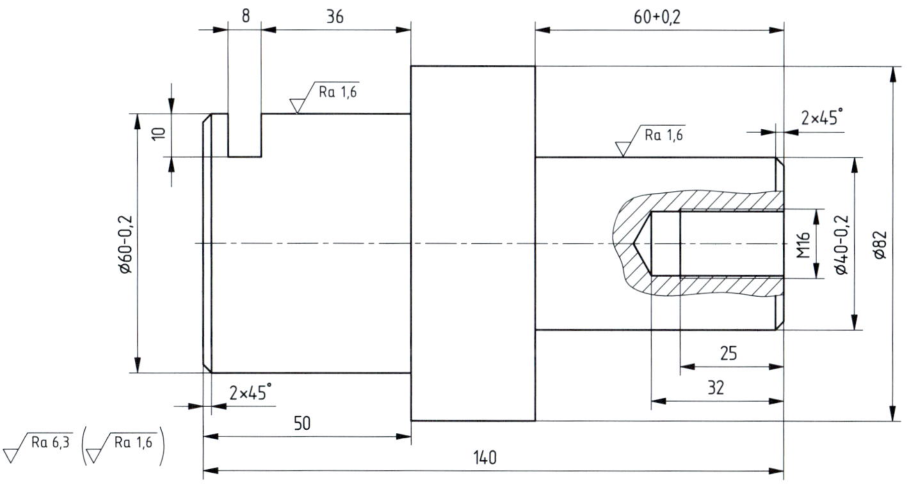

7.3 Kostenberechnung

Zur Kalkulation eines angemessenen Preises für ein Produkt sind alle anfallenden Kosten im Betrieb zu erfassen und auf die gefertigten Produkte zu verteilen.

7.3.1 Lohnkosten

Die Kosten, die direkt bei der Fertigung eines Produktes anfallen, sind die **Fertigungslohnkosten (*FLK*)**. Sie werden nach folgender Formel berechnet:

$$FLK = T \cdot LK$$

FLK: Fertigungslohnkosten für den Auftrag in €
T: Auftragszeit in h
LK: Lohnkosten in €/h ≈ 170 % ... 200 % des Stundenlohns

Beispielrechnung

Für einen Auftrag benötigt eine Fachkraft 35 Stunden. Ihr Stundenlohn beträgt 18,00 €/h. Die Personalzusatzkosten betragen 80 % des Stundenlohns. Wie groß sind die Fertigungslohnkosten?

$$FLK = T \cdot LK$$

$$FLK = \frac{35\,\text{h} \cdot 18{,}00\,€ \cdot 180\%}{100\% \cdot \text{h}}$$

$$\underline{FLK = 1.134{,}00\,€}$$

Stundenlohn (Bruttolohn pro Stunde)
=
Nettolohn + Sozialabgaben + Steuern

+

Personalzusatzkosten
=
gesetzliche Zusatzkosten
(z. B. Sozialversicherungsbeiträge des Arbeitgebers, bezahlte Feiertage, Lohnfortzahlung bei Krankheit)
+
tarifliche und betriebliche Zusatzkosten
(z. B. Urlaub, Vermögensbildung, betriebliche Altersvorsorge)

=

Lohnkosten

Die **Fertigungsgemeinkosten (*FGK*)** beinhalten z. B. Gehälter für Konstrukteure, Meister und innerbetriebliche Transporteure. Dazu zählen ebenso die Kosten für z. B. Transportmittel und Maschinen, die unregelmäßig genutzt werden. Diese Kosten sind meist einem Produkt nicht eindeutig zuzuordnen. Fertigungsgemeinkosten werden deshalb durch prozentuale Zuschläge auf die Fertigungslohnkosten berücksichtigt.

7.3.2 Materialkosten

Die **Materialeinzelkosten (*MEK*)** lassen sich aus den Angaben in der Stückliste oder den Stückkosten und der Auftragsgröße berechnen.

$$MEK = Masse \cdot \frac{Kosten}{\text{Kilogramm}}$$

$$MEK = m \cdot \frac{K}{\text{kg}}$$

Beispielrechnung

Bei einem Auftrag sind 200 Spannbolzen aus 46S20 (Bild 1) zu fertigen. Bestimmen Sie die Materialeinzelkosten, wenn der Preis pro kg 1,52 € beträgt.

$$MEK = m \cdot \frac{K}{\text{kg}}$$

$$MEK = V \cdot \rho \cdot \frac{K}{\text{kg}}$$

$$MEK = \frac{d^2 \cdot \pi}{4} \cdot l \cdot \rho \cdot \frac{K}{\text{kg}}$$ für *d* und *l* sind die Rohmaße zu wählen

$$MEK = \frac{2{,}6^2\,\text{cm}^2 \cdot \pi}{4} \cdot 9{,}5\,\text{cm} \cdot \frac{7{,}85\,\text{g}}{\text{cm}^3} \cdot \frac{1{,}52\,€}{\text{kg}} \cdot \frac{1\,\text{kg}}{1000\,\text{g}}$$

$$\underline{MEK = 0{,}60\,€}$$

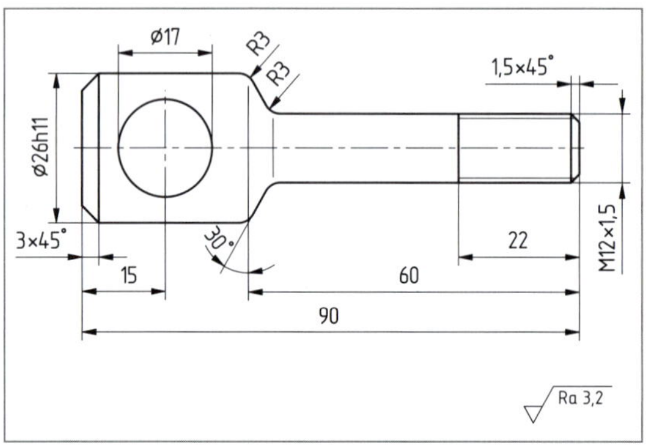

***1** Spannbolzen*

Materialgemeinkosten (*MGK*) sind z. B. Kosten für Kühlschmiermittel, Reinigungsmittel und Lagerung sowie Löhne und Gehälter für Beschäftigte im Lager. Da sie nicht direkt dem benötigten Material zuzuordnen sind, werden sie als prozentuale Zuschläge auf die Materialeinzelkosten berechnet.

7.3.3 Verwaltungs- und Vertriebsgemeinkosten

Verwaltungs- und Vertriebsgemeinkosten (*SG & A cost*) umfassen z. B. Löhne und Gehälter sowie Kosten für Ausstattung und Material in den Abteilungen Verwaltung und Vertrieb.

7.3.4 Zuschlagskalkulation

Die Zuschlagskalkulation wird in Industrie, Handel und Handwerk am häufigsten angewandt, um einen Angebotspreis zu bestimmen.
Die Zuschlagssätze ergeben sich aus der Kostensituation des Betriebes. Die Genauigkeit der Kalkulation hängt somit unter anderem auch davon ab, wie sorgfältig von den Fachkräften die Material- und Zeiterfassung durchgeführt wird.

Fertigungslohnkosten		*FLK*		400,00 €				
Fertigungsgemeinkosten	+	*FGK*	+	120% · *FLK* 480,00 €				
Fertigungskosten					=	*FK*		880,00 €
Materialeinzelkosten		*MEK*		200,00 €				
Materialgemeinkosten	+	*MGK*	+	60% · *MEK* 120,00 €				
Materialkosten					=	*MK*	+	320,00 €
Herstellkosten						*HK*	=	1.200,00 €
Verwaltungs- und Vertriebsgemeinkosten						*VVGK*	+	40% · *HK* 480,00 €
Selbstkosten						*SK*	=	1.680,00 €
Gewinn						*G*	+	15% · *SK* 252,00 €
Barverkaufspreis, netto						*BVP*	=	1.932,00 €

Bewertung der Zuschlagskalkulation
Teure Maschinen und Anlagen (z. B. CNC-Bearbeitungszentren, Beschichtungsanlagen) verursachen besonders hohe Fertigungsgemeinkosten. Bei der Zuschlagskalkulation werden diese dann mit gleichem Prozentsatz auf die Fertigungskosten aller Produkte verrechnet. Das führt dazu, dass Produkte, die nicht auf den teueren Maschinen und Anlagen hergestellt wurden, zu hoch kalkuliert sind. Die Produkte, die auf den teueren Maschinen und Anlagen erstellt wurden, sind demnach zu niedrig kalkuliert.
Um das zu vermeiden, werden die Gemeinkosten an den Stellen ermittelt, an denen sie entstehen. An jeder Kostenstelle z. B. CNC-Bearbeitungszentrum, Beschichtungsanlage usw. werden die Fertigungsgemeinkosten den Lohnkosten gegenübergestellt, sodass der spezifische Fertigungsgemeinkostenzuschlag ermittelt werden kann. Dieser wird dann auch nur auf die Produkte aufgeschlagen, die dort gefertigt wurden.

7.3.5 Maschinenstundensatz

Beim Einsatz unterschiedlicher Maschinen ist es sinnvoll, die Fertigungsgemeinkosten zu präzisieren. Die Kalkulation wird genauer, wenn die Kosten für die unterschiedlich teuren Maschinen einzeln erfasst werden. Dazu wird der Maschinenstundensatz *(MSS)* berechnet.

$$MSS = \frac{K_A + K_Z + K_I + K_R + K_E}{T_N}$$

MSS: Maschinenstundensatz in €/h
K_A: Kalkulatorische Abschreibung im Jahr in € pro Jahr
K_Z: Kalkulatorische Zinsen im Jahr in € pro Jahr
K_I: Instandhaltungs- und Wartungskosten im Jahr in € pro Jahr
K_R: Raumkosten im Jahr in € pro Jahr
K_E: Energiekosten im Jahr in € pro Jahr
T_N: Nutzungszeit im Jahr in Stunden pro Jahr

Beispielrechnungen

Aufgrund der guten Auftragslage investiert ein Betrieb in eine CNC-Fräsmaschine zum Preis von 200.000,00 €. Für die Kalkulation ist der Maschinenstundensatz für Ein- und Zweischichtbetrieb zu bestimmen.

Abschreibung K_A

$$K_A = \frac{\text{Wiederbeschaffungspreis}}{\text{Nutzungsdauer}}$$

$$K_A = \frac{230.000,00\ €}{5\ \text{Jahre}}$$

$$K_A = 46.000,00\ \frac{€}{\text{Jahr}}$$

➡ Der Wiederbeschaffungspreis in fünf Jahren wird wegen der zu erwartenden Preissteigerungen um ca. 15 % höher als der Neupreis geschätzt.

Zinsen K_Z ➡ Es ist der bankübliche Zinssatz einzusetzen.

$$K_Z = \frac{\text{Wiederbeschaffungspreis} \cdot \text{Zinssatz}}{2 \cdot 100\,\%}$$

$$K_Z = \frac{230.000,00\ € \cdot 6\,\%}{2 \cdot 100\,\%}$$

$$K_Z = 6.900,00\ \frac{€}{\text{Jahr}}$$

Instandhaltungkosten K_I

$$K_I = 7.000,00\ \frac{€}{\text{Jahr}}$$

➡ Erfahrungswert oder Herstellerangaben oder prozentuale Wiederbeschaffungskosten.

Raumkosten K_R

K_R = Flächenbedarf · Monatsmiete pro m²

$$K_R = \frac{20\ \text{m}^2 \cdot 6,00\ € \cdot 12}{\text{m}^2}$$

$$K_R = 1.440,00\ \frac{€}{\text{Jahr}}$$

➡ Flächenbedarf für Fräsmaschine multipliziert mit der Monatsmiete pro m² und 12 Monaten.

Energiekosten K_E

$$K_E = 3.000,00\ \frac{€}{\text{Jahr}}$$

➡ Antriebsleistung, durchschnittliche Leistungsausnutzung, Preis pro Kilowattstunde und jährliche Nutzung bestimmen die Energiekosten.

Nutzungszeit T_N

T_N = 1200 h bei Einschichtbetrieb

T_N = 2000 h bei Zweischichtbetrieb

➡ Anhaltswerte: Abhängig von den jeweiligen Arbeitszeitmodellen und den Störungs-, Instandhaltungs- und Wartungszeiten.

Maschinenstundensatz *MSS*

$$MSS = \frac{46.000\ € + 6.900\ € + 7.000\ € + 1.440\ € + 3.000\ €}{1200\ \text{h}}$$

$$MSS = 53,61\ \frac{€}{\text{h}}\ \text{bei Einschichtbetrieb}$$

$$MSS = \frac{46.000\ € + 6.900\ € + 7.000\ € + 1.440\ € + 3.000\ €}{2000\ \text{h}}$$

$$MSS = 32,17\ \frac{€}{\text{h}}\ \text{bei Zweischichtbetrieb}$$

ÜBUNGEN

1. Aus der Lohn- und Materialkarte ergeben sich für die Produktion eines Werkstücks folgende Einzelkosten:
Fertigungslohnkosten 92,00 €
Materialeinzelkosten 28,00 €

Der Betrieb rechnet mit folgenden Zuschlagssätzen:
Fertigungsgemeinkosten 160 %
Materialgemeinkosten 70 %
Verwaltungs- und Vertriebsgemeinkosten 45 %

Berechnen Sie:
a) die Herstellkosten
b) die Selbstkosten
c) den Barverkaufspreis bei 18 % Gewinn

2. Bei der Herstellung eines Werkstücks ergeben sich folgende Einzelkosten:
Fertigungslohnkosten 125,00 €
Materialeinzelkosten 45,00 €

Der Betrieb rechnet mit folgenden Zuschlagssätzen:
Fertigungsgemeinkosten 170 %
Materialgemeinkosten 80 %
Verwaltungs- und Vertriebsgemeinkosten 42 %

Berechnen Sie:
a) die Herstellkosten
b) die Selbstkosten
c) den Barverkaufspreis bei 15 % Gewinn

3. Entwickeln Sie mithilfe einer Tabellenkalkulation ein Berechnungsschema für die Zuschlagskalkulation.

4. Für die Kalkulation des Maschinenstundensatzes einer CNC-Drehmaschine liegen folgende Daten vor:
Preis der Fräsmaschine 200.000,00 €
Nutzungsdauer 6 Jahre

Geschätzte Preissteigerung während der Nutzungszeit 18 %

Zinssatz für Kredit 5%

Instandhaltungs- und Wartungskosten	8.000,00 €/Jahr
Raumkosten	3.000,00 €/Jahr
Energiekosten	3.500,00 €/Jahr

a) Berechnen Sie den Maschinenstundensatz für Einschichtbetrieb (1600 h).

Bei Zweischichtbetrieb (3000 h) ändern sich folgende Daten:
Nutzungsdauer 4 Jahre

Geschätzte Preissteigerung
Instandhaltungs- und Wartungskosten 12.000,00 €/Jahr

b) Wie hoch sind jetzt die Energiekosten?
c) Bestimmen Sie den Maschinenstundensatz beim Zweischichtbetrieb.
d) Beurteilen Sie die Ergebnisse aus den Sichten von Arbeitnehmer und Arbeitgeber.

5. Entwickeln Sie mithilfe einer Tabellenkalkulation ein Berechnungsschema für die Kalkulation des Maschinenstundensatzes.

6. Für eine Maschine sind folgende Daten bekannt:

Anschaffungspreis	350.000,00 €
Wiederbeschaffungspreis	+ 20 %
Nutzungsdauer	6 bzw. 4 Jahre
■ bei Einschichtbetrieb	1700 h/Jahr
■ bei Zweischichtbetrieb	3200 h/Jahr
kalkulatorischer Zinssatz	6,5 %
Raumbedarf	20 m²
Miete pro m²:	6,00 €
durchschnittlicher Energiebedarf	8 kW
Energiekosten	0,18 €/kWh
Instandhaltungskosten	
■ bei Einschichtbetrieb	6 % des Anschaffungspreises pro Jahr
■ bei Zweischichtbetrieb	9 % des Anschaffungspreises pro Jahr

Berechnen Sie den Maschinenstundensatz für:
a) Einschichtbetrieb und
b) Zweischichtbetrieb

8 Operating Instructions for Double Bench Grinders

Machine Components

Comment: Several constructive details distinguish these double grinding machines. The handling, described in the following, is in principle the same with all machines.

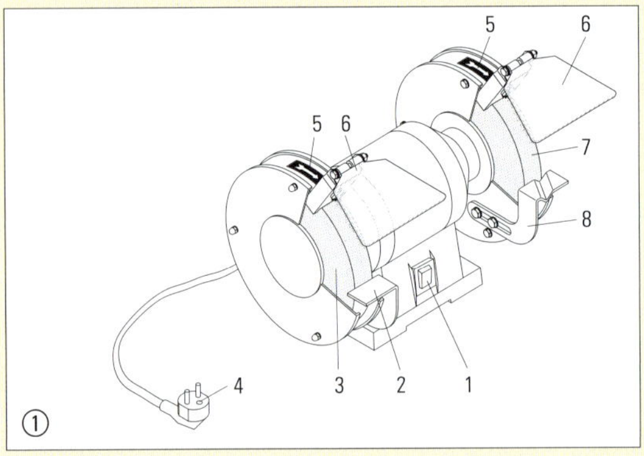

①

1 Switch ON/OFF
2 Tool rest, left
3 Grinding wheel, left
4 Power cable with plug
5 Indicator for direction of rotation (sticker)
6 Spark protection assembly
7 Grinding wheel, right
8 Tool rest, right

Changing the Grinding Wheel

If the wheel needs replacement because it is worn down or a different type of grinding wheel is needed, the mounted wheel is to be removed as shown in figure 2. Please make sure that the hexagon nut (item 4) on the left side of the machine has a left-hand thread, i. e. must be turned in a clockwise direction to undo.
Never confuse the two hexagon nuts (item 4): This could damage the thread on the rotary shaft (Item 7).

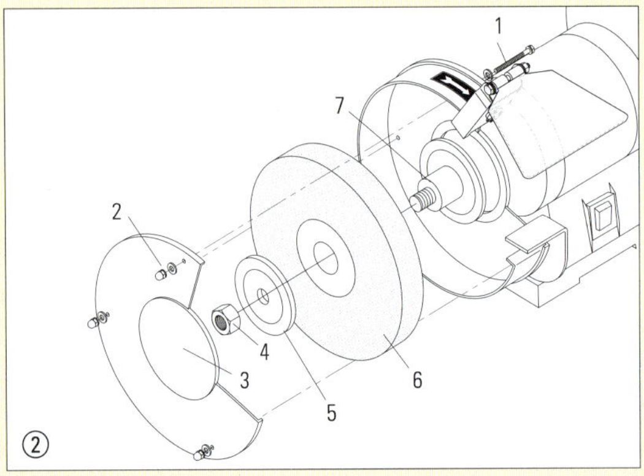

②

Installation of Spark Protection Assembly

For reasons of packing the spark protection assembly is not factory installed and needs to be user installed before operation of the machine. Fig. 3 shows the components of the spark protection assembly and how they are installed to the grinding wheel cover on the right hand side.
Installation to the left hand side wheel is similar.

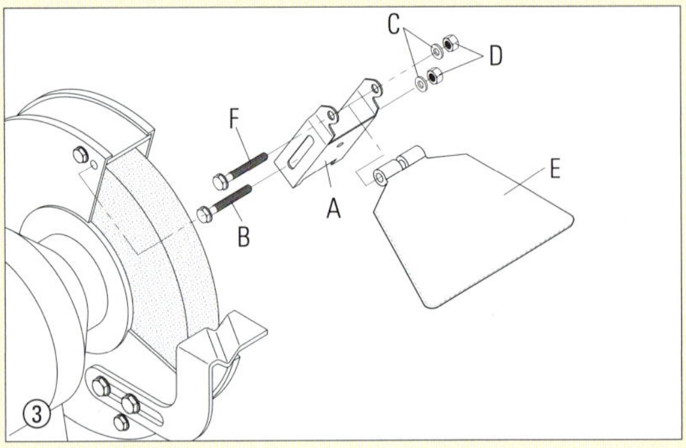

③

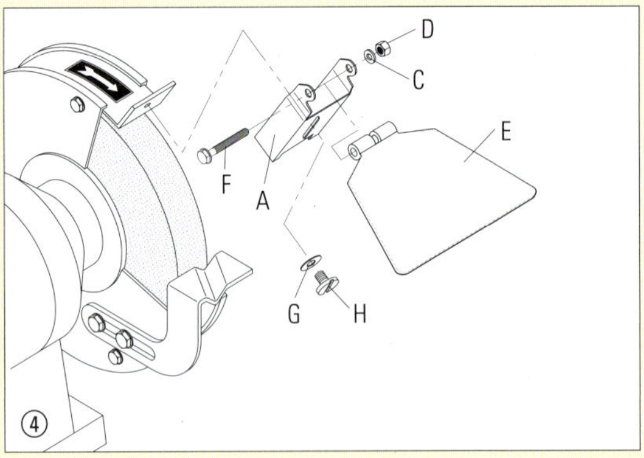

④

A Adjusting guard plate
B Hexagon head bolt M 4 × 55
C Lock washer
D Hexagon nut M 4
E Glass spark guard
F Slotted screw
G Disc
H Hexagon head screw M 5 × 20

1 Hexagon head cap screw
2 Hexagon nut (if necessary with serrated lock washer)
3 Outer wheel cover
4 Hexagon nut (on the left side of the machine with left-hand thread)
5 Counter flange
6 Grinding wheel
7 Rotary shaft

On page 78 you can read some of the operating instructions for 'Double Bench Grinders'. In the first drawing you can see the 'Machine Components'. After that you will find information about 'Changing the Grinding Wheel' and finally there are hints for 'Installation of Spark Protection Assembly'.

Assignments about 'Machine Components':

1. Translate the title as well as the 'comment' by using a dictionary and your English – German vocabulary list.
2. Match the German terms below to the English under figure one.
   A Werkstückauflage, rechts
   B Schleifscheibe, rechts
   C Funkenschutzeinrichtung
   D Werkstückauflage, links
   E Schleifscheibe, links
   F Netzstecker/-kabel
   G Pfeil, Drehrichtung
   H Ein-/Ausschalter
3. Some questions:
   a) Where are the grinding wheels mounted?
   b) Why are two different tool rests needed?
   c) Why is it necessary to fix a spark protection assembly?
   d) Where is the switch ON/OFF?

Assignments about 'Changing the Grinding Wheel':

4. What does the title mean in German?
5. The text below is the original German translation but the order is mixed. Find the correct order and write the instruction in your exercise book.
   A Achten Sie bitte darauf, dass die Sechskantmutter (Pos. 4) auf der linken Maschinenseite ein Linksgewinde besitzt, also zum Lösen im Uhrzeigersinn gedreht werden muss.
   B Verwechseln Sie bitte niemals die beiden Sechskantmuttern (Pos. 4), um eine Beschädigung des Gewindes an der Rotorwelle (Pos. 7) zu vermeiden.
   C Müssen Sie infolge von Abnutzung die alte Schleifscheibe auswechseln oder möchten Sie einen anderen Schleifscheibentyp benutzen, ist die alte Schleifscheibe zunächst gemäß Abbildung 7 zu entfernen.
6. Translate the terms for the single parts (1–7) by using your English-German vocabulary list.
7. Some questions:
   a) What is the function of the hexagon head cap screw PT. No.1?
   b) Why is the serrated lock washer needed at the screw joint?
   c) Why is the outer wheel cover, PT. No.3, necessary?
   d) Why does the hexagon nut, PT. No.4, have a left-handed thread?
   e) Which parts have to be assembled on the rotary shaft, PT. No.7?

Assignments about 'Installation of Spark Protection Assembly':

8. Find the German translation for 'Spark Protection Assembly'.
9. Which of the original German sentences below fit to which English? Find the correct order and read it or write it into your exercise book.
   A Auf der linken Seite wird die Montage sinngemäß spiegelbildlich vorgenommen.
   B Die nachfolgende Abbildung zeigt die Montage auf der rechten Schleifmaschinenseite.
   C Aus Verpackungsgründen sind die Schutzgläser und Funkenschutzhalter lose beigelegt und müssen noch montiert werden.
10. Find out which number and German term fits to the English letters and expressions. Be careful, the order is mixed.
    1. Sechskantschraube M5 × 20
    2. Nachstellschutzblech
    3. Scheibe
    4. Sechskantschraube M4 × 55
    5. Schlitzschraube M4 × 45
    6. Federring
    7. Funkenschutzglas
    8. Sechskantmutter M4
11. Some questions:
    a) Why is a glass spark guard needed?
    b) Why is the spark protection assembly not factory installed?
    c) What is the function of the hexagon head bolt, part B, and the slotted screws, part F?
    d) Why is a lock washer needed?
    e) Which part is fixed by the hexagon head screw, part H?
    f) How many hexagon nuts M4 are used to mount the spark glass guard?

Work With Words

In future you may have to talk, listen or read technical English. Very often it will happen that you either **do not understand** a word or **do not know the translation**.

In this case here is some help for you!

Below you will find a few possibilities to describe or explain a word you don't know or use synonyms[1] or opposites[2]. Write the results into your exercise book.

1. Add as many examples to the following terms as you can find for manufacturing methods or tools.

manufacturing methods:	broaching milling ___
tools:	lathe tool collet tool ___

2. Explain the two terms in the box:
Use the words below to form correct sentences. Be careful the order is mixed!

lathe:	which is used for shaping metal/ It's a machine/continually against a tool/and works by turning the material/ which cuts it
grinding:	against a hard surface/If you grind something/or sharp by rubbing it/ you make it smooth/or on a machine

3. Find the opposites[1]:

water miscible cooling lubricant:	___
steady rest:	___
upcut milling	___
direct indexing:	___

4. Find synonyms[2]:
You can find one or two synonyms to each term in the box below.

turning machine:	___
clamping:	___
fastening/lathe/fixing	
safety:	___
structure:	___
arrangement/security/protection/construction	

5. In each group there is a word which is the **odd man**[3]. Which one is it?

a) wedge angle, smoothing, clearance angle, rake angle
b) hardness, toughness, bending strength, cooling
c) abrasion, undercut, recess, centre bore, work piece edge
d) surface grinding, danger of accident, external cylindrical grinding, internal cylindrical grinding

6. Please translate the information below. Use your English-German Vocabulary List if necessary.

When no further change is made in the workpiece it is called a finished piece or finished part. This part related to technical drawings is an object in a state in which it is ready for operation or installation.

1) *opposite:* Gegenteil 2) *synonym:* Synonym, ähnliches Wort, Ergänzung 3) *odd man:* Außenseiter, überzähliges Wort, fünftes Rad am Wagen

9 Prüftechnik

9.1 Messsysteme

Auf dem langen Weg vom Wareneingang der einzelnen Komponenten bis zum Versand des gefertigten Produktes wird jeder einzelne Fertigungsschritt sorgfältig überwacht und dokumentiert. Dabei spielt das Messen von physikalischen Größen eine wichtige Rolle. Jede Fachkraft, die eine Messung durchführt, ist dafür verantwortlich, die vorgegebenen **Messwerkzeuge** *(measuring tools)* effizient und fehlerfrei einzusetzen. Die Erfassung einer **Messgröße** *(measured quantity)* soll möglichst direkt zur Anzeige des gesuchten **Messwerts** *(measured value)* führen. Der Weg von der Messgröße zum angezeigten Wert wird dabei nicht weiter hinterfragt.

Messgröße → Umsetzung → Verstärkung → Anzeige → Messwert

Die gedankliche Aufteilung eines Messsystems *(measuring unit)* in **Untersysteme** dient dem besseren Verständnis des Gesamtsystems.

Am Beispiel der Bügelmessschraube (Bild 1) soll dies verdeutlicht werden.

- Die Messgröße wird durch die Längsverschiebung der Gewindespindel als **Zweipunkt-Messung** *(two-point measurement)* (Abstand zwischen Messamboss und Messspindel) aufgenommen.
- Die Drehbewegung der Trommel wird in die Längsbewegung der Spindel umgesetzt.
- Zugleich findet hier auch eine Verstärkung statt, die durch die Gewindesteigung bestimmt wird.
- Skalentrommel und -hülse zeigen den Messwert an.
  Je größer der Trommeldurchmesser, desto höher sind die Auflösung und die Ablesegenauigkeit bei entsprechend feiner Teilung.

MERKE

Messsysteme sind in Untersysteme untergliedert.

Nicht bei jedem Messsystem sind alle oben genannten Untersysteme wieder zu finden bzw. erforderlich.

Überlegen Sie!

Untergliedern Sie das Messsystem „Messuhr" in Untersysteme.

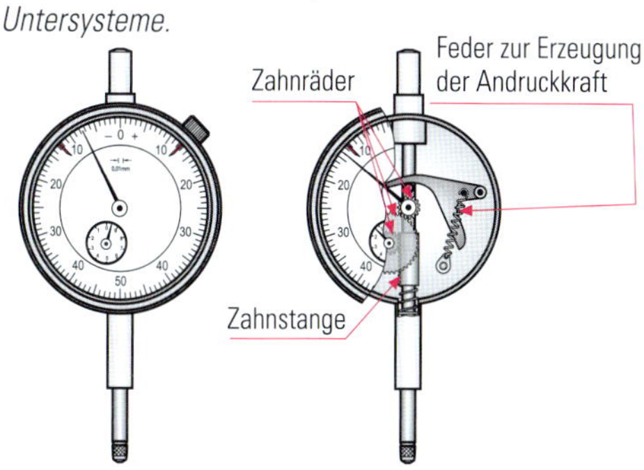

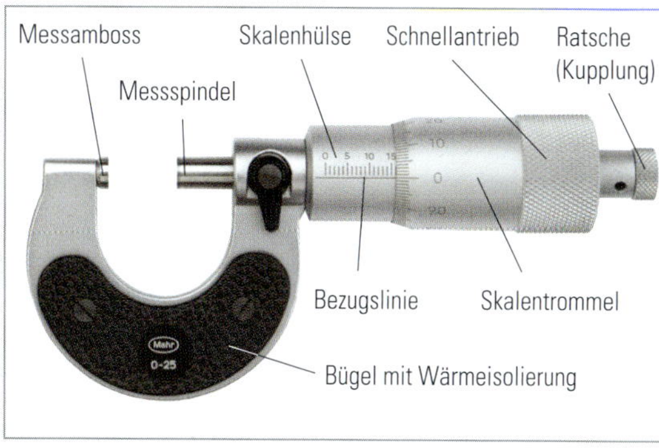

***1** Messsystem Bügelmessschraube*

9.2 Prüfen von Bauteilen

Die Einführung der ISO-Toleranzen ist letztlich eine Konsequenz aus den wachsenden technischen Anforderungen. Einfache **Messgeräte** *(measuring instruments)* wie z. B. Strichmaßstäbe, Messschieber und Messschrauben, aber auch **Lehren** *(gauges)* genügen den zunehmenden Anforderungen an die Genauigkeit oft nicht mehr. Das Messen im µm-Bereich ist wesentlich anspruchsvoller.

Im Rahmen dieses Kapitels zur Prüftechnik *(testing technology)* wird von den praktischen Anforderungen ausgegangen: „Was muss gemessen werden?" mit dem Ziel einer möglichen technischen Umsetzung: „Welches Prüfverfahren *(method of testing)* ist angemessen?"

9.2.1 Zeitpunkt des Prüfens und Prüfumfang

Auf jeden Fertigungsschritt folgt meist ein **Prüfvorgang** *(testing operation)*. Für die **Serienfertigung** *(serial production)* erstellt die Arbeitsvorbereitung bzw. die Qualitätssicherung einen **Prüfplan** *(check plan)* unter Berücksichtigung der Kundenanforderungen. Bei der **Einzelfertigung** *(individual manufacturing)* bestimmt häufig die Fachkraft an der Maschine den Prüfzeitpunkt.

Jede Unterbrechung des Fertigungsablaufs erhöht die Fertigungskosten und sollte deshalb auf ein Minimum reduziert werden.

Durch **Zwischenmessungen** *(intermediate measurements)* wird jedoch vermieden, dass Fehler erst bei der **Endkontrolle** *(final inspection)* festgestellt werden. Fehlerhafte Teile würden sonst unnötigerweise weiter bearbeitet. Im Interesse eines Betriebs ist die Kostenminimierung. Je eher eine unzulässige Abweichung festgestellt wird, desto weniger Kosten fallen bei deren Behebung an. Bild 1 auf Seite 82 zeigt diesen Zusammenhang beispielhaft. Je später ein Fehler erkannt wird, desto höher sind die zu erwartenden Kosten zu seiner Korrektur.

Wird z. B. während der Planung ein „falscher" Werkstoff gewählt, der bei der Fertigung zu erheblichen Problemen führt, so sind die Änderungskosten hoch. Fehlervermeidungsstrategien, die bereits in der Planungsphase ansetzen, helfen Kosten zu sparen.

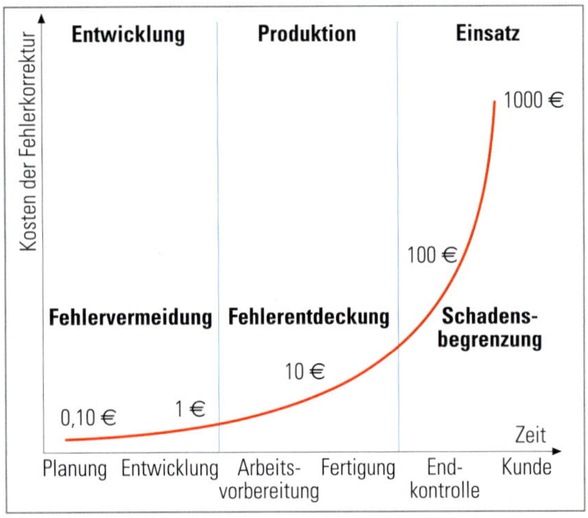

1 Entwicklung der Kosten für die Korrektur eines Fehlers in Anlehnung an die „Zehnerregel" nach Daimler AG.

MERKE

Je früher festgestellt wird, dass ein Werkstück Ausschuss ist, desto geringer sind die Kosten für die Fehlerkorrektur.

Bei Zulieferbetrieben gibt der Auftraggeber vor, wann und wo geprüft werden muss. Die zuliefernden Betriebe sind selbstverständlich an die Vorgaben der Kunden gebunden.

Zum **Umfang des Prüfens** gilt ähnliches. Auf Kundenwunsch wird jedes Bauteil geprüft. In bestimmten Bereichen gelten besondere Vorschriften auch für die Durchführung von Prüfungen. In der chemischen Industrie oder im Kraftwerksbau birgt ein Ausfall eines Bauteils unter Umständen erhebliche Sicherheitsrisiken. Ein typisches Beispiel hierfür sind Großgeräteschieber und -ventile (Bild 2). Folglich wird in solchen Fällen häufig auf eine **100-%-Prüfung** zurückgegriffen.

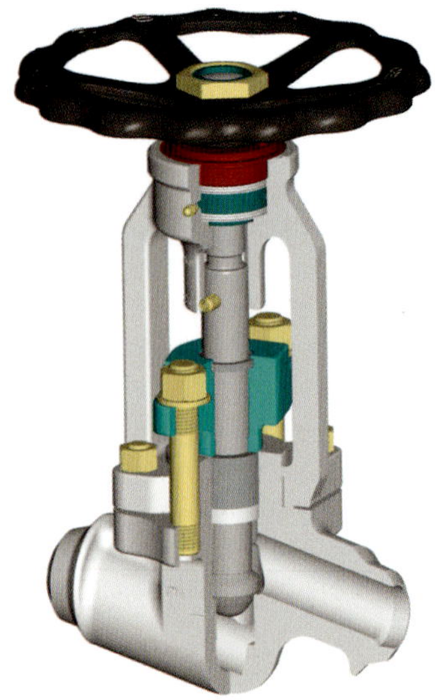

2 Hochdruckventil: Sicherheitsgründe erfordern eine 100-%-Prüfung

Bei der Produktion von Massenteilen wie z. B. Schrauben oder Stiften genügt die **stichprobenhafte Prüfung**. Bei der Herstellung von Profilen oder Bändern genügt eine Prüfung z. B. alle 100 m. Grundsätzlich ist es eine Kosten-Nutzen-Abschätzung oder Risikoabwägung, die jeder Produzent treffen muss.

Überlegen Sie!

Welche Prüfzeitpunkte kennen Sie aus Ihrem Betrieb?

9.2.2 Prüfen am Fertigteil

Am Beispiel der Kegelradwelle aus Kap. 2.2 (Seite 15) soll dargestellt werden, was während der Fertigung geprüft werden kann und muss.

	Firma: HAFRITEC	**Bauteil** Kegelradwelle	**Prüftermin:** Endkontrolle		**Prüfer:** A. Wiemann		**Prüfdatum** 01.08.2007	
	Prüfung	Prüfmittel	Mindestmaß	Höchstmaß	Istmaß	Gut	Ausschuss	Nacharbeit
	Teil nach Zeichnung	Sichtkontrolle				X		
1	⌀40k6 ⌀25k6	Feinzeiger-Messschraube	40,002 25,002	40,018 25,015	40,008 25,023	X		 X
2	M26 × 1,5	Gewindelehre	–	–	–	X		
3	Kegel 16,5°	Sinuslineal und Feinzeiger	16,0°	17,0°	16,475°	X		
4	geschliffen 0,2 √ Ra 0,8 am ⌀40k6	Tastschnittgerät		Ra0,8	Ra0,43	X		
5	○ 0,01 ◎ ⌀0,02 A ↗ 0,02 A	Lasermessgerät, Koordinatenmessmaschine				X		

3 Prüfplan zur Kegelradwelle (Ausschnitt)

Einen umfassenden Prüfplan für die Kegelradwelle finden Sie im Lernfeld 11 auf Seite 443.

Es werden die durch Drehen und Schleifen erzeugten Konturen betrachtet, ohne Verzahnung und Keilwellenprofil.
Aus der Grundstufe ist das **Prüfprotokoll** *(inspection sheet)* bekannt, das hier wieder zum Einsatz kommen soll.

MERKE

Im Prüfplan werden der Prüfumfang und die Werkzeuge für alle Prüfstellen festgelegt. Zudem werden alle Soll- und Istwerte dokumentiert. Diese sind die Grundlage für den weiteren Fertigungsablauf.

Im Folgenden werden die Punkte ① bis ⑤ (siehe Prüfplan) unter prüftechnischen Gesichtspunkten genauer betrachtet.

9.3 Prüfen von Längen ①

9.3.1 Mechanische Längenmessung

Für die beiden Lagerstellen ∅40k6 und ∅25k6 stehen mehrere Prüfmöglichkeiten zur Auswahl.
Nach DIN ISO 286-1[1] ergeben sich für die Toleranzklasse k6 beim ∅40 mm die Grenzabmaße

$es = +18\ \mu m$ und $ei = +2\ \mu m$

sowie beim ∅25 mm die Grenzabmaße

$es = +15\ \mu m$ und $ei = +2\ \mu m$.

Grundsätzlich sind das **Lehren** *(gauging)* z. B. mit einer **Grenzrachenlehre** *(external limit gauge)* und das **Messen** *(measuring)* z. B. mit einer **Feinzeiger-Messschraube** *(micrometer with dial gauge)* möglich.
Lehren ist schnell und günstig durchführbar. Es lässt aber nur die Aussagen „Gut", „Ausschuss" oder „Nacharbeit" zu.
In der Serienfertigung wird statt zu lehren bevorzugt gemessen. Somit liegen Messwerte vor, die schon rechtzeitig erkennen lassen, ob Maschineneinstellungen geändert werden müssen. Diese Entscheidungen können bereits vor dem Über- oder Unterschreiten zulässiger Grenzwerte gefällt werden.
Beim Einsatz von Messwerkzeugen wird in der Praxis häufig das Prinzip der „Eins-zu-Zehn"-Regel verwandt. Der Skalenwert des Messwerkzeugs sollte 1/10 der Toleranz betragen. Im vorliegenden Beispiel liegen die Toleranzen bei 13 µm bzw. 16 µm. Folglich sollte die Skalenteilung bei 1 µm liegen. Damit entfallen sowohl der Messschieber als auch die meisten Bügelmessschrauben. Eine Feinzeiger-Messschraube (Bild 1) bietet hinreichende **Messgenauigkeiten** *(measuring accuracies)* im µm-Bereich. Dieses Werkzeug kombiniert eine Bügelmessschraube und einen Feinzeiger. Der Feinzeiger ist hierbei am beweglichen **Messamboss** befestigt. Dieser lässt sich über einen Hebel in Längsrichtung vor- und zurück bewegen. Die Messkraft ist auf einen konstanten Wert begrenzt. Zum **Justieren** wird das zu messende Nennmaß an der Bügelmessschraube eingestellt und dann mit einem Klemmhebel fixiert. Der bewegliche Amboss dient jetzt als Taster. Er wird zurückgezogen, das Endmaß wird eingelegt und der Taster wieder vorgefahren. Nun kann die Nullstellung ggf. justiert werden (Bild 2).

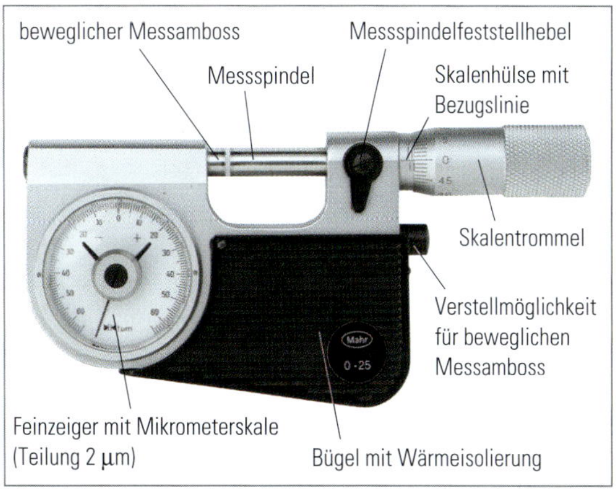

1 Feinzeiger-Messschraube

2 Feinzeiger-Messschraube mit Endmaßen auf das Nennmaß einstellen und ggf. justieren, anschließend die Bügelmessschraube mit Feststellhebel fixieren.
Beweglichen Messamboss mit Verstellmöglichkeit lösen und Endmaße entnehmen.

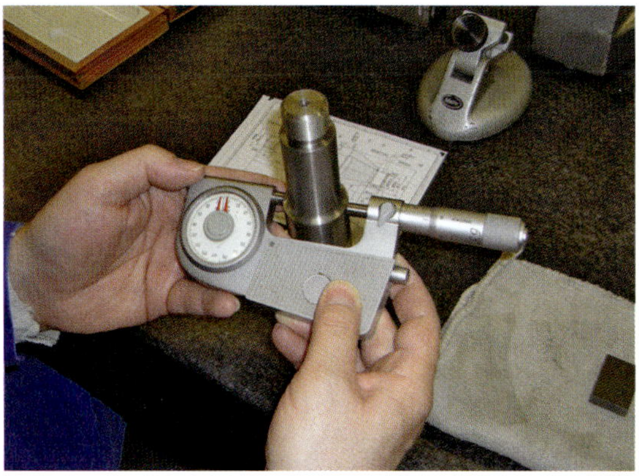

3 Messen der Kegelradwelle am Lagersitz ∅ 40k6

Zur Messung des Wellendurchmessers wird der Messtaster zurückgezogen, die Welle eingelegt und der Taster vorgefahren. Der Feinzeiger zeigt jetzt die µm-genaue Abweichung vom eingestellten Nennmaß (Bild 3). Um **Messfehlern** *(errors of mea-*

1) Siehe Tabellenbuch

surement) vorzubeugen, sollte – wie beim Lehren auch – mehrmals in verschiedenen Winkellagen gemessen werden (Bild 1).

MERKE

Um Veränderungen im Fertigungsprozess rechtzeitig erkennen zu können, wird dem kostengünstigen Lehren häufig das Messen vorgezogen.

Überlegen Sie!

1. *Beim Wellenabsatz des Lagersitzes ∅ 40k6 wurde in 5 Winkellagen gemessen. Dabei wurden folgende Messwerte aufgenommen:*
   d_1 = 40,010 mm; d_2 = 40,003 mm; d_3 = 40,011 mm;
   d_4 = 40,012 mm; d_5 = 40,004 mm
   Damit das Werkstück als „Gut" bewertet werden kann, muss jeder Einzelmesswert gut sein!
   a) *Bestimmen Sie Maximal- und Minimalwert der Messung.*
   b) *Bestimmen Sie Mindestmaß G_{uW} und Höchstmaß G_{oW} mithilfe Ihres Tabellenbuchs.*
   c) *Berechnen Sie den Mittelwert $\overline{x}$ (siehe auch Tabellenbuch).*
   d) *Zwischen welchen Werten muss der Mittelwert immer liegen?*
2. *Welcher Zusammenhang besteht zwischen dem Skalenwert eines Messgerätes und der Maßtoleranz?*

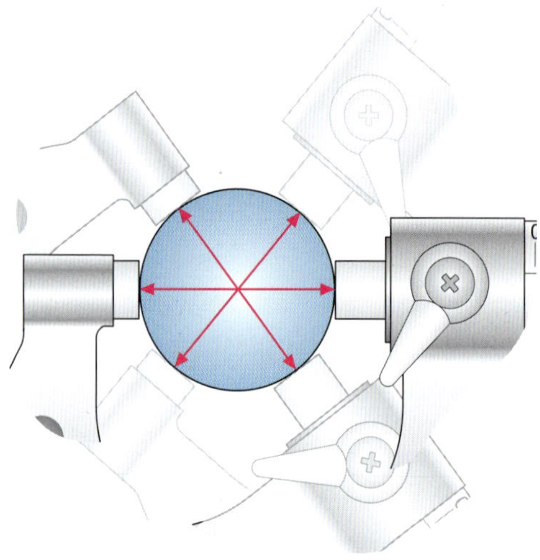

***1** Mehrmaliges Messen in unterschiedlichen Winkellagen*

***2** Sensor*

Wird die Kegelradwelle im Rahmen einer Reparaturmaßnahme nur einmal gefertigt, so ist das Messen mit Feinzeiger-Messschraube schneller und kostengünstiger. Für größere Stückzahlen oder in der Serienfertigung ist es üblich, die Messwerterfassung weiter zu rationalisieren.

9.3.2 Elektronische Längenmessung

Messgeräte, die eine unmittelbare Umwandlung einer Längenänderung in eine elektrische Größe wie z. B. Strom, Spannung oder Widerstand liefern, sind mit **Messwertaufnehmern** bestückt. In den meisten Fällen müssen die aufgenommenen Signale verstärkt werden.

Die Messwertaufnehmer, die auch **Sensoren**[1] oder Fühler genannt werden, erzeugen die Signale, die in Messwerterfassungsprogrammen weiter verarbeitet werden. Dies geschieht unabhängig von der Messung und ohne äußere Störeinflüsse. Oft eingesetzte Sensoren sind der induktive Taster und der kapazitive Taster (Bild 2) , die – abhängig von der Bauform – äußerlich nicht zu unterscheiden sind. Beide Sensoren erreichen eine hohe Genauigkeit.

Induktive Messwertaufnehmer *(inductive pickups for measuring data)* gibt es ohne Tastspitze (Bild 2) und mit beweglicher Tastspitze, die auf die zu vermessende Oberfläche aufgesetzt wird. Vor der eigentlichen Messung wird mit einem **Normal**, das ist ein Probekörper in Endmaßqualität, die Nullstellung eingestellt. Unterschiedliche Werkstücke haben verschiedene Werkstückdicken oder -längen. Beim Messen bewegt sich daher ggf. die Tastspitze und erzeugt in einer Spule eine elektrische Spannung. Messbar wird somit ein Stromfluss, über den auf eine Längenänderung rückgeschlossen werden kann.

Je nach Bauform sind Messbereiche von ± 10 µm bis zu ± 500 mm möglich. Für Längen über 500 mm muss auf ein **fotoelektronisches Abtastsystem**[2] zurückgegriffen werden.

Berührungsfreies Messen *(contactless measuring)* ist auch mit **kapazitiven Tastern** *(capacitive callipers)* möglich. Allerdings ist dabei der Messbereich eingeschränkt. Der Abstand zwischen Taster und Werkstück darf nur wenige Millimeter betragen. Einsatzgebiete für die sehr unempfindlichen kapazitiven Sensoren sind neben der Füllstandsmessung für Flüssigkeiten das Messen kleiner Abstände und die Dickenmessung z. B. von Folien.

MERKE

Elektronische Messwertaufnehmer stellen elektrische Signale zur unmittelbaren Weiterverarbeitung mit Messwertprogrammen zur Verfügung.

Überlegen Sie!

1. *Nennen Sie elektronische Messwertaufnehmer.*
2. *Mit welchen Sensoren können Sie berührungsfrei messen?*
3. *Wo werden in Ihrem Betrieb elektronische Messwertaufnehmer eingesetzt?*

1) Ausführlichere Informationen zum Thema „Sensoren" finden Sie im Lernfeld 6 im Kapitel 2.1 „Bauteile zur Signaleingabe – Sensoren"
2) siehe Lernfeld 8, Kap. 1.5.4

9.4 Prüfen von Gewinden ②

Eine einfache Methode der Gewindeprüfung *(testing of threads)* ist die **Lichtspaltprüfung mit Gewindekämmen** *(thread ridges)* bzw. mit **Gewindeschablonen** *(screw pitch gauges)* (Bild 1). Mit diesen Lehren können die entscheidenden Kenngrößen des Gewindes, die Steigung, die Gewindetiefe und der Flankenwinkel zusammen geprüft werden.

Ob sich das Innen- oder Außengewinde *(internal thread/external thread)* verschrauben lässt, kann mit **Gewindelehrdornen** *(thread gauges)* (Bild 2) oder **Gewindelehrringen** *(thread ring gauges)* (Bild 3) festgestellt werden.

Das Außengewinde M26 × 1,5 der Kegelradwelle kann mit **Gutlehrring** *(go screw ring gauge)* und **Ausschusslehrring** *(not go ring gauge)* geprüft werden. Beim Einschrauben der Gutlehrringe verschleißen diese, weshalb Gewindelehren überwiegend bei kurzen Gewinden benutzt werden. Die weniger verschleißanfälligen Grenzrollenlehren oder **Gewindegrenzrachenlehren** *(thread external limit gauges)* werden bei längeren Außengewinden eingesetzt (Bild 4).

Statt Prüfbacken sind Rollenpaare im Einsatz, mit denen sowohl Rechts-, als auch Linksgewinde geprüft werden können. Bei der Prüfung mit Gewindegrenzrachenlehren ist zu beachten, dass nur das Eigengewicht der Lehre als Prüfkraft ausreichen muss.

Zur Beurteilung von Vorschub- oder Messspindeln genügt das Lehren nicht den Anforderungen. Derartige Präzisionsgewinde müssen gemessen werden. Auch hier ist, neben dem **Flankenwinkel** *(thread angle)* und der **Steigung** *(pitch)*, besonders auf den **Flankendurchmesser** *(basic pitch diameter)* zu achten. Sowohl bei Innen- als auch bei Außengewinden wird der Flankendurchmesser in vielen Fällen mit einer Messschraube gemessen. Mit besonderen Einsätzen, die als Kegel und Kimme bezeichnet werden, bezeichnet man diese Messgeräte auch als **Gewindemessschrauben** *(screw thread micrometers)* (Bild 5). Kegel und Kimme (Bild 6) sind der jeweiligen Gewindesteigung anzupassen. Nach jedem Austausch der Einsätze wird die Anzeige der Gewindemessschraube mit einem Normal überprüft.

MERKE

Das Kegel-Kimme-Verfahren *(cone notch method)* ist ein wirtschaftliches Messverfahren zur Bestimmung des Flankendurchmessers bei Präzisionsgewinden.

1 Gewindeschablone

2 Gewindelehrdorn

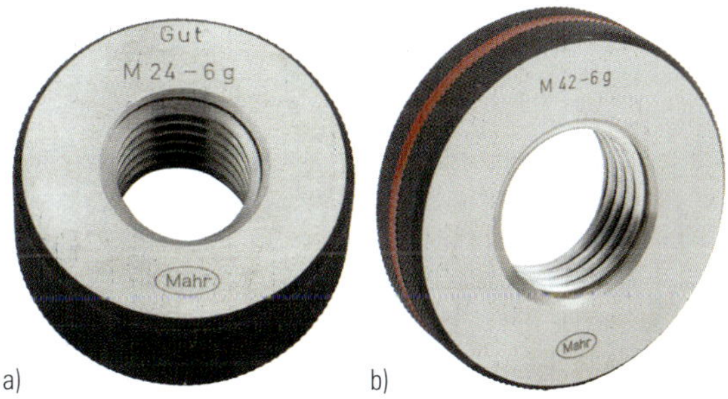

a) b)

3 Gewindelehrringe: a) „Gut" b) „Ausschuss"

4 Gewindegrenzrachenlehre

5 Gewindemessschraube

6 Gewindemessschraube (Ausschnittvergrößerung)

Eine andere Möglichkeit zur Prüfung von Präzisionsgewinden ist die **Dreidraht-Methode** *(three-wire method)*. Auch bei dieser Messmethode wird eine Bügelmessschraube mit speziellen Messeinsätzen versehen. Auf diesen Einsätzen sind Messdrähte bzw. Gewindeprüfstifte befestigt (Bild 1). Der entsprechende Flankendurchmesser kann mithilfe von Tabellen bestimmt oder mit dem Drahtdurchmesser berechnet werden. Die jeweils drei gleich dicken Messdrähte sind der Gewindesteigung und dem Flankenwinkel anzupassen. Nach jedem Wechsel der Einsätze ist das Messwerkzeug neu einzustellen.

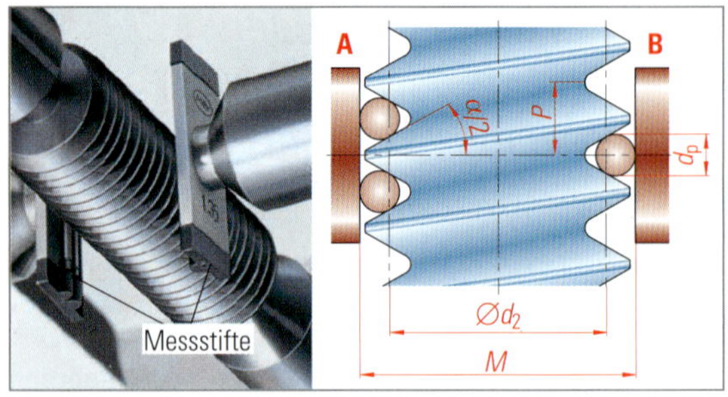

1 *Gewindeprüfung mit Dreidrahtmethode*

MERKE

Mit Gewindelehrdornen und Gewindelehrringen kann die Verschraubbarkeit eines Gewindes geprüft werden.

Überlegen Sie!

1. *Nennen Sie drei Verfahren der Gewindeprüfung.*
2. *Wie wird die Funktion von Gewinden geprüft?*

Optische Form- und Längenprüfung
(optical form and longitudinal testing)

Für besonders hohe Ansprüche an die Messgenauigkeit muss auf optische Messverfahren zurückgegriffen werden.

Gewinde können optisch geprüft werden (Bild 2). Bei der optischen Messung wird das zu prüfende Werkstück oder Werkzeug mit Licht angestrahlt. Um auch kleine Längen genau messen zu können, wird mit Linsen bzw. Linsensystemen eine Vergrößerung erreicht. Der Einsatz von **Messmikroskopen** *(measuring microscopes)* (Bild 3) ermöglicht die Darstellung des Prüfgegenstandes als wirkliches – wenngleich vergrößertes Bild. Dieses Bild wird sichtbar im Okular oder mithilfe einer Kamera auch auf einem Bildschirm. Treffen die Lichtstrahlen von unten auf das Prüfobjekt (**Durchlichtverfahren**) *(transmitted light procedure)*, so entsteht ein **Schattenbild**, das punktweise vermessen werden kann. Der Messtisch kann in x- und y- Richtung verfahren werden (Kreuztisch). Neben dem **Schattenbildverfahren** *(silhouette procedure)* kommt auch das **Achsenschnittverfahren** *(meridional section procedure)* zum Einsatz. Hierbei wird das Prüfobjekt von oben angestrahlt (**Auflichtverfahren**/*triangulation*). Gemessen wird mit Messschneiden, die in der Achsenebene z.B. an die Messfläche eines Gewindes angelegt werden (Bild 2).

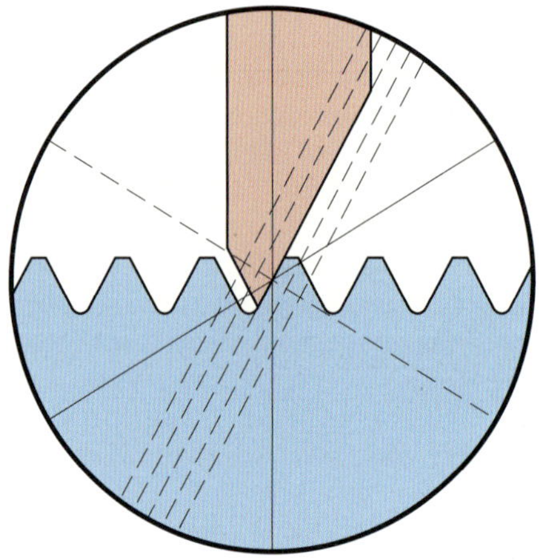

2 *Optische Gewindeprüfung mit Achsenschnittverfahren (Auflichtverfahren)*

Profilprojektoren *(profile projectors)* (Seite 87 Bild 1), die auch **Messprojektoren** *(measuring projectors)* genannt werden, funktionieren nach demselben Prinzip. Übliche Vergrößerungen reichen vom 5-Fachen bis zum 100-Fachen der Originalgröße. Das projizierte Bild kann mit der Sollform verglichen werden. Dazu wird eine entsprechend vergrößerte Folie auf die Projektionsfläche gelegt. Wie beim Messmikroskop kann mithilfe des Kreuztischs das Original verschoben und somit vermessen werden.

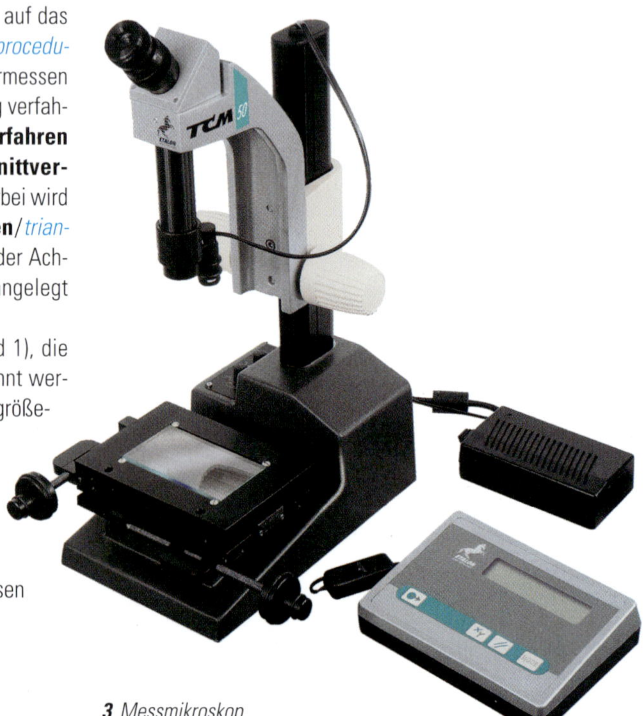

3 *Messmikroskop*

MERKE

Mithilfe optischer Verfahren können Prüfstellen vergrößert und mit einem Vergleichsnormal geprüft werden.

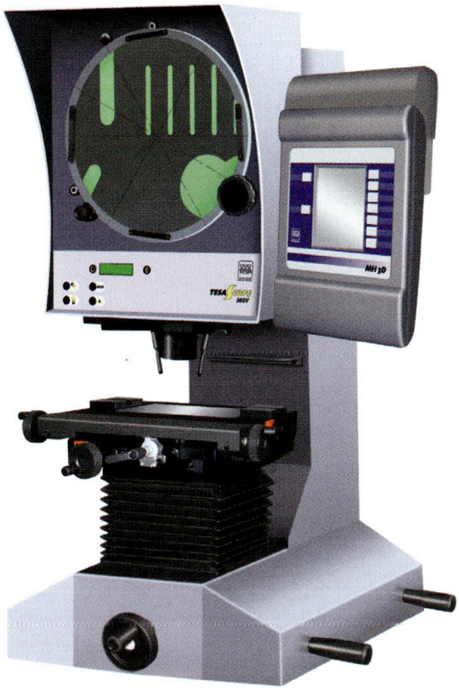

1 Profilprojektor

9.5 Prüfen von Kegeln ③

Die Kegelradwelle wird mit einer Verzahnung gefertigt, die auf einem Kegel sitzt. Bevor die Kegelverzahnung *(taper gear tooth forming)* gefräst wird, muss der Kegel gemäß Prüfplan geprüft werden. Grundsätzlich ist bei Standardkegeln der Einsatz von **Kegellehren** *(taper gauges)*, d.h. **Kegelhülsen** *(conical sockets)* für **Außenkegel** und **Kegellehrdorne** *(taper plug gauges)* für **Innenkegel** sinnvoll. Auf diese Weise werden z.B. Werkzeugkegel von Fräsern oder die Kegelhülsen zur Werkzeugaufnahme geprüft.

Da es nicht für alle beliebigen Kegel Lehren geben kann, müssen die wichtigen Prüfgrößen eines Kegels, also die Durchmesser D und d, die Kegellänge L und der Kegelwinkel α, geprüft werden (Bild 2). Die Kegelradwelle wird zwischen Spitzen gespannt. An mindestens zwei Stellen wird der Kegeldurchmesser bestimmt. Über die gemessenen Durchmesser D und d sowie den Abstand zwischen den Messstellen L kann der Kegelwinkel α berechnet werden. Im Beispiel der Kegelradwelle ist der große Durchmesser D mit ⌀71,6 mm, der kleine Durchmesser d mit ⌀48,0 mm gemessen. Wie Bild 3 zeigt, wurde die Länge L mit 39,9 mm gemessen.

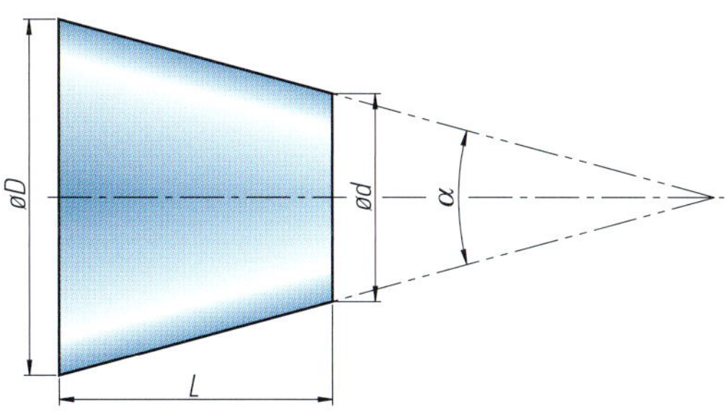

2 Maße am Kegelstumpf

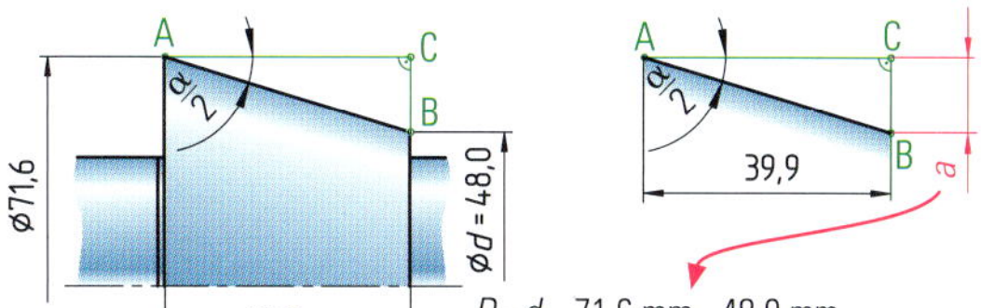

$$a = \frac{D-d}{2} = \frac{71{,}6\ \text{mm} - 48{,}0\ \text{mm}}{2} = 11{,}8\ \text{mm}$$

3 Maße am Kegel der Kegelradwelle

Beispielrechnung

$$\tan\frac{\alpha}{2} = \frac{a}{L} = \frac{\frac{D-d}{2}}{L} = \frac{71{,}6\ \text{mm} - 48{,}0\ \text{mm}}{2 \cdot 39{,}9\ \text{mm}} = 0{,}2957$$

$$\frac{\alpha}{2} = 16{,}475°$$

$$\underline{\underline{\alpha = 32{,}950°}}$$

Eine Variante zeigt das Bild 4. Hierbei wird ein **Sinuslineal** *(sine bar rule)* mit Endmaßen *(end blocks)* auf die erforderliche Höhendifferenz gebracht. Entsprechend Bild 4 soll bei einem Kegelwinkel von 33° der Winkel α =16,5° eingestellt werden. Es gilt die Sinusfunktion:

$$\sin\alpha = \frac{H}{l}$$

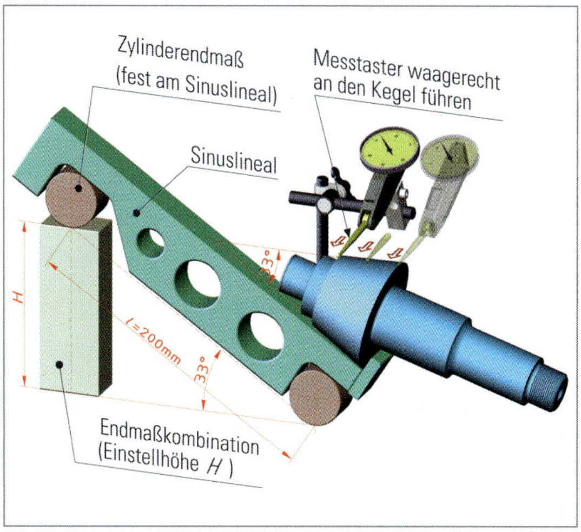

4 Kegelmessung mit Sinuslineal

Die Einstellhöhe H ist mit einer Endmaßkombination einzustellen, die Hypotenusenlänge l des Sinuslineals beträgt 200 mm. H muss berechnet werden:

Beispielrechnung

$$\sin \alpha = \frac{H}{l}$$

$$H = l \cdot \sin \alpha$$

$$H = 200\text{ mm} \cdot \sin 33°$$

$$\underline{\underline{H = 108{,}927807\text{ mm}}}$$

Mit Endmaßen kann µm genau auf den gerundeten Wert von 108,928 mm eingestellt werden.

1. Endmaß (Maßbildungsreihe 1)	1,008 mm
2. Endmaß (Maßbildungsreihe 2)	1,020 mm
3. Endmaß (Maßbildungsreihe 3)	1,900 mm
4. Endmaß (Maßbildungsreihe 4)	5,000 mm
5. Endmaß (Maßbildungsreihe 5)	10,000 mm
6. Endmaß (Maßbildungsreihe 5)	90,000 mm

Auch hier kann mit einer Messuhr *(dial gauge)* am Stativ auf Höhenänderungen hin geprüft werden, die für eine Winkelabweichung stehen. Das Maß 33° unterliegt den Allgemeintoleranzen für Winkelmaße nach DIN ISO 2768-1 mittel. Gemäß Tabellenbuch liegen die Allgemeintoleranzen für diese Kegelgröße bei ± 20′.

Überlegen Sie!

1. *Nennen Sie ein einfaches Verfahren der Kegelprüfung.*
2. *Das folgende Bild zeigt einen alternativen Aufbau für eine Kegelmessung. Im dargestellten Fall liegt nicht der Kegel selbst auf dem Sinuslineal, sondern das zylindrische Wellenstück. Das Sinuslineal hat wieder eine Hypotenusenlänge von 200 mm.*

   a) *Skizzieren Sie den Aufbau vereinfacht und tragen Sie die bekannten und die gesuchten Größen ein.*
   b) *Berechnen Sie die Einstellhöhe H für einen Kegelwinkel von $\alpha = 20°$ und notieren Sie die entsprechenden Endmaße.*
   c) *Welcher Kegelwinkel α ergibt sich für eine Einstellhöhe von $H = 25{,}000$ mm?*

9.6 Prüfen von Oberflächen ④

Die Einzelteilzeichnung der Kegelradwelle von Seite 15 enthält neben Angaben zu Teillängen, Durchmessern oder Winkeln auch das folgende Symbol *(symbol)*, das u.a. die geforderte Werkstückoberfläche beschreibt.

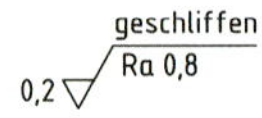

9.6.1 Oberflächen

Die Grenze zwischen dem festen Werkstück und dem umgebenden Medium ist die Oberfläche *(surface)*. In einer technischen Zeichnung wird die Werkstückoberfläche als gerade oder gekrümmte Linie dargestellt. Bei genauerer Betrachtung wird schnell deutlich, wie sehr die tatsächliche **Oberflächenbeschaffenheit** *(surface finish)* von der idealen Oberfläche abweicht. Bild 1 zeigt die elektronenmikroskopische Aufnahme eines gewalzten Stahlblechs, die eher an die Oberfläche eines Meeres erinnert als an die optisch glatte Blechoberfläche.

***1** Oberfläche eines gewalzten Stahlblechs*

9.6.2 Oberflächenqualität

Je nach geforderter Oberflächenqualität *(surface quality)* muss ein Fertigungsverfahren *(manufacturing process)* gewählt werden, das in der Lage ist, die geforderte Oberflächenqualität zu erzeugen. Eine geometrisch ideale Oberfläche ist nicht herstellbar. Die Oberflächenqualität bestimmt der Konstrukteur in Abhängigkeit von der Funktion eines Bauteils.

Mit zunehmend feinerer Oberfläche steigen die Fertigungskosten *(production costs)* in erheblichem Maße an, wie das Bild 1 auf Seite 89 verdeutlicht. Im Diagramm werden die Kosten des Bohrens als 100 % angesetzt. Zunehmende Anforderungen an die Oberflächengüte erfordern die Wahl eines anderen Fertigungsverfahrens, das entsprechend kostenintensiver ist. Unabhängig vom Kostenaspekt steht jedoch die geforderte Funktion der Oberfläche an erster Stelle, wenn es darum geht, die zulässige „Rauheit" *(roughness)* der Werkstückoberfläche festzulegen. Angaben zur Rauheit werden in die technischen Zeichnungen eingetragen.

MERKE

Oberflächen haben unterschiedliche Funktionen. Hierbei ist z. B. die Lackierung eines Karosserieteils ebenso wichtig wie die glatte Oberfläche einer Gleitlagerbuchse.

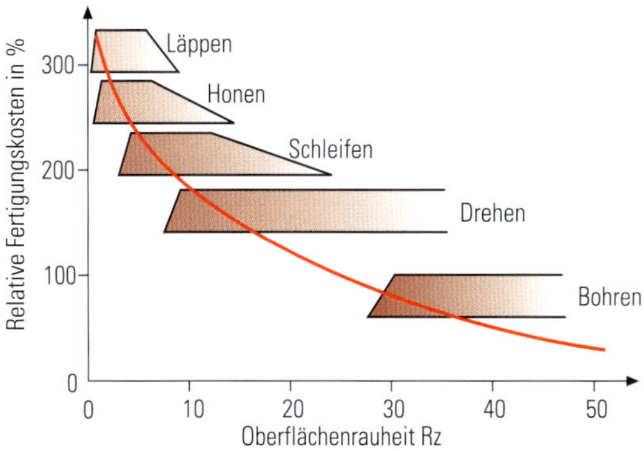

***1** Relative Fertigungskosten in Abhängigkeit von der Oberflächenqualität*

Die Tabelle Bild 2 zeigt Beispiele für den Zusammenhang zwischen den jeweiligen Qualitätskriterien und der geforderten Funktion einer Oberfläche.

MERKE

Eine optimale Oberfläche ist nicht immer eine möglichst feine, glatte Oberfläche.

Gewünschte Funktion	Qualitätskriterium
kraftschlüssige Verbindung	große Reibung
Gleitlagerung	geringe Reibung
Sichtfläche/gute Optik	gleichmäßige Lichtreflexion
elektrische und thermische Leitfähigkeit	große Kontaktfläche
Dichtung	große Auflagefläche, geringer Abrieb

***2** Zusammenhang zwischen Funktion und Qualitätskriterium von Oberflächen*

Überlegen Sie!

1. *Besonders bei älteren Fahrzeugen findet man häufig verchromte Karosserieteile. Welche Funktion hat die Oberfläche in erster Linie?*
2. *Neuere Modelle haben verzinkte Karosserien. Welcher Aspekt der Oberflächenfunktion steht hierbei im Vordergrund?*
3. *Eingelagerte Werkstücke sind oft eingeölt. Nennen Sie den Grund für diese Oberflächenbehandlung.*

9.6.3 Gestaltabweichungen

Die wirkliche Oberfläche weicht von der gezeichneten geometrischen Oberfläche ab. Diese Gestaltabweichungen *(form deviations)* sind nach der Feinheit in 6 Stufen unterteilt, vom Groben zum Feinen (Tabelle Bild 3).

Alle Gestaltabweichungen kommen nicht getrennt vor, sondern überlagern sich. Die Unterscheidung zwischen **Welligkeit** *(waviness)* und **Rauheit** *(roughness)* ist nicht eindeutig festgelegt.

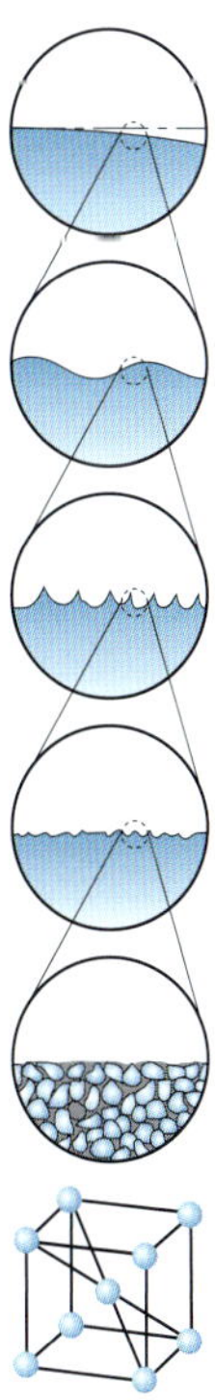

Gestaltabweichung (als Profilschnitt überhöht dargestellt)	Beispiele für die Entstehungsursache
1. Ordnung: Formabweichung 	Fehler in den Führungen der Werkzeugmaschinen, Durchbiegung der Maschine oder des Werkstücks, falsche Einspannung des Werkstücks, Härteverzug, Verschleiß
2. Ordnung: Welligkeit 	Außermittige Einspannung, Form- oder Laufabweichungen eines Fräsers, Schwingen der Werkzeugmaschine oder des Werkzeugs
3. Ordnung: Rauheit (Rillen) 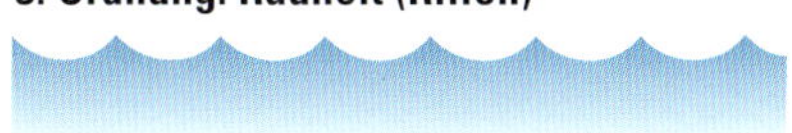	Form der Werkzeugschneide, Vorschub oder Schnitttiefe des Werkzeugs
4. Ordnung: Rauheit (Riefen) 	Vorgang der Spanbildung (Reißspan, Scherspan, Aufbauschneide), Werkstoffverformung beim Strahlen, Knospenbildung bei galvanischer Behandlung
5. Ordnung: Rauheit (Gefüge) Anmerkung: vereinfacht dargestellt	Kristallisationsvorgänge, Veränderung der Oberfläche durch chemische Einwirkung (z. B. Beizen), Korrosionsvorgänge
6. Ordnung: Gitteraufbau Anmerkung: Gittermodell dargestellt	—

***3** Ordnungssystem für Gestaltabweichungen*

Für den maschinentechnischen Bereich ist die Rauheit eine entscheidende Größe.

9.6.3.1 Kenngrößen für Gestaltabweichungen

Die genaue Erfassung der Gestalt ist kein großes technisches Problem. Schwieriger ist es, aussagekräftige Angaben bezüglich des späteren Funktionsverhaltens zu machen. Um diesen Zusammenhang zu verdeutlichen, werden die Aussagen in einen Zahlenwert übersetzt.

Maximale Rautiefe Rt *(total peak-to-valley height)*
Rt ist der Abstand zwischen der höchsten Spitze und der tiefsten Riefe auf der betrachteten Bezugsstrecke l_m (Bild 1). Beide Werte sind unabhängig voneinander. Die maximale Rautiefe kann für die visuelle Beurteilung der Oberflächen herangezogen werden.

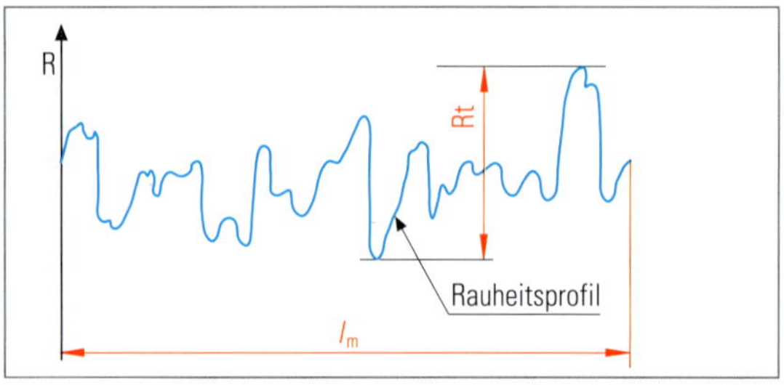

***1** Maximale Rautiefe Rt*

Gemittelte Rautiefe Rz *(average peak-to valley height)*
Zur Bestimmung der gemittelten Rautiefe Rz wird die Messstrecke in fünf gleiche Teilstücke unterteilt. Für jedes Teilstück wird der Abstand zwischen dem jeweils größten und kleinsten Messwert berechnet (Bild 2).
Anschließend wird der Mittelwert für die Gesamtmessstrecke bestimmt. Die Formel dazu lautet:

$$Rz = \frac{Rz_1 + Rz_2 + Rz_3 + Rz_4 + Rz_5}{5}$$

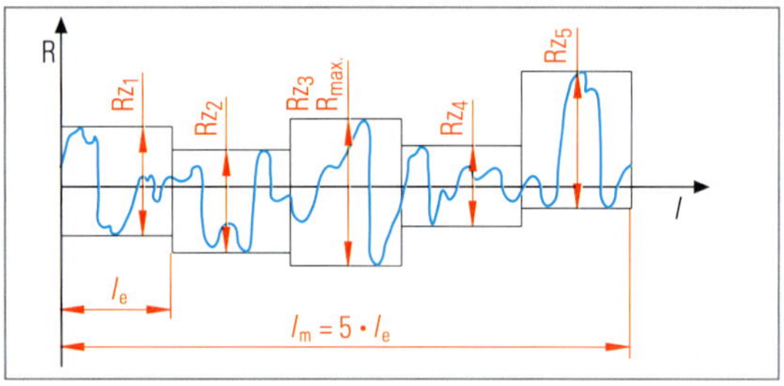

***2** Gemittelte Rautiefe Rz*

Rz sollte bei Profil-„Ausreißern" (einzelne Extremwerte) nicht hinzugezogen werden, wenn dies zu Störungen im Betrieb führen kann. Problematisch sind Dichtflächen und Bauteile, die dynamisch belastet[1)] werden. Tiefe Riefen schwächen das Bauteil. Hohe Spannungen im Kerbgrund können zur Rissbildung bis hin zur Zerstörung des Bauteils führen. Tiefe Kerben führen auch zu Undichtigkeiten.

Glättungstiefe Rp *(smoothing depth)* und **gemittelte Glättungstiefe Rp_m** *(average smoothing depth)*
Die Bestimmung der **„mittleren Linie"** erfolgt durch die Berechnung der Flächen der Profil-„Berge" und der Profil-„Täler" (Bild 3). Die „mittlere Linie" teilt die Flächenanteile so auf, dass die oberhalb liegenden Anteile – im Bild gelb – gleich den untenliegenden Flächen – im Bild grün – sind. Eine Aussage bezüglich der Profilspitzen und der Profilform lässt sich mithilfe der Glättungstiefe Rp treffen. Rp ist der Wert für den Abstand von der größten Spitzenhöhe bis zur „mittleren Linie".

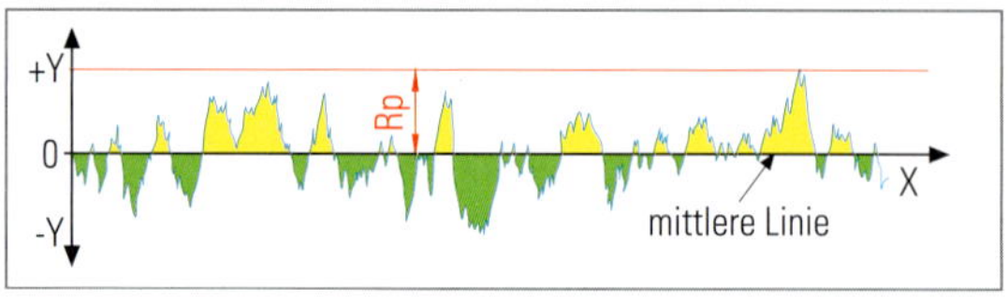

***3** Glättungstiefe Rp*

Die Aussagekraft wird verbessert, wenn die Messstrecke in fünf gleiche Abschnitte aufgeteilt wird und für jeden Abschnitt eine Glättungstiefe ($Rp_1 \ldots Rp_5$) ermittelt wird (Bild 4). Der Mittelwert dieser Messwerte ergibt die **gemittelte Glättungstiefe** Rp_m. Sie wird mit der folgenden Formel berechnet:

$$Rp_m = \frac{Rp_1 + Rp_2 + Rp_3 + Rp_4 + Rp_5}{5}$$

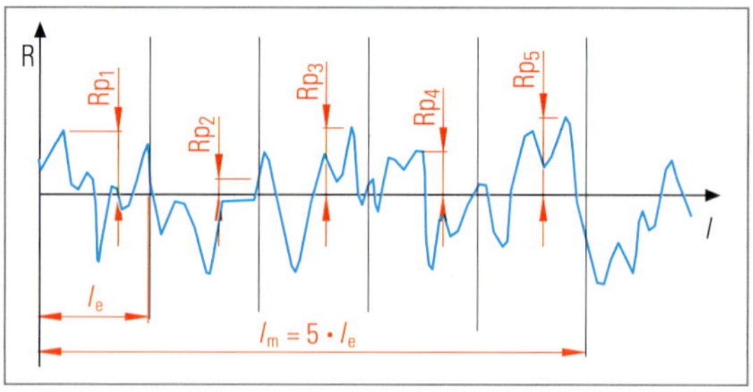

***4** Gemittelte Glättungstiefe Rp_m*

Häufig wird die Bezeichnung Rp_1, Rp_2, ... verkürzt zu p_1, p_2, ... („p" steht hier für das englische Wort *peak*: „Bergspitze"). Eine idealisierte Annahme geht davon aus, dass die Profil-„Berge" durch plastische Umformung im Betriebszustand in die Profil-„Täler" umgelagert werden. Folglich ist Rp_m bedeutsam für die Beurteilung von Lager- und Gleitflächen.

Anwendung: Lagerflächen sollten keine Profilspitzen vorweisen, einzelne Riefen sind jedoch erwünscht, Presssitze sollen eine große Berührungsfläche haben, was mit einem rundkämmigen Profil gut gelingt. Eine Aussage über die Profilform macht das Verhältnis Rp_m/Rz. Grob lässt sich sagen, dass für $Rp_m/Rz < 0{,}5$ ein rundkämmiges Profil (Seite 91 Bild 1 unten) vorliegt. Werte für $Rp_m/Rz > 0{,}5$ weisen auf spitze Profilformen hin (Seite 91 Bild 1 oben).

1) dynamische Belastung: siehe Lernfeld 7 Kap. 1.2.2
Informationen zur Angabe von Oberflächenbeschaffenheiten in Technischen Zeichnungen finden Sie auf Seite 19.

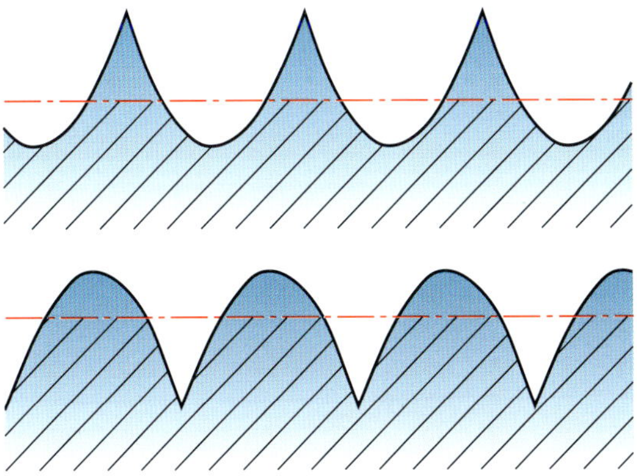

1 *Profile mit unterschiedlichen Glättungstiefen Rp*

Arithmetischer Mittenrauwert Ra (average roughness)
Der Mittenrauwert Ra stellt die mittlere Abweichung des Profils von der „mittleren Linie" dar.

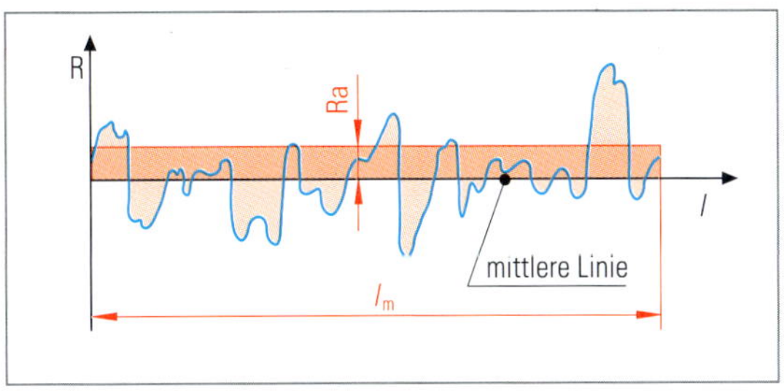

2 *Mittenrauwert Ra*

Zur Bestimmung von *Ra* wird zuerst die Summe aller Flächen ermittelt. Diese Gesamtfläche wird in eine Rechteckfläche umgewandelt (rote Fläche in Bild 2), wobei die Rechteckslänge der Messstrecke l_m und die Rechteckhöhe dem Mittenrauwert Ra entspricht.
Der Wert von Ra macht keine Aussage über die Spitzen oder Riefen. Auch die Profilform ist nicht erkennbar. Das Bild 3 zeigt sehr unterschiedliche Profile mit fast gleichen Ra-Werten.

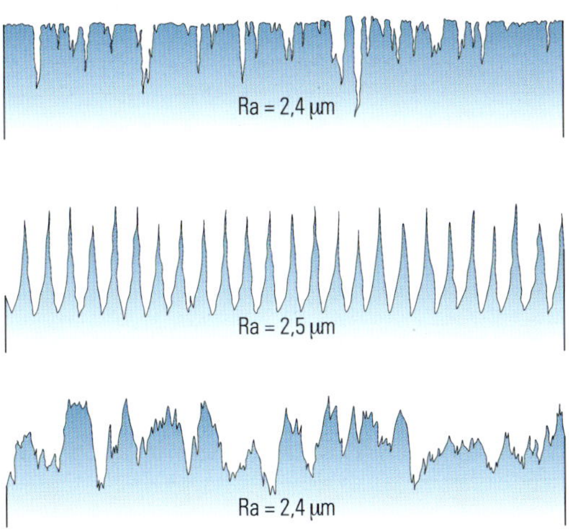

3 *Unterschiedliche Profile mit fast gleichen Ra-Werten*

MERKE

Wichtige Oberflächenkennwerte sind die maximale Rautiefe Rt, die Glättungstiefe Rp, der arithmetische Mittenrauwert Ra und die gemittelte Rautiefe Rz.

Überlegen Sie!

1. *Bild 1 zeigt zwei Profile mit unterschiedlichen Glättungstiefen Rp. Machen Sie eine Aussage bezüglich des Ra-Wertes. Begründen Sie Ihre Aussage.*
2. *Erläutern Sie den arithmetischen Mittenrauwert Ra.*
3. *Erläutern Sie die gemittelte Rautiefe Rz.*
4. *Bei der Messung eines Wellenabsatzes sind folgende Ergebnisse erzielt worden:*

Teilmess-strecke	Max.-Wert *P* in µm	Min.-Wert *V* in µm	Differenz *Z* in µm
L_1	23	–13	36
L_2	11	–17	28
L_3	19	3	16
L_4	8	–21	29
L_5	21	6	15

Berechnen Sie die gemittelte Rautiefe Rz.

9.6.4 Herstellen von Oberflächen

Hohe Oberflächenqualitäten können häufig nicht mit nur einem Fertigungsverfahren erzeugt werden. In diesen Fällen ist eine Abfolge von zwei oder mehr Fertigungsverfahren erforderlich. Für die Kegelradwelle (Seite 15) wurde ein **Arbeitsplan** *(working plan)* entwickelt. In sechs Schritten wird über Schruppen, Schlichten, Profildrehen, Einstechen, Gewindefreistich und Gewindedrehen die Vorarbeit durchgeführt (siehe Seite 22). Erst nach den Fräsarbeiten und dem Härten[1] werden die Lagersitze geschliffen, um letztlich durch das Schleifen die geforderte Oberflächenqualität (im Beispiel der Kegelradwelle von *Ra* = 0,8 µm) zu erhalten.
Die Oberflächen entstehen folglich durch unterschiedliche Verfahrensweisen, die in drei Gruppen eingeteilt werden sollen. Dies sind Verfahren auf der Grundlage des:

- **Verformens** *(deforming)*, z. B. Kugelstrahlen, Walzen
- **Material-Abtrennens** *(material cutting off)*, z. B. Bohren, Fräsen, Drehen, Schleifen, Honen, Läppen, Ätzen
- **Material-Auftragens** *(material depositing)*, z. B. Lackieren, Galvanisieren, Beschichten

So unterschiedlich wie die Verfahren, sind auch die dabei entstehenden Profile. Allgemein wird unterschieden in **regelmäßige Profile** *(regular profiles)*, wie sie Bild 1 auf Seite 93 für das **Drehen** zeigt, und **unregelmäßige Profile** *(irregular profiles)*, wie Bild 2 auf Seite 93 für das **Gießen** *(casting)* zeigt. Durch Versuche ist der Zusammenhang zwischen dem Fertigungsverfahren und der erzielbaren Rautiefe bestimmt worden. Die Tabelle auf Seite 92 gibt diesbezüglich einen Überblick aus den Hauptgruppen Urformen, Umformen und Trennen. Werkstücke, die durch Längsdrehen hergestellt werden, haben ge-

1) siehe Kap. 10.2.3 Härten

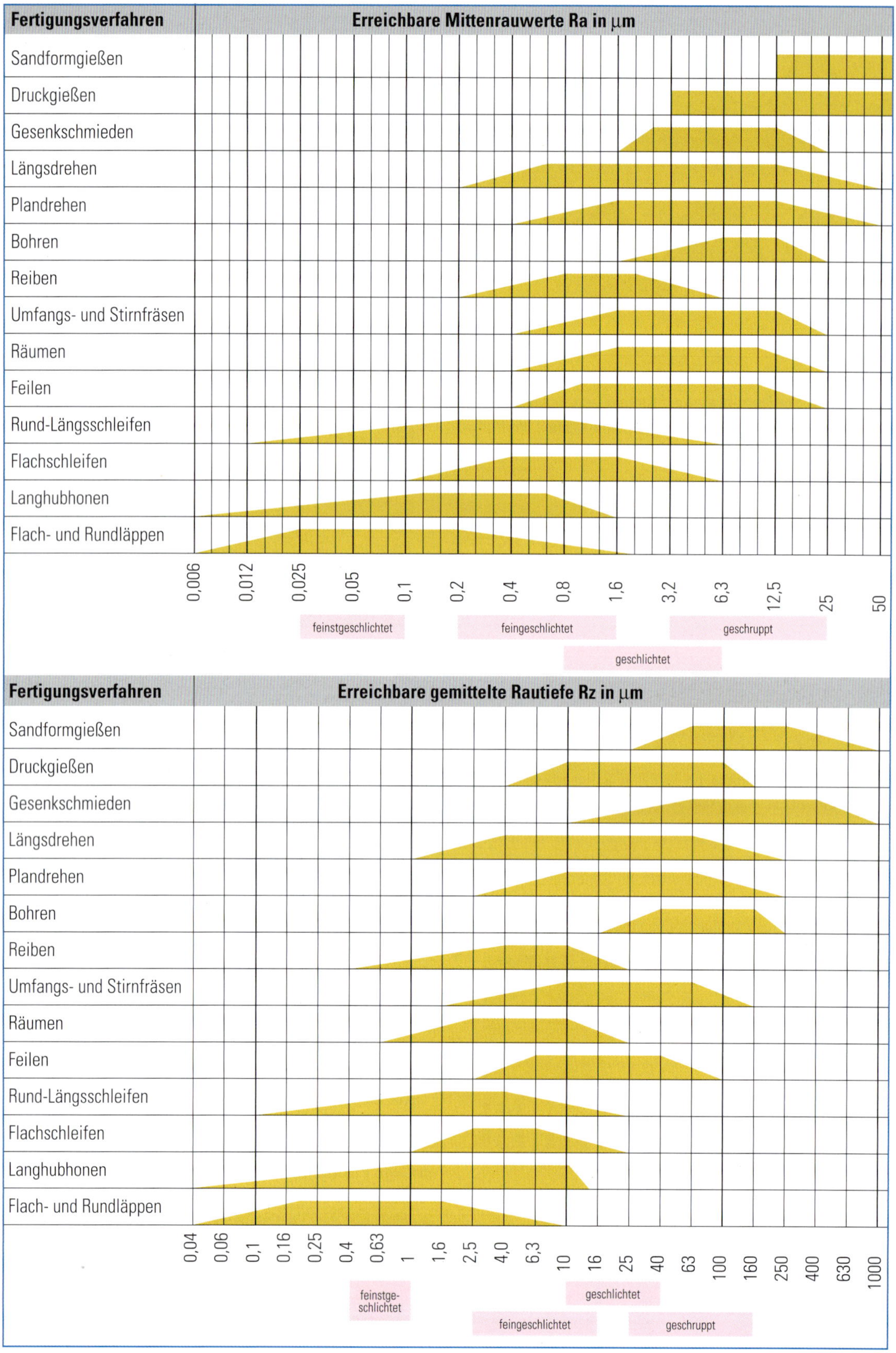

1 *Herstellverfahren und damit erreichbare Oberflächenqualitäten (Anhaltswerte)*

1 Regelmäßiges Profil (Drehen)

2 Unregelmäßiges Profil (Kokillenguss)

mäß dieser Tabelle einen erreichbaren Mittenrauwert Ra von 0,2 ... 50 µm, gefräste Teile liegen bei 0,4 µm ≤ Ra ≤ 25 µm. Die Größe dieser Spannen (die Werte liegen zwischen geschruppt und feingeschlichtet) macht deutlich, dass in jedem Fall eine Überprüfung der tatsächlichen Rauigkeit erfolgen muss.

Im Rahmen der Optimierung von Anlagen und Fertigungsverfahren ist zu erwarten, dass die erzielbaren Qualitäten eher besser werden. Insofern ist die Tabelle nur als Orientierung zu verstehen.

9.6.5 Prüfen von Oberflächen

9.6.5.1 Subjektives Prüfen *(subjective testing)*

Es gibt viele Möglichkeiten, Oberflächen zu prüfen. Die einfachste Methode ist die **Sichtprüfung** *(visual testing)*. Auf diese Weise sind Risse, Krater, Rillen, sowie andere Oberflächenfehler und die Richtung von Riefen und Rillen schnell erkennbar. Das Erkennen von Ausschussstellen durch eine Sichtprüfung erspart Folgekosten. Neben dieser rein visuellen Kontrolle kommen auch sogenannte **Oberflächenvergleichsmuster** *(standard test surface)* (Bild 3) zum Einsatz. Zusätzlich zum rein optischen Vergleich zwischen Prüfling und Muster kann der Prüfer beispielsweise mit seinem Fingernagel oder einem Plättchen die Oberfläche abtasten. Dabei ist die Eignung des Prüfenden entscheidend, weitreichende Erfahrungswerte sind hilfreich. Zusätzlichen Einfluss auf das Ergebnis haben der Werkstoff, der Rillenabstand und der Oberflächenglanz, der unmittelbar mit den Lichtverhältnissen zusammen hängt. Nachteilig ist, dass jedes Fertigungsverfahren eine eigene Maßverkörperung erfordert. Trotz der genannten Unwägbarkeiten kommen Oberflächenvergleichsmuster häufig zum Einsatz.

9.6.5.2 Objektives Prüfen *(objective testing)*

Sind besondere Ansprüche an die Werkstückoberfläche gestellt, so reicht eine subjektive Prüfung nicht aus. Übliche Messverfahren zur Bestimmung der Gestaltabweichungen, hauptsächlich der Welligkeit und Rauheit, sind das **Lichtschnittverfahren** und das **Tastschnittverfahren** (Seite 94).

Bezogen auf die Kegelradwelle ist das Prüfen mit einem Oberflächenvergleichsmuster nicht sinnvoll, da die bemaßten Flächen später Lagersitze sind. Eine von den Vorgaben abweichende Oberflächenqualität kann zur Verringerung der Lebenszeit der eingesetzten Wälzlager führen. Um dies auszuschließen, muss die Oberflächenqualität gemessen werden.

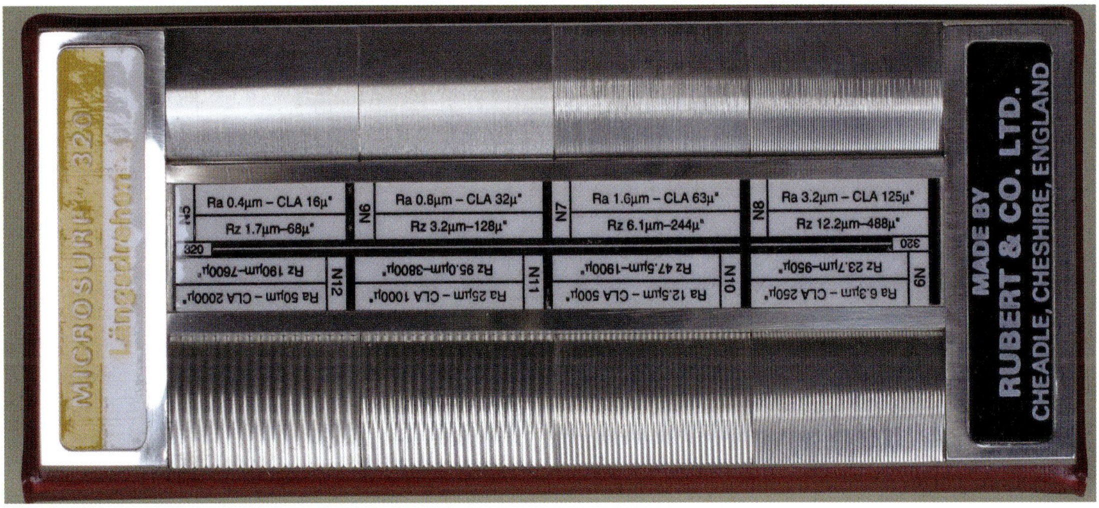

3 Oberflächenvergleichsmuster

Lichtschnittverfahren *(light-section procedure)*
Bei diesem **optischen Verfahren** (Bild 1) wird ein schmaler Lichtstreifen unter einem Winkel von 45° zur Werkstückoberfläche projiziert. Das einfallende Licht wird von der Oberfläche des Werkstücks reflektiert. Die Lichtquelle und die Betrachtungsrichtung müssen im rechten Winkel zueinander stehen. Der besondere Vorteil dieses Verfahrens ist die **berührungslose Messung** *(contactless testing)*. Deshalb wird dieses Verfahren häufig bei weichen Werkstücken eingesetzt. Es eignet sich z.B. auch zum Messen von Speicherplatten für Computer, da das Lichtschnittverfahren auf der Oberfläche keine Riefen erzeugt und somit auch nicht zu späteren Funktionsbeeinträchtigungen der Speicherplatten führt. Auch optische Beeinträchtigungen, z.B. bei Aluminium- oder Goldoberflächen, entstehen durch diesen Messvorgang nicht. Messbare Rautiefen mit dem Lichtschnittverfahren liegen zwischen 1 µm und 20 µm.

MERKE
Das Lichtschnittverfahren ist erforderlich, wenn die Oberfläche durch den Messvorgang nicht beschädigt werden darf.

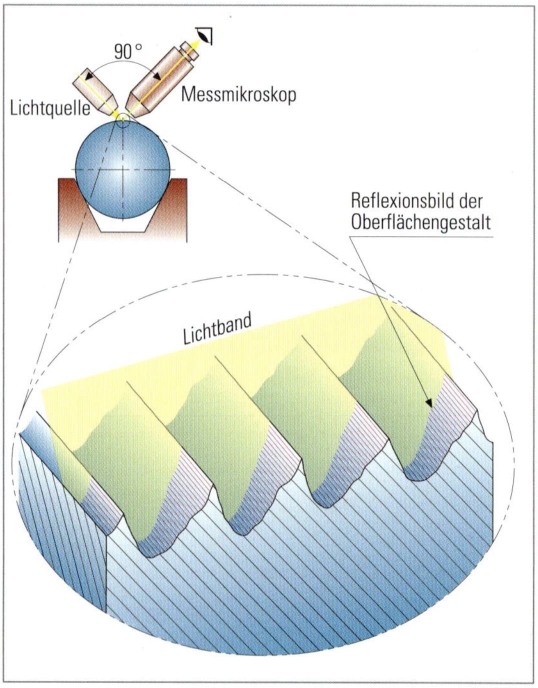

1 Prinzip des Lichtschnittverfahrens

Tastschnittverfahren *(stylus-type testing)*
Wesentlich häufiger, weil kostengünstiger, ist das **mechanische Abtasten der Oberfläche** *(mechanical gauging of a surface)* mit einer Diamantspitze. Gemessen werden die horizontale und die vertikale Bewegung der Tastspitze, die Messstrecke (Vorschubweg) und die Höhenunterschiede der Messstrecke (Hub). Bild 2 zeigt den Aufbau zur Rauheitsmessung an der Kegelradwelle mit einem **tragbaren Oberflächenmessgerät** *(portable surface-measurimg instrument)*.
Die digitalisierten und verstärkten elektrischen Signale werden von einem Messprogramm erfasst, ausgewertet und die Ergebnisse werden auf einem Display oder einem Bildschirm ausgegeben und bei Bedarf digital gespeichert. Das Bild 3 zeigt ein **Profildiagramm** *(profile diagram)*, das die Summe aller ertasteten Erhöhungen und Vertiefungen wiedergibt. Das abgebildete Oberflächenprofil entspricht nicht genau der realen Oberfläche, da die Tastspitze nicht in alle Vertiefungen vordringen kann. Die „mittlere Linie" im Diagramm ist eine vom **Messprogramm** *(measuring programme)* erstellte Linie, die so berechnet ist, dass die Flächenanteile darüber und darunter jeweils gleich sind. Sie ist nicht identisch mit dem Nennmaß.
Ein **Oberflächenmesssystem** *(surface measuring system)* (Bild 2) besteht aus dem **Tastsystem** *(stylus-type system)* mit der Tastspitze, einem **Vorschubgerät** *(feed device)*, einem Messverstärker und einer Verrechungseinheit (Computer) mit Speicher und/oder Ausgabeeinheit (Bildschirm, Anzeige, Drucker), wie Bild 1 auf Seite 95 schematisch darstellt.
Im Tastsystem befindet sich die **Tastspitze** *(stylus)* (Seite 95 Bild 2), die hochpräzise gelagert ist. Die Vertikalbewegung der Spitze wird in ein elektrisches Signal umgewandelt. Die Standardspitze hat einen Spitzenwinkel von 90° und einen Spitzenradius von 5 µm.

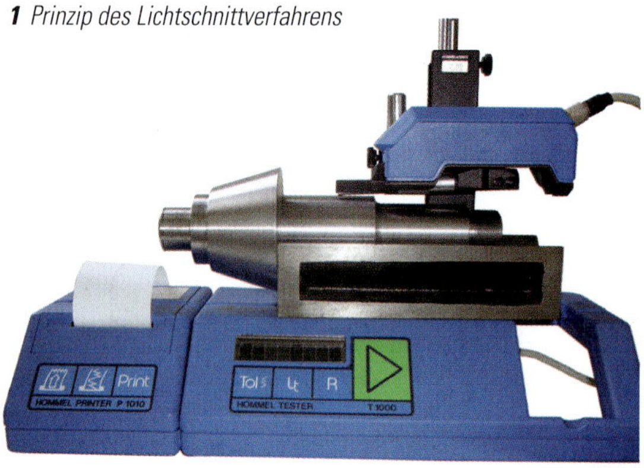

2 Rauheitsmessung an der Kegelradwelle

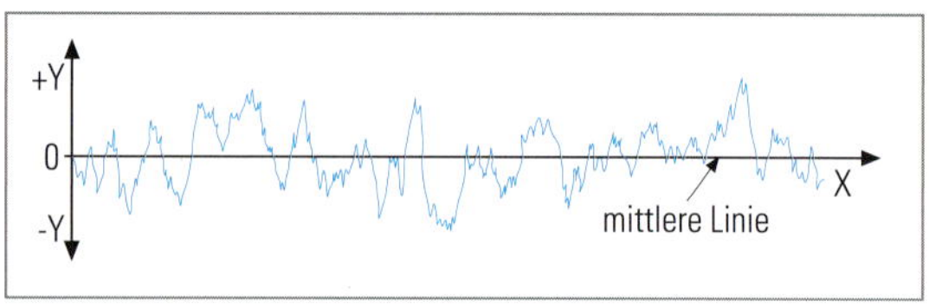

3 Profildiagramm

Beim Messen besonders harter Oberflächen wie z.B. bei Honsteinen oder diamantbestückten Schleifscheiben, kann es auch zu Beschädigungen der Tastspitze kommen. Bild 3 auf Seite 95 zeigt eine elektronenmikroskopische Aufnahme einer beschädigten Tastspitze. Daher sollte die Tastspitze regelmäßig kontrolliert werden.

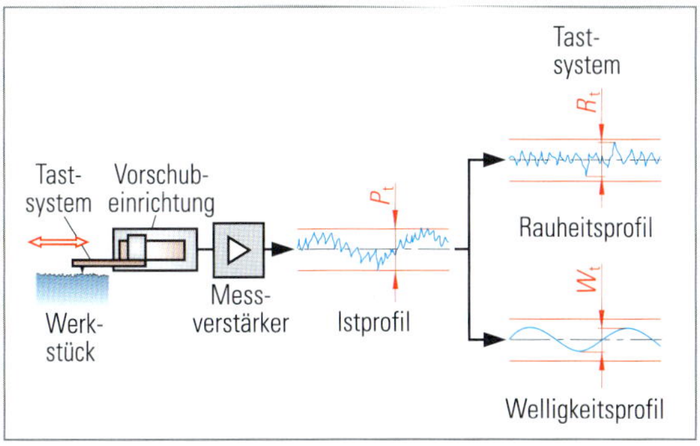

1 *Prinzip eines Tastschrittgeräts*

Bei einer maßstäblichen Darstellung ohne die Überhöhung des Vertikalmaßstabes sind die Erhöhungen kaum erkennbar.

MERKE

Die Form (Spitzenwinkel) und Größe (Spitzenradius) der Tastspitze bestimmen, wie genau eine Oberfläche abgebildet und damit geprüft werden kann.

Bild 5 zeigt ein **Perthometer**, mit dem berührungslos die Oberflächenrauigkeit gemessen wird, hier am Beispiel einer Kopiertrommel. Dabei fährt ein Laserstrahl entlang der Oberfläche. Der Lichtreflex wird ausgewertet und in das Oberflächenprofil übersetzt.

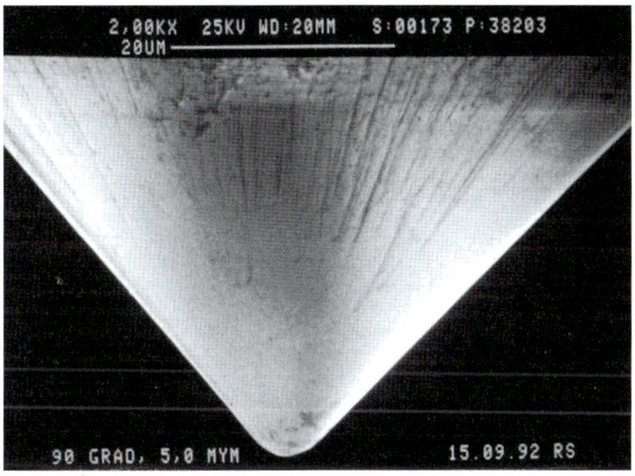

2 *Aufnahme einer Tastspitze mit dem Elektronenmikroskop $R = 5\,\mu m$*

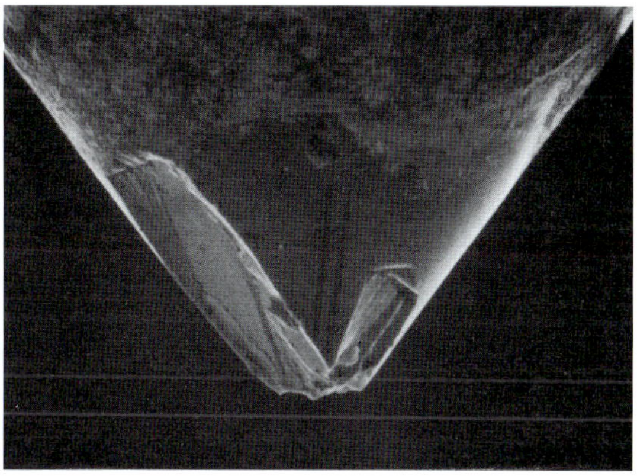

3 *Beschädigte Tastspitze*

Gleitkufentastsysteme (Bild 4) erfassen nur die Rauheit. Die Vertikalbewegung der Tastspitze wird gegenüber der Gleitkufe gemessen.

Aufgabe des Vorschubapparates ist es, die gleichförmige Bewegung des Tasters zu gewährleisten.

Das verstärkte Analogsignal wird in ein digitales Signal umgewandelt, um es dann mithilfe eines Computers auszuwerten. Neben der Ausgabemöglichkeit auf ein Display oder einen Bildschirm, ist die Ausgabe auf einen Streifenschreiber *(strip chart recorder)* noch häufig zu finden. Für die leichtere Auswertung des Profildiagramms gemäß Bild 1 von Seite 96 ist der Vertikalmaßstab stärker vergrößert (2000-fach) als der Horizontalmaßstab (40-fach).

Überlegen Sie!

1. *Welche Funktion hat die Gleitkufe eines Gleitkufentasters?*
2. *Wie muss ein Tastsystem aufgebaut sein, welches die Welligkeit messen soll?*

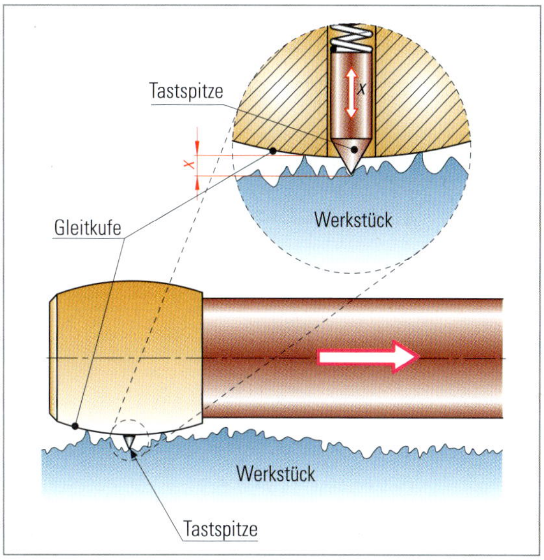

4 *Gleitkufentastsystem*

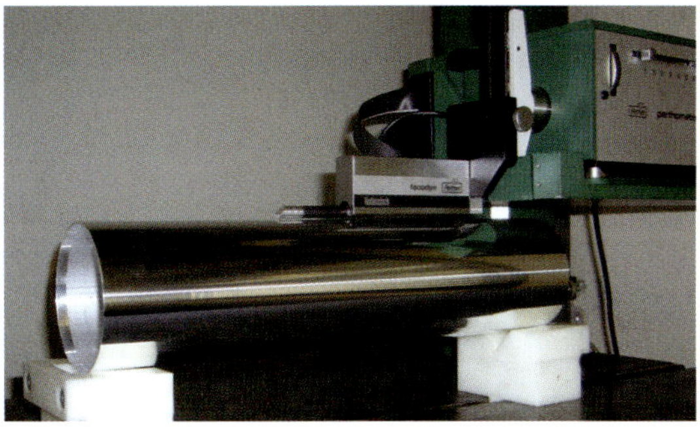

5 *Perthometer zur berührungslosen Rauheitsmessung*

Ra = 0,43 µm
Hommel Tester
T1000 E

Dat: 01.08.2007
Nr. 00143

Lt = 4,8 mm
Lc = 0,8 mm

Ra = 0,43 m
RzD = 3,53 m
Rt = 4,94 m

R-Profil

→ 5 µm 2000

↓ 250 µm 40

4,8 mm

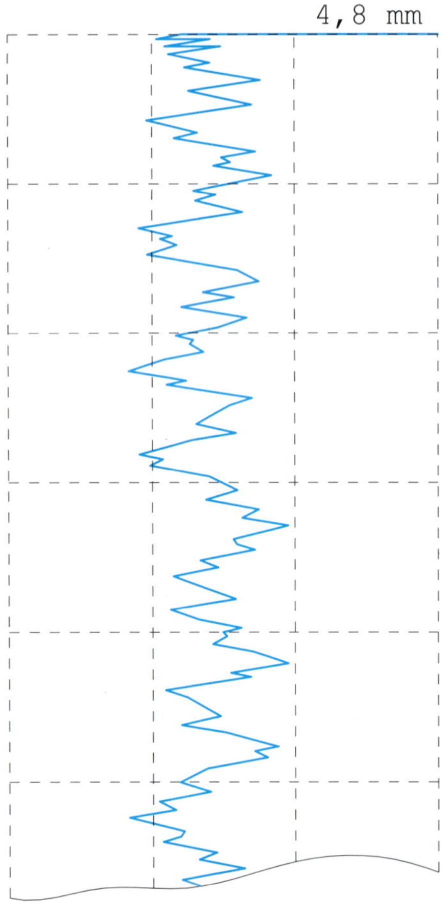

1 Messprotokoll-Profildiagramm mit Ergebnisstreifen (Ausschnitt)

9.6.6 Zusammenhang zwischen Maßtoleranz und Oberflächenbeschaffenheit

Auf den ersten Blick haben Maßtoleranzen *(dimensional tolerances)* und Oberflächenangaben *(specifications for surfaces)* nichts miteinander zu tun. Die Einhaltung der Maßtoleranzen wird mit Lehren oder Messgeräten geprüft. Die Oberflächen werden mithilfe von Oberflächen-Messgeräten geprüft. Bild 2 zeigt die Prüfung eines Bauteils mit einer **Grenzrachenlehre** *(external limit gauge)*. Diese werden über die Werkstückoberfläche, z.B. einer Welle, in unterschiedlichen Winkellagen geschoben. Dabei berühren die Prüfflächen nur die äußersten Spitzen des Oberflächenprofils.

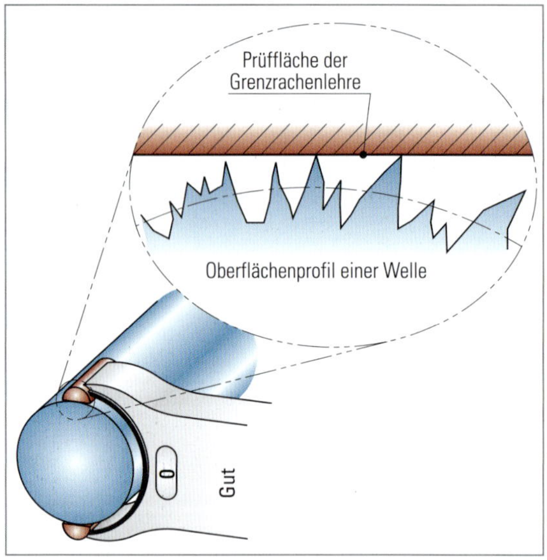

***2** Prüfen der Maßtoleranz mit einer Grenzrachenlehre*

Die Ausschnittvergrößerung zeigt die Prüffläche und das Oberflächenprofil. Im Beispiel der ISO Toleranz ∅25h6[1] beträgt die Toleranz 13 µm. Bei der Oberflächenrauigkeit von Rz 6,3 liegt das Oberflächenprofil komplett im tolerierten Bereich:

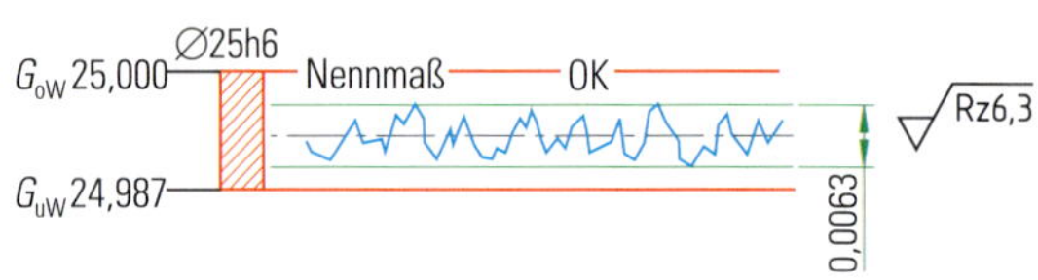

Wird beim selben Toleranzfeld jedoch eine Rauheit von Rz 25 vorgegeben, ragen die **Profilspitzen** oben und unten aus dem **Toleranzfeld** *(tolerance zone)* heraus.

Liegt die „mittlere Linie" des Oberflächenprofils weiter in Richtung der Wellenmitte, so kann auch eine Rauheit von Rz 25 nach der Prüfung mit einer Grenzrachenlehre als „Gut" eingestuft

1) DIN ISO 276-2

werden. Hierfür müssen die äußeren Spitzen des Profils sich lediglich unterhalb des Höchstmaßes der Welle G_{oW} befinden. Bei einem stark zerklüfteten Profil wird folglich der Materialanteil im Toleranzbereich sehr klein ausfallen. Die Folge wird ein schneller Verschleiß mit entsprechendem Qualitätsverlust sein.

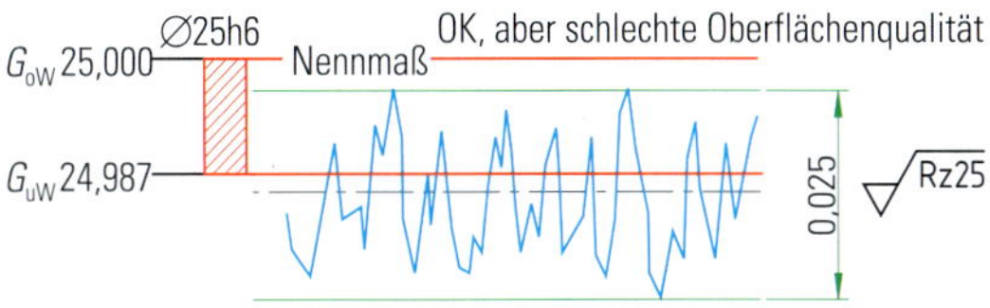

Um eine derartige Problematik auszuschließen, sollen alle gewählten Genauigkeiten aufeinander abgestimmt sein. Zu groß gewählte Vorgaben für die Rauheit können zu Qualitätsverschlechterungen führen, zu feine Oberflächen verteuern die Herstellung, ohne eine Qualitätsverbesserung zu erzielen. Die Rauheit sollte innerhalb der vorgegebenen Toleranz liegen. In der Praxis hat sich ein Verhältnis von Rauheit zu Toleranzfeldgröße von 1 : 3 bis 1 : 2 bewährt.

MERKE

Oberflächenangaben und Toleranzen müssen aufeinander abgestimmt sein. Die Rauheit soll höchstens halb so groß sein wie die Toleranz.

9.7 Prüfen von Form- und Lagetoleranzen 5

Die technische Zeichnung der Kegelradwelle auf Seite 15 gibt die Nenngestalt des Bauteils wieder. Damit ist die **theoretische ideale Gestalt** gemeint. Die **Gestaltabweichungen** *(surface deviations)* aufgrund der Fertigungsverfahren betreffen:

- die Maße *(dimensions)*
- die Form *(shape)*
- die Lage *(position)*
- die Oberfläche *(surface)*

Für alle nicht tolerierten Maße gelten die Allgemeintoleranzen. Besonders wichtige Maße wie z. B. bei Lagersitzen sind mit ISO-Toleranzen versehen.

Maßabweichungen entstehen meistens durch Fehler bei der Bedienung oder beim Einrichten der Maschine.

Form- und Lageabweichungen werden häufig von der Werkzeugmaschine und/oder dem Prozess verursacht.

Die Form eines Zylinders, im Beispiel die des Lagersitzes ∅40k6 der Kegelradwelle, kann gekrümmt sein, obwohl das Maß der jeweils gegenüberliegenden Punkte den Vorgaben entspricht (Bild 1a). Lässt die Form aber z. B. einen konischen Verlauf erkennen (Bild 1b), wird ein Zusammenhang zwischen Maß und Form deutlich. Eine Rundheitsabweichung einer Welle kann von der Lagerung der Maschinenspindel abhängen, eine Geradheitsabweichung, wie im Bild 1b dargestellt, kann auf der elastischen Verformung des Werkstücks beim Zerspanen beruhen.

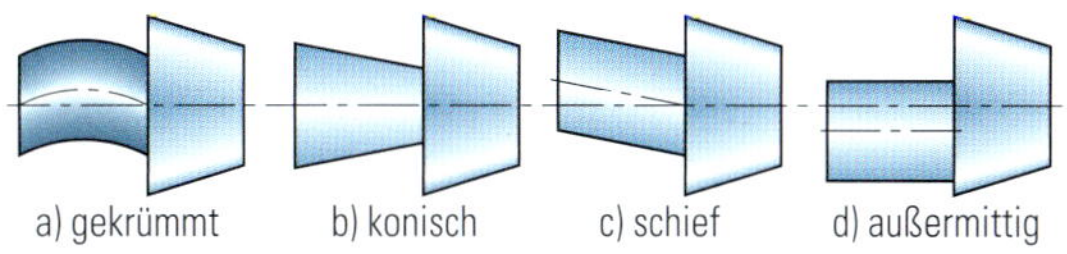

***1** Formabweichungen (übertrieben dargestellt)*

Die Lage zweier Bauteile oder auch zweier Bauteilabschnitte zueinander wird z. B. durch Ungenauigkeiten im Spannfutter negativ beeinflusst. Dies kann zu einer Abweichung bei der **Koaxialität** (die gleiche Achse besitzend) führen.

Letztlich muss die Fertigung funktionsfähige Bauteile produzieren, die eine vorgeschriebene Lebensdauer erreichen. Bezogen auf die Kegelradwelle bedeutet dies, dass z. B. auf die Lagersitze Wälzlager montiert werden. Die Lebensdauer der Lager ist unmittelbar abhängig von der Qualität der Lagersitze.

9.7.1 Formtoleranzen

Die Formtoleranzen *(tolerances of form)* beziehen sich auf Geraden, Ebenen, Kreise und Zylinder, also auf einfache geometrische Elemente. Diese werden für sich betrachtet. Sie stehen folglich nicht im Zusammenhang mit anderen Elementen. Für die Kegelradwelle sollen die Wälzlagersitze hinreichend zylindrisch sein. Zur Kennzeichnung wird von einem **zweiteiligen Toleranzrahmen** an beliebiger Stelle ein **Bezugspfeil** an die Kontur gezeichnet. Der Bezugspfeil, auch Toleranzpfeil genannt, muss senkrecht auf der Oberfläche stehen. In dem Toleranzrahmen wird im ersten Feld das Symbol für die **Toleranzart** gesetzt. Im zweiten Feld steht die **zulässige Abweichung** in Millimetern (Bild 2).

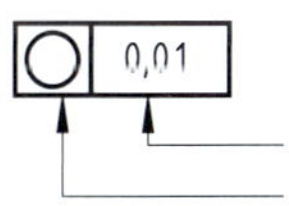

***2** Toleranzrahmen Rundheit*

Zum Messen der **Rundheitstoleranz** *(tolerance of circularity)* eines Wellenabsatzes wird die Welle häufig noch in der Drehmaschine in mehreren Winkellagen mit einer Messschraube abgegriffen. Die Differenz zwischen dem größten und dem kleinsten Wert muss in der vorgegebenen Toleranz liegen. Dieser Vorgang wird an mehreren Stellen auf der Messlänge wiederholt. Bild 1 auf Seite 98 zeigt mögliche Rundheitsabweichungen. Natürlich ist auch eine völlig unregelmäßige Abweichung möglich und auch zulässig, solange nur alle Punkte innerhalb der vorgegebenen Toleranz liegen. Die Mittellinien der aufgezeigten Profile müssen nicht identisch mit der idealen Mittellinie der Gesamtwelle sein.

In der **Serienfertigung** wird der Prüfvorgang in einen Prüfraum verlegt, der auf 20 °C temperiert ist. Das Bild 2 auf Seite 98 zeigt die Rundheitsmessung für die Kegelradwelle mit einem Formmessgerät. Vor Beginn der Messung wird der Taster mithilfe eines Normals kalibriert. Anschließend muss das Werkstück

Weitere Informationen zur Angabe von Form- und Lagetoleranzen in Technischen Zeichnungen finden Sie auf Seite 20.

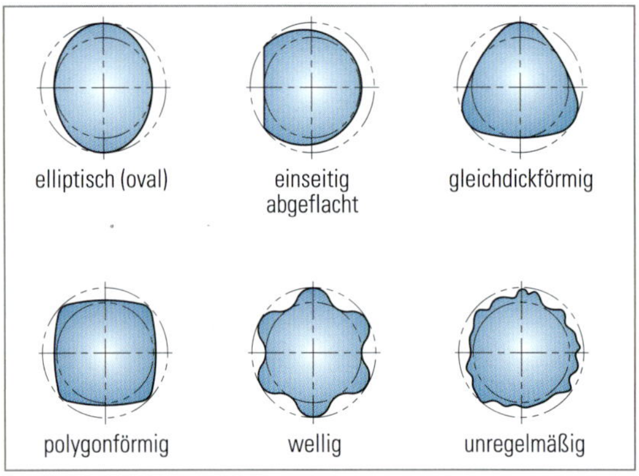

1 Rundheitsabweichungen

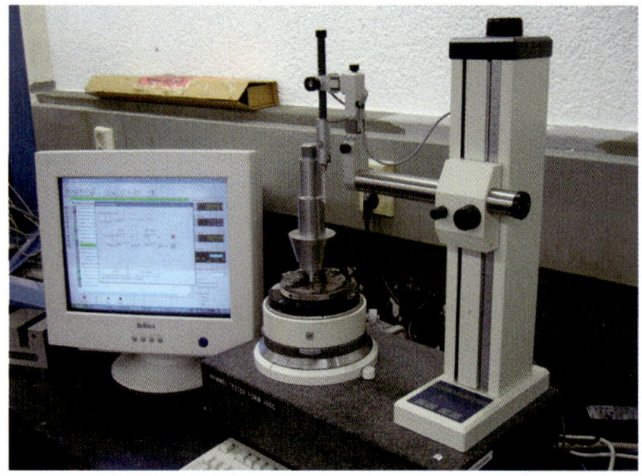

2 Rundheitsmessung mit einem Formmessgerät

ausgerichtet werden. Die Abweichungen der **Winkeligkeit** *(angularity)* und der **Exzentrizität**[1] *(excentricity)* werden mit Unterstützung der Software minimiert. Von Hand werden die oberste und die unterste Messstelle angefahren. Nach dem Start des Messzyklus regelt das Messprogramm das Drehen der Kegelradwelle um jeweils 360°. Dabei wird die Oberfläche gescannt. Je nach Voreinstellung wird dieser Vorgang in anderen Höhen (Z-Positionen) wiederholt. Das Ergebnis kann als **Prüfprotokoll** ausgedruckt werden. Bild 1 auf Seite 99 zeigt ein Prüfprotokoll für die insgesamt 6 Messstellen. Die größte Abweichung beträgt 4,033 µm. Sie liegt also deutlich unter den geforderten 10 µm. Die Rundheit der gemessenen Kegelradwelle ist im zulässigen Toleranzbereich.

Da jeder Wellenabsatz für sich betrachtet wird, macht die Rundheitsabweichung keine Aussage über Exzentrizitäten der einzelnen Wellenabschnitte. Die Rundheit bezieht sich immer auf die Mantellinie einer Welle. Folglich ist beim Zeichnen darauf zu achten, dass der Toleranzpfeil nicht auf den Maßpfeil der Durchmesserbemaßung trifft. Ein Versatz von mindestens 4 mm ist durch die Norm vorgeschrieben (Bild 3).

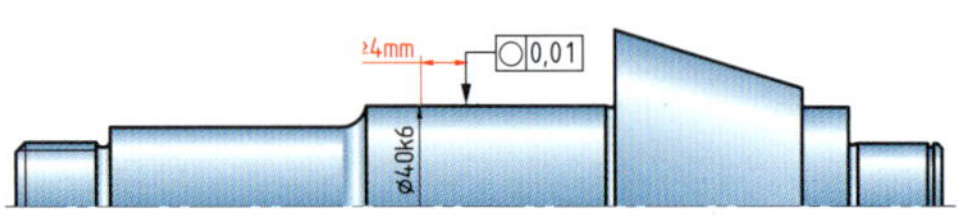

3 Eintragen der Rundheit

Überlegen Sie!

1. *Welche geometrischen Formen werden von den Formtoleranzen erfasst?*
2. *Mit welchem Gerät kann die Ebenheit geprüft werden?*
3. *Warum dürfen verschiedene Formtoleranzen desselben Werkstücks nicht miteinander in Beziehung gebracht werden?*

MERKE

Geprüfte Formtoleranzen sind Einzelaussagen, die nur für die jeweils geprüfte Form gelten. Sie dürfen nicht miteinander verknüpft werden (Unabhängigkeitsprinzip[2]).

9.7.2 Lagetoleranz

Die Lage von Geometrieelementen wie z. B. von Lagersitzen auf einer Welle ist für die Funktion von entscheidender Bedeutung. Zu jeder Lagetoleranz *(positional tolerance)* werden ein **Bezugselement** und ein **toleriertes Element** benötigt. Ein Bezugsdreieck und ein Großbuchstabe in einem quadratischen Rahmen kennzeichnen das Bezugselement.

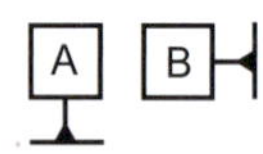

4 Symbole für Bezüge

Bei der Kegelradwelle ist die Mittellinie des Lagersitzes ∅ 40k6 als Bezugselement A definiert. Weil das Bezugsdreieck auf dem Maßpfeil der Durchmesserangabe steht, ist die Mittellinie das Bezugselement. Bild 5 zeigt eine vereinfachte Technische Zeichnung der Kegelradwelle, die nur die Bemaßung für Form- und Lagetoleranzen enthält.

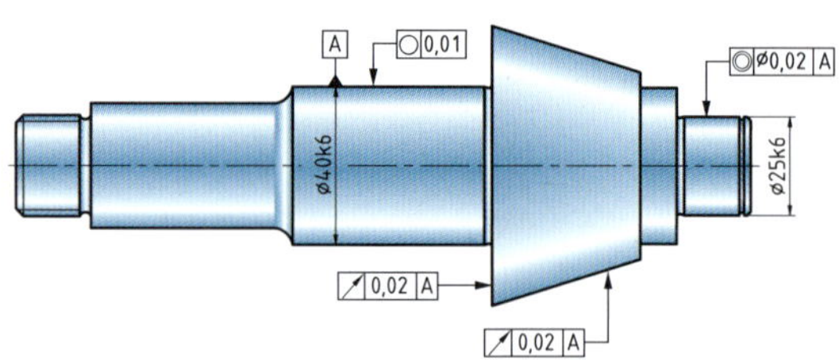

5 Form- und Lagetoleranzen der Kegelradwelle

Um beide Wälzlagersitze zueinander auszurichten, wird eine **Koaxialität** *(concentricity)* (Fluchten von Drehachsen einzelner Wellenabsätze) für beide Achsen definiert. Die Achsen dürfen sich in einem kleinen Zylinder mit dem Durchmesser 0,02 mm befinden, solange jeder Punkt der Achse innerhalb dieses Zylin-

1) Exzentrizität: Abstand vom Mittelpunkt, Außermittigkeit 2) DIN ISO 8015

hommel etamic TURBO FORM	Kunde: Verlag Handwerk & Technik GmbH	Prüfplan 170124_Verlag_Handwerk&Technik_DEMOpart_Em_rsc.hft	JENOPTIK
	Messgerät: HOMMEL-ETAMIC FORM 1000	Werkstück: Kegelradwelle	
	Serien Nr.: Verlag Handwerk & Technik GmbH	Werkstücknummer: 1234	
Auftragsnr.: Probemessung		Bediener: Emminger	SW-Version V 9.05
Bemerkung: JENOPTIK Industrial Metrology Germany GmbH Alte Tuttlinger Straße 20 D-78056 VS-Schwenningen.			Datum 24.01.2017
			Uhrzeit 17:19:43

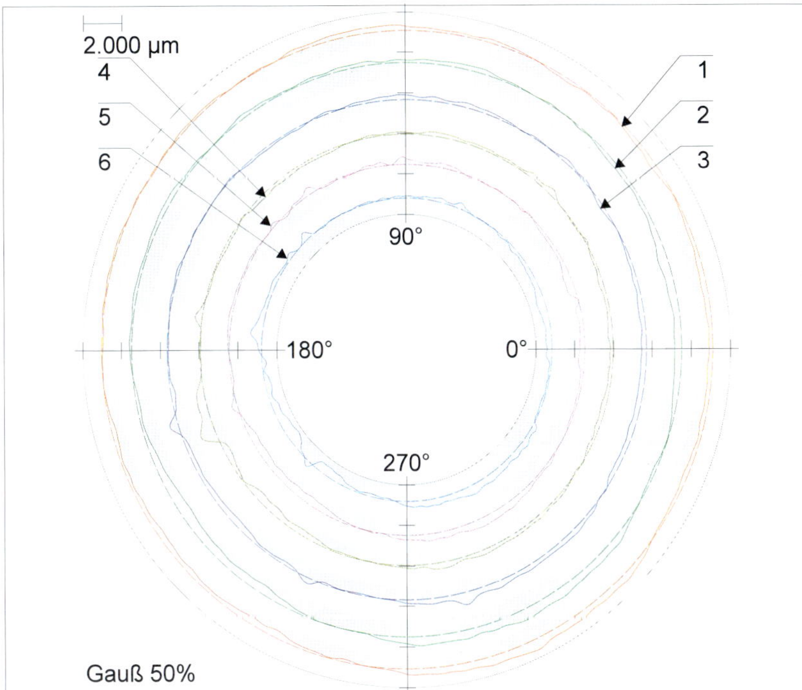

Rundheit Ausrichten oben Wert: 0.91 µm — IO Toleranz: 10.00 µm Verfahren:LSCI — Filter: 0 - 50 W/U 1 — Ausrichten oben Geschw.: 6.0 U/min — Pos. Z: 188.1 mm	Rundheit 2 Wert: 1.18 µm — IO Toleranz: 10.00 µm Verfahren:LSCI — Filter: 0 - 50 W/U 4 — Rundheit 2 Geschw.: 6.0 U/min — Pos. Z: 168.0 mm
Rundheit Ausrichten unten Wert: 1.09 µm — IO Toleranz: 10.00 µm Verfahren:LSCI — Filter: 0 - 50 W/U 2 — Ausrichten unten Geschw.: 6.0 U/min — Pos. Z: 141.2 mm	Rundheit 3 Wert: 0.82 µm — IO Toleranz: 10.00 µm Verfahren:LSCI — Filter: 0 - 50 W/U 5 — Rundheit 3 Geschw.: 6.0 U/min — Pos. Z: 156.0 mm
Rundheit 1 Wert: 0.93 µm — IO Toleranz: 10.00 µm Verfahren:LSCI — Filter: 0 - 50 W/U 3 — Rundheit 1 Geschw.: 6.0 U/min — Pos. Z: 180.0 mm	Rundheit 4 Wert: 1.19 µm — IO Toleranz: 10.00 µm Verfahren:LSCI — Filter: 0 - 50 W/U 6 — Rundheit 4 Geschw.: 6.0 U/min — Pos. Z: 146.0 mm

1 *Prüfprotokoll Rundheit © Jenoptic*

ders bleibt. Die Koaxialitätstoleranz ist immer zylindrisch, was durch das Durchmesserzeichen angedeutet wird, und liegt koaxial zur Bezugsachse.

Die direkte mechanische Koaxialitätsmessung ist nicht möglich, weil die zu vermessenden Achsen nicht direkt abgetastet werden können. **Formprüfgeräte** *(form testing instruments)* ermitteln die Koaxialitätsabweichung über eine Rundlaufmessung, die auf Seite 100 erläutert wird.

Die Koaxialität bestimmt den Ort, an dem die Achse eines Wellenabsatzes liegt, und gehört somit zu den **Ortstoleranzen** *(position tolerances)*. Hierzu gehören auch die Symmetrie- und die Positionstoleranz. Ortstoleranzen, Richtungstoleranzen (Parallelität, Rechtwinkligkeit und Neigung) und Lauftoleranzen (Rundlauf, Planlauf, Gesamtrundlauf, Gesamtplanlauf) sind unter dem Oberbegriff **Lagetoleranzen** *(positional tolerances)* zusammengefasst. Eine Übersicht zeigt das Tabellenbuch.

Gemäß Prüfplan von Seite 82 bleibt noch eine weitere Lagetoleranz zu prüfen. Das Symbol (Bild 1) beschreibt eine **Lauftoleranz**.

1 *Toleranzrahmen für Lauftoleranz*

Die Lauftoleranz ist nur auf **rotationssymmetrische** Werkstücke anwendbar. Als Bezug dient immer eine Achse. Um diese rotiert das Werkstück, während z. B. eine Messuhr, ein Feinzeiger oder ein Fühlhebelmessgerät die zu prüfende Fläche abtastet. Bei der Kegelradwelle ist das Bezugselement die Achse des Zylinders mit ∅ 40k6. Deshalb spannt die Spannzange diesen Zylinder, sodass seine Achse mit der Drehachse übereinstimmt. Mit einem Fühlhebelmessgerät wird der **Planlauf** *(circular run-out lateral)* (Bild 2a) während einer Werkstückumdrehung überprüft. Im Bild 2b wird der **Rundlauf** *(circular run-out radial)* des Kegels und im Bild 2c der des Zylinders (∅ 25k6) mit einem Feinzeiger überprüft.

Der einfache Pfeil in Bild 1 als Toleranzsymbol steht stellvertretend für den Zeiger einer Messuhr und zeigt den **einfachen Lauf** *(circular run-out)*, d. h. die Lauftoleranz an. Eine Prüfung findet jeweils an einzelnen Stellen des tolerierten Elements statt, die frei gewählt werden können. Ein Doppelpfeil (Bild 3) schreibt eine Messung über das gesamte tolerierte Element vor, weshalb vom **Gesamtlauf** (Gesamtrundlauf oder Gesamtplanlauf) gesprochen wird.

3 *Toleranzrahmen für Gesamtlauftoleranz*

Da Lauftoleranzen ringförmige Toleranzzonen haben, sind sie mit der Rundheits- und der Zylinderformtoleranz (Zylindrizität) verwandt. Die größte während der Messung auftretende Toleranz, die **Grenzabweichung**, ist gleich der Lauftoleranz. Die Messrichtung wird nur durch die Richtung des Toleranzpfeils vorgegeben (Bild 4), der vom Toleranzrahmen bis an die Werkstückkontur heran gezeichnet wird.

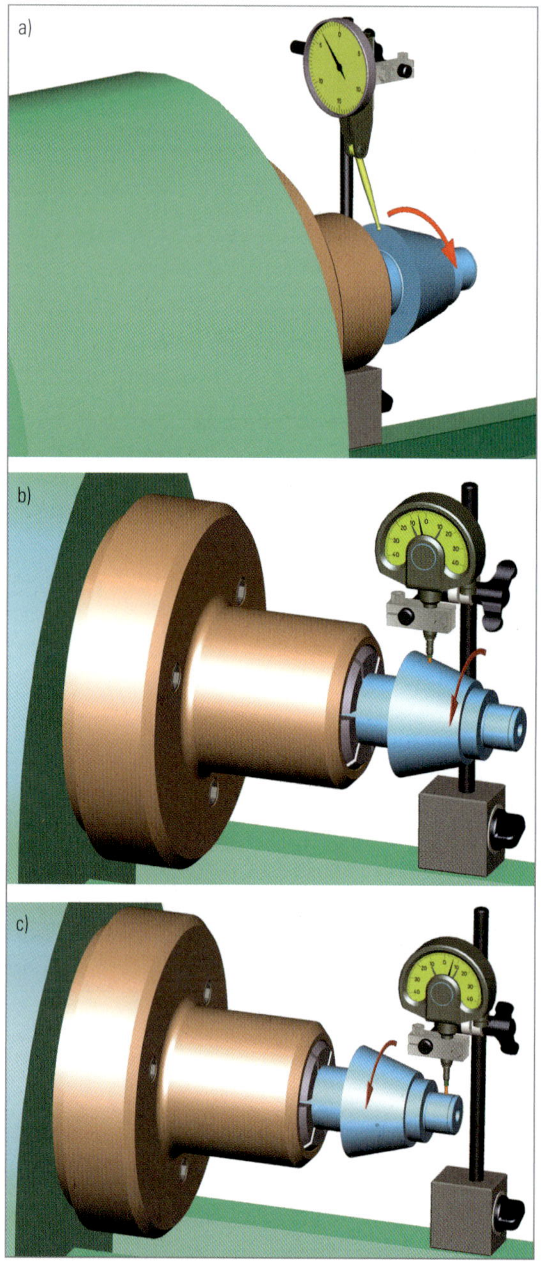

2 *Messaufbauten zur Prüfung von Plan- und Rundlauf*

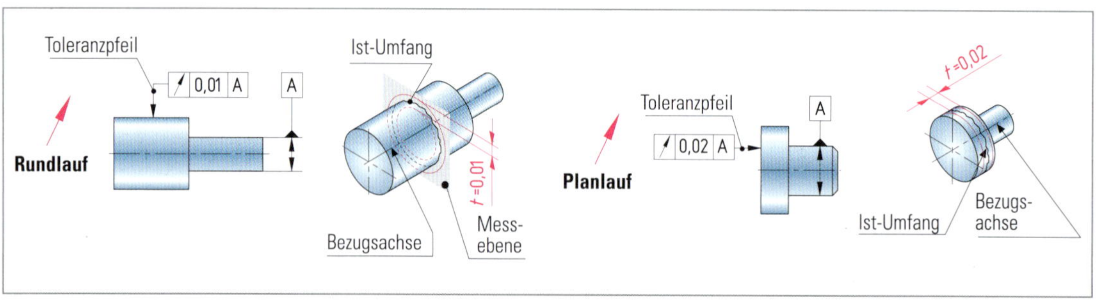

4 *Rund- und Planlauf*

Bild 1 zeigt eine **Rundlaufmessung** an einer Gewindespindel. Sie liegt dabei an zwei Stellen auf Rollen. Die Messuhr wird an einem Stativ befestigt und auf die Oberfläche aufgesetzt. Die Anzeige wird „genullt". Anschließend wird die Spindel gedreht und die Zeigerbewegung beobachtet.
Nach jeder Einzelmessung wird die Messuhr wieder „genullt". Eine Abweichung vom Rundlauf führt zu einer Bewegung des Messtasters. Zwei Ursachen sind möglich:

- Der geprüfte Kreisquerschnitt ist nicht rund.
- Es liegt eine Koaxialitätsabweichung vor.

Die Rundlaufabweichung ergibt sich aus einer Überlagerung von Rundheits- und Koaxialitätsabweichungen.

MERKE

Lagetoleranzen sind immer auf ein Bezugselement wie z. B. eine Drehachse bezogen.

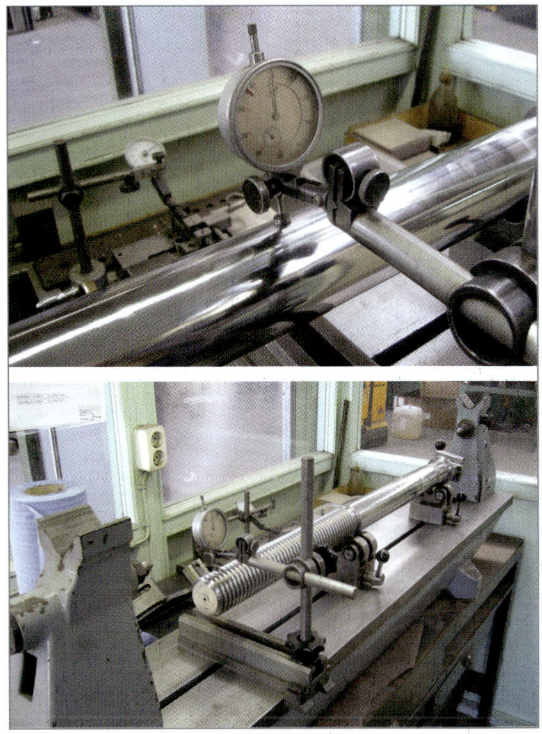

1 Rundlaufmessung an einer Spindel

9.7.3 Messen von Form- und Lagetoleranzen

Laser-Messung *(laser measurement)*
Die Rundheit kann mit einem Formmessgerät geprüft werden (Seite 98 Bild 2). Sehr verbreitet ist eine andere Messmethode, die **berührungsfrei** arbeitet. Bild 2 zeigt die Messung des Rundlaufs mithilfe eines **Laser-Messgerätes** *(laser measuring device)*. Im dargestellten Fall werden Kopiertrommeln nach der spanenden Herstellung und vor dem Beschichten auf Rundheit, Rundlauf, Konizität (Kegelförmigkeit) und Geradheit geprüft. Das Werkstück wird in 6 verschiedenen Winkellagen an mehreren Stellen auf der **Bezugslänge** *(reference length)* gemessen. Ein Messprogramm steuert das Drehen der Trommel und das Anfahren der Messstellen.
Lasermessgeräte sind aus einer Sendeeinheit, einer Empfangseinheit und einer Digitalanzeige aufgebaut. Der Laserstrahl wird auf die Mitte des Empfängers ausgerichtet und kann mehrere verschiedene Positionen messen. Bild 1 auf Seite 102 zeigt weitere Anwendungsmöglichkeiten. Der Laserstrahl wandert pro Sekunde bis zu 660 mal auf und ab (660 Hertz). Ein Spiegel und ein Linsensystem richten ihn parallel aus. Die hohe Frequenz lässt den wandernden Strahl als ein „Lichtband" erscheinen. Die in der Empfängerlinse gebündelten Strahlen treffen auf eine **Fotozelle** *(photoelectrical cell)*. Befindet sich ein Prüfstück im Lichtband, so empfängt die Fotozelle für die entsprechende Zeit kein Signal. Die Schattenzeit wird elektronisch erfasst und gespeichert. Daraus berechnet ein Programm die Maße des Prüfkörpers. Mit einer Genauigkeit von 0,1 … 0,2 μm können sehr anspruchsvolle Messaufgaben gelöst werden.
Ein weiteres Anwendungsfeld für die Lasermessung ist das Vermessen von Längen ab 1 m. Der Laserstrahl hat auf einer Länge von 15 m eine Messunsicherheit von lediglich ± 5 μm. Eingesetzt werden solche Geräte z. B. beim Aufstellen und Ausrichten von Maschinen, wie auch ganzer Anlagen. Eine Walzstraße kann mit einem Lasermessgerät ausgerichtet werden. Ähnliches gilt für andere Fertigungsstraßen, bei denen es auf präzises Ausrichten ankommt.

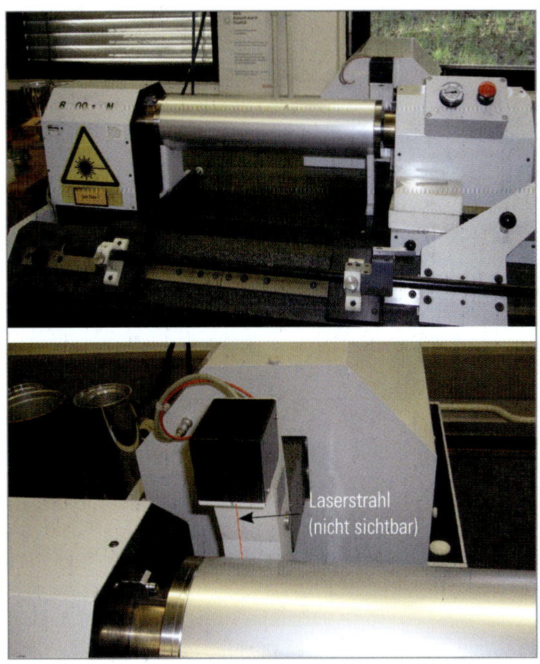

2 Rundheits-, Rundlauf-, Konizitäts- und Geradheitsmessung an einer Kopiertrommel mit Laser
Der rot eingezeichnete Laserstrahl ist in der Realität nicht sichtbar

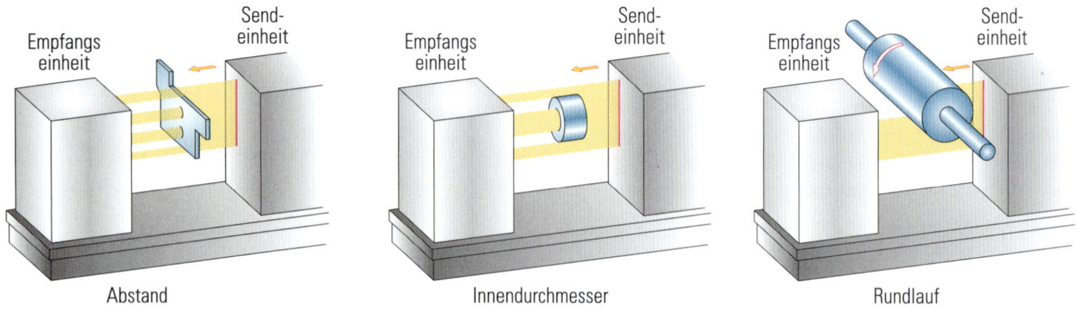

1 *Anwendungsbeispiele zur Lasermesstechnik*

Pneumatische Längenmessung *(pneumatic length measurement)*

Bild 2 zeigt den Aufbau für eine pneumatische **Rundheitsmessung** *(measurement of circularity)*. Vor dem Beginn der Messung muss mit einem Normal die Messeinrichtung „genullt" werden. Im Bild 3 ist auch der kreisförmige Inkrementalmaßstab[1] zu erkennen, der über eine Optik die Winkelstellung des Werkstücks bestimmt. Zusammen mit den Ergebnissen aus der pneumatischen Längenmessung werden die Daten der jeweiligen Winkelstellung zu einer Rundheit verarbeitet.

Besonders in der **fertigungsbegleitenden Prüftechnik** *(production accompanied testing technology)* ist die pneumatische Längenmessung zu finden. Hohe Stückzahlen in der Serienfertigung rechtfertigen die relativ hohen Kosten für die Anschaffung pneumatischer Messgeräte. Besonderer Vorteil der pneumatischen Messung ist die Möglichkeit, **berührungslos** *(contactless)* und somit **verschleißfrei** *(nonwearing)* zu messen. Dabei wird durch eine **Messdüse** *(measuring nozzle)* ein dünner Druckluftstrahl auf die Messstelle geblasen. So kann z. B. während des Feinschlichtens eines Drehteiles zeitgleich eine pneumatische Messung durchgeführt werden, ohne dass der Luftstrahl den laufenden Fertigungsprozess beeinträchtigt. Die Messstelle wird durch den Luftstrahl von Schmutz, Öl, Kühlschmierstoff usw. weitgehend gereinigt. Durch gleichzeitiges Messen und Fertigen der Kontur ist ein sofortiger **Vergleich zwischen Soll- und Istwert** *(given value/actual value)* gegeben. Die Messwerte können daher unmittelbar für eine ggf. erforderliche Nachbearbeitung genutzt werden. Gerade in der kostspieligen automatisierten Fertigung mit CNC-Werkzeugmaschinen sowie mit Automaten, Bearbeitungszentren und Handhabungsgeräten ist die pneumatische Längenmessung ein fester Bestandteil der Regelkette.

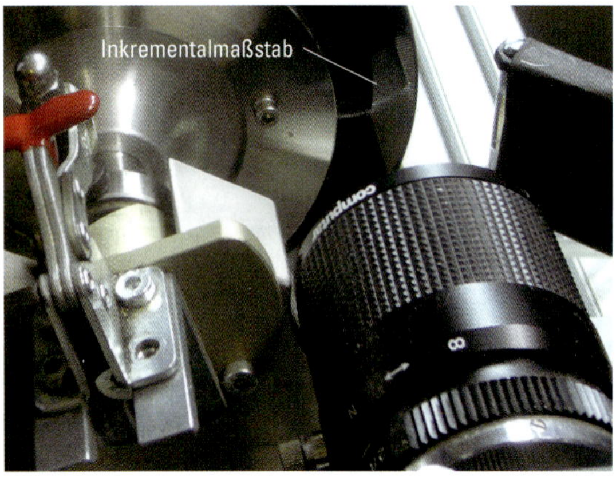

3 *Pneumatische Rundheitsmessung*
Die Drehbewegung wird mit einem Inkrementalmaßstab abgefragt

2 *Pneumatische Rundheitsmessung*

MERKE

Beim pneumatischen Messen erfolgt eine indirekte Längenmessung. Änderungen des Druckluftstrahls beim Messen lassen Rückschlüsse auf die gemessene Länge zu.

1) *Inkremental:* siehe Lernfeld 8 Kap. 2.1.1

Koordinaten-Messung *(coordinate measurement)*
Aufgrund der Komplexität der Form- und Lagetoleranzen wird häufig die Koordinaten-Messung eingesetzt.
Bei der Messung **komplizierter Werkstückgeometrien** mit vielen zu prüfenden Toleranzen sind einfache Messgeräte oft nicht mehr einsetzbar. In diesen Fällen werden rechnerunterstützte **Koordinatenmessmaschinen** *(coordinate measuring machine)* (Bild 1) eingesetzt. Sie ähneln in ihrem Aufbau stark einer CNC-Fräsmaschine. Das Werkstück ist auf dem Messtisch fixiert. Die Messeinrichtung ist an einem Portal bzw. einem Ausleger befestigt. Messtaster werden in der Tasteraufnahme befestigt und können in x-, y- und z-Richtung bewegt werden. Auf diese Weise ist es möglich, den Taster entweder manuell an das Werkstück heranzufahren (teach-in-Verfahren) oder mithilfe eines Messprogrammes in kurzer Zeit viele Messpunkte anzufahren und aufzunehmen. Die Auswertung der Messwerte erfolgt beinahe ausnahmslos durch das Messprogramm. Messprogramme werden auf der Grundlage einer CAD-Zeichnung erstellt.
Die Vielfältigkeit der zu prüfenden Geometrien hat auch **Messtaster** *(callipers)* in vielerlei Formen erforderlich gemacht. Einige Beispiele zeigt Bild 2.
Voraussetzung für hochgenaue Messungen ist ein **kalibrierter Taster**. Dazu wird der jeweilige Taster (häufig eine Kugel aus Rubin) mit einem hochgenauen **Kugelnormal** auf eventuelle Abweichungen hin überprüft (Bild 3). Eine Verrechnung der festgestellten Abweichungen erfolgt durch das Messprogramm. Analog zum Werkzeugkorrekturspeicher verfügen CNC-Messmaschinen über Korrekturspeicher für Abweichungen. Auch Magazine mit unterschiedlichen Tastern gewinnen zunehmend an Bedeutung.
Am Beispiel eines **Ventilgehäuses** (Bild 4 und Seite 104 Bild 1) wird gezeigt, wie die Koaxialität und der Planlauf gemessen werden können. Das Ventil wird mit einer Knetmasse im Prisma fixiert (Seite 104 Bild 2). Anschließend wird durch Abtasten der Innendurchmesser ∅ 28H11 und ∅ 20H11 die Bezugsebene A – B festgelegt (Seite 104 Bild 2). Der Sitz ∅ 56h11 kann dann an mehreren Stellen angefahren werden. Das Messprogramm berechnet aus diesen Punkten die Koaxialität. Da die Bezugsebene bereits festliegt, kann jetzt die tolerierte Planfläche an mehreren Stellen angefahren werden. Auch hier bestimmt das Messprogramm die tatsächliche Abweichung für den **Planlauf** *(circular run-out – axial)*.

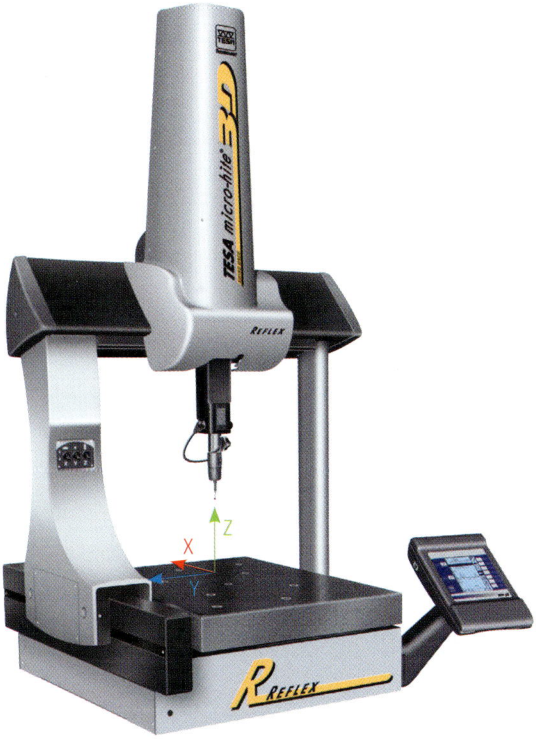

1 *Koordinatenmessmaschine*

2 *Messtasterspitzen*

3 *Kalibrieren des Messtasters*

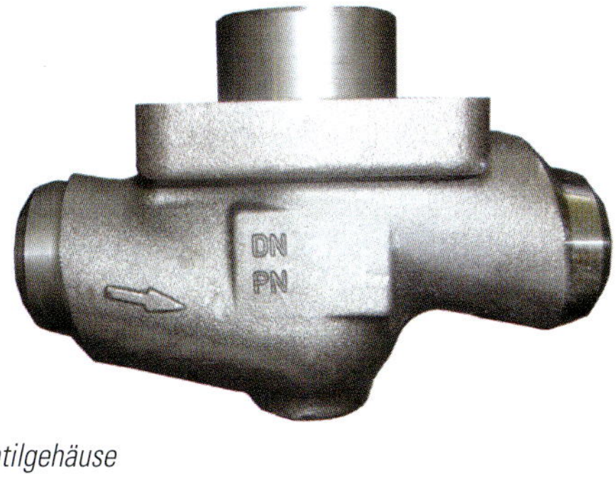

4 *Ventilgehäuse*

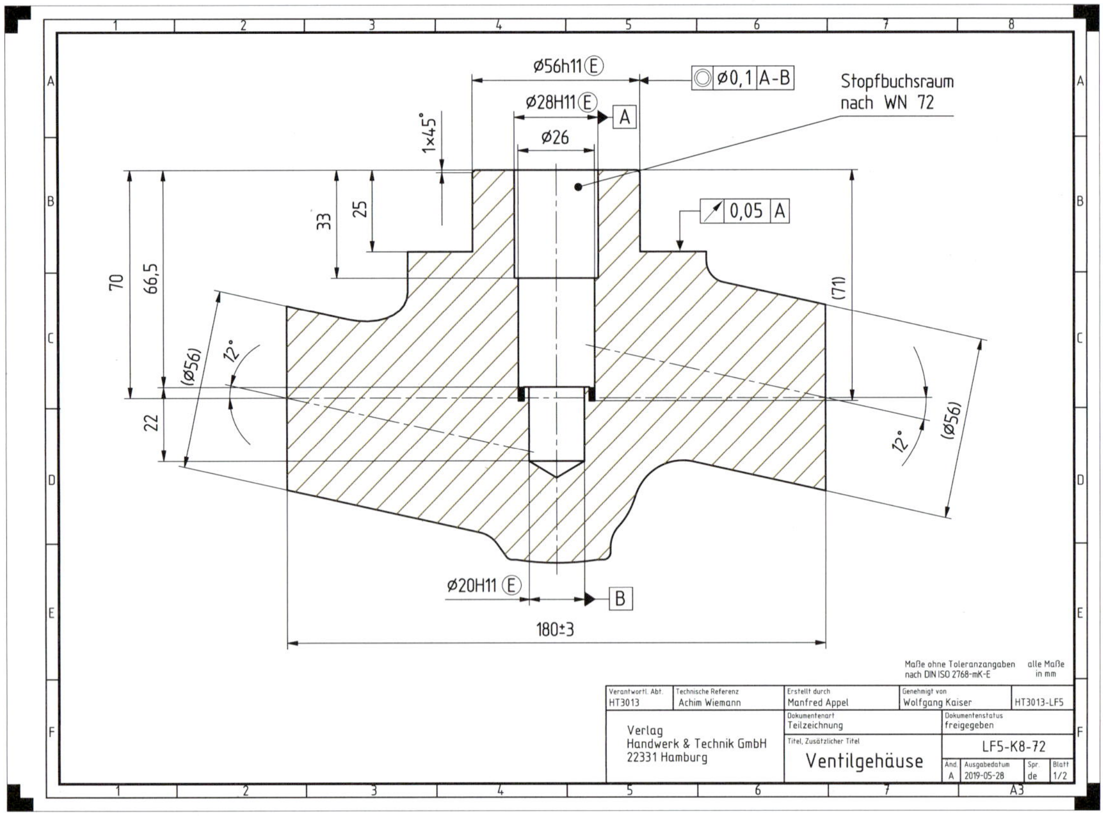

1 *Schnittdarstellung Ventilgehäuse*

Grundlage für diese genaue Messwerterfassung ist ein **optoelektronisches Messsystem** *(opto-electronic measuring system)*, mit dem die oft großen Verfahrwege der Messtaster gemessen werden können. In Analogie zu den Wegmesssystemen bei den CNC-Werkzeugmaschinen werden meist **fotoelektronische Maßverkörperungen** *(photo-electronic material measures)* eingesetzt. Die Maßverkörperung ist fest am Messtisch montiert. Die Abtasteinheit ist fest am beweglichen Portal verschraubt. CNC-Koordinatenmessmaschinen haben eine Genauigkeit im µm-Bereich.

MERKE

Rechnerunterstützte Koordinatenmessmaschinen werden zur Messung vieler eng tolerierter Maße und bei Bauteilen mit komplizierten Werkstückgeometrien eingesetzt.

Überlegen Sie!

1. *Mit welchem Normal wird ein Messtaster kalibriert?*
2. *Wovon hängt die Form des Messtasters ab?*
3. *Wieviele Punkte müssen zur Bestimmung einer Zylinderachse mindestens angefahren werden?*

2 *Abtasten des Innendurchmessers ∅28H11*

ÜBUNGEN

1. Welche Prüfkraft ist beim Einsatz von Grenzrachenlehren zu wählen?

2. Erläutern Sie die 1:10-Regel.

3. Welche Messgenauigkeiten sind mit einer Feinzeiger-Messschraube zu gewährleisten? Recherchieren Sie dazu auch im Internet bei entsprechenden Messgeräteherstellern.

4. Ermitteln Sie für das Profil die maximale Rautiefe Rt und die gemittelte Rautiefe Rz.

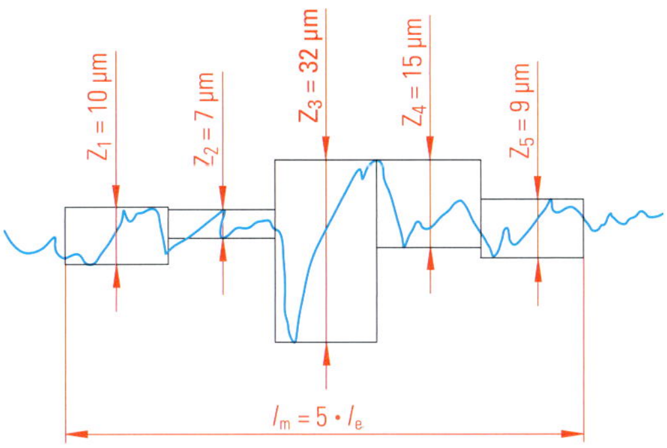

5. Beschreiben Sie ein Verfahren der Lasermesstechnik.

6. Erläutern sie ein Verfahren der pneumatischen Längenmessung.

7. Beschreiben Sie den Messvorgang mit einer Koordinatenmessmaschine.

8. Wie werden in Ihrem Betrieb Form- und Lagetoleranzen geprüft?

9. Die Kegelradwelle hat für den Kegel die Maße $D = 71{,}6$ mm und $\alpha/2 = 16{,}5°$ vorgegeben. Berechnen Sie das theoretische Maß d auf drei Nachkommastellen genau L wurde mit 39,85 mm gemessen.

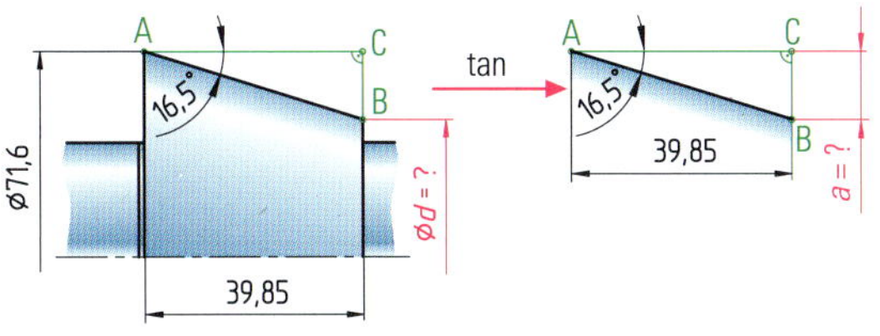

Projektaufgabe Positioniereinheit

In einer Positioniereinheit bewegt sich ein Auswerfer linear in einer Führung. Der Ausschnitt zeigt die beschriebene Führung.

a) Skizzieren Sie die erforderlichen Ansichten von Auswerfer und Auswerferführung.
b) Bemaßen Sie beide Einzelteile vollständig. Wählen Sie die fehlenden Maße selbst.
c) Wählen Sie eine Passung[1], die den Auswerfer leicht gleiten lässt (geringes Spiel). Ergänzen Sie die entsprechenden Toleranzen in den Skizzen.
d) Für eine ruckfreie Funktion ist eine entsprechende Oberflächenqualität Voraussetzung. Bestimmen Sie – in Abhängigkeit von der gewählten Toleranz aus Aufgabe c) – die gemittelte Rautiefe Rz. Tragen Sie das entsprechende Symbol für die Rauheit an den jeweiligen Gleitflächen ein.
e) Die Positioniereinheit soll als Einzelstück gefertigt werden. Schlagen Sie Prüfverfahren und Prüfwerkzeuge für die Innen- und Außenpassflächen vor.
f) Bei der Überprüfung der Rauheit der Innenpassflächen der Auswerferführung wurde ein Wert von Rz 6,3 gemessen. Ist dieser Wert nach Ihren Annahmen zulässig? Begründen Sie Ihre Antwort.
g) Beurteilen Sie den Einsatz eines Oberflächenvergleichsmusters gemäß Bild 3 von Seite 93 in diesem Fall.
h) Eine Bügelmessschraube hat nach Herstellerangaben eine Genauigkeit von 0,02 mm. Beurteilen Sie den Einsatz zur Messung der Toleranz für den Auswerfer. Schlagen Sie ggf. ein Prüfwerkzeug vor, das die erforderliche Genauigkeit besitzt.
i) Erstellen Sie eine technische Zeichnung für Auswerfer und Auswerferführung im Maßstab 2 : 1 mit vollständiger Bemaßung.
j) Erstellen Sie einen Prüfplan.
k) Ermitteln Sie mithilfe Ihres Fachbuchs (Lernfeld 9) ein geeignetes Schmiermittel.

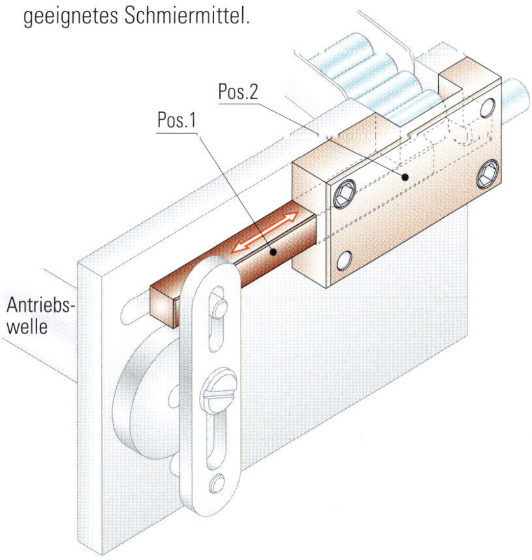

Pos.	Benennung	Werkstoff	Halbzeug
1	Auswerfer	PA 6	Tfl 10 × 10 × 99
2	Auswerferführung	S235JR	Fl 36 × 15 × 72 EN 10278

1) Informationen zu Passungen finden Sie im Lernfeld 7.

9.8 Accessories for Micrometers

The tools used for testing work pieces are measuring instruments and gauges.

Measuring instruments are material measures such as measuring screws, callipers or end blocks.

Gauges are used to test the dimensions as well as the shape of work pieces e.g. profile gauges, measuring gauges, limit gauges.

Auxiliary components such as holding and transmission devices are useful aids when using testing instruments. Some examples of these are measuring stands, levers, prisms and stops.

Next to callipers, micrometers are the most frequently used hand measuring instruments by fitters. When working abroad a fitter may have to order auxiliary components or accessories for measuring instruments, like a micrometer, by using a catalogue or an online-catalogue (see p. 107). Have a look at this original page and answer the assignments.

Assignments:

1. What different types of accessories are offered by the company? Draw a mind-map as shown below.

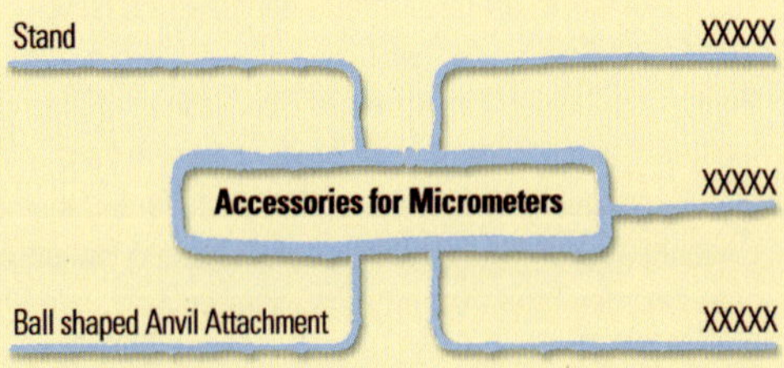

2. Match the German and English terms for the different accessories.
   A Kugelaufsatz
   B Gewinde-Prüfstift
   C Holzkästen für Bügelmessschrauben
   D Einstellmaße
   E Halter

3. **Assignments on '41 H'**
   a) The following statements are the original German translations you can find in the German online-catalogue, but the order is mixed. Read the English statements first and after that find the correct order of the German text.
   A Schwenkbare Spannbacken, mit Gummiauflagen zum Schutz der Messschrauben
   B Zur Aufnahme von Bügelmessschrauben
   C Kräftiger, standfester Gussfuß, hammerschlag-lackiert
   D Spannbacken und Gelenk mit einer Schraube klemmbar
   E Hände bleiben frei zum Betätigen der Messschraube und zum Einführen des Werkstücks
   b) What is the function of this stand? Explain in your own words.
   c) What is the order number?
   d) Have a look at the dimensions. Explain what the letters D, W, H are for?

4. **Assignments on '40 k'**
   a) Read the information given for 'Ball shaped Anvil Attachment'. What is this part used for?
   b) Translate the statements with the help of your English-German vocabulary list.
   c) Why is a carbide ball necessary?
   d) What is the diameter of this ball?

5. **Assignments on '43 A'**
   You may need the following words to understand the information given below the title 'Setting Standards':

testing	überprüfen
basic setting	Grundeinstellung
heat insulated	wärmedämmend
handle	Griff
manufacturing tolerance	Herstelltoleranz

   a) What function does 'Setting Standards' have?
   b) Why is the handle heat insulated?
   c) What is the manufacturing tolerance? Explain what this means.
   d) How many inches length does the setting standard order no. 4159943 have? How much is it in mm?

6. **Assignments on '426 M'**
   a) Have a look at the photos and the drawing and explain in your own words what can be done with this accessory. You may need your English-German vocabulary list.
   b) In the drawing you can find the dimensions d, dp, d2, M. Describe what they mean.
   c) Imagine that you do not understand or cannot read the information given below the titles 'Pin gage dia.', 'Manufacturing tol.' and 'Mounting hole'. Ask for these dimensions and use question words like: what ..., which..., etc.

7. **Assignments on 'Wooden Cases for Micrometer'**
   a) What are wooden cases used for? Explain in your own words.
   b) Form five questions and ask for the information given in the table.

8. Have you ever used any accessories for micrometers? If so, which ones?

Accessories for Micrometers

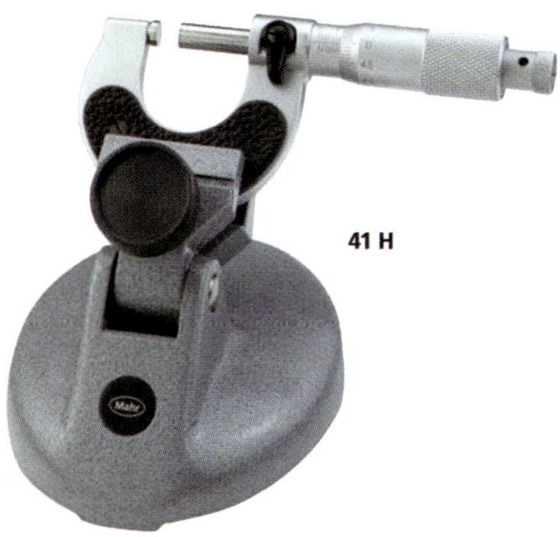

41 H

Stand 41 H

- For mounting a micrometer
- Enables the user to use both hands to operate the micrometer and/or to insert a work piece
- Sturdy, heavy-duty base, hammer-dimple enamel
- Clamping jaws are rubber lined to protect micrometer, the clamping jaws can be tilted
- Both the clamping jaws and hinge are fixed in place with one screw

Dimensions (D x W x H)	Order no.
130 x 100 x 90 mm	**4158000**

Ball shaped Anvil Attachment 40 k

- For measuring the thickness, for example: of pipe walls
- Slips over every anvil or the spindle with a dia. 7.5 mm
- Carbide ball, Ball dia. 5 ± 0.002 mm

Order no. **4130099**

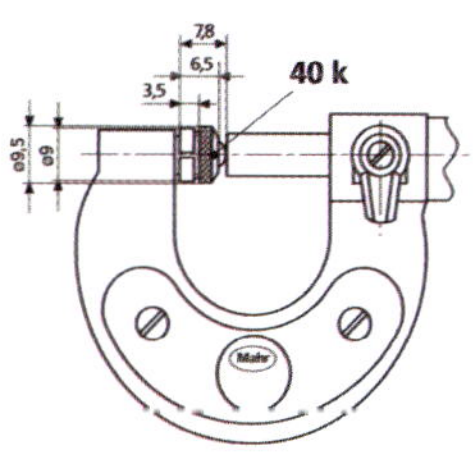

Setting Standards 43 A

- For testing the basic setting of a micrometer
- Heat insulated handle
- Manufacturing tolerance js 2

Length mm	Order no.	Length inch	Order no.
25	**4159400**	*1"*	**4159940**
50	**4159401**	*2"*	**4159941**
75	**4159402**	*3"*	**4159942**
100	**4159403**	*4"*	**4159943**
125	**4159404**	*5"*	**4159944**
150	**4159405**	*6"*	**4159945**
175	**4159406**	*7"*	**4159946**

Thread Pin Gage 426 M in holder

- For determining the pitch diameter of external threads according to the three wire method
- Slips over every anvil or the spindle
- Pin gages are hardened and lapped

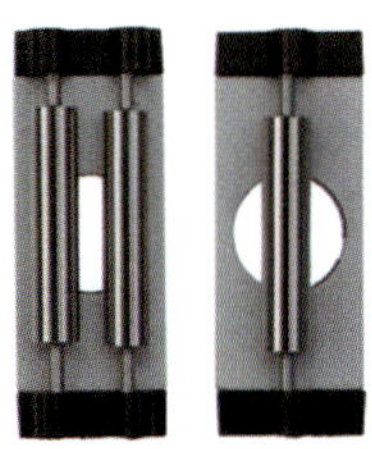

426 M

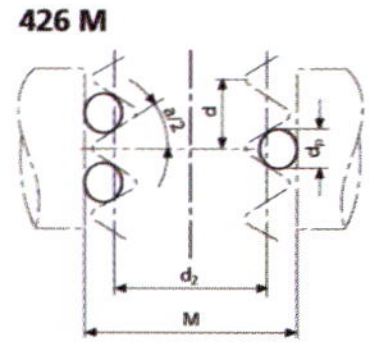

Pin gage dia.	Manufacturing tol.	Mounting hole
0.17 - 5.05 mm	± 0.5 μm	ø 7.5 mm*

**ø6.35/6.5/8 mm are available on request*

Order no. and further details see page 13-18

Wooden Cases for Micrometer

For measuring ranges over 100 mm the following wooden cases are available:

	40 SH	40 SM	Order no.
Meas. range mm	100-125	95-120	**4130064**
	125-150	120-145	**4130065**
	150-175	145-170	**4130066**
	175-200	170-195	**4130067**

Prüftechnik

Work With Words

In future you will come into the situation to talk, listen or read technical English. Very often it will happen that you either **do not understand** a word or **do not know the translation**.

In this case here is some help for you!

Below you will find a few possibilities to describe or explain a word you don't know or use synonyms[1] or opposites[2].
Write the results into your exercise book.

1. **Add as many examples** to the following terms as you can find for systems of measurement and measuring of tolerances of form and positional tolerances.

systems of measurement:	two-point measurement measurement of lengths …
measuring of tolerances: and positional tolerances:	laser measurement pneumatic measurement …

2. **Explain the two terms in the box:**
Use the words below to form correct sentences. Be careful the order is mixed!

material measure:	Material measures/like end blocks or weights/are measuring instruments
testing:	e.g. the test piece or instrument/ establishing whether the test object/ meets one or more given conditions/Testing means

3. **Find the opposites**[1]**:**

serial production:	…
internal thread:	…
go screw ring gauge:	…
regular profiles:	…

4. **Find synonyms**[2]:
You can find one or two synonyms to each term in the box below.

measuring instrument: …
check plan …
inspection plan/measuring device/measuring tool/ quality control plan

final inspection: …
end block: …
stop measure/final check/gauge block

5. In each group there is a word which is the **odd man**[3]. Which one is it?

a) coordinate measurement/opto-electrical measuring system/photo-electronic material measures/thread gauge
b) screw thread micrometer/contactless measuring/ thread angle/pitch/basic pitch diameter
c) sine bar rule/transmitted light procedure/ silhouette procedure/meridional section procedure/ triangulation
d) dimensions/photoelectric cell/shape/position/ surface

6. Please translate the information below. Use your English-German Vocabulary List if necessary.

Gauging is a special form of testing. Gauges are used to establish whether given lengths, angles or shapes of a workpiece (test object) do not exceed, or if so, in which direction they exceed, the limits defined by the material measures, the gauges.

1) *opposite:* Gegenteil 2) *synonym:* Synonym, ähnliches Wort, Ergänzung 3) *odd man:* Außenseiter, überzähliges Wort, fünftes Rad am Wagen

10 Werkstofftechnik

Die dargestellte Kegelradwelle (Bild 1) ist Bauteil eines Winkelgetriebes. Damit sie ihre Funktion einwandfrei erfüllen kann, muss sie verschiedenen Anforderungen genügen. So müssen z. B. die jeweils geforderte Oberflächengüte *(surface quality)* (vgl. Seite 19) sowie die Maß-, Form- und Lagetoleranzen *(dimensional tolerances, tolerances of form, tolerances of position)* (vgl. Seiten 20 bis 22) eingehalten werden.

MERKE

Die Einhaltung der Maß-, Form- und Lagetoleranz sowie der Oberflächengüte hängt im Wesentlichen von der Wahl des gewählten Fertigungsverfahrens sowie von den praktischen Fähigkeiten der Fachkraft ab.

Die Kegelradwelle soll durch Drehen, Fräsen und Schleifen wirtschaftlich hergestellt werden. Das bedeutet, der verwendete Werkstoff muss zerspanbar und kostengünstig sein.
Um den mechanischen Beanspruchungen standhalten zu können, muss der Kern der Kegelradwelle eine entsprechende Zähigkeit aufweisen. Gleichzeitig muss die Oberfläche der Kegelradwelle verhältnismäßig hart und verschleißfest sein. Sonst würde sie im Zusammenwirken mit anderen Bauteilen frühzeitig verschleißen.

MERKE

Anforderungen an die Zähigkeit, Härte, Verschleißfestigkeit und Zerspanbarkeit können durch geeignete Werkstoffauswahl *(choice of material)* sowie durch Wärmebehandlungsverfahren *(heat treatment processes)* beeinflusst werden.

Informationen über die Beschaffenheit eines Bauteiles erhält die Fachkraft aus der jeweiligen Teilzeichnung (vgl. Seite 15). Damit Informationen aus einer Teilzeichnung nachvollziehbar sind, muss die Fachkraft z. B. Kenntnisse über Werkstoffe, Wärmebehandlungsverfahren und Werkstoffkennwerte haben. Diese Kenntnisse bieten dann Entscheidungsgrundlagen dafür, ob z. B. das Werkstück **vor** oder **nach der Zerspanung** wärmebehandelt werden muss. Bei der **Montage** muss z. B. entschieden werden, ob der gewählte Werkstoff den auftretenden Beanspruchungen im Betrieb standhalten kann. Bei der **Instandsetzung** kann sich die Frage stellen, ob ein anderer Werkstoff als der Originalwerkstoff verwendet werden kann.

10.1 Eisenwerkstoffe

Zu den Eisenwerkstoffen gehören Stähle und Gusseisenwerkstoffe (vgl. auch Grundstufe).

10.1.1 Stahlsorten

Der meistverwendete Werkstoff im Maschinenbau ist **Stahl** *(steel)*. Stahl ist ein Eisenwerkstoff mit bis zu 2,06 % Kohlenstoff.

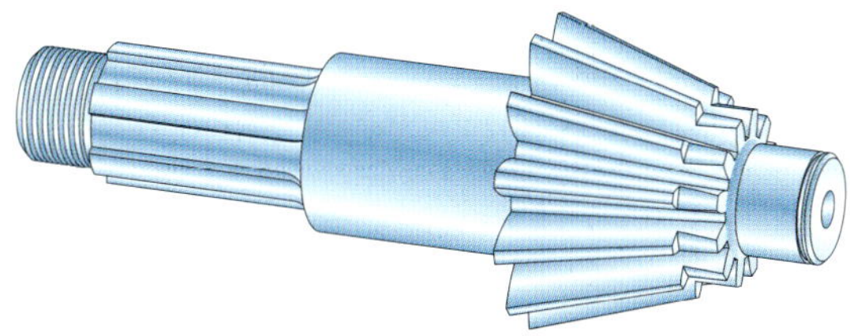

1 *Kegelradwelle eines Winkelgetriebes*

Stahlsorte	Norm
Unlegierte Baustähle für warmgewalzte Erzeugnisse	DIN EN 10025-2
Schweißgeeignete Feinkornbaustähle	DIN EN 10025-3, 4
Warmgewalzte Baustähle mit höherer Streckgrenze für Flacherzeugnisse im vergüteten Zustand	DIN EN 10025-6
Werkzeugstähle	DIN EN ISO 4957
Automatenstähle	DIN EN ISO 683-4
Blankstahlerzeugnisse	DIN EN 10277
Wälzlagerstähle	DIN EN ISO 683-17
Nichtrostende Stähle	DIN EN 10088-2
Vergütungsstähle	DIN EN ISO 683-2
Einsatzstähle	DIN EN ISO 683-3
Nitrierstähle	DIN EN 10085
Druckbehälterstähle	DIN EN 10028-2...7

2 *Stahlsorten*

Seine Eigenschaften sind durch Legieren und Wärmebehandeln veränderbar. Somit gibt es eine Vielzahl von Stählen, die für die unterschiedlichsten Anforderungen zur Verfügung stehen. Zusätzlich ist Stahl vergleichsweise preisgünstig.
Stähle werden aufgrund ihrer Eigenschaften und Zusammensetzung bestimmten Stahlsorten zugeordnet.
Eine erste Übersicht zeigt die Auswahl in Bild 2 mit Angabe der zugehörigen **Normen** *(standards)*. Weiter gehende Angaben zu den einzelnen Stahlsorten finden Sie in den Normen, in Ihrem Tabellenbuch und in den folgenden Abschnitten.

Unlegierte Baustähle *(unalloyed structural steels)* **für warmgewalzte Erzeugnisse**

Diese Stähle sind durch Warmwalzen vorgeformt. Sie lassen sich als Halbzeuge in unterschiedlichen Abmessungen beziehen (Seite 110 Bild 1). Bei der Zusammensetzung macht die Norm außer bei den Gehalten an Kohlenstoff, Phosphor und Schwefel keine Vorgaben. Beim Stahl mit der Kurzbezeichnung S185 gibt es auch selbst dafür keine Vorschriften (vgl. Tabellenbuch).

MERKE

Unlegierte Baustähle sind für eine Wärmebehandlung *(heat treatment)* nicht vorgesehen.

Unlegierte Baustähle unterscheiden sich hauptsächlich durch die Werkstoffkennwerte Zugfestigkeit, Streckgrenze und Dehnung (vgl. Kap. 10.3.1 Kennwerte aus den Festigkeitsprüfungen).

Beispiele:
- S185 für geringe Beanspruchungen wie z. B. Geländer, Schutzgitter
- S235JR für mittlere Beanspruchungen wie z. B. Achsen, Bolzen
- S355JR für höhere Beanspruchungen wie z. B. Bleche im Fahrzeugbau, Brücken, Kräne
- E335 für höchste Beanspruchungen wie z. B. Führungsteile

Überlegen Sie!

1. Ermitteln Sie für die folgenden Stähle die chemische Zusammensetzung (Kohlenstoff-, Phosphor- und Schwefelgehalt) und die Werkstoffkennwerte Zugfestigkeit, Streckgrenze und Dehnung:
a) S185
b) E295
c) S355JR

2. Welche unlegierten Baustähle für warmgewalzte Erzeugnisse verarbeiten Sie in Ihrem Betrieb?

***1** Unlegierte Baustähle für warmgewalzte Erzeugnisse*

Werkzeugstähle *(tool steels)*

An Werkzeuge (Bild 2) werden die unterschiedlichsten Anforderungen gestellt. In einigen Fällen kommt es auf die Härte der Schneide an, in anderen auf die Zähigkeit des gesamten Materials. Ein weiteres Mal ist wieder eine besondere Temperaturbeständigkeit gewünscht. Daher umfasst die große Gruppe der Werkzeugstähle sowohl unlegierte als auch legierte Stähle.

Werkzeugstähle sind **Edelstähle** *(superrefined steels)*. Diese haben einen geringen Phosphor- und Schwefelgehalt (vgl. Grundstufe).

In vielen Fällen werden die Werkzeuge bei ihrer Fertigung **wärmebehandelt** *(heat treated)* (vgl. Kap. 10.2. Eigenschaftsändern von Stählen). Dadurch können sie den Einsatzbedingungen oft optimal angepasst werden. Um einen Überblick über den Einsatzbereich zu enthalten, werden die Werkzeugstähle häufig nach ihrer Arbeitstemperatur in **Kalt-** und **Warmarbeitsstähle** *(cold work steels, hot work steels)* sowie in **Schnellarbeitsstähle** *(high speed steels)* eingeteilt (Bild 3).

***2** Werkzeugstähle*

Werkzeugstahlgruppe	**Kaltarbeitsstahl**		**Warmarbeitsstahl**	**Schnellarbeitsstahl**
Legierungszustand	unlegiert	legiert	legiert	legiert
Arbeitstemperatur	kaum Erwärmung	unter 200 °C	200 … 400 °C	bis 600 °C
Kohlenstoffgehalt	0,4 % … 1,2 %	0,18 % … ca. 2 %	0,3 % … 0,6 %	ca. 0,9 %
Anwendung	Hämmer, Scheren, Körner	Schnitt-, Stanzwerkzeuge	Gesenke	Bohrer, Fräser, Drehmeißel
Werkstoffbeispiele	C80U	X153CrMoV12	X38CrMoV5-3	HS6-5-2-5

***3** Einteilung der Werkzeugstähle*

Überlegen Sie!

Bestimmen Sie mithilfe Ihres Tabellenbuchs die chemischen Zusammensetzungen der Werkzeugstähle aus Bild 3.

Automatenstähle *(free-cutting steels)*

Bei der spanenden Fertigung ist die **Zerspanbarkeit** *(grindability)* der Bauteile von besonderer Bedeutung. Während kurzbrüchige Späne meist einen problemlosen Spanfluss ermöglichen, ist die Spanabfuhr bei langen Spänen schwierig.
Hohe Schnittgeschwindigkeiten bei gleichzeitig kleinem Vorschub erzeugen gute Oberflächen. Dabei entstehen häufig lange **Fließspäne**.
Schwefel lässt den Werkstoff **warmbrüchig** *(hot-brittle)* werden. Daher können durch einen gezielten Zusatz von bis zu 0,3 % Schwefel und Anteilen von Mangan **kurzbrüchige Fließspäne** erzeugt werden.
Durch die Zugabe von bis zu 0,3 % Blei lässt sich das gleiche Ziel erreichen.
Bei Automatenstählen mit geringen Bleizusätzen lassen sich besonders gute Oberflächen erzielen.

MERKE

Blei ist ein giftiges Schwermetall. Bei seiner Ver- und Bearbeitung sind besondere Vorschriften zu beachten.

Normteile wie z. B. Bolzen, Stifte, Wellen sind oft aus Automatenstahl gefertigt. Einige Sorten lassen sich zur Veränderung der Eigenschaften nach der Zerspanung noch wärmebehandeln (vgl. Kap. 10.2 Eigenschaftsändern von Stählen).

Beispiele:

- 11SMn30 z. B. für Griffe, Stifte: geringe Festigkeit, keine Wärmebehandlung vorgesehen
- 10S20 z. B. für Stifte, Bolzen: mittlere Festigkeit, Wärmebehandlung (Einsatzhärten) vorgesehen
- 44SMn28 z. B. für Wellen, Stifte: für hohe Beanspruchungen, Wärmebehandlung (Vergüten) vorgesehen

Überlegen Sie!

1. *Welche besondere Eigenschaft hat ein Automatenstahl?*
2. *Nennen Sie Legierungselemente, die kurze Späne erzeugen.*
3. *Erläutern Sie die Kurzbezeichnungen der genannten Automatenstähle.*

Nichtrostende Stähle *(stainless steels)*

Der Name kennzeichnet die wesentliche Eigenschaft dieser Stähle. Sie sind **nicht rostend** *(nun rusting)* (Bild 2). Der Name beschreibt aber nur unvollkommen die Eigenschaften dieser Stähle. Durch Zulegieren von Chrom, teilweise auch Nickel, Molybdän und Titan sind diese Stähle häufig auch gegen andere **Korrosionsarten** *(kinds of corrosions)* beständig (vgl. Lernfeld 4). Meist wird dieser Vorteil aber mit anderen Nachteilen erkauft. Nichtrostende Stähle sind teilweise **schlecht zerspanbar** *(poorly machinable)* und **schlecht schweißbar** *(poorly weldable)*.

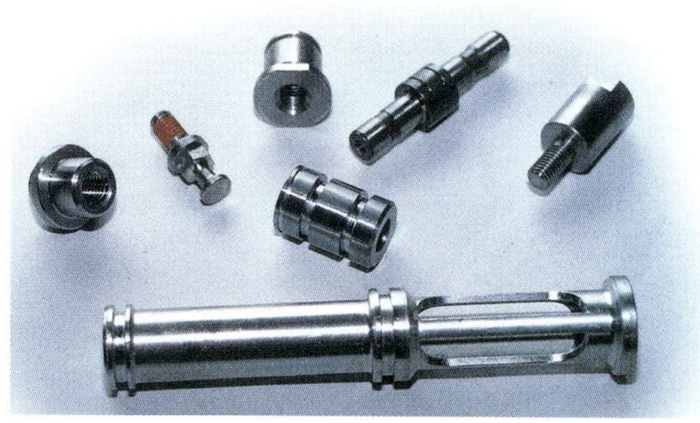

1 *Drehteile aus Automatenstahl*

2 *Nichtrostender Stahl in der Klimatechnik*

MERKE

Nichtrostende Stähle haben einen Chromgehalt von über 10,5 %.

Beispiele:

- X2CrNiMo17-12-2 z. B. für chemische und Nahrungsmittelindustrie, Medizintechnik
- X12Cr13 z. B. für Wehr- und Luftfahrttechnik, Turbinenbau, Pumpen
- X2CrNi12 z. B. für Apparatebau, Verkleidungen, Auspufftöpfe, Radkappen

Überlegen Sie!

Erläutern Sie die Kurzbezeichnungen der genannten nichtrostenden Stähle

Stähle für die Wärmebehandlung

Durch Wärmebehandlungsverfahren ist es möglich, die Eigenschaften von Stählen zu ändern. Das anzuwendende Wärmebehandlungsverfahren wird meist durch die chemische Zusammensetzung der Stähle bestimmt.

- Stähle mit einem Kohlenstoffgehalt ≤ 0,2 % können einsatzgehärtet werden. Sie heißen deshalb **Einsatzstähle** *(case hardening steels)*.

Beispiel:

20MoCrS4: Einsatzstahl für höchst beanspruchte Teile wie Tellerräder, Kegelräder, Wellen

Weitere Informationen zur Wärmebehandlung von Stählen finden Sie ab Seite 116.

- Stähle mit einem Kohlenstoffgehalt zwischen 0,2 und 0,6 % können vergütet werden. Sie heißen deshalb **Vergütungsstähle** *(tempering steels)*.
  Beispiele:
  C45: unlegierter Vergütungsstahl für kleine Querschnitte ohne hohe Ansprüche an die Festigkeit wie z. B. Bolzen, Schrauben
  25CrMo4: legierter Vergütungsstahl für höher beanspruchte Teile mit größeren Querschnitten wie z. B. Zahnräder, Wellen, Turbinenschaufeln
- Legierte Stähle insbesondere mit einem Chromanteil bis zu 3,3 % und einem Aluminiumanteil bis zu 1,2 % eignen sich zum Nitrieren. Sie heißen deshalb **Nitrierstähle** *(nitriding steels)*.

  Beispiel:
  34CrAlMo5-10: Nitrierstahl für warm- und verschleißfeste Teile wie z. B. Nockenwellen, Kolbenbolzen, Heißdampfarmaturen

Überlegen Sie!

Ordnen Sie die folgenden Stähle anhand der chemischen Zusammensetzung der entsprechenden Stahlsorte (Einsatzstahl, Vergütungsstahl oder Nitrierstahl) zu:
a) 41CrALMo7-10
b) 51CrV4
c) C60
d) C10E
e) 16MnCr5

1 *Stähle für die Wärmebehandlung*

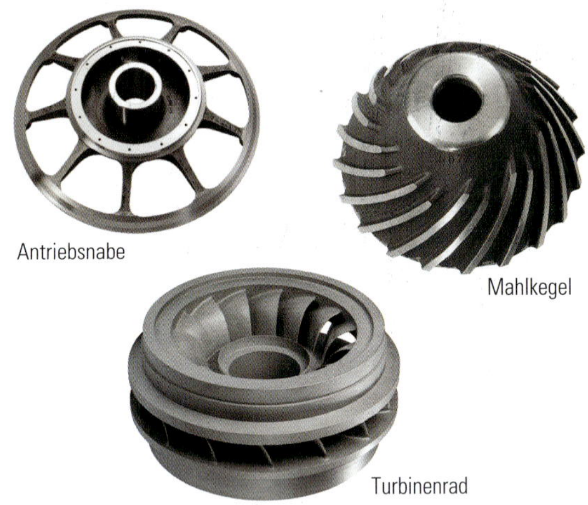

2 *Bauteile aus Stahlguss*

10.1.2 Gusseisenwerkstoffe

Stahlguss *(cast steel)*
Als Stahlguss werden in Formen gegossene Stähle bezeichnet. Werkstücke mit komplizierten Formen (Bild 2) können so verhältnismäßig schnell hergestellt werden.
Die Tabelle Bild 3 vergleicht die Vor- und Nachteile von Stahlguss und Gusseisen.

Gusseisen *(cast iron)*
Gusseisen ist ein Eisenwerkstoff mit über 2,06 und bis ca. 5 % Kohlenstoff. Der Kohlenstoff senkt die Schmelztemperatur. Deshalb lassen sich diese Werkstoffe gut gießen.
Beim **langsamen Abkühlen** *(slow cooling)* lagert sich der Kohlenstoff in Abhängigkeit vom Reinheitsgrad in Form von Lamellen oder Kugeln ab.
Verunreinigungen verhindern die Ausbildung von Kugelgrafit. Der Kohlenstoff wird lamellenförmig abgelagert.

MERKE
Magnesium bindet Verunreinigungen. Durch Zugabe von Magnesium wird das Ausscheiden kugelförmigen Grafits auch bei vorhandenen Verunreinigungen ermöglicht.

	Stahlguss	**Gusseisen**
Schmelztemperaturen	ca. 1600 °C	ca. 1200 ... 1350 °C
Schwindmaß	ca. 2 %	ca. 1 %
Zugfestigkeit	entspricht ca. der verwendeten Stahlsorte	vergleichsweise niedrig
Druckfestigkeit	380 ... 600 N/mm^2	über 600 N/mm^2
Wärmebehandlung	Glühverfahren immer erforderlich	Glühverfahren teilweise erforderlich
Herstellungskosten	hoch	niedrig

3 *Vergleich von Stahlguss und Gusseisen*

Entsprechend wird zwischen **Gusseisen mit Lamellengrafit** *(cast iron with laminar graphite)* (Seite 113 Bild 1) und **Gusseisen mit Kugelgrafit** *(cast iron with nodular graphite)* (Seite 113 Bild 2) unterschieden.

Unlegierte Gusseisenwerkstoffe *(unalloyed casting materials)* sind nach DIN EN 1561 (Gusseisen mit Lamellengrafit: GJL) und DIN EN 1563 (Gusseisen mit Kugelgrafit: GJS) genormt.

Beispiele:

- EN-GJL-200 für Gussteile ohne besondere Güte wie z. B. Zylinder, Zylinderdeckel, Gehäuse
- EN-GJL-300 für hoch beanspruchte Teile wie z. B. Maschinenbett
- EN-GJS-400-15 für Gussteile mit höherer Festigkeit und Zähigkeit wie z. B. Zahnräder, Pleuel, Kolben

Austenitisches Gusseisen *(austenitic cast iron)* ist nach DIN EN 13835 genormt und wird wegen seiner Legierungsbestandteile auch als **legiertes Gusseisen** *(alloyed cast iron)* bezeichnet. Häufig wird austenitisches Gusseisen als Lager- oder Ventilwerkstoff eingesetzt.

Beispiele:

- EN-GJLA-XNiCuCr15-6-2 z. B. für Pumpen, Ventile, nicht magnetisierbare Gussstücke
- EN-GJSA-XNiCr20-2 z. B. für Pumpen, Ventile, Laufbüchsen, Turboladergehäuse, nicht magnetisierbare Gussstücke

Gusseisen ist in der Regel korrosionsbeständig und schlecht schweißbar. Seine Druckfestigkeit ist größer als die Zugfestigkeit. Deshalb wird dieser Werkstoff vor allem dort eingesetzt, wo hohe Druckfestigkeit gefordert ist.

Lamellen sind aufgrund ihrer Form scharfe innere Kerben. Gusseisen mit Lamellengrafit sollte daher nicht gehärtet werden, weil beim Abschrecken Risse an den Lamellen entstehen, die den Werkstoff zerstören.

Bei der Zerspanung bewirken Grafitlamellen kurze Späne. Gleichzeitig wirkt der freie Grafit als Trockenschmierstoff, sodass keine zusätzliche Schmierung notwendig ist. Ein weiterer Vorteil der Lamellen ist ihre schwingungsdämpfende Eigenschaft. Diese wird besonders bei Maschinengestellen genutzt.

Kugeln haben eine geringere innere Kerbwirkung. Dadurch haben Gusseisenwerkstoffe mit Kugelgrafit eine vergleichsweise höhere Festigkeit und bessere Zähigkeit als Gusseisen mit Lamellengrafit. Die geringere Kerbwirkung von Kugelgrafitgusseisen ermöglicht auch die Anwendung von Wärmebehandlungsverfahren.

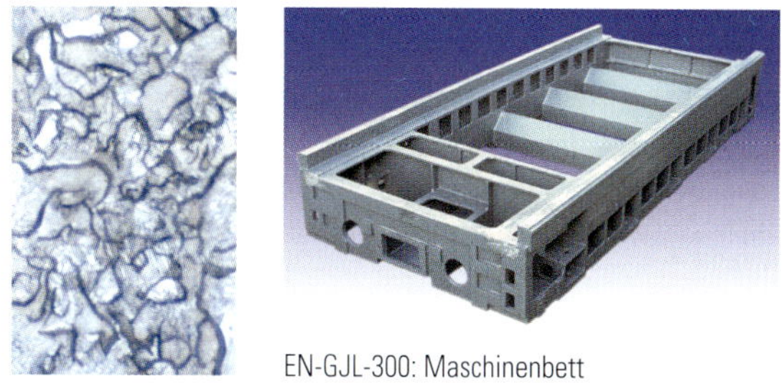

EN-GJL-300: Maschinenbett

***1** Gusseisen mit Lamellengrafit*

EN-GJS-400-18U: Druckstück für Zement-, Keramik- oder Kalksteinmühle

***2** Gusseisen mit Kugelgrafit*

10.2 Eigenschaftsändern von Stählen

Die Eigenschaften metallischer Werkstoffe sind durch entsprechende Fertigungsverfahren beeinflussbar. So ist z. B. ein gewalztes Halbzeug fester und härter als ein gegossener Block aus dem gleichen Material.

MERKE

Härtesteigerungen sind grundsätzlich zu erwarten, wenn ein Werkstoff verformt wird.

Wird ein Werkstoff bei hoher Temperatur gewalzt, ist die Härtesteigerung geringer als bei einer Kaltumformung. Zu starke Verformungen machen den Werkstoff nicht nur hart und fest, sondern auch spröde.

Neben Verformungen haben vor allem **Wärmebehandlungsverfahren** *(heat treatment processes)* (Bild 3) Einfluss auf die Werkstoffeigenschaften.

Überlegen Sie!

1. *Welche Vorteile hat Stahlguss gegenüber Gusseisen?*
2. *Erläutern Sie mithilfe Ihres Tabellenbuches die Kurzbezeichnung für die folgenden Stahlgusssorten: GE200, GX2CrNi19-11, G17CrMo5-5.*
3. *Nennen Sie mindestens drei Eigenschaften von Gusseisen.*
4. *Nennen Sie einige Anwendungsbeispiele für Gusseisen.*

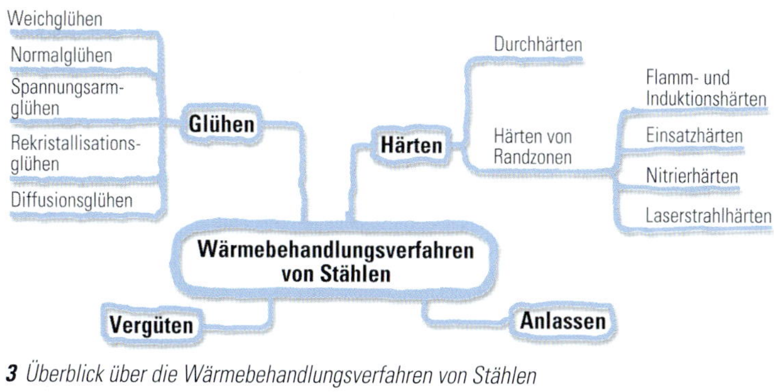

***3** Überblick über die Wärmebehandlungsverfahren von Stählen*

10.2.1 Eisen-Kohlenstoff-Diagramm

Eisenwerkstoffe sind kristallin aufgebaut. Die zufällig oder geplant zulegierten Fremdstoffe müssen sich entweder in die Metallkristalle einordnen oder eigene Kristalle bilden (Mischkristallbildung, Kristallgemischbildung siehe Grundstufe).

Bei den folgenden Überlegungen wird von einem **unlegierten Stahl** *(unalloyed steel)* ausgegangen, d. h., außer Kohlenstoff sind kaum weitere Fremdstoffe enthalten. Bild 1 zeigt die **Kristallgitter** *(crystal lattice)* einiger Gefügearten. In Bild 2 sind die **Gefügearten eines unlegierten Stahls** *(kinds of structures of an unalloyed steel)* dargestellt, die bei Raumtemperatur existieren können.

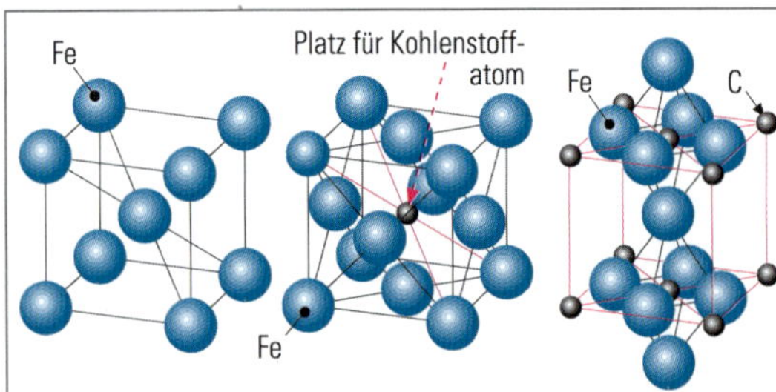

a) Kubisch-raumzentriertes (krz) **Ferritgitter** oder α-Eisen b) Kubisch-flächenzentriertes (kfz) **Austenitgitter** oder γ-Eisen c) Eisenkarbid (Fe_3C) oder **Zementit**

1 *Gitterformen*

Reines Eisen Fe *(pure iron)* oder **Ferrit** *(ferrite)* besitzt keinen Kohlenstoff. Es hat eine niedrige Festigkeit und Härte (ca. 100 HV[1)]), ist leicht umformbar, magnetisierbar und hat eine **ku**bisch-**raumz**entrierte (krz) Gitterstruktur.

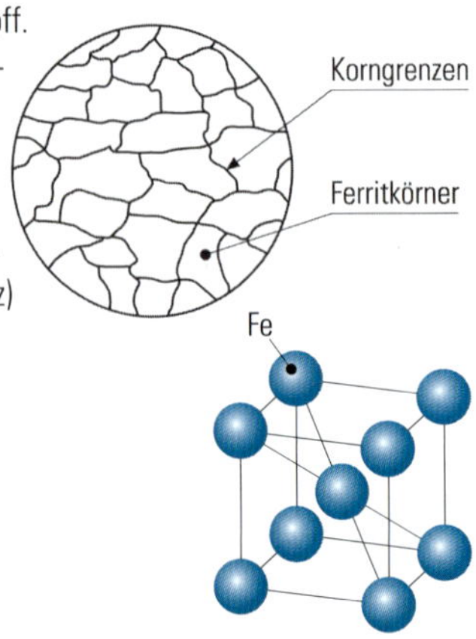

Eisenkarbid (Fe_3C) oder **Zementit** *(cementite)* ist eine chemische Verbindung zwischen **Eisen** und **Kohlenstoff**. Der Kohlenstoffgehalt beträgt 6,68 % Massenanteile. Zementit ist sehr hart (ca. 1100 HV), verschleißfest, spröde, schlecht umformbar und lässt sich magnetisieren.

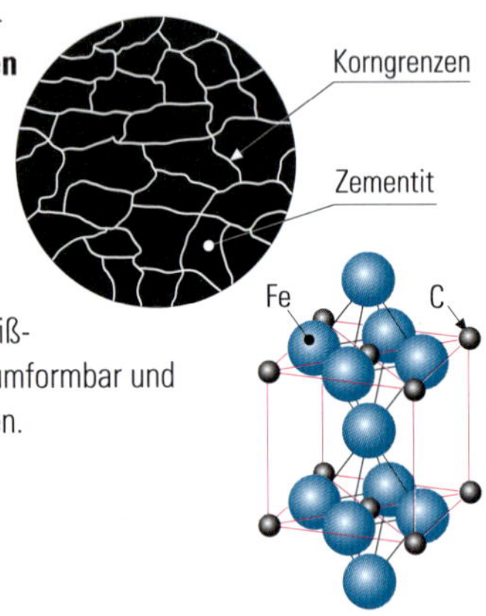

Stahl mit 0,8 % Kohlenstoff *(steel with 0.8 % carbon)* besteht aus **Perlit** *(pearlite)*. Perlit ist schichtenförmig aus **Ferrit** und **Zementit** angeordnet. Aufgrund des gleichmäßig aufgebauten Gefüges ist der Werkstoff zäh und fest.

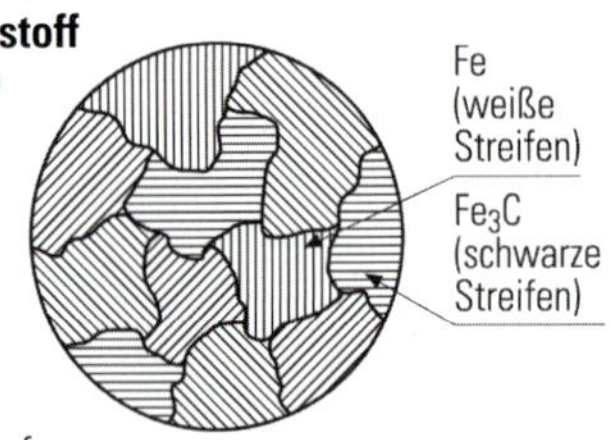

Stahl mit weniger als 0,8 % Kohlenstoff *(steel with less than 0.8 % carbon)* besteht aus **Ferrit + Perlit**. Er enthält zu wenig Kohlenstoff, um ein reines Perlitgefüge bilden zu können. Somit entstehen Ferrit- und Perlitkörner.

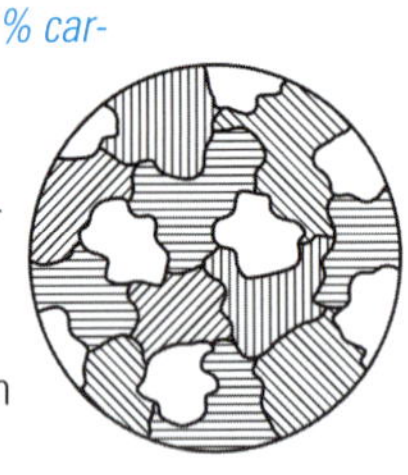

Stahl mit mehr als 0,8 % Kohlenstoff *(steel with more than 0.8 % carbon)* besteht aus **Perlit + Zementit.** Er enthält so viel Kohlenstoff, dass sich an den Korngrenzen des Perlitgefüges noch zusätzlich Zementit bildet. Dieses Zementit wird auch als Korngrenzenzementit oder Sekundärzementit bezeichnet.

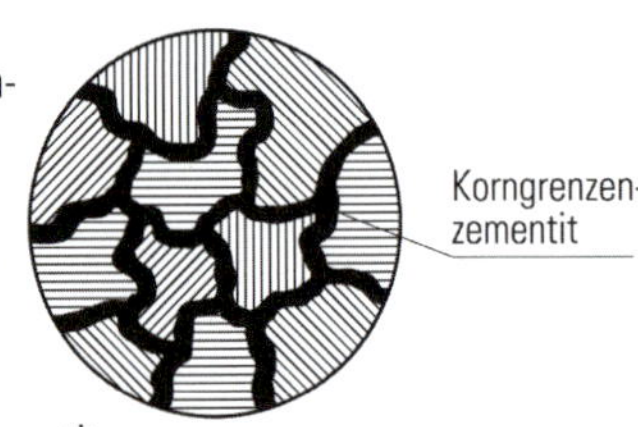

2 *Gefügearten der Stähle bei Raumtemperatur*

Bei den meisten unlegierten Stählen entsteht eine weitere Gefügeart, wenn sie auf eine Temperatur über 723 °C erhitzt werden. Dieses Gefüge wird als **Austenit** *(austenite)* oder **γ-Eisen** *(iron)* bezeichnet.

Austenit hat ein **k**ubisch**f**lächen**z**entriertes Gitter (kfz-Gitter, Bild 1). Es besteht an den Ecken und Flächenmitten des Gitterwürfels aus Eisenionen. In der Würfelmitte hat sich ein Kohlenstoffatom eingelagert.

MERKE

Austenit ist zäh, leicht umformbar, aber nicht magnetisierbar.

1) siehe Kap. 10.3.3.

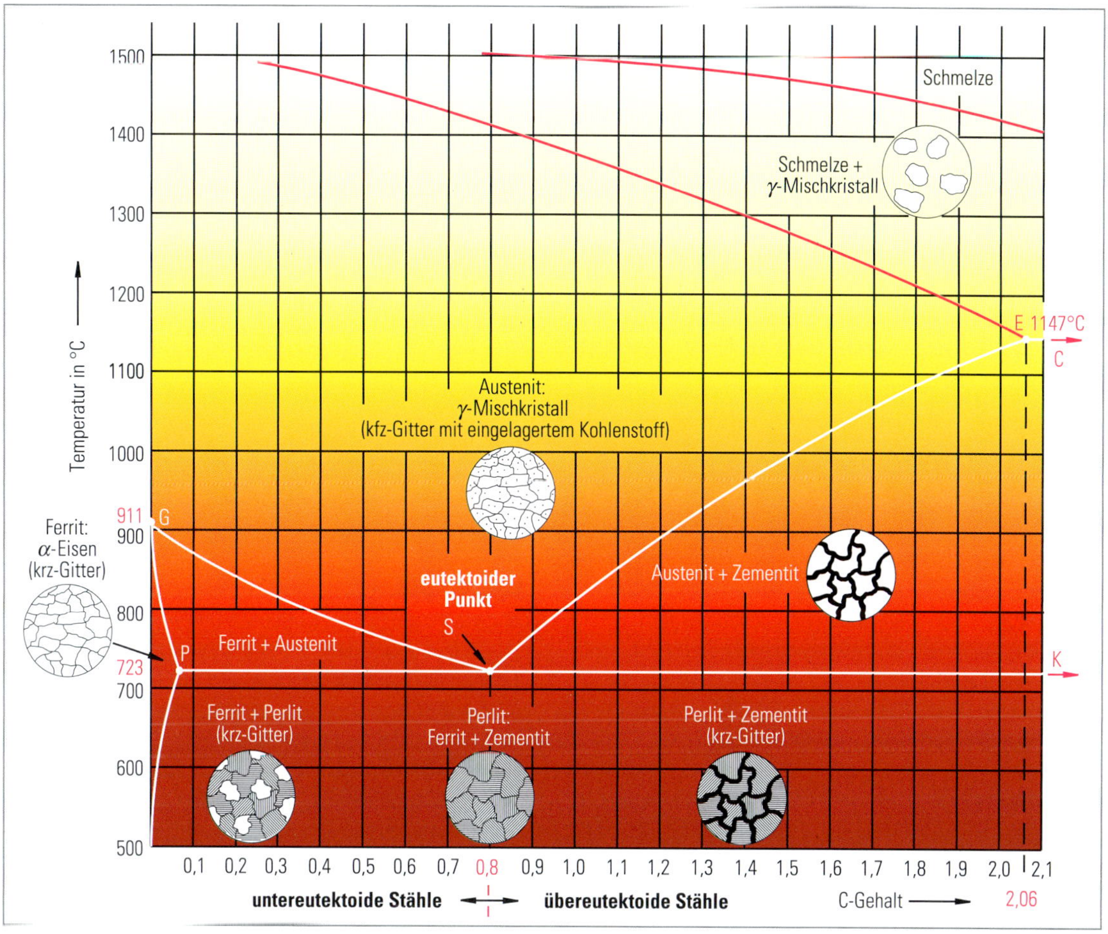

1 Zustandsdiagramm Eisen-Kohlenstoff (Ausschnitt)

Die verschiedenen Gefügearten und die unterschiedlichen Kristallgitter haben einen enormen Einfluss auf die Eigenschaften des Stahls. Durch Wärmebehandlungsverfahren können die Gefügearten und Kristallgitter erzeugt und verändert werden. Dadurch werden die Eigenschaften eines Stahls beeinflussbar. Das Zustandsdiagramm (Bild 1) erläutert den Zusammenhang.

Beispiele:

- Reines Eisen hat bei Raumtemperatur ein Ferrit-Gefüge.
- Ein Stahl mit 0,5 % Kohlenstoff hat bei Raumtemperatur ein Ferrit-Perlit-Gefüge.
- Ein Stahl mit 0,8 % Kohlenstoff hat bei Raumtemperatur ein Perlit-Gefüge.
- Ein Stahl mit 0,8 % Kohlenstoff hat bei 800°C ein Austenit-Gefüge.
- Ein Stahl mit 1,2 % Kohlenstoff hat bei Raumtemperatur ein Perlit-Zementit-Gefüge.

Überlegen Sie!

Welche Gefüge haben folgende Stähle?

1. *Ein Stahl mit 0,2 % Kohlenstoff bei Raumtemperatur.*
2. *Ein Stahl mit 1,5 % Kohlenstoff bei Raumtemperatur.*
3. *Ein Stahl mit 0,3 % Kohlenstoff bei 900 °C.*
4. *Ein Stahl mit 0,3 % Kohlenstoff bei 800 °C.*
5. *Ein Stahl mit 1,3 % Kohlenstoff bei 800 °C.*
6. *Ein Stahl mit 1,3 % Kohlenstoff bei 1100 °C.*

Der Punkt S im Zustandsdiagramm wird als **eutektoider Punkt** *(eutectic point)* bezeichnet. Er stellt die Temperatur dar, bei der Austenit vollständig und schlagartig in krz-Gitter umgewandelt wird. Dieser eutektoide Punkt wird bei unlegierten Stählen mit einem Kohlenstoffgehalt von 0,8 % erreicht. Kennzeichen ist das feinstreifige Perlitgefüge, das deshalb auch als **Eutektoid** *(eutectic composition)* bezeichnet wird.
Stähle mit weniger als 0,8 % Kohlenstoff sind **untereutektoid** *(hypoeutectoid)*.
Stähle mit mehr als 0,8 % Kohlenstoff sind **übereutektoid** *(hypereutectoid)*.

Das Zustandsdiagramm Bild 1 Seite 115 wird häufig auch als **Eisen-Kohlenstoff-Diagramm** *(iron-carbon phase diagram)* bezeichnet.
Beim langsamen Abkühlen der Stahlschmelze kristallisiert zunächst das **Austenitgefüge** *(austenite structure)*. Im Austenitkristall (oberhalb der Linie G-S-K) können durch die kubisch-flächenzentrierte Gitterstruktur bis 2,06 % Kohlenstoff gelöst werden, d. h., der Kohlenstoff ist im Gitter mit eingebaut (Bild 1b Seite 114).
In Abhängigkeit vom Kohlenstoffgehalt bilden sich beim weiteren langsamen Abkühlen unterhalb der G-S- und S-E-Linie zusätzlich Ferritkristalle bzw. Korngrenzenzementit. Der Kohlenstoffgehalt des Restaustenits steigt auf 0,8 %. Unterhalb von 723 °C bilden sich entsprechend des Kohlenstoffgehaltes die Gefügearten aus Bild 2 von Seite 114.
Bei langsamer Erwärmung laufen die gleichen Vorgänge in umgekehrter Reihenfolge ab.

Überlegen Sie!

1. *Beschreiben Sie die langsame Abkühlung eines Stahls mit 2 % C von 1100 °C bis auf Raumtemperatur.*
2. *Beschreiben Sie die Erwärmung eines Stahls mit 0,8 % C auf 1200 °C.*
3. *Nennen Sie die Gefügearten beim Abkühlen und Erwärmen eines Stahls mit 0,2 % C.*

MERKE
Unlegierter Stahl hat bei unterschiedlichen Temperaturen verschiedene Gefügearten. Ursache dafür sind temperaturabhängige Veränderungen im Kristallgitter.

Die unterschiedlichen Gefügearten haben verschiedene Eigenschaften. Daher ist es möglich, durch Wärmebehandlungen die Werkstoffeigenschaften gezielt zu verändern. Insbesondere können Eigenschaften wie Festigkeit, Härte und Bearbeitbarkeit verbessert werden.

MERKE
Durch Wärmebehandlungsverfahren können gewünschte Eigenschaften durch planmäßige Änderung des Gefüges erreicht werden.

10.2.2 Glühen

Glühverfahren können ungleiche Verteilungen von Legierungselementen, Kristallstrukturen oder innere Spannungen ausgleichen.
Durch die höhere Temperatur können sich die Metallionen im Kristall leichter bewegen und so umordnen, dass Unregelmäßigkeiten in der Kristallgröße, Zusammensetzung oder Spannungsverteilung ausgeglichen werden können.
In der Natur gibt es immer das Bestreben, einen Gleichgewichtszustand (niedrigstes Energieniveau) zu erreichen. Dies machen sich die verschiedenen Glühverfahren zunutze.

MERKE
Durch Glühverfahren wird meist die Festigkeit verringert und die Zähigkeit erhöht.

Dazu wird das Werkstück auf eine bestimmte Temperatur erwärmt, auf dieser Temperatur eine gewisse Zeit gehalten und dann langsam abgekühlt (Bild 1).

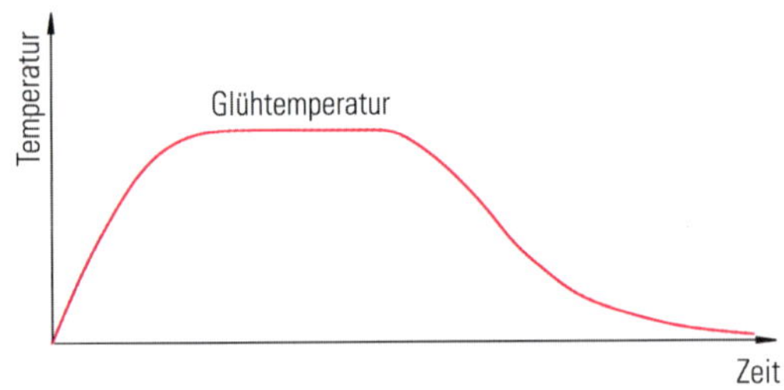

1 *Temperatur-Zeit-Verlauf beim Glühen*

MERKE
Glühen *(annealing)* bedeutet Erwärmen *(heating)* auf Glühtemperatur, eine Zeit lang Halten *(maintaining)* auf dieser Temperatur und nachfolgend langsames Abkühlen *(subsequently cooling)*.

Die Glühverfahren (Bild 2) unterscheiden sich in

- der Glühtemperatur
- der Glühdauer
- der Art der Abkühlung

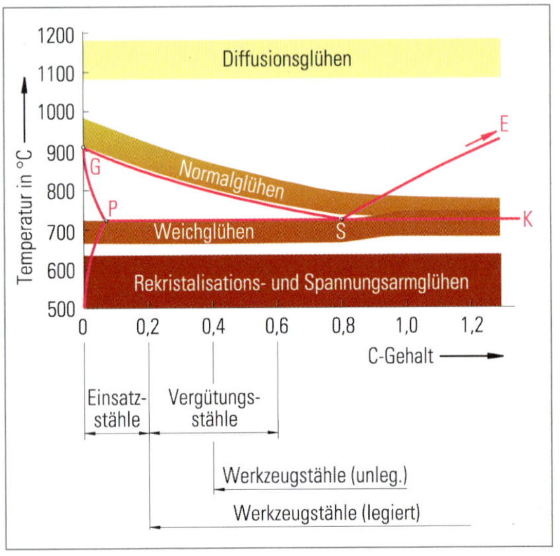

2 *Glühverfahren und Glühbereiche*

Die Auswahl eines Glühverfahrens hängt von der Legierungszusammensetzung und der geforderten Eigenschaft ab.

Normalglühen *(normalising)*
(Normalisieren)

Durch Normalglühen soll ein uneinheitliches Gefüge in ein feinkörniges Gefüge mit rundlichen Körnern umgewandelt werden.

Das Gefüge gegossener oder geschweißter Werkstücke ist oft uneinheitlich. Bei umgeformten Werkstücken (Bild 1) wird das Gefüge an der Umformstelle ungünstig verändert. Die Festigkeit nimmt an diesen Stellen soweit zu, dass das Gefüge dort spröde werden kann.

Uneinheitliche Gefüge können normalisiert werden. Dazu werden die Bauteile möglichst schnell auf ca. 40 °C über der G-S-K-Linie erwärmt, je nach Bauteildicke eine bestimmte Zeit lang auf der Glühtemperatur gehalten und an ruhender Luft abgekühlt.

Erfolgt die Erwärmung zu langsam und bei zu langer Haltezeit, können die Körner wachsen. Es entsteht dann unerwünschtes Grobkorn.

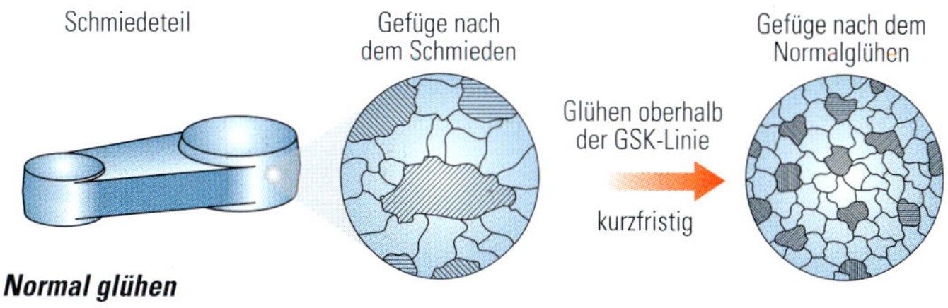

1 Normal glühen

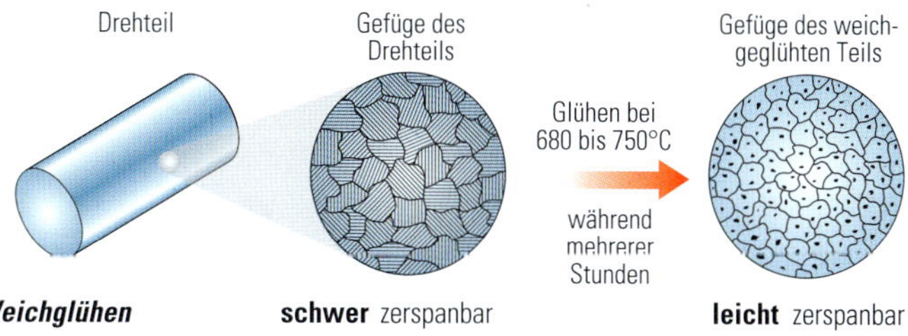

2 Weichglühen

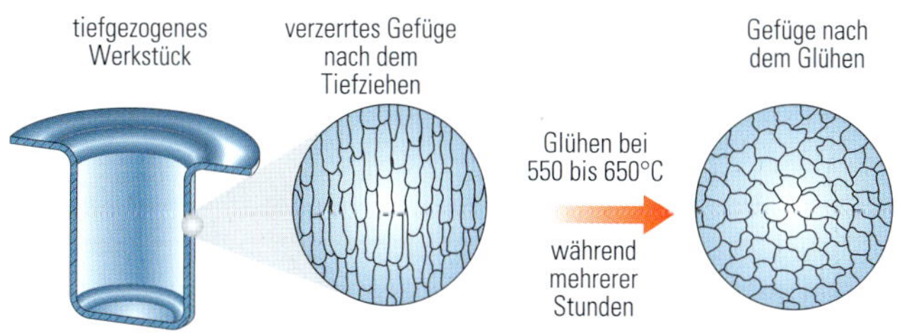

3 Rekristallisationsglühen

Weichglühen *(soft annealing)*

Durch Weichglühen soll ein möglichst weicher Gefügezustand erreicht werden. Dadurch werden z. B. nachfolgende Fertigungsverfahren wie Zerspanen oder Umformen erleichtert (Bild 2).

Stähle mit weniger als 0,8 % Kohlenstoff (untereutektoide Stähle) werden knapp unterhalb von 723 °C geglüht.

Stähle mit mehr als 0,8 % Kohlenstoff (übereutektoide Stähle) werden einem mehrtägigen Pendelglühen um 723 °C unterzogen. Das heißt, die Temperatur wird mehrfach auf über 723 °C erhöht bzw. unter 723 °C abgesenkt.

Zu beachten ist, dass Stähle mit niedrigem Kohlenstoffgehalt (unter 0,4 % C) so weich werden, dass sie beim Zerspanen zum Schmieren neigen.

Weichgeglühte untereutektoide Stähle eignen sich zur spanlosen Weiterbearbeitung.

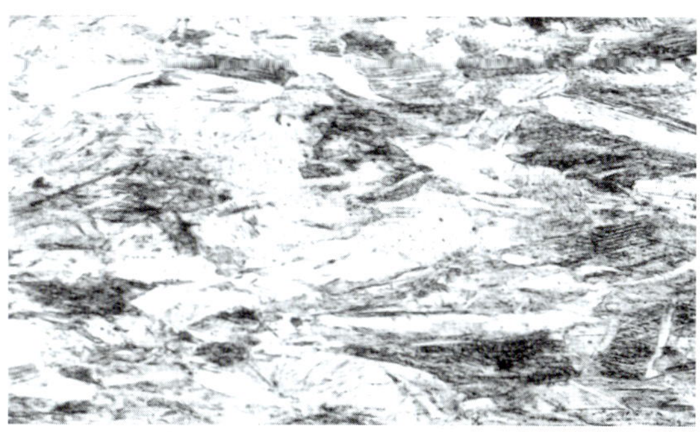

4 Stark verformtes Gefüge eines Chrom-Nickel-Stahls

Rekristallisationsglühen *(recrystallization annealing)*

Beim mehrstündigen Rekristallisationsglühen wird das nach einer Kaltverformung stark beeinflusste Gefüge (Bild 4) neu gebildet.

Wenn sich beim Tiefziehen (Bild 3) das Gefüge kaltverfestigt hat und daher nicht weiter verformt werden darf, muss rekristallisierend bzw. zwischengeglüht werden.

Spannungsarmglühen *(process annealing)*

Beim Spannungsarmglühen werden Eigenspannungen beseitigt. Diese entstehen durch ungleichmäßiges Erwärmen oder Abkühlen wie z. B. beim Schweißen, Drehen oder Härten (Bild 5).

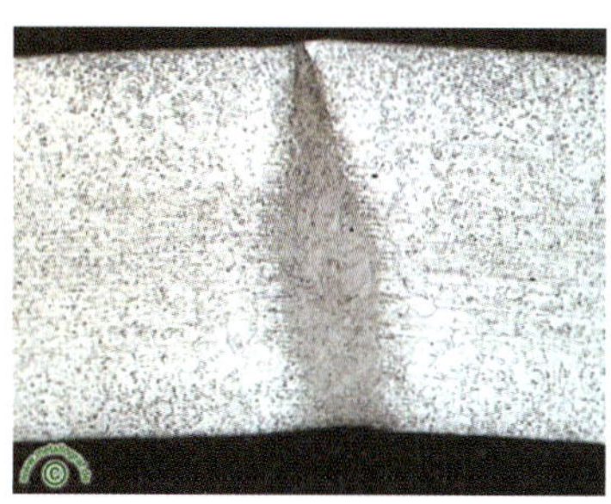

5 Verformung im Bereich einer Schweißnaht

Auch beim Umformen (z. B. Biegen) können Eigenspannungen entstehen. Da die Festigkeit der Werkstoffe erhalten bleiben soll, darf die Gefügeart sich nicht ändern. Deshalb wird unterhalb der P-S-K-Linie (550 °C ... 650 °C) mehrere Stunden geglüht. Die Abkühlung erfolgt langsam, d. h. im Glühofen, um neue Spannungen zu vermeiden.

Diffusionsglühen *(homogenizing annealing)*
Beim Diffusionsglühen werden örtlich ungleiche Konzentrationen vor allem der Legierungselemente verteilt, die beim schnellen Erstarren aus der Schmelze entstehen (Bild 1).
Weil das Verfahren energieintensiv und teuer ist, wird es hauptsächlich bei legierten Stahlgussteilen angewandt.

1 *Ungleiche Konzentration der Legierungselemente (Seigerung)*

10.2.3 Härten

Ein Meißel für einen pneumatischen Bohrhammer ist stumpf geworden (Bild 2). Nach dem Anschleifen stumpft er im Einsatz sofort wieder ab. Er ist offensichtlich weich geworden. Die Werkstoffeigenschaften haben sich durch die Wärmeentwicklung beim Nachschleifen negativ verändert.
Ein Schliffbild des Werkstoffs zeigt ein Gefüge wie in Bild 3. Bei einem neuen Meißel ist ein anderes Gefüge unter dem Mikroskop zu erkennen (Bild 4). Das Gefüge des stumpfen Meißels hat sich offensichtlich verändert. Wenn der Meißel wieder schneidfähig gemacht werden soll, muss die Gefügeveränderung rückgängig gemacht werden. Dazu wird der Meißel auf eine Temperatur von ca. 800 °C erwärmt, eine bestimmte Zeit auf dieser Temperatur gehalten und anschließend in Wasser abgeschreckt. Er wird dadurch gehärtet. Das Schliffbild zeigt ein Gefüge wie in Bild 5.

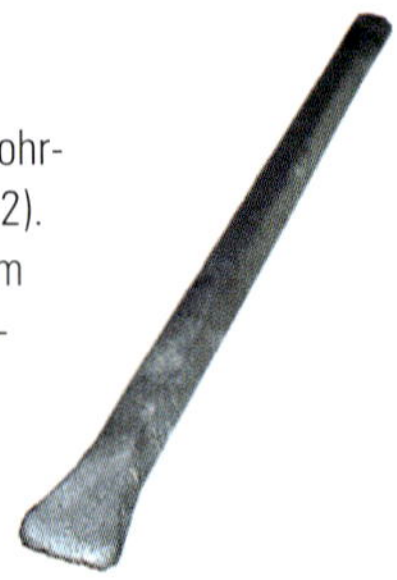

2 *Stumpfer Meißel für pneumatischen Bohrhammer*

Auch Maschinenteile, die der Reibung ausgesetzt sind, müssen eine vergleichsweise große Härte besitzen, damit sie **verschleißfest** *(wear-resistant)* sind.
Wie bei allen Wärmebehandlungsverfahren wird beim Härten *(hardening)* von Stahl die Tatsache ausgenutzt, dass Eisen je nach Temperatur eine unterschiedliche Kristallgitterform bildet. Im Gegensatz zum Glühen wird beim Härten schnell abgekühlt, d. h. **abgeschreckt** *(quenching)*.
Die Gefügeumwandlung erfolgt schlagartig. Dadurch ist es dem Kohlenstoff nicht möglich Zementit Fe_3C zu bilden. Stattdessen wird Kohlenstoff im krz-Gitter eingeschlossen. Es bildet sich ein hartes verspanntes Gefüge, das als **Martensit** *(martensite)* bezeichnet wird (Bild 5).

3 *Gefüge eines weichen Werkstoffs*

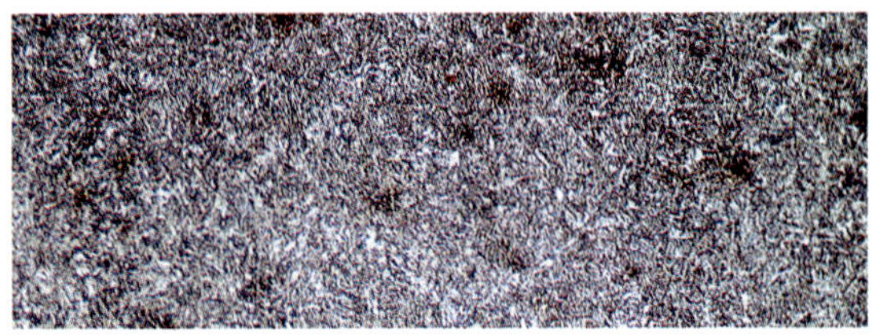

4 *Gefüge eines harten Werkstoffs*

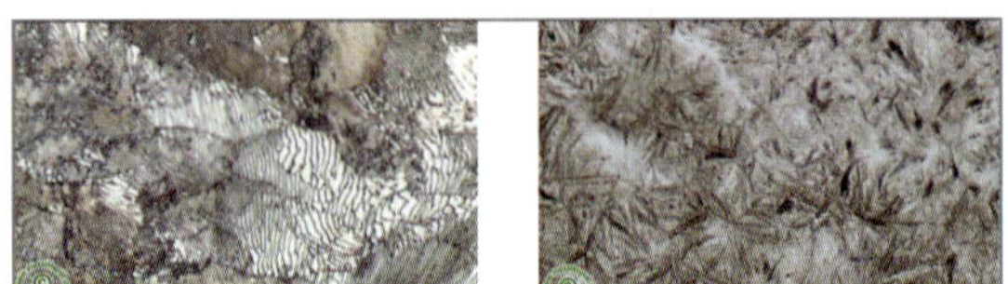

Bei langsamer Abkühlung ordnen sich die Ferritkristalle und Zementitkristalle oft schichtenförmig an. Dieses Gefüge nennt man **Perlit**.

Martensit heißt das entstandene Härtegefüge, d. h., das Gefüge besteht aus durch Kohlenstoff verspanntem Ferrit.

5 *Gefügeumwandlungen beim langsamen Abkühlen (links) und beim schnellen Abkühlen (rechts)*

MERKE

Beim Härten wird Stahl auf eine Temperatur oberhalb der G-S-K-Linie erwärmt, eine Zeit lang auf dieser Temperatur gehalten und nachfolgend rasch abgekühlt.
Nur Stähle mit mehr als 0,2 % Kohlenstoff können gehärtet werden.

10.2.4 Anlassen

Nach dem Härten sind die inneren Spannungen oft so ungleichmäßig, dass Bruchgefahr besteht. Deshalb wird nach dem Härtevorgang grundsätzlich angelassen. Wie beim Glühen wird beim Anlassen *(tempering)* erreicht, dass sich Spannungsspitzen abmildern.

Je länger der Anlassvorgang dauert und je höher die Anlasstemperatur ist, desto weniger Spannungen verbleiben im Bauteil, d. h. aber auch, desto mehr wird die Härte wieder abgebaut. Je nach Verwendung des Stahls werden unterschiedliche Anlasstemperaturen gewählt. Unlegierte Werkzeugstähle werden bei maximal 350 °C angelassen, legierte Stähle können bis zu Temperaturen von ca. 600 °C erwärmt werden. Die Fachkraft der Härterei richtet sich nach dem für jeden Stahl vorliegenden Härte-Anlasstemperatur-Diagramm (Bild 1).

MERKE

Beim Anlassen wird der Stahl auf eine Temperatur zwischen 200 °C und 400 °C erwärmt, eine Zeitlang auf dieser Temperatur gehalten und dann langsam abgekühlt.

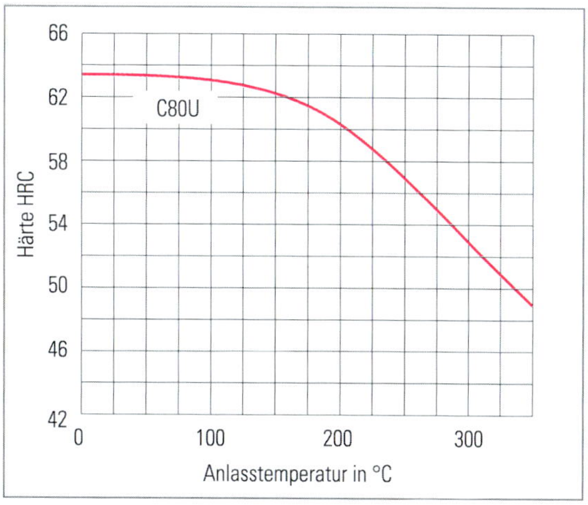

1 Härte-Anlasstemperatur-Diagramm

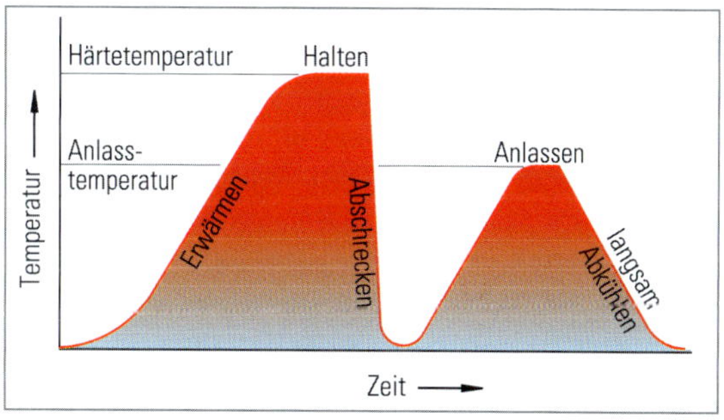

2 Temperaturverlauf beim Vergüten

10.2.5 Vergüten

Um z. B. Brüche von Bauteilen zu vermeiden, müssen Werkstoffe oft eine große Festigkeit bei gleichzeitiger ausreichender Zähigkeit aufweisen.

Bei einigen Stählen kann man die gewünschten Eigenschaften durch geeignete Kombination von Legierungselementen erzielen.

Eine andere Möglichkeit ist das Wärmebehandlungsverfahren Vergüten *(hardening and tempering)*. Es kombiniert das **Härten** mit dem **Anlassen bei höheren Temperaturen**.

Zuerst wird gehärtet wie oben beschrieben, dann folgt ein Anlassen bei hohen Temperaturen bis fast an die Umwandlungstemperatur von ca. 723 °C heran.

MERKE

Vergüten ist Härten mit Anlassen bei höheren Temperaturen zwischen 540 °C und 680 °C.

3 Oberflächenhärtung an einer Lagerschale aus Wälzlagerstahl 100Cr6 Einhärttiefe: 2,25 mm

10.2.6 Härten der Randzone/Oberflächenhärten

Wenn eine harte, verschleißfeste Oberfläche sowie ein zäher Kern benötigt werden wie z. B. bei Lagerschalen, Führungsbahnen oder Zahnrädern, wird ausschließlich die Randzone gehärtet *(surface hardening)* (Bild 2). Dazu gibt es unterschiedliche Verfahren:

Flamm- und Induktionshärten

(flame and induction hardening)

Beim Flamm- und Induktionshärten wird die zu härtende Randschicht auf Härtetemperatur gebracht und nachfolgend abgeschreckt. Da im Inneren der Werkstücke keine Härtetemperatur erreicht wurde, erfolgt dort auch keine Härtung, d. h., der Kern

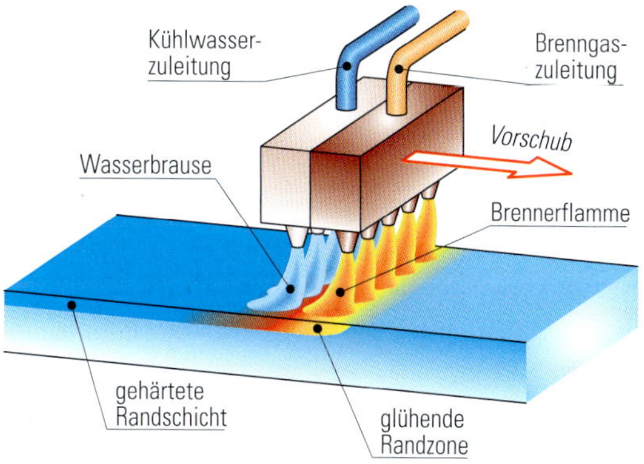

4 Prinzip des Flammhärtens

bleibt weich und damit zäh wie der unbehandelte Werkstoff. Diese Erwärmung erfolgt beim Flammhärten durch einen Gasbrenner (Seite 119 Bild 4).
Beim **Induktionshärten** (Bild 1) wird eine Spule von hochfrequentem elektrischen Wechselstrom durchflossen. Dabei erwärmt sich das Werkstück. Je langsamer das Werkstück verschoben wird und je niedriger die Stromfrequenz ist, desto tiefer reicht die gehärtete Randschicht.
Das Abschrecken erfolgt je nach Stahlsorte in Wasser oder Öl.

MERKE
Zum Flamm- und Induktionshärten werden in erster Linie Vergütungsstähle genutzt.

1 Induktionshärten

Einsatzhärten *(case hardening)*
Die auf Seite 109 gezeigte Kegelradwelle soll laut Arbeitsauftrag (Seite 15) einsatzgehärtet werden. Damit wird einerseits gewährleistet, dass die Kegelradwelle den auftretenden Belastungen und Beanspruchungen standhalten kann, andererseits haben sich besonders einsatzgehärtete Werkstoffe für die Laufflächen von **Radial-Wellendichtringen**[1)] *(rotary shaft seals)* als geeignet erwiesen. Radial-Wellendichtringe werden häufig zum Abdichten von Wälzlagern verwendet.
Stähle mit einem Kohlenstoffgehalt unter 0,2 % sind nicht härtbar. Beim Einsatzhärten (Bild 2), das ebenfalls zum Oberflächenhärten gehört, wird die Randschicht mit Kohlenstoff angereichert. Im Einsatzofen werden die Werkstücke mit Holzkohle, Grafit oder kohlenstoffreichem Gas im Austenitbereich geglüht. Dabei dringt durch Diffusion im Laufe der Zeit der Kohlenstoff in die Eisenkristalle ein. Die Randschicht ist nun härtbar.

2 Anreichern mit Kohlenstoff

MERKE
Je länger das Glühen im Austenitbereich dauert, desto dicker wird die härtbare Randschicht.

Nitrierhärten *(nitriding)*
Beim Nitrierhärten wird Stickstoff den Stählen mit den Legierungselementen Al, Cr, Mo und V zugeführt (Bild 3).
Stickstoff diffundiert aus einer Gasatmosphäre oder Salzbadschmelze in die Werkstückoberfläche ein und bildet mit den Legierungselementen chemische Verbindungen. Diese Verbindungen bewirken die Härtesteigerung. Da keine Gitterumwandlung stattfindet, ist der Härteverzug der Werkstücke sehr gering.

3 Nitrierschicht; die Eindrücke zeigen den Verlauf von Härteprüfungen nach Vickers (vgl. Lernfeld 12, Kap. 5.2.1.3)

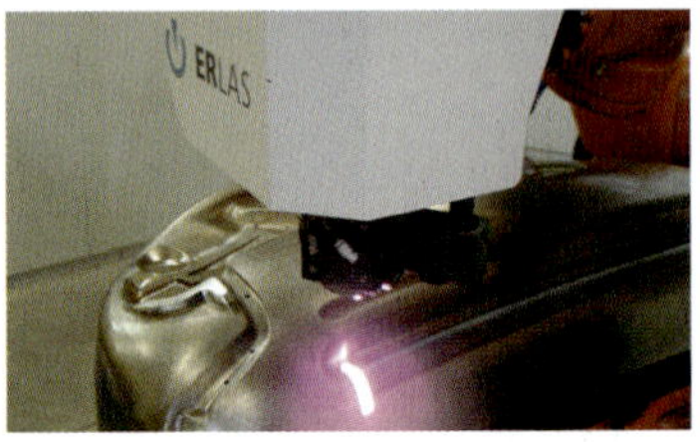

4 Laserstrahlhärten

MERKE
Nitrierstähle haben eine sehr hohe Verschleißfestigkeit, bei gleichzeitig hoher Zähigkeit. Zusätzlich weisen sie eine hohe Korrosionsbeständigkeit auf.

Carbonitrieren *(carbonitriding)*
Das Carbonitrieren ist eine Kombination aus Einsatz- und Nitrierhärten. Neben Kohlenstoff wird gleichzeitig Stickstoff in die Randschicht eindiffundiert.

Laserstrahlhärten *(laser beam hardening)*
Das Laserstrahlhärten ist ein verhältnismäßig neues Fertigungsverfahren.
Die erforderliche Wärme wird durch Laserstrahlen erzeugt. Das Laserstrahlhärten kann prinzipiell bei allen härtbaren Stählen angewandt werden. Es eignet sich besonders für das Härten von
- schmalen Schnittkanten
- Führungsbahnen
- Nuten und Freiflächenformen
- Grundlochbohrungen
- Noppen

[1)] Weitere Informationen zu Radial-Wellendichtringen finden Sie im Lernfeld 7 im Kap. 5.2.

ÜBUNGEN

1. Welche Arbeitsschritte sind beim Glühen durchzuführen?
2. Welche Ziele haben im Allgemeinen alle Glühverfahren?
3. Entnehmen Sie dem Bild 2 (Seite 116) die Glühtemperaturen für die Glühverfahren Rekristallisations- und Diffusionsglühen.
4. Erläutern Sie die Anwendungsbereiche der einzelnen Glühverfahren.
5. Entscheiden Sie sich bei den folgenden Fällen für ein Glühverfahren. Begründen Sie Ihre Antwort:
   a) Ein hoch beanspruchtes Bauteil einer Wasserturbine aus Stahlguss soll geglüht werden.
   b) Ein Stahl mit 0,2 % C soll mehrfach gebogen werden.
   c) Ein geschweißtes Bauteil muss wärmebehandelt werden.
   d) Ein Gusswerkstück weist ein uneinheitliches Gefüge auf.
   e) Ein Werkstück wird durch Tiefziehen hergestellt.
   f) Ein Drehteil aus hochlegiertem Stahl soll gefertigt werden.
6. Entwickeln Sie in Partner- oder Gruppenarbeit weitere Fallbeispiele entsprechend Übung 5. Diskutieren Sie die Beispiele in der Klasse.
7. Welche Glühverfahren wenden Sie in Ihrem Betrieb an? Nennen Sie einige Anwendungsbeispiele.
8. Nennen Sie die drei Schritte des Härtens.
9. Wie wird das Härtegefüge bezeichnet?
10. Erläutern Sie die Entstehung des Härtegefüges.
11. Nennen Sie zwei Eigenschaften des Härtegefüges.
12. Nennen Sie einige Bauteile, die in Ihrem Betrieb gehärtet werden.
13. Welche Fehler können beim Härten gemacht werden?
14. Nennen Sie mindestens drei Maschinenbauteile, die vergütet werden.
15. Nennen Sie drei Vergütungsstähle (Tabellenbuch).
16. Welchen Kohlenstoffgehalt haben Vergütungsstähle (vgl. Seite 112)?
17. Beschreiben Sie den Unterschied zwischen dem Wärmebehandlungsverfahren Anlassen und dem Anlassen beim Vergüten.
18. Nennen Sie einige Oberflächenhärteverfahren.
19. Wann werden Randschichthärteverfahren angewandt?
20. Nennen Sie einige Einsatz- und Nitrierstähle.
21. Welchen Vorteil hat das Einsatzhärten?
22. Erläutern Sie die Härtesteigerung beim Nitrierhärten.
23. Wann ist der Einsatz einer Laserstahlhärtanlage sinnvoll?
24. Nennen Sie einige Bauteile, die randschichtgehärtet werden sollten.

10.3 Working Materials

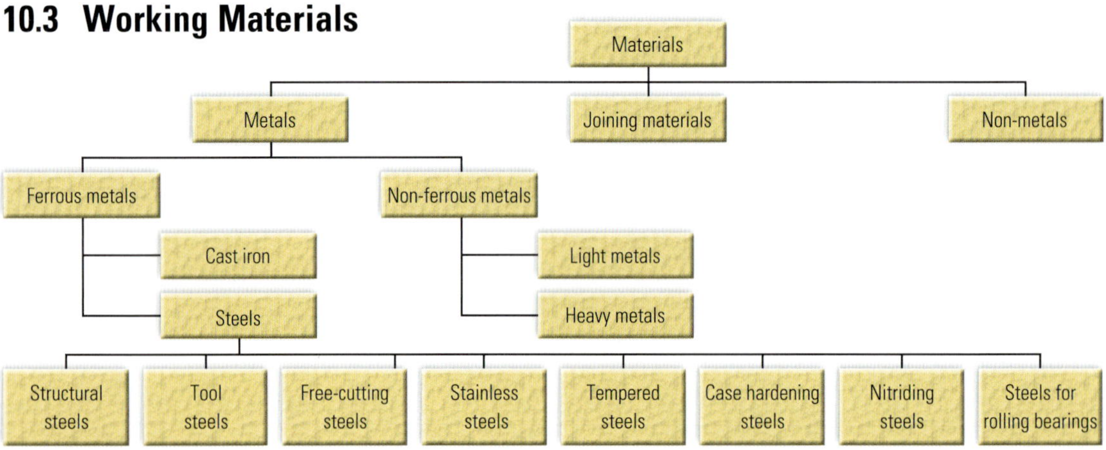

10.3.1 Cast Iron

Casting materials are iron-carbon alloys with around 2 % to 4 % carbon, whose properties suit them for the production of casings.

10.3.2 Steels

Structural steels
Structural steels include all steels not used for the production of tools.

Tool steels
Tool steels are special kinds of steels and are used in production processes involving cutting and shaping.

Free-cutting steels
Free cutting steels are unalloyed or low alloyed high-grade steels. They are used for work pieces produced by automated processes, and must produce short chips.

Stainless steels
Stainless steels contain at least 12 % chromium.

Tempered steels
Unalloyed and alloyed structural steels used after being tempered are known as tempering steels.

Case hardening steels
Case hardening steels are recarburised on the surface layers after being shaped.

Nitriding steels
Nitriding steels are particularly suited for nitride hardening because they contain nitride formers.

Steels for rolling bearings
They are used for all kinds of rolling bearings and are tempered chrome steels.

10.4 Heat Treatment Processes

The material properties of steel are largely determined by the carbon content. Hard and wear-resistant steels can be produced from easily worked steels by changing their properties.

10.4.1 Hardening

Hardening is also known as heating of steel to hardening temperature with subsequent rapid cooling.

10.4.2 Annealing

Annealing is a process which involves heating a work piece to a particular temperature, maintaining it at a temperature for a time and then subsequently cooling it.

10.4.3 Quenching and Tempering

The aim of quenching and tempering is to increase the toughness of steel at a given tensile strength. The work piece is hardened and subsequently tempered-generally at high temperatures (500 °C to 650 °C).

10.4.4 Tempering

Tempering is the process of reheating a hardened work piece to a temperature which is not very high, followed by cooling.

Assignments:

1. Translate the different titles and descriptions by using your English-German vocabulary list.
2. Also have a look into your standard book and find several examples for the different types of steels.

10.5 Work With Words

In future you may have to talk, listen or read technical English. Very often it will happen that you either **do not understand** a word or **do not know the translation**.

In this case here is some help for you!

Below you will find a few possibilities to describe or explain a word you don't know or use synonyms[1] or opposites[2]. Write the results into your exercise book.

1. Add as many examples to the following terms as you can find for methods of testing or characteristics of material.

heat treatments:	cooling tempering …	*casting materials:*	cast steel alloyed cast iron …

2. Explain the two terms in the box:
Use the words below to form correct sentences. Be careful the order is mixed!

steel:	which is made mainly/Steel is a very strong metal/but also contains carbon and other elements/from iron	*cast iron:*	therefore it is hard,/which contains a small amount of carbon,/but breaks easily and so it has to be made into objects by casting/It is iron

3. Find the opposites[1]**:**

alloyed steel:	…	*cast iron with laminar graphite:*	…
cold work steel:	…	*hypoeutectoid:*	…

4. Find synonyms[2]:
You can find two synonyms to each term in the box below.

Iron:	…	*standard:*	…
diagram:	…	*conical:*	…
chart/metal/table/material		cone-shaped/code/conic/norm	

5. In each group there is a word which is the **odd man**[3]. Which one is it?

a) ferrite, cementite, grindability, austenite
b) flame and induction hardening, rotary shaft seals, nitriding, laser beam hardening
c) normalising, soft annealing, process annealing, wear resistant
d) choice of material, dimensional tolerances, tolerances of form, tolerances of position

6. Please translate the information below. Use your English-German Vocabulary List if necessary.

Corrosion is the process by which something is corroded.

1) *opposite:* Gegenteil 2) *synonym:* Synonym, ähnliches Wort, Ergänzung 3) *odd man:* Außenseiter, überzähliges Wort, fünftes Rad am Wagen

Lernfeld 6: Installieren und Inbetriebnehmen steuerungstechnischer Systeme

In den Lernfeldern 3 und 4 haben Sie grundlegende Kenntnisse der Automatisierungstechnik erworben. Dabei haben Sie sich auf einfache Steuerungsaufgaben mit **Führungs-** bzw. **Haltegliedsteuerungen** beschränkt. Bei diesen Steuerungen löst der Mensch durch sein Eingreifen den jeweils nächsten Arbeitsschritt aus.

Auf diesen Kenntnissen bauen Sie auf und lernen in diesem Lernfeld **Ablaufsteuerungen** kennen. Bei diesen Steuerungen laufen die einzelnen Arbeitszyklen **selbstständig ab**.

Aus Schaltplänen und anderen Dokumenten ermitteln Sie für die unterschiedlichen Gerätetechniken die zu verwendenden steuerungstechnischen Komponenten sowie den Funktionsablauf der Steuerungsaufgabe.

Sie planen und realisieren den Aufbau der Steuerung und nehmen sie anschließend in Betrieb. Dabei berücksichtigen Sie die Vorschriften des Arbeitsschutzes. Ferner entwickeln Sie Strategien zur Fehlersuche und zur Optimierung des steuerungstechnischen Systems. Schließlich dokumentieren und präsentieren Sie in geeigneter Weise ihre Ergebnisse.

Da Sie eine Ausbildung zur Industriemechanikerin bzw. zum Industriemechaniker gewählt haben, sind die Inhalte dieses Lernfeldes für Sie von besonderer Bedeutung:

Im **1. Teil der Abschlussprüfung** sollen Sie Ihre Kenntnisse und Fertigkeiten durch das **Herstellen einer Baugruppe mit steuerungstechnischer Funktion** nachweisen.

Hierzu sind natürlich auch Ihre Kenntnisse und Fertigkeiten aus den anderen Lernfeldern gefragt. Einzelne Komponenten der Baugruppe müssen Sie herstellen. Dann ist die Baugruppe zu montieren. Gegebenenfalls müssen Sie Fehler analysieren und geeignete Instandsetzungsmaßnahmen planen und durchführen.

Das Ergebnis dieser Prüfung geht mit **40 %** in Ihr **Gesamtergebnis ein**. Wiederholen dürfen Sie diese Prüfung **nicht**.

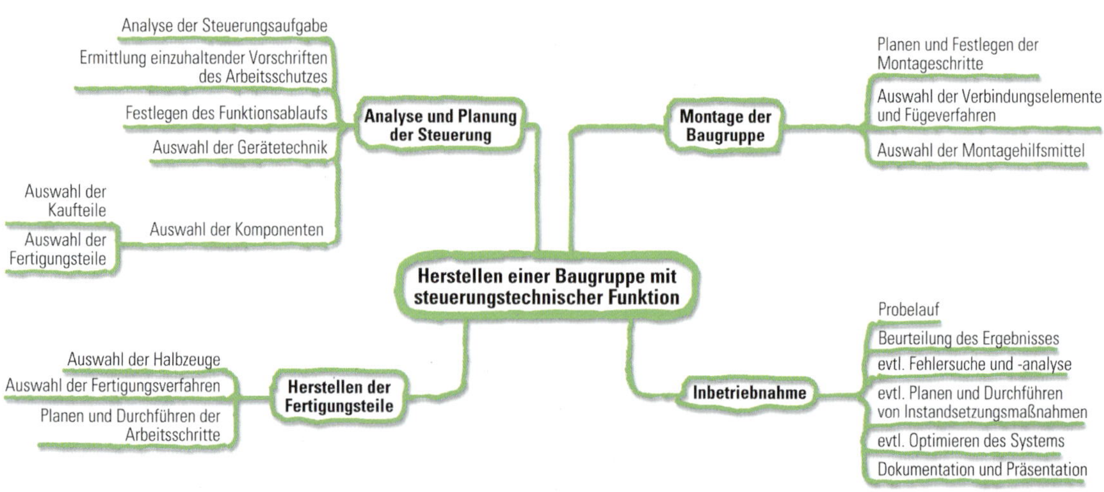

1 Pneumatik

1.1 Führungs-/Halteglied-steuerungen

Führungs-/Halteglied-Steuerungen *(guidance controls)* sind für einfache Steuerungsaufgaben wie z. B. das Heben und Senken der Schaufel eines Radladers (Bild 1a), geeignet. Es gibt keinen selbständig ablaufenden Arbeitszyklus. Das Bedienpersonal entscheidet, ob und wie weit ein Zylinder aus- bzw. einfährt. Auch **kombinatorische (Verknüpfungs-) Steuerungen** *(combinatorial logical controls)*, wie z. B. die ODER-Schaltung (Bild1b) können zu dieser Gruppe gehören.

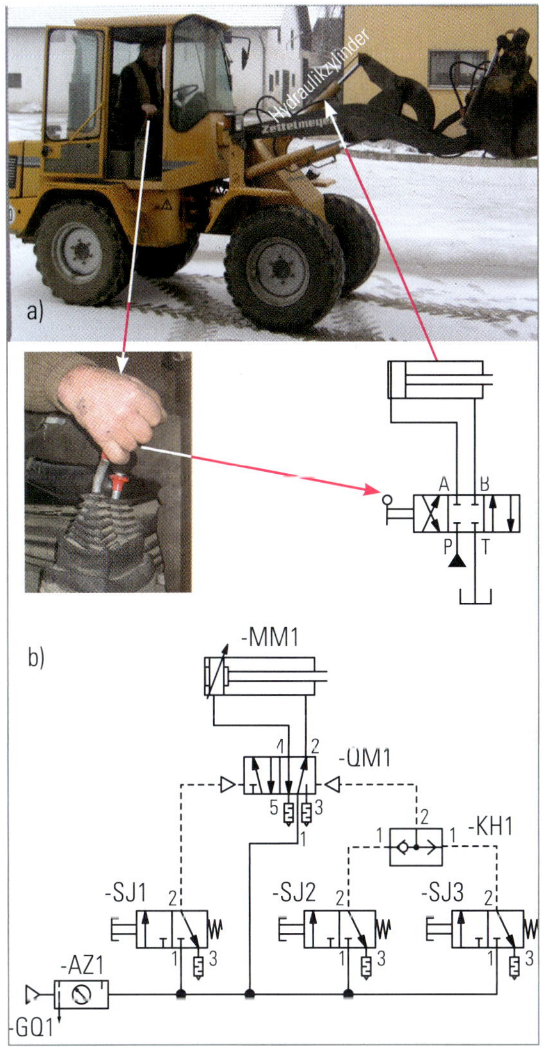

1 Beispiele für Führungs-/Haltegliedsteuerungen

1.2 Zeitgeführte Ablaufsteuerungen

Mithilfe einer Klebevorrichtung sollen zwei Werkstücke verklebt werden (Bild 2). Nach Betätigung der beiden Starttaster -SJ1 und -SJ2 fährt ein doppelt wirkender Zylinder aus. Erreicht der Zylinder die vordere Endlage, betätigt dieser die Rolle -BG1 und presst die Werkstücke 10 s lang aufeinander. Nach **Ablauf dieser Zeit** fährt der Zylinder selbsttätig ein. Daher wird diese Steuerung als zeitgeführte Ablaufsteuerung *(time-oriented sequential controls)* bezeichnet.

Um zu verhindern, dass der Zylinder sofort nach der Betätigung der Rolle -BG1 wieder einfährt, sind **Verzögerungsventile** *(recovery valves)* (siehe Schaltplan) notwendig. Die Abbildungen in Bild 1 auf Seite 126 zeigen solche 3/2- Wegeventile (Bild 1a: in Ruhestellung gesperrt; Bild 1b: Durchfluss bei Ruhestellung). Die Verzögerungsventile sind zusätzlich mit einem kleinen Luftbehälter und einem **Drosselrückschlagventil** *(throttle check valve)* ausgestattet. Mit der Drosselschraube kann die Luftmenge, man spricht hier auch vom **Volumenstrom** Q *(volume flow rate)* (vgl. Kapitel 3 Hydraulik), am Steueranschluss 12 verändert

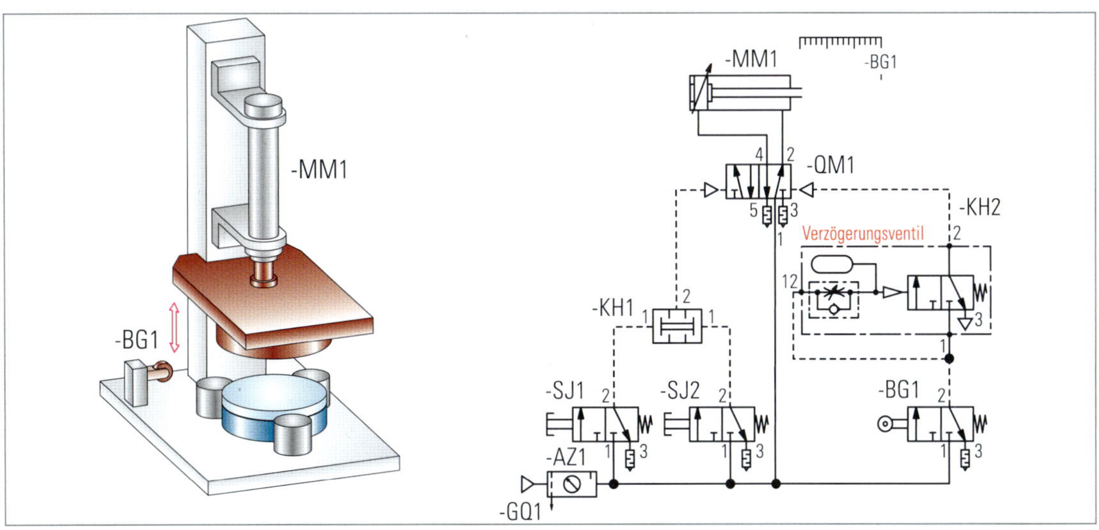

2 Zeitgeführte Ablaufsteuerung einer Klebepresse

werden. Entsprechend schnell oder langsam füllt sich die Luftkammer. Hat der Druck einen bestimmten Wert erreicht, schaltet das Ventil in Durchfluss- bzw. Sperrstellung um.

MERKE

Der Volumenstrom und damit die Ablaufzeit wird mithilfe einer Drossel an einem Verzögerungsventil eingestellt.

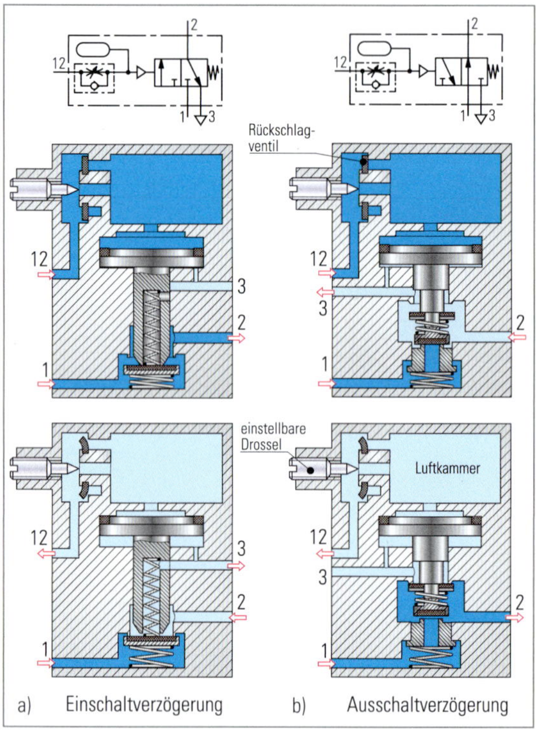

1 Verzögerungsventil

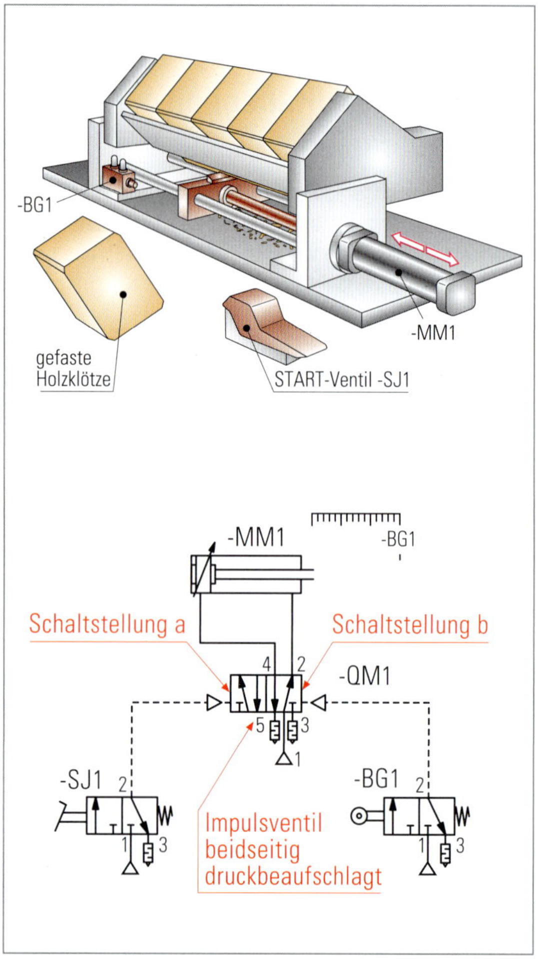

2 Prozessabhängige Ablaufsteuerung zum Anfasen von Holzklötzen

1.3 Prozessabhängige Ablaufsteuerungen

Die Schaltung (Bild 2) zeigt ein einfaches Beispiel einer prozessabhängigen Ablaufsteuerung *(event-driven sequential control)* zum Anfasen von Holzklötzen. Das **5/2-Wegeimpulsventil** schaltet in die **Schaltstellung a**, wenn das 3/2-Wegeventil -SJ1 mit dem Fuß betätigt wird. Der Zylinder -MM1 fährt aus. Beim Erreichen der vorderen Endlage liefert der Grenztaster -BG1 ein Signal und das 5/2-Wegeventil wechselt in **Schaltstellung b**. Der Zylinder fährt nun in die Ausgangsstellung.

Bei einer prozessgeführten Steuerung löst also ein Schritt den nächsten aus. Es findet ein selbständig ablaufender Arbeitszyklus statt. Endschalter und Sensoren übernehmen meist das Weiterschalten zum nächsten Schritt wie hier durch -BG1. Wird dieser nicht betätigt, weil z. B. die Schneiden zum Anfasen stumpf sind und somit die Kraft des Zylinders zum Erreichen der vorderen Endlage nicht ausreicht, so endet der Ablauf der Steuerung. Prozessabhängige Ablaufsteuerungen reagieren somit auf Störungen durch einen Abbruch des Steuerungsablaufs.

MERKE

Bei prozessabhängigen Steuerungen löst ein Schritt den nächsten aus. Sie reagieren auf Störungen durch einen Abbruch des Steuerungsablaufs.

Impulsventile (bistabile Ventile)

Die Bezeichnung Impulsventil kommt daher, weil zum Schalten nur ein kurzes Signal, ein Impuls nötig ist. Eine Schaltstellung bleibt erhalten, auch wenn das Eingabesignal am Steuereingang nicht mehr vorhanden ist. Diesen Zustand kann man mit dem **Setzen eines Speichers** vergleichen. Impulsventile speichern Schaltzustände und damit auch die zum Schalten notwendigen Eingabesignale. Ein Gegensignal setzt den Speicher zurück.

MERKE

Steuerungen kann man unterteilen in Führungs-/Haltegliedsteuerungen, zeitabhängige und prozessabhängige Ablaufsteuerungen.

Überlegen Sie!

1. Wo kommen in Ihrer betrieblichen Praxis Führung-/Haltegliedsteuerungen sowie zeitabhängige und prozessabhängige Ablaufsteuerungen vor?
2. Wie heißt das Ventil, das in zeitabhängigen Ablaufsteuerungen benötigt wird und wie funktioniert es?
3. Wodurch zeichnen sich prozessabhängige Ablaufsteuerungen aus?

Bei Ablaufsteuerungen handelt es sich meist um komplexere Steuerungen mit zwei und mehr Arbeitselementen. Aus diesem Grund braucht die Fachkraft zur besseren Analyse einer Planungsaufgabe geeignete Darstellungsformen. Im Betrieb der Anlage sind sie eine Hilfe für das Wartungspersonal, um bei auftretenden Störungen Fehler leichter erkennen und beseitigen zu können.
Das folgende Beispiel einer prozessabhängigen Ablaufsteuerung soll aufzeigen, wie durch eine systematische Vorgehensweise eine **Planungsaufgabe** gelöst werden kann.
In einer Transportanlage sollen Pakete um 180° gewendet werden (Bild 1). Der ausfahrende Zylinder -MM1 schwenkt ein Paket um 90°, das auf dem Rollengang ankommt. Es fällt auf die Schwenkgabel. Zylinder -MM2 fährt ein und schwenkt das Paket um weitere 90°. Das Paket wird auf dem Rollengang weitergeleitet. Anschließend fahren die beiden Zylinder wieder in ihre Ausgangsstellung. Dazu fährt zuerst Zylinder -MM1 ein und anschließend Zylinder -MM2 aus. Die Ein- und Ausfahrgeschwindigkeiten der Zylinder soll einstellbar sein. Der Arbeitszyklus beginnt, wenn ein Handtaster gedrückt wird.
Die Lösung der Aufgabe erfolgt in drei Schritten:

Schritt 1	Schritt 2	Schritt 3
Festlegen der Antriebsglieder	Analyse der Steuerungsaufgabe: ■ Lageplan ■ Graphische Darstellung	Entwickeln der Steuerung: ■ Geräteliste ■ Pneumatischer Schaltplan

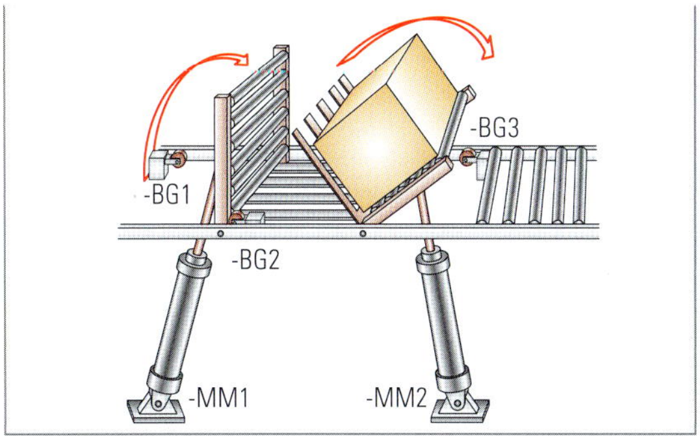

1 Lageplan des Paketwenders

Schritt 1: Festlegen der Antriebsglieder
Es kommen zwei doppelt wirkende Zylinder mit Endlagendämpfung *(double-acting cylinders with end cushion)* zum Einsatz, da auch Kisten mit empfindlichem Inhalt auf dem Transportband befördert werden. Neben den Paketen schont dies auch die Zylinder, da sie nicht ungebremst in ihre Endlage fahren.

Schritt 2: Analyse der Steuerungsaufgabe durch
- Lageplan
- graphische Darstellung

1.3.1 Lageplan

Lagepläne *(site plans)* (Bild 1) stellen ein komplexes System vereinfacht dar. Sie sind eine Ergänzung zu den Schaltplänen und geben die Lage der **Antriebselemente** *(drive units)* und **Signalglieder** *(signal elements)* im Gesamtsystem an. Die Abbildung zeigt den Lageplan des Paketwenders mit den entsprechenden Antriebs- und Signalgliedern.

1.3.2 Weg-Schritt-Diagramm

Die graphische Darstellung in Form von **Funktionsdiagrammen** (Weg-Schritt-, Weg-Zeit-, Zustandsdiagrammen) entspricht nicht der DIN EN 60848. Nach dieser werden Funktionsabläufe mit **Grafcet** dargestellt (Seite 155). Zur besseren Verständlichkeit werden die Funktionsdiagramme dennoch erläutert.

In Sätzen

Schritt 1:
Durch Betätigung des Handtasters -SJ2 fährt Zylinder -MM1 aus und betätigt -BG2
Schritt 2:
Zylinder -MM2 fährt ein und betätigt -BG3
Schritt 3:
Zylinder -MM1 fährt ein und betätigt -BG1
Schritt 4:
Zylinder -MM2 fährt wieder aus.
Schritt 5:
Beide Zylinder befinden sich wieder in der Ausgangsstellung. Durch die Betätigung des Handtasters -SJ2 kann der Zyklus erneut gestartet werden.

In Tabellenform

Schritt	Antrieb -MM1	Antrieb -MM2
1	fährt aus	
2		fährt ein
3	fährt ein	
4		fährt aus

Als Funktionsablauf mit Symbolen

-MM1+	-MM2–	-MM1–	-MM2+

Dabei steht
+ für das Ausfahren und
– für das Einfahren
des Antriebselements

Die bisherige nationale Norm DIN 40719-6 (Funktionsplan) wurde ersetzt durch DIN EN 60848 (Grafcet).
Die Übergangsfrist für die Anwendung beider Normen endete am 31. März 2005.

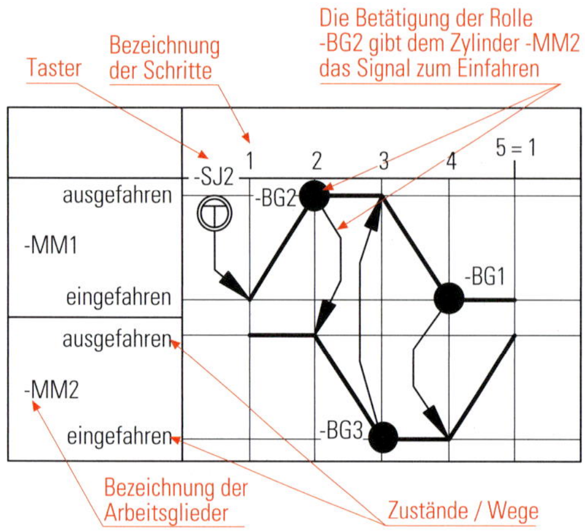

1 *Weg-Schritt-Diagramm Paketwender*

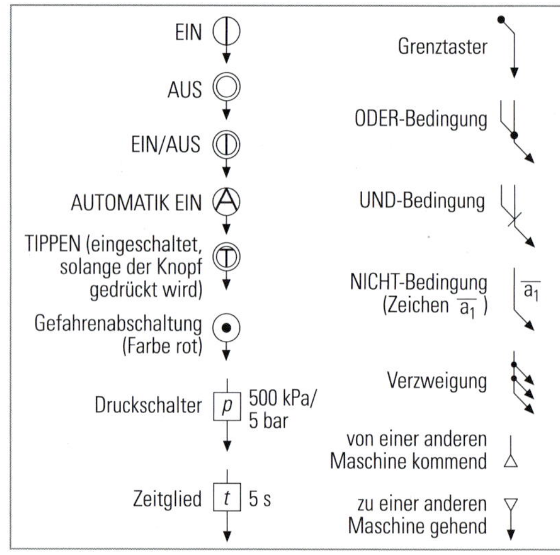

2 *Symbole im Weg-Schritt- und Weg-Zeit-Diagramm*

Eine Beschreibung des Ablaufs in Kurzform vor dem Erstellen eines Weg-Schritt-Diagramms *(path-step diagram)* ist oft sehr nützlich, siehe Seite 127 unten.

Das **Weg-Schritt-Diagramm** beschreibt graphisch die Verfahrbewegungen eines Arbeitselements (Bild 1). Dabei werden waagerecht die einzelnen Arbeitsschritte für einen Arbeitszyklus in gleichen Abständen aufgetragen und nummeriert. Der letzte Schritt entspricht dem Anfangsschritt, d. h., die Antriebsglieder befinden sich wieder in Ausgangsstellung. Ein Arbeitszyklus des Paketwenders besteht aus fünf Schritten. Jeder Schritt kann zwei oder mehr Zustände (Wege) haben. Die Bezeichnung der Zustände ist beliebig (0 = eingefahren, 1 = ausgefahren, Zylinder -MM1 vorne – hinten, oben – unten usw.).

Die **Zustandsänderung** *(change of state)* von Ventilen und Zylindern (Bild 2) wird durch **Symbole** für die betätigten Signalglieder, durch **Signallinien** *(signal lines)* und **Signalverknüpfungen** *(combination of signals)* gekennzeichnet.

Zeitgeführte Ablaufsteuerungen werden in **Weg-Zeit-Diagrammen** *(path-time diagrams)* (Bild 3) dargestellt. Diese sind ähnlich aufgebaut wie Weg-Schritt-Diagramme. Der einzige Unterschied besteht darin, dass zusätzlich eine Zeitachse eingetragen wird, die den zeitlichen Ablauf maßstäblich verdeutlicht.

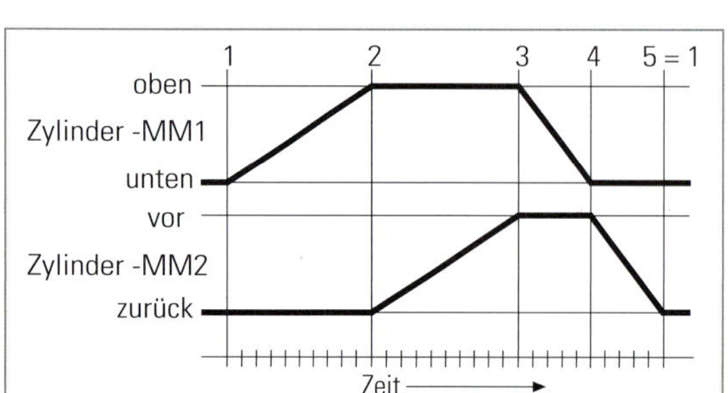

3 *Weg-Zeit-Diagramm*

MERKE

Weg-Schritt- und Weg-Zeit-Diagramme stellen die Verfahrbewegungen von Arbeitselementen in einzelnen Schritten dar.

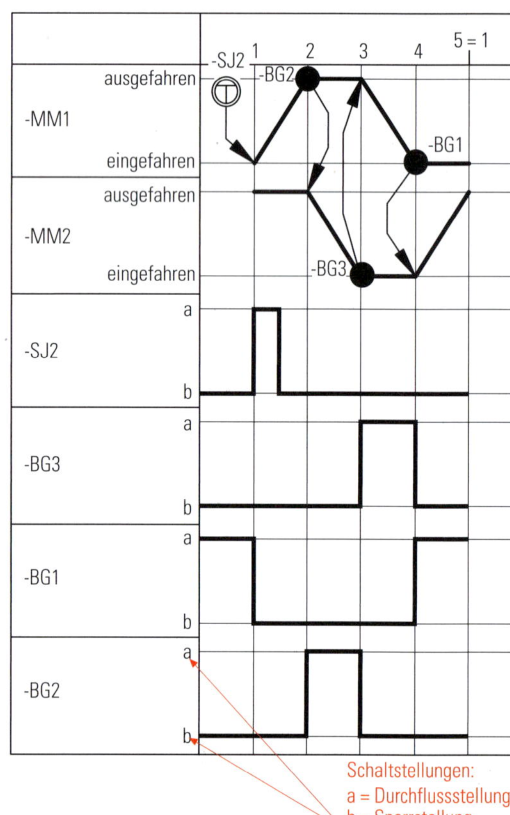

4 *Zustandsdiagramm des Paketwenders*

1.3.3 Zustandsdiagramm

Zustandsdiagramme *(phase diagrams)* berücksichtigen zusätzlich die Schaltstellungen der Signal- und Stellglieder zu jedem einzelnen Schritt. Die Zustände können mit den Schaltstellungen der Ventile oder auch in Worten (Ventil offen – geschlossen) bezeichnet werden.
Bild 4 auf Seite 128 zeigt, dass das Umschalten der Ventile durch senkrechte Linien dargestellt wird. Man geht von einem Wechsel der Schaltstellung ohne zeitliche Verzögerung aus, was aber praktisch nicht möglich ist.

MERKE

Zustandsdiagramme beinhalten neben den Bewegungen der Arbeitselemente auch noch die Schaltstellungen der Signal- und/oder Stellglieder.
Weg-Schritt-Diagramme und **Zustandsdiagramme** erleichtern die Planung einer Steuerungsaufgabe. Außerdem dienen sie der Dokumentation.
Weg-Schritt- und **Zustandsdiagramme** werden auch als **Funktionsdiagramme** bezeichnet.

Schritt 3: Entwickeln der Steuerung (Bild 1 + 2)
Zum Ansteuern der beiden doppelt wirkenden Zylinder werden als Stellglieder **5/2-Wegeventile** benötigt. Dieses Ventil ist mittlerweile das Standardventil zum Ansteuern doppelt wirkender Zylinder.
Durch das Betätigen der 5/2-Wegeventile wird der Durchfluss in beiden Richtungen umgekehrt. Die Signaleingabe erfolgt durch vier **3/2-Wegeventile, in Ruhestellung gesperrt** *(directional valves, normally closed)*, da nur bei einer Betätigung ein Signal (Druckluft) weitergegeben werden soll. Die Signaleingabe erfolgt einmal durch einen Taster und dreimal durch eine Rolle. Liegt kein Signal an, so werden diese durch eine Feder in ihre Ausgangsstellung zurückgestellt. Die Signale gelangen jeweils an einen Steueranschluss der Stellglieder. Aus diesem Grund benötigt man 5/2-Wegeventile, die beidseitig durch Druckluft betätigt werden.

-AZ1	Wartungseinheit
-SJ1	Hauptventil
-SJ2	3/2-Wegventil betätigt durch einen Taster; Rückstellung durch eine Feder
-BG3	3/2-Wegventil betätigt durch eine Rolle; Rückstellung durch eine Feder
-QM1	5/2-Wegeimpulsventil; druckluftbetätigt
-RZ1	Drosselrückschlagventil
-RZ2	Drosselrückschlagventil
-MM1	Doppelt wirkender Zylinder mit Endlagendämpfung
-BG1	3/2-Wegventil betätigt durch eine Rolle; Rückstellung durch eine Feder
-BG2	3/2-Wegventil betätigt durch eine Rolle; Rückstellung durch eine Feder
-QM2	5/2-Wegeimpulsventil; druckluftbetätigt
-RZ3	Drosselrückschlagventil
-RZ4	Drosselrückschlagventil
-MM2	Doppelt wirkender Zylinder mit Endlagendämpfung

***1** Geräteliste Paketwender*

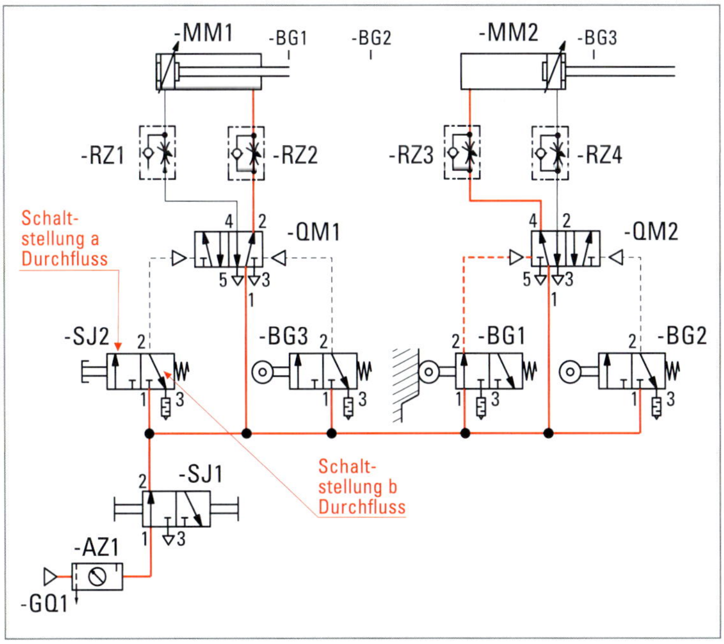

***2** Pneumatischer Schaltplan: Steuerung Paketwender*

Überlegen Sie!

1. *Wodurch unterscheiden sich Weg-Schritt-, Weg-Zeit- und Zustandsdiagramme?*
2. *Was wird in diesen Diagrammen dargestellt?*
3. *Welche Vorteile hat die Verwendung dieser Diagramme?*
4. *Was passiert, wenn -SJ2 dauerhaft betätigt wird?*

1.3.4 Verriegelung von Signalen

Für einen einwandfreien Ablauf der Steuerung ist es notwendig, den Handtaster -SJ2 nur kurzzeitig zu betätigen. Bei einem Dauersignal bleibt der Ablauf bei Schritt 3 stehen, da das ankommende Signal von -BG3 blockiert wird. Zylinder -MM1 fährt nicht mehr ein (Bilder 1 und 2). Zur Lösung des Problems (Bild 1 auf Seite 131) muss das Signal von -SJ2 **verriegelt** werden *(locking of signals)*. Dazu ist ein **Zweidruckventil** *(double pressure valve)* -KH1 notwendig, das die Signale des Tasters -SJ2 und eines zusätzlichen Rolltasters -BG4 miteinander durch ein UND verknüpft. Eine Signaleingabe durch den Taster zeigt nur dann Wirkung, wenn -SJ2 **UND** der Rolltaster -BG4 betätigt werden. -BG4 wird dann betätigt, wenn sich -MM2 in der Grundstellung, d. h. in der vorderen Endlage befindet. Für den weiteren Verlauf der Steuerung hat ein Signal von -SJ2 keine Auswirkungen mehr.

MERKE

Ein Signalglied ist verriegelt, wenn trotz Betätigung kein Signal an das Stellglied weitergegeben wird. Schaltungstechnisch geschieht das durch eine UND-Verknüpfung zweier Signalglieder.
Eine UND-Verknüpfung kann durch die Verwendung eines Zweidruckventils realisiert werden.

Überlegen Sie!

Wie kann ohne Verwendung eines Zweidruckventils eine UND-Verknüpfung der Signalglieder -SJ2 und -BG4 erfolgen?

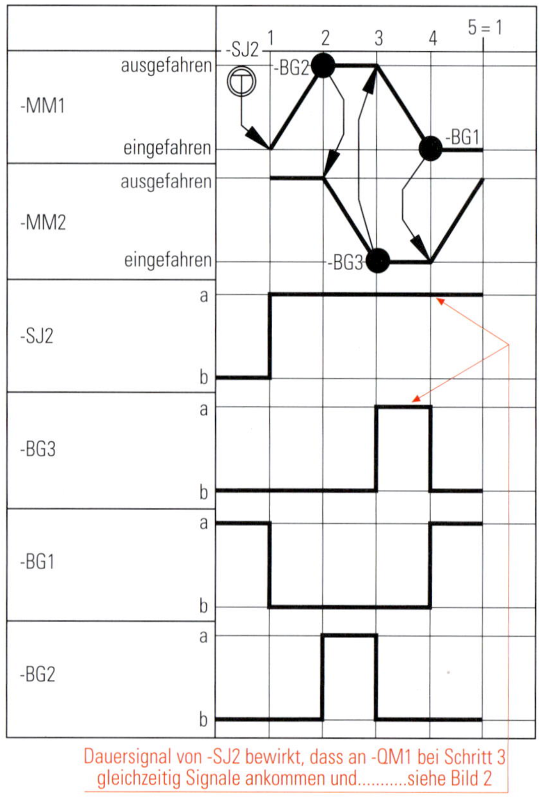

1 Zustandsdiagramm Paketwender: Signal von -BG3 wird blockiert

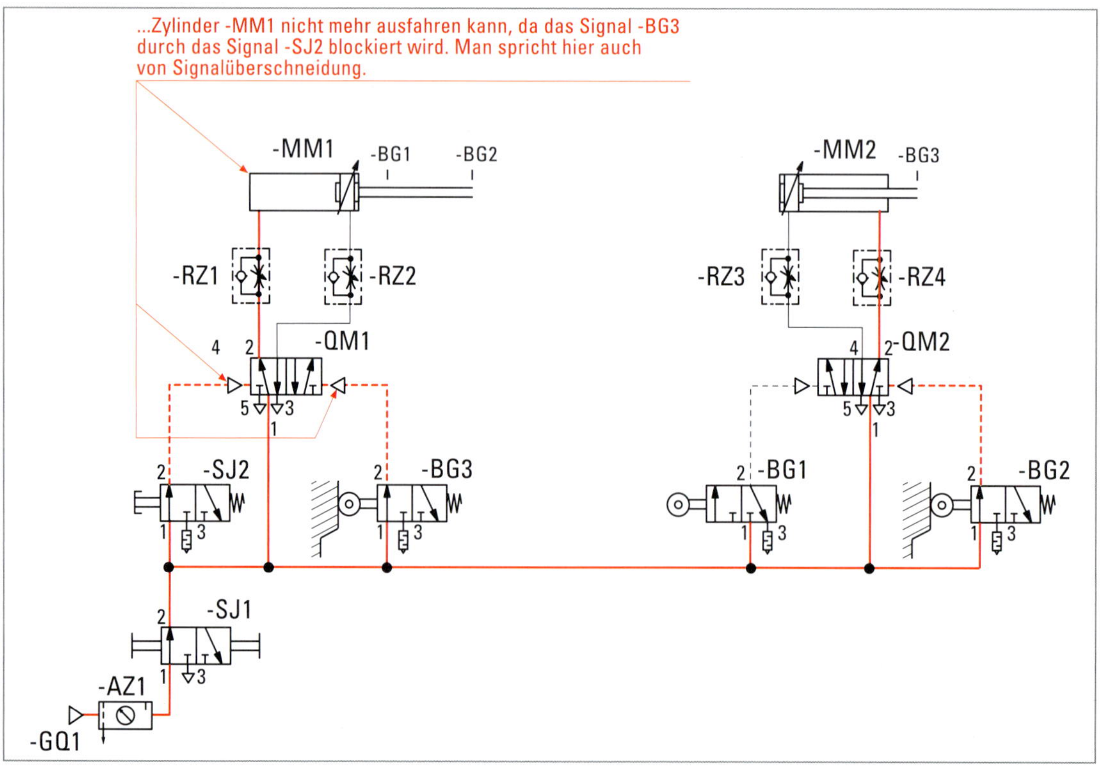

2 Steuerung Paketwender: Signal von -BG3 wird blockiert und Zylinder -MM1 kann nicht ausfahren

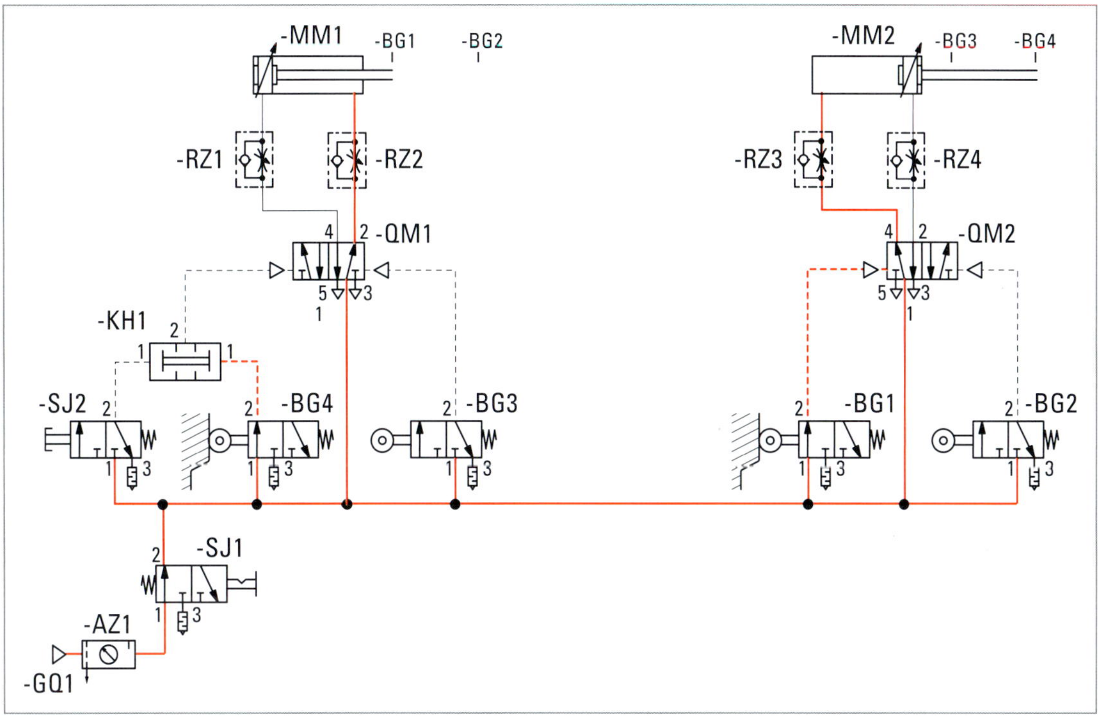

1 *Steuerung Paketwender: Verriegelung von -SJ2 durch -BG4*

1.3.5 Betriebsarten

Die Schaltung soll nun so erweitert werden, dass zwischen den Betriebsarten *(operating modes)* „Einzelbetrieb" *(individual duty)* und „Dauerbetrieb" *(continuous duty)* eine Auswahl erfolgen kann. Zur Vereinfachung wird hier auf eine Verriegelung des Start-Signals -SJ2 verzichtet.

Der Wechsel zwischen den beiden Betriebsarten (Bilder 2 und 3) erfolgt durch ein zusätzliches 5/2-Wegeventil -QM3. Dieses versorgt einmal -SJ2 und einmal -BG4 mit Druckluft. Über ein Wechselventil *(shuttle valve)* kann in Abhängigkeit von -QM3 durch Betätigen von -SJ2 (Bild 2) ein einzelner Zyklus oder über -BG4 (Bild 3) der Dauerbetrieb gestartet werden.

Überlegen Sie!

Entwerfen Sie eine Schaltung, bei der zwischen Dauerbetrieb und Einzelzyklus durch ein 3/2-Wegeventil mit Raste umgeschaltet werden kann und das Signal zum Starten des Einzelzyklus verriegelt wird.

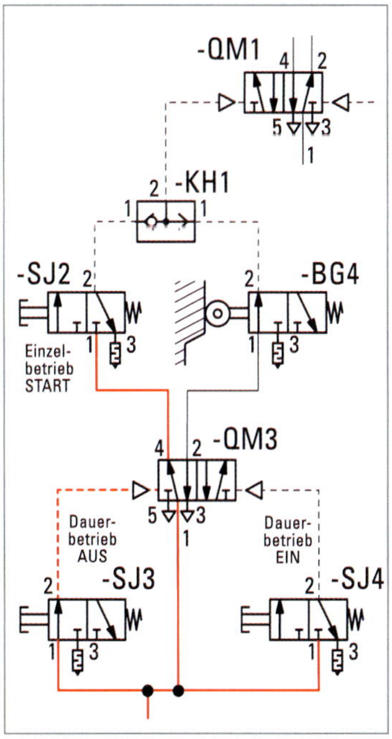

2 *Schaltung im Zustand „Dauerbetrieb AUS".*
Mit „Einzelbetrieb Start" lässt sich ein Arbeitszyklus starten.

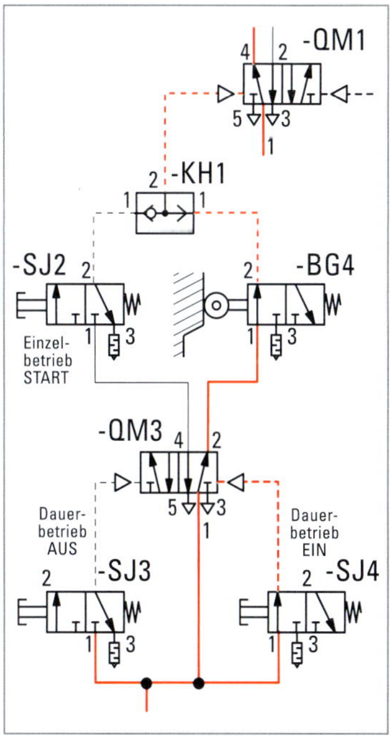

3 *Schaltung im Zustand „Dauerbetrieb EIN".*
Mit -BG4 wird die Betriebsart Dauerzyklus gestartet.

1.3.6 Stopp-Funktionen

Entsprechend den geltenden Sicherheitsvorschriften muss zum Schutz von Personen und der Anlage eine Stopp-Funktion den Ablauf einer Steuerung unterbrechen können.
Stopp-Funktionen lassen sich nach DIN EN 60204-1 in drei Kategorien einteilen:

- **Kategorie 0:** Stillsetzen durch Unterbrechen der Energiezufuhr zu den Maschinen-Antriebselementen, d. h. ein ungesteuertes Stillsetzen
- **Kategorie 1**: Gesteuertes Stillsetzen der Anlage. Die Energiezufuhr zu den Maschinen-Antriebselementen wird dann unterbrochen, wenn Stillstand erreicht ist.
- **Kategorie 2**: Gesteuertes Stillsetzen der Anlage, bei der die Energiezufuhr zu den Maschinenantrieben erhalten bleibt.

Meist ist ein **gesteuertes** Rücksetzen der Anlage (Kategorie 2) sinnvoll, da die Anlagen sowieso gekapselt sind. Sinnvoll ist die Kategorie 2 **deshalb**, weil die Steuerung sich nicht mehr starten lässt, wenn noch kein Rolltaster betätigt ist, der den nächsten Schritt auslöst. Ein Kategorie-0-Stopp ist unabhängig von der Betriebsart und hat immer Vorrang vor einem Stopp der Kategorie 1 und 2. Das **Stillsetzen einer Anlage im Notfall** muss durch einen Stopp der Kategorie 0 oder 1 erfolgen und wird mit einem **NOT-AUS** *(emergency cutout)* unmittelbar nach der Druckluftversorgung realisiert (Bild 1). Die Schaltung zeigt ein 3/2-Wegeventil mit Verrastung und Durchflussruhestellung zum Stillsetzen des Werkstückwenders. Beim Betätigen des NOT-AUS wird die Anlage entlüftet und somit die Energieversorgung unterbrochen.

2 NOT-AUS-Befehlseinrichtung

NOT-AUS-Befehls-Einrichtungen sind gekennzeichnet durch einen **roten Stellteil** vor einem **gelben Hintergrund** (Bild 2). Die Betätigung kann erfolgen durch Pilztaster, Drahtseile, Leinen, Stangen, Griffe oder durch Fußschalter ohne Schutzhaube. Das Rückstellen des NOT-AUS darf zu keinem Wiederanlauf der Anlage führen.

Nachfolgend wird der pneumatische Schaltplan noch durch einen Stopp-Taster der Kategorie 2 ergänzt, mit dem

- der Steuerungsablauf unterbrochen wird, indem die Energieversorgung zu den Signalgliedern unterbrochen wird
- die Antriebsglieder beim Stopp der Anlage in eine vordefinierte Lage gefahren werden, aus der sich die Anlage wieder starten lässt. Die Energieversorgung der Antriebsglieder darf somit nicht ausgeschaltet werden.

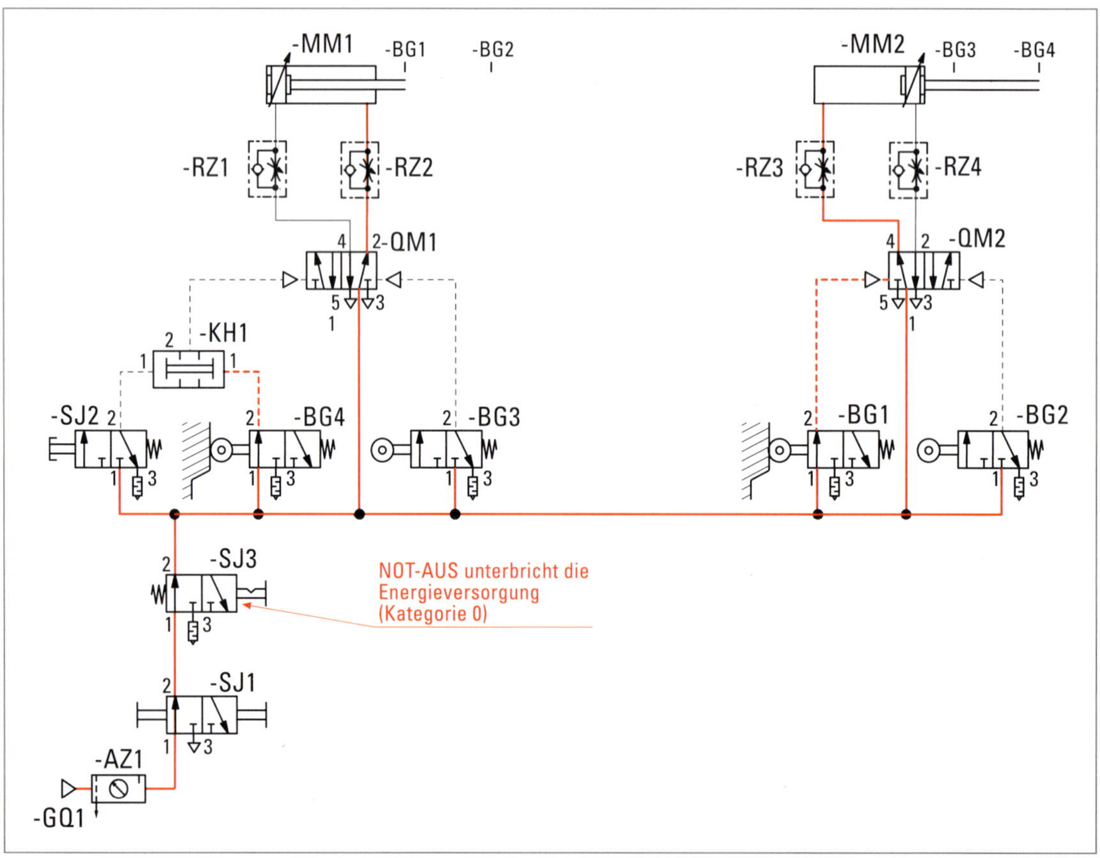

1 Steuerung Paketwender mit NOT-AUS-Einrichtung -SJ3

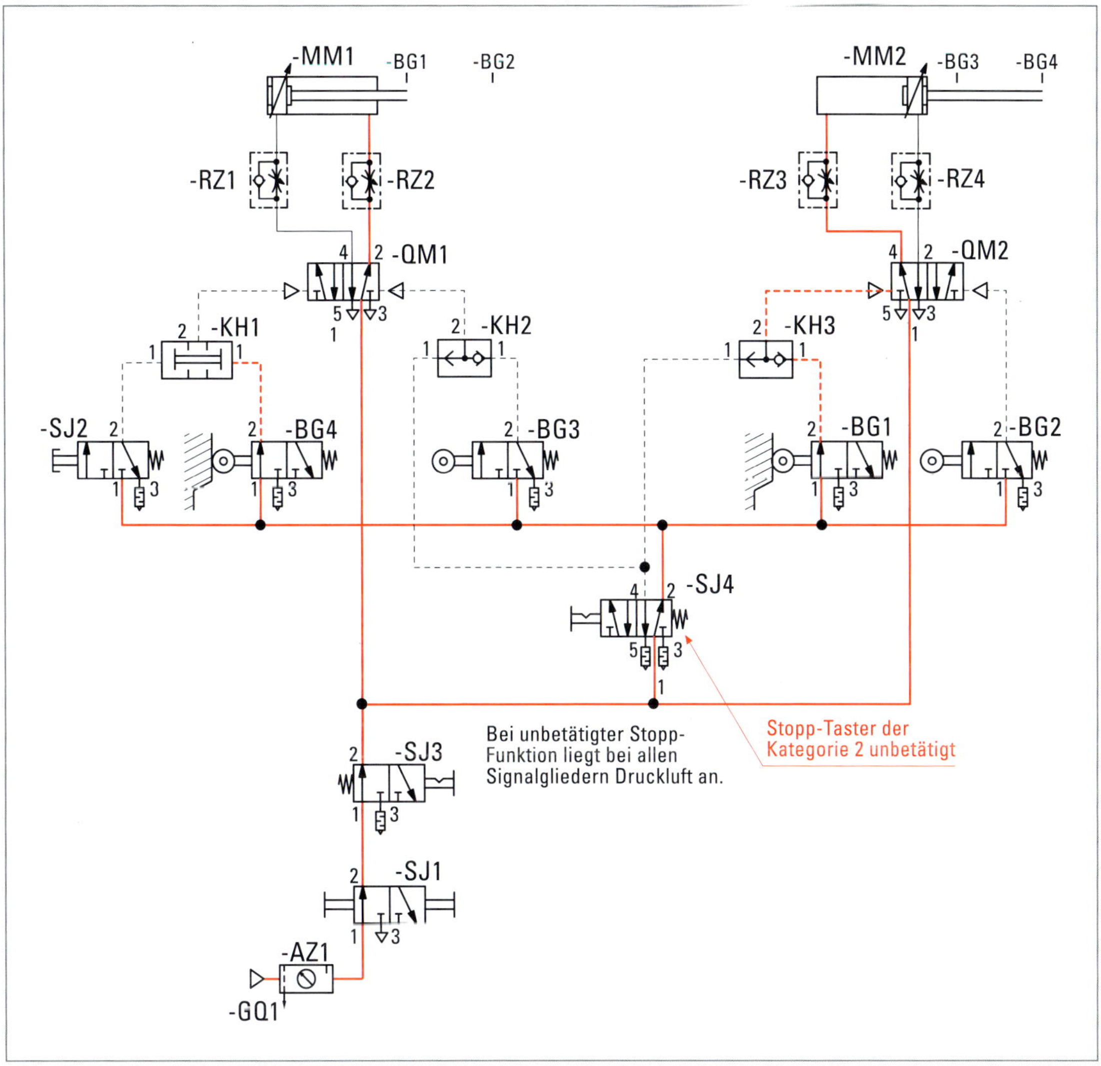

***1** Steuerung Paketwender mit NOT-AUS-Einrichtung -SJ3 und unbetätigtem Stopp-Taster -SJ4*

So sollen die Kolben der Zylinder aus unserem Beispiel durch eine **Stopp-Funktion der Kategorie 2** wieder in ihre Ausgangsstellung zurückkehren. Die Schaltungen Bild 1 und Seite 134 Bild 1 zeigen, dass als Stopp-Taster ein 5/2-Wegeventil -SJ4 mit Raste eingebaut wurde. Im **unbetätigten Zustand** versorgt dieses Ventil **alle Signalglieder mit Druckluft**. Bei seiner **Betätigung** wird zunächst allen Signalgliedern die **Versorgung mit Druckluft genommen**. Über Wechselventile werden die beiden Stellglieder -QM1 und -QM2 wieder in ihre Grundstellung gebracht und die beiden Zylinder fahren in ihre Ausgangsstellung zurück.

MERKE

Das Stillsetzen einer Anlage im Notfall muss durch eine Stopp-Funktion der Kategorie 0 oder 1 erfolgen. Dabei wird die Energieversorgung der gesamten Anlage unterbrochen. Eine NOT-AUS-Einrichtung erkennt man am roten Stellteil vor einem gelben Hintergrund.
Bei pneumatischen Anlagen ist zum Stillsetzen oft ein Stopp der Kategorie 2 sinnvoll.

Überlegen Sie!

1. *Woran erkennt man einen NOT-AUS-Schalter?*
2. *Durch welche Ventile sind die beiden Stellglieder -QM1 und -QM2 zu ersetzen, damit beim Rückstellen des NOT-AUS-Tasters -SJ3 ein Wiederanlauf der Anlage verhindert wird?*
3. *Überlegen Sie sich Beispiele, in denen das Auslösen eines Stopps der Kategorie 0 neue gefährliche Situationen hervorrufen könnte.*
4. *Ergänzen Sie obige Schaltung zusätzlich um zwei 3/2-Wegeventile mit Taster und Federrückstellung. Sie sollen kein automatisches, sondern gewolltes Rücksetzen (Richten) der Anlage in die Grundstellung bewirken.*

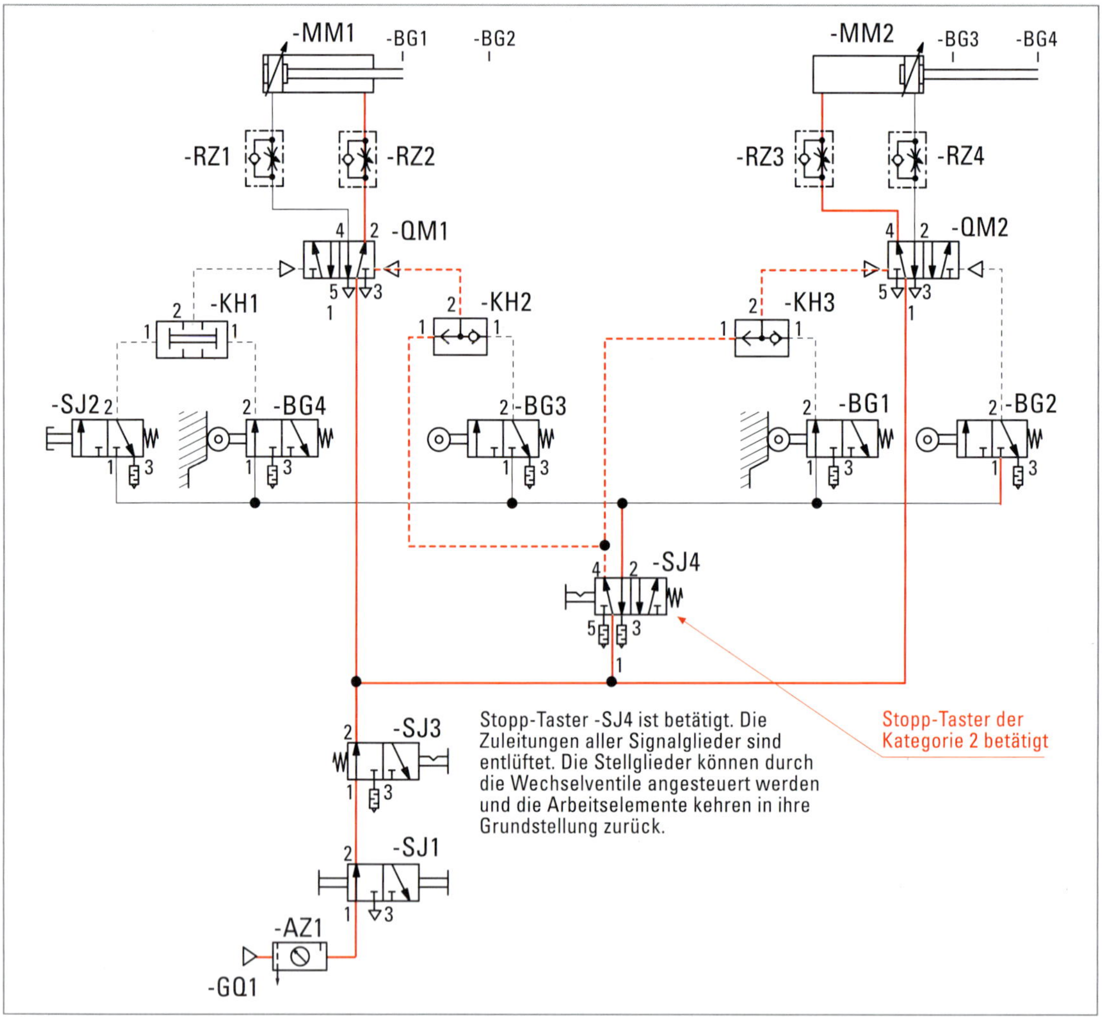

1 *Steuerung Paketwender mit NOT-AUS-Einrichtung -SJ3 und betätigtem Stopp-Taster -SJ4*

1.3.7 Signalüberschneidung/Signalabschaltung

Aufgabenstellung: Spannen und Vernieten von Bauteilen
In einer teilautomatisierten Vorrichtung *(semi-automated device)* (Bild 2) werden zwei Werkstücke zunächst von Hand eingelegt und vom Zylinder -MM1 gespannt. Zylinder -MM2 presst dann den vorher eingesetzten Stift ein. Anschließend fährt er wieder in seine Ausgangslage zurück. Nach dem Einfahren des Zylinders -MM1 können die vernieteten Bauteile entnommen werden.

Die **Lösung** der Aufgabe erfolgt wieder in drei Schritten:

Schritt 1	**Schritt 2**	**Schritt 3**
Festlegen der Antriebsglieder	Analyse der Aufgabe: ■ Weg-Schritt-Diagramm ■ Zustands-diagramm	Entwickeln der Steuerung: ■ Geräteliste ■ Pneumatischer Schaltplan

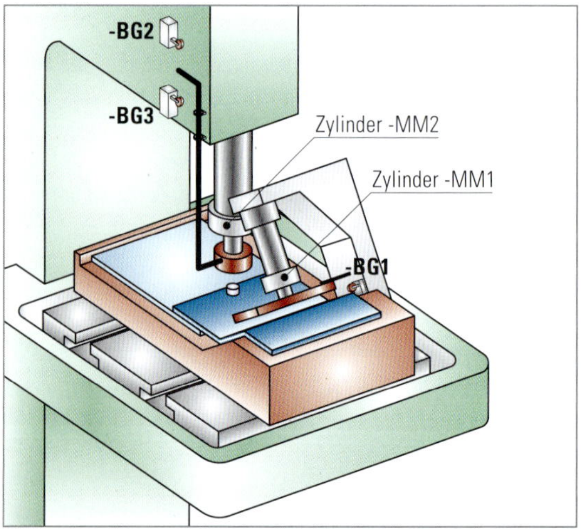

2 *Vorrichtung zum Spannen und Vernieten von Bauteilen*

Schritt 1: Festlegen der Antriebsglieder
Zum Spannen und Vernieten kommen jeweils doppelt wirkende Zylinder zum Einsatz. Zur Erhöhung der Lebensdauer der Zylinder sind diese mit einer Endlagendämpfung ausgestattet.

Schritt 2: Analyse der Steuerungsaufgabe
Lageplan (Seite 134 Bild 2)
Darstellung des Ablaufs in Kurzform:

In Tabellenform			Als Funktionsablauf mit Symbolen
Schritt	Antrieb -MM1	Antrieb -MM2	-MM1+ | -MM2+ | -MM2- | -MM1-
1	fährt aus		Dabei steht + für das Ausfahren und – für das Einfahren des Antriebselements
2		fährt aus	
3		fährt ein	
4	fährt ein		

Als nächstes werden wieder ein Weg-Schritt- und ein Zustandsdiagramm mit den zugehörigen Signalgliedern und Signallinien erstellt (Bilder 1 und 2).

Schritt 3: Entwickeln der Steuerung
Geräteliste

-AZ1	Wartungseinheit
-SJ2	3/2-Wegventil betätigt durch einen Taster; Rückstellung durch eine Feder
-BG1	3/2-Wegventil betätigt durch eine Rolle; Rückstellung durch eine Feder
-SJ1	Hauptventil
-QM1	5/2-Wegeimpulsventil; druckluftbetätigt
-RZ1	Drosselrückschlagventil
-RZ2	Drosselrückschlagventil
-MM1	Spannen: Doppelt wirkender Zylinder mit Endlagendämpfung
-BG2	3/2-Wegventil betätigt durch eine Rolle; Rückstellung durch eine Feder
-BG3	3/2-Wegventil betätigt durch eine Rolle; Rückstellung durch eine Feder
-QM2	5/2-Wegeimpulsventil; druckluftbetätigt
-RZ3	Drosselrückschlagventil
-RZ4	Drosselrückschlagventil
-MM2	Verstiften: Doppelt wirkender Zylinder mit Endlagendämpfung

3 *Geräteliste Nietvorrichtung*

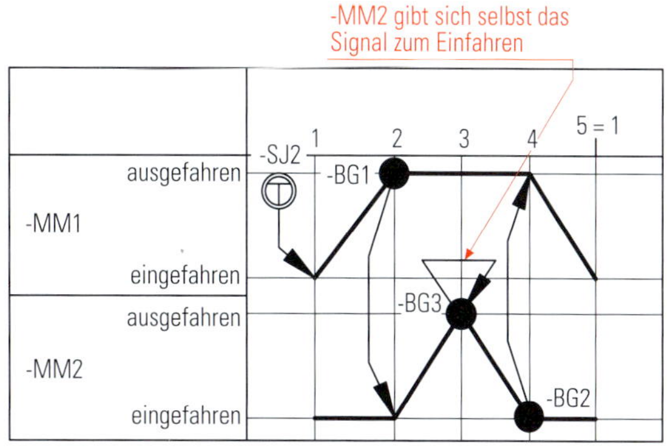

1 *Weg-Schritt-Diagramm Nietvorrichtung*

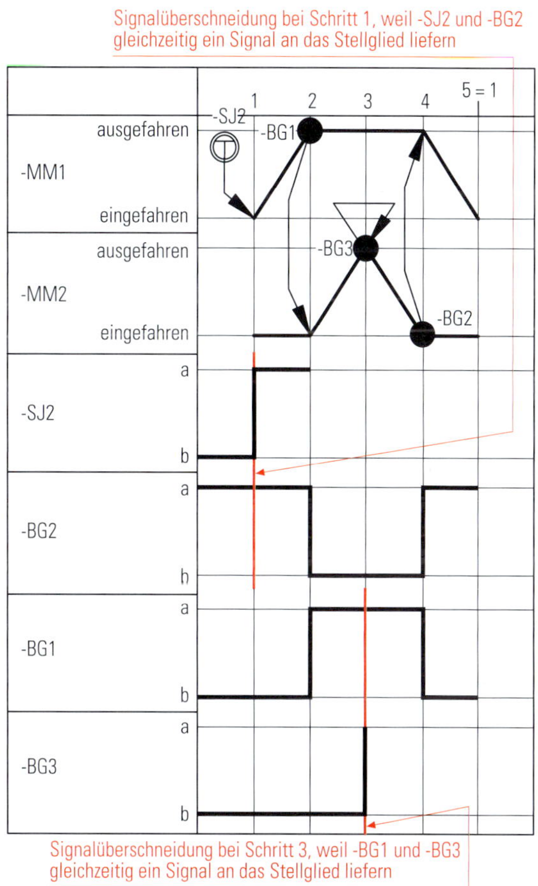

2 *Zustandsdiagramm Nietvorrichtung*

Bevor die Fachkraft den Schaltplan erstellt, müssen bei dieser Steuerungsaufgabe noch die Vorgaben aus dem Zustandsdiagramm (Bild 2, rote Linien) beachtet werden. Es ergibt sich bei Schritt 1 eine **Überschneidung der Signale** -SJ2 und -BG2 *(signal crossover)*. An -QM1 stehen gleichzeitig Signale an. Als Folge davon (Seite 136 Bild 2) lässt sich der Ablauf nicht starten. Bei Schritt 3 kommt es zu einer Überschneidung der Signale -BG1 und -BG3. An -QM2 liegen wieder gleichzeitig zwei Signale an. Diese Überschneidung (Seite 136 Bild 3) verhindert das

Einfahren des Zylinders -MM2. Aus diesem Grund müssen die Signale von -BG2 bei Schritt 1 und von -BG1 bei Schritt 3 abgeschaltet werden *(signal switching-off)*.

MERKE

Bei der Planung einer Steuerungsaufgabe ist zunächst im Zustandsdiagramm zu prüfen, ob sich Signale überschneiden.
Wenn sich Signale überschneiden, müssen einzelne Signale abgeschaltet werden.
Dies kann erfolgen durch:

- Rolltaster mit Leerrückhub *(roller calliper with idling return stroke)*
- Verzögerungsventile *(recovery valves)* (Signalverkürzung)
- ein Umschaltventil *(switching valve)*

Pneumatischer Näherungsschalter

Der pneumatische Näherungsschalter (Bild 1) besteht aus einem 3/2-Wegeventil, das bei der Annäherung eines Magnetfeldes betätigt wird und ein pneumatisches Signal liefert. Deshalb ist zum Betreiben dieses Sensors ein Antrieb mit einem Permanentmagneten notwendig. Der Näherungsschalter wird direkt am Zylinder befestigt. Gegenüber dem Rolltaster arbeitet dieses Signalglied berührungslos und ist somit nahezu verschleißfrei.

1 Pneumatischer Näherungsschalter mit Federrückstellung

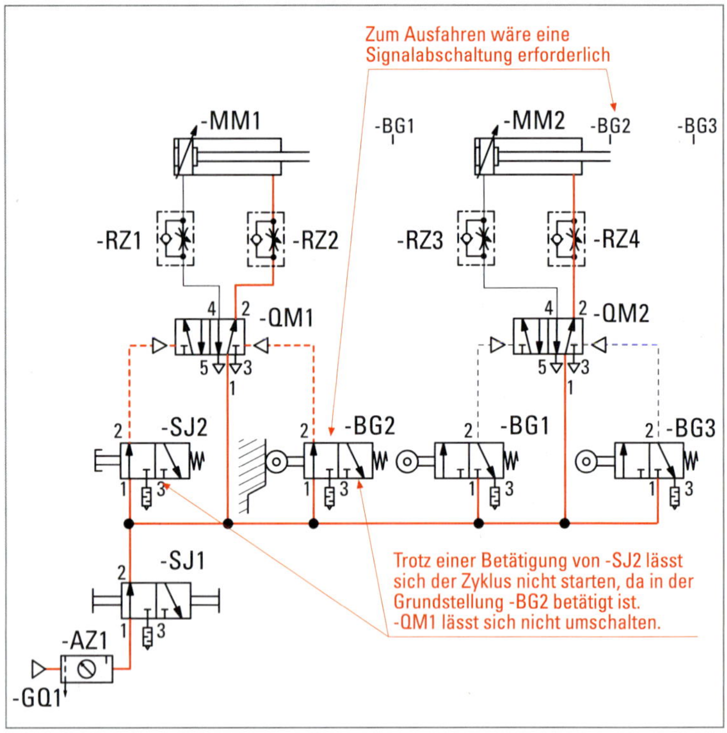

2 Nietvorrichtung: Signalüberschneidung bei Schritt 1

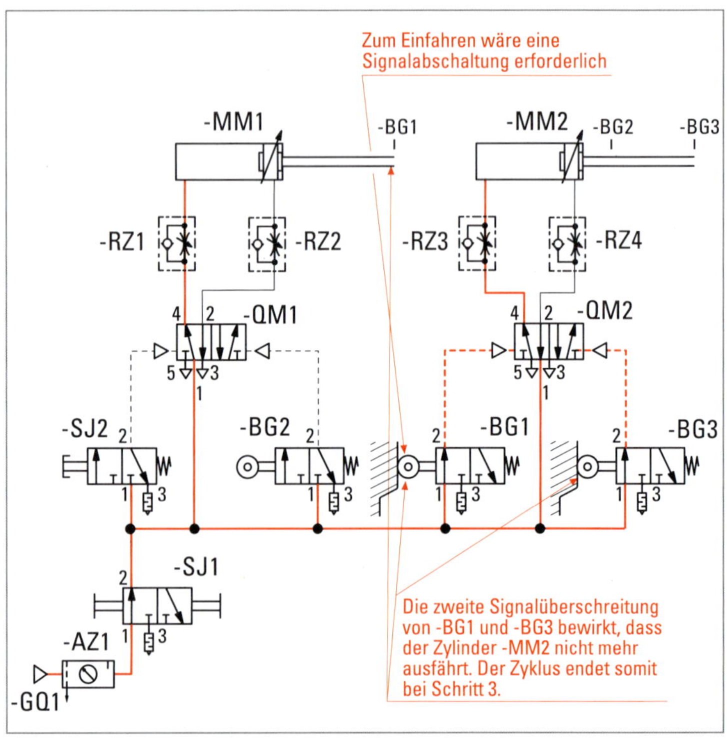

3 Nietvorrichtung: Signalüberschneidung bei Schritt 3

1.3.8 Signalabschaltung durch Rolltaster mit Leerrückhub

Zylinder fährt aus

Kipphebel muss vollständig überfahren werden

Zylinder fährt ein: Beim Rückhub wird das Ventil **nicht betätigt**

1 *Rolltaster mit Leerrückhub*

Rolltaster mit Leerrückhub (Bild 1) wirken nur in eine Richtung. Technisch wird dies durch ein drehbares Gelenk ermöglicht. Im Schaltplan (Bild 2) wird die Betätigungsrichtung durch einen **Pfeil** bei den Arbeitselementen gekennzeichnet. Bei der Montage ist sicherzustellen, dass die Rolle entsprechend der Darstellung im Schaltplan richtig eingebaut wird und in Pfeilrichtung schaltet. Außerdem muss der Zylinder den Rolltaster vollständig überfahren. Nur so wird das Signal auch wirklich abgeschaltet. Verfährt das Arbeitselement in die andere Richtung, wird das Ventil nicht betätigt. Diese Art der Betätigung hat den Nachteil, dass Signale zur weiteren Verarbeitung nicht mehr zur Verfügung stehen. Darüber hinaus sind Steuerungen *(open loop controls)*, bei denen Kipphebel *(valve rockers)* verwendet werden, störungsanfälliger und nicht so betriebssicher wie die noch folgenden Möglichkeiten der Signalabschaltung.

Überlegen Sie!

Was ist aus dem dazugehörigen Funktionsdiagramm (Zustandsdiagramm) ersichtlich?

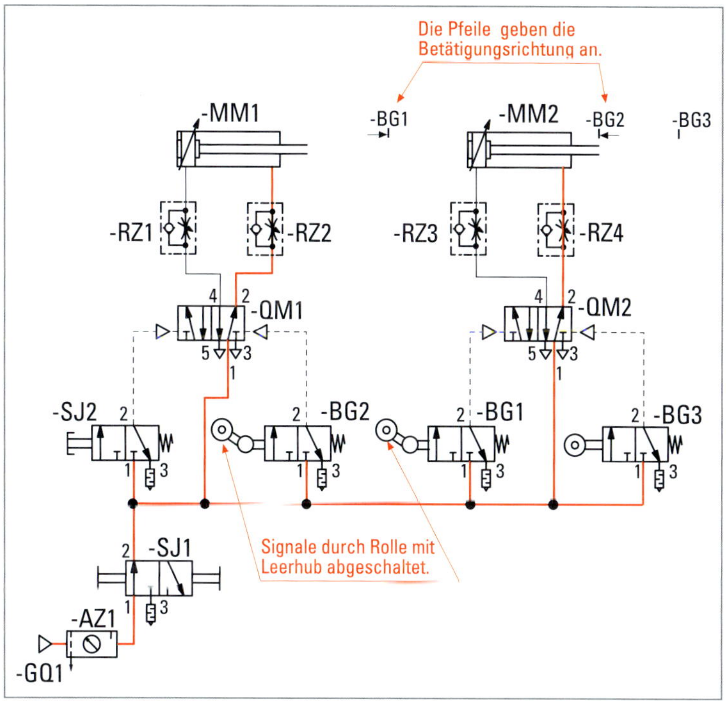

2 *Nietvorrichtung: Signalabschaltung durch Rolltaster mit Leerrückhub*

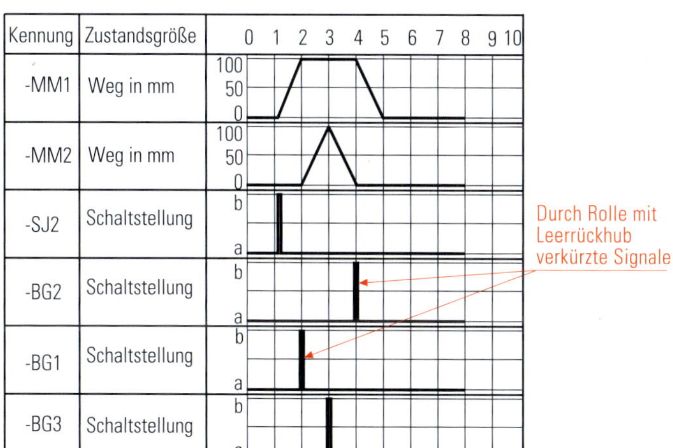

3 *Zustandsdiagramm bei Signalabschaltung durch Rolltaster mit Leerrückhub*

1.3.9 Signalabschaltung durch Verzögerungsventile

Der abgebildete Schaltplan (Bild 1) zeigt die Schaltung mit Verzögerungsventilen (Bild 2) in Durchflussruhestellung. Diese Ventile werden auch als **Signalverkürzer** bezeichnet, da ein Dauersignal am Anschluss 1 nur für eine einstellbare Zeit weitergegeben wird. Befindet sich die Steuerung in ihrer Ausgangsstellung, lässt sich die Anlage bekanntlich nicht starten, da an -QM1 gleichzeitig die Signale -SJ2 und -BG2 anliegen. Das Signal -BG2 muss deshalb abgeschaltet bzw. verkürzt werden. Die Schaltung zeigt, dass an -BG2 nach wie vor ein Dauersignal anliegt. Dieses gibt aber nur **kurzzeitig** über das im Verzögerungsventil befindliche 3/2-Wegeventil mit Durchflussruhestellung ein Umschaltsignal an das Stellglied -QM1. Kurzzeitig deshalb, weil sich beim Betätigen von -BG2 gleichzeitig über eine einstellbare Drossel die Luftkammer des Verzögerungsventils füllt und das 3/2-Wegeventil in die Sperrstellung wechselt. Somit kann das Signal -BG2 das Ventil -QM1 nicht mehr erreichen, es wurde abgeschaltet bzw. verkürzt. Die Bilder 1 und Seite 139 Bild 1 zeigen zwei Momentdarstellungen bei Schritt 4 im Steuerungsablauf. Bei der ersten Darstellung ist zu erkennen, dass das Signal weitergeleitet wird, bei der zweiten Darstellung erfolgte die Abschaltung des Signals. Dasselbe geschieht auch bei der Abschaltung des Signals -BG1.

2 *Zeitverzögerungsventil*

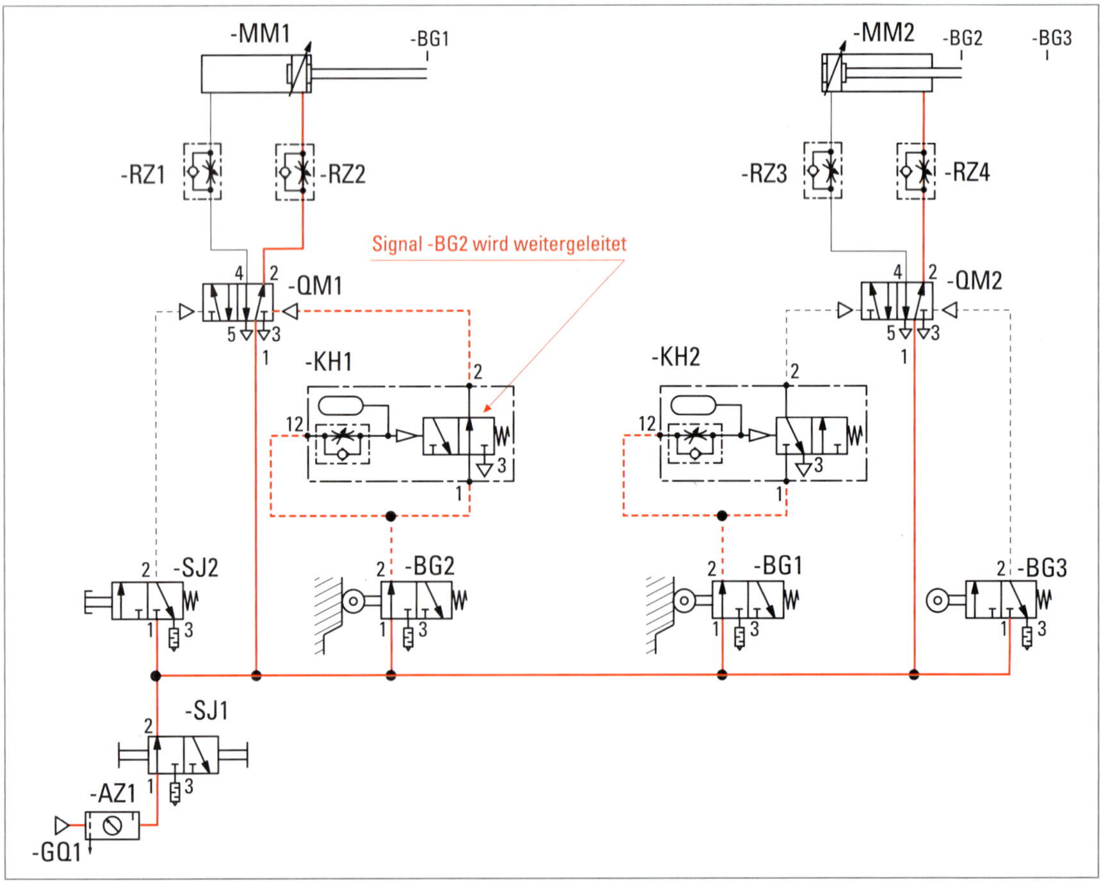

1 *Nietvorrichtung: Signal -BG2 wird weitergeleitet*

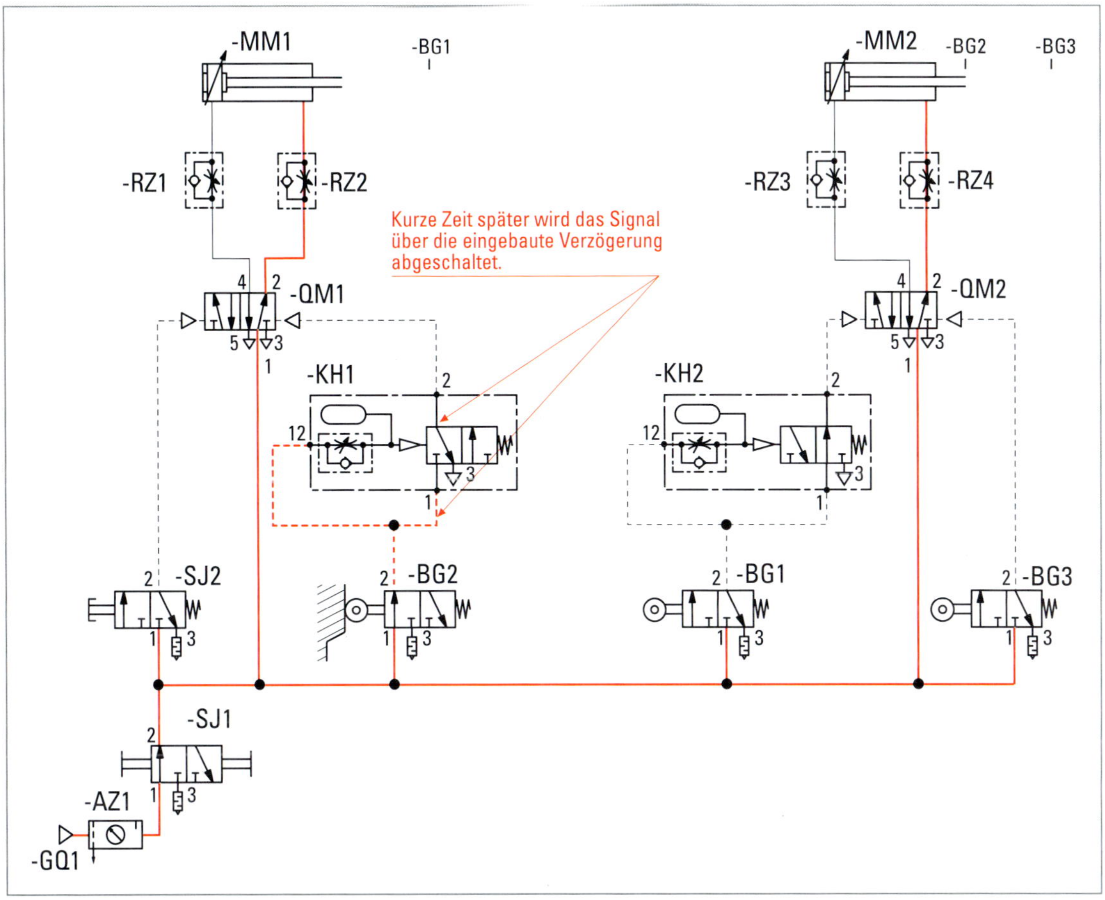

1 *Nietvorrichtung: Signal -BG2 wird abgeschaltet*

1.3.10 Signalabschaltung durch ein Umschaltventil

Eine weitere Alternative zur Signalabschaltung stellt die Verwendung eines zusätzlichen Umschaltventils dar (Seite 140 Bilder 1 und 2). Als Umschalter wird ein 5/2-Impulsventil verwendet. Die Signalüberschneidung wird dadurch verhindert, dass das 5/2-Wegeventil zum richtigen Zeitpunkt zwischen zwei oder mehreren Strängen *(branches)* S1, S2, S3, …, an die die Signalglieder angeschlossen werden, umschaltet und diese belüftet bzw. entlüftet. Die Signalglieder, die am belüfteten Strang angeschlossen sind, können somit ihre Signale weiterleiten. Die restlichen nicht benötigten Eingabeglieder am unbelüfteten Strang sind deaktiviert. In unserem Beispiel sind zum Schalten der Stellglieder -QM1 und -QM2 vier Signalglieder nötig, die mit den beiden Strängen S1 und S2 verbunden werden. Beim Erstellen des Schaltplans ist zu beachten, dass sich Stellbefehle nicht „überschneiden". So gehören z. B. die Befehle von -SJ2 und -BG2 für das Aus- und Einfahren des Zylinders -MM1 nicht auf denselben Strang. Dasselbe gilt für -BG1 und -BG3.

Beim Drücken des Handtasters -SJ2 wechselt das Umschaltventil seine Schaltstellung, der Strang S1 wird belüftet und der Strang S2 entlüftet. Das Signal -BG2 ist nicht mehr aktiv, das Stellglied -QM1 wird betätigt und der Zylinder -MM3 fährt aus (Seite 140 Bild 1). Im nächsten Schritt wird das Signalglied -BG1, das sich am belüfteten Strang S1 befindet, betätigt. Das Stellglied -QM2 gibt den Befehl zum Ausfahren des Zylinders -MM2. In der vorderen Endlage gibt -BG3 ein Signal und das Umschaltventil wechselt seine Schaltstellung. Der Strang S1 wird entlüftet, der Strang S2 belüftet. Das Signal von -BG1 wird abgeschaltet, der Zylinder -MM2 kann einfahren (Seite 140 Bild 2). In der hinteren Endlage gibt -BG2 an das Stellglied -QM1 den Befehl zum Einfahren des Spannzylinders.

Überlegen Sie!

1. *Welche Aufgabe hat der Grenztaster -BG4?*
2. *Warum müssen in bestimmten Fällen Signale in Steuerungen abgeschaltet werden?*
3. *Welchen Nachteil hat die Signalabschaltung durch Ventile mit Kipphebel oder durch Verzögerungsventile gegenüber der Verwendung eines Umschaltventils?*

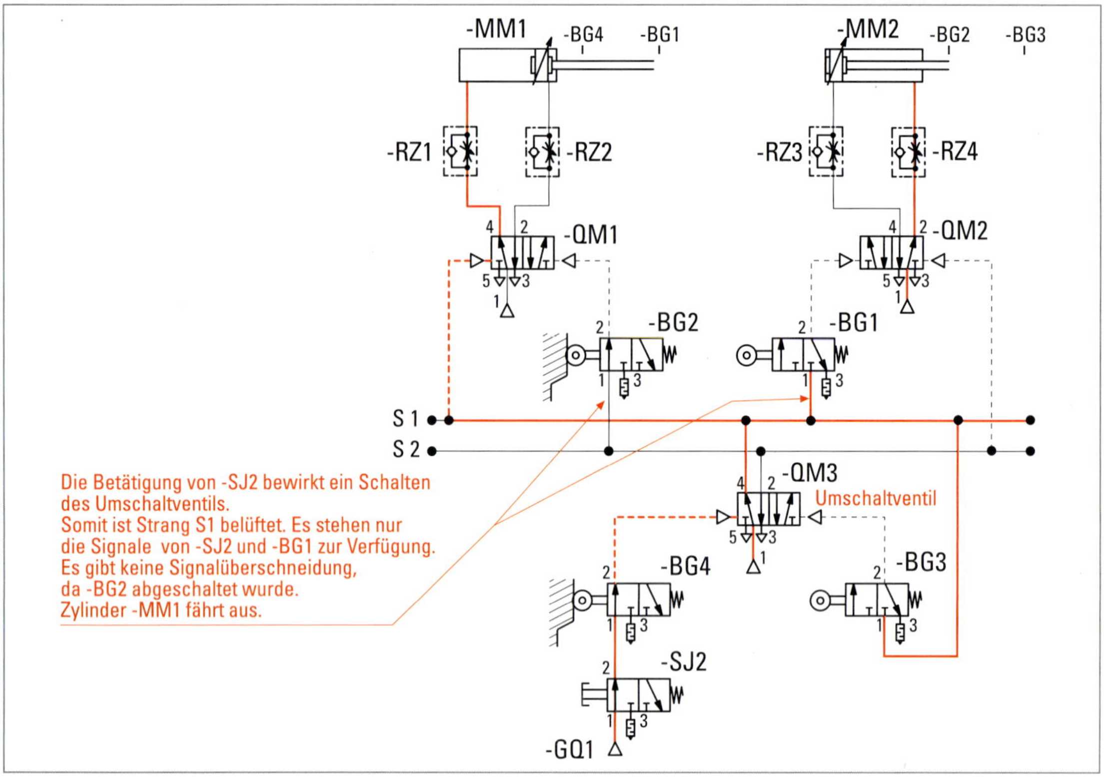

1 *Nietvorrichtung: Strang S1 ist belüftet*

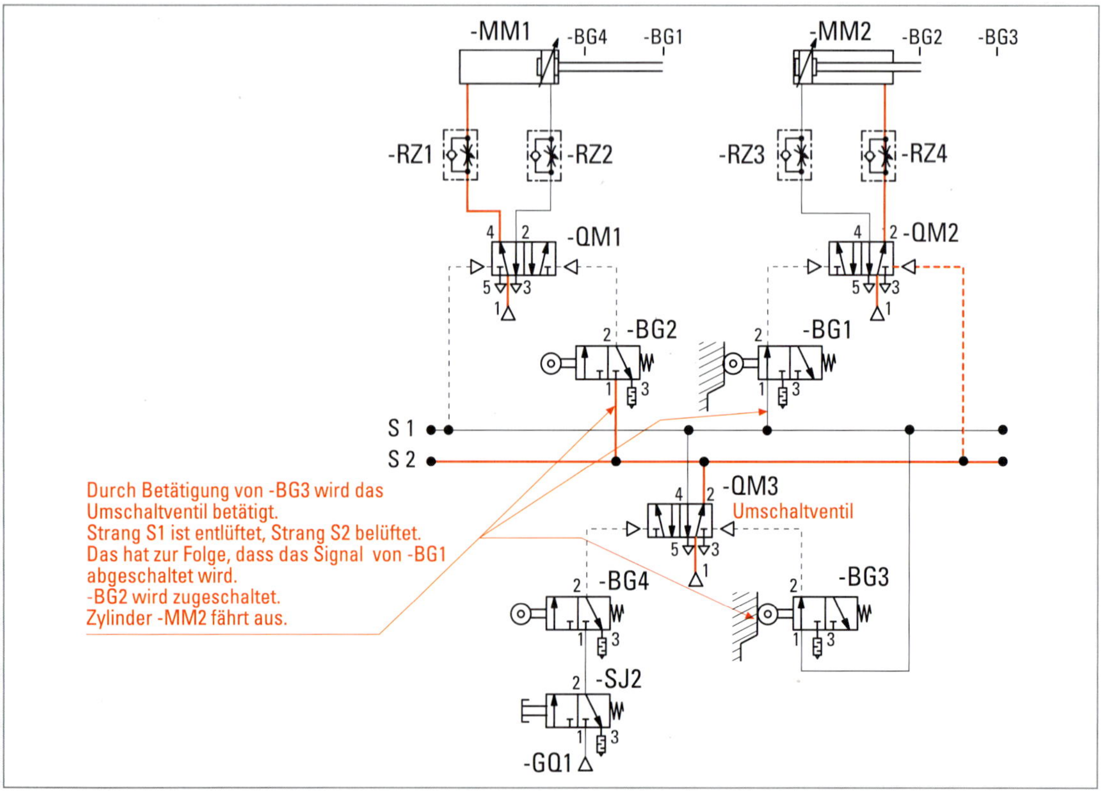

2 *Nietvorrichtung: Strang S2 ist belüftet*

1.4 Druckluftleitungen/ Nomogramme

1.4.1 Druckluftverteilung

Im modernen Fertigungsbetrieb benötigt jede Maschine, jede pneumatische Vorrichtung eine bestimmte Menge an Druckluft *(compressed air)*. Ein **Verdichter** *(compressor)* erzeugt diese meist zentral und ein **Rohrleitungssystem** *(pipe system)* sorgt für die Druckluftverteilung *(manifold)* an die jeweiligen Verbraucher. Bei der Dimensionierung der Leitungen sind folgende Punkte wichtig:

- Ein **Druckabfall** *(pressure drop)* von mehr als 0,1 bar beeinträchtigt die Wirtschaftlichkeit und Leistung der Anlage erheblich.
- Um bei einer Erweiterung eine größere Luftentnahme *(air withdrawal)* zu gewährleisten, sollte das Rohrsystem von vorn herein großzügig dimensioniert sein.

MERKE

Eine spätere Montage eines Rohrsystems mit größeren Nennweiten verursacht erhebliche Kosten.

Druckluftleitungen *(compressed air pipings)* sind an ihrem Anfang und Ende sowie an Abzweigen, Wanddurchführungen, Armaturen und Verteilern sowohl farblich (**signalgrau**, RAL 7004) als auch durch eine entsprechende Beschriftung zu kennzeichnen.
Die Druckluftleitung muss an der gesamten Leitungslänge durch graue Farbringe oder durchgehende graue Lackierung gekennzeichnet werden.

1.4.2 Auswahl der Leitungen

Der Rohrdurchmesser hängt ab:

- vom Luftverbrauch *(air consumption)*
- von der Länge der Leitung *(length of pipe)*

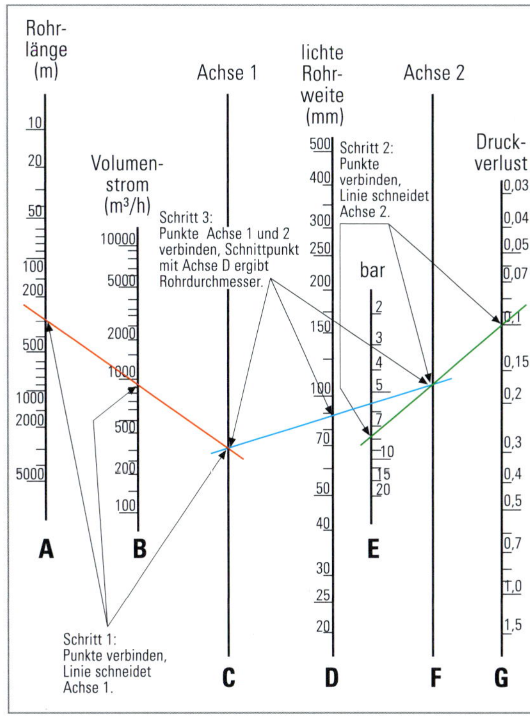

1 *Nomogramm zur Bestimmung des Rohrdurchmessers*

- vom zulässigen Druckverlust *(head loss)*
- vom benötigten Betriebsdruck *(operating pressure)*
- von der Anzahl der Drosselstellen *(places of chokes)* (Rohrbögen, Durchgangsventile usw.)

Beispiel:

Der Gesamtverbrauch in einem Betrieb liegt bei 16 m³/min (960 m³/h). Die Rohrleitung wird 280 m lang, in ihr befinden sich 6 T-Stücke, 5 Normalkrümmer, 1 Durchgangsventil. Der zulässige Druckverlust liegt bei 0,1 bar, der Betriebsdruck bei 8 bar. Es soll der notwendige Rohrdurchmesser bestimmt werden.

Beispielrechnungen

Mithilfe eines **Nomogramms** (Bild 1) wird ein vorläufiger Rohrdurchmesser bestimmt. Dazu verbindet man Linie A (Rohrlänge 280 m) mit B (Volumenstrom 960 m³/h) bis zur Linie C (Achse 1). Linie E (Betriebsdruck 8 bar) und G (Druckverlust 0,1 bar) schneiden Linie F (Achse 2). Die Schnittpunkte der Achsen 1 und 2 werden verbunden. Der Schnittpunkt bei D (lichte Rohrweite) gibt den vorläufigen Rohrdurchmesser an. Dieser beträgt 90 mm.
Bis hierher wurden die Drosselstellen noch nicht berücksichtigt. Diese werden als Ersatzlängen angegeben, d. h. als Länge eines geraden Rohres, das denselben Widerstand darstellt wie die Drosselstellen.
Diese Ersatzlänge lässt sich wieder anhand eines Nomogramms (Seite 142 Bild 1) ermitteln.

Ausgehend vom vorläufigen Rohrdurchmesser von 90 mm auf der Achse C schneidet eine vertikale Linie schräg eingezeichnete Linien, die jeweils den unterschiedlichen Drosselstellen zugeordnet sind. Von den Schnittpunkten ausgehend zeichnet man nun waagrechte Linien ein. Die Achse A gibt die entsprechenden Ersatzlängen der einzelnen Drosselstellen an. Sechs T-Stücke entsprechen einer Ersatzlänge von 6 · 10,8 m = 64,8 m, fünf Normalkrümmer einer Länge von 5 · 1,08 m = 5,4 m. Ein Durchgangsventil entspricht einer Ersatzlänge von 33 m.
Durch Addieren ergibt sich eine Gesamtersatzlänge von 64,8 m + 33 m + 5,4 m = 103,2 m ≈ 100 m.

Die **Gesamtlänge** beträgt dann
L_{ges} = 280 m + 100 m = 380 m.

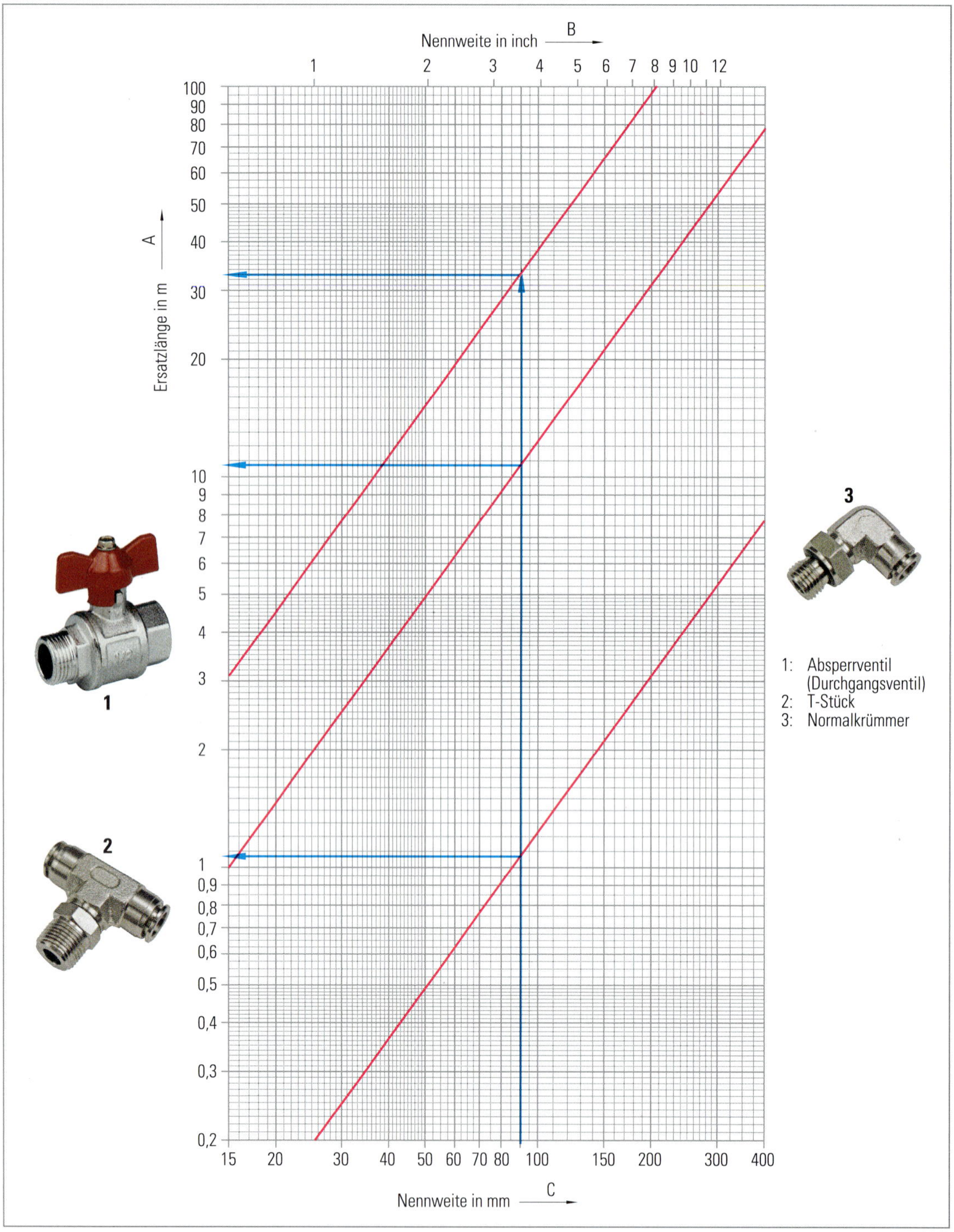

1 *Nomogramm zur Ermittlung von Ersatzlängen der Drosselstellen*

Überlegen Sie!

Ermitteln Sie nun, ausgehend von 380 m Gesamtlänge, mithilfe des Nomogramms Seite 141 Bild 1 den erforderlichen Rohrdurchmesser.

1.4.3 Verlegung des Rohrnetzes

Da Rohrleitungen der regelmäßigen Wartung und Kontrolle auf Dichtheit bedürfen, ist es wichtig, dass diese nicht im Mauerwerk oder an Engstellen verlegt werden.

Stichleitung *(branch piping)* (Bild 1)
Stichleitungen sollten wegen des anfallenden Kondensats in Strömungsrichtung mit 1...2 % Gefälle verlegt werden. Bei horizontalem Leitungsverlauf müssen sich die Entnahmestellen wegen des Kondenswassers an der Oberseite befinden. An der Unterseite der Leitungen sind spezielle Rohrleitungen zum Ablassen des Kondenswassers vorzusehen (Bild 2).
Das Kondenswasser, das bei der Entnahme der Druckluft durch die Entspannung und Abkühlung der komprimierten Luft entsteht, enthält zahlreiche Verunreinigungen wie z. B. Öl. Daher muss es fachgerecht entsorgt werden.

Ringleitung *(loop)* (Bild 3)
Diese Lösung wird gewählt bei einem starken Luftverbrauch, da hier die Luft aus zwei Richtungen nachströmen kann.

Verbundnetz *(interlinked power system)* (Bild 4)
Ein Verbundnetz besteht aus einer Ringleitung mit zusätzlichen Quer- und Längsverbindungen. So ist es möglich, an jedem Ort mit Druckluft zu arbeiten. Nicht benötigte Leitungen oder solche, die gewartet oder instandgesetzt werden, können durch Absperrhähne vom Netz getrennt werden.

1.4.4 Leitungsmaterial

Für die Hauptleitungen kommen Werkstoffe wie Kupfer *(copper)*, Messing *(brass)*, Edelstahl *(stainless steel)*, verzinktes Stahlrohr *(zinc plated steel tube)* oder Kunststoffrohre *(plastic pipes)* zum Einsatz. Das Verbinden erfolgt durch Löten, Pressen, Verschrauben oder Schweißen. Verzinkte Stahlrohre haben den Nachteil, dass die Verschraubungen nicht immer ganz dicht sind. Außerdem sind sie selbst mit verzinkter Oberfläche anfällig gegen Korrosion. **Wartungseinheiten** *(maintenance units)* verhindern, dass die empfindlichen pneumatischen Bauteile durch Oxide aus den Leitungen zerstört werden.
Wo eine Flexibilität der Leitung gefordert wird, werden Gummi- *(rubber tubes)* oder Kunststoffschlauchleitungen *(plastic tubes)* aus Polyethylen oder Polyamid verwendet.

Überlegen Sie!

1. *Welche Größen sind bei der Dimensionierung der Luftleitungen ausschlaggebend?*
2. *Wovon hängt der benötigte Rohrdurchmesser der Leitungen ab?*
3. *Was sind Nomogramme?*
4. *Welche drei Arten von Rohrnetzen unterscheidet man?*
5. *Warum muss die Druckluft von der Versorgungsleitung von oben her entnommen werden?*
6. *Welche Materialien kommen für die Hauptleitungen zum Einsatz?*

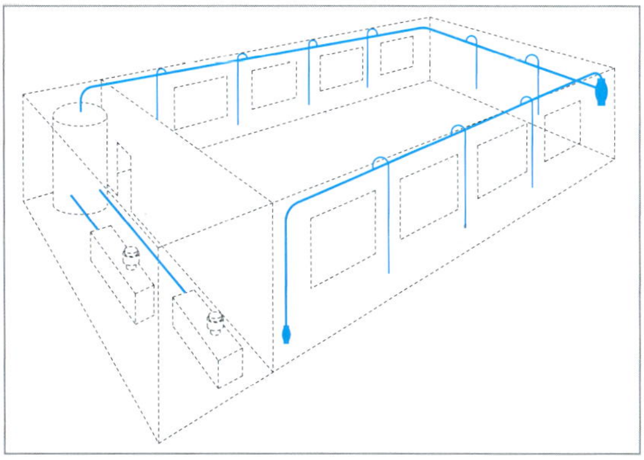
1 *Stichleitung*

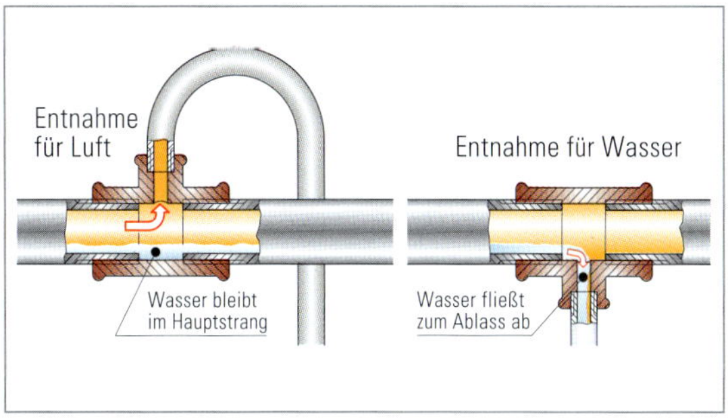

2 *Entnahmestellen*

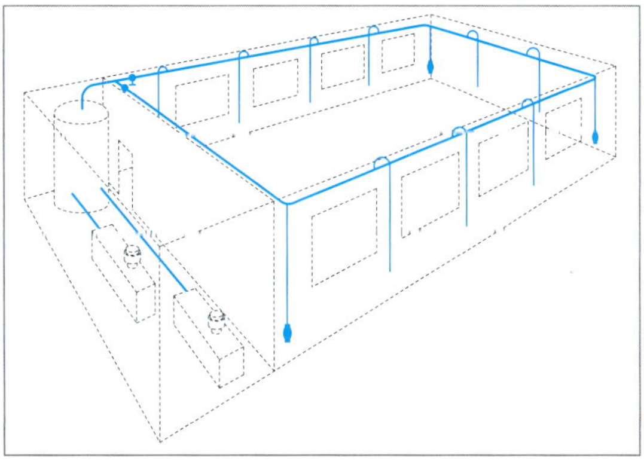
3 *Ringleitung*

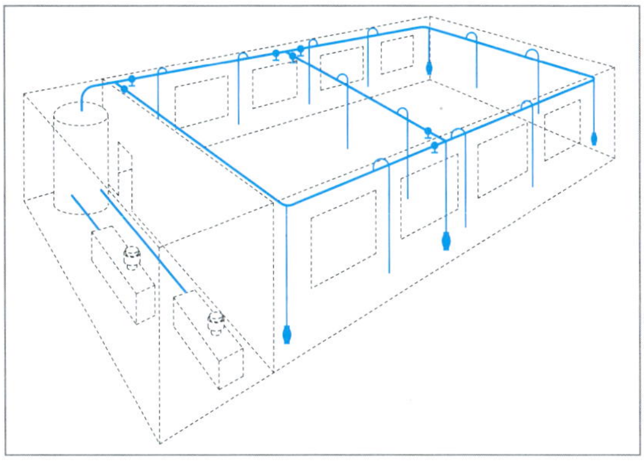
4 *Verbundnetz*

1.5 Installation und Inbetriebnahme

Tätigkeiten bei der Installation	Tätigkeiten bei der Inbetriebnahme
■ Bauteilbeschaffung laut Geräteliste mit Sichtkontrolle auf Verunreinigungen und Transportschäden. ■ Funktion der Bauteile prüfen. ■ Bei der Montage der Bauteile in einer festen Reihenfolge vorgehen, z. B. von der Druckluftversorgung über die Ventile zu den Zylindern. ■ Bauteile übersichtlich und fest verankern, damit sie sich im Betrieb nicht losrütteln. Bei der Montage auf Sauberkeit achten. ■ Bei der Montage der Zylinder auf freie Kolbenwege achten. ■ Grenztaster vorjustieren. Bei der Betätigung dürfen diese nicht frontal, sondern nur seitlich durch eine Schaltnocke angefahren werden. ■ Bei Rohr- und Schlauchinstallationen längere Leitungen spülen. ■ Rohr- und Schlauchverbindungen sorgfältig und übersichtlich herstellen. Lose Schläuche bedeuten Unfallgefahr, Geräusche und Druckverluste.	■ Zunächst Schläuche noch einmal auf festen Sitz überprüfen. ■ Die Steuerung soll bei der Inbetriebnahme mit einem geringeren Arbeitsdruck zum Schutz für Mensch und Material z. B. bei Kollisionen betrieben werden. Druck durch das Druckregelventil auf einen niedrigen Wert einstellen. ■ Die Steuerung in die Grundstellung bringen. ■ Vor dem Belüften alle Drosselventile schließen. ■ Beim Belüften auf unvorhergesehene Bewegungen achten. ■ Drosselventile langsam öffnen und Steuerung testen. ■ Bei mehreren Steuerketten sollten diese einzeln geprüft werden. Die Signalauslösung zum Übergang von einer Steuerkette zur nächsten muss immer durch ein Werkzeug, z. B. einen Schraubendreher erfolgen. ■ Den Druck am Druckregelventil langsam auf den für die Anlage maximal zulässigen Betriebsdruck erhöhen. ■ Leckstellen beseitigen. ■ Endgültiges Justieren der Grenztaster und Einstellen der Drosseln. ■ Bei Eingriffen in die Steuerung z. B. bei auftretenden Fehlern ist diese zunächst zu entlüften. ■ Funktionsfehler beheben, indem der Weg der Druckluft von Bauteil zu Bauteil verfolgt wird. ■ Die Inbetriebnahme ist zu dokumentieren, Einstellwerte werden festgehalten, Schaltpläne werden dokumentiert.

Nach einem fehlerfreien Test der Anlage erfolgt die **Übergabe an den Anlagennutzer**. Es werden Unterlagen wie Konformitätserklärung[1] *(statement of conformity)*, Schaltpläne *(circuit diagrams)*, Funktions- *(function charts)* und Weg-Schritt-Diagramme *(path-step charts)*, Gerätelisten *(lists of devices)*, Wartungs- *(maintenance schedules)* und Inspektionspläne *(inspection schedules)* übergeben. Außerdem muss das Wartungs- und Bedienpersonal eingewiesen werden.

Überlegen Sie!

Bauen Sie die Schaltung zum Paketwender auf Seite 127 auf. Beachten Sie dabei die Tätigkeiten, die zum Installieren und Inbetriebnehmen der Steuerung nötig sind.

1.6 Luftverbrauch

Für den Paketwender (Seite 127, Bild 1) soll der Luftverbrauch *(air consumption)* bestimmt werden, um eine Aussage über die benötigte Ansaugleistung *(suction capacity)* des Verdichters machen zu können. Die beiden doppelt wirkenden Zylinder haben einen Durchmesser von 63 mm und einen Hub von 200 mm. Der Kolbenstangendurchmesser beträgt 20 mm. Die Hubzahl beläuft sich auf durchschnittlich 8 Hübe pro Minute. Die Anlage benötigt einen Betriebsdruck von 6 bar.

Der Luftverbrauch hängt ab:

- von der Kolbenfläche *(piston area)*
- vom Hub *(stroke)*
- von der Hubzahl pro Minute
- vom Verdichtungsverhältnis *(pressure ratio)*

Da der Luftverbrauch immer bei einem Umgebungsdruck von 1,013 bar (auf Meereshöhe) angegeben wird, muss das **Verdichtungsverhältnis** $p_2 : p_1$ berücksichtigt werden.

$$\frac{p_2}{p_1} = \frac{1{,}013\text{ bar} + \text{Überdruck in bar}}{1{,}013\text{ bar}} = \frac{p_{amb} + p_e}{p_{amb}}$$

1) Bestätigung darüber, welchen Normen und Vorschriften die Anlage entspricht.

Berechnung des Luftverbrauchs Q von **einfach wirkenden Zylindern**:

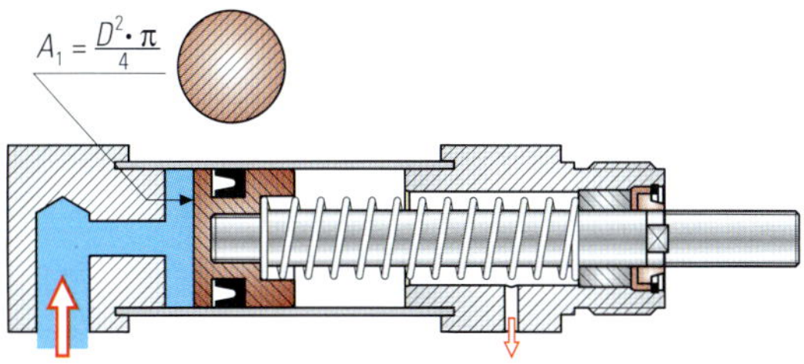

$$Q = s \cdot n \cdot \frac{D^2 \cdot \pi}{4} \cdot \frac{p_{amb} + p_e}{p_{amb}}$$

$$Q = s \cdot n \cdot A \cdot \frac{p_{amb} + p_e}{p_{amb}}$$

Berechnung des Luftverbrauchs Q von **doppelt wirkenden Zylindern**:

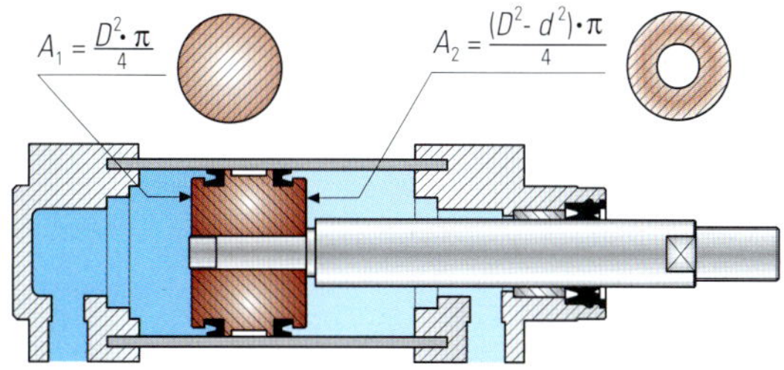

$$Q = s \cdot n \cdot \frac{(D^2 + (D^2 - d^2)) \cdot \pi}{4} \cdot \frac{p_{amb} + p_e}{p_{amb}}$$

Näherungsweise $Q \approx s \cdot n \cdot 2 \cdot A \cdot \frac{p_{amb} + p_e}{p_{amb}}$

Q: Luftverbrauch
s: Kolbenhub
n: Hubzahl pro min
A: Kolbenfläche
D: Kolbendurchmesser
d: Kolbenstangendurchmesser
p_e: Überdruck (Arbeitsdruck)
p_{amb}: Atmosphärendruck

Beispiel:
Wie groß ist der Luftverbrauch der beiden doppelt wirkenden Zylinder des Paketwenders (Seite 127 Bild 1)?
Der Arbeitsdruck der Anlage beträgt 6 bar.
Der Kolbendurchmesser beträgt 63 mm.
Der Kolbenstangendurchmesser beträgt 20 mm.
Der Kolbenhub beträgt 200 mm.
Die Hubzahl beträgt 8/min.

$$Q = 2 \cdot \left[s \cdot n \cdot \frac{(D^2 + (D^2 - d^2)) \cdot \pi}{4} \cdot \frac{p_{amb} + p_e}{p_{amb}} \right]$$

$$Q = 2 \cdot \left[\frac{20\,\text{cm} \cdot 8}{\text{min}} \cdot \frac{(6{,}3^2\text{cm}^2 + (6{,}3^2\text{cm}^2 - 2^2\text{cm}^2)) \cdot \pi}{4} \cdot \frac{6\,\text{bar} + 1{,}013\,\text{bar}}{1{,}013\,\text{bar}} \right]$$

$$Q = 2 \cdot \left[\frac{160\,\text{cm}}{\text{min}} \cdot \frac{(39{,}7\,\text{cm}^2 + 35{,}7\,\text{cm}^2) \cdot \pi}{4} \cdot 6{,}9 \right]$$

$$Q = 130755{,}6\,\frac{\text{cm}^3}{\text{min}} = 130{,}75\,\frac{\text{l}}{\text{min}}$$

Mit $Q = s \cdot n \cdot 2 \cdot A \cdot \frac{p_{amb} + p_e}{p_{amb}}$ ergibt sich: $Q = 137{,}6\,\frac{\text{l}}{\text{min}}$

Der Luftverbrauch kann aber auch leicht anhand von Tabellen oder Nomogrammen (Seite 146 Bild 1) ermittelt werden. Diese geben den Luftverbrauch Q in Abhängigkeit vom Zylinderdurchmesser und vom Betriebsdruck an. Der Wert q besagt, wie viel Liter Luft pro cm Hub benötigt wird.
Die Formeln zur endgültigen Berechnung des Luftverbrauchs lauten dann

- für **einfach wirkende Zylinder**:

$$Q = s \cdot n \cdot q$$

- für **doppelt wirkende Zylinder**:

$$Q \approx 2 \cdot s \cdot n \cdot q$$

Für unsere Transportanlage ergibt sich laut Nomogramm Seite 146 Bild 1 für q ein Verbrauch von 0,21 l/cm Hub. Diesen Wert in die zweite Formel eingesetzt ergibt:

$$Q \approx 2 \cdot s \cdot n \cdot q$$

Bei zwei Zylindern verbraucht die Anlage:

$$Q = 2 \cdot 2 \cdot \frac{20\,\text{cm} \cdot 8}{\text{min}} \cdot \frac{0{,}21\,\text{l}}{\text{cm}}$$

$$Q = 134{,}4\,\text{l}\,\frac{\text{l}}{\text{min}}$$

Überlegen Sie!

Für eine Steuerung mit drei Zylindern soll der Luftverbrauch berechnet werden. Es kommen zwei doppelt wirkende und ein einfach wirkender Zylinder mit einem Kolbendurchmesser von 32 mm zum Einsatz. Die Kolbenstange hat einen Durchmesser von 10 mm. Der Hub beträgt 250 mm. Die Anlage wird mit einem Betriebsdruck von 5 bar betrieben. Die Hubzahl pro Zylinder beträgt im Mittel 15 Hübe pro Minute.
Ermitteln Sie den Luftverbrauch sowohl rechnerisch als auch mithilfe des Nomogramms Seite 146 Bild 1.

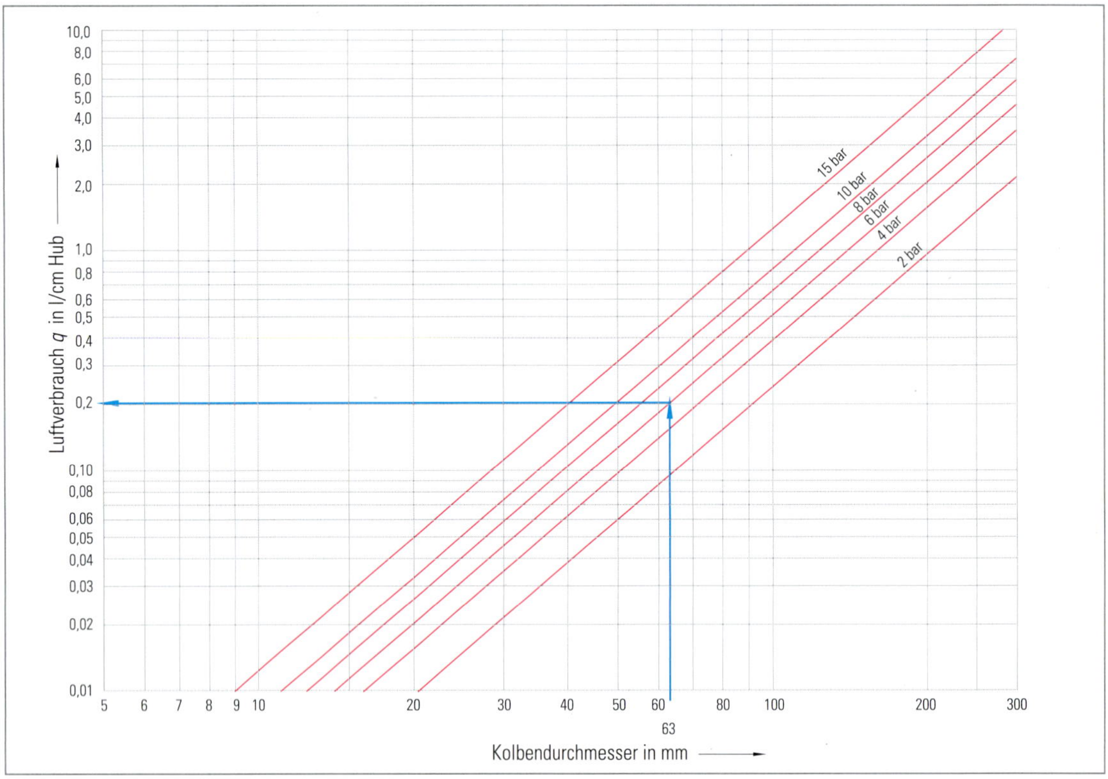

1 Nomogramm zur Bestimmung des Luftverbrauchs in Liter je cm Hub

ÜBUNGEN

1. Wie unterscheiden sich Führungs-/Haltegliedsteuerungen, zeitgeführte und prozessabhängige Steuerungen voneinander?

2. Wie heißt das dargestellte Ventil? Beschreiben Sie die Funktionsweise und wo kommen diese Ventile zum Einsatz?

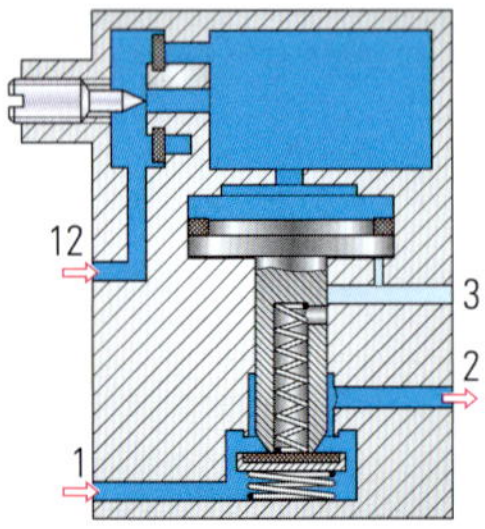

3. Was sind Impulsventile? Warum können diese Ventile Signale speichern?

4. Erstellen Sie für die Steuerung zum Anfasen der Holzklötze auf Seite 126 das Weg-Schritt-Diagramm und für die Steuerung der Klebepresse auf Seite 125 das Zustandsdiagramm.

5. Eine Tür verbindet zwei Werkshallen. Sie soll pneumatisch geöffnet bzw. geschlossen werden können. Aus dem Lageplan ist ersichtlich, dass der Zylinder -MM1 bei geschlossener Tür eingefahren ist. Die Tür soll jeweils von beiden Seiten mit den Tastern -SJ1 oder -SJ2 geöffnet werden können. Beim Betätigen eines der beiden Taster soll der Zylinder zunächst ausfahren, die Rolle -BG1 betätigen und nach ca. 30 Sekunden automatisch wieder einfahren. Die Aus- und Einfahrgeschwindigkeit soll einstellbar sein. Legen Sie zunächst das Antriebsglied fest. Analysieren Sie die Aufgabe, indem Sie ein Funktionsdiagramm erstellen. Entwickeln Sie eine Steuerung mit Geräteliste und pneumatischem Schaltplan.

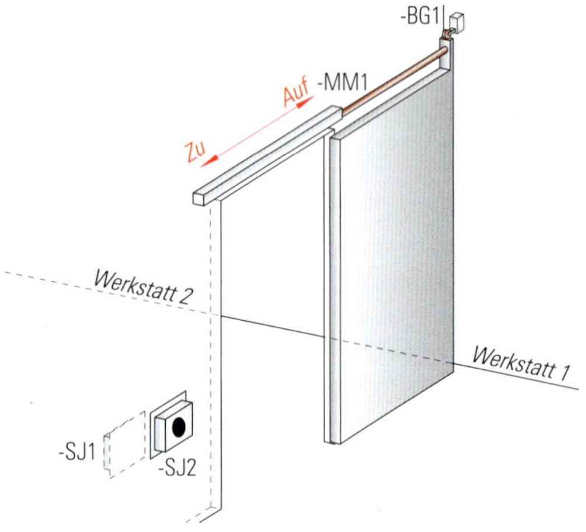

6. Was versteht man unter der Verriegelung von Signalen?

7. Was bewirkt eine Stopp-Funktion der Kategorie 1 bzw. 2?

8. Woran erkennen Sie eine NOT-AUS-Befehlseinrichtung und was muss deren Betätigung bewirken?

9. Warum ist in pneumatischen Anlagen ein Stopp-Taster der Kategorie 2 oft sinnvoll?

10. Was ist eine Signalüberschneidung und wie wirkt sie sich aus. Welche Möglichkeiten gibt es, Signale in Ablaufsteuerung abzuschalten?

11. Was ist beim Einbau eines Signalglieds, das durch eine Rolle mit Kipphebel ausgestattet ist, zu beachten? Woran ist im Schaltplan die Betätigungsrichtung zu erkennen?

12. Wie groß darf in einem Rohrleitungssystem für die Druckluftverteilung der Druckabfall höchstens sein?

13. Welche Materialien werden für die flexiblen Schlauchleitungen verwendet?

14. Wozu dienen Nomogramme?

15. Wie groß muss der Rohrdurchmesser der Leitung mindestens sein, wenn sich der Volumenstrom aus dem Beispiel auf Seite 141 um 25 % erhöht, die Rohrleitung um 75 m verlängert und sich weitere zwei T-Stücke und drei Normalkrümmer in der Leitung befinden?

16. Welchen Vorteil hat eine Ringleitung gegenüber der Stichleitung?

17. Welche Unterlagen müssen bei der Übergabe einer Anlage dem Anlagennutzer übergeben werden?

18. Wovon hängt der Luftverbrauch einer Anlage ab?

19. Berechnen Sie den Luftverbrauch eines doppelt wirkenden kolbenstangenlosen Schwerlastzylinders bei einem Betriebsdruck von 8 bar. Der Kolbendurchmesser beträgt 40 mm, die Hublänge 4000 mm. Der Zylinder macht im Betrieb 45 Hübe pro Minute.

20. Für einen einfach wirkenden Zylinder mit einem Kolbendurchmesser von 25 mm steht ein Volumenstrom von 35 l/min zur Verfügung. Die Anlage wird mit 8 bar betrieben. Die Anzahl der Hübe pro Minute beträgt ca. 30. Wie groß darf der Hub des Zylinders höchstens sein? Überprüfen Sie Ihr Ergebnis mithilfe des Nomogramms auf Seite 146.

Projektaufgaben Vorrichtung zum Vereinzeln von Scheiben

Die Abbildungen zeigen den Lageplan, das Funktionsdiagramm und den pneumatischen Schaltplan (siehe Seite 148).

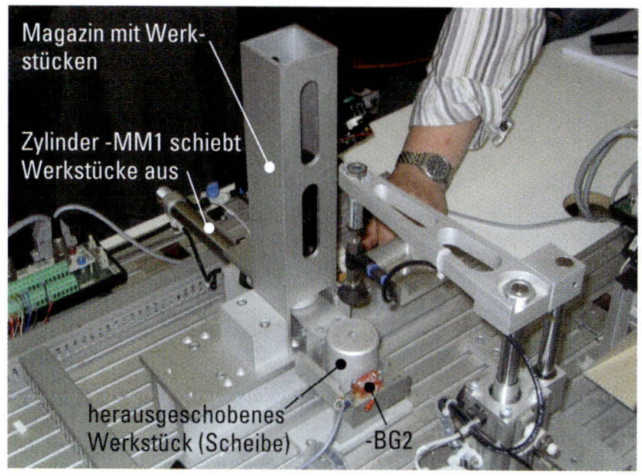

Lageplan

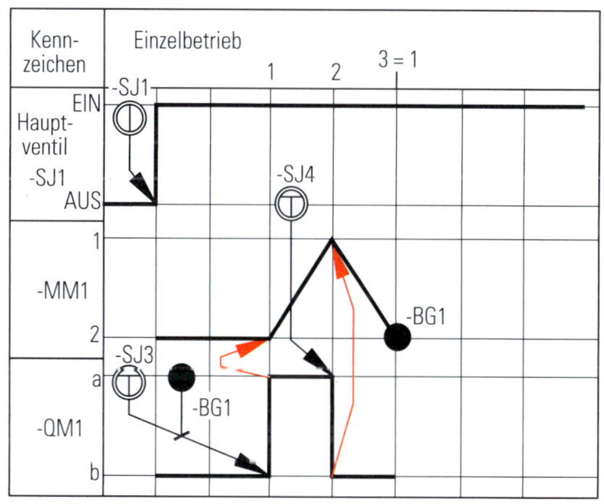

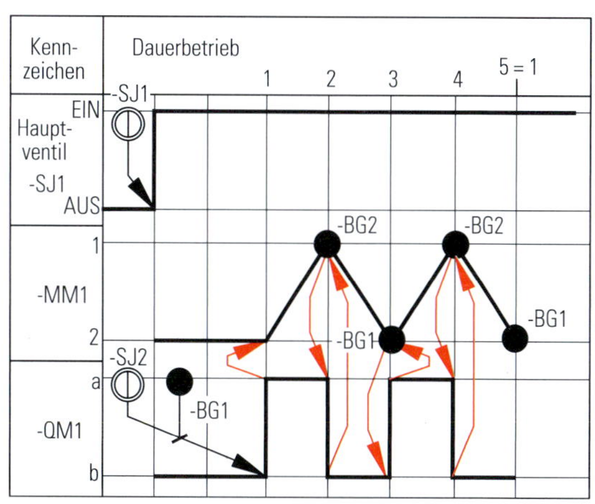

Funktionsdiagramm

a) Erstellen Sie zunächst eine Geräteliste für die verwendeten Betriebsmittel.
b) Wie erfolgt die Einstellung der Aus- und Einfahrgeschwindigkeit des Zylinders -MM1?
c) Welche Aufgabe haben die Bauteile am Anschluss 3 und 5 des Ventils -QM1?
d) Welche Aufgabe haben die Ventile -KH2, -KH1, -KH3?
e) Wie reagiert die Steuerung bei einer Betätigung von
   - -SJ2
   - -SJ3
   - -SJ4
f) Welche Funktionen hat das Signalglied -BG1?
g) Wie verändert sich der Ablauf der Steuerung, wenn bei der Montage der Einbau des Ventils -KH1 vergessen wird?
h) Montieren Sie nun die Steuerung fachgerecht und nehmen Sie diese unter Beachtung der Punkte auf Seite 144 in Betrieb.

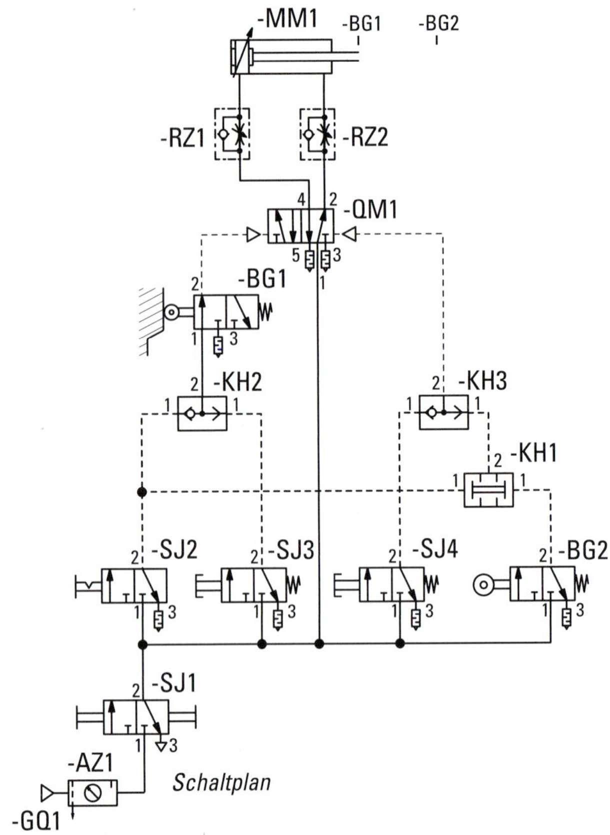

Schaltplan

Projektaufgabe Vorrichtung zum Vereinzeln von Rotoren

Bei der Fertigung von Rotoren für Umwälzpumpen werden deren Wellen in einem Magazin zwischengelagert. Über eine Verschiebeeinheit gelangen sie auf eine Rutsche. Dort werden sie vereinzelt und einer Schwenkeinheit zugeführt. Diese dreht die Welle und führt sie einem Greifer zu. Der Greifer setzt die Rotoren auf einem Montageautomaten ab, wo dann die Lager, Dichtungsringe und das Schaufelrad aufgesetzt werden. Folgende Randbedingungen sind bei der Entwicklung der Steuerung zu beachten:

- Es ist ein Stopp-Taster der Kategorie 2 vorzusehen. Beim Betätigen des Stopp-Tasters soll Zylinder -MM1 ausfahren und Zylinder -MM2 einfahren
- Die Anlage soll sich im Dauerzyklus betreiben lassen, wobei ein Arbeitszyklus nur dann starten kann, wenn die Schwenkeinheit das Signalglied -BG3 und der Zylinder -MM2 die Rolle -BG5 in der vorderen Endlage betätigt.

a) Beschreiben Sie zunächst den Ablauf der Steuerung in Kurzform (z.B. in Worten oder Tabellenform).
b) Erstellen Sie das Zustandsdiagramm und überprüfen Sie, ob sich Signalüberschneidungen ergeben. Wenn ja, soll eine Signalabschaltung durch ein Umschaltventil erfolgen.
c) Erstellen Sie die Geräteliste und den Schaltplan.

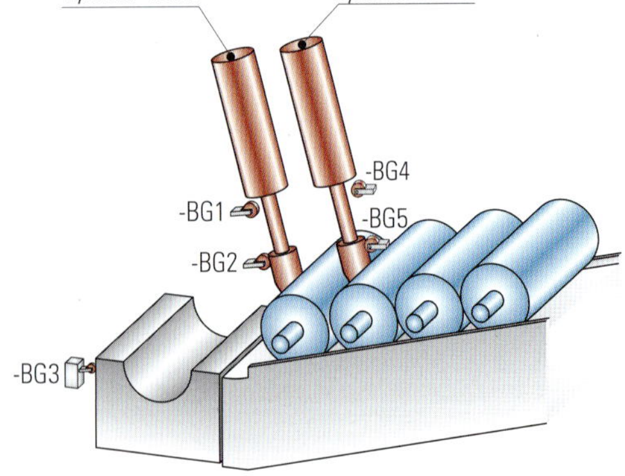

2 Elektropneumatik

2.1 Bauteile zur Signaleingabe – Sensoren

Da in modernen Fertigungsprozessen Maschinen zunehmend die Aufgaben von Menschen übernehmen, müssen diese Maschinen auch in der Lage sein, Fähigkeiten wie Hören, Sehen, Fühlen zu ersetzen. Dies erfolgt meist durch **Sensoren**[1] *(sensors)* (Bild 1). Das gilt auch für andere Bereiche des Lebens wie z. B. bei Kaffeeautomaten, Waschmaschinen oder Kraftfahrzeugen. Sensoren tragen zudem zur Sicherheit wie z. B. bei Lichtschranken, Lichtvorhängen oder Sicherheitsendschaltern *(main limit switches)* bei. In der Steuerungstechnik finden Sensoren ein weites Anwendungsfeld. Es werden hauptsächlich die **Positionen der Pneumatikzylinder** *(positions of pneumatic cylinders)* überwacht oder es erfolgt eine **Materialabfrage oder -erkennung** *(material request or material identification)*. **Berührungslose Sensoren** *(contactless sensors)* haben gegenüber den berührenden Sensoren Vorteile.

Sie sind

- wartungsfrei *(maintenance free)*
- nahezu verschleißfrei *(wear-free)* und haben deshalb eine hohe Lebensdauer *(high service life)*
- sehr betriebssicher *(foolproof)* und präzise *(precise)*

Mechanische Eingabeglieder können den Stromkreis entweder schließen oder öffnen. Sie werden deshalb auch als Schließer oder Öffner bezeichnet. Bei den Näherungsschaltern gibt es die Unterscheidung **positiv** *(positive)* bzw. **negativ schaltend** *(negative circuit switching)*. Ein positiv schaltender Sensor (Bild 2a) ist an einem **Schließe**r im Schaltsymbol von -BG1 zu erkennen. Er liefert an seinem Ausgang dann ein Signal, wenn sich ein entsprechender Gegenstand in seinem Umgebungsbereich befindet. Ein negativ schaltender Sensor (Bild 2b), symbolisiert durch einen **Öffner**, reagiert umgekehrt. Er liefert dann ein Signal, wenn sich **kein** Gegenstand in seiner Nähe befindet.

Wie bei mechanischer Betätigung liefern Sensoren meist **binäre elektrische Signale** *(binary electrical signals)*. Es gibt nur zwei Wertebereiche, „0" oder „1". Spricht z. B. ein **positiv schaltender Dreileitersensor** *(three-wire sensor)* eines Lichtvorhangs auf eine Unterbrechung der Lichtstrahlen durch einen Gegenstand an, so wird der Pluspol auf die Last (Relais -KF1) über die Signalleitung im Strompfad 2 durchgeschaltet, es fließt Strom. Diesem Zustand kann der Wert „1" zugeordnet sein. Das Relais -KF1 im Strompfad 2 zieht an und betätigt im Strompfad 3 einen Schließer von -KF1. Dadurch wird die Signallampe -PF1 eingeschaltet. Spricht der Sensor nicht mehr an, so wird das Relais -KF1 von der Spannungsversorgung getrennt. Dieser Zustand hat dann z. B. den Wert „0". Als Folge wird die Signallampe -PF1 im Strompfad 3 ausgeschaltet. Dreileitersensoren unterscheidet man nach der Art der Beschaltung (vgl. Tabellenbuch) in **plusschaltende** Sensoren (Bild 2a) und in **minusschaltende** Sensoren (Bild 2b). Bei plusschaltenden Sensoren wird der Pluspol auf die Last (Relais -KF1) geschaltet, bei minusschaltenden Sen-

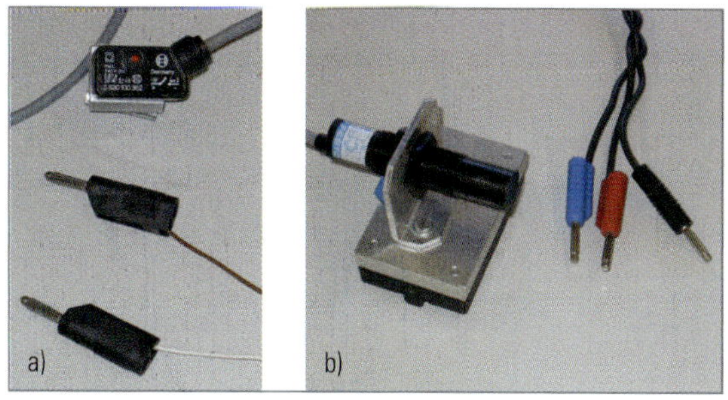

1 *Sensoren*
a) Zweileitersensor als Magnetschalter
b) Dreileitersensor kapazitiv

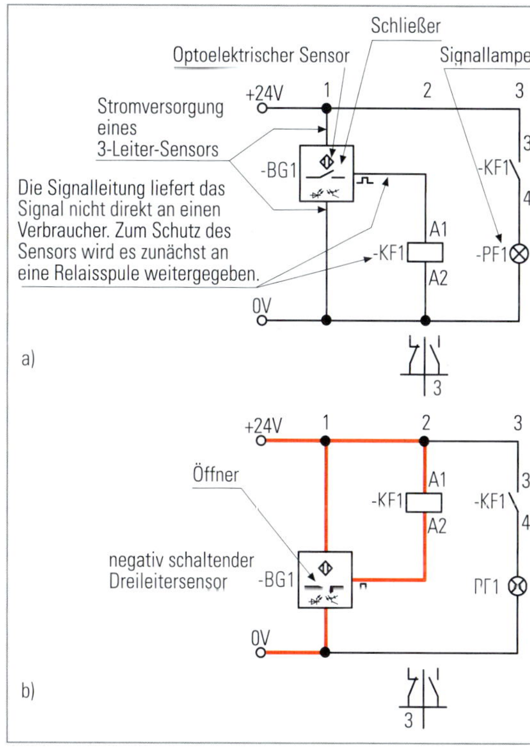

2 *Schaltung von Dreileitersensoren*
a) positiv schaltend, plusschaltend
b) negativ schaltend, minusschaltend

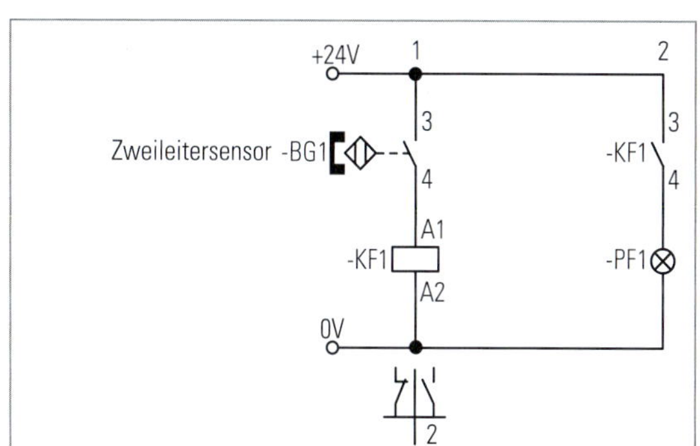

3 *Schaltung eines Zweileitersensors (Magnetschalter)*

1) Der Begriff Sensor kommt vom lateinischen Wort *sensus*, was soviel bedeutet wie „Gefühl", „Wahrnehmung".

soren der Minuspol (Masse). Bild 3 auf Seite 149 zeigt dieselbe Schaltung mit einem **Zweileitersensor** *(two-wire sensor)*. Bei dieser Schaltung liegen der Sensor -BG1 und das Relais -KF1 in Reihe. Bei seiner Reaktion wird ebenfalls Strompfad 1 geschlossen, das Relais -KF1 zieht an, betätigt im Strompfad 2 einen Schließer und bringt die Lampe -PF1 zum Leuchten.

MERKE

Berührungslose Sensoren dienen meist zur Abfrage der Lage der Ausgabeglieder oder zur Materialabfrage bzw. -erkennung. Sie sind nahezu verschleißfrei, haben eine hohe Lebensdauer und sind sehr betriebssicher.

2.1.1 Berührungslose Sensoren im Überblick

	Induktiver Sensor *(inductive sensor)*	**Kapazitiver Sensor** *(capacitive sensor)*	**Optoelektrischer Sensor** *(optoelectric sensor)*	**Reedkontakt (Magnetschalter)** *(reed contact/magnetic switch)*
Funktion	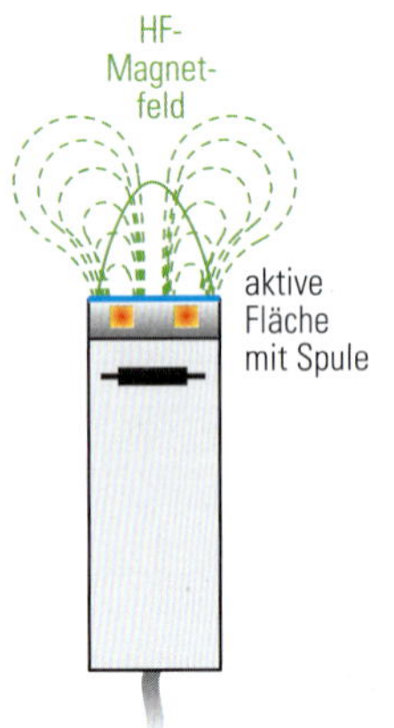 Dieser Sensor erzeugt an seiner Stirnfläche ein **Magnetfeld** *(magnetic field)*. Nähert sich ein elektrisch leitender Körper, wird dieses Magnetfeld gestört. Dies löst einen Schaltvorgang im Sensor aus und es entsteht ein Signal. Da unterschiedlich leitende Materialien das Magnetfeld unterschiedlich stark stören, wird der Nennschaltabstand *(rated switching distance)* mit einem Messplättchen aus S235JR angegeben. Beim Einbau muss auch das umgebende Material berücksichtigt werden.	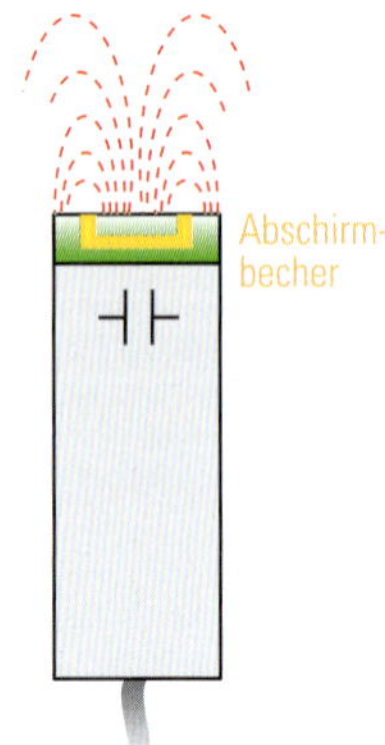 An seiner Stirnfläche wird durch einen **Kondensator** *(capacitor)* ein **elektrisches Feld** *(electrical field)* erzeugt. Dieser Sensor liefert dann ein Signal, wenn ein elektrisch leitender oder nicht leitender Körper in seine Nähe kommt und das elektrische Feld des Kondensators verändert. Unterschiedliche Materialien wirken sich unterschiedlich auf den Schaltabstand des Sensors aus. Entsprechend muss die Empfindlichkeit des Sensors eingestellt werden. Der Nennschaltabstand bezieht sich auf eine geerdete Metallplatte.	 Ein Sender strahlt Licht aus und ein Empfänger nimmt dieses Licht wieder auf. Damit sich das Umgebungslicht nicht störend auswirkt, wird meist **Infrarotlicht** *(infrared light)* (sehr kurzwelliges Licht) oder **Laserlicht** *(laser light)* verwendet. Optoelektrische Sensoren arbeiten als **Einweg-Lichtschranken** *(one-way photoelectric relays)*, bestehend aus einem Sender und einem Empfänger. Im Gehäuse von **Reflexions-Lichtschranken** *(reflection photoelectric relays)* sind sowohl ein Sender als auch ein Empfänger untergebracht. Zum Betrieb ist zusätzlich ein Reflektor notwendig. Einweg-Lichtschranken und Reflexions-Lichtschranken reagieren, sobald der Lichtstrahl unterbrochen wird. **Reflexions-Lichttaster** *(reflection light scanners)*, bei denen sich Sender und Empfänger in einem Gehäuse befinden, liefern ein Signal, wenn das Licht ausreichend gut von einem Körper reflektiert wird.	 Reed-Kontakte bestehen aus zwei Metallzungen, die sich in einem Glaskolben befinden. Im Glaskolben befindet sich entweder ein Vakuum oder er ist mit **Schutzgas** *(protective gas)* gefüllt. Nähert sich diesem Sensor ein Magnetfeld, schließen sich die Kontakte und liefern ein Signal. Reed-Kontakte werden hauptsächlich zur Abfrage der Endlage von Zylindern verwendet. Daher ist es erforderlich, dass im Kolben ein ringförmiger **Dauermagnet** *(permanent magnet)* eingelassen ist. 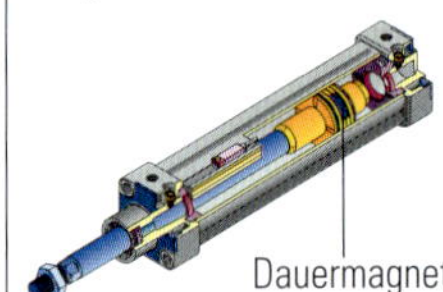 Schaltsymbol eines Zylinders mit Dauermagnet und Sensoren zur Abfrage der Endlagen: 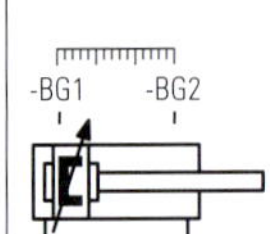

	Induktiver Sensor *(inductive sensor)*	**Kapazitiver Sensor** *(capacitive sensor)*	**Optoelektrischer Sensor** *(optoelectric sensor)*	**Reedkontakt (Magnetschalter)** *(reed contact/magnetic switch)*
Reagiert	auf alle leitenden Materialien, wie Metalle und auch Graphit.	auf alle Materialien, auch auf Flüssigkeiten.	**Einweg-Lichtschranke:** auf alle Materialien, die den Lichtstrahl unterbrechen und lichtundurchlässig sind. **Reflexionslichtschranke:** auf alle Materialien, die den Lichtstrahl unterbrechen und diesen nicht reflektieren. **Reflexions-Lichttaster:** auf alle Materialien, die das Licht ausreichend gut reflektieren.	nur auf Magnetfelder.
Mögliche Störungen	Ungewollte Annäherung metallischer Werkstoffe löst einen Schaltvorgang aus wie z. B. Späne, die in der Fertigung entstehen.	Ist der Sensor zu empfindlich eingestellt, so kann ein Anstieg der Luftfeuchtigkeit zu Fehlschaltungen führen. Dies gilt ebenso für Kühlschmierstoffe, die in der Fertigung eingesetzt werden.	Verschmutzungen wie Staub oder Kühlschmierstoffe können zu Störungen im Betrieb führen. Deshalb müssen optoelektronische Sensoren regelmäßig gesäubert werden. Späne können ungewollte Schaltvorgänge auslösen.	Starke fremde Magnetfelder wie z. B. von Elektromotoren oder Transformatoren können zu Fehlschaltungen führen.
Reichweite	1 ... 8 mm	1 ... 60 mm	**Laser-Einweg-Lichtschranken:** bis 100 m **Laser-Reflexions-Lichtschranken:** bis 30 m **Laser-Reflexions-Lichttaster:** bis 300 mm	Geringe Reichweiten von wenigen Millimetern.

Schaltsymbole *(switch symbols)* **der wichtigsten Sensoren:**

Induktiver Sensor positiv schaltend	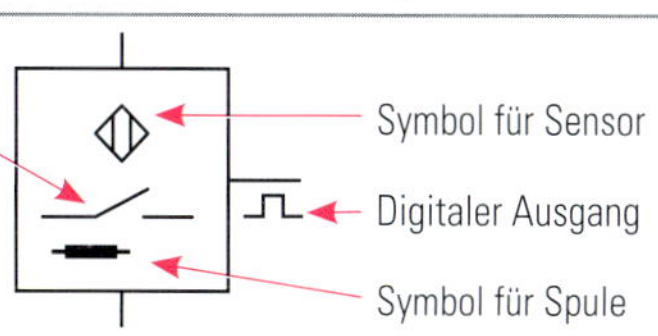	**Optoelektrischer Sensor positiv schaltend**	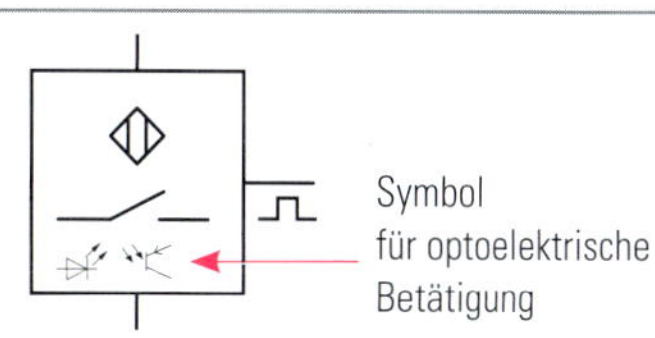
Kapazitiver Sensor positiv schaltend	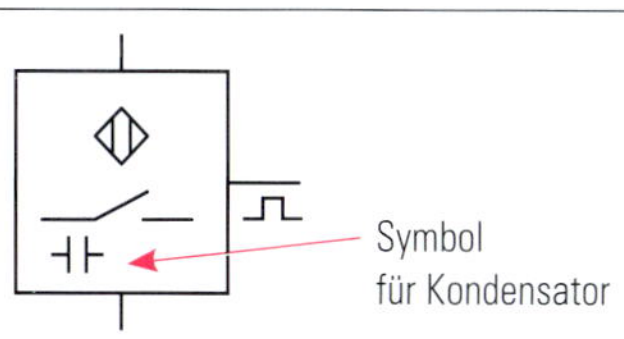	**Reed-Kontakt positiv schaltend**	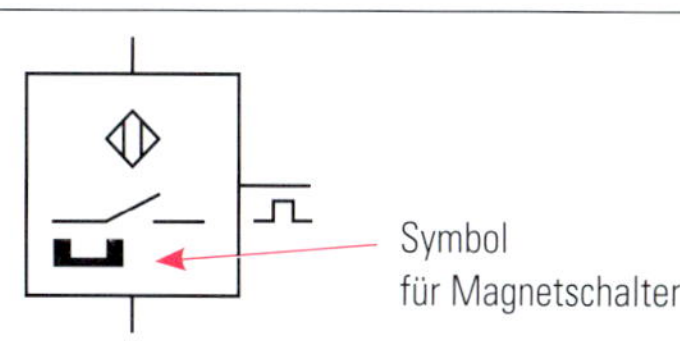

2.1.2 Einbau, Anschluss und Inbetriebnahme der Sensoren

Bei der **Montage** *(assembly)* ist folgendes zu beachten:

- Sensoren müssen **stabil eingebaut** *(rigidly mounted)* und, ggf. genau **aufeinander ausgerichtet** werden (z. B. bei Einweg-Lichtschranken).
- **Fremdlichteinfall** *(incidence of extraneous light)* und **gegenseitige Beeinflussung** zweier Sensoren sind zu **vermeiden**.
- Maschinenteile dürfen **nicht frontal** *(not frontal)* auf den Sensor zufahren. Möglichst sollen sie seitlich am Sensor vorbeifahren.
- Die in den Datenblättern angegebenen Maße wie **Einbautiefen** *(mounting depths)*, **Abstände** usw. müssen unbedingt eingehalten werden.
- Sensoren sind im Betrieb vor **Hitze, Kühlschmiermittel, Fett und Öl, Schmutz, Staub und Feuchtigkeit** durch Abdeckungen zu schützen oder
- es ist ein Sensor mit der richtigen **Schutzklasse** *(protection class)* (vgl. Grundstufe, Tabellenbuch) zu verwenden.
- **Abdeckungen** *(guards)* aus **elektrisch leitenden Materialien** schirmen **induktive Sensoren vor störenden Magnetfeldern** ab.

MERKE

Nur eine fachgerechte Montage und Inbetriebnahme garantiert einen störungsfreien Betrieb der Sensoren.

Folgende Punkte müssen bei der **Inbetriebnahme** *(commissioning)* von Sensoren beachtet werden:

Prüfung der Sensorart	Elektrische Prüfung	Mechanische Prüfung
▪ Überprüfung durch unterschiedliche Materialien wie z.B. Holz, Metall, Kunststoff ▪ Störgrößen: fremdes Infrarot (IR)- Licht Magnetfelder abschirmen	▪ Polung ▪ Höhe der Spannung ▪ Anschluss der Signalleitung	▪ Befestigung ▪ Fachgerechter Einbau

***1** Prüfungen bei der Inbetriebnahme von Sensoren*

Nach der Prüfung erfolgt die **Kalibrierung** *(calibration)* des Sensors. Kalibrierung bedeutet hier **Feinabstimmung** *(fine tuning)*. Der Sensor wird justiert und in seiner endgültigen Lage fixiert. So müssen sich z. B. kapazitive und induktive Sensoren in der richtigen Entfernung vom Objekt befinden oder der Sender und Empfänger von Lichtschranken müssen genau ausgerichtet werden. Wenn nötig, kann bei kapazitiven Sensoren die Empfindlichkeit mit einer Stellschraube den Anforderungen angepasst werden.

2.2 Wegeventile

2.2.1 Funktionsweise pneumatischer Magnetventile

Bei direkt elektrisch betätigten Ventilen wird der Steuerkolben unmittelbar durch die Magnetkräfte einer stromdurchflossenen Spule verschoben. Bild 2 zeigt ein ektromagnetisch *(electromagnetic)* betätigtes 5/2-Wegeventil *(directional valve)*. Die Rückstellung des Steuerkolbens erfolgt durch eine Feder. Wird durch den Schließer der Stromkreis geschlossen, baut sich im Umfeld der Spule ein Magnetfeld auf, das den Eisenkern in die Spule hineinzieht. Durch die Schaltkraft des Elektromagneten *(electromagnets)* bewegt sich der Steuerkolben und das Ventil wechselt die Schaltstellung. Die Energieversorgung der Magnetventile kann durch Gleich- oder Wechselstrom erfolgen. Es gibt Ventile, die niedrige Spannungen (6 V, 12 V, 24 V) zum Schalten benötigen, aber auch solche, die mit einer Spannung von 230 V betrieben werden.

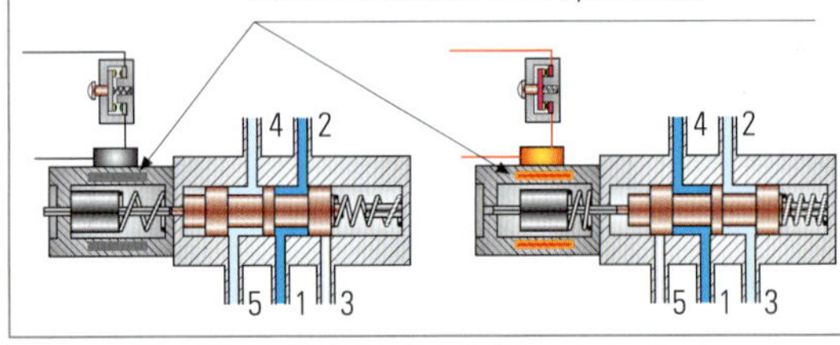

***2** Elektromagnetisch betätigtes 5/2-Wegeventil*

2.2.2 Vorgesteuerte pneumatische Magnetventile

Zum Steuern **großer Durchflussmengen** ist auch eine größere Baugröße der Ventile erforderlich. Zum Schalten werden **höhere Kräfte** benötigt, da die Größe der eingebauten Steuerkolben und die Reibung zwischen Steuerkolben und Gehäuse zunimmt. Da die magnetischen Kräfte der verwendeten Spulen zur Überwindung dieser Reibungskräfte begrenzt sind, werden größere Ventile **vorgesteuert**. Bild 3 zeigt ein vorgesteuertes 5/2-Wegeimpulsventil *(balanced 5/2-port directional control*

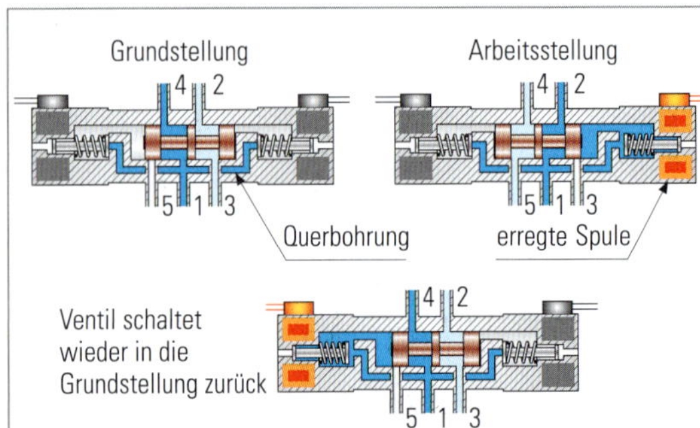

***3** Vorgesteuertes 5/2-Wegeimpulsventil*

valve, pulse operated), das beidseitig durch Elektromagnete betätigt wird. Bei der ersten Abbildung befindet sich das Ventil in Grundstellung. Der Druckanschluss 1 ist mit dem Arbeitsanschluss 4 verbunden. Die beiden Eisenkerne sind nicht wie beim 5/2-Wegeventil mit dem Hauptsteuerkolben *(main control piston)* verbunden. Das Ventil soll nun umschalten. Dazu ist es nötig, die rechte Spule zu erregen. Das entstehende Magnetfeld zieht den Eisenkern in die Spule hinein. Dabei öffnet sich die Querbohrung, die mit dem Druckanschluss verbunden ist. Die Druckluft gelangt zur rechten Stirnseite des Hauptsteuerkolbens und drückt diesen nach links. Die Luft kann nun vom Druckanschluss 1 zum Arbeitsanschluss 2 strömen. Magnetventile und vorgesteuerte Magnetventile (Bild 1) besitzen oft eine **Handhilfsbetätigung** *(manual operation)*, mit der das Ventil trotz eines Stromausfalls geschaltet werden kann. Bei der Inbetriebnahme *(commissioning)* einer Anlage dient sie dazu, Wegeventile in die Grundstellung zu bringen.

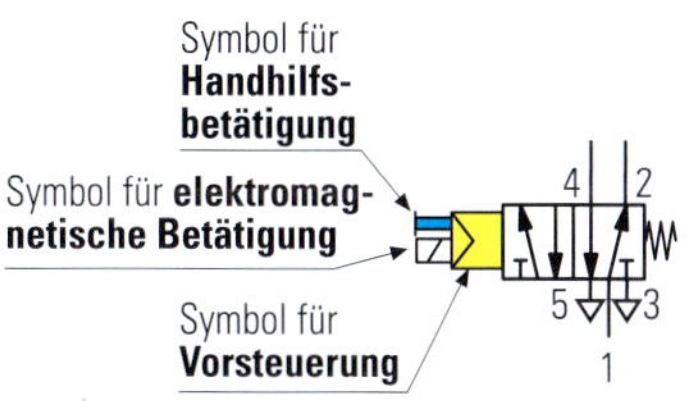

1 *Schaltsymbol eines vorgesteuerten 5/2-Wegeimpulsventils mit Handhilfsbetätigung*

MERKE

Vorgesteuerte Wegeventile werden indirekt mithilfe eines Elektromagneten geschaltet.

2.3 Relaissteuerungen

Ein doppelt wirkender Zylinder soll durch ein 5/2-Wegeventil angesteuert werden, das einseitig elektrisch betätigt und durch eine Feder rückgestellt wird. Die Signaleingabe erfolgt durch einen Taster -SF1. Im Stromlaufplan (Bild 2) ist zu erkennen, dass der Elektromagnet -MB1 des Wegeventils nicht direkt vom Taster -SF1 angesteuert wird, sondern indirekt über das Relais -KF1. Bei der Betätigung des Tasters -SF1 zieht das Relais -KF1 an und schließt im Strompfad 2 den Schließer von -KF1. Der Elektromagnet -MB1 wird erregt, das Ventil -QM1 wechselt die Schaltstellung und der Zylinder -MM1 fährt aus.

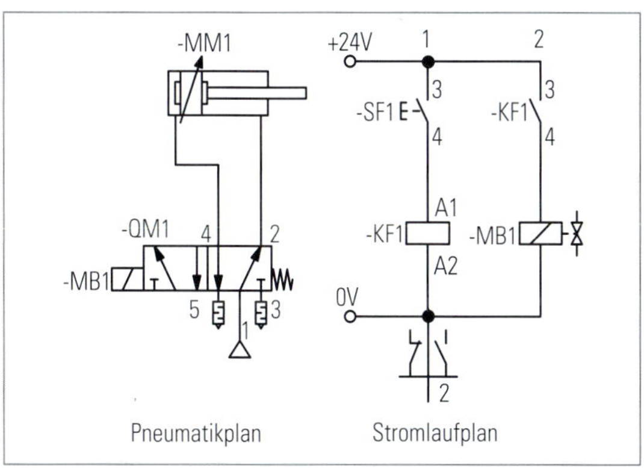

2 *Relaissteuerung*

Die Verwendung des **Relais** *(relay)* hat folgende Vorteile:

- Signale können vervielfacht werden, da die Relaisspule gleichzeitig mehrere Schließer *(normally open contacts)* und Öffner *(normally closed contacts)* betätigen kann.
- Signale können verzögert *(delayed)* werden, vgl. Grundstufe.
- Signale können verknüpft *(connected)* werden.
- Der Steuerstromkreis kann vom Hauptstromkreis getrennt werden (Unfallverhütung), d.h. über die Signaleingabeglieder fließen keine großen Ströme.

Überlegen Sie!

Kann durch die Schaltung das Signal von -SF1 gespeichert werden? Begründen Sie Ihre Antwort! Welches Ventil wäre für eine Signalspeicherung von -SF1 notwendig?

2.3.1 Speichern von Signalen – Selbsthaltung

Die Schaltung soll nun so verändert werden, dass das Signal von -SF1 gespeichert wirksam bleibt. Der Zylinder soll auch nach dem Loslassen des Tasters in der vorderen Endlage verharren. Dazu ist es nötig, dass gleichzeitig auch die Spule des Relais -KF1 permanent stromdurchflossen ist (Bild 3). Um dies zu erreichen, wird parallel zu -SF1 im Strompfad 2 ein Schließer von -KF1 geschaltet. Bei der Signaleingabe durch -SF1 ergibt sich aber das Problem, dass der Zylinder zwar ausfährt, aber nicht mehr in die Grundstellung zurückkehren kann. Hierfür müsste die Strom-

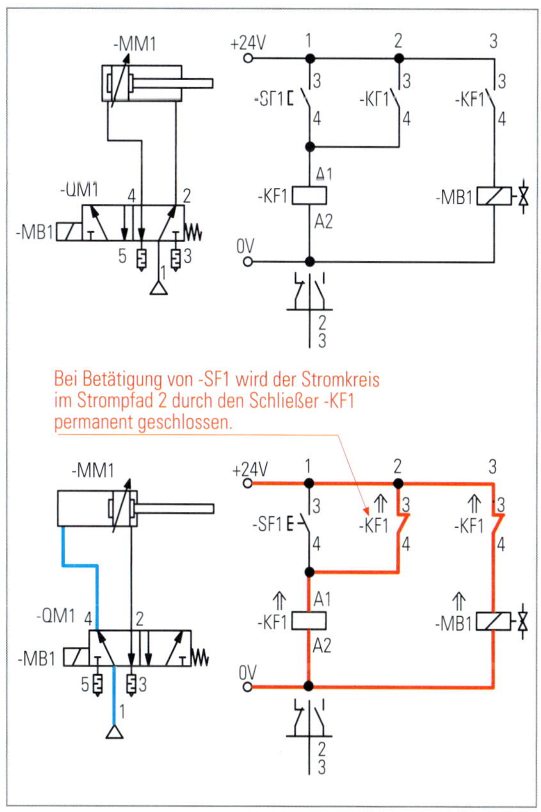

3 *Relaissteuerung mit Selbsthaltung*

zufuhr zur Spule von -KF1 unterbrochen werden. Abhilfe (Bild 1) schafft ein zweiter Taster -SF2, der als Öffner wirkt. Dieser kann den Stromkreis und somit die Stromzufuhr zur Spule -KF1 unterbrechen. Der Zylinder fährt bei seiner Betätigung wieder ein. Werden beide Taster -SF1 und -SF2 gleichzeitig betätigt, so dominiert *(dominate)* der Taster -SF2, der das gespeicherte Signal von -SF1 löscht bzw. zurücksetzt. Deshalb spricht man bei dieser Variante der Beschaltung von „dominierend AUS".

Wahrheitstabelle *(truth table)* **dominierend AUS:**

-SF1	-SF2	-KF1
0	0	–
0	1	0
1	0	1
1	**1**	**0**

Überlegen Sie!

Ändern Sie den Stromlaufplan nun so ab, dass der EIN-Taster -SF1 dominierend wirkt. Erstellen Sie die dazugehörige Wahrheitstabelle.

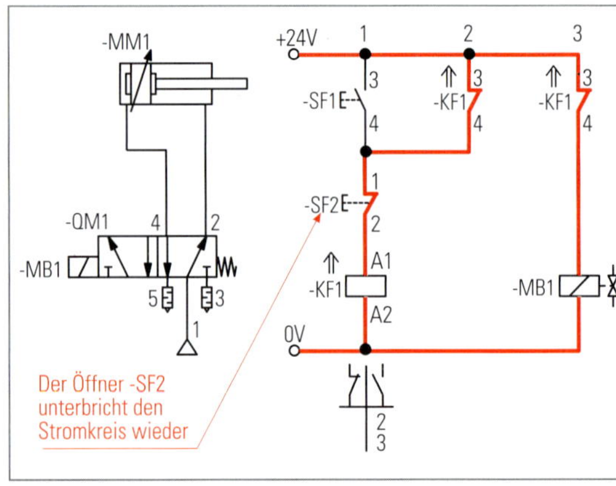

***1** Dominierend AUS*

- Die Anlage soll im Einzel- und im Dauerzyklus betrieben werden können. Der Einzelzyklus wird mit dem Handtaster -SF3 gestartet. Der Dauerbetrieb wird mit -SF4 ein- und mit -SF5 ausgeschaltet.
- Die Hubvorrichtung lässt sich nur dann starten, wenn sich beide Zylinder in der hinteren Endlage befinden und der Sensor -BG5 ein Paket meldet.

Überlegen Sie!

1. *Erstellen Sie ein Weg-Schritt- und ein Zustandsdiagramm mit den entsprechenden Signalgliedern zum Auslösen der einzelnen Arbeitsschritte.*
2. *Überprüfen Sie, ob es bei dem Steuerungsablauf zu Signalüberschneidungen kommt.*

2.4 Planung, Installation und Inbetriebnahme einer prozessabhängigen Ablaufsteuerung

2.4.1 Aufgabenbeschreibung mit Randbedingungen und Lageplan

Bei einer Hubvorrichtung (Bild 2) fährt zunächst der doppelt wirkende Zylinder -MM1 mit Endlagendämpfung aus und hebt die auf der Rollenbahn ankommenden Pakete auf eine zweite Rollenbahn an. Ein zweiter doppelt wirkender Zylinder -MM2 fährt aus und schiebt das Paket weiter. Nachdem -MM2 die vordere Endlage erreicht hat, fährt -MM1 wieder ein. Ist -MM1 in der hinteren Endlage angelangt, fährt der Zylinder -MM2 ein.

- Die Ausfahrgeschwindigkeit der beiden Zylinder soll einstellbar sein.
- Der elektrische Teil der Steuerung ist erst nach Betätigung des Hauptschalters *(main switch)* -SF1 betriebsbereit.
- Die Steuerung soll mit einem NOT-AUS-Taster -SF2 ausgestattet sein. Bei seiner Betätigung soll die elektrische sowie die pneumatische Energieversorgung unterbrochen werden.

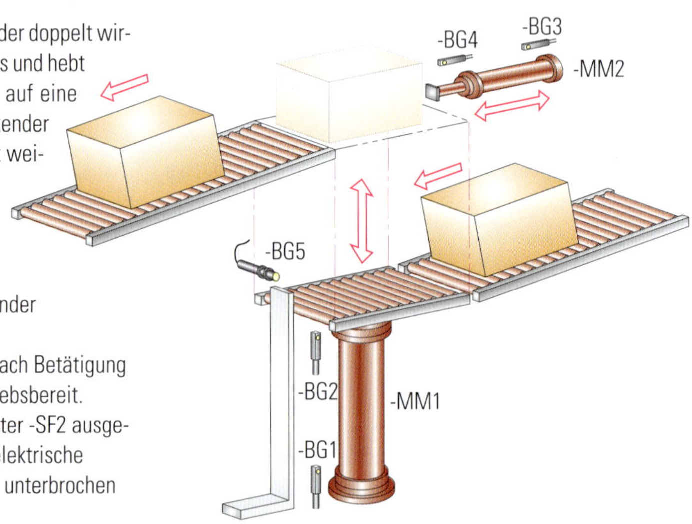

***2** Lageplan der Hubvorrichtung für Paketwender*

2.4.2 Darstellung eines Funktionsablaufs mit Grafcet

Der Begriff *Grafcet* stammt aus dem Französischen und bedeutet „Darstellung der Steuerungsfunktion mit Schritten und Weiterschaltbedingungen".

Mit Grafcet können Steuerungsaufgaben normgerecht grafisch und somit übersichtlich dargestellt werden. Es ist daher möglich, komplexe Steuerungsaufgaben systematisch und effektiv zu lösen.

Nachfolgende Übersicht zeigt die wichtigsten Symbole von Grafcet:

1	**Anfangsschritt** *(initial step)*: Grundstellung der Steuerung, aus der die Anlage gestartet werden kann, z. B. Zylinder -MM1 und -MM2 sind in der hinteren Endlage.
2	**Allgemeiner Schritt** *(general step)*: Die einzelnen Schritte der Steuerung erhalten entsprechend dem Steuerungsablauf eine Nummer in einem Quadrat.
(Wirkverbindung, Pfeil)	Die einzelnen Schritte *(single steps)* sind mit einer Wirkverbindung verbunden. Ein Pfeil kann die Richtung des Ablaufs angeben.
-SF2	Der Übergang von einem zum nächsten Schritt *(next step)* wird mit einer Übergangsbedingung (Transition) angegeben.
-SF1 · -SF2	UND-Verknüpfung von -SF1 und -SF2
-SF1 + -SF2	ODER-Verknüpfung von -SF1 und -SF2
$\overline{\text{-SF1}}$	-SF1 **NICHT** (Negation)

Beispiel:

Ein doppelt wirkender Zylinder soll bei der Betätigung des Tasters -SF1 abluftgedrosselt ausfahren und mithilfe des Tasters -SF2 wieder abluftgedrosselt einfahren. Als Stellglied kommt ein vorgesteuertes 5/2-Wegeventil zum Einsatz (Bild 1).

Bild 2 zeigt die dazugehörige Funktionsdarstellung mit Grafcet.

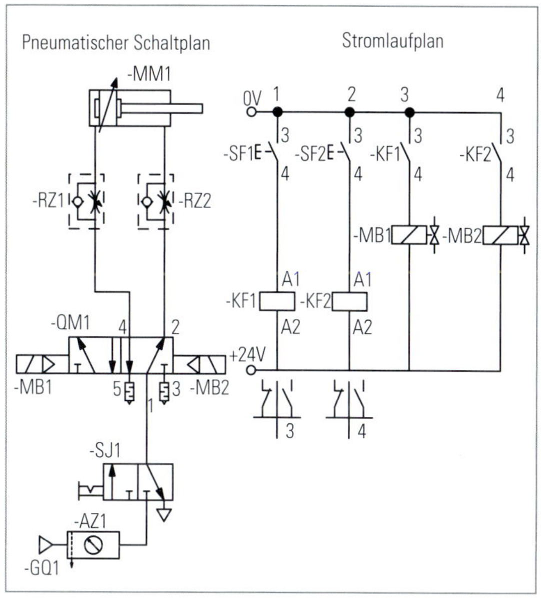

1 Beispiel: Pneumatischer Schaltplan und Stromlaufplan

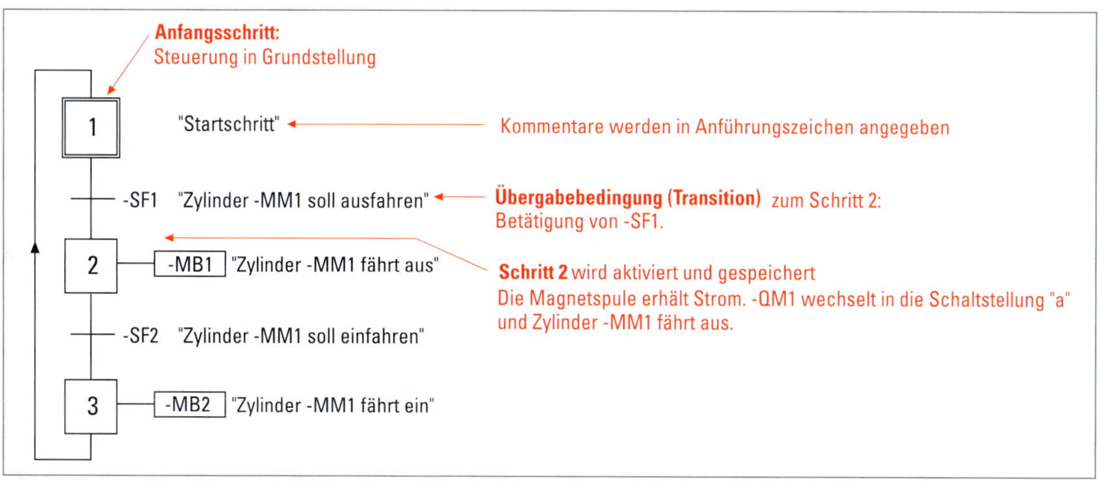

2 Beispiel: Funktionsdarstellung mit Grafcet

Die bisherige nationale Norm DIN 40719-6 (Funktionsplan) wurde ersetzt durch DIN EN 60848 (Grafcet).
Die Übergangsfrist für die Anwendung beider Normen endete am 31. März 2005.

Überlegen Sie!

Übertragen Sie die ersten beiden Schritte der Funktionsdarstellung der Hubvorrichtung für die Betriebsart Einzelbetrieb in Ihr Heft und ergänzen Sie die restlichen drei Schritte mit Grafcet.

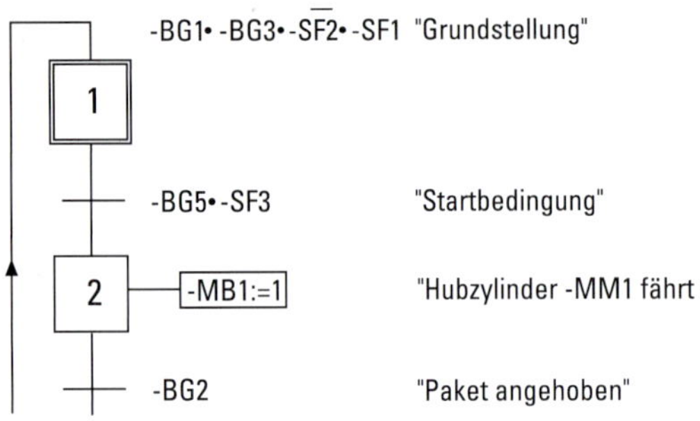

2.4.3 Geräteliste

Die beiden doppelt wirkenden Antriebe werden durch zwei vorgesteuerte 5/2-Impulsventile, betätigt durch Elektromagnete, angesteuert. Vorgesteuerte Ventile deshalb, weil zum Heben und Verschieben der Pakete größere Zylinder und damit auch größere Luftmengen benötigt werden. Als Folge müssen auch größere Ventile eingebaut werden, die entsprechende Durchflussmengen garantieren. Die Abfrage der Endlagen der Zylinder erfolgt durch positiv schaltende Magnetschalter. Das Erkennen eines Pakets erfolgt durch optische Näherungsschalter. Zum Starten des Einzelzyklus dient der Schließer -SF3, zum Einschalten des Dauerzyklus der Schließer -SF4, zum Ausschalten ein Öffner -SF5. Als NOT-AUS-Taster wird in der Elektrotechnik immer ein Öffner verwendet. Käme ein Schließer zum Einsatz, hätte dieser bei einem Drahtbruch keine Wirkung mehr. Da der NOT-AUS bei seiner Betätigung dauerhaft in dieser Schaltstellung bleiben soll, muss er mit einer Raste ausgestattet sein.

Bei der **Entwicklung des Stromlaufplans** (Seite 157 Bild 1) *(development of flow diagram)* ist es sinnvoll, nach folgendem Schema vorzugehen:

1. Schritt: Energieversorgung mit den nötigen Bedienelementen wie Hauptschalter -SF1, NOT-AUS -SF2, „Dauerbetrieb Ein" -SF4 und „Dauerbetrieb Aus" -SF5.

2. Schritt: Sensorauswertung der Sensoren -BG1, -BG2, -BG3, -BG4 und -BG5 durch die Relais -KF4 bis -KF8.

3. Schritt: Steuerungsablauf im Steuerstromkreis durch die Relais -KF9 bis -KF12 (4 Schritte).

4. Schritt: Steuerungsblauf im Hauptstromkreis (Leistungsteil)
- Schritt 1: Magnetspule -MB1
- Schritt 2: Magnetspule -MB3
- Schritt 3: Magnetspule -MB2
- Schritt 4: Magnetspule -MB4

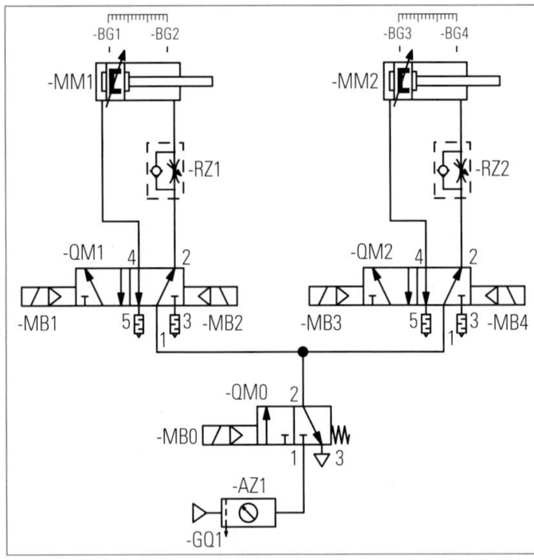

1 *Pneumatikschaltplan Hubvorrichtung*

-AZ1	Wartungseinheit
-QM0	Hauptventil, in Ruhestellung gesperrt, elektromagnetisch betätigt, Rückstellung durch eine Feder
-QM1	Vorgesteuertes 5/2-Wegeimpulsventil; beidseitig elektromagnetisch betätigt
-RZ1	Drosselrückschlagventil
-MM1	Doppelt wirkender Zylinder mit Endlagendämpfung
-QM2	Vorgesteuertes 5/2-Wegeimpulsventil; beidseitig elektromagnetisch betätigt
-RZ2	Drosselrückschlagventil
-MM2	Doppelt wirkender Zylinder mit Endlagendämpfung
-SF1	Hauptschalter mit Raste
-SF2	NOT-AUS (Öffner) mit Raste
-SF3	„Starttaster" (Schließer)
-SF4	„Dauerbetrieb EIN" (Schließer)
-SF5	„Dauerbetrieb AUS" (Öffner)
-BG1	Magnetschalter für die hintere Endlage von -MM1
-BG2	Magnetschalter für die vordere Endlage von -MM1
-BG3	Magnetschalter für die hintere Endlage von -MM2
-BG4	Magnetschalter für die vordere Endlage von -MM2
-BG5	Optischer Näherungsschalter
-KF1...-KF12	Relais

2 *Geräteliste Hubvorrichtung*

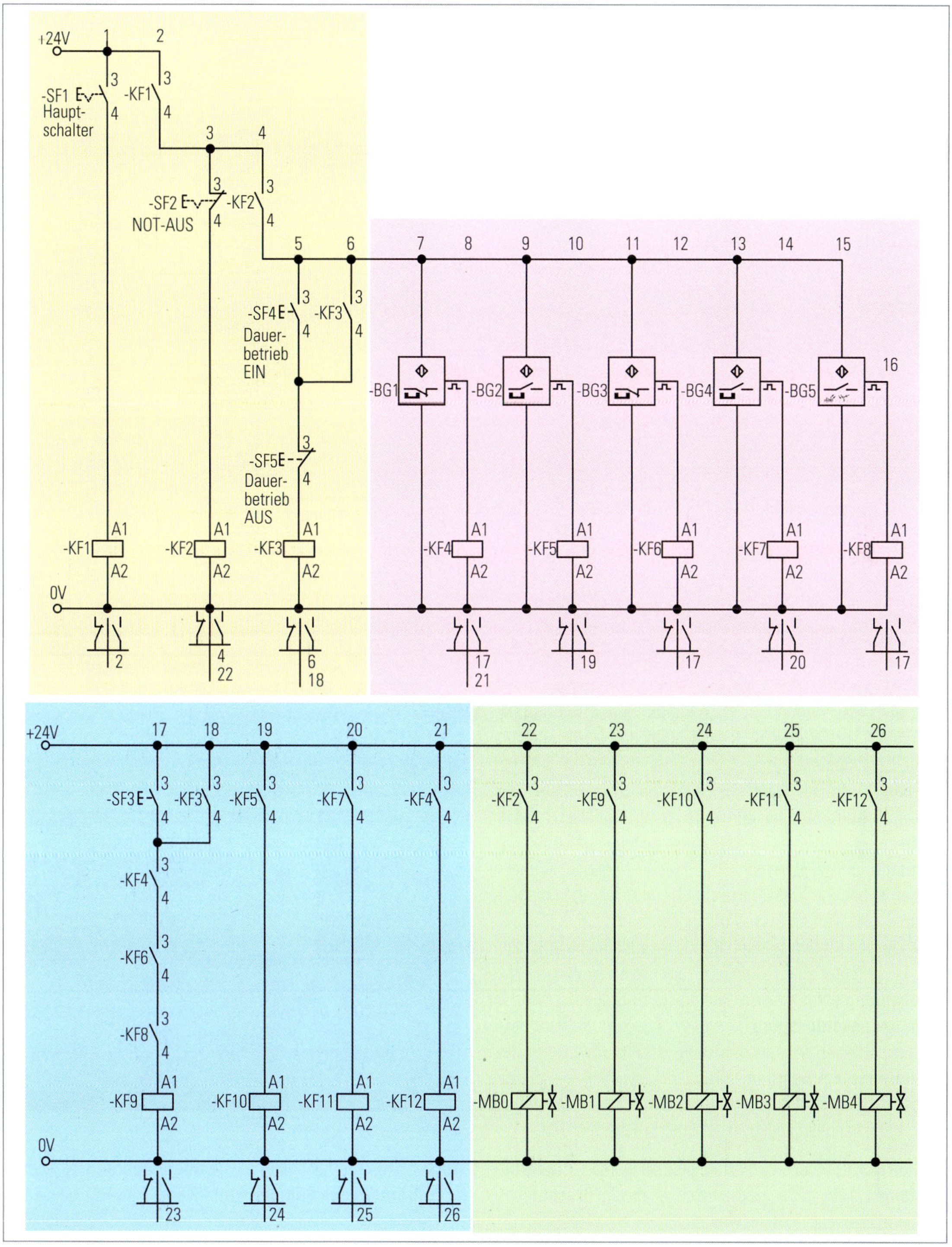

1 *Stromlaufplan Hubvorrichtung*

Überlegen Sie!

1. *Womit müssen die Kolben der Zylinder -MM1 und -MM2 ausgerüstet sein, um die Endlagen durch Magnetschalter abfragen zu können?*
2. *Beschreiben Sie den Ablauf, wenn der NOT-AUS-Taster -SF2 während eines Arbeitszyklus betätigt wird.*
3. *Welche Aufgabe hat der Schließer von -KF3 im Strompfad 6 und 18?*

2.4.4 Klemmenanschlussplan

Bei der Installation elektropneumatischer Steuerungen kommen zusätzlich zur Montage der pneumatischen Bauteile[1] noch elektrische Betriebsmittel hinzu, die der **Signaleingabe** dienen wie z. B. **Sensoren, Handtaster** usw. Die elektrischen Signale werden dann durch **Relais** verarbeitet. Die **elektrisch betätigten Magnetventile** geben schließlich die gewünschten **Stellbefehle** *(adjusting commands)* aus. Meist sind diese Bauelemente **räumlich voneinander getrennt** und bei komplexeren Anlagen in einer größeren Anzahl vorhanden. Die Sensoren befinden sich bei den Antriebsgliedern, die Handtaster am Bedienpult der Anlage und die Relais sind meist in Schaltschränken untergebracht. Die Installation der **Verdrahtung** *(wiring)* soll im Rahmen **vertretbarer Kosten** liegen und durch einen **übersichtlichen Aufbau** eine **schnelle Fehlersuche und Instandsetzung** ermöglichen. Diese Anforderungen werden durch die Verwendung von **Klemmleisten** *(terminal strips)* (Bild 1) erfüllt. Die Leitungen der Signalglieder, die mit den Relais im Schaltschrank verdrahtet werden und die Leitungen, die von den Relais aus dem Schaltschrank wieder zu den Stellgliedern hinausgehen, verlaufen dabei über eine Klemmleiste. Ist z. B. im Schaltschrank ein Relais defekt, kann es schnell von der Klemmleiste abgeklemmt und durch ein neues ersetzt werden. Bei einfacheren Steuerungen werden die Leitungen der Magnetspulen, Sensoren, Taster usw. an einer Klemmleiste im Schaltschrank gesammelt und dann mit den Relais verbunden (Bild 1a). Bild 1b zeigt die Verwendung von zwei Klemmleisten bei umfangreicheren Anlagen: eine im Schaltschrank und eine an der Maschine. Eine Klemmleiste besteht aus mehreren nebeneinanderliegenden Klemmen (Bild 2). Die beiden Anschlüsse einer Klemme sind **leitend** miteinander verbunden. Durch das Einsetzen von **Brücken** *(links)* kann die Fachkraft nebeneinanderliegende **Klemmen** *(terminals)* leitend miteinander verbinden. Klemmen werden mit einem **X** gekennzeichnet. Hat eine Leiste mehrere Klemmen, so werden diese durchnummeriert, z. B. X1, X2, ... Bei mehreren Klemmleisten hat jede Leiste eine eigene Nummer. So bedeutet X1–7, Klemme 7 auf der Klemmleiste 1. Die **Verdrahtung** einer elektropneumatischen Steuerung wird im **Klemmenanschlussplan** *(terminal connection diagram)* dokumentiert. Dieser besteht aus dem Stromlaufplan und dem **Klemmenbelegungsplan** *(terminal diagram)*. Anhand eines einfachen Beispiels wird die Vorgehensweise bei der Erstellung eines Klemmenbelegungsplans erläutert (Seite 159 Bild 1):

1. **Schritt:** Ausgehend vom Stromlaufplan werden **alle Strompfade** *(current paths)* gekennzeichnet, die am **Pluspol** *(positive pole)* angeschlossen werden (X1 – 1 bis X1 – 4).

2. **Schritt:** Alle Strompfade, die auf **Masse** *(earth)* gelegt werden, sind zu kennzeichnen (X1 – 5 bis X1 – 8).

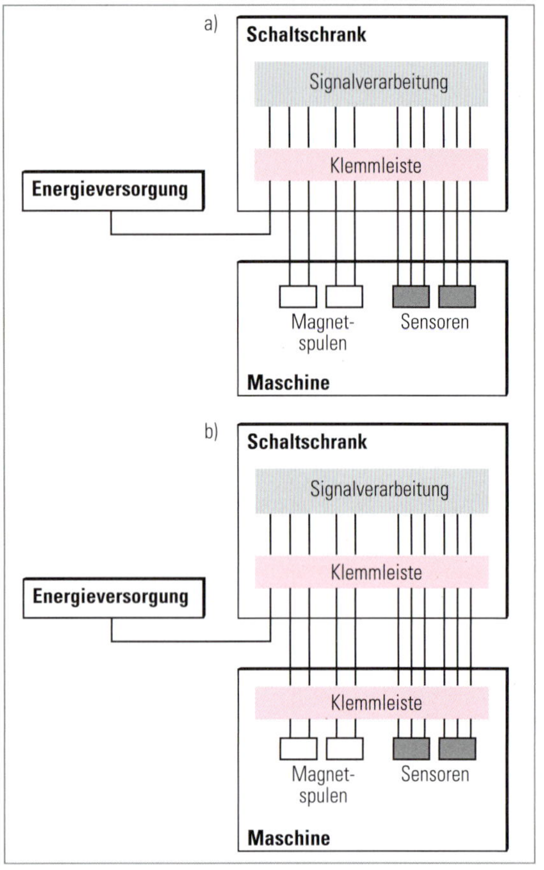

1 *Beispiel von Verdrahtungen mit Klemmleisten*

2 *Klemmleiste*

3. **Schritt:** Kennzeichnung aller **Bauelemente** *(components)* **außerhalb des Schaltschranks** *(switchboard)*, beginnend bei Strompfad 1 bis Strompfad 5. Im Strompfad gilt die Reihenfolge von oben nach unten. Bei Dreileitersensoren (Strompfad 1) wird zunächst die Versorgungsspannung (X1 – 9), dann die Signalleitung (X1 – 10) und anschließend der Anschluss an Masse (X1 – 11) gekennzeichnet.

1) siehe Kap. 1.5 Installation und Inbetriebnahme

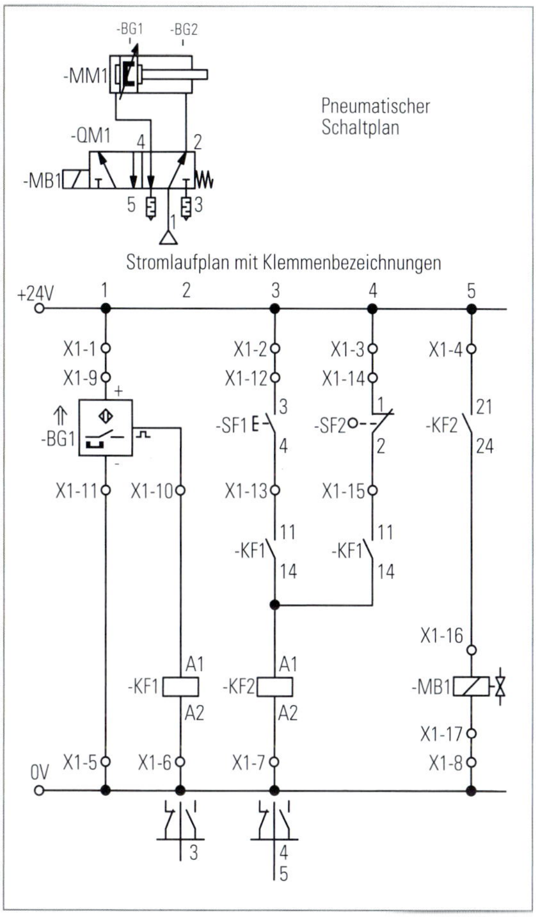

1 Angabe von Klemmenbezeichnungen im Stromlaufplan

Maschine Ziel Bauteil-bezeichnung	Maschine Ziel Anschluss-bezeichnung	Verbindungsbrücke	Klemmen-Nr. X1	Schaltschrank Ziel Bauteil-bezeichnung	Schaltschrank Ziel Anschluss-bezeichnung
	+24V	○	1	X1	9
		○	2	X1	12
		○	3	X1	14
		○	4	-KF2	21
	0V	○	5	X1	11
		○	6	-KF1	A2
		○	7	-KF2	A2
		○	8	X1	17
-BG1	+	○	9	X1	1
-BG1	⎍	○	10	-KF1	A1
-BG1	-	○	11	X1	5
-SF1	3	○	12	X1	2
-SF1	4	○	13	-KF1	11
-SF2	1	○	14	X1	3
-SF2	2	○	15	-KF2	11
-MB1		○	16	-KF2	24
-MB1		○	17	X1	6
		○	18		
		○	19		
		○	20		

Spannungsversorgung

Brücken

Der Pluspol von -BG1 ist auf der Maschinenseite der Klemme X1-9 angeschlossen

Anschluss 2 des Öffners -SF2 wird auf der Machinenseite an Klemme X1-15 angeschlossen

Der noch freie Anschluss der Klemme X1-9 wird entsprechend dem Stromlaufplan mit der Klemme X1-1 verbunden

Anschluss 11 des Schließers -KF2 wird auf der Schaltschrankseite an Klemme X1-15 angeschlossen

2 Klemmenbelegungsplan

Verdrahtungen **innerhalb des Schaltschranks** müssen **nicht** mit **Klemmennummern** *(terminal numbers)* gekennzeichnet werden wie z. B. im Strompfad 3 der Anschluss 14 des Schließers von -KF1 mit dem Anschluss A1 der Relaisspule -KF2. Nach der Vergabe der Klemmen im Stromlaufplan erfolgt der Eintrag in den **Klemmenbelegungsplan** (Seite 158 Bild 2).

1. **Schritt:** Übertragen aller **Betriebsmittel** *(electrical equipment)* und **Anschlüsse** auf der **Maschinenseite** *(machine side)* des Klemmenbelegungsplans.
2. **Schritt:** Übertragen aller Betriebsmittel und Anschlüsse auf der **Schaltschrankseite** *(switchboard side)* des Klemmenbelegungsplans.
3. **Schritt:** Eintragen der **Brücken** *(links)* (X1 – 1 bis X1 – 4) für die Versorgungsspannung.
4. **Schritt:** Verbindungen zwischen den Anschlüssen verschiedener Klemmen eintragen, so muss z. B. der noch freie Anschluss der Klemme X1 – 9 mit Klemme X1 – 1 verbunden werden.

MERKE

Die Verwendung von Klemmenleisten bei der Installation elektropneumatischer Steuerungen ist instandhaltungs freundlich, übersichtlich und minimiert den Montageaufwand.
Die Dokumentation der Verdrahtung erfolgt im Klemmenanschlussplan.

Überlegen Sie!

Erstellen Sie den Klemmenbelegungsplan der Hubvorrichtung für die Strompfade 1 bis 7. Übertragen Sie zunächst den Ausschnitt des Stromlaufplan in Ihr Heft und bezeichnen Sie die einzelnen Klemmen. Als Vorlage für den Klemmenbelegungsplan verwenden Sie Bild 2.

ÜBUNGEN

Projektaufgabe Vereinzelungseinheit

Die folgenden Abbildungen zeigen den pneumatischen Schaltplan und den Stromlaufplan einer Vereinzelungseinheit.

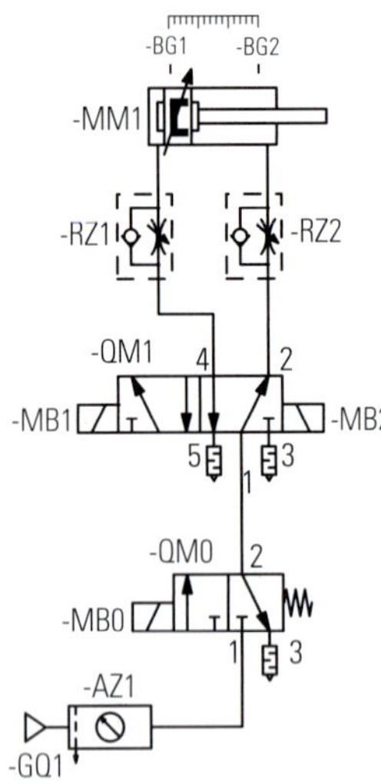

Pneumatischer Schaltplan

a) Beschreiben Sie das Symbol des Zylinders -MM1.

b) Welche Folge hat ein falscher Einbau des Ventils -RZ2?

c) Erstellen Sie eine Geräteliste für die verwendeten Betriebsmittel.

d) Wie reagiert die Steuerung bei einer Betätigung
- des Hauptschalters -SF0
- des NOT-AUS-Tasters -SF1
- des Tasters -SF2 bzw. -SF3
- der Taster -SF4 und -SF5

e) Erstellen Sie ein Weg Schritt-Diagramm und beschreiben Sie den Funktionsablauf für die Betriebsart Einzelbetrieb mit Grafcet.

f) Welche Aufgabe hat der Schließer -KF3 im Strompfad 8?

g) Was geschieht, wenn der Schließer -KF4 im Strompfad 14 versehentlich als Öffner angeschlossen wird?

h) Erstellen Sie den für eine vollständige Dokumentation der Anlage noch fehlenden Klemmenbelegungsplan. Übertragen Sie dazu die Vorlage für den Belegungsplan in Ihr Heft (siehe Seite 161).

h) Bauen Sie die Steuerung fachgerecht auf und nehmen Sie diese in Betrieb.

Stromlaufplan für Zweileiter-Sensoren (Reedkontakte)

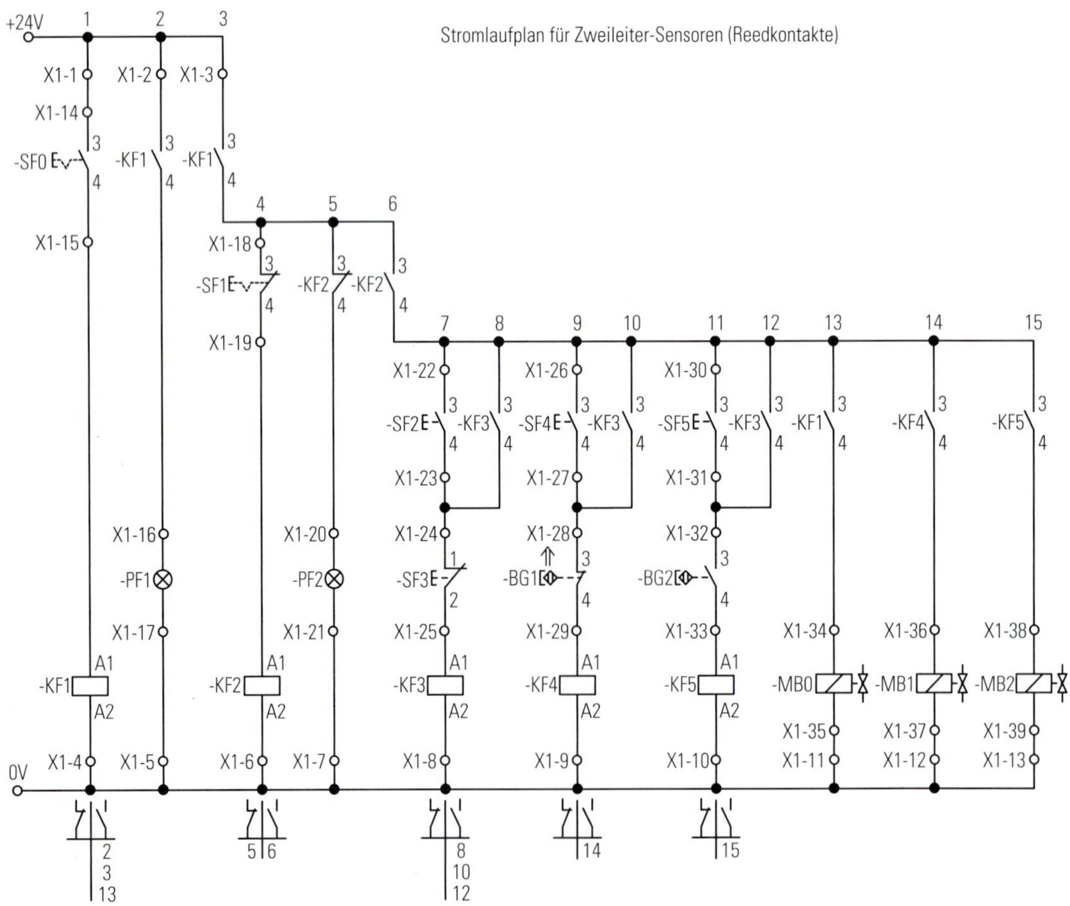

Projektaufgabe Paketwender

Gegeben ist der pneumatische Schaltplan des Paketwenders.

Maschine: Ziel – Bauteil-bezeichnung	Maschine: Ziel – Anschluss-bezeichnung	Verbindungsbrücke	Klemmen-Nr. X1	Schaltschrank: Ziel – Bauteil-bezeichnung	Schaltschrank: Ziel – Anschluss-bezeichnung
		O	1		
		O	2		
		O	3		
		O	4		
		O	5		
		O	6		
		O	7		
		O	8		
		O	9		
		O	10		
		O	11		
		O	12		
		O	13		
		O	14		
		O	15		
		O	16		
		O	17		
		O	18		
		O	19		
		O	20		
		O	21		
		O	22		
		O	23		
		O	24		
		O	25		
		O	26		
		O	27		
		O	28		
		O	29		
		O	30		
		O	31		
		O	32		
		O	33		
		O	34		
		O	35		
		O	36		
		O	37		
		O	38		
		O	39		

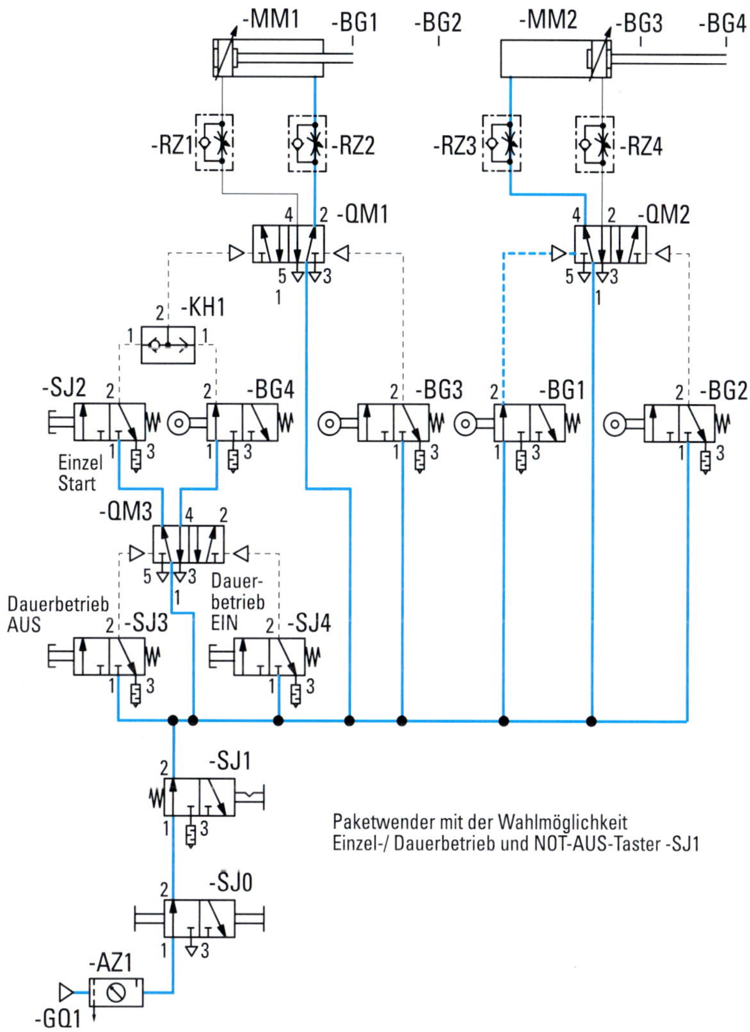

Paketwender mit der Wahlmöglichkeit Einzel-/ Dauerbetrieb und NOT-AUS-Taster -SJ1

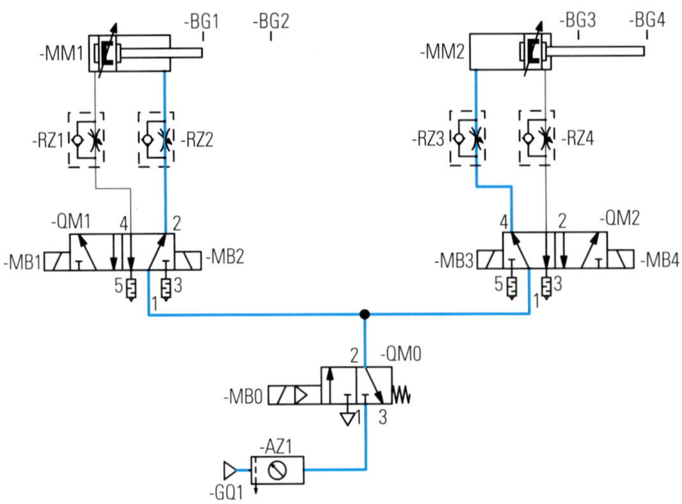

a) Der Paketwender soll nicht mehr rein pneumatisch, sondern **elektropneumatisch** gesteuert werden. Der pneumatische Teil der elektropneumatischen Steuerung ist vorgegeben, der Stromlaufplan muss noch ergänzt werden. Übernehmen Sie die Vorlage in ihr Heft und vervollständigen Sie diesen. Mit dem Taster -SF3 soll der Dauerbetrieb aus-, mit -SF4 eingeschaltet werden. Der Einzelzyklus wird mit -SF5 gestartet.

b) Ihre Abteilung benötigt für eine vollständige Dokumentation der Anlage noch die Beschreibung des Funktionsablaufs durch Grafcet. Ihr Abteilungsleiter bittet Sie darum, diesen zu erstellen.

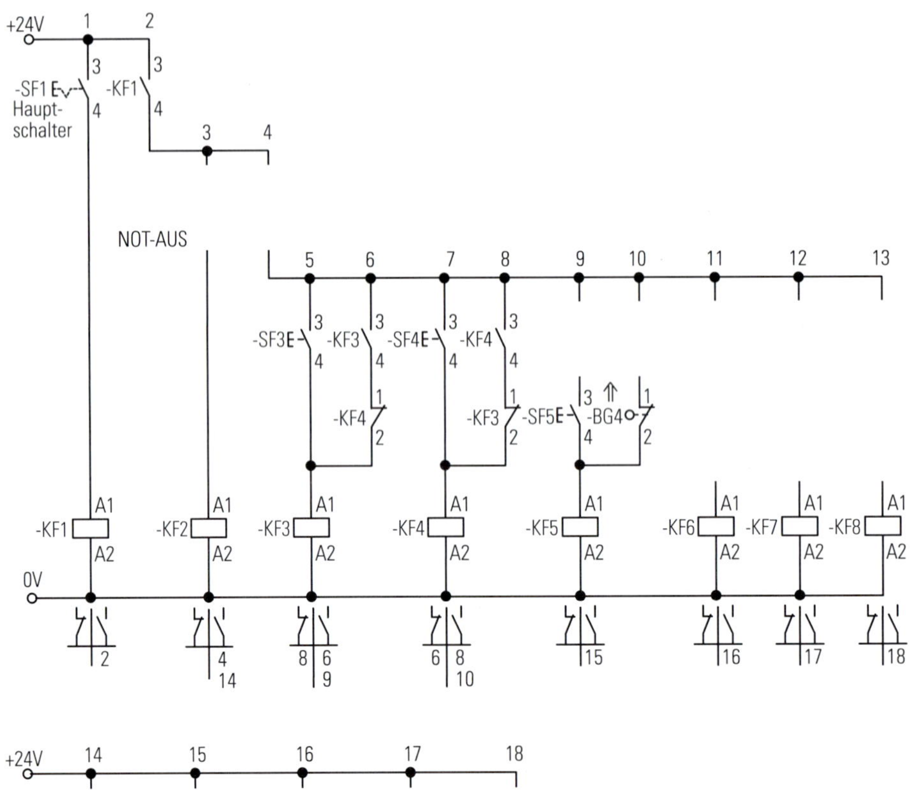

Stromlaufplan

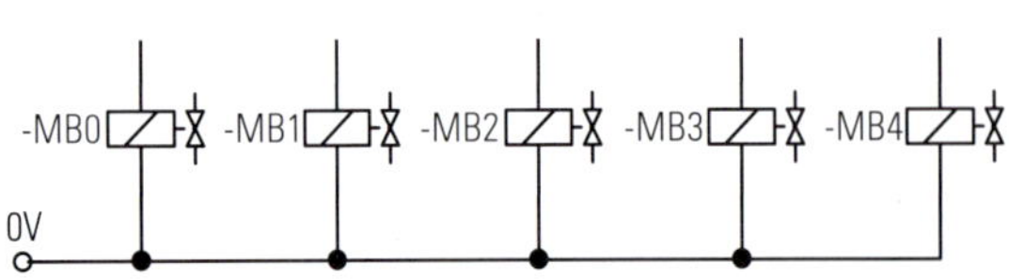

3 Hydraulik

3.1 Einsatzgebiete der Hydraulik

Hydraulische Systeme erzeugen große Kräfte. Sie werden in Werkzeugmaschinen zum Spannen von Werkstücken (Bild 1) oder zum Erzeugen des Vorschubs verwendet. Aber auch in Baumaschinen findet die Hydraulik im Fahrantrieb oder zum Greifen und Ausheben von Lasten (Bild 2) ihre Anwendung. Deshalb wird in der Hydraulik unterschieden zwischen

- Industriehydraulik *(industrial hydraulics)*
- Mobilhydraulik *(mobile hydraulics)*

Überlegen Sie!

Nennen Sie weitere Anwendungsbeispiele, die der Industrie- bzw. der Mobilhydraulik zugeordnet werden kön-

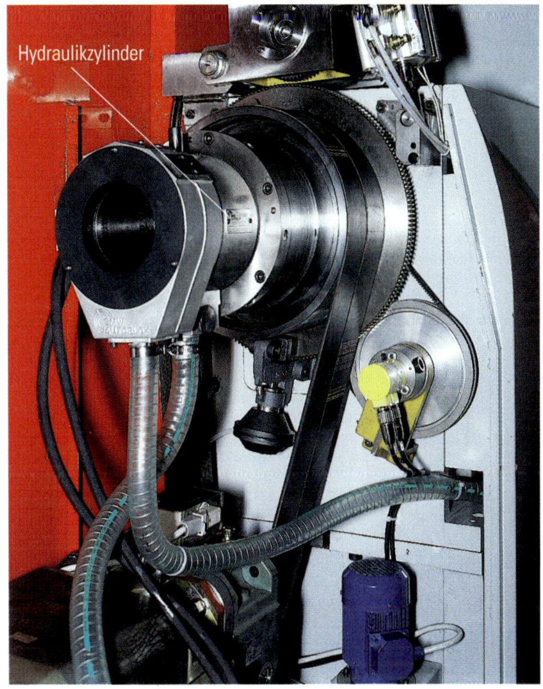

1 *Hydraulisches Spannsystem an einer CNC-Drehmaschine*

3.2 Vergleich Pneumatik – Hydraulik

Die Tabelle unten stellt anhand ausgewählter Vergleichskriterien pneumatische und hydraulische Steuerungssysteme gegenüber. Es sollen die Vorzüge bzw. Nachteile der Systeme verdeutlicht werden. Daraus ergeben sich die Einsatzgebiete für die pneumatischen und hydraulischen Systeme.

Überlegen Sie!

Entscheiden Sie sich bei den nachfolgenden Beispielen für eine hydraulische bzw. pneumatische Steuerung. Begründen Sie!

a) Antrieb von Montagewerkzeugen.
b) Verpackungsmaschinen in der Lebensmittelindustrie.
c) Steuerung der Ruder in einem Flugzeug.
d) Vorschubsteuerung von Schleifmaschinen.
e) Steuerungen an brand- oder explosionsgefährdeten Orten, z. B. in Stahlwerken.

2 *Hydraulische Einrichtungen an einer Baumaschine*

	Pneumatik *(pneumatics)*	**Hydraulik** *(hydraulics)*
Eigenschaft des Mediums	Luft ist kompressibel.	Öl ist nahezu inkompressibel
Positioniergenauigkeit	Nicht ohne weiteres möglich, weil Luft sich komprimieren lässt.	Sehr gut, weil Öl sich nicht komprimieren lässt
Drücke (max.)	ca. 6 bar (üblich)	bis zu 4 000 bar
Leitungen	Schläuche, Rohre. Es ist nur eine Hinleitung nötig.	Schläuche, Rohre. Es sind eine Hin- und eine Rückleitung nötig.
Kräfte	Begrenzt durch relativ geringen Druck.	Erzeugung großer Kräfte durch hohe Drücke; automatische Druckanpassung; kompakte Bauweise der Zylinder möglich.
Bewegungen	linear, rotatorisch ungleichmäßig	Linear, rotatorisch gleichförmig
Sicherheit	Arbeitsglieder können ohne weiteres überlastet werden.	Ein Druckbegrenzungsventil ist notwendig.
Umweltverträglichkeit	keine Gefährdung	Lecköl
Temperaturempfindlichkeit	Relativ temperaturunempfindlich	Öl ändert seine Viskosität [1]

1) Die Viskosität ist ein Maß für die Zähflüssigkeit des Öls. Je größer die Viskosität ist, desto dickflüssiger, d.h. weniger fließfähig ist das Öl.
Weitere Informationen zu diesem Thema finden Sie im Lernfeld 9 im Kap. 5.1.1

3.3 Aufbau einer Hydraulikanlage – Energie- und Informationsfluss

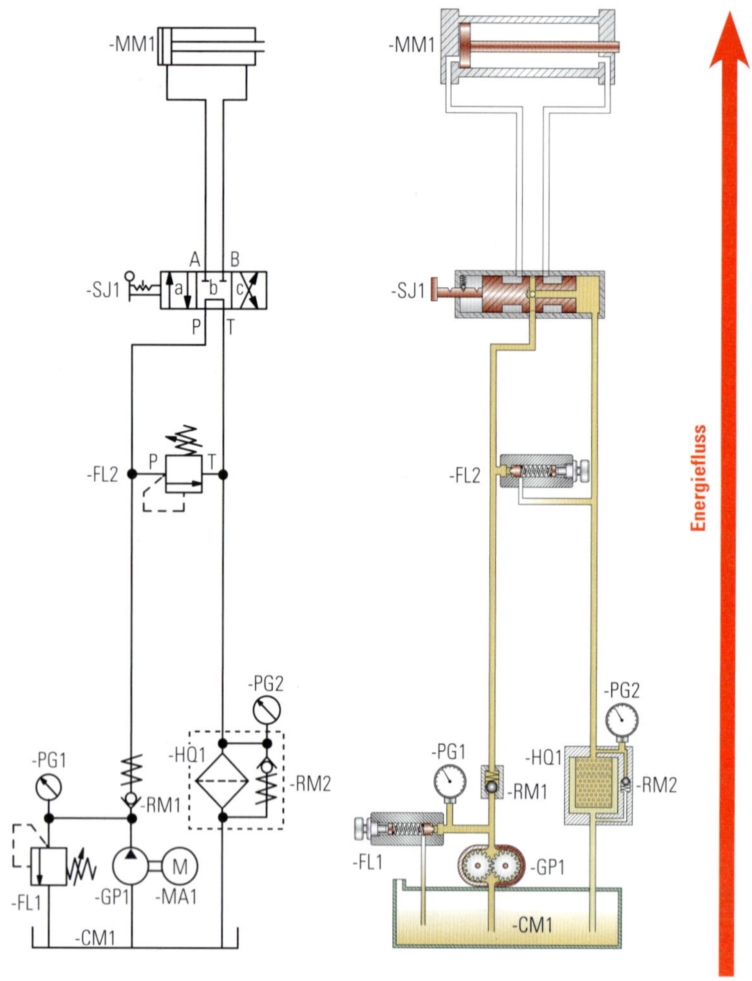

Im **Antriebsteil** wird die vom Druckmedium zugeführte Energie in Bewegungsenergie umgewandelt. Als Antriebsglieder kommen Zylinder und Motoren zum Einsatz.

Die Hydraulikflüssigkeit leitet die Energie von der Pumpe zum Antriebsteil. **Ventile** übernehmen die Aufgabe, die Anlage zu steuern.
Je nach Aufgabe kommen folgende Ventile zum Einsatz

- Wegeventile (-SJ1)
- Stromventile
- Druckventile (-FL1, -FL2)
- Sperrventile (-RM1)

Verarbeitung der Signale z. B. durch Wechsel-, Zweidruckventile

Signaleingabe durch Sensoren, Taster oder Rollen

Energieversorgung und Druckmittelaufbereitung (Hydraulikaggregat)
Über einen Motor (MA) wird zunächst elektrische Energie in Bewegungsenergie der **Pumpe** (GP) umgewandelt. Diese Energie wird in Bewegungsenergie der Hydraulikflüssigkeit umgewandelt oder als Druck gespeichert. Andere Bauteile wie der Filter (HQ) bereiten das Druckmedium auf oder schützen die Anlage (-FL1).

MERKE

Eine Hydraulikanlage besteht aus der Energieversorgung mit Druckmittelaufbereitung, dem Steuerteil und dem Antriebsteil. Außerdem benötigt sie Elemente zur Signaleingabe und unter Umständen zur Signalverarbeitung.

3.4 Energieversorgung

Zur Versorgung der unterschiedlichen Antriebsglieder werden verschiedene Pumpen verwendet. Diese arbeiten alle nach dem Verdrängungsprinzip *(principle of displacement)*. Das Öl wird aus dem Ölbehälter angesaugt und in das Hydrauliksystem gedrückt. Hydraulikpumpen *(hydraulic pumps)* würden ohne einen Widerstand, der dem Fluss des Öls entgegengesetzt wirkt, keinen Druck erzeugen, sondern nur einen Volumenstrom. Druck entsteht erst durch die Belastung der Arbeitselemente sowie durch die Reibung der Flüssigkeit in den Leitungen, Rohrverschraubungen und Ventilen.

Da beim Ansaugen Unterdruck entsteht, sinkt der Siedepunkt des Öls und es treten Gasblasen aus. Gelangen diese auf die Druckseite, so brechen sie aufgrund eines höheren Siedepunktes zusammen, sie implodieren. Dies führt zu einer starken Volumenabnahme und evtl. zur Selbstentzündung des Öl/Luftgemisches (Dieseleffekt). Es entstehen **Kavitationsschäden**[1] *(cavitation damages)* an der Pumpe und in den Leitungen, da winzige Werkstoffteilchen herausgerissen werden. Außerdem verschlechtert sich der Wirkungsgrad, da bei einer Erwärmung des Öls Arbeit verrichtet werden muss. Um dies zu vermeiden,

1) *cavitare* (lat.): aushöhlen

Nenngröße	**4**	**5**	**8**	**11**	**14**	**16**	**19**	**22**	**25**	**28**
Verdrängungsvolumen V in cm^3	4	5,5	8	11	14	16	19	22,5	25	28
Betriebsdruck p_e in bar	280	280	280	280	280	280	230	210	225	200
Leistung P in kW bei $n = 1450/min$	3,01	4,14	6,01	8,27	10,5	12	11,7	12,7	15,1	15
Umdrehungsfrequenzbereich n in min^{-1}	500 ... 4000									
Masse m in kg	2,8	2,85	2,9	3	3,2	3,4	3,6	3,8	4,2	4,4

***1** Kenngrößen von Pumpen*

darf in der Saugleitung der absolute Druck p_{abs} 0,7...0,8 bar *(absolute pressure)* nicht unterschritten werden. Es sind deshalb Saugleitungen notwendig, die möglichst kurz sind und einen großen Durchmesser haben. Auf scharfe Bögen und Rohrverschraubungen sollte verzichtet werden.

Wichtige Kenngrößen (Bild 1) von Pumpen sind

- das **Verdrängungsvolumen** V *(volume of displacement)* (auch Förder- oder Schluckvolumen genannt)
  Es gibt an, wie viel Öl bei einer Umdrehung gefördert wird.
- der **Betriebsdruck** p_e *(accumulator pressure)*
- die **Umdrehungsfrequenz** n *(rotational frequency)*
- der **Volumenstrom** Q *(quantity of flow)* (gespr. „V-Punkt")

Der erzeugte Volumenstrom Q einer Pumpe gibt an, welche Volumenmenge in Litern in einer bestimmten Zeit, meist in einer Minute, den Leitungsquerschnitt durchströmt (Bild 2).

Aus der Umdrehungsfrequenz der Pumpe kann dann der theoretische Volumenstrom Q berechnet werden. In Abhängigkeit vom Betriebsdruck in der Anlage verringert sich der theoretische Volumenstrom aufgrund von Leckölverlusten in der Pumpe.

$$Q = n \cdot V$$

Q: Volumenstrom
n: Umdrehungsfrequenz der Pumpe
V: Verdrängungsvolumen

Beispielrechnung

Eine Pumpe hat ein Verdrängungsvolumen von $V = 3{,}2\ cm^3$. Die Umdrehungsfrequenz des Antriebsmotors beträgt 1500/min. Wie groß ist der erzeugte Volumenstrom $\dot{V}$?

$$Q = n \cdot V$$

$$Q = \frac{1500 \cdot 3{,}2\ cm^3}{min}$$

$$Q = 4800 \frac{cm^3}{min} = 4{,}8 \frac{dm^3}{min}$$

$$\underline{\underline{Q = 4{,}8 \frac{l}{min}}}$$

Die Pumpe liefert einen Volumenstrom Q von 4,8 l in der Minute.

Die von der Pumpe geförderte Ölmenge durchströmt den Leitungsquerschnitt A und legt in einer bestimmten Zeit den Weg s zurück (Bild 2). Mithilfe des zurückgelegten Wegs und der dafür benötigten Zeit wird die Strömungsgeschwindigkeit v berechnet.

Mit $V = A \cdot v \cdot t$ und $\frac{V}{t} = Q$ wird: $Q = A \cdot v$

Q: Volumenstrom
A: Leitungsquerschnitt
v: Strömungsgeschwindigkeit

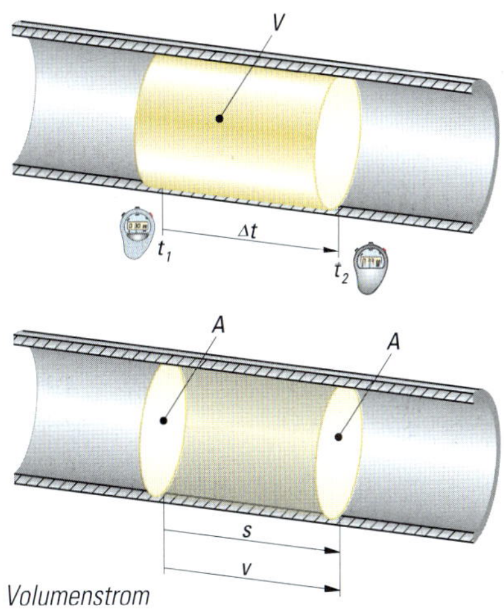

***2** Volumenstrom*

Beispielrechnung

$Q = 4{,}8\ l/min$; Rohrinnendurchmesser $d_i = 6$ mm.
Wie groß ist die theoretische Strömungsgeschwindigkeit v ohne Reibung bei geöffnetem Rohr?

$$Q = A \cdot v$$

$$v = \frac{Q}{A} = \frac{Q \cdot 4}{d_i^2 \cdot \pi}$$

$$v = \frac{4800\ cm^3 \cdot 4}{0{,}6^2\ cm^2 \cdot \pi \cdot min}$$

$$v = 16976{,}5 \frac{cm}{min}$$

$$v = \frac{16976{,}5\ \cancel{cm} \cdot 1\ m \cdot 1\ \cancel{min}}{\cancel{min} \cdot 100\ \cancel{cm} \cdot 60\ s}$$

$$\underline{\underline{v = 2{,}83 \frac{m}{s}}}$$

Das Öl bewegt sich mit einer Geschwindigkeit von $2{,}83 \frac{m}{s}$.

Überlegen Sie!

Was sind die wichtigsten Kenngrößen von Hydraulikpumpen und was besagen sie?

MERKE

Pumpen wandeln die Energie des Antriebs, z. B. die eines Elektromotors, in Bewegungsenergie des Öls bzw. in Druck um.

3.4.1 Druck- und Volumenstrommessung im Hydrauliksystem

Mit **Manometern** *(manometers)* wird der **Überdruck** in hydraulischen Anlagen gegenüber der Atmosphäre gemessen. Dies geschieht entweder durch ein **Manometer mit Rohrfeder** *(bourdon tube manometer)* (Bild 1a) oder mit **Plattenfeder** *(diaphragm pressure gauge)* (Bild 1b). Manometer können mit elektrischen Kontakten ausgerüstet sein, um z. B. beim Unter- oder Überschreiten des gewünschten Betriebsdrucks einen Alarm auszulösen.
Das **Staudruck-Manometer mit Rohrfeder** kann Drücke bis **1000 bar** messen.
Manometer mit Plattenfeder sind unempfindlicher und kommen auch bei aggressiven und zähflüssigen Medien z. B. in Betonpumpen zum Einsatz.

MERKE

Mit Manometern wird der Überdruck in einer Hydraulikanlage gemessen. Es werden häufig Manometer mit Rohrfeder oder die unempfindlichen Manometer mit Plattenfeder verwendet.

Überlegen Sie!

Warum sind Manometer oft mit einer Flüssigkeit, meist Glycerin, gefüllt?

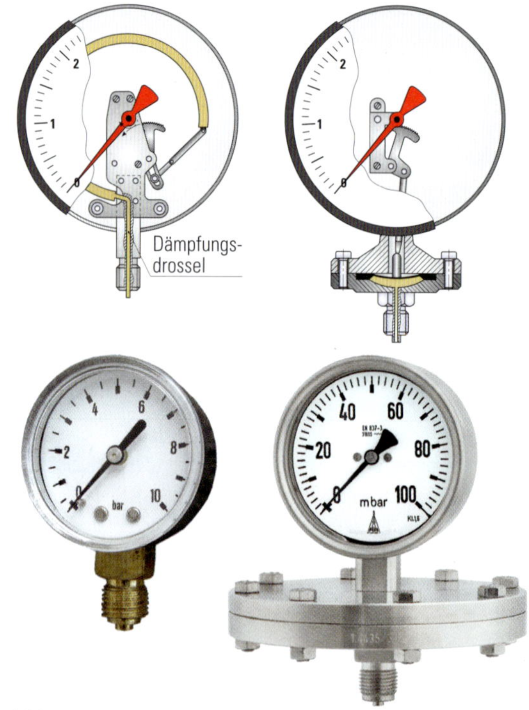

a) Manometer mit Rohrfeder b) Manometer mit Plattenfeder

1 *Manometer*

Soll der Druck in einer Anlage einen vorgegebenen Wert nicht über- oder unterschreiten, z. B. beim Spannen von Werkstücken, und soll dies durch eine Warneinrichtung wie z. B. durch das Aufleuchten einer Warnlampe gemeldet werden, dann kommen **hydro-elektrische Druckschalter** *(hydo-electrical manometer switches)* (Bild 2) zum Einsatz.
Druckschalter sind Sensoren, die ein **binäres Ausgangssignal** *(binary output signal)* liefern. Entweder liegt an den Schaltkontakten Spannung an oder es liegt keine Spannung an.
Es gibt aber auch **Drucksensoren** *(pressure sensors)*, die ein **analoges Signal** *(analog signal)* ausgeben, indem sie den Druck linear z. B. in eine Spannung von 0 bis 10 V umwandeln. Der Druck kann durch eine digitale Druckanzeige (Bild 3) dargestellt werden kann.

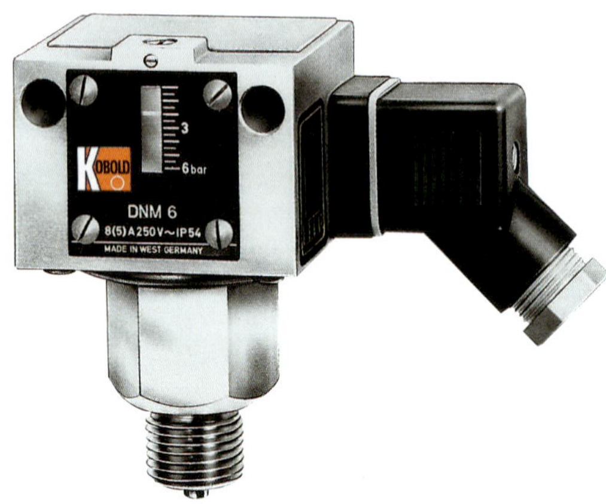

2 *Druckschalter*

MERKE

Druckschalter sind Sensoren, die ein binäres Signal liefern. Sie werden hauptsächlich zum Überwachen des Öldrucks eingesetzt.
Analoge Drucksensoren können wie die Manometer den aktuellen Druck in der Anlage anzeigen.

Der **Volumenstrom** kann durch unterschiedliche Methoden ermittelt werden.
Bei der ersten Möglichkeit treibt das fließende Öl entweder Zahnräder *(gear wheels)* (Seite 167 Bild 1), eine Turbine *(turbines)* oder ein Flügelrad *(impeller)* an. Die Umdrehungsfrequenz lässt dann Rückschlüsse auf den Volumenstrom zu.

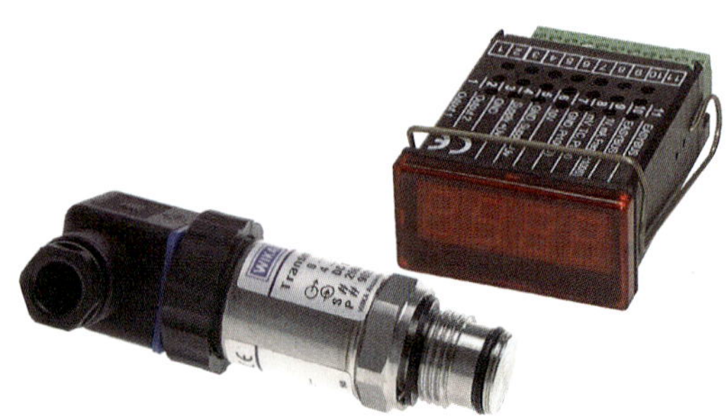

3 *Druckaufnehmer und Druckanzeige*

Eine weitere Möglichkeit ist die Verwendung einer Messblende. Die Blende ist eine Verengung in der Leitung. Sie stellt für den Ölfluss ein Hindernis dar und verursacht vor bzw. hinter der Engstelle einen Druckabfall Δp. Da dieser Druckabfall Δp in einem Zusammenhang zum Volumenstrom Q steht, kann daraus auch die von der Pumpe geförderte Ölmenge abgeleitet werden.

Bei der Inbetriebnahme einer Anlage ist oft nur eine einmalige Messung wie z. B. zum Einstellen eines Stromregelventils notwendig. Hier bietet es sich an, dass die Fachkraft einen Ölschlauch löst, mit einem Messbecher das ausströmende Öl auffängt und mit einer Stoppuhr die Zeit misst.

Der Volumenstrom berechnet sich nach der Formel

$$Q = \frac{V}{t}$$

Aber auch über die Ausfahrgeschwindigkeit und die Kolbenfläche eines Zylinders kann der Volumenstrom errechnet werden:

$$Q = A \cdot v$$

MERKE

Der Volumenstrom wird durch Turbinen-, Zahnrad- oder Flügelradzähler ermittelt. Bei der Messblende wird über den Druckabfall Δp der Volumenstrom bestimmt.
Bei einmaligen Messungen wird der Ölstrom mithilfe eines Messbechers und einer Stoppuhr oder über die Geschwindigkeit eines ein- oder ausfahrenden Zylinders bestimmt.

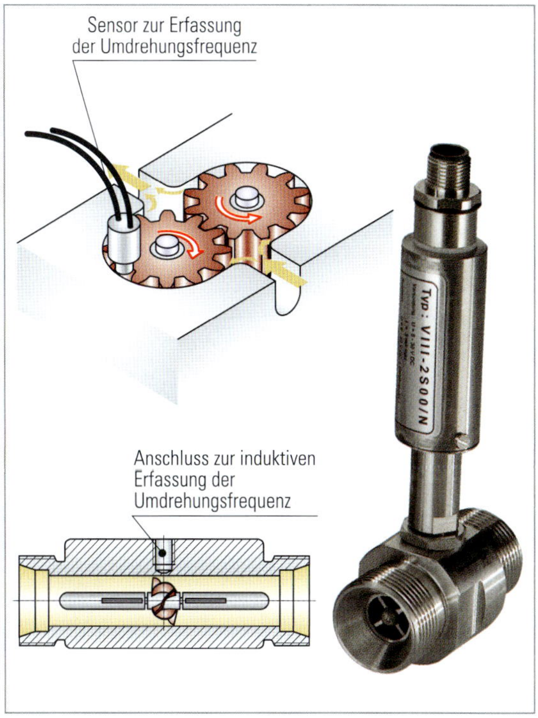

1 Methoden der Volumenstrommessung

3.4.2 Hydraulikpumpen

Hydraulikpumpen	
Konstantpumpen Fördern einen konstanten Volumenstrom Q ■ Zahnradpumpen	**Verstellpumpen** Der Volumenstrom Q kann durch entsprechende Einrichtungen verändert werden
Pumpe mit einer Stömungsrichtung	
Pumpen mit zwei Stömungsrichtungen	
■ Flügelzellenpumpen ■ Kolbenpumpen	

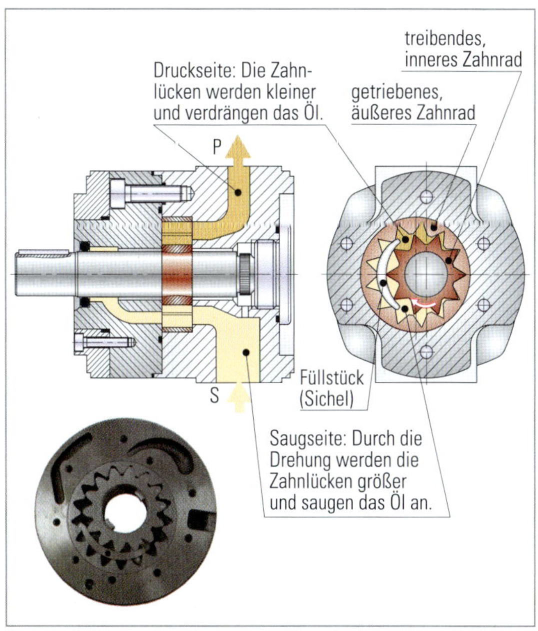

2 Schema einer innenverzahnten Zahnradpumpe

3.4.2.1 Zahnradpumpen

Man unterscheidet **außenverzahnte** *(external)* (vgl. Grundstufe) und **innenverzahnte** Zahnradpumpen *(internal gear pumps)* (Bild 2). Letztere besteht aus zwei Zahnrädern, wobei das innere angetrieben wird. Die Zahnräder sind exzentrisch gelagert. Im Bereich der freien Zahnlücken entsteht ein Unterdruck und das Öl kann nachströmen. Beim Weiterdrehen bewirkt ein Füllstück, dass die Zahnkammern abgeschlossen werden. Das Öl wird zur Druckseite transportiert. Innenverzahnte Pumpen sind teuer in der Herstellung, erzeugen aber wegen des größeren Eingriffs der Zahnräder geringe Laufgeräusche. Sie bewirken Drücke zwischen 160 und 300 bar und zählen zu den Konstantpumpen.

3.4.2.2 Flügelzellenpumpen

Flügelzellenpumpen *(vane pumps)* (Bild 1) bestehen aus der Pumpenwelle mit eingesetzten Flügeln und dem Gehäuse. Dreht sich die Welle, so wirken Fliehkräfte und die Flügel drücken gegen die Innenseite des Gehäuses. Das Gehäuse ist elliptisch ausgefräst, sodass bei einer Drehung die abgeschlossenen Kammern größer werden und Öl ansaugen (Bild 2a) und dann kleiner werden und das eingeschlossene Öl verdrängen (Bild 2b). Es gibt sie als **Konstantpumpen** *(constant discharge pumps)* und **Verstellpumpen** *(variable discharge pumps)* (Bild 3). Zur Verminderung des Verdrängungsvolumens muss der Hubring mit der Stellschraube (1) nach rechts verstellt werden. Befindet sich der Hubring in der Mittellage, wird kein Öl mehr gefördert. Die Stelleinrichtung (3) inklusive Feder hat die Aufgabe, den Druck zu regeln. Steigt der Druck auf der Druckseite an, bewegt sich der Hubring nach rechts in die Mittellage. Das Fördervolumen geht gegen Null und der Druck steigt nicht weiter an. Je größer die Federvorspannung ist, desto höher ist dann der Betriebsdruck.

Flügelzellenpumpen sind zwar preisgünstig und sehr laufruhig, aber schmutzempfindlich. Sie bewirken Drücke von 100 bis 180 bar.

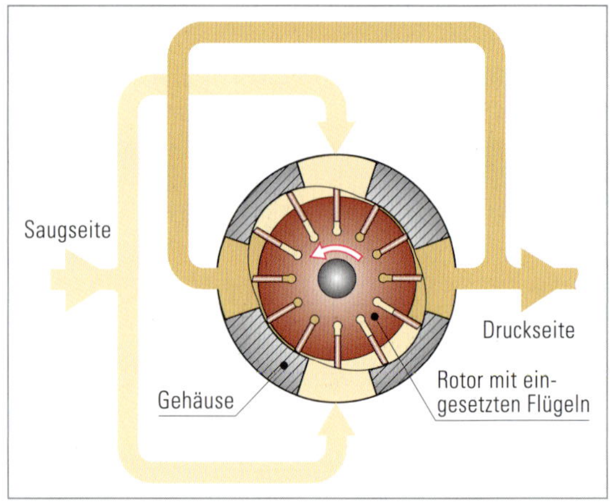

1 *Schema einer Flügelzellenpumpe*

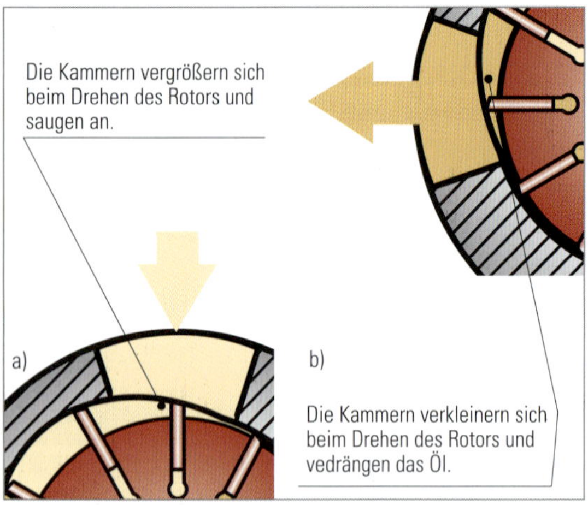

2 *Funktionsprinzip einer Flügelzellenpumpe*

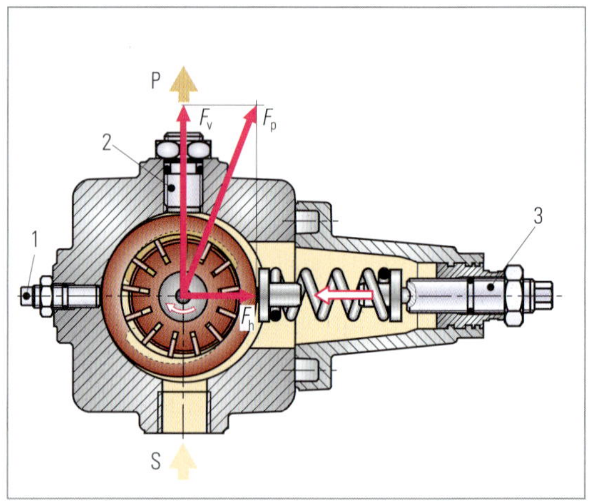

3 *Direktgesteuerte Flügelzellenpumpe*

3.4.2.3 Kolbenpumpen

Bei den Kolbenpumpen *(plunger pumps)* unterscheidet man Radial- und Axialkolbenpumpen *(radial/axial plunger pumps)*.
Durch die unterschiedliche Bezeichnung kommt die Lage der Kolben zur Antriebswelle zum Ausdruck.
Kolbenpumpen bewirken sehr hohe Drücke bis 700 bar, sind aber teuer in der Herstellung.

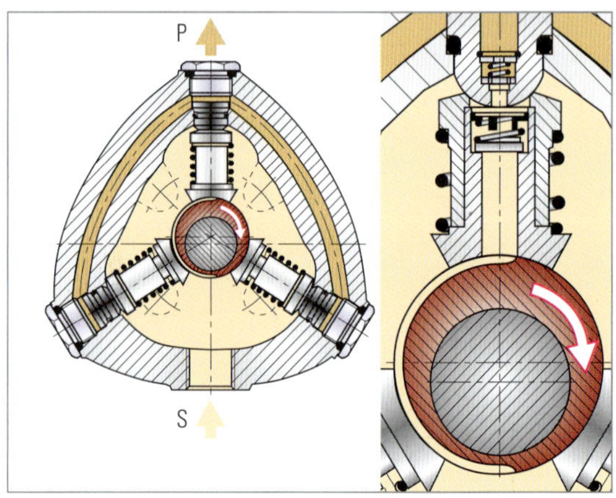

4 *Schema einer Radialkolbenpumpe mit innerer Kolbenabstützung*

Radialkolbenpumpen

Bei Radialkolbenpumpen (Bild 4) sind die Kolben radial zur Pumpenwelle, einer **Exzenterwelle** *(eccentric shaft)*, angeordnet. Die Drehung der Welle führt zu einer ständigen Hin- und Herbewegung der Kolben. Der Verdrängungsraum wird dadurch zunächst vergrößert und Öl wird angesaugt. Dreht sich die Pumpenwelle weiter, verkleinert sich der Verdrängungsraum, wodurch die Hydraulikflüssigkeit dann in den Kreislauf gedrückt wird (Seite 169 Bild 1). Druck- bzw. Saugventil haben die Aufgabe, Druck- und Saugseite voneinander zu trennen. Je mehr Kolben diese Pumpe besitzt, desto gleichmäßiger ist der entstehende Volumenstrom.

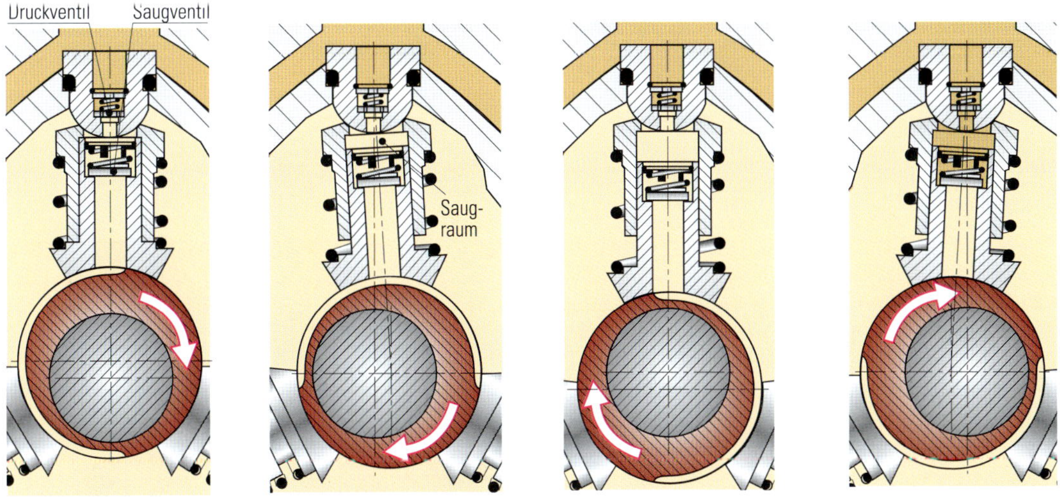

Am höchsten Punkt des Exzenters ist der Verdrängungsraum am kleinsten. Alle Ventile sind geschlossen.

Der Kolben bewegt sich nach unten, der Verdrängungsraum wird größer, durch den Unterdruck öffnet das Saugventil und Öl strömt über die Nut in der Exzenterwelle nach.

Am tiefsten Punkt des Exzenters ist der Verdrängungsraum komplett gefüllt. Beide Ventile sind wieder geschlossen.

Der Kolben bewegt sich nach oben, es entsteht ein Überdruck und das Druckventil öffnet. Hierdurch wird das Öl aus dem Verdrängungsraum in die Hydraulikleitung gedrückt.

1 Funktionsprinzip einer Radialkolbenpumpe

Axialkolbenpumpen

Beim Antrieb der Triebwelle (Bild 2) werden die Kolben und der Zylinderkörper in Rotation versetzt. Die Kolben bewegen sich im Zylinderkörper hin und her. Dadurch wird der Zylinderraum vergrößert, es erfolgt ein Ansaugen des Öls bzw. der Zylinderraum wird verkleinert, wodurch das angesaugte Öl wieder verdrängt wird. Die feststehende **Steuerscheibe** *(control cam)* trennt die Druck- von der Saugseite *(pressure side/suction side)*. Durch Verändern des Winkels α kann das Fördervolumen *(delivery volume)* verstellt werden. Bei einem Winkel von 0° wird kein Öl gefördert.

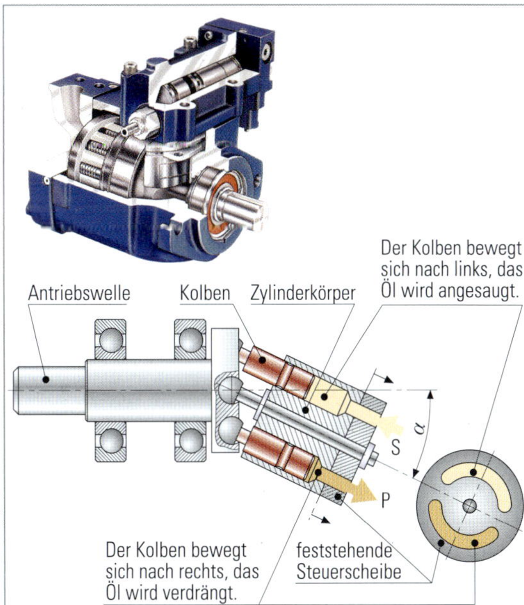

2 Schema einer Axialkolbenpumpe

MERKE

Bei den Hydraulikpumpen unterscheidet man Konstantpumpen und Verstellpumpen. Die am häufigsten verwendeten Pumpen sind die Zahnrad-, Flügelzellen-, Radial- und Axialkolbenpumpen.

3.4.2.4 Auswahl von Hydraulikpumpen

Die wichtigsten Kriterien für die Auswahl einer Pumpe sind unter anderem:

- Preis *(price)*
- Druck *(pressure)*
- Geräusch *(noise)*
- Lebensdauer *(service life)*
- Schmutzempfindlichkeit *(easily soiling)*
- Umdrehungsfrequenzbereich *(speed range)*

Überlegen Sie!

Welche Pumpe ist am besten geeignet
a) für hydraulische Fahrantriebe?
b) für eine Hebebühne in einem Theater?
c) für eine Anlage zum Strangpressen von Profilen?

In der nachfolgenden Tabelle auf Seite 170 sind die wichtigsten Eigenschaften gegenübergestellt.

	Zahnradpumpe (außen)	Zahnradpumpe (innen)	Flügelzellen-pumpe	Radialkolben-pumpe	Axialkolben-pumpe
Verdrängungsvolumen in l/min	bis 200	bis 250	bis 200	bis 100	bis 800
Nenndruck in bar	bis 300	bis 300	bis 180	bis 700	bis 500
Geräusche	laut	leiser als ZRP(a)	leise	mittel	mittel
Preis	kostengünstig	mittel	mittel	teuer	teuer

***1** Eigenschaften von Hydraulikpumpen im Vergleich*

3.4.2.5 Hydraulikmotoren

Hydraulikmotoren (Hydromotoren) *(hydraulic motors)* (Bild 2) sind ähnlich aufgebaut wie die Hydraulikpumpen. Während bei Pumpen mechanische Energie in Bewegungsenergie der Hydraulikflüssigkeit umgewandelt wird, wird beim Hydromotor die Bewegungsenergie des Öls in Rotationsenergie umgewandelt, um damit Maschinen anzutreiben.

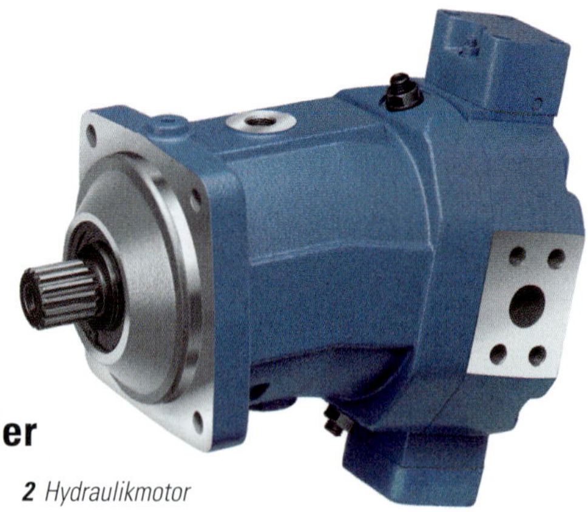

***2** Hydraulikmotor*

3.5 Antriebseinheit – Hydraulikzylinder

Hydraulikzylinder (Bild 3) haben die Aufgabe, die vom Hydrauliköl zugeführte Energie in mechanische Energie umzuwandeln. Da eine geradlinige Bewegung entsteht, bezeichnet man den Hydraulikzylinder *(hydraulic cylinder)* oft auch als **Linearmotor** *(linear motor)*. Der Vorteil des Hydraulikzylinders ist seine Leistungsdichte, d. h., bei kompakter Bauweise können aufgrund hoher Drücke große Kräfte erzeugt werden. Die Stabilität der Bauteile und die Dichtungselemente müssen deshalb besonders hohen Beanspruchungen genügen.
Bei den Hydraulikzylindern unterscheidet man – wie in der Pneumatik – zwischen einfach wirkenden *(single-acting)* und doppelt wirkenden Zylindern *(double-acting cylinders)*.

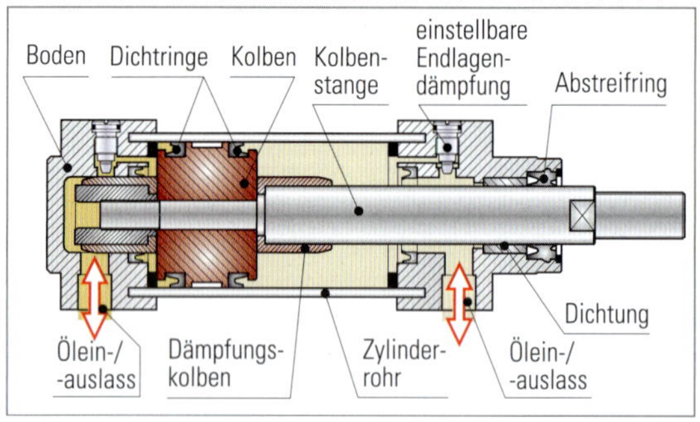

***3** Hydraulikzylinder*

3.5.1 Einfach wirkende Zylinder

Bei einfach wirkenden Hydraulikzylindern (Bild 4) ist die Kraftübertragung nur in eine Richtung möglich. Der Rückhub erfolgt entweder durch eine Feder oder durch äußere Kräfte. Diese Zylinder werden zum Spannen von Werkstücken, bei hydraulischen Hebebühnen *(hydraulic lifting platforms)* oder hydraulischen Aufzügen *(hydraulic lifts)* verwendet.

Eine besondere Variante ist der **Plungerzylinder** *(plunger cylinder)* bzw. Tauchkolbenzylinder (Bild 5), bei dem Kolben und Kolbenstange ein Teil bilden. Er hat einen guten mechanischen Wirkungsgrad, einfachen Aufbau und er ist kostengünstig. Eine weitere Form ist der **Teleskopzylinder** *(telescopic cylinder)* (Seite 171 Bild 1), der bei kompakter Bauweise große Hübe voll-

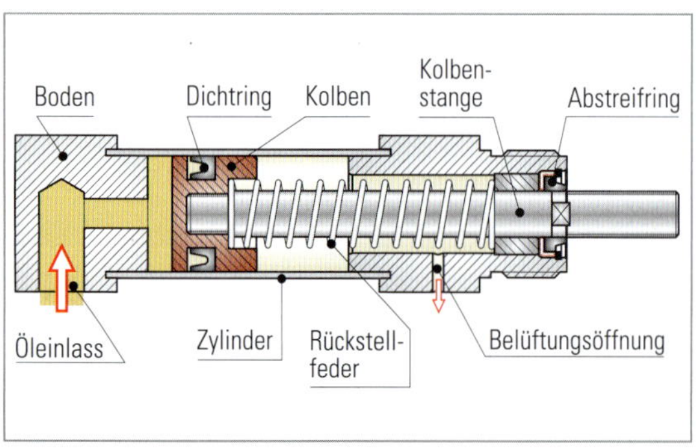

***4** Einfach wirkender Hydraulikzylinder*

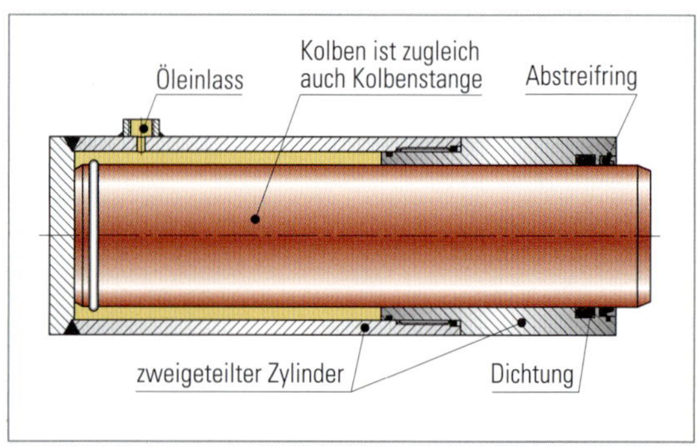

***5** Plungerzylinder*

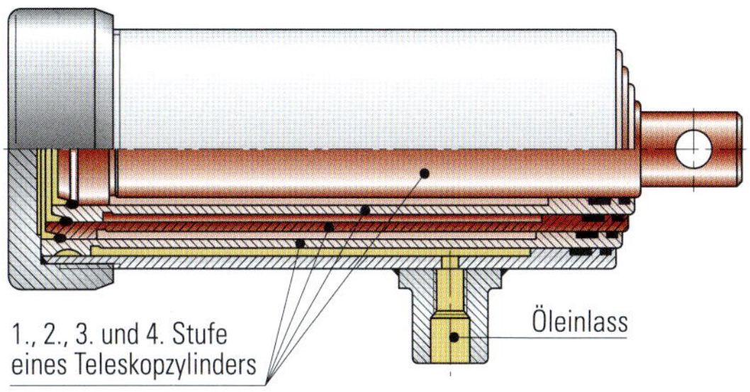

1 *Teleskopzylinder*

2 *Teleskopzylinder in einem Aufzug*

ziehen kann. Dieser wird z. B. bei LKWs zum Kippen der Brücke oder für Aufzüge (Bild 2) verwendet. Ein Nachteil besteht jedoch darin, dass nach jeder Stufe die wirksame Kraft kleiner wird, da sich auch die wirksame Kolbenfläche verkleinert.

3.5.2 Doppelt wirkende Zylinder

Doppelt wirkende Zylinder können Kräfte in beide Richtungen übertragen.
Beim doppelt wirkenden Zylinder mit **einer** Kolbenstange (Bild 3) sind die Kräfte und Geschwindigkeiten wegen der verschieden wirksamen Kolbenflächen unterschiedlich groß. Deswegen wird dieser Zylinder oft auch als **Differenzialzylinder** *(differential cylinder)* bezeichnet. Anders ist dies beim **Gleichlauf-** bzw. **Gleichgangzylinder** (Bild 4). Wegen der beidseitigen Kolbenstange ist die wirksame Kolbenfläche auf beiden Seiten gleich groß.
Haben die Zylinder große Ein- und Ausfahrgeschwindigkeiten, so kann wie beim Pneumatikzylinder die Bewegung beim Erreichen der Endlage durch eine Endlagendämpfung materialschonend abgebremst werden (Bild 5) (vgl. Grundstufe).

Überlegen Sie!

Welches Zylinderrohr (1, 2) des Teleskopzylinders fährt bei Druckbeaufschlagung zuerst aus? Begründen Sie.

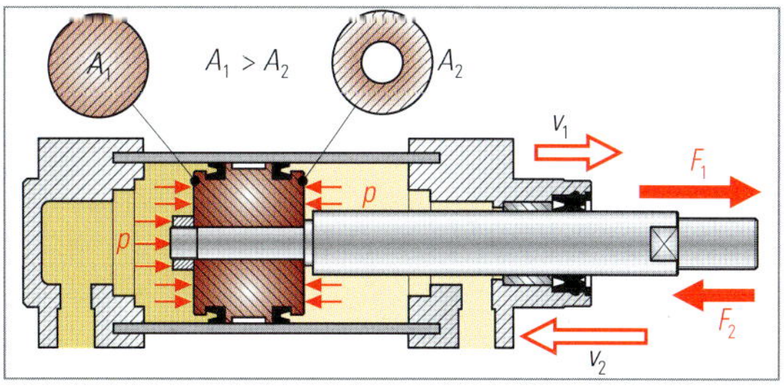

3 *Doppelt wirkender Hydraulikzylinder mit einer Kolbenstange*

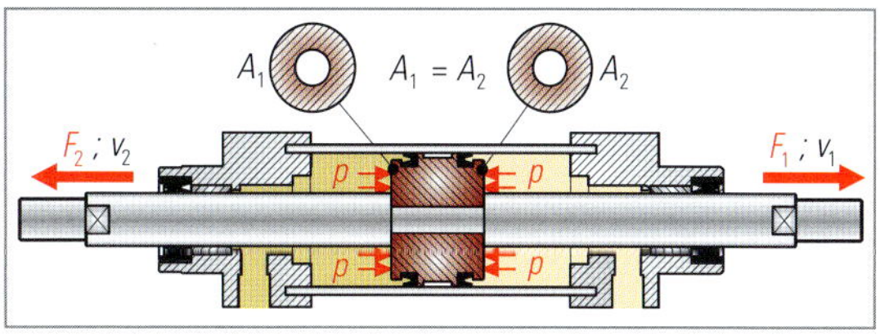

4 *Doppelt wirkender Hydraulikzylinder mit zwei gleichen Kolbenstangen*

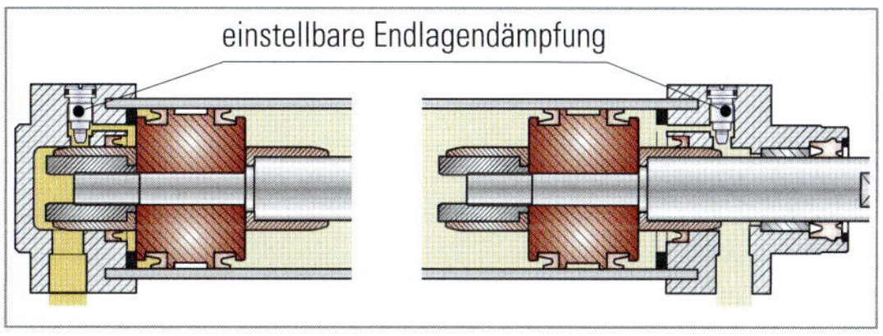

5 *Einstellbare Endlagendämpfung an Hydraulikzylindern*

MERKE

Hydraulikzylinder wandeln die hydraulische Energie in mechanische Energie um. Wie in der Pneumatik gibt es auch in der Hydraulik einfach wirkende und doppelt wirkende Zylinder.

3.5.3 Kolbengeschwindigkeit

Der durch die Pumpe erzeugte Volumenstrom Q bewirkt eine Bewegung des Kolbens. Die Geschwindigkeit hängt zum einen von der Größe des Volumenstroms und zum anderen von der wirksamen Kolbenfläche ab. Je größer die Kolbenfläche, desto kleiner ist die Geschwindigkeit des Kolbens *(piston speed)*.

$$v = \frac{Q}{A}$$

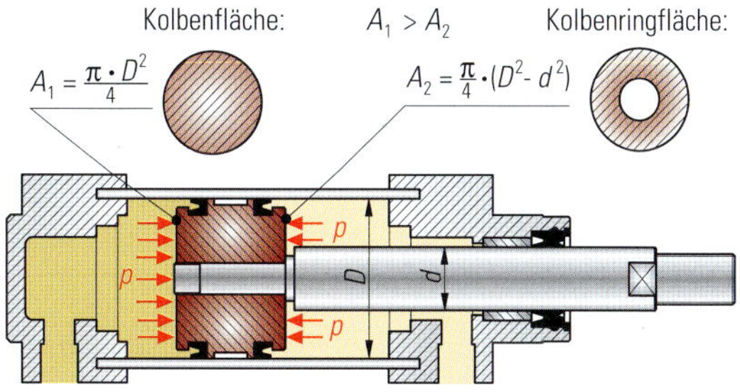

Beispielaufgabe

Der von der Pumpe geförderte Volumenstrom beträgt 12 l/min. Wie groß ist die Ausfahr- bzw. Einfahrgeschwindigkeit eines doppelt wirkenden Zylinders mit einem Kolbendurchmesser von 32 mm und einem Kolbenstangendurchmesser von 20 mm?

$v_{aus} = \frac{Q}{A_1}$ $v_{ein} = \frac{Q}{A_2}$

$v_{aus} = \frac{12\,000\ cm^3 \cdot 4}{3{,}2^2\ cm^2 \cdot \pi}$ $v_{ein} = \frac{12\,000\ cm^3 \cdot 4}{(3{,}2^2\ cm^2 - 2^2\ cm^2) \cdot \pi}$

$\underline{\underline{v_{aus} = 1492\ \frac{cm}{min} = 14{,}9\ \frac{m}{min}}}$ $\underline{\underline{v_{ein} = 2449\ \frac{cm}{min} = 24{,}49\ \frac{m}{min}}}$

3.5.4 Arbeit und Leistung

In einem hydraulischen System werden **Arbeit** *(work)* bzw. **Leistung** *(power)* mehrmals umgewandelt. Die **elektrische Arbeit** *(electrical energy)* wird im Elektromotor zunächst in **Bewegungsenergie** *(kinetic energy)* umgewandelt und an die Hydraulikpumpe weitergegeben. Aus der Grundstufe sind die Formeln zum Berechnen der elektrischen Arbeit/Energie bzw. Leistung bereits bekannt. In den nachfolgenden Rechnungen werden Verluste nicht berücksichtigt.

Elektrische Arbeit:

$W = U \cdot I \cdot t$

W: elektrische Arbeit in V · A · s = W · s
U: elektrische Spannung in V
I: elektrische Stromstärke in A
t: Zeit in s

Elektrische Leistung:

$P = \frac{W}{t} = U \cdot I$

P: elektrische Leistung in $\frac{W \cdot s}{s} = W$

Beispielaufgabe

Der Elektromotor eines Hydraulikaggregats hat eine Stromaufnahme von 5,4 A. Die Spannung beträgt 230 V. Wie groß ist seine momentane Leistung und wie groß ist die verrichtete elektrische Arbeit, wenn der Motor über 8 Stunden in Betrieb ist?

$P = U \cdot I$
$P = 230\ V \cdot 5{,}4\ A$
$\underline{\underline{P = 1242\ W = 1{,}24\ kW}}$

$W = P \cdot t$
$W = 1{,}24\ kW \cdot 8\ h$
$\underline{\underline{W = 9{,}92\ kW \cdot h}}$

Die vom Elektromotor angetriebene Pumpe verwendet die Bewegungsenergie zum Erzeugen eines Volumenstroms und zum Aufbauen des Drucks. Sie verrichtet **Pumparbeit** bzw. sie muss eine gewisse **Pumpenleistung** aufbringen. Verluste bleiben dabei unberücksichtigt.

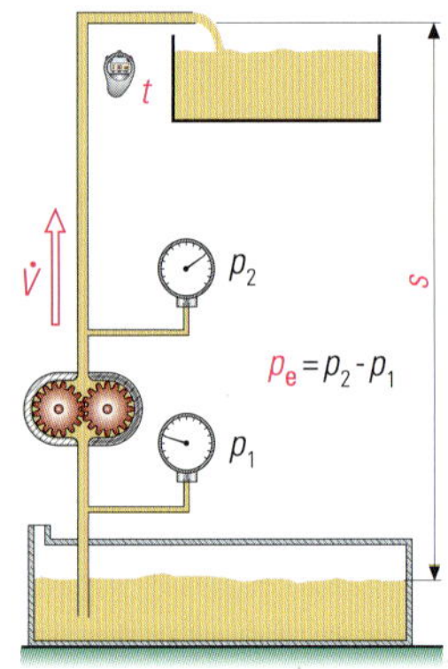

Mit $W = F \cdot s$ und $p = \frac{F}{A}$ ergibt sich:

$W = p_e \cdot A \cdot s$

Mit $V = A \cdot s$ ergibt sich:

$W = p_e \cdot V$

W: Pumparbeit in $\frac{N \cdot m^3}{m^2} = N \cdot m = W \cdot s$
p_e: Druckdifferenz bzw. Überdruck p_e in N/m^2
Q: Fördervolumen in m^3

Mit $P = W/t$ und $W = \Delta p \cdot V$ errechnet sich die **Pumpenleistung** mit der Formel:

$P = p_e \cdot \frac{V}{t}$

P: Pumpleistung in $\frac{N \cdot m^3}{m^2 \cdot s} = \frac{N \cdot m}{s} = W$
p_e: Druckdifferenz in N/m^2
Q: Volumenstrom in m^3/s

mit $Q = \frac{V}{t}$ ergibt sich:

$P = p_e \cdot Q$ oder $P = \frac{Q \cdot p_e}{600}$

P in kW
Q in l/min

Beispielaufgabe

Im Hydraulikkreislauf herrscht ein Überdruck von 35 bar. Wie groß ist bei einer Pumpenleistung von 1,242 kW der Volumenstrom Q?

$P = p_e \cdot Q$

$Q = \frac{1{,}242\ \cancel{N} \cdot m \cdot m^2}{s\ 3\,500\,000\ \cancel{N}}$

$Q = 0{,}00035\ \frac{m^3}{s} = \frac{0{,}00035\ \cancel{m^3} \cdot 1\,000\ dm^3 \cdot 60\ \cancel{s}}{1\ \cancel{m^3} \cdot 1\ \cancel{s} \cdot 1\ min}$

$\underline{\underline{Q = 21\ \frac{l}{min}}}$

Ein Hydraulikzylinder hebt nun mit der von der Pumpe an das Öl abgegebenen Arbeit bzw. Leistung eine Last an. Der Zylinder verrichtet Hubarbeit bzw. er bringt eine Hubleistung auf. Leistungsverluste werden vernachlässigt.

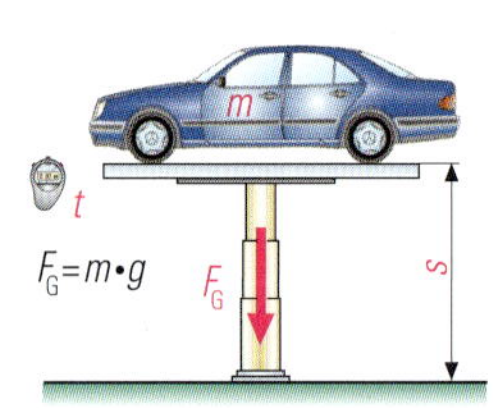

Die **Hubarbeit** ergibt sich aus der benötigten Kraft und dem zurückgelegten Weg:

$$W = F \cdot s$$

W: Hubarbeit in N · m = W · s = J (Joule[1])
F: Kraft in N
s: Weg in m

Die **Hubleistung** ergibt sich aus der Hubarbeit und der dafür benötigten Zeit:

$$P = \frac{F \cdot s}{t}$$

Mit $v = \frac{s}{t}$ ergibt sich für die Hubleistung:

$$P = F \cdot v$$

P: Hubleistung in $\frac{\text{N} \cdot \text{m}}{\text{s}} = \text{W}$
F: Kraft in N
v: Kolbengeschwindigkeit in $\frac{\text{m}}{\text{s}}$

Beispielaufgabe

Wie groß ist die Ausfahrgeschwindigkeit eines Zylinders, wenn eine Last von 76 000 N angehoben wird? Die Pumpenleistung beträgt 1,242 kW.

$$P = F \cdot v$$

$$v = \frac{P}{F}$$

$$v = \frac{1\,242\ \text{Nm}}{\text{s} \cdot 76\,000\ \text{N}}$$

$$v = 0{,}016\ \frac{\text{m}}{\text{s}} = 0{,}98\ \frac{\text{m}}{\text{min}}$$

Anstelle eines Hydraulikzylinders wird ein Hydraulikmotor angetrieben. Wichtige Kenngrößen eines Hydraulikmotors sind zum einen sein Drehmoment und zum anderen seine Umdrehungsfrequenz. Die verrichtete **Arbeit** ist umso größer, je größer das Drehmoment und je größer der Weg ist.

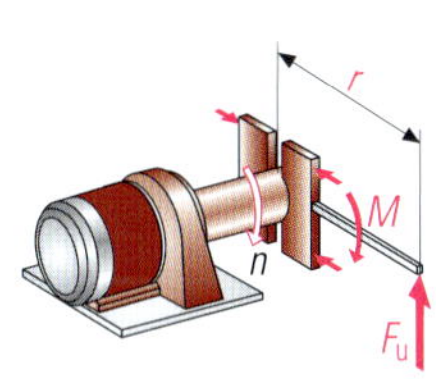

$$W = F_u \cdot s$$

$$W = F_u \cdot U \cdot z$$

Mit $U = 2 \cdot \pi \cdot r$ wird:

$$W = F_u \cdot 2 \cdot \pi \cdot r \cdot z$$

Mit $M = F_u \cdot r$ ergibt sich:

$$W = M \cdot 2 \cdot \pi \cdot z$$

W: Hubarbeit in N · m = W · s
F_u: Umfangskraft in N
s: zurückgelegter Weg in m. Bei einer Drehbewegung ist der Weg gleich dem Umfang U mal Anzahl z der Umdrehungen.
z: Anzahl der Umdrehungen
M: Drehmoment in N · m

Für die **Leistung** gilt:

$$P = \frac{W}{t} \qquad P = \frac{M \cdot 2 \cdot \pi \cdot z}{t}$$

Die Anzahl der Umdrehungen z in einer bestimmten Zeit ist die Umdrehungsfrequenz n des Hydraulikmotors.

$$P = M \cdot 2 \cdot \pi \cdot n$$

P: Leistung in $\frac{\text{N} \cdot \text{m}}{\text{s}} = \text{W}$
M: Drehmoment in N · m
n: Umdrehungsfrequenz in $\frac{1}{\text{s}}$

Beispielaufgabe

Bei einer Pumpenleistung von 1,242 kW hat ein Hydraulikmotor eine Umdrehungsfrequenz von 80/min.
Welches Drehmoment wirkt an der Abtriebswelle?

$$P = M \cdot 2 \cdot \pi \cdot n$$

$$M = \frac{P}{2 \cdot \pi \cdot n}$$

$$M = \frac{1242\ \text{N} \cdot \text{m} \cdot \text{s}}{\text{s} \cdot 2 \cdot \pi \cdot 1{,}33}$$

$$M = 148{,}7\ \text{N} \cdot \text{m}$$

3.6 Ventile

3.6.1 Wegeventile

Wegeventile *(directional valves)* haben die Aufgabe, die Richtung des Volumenstroms zu steuern. Sie bewirken, dass Zylinder ein- oder ausfahren bzw. anhalten.
Die Benennung und die Sinnbilder entsprechen der Darstellung in der Pneumatik. So bedeutet z. B. die Bezeichnung 4/3-Wegeventil (Bild 1), dass dieses Ventil 4 Anschlüsse und 3 Schaltstellungen hat. Die Schaltstellungen *(control pistons)* werden mit den Kleinbuchstaben a, b, ... (von links nach rechts) benannt. Die Zentrierstellung bzw. Ausgangsstellung *(starting position)* des Ventils wird mit 0 bezeichnet. Im Schaltplan werden die Anschlüsse des Ventils in der Ruhe- bzw. Ausgangsstellung gekennzeichnet. Die Wirkung der einzelnen Schaltstellungen wird deutlich, wenn man das gesamte Schaltzeichen gegen die feststehenden Anschlüsse verschiebt.

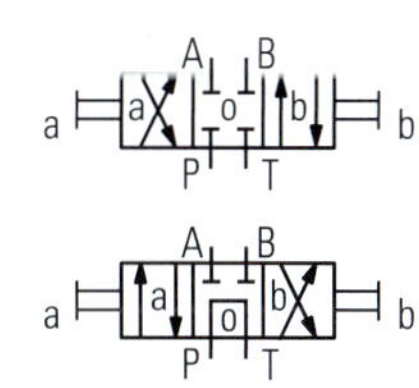

1 *Sinnbilder für hydraulische 4/3-Wegeventile*

1) Benannt nach James Prescott Joule, engl. Bierbrauer und Amateurphysiker, 1818 – 1889

Es gibt bei Hydraulikventilen folgende **Anschlüsse** *(connections)*:

P: Druckanschluss *(supply)*
T: Tankanschluss *(discharge)*
A, B: Arbeitsanschlüsse *(operating lines)*
L: Leckölanschluss *(leakage line)*
X,Y: Steueranschlüsse *(control lines)*

Je nach Anwendung gibt es die unterschiedlichsten Durchflussrichtungen (Bild 1).

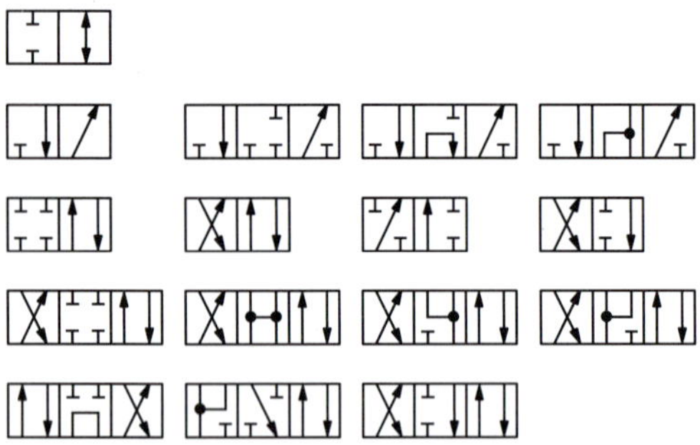

1 Durchflussrichtungen von Wegeventilen

Die Betätigung kann mechanisch, pneumatisch, hydraulisch oder elektrisch erfolgen (Bild 2).

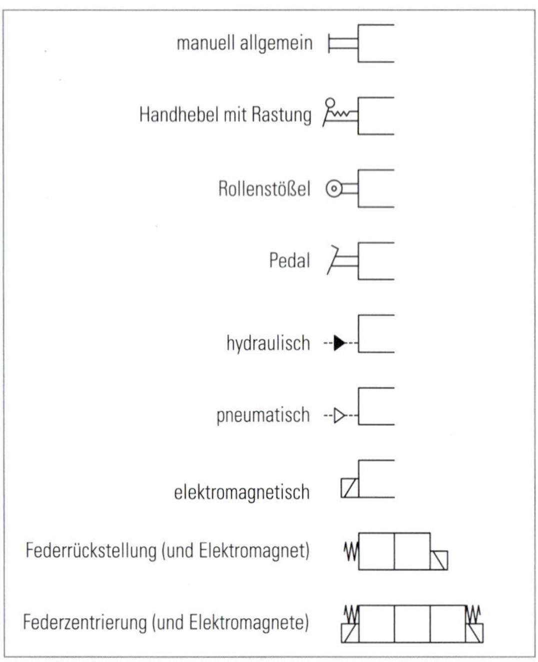

2 Betätigungsarten von Ventilen

Wegeventile gibt es als Sitz- *(seat valves)* oder Schieberventile *(sliding valves)*. Aufgrund der Form der Abdichtelemente (Kugel, Kegel, Ventilteller) sind die **Sitzventile** (Bild 3) **sehr leckölsicher** *(leakproofed)*. Gegenüber kleinen Schmutzpartikeln sind sie unempfindlich. Für die Betätigung sind in Abhängigkeit vom Druck und der Fläche der Dichtelemente hohe Kräfte erforderlich. Bedingt durch die Bauart können mit verhältnismäßig geringem technischen Aufwand nur Ventile mit drei Anschlüssen und zwei Schaltstellungen realisiert werden.

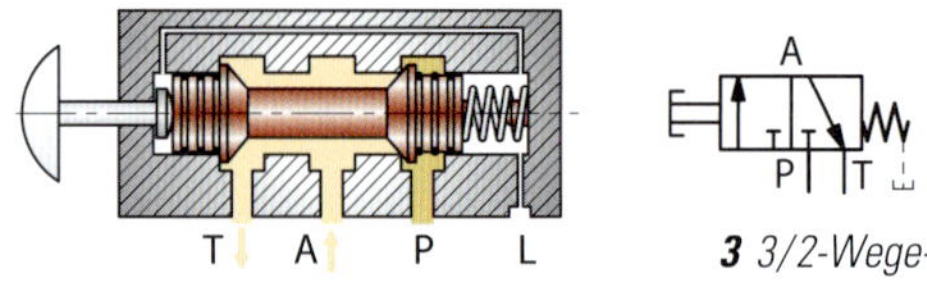

3 3/2-Wege-Sitzventil

Bei den **Längsschieberventilen** *(longitudinal sliding valves)* (Bild 4) befindet sich in einer Bohrung im Ventilgehäuse ein Kolben, der sich nach links und rechts bewegen kann. In der Grundstellung ist der Druckanschluss P gesperrt. Bewegt sich der Steuerkolben nach rechts entgegen der Federkraft, so ist der Weg von P nach A frei.

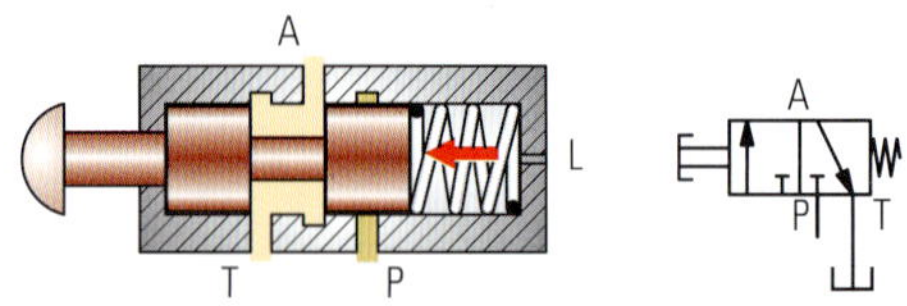

4 3/2-Wege-Kolbenschieberventil

Im Gegensatz zu den Sitzventilen ist die Anzahl der Anschlüsse und Schaltstellungen nicht begrenzt. Gegenüber Verschmutzungen sind Schieberventile empfindlicher.

MERKE

Wegeventile steuern die hydraulische Energie. Man unterteilt die Wegeventile der Hydraulik in Sitz- und Längsschieberventile. Wegen ihrer Bauart sind Längschieberventile immer undicht. Im Inneren gibt es immer Leckölverluste vom hohen zum niedrigen Druck.

Überlegen Sie!

Warum ist bei Schieberventilen die Betätigungskraft niedriger als bei Sitzventilen?

Abdichtung von Schieberventilen in der jeweiligen Schaltstellung

Aufgrund von Fertigungstoleranzen *(work tolerances)* sind Schieberventile nie absolut dicht. Die Leckölverluste, die über einen zusätzlichen Leckölanschluss zum Tank zurückgeführt werden, können durch eine größere **Überdeckung** *(covering)* verringert werden (Bild 5). Dies vergrößert jedoch den Schaltweg und funktioniert deshalb nur bei Ventilen mit Handhebelbetätigung *(operation by lever)*. Bei elektrischer Betätigung *(electrical operation)* sind kurze Schaltwege und somit

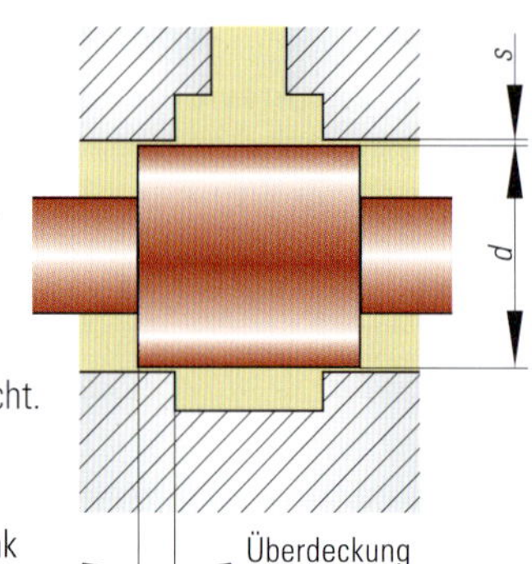

5 Überdeckung

eine geringere Überdeckung erforderlich, was wiederum mehr Leckölverluste bedeuten kann.

MERKE

Elektrisch betätigte Schieberventile dichten aufgrund einer geringeren Überdeckung schlechter ab als handbetätigte.

3.6.1.1 2/2- und 3/2-Wegeventile

Das 2/2-Wegeventil, in Ruhestellung gesperrt, besitzt die beiden Anschlüsse P und A. Es kann den Ölstrom entweder sperren oder freigeben. Das 3/2-Wegeventil hat einen Arbeitsanschluss A, den Druckanschluss P und einen Anschluss T, der das Öl zum Tank leitet. Beide Ventile werden zum Ansteuern einfach wirkender Zylinder (Bild 1) oder von Hydraulikmotoren mit einer Drehrichtung verwendet.

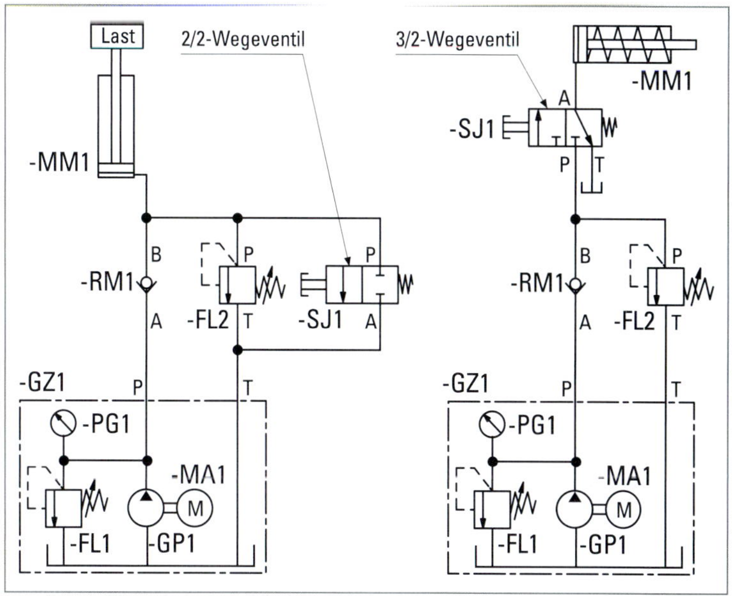

1 2/2- und 3/2-Wegeventil

3.6.1.2 4/2-Wegeventile

Das 4/2-Wegeventil hat zwei Arbeitsanschlüsse (A, B), einen Druckanschluss (P) und einen Anschluss zum Tank (T). Dieses Ventil wird zum Ansteuern doppelt wirkender Zylinder (Bild 2) und von Hydraulikmotoren mit zwei Drehrichtungen verwendet. Bei diesem Ventil kann ein Zylinder entweder aus- oder einfahren, er kann jedoch nicht angehalten werden.

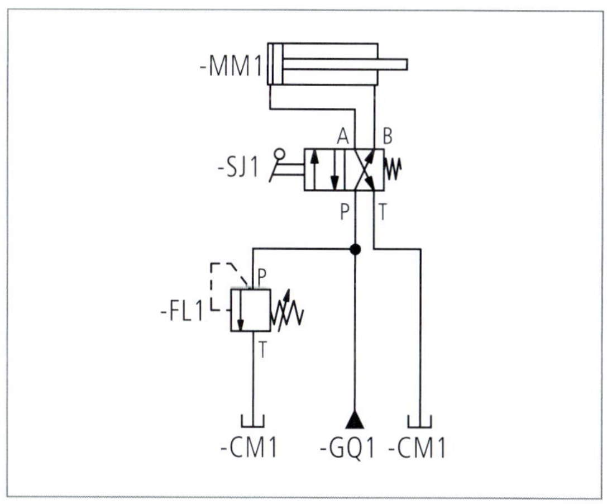

2 Steuern eines doppelt wirkenden Zylinders mit einem 4/2-Wegeventil

Schaltverhalten von Schieberventilen

Rasche Bewegungsabläufe erfordern kurze Schaltzeiten und -wege. Kurze Schaltzeiten verursachen jedoch Druckspitzen, Schaltschläge und ungewollte Bewegungen beim Verbraucher. Um abrupte Schaltvorgänge zu verzögern, sind

- die Steuerkanten des Ventilschiebers mit einer Fase, Kerben und/oder Ringnuten (Bild 3) versehen. Dies ermöglicht ein langsames Öffnen bzw. Sperren des Ölstroms und wirkt sich somit dämpfend aus.
- beim Wechseln von einer in die andere Schaltstellung kurzzeitig alle Anschlüsse miteinander verbunden.

Man spricht hier von **negativer Schaltüberdeckung** (Seite 176 Bild 1). Zwar bricht der Druck kurzzeitig zusammen, es erfolgt jedoch ein weiches Schalten. Angehobene Lasten können dadurch absinken.

Bei einer **positiven Schaltüberdeckung** (Seite 176 Bild 1) bleibt der Druck zwar erhalten, aber es entstehen die bereits erwähnten Druckspitzen und Schaltschläge mit einem harten Anfahren der Antriebsglieder.

Wechselt das Ventil seine Schaltstellung ohne Überdeckung (**Null-Überdeckung**) (Seite 176 Bild 1), so kehrt das Ventil seine Strömungsrichtung ohne abrupte Unterbrechung um. Eine hohe Fertigungsgenauigkeit verursacht aber hohe Fertigungskosten.

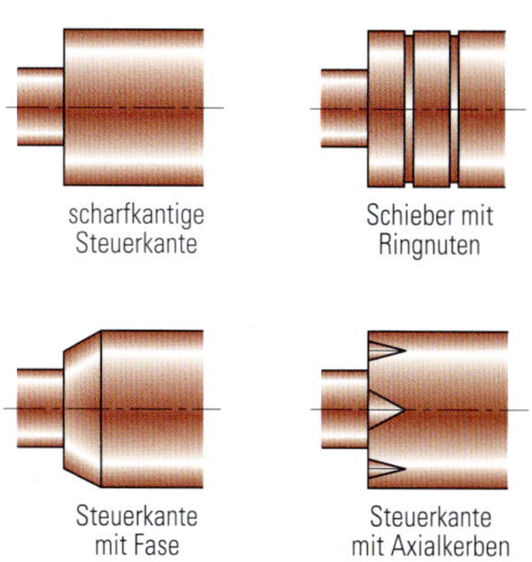

3 Steuerkanten

Schaltüberdeckung	Vorteile	Nachteile
keine 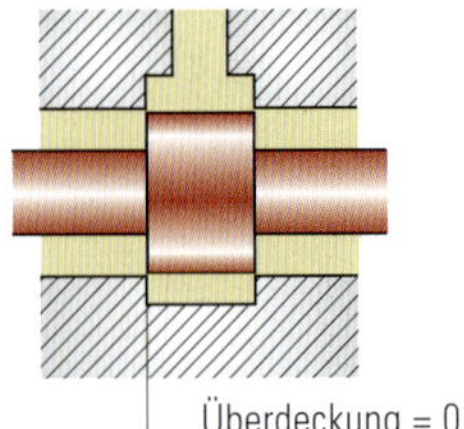	Schnelles, exaktes Steuern möglich.	Hohe Fertigungskosten wegen der geforderten Fertigungsgenauigkeit.
negativ 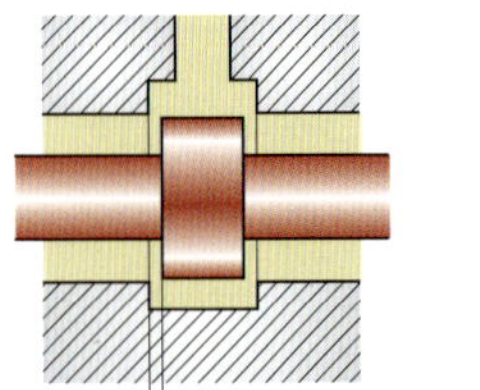	Weiches Umschalten, Schonung für Ventile und Dichtungen	Druck bricht kurzzeitig zusammen, angehobene Lasten sinken kurzfristig ab.
positiv 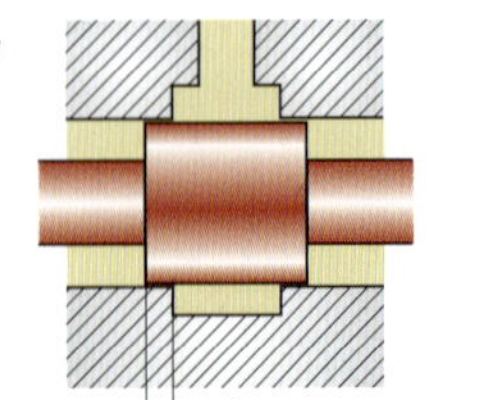	Druck bleibt erhalten, keine Druckflüssigkeitsverluste.	Druckspitzen, Schaltschläge.

1 *Schaltüberdeckungen: Momentaufnahmen beim Schalten eines Ventils*

Die Schaltüberdeckung gibt vor, wie sich das Wegeventil beim Schalten verhält. Dies sollen nachfolgende Beispiele (Bild 2) zeigen. Die gestrichelten Quadrate zeigen das Verhalten des Ventils beim Schalten von Schaltstellung a nach b und umgekehrt.
Abb.1: Alle Anschlüsse sind gesperrt
Abb.2: Alle Anschlüsse sind miteinander verbunden
Abb.3: P → A frei, B → T gesperrt (Druckvoröffnung)
Abb.4: P → A gesperrt, B → T frei (Ablaufvoröffnung)

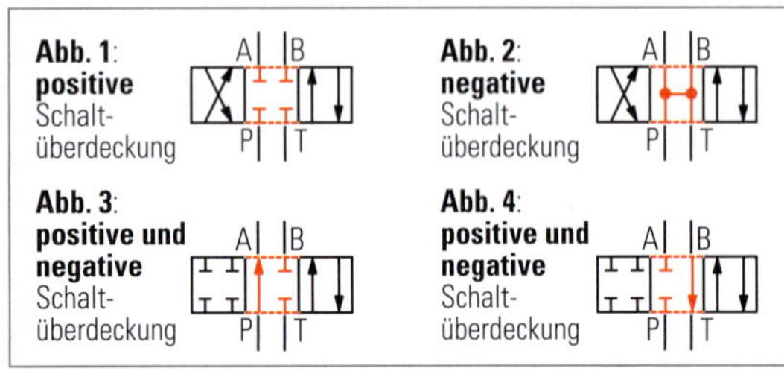

2 *Verhalten von Wegeventilen beim Schalten*

Überlegen Sie!

1. *Warum werden in der Hydraulik normalerweise keine 5/2-Wegeventile zum Ansteuern doppelt wirkender Zylinder verwendet?*
2. *Wann ist eine Druckvor- bzw. Ablaufvoröffnung sinnvoll?*

3.6.1.3 4/3-Wegeventile

Genau wie das 4/2-Wegeventil besitzt dieses Ventil vier Anschlüsse. Es kommt jedoch eine dritte Schaltstellung dazu, mit der man einen Hydraulikzylinder in jeder beliebigen Position anhalten kann. Durch die Veränderung des Steuerschiebers kann unter Beibehaltung des Gehäuses die mittlere Schaltstellung variiert werden.

Das erste Beispiel (Seite 177 Bild 1a) zeigt ein 4/3-Wegeventil mit einem Schieber, der in Achsrichtung durchbohrt ist und am Umfang radial Schlitze/Bohrungen aufweist. Dies bewirkt, dass in der Mittelstellung der Druckanschluss mit dem Tank verbunden ist. Es findet ein druckloser Umlauf statt, die Pumpe nimmt weniger Energie auf. Die Arbeitsanschlüsse sind gesperrt. Dieses Ventil kann aber **nur ein Antriebsglied** ansteuern. Müsste in einer Hydraulikanlage z.B. ein zweiter Zylinder durch ein zweites Ventil angesteuert werden, so würde sich das Öl den leichtesten Weg suchen und ständig über den drucklosen Umlauf des sich im Kreislauf befindenden Ventils suchen und zum Tank zurückfließen.

Das nächste Beispiel (Seite 178 Bild 1b) zeigt, dass durch eine Veränderung des Schiebers der Druckanschluss in der Mittelstellung gesperrt ist, die Arbeitsanschlüsse sind jedoch mit dem Tank verbunden. Man spricht hier von der **Schwimmmittelstellung**. In dieser Schaltstellung bleibt der Hydraulikzylinder gegenüber äußeren Kräften beweglich.

Beim nächsten Ventil (Bild 1c) sind in der Mittelstellung alle Anschlüsse gesperrt. Das von der Pumpe geförderte Öl muss über das Druckbegrenzungsventil zum Tank fließen. Dies führt zu Energieverlusten, was sich an einer Erwärmung des Öls bemerkbar macht. Dieses Ventil ist geeignet zum Ansteuern **mehrerer Antriebselemente** über mehrere Ventile.

MERKE

Alle genannten 4/3-Wegeventile haben dasselbe Gehäuse. Sie unterscheiden sich nur durch die Steuerkolben.

Überlegen Sie!

Wo können Wegeventile mit positiver bzw. mit negativer Schaltüberdeckung eingesetzt werden?

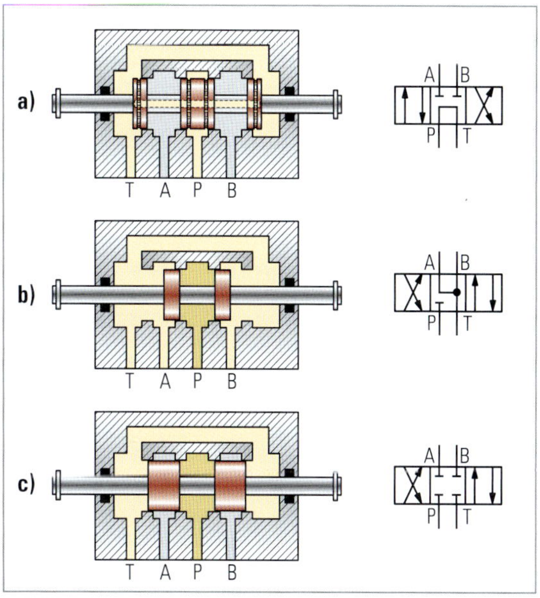

1 *Auswirkungen unterschiedlicher Steuerkolben bei 4/3-Wegeventilen*

3.6.2 Stromventile

Stromventile *(flow control valves)* haben die Aufgabe, die Größe des Volumenstroms zu steuern bzw. zu regeln. Dies geschieht durch eine Verminderung des Durchflussquerschnitts. So ist es möglich, die Umdrehungsfrequenz von Hydraulikmotoren oder die Aus- und Einfahrgeschwindigkeit von Hydraulikzylindern entsprechend der Steuerungsaufgabe anzupassen.

Stromventile werden unterteilt in:

- Blenden und Drosseln
- Drosselventile
- Stromregelventile

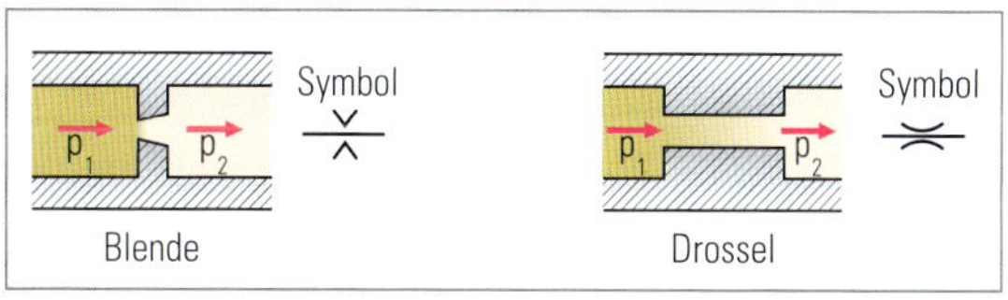

2 *Blende und Drossel*

3.6.2.1 Blenden und Drosseln

Blende *(stop plug)* und Drossel *(throttle)* unterscheiden sich durch die Länge der Querschnittsveränderung *(cross-sectional variation)*. Blenden haben eine kürzere Querschnittveränderung als Drosseln (Bild 2). Da Drosseln wegen der Länge der Engstelle dem Hydrauliköl einen größeren Reibungswiderstand entgegensetzen, sind diese sehr stark von der Viskosität der Hydraulikflüssigkeit abhängig. Blenden kommen folglich dann zum Einsatz, wenn Temperatur- und somit Viskositätsunabhängigkeit gefordert sind.

Beide Ventile bewirken einen Widerstand (Bild 3), sodass sich vor der Engstelle Druck aufbaut. Ein Teil des Öls fließt durch die Engstelle, der von der Pumpe geförderte Überschussstrom fließt über das Druckbegrenzungsventil zurück in den Tank. Es findet eine Aufteilung des Volumenstroms statt, wodurch die Geschwindigkeit von Zylindern und Hydromotoren verändert wird.

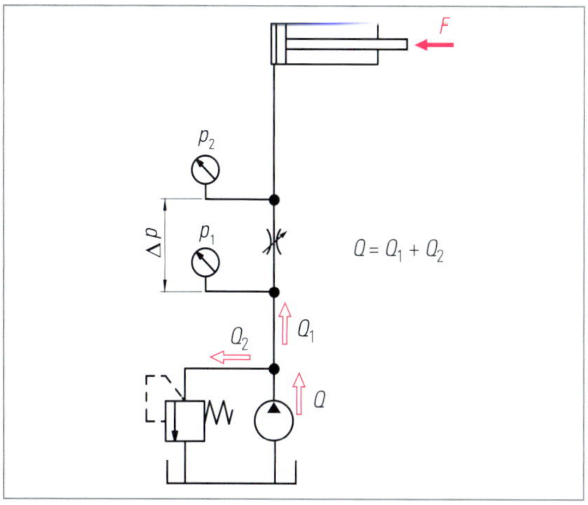

3 *Aufteilung des Volumenstroms*

3.6.2.2 Drosselventile

Während die Blende und die Drossel eine konstante Verengung aufweisen, kann der Durchflussquerschnitt bei Drosselventilen *(throttle valves)* verändert werden.

Die Eigenschaften von Drosselventilen hängen vom Drosselquerschnitt ab.

Soll der Volumenstrom nur in eine Richtung gedrosselt werden, so kombiniert man die Drosselventile mit einem Rückschlagventil und es entsteht so das **Drosselrückschlagventil** *(throttle check valve)* (Seite 178 Bild 2). Von B-A kann das Öl ungehindert fließen, da der Kolben entgegen der Federkraft angehoben wird. Von A-B findet die Drosselung statt.

Nadeldrossel *(pin valve)*		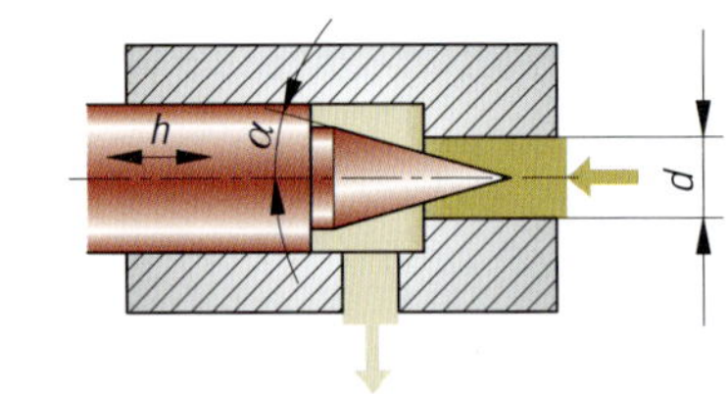	Der Durchflussquerschnitt ist ein **variabler Ringquerschnitt**. Die Drosselfunktion ist im **kleinen Einstellungsbereich** wegen der hohen Reibung stark von der **Viskosität** des Öls **abhängig**. Die **Auflösung ist schlecht**.
Kolben-drosseln *(piston valves)*	mit dreieckiger oder rechteckiger Nut in Achsrichtung	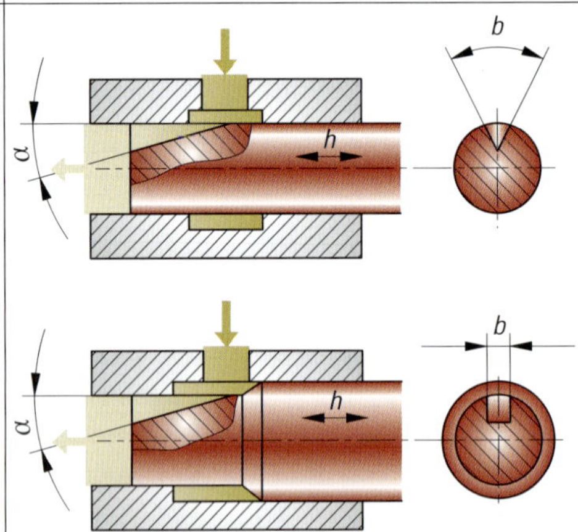	Wegen des geringen Reibanteils an der Drosselstelle ist die Drosselfunktion **viskositätsunabhängig**. Die **Auflösung** ist auch **bei geringen Volumenströmen gut**. Sie sind aber **teurer**.
	Spaltdrossel *(crack valve)*	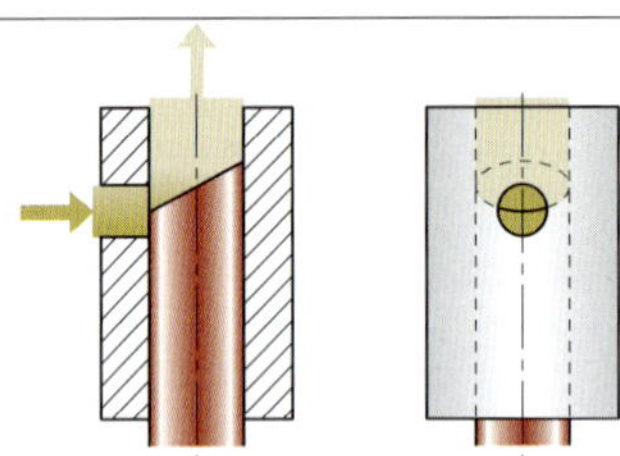	Die **Viskositätsabhängigkeit der Drosselfunktion ist noch relativ gering**. Die Spaltdrossel ist **nicht geeignet** zum Einstellen **kleiner Volumenströme**, da der Spalt sehr klein wird. Das **Auflösungsvermögen ist schlecht**.

***1** Drosseln*

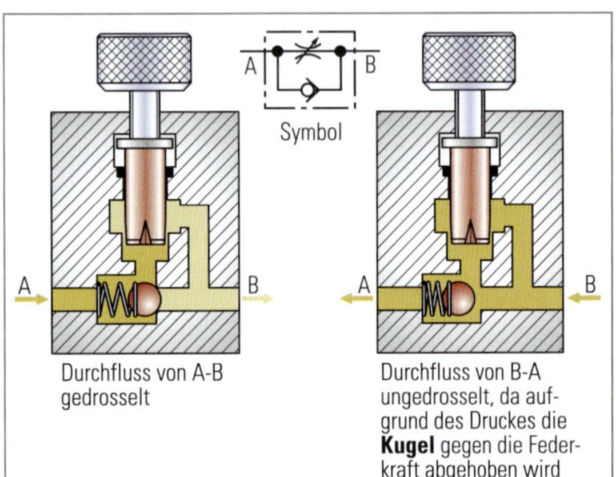

***2** Drosselrückschlagventil*

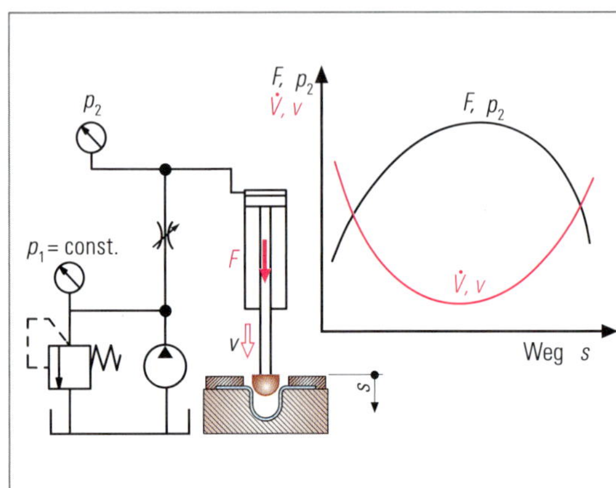

***3** Verhalten von Drosselventilen*

Blenden, Drosseln und Drosselventile sind lastabhängig *(load-dependent)*. Der Volumenstrom durch die Engstelle hängt vom Druckunterschied vor und hinter der Verengung ab. Wird die Beanspruchung am Zylinder durch eine Druckkraft wie z. B. beim Stanzen größer, verkleinert sich der Druckunterschied, der Volumenstrom und die Geschwindigkeit des Zylinders nehmen ab (Bild 3). Umgekehrt verhält es sich, wenn die Beanspruchung abnimmt (Bild 3). Aus diesem Grund können diese Ventile nur verwendet werden, wenn sich die Last kaum ändert oder wenn diese Lastabhängigkeit akzeptiert wird oder erwünscht ist.

3.6.2.3 Stromregelventile

Stromregelventile *(flow regulating valves)* sind lastunabhängig (load independent). Durch eine mechanische Regelung im Inneren bleibt der Volumenstrom trotz wechselnder Belastung konstant (Bild 1). Ein Stromregelventil (Bild 2) besteht aus einem Gehäuse mit einer Einstelldrossel und einer Regeldrossel.

In Ruhestellung ist das Ventil geöffnet. Wird es durchströmt, entsteht vor der Einstelldrossel der Druck p_1, der die Kraft F_1 auf die Regeldrossel bewirkt. Durch die Druckdifferenz Δp an der Einstelldrossel ergibt sich dort der Druck $p_2 < p_1$. Die Druckfeder sorgt dafür, dass die Regeldrossel im Gleichgewicht bleibt. Der Druck p_2 bewirkt im Zusammenhang mit der Federkraft F_{Feder} die entgegengesetzte Kraft F_2. Im Leerlauf ist die Regeldrossel mithilfe der Druckfeder im Gleichgewicht und das Ventil stellt einen bestimmten Widerstand dar, der mit der Einstelldrossel entsprechend dem gewünschten Volumenstrom eingestellt wird.

Die Regeldrossel hat die Aufgabe, durch Veränderung ihres Durchflusswiderstands die Belastungsänderung am Ein- oder Ausgang auszugleichen und dadurch die Druckdifferenz über der Einstelldrossel konstant zu halten.

Steigt der Druck p_3 am Ausgang des Ventils aufgrund einer höheren Last, steigt auch der Druck p_2. Dadurch ändert sich die Druckdifferenz über der Einstelldrossel. Gemeinsam mit der Federkraft F_{Feder} wirkt p_2 auf die Regeldrossel und öffnet diese so lange, bis zwischen den Kräften F_1 und F_2 wieder Gleichgewicht herrscht. Die Druckdifferenz Δp an der Einstelldrossel erreicht wieder ihren ursprünglichen Wert.

Sinkt der Druck p_3 am Ausgang des Ventils, vergrößert sich die Druckdifferenz Δp und auch der Druck p_2 auf die rechte Kolbenfläche sinkt. Die Kraft F_1 wird größer als F_2. Die Regeldrossel schließt wieder, bis das Gleichgewicht zwischen F_1 und F_2 hergestellt ist.

Beachten Sie: Stromregelventile können nur in einer Strömungsrichtung verwendet werden. Dies ist im Symbol an der Pfeilrichtung zu erkennen.

MERKE

Stromventile verändern die Größe des Volumenstroms und somit die Arbeitsgeschwindigkeit von Hydraulikzylindern und Hydraulikmotoren.
Es gibt Blenden, Drosseln, Drosselventile, Drosselrückschlagventile und Stromregelventile.
Stromregelventile gewährleisten konstante Geschwindigkeiten bei sich ändernden Lasten.

Beispiel:

Drosseln der Ausfahrgeschwindigkeit eines doppelt wirkenden Zylinders:

Zur Drosselung wird ein Stromregelventil einmal in die Zulaufleitung (Zuflussdrosselung = Primärsteuerung) (Bild 3) und einmal in die Ablaufleitung (Abflussdrosselung = Sekundärsteuerung) (Bild 4) eingebaut. Nachfolgende Tabelle auf Seite 180 vergleicht die beiden Lösungsmöglichkeiten.

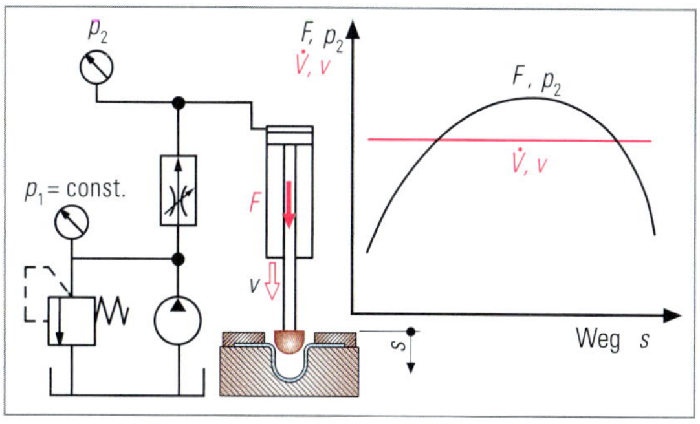

1 *Verhalten von Stromregelventilen*

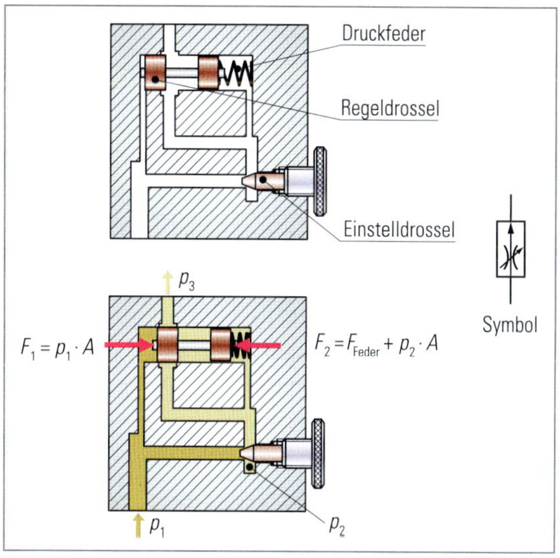

2 *2-Wege-Stromregelventil*

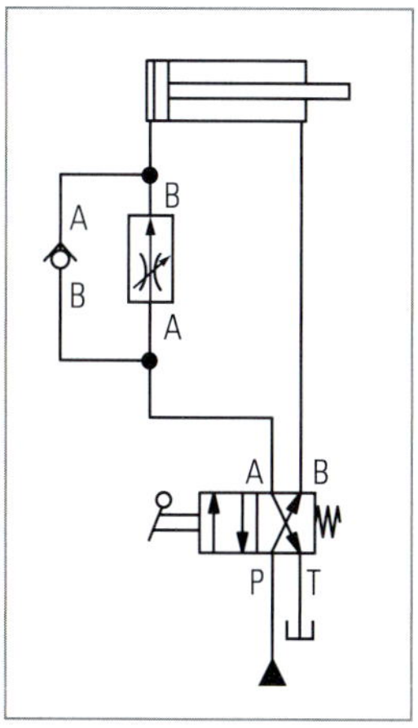

3 *Primärsteuerung mit Zuflussdrosselung*

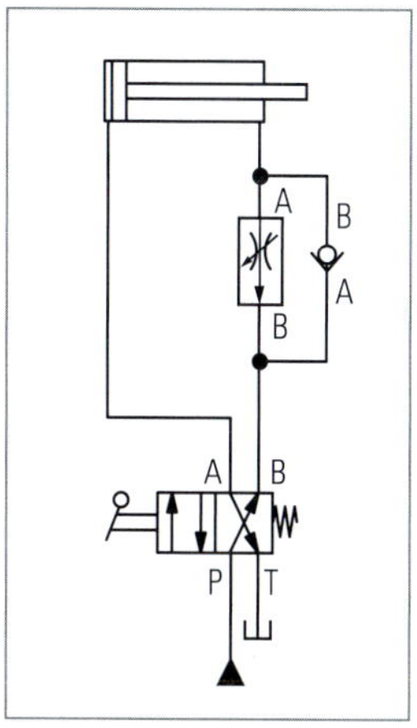

4 *Sekundärsteuerung mit Abflusssteuerung*

Zuflussdrosselung	Abflussdrosselung
■ Der Kolben steht nur auf einer Seite unter dem Druck, der sich aus der Belastung ergibt. ■ Zwischen der Kolbendichtung und dem Zylinderrohr wirken geringere Reibungskräfte, die Lebensdauer der Dichtungen ist größer. ■ Da das zufließende Öl gedrosselt wird, erwärmt sich dieses, was mit einer Volumenzunahme verbunden ist. ■ Bei geringeren Geschwindigkeiten gleichmäßiger Vorschub. ■ Bessere Dosierbarkeit des Ölstroms, da die große Kolbenfläche zur Verfügung steht. ■ Bei einer ziehenden Last (negative Belastung) eilt der Kolben vor, da die feste Einspannung des Kolbens fehlt.	■ Durch feste Einspannung kann der Kolben bei negativer Belastung nicht voreilen. ■ Beide Seiten des Kolbens stehen ständig unter Druck. Die Kolbendichtungen unterliegen deshalb einem starken Verschleiß. ■ Aufgrund der unterschiedlichen Kolbenflächen A_1 und A_2 kommt es zu einer Druckübersetzung, d. h., der Druck im Kolbenstangenraum ist größer als der Systemdruck. ■ Wegen einer größeren Reibung durch die Dichtung ist die Vorschubbewegung ungleichmäßig (Stick-Slip-Effekt) und der Verschleiß nimmt zu.

1 Vergleich von Zufluss- und Abflussdrosselung

3.6.2.4 Druckübersetzung

Ein Druckübersetzer *(pressure convertor)* (Bild 2) besteht aus zwei Kolben, die mit einer Stange verbunden sind und den entsprechenden Zylindern. Der Druck p_{e1} erzeugt die Kraft F_1 und gibt diese über die Kolbenstange weiter an den kleineren Kolben. Im Gleichgewichtszustand muss das Produkt $p_{e2} \cdot A_2 = F_2$ genauso groß sein wie die Kraft F_1.

Somit muss gelten:

$$F_1 = F_2 \qquad p_{e1} \cdot A_1 = p_{e2} \cdot A_2 \qquad \frac{p_{e1}}{p_{e2}} = \frac{A_2}{A_1}$$

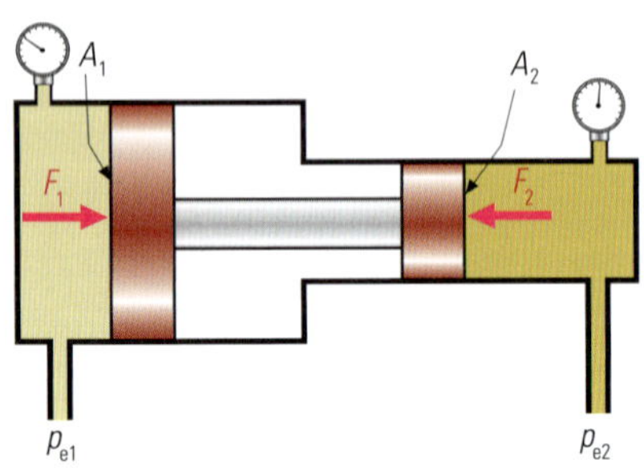

2 Druckübersetzung

Beispielaufgabe

Bei einem Druckübersetzer hat der erste Kolben einen Durchmesser $d_1 = 50$ mm. Der zweite Kolben hat einen Durchmesser $d_2 = 25$ mm. Wie groß ist der Druck p_{e2}, wenn der Druck p_{e1} bei 160 bar liegt?

$$\frac{p_{e1}}{p_{e2}} = \frac{A_2}{A_1}$$

$$p_{e2} = \frac{p_{e1} \cdot A_1}{A_2}$$

$$p_{e2} = \frac{160 \text{ bar} \cdot 50^2 \text{ mm}^2 \cdot \pi \cdot 4}{25^2 \text{ mm}^2 \cdot \pi \cdot 4}$$

$$\underline{\underline{p_{e2} = 640 \text{ bar}}}$$

Wie bereits oben erwähnt, kommt es auch bei der Abflussdrosselung wegen der unterschiedlichen wirksamen Kolbenflächen zu einer Druckübersetzung.

Beispielaufgabe

Wie groß wird der Druck im Kolbenstangenraum, wenn das Stromventil in der Ablaufleitung vollständig geschlossen wird? Der Betriebsdruck p_{e1} soll wieder 160 bar betragen. Der doppelt wirkende Zylinder hat einen Kolbendurchmesser von 32 mm und einen Kolbenstangendurchmesser von 20 mm.

$$p_{e2} = \frac{p_{e1} \cdot A_1}{A_2} \quad (A_2 \text{ ist hier die Kreisringfläche})$$

$$p_{e2} = \frac{160 \text{ bar} \cdot 32^2 \text{ mm}^2 \cdot \pi \cdot 4}{(32^2 \text{ mm}^2 - 20^2 \text{ mm}^2) \cdot \pi \cdot 4}$$

$$\underline{\underline{p_{e2} = 263 \text{ bar}}}$$

MERKE

Aufgrund der unterschiedlichen wirksamen Kolbenflächen beim doppelt wirkenden Zylinder kann sich der Druck im Kolbenstangenraum beachtlich erhöhen. Dies ist bei der Dimensionierung der Leitungen und Verbindungen zu beachten.

3.6.2.5 Kraft- und Wegübersetzung – Die hydraulische Presse

Wie ist es möglich, mit einem hydraulischen Wagenheber einen Pkw anzuheben, der ein Masse von mehr als einer Tonne (1 t = 1 000 kg) hat? Dies kann nur durch eine Kraftübersetzung gelingen. Bild 1 auf Seite 181 zeigt den Aufbau der hydraulischen Presse *(hydraulic press)*. Sie besteht aus zwei Zylindern inklusive Kolben mit unterschiedlichen Durchmessern. Diese sind durch eine Leitung verbunden. Die Kraft F_1 bewirkt im System einen Überdruck p_e. Dieser Überdruck breitet sich nach allen Seiten hin gleichmäßig aus. Am Lastkolben mit dem größeren Durchmesser wird dadurch die Kraft F_2 erzeugt.

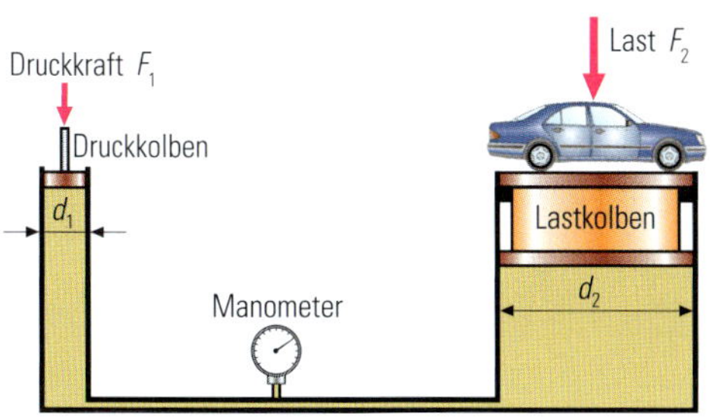

1 *Hydraulische Presse*

Es gilt:

$p_{o1} = p_{o2}$ | $\frac{F_1}{A_1} = \frac{F_2}{A_2}$ | $\frac{F_1}{F_2} = \frac{A_1}{A_2}$

Beispielaufgabe

Ein PKW mit einer Gewichtskraft von 12000 N soll mit einem Wagenheber angehoben werden.
Wie groß ist die erforderliche Kraft F_1, wenn der kleine Durchmesser d_1 = 10 mm und der große Durchmesser d_2 = 65 mm betragen?

$$\frac{F_1}{A_1} = \frac{F_2}{A_2}$$

$$F_1 = \frac{A_1 \cdot F_2}{A_2}$$

$$F_1 = \frac{1^2\,\text{cm}^2 \cdot \pi \cdot 4 \cdot 12000\,\text{N}}{6{,}5^2\,\text{cm}^2 \cdot \pi \cdot 4}$$

$$\underline{\underline{F_1 = 284\,\text{N}}}$$

Da das verdrängte Volumen im Druckkolben und im Lastkolben gleich sind, gilt für die Wege (Bild 2):

$V_1 = V_2$ | $A_1 \cdot s_1 = A_2 \cdot s_2$ | $\frac{A_1}{A_2} = \frac{s_2}{s_1}$

Oder nach dem **Energieerhaltungssatz**:

$W_1 = W_2$ | $F_1 \cdot s_1 = F_2 \cdot s_2$ | $\frac{F_1}{F_2} = \frac{s_2}{s_1}$

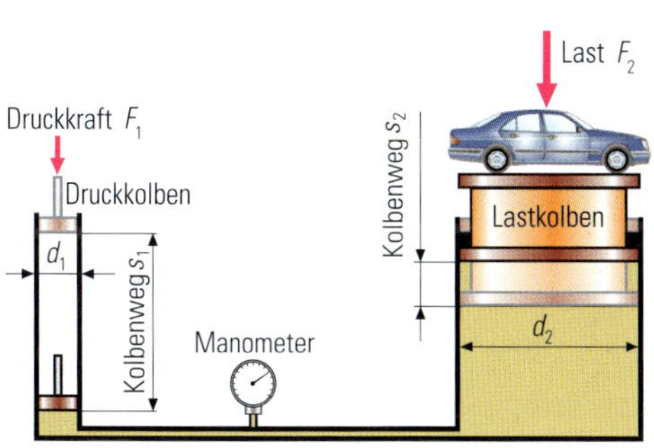

2 *Wege bei der hydraulischen Presse*

Beispielaufgabe

Berechnen Sie den erforderlichen Weg s_1, wenn der PKW um 10 cm angehoben werden soll.

$$A_1 \cdot s_1 = A_2 \cdot s_2$$

$$s_1 = \frac{A_2 \cdot s_2}{A_1}$$

$$s_1 = \frac{6{,}5^2\,\text{cm}^2 \cdot \pi \cdot 4 \cdot 10\,\text{cm}}{1^2\,\text{cm}^2 \cdot \pi \cdot 4}$$

$$\underline{\underline{s_1 = 422{,}5\,\text{cm} = 4{,}2\,\text{m}}}$$

Überlegen Sie!

Wie wird das Problem der großen Wege s_1 in der Praxis gelöst?

3.6.3 Sperrventile

Bei Sperrventilen *(non-return valves)* (Bild 3) kann das Öl nur in eine bestimmte Richtung fließen. Sperrventile sind ausschließlich Sitzventile, da sie leckölfrei abdichten müssen.

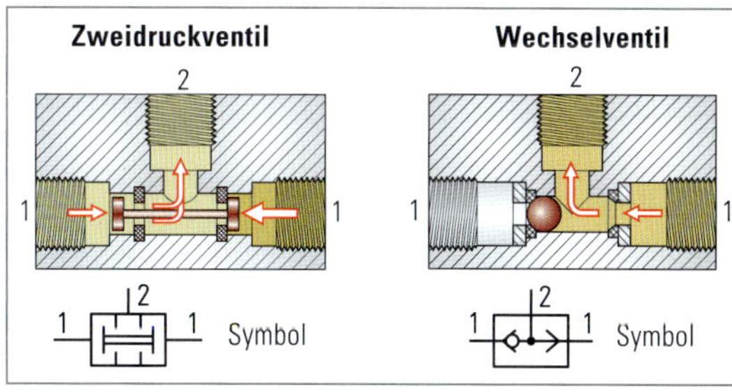

3 *Sperrventile*

3.6.3.1 Rückschlagventil

Bild 4 zeigt den Aufbau eines Rückschlagventils *(check valve)*. Von A nach B kann das Öl ungehindert fließen, von B nach A ist das Ventil gesperrt. Als Dichtelemente können neben Kugeln auch Kegel oder Ventilteller dienen, die durch eine Feder gegen den Ventilsitz gepresst werden.

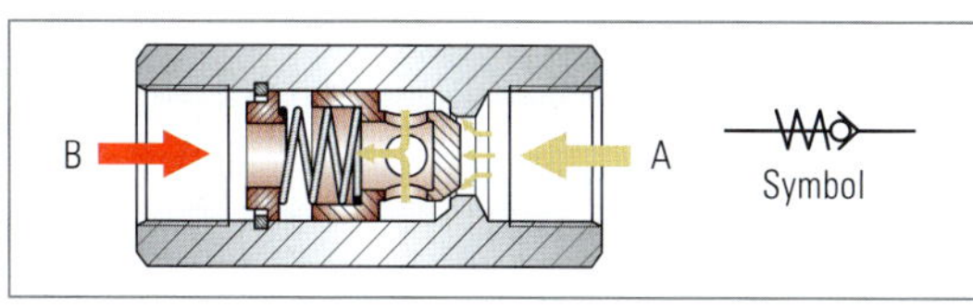

4 *Rückschlagventil*

Rückschlagventile werden verwendet:

- in Drosselrückschlagventilen ②
- um absinkende Lasten daran zu hindern, die Pumpe anzutreiben ①
- zur Umgehung verschmutzter Saug- und Rücklauffilter ③ und ④.

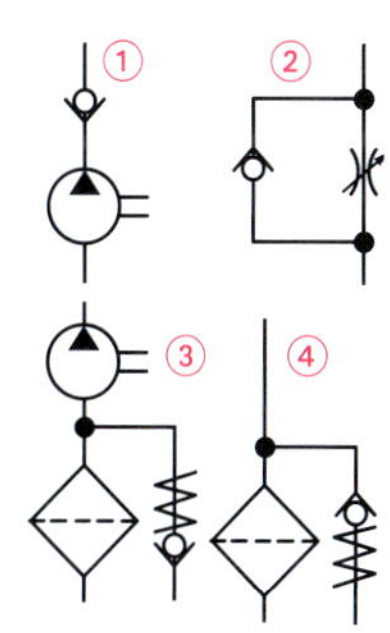

3.6.3.2 Entsperrbare Rückschlagventile

Entsperrbare Rückschlagventile (Bild 1) haben die Aufgabe, die Lage eines Hydraulikzylinders, auf den eine äußere Kraft wirkt, zu fixieren. Hier genügt es nicht, ein Wegeventil zu verwenden, bei dem die Arbeitsanschlüsse gesperrt sind. Leckölverluste würden zu einem langsamen Absinken der Last führen. Dieses Ventil hat zusätzlich einen Steueranschluss X, mit dem der Ventilkegel angehoben werden kann und somit ein Durchfluss in die gesperrte Richtung möglich ist. Das Öl kann dann auch von B nach A fließen. Die nebenstehende Schaltung (Bild 2) zeigt, wie das Absinken einer Last verhindert werden kann.

MERKE

Sperrventile sperren den Ölstrom in eine Richtung ab. Zu den Sperrventilen gehören das Rückschlagventil und das entsperrbare Rückschlagventil *(unlockable check valve)*, mit dem das Absinken von Lasten verhindert wird.

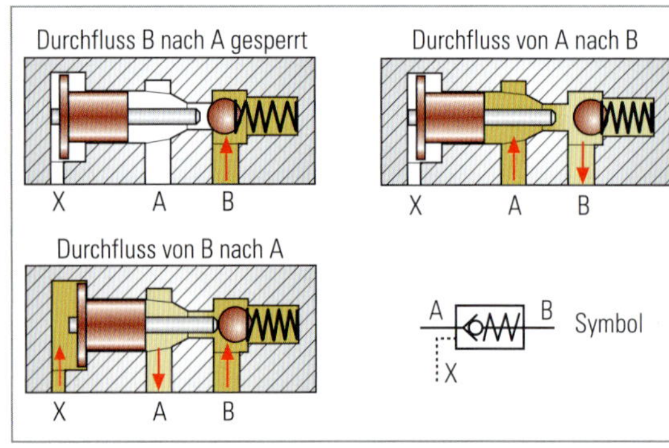

1 *Entsperrbares Rückschlagventil*

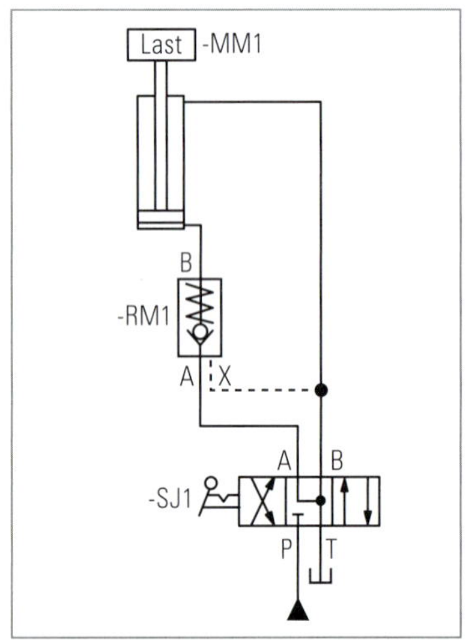

2 *Verhindern des Absinkens einer Last durch ein entsperrbares Rückschlagventil*

3.6.4 Druckventile

Druckventile *(pressure valves)* beeinflussen den Druck im hydraulischen System. Es gibt u. a.:

- Druckbegrenzungsventile *(pressure relief valves)* (vgl. Grundstufe)
- Druckminderventile *(pressure reducing valves)*
- Zuschaltventile *(sequence valves)*

3.6.4.1 Druckminderventile

Das Druckbegrenzungsventil in Bild 3 begrenzt den Gesamtdruck im System und ist als Sicherheitsventil *(safety valve)* zu sehen. Im Gegensatz dazu kann mit Druckminderventilen der Druck an unterschiedlichen Ausgabebauteilen variabel eingestellt werden (Bild 3). Das Druckminderventil (Bild 4) ist in der Ausgangsstellung geöffnet und wird vom Ausgang her angesteuert, was auch im Symbol zum Ausdruck kommt. Mit der Einstellschraube kann die Vorspannung der Feder eingestellt werden. Übersteigt der Druck in der Arbeitsleitung einen bestimmten Wert (Federkraft), so bewegt sich der Ventilschieber nach rechts und versperrt den Durchfluss zwischen den beiden Anschlüssen. Dies bewirkt, dass sich der gewünschte Druck in der Arbeitsleitung wieder einstellt.

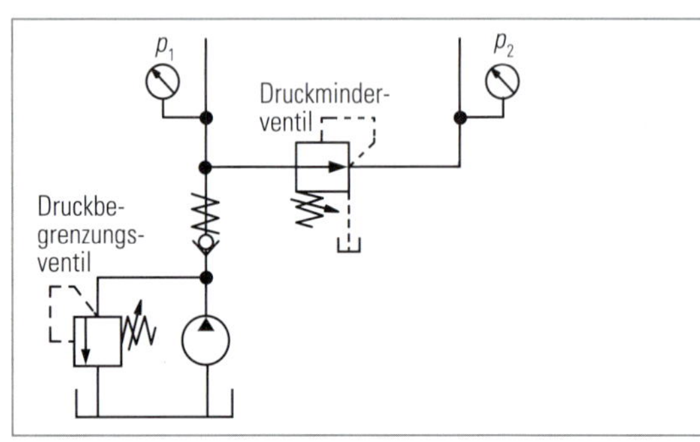

3 *Druckminderung/Druckbegrenzung*

3.6.4.2 Zuschaltventile

Bei der Zuschaltung weiterer Steuerkreise gibt es die Möglichkeit der Eigensteuerung und der Fremdsteuerung. Bei der Eigensteuerung wird ein Druckbegrenzungsventil verwendet. Bild 1 auf Seite 183 zeigt eine **druckabhängige Folgesteuerung**. Zunächst fährt der erste Zylinder aus und es baut sich in der Zulaufleitung Druck auf. Übersteigt dieser den eingestellten Druck am Druckbegrenzungsventil, öffnet dieses und der zweite Zylinder fährt aus. Zum Einfahren des Zylinders benötigt man das Rückschlagventil. Bei der **Fremdsteuerung** (Seite 183 Bild 2) verfügt das Zuschaltventil zusätzlich zu den

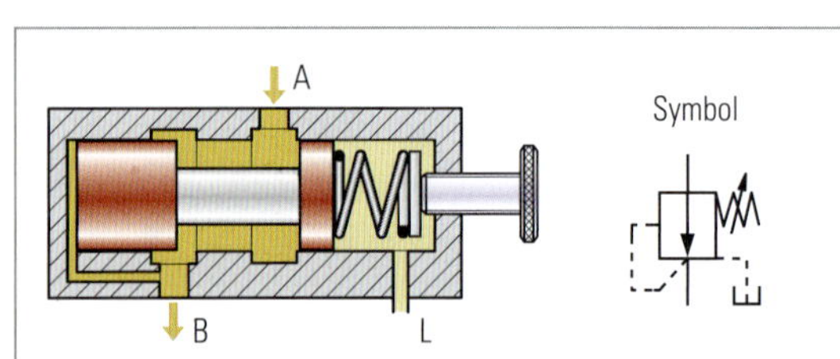

4 *Druckminderventil*

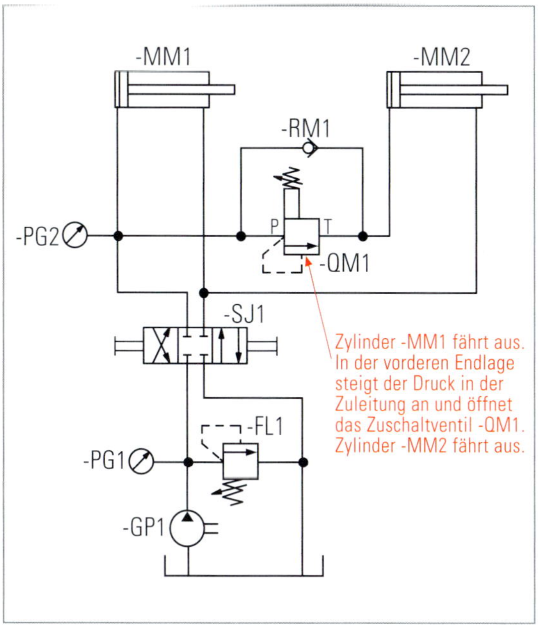

1 *Druckabhängige Folgesteuerung*

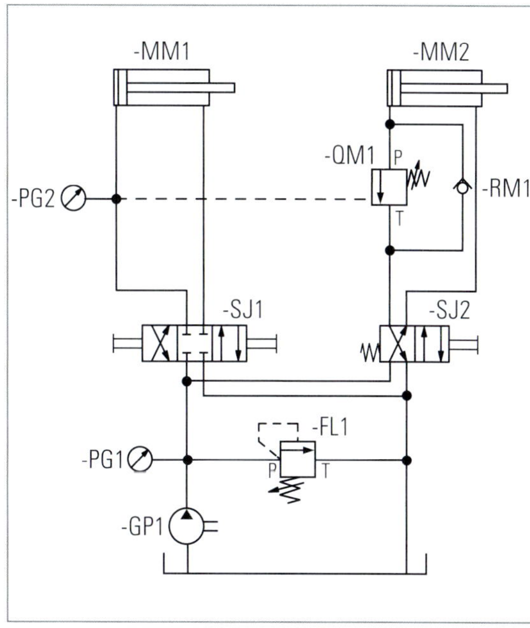

2 *Fremdsteuerung*

Arbeitsanschlüssen über einen Steueranschluss, der von einem anderen Kreis angesteuert wird. Der zweite Zylinder kann erst dann ausfahren, wenn der erste Zylinder ausgefahren ist und sich ein bestimmter Druck in der Zuleitung aufgebaut hat. Das Zuschaltventil öffnet beim eingestellten Druck die Zuleitung zum zweiten Zylinder. Zusätzlich ist jetzt noch das 4/2-Wegeventil zu betätigen.

Druckzuschaltventile (Folgeventile) (-QM1) können in Kombination mit einem Stromregelventil (-RN1), das sich im Zulauf des Zylinders befindet, verwendet werden, um die Vorschubgeschwindigkeit eines Antriebselements (-MM1) zu steuern (Bild 3). Dadurch wird ein großer Nachteil der Primärsteuerung, das Voreilen des Kolbens bei negativer Belastung, verhindert.

Das Druckzuschaltventil befindet sich in der Ablaufleitung des Zylinders. Einer ziehenden Kraft an der Kolbenstange wirkt eine Gegenkraft, die vom Druckzuschaltventil herrührt, entgegen. Dieses öffnet erst, wenn der eingestellte Druck erreicht wird. Unkontrollierte Bewegungen werden vermieden. Die beiden Rückschlagventile ermöglichen ein ungedrosseltes Einfahren des Zylinders.

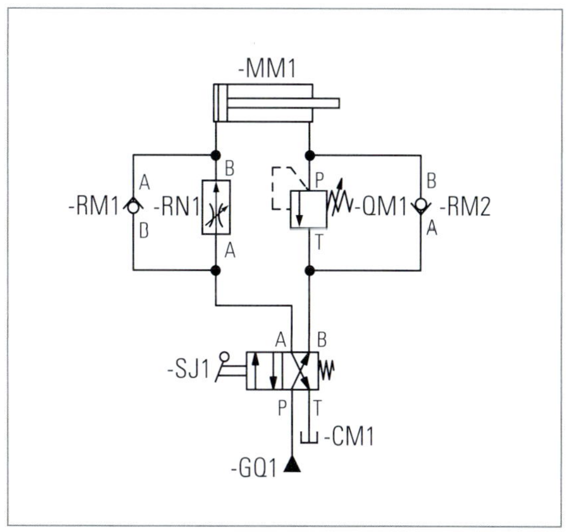

3 *Steuerung der Vorschubgeschwindigkeit durch Druckzuschaltventile in Kombination mit einem Stromregelventil*

Überlegen Sie!

Welchen Nachteil hat diese Lösung?

MERKE

Druckventile verändern den Druck im hydraulischen System. Zum Einsatz kommen Druckbegrenzungsventile, Druckminderventile und bei Ablaufsteuerungen Zuschaltventile.

3.7 Planung einer hydraulischen Steuerung

Aufgabe:

In einer Freiformschmiedepresse *(hammer forging press)* (Bild 1) sollen Rohlinge bearbeitet werden. Dabei fährt ein Hydraulikzylinder zunächst 800 mm im Eilgang aus. Entsprechend der Materialeigenschaften und der Schmiedetemperatur legt der Stempel 150 mm im Vorschub zurück. Dabei soll die Geschwindigkeit unabhängig von der äußeren Kraft sein. Nach der Bearbeitung fährt der Zylinder ungedrosselt in seine Grundstellung. Zur Schonung des Zylinders ist dieser in seiner hinteren Endlage mit einer Endlagendämpfung ausgestattet. Das Voreilen des Zylinders beim Ausfahren ist durch eine geeignete Ventilauswahl zu verhindern.

***1** Freiformschmiedepresse*

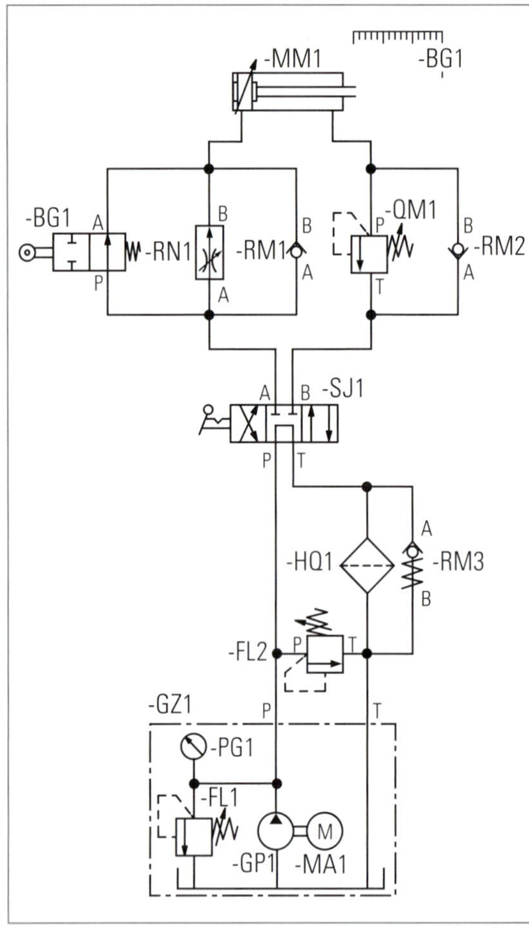

***2** Hydraulischer Schaltplan zur Freiformschmiedepresse*

-MA1	Antriebsmotor
-GP1	Hydraulikpumpe
-FL1	Druckbegrenzungsventil
-FL2	Druckbegrenzungsventil
-HQ1	Rücklauffilter
-BG1	2/2-Wegeventil mit Durchflussruhestellung
-SJ1	4/3-Wegeventil mit Durchflussmittelstellung
-RN1	Stromregelventil
-RM1	Rückschlagventil
-QM1	Zuschaltventil
-RM2	Rückschlagventil
-MM1	Doppelt wirkender Zylinder mit Endlagendämpfung

***3** Freiformschmiedepresse*

Entwickeln der Steuerung

Der doppelt wirkende Zylinder mit Endlagendämpfung wird durch ein 4/3-Wege-Ventil in der Mittelstellung mit drucklosem Umlauf angesteuert. Da die Ausfahrgeschwindigkeit unabhängig von der äußeren Last sein soll, wird zur Geschwindigkeitsregulierung ein Stromregelventil verwendet. Ein Druckbegrenzungsventil verhindert ein Voreilen des Zylinders. Zur Umgehung des Stromregel - und Druckbegrenzungsventils beim Einfahren des Zylinders werden zwei Rückschlagventile benötigt. Ein zusätzliches 2/2-Wegeventil mit Durchflussruhestellung dient zum ungedrosselten Umgehen des Stromregelventils beim Ausfahren des Schmiedestempels und sorgt so für die Eilgangbewegung.

3.8 Leitungen und Verbindungen

Um das Hydrauliköl *(hydraulic oil)* vom Hydraulikaggregat *(hydraulic power unit)* zu den Ventilen und zu den Zylindern und Hydraulikmotoren transportieren zu können, sind Rohre, Schläuche und Verschraubungen erforderlich. Die Leitungen *(conductors)* und Verbindungen *(joints)* wirken im hydraulischen Kreislauf als Widerstand. Dadurch entstehen Wärme und ein Druckabfall, der zum Verbraucher hin immer größer wird. Dieser hydraulische Widerstand hängt u. a. ab:

- von der Strömungsgeschwindigkeit
- von der Leitungslänge
- von der Anzahl der Verschraubungen
- von der Strömungsart

Strömungsarten

Ab einer bestimmten Strömungsgeschwindigkeit geht die Strömung von einer **laminaren (gleichmäßigen)** in eine **turbulente** über (Bild 1). Turbulente Strömungen verursachen überproportional ansteigende Strömungswiderstände und Druckverluste.

Es haben sich als Richtwerte für die Strömungsgeschwindigkeit bewährt:

- Saugleitungen: 0,5 ... 1,5 m/s
- Druckleitungen: 4 ... 7 m/s
- Rücklaufleitungen: 3 m/s

Da die Strömungsgeschwindigkeit vom Volumenstrom und vom Leitungsquerschnitt abhängt ($v = Q/A$), ist der Leitungsquerschnitt entsprechend den Vorgaben ausreichend zu dimensionieren.

Beispielaufgabe

Wie groß muss der Innendurchmesser einer Hydraulikleitung mindestens sein, wenn der Volumenstrom $Q = 70$ l/min beträgt und die max. Strömungsgeschwindigkeit $v = 5$ m/s nicht überschreiten soll?

$$v = \frac{Q}{A}$$

$$A = \frac{Q}{v} \qquad A = \frac{d_i^2 \cdot \pi}{4}$$

$$\frac{d_i^2 \cdot \pi}{4} = \frac{Q}{v}$$

$$d_i^2 = \frac{Q \cdot 4}{v \cdot \pi}$$

$$d_i = \sqrt{\frac{Q \cdot 4}{v \cdot \pi}}$$

$$d_i = \sqrt{\frac{70\ \text{dm}^3 \cdot \text{min} \cdot \text{s} \cdot 4}{\text{min} \cdot 50\ \text{dm} \cdot 60\ \text{s} \cdot \pi}}$$

$$\underline{\underline{d_i = 0{,}172\ \text{dm} = 17{,}2\ \text{mm}}}$$

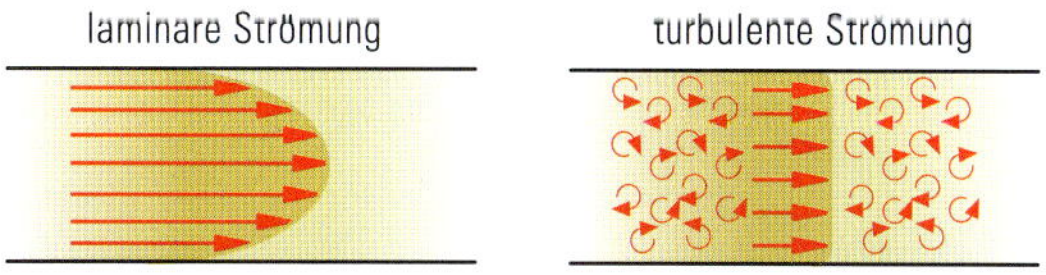

1 *Strömungsarten*

Kontinuitätsgleichung[1]

Was passiert, wenn sich in einer Hydraulikanlage der Querschnitt der Leitung verengt? Da die Durchflussmenge im großen und kleinen Querschnitt gleich sind, muss gelten:

$$Q_1 = Q_2 \qquad A_1 \cdot v_1 = A_2 \cdot v_2 \qquad \frac{v_1}{v_2} = \frac{A_2}{A_1}$$

Daraus folgt dann, dass bei einem sich verengenden Querschnitt die Strömungsgeschwindigkeit zunimmt (Bild 2). Die notwendige Energie zur Erhöhung der Strömungsgeschwindigkeit kommt aus der Druckenergie, d. h., der Druck an der Engstelle nimmt ab. Nimmt der Druck zu stark ab, treten Gasblasen aus der Flüssigkeit aus (Bild 3). Nach der Engstelle nimmt die Strömungsgeschwindigkeit ab, der Druck nimmt wieder zu und die Gasblasen fallen in sich zusammen. Dies führt wiederum zu den bereits bekannten Kavitationsschäden (Seite 186 Bild 1).

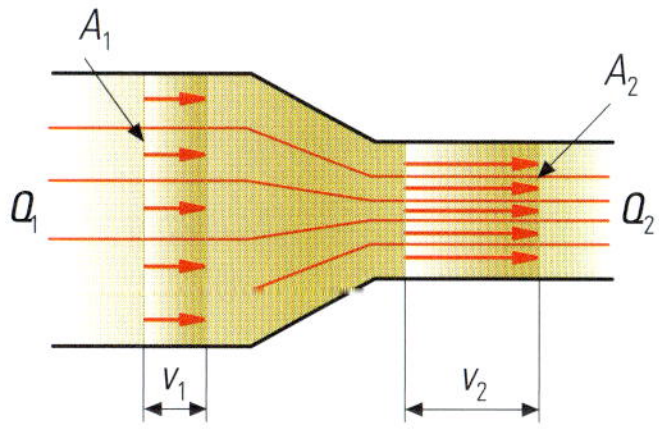

2 *Zusammenhang zwischen Stömungsgeschwindigkeit und Leitungsquerschnitt*

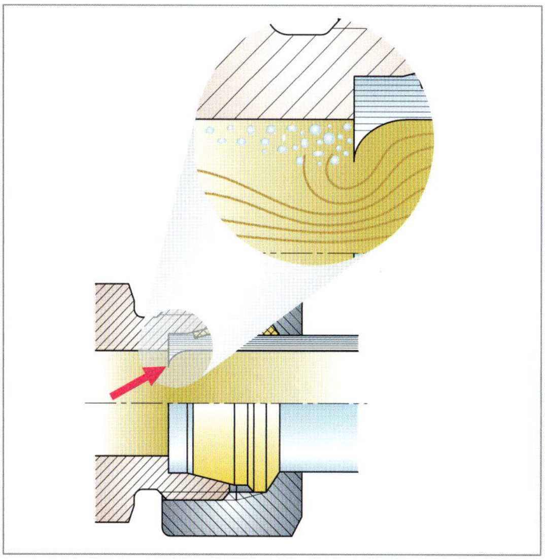

3 *Austretende Gasblasen bei zu starker Druckabnahme*

1) Kontinuität: Fortbestand, Stetigkeit

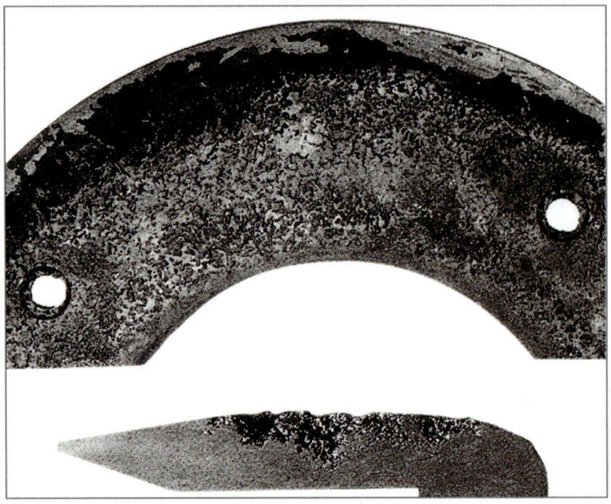

1 Kavitationsschäden am Lamellenring einer Kreiselpumpe

MERKE

Kavitationsschäden entstehen durch abrupte Druckabfälle im Hydrauliksystem. Diese treten immer dort auf, wo dem Ölstrom ein übermäßiger Widerstand entgegengesetzt wird wie z. B. an Engstellen, Bögen, in den Ventilen usw. Die Fachkraft vermeidet dies durch eine fachgerechte Montage der Rohr- und Schlauchleitungen (vgl. Kap. 3.8.1).

Beispielaufgabe

Bei einem Volumenstrom von 45 l/min verengt sich der Innendurchmesser einer Rohrleitung von 13 mm auf 10 mm. Wie groß ist die Geschwindigkeit v_2, wenn v_1 am großen Durchmesser 5,6 m/s beträgt?

$$\frac{v_2}{v_1} = \frac{A_1}{A_1}$$

$$v_2 = \frac{A_1 \cdot v_1}{A_1}$$

$$v_2 = \frac{d_{i1}^2 \cdot \pi \cdot 4 \cdot v_1}{d_{i2}^2 \cdot \pi \cdot 4}$$

$$v_2 = \frac{13^2\,\text{mm}^2 \cdot 5{,}6\,\text{m}}{10^2\,\text{mm}^2 \cdot \text{s}}$$

$$\underline{\underline{v_2 = 9{,}5\,\frac{\text{m}}{\text{s}}}}$$

MERKE

Hydraulikleitungen transportieren die Druckflüssigkeit von der Pumpe über die jeweiligen Ventile zum Zylinder oder Hydraulikmotor. Sie sollten so gestaltet sein, dass bei der Übertragung möglichst wenig Energie verloren geht.

3.8.1 Rohrleitungen

Rohrleitungen *(rigid lines)* verbinden fest angeordnete Bauteile miteinander. Zur Herstellung werden entsprechend DIN 2445-1 und DIN 2445-2 **nahtlose Präzisionsstahlrohre** *(precision steel tubes)* nach DIN EN 10305 oder **nahtlose Stahlrohre** nach DIN EN 10220 verwendet. Die Abmessungen der Rohre sind, wie bereits erwähnt, der Größe des Volumenstroms und dem Nenndruck anzupassen (Seite 187 Bild 1).

Bei der Montage ist Folgendes zu beachten:

- längere Leitungen sind mit entsprechenden Rohrbefestigungen anzubringen, um Schwingungen zu vermeiden.

- Bei der Verbindung zweier fester Bauteile muss die Längenausdehnung bei Temperaturänderung beachtet werden. Es sind entsprechende Möglichkeiten des Längenausgleichs zu schaffen.

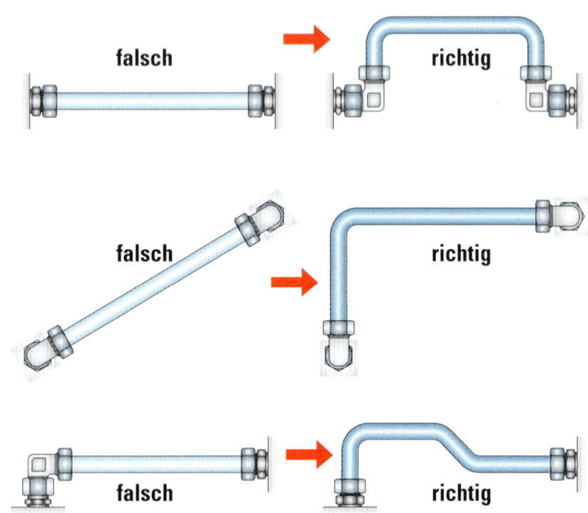

- Wenn möglich, Biegestellen vermeiden, da Druckverluste entstehen.
- Rohre werden mit entsprechenden Biegegeräten kalt gebogen. Dabei sollte der Biegeradius mindestens das 8-fache des Rohrdurchmessers betragen.
- Rohre müssen nach dem Trennen entgratet werden, da der Grat an der Rohrinnenwand einen Druckverlust bewirken und zu Kavitationsschäden führen kann.

Rohr-Außendurchmesser in mm	Wanddicke in mm (Nennmaß nach DIN EN 10305-1) Zulässiger Druck der Anlage p_S						Rohr-Außendurchmesser in mm	Wanddicke in mm (Nennmaß nach DIN EN 10220) Zulässiger Druck der Anlage p_S					
	100 bar	160 bar	250 bar	315 bar	400 bar	500 bar		100 bar	160 bar	250 bar	315 bar	400 bar	500 bar
4	0,8	1,0	–	–	–	–	21,3	2,0	2,0	2,6	3,2	3,2	3,2
6	1,0	1,0	1,0	1,0	1,5	1,5	26,9	2,0	2,3	2,6	3,2	3,2	4,0
8	1,0	1,0	1,5	1,5	2,0	2,5	33,7	2,6	2,6	3,6	4,0	4,0	5,0
10	1,0	1,0	1,5	2,0	2,5	3,0	42,4	2,6	2,6	3,6	4,5	5,0	6,3
12	1,0	1,5	2,0	2,0	2,5	3,5	48,3	2,6	3,2	4,0	5,0	5,6	7,1
15	1,5	1,5	2,0	–	–	–	60,3	3,2	4,0	5,6	6,3	7,1	10,0
16	1,5	1,5	2,5	3,0	3,5	4,5	76,1	3,6	5,0	6,3	7,1	8,8	11,0
18	1,5	2,0	2,5	–	–	–	88,9	4,5	–	8,0	8,8	–	14,2
20	1,5	2,0	3,0	3,5	4,5	5,5	101,6	5,0	6,3	8,8	10,0	12,5	–
22	1,5	2,0	3,0	–	–	–	114,3	5,6	8,0	8,8	11,0	–	17,5
25	2,0	2,5	3,5	4,5	5,5	7,0	139,7	10,0	–	12,5	13,6	17,5	20,0
28	2,0	2,5	4,0	–	–	–	152,4	–	11,0	–	16,0	20,0	–
30	2,0	3,0	4,0	5,0	7,0	8,0	168,3	12,0	–	14,2	–	–	25,0
35	2,5	3,5	–	–	–	–	177,8	–	14,2	–	17,5	–	–
38	3,0	4,0	5,0	7,0	8,0	10,0	193,7	–	–	17,5	20,0	–	–
42	3,0	4,0	–	–	–	–	219,1	14,2	–	–	22,2	28,0	32,2
50	4,0	5,0	7,0	9,0	11,0	13,0	273,0	20,0	–	–	28,0	–	40,1

***1** Zulässige Anlagendrücke in Stahlrohren bei schwellender Belastung nach DIN 2445-1 : 2000-09 und DIN 2445-2 : 2000-09 (Auszug)*

Verschraubungen *(connections)* verbinden Rohre untereinander bzw. Rohre mit dem Hydraulikbauteil. Verschraubungen gibt es in den unterschiedlichsten Varianten (Bild 2) und Abmessungen. Die Abdichtung zwischen Rohr und Verschraubung kann dabei auf verschiedene Arten erreicht werden (Bild 3). Sehr oft erfolgt die Verbindung durch eine **Schneidringverbindung** (Bild 3a). Beim Anziehen der Überwurfmutter wird der gehärtete Schneidring gegen den Innenkonus des Anschlussstutzens geschoben. Gleichzeitig drückt sich der Schneidring in das weichere Material des Rohres ein und dichtet die Verbindung ab. Auf Zugkräfte wirkt der Schneidring als Widerhaken und verhindert so ein Herausrutschen des Rohres bei äußerer Krafteinwirkung. Zur Sicherstellung einer qualitativ hochwertigen Verbindung erfolgt oft eine Vormontage auf gehärteten Vormontagestutzen. DIN 3859-2 beschreibt die einzelnen Schritte zur Herstellung einer fachgerechten Schneidringverbindung (Seite 188).

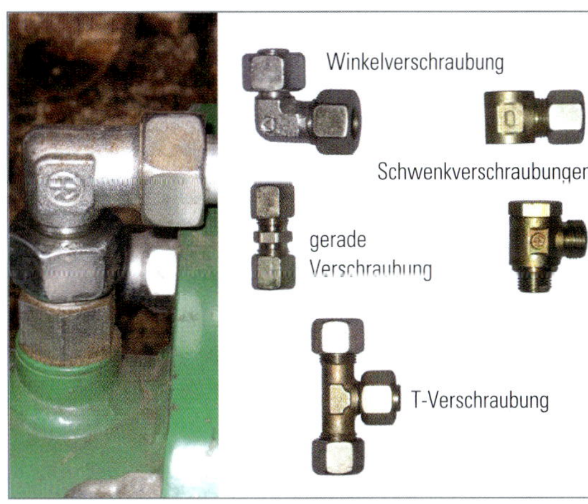

***2** Rohrverschraubungen*

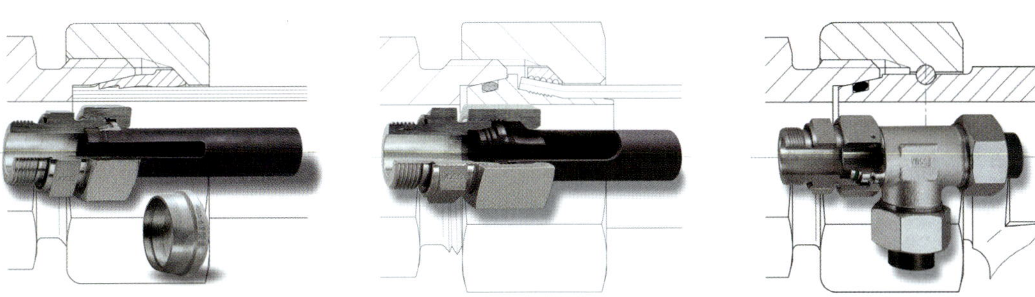

a) Schneidringverschraubung

b) Bördelverschraubung

c) Dichtkegelverschraubung

***3** Rohrverschraubungen (Auswahl)*

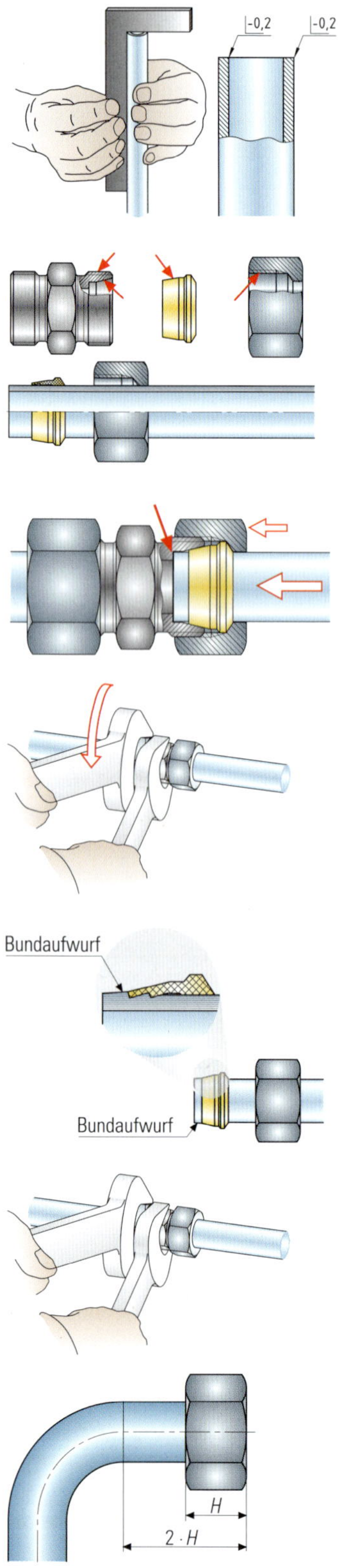

1. Rohr rechtwinklig absägen. Eine Winkeltoleranz von 0,5° ist zulässig.

Keine Rohrabschneider oder Trennschleifer verwenden.

Rohrenden innen und außen leicht entgraten.

Reinigen.

Achtung! Bei dünnwandigen Rohren sind zusätzliche Einsteckhülsen zu verwenden (siehe Herstellerangaben).

Formabweichungen am Rohrende wie z. B. schief gesägte oder falsch entgratete Rohre reduzieren die Lebensdauer und die Dichtheit der Verbindung.

2. Gewinde und Konus des Verbindungsstutzens sowie Gewinde der Überwurfmutter mit Schmierstoff versehen.

Überwurfmutter und Schneidring mit der Schneide zum Rohrende aufschieben.

Achtung! Auf richtige Lage des Schneidrings achten – sonst Fehlmontage.

3. Überwurfmutter von Hand bis zur fühlbaren Anlage von Verschraubungsstutzen, Schneidring und Überwurfmutter festschrauben.

Rohr gegen den Anschlag in Verschraubungsstutzen drücken.

Achtung! Das Rohr muss am Anschlag anliegen, sonst erfolgt kein Rohreinschnitt.

4. Überwurfmutter 1,5 Umdrehungen anziehen, Verschraubungsstutzen mit Schraubenschlüssel gegenhalten.

Achtung! Abweichender Anzugsweg reduziert die Druckbelastbarkeit und die Lebensdauer der Rohrverschraubung. Leckagen oder Herausrutschen des Rohrs sind die Folge.

5. Kontrolle
Rohranschluss demontieren.

Sichtbar gewordenes Rohrmaterial (Bundaufwurf) muss die Schneidenstirnfläche voll ausfüllen.

Der Schneidring darf sich auf dem Rohr nicht drehen lassen.

6. Wiederholmontage
Nach jedem Lösen des Rohranschlusses ist die Überwurfmutter wieder fest anzuziehen (gleicher Kraftaufwand) wie bei Erstmontage, hierbei Verschraubungsstutzen mit Schraubenschlüssel gegenhalten.

7. Mindestlänge für das gerade Rohrende am Rohrbogen
Bei Rohrbögen muss das gerade Rohrende bis zum Beginn des Biegeradius mindestens 2 × Überwurfmutterhöhe betragen.

Das gerade Rohrende darf im gesamten Bereich 2 × *H* keine Abweichung von der Rundheit und Geradheit aufweisen, die die Maßtoleranz des Rohrs nach DIN EN 10305-1 überschreitet.

1 *Direktmontage im Verschraubungsstutzen*

Einschraubverbindung *(inserted screw joint)* (Bild 1) dienen dazu, Rohre und Schläuche an hydraulische Geräte wie z. B. an Ventilen bzw. deren Anschlussplatten anzuschließen.
Übliche Gewinde sind dabei:

- **Whitworth-Rohrgewinde** *(whitworth pipe threads)* für **im Gewinde dichtende Verbindungen**: kegeliges Außengewinde (R) und zylindrisches Innengewinde (Rp)
- **Rohrgewinde** für **nicht im Gewinde dichtende Verbindungen** (G)
- **Metrisches Feingewinde** *(metric fine threads)* (M)

Die Tabelle Bild 2 zeigt die Abhängigkeit der Gewindegröße vom Rohrdurchmesser. Bild 3 zeigt unterschiedliche Möglichkeiten der Abdichtung zwischen Einschraubverbindung und Gerät. Aber auch **Flansch-Verbindungen** *(flanged joints)* sind möglich (Bild 4). Beim Anschluss von rotierenden Bauteilen wie z. B. bei Drehtischen, benötigt man **Drehverbindungen** *(rotary joints)* (Bild 5).

1 Einschraubverbindung

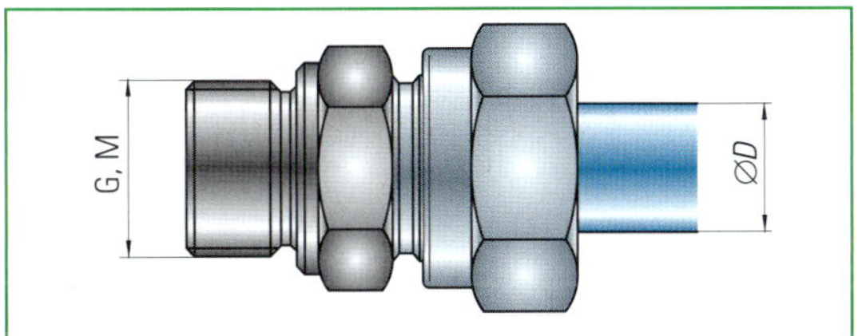

Rohrdurchmesser *D* in mm	Typische Gewinde	
6	G 1/8	M12 × 1,5
8	G 1/4	M14 × 1,5
10	G 1/4	M1 × 61,5
12	G 3/8	M18 × 1,5
14	G 1/2	M20 × 1,5
15	G 1/2	M22 × 1,5
16	G 1/2	M22 × 1,5
18	G 3/4	M22 × 1,5
20	G 3/4	M27 × 2
22	G 3/4	M26 × 1,5
25	G 1	M33 × 2
28	G 1	M33 × 2
30	G 1 1/4	M42 × 2
35	G 1 1/4	M42 × 2
38	G 1 1/2	M48 × 2

2 Abhängigkeit der Gewindegröße vom Rohrdurchmesser

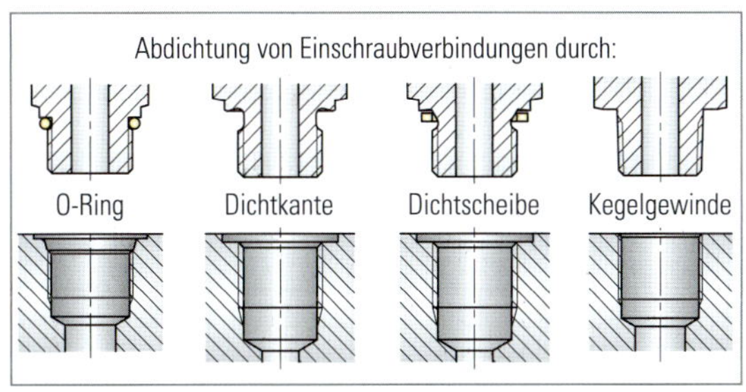

3 Abdichtungen zwischen Einschraubverbindung und Gerät

4 Flanschverbindung an einem Fahrantrieb

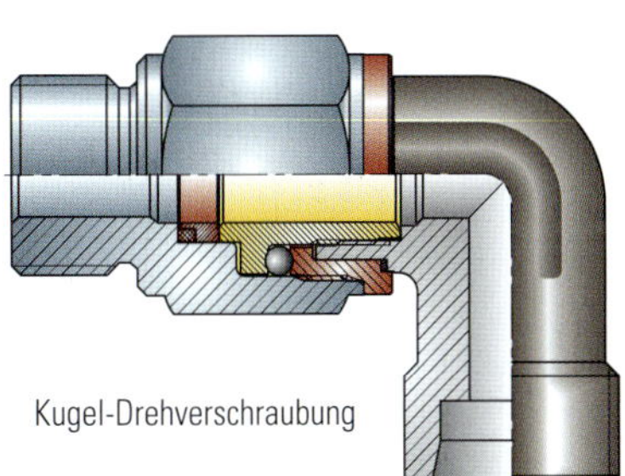

5 Drehverbindung

3.8.2 Schlauchleitungen und Schläuche

Schlauchleitungen *(hose cables)* (Seite 190 Bild 1) bestehen aus einem Hydraulikschlauch *(hydraulic hose)*, an dessen Enden Schlaucharmaturen *(hose fittings)* aufgepresst sind. Sie ermöglichen die Verbindung zwischen festen und beweglichen Bauteilen. Darüber hinaus sind sie in der Lage, Vibrationen und Schwingungsgeräusche zu dämpfen. Wegen ihrer Elastizität sind sie in der Lage, Druckstöße aufzunehmen. Schlauchleitungen können mit Schutzüberzügen wie z. B. mit Spiralen oder Kunststoffschläuchen versehen sein.

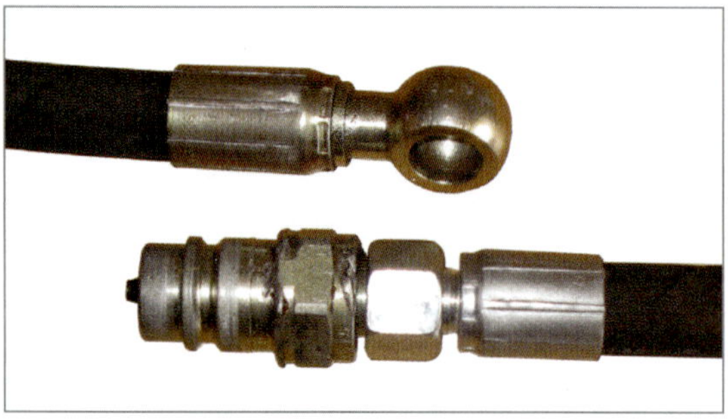

1 *Schlauchleitungen*

Schlauchleitungen haben an ihren Enden unterschiedliche Armaturen, die den Anschluss an hydraulische Bauteile ermöglichen. Die Armaturen montiert entweder schon der Hersteller oder die Fachkraft mit den entsprechenden Vorrichtungen. Im Folgenden sind die einzelnen Arbeitsschritte dargestellt.

1. Einspannen des Schlauchs.

2. Armatur aufsetzen.

3. Mit einem Hammer festklopfen.

4. In einer pneumatischen Presse wird die Fassung mithilfe konischer Backen mit dem Schlauch verpresst.

5. Die Armatur ist mit dem Schlauch verpresst.

Oft müssen hydraulische Bauteile schnell getrennt und wieder angeschlossen werden. Dann kommen **Schnellkupplungen** *(quick couplings)* zum Einsatz, die aus einer Muffe und einem Stecker bestehen. Muffe und Stecker werden jeweils durch einen Dichtkegel abgedichtet. Beim Verbinden der Schnellkupplung werden diese Dichtkegel geöffnet (Seite 191 Bild 1).

Vor der Montage von Schlauchleitungen ist zu prüfen, ob:

- Schlauch und Schlaucharmatur funktionsfähig zusammenpassen.
- die maximale Lagerzeit für Schläuche und Schlauchleitungen nicht überschritten ist. Schlauchleitungen dürfen nicht älter als zwei Jahre sein. Schläuche sollen bei der Herstellung einer Schlauchverbindung nicht älter als vier Jahre sein.
- die Schlauchleitungen keine Mängel aufweisen

Der Hersteller, das Herstelldatum (Monat/Jahr) und der höchst zulässige dynamische Betriebsdruck müssen deutlich erkennbar und dauerhaft in der Hülse der Armatur eingepresst sein (Seite 191 Bild 2).

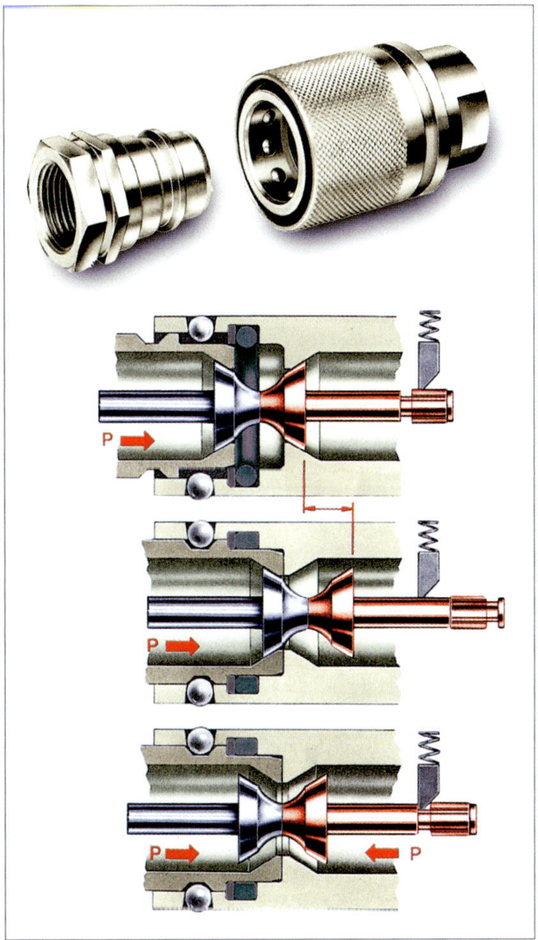

1 *Aufbau und Funktion einer Schnellkupplung*

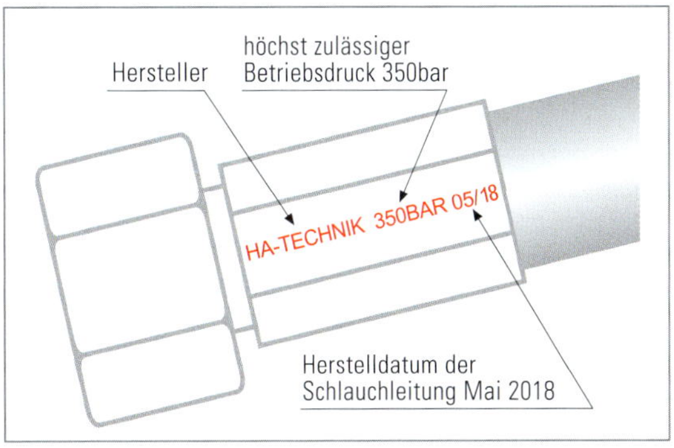

2 *Vorgeschriebene Angaben auf der Hülse einer Armatur*

Die vollständige Bezeichnung von Schlauchleitungen enthält nach DIN 20066:

- den verwendeten Schlauchtyp *(type of hose)*
- den Nenndurchmesser *(nominal diametre)*
- die aufgepressten Armaturen *(taps)*
- die Schlauchleitungslänge *(length of hose cable)*
- den Verdrehwinkel *(angle of twist)* der aufgepressten Armaturen zueinander

Bei der **Montage von Schlauchleitungen** ist folgendes zu beachten:

- Schlauchleitungen müssen ein wenig durchhängen, da sich der Schlauch bei Druck aufweitet und dadurch kürzer wird. Wird die Schlauchleitung zu straff eingebaut, könnte sie reißen. Außerdem darf sie nicht auf Zug, Torsion oder Stauchung beansprucht werden.

- Die vom Hersteller vorgeschriebenen zulässigen Biegeradien dürfen nicht unterschritten werden, auch nicht, wenn sich Bauteile bewegen.

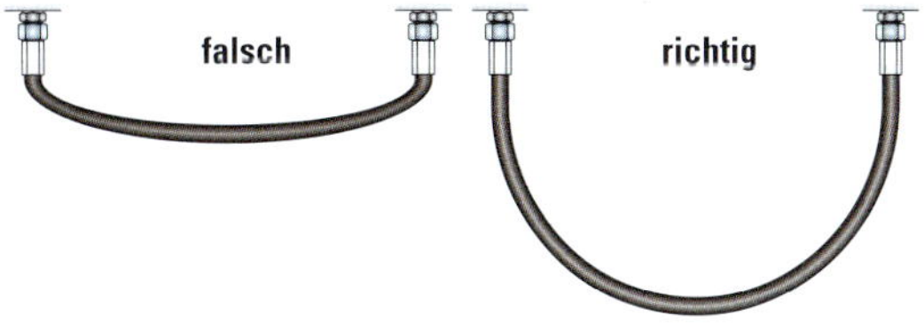

- Für einen zweckmäßigen Einbau von Schlauchleitungen stehen Rohrkrümmer zur Verfügung. Der Radius dieser Verschraubungen ist so klein, dass auch bei beengten Einbauverhältnissen eine richtige Verlegung möglich ist.

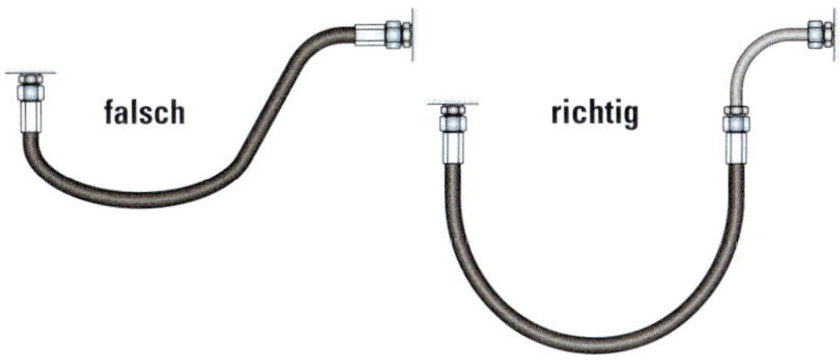

- Rohrkrümmer sind auch dort angebracht, wo die Anordnung einen „hängenden" Bogen nicht zulässt.

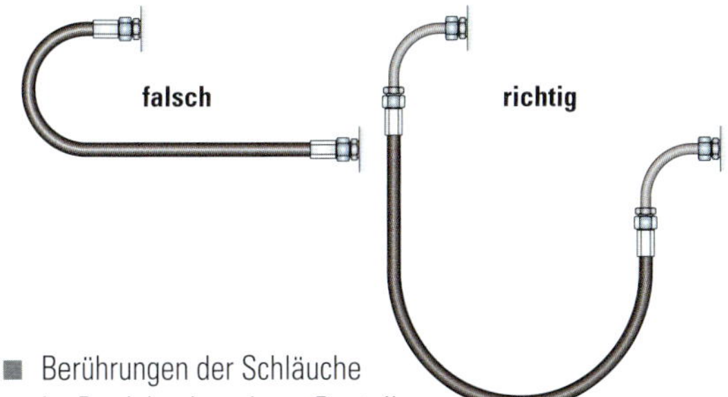

- Berührungen der Schläuche im Betrieb mit anderen Bauteilen verhindern, da die Umhüllung durch das ständige Reiben beschädigt wird.

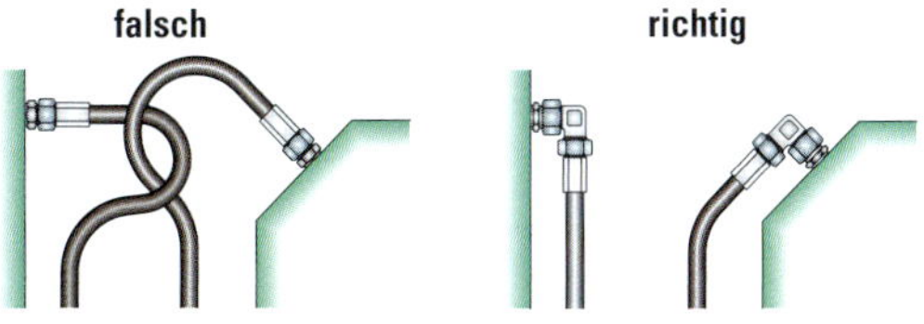

- Darauf achten, dass die Schläuche durch heiße Bauteile nicht angeschmort werden. Wenn nötig, einen Wärmeschutz anbringen.

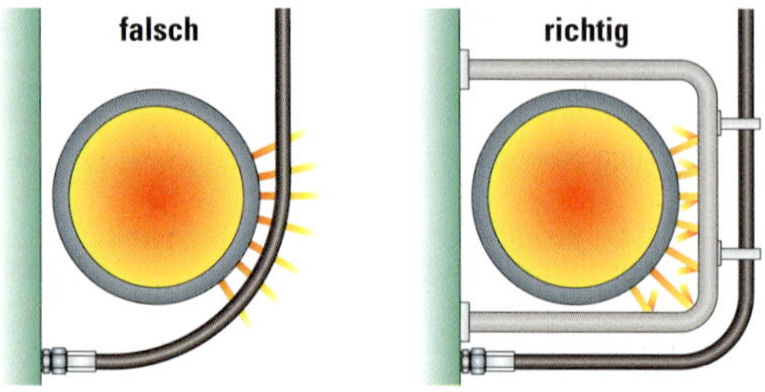

- Schläuche nicht verdreht einbauen, da sich die Verschraubung bei Druck lösen könnte.

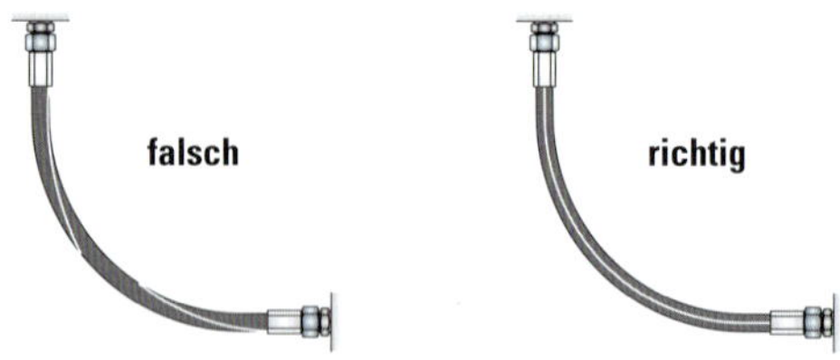

- Eine Biegung des Schlauchs sollte erst nach einer Länge von 1,5 · *d* nach der Presshülse beginnen.

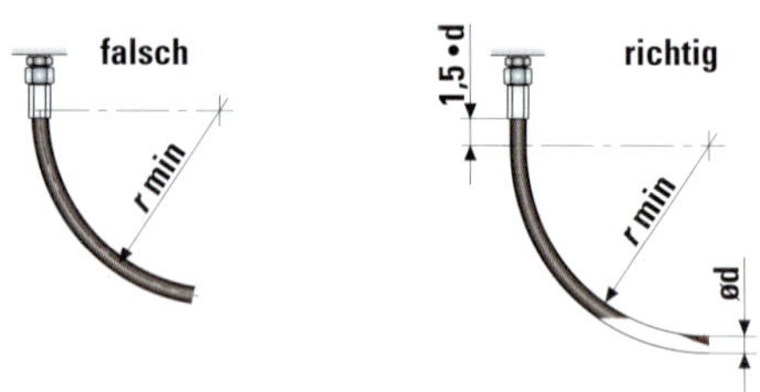

Schlauchleitungen sollten möglichst nicht länger als sechs Jahre, einschließlich der Lagerzeit von zwei Jahren, im Einsatz sein.

Unfallschutz:
Vor Arbeiten an hydraulischen Anlagen ist sicherzustellen, dass alle Anlagenteile drucklos sind. Bei der Druckentlastung einer Anlage können unvorhergesehene Bewegungen der Antriebsglieder entstehen.

Schläuche *(hoses)* bestehen aus einer wetterbeständigen, abriebfesten Schutzumhüllung aus Synthesekautschuk, aus bis zu vier Stahleinlagen, Baumwollgeflecht und der Seele aus einem ölbeständigen synthetischen Gummi (Bild 1). Der Nenndurchmesser ist wie bei den Rohren abhängig von der Größe des Volumenstroms. In Abhängigkeit vom Nenndruck ergibt sich der Schlauchtyp (Bild 2). Höhere Drücke erfordern eine größere Anzahl an Textil- bzw. Stahlgeflechteinlagen. Schläuche müssen alle 50 cm fortlaufend gekennzeichnet sein mit:

- dem Hersteller
- dem Typ
- der Nennweite
- dem Herstelldatum (Quartal/Jahr)

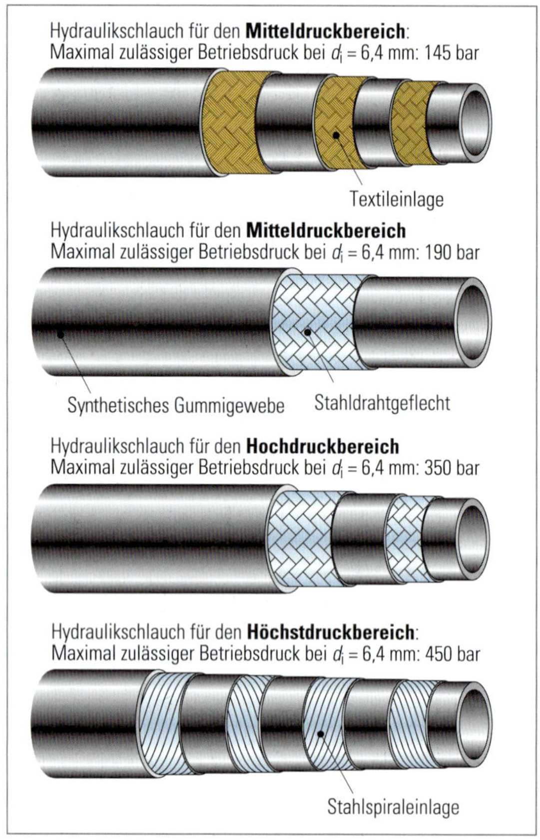

1 *Aufbau verschiedener Hydraulikschläuche (Beispiele)*

Nenndurchmesser in mm	**Zulässiger Schlauchbetriebsdruck** in bar **Schlauchtyp**			
	3 Textileinlagen	**1 Stahleinlage**	**2 Stahleinlagen**	**4 Stahleinlagen**
5	160			
6	145	230	400	
8	130	230	350	
10	110	210	330	
12	90	175	275	400
16		145	250	400
20		125	215	400

2 *Auswahl des Schlauchtyps (Beispiel)*

Überlegen Sie!

1. Bei der Verlegung der Schlauchleitung ist der Biegeradius zu klein. Skizzieren Sie eine Alternative.

2. Warum nimmt der zulässige Druck der Schläuche (Bild 2) mit dem Durchmesser ab?

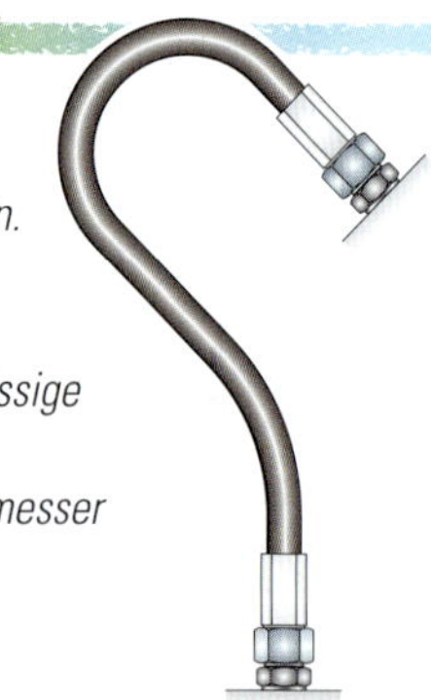

ÜBUNGEN

1. Wie unterscheidet sich die Pneumatik von der Hydraulik hinsichtlich nachfolgender Kriterien?
 a) Eigenschaft des Mediums
 b) Drücke
 c) Positioniergenauigkeit
 d) Geräuschentwicklung

2. Wie ist eine Hydraulikanlage aufgebaut?

3. Was versteht man unter dem Begriff „Kavitation" und unter welchen Umständen kann Kavitation entstehen?

4. Wie groß ist der Volumenstrom $\dot{V}$ einer Hydraulikpumpe mit der Nenngröße 5 bei einer Umdrehungsfrequenz von 750/min (Seite 165 Tabelle Bild 1)?
Welche Strömungsgeschwindigkeit ergibt sich in einer Druckleitung mit einem Innendurchmesser von 8 mm? Beurteilen Sie das Ergebnis.

5. Wie heißen die Messgeräte zur Messung des Überdrucks und des Volumenstroms in Hydraulikanlagen?

6. Welchen Zweck erfüllen hydro-elektrische Druckschalter?

7. Bei einem Versuch zur Überprüfung des Volumenstroms werden in einem Messbecher in 10 Sekunden 3670 cm³ Öl aufgefangen. Wie groß ist der Volumenstrom in l/min?

8. Welchen Vorteil hat die innenverzahnte Zahnradpumpe gegenüber der außenverzahnten?

9. Wie heißt die dargestellte Pumpe und wie kann der Förderstrom dieser Pumpe verändert werden?

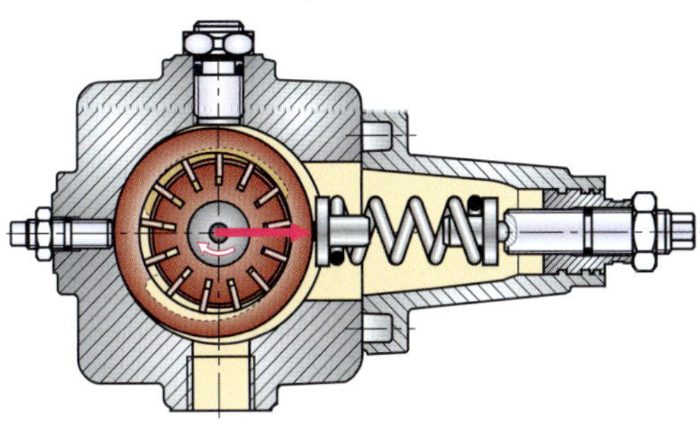

10. Welche Kolbenpumpen unterscheidet man und was sind ihre wichtigsten Eigenschaften?

11. Bei Hydraulikzylindern spricht man von einer hohen Leistungsdichte. Was ist unter diesem Begriff zu verstehen?

12. Wo kommen einfach wirkende Zylinder zum Einsatz?

13. Welche Aufgaben haben der Zapfen, das Rückschlagventil und die Drosselschraube bei dem dargestellten Zylinder?

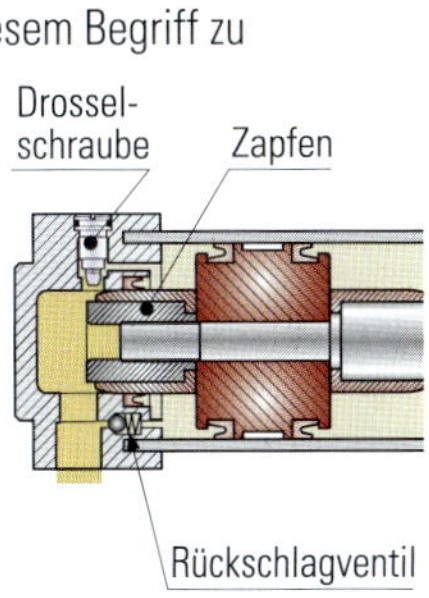

14. Berechnen Sie die Aus- und Einfahrgeschwindigkeit für den doppelt wirkenden Zylinder, wenn der Volumenstrom $\dot{V}$ auf einen Wert von 10 l/min eingestellt ist.

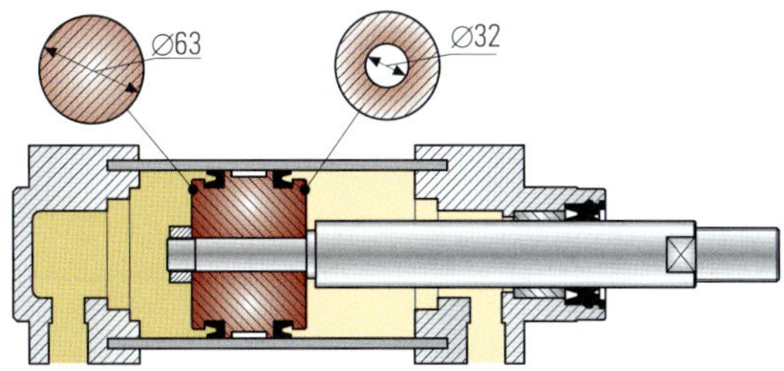

15. Berechnen Sie den einzustellenden Volumenstrom $\dot{V}$, der für einen Vorschub von 85 mm/min an einer Bohrmaschine nötig ist. Der Kolben hat einen Durchmesser von 50 mm.

16. Eine Hydraulikpumpe liefert einen Volumenstrom von 41 l/min. Verluste werden vernachlässigt.

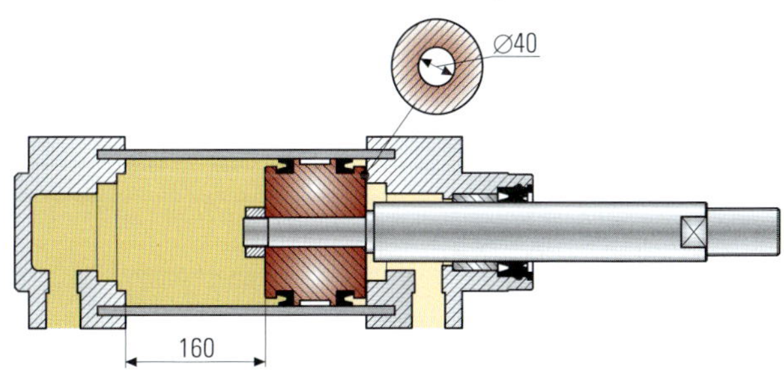

 a) Wie groß darf der Kolbendurchmesser bei einer Ausfahrgeschwindigkeit von 4500 mm/min höchstens sein?
 b) Wie groß muss die Pumpenleistung bei dieser Ausfahrgeschwindigkeit und bei einer geforderten Druckkraft von 55000 N mindestens sein?
 c) Berechnen Sie die Stromaufnahme des Antriebsmotors für die Pumpe bei einer Spannung von 230 V.
 d) Welches Drehmoment würde ein Hydraulikmotor mit der aus b) berechneten Pumpenleistung bei einer Umdrehungsfrequenz von 60/min erzeugen?

17. Welchen Vorteil hat die Verwendung von Sitzventilen gegenüber den Schieberventilen?

18. Wie heißt das abgebildete Ventil. Was muss am Anschluss T des Ventils angeschlossen werden?

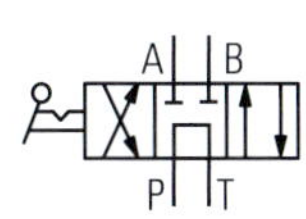

19. Wo ist bei der dargestellten Zahnradpumpe der Saug- bzw. Druckanschluss? Begründen Sie!

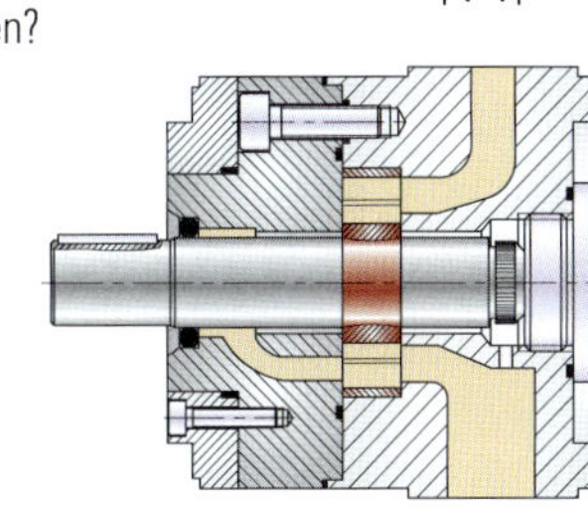

20. Das Ventil -SJ1 soll durch ein Ventil ersetzt werden, bei dem in der Grundstellung möglichst wenig Verluste entstehen und das eine Bewegung gegenüber äußeren Kräften zulässt.

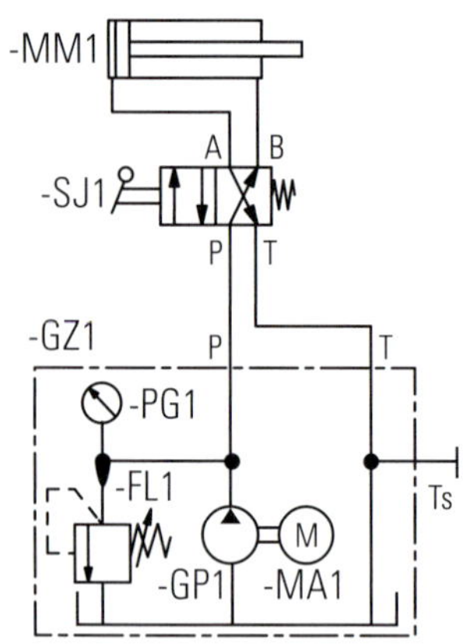

21. Was versteht man bei Wegeventilen unter positiver bzw. negativer Schaltüberdeckung?

22. Mit welchen Ventilen kann die Ausfahrgeschwindigkeit von Hydraulikzylindern gesteuert werden?

23. Welche Drosselventile eignen sich am besten, wenn Viskositätsunabhängigkeit gefordert ist?

24. Welches Ventil ermöglicht eine lastunabhängige Vorschubgeschwindigkeit durch Hydraulikzylinder bei Werkzeugmaschinen?

25. Welchen Nachteil hat die Zuflussdrosselung?

26. Der Druckübersetzer soll Werkstücke biegen. Berechnen Sie den Druck p_{e2} sowie die Biegekraft F. Verluste werden vernachlässigt.

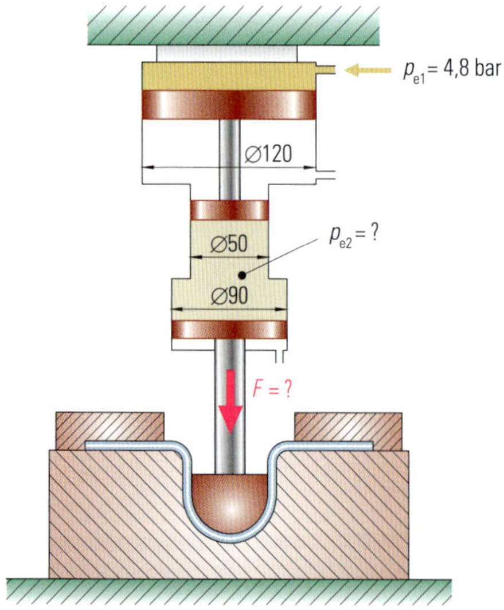

27. Beschreiben Sie allgemein die Veränderung von F_1, wenn sich jeweils eine der folgenden Einflussgrößen auf die Kraft vergrößert: A_1, A_2, F_2.

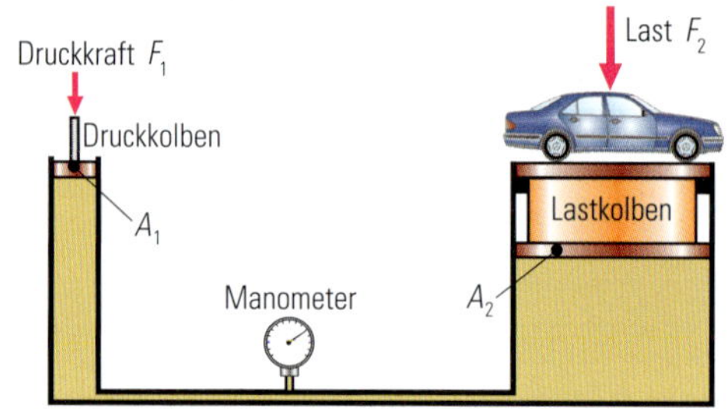

28. Der Pumpkolben wird mit einer Kraft F_1 = 120 N betätigt. Die Flächen sind mit A_1 = 25 cm² und A_2 = 144 cm² festgelegt. Welche Kraft F_2 erzeugt der Hydraulikheber?

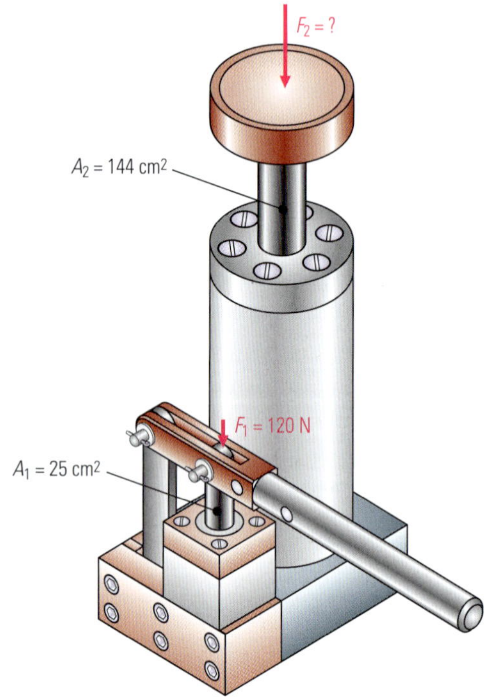

29. Welchen Weg s_2 legt der Spannkolben der Spannvorrichtung zurück?

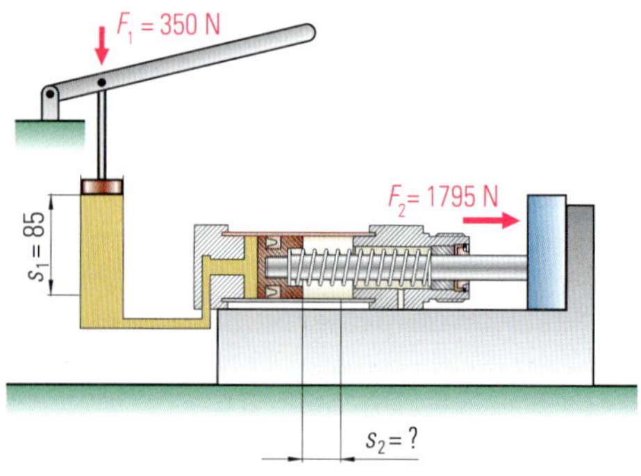

30. Auf einer Hebebühne soll ein Kraftfahrzeug mit einer Masse von 1650 kg um 1,65 m angehoben werden. Wie groß ist die dabei verrichtete Arbeit?

31. In einer Fertigungshalle soll eine Werkzeugmaschine mit 640 kg um 3,2 m angehoben werden. Welche Hubarbeit ist erforderlich?

32. Zum Anheben von Fertigungsteilen mit einer Masse bis 350 kg soll ein Hebezeug beschafft werden. Für den Antrieb stehen verschiedene Elektromotoren zur Auswahl. Der Hub von 2,50 m soll in 8 Sekunden erfolgen. Über welche Leistung muss der Motor mindestens verfügen?

33. Ein Förderband wird von einem Elektromotor mit einer Leistung von 2,2 kW angetrieben. In welcher Zeit können 6,5 t Schüttgut 2,5 m hoch gefördert werden ($g = 9{,}81\ m/s^2$)?

34. Ein Gabelstapler hebt eine Palette mit Armaturen um 9,8 m in 60 Sekunden. Die Palette hat eine Gesamtmasse von 450 kg. Dem Elektromotor wird eine Leistung von 3,2 kW zugeführt. Bestimmen Sie die Arbeit, die Leistung und den Wirkungsgrad des Gabelstaplers.

35. Nennen Sie Beispiele, wann Rückschlagventile eingesetzt werden.

36. a) Benennen Sie das Ventil -RM1.
b) Welche Aufgabe hat dieses Ventil in der vorliegenden Schaltung?
c) Welche Aufgabe haben die Wegeventile -SJ1 und -SJ2?

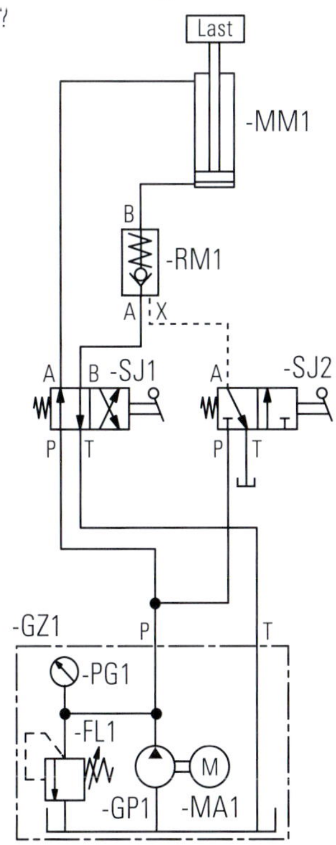

37. Die Schaltung zeigt eine druckabhängige Folgesteuerung.
a) Warum spricht man hier von einer druckabhängigen Folgesteuerung?
b) In welcher Reihenfolge fahren die Zylinder bei einer Betätigung des Wegeventils -SJ1 aus?
c) Wie ist die Reihenfolge beim Einfahren der Zylinder und welche Aufgabe hat dabei das Rückschlagventil -RM1?

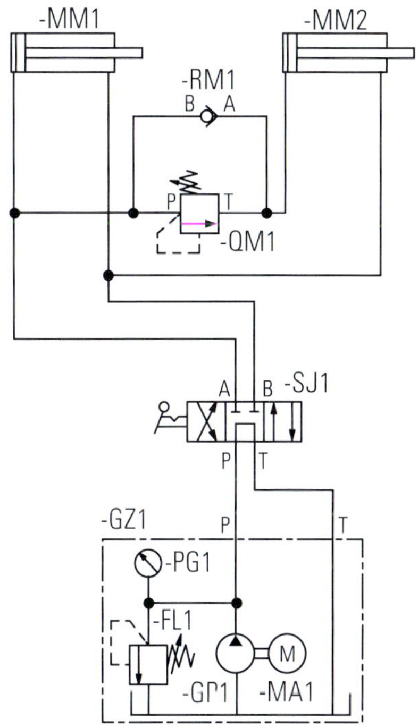

38. Wovon hängt der Druckabfall in einer Hydraulikanlage ab?

39. In welcher Abbildung ist die turbulente Strömung dargestellt? Warum und wie muss diese Art der Strömung in einem Hydraulikkreislauf vermieden werden?

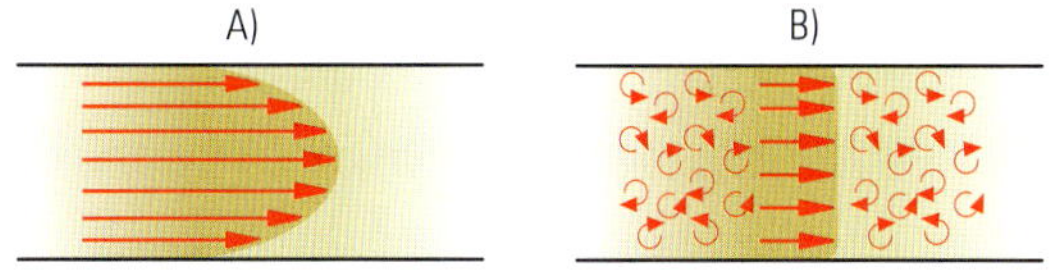

40. Was besagt die Kontinuitätsgleichung und welche Folgen ergeben sich daraus für die Praxis?

41. Nennen Sie wichtige Punkte, die bei der Montage von Rohrleitungen zu beachten sind.

42. Beschreiben Sie die Vorgehensweise bei der Herstellung einer fachgerechten Schneidringverbindung.

43. Wann werden Schlauchleitungen benötigt? Was ist vor und bei deren Montage zu überprüfen bzw. zu beachten und welche Angaben befinden sich auf den Presshülsen der Armaturen?

44. Mit welchen Angaben müssen Hydraulikschläuche alle 50 cm mindestens gekennzeichnet sein?

45. Analysieren Sie die Steuerung anhand der folgenden Fragen.

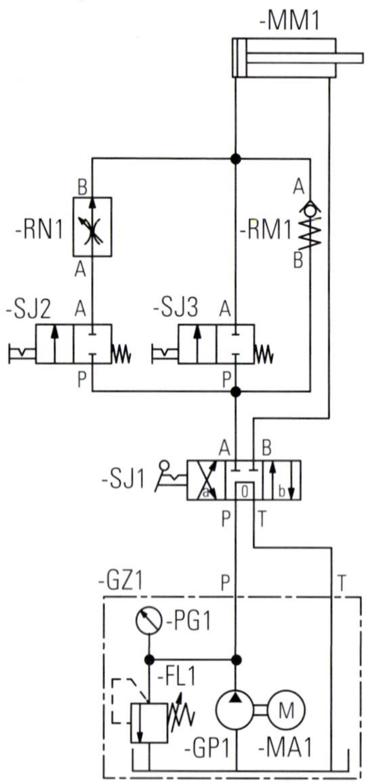

a) Welchen Druck zeigt das Manometer an -PG2 in der Ausgangsstellung der Steuerung an?

b) Um welches Ventil handelt es sich bei dem Bauelement -RN1?

c) Das Ventil -SJ1 wechselt in Schaltstellung b. Der Zylinder -MM1 soll im Eilgang ausfahren. Welches weitere Ventil muss betätigt werden?

d) Der Schaltplan ist so zu verändern, dass ein Voreilen des Zylinders bei negativer Last verhindert wird.

Projektaufgabe: Spannen und Bohren von Werkstücken

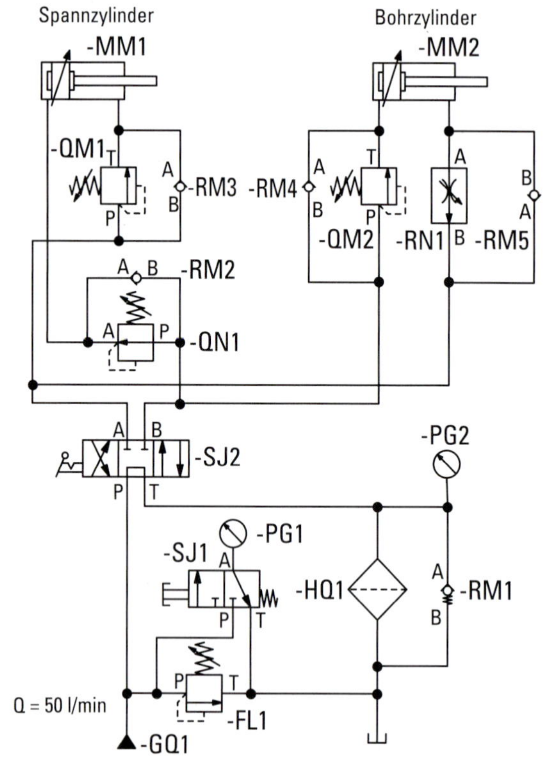

1. Beschreiben Sie zunächst den Ablauf der Steuerung in Kurzform und erstellen Sie ein Zustandsdiagramm. Berücksichtigen Sie im Diagramm neben dem 4/3-Wegeventil -SJ2 auch die beiden Zuschaltventile -QM1 und -QM2.

2. Welche Aufgabe erfüllen die Ventile -RN1 und -RM5?

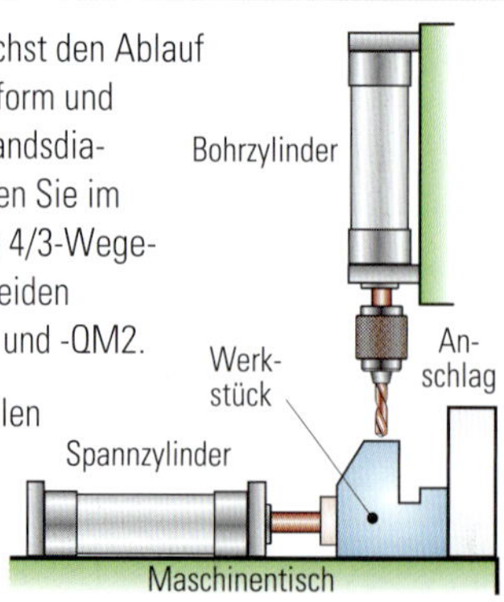

3. Wie heißt das Ventil -QN1 und welche Aufgabe erfüllt es in der Steuerung? Auf welchen Wert muss es eingestellt sein, um eine Spannkraft von 5 kN zu erzeugen, wenn der Zylinder einen Durchmesser von 80 mm hat? Der Wirkungsgrad des Zylinders beträgt 0,85.

4. Berechnen Sie die maximale Aus- und Einfahrgeschwindigkeit des Zylinders -MM2, wenn der Kolbendurchmesser 100 mm und der Kolbenstangendurchmesser 80 mm beträgt.

5. Die Strömungsgeschwindigkeit in der Druckleitung soll nicht größer als 4,5 m/s sein. Berechnen Sie den notwendigen Rohrdurchmesser.

6. Wie groß ist die von der Pumpe aufgebrachte Leistung zum Spannen des Werkstücks? Verwenden Sie die Angaben aus Aufgabe 3.

7. Wie hoch ist der Druck in der Anlage, wenn sich die Steuerung in der Grundstellung befindet?

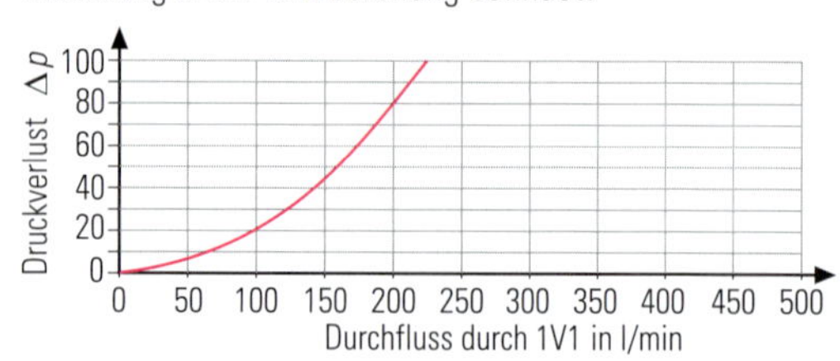

8. Welche Aufgabe hat das Ventil -SJ1?

9. Welche Aufgabe hat die hydraulische Baugruppe -HQ1?

Hydraulik

4 Field-Assembly of Hoses with Fittings

In general when working with hydraulic and pneumatic parts a fitter has to know how to select and assemble hoses with fittings. If a field-assembly has to be done, as shown on p. 198, in an English-speaking country it may be necessary to read and understand the assembly instructions.

Assignments:

1. Look at the four figures that are shown on p. 198. Which is the correct order of the German translations?
   A Fertig!
   B Anschlussnippel einschrauben
   C Schlauch abschneiden
   D in die Fassung hineindrehen

2. **Assembly instructions part 1:**
   Read the text describing how to select matching Argus sockets, Argus fittings and Argus hoses. Translate this paragraph by using the terms below and write the result into your exercise book:

select	Auswahl
socket	Fassung
fitting	Nippel
hose	Schlauch
to slide	passen
cut-off length	Abschnittlänge
to calculate	errechnen
nominal length	Nominallänge
hose assembly	Schlauchleitung
dimension	Maß
connection type	Anschlussart

3. **Assembly instructions part 2:**
   The following sentences are the original German translations of paragraph 2, but the order is mixed. Read the English sentences first and after that find the correct order of the German text.
   A Wenn nein, Schlauch nicht verwendbar, da kein einwandfreier Schlauchsitz in der Armatur gewährleistet ist.
   B Schlauch rechtwinklig und gerade mithilfe der Schneidevorrichtung auf Länge schneiden.
   C Schlauch rechwinklig und gerade abgeschnitten?
   D Prüfen: Schlauchschicht (Seele, Einlage, Decke) zentrisch?

4. **Assembly instructions part 3:**
   Read part 3 of the assembly instructions. You may need the following terms for understanding.

screw hose end	Schlauchende
socket base	Fassungsboden
leave gap	*hier:* Luft lassen
hose end	Schlauchende

   Imagine you meet a situation with an English or American colleague and you have to explain this paragraph in your own words. Please say or write the information given in your own way including all necessary expressions.

5. **Assembly instructions part 4:**
   Paragraph 4 describes how a fitting is lubricated. Read this lubrication instruction carefully and match the words below.

1. *to lubricate*	A. freier Durchgang
2. *graphite paste*	B. Armatur, Nippel
3. *to insert*	C. schmieren
4. *clockwise*	D. geradesitzen
5. *end stop*	E. Graphitpaste
6. *to tighten*	F. prüfen
7. *connector*	G. einführen
8. *to check*	H. Anschluss
9. *fitting*	I. Anschlag
10. *to mount straight*	J. rechtsgängig
11. *no obstructions*	K. festziehen
12. *gap*	L. Luft

   Now you should be able to translate this part of the instruction.

6. **Assembly Instructions part 5:**
   The next three sentences are the original German translations of paragraph 5, but the order is mixed. Read the English sentences first and after that find the correct order of the German text.
   A Bei Wulstbildung oder abgelösten Gummiteilen ist die Schlauchleitung nicht verwendbar.
   B Schmutz ausspülen oder ausblasen.
   C Schlauchleitung gemäß Vorschrift prüfen.

7. **Guarantee:**
   Have a look at your English-German vocabulary list and translate this guarantee (p. 198).

8. Some questions on the complete assembly instructions:
   a) Where can a fitter find different types of sockets, fittings and hoses?
   b) How are hoses marked?
   c) How should the hose be cut off and which device is necessary?
   d) Why would the hose be unusable?
   e) Describe how to screw in the hose end.
   f) How is the fitting lubricated?
   g) What has to be checked in instruction part 4?
   h) Why is it necessary to blow out debris?

Assembly instructions:

① Select matching Argus sockets, Argus fittings and Argus hose by referring to the catalogue. The hose is marked with type and DN number. The matching fitting must fit into the socket and slide easily into the hose. The cut-off length of the hose is calculated from the nominal length of the hose assembly minus the x-dimensions for the particular connection type used.

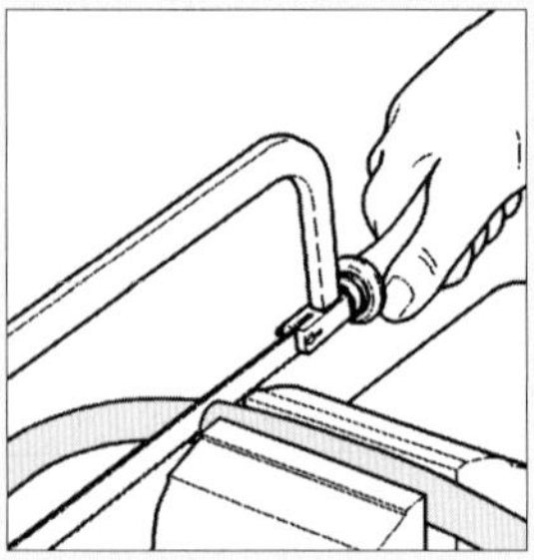

Cut off hose

② Using the jig device cut off the hose with a straight, right-angled cut to the correct length.
Check: are the hose layers (inner tube, inlay, outer mantle) centred? Has the hose been cut off with a straight, right-angled cut? If not, then the hose is unusable, as a perfect fit of the hose in the fitting is not guaranteed.

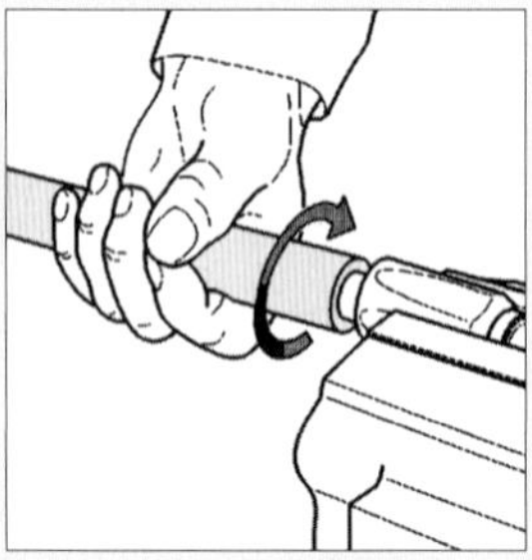

Screw into the socket

③ Screw hose end into the OWA socket, turning it to the left. Leave 1–2 mm gap between socket base and hose end.
Check: Is the hose mounted straight?

Screw fitting clockwise

④ Lubricate fitting with thick oil or graphite paste, insert carefully into the end of the hose and screw clockwise into the OWA socket. Leave no more than 1 mm gap to end stop. Do not tighten connector.
Check: is the fitting mounted straight? – No obstructions inside the hose? (Look inside, blow through).

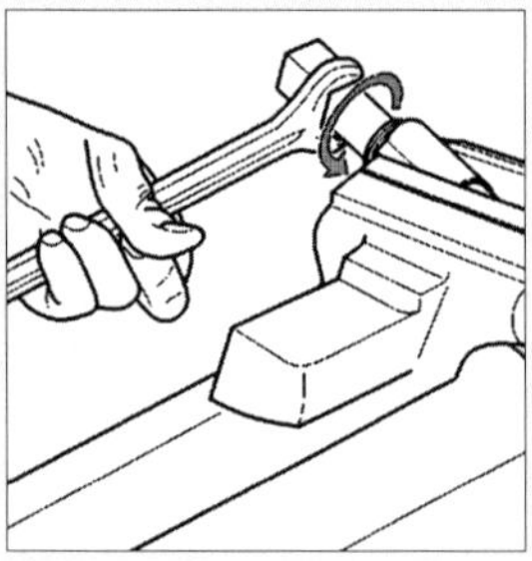

Done!

⑤ Flush or blow out debris. If a bulge has formed or pieces of rubber have come loose the hose assembly is unusable. Test the hose assembly according to the appropriate test procederes.

Guarantee:
In accordance with their General conditions of Sale and Delivery Argus guarantees the usability of the parts supplied (Argus sockets, Argus inserts, Argus hose) and for the function of the OWA field assembly. A precondition of this guarantee is that original Argus parts are used and that the necessary checks are carried out during and after assembly.

Work With Words

In future you may have to talk, listen or read technical English. Very often it will happen that you either **do not understand** a word or **do not know the translation**.

In this case here is some help for you!

Below you will find a few possibilities to describe or explain a word you don't know or use synonyms[1] or opposites[2].
Write the results into your exercise book.

1. Add as many examples to the following terms as you can find for valves or controls.

valves: recovery valve
throttle check valve

controls: sequential control
open loop control

2. Explain the two terms in the box:
Use the words below to form correct sentences. Be careful the order is mixed!

stroke: per minute/movement/It's the/of a cylinder

path-time diagram: the movement of a cylinder/in which you can see/subjected to path and time/It's a chart

3. Find the opposites[1]**:**

continuous duty:
normally open contact:

time-oriented sequential control:
positive circuit switching:

4. Find synonyms[2]:
You can find a synonym to each term in the box below.

action chart:
rubber tube:
plastic tube/phase diagram

nomogram:
pressure drop:
head loss/compressed-air piping

5. In each group there is a word which is the **odd man**[3]. Which one is it?

a) path-time diagram, path-step diagram, valve rocker
b) switching valve,site plan, recovery valve, roller calliper with idling return stroke
c) branch piping, loop, emergency cutout, interlinked power system
d) piston area, brass, stroke, pressure ration
e) inductive sensor, main switch, capcitive sensor, optoelectric sensor, reed contact

6. Please translate the information below. Use your English-German Vocabulary List if necessary.

A circuit diagram is the graphical representation of electrical apparatus by means of symbols, and if necessary also by illustrations or simplified design drawings. It shows the manner in which the various items of electrical apparatus are related to one another and interconnected.

1) *opposite:* Gegenteil 2) *synonym:* Synonym, ähnliches Wort, Ergänzung 3) *odd man:* Außenseiter, überzähliges Wort, fünftes Rad am Wagen

Lernfeld 7: Montieren von technischen Teilsystemen

Im Lernfeld 3 haben Sie bereits Grundlagen der Montage kennen gelernt. Sie beherrschen wichtige Fügeverfahren und können bereits einfache Baugruppen montieren.
In diesem Lernfeld werden diese Kenntnisse erweitert.
Komplexer werdende Systeme wie z. B. Getriebe bestehen unter anderem aus Wellen, Lagern, Dichtungen und Zahnrädern. Damit solche Systeme einwandfrei funktionieren und eine lange Lebensdauer haben, müssen sie nicht nur in der geforderten Qualität gefertigt, sondern auch fachgerecht montiert werden.
Sie werden in Ihrer Ausbildung vor die Aufgabe gestellt, entweder innerhalb der Produktion oder im Rahmen der Instandhaltung (Reparatur und Austausch) Systeme oder deren Teile zu montieren bzw. zu demontieren.
Bei der Montage von Achsen, Bolzen oder Wellen ist oft ausschlaggebend, mit welchen **Kräften** diese auf ein Lager wirken können und wie das Lager diese Kräfte aufnimmt und ins Gehäuse weiterleitet.
In den folgenden Kapiteln lernen Sie **Gleit-** und **Wälzlagerarten** und deren Montage kennen.
Die **Lebensdauer** der montierten Elemente hängt ganz entscheidend von Ihren fachlichen Fähigkeiten bei der Montage ab. Deshalb benötigen Sie Fachkenntnisse über den Aufbau von Lagern sowie über deren Einsatzgebiete. Diese Kenntnisse helfen Ihnen auch bei der Demontage der Gleit- und Wälzlager. So sind bei einigen Lagerarten besondere Sicherheitsvorschriften zu beachten, um Unfällen bzw. Verletzungen vorzubeugen.
Ferner lernen Sie verschiedene Arten von **Führungen** kennen. Diese sind z. B. an Werkzeugmaschinen und vielen Produktionsanlagen zu finden, deren Bauteile unterschiedliche Positionen einnehmen müssen.
Darüber hinaus erhalten Sie eine Übersicht über eine Vielzahl verschiedener **Dichtungsarten** von Achsen und Wellen und ihrer Anwendungsgebiete. Jede Dichtung erfordert besondere, der Dichtungsart angepasste Montageschritte.
Achsen und **Wellen** werden meistens mit anderen Bauteilen verbunden.
Das können z. B. Zahnräder, Kettenräder oder Keilriemenscheiben sein. Diese Bauteile müssen je nach Anwendung fest oder beweglich mit einer Welle verbunden sein, damit Kräfte oder Drehmomente übertragen werden können.
Daher erhalten Sie eine Übersicht über verschiedene Möglichkeiten zur **Verbindung** von **Welle** und **Nabe**.

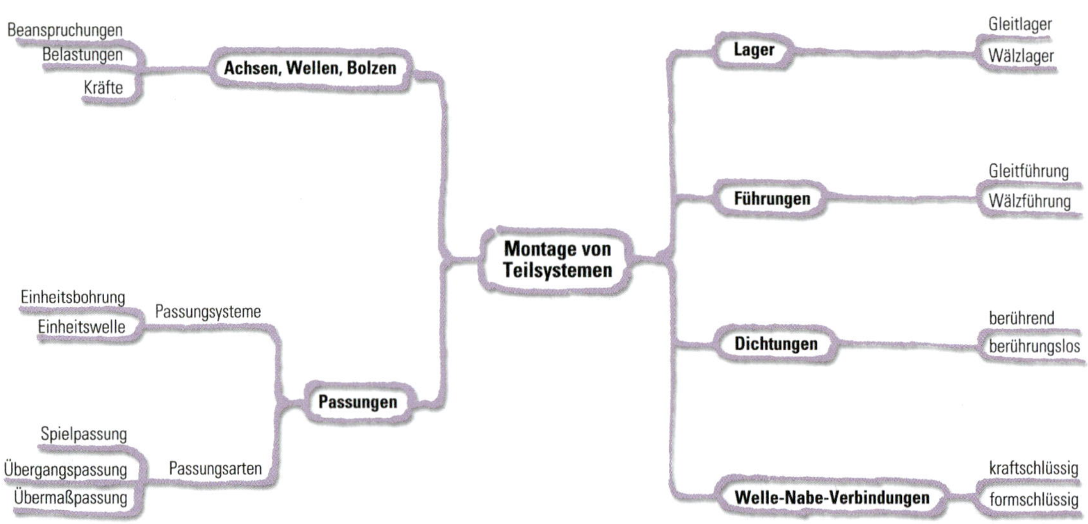

1 Allgemeine Beanspruchungen und Belastungen von Bauteilen

1.1 Beanspruchung von Bauteilen

Während des Betriebes einer Maschine treten verschiedene mechanische Beanspruchungen *(stresses)* an Bauteilen *(parts)* auf.

Mechanische Beanspruchungen lassen sich in

- Zug *(tension)*
- Druck *(compression)*
- Biegung *(bending)*
- Verdrehung (Torsion) *(torsion)*
- Abscherung *(shear)* und
- Knickung *(buckling)*

unterteilen (Bild 1).

Diese treten in der Praxis oft kombiniert auf.

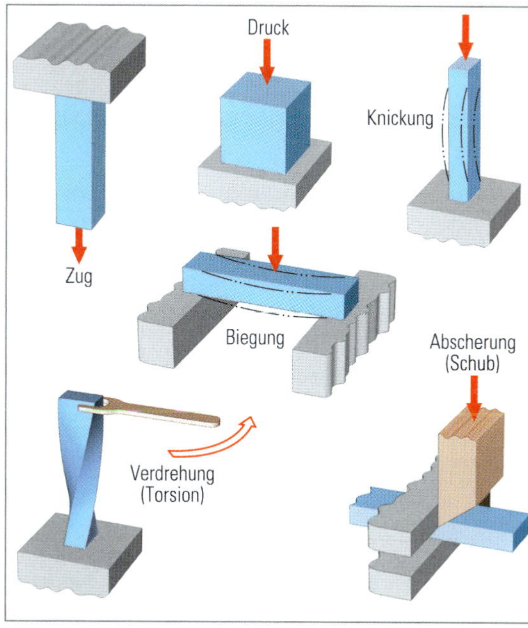

1 Mechanische Beanspruchungsarten

1.2 Belastung von Bauteilen

Selbst bei gleicher Beanspruchung können die **Belastungen** *(loads)* an einem Bauteil unterschiedlich sein (Bild 2).

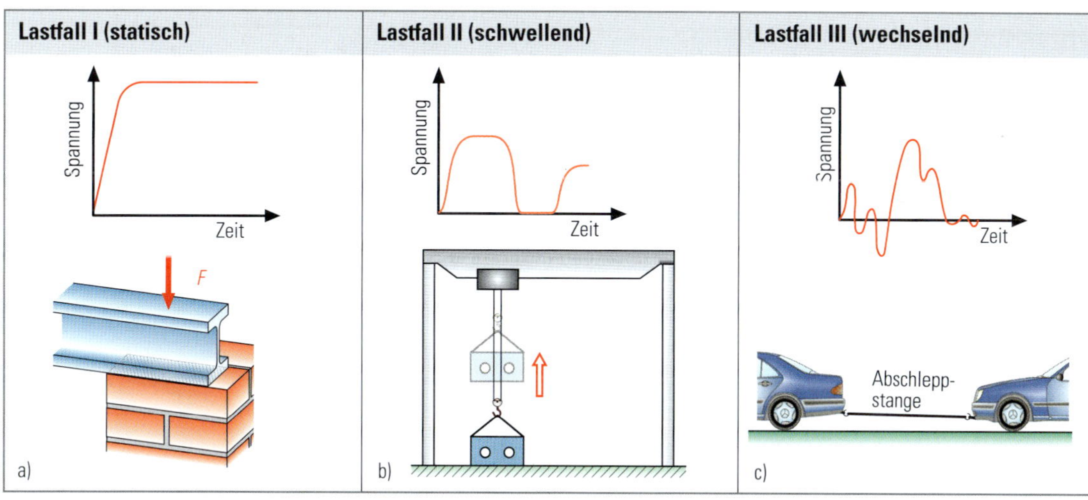

2 Belastungsfälle verschiedener Bauteile

1.2.1 Statische Belastung

Die an einem Bauteil angreifende Kraft bleibt über den Betrachtungszeitraum konstant. Z. B. wird ein Tragpfeiler eines Gebäudes statisch *(static)* belastet. Die Druckspannung bleibt über die Zeit hinweg konstant (Bild 2a).

1.2.2 Dynamische Belastungen

Schwellende Belastung

Schwankt ein Spannungswert zwischen Null (keine Beanspruchung) und einem Maximalwert (maximal auftretende Beanspruchung) wird von einer **dynamisch-schwellenden** Belastung *(dynamic-pulsating loading)* gesprochen. So steigt z. B. beim Heben einer Masse mit einem Kran die Zugspannung im Seil auf ein Maximum. Nach dem Absetzen der Masse wird das Seil wieder entlastet und die Zugspannung sinkt wieder auf den Ausgangswert (Bild 2b).

Wechselnde Belastung

Wirken an einem Bauteil nacheinander unterschiedliche Beanspruchungsrichtungen, so wird von **dynamisch-wechselnden** Belastungen *(dynamic-alternating loadings)* gesprochen. Auf eine Abschleppstange wirken beim Abschleppen Zug- und

Druckkräfte. Das Zugfahrzeug wird abwechselnd beschleunigt (Zugspannungen in der Stange) und abgebremst (Druckspannung in der Stange). Die Spannung in der Abschleppstange schwankt und die Beanspruchungsrichtung wird immer wieder umgekehrt (Seite 201 Bild 2c).

Belastungsarten		
statisch	dynamisch	
	schwellend	wechselnd
Lastfall I	Lastfall II	Lastfall III

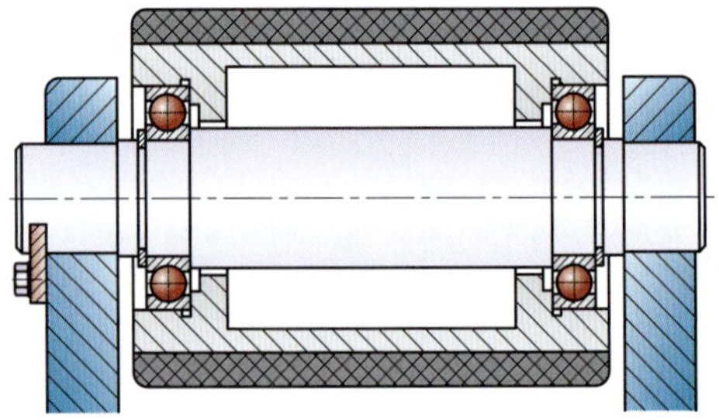

1 *Beidseitig gelagerte Achse*

1.3 Achsen, Bolzen, Wellen

Zylindrische Bauteile in Maschinen werden je nach ihrer Aufgabe im Maschinenbau unterschiedlich benannt.

1.3.1 Achsen

Achsen *(axles)* werden für die Lagerung drehender Maschinenteile verwendet. Sie übertragen dabei **kein Drehmoment**, d. h., sie werden nicht auf Verdrehung beansprucht. **Ruhende Achsen** werden dementsprechend schwellend auf **Biegung** *(bending)* und **Abscherung** *(shear)* beansprucht (Lastfall II). **Rotierende Achsen** werden wechselnd auf Biegung und Abscherung beansprucht (Lastfall III) (Bild 1).

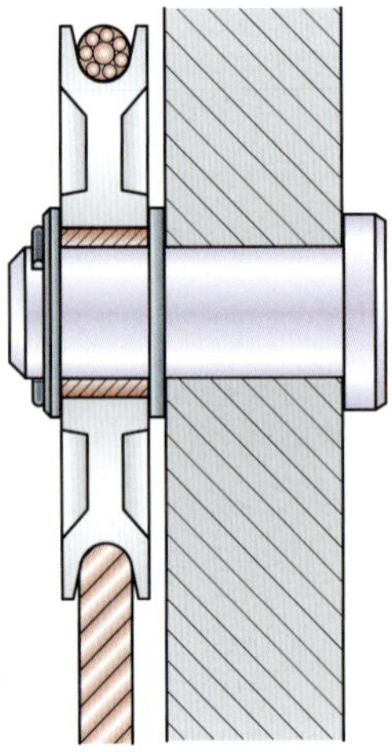

2 *Lagerung einer Umlenkrolle auf einem Bolzen*

1.3.2 Bolzen

Bolzen *(bolts)* haben im Wesentlichen die gleichen Aufgaben wie Achsen. Ihre Bauform ist jedoch meist kürzer und somit ist ihre Hauptbeanspruchung die **Abscherung** (Bild 2). Bolzen dienen zur Lagerung von Rollen und Rädern, als Kolbenbolzen zur Verbindung von Kolben und Pleuelstange sowie als Kettenbolzen zur Verbindung der Laschen und Kettenglieder.

MERKE

Achsen und Bolzen stützen und tragen ruhende, drehende oder schwingende Bauteile. Sie übertragen keine Drehmomente.

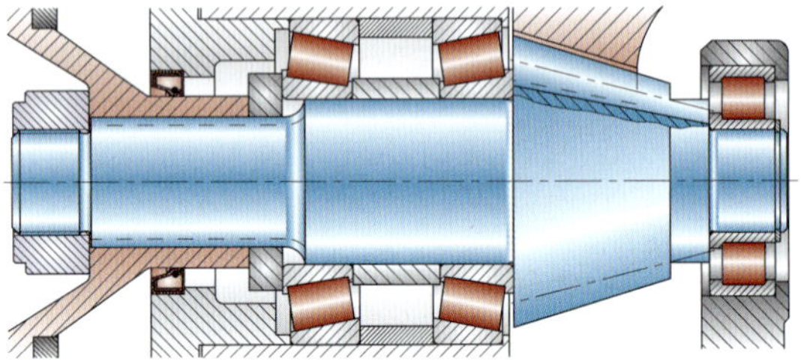

3 *Ritzelwelle eines Kegelradgetriebes*

1.3.3 Wellen

Wellen[1] *(shafts)* (Bild 3) dienen der Energieübertragung innerhalb eines technischen Systems. Sie übertragen dabei **Drehbewegungen** *(rotating motions)* und **Drehmomente** *(torques)*. Ihre Hauptbeanspruchung ist die Verdrehung (Torsion) und die Biegung.

Die Bauform einer Welle wird durch ihre Funktion und ihre Beanspruchung bestimmt. Da Wellen über ihre Länge hin nicht gleichmäßig auf Verdrehung und Biegung beansprucht werden, sind nicht überall gleiche Querschnitte erforderlich. Die Wellendurchmesser werden den Erfordernissen angepasst.

Abgesetzte Wellen *(shouldered shafts)* (Seite 203 Bild 1) haben über ihre Länge verteilt keinen konstanten Durchmesser. Die Wellenabsätze legen den Abstand unterschiedlicher Bauelemente wie z. B. Wälzlager, Buchsen oder Räder zueinander fest.

Hohlwellen *(hollow shafts)* (Innendurchmesser z. B. $d_i = 0{,}5 \cdot d_a$) haben eine um ca. 25 % verringerte Masse. Ihr Widerstand gegen Verdrehen nimmt jedoch nur um ca. 6 % ab. Sie werden oft in Werkzeugmaschinen als Arbeitsspindel eingesetzt[2].

Keilwellen *(spline shafts)* übertragen Drehbewegungen und Drehmomente, lassen aber eine axiale Verschiebung von angebrachten Bauteilen wie z. B. Zahnrädern zu.

Polygonprofilwellen *(spline profile shafts)* oder auch **Kerbzahnwellen** *(serrated shafts)* übertragen das Drehmoment auf die Radnaben ohne zusätzliche Verbindungselemente.

1) siehe Kap. 6
2) siehe Lernfeld 8 Seite 259

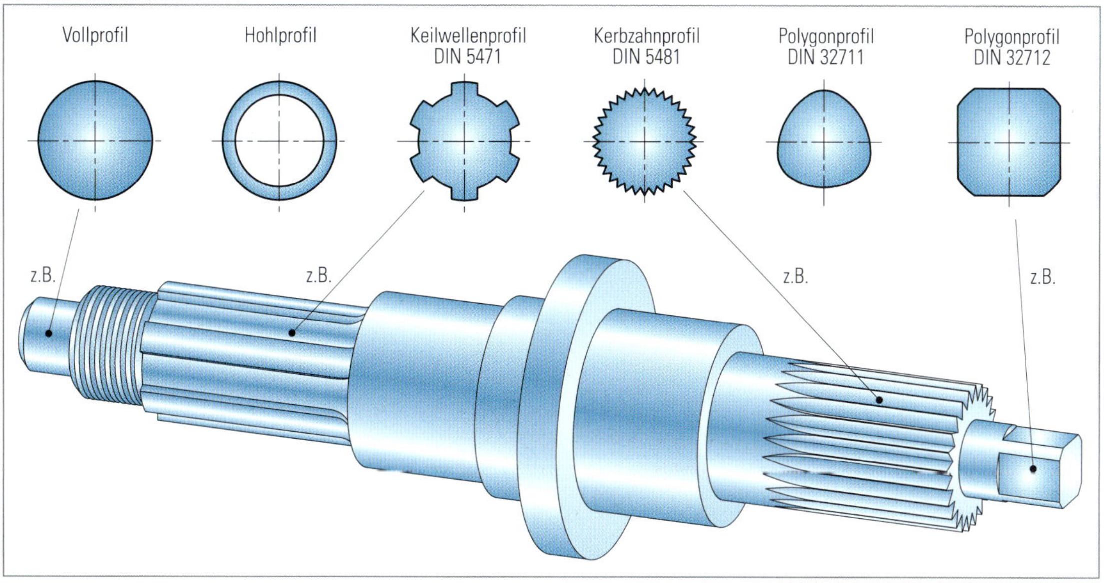

1 Abgesetzte Welle mit verschiedenen Querschnittsformen

Zum Verbinden von nicht fluchtenden Wellen werden **Gelenkwellen** *(cardan shafts)* verwendet (Bild 2). Die Anordnung der zu verbindenden Wellen erfordert unter Umständen die Möglichkeit eines Längenausgleiches innerhalb der Gelenkwelle. Dieser wird z. B. über ein Keilwellenprofil an der Welle gewährleistet.

MERKE

Wellen sind umlaufende Maschinenteile. Sie übertragen Drehbewegungen und Drehmomente. Die Bauform einer Welle wird durch ihre Funktion bestimmt.

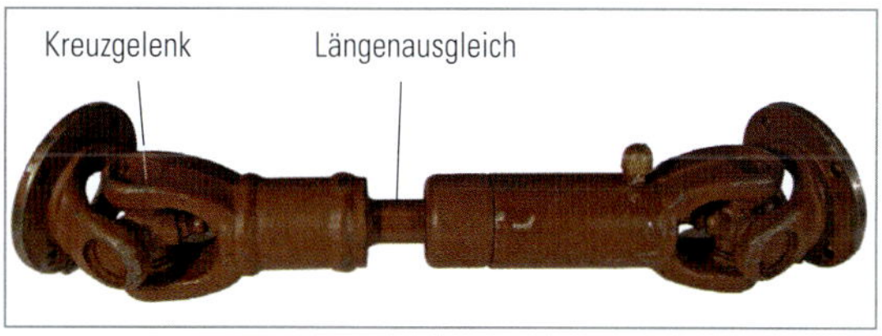

2 Gelenkwelle

1.4 Lagerkräfte

Achsen, Bolzen und Wellen müssen gelagert werden, damit sie ihre Aufgabe erfüllen können. Die dargestellte Abtriebswelle Pos. 4 (Bild 3) eines Kegelstirnradgetriebes (Seite 204 Bild 1) wird beidseitig gelagert. Für die Bestimmung der auftretenden Lagerkräfte *(bearing forces)* ist die Kenntnis der Geometrien der beteiligten Bauteile notwendig. Es müssen die Lagerabstände und die Größen der Kräfte, die auf die Welle wirken, bekannt sein.

Bestimmung der Lagerkräfte

1. Schritt: Freimachen des Systems

Das Bauteil oder die technische Zeichnung liefern die für die Berechnung notwendigen geometrischen Daten (Bild 3). Diese müssen ausgewertet werden. Die Größe der angreifenden Kraft F_1 ist aus der Zeichnung ersichtlich. Im vorliegenden Fall handelt es sich um ein einzelnes Zahnrad. Der Lagerabstand beträgt l_{ges} = 305 mm, der Abstand des Zahnrades vom Festlager l_1 = 185 mm. Der Abstand des Zahnrades zum Loslager beträgt l_2 =120 mm.

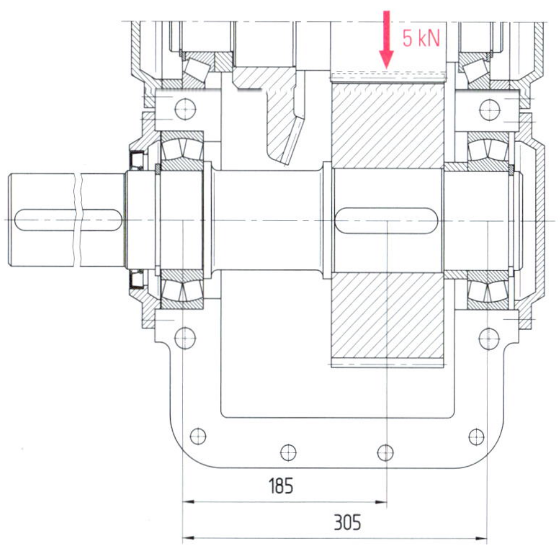

3 Abtriebswelle Pos. 4 aus Kegel-Stirnradgetriebe (Seite 204 Bild 1)

2. Schritt: Vereinfachen des Systems

Eine zeichnerische Vereinfachung erleichtert die weitere Betrachtung des Systems. Dazu werden die angreifende Kraft, die beiden Auflagerkräfte sowie die einzelnen Abstände gezeichnet (Seite 204 Bild 2).

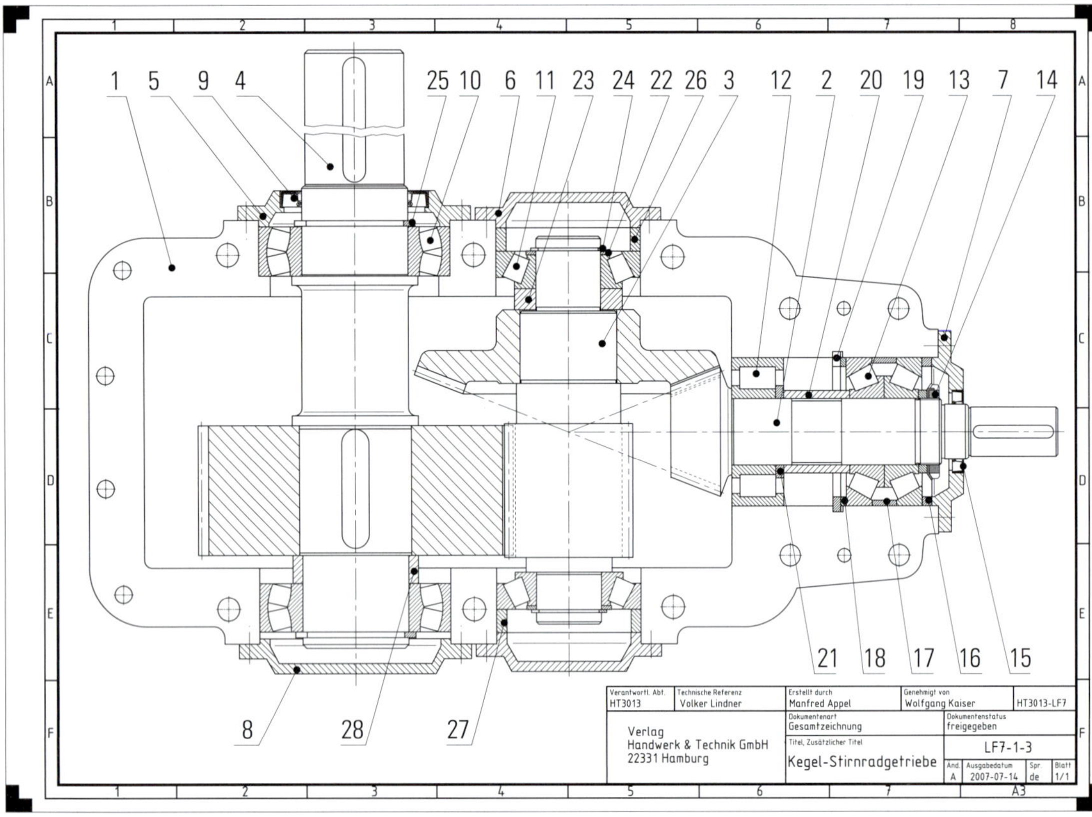

1 *Kegelstirnradgetriebe*

Die Lager sind in Fest-/Loslageranordnung eingebaut. Hierfür werden folgende Symbole verwendet:

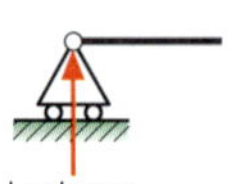

Loslager

Loslager *(movable bearing)*
Das Lager kann in axialer Richtung verschoben werden und nimmt dabei nur radial wirkende Kräfte auf.

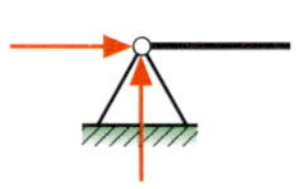

Festlager

Festlager *(fixed bearing)*
Das Lager kann nicht verschoben werden. Es nimmt die wirkenden Kräfte in axialer **und** radialer Richtung auf.

Da im dargestellten Beispiel nur eine radial wirkende Kraft vorhanden ist, können die Pendelrollenlager auch nur in radialer Richtung reagieren, d. h., in diesem Fall nimmt auch das Festlager nur radiale Kräfte auf. Dies führt zur folgenden vereinfachten Darstellung der Abtriebswelle:

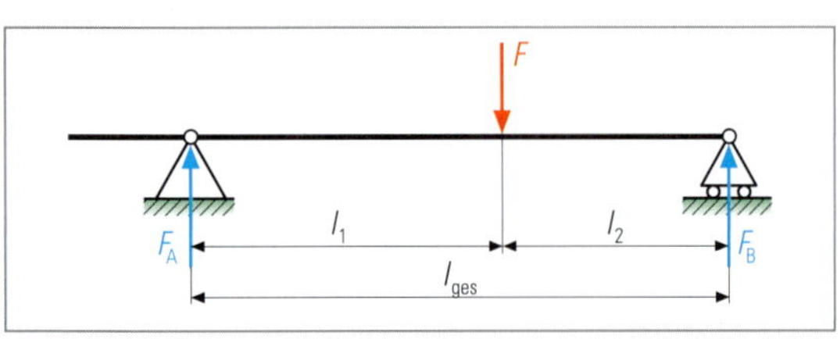

2 *Vereinfachte Darstellung der Abtriebswelle Pos. 4*

3. Schritt: Anwenden der Momentengleichung

Die Hebelarme, die für eine Momentenberechnung erforderlich sind, haben ihren Ausgangspunkt in einem der beiden Lager. Für ein Momentengleichgewicht an der Welle gilt:

Summe der links-drehenden Momente	=	Summe der rechts-drehenden Momente

$$\Sigma \overset{\curvearrowleft}{M} = \Sigma \overset{\curvearrowright}{M}$$

Zunächst wird der Drehpunkt in das **Festlager** F_A gelegt.

F wirkt mit dem Hebel l_1, das Drehmoment ist rechtsdrehend. F_B wirkt mit dem Hebel l_{ges}, das Drehmoment ist linksdrehend.

Beispielrechnung

$$F_B \cdot l_{ges} = F \cdot l_1$$

$$F_B = \frac{F \cdot l_1}{l_{ges}}$$

$$F_B = \frac{5000\,\text{N} \cdot 185\,\text{mm}}{305\,\text{mm}}$$

$$\underline{\underline{F_B = 3032{,}8\,\text{N}}}$$

Jetzt wird der Drehpunkt gedanklich in das **Loslager** F_B gelegt. F wirkt nun mit dem Hebelarm l_2, das Drehmoment ist linksdrehend. F_A wirkt mit dem Hebel l_{ges}. Das Drehmoment ist rechtsdrehend.

Beispielrechnung

$$F_A \cdot l_{ges} = F \cdot l_2$$

$$F_A = \frac{F \cdot l_2}{l_{ges}}$$

$$F_A = \frac{5000\ \text{N} \cdot 120\ \text{mm}}{305\ \text{mm}}$$

$$\underline{\underline{F_A = 1967{,}2\ \text{N}}}$$

4. Schritt: Probe mithilfe der Kräftegleichung

Um Rechenfehler auszuschließen, ist eine **Probe** sinnvoll. Diese erfolgt mithilfe der Kräftegleichung:

Summe der nach oben wirkenden Kräfte	=	Summe der nach unten wirkenden Kräfte

$$\Sigma F\uparrow = \Sigma F\downarrow$$

Beispielrechnung

$$F_A + F_B = F$$

$$1967{,}2\ \text{N} + 3032{,}8\ \text{N} = 5000\ \text{N}$$

$\underline{\underline{5000\ \text{N} = 5000\ \text{N}}}$ (wahre Aussage)

ÜBUNGEN

1. Nennen Sie die mechanischen Beanspruchungsarten und jeweils ein Bauteil, in dem die jeweilige Beanspruchung hauptsächlich auftritt.
2. Was versteht man unter dynamischer Belastung?
3. Erläutern Sie den Unterschied zwischen Achsen und Wellen.
4. Berechnen Sie die Auflagerkräfte F_A und F_B der folgenden bereits vereinfachten Systeme:

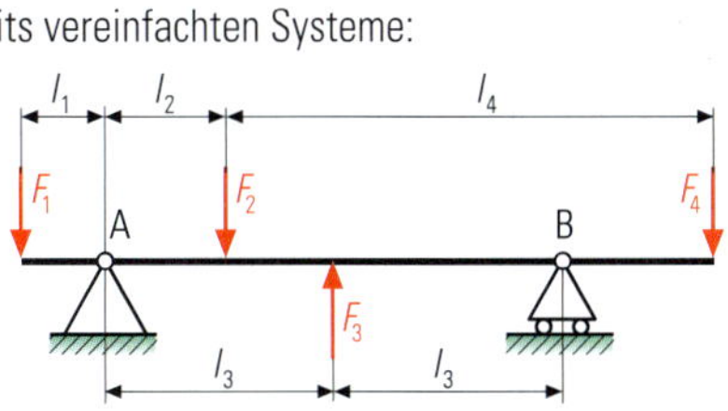

	F_1 in N	F_2 in N	F_3 in N	F_4 in m	l_1 in m	l_2 in m	l_3 in m	l_4 in m
a)	–	50	–	40	0,1	0,2	0,3	0,6
b)	0,5	–	3	3,5	0,15	0,3	0,9	0,2
c)	–	350	400	260	–	0,5	0,25	0,9

2 Gleitlager

2.1 Einteilung der Lager

Eine Einteilung der Lagerarten ergibt sich aus den Reibverhältnissen innerhalb des Lagers. **Gleitlager** *(slide bearings)* übertragen die Lagerkräfte von der Welle direkt auf das Gehäuse. Es herrscht dort **Gleitreibung**. **Wälzlager** *(rolling bearings)* übertragen diese Kräfte mithilfe von Wälzkörpern. Da diese am Umfang der Lagerringe abrollen, herrscht dort überwiegend **Rollreibung** (Bild 1a). Ein weiteres Unterscheidungskriterium ist die Kraftrichtung, die das Lager aufnehmen muss (Bild 1b).

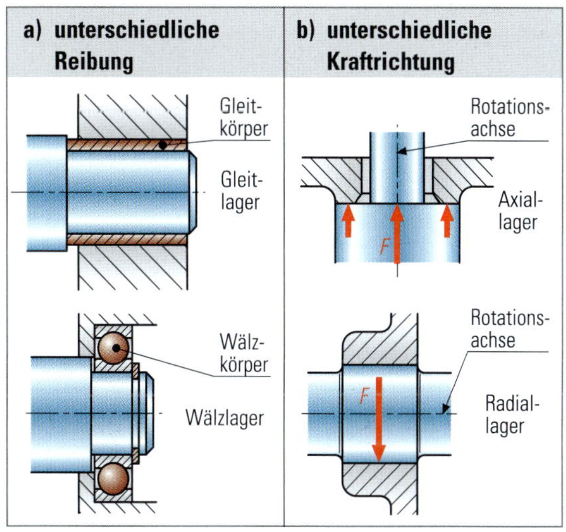

1 Einteilung der Lager

MERKE

Radiallager *(radial bearings)* nehmen Kräfte senkrecht zur Rotationsachse (radial) einer Welle oder Achse auf.
Axiallager *(axial bearings)* nehmen Kräfte in Richtung der Rotationsachse (axial) einer Welle oder Achse auf.

2.2 Übersicht

Gleitlagerkonstruktionen gehören zu den ältesten Bauarten von Lagerungen und sind in vielen Bereichen des Maschinenbaus zu finden. Radial- und Axialgleitlager sind wichtige Funktionselemente mit einer Vielzahl von Vorteilen:

- preiswert in Anschaffung und Montage
- geringer Verschleiß
- Dünnwandigkeit spart Platz und Masse
- wartungsarm bis wartungsfrei
- geräuschdämpfend
- je nach Lagerwerkstoff ohne Schmierung einsetzbar, daher unter Umständen wartungsfreier Betrieb möglich
- abhängig vom Lagerwerkstoff großer Temperaturbereich –200 °C bis +280 °C während des Betriebes möglich

2.3 Lagerreibung

Bei einer Gleitlagerung erfolgt eine Relativbewegung zwischen Welle und Gleitlager. Die Bauteile können direkten Kontakt zueinander haben oder mit einer Trennschicht – einem Schmiermittel – versehen sein (Bild 1). Diese Trennschicht hat die Aufgabe, die Reibung zwischen den Bauteilen zu minimieren.

Die Dicke des Schmiermittelfilmes zwischen Lager- und Gegenlauffläche bestimmt den **Reibungszustand** *(friction state)*:

- Trockenreibung *(dry friction)*
- Mischreibung *(mixed friction)*
- Flüssigkeitsreibung *(fluid friction)*

Die Übergänge von einer Reibungsart zu einer anderen sind fließend. Gleitlager eignen sich auch für Anwendungsfälle, bei denen eine axiale Bewegung der Welle erforderlich ist.

2.3.1 Lager mit Trockenreibung (Trockenlager)

Reiben zwei Bauteile direkt aneinander (ohne wirksamen Schmierfilm), spricht man von einer Trockenreibung. Diese reibungstechnisch ungünstigste Lagerung kann dort notwendig werden, wo ein Schmiermittel nachteilig auf den Produktionsprozess wirkt (z. B. in der Lebensmittelindustrie). Trockengleitlager *(dry slide bearings)* sind aus Materialien mit guten Gleiteigenschaften hergestellt. Bild 2 zeigt ein homogenes Kunststoffgleitlager. Der Kunststoff[1)] hat gute Gleiteigenschaften, jedoch nur eine geringe Festigkeit. Damit die erforderliche Lagerfestigkeit erreicht werden kann, sind dem Lager Glasfasern hinzugefügt worden.

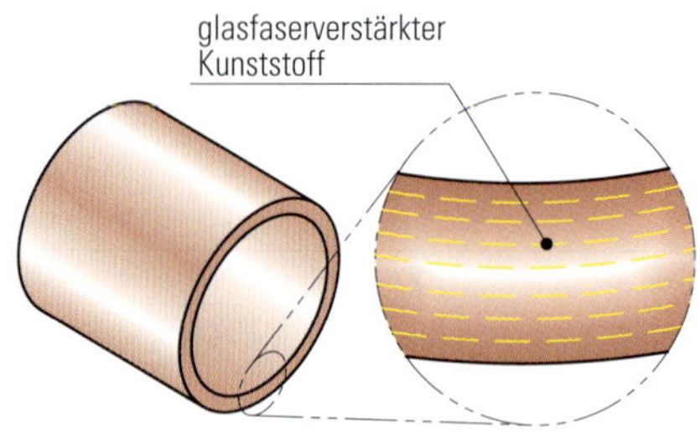

***2** PTFE-Polyamid-Gleitlager*

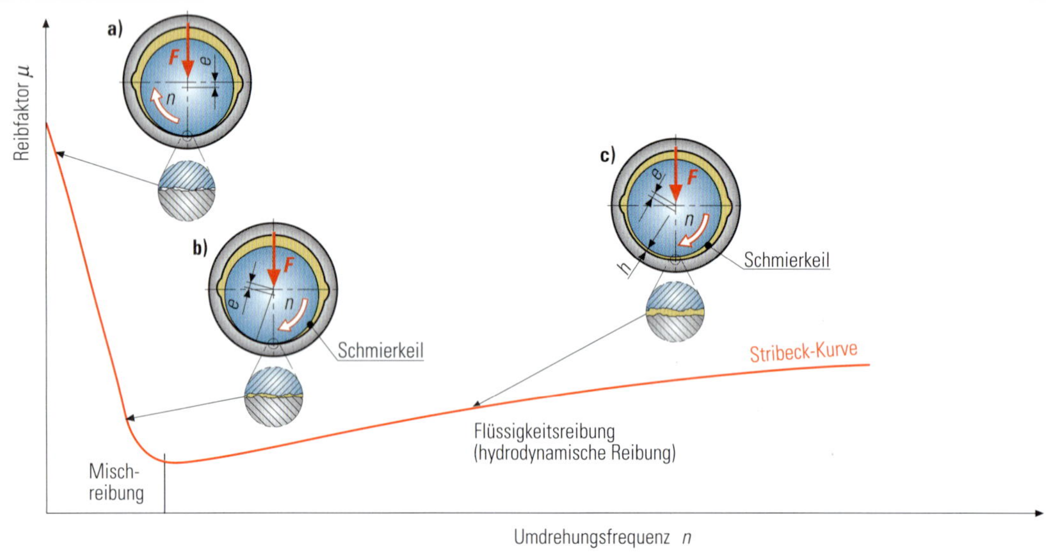

Trockenreibung	Mischreibung	Flüssigkeitsreibung
■ Berührung von Lager und Welle. ■ Keine Trennung der Oberflächen durch Schmiermittel. ■ Betriebssicherheit wird durch die Wahl des Gleitlagermaterials beeinflusst. ■ Verschleiß ist möglich bei Berührung von Lager und Welle. ■ Reibfaktor im Bereich der Trockenreibung bei $\mu = 0{,}02 \dots 0{,}15$	■ Flüssigkeitsreibung und Trockenreibung vorhanden. ■ Lastübertragung teilweise durch komprimierte Schmiermittel, aber auch durch Festkörperkontakt. ■ Reibfaktor und Verschleiß abhängig vom hydrodynamischen Traganteil (Bereich, in dem teilweise Flüssigkeitsreibung herrscht). ■ Auch bei Kraftübertragung durch Festkörperberührung geringe Reib- und Verschleißwerte.	■ Vollständige Trennung von Lager und Welle durch den Schmierfilm. ■ Sehr niedriger Reibfaktor: $\mu \approx 0{,}001$. ■ Kaum Verschleiß, da kein Kontakt zwischen Lager und Welle.

***1** Reibungsverhalten (Stribeck-Kurve)*

1) PTFE: Polytetrafluorethylen

2.3.2 Lager mit Mischreibung (Sinterlager)

Bei der Mischreibung ist zwischen Welle und Gleitlager ein Schmiermittel vorhanden. Wenn die Bauteile sich gegeneinander bewegen, sorgt das **Schmiermittel** *(lubricant)* für eine Reibungsminderung, indem es die Bauteile voneinander trennt. Diese Trennung ist nicht vollständig. Einige Oberflächenbereiche berühren sich noch. Das Schmiermittel ist aber schon daran beteiligt, Lagerkräfte zu übertragen. Nach ihrem Herstellungsverfahren werden diese Lager auch Sinterlager *(porous bearings)* genannt (Bild 1). Nach dem Sintervorgang sind im Gefüge des Lagers noch Poren vorhanden. Diese werden mit flüssigen Schmierstoffen getränkt. Durch die Betriebstemperatur tritt das Schmiermittel aus den Poren aus. Hierdurch wird im Lagerungsbereich ein Schmierfilm erzeugt, der einen Zustand der Mischreibung erzeugt. In der Abkühlphase, nach dem Stillstand, zieht sich das Schmiermittel durch die Kapillarwirkung wieder in die Poren zurück.

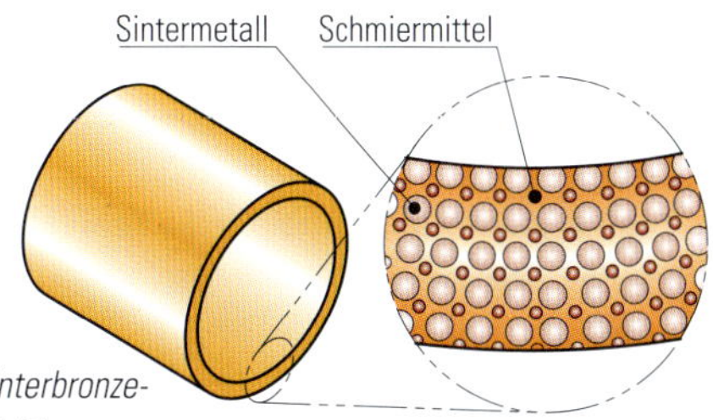

1 *Sinterbronze-Gleitlager*

2.3.3 Lager mit Flüssigkeitsreibung

Den Idealfall einer reibungsarmen Lagerung stellt die Flüssigkeitsreibung dar. Bei ihr sind die gelagerten Oberflächen vollständig voneinander getrennt. Dies ist entweder bei der hydrodynamischen Gleitlagerung oder bei der hydrostatischen Gleitlagerung der Fall.

2.3.3.1 Hydrodynamische Lager

Hydrodynamische Gleitlager *(hydrodynamic slide bearings)* werden im Bereich der Flüssigkeitsreibung betrieben. Im **Anlaufvorgang** *(starting)* einer Welle werden kurzzeitig die Trocken- und Mischreibungsbereiche durchlaufen (Seite 206 Bild 1a und 1b).

Im Bereich der Flüssigkeitsreibung „wandert" der durch die Drehbewegung der Welle entstandene Schmierkeil (Seite 206 Bild 1c) durch die Adhäsionswirkung des Schmierstoffs unter den Lagerzapfen. Er wird dadurch vollständig vom Gleitlager abgehoben. Grund hierfür ist die **Druckerhöhung** *(increase of pressure)* in der Lagerstelle. Dieser Druckaufbau wird oft durch eine spezielle Lagergestaltung unterstützt (Schmier- bzw. Öltaschen). Bild 2 zeigt die **Druckverteilung** *(distribution of compression)* der tragenden Schmierschicht innerhalb eines solchen hydrodynamisch geschmierten Gleitlagers.

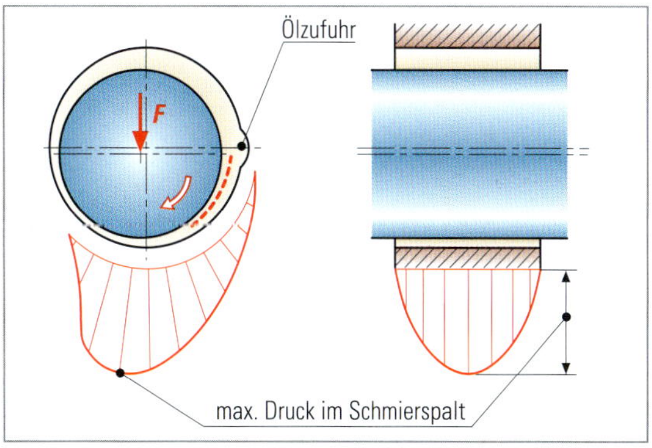

2 *Druckaufbau innerhalb eines hydrodynamischen Gleitlagers*

Bei weiter steigenden Umdrehungsfrequenzen des Lagerzapfens steigt die Reibung leicht an. Ursache ist die innere Reibung des Öls. Je höher die Geschwindigkeitsdifferenzen innerhalb eines Öls sind, je mehr es durchmischt wird, desto mehr Widerstand setzt es dieser Bewegung entgegen.

Die drei Schmierungsbereiche beschreibt die **Stribeck-Kurve**. Sie zeigt den Reibfaktor μ in Abhängigkeit von der Umdrehungsfrequenz n eines Lagerzapfens in einem Gleitlager (Seite 206 Bild 1).

Bild 3 zeigt ein Gleitlager aus Verbundwerkstoffen. Solche Lager sind in Schichten aufgebaut. Grundsätzlich besteht ein solches Lager aus einer **Gleitschicht** *(sliding layer)* (hier POM[1]) und

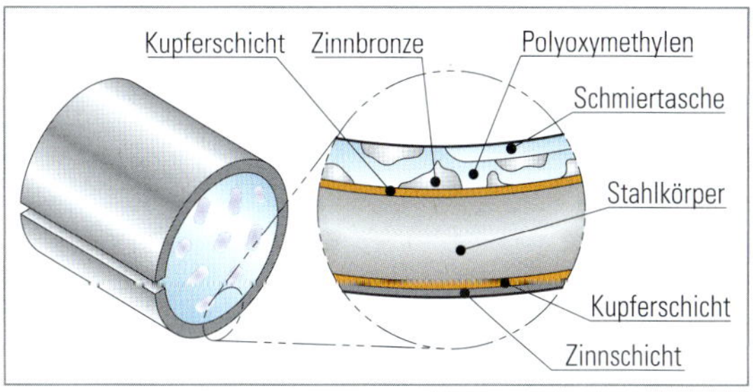

3 *POM-Composite-Gleitlager*

einer **Stützschale** *(backing shell)* (hier Stahl). In die Gleitschicht sind **Schmiertaschen** *(lubrication bore reliefs)* eingearbeitet, die den Aufbau einer tragenden Schmierschicht begünstigen.

2.3.3.2 Hydrostatische Lager

Eine besondere Form der Gleitlagerung ist die hydrostatische Gleitlagerung *(hydrostatic slide arrangement of bearings)*. Bei

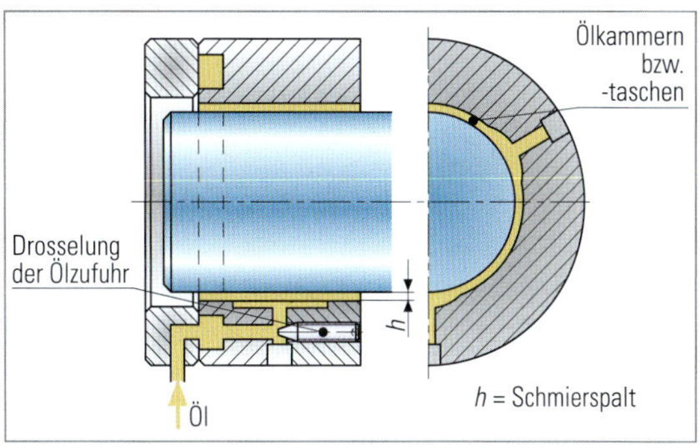

4 *Hydrostatisches Gleitlager*

1) POM: Polyoxymethylen

ihr wird dem Lager Schmiermittel mit hohem Druck zugeführt (Seite 207 Bild 4). Der Lagerzapfen der Welle wird dadurch vollständig von der Lagerschale abgehoben. Somit wird gewährleistet, dass die Bauteile vollständig durch das Schmiermittel voneinander getrennt werden, schon bevor die Bewegung beginnt. Die Reibung ist bei dieser Schmierungsart am geringsten und der Verschleiß minimal.

2.4 Flächenpressung

Wenn Kräfte eines Wellenzapfens (Bild 1) auf ein Gleitlager wirken, kommt es zwischen Lagerzapfen und Gleitlager zu einer Flächenpressung p *(surface pressure)*.

$$p = \frac{F_N}{A}$$

p: Flächenpressung in $\frac{N}{mm^2}$
F_N: Normalkraft in N
A: Berührfläche in mm^2

Die Flächenpressung ist ungleichmäßig auf der Lagerfläche verteilt. Zur Berechnung der Flächenpressung reicht in der Technik jedoch folgende Vereinfachung:

MERKE
Die zur Ermittlung der Flächenpressung p erforderliche Fläche A ist die in Kraftrichtung projizierte Berührfläche.

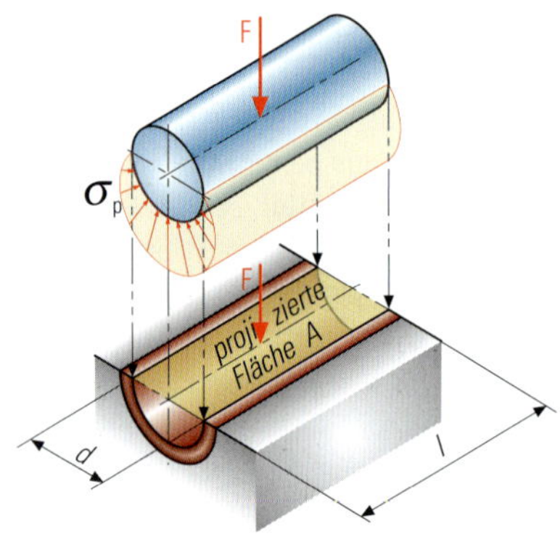

***1** Flächenpressung*

Im Fall der Wellenlagerung ist die projizierte Berührfläche eine Rechtecksfläche.

Projektionsfläche = Zapfendurchmesser · wirksame Zapfenlänge
$$A = d \cdot l$$

Beispielaufgabe

In eine Lagerstelle wird nebenstehendes Gleitlager eingebaut:
Buchse DIN 1850 – P30 × 20.
Der Hersteller gibt eine zulässige dynamische Flächenpressung bei Bewegung des Lagerzapfens (Lastfall II) von maximal $p_{max,\,dyn} = 10\ N/mm^2$ an.

Es wirkt eine Kraft von maximal 5 kN auf das Lager ein.

a) Wie hoch ist die tatsächliche Flächenpressung?
b) Darf das Lager mit dieser Lagerkraft betrieben werden?

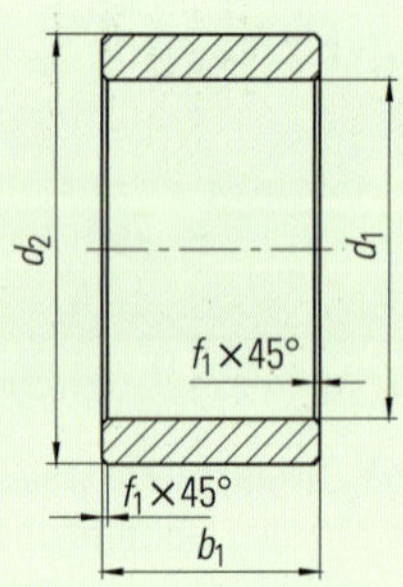

d_1 mm	d_2 mm	b_1 mm	f_1 mm
30	38	20	0,5

Lösung:
zu a)

$$p = \frac{F_N}{A}$$

$$p_{vorh.} = \frac{F_N}{d_1 \cdot l}$$

$$p_{vorh.} = \frac{F_N}{d_1 \cdot (b_1 - 2 \cdot f_1)}$$

$$p_{vorh.} = \frac{5000\ N}{30\ mm \cdot (20\ mm - 2 \cdot 0{,}5\ mm)}$$

$$p_{vorh.} = \frac{5000\ N}{570\ mm^2}$$

$$p_{vorh.} = 8{,}8\ \frac{N}{mm^2}$$

p_{vorh}: tatsächliche Flächenpressung in N/mm^2
F_N: Normalkraft in N
d_1: Gleitlagerinnendurchmesser in mm
b_1: Gleitlagerbreite in mm
f_1: Gleitlagerfase in mm

zu b)
Da $p_{vorh.} = 8{,}8\ \frac{N}{mm^2} \leq p_{max,\,dyn} = 10\ \frac{N}{mm^2}$,

ist der Betrieb des Lagers zulässig.

Überlegen Sie!
Weshalb wird in obigem Beispiel von der Gleitlagerbreite die Gleitlagerfase abgezogen und mit einer wirksamen Breite von 19 mm gerechnet?

2.5 Lagerspiel

Ein Lagerspiel *(bearing clearance)* ist Voraussetzung für eine reibungsarme bis reibungsfreie Lagerung einer Welle in einem Gleitlager. Das erforderliche Lagerspiel ist abhängig vom **Lagerwerkstoff** *(bearing material)* und der **Reibungsart** *(type of friction)*. Wird das Lagerspiel zu sehr vergrößert, reduziert sich die Lebensdauer bei Trockenlauf.

Wird ein leichter Lauf der Gleitlagerung verlangt, kann der Wellendurchmesser geringfügig (um ca. 0,025 mm) verkleinert werden.

Bei hohen Betriebstemperaturen dehnt sich das Lager nach innen aus, da das Gehäuse eine Aufweitung des Lagers nach außen verhindert. Dies kann durch Verkleinern des Wellendurchmessers ausgeglichen werden.

2.6 Passungen und Passungssysteme

2.6.1 Passungen

Passungen *(fits)* werden aufgrund der Funktion der verbundenen Bauteile festgelegt.

Je nach Größe der Höchst- und Mindestmaße von Welle und Bohrung stellen sich beim Zusammenbau der Welle und der Nabe unterschiedliche Passungsarten ein.

2.6.1.1 Spielpassung *(clearance fit)*

Bei einer Spielpassung ist die Bohrung grundsätzlich größer als die Welle, d. h., zwischen Welle und Bohrung ist ein **Spiel** *(clearance)* vorhanden (Bild 1a). Sie wird dort angewendet, wo sich Bauteile leicht gegeneinander verschieben lassen müssen.

2.6.1.2 Übermaßpassung *(interference fit)*

Die Bohrung ist bei einer Übermaßpassung grundsätzlich kleiner als die Welle, d. h., zwischen der Welle und der Bohrung ist ein **Übermaß** *(interference)* vorhanden (Bild 1b). Diese Passung wird z. B. bei **Pressverbindungen** *(press fit joints)* in der Montage angewendet.

2.6.1.3 Übergangspassung *(transition fit)*

Bei einer Übergangspassung kann je nach dem Istwert der Maße zwischen der Welle und der Bohrung ein Spiel oder ein Übermaß auftreten (Bild 1c). Damit ergibt sich zwischen Bohrung und Welle ein **Übergangstoleranzfeld** *(transition tolerance zone)*. Anwendung findet diese Passung bei Führungen *(guiding devices)* von Wellen in Gleit- und Wälzlagern sowie beim **Abdichten** *(sealing)* von beweglichen Druckkolben (z. B. Kolbenpumpen in der Hydraulik).

2.6.2 Passungssysteme

Würden alle technisch möglichen ISO-Toleranzen tatsächlich gefertigt, müsste dafür eine große Anzahl unterschiedlicher Werkzeuge (z. B. Reibahlen) und entsprechende Prüfzeuge bereitgestellt werden. Selbst bei einer Beschränkung auf ausgewählte ISO-Toleranzen für Wellen und Bohrungen tritt noch ein großer Kostenfaktor für die Werk- und Prüfzeuge auf. Kostenmindernd wirkt sich die Nutzung von **Passsystemen** *(fit systems)* aus.

2.6.2.1 Einheitsbohrung *(basic hole system)*

Diese fertigungstechnischen Überlegungen führen zum System der „Einheitsbohrung" (Seite 210 Bild 1). Wellen werden meistens abgesetzt[1)] gefertigt. Dies erleichtert die Montage von z. B. Rädern, Rollen oder Lagern (Bild 2). Alle Bohrungen werden bei

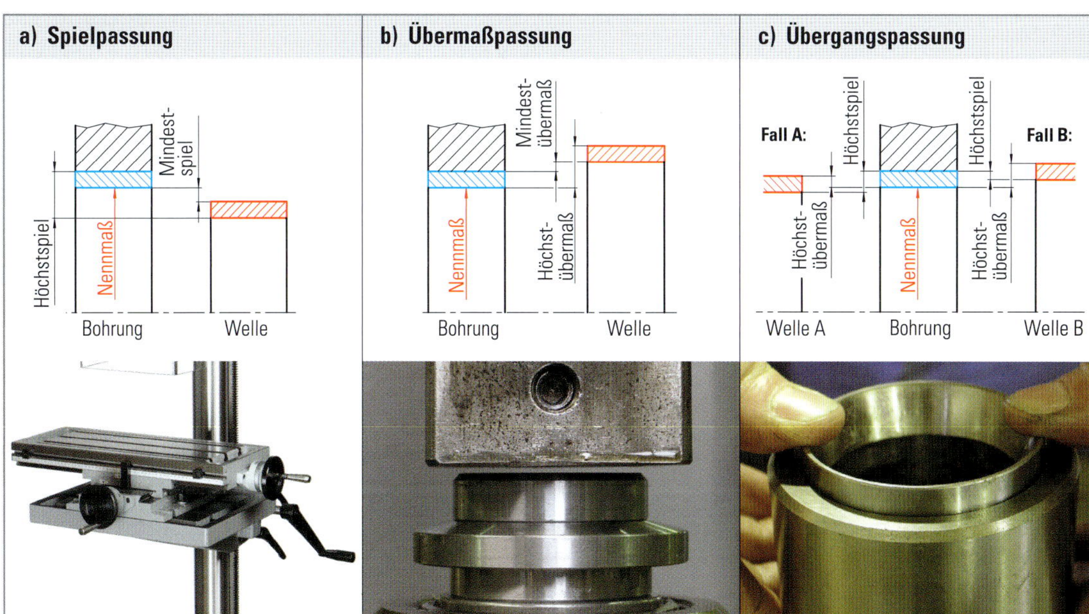

1 Passungsarten

1) siehe Kap. 1.3.3

Nutzung dieses Systems mit einer **H-Toleranz** *(H-tolerance)* gefertigt. Die Lage und Größe des Toleranzfelds der Welle werden entsprechend der Anforderung angepasst.

MERKE

Beim System Einheitsbohrung gilt immer die H-Toleranz der Bohrung.
Im System Einheitsbohrung ist das untere Grenzabmaß der H-Toleranz der Bohrung immer Null. Das Mindestmaß entspricht somit dem Nennmaß. Das obere Abmaß der Bohrung ist grundsätzlich positiv.
Das System Einheitsbohrung wird am häufigsten angewendet.

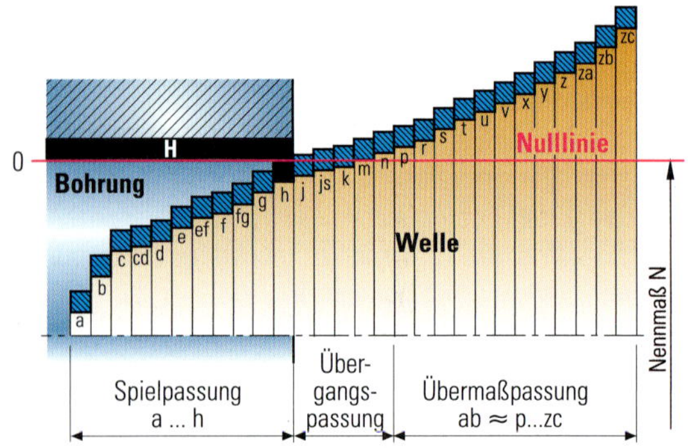

1 *System Einheitsbohrung*

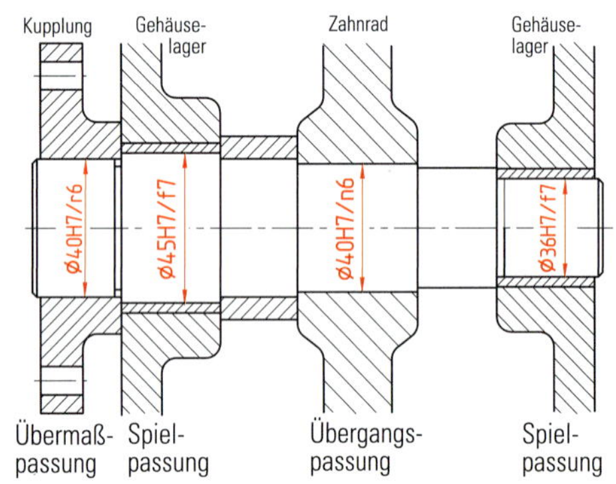

2 *Anwendungsbeispiel für das System Einheitsbohrung*

2.6.2.2 Einheitswelle *(basic shaft system)*

Bei Anwendung des Systems „Einheitswelle" werden alle Wellen mit der **h-Toleranz** *(h-tolerance)* gefertigt (Bild 3). Die Lage und Größe des Toleranzfeldes der Bohrung wird entsprechend der Anforderung angepasst.
Das System „Einheitswelle" ist erforderlich, wenn auf einer Welle gleichen Durchmessers unterschiedliche Passungen dicht nebeneinander gefertigt werden sollen. Dies bringt Vorteile bei der Verwendung von gezogenen oder geschliffenen Wellen. Solche Wellen können ab Werk fertig bezogen werden und sind nahezu einbaufertig. Das System Einheitswelle wird nur dort angewendet, wo lange Wellen mit konstantem Durchmesser vorkommen, z. B. bei Textilmaschinen, Hebezeugen und Kranen Bild 4).

MERKE

Beim System Einheitswelle gilt immer die h-Toleranz der Welle.
Im System Einheitswelle ist das obere Grenzabmaß der h-Toleranz der Welle immer Null. Das Höchstmaß entspricht somit dem Nennmaß. Das untere Abmaß der Welle ist grundsätzlich negativ.
Das System Einheitswelle wird nur bei Sonderfällen angewendet.

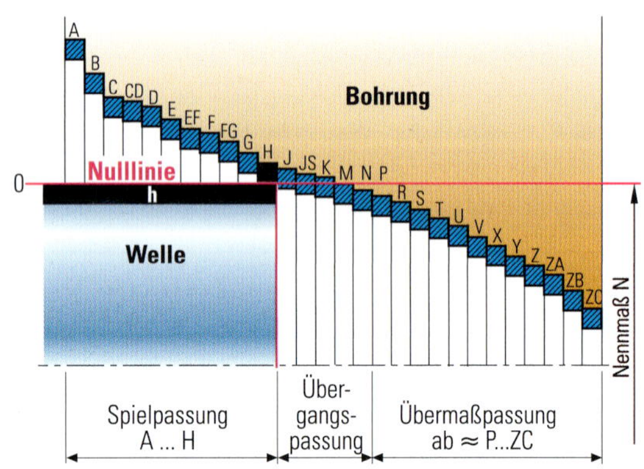

3 *System Einheitswelle*

2.6.3 Auswahlreihen

Durch Auswahlreihen *(selection series)* findet eine weitere Beschränkung der möglichen Passungen innerhalb der Systeme „Einheitsbohrung" und „Einheitswelle" statt. Ziel ist auch hier eine weitere Begrenzung der erforderlichen Werk- und Prüfzeuge.
Innerhalb dieser Auswahl ist jedoch sichergestellt, dass die unterschiedlichen Forderungen an die Funktionen der einzelnen Passungen erfüllt sind.
Beispielsweise gewährleistet die Passung H8/f7 ein geringes Spiel für die Anwendung für Gleitlager und Schieberäder. Die Passung H7/r6 hat ein geringes Übermaß und kann mit geringer Presskraft gefügt werden. Sie wird unter anderem bei Lagerbuchsen in Gehäusen angewendet.

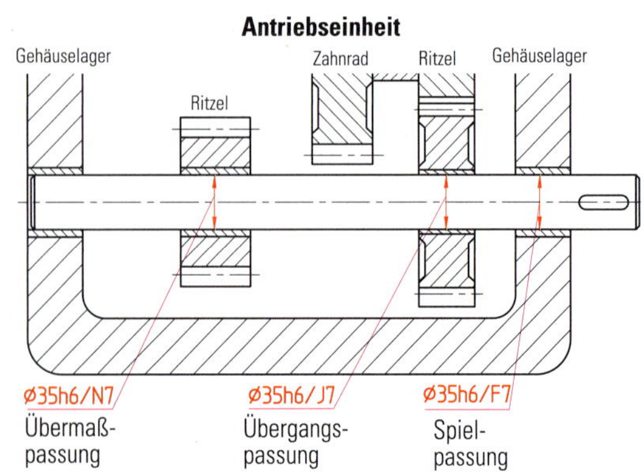

4 *System Einheitswelle*

Überlegen Sie!

1. *Welche Vorteile bieten die unterschiedlichen Passungssysteme?*
2. *Wählen Sie mithilfe Ihres Tabellenbuchs Passungen (System Einheitsbohrung) für folgende Eigenschaften der Bauelemente aus:*
   a) *großes Spiel*
   b) *noch gleitfähig*
   c) *Übermaß und Spiel möglich*
   d) *geringes Übermaß*

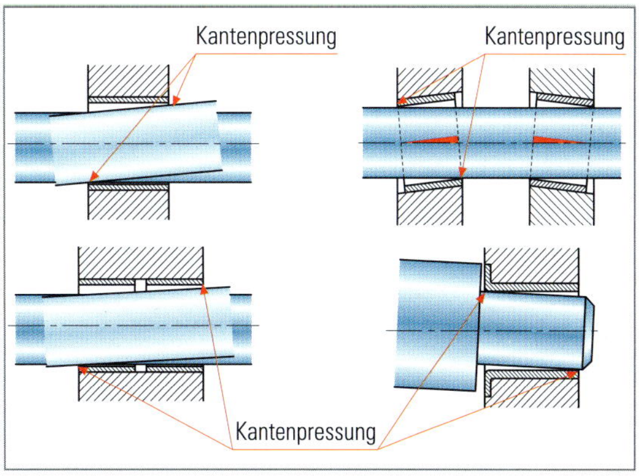

1 *Fluchtungsfehler beim Einbau von Gleitlagern*

2.7 Montage von Gleitlagern

Grundsätzliche Voraussetzung für den Einbau von Gleitlagern ist eine **saubere und gratfreie Oberfläche** des Lagers *(bearing)* und der Lagerbohrung *(borehole of the bearing)*. Nur so lassen sich Beschädigungen und ein vorzeitiger Verschleiß durch **Fluchtungsfehler** *(lags)* (Bild 1) vermeiden; d. h., die Rotationsachse der Welle ist deckungsgleich mit der Achse des Lagers. Die genaue Lage von Lager und Lagerbohrung zueinander ist besonders für den Trockenlauf wichtig. Hier übernimmt kein Schmierfilm die Lastverteilung innerhalb des Gleitlagers. Der zulässige Fluchtungsfehler sollte über die gesamte Breite einer Lagerbuchse nicht größer als 0,02 mm sein. Dies ist jedoch nur ein Anhaltswert. Herstellerangaben sind zu berücksichtigen.

MERKE
Fluchtungsfehler führen zu einer erhöhten Kantenpressung und somit zu einem erhöhten Verschleiß.

Beim Einpressen der Lagerbuchsen wird ein Einpressdorn verwendet (Bild 2). Leichtes Einölen oder Einfetten der Lagerbohrung oder der Außenfläche der Buchse verringert die Einpresskraft.

Für Lagerbuchsendurchmesser über ca. 55 mm und geschlitzte Gleitlager (Bild 3) ist zusätzlich ein **Montagering** *(mounting ring)* zu empfehlen. Durch das Vorzentrieren wird ein Verkanten der Buchse beim Einpressen verhindert. Für Lagerbuchsendurchmesser über ca. 120 mm wird der Einsatz einer **Montagehülse** *(mounting sleeve)* mit **Gegendruckplatte** *(back pressure slab)* erforderlich. Ein entsprechender **Einpressdorn** *(arbor press)* mit den erforderlichen Maßen würde für die manuelle Montage zu schwer und ein Verkanten des Lagers wäre unvermeidlich. Bei geschlitzten Gleitlagern ist zusätzlich auf die Einbaurichtung des Schlitzes zu achten. Der Schlitz muss gegenüber der Hauptbelastung eingebaut werden.

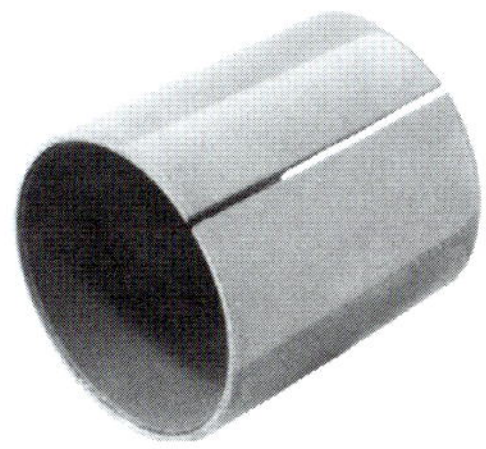

3 *Geschlitztes Gleitlager*

Der Montagevorgang kann durch den Einsatz eines O-Ringes[1)] optimiert werden. Ein O-Ring am Einpressdorn kann das Lager sicher halten. Ein Abrutschen wird so vermieden.

Zum Einpressen eignen sich Spindel- oder Hydraulikpressen. Beim Einpressvorgang ist jegliche Beschädigung der Lagerbohrung zu vermeiden.

Beim nachfolgenden Einführen der Welle in das Lager muss die Beschädigung der Lagergleitschicht durch scharfe Kanten oder Grate vermieden werden. Daher sind entsprechende Fasen an den zu montierenden Wellen vorzusehen.

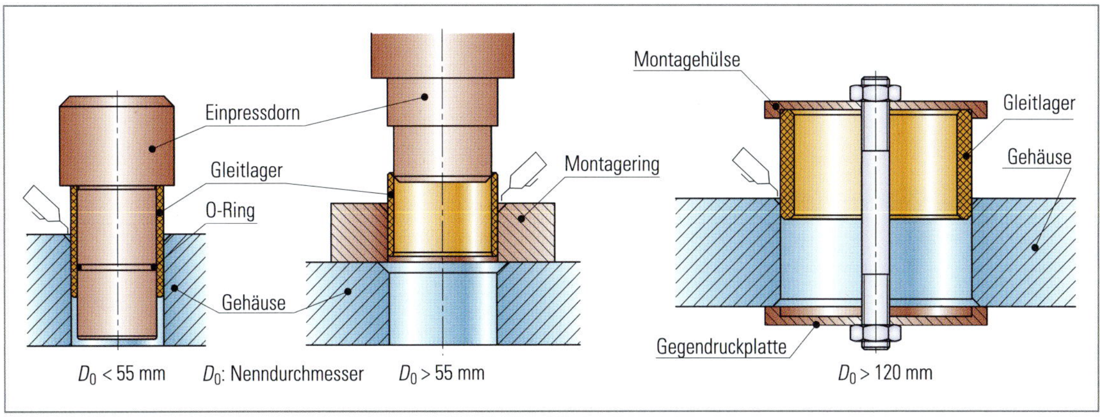

2 *Einbau von Gleitlagern in Abhängigkeit vom Nenndurchmesser*

1) siehe Kap. 5.5

Wenn eine Nachbearbeitung der Gleitoberfläche unvermeidlich ist, muss der Lagerdurchmesser nach dem Einbau mit einem **Kalibrierdorn** *(cylindrical plug gauge)* (Bild 1) neu eingestellt werden. Dies kann auch durch besondere Lagerspiele erforderlich werden. Da die Gleitschicht durch den Einsatz des Kalibrierdorns dünner wird, wird die Lebensdauer des Lagers herabgesetzt.

Mit einem Kalibrierdorn werden die Lagerbuchsen dann wieder auf das erforderliche Maß plastisch aufgeweitet. Die Kalibrierfläche des Dorns muss dazu gehärtet (Einhärtetiefe 0,6-1,2 mm, HRC 60±2) und poliert (Rz ≈ 1 µm) werden. Der notwendige Kalibrierdorndurchmesser ist ggf. durch Versuche zu ermitteln. Die Herstellerangaben geben dazu erste Hinweise.

Überlegen Sie!

Welchen Montagefehler erkennen Sie?

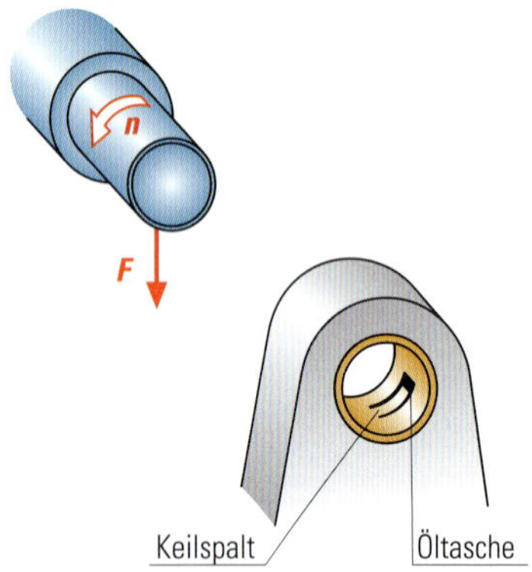

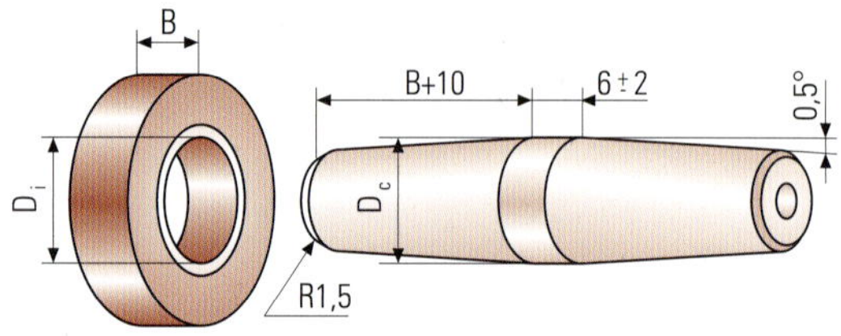

***1** Kalibrierdorn*

2.8 Warten von Gleitlagern

Der Verschleiß von Gleitlagern mit Mischreibung hängt außer von der Belastung entscheidend vom Schmierzustand ab. Nach erfolgter Montage und entsprechender Einsatzdauer ist die Wartung von Gleitlagern mit Mischreibung unerlässlich.

Bild 2 zeigt einen sehr geringen Abnutzungsgrad bis zum Ende der **Nachschmierfrist** *(lubrication interval)* „R". Bis zu dieser Zeit ist der Erstschmiermittelvorrat erschöpft. Danach nimmt der Verschleiß ohne Nachschmierung stark zu. Bei erneuter Schmierung verringert sich die Lagerverschleißzunahme und die Lebensdauer wird verlängert.

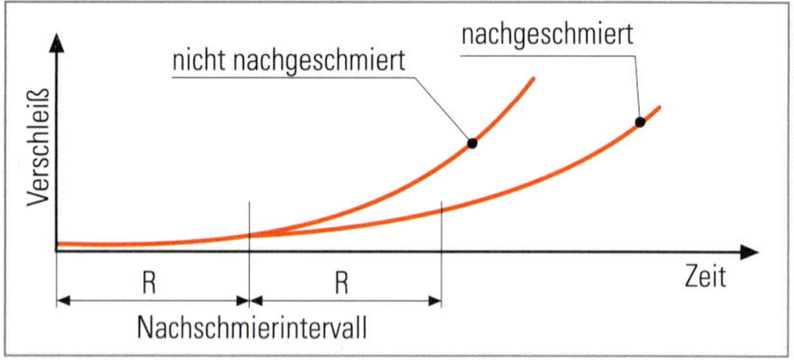

***2** Typischer Verschleißverlauf von Gleitlagern*

ÜBUNGEN

1. Nennen Sie fünf Eigenschaften einer Gleitlagerung.
2. Welche drei Gleitreibungsarten lassen sich unterscheiden?
3. Erläutern Sie den Verlauf der Stribek-Kurve.
4. Welche Werkstoffe eignen sich für Gleitlager?
5. Wie entsteht bei hydrodynamischer Schmierung der Schmierfilm?
6. Erläutern Sie den verschleißfreien Lauf einer hydrostatischen Schmierung.
7. Wo kommen Gleitlager in Ihrem Ausbildungsbetrieb zum Einsatz?
8. Beschreiben Sie den Montagevorgang eines Sinterlagers mit einem Durchmesser von
   a) 35 mm
   b) 65 mm
9. Bei der Fertigung wurden von Ihnen folgende Durchmesser gemessen und mit dem Zeichnungsmaß verglichen:

Zeichnung	∅20H7	∅76m6	∅54J7
gemessen	20,015	76,009	53,990

   Klären Sie, ob
   a) die Bearbeitung korrekt ist
   b) der Wellenzapfen bzw. die Bohrung nachgearbeitet werden müssen oder
   c) die Welle bzw. die Bohrung Ausschuss sind.
10. Beschreiben Sie für folgende Zeichnungsmaße: ∅85M6/h5, ∅32H8/s8, ∅140H7/r6, ∅40H8/f7, ∅12P9/h9
    a) das Passungssystem
    b) die Art der Passung
    c) die Höchst- und Mindestmaße und
    d) die Passtoleranz für die Fertigung oder Kontrolle.
11. Übernehmen Sie die Tabelle von Seite 213 in Ihr Heft,
    a) ordnen Sie die Passungen richtig zu und
    b) berechnen Sie jeweils das Höchst-/Mindestspiel und das Höchst-/Mindestübermaß bei einem Wellendurchmesser von 20 mm.

Passungs-angabe	Spiel-passung	Übergangs-passung	Übermaß-passung	Höchst-spiel	Mindest-spiel	Höchst-übermaß	Mindest-übermaß
H7/s6							
H7/g6							
H8/d9							
H7/k6							
F8/h9							
H6/j6							

12. a) Wie groß ist die projizierte Zapfenfläche in mm^2 für einen Wellenzapfen mit einem Durchmesser von $d = 45$ mm und einer Zapfenlänge von $1{,}3 \cdot d$?
b) Der Zapfen wird mit 2,2 kN beansprucht. Wie groß ist die Flächenpressung in N/mm^2?

13. Auf eine Radachse wirken 45 kN. Die zulässige Flächenpressung der Lagerung beträgt 5 N/mm^2. Berechnen Sie den erforderlichen Durchmesser und die notwendige Achsenlänge (Achslänge : Durchmesser = 3:1).

LF7_01

3 Wälzlager

3.1 Aufbau von Wälzlagern

Die Aufgabe eines Lagers besteht darin, unter Last eine relative Drehbewegung von zwei Bauteilen wie z. B. einer Welle und einem Gehäuse zu gewährleisten. Dies geschieht präzise und bei minimaler Reibung (Bild 1), da die Rollreibung zweier gehärteter Stahlflächen zueinander sehr gering ist ($\mu_R = 0{,}005$). In Bild 2 ist der grundsätzliche Aufbau eines Wälzlagers *(rolling bearing)* mit seinen Komponenten zu erkennen.

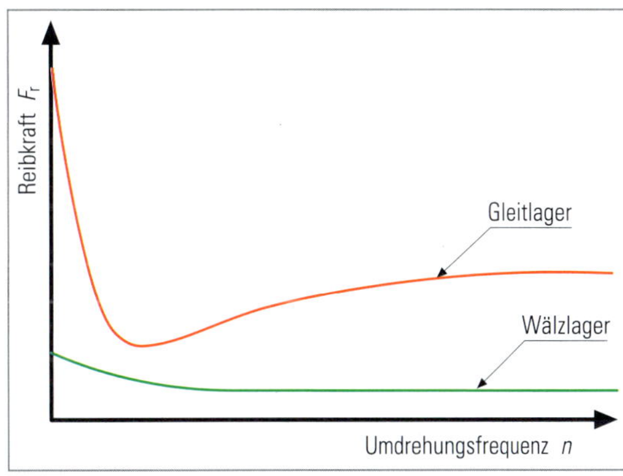

1 Vergleich der Reibkräfte bei Gleit- und Wälzlager

Ein Wälzlager besteht aus

- **Innen-** und **Außenring** *(inner and outer ring)*, wobei der eine mit dem festen, der andere mit dem drehbaren Bauteil verbunden ist. Auf den Lagerringinnenseiten befinden sich die Lagerlaufbahnen. Durch eine nachfolgende Wärmebehandlung (Härten) wird eine Härte von 64 HRC erreicht[1].
- **Wälzkörpern** *(rolling elements)*. Diese ermöglichen eine relative Verdrehung der beiden Ringe zueinander. Die Form der Wälzkörper ist oft namensgebend für die Wälzlager (Bild 3): z. B. Kugel – Kugellager, Zylinderrolle – Zylinderrollenlager, Kegelrolle – Kegelrollenlager etc.
- einem **Käfig** *(cage)*, der die Wälzkörper führt und sie auf Abstand hält, damit sie sich nicht berühren. Bei einigen Lagerarten verhindert der Käfig zudem noch das Herausfallen der Wälzkörper. Standardmäßig bestehen Käfige aus gepresstem Stahlblech oder Aluminiumlegierungen. Zunehmend werden Käfige aus Kunststoff (glasfaserverstärktem Polyamid) verwendet. Bei großen Lagerabmessungen sind Massivkäfige aus Messing im Einsatz. Alle Arten besitzen eine geringe Gleitreibung zwischen Wälzkörper und Käfig.
- evtl. **Dichtungen** *(packings)*, die das Eindringen von Fremdkörpern verhindern.

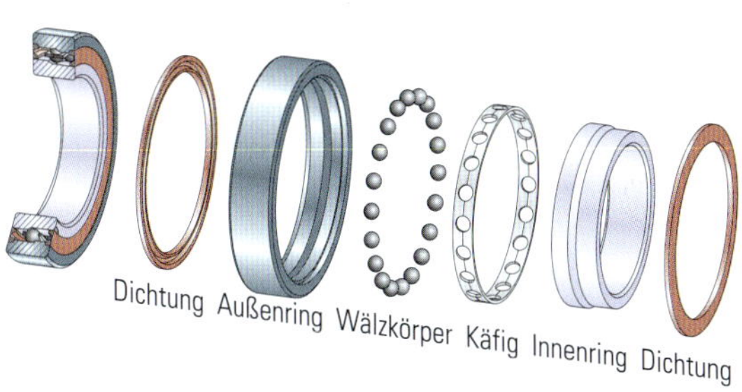

2 Komponenten eines Wälzlagers

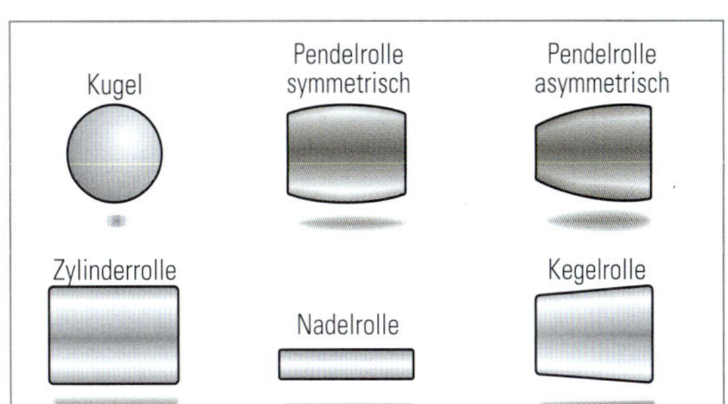

3 Wälzkörperformen

1) siehe Seite 118

Wälzlager lassen sich in zwei Gruppen einteilen:

Kugellager
(ball bearings)
z. B. Rillenkugellager (einreihig)

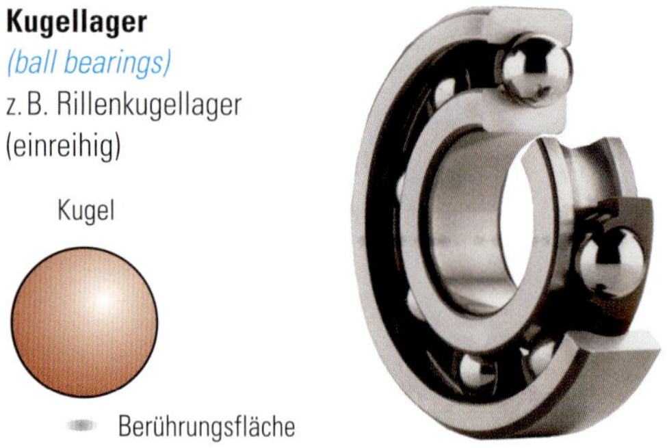

Sie besitzen theoretisch eine punktförmige Berührfläche zwischen Kugel und Laufbahn. In der Praxis existiert aufgrund der elastischen Verformung der Bauteile eine kleine, fast kreisförmige Berührfläche.

Rollenlager
(roller bearings)
z. B. Zylinderrollenlager (einreihig)

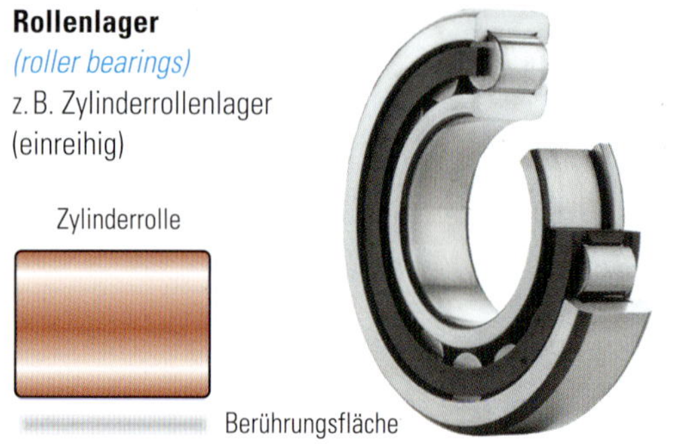

Sie besitzen theoretisch eine linienförmige Berührfläche zwischen Rolle und Laufbahn. In der Praxis existiert aufgrund der elastischen Verformung der Bauteile eine kleine, fast rechteckige Berührfläche. Lager dieser Gruppe können im Allgemeinen höhere Belastungen aufnehmen als Kugellager.

Im Normalfall können Wälzlager bis 100 °C ohne besondere Maßnahmen betrieben werden. Wird diese Temperatur überschritten, kann das Lager bei Verwendung eines entsprechenden Schmierstoffs bis 120 °C eingesetzt werden. Darüber hinausgehende Temperaturen verursachen eine allmähliche Gefügeumwandlung des Wälzlagerstahles[1]. Das Wälzlager besitzt dann nicht mehr die erforderliche Härte. Die Folge ist eine geringere Lebensdauer.

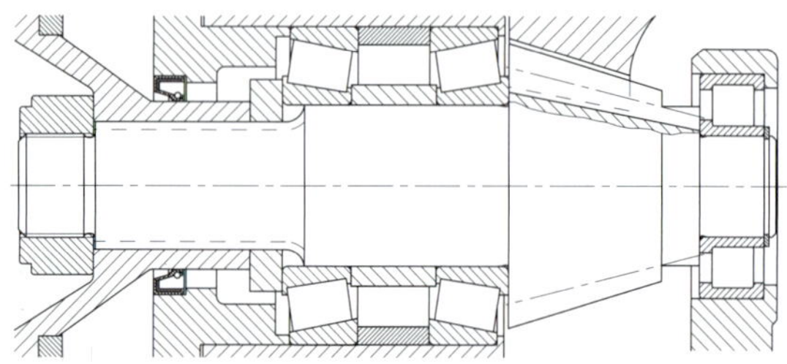

***1** Wälzlagerdarstellung als Schnitt in einer Gesamtzeichnung*

3.2 Darstellung von Wälzlagern

Wälzlager werden in Gruppen- und Gesamtzeichnungen meist im Schnitt dargestellt (Bild 1). Auf der linken Lagerstelle sind zwei Kegelrollenlager in O-Anordnung dargestellt (siehe Kap. 3.3.2). Die rechte Lagerdarstellung zeigt ein einreihiges Zylinderrollenlager. Da es sich systemtechnisch jeweils um ein Bauteil handelt, bekommen der Innen- und Außenring im Einbauzustand eine gleichsinnige Schraffur (Seite 215 Bild 2). Für geteilte Lager ist eine gegensinnig verlaufende Schraffur möglich (z. B. Kegelrollenlager).

Eine gegensinnige Schraffur des Lagerinnen- und Außenringes erhalten Wälzlager[2], die als Baugruppe – bestehend aus Einzelteilen – dargestellt sind.

Neben der Darstellung *(representation)* von Wälzlagern im Vollschnitt ist auch eine **vereinfachte Darstellung** zeichnerisch möglich (Bild 2).

Die Bezeichnungen der Wälzlager sind nach DIN 623-1 genormt (Bild 3). Jede Wälzlagerart hat ihre eigene Normnummer, gefolgt von Vorsetzzeichen, Basiskennzeichnung und Nachsetzzeichen.

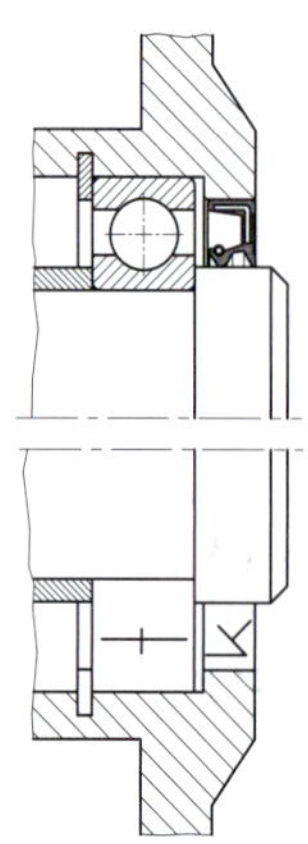

***2** Vereinfachte Darstellung eines Rillenkugellagers bzw. Radial-Wellendichtrings*

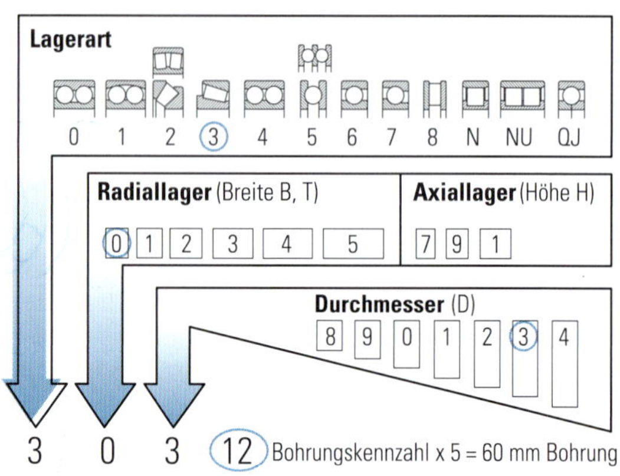

***3** Basiskennzeichen von Wälzlagern*

Vor- und Nachsetzzeichen können weggelassen werden.

Beispiel:
Kegelrollenlager DIN 720 – 30312
Das Basiskennzeichen setzt sich folgendermaßen zusammen:
3 Lagerart *(bearing type)* (hier 3 für Kegelrollenlager)
0 Breitenreihe *(width series)*
3 Durchmesserreihe *(diameter series)*
12 Bohrungskennzahl *(bore code)* (hier 12 × 5 ≙ 60 mm)

1) Nur speziell wärmebehandelte Lager sind für höhere Temperaturen (bis 350 °C) ausgelegt.
2) z. B. in Wälzlagerkatalogen

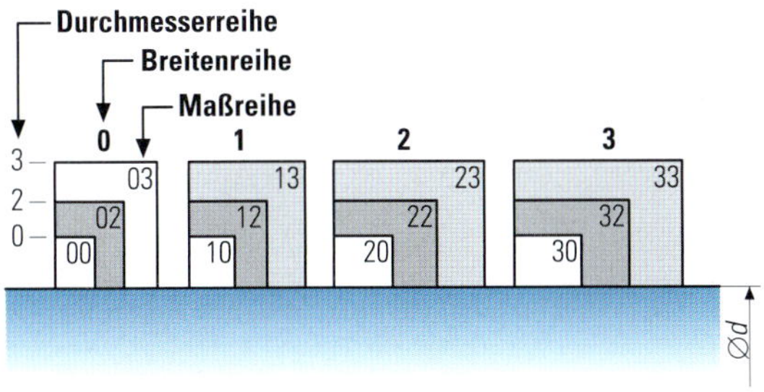

1 *Maßsystem*

Die Bohrungskennzahl wird mit dem Wert 5 multipliziert und dies ergibt den Bohrungsdurchmesser *d* in mm. Ausgenommen von dieser Regel sind Lager mit einem Bohrungsdurchmesser < 20 mm und > 500 mm.

Jedem genormten Bohrungsdurchmesser sind bestimmte Außendurchmesser und Breiten zugeordnet (Bild 1). Den Breitenreihen bei Radiallagern entsprechen die Höhenreihen bei Axiallagern[1].

3.3 Anordnung von Wälzlagern

3.3.1 Fest-/Loslagerung

Wird eine Welle mit zwei **Radiallagern** *(radial ball bearings)* (z. B. zwei Rillenkugellagern) gelagert, können aufgrund von Fertigungstoleranzen die Lagerabstände nicht immer gleich sein. Wird die Welle während des Betriebs erwärmt, ändert sich auch der Lagerabstand. Um eine unzulässige Beanspruchung des Lagers zu verhindern, müssen diese Längenänderungen in mindestens einer Lagerstelle ausgeglichen werden. Bei einer Fest-/Loslageranordnung übernimmt diese Aufgabe das **Loslager** *(movable bearing)*, während das **Festlager** *(fixed bearing)* fest an seiner Position bleibt. Im Bild 2 ist der Innenring des Loslagers fest auf der Welle montiert. Der Außenring hingegen kann sich im Gehäuse in axialer Richtung bewegen, ist also „lose" eingebaut.

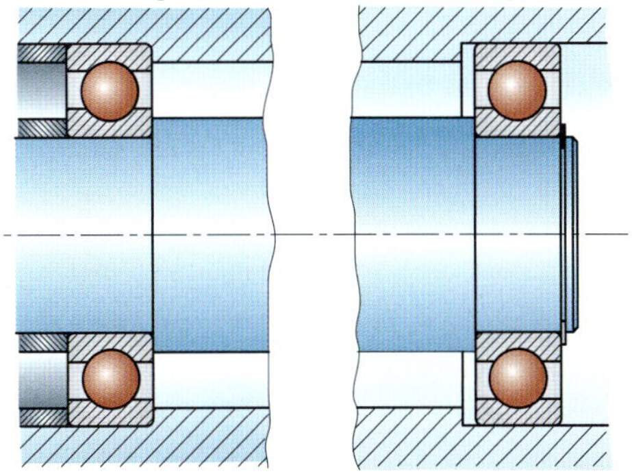

2 *Fest-/Loslageranordnung*

3.3.2 Angestellte Lagerung

Grundsätzlich werden angestellten Lagerungen zwei unterschiedliche Lageranordnungen unterschieden (Bild 3).

	O-Anordnung	X-Anordnung
Einbaubeispiel	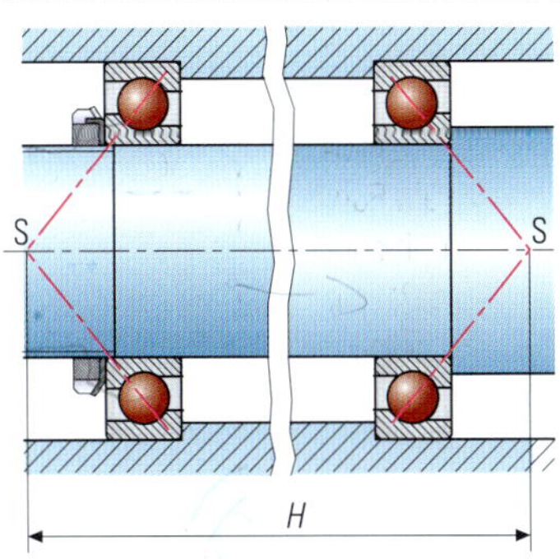	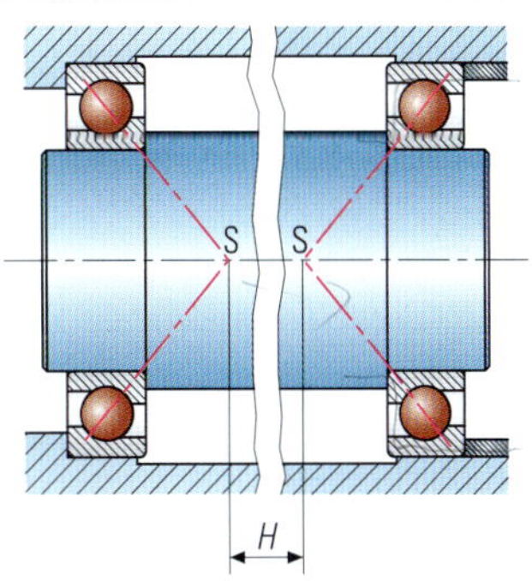
Drucklinien	Die Drucklinien der Lager zeigen nach außen.	Die Drucklinien der Lager zeigen nach innen.
Stützbasis *H* Die Stützbasis ist der Abstand der Druckkegelspitzen S.	größer als bei der X-Anordnung	kleiner als bei der O-Anordnung
Anwendung	Die größere Stützbasis ergibt bei der O-Anordnung das **geringere Kippspiel**. Bei größerer Erwärmung der Welle gegenüber dem Gehäuse **vergrößert** sich das Lagerspiel.	Bei größerer Erwärmung der Welle gegenüber dem Gehäuse **verringert** sich das Lagerspiel.

3 *Angestellte Lagerung*

1) Ausnahme: Für Kegelrollenlager gelten Winkelreihen.

Angestellte Lagerungen *(arranged mountings)* bieten die Möglichkeiten einer genauen Einstellung des Lagerspiels oder einer Vorspannung. Die Lagerungstoleranzen werden meist so gewählt, dass sie bei Betriebstemperatur das erforderliche Lagerspiel aufweisen. Diese Wellenlagerung ist für ständig wechselnde Betriebstemperaturen ungeeignet.
Eine zu kleine Lagerluft (Betriebsspiel) führt zu erhöhten Druckspannungen zwischen Wälzkörpern und den Lagerringen. Ein erhöhter Verschleiß ist die Folge. Eine zu große Lagerluft führt ebenso zu einem erhöhten Verschleiß. Die Wälzkörper tragen in diesem Fall nicht mehr gleichmäßig über ihren gesamten Umfang. Dies führt zu Ungenauigkeiten bei der Wellenführung.
Kegelrollenlager und Schrägkugellager müssen paarweise in einer angestellten Lagerung betrieben werden, damit sie einwandfrei laufen.

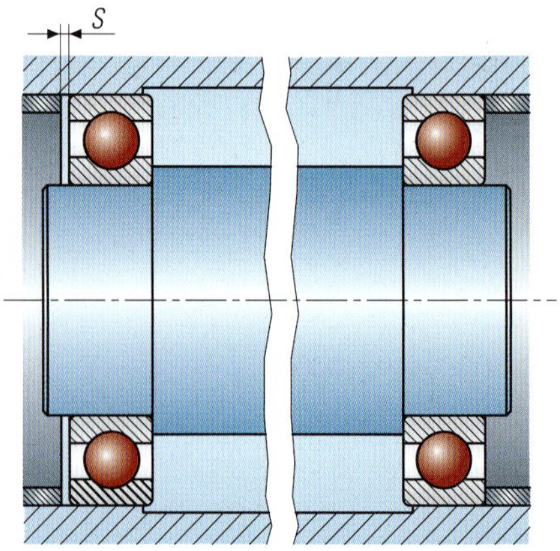

1 *Schwimmende Lagerung*

3.3.3 Schwimmende Lagerung

Die schwimmende Lagerung *(floating mounting)* (Bild 1) ist eine wirtschaftliche Lösung für Lagerungen, die keine enge axiale Führung benötigen. Geeignete Lager für diese Lagerungsart sind z. B. Rillenkugellager, Pendelkugellager oder Pendelrollenlager. Die Welle kann sich bei dieser Lagerungsart axial verschieben. Bei der schwimmenden Lagerung können axiale Kräfte von den Lagern aufgenommen und an das Gehäuse weitergeleitet werden.

Bewegungsverhältnis	**Beispiel**	**Schema**	**Belastungsfall**	**Passung**
Innenring rotiert Außenring steht still Lastrichtung unveränderlich	Welle mit Gewichtsbelastung	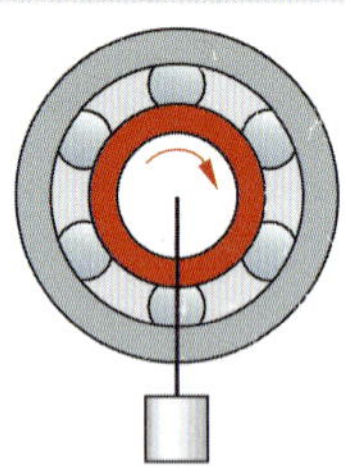	Umfangslast für den Innenring	Innenring: feste Passung notwendig Außenring: lose Passung zulässig
Innenring steht still Außenring rotiert Lastrichtung rotiert mit dem Außenring	Nabenlagerung mit großer Unwucht	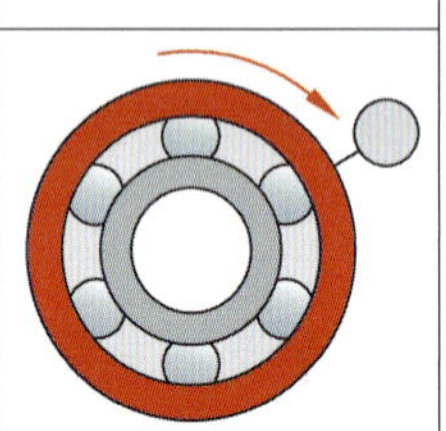	und Punktlast für den Außenring	
Innenring steht still Außenring rotiert Lastrichtung unveränderlich	Kfz-Vorderrad Laufrolle (Nabenlagerung)	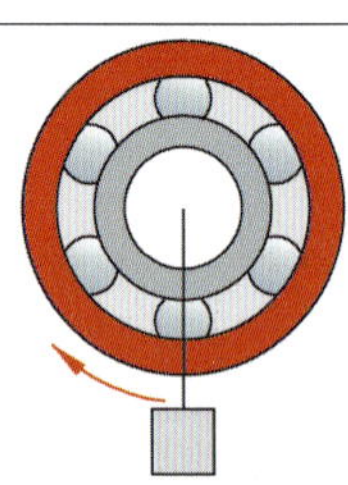	Punktlast für den Innenring	Innenring: lose Passung zulässig Außenring: feste Passung notwendig
Innenring rotiert Außenring steht still Lastrichtung rotiert mit dem Innenring	Zentrifuge Schwingsieb	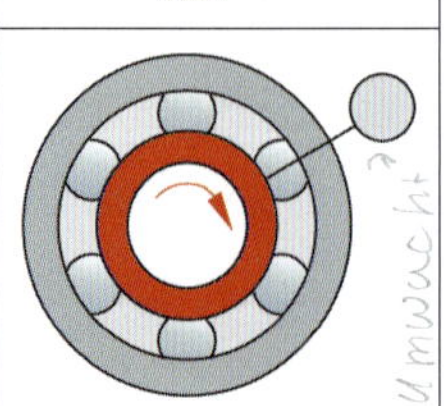	und Umfangslast für den Außenring	

2 *Umlaufverhältnisse (Auswahl)*

3.3.4 Umlaufverhältnisse

Welcher Ring eines Wälzlagers mit einer festen bzw. losen Passung zu montieren ist, hängt von den Umlaufverhältnissen ab. Bild 2 auf Seite 216 zeigt vier in der Praxis wichtige Umlaufverhältnisse *(recycle ratios)* zwischen Innen- und Außenring eines Lagers.

3.4 Beurteilung von Wälzlagern

Vorteile:

- Es wirken geringe Reibkräfte, da zwischen den Flächen kaum Gleitbewegung herrscht. Eine geringe Wärmeentwicklung ist die Folge.
- Es wirken geringe Anlaufkräfte, weil für die Wälzbewegung der Wälzkörper geringere Kräfte erforderlich sind.
- Wälzlager haben eine hohe Tragfähigkeit auch bei niedrigen Umdrehungsfrequenzen, weil die Wälzkörper kaum gleiten. Damit hat der Schmierfilmaufbau nicht die gleiche Bedeutung wie beim Gleitlager.
- Bei geeigneter Wälzlagerwahl können Wellendurchbiegung und Wellenversatz ausgleichen werden, z. B. durch Pendelrollenlager.
- Wälzlager haben meist einen geringeren Schmierstoffbedarf mit wenig Wartungsaufwand, weil Wälzlager für die gesamte Lebensdauer geschmiert sein können.

Nachteile:

- Wälzlager sind stoßempfindlich durch Punkt- oder Linienbelastung der Wälzkörper auf die Innen- und Außenringe der Wälzlager. Die dämpfende Wirkung des Schmierfilms ist geringer als beim Gleitlager.
- Wälzlager sind schmutzempfindlich, weil durch die Wälzbewegung Verunreinigungen in die Lauffläche eingepresst werden können. Ein frühzeitiger Verschleiß durch eine Vergrößerung der Reibung ist die Folge.
- Die Geräuschentwicklung ist durch die Wälzbewegung größer als bei Gleitlagern.
- Die Umdrehungsfrequenz und die Lebensdauer sind durch die Dauerfestigkeit der Wälzkörper begrenzt.

3.5 Schmierung von Wälzlagern

Aufgaben einer Schmierung *(lubrication)*:

- Sie baut einen tragfähigen Schmierfilm *(lubricating film)* zwischen Wälzkörpern und Lagerringen auf.
- Bei Ölschmierung *(oil lubrication)* führt sie Wärme ab.
- Bei Fettschmierung *(grease lubrication)* dichtet sie das Lager nach außen gegen Verunreinigungen ab.
- Sie mindert Laufgeräusche *(operating noises)*.
- Sie schützt vor Korrosion *(corrosion)*.

3.5.1 Fettschmierung

Bei einer Fettschmierung muss ein **Fettvorrat** *(supply of grease)* angelegt werden. Dieser ist entweder bereits innerhalb des Lagers im Anlieferungszustand vorhanden oder er muss bei offenen Lagern (es sind keine Dichtungsringe am Lager vorhanden) angelegt werden. Die Erstbefettungsmenge liegt zwischen 30 % und 100 % des freien Lagervolumens (Volumen zwischen Innen- und Außenring ohne Wälzkörper und Käfig). Die Befüllungsmenge wird vom Lagerhersteller vorgegeben. Bild 1 zeigt eine solche Fettschmierung mit zweiseitigem Fettvorrat. Nach entsprechender Lagerlaufzeit sind Nachschmierfristen einzuhalten[1]. Wird dem Lager mittels **Fettpresse** *(grease gun)* das Fett zugeführt, hat dies den Vorteil, dass bei einer Lagernachschmierung das frische Fett das verbrauchte aus der Lagerstelle herausdrängt und somit auch evtl. vorhandene Schmutzpartikel entfernt werden. Auch hier sind die Nachschmierfristen den **Schmierplänen** *(lubrication charts)* der Maschinenhersteller zu entnehmen.

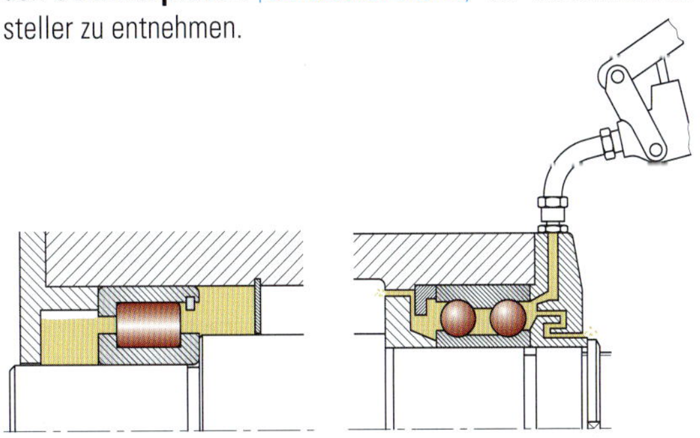

1 *Fettschmierung*

1) siehe Lernfeld 9

3.5.2 Ölschmierung

Bild 2 zeigt einige gebräuchliche Schmierverfahren[1] unter Verwendung von Öl.

Tropfölschmierung
Dieses Verfahren eignet sich zur Schmierung schnell laufender Lager.
Je nach Umdrehungsfrequenz und Lagerbelastung beträgt die Schmiermenge 3...50 Tropfen pro Minute und Lagerlaufbahn.
Das überschüssige Öl muss ablaufen können.

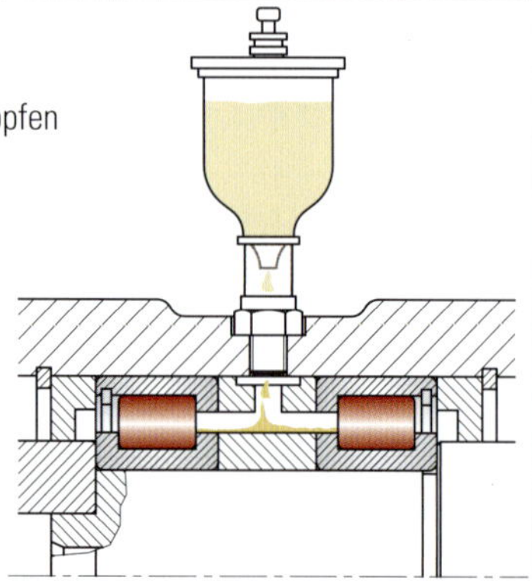

Ölbadschmierung (Tauch- oder Sumpfschmierung)
Der Ölstand wird so bemessen, dass der unterste Wälzkörper bei Stillstand halb oder ganz mit Öl bedeckt wird. Darüber hinausgehende Ölstände bewirken eine Reibungserhöhung (Lagererwärmung) und evtl. eine Schaumbildung des Öls.
Ist eine vollständige Ölfüllung unvermeidbar (z.B. bei vertikaler Lagerachse) steigt das Reibmoment um das 2- bis 3fache.
Regelmäßige Ölstandskontrolle erforderlich!

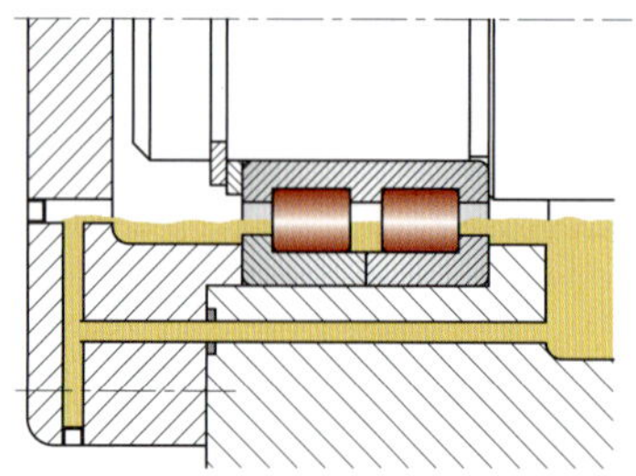

1 *Schmierverfahren*

3.6 Montage von Wälzlagern

Grundsätzlich dürfen bei Montagetätigkeiten mit Wälzlagern keine **Verunreinigungen** *(contaminants)* in die Lager eindringen.

MERKE
Verunreinigungen innerhalb des Lagers setzen die Lebensdauer des Lagers erheblich herab.

Für die Montage *(assembly)* eines Wälzlagers sind einige grundlegende Maßnahmen zu ergreifen:

- Vor Montagebeginn mit der Konstruktion bzw. Zusammenbauzeichnung vertraut machen.
- Das richtige Lager zu Montagebeginn bereitlegen (Herstellerangabe beachten).
- Montageplatz weitgehend staubfrei und sauber halten.
- Lager vor Staub, Schmutz und Feuchtigkeit schützen, denn Verunreinigungen beeinträchtigen den Lauf und die Gebrauchsdauer der Wälzlager nachteilig.
- Die Gehäusebohrung und den Wellensitz auf Maß-, Form- und Lagegenauigkeit sowie auf Sauberkeit prüfen (Herstellerangaben beachten).
- Korrosionsschutz an den Sitz- und Anlageflächen abwischen.
- Sitzflächen der Lagerringe leicht ölen oder einfetten.
- Die Welle und die Gehäusebohrung unter Berücksichtigung einer Einbaufase von 10° ... 15° vorbereiten.
- Unterkühlung der Lager vermeiden, denn es kann sich Schwitzwasser bilden und zu Korrosion führen.
- Nach dem Einbau das Wälzlager mit Schmierstoff versorgen (bei Lagern mit Fettschmierung kann dies vor dem Einbau erfolgen).
- Funktion der Lagerung prüfen.

3.6.1 Mechanische Montage von Wälzlagern

3.6.1.1 Wälzlager mit zylindrischer Bohrung

Bei nicht zerlegbaren Lagern mit zylindrischer Bohrung *(cylindrical borehole)* wird der Ring als erstes montiert, der einen **festen Sitz** erhält (Bild 2). Die Einpresskräfte dürfen dabei nicht über die Wälzkörper eingebracht werden. Günstig sind hierbei **hydraulische Montagehilfen** *(hydraulic assembly aids)* (siehe

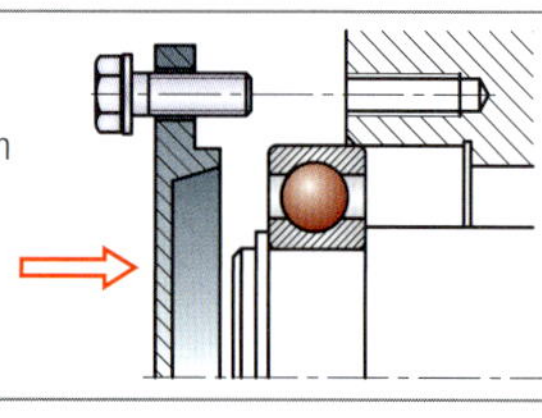

2 *Einbau von Wälzlagern mit zylindrischer Bohrung*

1) Weitere Informationen zum Thema „Schmierverfahren" finden Sie im Lernfeld 9 auf Seite 358.

auch Kap. 3.6.3). Steht keine hydraulische Montagehilfe zur Verfügung, kann die Montage auch mit **Schlagbuchsen** *(impact bushing)* erfolgen (Bild 1). Eine **Montagescheibe** *(assembly disc)* kann bei winkelverstellbaren Lagern (z. B. Tonnenlager) ein Verkanten des Innen- und Außenringes zueinander verhindern.

MERKE

Montagekräfte dürfen nicht über die Wälzkörper geleitet werden!

Sind die Lager zerlegbar, z. B. bei einem Zylinderrollenlager, können die Lagerringe unabhängig voneinander montiert werden.

Wälzlager mit üblichen Festsitzen können bis ca. 80 mm Bohrungsdurchmesser bei Raumtemperatur auf Lagersitze gepresst werden. Neben **mechanischen Pressen** *(mechanical presses)* kommen dafür auch **hydraulische Pressen** *(hydraulic presses)* zum Einsatz. Bild 2 zeigt eine solche Montage mithilfe einer hydraulischen Presse.

3.6.1.2 Wälzlager mit kegeliger Bohrung

Je nach Konstruktion werden Wälzlager mit kegeliger Bohrung *(conical borehole)* unterschiedlich montiert. Die Montage kann direkt auf dem **kegeligen Sitz** *(conical hub)* der Welle erfolgen. Ist der Lagersitz zylindrisch, kommen **Hülsen** *(sleeves)* (Spann- oder Abziehhülsen) zum Einsatz. Bild 3 zeigt eine Montage mithilfe einer Spannhülse. Sie wird auf die Welle aufgeschoben. Danach wird das Lager (hier ein zweireihiges Pendelrollenlager) mit einer **Spannhülsenmutter** *(clamping sleeve nut)* festgezogen. Ein zuvor eingesetztes **Sicherungsblech** *(internal tab washer)* verhindert – nach dem Umschlagen einer Blechnase in eine entsprechende Nut der Mutter – deren Lösen.

Die Lagerringe und die Wälzkörper haben vor der Montage ein Spiel zueinander. Damit das Lager nach der Montage störungsfrei läuft, muss von der Fachkraft ein Lagerspiel eingestellt werden. Dies geschieht durch Aufweiten des Durchmessers des Innenringes. Die Höhe des Lagerspiels wird entweder im Montageplan vom Maschinenhersteller vorgegeben oder kann von der Fachkraft im Katalog des Lagerherstellers nachgeschlagen werden. Geprüft wird das Spiel mit einer **Fühlerlehre** *(thickness gauge)*.

3.6.2 Thermische Montage

Bei einigen Wälzlagermontagen kann eine Erwärmung des Lagers vorgeschrieben sein. Dabei werden die Montagetemperaturen des Lagers vorgegeben. Die Wälzlagererwärmung *(heating of rolling bearings)* kann mithilfe

- eines **induktiven Anwärmgerätes** *(inductive preheating burner)*
- einer **Heizplatte** *(heating plate)* (mehrfaches Wenden der Lager erforderlich)
- eines **Wärmeschranks** *(heating cabinet)* oder mittels
- eines **Ölbades** *(oil bath)*

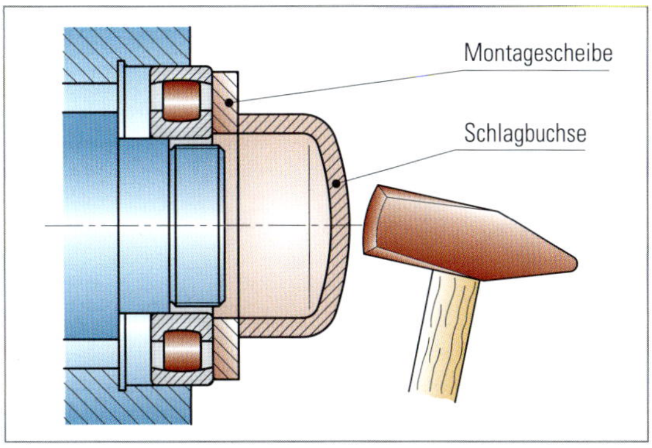

1 *Wälzlagermontage mit Schlagbuchse und Montagering*

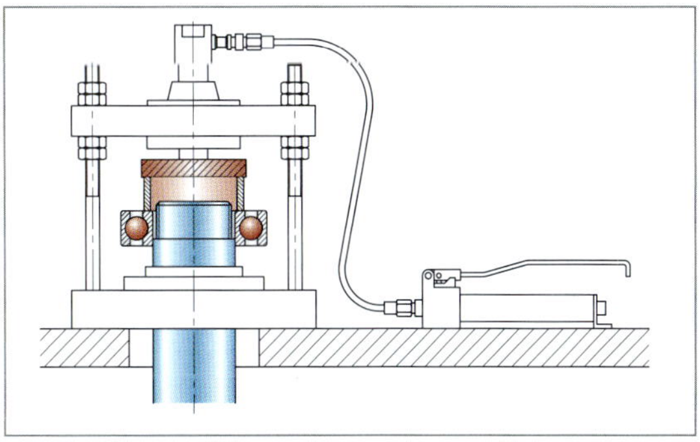

2 *Wälzlagereinbau mit hydraulischer Presse*

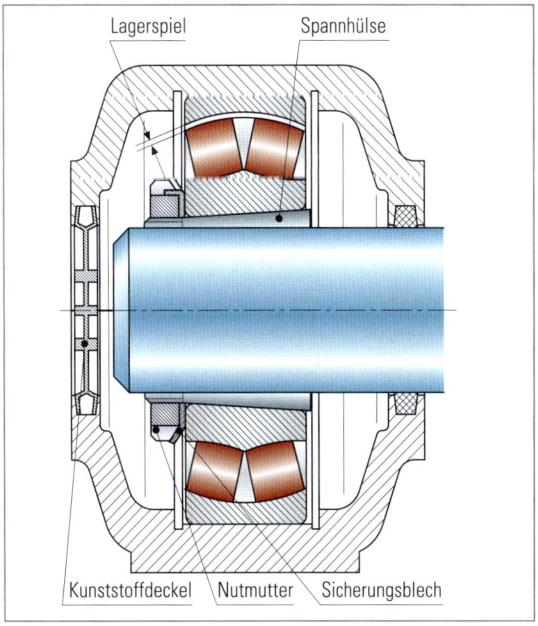

3 *Einbau eines Wälzlagers mit kegeliger Bohrung mithilfe einer Spannhülse und einer Spannhülsenmutter*

geschehen (Seite 220 Bild 1). Mit diesen Hilfsmitteln kann die Erwärmung der Wälzlager gleichmäßig erfolgen. Wärmespannungen und damit einhergehende Maßabweichungen werden vermieden.

1 Induktive Wälzlagererwärmung

3.6.2.1 Wärmedehnung *(thermal expansion)*

Unterschiedliche Metalle dehnen sich bei gleicher Erwärmung unterschiedlich aus. Für die Ermittlung des Längenausdehnungskoeffizienten α wird ein Probestab von einem Meter Länge genommen und um 1 K erwärmt.

Die Zahl, die die Ausdehnung je Längeneinheit um 1 K Temperaturdifferenz angibt (Bild 2), wird mit α bezeichnet.

Der Längenausdehnungskoeffizient α hat damit die Einheit:

$$\frac{mm}{mm \cdot K} = \frac{1}{K}$$

Überlegen Sie!

Weshalb unterscheiden sich die Längenausdehnungskoeffizienten verschiedener Stahllegierungen?

Die Längenänderung Δl (Bild 3) wird folgendermaßen berechnet:

$$\Delta l = l_1 \cdot \alpha \cdot \Delta t$$

Δl: Längenänderung
l_1: Ausgangslänge
α: Längenausdehnungskoeffizient
Δt: Temperaturdifferenz zwischen Ausgangs- und Montagetemperatur

Metall	Längenausdehnungskoeffizient α in 1/K
Unlegierter Stahl (z. B. E335)	0,000011
Legierter Stahl (z. B. 41Cr4)	0,000010
Legierter Stahl (z. B. X5CrNi18-10)	0,000016
Kupfer	0,0000168
Aluminium	0,0000239

2 Längenausdehnungskoeffizienten verschiedener Werkstoffe

In Ihrem Tabellenbuch sind weitere spezifische Längenausdehnungskoeffizienten für die verschiedenen Metalle zu finden.

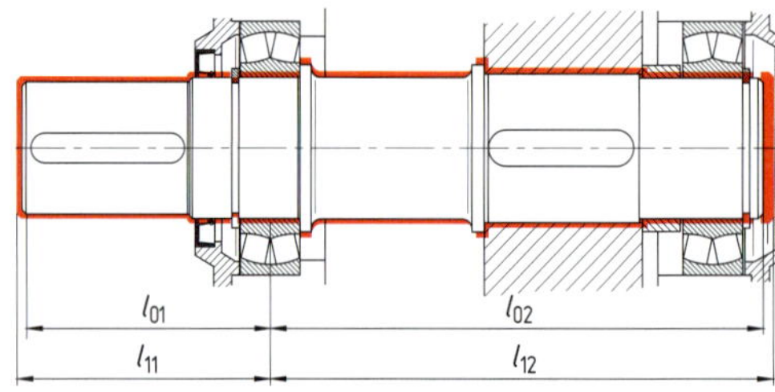

3 Längenausdehnung einer Welle durch Erwärmung (zur Verdeutlichung übertrieben dargestellt)

Beispielaufgabe

Ein Wälzlager DIN 625-6012 soll in einem Ölbad von 20 °C auf 80 °C erwärmt werden. Um wie viel µm vergrößert sich der Innendurchmesser des Lagers? Der Längenausdehnungskoeffizient α des Stahls beträgt 0,000012/K. (Annahme: Der Nenndurchmesser ist der tatsächliche Durchmesser).

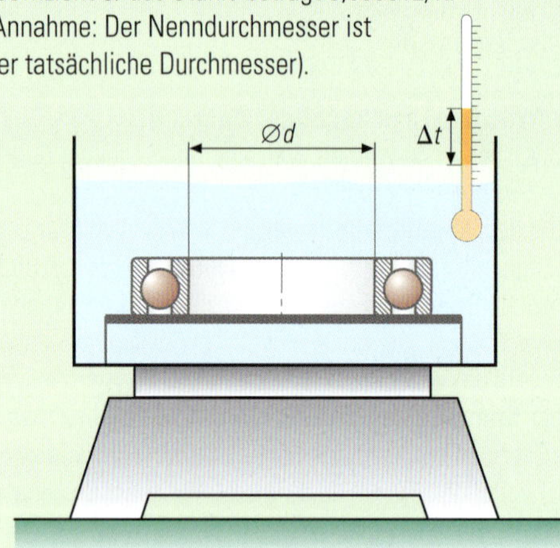

Der Durchmesser entspricht einer Länge.

$\Delta l = l_1 \cdot \alpha \cdot \Delta t$

$\Delta l = l_1 \cdot \alpha \cdot (t_1 - t_0)$

$\Delta l = 60\ mm \cdot \frac{0{,}000012}{K} \cdot (80\,°C - 20\,°C)$

$\Delta l = \frac{60\ mm \cdot 0{,}000012 \cdot 60\ K}{K}$

$\Delta l = 0{,}0432\ mm$

$\Delta l = 43{,}2\ \mu m$

3.6.3 Hydraulische Montage

Die hydraulische Montage *(hydraulic assembly)* arbeitet mit der Druckausbreitung des Hydrauliköls. Sie kann nur bei Lagern mit kegeliger Lagerbohrung angewendet werden. Es wird über Kanäle innerhalb der Welle Hydraulikflüssigkeit (Öl) direkt in den Lagersitz gedrückt. Der kegelige Wälzlagerinnenring wird hierdurch zum einen aufgeweitet und zum anderen kann durch die Reibungsverminderung das Lager leicht auf den Lagersitz aufgeschoben werden.

3.7 Demontage von Wälzlagern

1 *Abziehvorrichtung*

2 *Induktive Erwärmungsanlage*

Zur Demontage kleiner Lager eignen sich **mechanische Abziehvorrichtungen** *(pullers)* (Bild 1).
Bei größeren Lagern werden die Abziehkräfte für eine mechanische Abziehvorrichtung zu groß. In solchen Fällen werden insbesondere die Innenringe von Zylinderrollenlagern erwärmt. Hierbei erweitert sich der Ring und kann abgezogen werden. Dabei ist auf eine gleichmäßige, auf dem gesamten Umfang verteilte Erwärmung zu achten. Es darf zudem die Wärme nur kurz eingeleitet werden, da sich sonst auch die Welle erwärmt und ausdehnt. Diese Forderungen erfüllen **induktive Erwärmungsanlagen** *(heating plants)* (Bild 2) sowie **Anwärmringe** *(heating rings)* (Bild 3).
Je nach Konstruktion werden Wälzlager mit kegeliger Bohrung in der Regel auf zwei Arten demontiert:

- mechanisch oder
- hydraulisch

Bei der **mechanischen Demontage** *(mechanical disassembly)* wird, je nach Ausführung des Lagersitzes, zunächst die Nutmutter gelöst (Bild 4). Dann wird der Innenring in Richtung der Mutter getrieben. Dies kann mit einer Schlaghülse oder einem Austreibdorn und Hammerschlägen geschehen. Es besteht hierbei die Gefahr, dass sich der Innenring schlagartig löst. Um ein Abrutschen des Lagers zu verhindern, wird die Nutmutter auf der Lagerhülse bzw. dem Lagersitz belassen.
Die **hydraulische Demontage** *(hydraulic disassembly)* wird prinzipiell genauso wie die hydraulische Montage durchgeführt. Über Kanäle innerhalb der Welle wird Hydraulikflüssigkeit in den Lagersitz gepresst. Wie bei der mechanischen Demontage ist auch hier mit einem schlagartigen Lösen der Innenringe zu

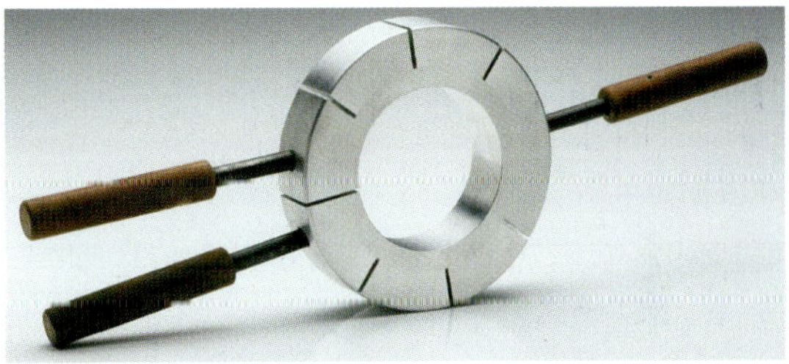
3 *Anwärmring aus Aluminium*

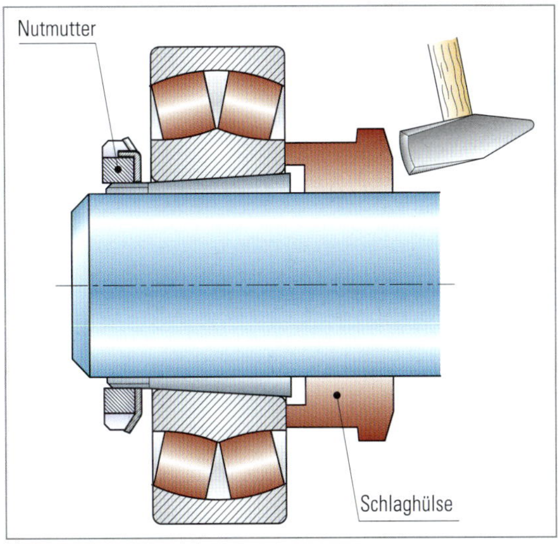

4 *Ausbau von Wälzlagern mit kegeliger Bohrung*

rechnen. Auch hier muss mit der Sicherungsmutter das Abgleiten des gesamten Lagers verhindert werden.
Kleine Wälzlager können mit **Ölinjektoren** *(oil jet pumps)* demontiert werden (Bild 1). Sie besitzen ein kleines Ölvolumen und sind besonders für die Wälzlagerdemontage mit kegeligem Sitz geeignet.

MERKE

Bei der Demontage von Wälzlagern mit kegeliger Bohrung ist die Axialbewegung des Lagers zu begrenzen!
Der Pressverband löst sich schlagartig.

Nur in Ausnahmefällen, wenn keine der genannten Demontagemöglichkeiten angewendet werden kann, sollte eine Demontage mit einer Flamme erfolgen. Um eine ungleichmäßige Erwärmung zu vermeiden, ist dafür möglichst ein Ringbrenner zu verwenden. Es besteht die Gefahr der örtlichen Überhitzung. Wärmerisse und Gefügeumwandlungen können die Folge sein.

3.8 Entsorgung von Wälzlagern

Werden Wälzlager nach der Demontage nicht wiederverwendet, so werden sie zerlegt. Fett, Dichtungen und Kunststoffteile werden vorschriftsmäßig entsorgt und die Lagerringe, Wälzkörper und Käfige dem Recycling zugeführt.

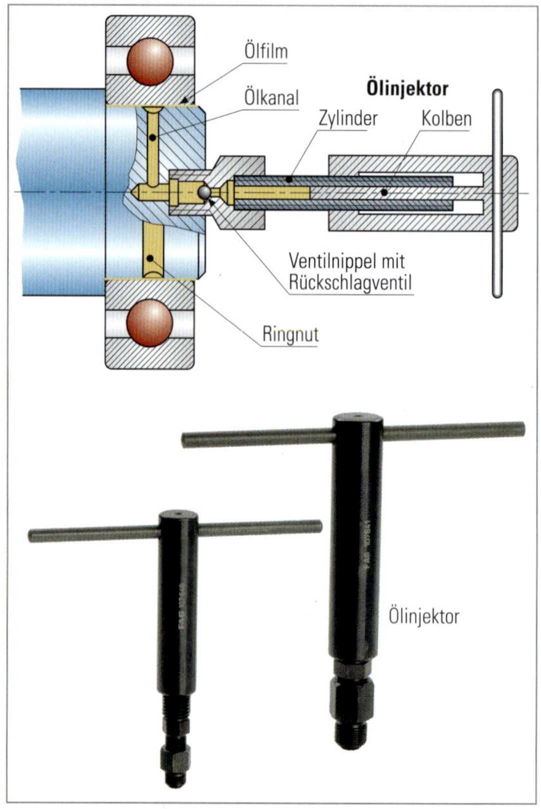

1 Demontage mithilfe eines Ölinjektors

ÜBUNGEN

1. Erläutern Sie den Aufbau von Wälzlagern.
2. Welche Wälzkörper werden für Wälzlager verwendet?
3. In welche Gruppen lassen sich Wälzlager einteilen?
4. Ermitteln Sie mithilfe Ihres Tabellenbuchs oder eines Lagerkataloges die Einbaumaße folgenden Lagers: Tonnenlager DIN 635 – 20311.
5. Welche Vorteile haben Wälzlager gegenüber Gleitlagern?
6. Was versteht man bei Wälzlagern unter dem Betriebsspiel?
7. Eine Seilumlenkrolle ist unter einer Hallendecke angebracht. Mit dem Seil werden Massen angehoben. Skizzieren Sie die Problemstellung und erläutern Sie das Umlaufverhältnis der Wälzlager innerhalb der Umlenkrolle beim Anheben einer Masse.
8. Welche Aufgaben erfüllt die Schmierung eines Wälzlagers?
9. Beschreiben Sie die Ölbadschmierung.
10. Wovon hängt die Tropfölmenge bei der Tropfölschmierung ab?
11. Welche Lageranordnungen werden unterschieden?
12. Erläutern Sie die Lageranordnung „O-Anordnung von Kegelrollenlagern" ausführlich.
13. Beschreiben Sie die allgemeine Vorgehensweise bei der Montage von Wälzlagern.
14. Welche Montageverfahren für Wälzlager kennen Sie?
15. Beschreiben Sie die Wälzlagermontage für Wälzlager mit Vorspannung.
16. Erläutern Sie die Aussage: „Wälzlager sind empfindlicher gegenüber Schmutz, Stößen und hohen Temperaturen als Gleitlager".
17. Beschreiben Sie die Vorgehensweise bei der mechanischen Demontage von Wälzlagern mit kegeligem Sitz.
18. Der Innenring eines Zylinderrollenlagers DIN 5412 – NU 215 soll für die Montage um 0,055 mm im Durchmesser erweitert werden.
    a) Erläutern Sie ein Verfahren, mit dem das Lager erwärmt werden kann.
    b) Berechnen Sie die Temperatur, auf die das Lager erwärmt werden muss.

4 Führungen

Vorschubeinheiten an Werkzeugmaschinen benötigen Führungen *(machine tool slideways)*. Es werden z. B. an die Führungen von Fräsmaschinen hohe Anforderungen gestellt. Sie benötigen:

- eine hohe Führungsgenauigkeit *(accuracy of guidance)*
- eine hohe Steifigkeit *(rigidity)* (Widerstand gegen Verformung)
- einen geringen Reibwiderstand *(frictional resistance)*
- ein leicht einstellbares Spiel *(clearance)*
- eine hohe Unempfindlichkeit gegen Verschmutzung *(contamination)*
- eine einfache Wartung *(maintenance)*

Grundsätzlich werden Führungen unterteilt nach:

- **Rundführungen** *(circular slides)*
- **Flachführungen** *(flat slides)*
- **Prismenführungen** *(prism slides)*

Diese Führungen werden, ähnlich wie Lagerungen, weiter nach **Gleit- und Wälzführungen** unterschieden.

4.1 Gleitführungen

Gleitführungen *(slideways)* unterliegen einem ähnlichen Funktionsprinzip wie Gleitlager. Die Gleitflächen der Baugruppen bewegen sich gegeneinander. Bei der Bewegung muss sich zur Verminderung der Reibung z. B. ein hydrodynamischer Schmierfilm bilden (Kap. 2.2.3.1). Die gute Oberflächenqualität und Formgenauigkeit werden durch **Feinbearbeitung**[1] sichergestellt. Gehärtete Oberflächen gewährleisten zudem einen geringen Verschleiß.

Werkzeugmaschinen besitzen unterschiedliche Formen von Führungen. Hierzu zählen Flach-, Prismen-, Schwalbenschwanz- und Rundführungen. Aufgrund der Form übertragen sie die auftretenden Kräfte zum Maschinenständer bzw. -bett.

Die **Flachführung** *(flat slides)* (Bild 1) bewirkt eine Längsführung und eine Seitenführung. Gegen das Abheben des Schlittens müssen Schließleisten vorgesehen werden. Die seitliche Führung wird durch einstellbare Keilleisten spielarm eingestellt.

Schwalbenschwanzführungen *(dovetail slides)* (Bild 2) besitzen abgeschrägte Seitenflächen, die das Abheben des Schlittens verhindern. Daher kann die Schließleiste entfallen. Die Schwalbenschwanzführung hat zudem noch eine geringere Bauhöhe als eine vergleichbare Flachführung. Schwalbenschwanzführungen sind z. B. an kleinen Fräsmaschinen und am Werkzeugschlitten an Drehmaschinen zu finden.

Prismenführungen *(prism slides)* (Bild 3) können als V-Führung oder als Dachführung gestaltet werden. Sie nehmen Kräfte in zwei Richtungen auf. Die Seitenführung stellt sich bei Abnutzung selbst nach. Zur Sicherung gegen Abheben muss eine Schließleiste montiert werden.

Vielfach werden verschiedene Ausführungsformen von Führungen paarweise kombiniert wie z. B. eine Prismenführung mit nachstellbarer Schließleiste und eine Flachführung (Bild 4).

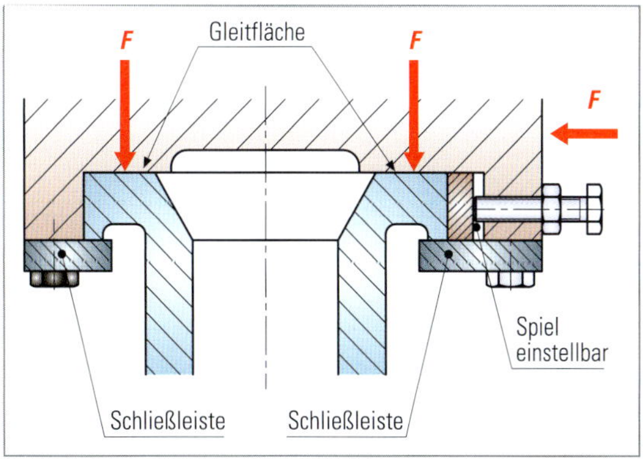

1 *Flachführung*

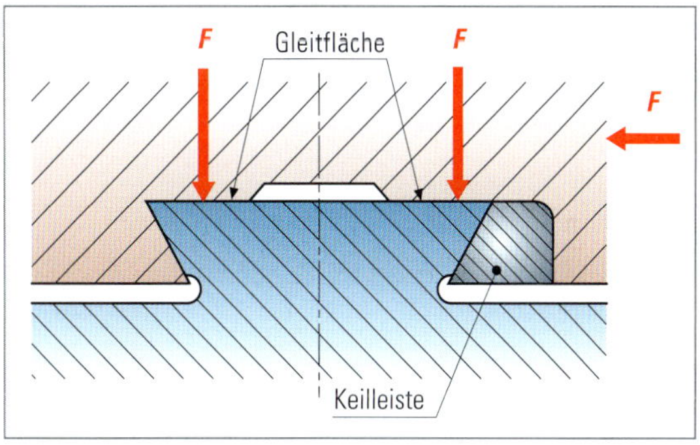

2 *Schwalbenschwanzführung*

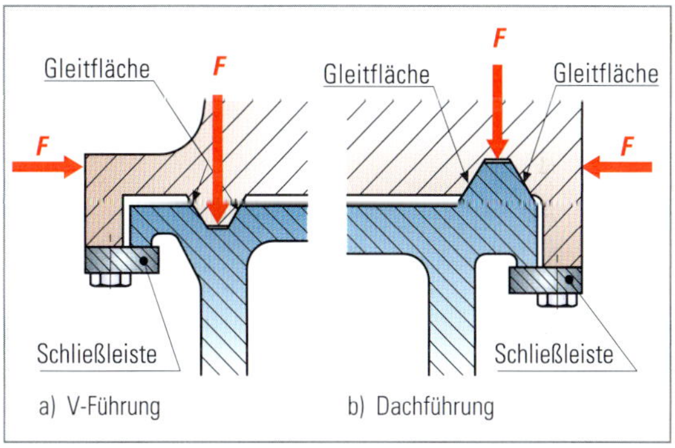

3 *Prismenführungen*

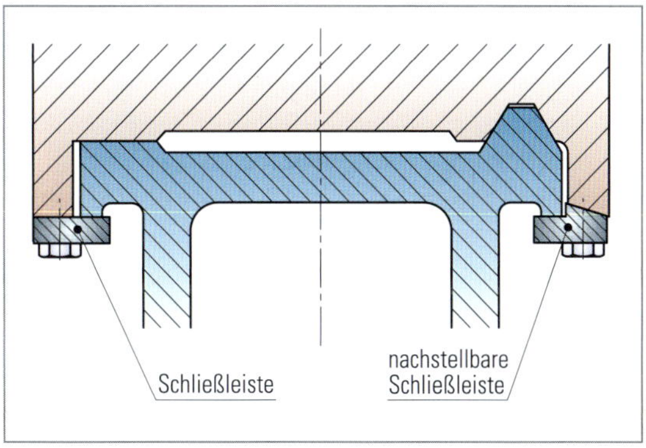

4 *Kombination zweier Führungen*

1) Ausführlichere Informationen zur Feinbearbeitung finden Sie im Lernfeld 5 im Kap. 6.

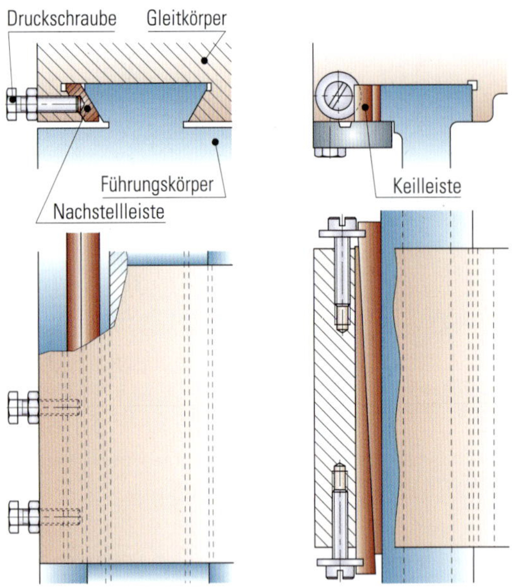

1 *a) Prismatische Nachstellleiste*
b) Keilleiste

2 *Rundführung an einer Säulenbohrmaschine*

Ähnlich wie bei der Lagerung von Wellen muss dabei zum Ausgleich von Wärmeausdehnungen bei einer Führungsseite – dem Loslager vergleichbar – Spiel vorgesehen werden.
Bild 1a zeigt links eine **prismatische Nachstellleiste**. Da die Druckschrauben auf der Nachstelllänge verteilt angebracht sind, ist ein gleichmäßiger Anpressdruck schwer einzustellen. Vorteile hat hier die **Keilleiste** (Bild 1b). Sie wird durch eine stirnseitig angebrachte Schraube eingestellt und trägt die Seitenkräfte des Führungsschlittens gleichmäßig.
Rundführungen *(circular slides)* haben eine gute Führungsgenauigkeit und lassen sich einfach herstellen. Ein Anwendungsbeispiel ist die Führung eines Bohrtischs einer Säulenbohrmaschine (Bild 2).

4.2 Wälzführungen

Bei Wälzführungen *(anti-friction-slideways)* ist die entstehende Rollreibung – wie bei den Wälzlagern – wesentlich geringer als bei der Gleitreibung. Das **Ruckgleiten (stick-slip-Effekt)** beim Anfahren und bei langsamer Bewegung entfällt. Bei Wälzführungen stützt sich der bewegliche Führungswagen auf den Wälzkörpern ab, die zwischen dem feststehenden Maschinenteil und dem zu bewegenden Bauteil abwälzen. Bei den Wälzführungen rollen die Wälzkörper zwischen den gehärteten und geschliffenen Laufflächen der Führungsbahnen. Da die Wälzkörper ihrerseits geführt werden müssen, sind sie in Käfigen angeordnet.
Wälzführungen haben bei normalen Ausführungen einen begrenzten Hub (Bild 3). Durch die Drehbewegung des Wälz-

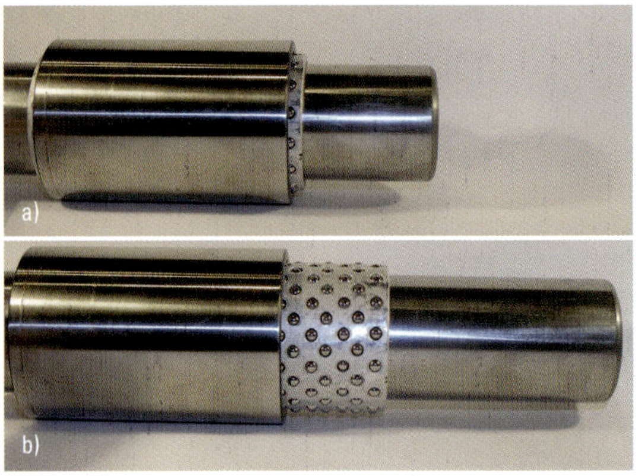

3 *Wälzführung mit begrenztem Hub*

körpers wird der Führungswagen linear verschoben. Infolge der Abwälzbewegung auf der festen Führung bewegt sich der Wälzkörper gleichzeitig nur um die Hälfte der Länge gegenüber dem Verfahrweg des Führungswagens. Aufgrund dieses Funktionsprinzips bewegt sich der Käfig mit den Wälzkörpern nur um den halben Schlittenhub. Um auch längere Verfahrwege zu ermöglichen, gibt es Wälzführungen, bei denen die Wälzkörper rückgeführt werden (Bild 1).

Die Wälzführungen werden als fertige Baugruppe *(installed subassembly)* bezogen und montiert. Ein Montagebeispiel zeigt Bild 2. Die Kugelführungsschienen sind parallel anzuordnen. Die Toleranz, in der dies zu geschehen hat, ist den Herstellerangaben zu entnehmen. Nach erfolgter Verschraubung der Führungsschienen werden die Schraubenköpfe abgedeckt. Dies kann für jeden Schraubenkopf einzeln erfolgen oder durch Abdeckleisten, die über die gesamte Länge der Schiene angebracht werden. Die Führungsschienen werden geschmiert und danach werden die Führungsschlitten auf die Schienen geschoben. Zusätzlich können an die Führungsschlitten noch Dichtungen angebracht werden. Das Eindringen von Schmutz wird so verhindert. Je nach Konstruktion werden die Enden der Schienen gegen Herausrollen gesichert. Nach Montage der Aufbauten auf die Führungsschlitten müssen diese sich leicht verschieben lassen. Eine Ausnahme sind Führungen die unter Vorspannung montiert werden. Diese setzen aufgrund der spielfreien Montage der Verschiebebewegung einen Widerstand entgegen.

Zylindrische Führungen *(cylindrical slides)* (Bild 3) werden zur Längsführung zylindrischer Bauteile benutzt. Anwendungen sind zum Beispiel die Pinole einer Bohrspindel oder die Führung eines Werkzeuges.

3 Kugelbuchse als zylindrische Führung

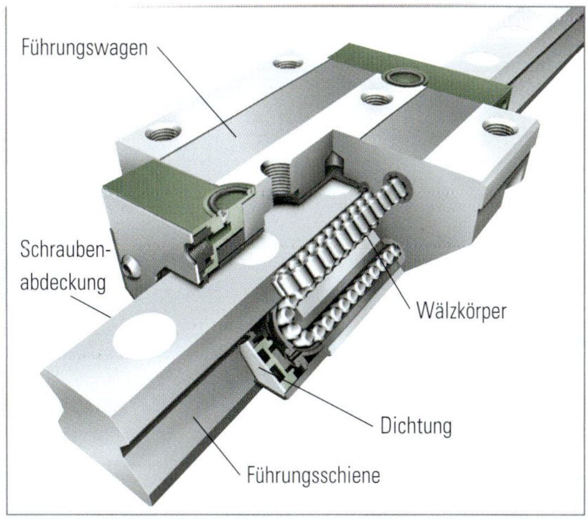

1 Wälzführung mit unbegrenztem Hub

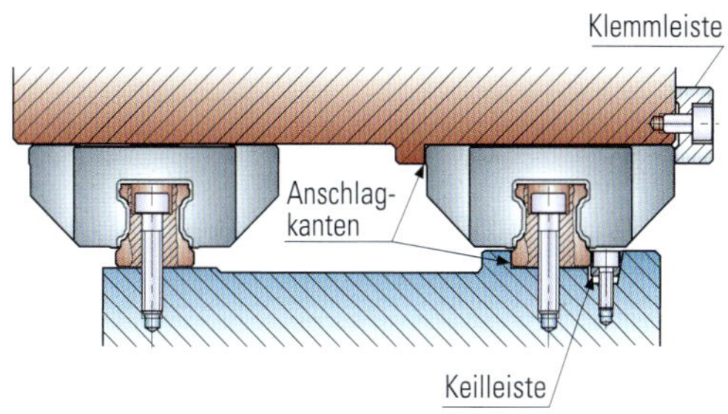

2 Montagebeispiel zweier Wälzlagerführungen

ÜBUNGEN

1. Welche Grundformen für Führungen werden unterschieden?
2. Worin unterscheiden sich Führungen von Lagerungen?
3. Womit wird das Lagerspiel bei Flachführungen eingestellt?
4. Beschreiben Sie die Aufgabe der Schließleisten bei Gleitführungen.
5. Wie funktioniert eine Führung mit unbegrenztem Verschiebeweg?
6. An welchen Maschinen in Ihrem Ausbildungsbetrieb finden Sie Gleit- bzw. Wälzführungen?
7. Wie werden Gleitführungen geschmiert?
8. Nennen Sie Einsatzgebiete für Führungen mit begrenztem Hub.

5 Wellendichtungen

5.1 Dichtungsarten

Dichtungen *(seals)* haben allgemein die Aufgaben:

- Schmierstoffe *(lubricants)* am Austreten aus dem Gehäuse zu hindern
- Verunreinigungen *(contaminations)* nicht in ein Gehäuse eindringen zu lassen (Bild 1)
- ggf. Flüssigkeiten *(fluids)* oder Gase *(gases)* voneinander zu trennen
- Druckunterschieden *(differences of pressure)* standzuhalten

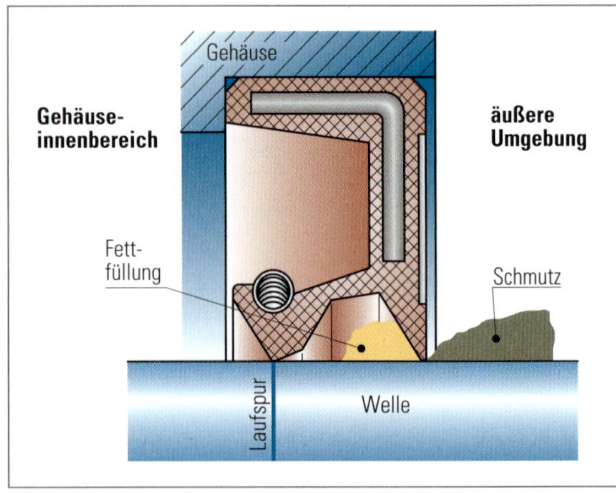

1 *Aufgaben von Dichtungen am Beispiel eines Radial-Wellendichtrings*

Berührungsdichtungen			Berührungslose Dichtungen
Statische Dichtungen	Dynamische Dichtungen		
	Längsbewegung	Drehbewegung	
■ Flachdichtung 	■ Stopfbuchse 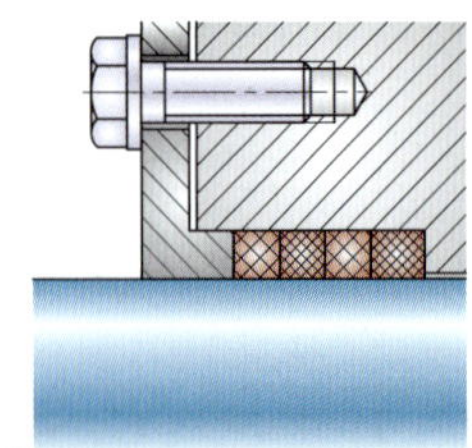	■ Stopfbuchse 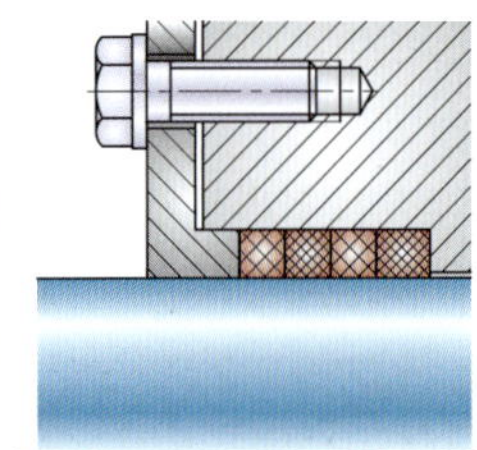	■ Spaltdichtung 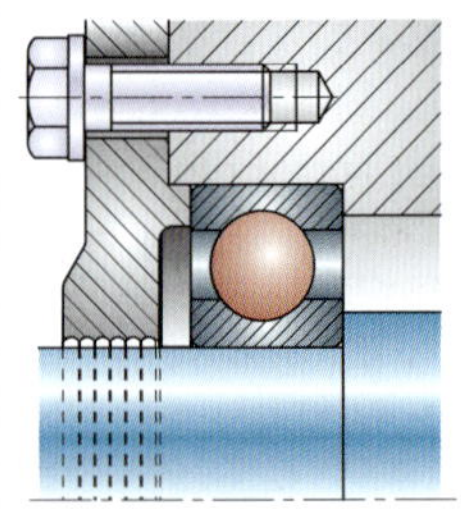
■ O-Ring-Dichtung 	■ Kolbenring 	■ Radial-Wellendichtring 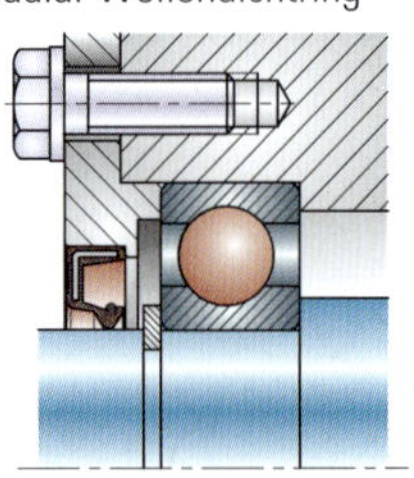	■ Labyrinthdichtung 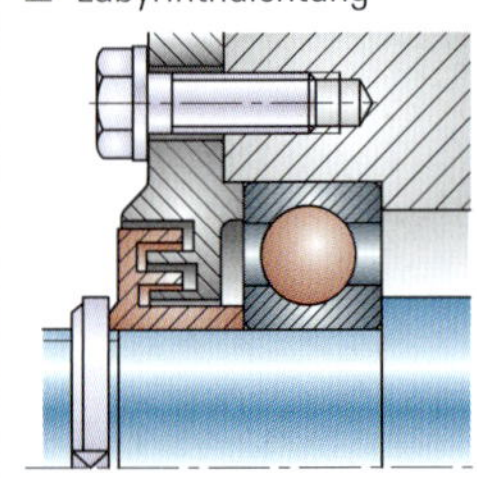
■ Stoffschlüssige Dichtungen (z. B. Klebstoffdichtung) ■ Dichtungsmasse (z. B. Kitt) ■ Usit-Ring	■ Faltenbalg 	■ V-Dichtring 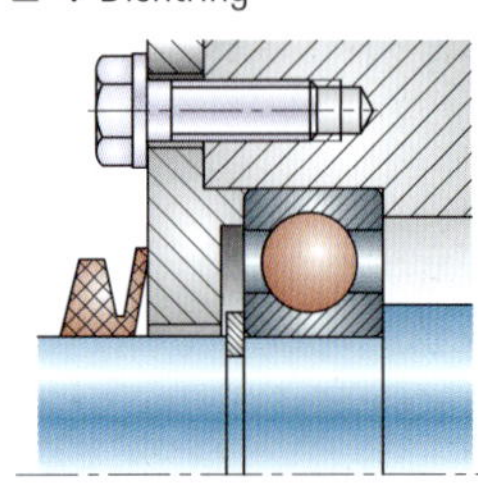	

2 *Dichtungsarten*

Dynamische Dichtungen Drehbewegung	
■ Gleitringdichtung	■ Filzringdichtung

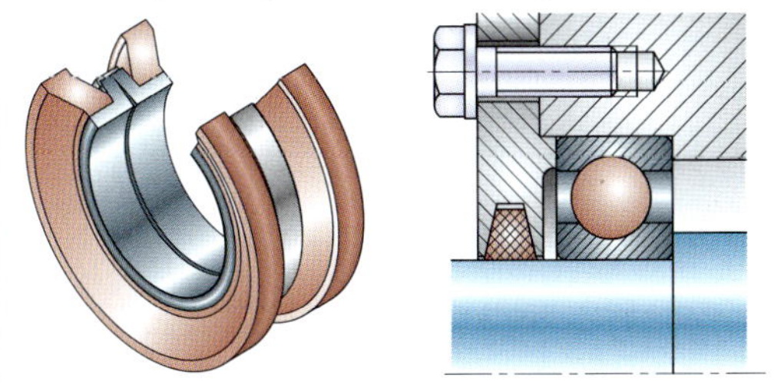

1 Ergänzung zu Tab. Bild 2 von Seite 226: Weitere dynamische Dichtungen für Drehbewegungen

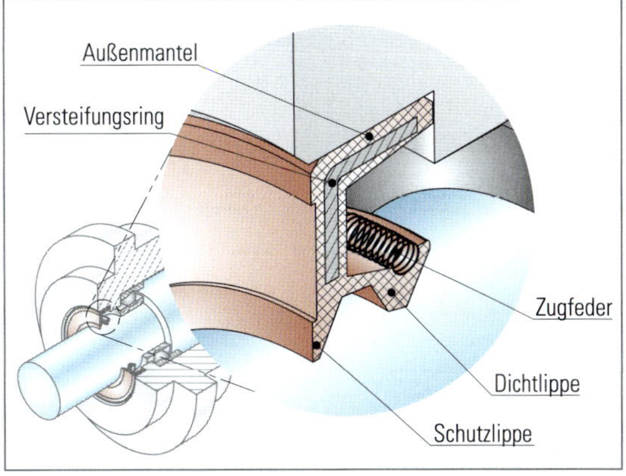

2 Radial-Wellendichtring (RWDR)

5.2 Radial-Wellendichtringe

Lagerungen, gleich welcher Art, umfassen nicht nur die Lager, sondern auch die unmittelbar daran anschließenden Bauteile: Neben Wellen und Gehäuse vor allem auch Dichtungen.

Radial-Wellendichtringe *(radial shaft seals)* (Bild 2) werden zur Abdichtung der Durchgangsstellen zwischen umlaufenden (z. B. einer Welle) und fest stehenden Maschinenteilen (z. B. einem Gehäuse) eingesetzt. Sie bestehen aus

- einem **zylindrischen Außenmantel** *(cylindrical lagging)* aus Stahlblech bzw. Elastomer-Werkstoff, der die Gehäusebohrung statisch abdichtet. Er sorgt für den erforderlichen Festsitz des Radial-Wellendichtringes in der Bohrung bzw. ermöglicht die ordnungsgemäße Montage des Dichtringes.
- der **Dichtlippe** *(sealing lip)* aus Elastomer, die die dynamische und statische Abdichtung gegenüber der Welle oder der Achse übernimmt. Die Dichtlippe wird mit einer ringförmigen Zugfeder gegen die sich drehende Welle gepresst. Die Dichtkante an der Dichtlippe und die Gegenlauffläche auf der Welle bilden den wichtigsten Funktionsbereich von Radial-Wellendichtringen. Die Welle hat dafür eine Oberflächenrauigkeit von ≤ Ra1 aufzuweisen und muss im Dichtungsbereich drallfrei geschliffen sein, um Beschädigungen der Dichtung zu vermeiden. Vor der Montage ist sie dahingehend zu überprüfen. Zusätzlich hat die Welle eine ausreichende Härte zu besitzen (55 ... 65 HRC).
- Eine zusätzliche **Schutzlippe** *(protective lip)* (Bild 2), die die eigentliche Dichtstelle von außen gegen Staub und kleinere feste Verunreinigungen schützt, kann ebenfalls Bestandteil eines Dichtringes sein. Ein geeigneter Schmierstoff (z. B. Fett) zwischen Dicht- und Schutzlippe verringert den Verschleiß und kann die Korrosion verzögern.

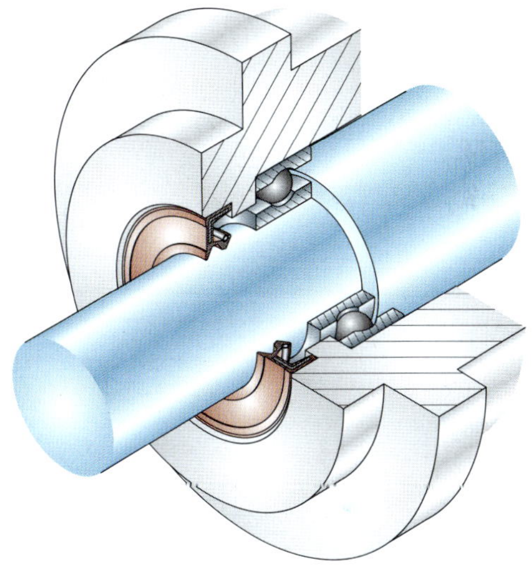

3 Einbaubeispiel eines Radial-Wellendichtrings mit Schutzlippe

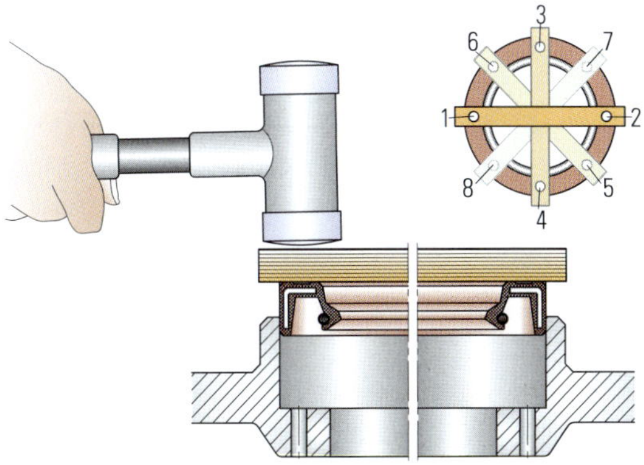

4 Einbau großer Dichtringe an der Gehäusestirnfläche

5.2.1 Montage von Radial-Wellendichtringen

Um einen einfachen Einbau des **Dichtringes** *(sealing ring)* in der Aufnahmebohrung und um bei der Inbetriebnahme eine Anfangsschmierung sicherzustellen, ist der Dichtring zuvor in ein geeignetes Gleitmittel zu tauchen. Als Gleitmittel empfiehlt es sich, genau den Schmierstoff zu verwenden, gegen den der Dichtring später abdichten soll.

Bei Dichtringen mit Schutzlippe sollte der Raum zwischen Dicht- und Schutzlippe mit einem Schmierfett gefüllt werden[1].

1) Ausgenommen hiervon sind Dichtringe aus Silikon-Kautschuk bzw. mit hydrodynamischer Dichthilfe.

Wenn für den Einbau großer Dichtringe (Seite 227 Bild 4) die Anfertigung eines speziellen Einpresswerkzeugs zu kostenintensiv bzw. nicht möglich ist, ist die Verwendung eines Weichholzblocks empfehlenswert. Bei dieser Art der Montage ist darauf zu achten, dass die Schläge mit einem Hammer gleichförmig über den Umfang verteilt aufgebracht werden. Ein Verkanten oder ein schiefer Sitz der Dichtung wird so vermieden. Für den Fall, dass die Dichtringe hinter der Stirnfläche des Gehäuses zurückstehen, empfiehlt es sich ein Weichholzstück entsprechend Bild 1 zu verwenden. In jedem Fall müssen Schläge mit dem Hammer unmittelbar auf den Dichtring vermieden werden, damit die Dichtung nicht beschädigt oder die Dichtlippe unbrauchbar wird.

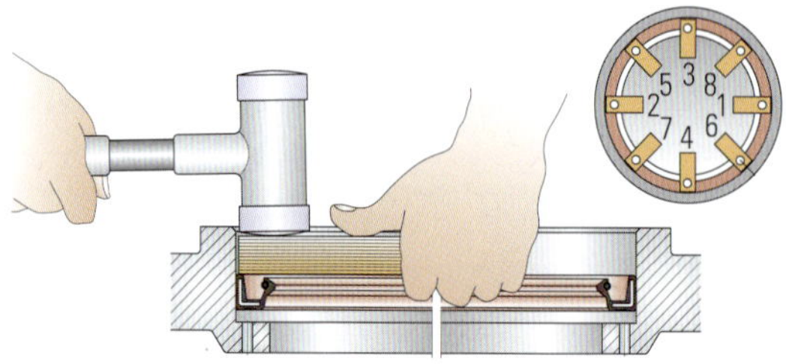

1 *Einbau großer Dichtringe hinter Stirnflächen*

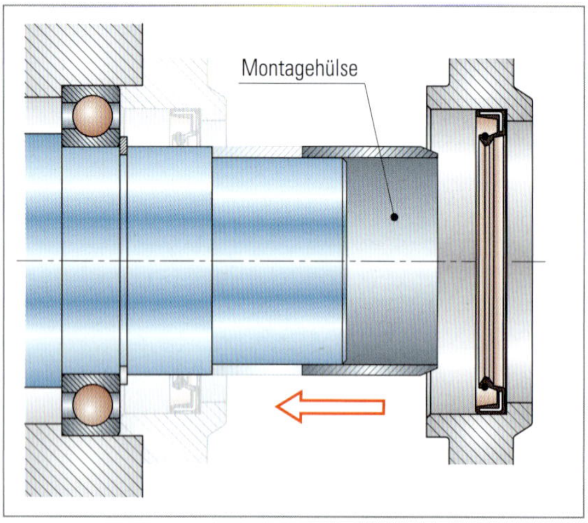

2 *Einbau eines Radial-Wellendichtrings an einer abgesetzten Welle ohne Fase oder Abrundung mit einer Montagehülse*

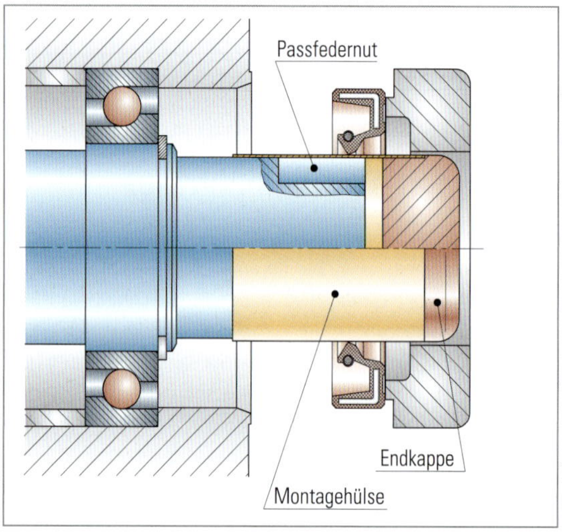

3 *Einbau eines Radial-Wellendichtrings über einer Federnut*

Beim Einbau von Dichtringen auf abgesetzten Wellen, deren Schulter nicht mit einer Anfasung bzw. Abrundung versehen ist, muss eine **Montagehülse** *(mounting sleeve)* nach Bild 2 verwendet werden.

Wenn der Dichtring über Federnuten, Gewinde oder eine Verzahnung montiert werden muss, sorgen dünnwandige Montagehülsen nach Bild 3 für die Unversehrtheit der Dichtkante. Der Außenmantel der Montagehülsen ist mit dem gleichen Gleitmittel einzustreichen wie der Dichtring und die Lauffläche.

5.2.2 Austausch von Radial-Wellendichtringen

Bei Instandsetzungsarbeiten ist grundsätzlich ein neuer Radial-Wellendichtring zu verwenden. Die Dichtkante des neuen Dichtringes darf dabei nicht auf der Laufspur der alten Dichtkante sitzen. Die Beschädigung des neuen Dichtrings ist sonst unvermeidlich.

Die Beschädigung kann verhindert werden durch:

- Nacharbeit *(reconditioning)* des Laufflächenbereichs der Dichtkante (sehr aufwendig!)
- Einbau von **Distanzringen** *(distance washers)* in der Aufnahmebohrung zwischen Anlageschulter und Dichtring (Bild 4)

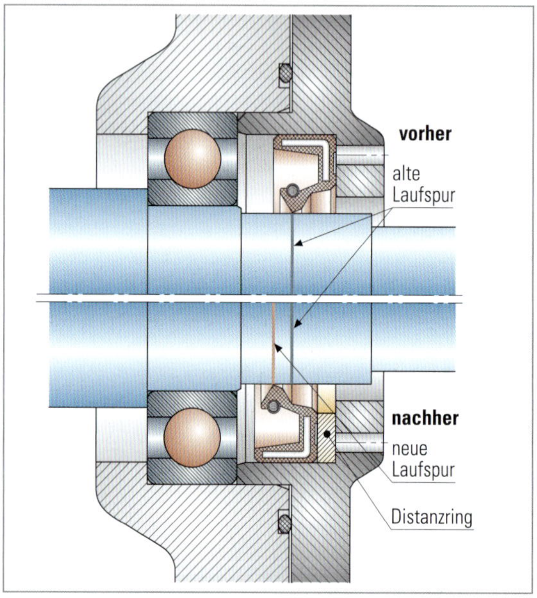

4 *Einbau eines Distanzrings, damit nach dem Austausch des Radialwellendichtrings eine andere Laufspur genutzt wird*

- Einsatz von **Reparaturhülsen** *(repairing sleeves)* bzw. deren Austausch (Bild 1)
- verschieden tiefes Einpressen *(force fitting)* des Dichtrings in eine durchgehende Aufnahmebohrung

Bei der Auswahl von Ersatzdichtungen ist grundsätzlich darauf zu achten, dass Ausführung und Werkstoff der Originaldichtung entsprechen oder diese qualitativ übertreffen.

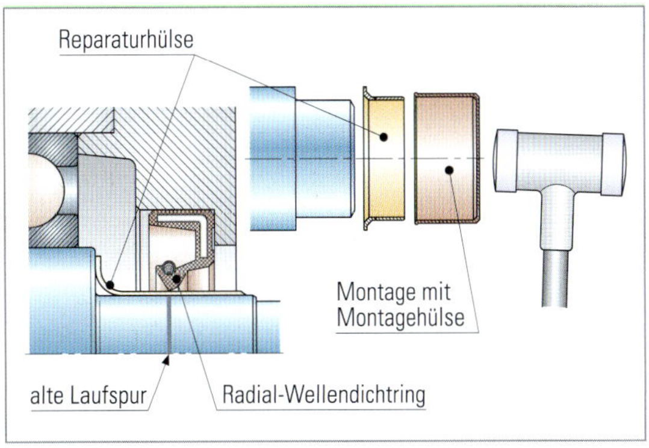

1 Einbau einer Reparaturhülse, damit nach dem Austausch des Radialwellendichtrings Beschädigungen der Dichtlippe durch die alte Laufspur verhindert werden

5.3 Gleitringdichtungen

Gleitringdichtungen *(slide ring seals)* (Bild 2) werden bei schweren Betriebsbedingungen verwendet. Dabei sind sie, verglichen mit Radial-Wellendichtringen nur für relativ niedrige Umfangsgeschwindigkeiten geeignet. Sie bieten Schutz gegen das Eindringen von festen oder auch feuchten Verunreinigungen und halten den Schmierstoff in der Lagerstelle zurück.

Montage von Gleitringdichtungen

Für den Einbau der Gleitringdichtungen sind keine besonderen Werkzeuge bzw. Vorrichtungen erforderlich. Zur einfacheren Montage empfiehlt es sich, die Aufnahmebohrungen mit einer Anschrägung zu versehen.

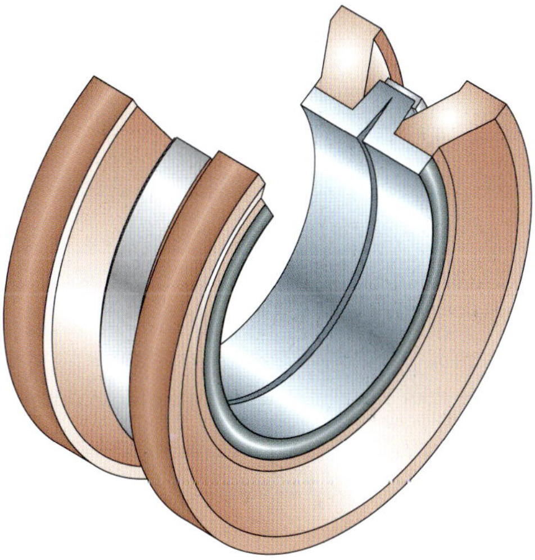

2 Gleitringdichtung

5.4 V-Ringdichtungen

V-Ringdichtungen *(V-ring seals)* (Bild 3) sind auf der Welle angeordnete Dichtungen, deren dünne, konisch ausgeführte Dichtlippe gegen eine zur Welle senkrechte Anlauffläche abdichtet. Die V-Ringdichtung sitzt dabei fest auf der Welle und läuft mit ihr um. Dabei dichtet sie gegen ein senkrecht zur Welle laufendes Gehäuse ab. V-Ringdichtungen lassen Schiefstellungen der Welle gegenüber der Anlauffläche zu und dichten auch wenn die Welle unrund ist oder exzentrisch umläuft.

Montage von V-Ringdichtungen

Die V-Ringdichtungen sind aus reinem Elastomer und weisen keine Gewebeverstärkung oder Stahlblecharmierung auf. Ihre Montage ist daher ohne besonderen Aufwand möglich. Sie lassen sich dehnen und können je nach Größe sogar über Umbauteile wie z. B. Flansche, Riemenscheiben und sogar ganze Gehäuse gezogen werden.

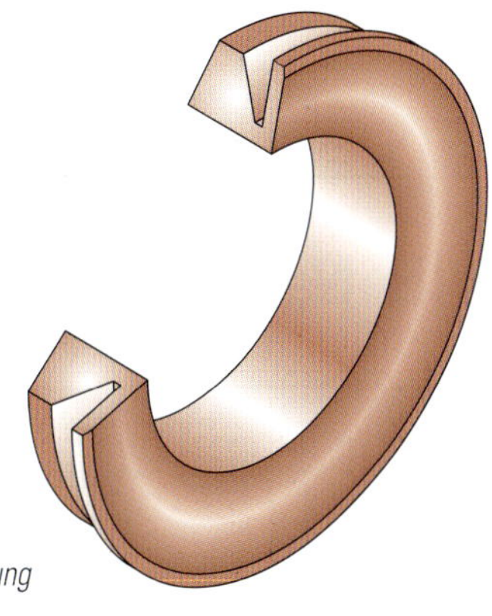

3 V-Ringdichtung

5.5 O-Ringe

Bild 1 zeigt einen typischen Anwendungsfall für die Verwendung einer statischen *(static)* Dichtung mittels O-Ring *(O-ring)*.

Montage von O-Ringen
Bei der Montage ist darauf zu achten, dass der O-Ring nicht überdehnt wird und nicht in sich verdreht ist. Er darf bei der Montage nicht mit scharfen Kanten in Berührung kommen, da dies Undichtigkeit zur Folge hat. Bild 2 zeigt entsprechend gestaltete 15° Fasen an Gehäuse und Welle.
Bei höherer Beanspruchung ist die Verwendung von Stützscheiben empfehlenswert (Bild 3). Bei der Montage ist darauf zu achten, dass diese auf der druckabgewandten Seite angebracht werden, da sie sonst nicht ihre Stützwirkung erfüllen können.

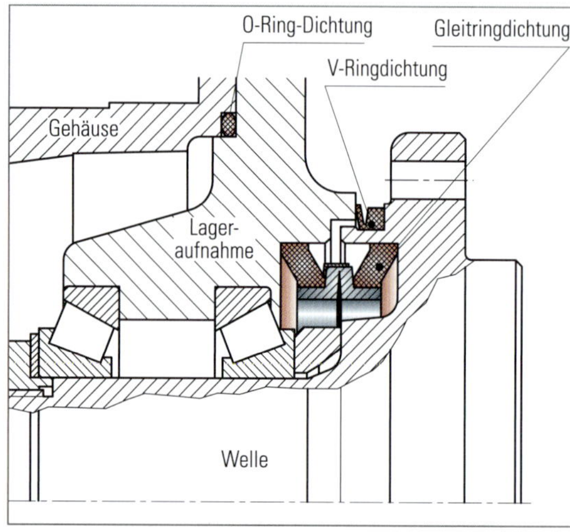

1 Anwendungsbeispiel für Dichtungen

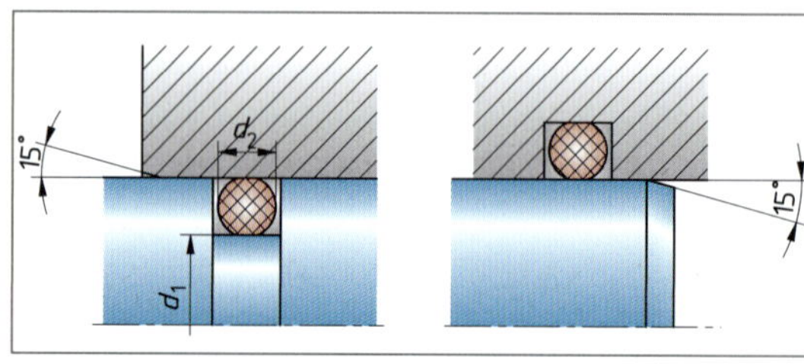

2 Montagebeispiel O-Ring

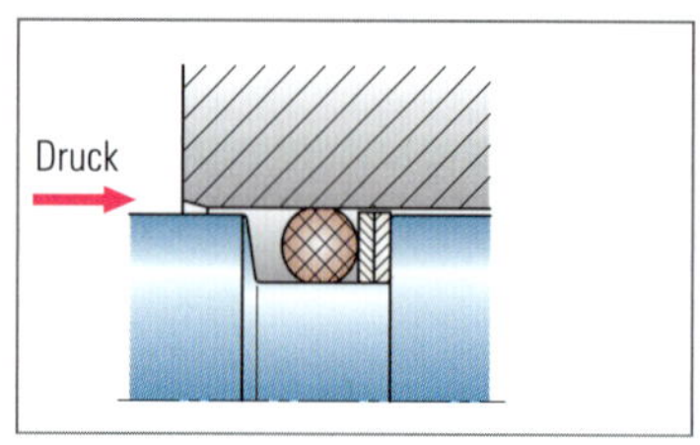

3 Einbau von Stützscheiben bei starker Beanspruchung

ÜBUNGEN

1. Stellen Sie die Übersicht über die Dichtungsarten (Seite 226) in Form einer Mindmap dar.
2. Welche Aufgaben haben Dichtungen?
3. Nennen Sie Beispiele für berührende Dichtungsarten und für berührungslose Dichtungsarten.
4. Worauf ist bei der Montage eines Radial-Wellendichtrings zu achten?
5. Sie haben die Aufgabe, einen Radial-Wellendichtring zu ersetzen. Worauf achten Sie hierbei besonders?
6. Beschreiben und begründen Sie ihr Vorgehen bei der Montage eines Radial-Wellendichtrings (⌀120 mm) in ein Gehäuse.
7. Beschreiben Sie stichwortartig die Einsatzgebiete folgender Dichtungen: Radial-Wellendichtring
   Gleitringdichtung
   V-Ringdichtung

6 Welle-Nabe-Verbindungen

In Bild 1 auf Seite 231 ist eine Keilriemenscheibe zu sehen, die mit einer Welle zu verbinden ist. Damit das Drehmoment von der Riemenscheibe auf die Welle übertragen werden kann, muss die Keilriemenscheibe auf das Wellenende montiert werden. Solche Verbindungen heißen Welle-Nabe-Verbindungen *(key-hub joints)*.
Es gibt:

- **formschlüssige** *(positive locking)* Welle-Nabe-Verbindungen
- **kraftschlüssige** *(force locking)* Welle-Nabe-Verbindungen

6.1 Formschlüssige Welle-Nabe-Verbindungen

6.1.1 Passfederverbindungen

Elemente wie z. B. Keilriemenscheiben sind oft mit Wellen zu verbinden. Die formschlüssige Montage hat den Vorteil der leichten Montage sowie der leichten Austauschbarkeit (Demontage). Bild 1 auf Seite 231 zeigt den Antrieb einer Welle mithilfe einer Keilriemenscheibe.
Eine Möglichkeit zur Übertragung des erforderlichen Drehmomentes ist der Einbau einer **Passfeder** *(feather key)* (Seite 231 Bild 2).

MERKE

Die Passfeder ermöglicht eine formschlüssige Übertragung des Drehmoments. Sie wird dabei auf Flächenpressung sowie auf Abscherung beansprucht.

Überlegen Sie!

Passfedernuten erhalten, je nach ihrer zu erfüllenden Aufgabe, eine Toleranzangabe (Bild 2). Im Beispiel erhält die Wellennut die Toleranz P9 und die Nabennut der Keilriemenscheibe die Toleranz JS9. Was bedeutet dies für die Montage dieser Verbindung?

6.1.1.1 Berechnungen

Das übertragbare Drehmoment der Keilriemenscheibe auf die Welle hängt von den Festigkeitskenngrößen der verwendeten Werkstoffe ab. Die Passfeder wird sowohl auf **Flächenpressung** *(surface pressure)* als auch auf **Abscherung** *(shearing)* beansprucht.

Flächenpressung

$$p = \frac{F_u}{A} \leq p_{zul}$$

p: Flächenpressung in N/mm²
F_u: Tangentialkraft (Umfangskraft) in N
A: Fläche in mm²
p_{zul}: zulässige Flächenpressung in N/mm²

Die höchste Flächenpressung p liegt in der Nabe vor. Vereinfacht kann die tragende Passfederhöhe in der Nabe mit $h/2$ angenommen werden. Somit berechnet sich die Fläche zu:

$$A = \frac{h}{2} \cdot l_n$$

A: Fläche in mm²
h: Höhe der Passfeder in mm
l_n: wirksame Länge der Passfeder

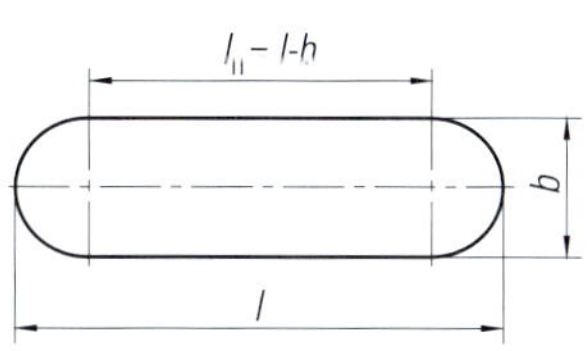

Beispielaufgabe

Eine Keilriemenscheibe aus EN-GJS-400-15 wird mit einer Passfeder DIN 6885 A10 × 8 × 28 mit einer Welle (d_a = 40 mm) verbunden. Die zulässige Flächenpressung beträgt 100 N/mm². Es wirkt eine Tangentialkraft F_u von 3,5 kN. Berechnen Sie die Flächenpressung in der Nut der Keilriemenscheibe.

Lösung:

$$p = \frac{F_u}{A} \qquad p = \frac{F_u \cdot 2}{(l - b) \cdot h}$$

$$p = \frac{F_u}{\frac{h \cdot (l - b)}{2}} \qquad p = \frac{3500\ \text{N} \cdot 2}{(28\ \text{mm} - 10\ \text{mm}) \cdot 8\ \text{mm}}$$

$$p = 48{,}6\ \frac{\text{N}}{\text{mm}^2} \leq p_{zul} = 100\ \frac{\text{N}}{\text{mm}^2}$$

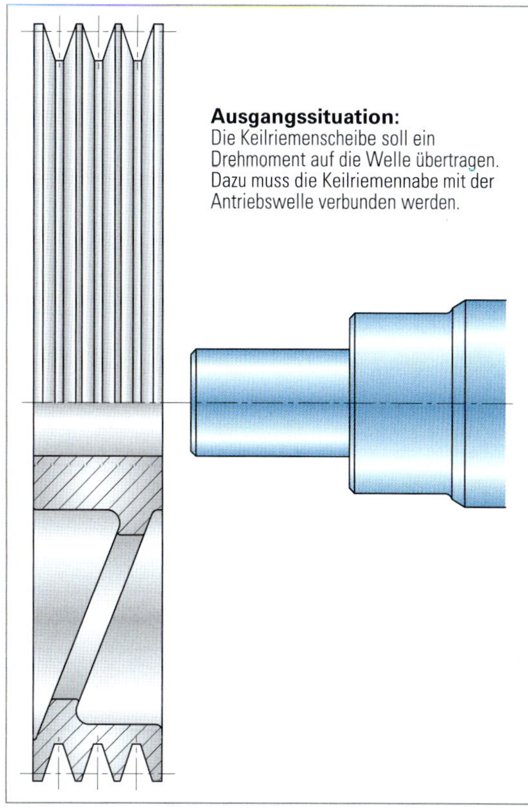

1 *Ausgangsproblemstellung: Verbindung von Welle und Nabe*

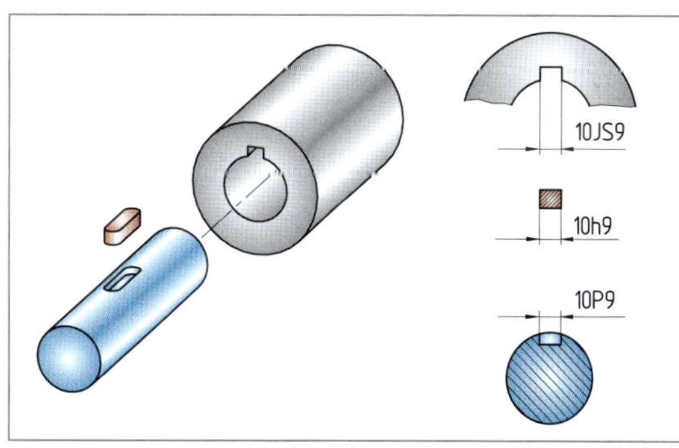

2 *Angabe von Toleranzen einer Passfederverbindung*

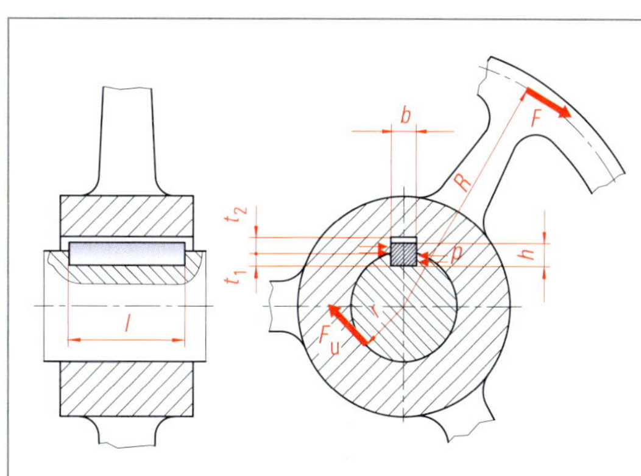

3 *Flächenpressung einer Passfeder*

Abscherung

Bild 1 zeigt die Beanspruchung der Passfeder auf Abscherung. Die Scherspannung τ_a an einer Passfeder ist das Verhältnis von der wirkenden Umfangskraft F_u zum gefährdeten Querschnitt S. Die vorhandene Scherspannung τ_a muss kleiner als die zulässige Scherspannung $\tau_{a\,zul}$ sein.

$$\tau_a = \frac{\text{Umfangskraft}}{\text{Querschnittsfläche}}$$

$$\tau_a = \frac{F_u}{S} \leq \tau_{a\,zul} \qquad S = (l - b) \cdot b + \frac{b^2 \cdot \pi}{4}$$

Die zulässige Scherspannung $\tau_{a\,zul}$ ist abhängig vom verwendeten Werkstoff und der erforderlichen Sicherheit ν gegen Bruch. Eine Sicherheit $\nu = 2$ bedeutet, dass die zulässige Scherspannung $\tau_{a\,zul}$ nur halb so groß sein darf wie die maximal mögliche Scherfestigkeit τ_a. In der Technik wird oft mit Sicherheiten gerechnet. Dies ist erforderlich, wenn ein Bauteil nicht versagen darf, auch wenn zeitweise größere Kräfte an ihm wirken. Es wird mit der Angabe von Sicherheiten auch sichergestellt, dass das Bauteil nur elastisch beansprucht und bleibende Verformung verhindert wird.

$$\tau_{a\,zul} = \frac{\text{Scherfestigkeit}}{\text{Sicherheitsfaktor}}$$

$$\tau_{a\,zul} = \frac{\tau_{aB}}{\nu}$$

Für Stahl gilt:

$$\tau_{aB} \approx 0{,}8 \cdot R_m$$

Die Normmaße der Passfedern sind so gewählt, dass die vorhandene Scherbeanspruchung nicht überschritten wird, wenn die zulässige Flächenpressung eingehalten wird.

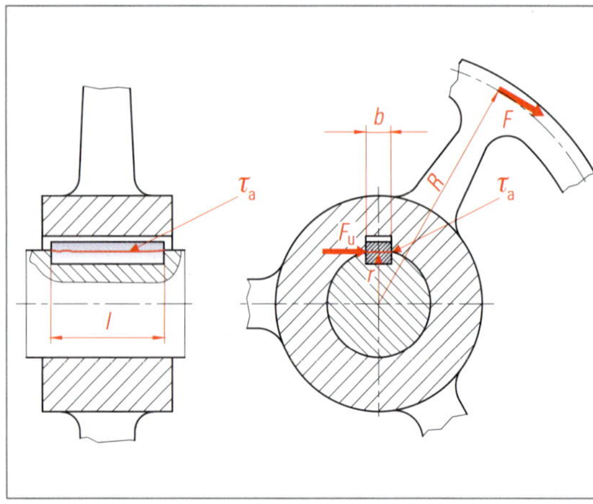

1 Abscherung

6.1.2 Profilwellenverbindungen

Profilwellen *(profile shafts)* übertragen das Drehmoment formschlüssig. Welle und Nabe sind jeweils so gestaltet, dass sie mit einem geringen Spiel montiert werden können.

6.1.2.1 Keilwellenverbindung

Keilwellen *(splined shafts)* (Bild 2) werden dort eingesetzt, wo hohe Drehmomente und wechselnde Lastrichtungen auftreten. Je nach Ausführung des Keilwellenprofils eignet sich diese Verbindungsart auch zum Verschieben der Nabe auf der Welle.

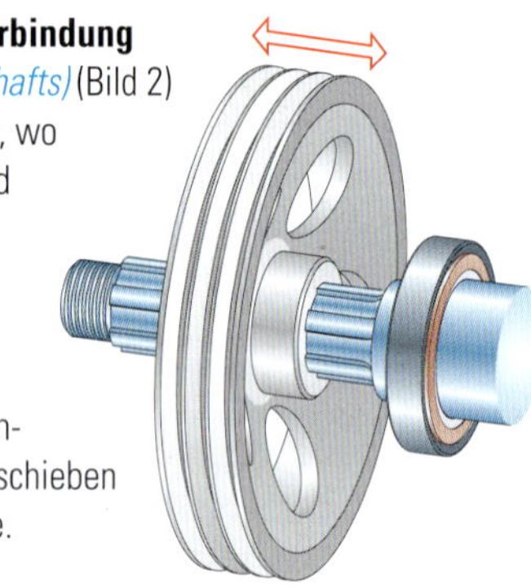

2 Keilwellenverbindung

Beispielaufgabe

Eine Keilriemenscheibe aus EN-GJS-400-15 wird mit einer Passfeder DIN 6885[1)] A10 × 8 × 28 mit einer Welle (d_a = 40 mm) verbunden. Die zulässige Flächenpressung beträgt 128 N/mm². Es wirkt eine Tangentialkraft von 3,5 kN (ν = 2,5).

a) Wie hoch ist die zulässige Scherspannung?

b) Wie hoch ist die tatsächliche Scherspannung?

Lösung:

a)
$$\tau_{a\,zul} = \frac{\tau_{aB}}{\nu}$$
$$\tau_{a\,zul} = \frac{0{,}8 \cdot R_m}{\nu}$$
$$\tau_{a\,zul} = \frac{0{,}8 \cdot 400\ \text{N}}{2{,}5 \cdot \text{mm}^2}$$
$$\underline{\underline{\tau_{a\,zul} = 128\ \frac{\text{N}}{\text{mm}^2}}}$$

b)
$$\tau_a = \frac{F_u}{S}$$
$$\tau_a = \frac{F_u}{(l - b) \cdot b + \frac{b^2 \cdot \pi}{4}}$$
$$\tau_a = \frac{3500\ \text{N}}{(28\ \text{mm} - 10\ \text{mm}) \cdot 10\ \text{mm} + \frac{10^2\ \text{mm}^2 \cdot \pi}{4}}$$
$$\underline{\underline{\tau_a = 13{,}6\ \frac{\text{N}}{\text{mm}^2} \leq \tau_{a\,zul} = 128\ \frac{\text{N}}{\text{mm}^2}}}$$

1) zurückgezogen

6.1.2.2 Zahnwellenverbindung

Zahnwellen *(toothed shafts)* (Bild 1) eignen sich durch ihre große Anzahl von Zähnen für besonders große und stoßweise auftretende Kräfte. Durch die günstige Kraftverteilung auf der Welle eignet sich diese Verbindung auch für schmale Naben. Zahnwellen werden als **Kerbverzahnung** und als **Evolventenzahnprofil** ausgeführt. Das Kerbzahnprofil wird vorwiegend für feste Verbindungen eingesetzt und das Evolventenzahnprofil für leicht lösbare, verschiebbare aber auch feste Verbindungen.

6.1.2.3 Polygonwellenverbindung

Polygonwellen *(polygon shafts)* (Bild 2) werden für hohe Beanspruchungen bei gleichzeitig hoher Rundlaufgenauigkeit verwendet. Sie sind für lösbare Verbindungen, Schiebesitze und für Übermaßpassungen geeignet.

6.2 Kraftschlüssige Welle-Nabe-Verbindungen

6.2.1 Keilverbindungen

Eine Keilverbindung *(keyed joint)* hat Ähnlichkeit mit einer Passfederverbindung. Sie ist jedoch keilförmig (Bild 3). Im Gegensatz zur formschlüssigen Kraftübertragung zwischen Welle und Nabe mit einer Passfeder, erfolgt bei einer Keilverbindung die Kraftübertragung durch eine Kombination aus Kraft- und Formschluss. Die Kräfte wirken auf den angeschrägten Flächen des Keils in radialer Richtung. Erst wenn die Umfangskräfte F_U größer als die Reibungskräfte F_R sind, müssen einige Keilarten das Drehmoment weiterhin durch Formschluss übertragen.

Der Keil, der durch seine Form eine Vorspannung bei der Montage zwischen Welle und Nabe bewirkt, kippt die Nabe gegenüber der Welle geringfügig (Bild 4). Dadurch entstehen Rundlauffehler.

Ihr Einsatzgebiet ist daher beschränkt. Keilverbindungen werden vorwiegend dort eingesetzt, wo besonders große, wechselnde und stoßartige Belastungen bei geringen Umdrehungsfrequenzen auftreten.

Keilarten und deren Montage

Bild 1 auf Seite 234 zeigt Einbauarten verschiedener Keile. Der Keil wird mit einem Hammer oder, wo erforderlich, mit einem Keiltreiber (Seite 234 Bild 2) in die Nut getrieben. Dabei dürfen die Oberflächen der Welle oder des Keils nicht beschädigt werden.

a) Der **Einlegekeil** *(laid-in key)* (Keil Form A) (Seite 234 Bild 1a) wird in Naben- und Wellennut eingesetzt und kann große Drehmomente übertragen.
b) Der **Treibkeil** *(taper sunk key)* (Keil Form b) (Seite 234 Bild 1b) wird mithilfe eines Keiltreibers montiert. Die Wellennut muss den Einsatz des Keiltreibers ermöglichen. Bei dieser Art der Montage lässt sich die axiale Lage der Nabe genau bestimmen.

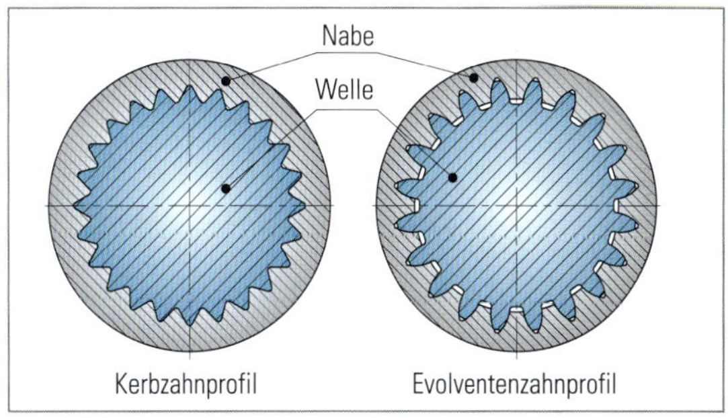

1 *Zahnwellenverbindung*

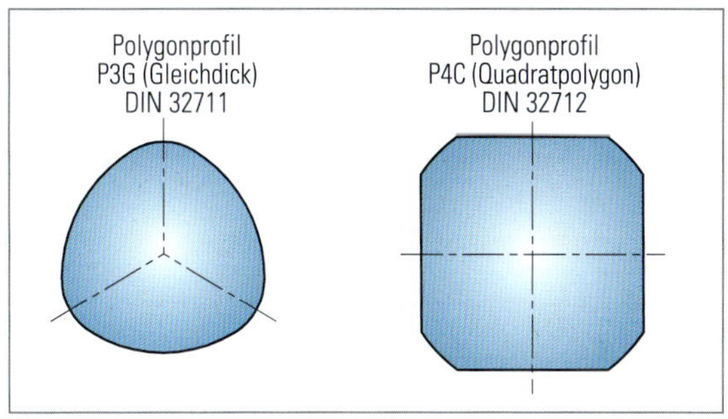

2 *Polygonprofilwellen*

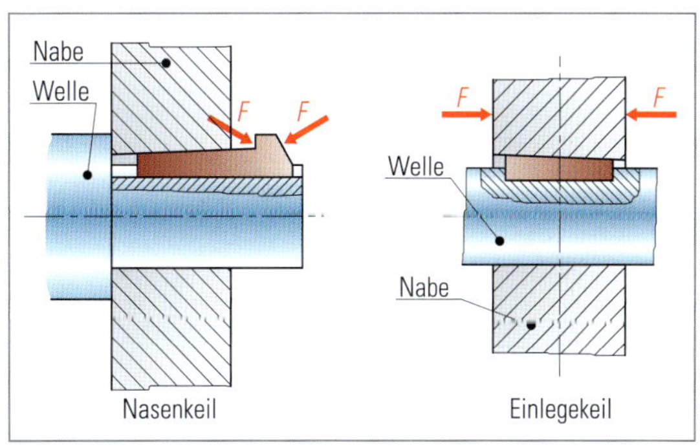

3 *Keilverbindung*

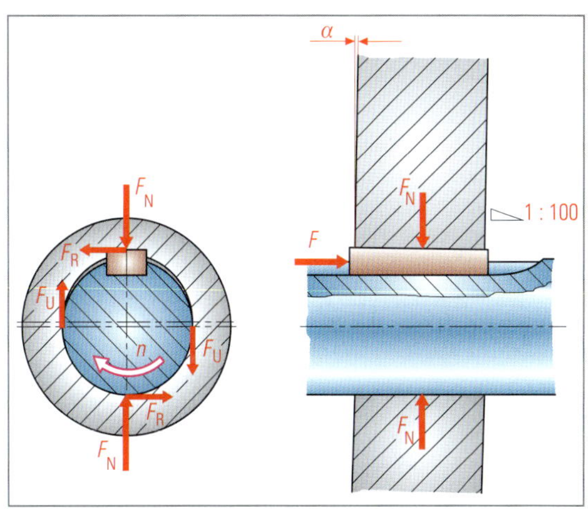

4 *Wirkprinzip einer Keilverbindung*

c) Der **Nasenkeil** *(gib key)* (Bild 1c) wird dort eingesetzt, wo der Keil nicht von der Rückseite her demontiert werden kann. Mit einem Keilzieher, der hinter die Nase greift, kann der Keil demontiert werden.

d) Die **Tangentkeilverbindung** *(tangent key joint)* (Bild 1d) kann große Drehmomente mit wechselnder Drehrichtung übertragen. Durch die Anordnung der Keile wird das Drehmoment ausschließlich formschlüssig übertragen.

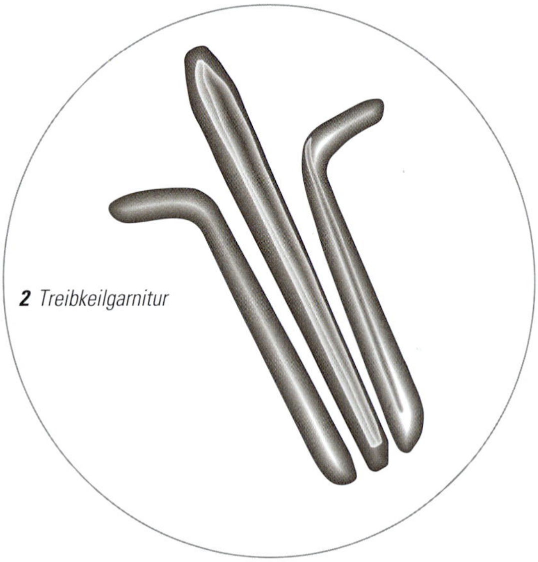

2 *Treibkeilgarnitur*

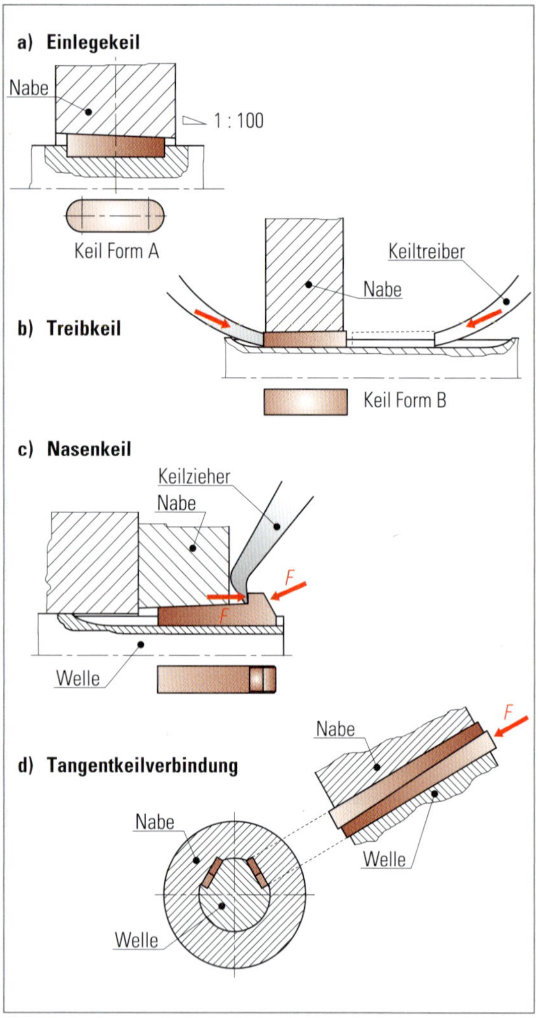

1 *Keilarten*

6.2.2 Pressverbindungen

Bild 3 zeigt eine Welle-Nabe-Verbindung als Längspressverband. Sie besteht aus der Welle und der umgebenden Nabe der Keilriemenscheibe.

Die gewählte Übermaßpassung H7/u8 stellt den festen Sitz dieser Verbindung sicher.

Beim Einpressen des Bolzens wird dieser an der Verbindungsstelle gestaucht und die Nabe gedehnt. Die Kräfte, die zwischen Bolzen und Bohrung aufgrund der elastischen Verformung wirken, ermöglichen die notwendige Haftung durch Reibung.

Montage einer Pressverbindung

Die Montage der Keilriemenscheibe kann mit verschiedenen Verfahren einer Pressverbindung *(compression joint)* erfolgen.

1. Längspressverbindung *(longitudinal compression joint)*

Bild 3 zeigt eine Längspressverbindung. Voraussetzung hierfür ist eine entsprechende Passung von Welle und Nabe. Eine Fase von 15° erleichtert bzw. ermöglicht das Einschieben der Welle in die Nabe. Ölen der Fügeteile erleichtert den Einpressvorgang. Das eigentliche Einpressen erfolgt mithilfe einer Presse.

Welle-Nabe-Verbindungen mit einer geringen Übermaßpassung (z.B. H7/r6) und kleinen Durchmessern können mit Hammerschlägen gefügt werden.

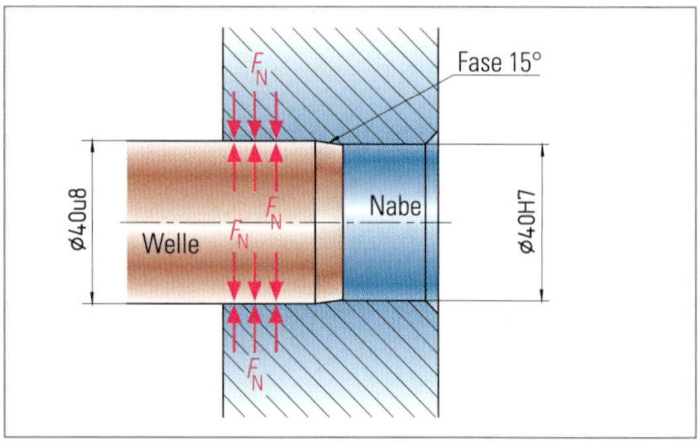

3 *Längspressverbindung*

2. Querpressverbindungen *(transverse compression joints)*

Bild 1 auf Seite 235 zeigt den Ablauf einer **Schrumpfverbindung** *(shrink joint)*. Die Verbindung wird hergestellt, indem die Nabe erwärmt und danach auf die Welle aufgeschoben wird. Die Nabe kühlt ab. Sie verringert dadurch ihren Durchmesser, sie schrumpft. Die Folge ist ein fester Sitz der Nabe auf der

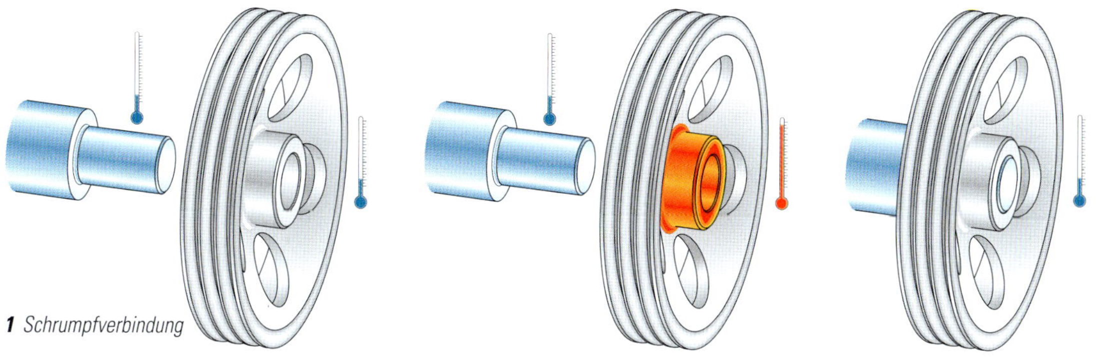

1 *Schrumpfverbindung*

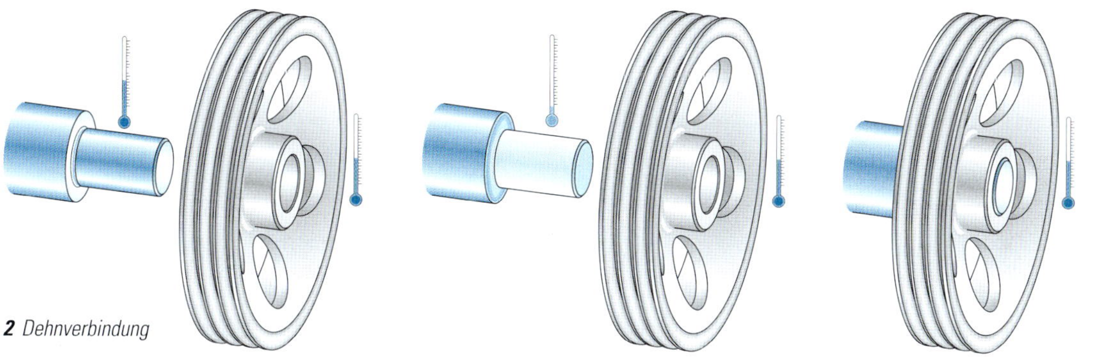

2 *Dehnverbindung*

Welle. Die Montage erfolgt schnell, jedoch ist eine nachträgliche Korrektur der Lage der Nabe nicht mehr möglich.

Bild 2 zeigt die Keilriemenscheibenmontage mitilfe der **Dehnverbindung** *(expanding joint)*. Hierbei wird die Welle abgekühlt. Sie verringert dadurch ihren Durchmesser. Die Abkühlung kann in einem Kühlschrank, mit Trockeneis, flüssigem Sauerstoff oder Stickstoff erfolgen. Die abgekühlte Welle wird in die Nabe geschoben. Bei Erwärmung der Welle auf Raumtemperatur dehnt sie sich aus und ein fester Sitz zwischen Welle und Nabe ist die Folge. Auch bei dieser Fügetechnik ist eine nachträgliche Korrektur des Nabensitzes nicht möglich.

MERKE

Bei der Erwärmung bzw. der Abkühlung von Bauteilen sind die geltenden Sicherheitsvorschriften zu beachten und geeignete Sicherheitsmaßnahmen zu ergreifen.

6.2.3 Verbindungen durch Spannelemente

Die Keilriemenscheibe kann auch mithilfe von Spannelementen *(clamping elements)* mit der Welle verbunden werden (Bild 3a). Spannsätze sind kraftschlüssig wirkende Welle-Nabe-Verbindungen. Das Grundprinzip der Spannelemente basiert auf dem Gleiten schräger Flächen aufeinander. Die axialen Kräfte werden um 90° umgeleitet und bewirken eine radial wirkende Normalkraft zwischen Welle und Nabe. Dies hat eine Durchmessererweiterung der Spannringsätze zur Folge. Mehrere hintereinander angeordnete Spannelemente erhöhen diese Wirkung (Bild 3b).

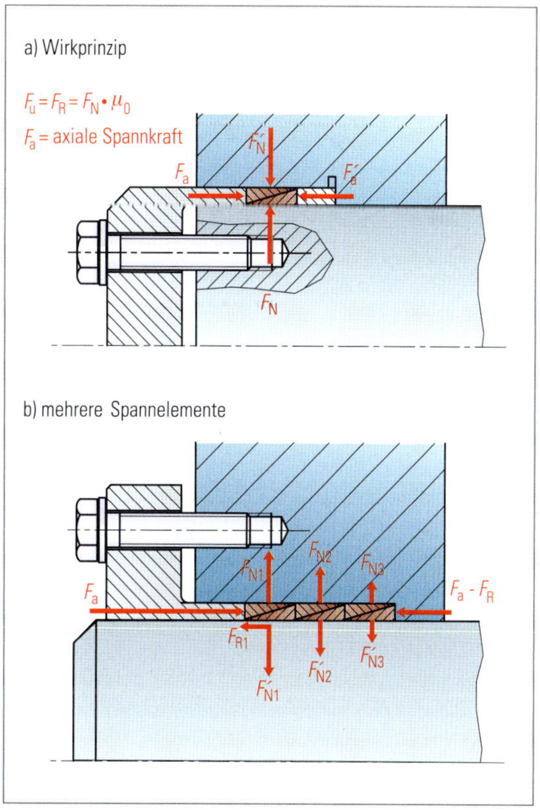

3 *Wirkprinzip von Spannelementen*

Überlegen Sie!

Weshalb nehmen die radial wirkenden Normalkräfte (Seite 235 Bild 3b) mit jedem weiteren verwendeten Spannelement ab?

Die Spannelemente werden durch Anziehen von Schrauben gespannt. Diese Schrauben werden je nach Anwendungsfall in der Welle oder Nabe eingeschraubt. Das hat den Nachteil, dass diese Gewinde im jeweiligen Bauteil erst gefertigt werden müssen. Vermeiden lässt sich dieser zusätzliche Fertigungsschritt durch Verwendung von Spannsätzen.

1 *Spannsatz*

6.2.4 Spannsätze

Spannsätze *(clamping sets)* (Bild 1) sind Welle-Nabe-Verbindungen, die aus Druckringen bestehen, die mit Schrauben gegen einander verspannt werden. Dadurch werden – zumeist geschlitzte – Ringe in ihrem Durchmesser vergrößert. Ein Verspannen zwischen Welle und Nabe ist somit möglich. Bei der vorliegenden Problemstellung kann daher die Keilriemenscheibe auch mit einem Spannsatz montiert werden (Bild 3).

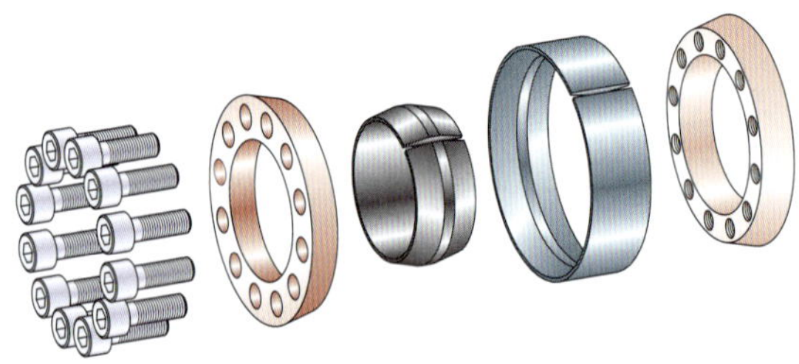

2 *Spannsatz Einzelteile*

6.2.4.1 Montage von Spannsätzen

Die Welle benötigt eine maximale Rauigkeit von Rz 16 μm und eine Toleranz zwischen Welle und Nabe von mindestens h11/ H11.
Der Spannsatz besteht in unserem Beispiel aus:

Bauteil	Menge	Benennung
1	1	hinterer Druckring
2	1	Außenring (geschlitzt)
3	1	Innenring (geschlitzt)
4	1	vorderer Druckring
5	12	Zylinderschraube ISO 4762

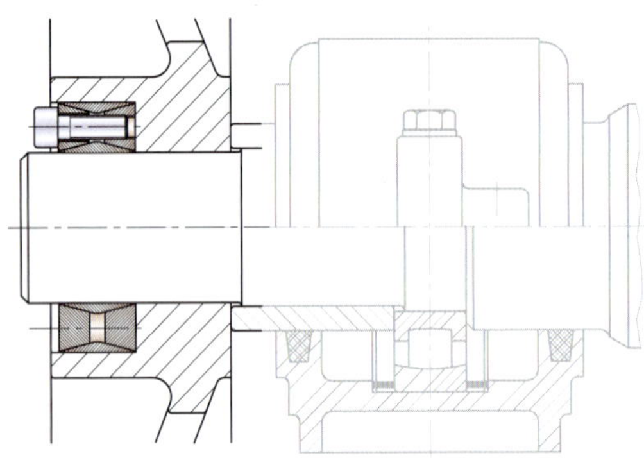

3 *Montage der Keilriemenscheibe mit Spannsatz*

- Vor der Montage sind die Welle und der Nabensitz auf die geforderten Rauigkeits- und Toleranzwerte zu prüfen.
- Die Nabenbohrung und die Welle werden gereinigt und anschließend mit dünnflüssigem Öl geölt[1].
- Die Spannschrauben leicht lösen und den Spannsatz zwischen Welle und Nabe einsetzen.
- Die Spannschrauben werden von Hand leicht angezogen. Der Spannsatz und die Keilriemenscheibe können nun ausgerichtet werden.
- Danach werden die Spannschrauben über Kreuz angezogen. Das Anzugsmoment wird dabei stufenweise bis zum vom Hersteller vorgegebenen Wert erhöht.

6.2.4.2 Demontage von Spannsätzen

- Alle Spannschrauben werden gleichmäßig der Reihe nach gelöst und um 3 ... 4 Gewindegänge herausgedreht.
- Nach dem Lösen der letzten Spannschrauben ist in der Regel die Spannverbindung frei.
- Entspannt der hintere Druckring nicht selbsttätig, so kann das Lösen durch Druck oder leichte Schläge auf die Schraubenköpfe erfolgen (Bild 4).
- Klemmt der vordere Druckring[1], wird durch Druck oder leichte Schläge auf Welle und Nabe ein Lockern erreicht (Bild 4).
- Der gelöste Spannsatz kann entnommen werden.

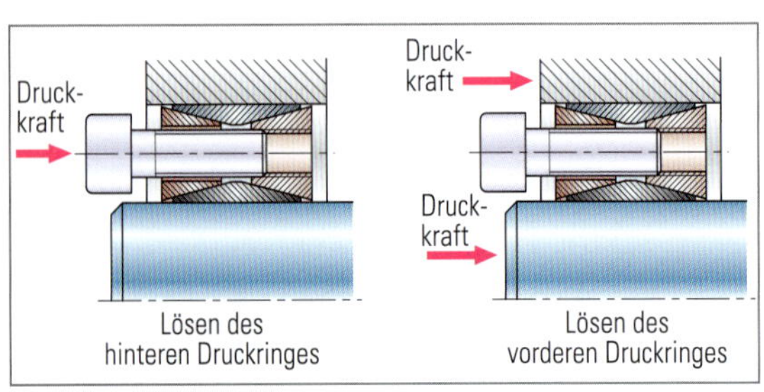

4 *Lösen des hinteren bzw. vorderen Druckrings*

1) Herstellerangaben beachten!

6.2.5 Ausgewählte Spannelemente

Bild 1 zeigt eine Auswahl weiterer Spannelemente *(clamping elements)*, die je nach Anforderung an die Welle-Nabe-Verbindung zum Einsatz kommen können. Für alle Verbindungen gilt, dass für die Montage und Demontage die Herstellerangaben zu beachten sind. Mit den Spannsätzen[1] werden entsprechende Hinweise mitgeliefert, die unbedingt zu beachten sind. Dies gilt insbesondere für Sicherheitshinweise und Vorschriften zur Entsorgung.

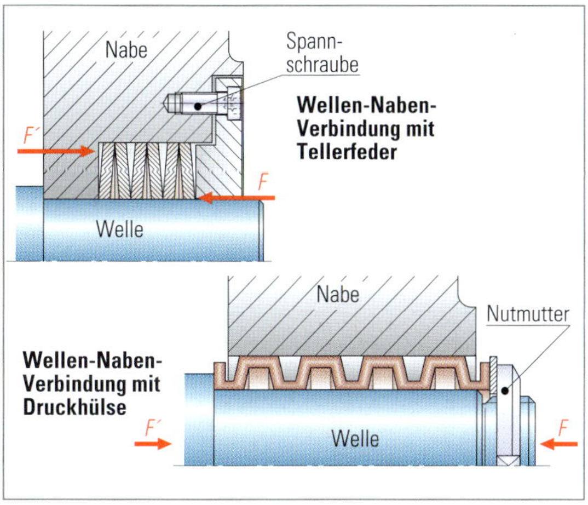

***1** Auswahl von weiteren Spannelementen*

ÜBUNGEN

1. In welche Gruppen lassen sich Welle-Nabe-Verbindungen einteilen?
2. Erläutern Sie die Art der Kraftübertragung bei
   a) einer Passfeder
   b) einer Keilverbindung und
   c) einer Keilwellenverbindung.
3. Nennen Sie Welle-Nabe-Verbindungen, die für stoßartige Belastungen geeignet sind.
4. Warum eignen sich Polygonwellen für die Übertragung hoher Drehmomente besonders?
5. Wie erfolgt die Kraftübertragung bei Verbindungen mit Spannsätzen und mit Spannelementen grundsätzlich?
6. Ermitteln Sie mithilfe Ihres Tabellenbuches für eine Passfeder DIN 6885[3] – D25 × 14 × 50 – St die möglichen Wellendurchmesser und die Wellennuttiefe.
7. Eine Passfeder (DIN 6885[3] – A5 × 5 × 40 – St) wurde bei einer Tangentialkraft von 25 kN abgeschert. Berechnen Sie die Abscherspannung.
8. An einer Trommel (D = 250 mm) wirkt eine Zugkraft von 2,5 kN. Die Trommel ist durch eine Passfeder (Form A) mit einer Welle (d = 50 mm) verbunden (p_{zul} = 90 N/mm²).

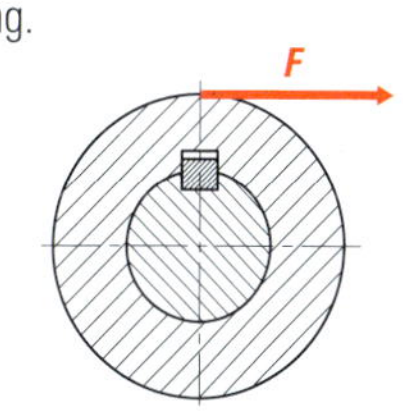

   a) Berechnen Sie die Tangentialkraft an der Passfeder.
   b) Welcher Passfederquerschnitt kommt zum Einsatz?
   c) Welche Passfederlänge muss gewählt werden, damit das Drehmoment übertragen werden kann?

7 Planen einer Montage (Bohrspindel)

Für die Montage *(assembly)* einer Tischbohrmaschine[2] (Bild 2) ist als Teilmontage eine **Bohrspindel** *(drill spindle)* zu montieren. Hierzu liegen der Fachkraft folgende Informationen vor:

- Gesamtzeichnung (Ausschnitt) (Seite 238)
- Stückliste (Seite 238)

Mit diesen Informationen muss die Fachkraft in der Lage sein, sich einen Montageplan zu erstellen. Aus dem Montageplan gehen

- die einzelnen **Montageschritte** *(assembly intervals)*
- die jeweils erforderlichen **Werkzeuge** *(tools)* bzw. **Hilfsmittel** *(aids)* und
- zusätzliche Angaben (**Bemerkungen**) *(notes)*

hervor. Zu solchen zusätzlichen Angaben gehören z. B.:

- Erforderliche Anzugsdrehmomente
- Verwendung besonderer Montagewerkzeuge
- Hinweise zur Verwendung von Schmierfetten
- Beachtung von Maßnahmen der Arbeitssicherheit

***2** Tischbohrmaschine*

1) Je nach Ausführung eines Spannsatzes können andere Maßnahmen zur Demontage notwendig werden. Es sind die Herstellerangaben zu beachten.
2) Weitere Informationen über die Bohrmaschine fonden Sie im Lernfeld 9 im Kap. 2.1.3
3) zurückgezogen

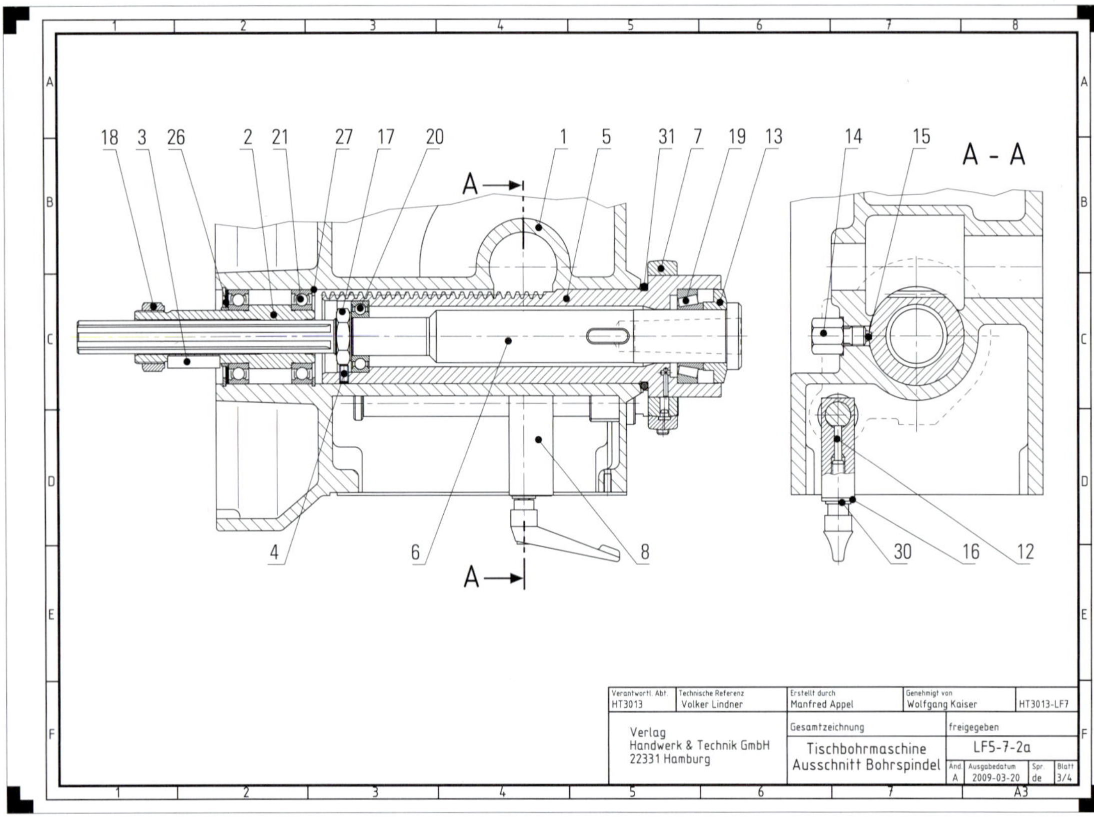

1 *Gesamtzeichnung*

Pos.	Menge	Einheit	Benennung	DIN-Kurzzeichen/Werksnorm	Bemerkung
31	1	Stck	O-Ring	DIN 3771-59x5,3-S-NBR90	
28	1	Stck	Passfeder	DIN 6885-A10x8x36-St	
27	2	Stck	Sicherungsring	DIN 472-62x2	
26	2	Stck	Tellerfeder	DIN 2093-61,5x40,5x0,7	
21	2	Stck	Rillenkugellager	DIN 625-6007-2RS	
20	1	Stck	Rillenkugellager	DIN 625-6005-2RS	
19	1	Stck	Kegelrollenlager	DIN 720-32007	
18	1	Stck	Sechskantmutter	WN 840-8 (M35×1,5)	
17	1	Stck	Sechskantmutter	WN 840-1 (M24×1)	
15	1	Stck	Pinolenführung	WN 57-8	
14	1	Stck	Gewindebuchse	WN 57-5	
13	1	Stck	Schmutzring	23-170.42	
6	1	Stck	Bohrspindel	23-170.28	
5	1	Stck	Pinolenhülse	2300-170.0136	
4	2	Stck	Gewindestift	ISO 4026-M6x12-45H	
3	1	Stck	Ring	23-160.17	
2	1	Stck	Mitnehmerhülse	23-160.15	

2 *Stückliste*

Damit die Fachkraft solch einen **Montageplan** *(assembly instruction)* erstellen kann, muss sie sich vollständig über die Funktion der zu montierenden Baueinheit im Klaren sein. Eine Analyse der Funktion(en) ist dazu erforderlich.

7.1 Funktionsanalyse

Der Ausschnitt aus der **Gesamtzeichnung** *(assembly drawing)* (Seite 238 Bild 1) zeigt die Baugruppe Pinole und ihre Einbauumgebung. Die Riemenscheibe für den Flachriemen ist abgenommen. Die Zahnwelle für die Vorschubbewegung ist ebenfalls nicht gezeichnet. In der **Schnittzeichnung** *(sectional drawing)* sind die Einzelteile in ihrer Lage, Funktion und in ihrem Zusammenwirken in der Bohrmaschine dargestellt. Ergänzt wird die Gesamtzeichnung durch eine **Stückliste** *(parts list)*, die weitere Informationen zu den Einzelteilen enthält.

In der **Baugruppenzeichnung** *(subassembly drawing)* (Bild 1) sind folgende Elemente, die für die Montage wichtig sind, zu erkennen:

- Bohrspindel (Pos. 6)
- Wälzlager (Pos. 19 und Pos. 20)
- Pinolenhülse (Pos. 5)
- Sechskantmutter (Pos. 17)

Aus der Zeichnung werden folgende Funktionen der einzelnen Elemente ersichtlich:

Die **Bohrspindel** *(drill spindle)* (Pos. 6) ist mit zwei Wälzlagern (Pos. 19 und Pos. 20) drehbar in der **Pinolenhülse** *(spindle sleeve)* (Pos. 5) gelagert. Mit einer **Sechskantmutter** *(hexagon head nut)* (Pos. 17) kann das Lagerspiel des **Kegelrollenlagers** *(taper roller bearing)* (Pos.-Nr. 19) und des **Kugellagers** *(ball bearing)* (Pos. 20) eingestellt werden.

In der Baugruppenzeichnung (Bild 1) ist die Pinole im Schnitt dargestellt.

Überlegen Sie!

Zum Bohren muss die Bohrspindel die Schnitt- und die Vorschubbewegung übertragen.

1. *Beschreiben Sie den Energiefluss zur Erzeugung der Schnittbewegung von der Passfeder Pos. 28 bis zur Bohreraufnahme.*
2. *Beschreiben Sie den Energiefluss zur Erzeugung der Vorschubbewegung.*
3. *Welche Aufgabe haben die Einzelteile Pos. 14 und Pos. 15?*
4. *Lösen Sie die folgenden Aufgaben a), b) und c) mithilfe einer Tabelle. Beginnen Sie wie in Aufgabe 1 mit der Einleitung des Drehmoments in die Baugruppe Pinole.*

Pos.	Aufgabe a) **Benennung**	Aufgabe b) **Funktion**	Aufgabe c) **Beanspruchung**
28	Passfeder	Verbindung von Riemenscheibe	Abscherung/ Flächenpressung
2	Mitnehmerhülse	XXX	XXX

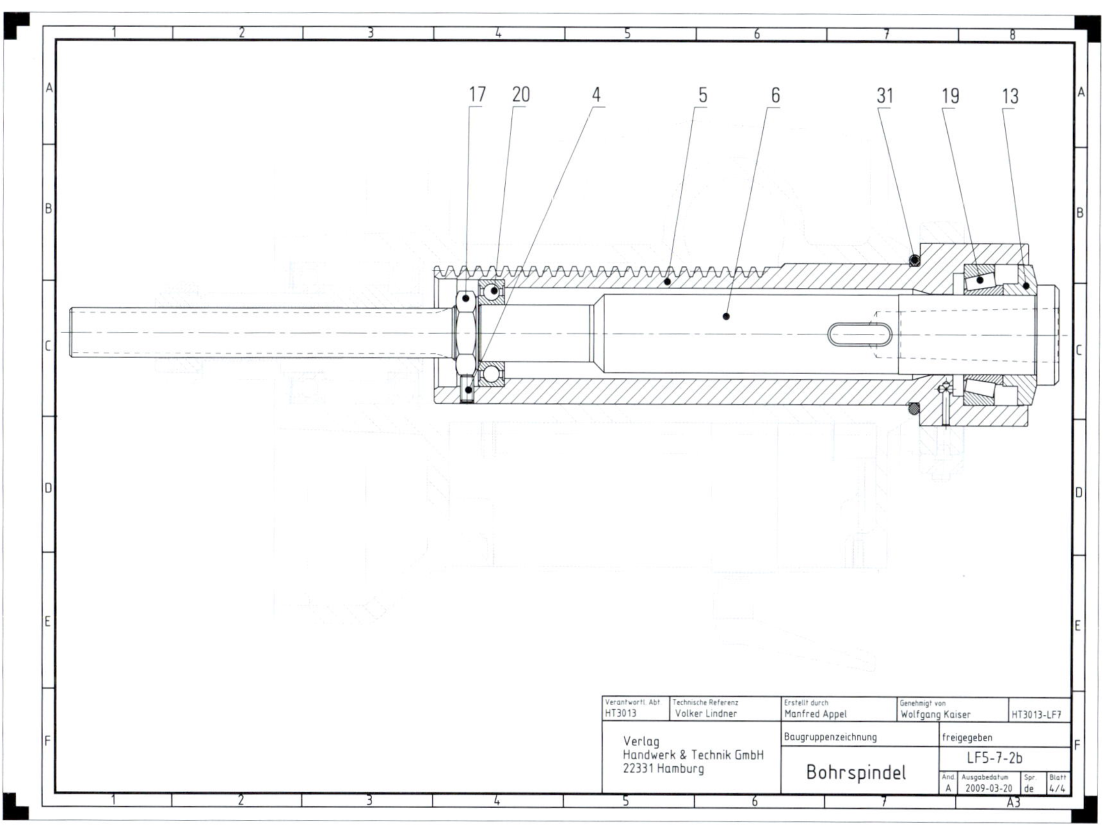

1 *Baugruppenzeichnung*

Überlegen Sie!

- *Schreiben Sie die Positionsnummern und die Benennungen aller Einzelteile und Normteile auf, die während des Bohrens die Schnitt- und die Vorschubbewegung ermöglichen.*
- *Welche Funktionen haben die Teile aus Aufgabe a)? (Kraftübertragung, Führung, Lagefixierung, Drehbewegung ermöglichen, Reibung verringern ...)*
- *Wie werden die Teile aus Aufgabe a) jeweils beansprucht? (Reibung, Druck, Abscherung ...)*

7.2 Montageplan

Alle für die Montage erforderlichen Angaben sind in einem Montageplan *(assembly instruction)* aufzunehmen. Montagepläne sind nicht genormt. Die Darstellung eines solchen Plans wird von Firma zu Firma abweichen.

Aus den Angaben der Zeichnung und der Kenntnis der Funktion der einzelnen Elemente der Baugruppe kann nun der Montageplan erstellt werden.

Lfd.-Nr.	Montageschritt	Werkzeug/Hilfsmittel	Bemerkung
1	Schmutzring Pos. 13 abziehen und auf Bohrspindel Pos. 6 schieben	Ziehstein	Schmutzring muss leicht aus der Spindel gleiten können
2	Lagersitze auf der Bohrspindel Pos. 6 ölen und den Kegelrollenlagerinnenring Pos. 19 montieren	Öl	Auf die richtige Kraftrichtung des Innenrings achten
3	Lagerinnenring Pos. 19 aufpressen	Presse	
4	Wälzkörper einfetten	Wälzlagerfett K3N-20	Füllungsgrad: 100 %
5	Sichtkontrolle der Pinolenhülse Pos. 5	Ziehstein	Falls erforderlich, die Kanten mit einem Ziehstein abziehen
6	Lagersitze der Pinolenhülse ölen	Öl	
7	Lageraußenring Pos. 19 in Pinolenhülse Pos. 5 einbauen		
8	Rillenkugellager Pos. 20 in Pinolenhülse Pos. 5 einbauen		
9	O-Ring Pos. 31 auf Pinolenhülse Pos. 5 schieben		
10	Bohrspindel Pos. 6 und Pinolenhülse Pos. 5 zusammenstecken		
11	Bohrspindel Pos. 6 und Pinolenhülse Pos. 5 verpressen	Andrückscheibe, Presse	Das Gewinde muss oben sichtbar sein
12	Sechskantmutter Pos. 17 aufsetzen und anziehen	Pinolenaufnahme MK3 Steckschlüssel 36 mm	Die Einstellung ist korrekt, wenn die Pinolenhülse nach einer Drehung mit der Hand leicht abbremst
13	Sechskantmutter Pos. 17 mit zwei Gewindestiften Pos. 4 sichern	Schraubensicherung, flüssig	
14	Prüfen der Rundlauftoleranz zwischen Bohrspindel und Pinolenhülse	Prüfplatz	siehe Prüfplan

Aufgabe:

Vergleichen Sie den dargestellten Montageplan mit Montageplänen Ihrer Firma und stellen Sie eventuelle Abweichungen in Ihrer Klasse vor. Begründen Sie die Abweichungen.

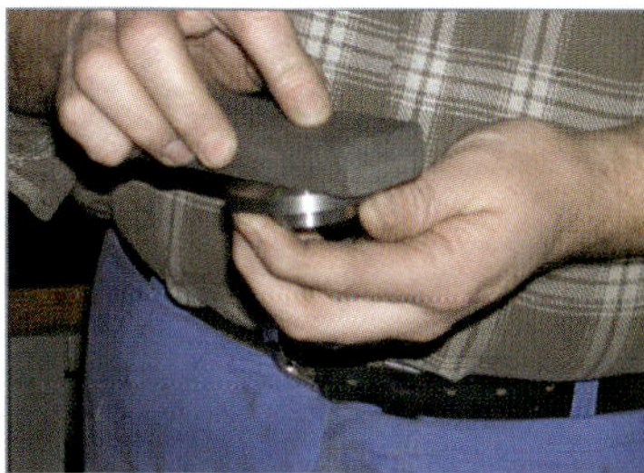

Lfd.-Nr. 1 *Schmutzring Pos. 13 abziehen, da er leicht auf die Bohrspindel Pos. 6 gleiten muss*

Lfd.-Nr. 2 *Lagersitze ölen und den Kegelrollenlagerinnenring montieren (auf die richtige Einbaurichtung achten)*

Lfd.-Nr. 3 *Lagerinnenring mit einer Presse aufpressen*

Lfd.-Nr. 4 *Wälzkörper einfetten*

Lfd.-Nr. 5 *Sichtkontrolle Pinolenhülse*

Lfd.-Nr. 7 *Lageraußenring Pos. 19 in Pinolenhülse Pos. 5 einsetzen*

Lfd.-Nr. 8 *Rillenkugellager Pos. 20 in Pinolenhülse Pos. 5 einbauen*

Lfd.-Nr. 9 *Pinolenhülse mit O-Ring Pos. 31 versehen*

Lfd.-Nr. 10 *Spindel und Pinolenhülse zusammenstecken*

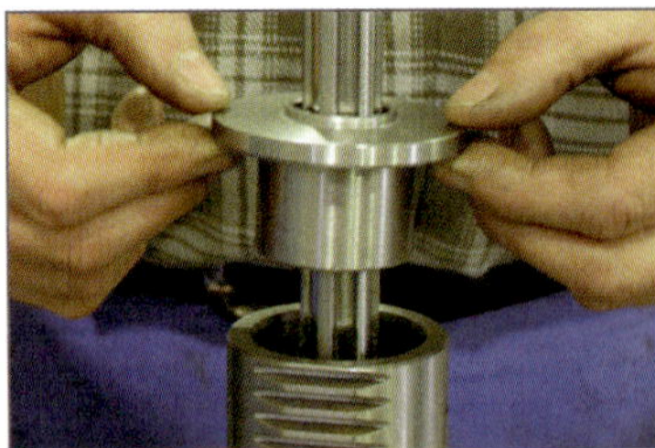

Lfd.-Nr. 11 *Mithilfe einer Andrückscheibe die Bohrspindel mit der Pinolenhülse verpressen. Das Gewinde muss oben sichtbar sein. Dabei darf die Bohrspindel nicht zu weit eingedrückt werden.*

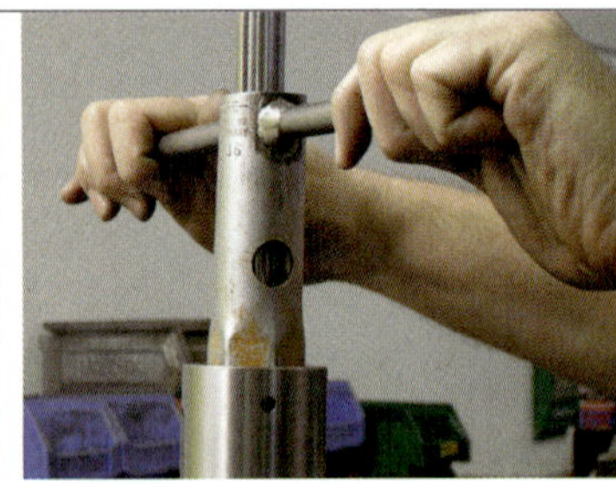

Lfd.-Nr. 12 *Die mit der Pinole verpresste Bohrspindel auf die Pinolenaufnahme MK3 aufsetzen. Einstellmutter Pos. 17 aufsetzen. Fläche senkrecht zur Achse (sonst einseitige Lagerbelastung). Die Feineinstellung wird mit der Einstellmutter vorgenommen. Dazu wird das Lagerspiel mit einem Steckschlüssel eingestellt. Dabei muss die Hülse zwischendurch gedreht werden. Die Einstellung ist korrekt, wenn die Pinolenhülse nach einer Drehung mit der Hand leicht abbremst.*

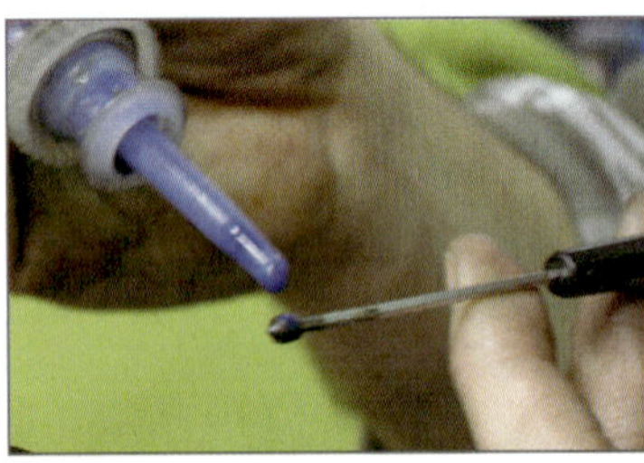

Lfd.-Nr. 13
Die Einstellschraube wird mit zwei Gewindestiften gegen Lösen gesichert. Die Gewindestifte erhalten zusätzlich eine Klebstoffsicherung.

Lfd.-Nr. 14
Prüfen der Rundlauftoleranz zwischen Bohrspindel und Pinolenhülse

1 *Zum Vermessen wird die Bohrspindel zu einem Messplatz gebracht*

2 *Konus säubern*

3 *Messdorn in Aufnahme stecken*

4 *Mithilfe einer Messuhr wird der Rundlauf der Spindel geprüft.*
Gemessen wird:
- *a) neben der Spindelnase*
- *b) am Ende der Spindel. Auf 250 mm Länge sind maximal 2/100 mm Abweichung zulässig*

MAXION Jänsch & Ortlepp GmbH	Werkzeugmaschinen **Senkrecht-Bohrmaschine** **Tischbohrmaschinen** Abnahmebedingungen	

Deskriptoren: Werkzeugmaschine; Bohrmaschine; Abnahmebedingungen

Umfang: **2 von 2 Seiten**

Auftrags- Nr.:	Maschinen- Nr.:
Kunde:	
Hersteller:	**MAXION Jänsch & Ortlepp GmbH**
Erzeugniskurzzeichen und Baugröße:	
Ort:	**07381 Pößneck / Rosa – Luxemburg – Str. 5**
Datum:	
Abnehmer:	

ALLGEMEINES

Die Maschine ist gemäß Betriebsdokumenten aufzustellen und auszurichten und in Anlehnung an **DIN 8626 - Teil 2,** abzunehmen.

Vor Durchführung der Prüfaufgaben muß die Maschine auf Betriebstemperatur gebracht werden.

Umgebungstemperatur bei der Abnahme:..**20℃** ....

Nr.	Prüfaufgabe Benennung	Prüfanordnung	Prüfmittel	Prüfanleitung	Ab-weichung zulässig	Ab-weichung gemessen
1	Rundlauf des Innenkegels der Bohrspindel **a** dicht an Aufnahme **b** in Entfernung l	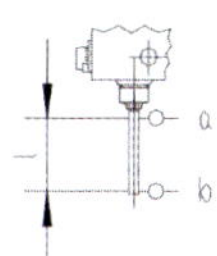	Meß-ständer Meßuhr nach DIN 878 Prüfdorn l = 200mm	Meßständer am Spindelstock befestigen. Taststift der Messuhr senkrecht an die Fläche des Kegels anstellen. Bohrspindel drehen Anzeige ablesen Messung bei b wiederholen.	l = 200 **a** 0,020 mm **b** 0,035 mm	

7.3 Funktionskontrolle

Eine Funktionskontrolle *(function check)* dient der Überprüfung, ob alle montierten Elemente ordnungsgemäß eingebaut wurden und die gewünschte **Gesamtfunktion** *(total function)* hergestellt wurde. Je nach Ergebnis der Kontrolle wird die Baugruppe für die weitere Montage freigegeben oder es müssen Nacharbeiten durchgeführt werden. Häufig werden dann Nachstell- und Justierungsprozesse durchgeführt. Spätestens zu diesem Zeitpunkt sollten defekte oder unzureichend gefertigte Elemente erkannt und entsprechend ausgetauscht werden.
Beim Beispiel der Bohrspindelmontage hat die Funktionskontrolle während der Montage stattgefunden. Bei Schritt 12 der Montage ist das erforderliche Lagerspiel durch Prüfen der Drehbewegung eingestellt worden. Weitere Einstellarbeiten waren nicht erforderlich.

7.4 Prüfprotokoll (Bewertung)

Prüfprotokolle *(test reports)* dienen der nachvollziehbaren Überprüfung der Qualität innerhalb der Fertigung. In ihnen sind die verbindlich zu prüfenden Maße mit deren Toleranzen festgelegt (Sollmaße). In das Prüfprotokoll werden die ermittelten Istmaße eingetragen. Die Angaben werden ausgewertet und dienen dann der weiteren Verbesserung der Fertigungs- bzw. Montageprozesse.
Seite 243 zeigt einen Teil eines Prüfprotokolls für die Abnahmebedingungen der Bohrmaschine beim Kunden. Darin werden u.a. die:
- Prüfaufgabe,
- Prüfanordnung,
- Prüfmittel,
- Prüfanleitung sowie
- zulässigen und gemessenen Maßabweichungen

angegeben.

ÜBUNGEN

Projektaufgaben 1: Rollengang

Funktionsanalyse

1. Um welche Welle-Nabe-Verbindung handelt es sich bei der Keilriemenscheibe?
2. Wie viele Keilriemen werden für den Antrieb benötigt?
3. Erläutern sie die Schnittdarstellung der Keilriemenscheibe.
4. Welches Bauteil sichert die Keilriemenscheibe auf dem Wellenzapfen?
5. Es sind zwei Stehlagergehäuse zu erkennen. Wieso ist das rechte Stehlagergehäuse um 90° gedreht gezeichnet?
6. Mit welcher Wälzlagerart wird die Welle gelagert?
7. Warum wurde diese Lagerart gewählt?
8. Welche Lageranordnung ist zu erkennen?
9. Wie wird das Austreten von Schmierstoff aus dem Stehlagergehäuse verhindert?
10. Beschreiben Sie den Aufbau der Verbindungen zwischen Welle und Antriebsrollen. Um welche Art der Kraftübertragung handelt es sich dabei?
11. Aus welchen Werkstoffen besteht eine Rolle (Begründung)?

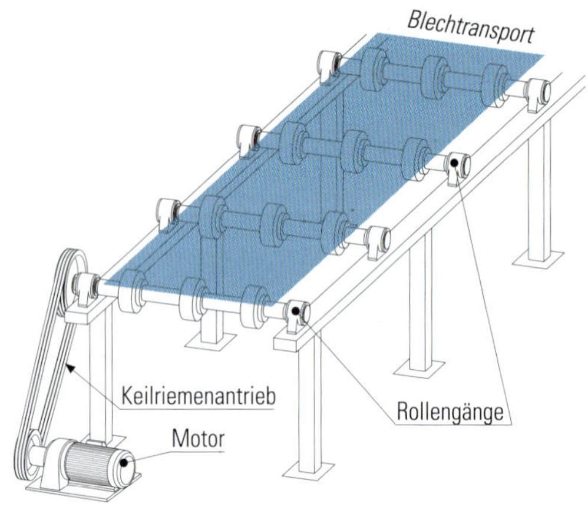

Welle-Nabe-Verbindung

Auf die Verwendung einer Passfederverbindung soll bei künftigen Rollengängen verzichtet werden. Machen Sie einen Vorschlag für eine andere Welle-Nabe-Verbindung und begründen Sie Ihre Wahl.

Lagerung

Jede der drei Rollen des Rollengangs (siehe Zeichnung Seite 245) wird maximal mit 7 kN beansprucht. Berechnen Sie die Auflagerkräfte F_A und F_B.

Dichtungen

Die verwendete Dichtung im Stehlager verursacht Schäden an der Welle. Informieren Sie sich im Internet und machen Sie einen alternativen Vorschlag zur Abdichtung des Stehlagergehäuses. Stellen Sie Ihre Alternative der vorhandenen Dichtung gegenüber und erläutern Sie deren Vor- und Nachteile.

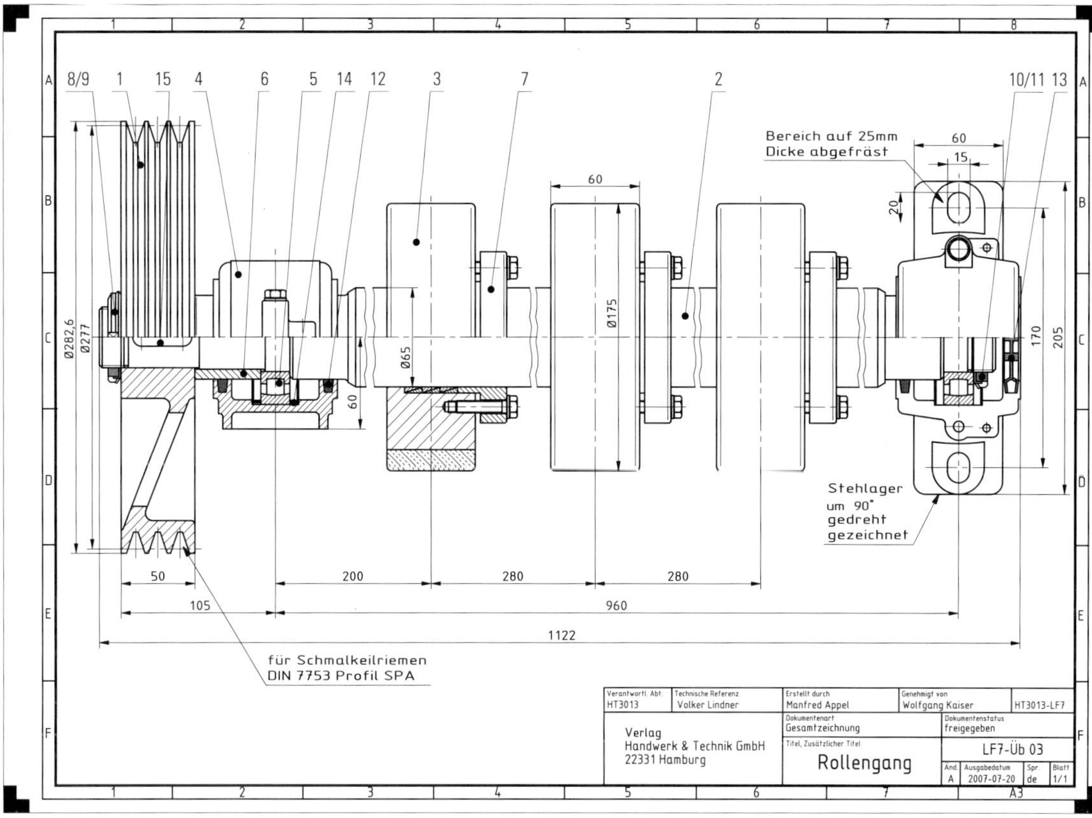

Montageplanung

Beschreiben Sie den Montagevorgang des Rollengangs beginnend mit der Vormontage der Welle nach folgendem Muster:

Ltd.-Nr.	Montagevorgang	Hilfsmittel	Bemerkung
1	Einlegen der Welle in eine Montagevorrichtung	Montagevorrichtung	Oberfläche der Welle darf nicht beschädigt werden
2			
3			

Projektaufgaben 2: Getriebelagerung

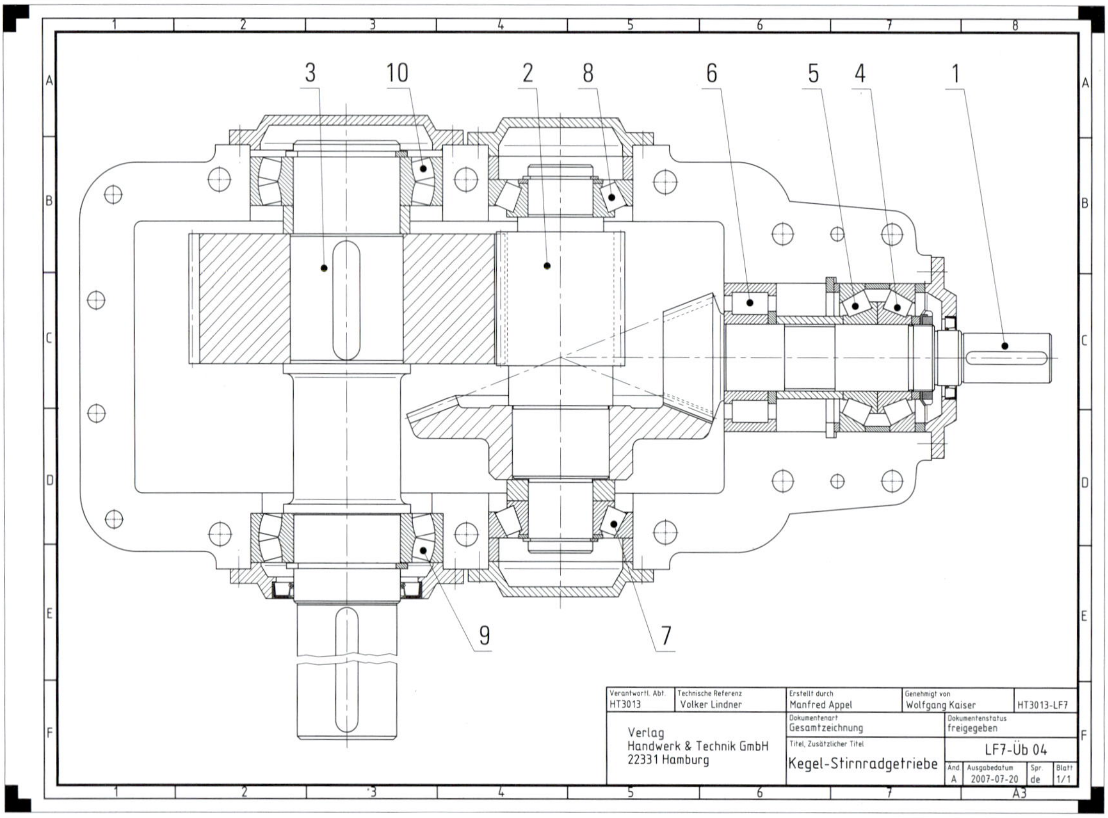

Kegel-Stirnradgetriebe

1. Benennen Sie jedes Wälzlager normgerecht.

2. Übernehmen Sie folgende Tabelle in Ihr Heft und kreuzen Sie die richtige Lagerungsart für jede Welle an:

	Angestellte Lagerung	Fest-/Loslager	Schwimmende Lagerung
Welle 1			
Welle 2			
Welle 3			

3. Welche Lageranordnung erkennen Sie beim Festlager der Welle (Pos. 1), und welche Eigenschaften hat diese Lageranordnung?

4. Begründen Sie die Lageranordnung der Ritzelwelle (Pos. 1), der Kegelradwelle (Pos. 2) und der Welle (Pos. 3) aufgrund der vom Konstrukteur gewählten Lagerarten.

5. Das Getriebe wird mit Öl geschmiert. Erkundigen Sie sich in Ihrem Ausbildungsbetrieb, welche Lagerschmierungen bei diesem Getriebe zum Einsatz kommen können. Berücksichtigen Sie dabei sowohl kleine als auch große Baugrößen von Kegel-Stirnradgetrieben.

6. Stellen Sie eine alternative Lagerung der Welle (Pos. 3) dar und erläutern Sie deren Eigenschaften (Vor- und Nachteile).

8 Fitting and Dismantling of Rolling Bearings

Many companies operate world-wide, or, have daughter companies, or, subsidiaries in other countries. This means that sometimes a fitter is sent abroad to assemble complete machines on site. In most machines there are bearings which have the task of guiding revolving shafts, or, axles and to take up bearing forces.
The job of a fitter is to build in different types of bearings and sometimes he has to read and understand on-line instructions as given below.

Fitting and dismantling

- Delivered condition
- Storage
- Removal from packaging
- Compatibility and miscibility
- Cleaning

Rolling bearings are precision products. These products must be very carefully handled before and during fitting. Their trouble-free operation depends largely on the care taken during fitting.

Delivered condition Rolling bearings are:

- preserved using an anti-corrosion protection agent with a mineral oil base
- supplied with a dry preservative in the form of VCI paper
- supplied with a long term preservative for overseas transport
- greased (for example in the case of radial insert ball bearings).

Storage The bearings should be stored:

- in dry, clean rooms with the temperature as constant as possible
- at a relative humidity of max. 65%.
  The storage period for greased and sealed bearings is limited by the shelf life of the grease.

Removal from packaging Perspiration from handling leads to corrosion. Hands should be kept clean and dry and gloves worn if necessary.
Bearings should only be removed from their original packaging immediately before assembly.

If some bearings are taken from their packaging which has a dry preservative:

- the package must be closed again immediately afterwards, because the protective vapour phase is only effective in closed packaging
- the bearings which have been taken out must be greased or, oiled immediately.

Fitting and Dismantling of Rolling Bearings

Compatibility and miscibility The anti-corrosive preservation oil used for rolling bearings is only compatible and miscible with oils and greases which have a mineral oil base.

Compatibility should be checked if the following are used:

- synthetic lubricants
- thickeners other than lithium or lithium complex soaps.

If there is an incompatibility, the anti-corrosive oil should be washed out before greasing, particularly in the following cases:

- lubricants based on PTFE/alkoxyfluoroether
- lubricants with a polycarbamide thickener
- the lubricant is changed
- the rolling bearings are contaminated.

If in doubt, the lubricant manufacturer should be consulted.

Cleaning ⚠ Rolling bearings must be dried and preservative applied immediately after cleaning – risk of corrosion.

The following are suitable for degreasing and washing of rolling bearings:

- aqueous cleaning agents
  – neutral, acid or alkaline.
  Check compatibility of alkaline agents with aluminium components before cleaning.
- organic cleaning agents
  – paraffin free from water and acid, benzine (not petrol),
  From 12 substitutes or cleaning products containing chlorinated hydrocarbons.

Where cleaning is carried out, attention must be paid to:

- legal requirements
  – environmental protection, health and safety at work etc.
- the specifications of the cleaning agent manufacturer
  – e.g. handling.

⚠ The design and safety guidelines in the product sections must be observed.

Assignments:

1. Translate the title as well as the text given below.
2. There are five further headings on the left.
   Which English term fits to which German word?

2.1 *Delivered condition*	A. Reinigung
2.2 *Storage*	B. Entnahme
2.3 *Removal from packaging*	C. Lieferausführung
2.4 *Compatibility and miscibility*	D. Aufbewahrung
2.5 *Cleaning*	F. Verträglichkeit, Mischbarkeit

3. Match the German paragraphs **A ... E** underneath the table with the English headings given in assignment 2:

English headings inclusive para-graphs:	Delivered condition	Storage	Removal from packaging	xxxx
Letters which fit to the German paragraphs				

A ⚠ Wälzlager nach dem Reinigen sofort trocknen und konservieren oder fetten – Korrosionsgefahr!

Zum Entfetten und Waschen der Wälzlager sind geeignet:
- wässrige Reinigungsmittel
  – neutral, sauer oder alkalisch. Verträglichkeit alkalischer Mittel mit Aluminiumteilen vor der Reinigung prüfen
- organische Reinigungsmittel
  – säure- und wasserfreies Petroleum, Waschbenzin (kein Fahrbenzin), Frigen-Ersatzprodukte, chlorkohlenwasserstoffhaltige Reinigungsmittel.

Bei der Reinigung beachten:
- gesetzliche Vorschriften
  – Umweltschutz, Arbeitssicherheit usw.
- Vorschriften des Herstellers der Reinigungsmittel
  – z. B. Handhabung.

⚠ Konstruktions- und Sicherheitshinweise in den Produktkapiteln beachten!

B Wälzlager sind:
- konserviert mit einem Korrosionsschutz auf Mineralölbasis
- trockenkonserviert mit VCI-Papier
- langzeitkonserviert für Überseetransport
- befettet (zum Beispiel Spannlager).

C Lager aufbewahren:
- in trockenen, sauberen Räumen mit möglichst konstanter Temperatur
- bei einer relativen Luftfeuchtigkeit von max. 65 %.

Die Lagerfähigkeit befetteter, abgedichteter Lager ist durch die Haltbarkeit des Fetts begrenzt.

D Korrosionsschutzmittel ölig konservierter Wälzlager sind mit Schmierölen und Schmierfetten auf Mineralölbasis verträglich und mischbar.
Verträglichkeit prüfen, wenn eingesetzt werden:
- synthetische Schmierstoffe
- andere Verdicker als Lithium- oder Lithiumkomplexseifen.

Bei Unverträglichkeit, Korrosionsschutzöl vor der Befettung auswaschen, besonders bei:
- Schmierstoffen auf Basis PTFE/Alkoxifluorether
- Polyharnstoffen als Verdicker

sowie wenn
- der Schmierstoff gewechselt wird
- die Wälzlager verschmutzt sind.

Im Zweifel bitte beim entsprechenden Hersteller des Schmierstoffs rückfragen.

E Handschweiß führt zu Korrosion. Hände sauber und trocken halten, ggf. Schutzhandschuhe tragen.
Lager erst unmittelbar vor der Montage aus der Originalverpackung nehmen.

Werden Lager aus einer Sammelpackung mit Trockenkonservierung entnommen:
- Verpackung anschließend sofort wieder verschließen, die schützende Dampfphase bleibt nur in der geschlossenen Verpackung erhalten
- entnommene Lager sofort ölen oder fetten.

4. Some questions on the instructions:
   a) What kind of products are rolling bearings?
   b) Give three examples of delivered conditions.
   c) How should rolling bearings be stored?
   d) Why should hands be clean and dry before removing a bearing from its packaging?
   e) How soon before assembly should a bearing be removed from its packaging?
   f) Why should the packaging be closed immediately after removing the bearing?

Work With Words

In future you will come into the situation to talk, listen or read technical English. Very often it will happen that you either **do not understand** a word or **do not know the translation**.

In this case here is some help for you!

Below you will find a few possibilities to describe or explain a word you don't know or use synonyms[1] or opposites[2].
Write the results into your exercise book.

1. **Add as many examples** to the following terms as you can find for different types of shafts and fits.

shafts:	cardan shaft spline shaft ______	*fits:*	clearance fit interference fit ______

2. **Explain the two terms in the box:**
Use the words below to form correct sentences. Be careful the order is mixed!

bearing:	which turns or moves and which is designed/A bearing is a part of a machine/to reduce friction/that supports or holds another part	*axle:*	connecting a pair of wheels on a car or other vehicle/on which the wheel turns/An axle is a rod

3. **Find the opposites**[1]**:**

movable bearing:	______	*radial bearing:*	______
dry friction:	______	*basic hole system:*	______

4. **Find synonyms**[2]:
You can find one or two synonyms to each term in the box below.

lubricant:	______	*representation:*	______
replacement:	______	*assembly:*	______
alternative/oil/grease/substitute		fitting/image/illustration/mounting	

5. In each group there is a word which is the **odd man**[3]. Which one is it?

a) inductive pre-heating burner/sectional drawing/heating plate/heating cabinet/oil bath

b) circular slides/oil jet pump/prism slides/flat slides

c) cylindrical lagging/sealing lip/protective lip/mounting sleeve

d) clamping set/laid-in key/taper sunk key/gib key

6. Please translate the information below. Use your English-German Vocabulary List if necessary.

An assembly drawing shows a complete device or machine in several views or cuts, but without dimensioning.

1) *opposite:* Gegenteil 2) *synonym:* Synonym, ähnliches Wort, Ergänzung 3) *odd man:* Außenseiter, überzähliges Wort, fünftes Rad am Wagen

Lernfeld 8: Fertigen auf numerisch gesteuerten Werkzeugmaschinen

Computer haben in gleicher Weise unser Privatleben wie unsere **Berufswelt** durchdrungen und verändert. Auch in der modernen Fertigung werden die Bauteile häufig auf computergestützten **CNC-Werkzeugmaschinen** gefertigt.
Zu Ihren zukünftigen Aufgaben als Industriemechaniker gehört in vielen Fällen die **Instandhaltung von CNC-Maschinen** und in entsprechenden Betrieben sind Sie unmittelbar am Bau von CNC-Maschinen beteiligt. Grundlegende Kenntnisse über den Aufbau von CNC-Maschinen sind für Sie daher unerlässlich.
CNC ist die Abkürzung für „**C**omputerized **N**umerical **C**ontrol" (Computer unterstützt numerisch gesteuert). Eine CNC-Maschine wird also „durch Zahlen" (numerisch) mithilfe eines Computers gesteuert. Dieser führt mit den eingegebenen Daten Berechnungen durch und steuert die Maschine. Die Bearbeitung an CNC Maschinen erfolgt mit den **gleichen Fertigungsverfahren**, die Sie bisher in den Lernfeldern 2 und 5 kennengelernt haben. Lediglich die Art der **Maschinensteuerung** ist anders. Sie erfolgt durch das Zusammenspiel von Computer und Software (Steuerung = Hardware + Software).
Dies hat entscheidende Auswirkungen auf Ihre Tätigkeit. Ihr handwerkliches Geschick, das bei der Fertigung auf konventionellen Werkzeugmaschinen nach wie vor gefordert wird, tritt in den Hintergrund. Stattdessen verlagert sich Ihr Aufgabenschwerpunkt hin zum **Planen**, **Überwachen** und zur **Fehleranalyse**.
Ein CNC-Programm enthält die vollständige Fertigung des Einzelteils mit allen Geometrie- und Fertigungsdaten. Dies bedeutet, dass vor der eigentlichen Fertigung auf der Maschine die gesamte Fertigung mit allen Einzelheiten **vorab gedanklich** vollzogen werden muss.
Aus Skizzen und Einzelteilzeichnungen entnehmen Sie die erforderlichen Informationen für die CNC-Fertigung.
Sie ermitteln die technologischen und geometrischen Daten für die Bearbeitung und erstellen Arbeits- und Werkzeugpläne. Ferner planen Sie die Einspannung der Werkstücke und Werkzeuge und richten die Werkzeugmaschine ein. Auch durch grafische Programmierverfahren entwickeln Sie **CNC-Programme** und überprüfen Sie durch Simulationen bzw. durch einen realen Probelauf.

Im Hinblick auf die Serienfertigung erstellen Sie Prüfpläne, wählen Prüfmittel aus und bewerten die Prüfergebnisse. Auf dieser Grundlage optimieren Sie den Fertigungsprozess, indem Sie die Einflüsse der Fertigungsparameter auf Maße, Oberflächengüte und Produktivität berücksichtigen.
Bei all diesen Tätigkeiten beachten Sie die Bestimmungen des Arbeitsschutzes an CNC-Maschinen.
Durch Ihre Bereitschaft zu lebenslangem Lernen und sich auf neue Technologien mit neuen Arbeitsbedingungen einzustellen, leisten Sie einen entscheidenden Beitrag zur Sicherung Ihres Arbeitsplatzes.

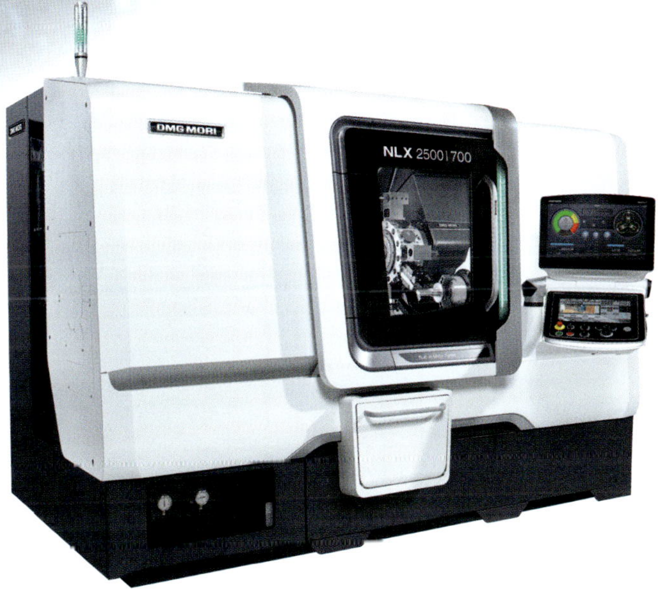

CNC-Drehmaschine

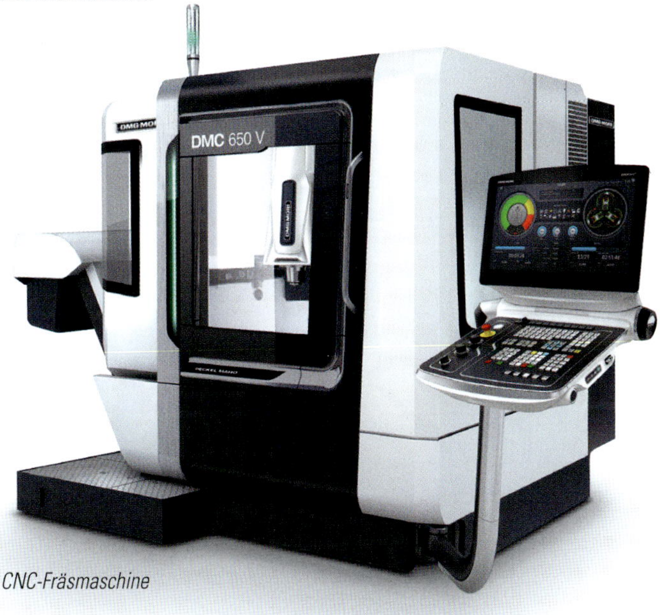

CNC-Fräsmaschine

1 Aufbau von CNC-Maschinen

Äußere Zeichen von CNC-Maschinen sind der **Bildschirm** für die Programm- bzw. Simulationsanzeige und die **Tastatur** für die Programmeingabe bzw. -änderung (siehe Seite 251). Über entsprechende Schnittstellen ist das automatische Ein- und Auslesen von Programmen und Daten möglich.

1.1 Koordinatensysteme

Um der CNC-Maschine die **Werkzeugbewegungen** in Form von Zahlen (numerische Steuerung) mitteilen zu können, sind Koordinatenangaben erforderlich. Die **Koordinatenachsen** *(coordinate axes)* an CNC-Maschinen sind genormt[1]. Jeder Punkt im Raum ist durch seine Koordinaten in **X-**, **Y-** und **Z-Richtung** (kartesische Koordinaten) bestimmt (Bild 1).

MERKE

Das rechtshändige rechtwinklige Koordinatensystem *(coordinate system)* (Bild 2) mit den Achsen *(axes)* X, Y und Z bildet die Grundlage für die Achsendefinitionen.

Damit sind die Lagen der Achsen zueinander festgelegt. Die Finger zeigen in die positiven Richtungen der Achsen X, Y und Z. Die **Drehbewegungen** *(rotations)* A, B und C verlaufen um die X-, Y- und Z-Achse (Bild 3). Ihre positiven Richtungen können mithilfe der Rechten-Hand-Regel (Bild 4) bestimmt werden:

MERKE

Wenn der Daumen der rechten Hand in die positive Achsrichtung deutet, geben die anderen Finger die positive Richtung der Drehbewegung um die betrachtete Achse an.

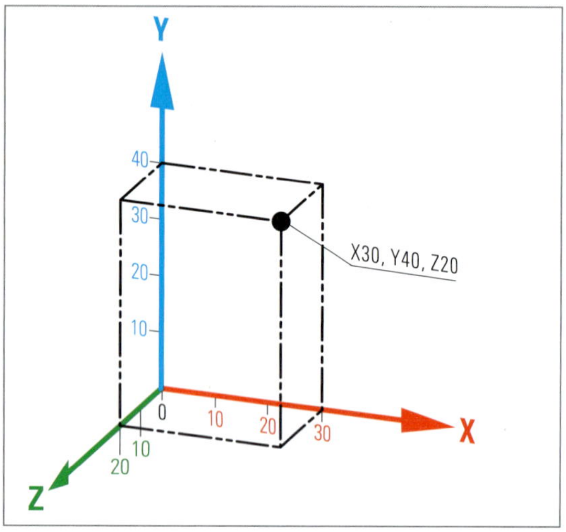

1 *Koordinaten eines Punkts im Raum*

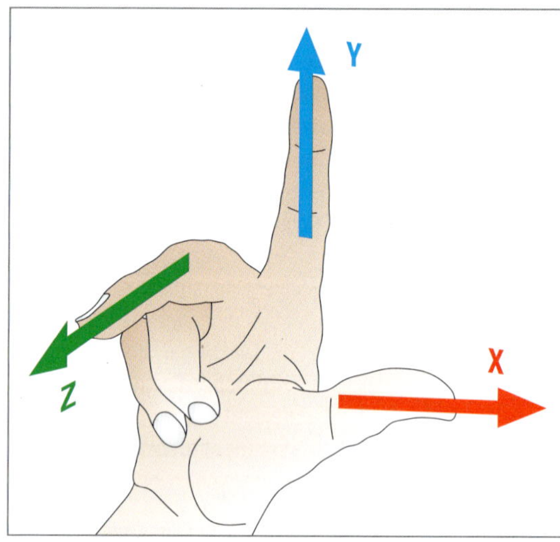

2 *Rechtshändiges rechtwinkliges Koordinatensystem*

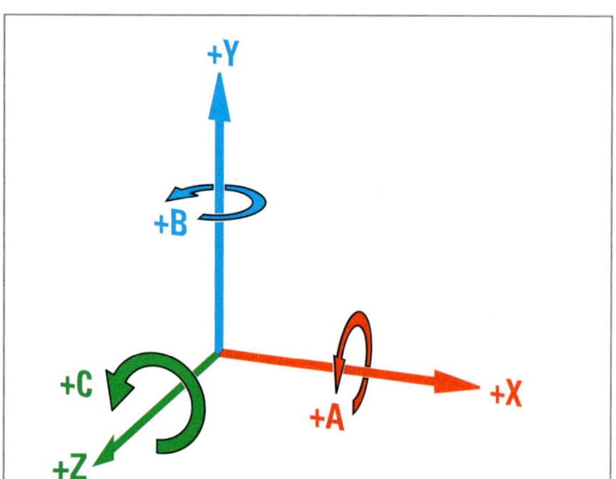

3 *Kartesisches Koordinatensystem mit Drehachsen*

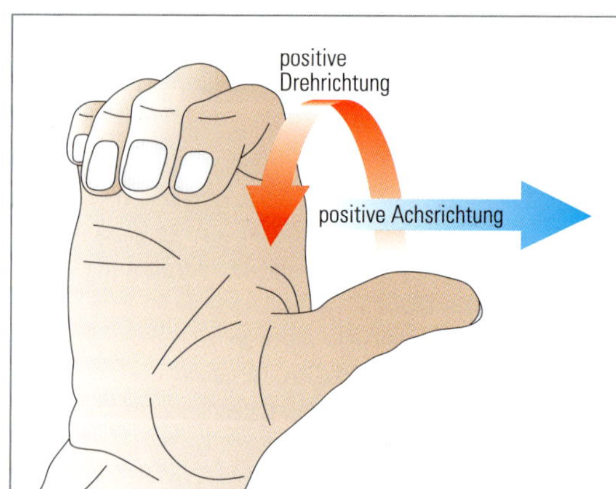

4 *Rechte-Hand-Regel zur Bestimmung der positiven Drehrichtung*

1) DIN 66217

1.1.1 Koordinatensysteme an Werkzeugmaschinen

Die Zuordnung der Achsen für die Werkzeugmaschinen orientiert sich an deren Hauptführungsbahnen.

Z-Achse: Sie fällt mit der **Arbeitsspindel** *(working spindle)* zusammen. Damit ist zunächst nur ihre Lage, aber noch nicht ihre Richtung festgelegt. Die **positive Richtung** verläuft **vom Werkstück zum Werkzeug** (Bild 1).

X-Achse: Sie ist die **Hauptachse** *(principal axis)* **in der Positionierebene**. Sie liegt parallel zur Werkstück-Aufspannfläche. Die **positive Richtung** verläuft **vom Werkstück zum Werkzeug** (Bild 1).

Y-Achse: Ihre Lage und Richtung ergibt sich nach dem Festlegen der Z- und X-Achse zwangsläufig aus dem rechtshändigen rechtwinkligen Koordinatensystem.

Für eine CNC-Drehmaschine, die in zwei Achsen verfahren kann, liegen die Achsen ebenso eindeutig fest (Bild 2) wie für die Fräsmaschine mit senkrechter Arbeitsspindel (Bild 3).

1.1.2 Bewegungsdefinitionen

MERKE

Bei der Programmierung von CNC-Maschinen wird prinzipiell davon ausgegangen, dass sich das Werkzeug gegenüber dem Werkstück relativ bewegt.

Das ist bei den Werkzeugmaschinen nicht immer der Fall. Bei Fräsmaschinen mit senkrechter Arbeitsspindel (Bild 3) führt z. B. der Frästisch meist die Arbeitsbewegung in der X-Achse durch. Die Bewegung des Tischs und damit die des Werkstücks wird in der X-Achse mit X' bezeichnet. In Bild 4 ist zu erkennen, dass eine Werkstückbewegung in X'-Richtung zum gleichen Ergebnis führt, wie eine Werkzeugbewegung in X-Richtung. Deshalb kann immer so programmiert werden, als ob das Werkzeug gegenüber dem Werkstück verfahren würde.

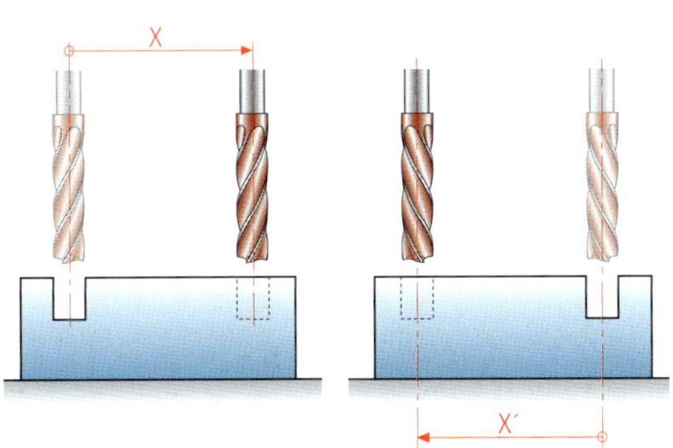

a) Werkzeugbewegung X b) Werkstückbewegung X´

4 Bewegungen von Werkzeug und Werkstück

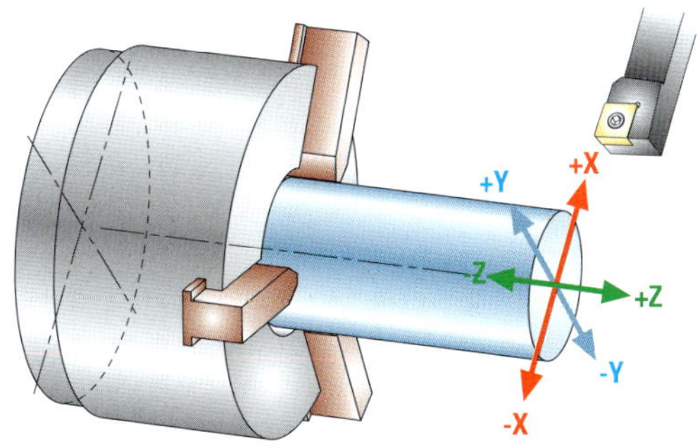

1 Achsen an der CNC-Drehmaschine mit dem Werkzeug hinter der Drehmitte

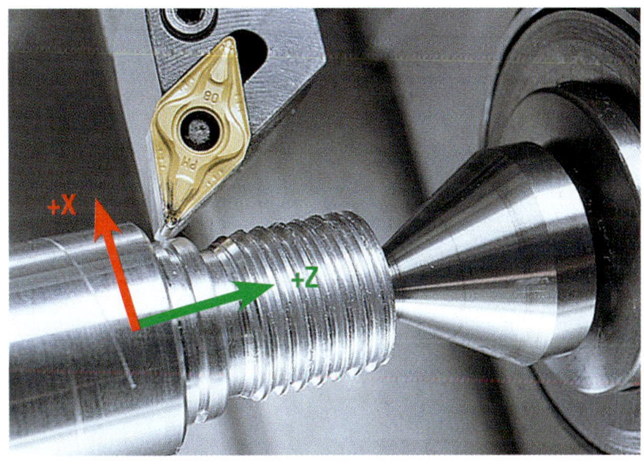

2 Koordinaten an der CNC-Drehmaschine

3 Koordinaten an einer CNC-Fräsmaschine mit senkrechter Arbeitsspindel

1.2 Bezugspunkte im Arbeitsraum der CNC-Maschine

Um die Lage des Werkstücks und die jeweilige Position des Werkzeugs im Koordinatensystem der CNC-Maschine bestimmen zu können, müssen entsprechend definierte Punkte[1] an der Maschine bzw. in deren Arbeitsraum vorhanden sein. In Abhängigkeit von diesen Punkten kann dann z. B. die Werkzeugposition bestimmt und kontrolliert werden.

1.2.1 Maschinennullpunkt

Der Maschinennullpunkt *(machine zero point)* wird vom Hersteller der Maschine festgelegt. Von ihm aus wird die Maschine vermessen und überprüft. Er ist der Ursprung des Maschinenkoordinatensystems und kann vom Anwender nicht verändert werden. Bei Drehmaschinen liegt er meist auf der Mitte und an der Vorderseite der Arbeitsspindel, wo das Drehbackenfutter befestigt ist (Bild 1).

1.2.2 Referenzpunkt

Der Referenzpunkt *(reference point)* dient dazu, die Lage des Werkzeugs im Maschinenkoordinatensystem zu bestimmen. Das kann nach dem Anschalten der Maschine oder nach einer Kollision erforderlich sein. Oft kann der Maschinennullpunkt vom Werkzeug nicht angefahren werden. Daher ist es vorteilhaft, einen anderen Punkt (den Referenzpunkt) festzulegen, der von der Steuerung direkt anzufahren ist. Die Lage des Referenzpunkts ist auf den Wegmesssystemen (vgl. Kap. 1.5.4) fixiert. Da die Steuerung die Entfernung des Referenzpunktes vom Maschinennullpunkt gespeichert hat, kennt sie nach dem Anfahren des Referenzpunktes die Achspositionen im Maschinenkoordinatensystem.

1.2.3 Werkstücknullpunkt

Der Werkstücknullpunkt *(workpiece zero reference point)* ist vom Programmierer frei wählbar und wird an eine sinnvolle Stelle gelegt, von der aus z. B. das gesamte Werkstück bemaßt ist (Bild 2) oder die sich aus fertigungstechnischen Gründen anbietet. Beim Drehen wird er meist an die Stirnfläche gelegt (Bild 3), weil sich die Maße in der Zeichnung auf diese Fläche beziehen. Die Stirnfläche wird beim Drehen meist zuerst geplant, sodass dadurch eine Bezugsfläche entsteht. Ein weiterer Vorteil liegt darin, dass der Programmierer bei negativen Z-Werten erkennt, dass er sich im Werkstückbereich befindet. Dadurch besteht erhöhte Kollisionsgefahr. Wird das Minuszeichen bei der Programmierung versehentlich vergessen, fährt das Werkzeug vom Werkstück weg.

MERKE

Die Fachkraft legt beim Einrichten der Maschine die Lage des Werkstücknullpunktes fest, der den Ursprung des Koordinatensystems bildet.

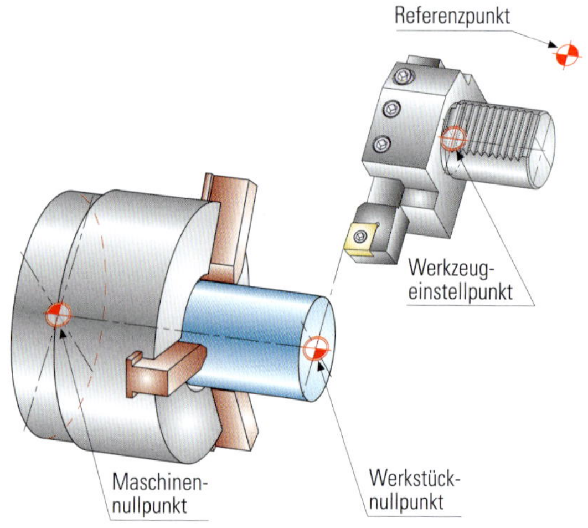

1 *Nullpunkte an einer CNC-Drehmaschine*

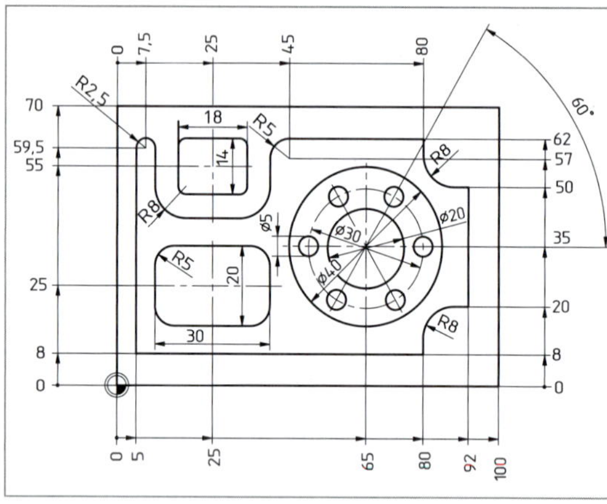

2 *Frästeil mit Werkstücknullpunkt*

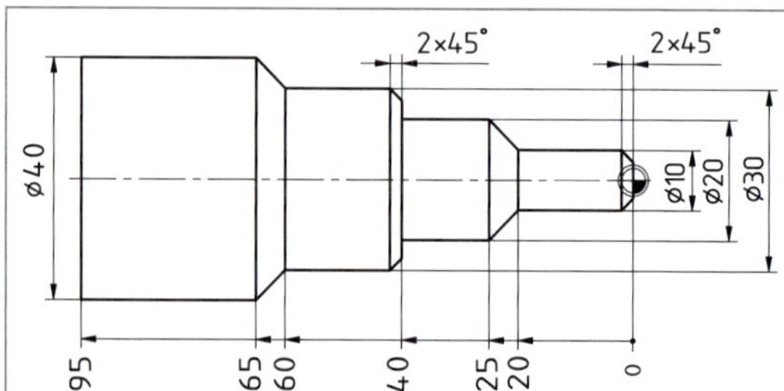

3 *Drehteil mit Werkstücknullpunkt*

1.2.4 Werkzeugeinstellpunkt

Bei Drehwerkzeugen (Seite 255 Bild 1) sind die Werkzeuglängen in X- und Z-Achse, ausgehend vom Werkzeugeinstellpunkt *(tool adjusting point)*, zu messen. Bei eingesetztem Werkzeug liegt der Werkzeugeinstellpunkt auf der Revolverstirnseite in der Mitte der Werkzeugaufnahme.

Bei Fräsern (Seite 255 Bild 2) werden die Fräserlänge und der Fräserradius, ausgehend vom Werkzeugeinstellpunkt, meist

1) DIN ISO 2806

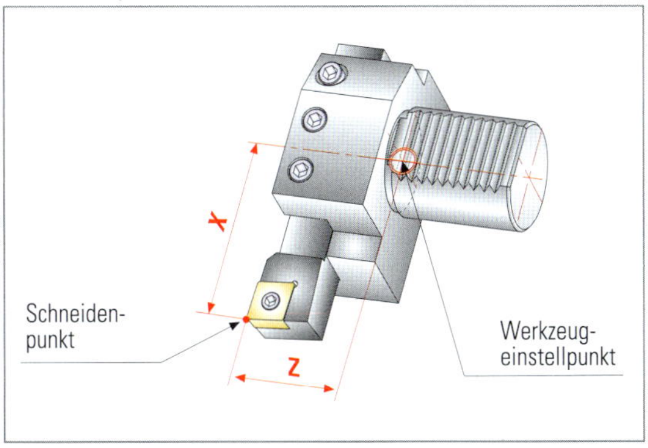

1 *Werkzeugeinstellpunkt am Drehmeißel*

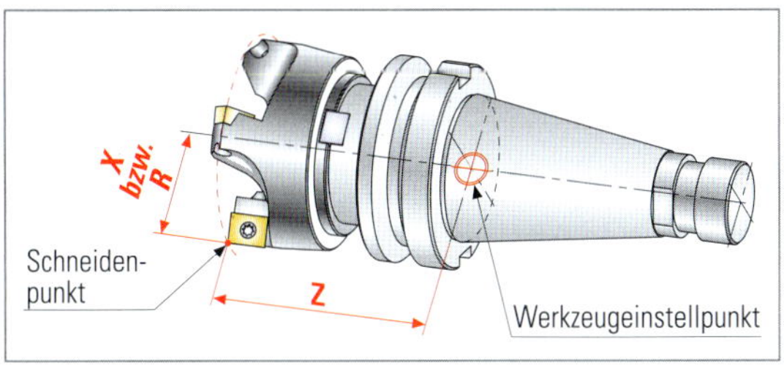

2 *Werkzeugeinstellpunkt am Fräser*

außerhalb der Maschine gemessen. Nach dem Werkzeugwechsel liegt der Werkzeugeinstellpunkt des Fräsers auf der Stirnflächenmitte der Arbeitsspindel.

MERKE

Die Fachkraft überträgt beim Einrichten der Maschine die gemessenen Werkzeuglängen in den Werkzeugkorrekturspeicher der Steuerung.

1.3 Konturpunkte an Werkstücken

Die Arbeitsbewegungen der Werkzeuge an CNC-Maschinen werden bei der Programmierung der Verfahrwege festgelegt. Vor bzw. während der Programmierung ist es daher erforderlich, die Konturpunkte *(contour points)* in Abhängigkeit vom Werkstücknullpunkt zu bestimmen.

1.3.1 Drehteile

An CNC-Drehmaschinen mit einer Antriebsspindel und einem Werkzeugrevolver kann das Werkzeug in der Z- und X-Achse verfahren. Die Bearbeitung geschieht somit lediglich in der Z-X-Ebene. In der X-Achse erfolgt die Eingabe der Werte **durchmesserbezogen**, d. h., es wird der Durchmesser und nicht der Radius als X-Wert definiert.

MERKE

Beim Drehen ist der Durchmesser der Koordinatenwert für die X-Achse.

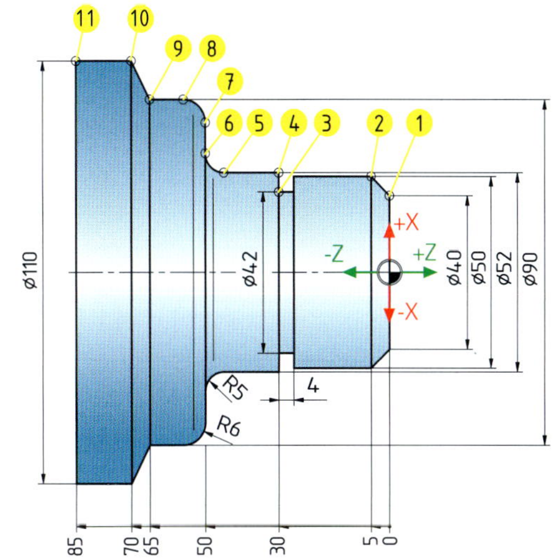

3 *Anschlussbolzen mit Konturpunkten*

Die Punkte 1 bis 3 des Anschlussbolzens (Bild 3) sind durch folgende Koordinaten bestimmt:

Punkt	X-Koordinate	Z-Koordinate
1	40	0
2	50	5
3	42	−30
4	...	...

Überlegen Sie!

Übertragen Sie die Tabelle in Ihr Heft und ergänzen Sie diese um die Punkte 4 bis 11.

1.3.2 Frästeile

An CNC-Fräsmaschinen kann das Werkzeug mindestens in der X-, Y- und Z-Achse positioniert werden. Die Konturpunkte liegen somit nicht nur in einer Ebene – wie beim Drehen – sondern sind im Raum definiert.

Die Punkte 1 bis 3 der Abdeckplatte (Seite 256 Bild 1) sind durch folgende Koordinaten bestimmt:

Punkt	Koordinaten		
	X	Y	Z
1	68	38	−6
2	−68	38	−6
3	60	0	0
4	...	...	...

Überlegen Sie!

Übertragen Sie die Tabelle in Ihr Heft und ergänzen Sie diese um die Punkte 4 bis 10.

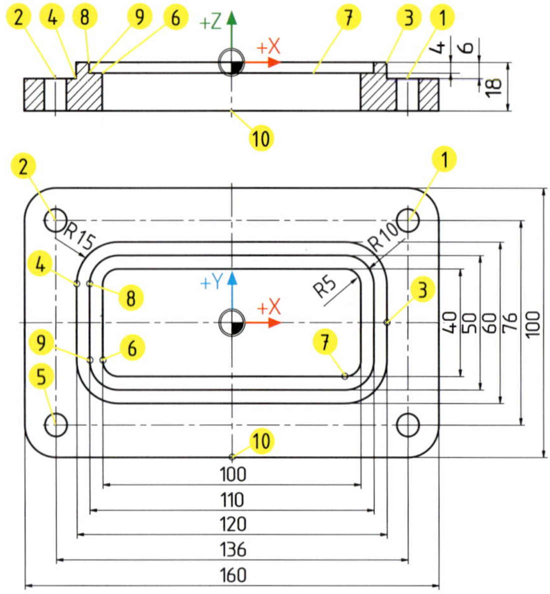

1 Abdeckplatte mit Konturpunkten

1.4 Steuerungsarten

Aufgrund der soft- und hardwaremäßigen Ausstattung der CNC-Steuerungen sind verschiedene Steuerungsarten *(types of control)* zu unterscheiden.

1.4.1 Punktsteuerungen

Punktsteuerungen *(point-to-point controls)* sind die ältesten Steuerungen (Bild 2). Das Werkzeug wird im **Eilgang** in einer Achse auf die Zielposition gebracht, bevor die andere angesteuert wird ①. Oder es werden beide Achsen solange gleichzeitig verfahren (unter 45°), bis die erste den programmierten Wert erreicht hat ②. Die zweite Achse fährt dann weiter achsparallel bis zum Zielpunkt. Nach dem Positionieren erfolgt die Bearbeitung (z. B. Bohren) in einer anderen Achse.

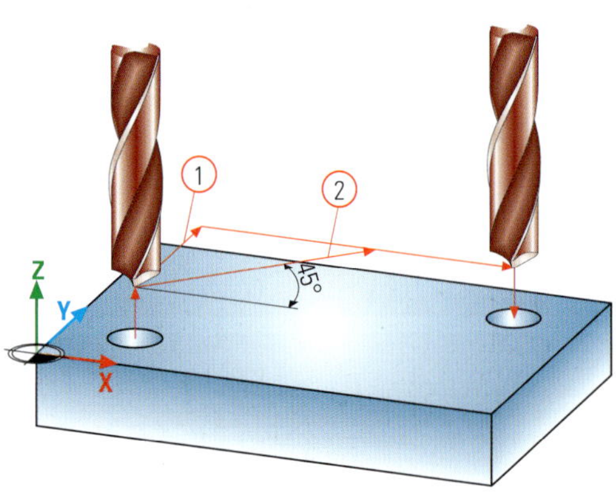

2 Verfahrbewegungen bei der Punktsteuerung

1.4.2 Streckensteuerungen

Streckensteuerungen *(straight line controls)* (Bild 3) sind die Nachfolger der Punktsteuerungen. Sie können die Werkzeugabmessungen berücksichtigen, d. h., sie haben einen Korrekturrechner. Mit Streckensteuerungen kann eine achsparallele Bearbeitung durchgeführt werden. Es können zylindrische Teile gedreht und rechteckige Werkstücke gefräst werden.

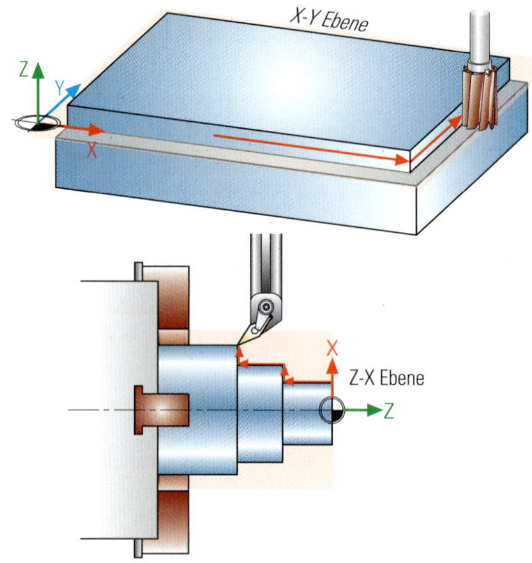

3 Verfahrbewegungen bei Streckensteuerungen

1.4.3 Bahnsteuerungen

2D-Bahnsteuerungen *(continuous path controls)* (Seite 257 Bild 1) können innerhalb einer Ebene (2 Achsen) beliebige Schrägen und Kreisbögen (Bahnen) bearbeiten. Das D steht dabei für Dimensionen bzw. Achsen, die gleichzeitig ansteuerbar sind.
Bei vielen Fräsmaschinen kann eine Bahnbearbeitung wahlweise immer nur in einer Ebene (X-Y-, Z-X- oder Y-Z-Ebene) erfolgen. Wegen der freien Wahl der Ebene für die Bahnbearbeitung wird von **2½D-Bahnsteuerung** (Seite 257 Bild 2) gesprochen.
Mit einer **3D-Bahnsteuerung** (Seite 257 Bild 3) können bei Fräsmaschinen beliebige Konturen und Freiformflächen erzeugt werden. Dabei müssen die Bewegungen in allen Achsen aufeinander abgestimmt bzw. angesteuert werden.
Sind neben den Achsen X, Y und Z noch weitere Bewegungen gleichzeitig ansteuerbar (z. B. Drehbewegung um die Y-Achse = B-Achse und Drehbewegung um die Z-Achse = C-Achse) dann wird von **4D-** bzw. **5D-Steuerungen** (Seite 257 Bild 4) gesprochen.

Überlegen Sie!

Welche Achsbewegungen kann eine 6D-Steuerung durchführen?

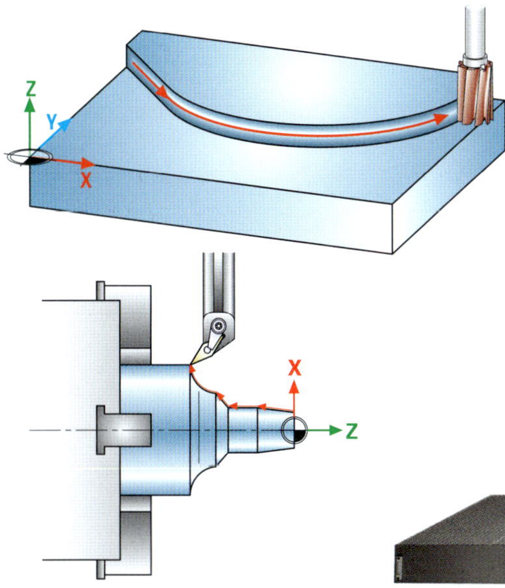

1 *Verfahrbewegungen bei 2D-Bahnsteuerungen*

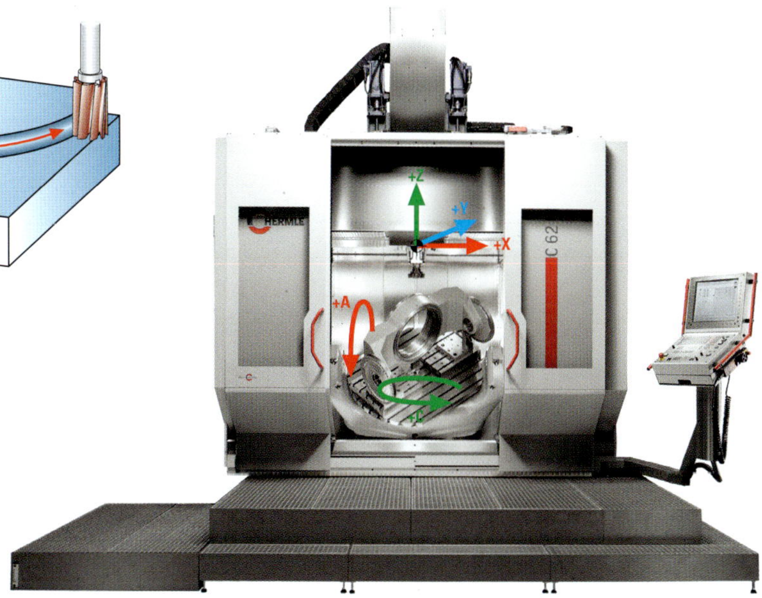

4 *Bewegungen einer 5D-Bahnsteuerung*

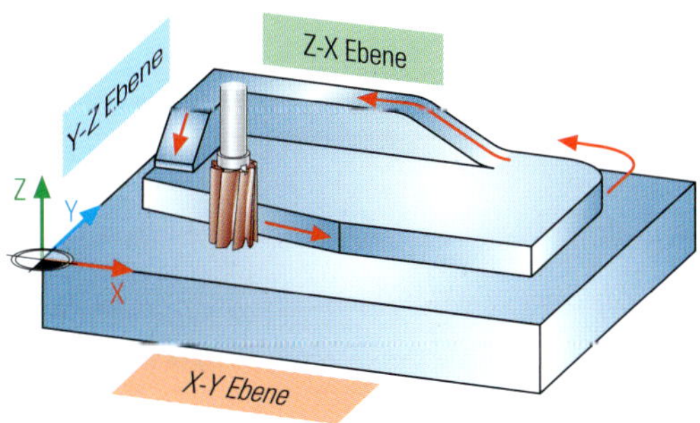

2 *Verfahrbewegungen bei $2\,^1\!/_2$D-Bahnsteuerungen*

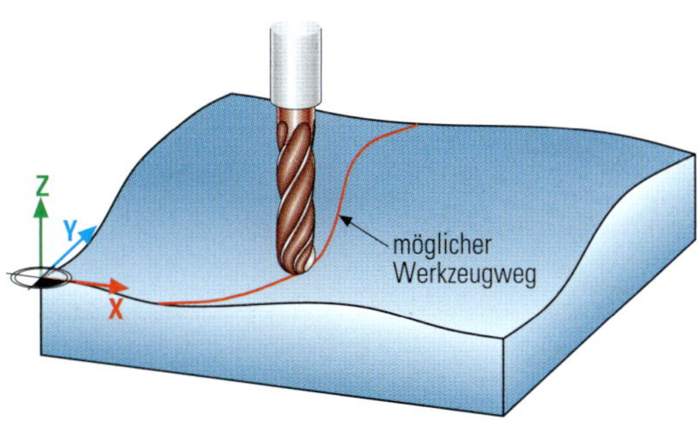

3 *Verfahrbewegungen bei 3D-Bahnsteuerungen*

1.5 Baueinheiten

Im Gegensatz zu konventionellen Werkzeugmaschinen besitzen CNC-Maschinen meist einen Motor für den Hauptantrieb und je einen Motor für jeden Vorschubantrieb.

1.5.1 Hauptantrieb

Der Hauptantrieb *(main drive)* soll

- die zur Zerspanung erforderliche Leistung zur Verfügung stellen,
- stufenlos regelbar sein (z. B. beim Drehen mit konstanter Schnittgeschwindigkeit),
- schnell zu beschleunigen und zu bremsen sein (z. B. beim Werkzeugwechsel).

1.5.1.1 Elektromechanischer Antrieb

Der elektromechanische Antrieb *(electromechanical drive)* besteht aus Motor, Riementrieb und/oder Getriebe sowie der Antriebsspindel (Seite 259 Bild 1). Er bietet den Vorteil, dass der Motor thermisch von der Spindel und dem Bearbeitungsraum entkoppelt ist. Der Riementrieb begrenzt jedoch die Umdrehungsfrequenz, die Steifigkeit und das Beschleunigungsverhalten des Antriebs und damit auch die Produktivität der Werkzeugmaschine.

1.5.1.2 Direktantrieb *(gearless drive)*

- Bei der **Hauptspindel mit angebautem Motor** wird das Drehmoment vom Rotor des Motors **direkt** auf die Hauptspindel übertragen (Seite 259 Bild 2). Der Antrieb wird dadurch sehr steif und ermöglicht kurze Beschleunigungs- und Bremszeiten.
- Bei der **Motorspindel** (Seite 259 Bild 3) ist die Hauptspindel im Antriebsmotor integriert. Durch den direkten Einbau der Hauptspindel ist meist eine Flüssigkeitskühlung des Motors erforderlich. Diese Ausführungsform des Hauptspindelantriebs entwickelt sich immer mehr zum Standard im modernen Werkzeugmaschinenbau.

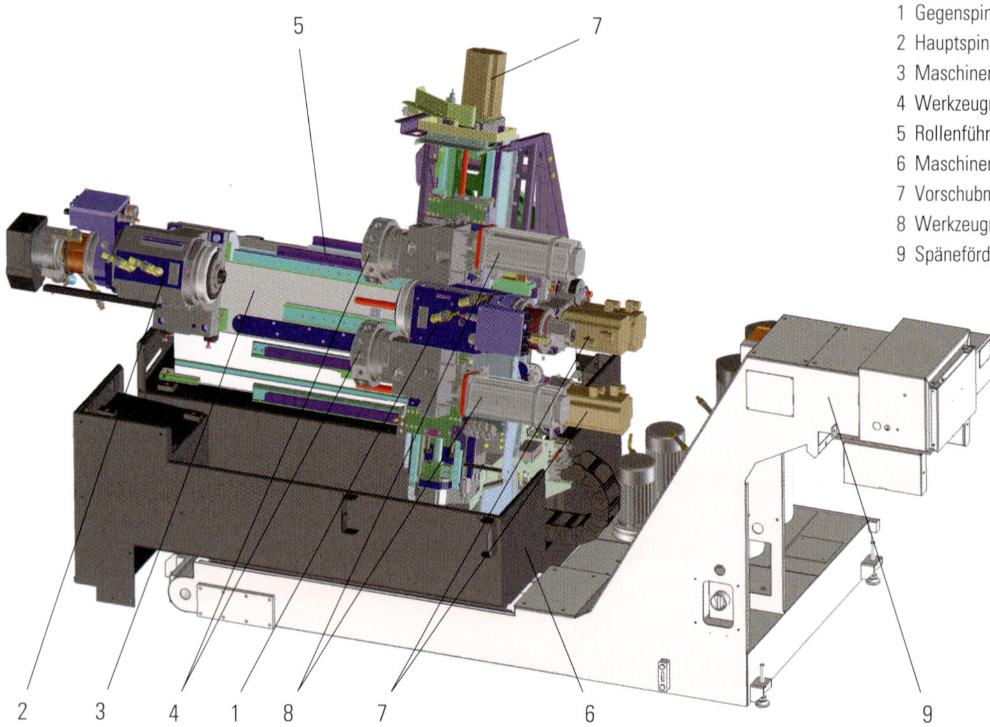

1 Gegenspindel
2 Hauptspindel
3 Maschinenbett
4 Werkzeugrevolver
5 Rollenführung
6 Maschinenständer
7 Vorschubmotor
8 Werkzeugrevolverantrieb
9 Späneförderer

***1** Baueinheiten eines CNC-Drehzentrums*

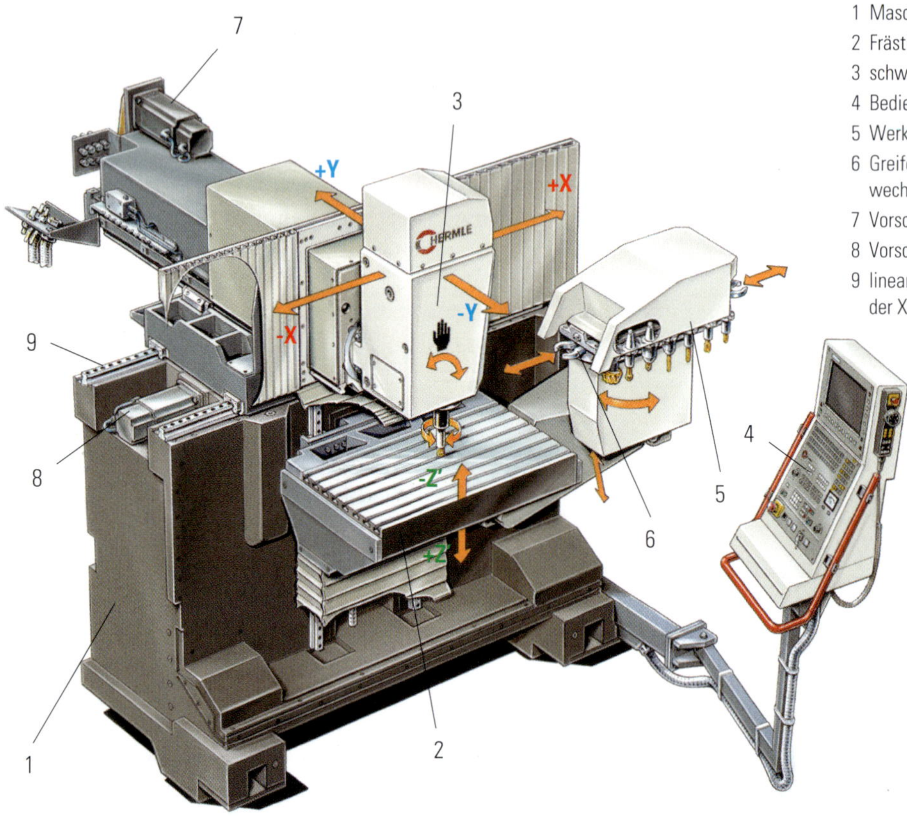

1 Maschinenständer
2 Frästisch
3 schwenkbarer Fräskopf
4 Bedientafel
5 Werkzeugmagazin
6 Greifer zum Werkzeugwechsel
7 Vorschubmotor für Y-Achse
8 Vorschubmotor für X-Achse
9 lineare Wälzführung der X-Achse

***2** Baueinheiten einer CNC-Fräsmaschine*

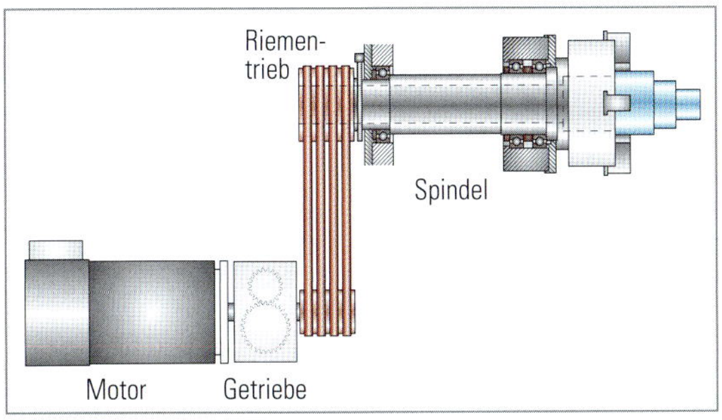

1 *Elektromechanischer Hauptantrieb*

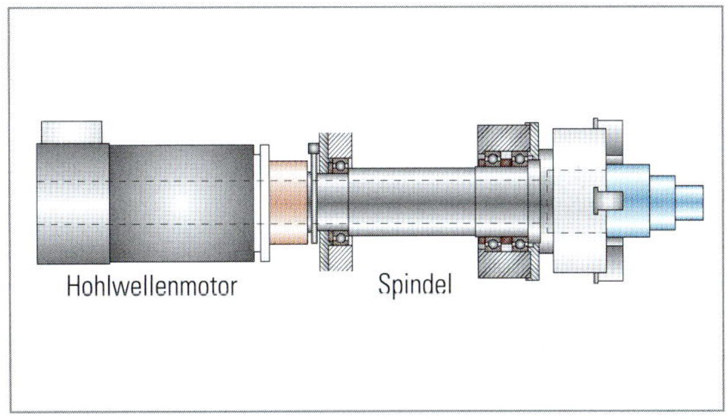

2 *Direktantrieb: Hauptspindel mit angebautem Hohlwellenmotor*

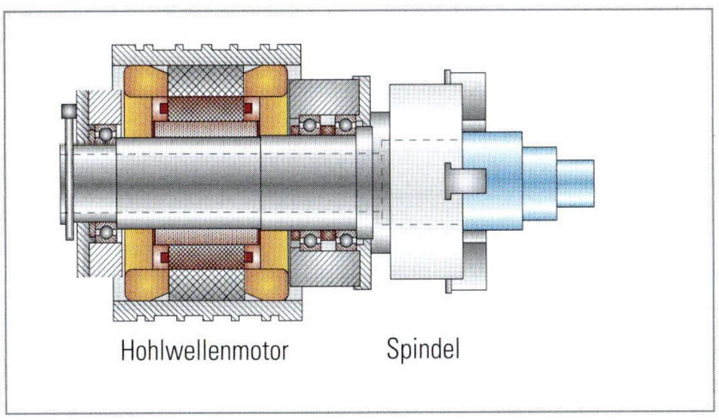

3 *Direktantrieb: Motorspindel*

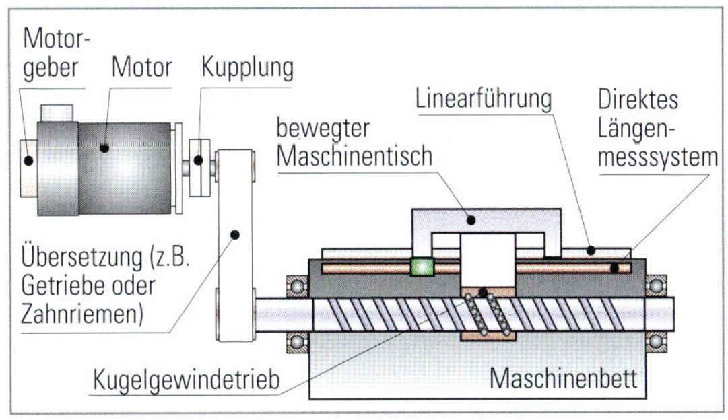

4 *Schematische Darstellung eines elektromechanischen Vorschubantriebs*

Da ein Direktantrieb auf eine Umdrehungsfrequenz- und Drehmomentwandlung durch Riementrieb und/oder Getriebe verzichtet, muss der Antriebsmotor folgende Anforderungen erfüllen:

- großer Umdrehungsfrequenzbereich
- großer Bereich mit konstanter Leistung
- hohes Drehmoment bei geringen Umdrehungsfrequenzen und
- hohe maximale Umdrehungsfrequenz

Drehstrom-Asynchronmotoren *(three-phase induction motors)* werden diesen Anforderungen weitgehend gerecht.

1.5.2 Vorschubantriebe

Die Vorschubantriebe *(feed drives)* stellen die für die Bearbeitung benötigten weiteren Bewegungen zur Verfügung. Sie bestehen im Wesentlichen aus

- Antriebsregler
- Motor
- Achsmechanik (Schlitten, Führungen, Spindel) und
- Wegmesssystem

1.5.2.1 Elektromechanische Antriebe

Die mechanische Energie wird meist vom Motor über eine Kupplung und einen Zahnriementrieb auf einen Kugelgewindetrieb geleitet. Der wandelt die drehende in eine geradlinige Bewegung des geführten Schlittens um (Bild 4).

Für den Vorschubmotor an CNC-Maschinen hat sich der Begriff **Servomotor** *(servo motor)* durchgesetzt. Es kommen fast ausschließlich **frequenzgesteuerte Drehstrommotoren** *(frequency regulated three-phase motors)* zum Einsatz, weil sie über folgende Vorteile verfügen:

- großer Umdrehungsfrequenzbereich
- hohe Drehmomente
- Wartungsfreiheit
- gutes Beschleunigungsvermögen
- gute Kühlmöglichkeiten

Um eine genaue und schnelle Positionierung des Schlittens zu erreichen, muss er möglichst spielfrei und reibungsarm gelagert sein. **Lineare Wälzlagerführungen** *(linear rolling bearing guideways)* (Bild 5) erfüllen diese Anforderungen weitgehend und werden daher bevorzugt eingesetzt. Gleitführungen werden wegen der Gleitreibung[1)] und dem damit verbundenen Verschleiß möglichst vermieden.

Ebenso soll die Umwandlung der kreisförmigen in eine geradlinige Bewegung möglichst spielfrei und reibungsarm sein. We-

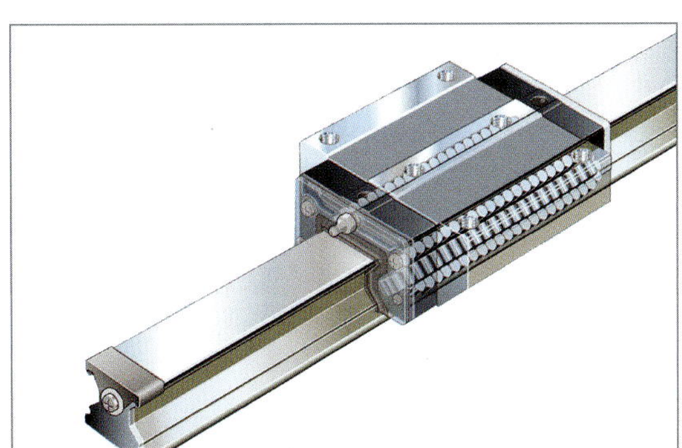

5 *Lineare Wälzlagerführung*

1) siehe Lernfeld 7

gen der Gleitreibung und ihres Spiels sind Trapezgewindetriebe, wie sie bei konventionellen Werkzeugmaschinen eingesetzt werden, ungeeignet.

In **Kugelgewindetrieben** *(ball screws)* (Bild 1) herrscht überwiegend Rollreibung zwischen den Spindeln, Kugeln und Muttern. Dadurch reduziert sich die Reibung im Vergleich zum Trapezgewinde auf einen Bruchteil. Damit verbunden sind

- kein Stick-Slip-Effekt (Übergang von Haft- in Gleitreibung),
- geringe Erwärmung und geringer Verschleiß,
- höhere Umdrehungsfrequenzen,
- längere Lebensdauer und
- gleichbleibende Genauigkeit.

Kugelgewindetriebe werden spielfrei und vorgespannt angeboten.

Der **elektromechanische Antrieb** hat folgende Vorteile:

- Übertragung großer Vorschubkräfte
- geringe Abwärme
- niedrige Motorkosten

1.5.2.2 Direktantrieb

Beim Direktantrieb *(gearless drive)* mit Linearmotor ist keine Spindel nötig (Bild 2). Die geradlinige Bewegung erfolgt unmittelbar durch den **Linearmotor** *(linear induction motor)* ohne zwischengeschaltete Antriebselemente (Bild 3). Der Schlitten wird geführt und – wie bei der Magnetschwebebahn – elektrisch angetrieben.

Der Direktantrieb hat gegenüber dem elektromechanischen folgende Vorteile:

- geringere bewegte Massen
- kein Verschleiß an den Antriebselementen
- höhere Verfahrgeschwindigkeiten
- unbeschränkter Verfahrweg durch Aneinanderreihung von Einzelelementen
- höhere Beschleunigungen
- Umkehrspiele (toter Gang) und Federwirkungen mechanischer Übertragungsglieder entfallen

In Bild 4 ist die Abhängigkeit der Beschleunigungen von den bewegten Massen für elektromechanische Antriebe und den Direktantrieb dargestellt.

1.5.3 Lage- und Geschwindigkeitsregelkreis

Die CNC-Steuerung entnimmt den Sollwert, d. h. die Zielposition (z. B. 200 mm) dem CNC-Programm (Seite 261 Bild 1). Der **Regler** *(controller)* stellt dem Sollwert den Istwert (z. B. 300 mm gegenüber. Die Differenz aus Sollwert und Istwert (200 mm – 300 mm) ist die **Regeldifferenz** *(error signal)* (–100 mm). Ihr Vorzeichen bestimmt die Bewegungsrichtung des Werkzeugschlittens. Im Beispiel verläuft sie in negativer Richtung, also in Richtung des Drehfutters. Der Regler steuert den **Motor** *(motor)* an. Dieser treibt die Spindel an, die den Werkzeugschlitten in die gewünschte Richtung bewegt. Während der Schlittenbewegung wird über ein **Wegmesssystem** *(position measuring system)* ständig der Istwert erfasst und dem Regler zugeführt, der laufend die Regeldifferenz ermittelt.

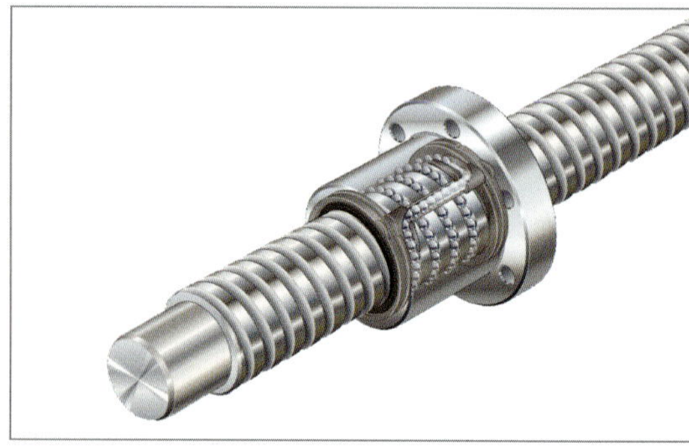

1 *Kugelgewindetrieb*

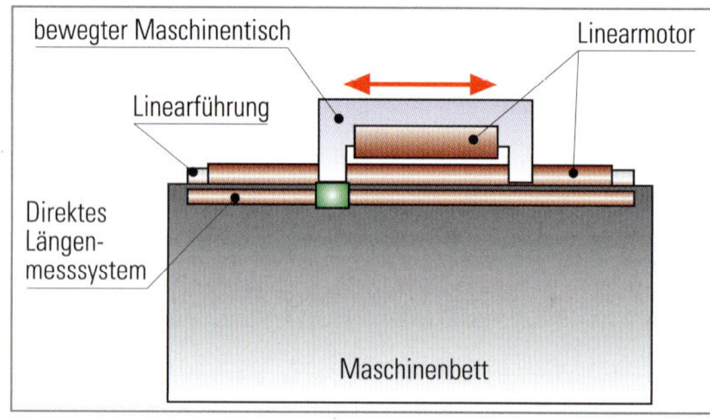

2 *Schematische Darstellung eines direkten Vorschubantriebs*

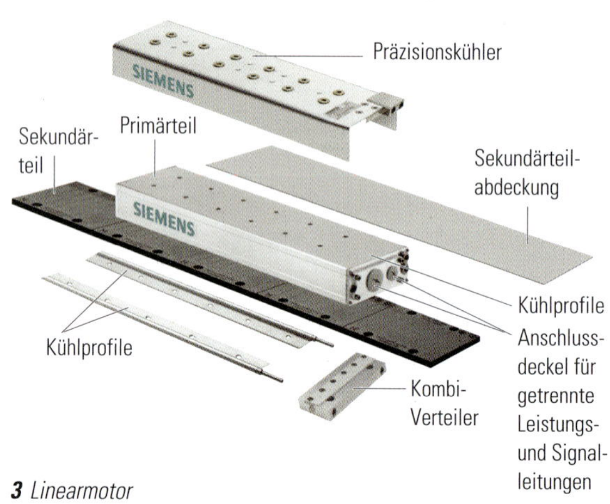

3 *Linearmotor*

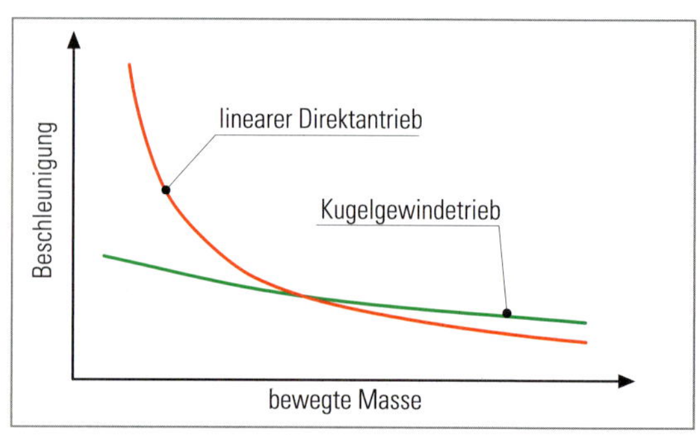

4 *Beschleunigungen bei elektromechanischem Antrieb und bei Direktantrieb*

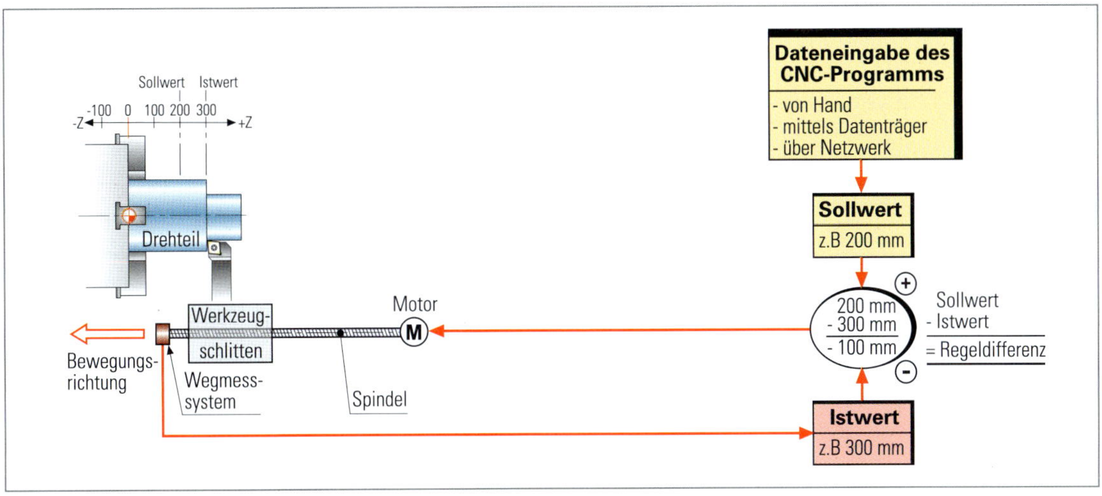

1 *Lageregelkreis für den Werkzeugschlitten einer CNC-Drehmaschine*

Solange Soll- und Istwert noch nicht gleich sind, wird der Werkzeugschlitten in die gewünschte Richtung weiter bewegt. Es handelt sich also nicht um eine numerisch „gesteuerte", sondern um eine numerisch „geregelte" Werkzeugmaschine, weil der Wirkungsablauf in einem geschlossenen Kreis, dem **Regelkreis** *(closed loop)*, stattfindet (siehe Grundstufe). Trotzdem wird der Begriff „numerisch gesteuert" weiter verwendet, weil er sich in Praxis und Literatur durchgesetzt hat.

Wenn die Regeldifferenz gleich Null ist, können Werkzeug und Werkzeugschlitten wegen ihrer Trägheit nicht schlagartig anhalten. Damit der Sollwert d. h. die Zielposition nicht überfahren wird, ist in den **Lageregelkreis** *(position closed loop)* ein **Geschwindigkeitsregelkreis** *(speed closed loop)* eingelagert (Bild 2).

MERKE

Der Geschwindigkeitsregelkreis muss ab einer gewissen Regeldifferenz die Vorschubgeschwindigkeit so verringern, dass der Zielpunkt mit der Vorschubgeschwindigkeit Null angefahren wird.

Dazu muss der Geschwindigkeitsregelkreis die Regeldifferenz kennen, die ihm vom Lageregler übermittelt wird. In Bild 3 ist die Funktion dargestellt, nach der der Geschwindigkeitsregler die Vorschubgeschwindigkeit anpasst. Je größer der Winkel α ist, desto schneller muss abgebremst werden und desto stabiler müssen die Maschinenkonstruktionen sein.

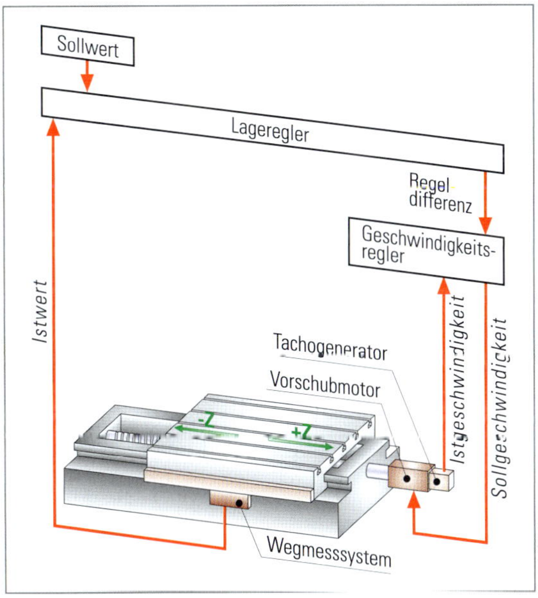

2 *Eingelagerter Geschwindigkeitsregelkreis*

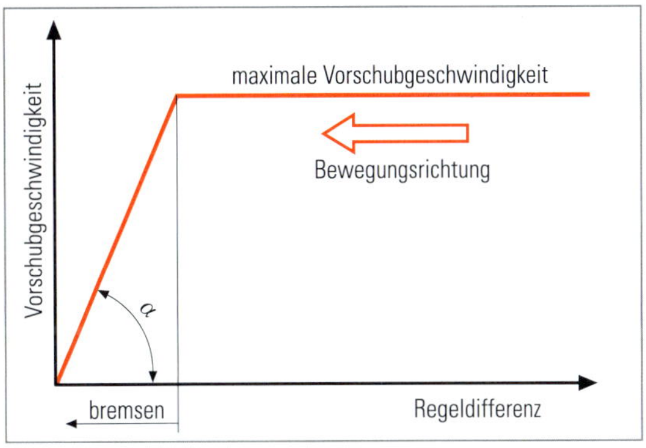

3 *Vorschubgeschwindigkeit in Abhängigkeit von der Regeldifferenz*

1.5.4 Wegmesssysteme

Jede Achse einer CNC-Maschine benötigt ein eigenes Wegmesssystem, das dem jeweiligen Lageregler die Istposition des Schlittens meldet.

MERKE

Bei der **direkten Wegmessung** wird der zurückgelegte Weg direkt gemessen (Bilder 1 und 2).
Die **indirekte Wegmessung** schließt vom Drehwinkel unter Berücksichtigung der Spindelsteigung auf den zurückgelegten Weg (Bilder 3 und 4).

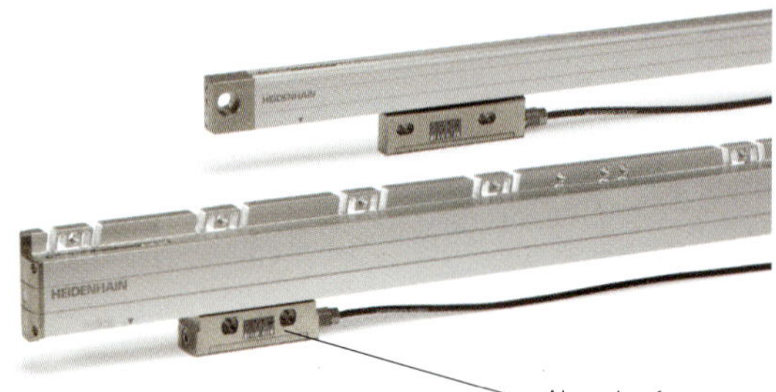

2 *Direktes Wegmesssystem*

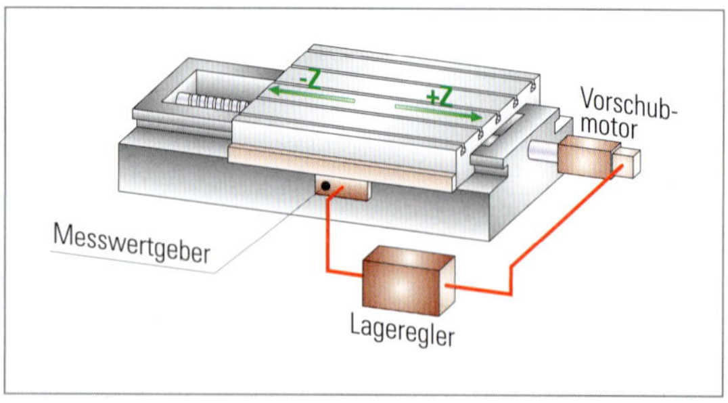

1 *Direkte Wegmessung*

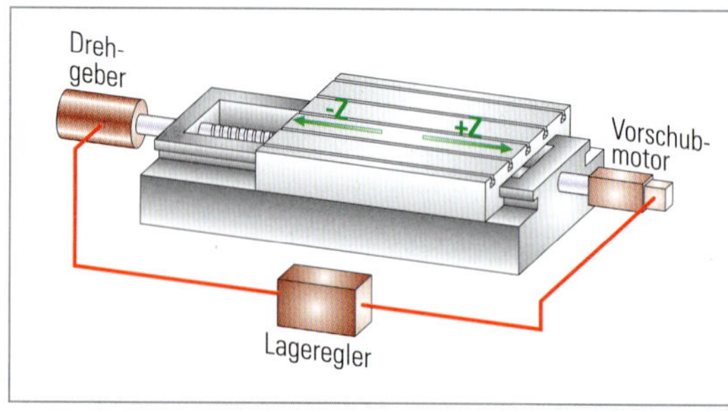

3 *Indirekte Wegmessung*

Bei den meisten Werkzeugmaschinen erfolgt die Wegmessung fotoelektronisch (Seite 263 Bild 1). Dabei bewegt sich ein Glasmaßstab durch einen Abtastkopf. Eine Lichtquelle sendet Strahlen durch die Abtastplatte und den Glasmaßstab mit Strichteilung. Die Striche bzw. die Lücken besitzen meist einen Breite von 10 oder 20 µm. Die Fotoelemente empfangen die Lichtstrahlen. Die **fotoelektronische Verstärkung** sorgt dafür, dass das Wegmesssystem digitale Impulse an den Lageregler sendet. Der Lageregler addiert die einzelnen Impulse unter Berücksichtigung der Verfahrrichtung. Je nach Ausführung des Systems lassen sich Messschritte von 1 µm bis 0,1 µm erfassen. Ein einzelner Zählimpuls wird als **Inkrement** (Zuwachs) bezeichnet, das Messverfahren dementsprechend als **inkrementale Wegmessung**.

4 *Indirektes Wegmesssystem*

Nach dem Einschalten der Maschine liegt bei inkrementalen Messsystemen meist keine Information über die Istposition des Schlittens vor. Dann muss der Referenzpunkt des Wegmesssystems (vgl. Kap. 3.6) angefahren werden. Das untere Fotoelement in Bild 1 auf Seite 263 erfasst die Lage des Referenzpunkts auf dem Glasgittermaßstab.

Bei inkrementalen Längenmesssystemen mit **abstands-codierten Referenzmarken** (Bild 2) steht der absolute Positionswert nach nur max. 20 mm Verfahrstrecke zur Verfügung, d. h. mit dem Überfahren von zwei Referenzmarken. Die Teilung des Maßstabs besteht aus der normalen Strichteilung und einer dazu parallel verlaufenden Referenzmarkenspur. Der Abstand zwischen den Referenzmarken ist nicht konstant, sondern unterschiedlich. Durch Auszählen der Messschritte von einer zur nächsten Referenzmarke kann die absolute Position bestimmt werden.

Die **indirekte inkrementale Wegmessung** wird mit Drehgebern durchgeführt (Seite 262 Bild 4). Die Messwerterfassung geschieht wie bei der direkten Wegmessung (Bild 3). Der Messschritt wird jedoch nicht in Millimeter, sondern in Grad angegeben. Messschritte bis zu 0,0005° können problemlos erreicht werden.

Im Gegensatz zur direkten Wegmessung beeinflussen **Steigungsfehler** der Spindel sowie Spiel zwischen Spindel und Mutter das Messergebnis bei der indirekten Wegmessung **nachteilig**.

Vorteilhaft ist, dass Drehgeber im Gegensatz zu den direkten Wegmesssystemen platzsparend und an geschützten Stellen (z. B. innerhalb des Antriebsmotors) anzubringen sind. Für die indirekten Wegmesssysteme spielt die Länge des Verfahrwegs keine Rolle. Während bei großen Verfahrstrecken direkte Wegmesssysteme vergleichsweise **teuer** sind.

Die **absoluten Wegmesssysteme** geben ihre Informationen nicht in Form von digitalen Impulsen aus, sondern als absoluten Zahlenwert. Daher ist es z. B. nach einer Kollision nicht erforderlich, den Referenzpunkt anzufahren. Das Wegmesssystem meldet auch nach einer Kollision oder einem Stromausfall, wo der Schlitten im Maschinenkoordinatensystem steht. Dazu reicht allerdings nicht eine Strichteilung auf dem Glasmaßstab aus, sondern es sind mehrere nötig. Die Bilder 1 und 2 auf Seite 264 stellen die Prinzipien für eine indirekte absolute bzw. eine direkte absolute Wegmessung dar. Die absoluten Wegmesssysteme sind aufwändiger und entsprechend teuerer als die inkrementalen.

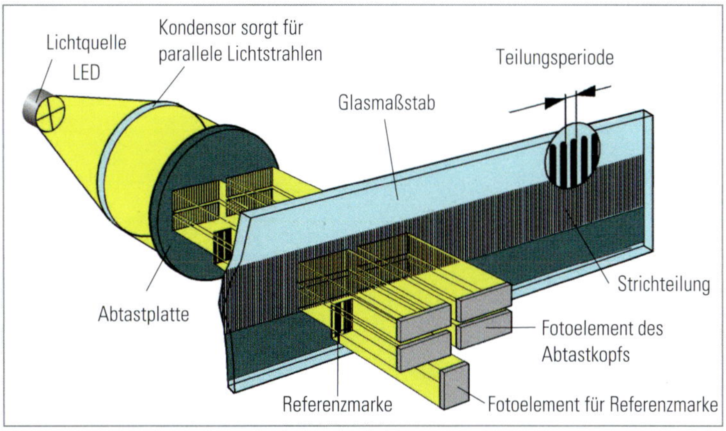

***1** Prinzip der fotoelektronischen (direkten, inkrementalen) Wegmessung*

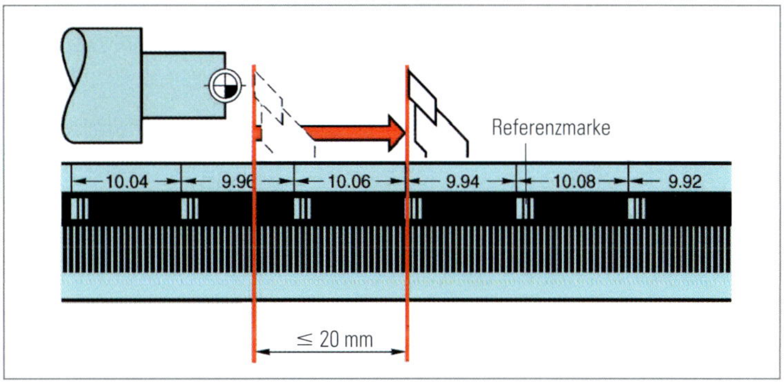

***2** Direktes inkrementales Wegmesssystem mit abstandscodierten Referenzmarken*

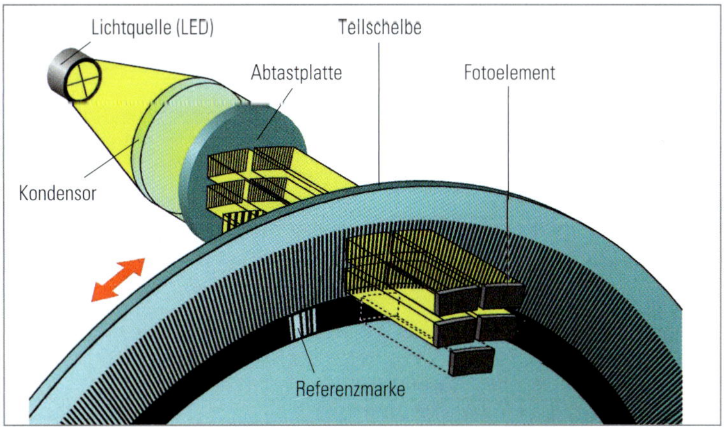

***3** Prinzip des indirekten inkrementalen Wegmesssystems*

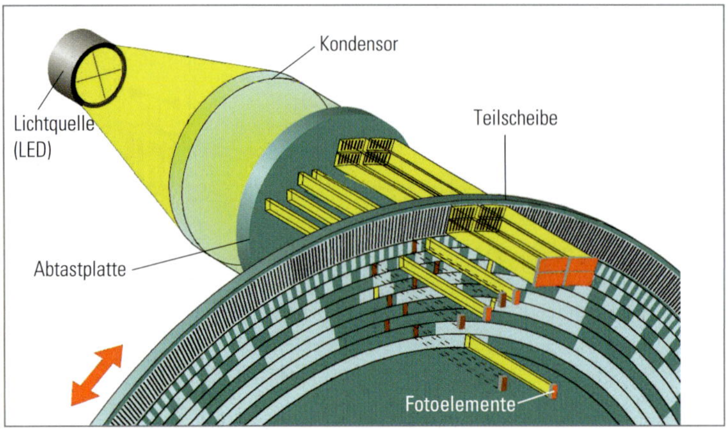

1 Prinzip eines indirekten absoluten Wegmesssystems

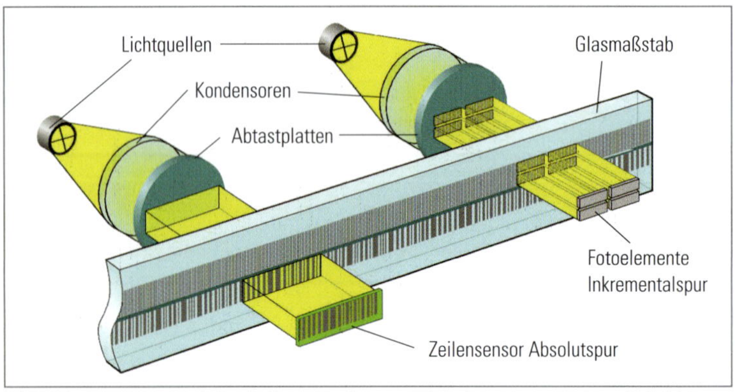

2 Prinzip eines direkten absoluten Wegmesssystems

1.5.5 Anpasssteuerung

Die Anpasssteuerung *(adaptive control)* (SPS[1]) gehört nicht mehr zur eigentlichen CNC-Steuerung, ist jedoch mit ihr verbunden, und es findet ein ständiger Datenaustausch zwischen beiden statt (Seite 265 Bild 1).

Fräsmaschinen spanen meist nur, wenn die Maschinenverkleidung geschlossen ist. Daher erhält die Anpasssteuerung von Sensoren die Information, ob die Verkleidung geschlossen ist. Diese Information gibt sie an die CNC-Steuerung weiter. Nur wenn die Verkleidung geschlossen ist, erhält der Hauptspindelantrieb die Freigabe, sich zu drehen. Ist dies nicht der Fall, gibt die Steuerung eine entsprechende Fehlermeldung auf dem Bildschirm aus. Diese Meldung kann im Klartext (z. B. Arbeitsspindel steht) oder verschlüsselt (z. B. Error 234) ausgegeben werden. Im zweiten Fall muss der Maschinenbediener mithilfe der Bedienungsanleitung den Fehler entschlüsseln.

Erfolgt im Programm der Befehl, das Kühlmittel anzuschalten, gibt die Steuerung diese Information an die Anpasssteuerung weiter. Diese schaltet dann die Pumpe für die Kühlmittelzufuhr ein.

MERKE

Anpasssteuerungen erfassen einerseits Betriebszustände mithilfe von Sensoren und geben diese an die CNC-Steuerung weiter. Andererseits erhalten sie Informationen von der CNC-Steuerung und leiten Schaltfunktionen ein.

1.5.6 Anzeige- und Wiederholgenauigkeit

Obwohl bei fast allen Werkzeugmaschinen die Anzeigegenauigkeit *(display accuracy)* 0,001 mm oder genauer beträgt, heißt das nicht, dass das Istmaß des Werkstücks auf 0,001 mm identisch mit dem programmierten Wert ist. Die Gründe für Maßabweichungen liegen nicht in der Steuerung, sondern in der Maschinenkonstruktion.

Das vorhandene **Spiel** *(clearance)* in Lager und Führungen bewirkt, dass das Werkzeug durch die Schnittkräfte in eine andere als die programmierte Lage gedrückt wird (Bild 3). Auch bei den hochwertigsten CNC-Maschinen muss ein gewisses Spiel in den Lagern und Führungen vorhanden sein. Sonst werden die Reibungskräfte und der dadurch entstehende Verschleiß (siehe Lernfeld 9) zu groß und es stellen sich nach kurzer Zeit größere Ungenauigkeiten ein.

Wenn metallische Bauteile oder Werkzeuge beansprucht werden, **verformen** sie sich **elastisch**. Durch die Schnittkraft verformen sich z. B. Fräser und Spindel, was zu Maßabweichungen führt. Die Verformungen sind umso größer, je größer die Zerspankräfte sind und je weiter die Spindel ausgefahren ist.

Durch die **Wärmedehnung** *(heat strain)* der Maschinenbauteile und des Werkstücks (Lernfeld 7) kann es zu weiteren Ungenauigkeiten kommen.

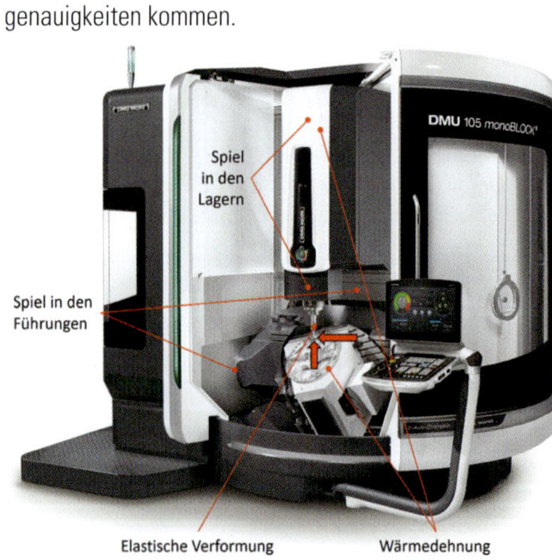

3 Auswirkungen von Führungsspiel, Wärmedehnung und elastischer Verformung auf die Maßhaltigkeit des Werkstücks

1) speicherprogrammierbare Steuerung siehe Seite 500

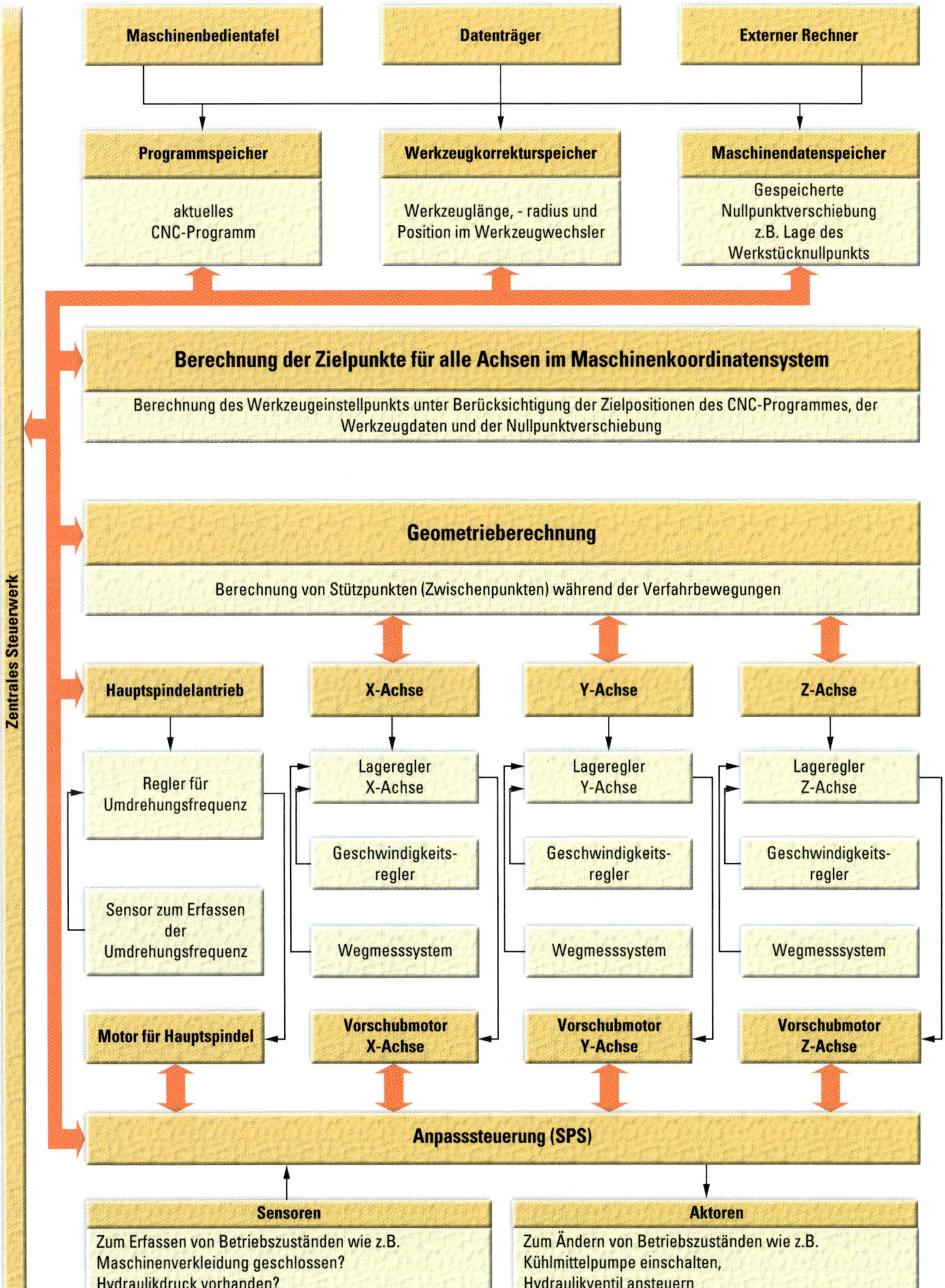

1 *Funktionsweise einer CNC-Fräsmaschine*

ÜBUNGEN

1. Skizzieren Sie perspektivisch ein Koordinatensystem mit den Achsen X, Y und Z sowie den Drehachsen A, B und C.
2. Wodurch wird die Z-Achse an CNC-Maschinen bestimmt und wie verläuft sie?
3. Unterscheiden Sie Y-Richtung und Y'-Richtung.
4. Warum wird bei der Programmierung immer davon ausgegangen, dass sich das Werkzeug gegenüber dem Werkstück bewegt?
5. Erstellen Sie eine Mindmap zu den Bezugspunkten an CNC-Werkzeugmaschinen.
6. Unterscheiden Sie 2½D-Bahnsteuerung und 3D-Bahnsteuerung.
7. Nennen Sie die Baueinheiten in Energieflussrichtung für einen elektromechanischen Hauptantrieb.
8. Skizzieren Sie ein Blockschaltbild für einen Vorschubantrieb.
9. Nennen Sie Vorteile eines Kugelgewindetriebs gegenüber einem Trapezgewinde.
10. Welche Vorteile hat ein Linearmotor gegenüber einem elektromechanischen Vorschubantrieb?
11. Unterscheiden Sie Lage- und Geschwindigkeitsregelkreis.
12. Stellen Sie direkte und indirekte Wegmessung vergleichend gegenüber.
13. Welche Vor- und Nachteile hat ein absolutes Wegmesssystem gegenüber einem inkrementalen?
14. Welche Aufgaben übernimmt die Anpasssteuerung bei einer CNC-Maschine?
15. Unterscheiden Sie Anzeige- und Wiederholgenauigkeit.

2 Aufbau von CNC-Programmen

Die gesamte Bearbeitung eines Werkstücks wird bei der Erstellung eines CNC-Programms *(CNC-programme)* in Einzelschritte zerlegt.

MERKE

Das CNC-Programm muss alle Informationen beinhalten, die für die Bearbeitung des Werkstücks notwendig sind.

Dazu gehören **geometrische** und **technologische** Informationen sowie **Zusatzinformationen** (Schaltbefehle). Bei der Bearbeitung des Werkstücks werden die Sätze in ihrer Reihenfolge aus dem Programmspeicher gelesen und abgearbeitet, d.h. in Bewegungen umgesetzt.

Die **geometrischen Informationen** *(geometrical information)* beschreiben die Art der Werkzeugbewegungen. Dazu gehören z.B. Eilgang- bzw. Vorschubbewegung oder ob sich das Werkzeug geradlinig bzw. bogenförmig bewegt.

Die **technologischen Informationen** *(technological information)* geben z.B. Auskunft über den Vorschub und die Schnittgeschwindigkeit bzw. die Umdrehungsfrequenz.

Zu den **Zusatzinformationen** *(additional information)* (Schaltfunktionen) zählen z.B. Drehrichtung der Arbeitsspindel, das im Einsatz befindliche Werkzeug, Werkzeugwechsel, Kühlmittel ein/aus und Programmende.

Ein CNC-Programm[1)] ist aus einzelnen **Programmsätzen** aufgebaut (Bild 1).

Ein **Satz** besteht aus einem oder mehreren Wörtern:

```
N50 G0 Z50 F300 S3000 M3
```

Wort

```
N10 G90
N20 G17
N30 G54
N40 T1 M6
N50 G0 Z50 F300 S3000 M3
N60 G0 X30 Y30
N70 G0 Z2
N80 G1 Z-20 M8
N90 G1 Y170
N100 G1 X370
N110 G1 Y30
N120 G1 X30
N130 G0 Z50
N140 M30
```

1 Aus Sätzen aufgebautes CNC-Programm

Das einzelne **Wort** setzt sich aus einem Adressbuchstaben und einer Ziffernfolge zusammen:

```
Z50
```

Ziffernfolge
Adressbuchstabe

Die Satznummer bzw. das N-Wort (englisch: *number*) wie z.B. N50 dient zur Kennzeichnung der einzelnen Sätze. Die Steuerung arbeitet die Sätze in ihrer Reihenfolge ab. Es handelt sich somit bei der Satznummer lediglich um eine **programmtechnische Information**, die nicht bei allen Steuerungen erforderlich ist.

1) DIN 66025

2.1 Geometrische Informationen (Wegbedingungen)

Wegbedingung	Bedeutung	Grafische Darstellung
G0[1)]	**Punktsteuerungsverhalten:** Das Werkzeug bewegt sich mit Eilganggeschwindigkeit zum programmierten Punkt.	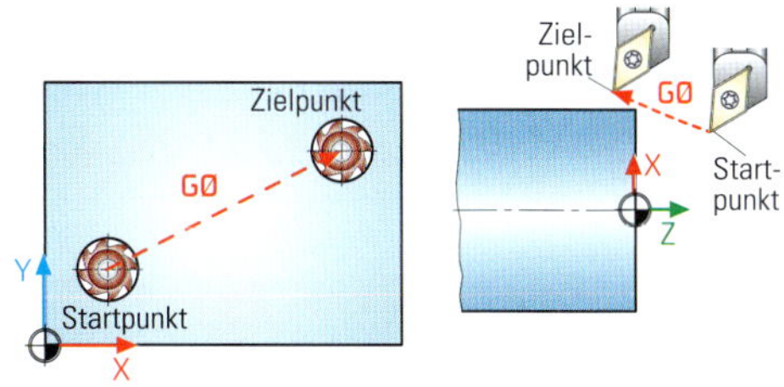
G1	**Geradeninterpolation:** Die Zielposition wird auf einer Geraden mit dem programmierten Vorschub angefahren.	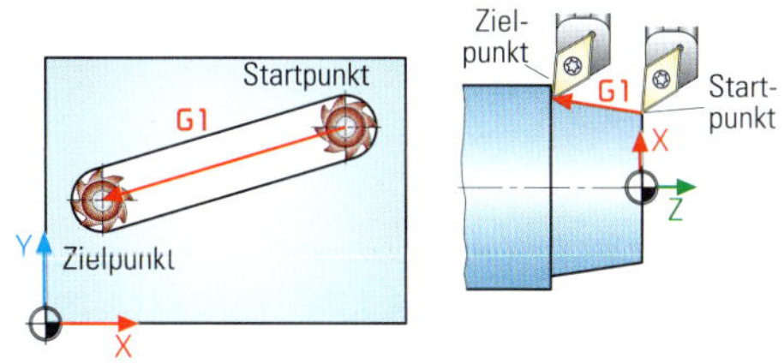
G2	**Kreisinterpolation im Uhrzeigersinn:** Das Werkzeug bewegt sich mit programmiertem Vorschub im Uhrzeigersinn auf einer Kreisbahn zum Ziel.	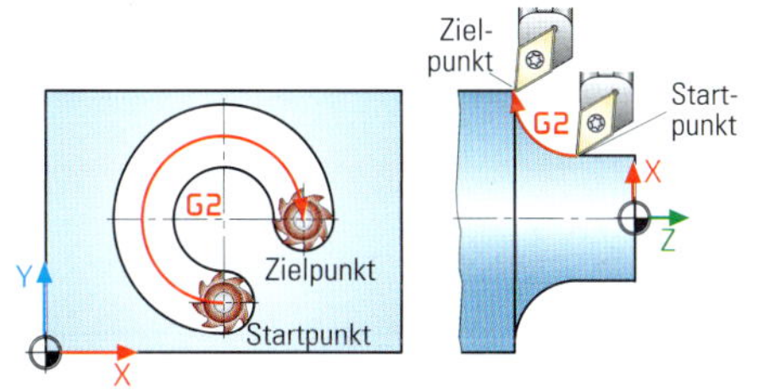
G3	**Kreisinterpolation im Gegenuhrzeigersinn:** Das Werkzeug bewegt sich mit programmiertem Vorschub im Gegenuhrzeigersinn auf einer Kreisbahn zum Ziel.	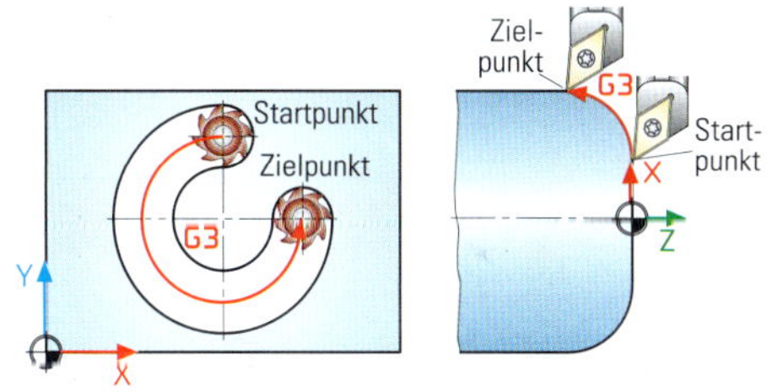
G90	**Absolute Maßangabe:** Es wird programmiert, **auf** welche Zielkoordinaten das Werkzeug in Abhängigkeit vom Werkstücknullpunkt verfährt.	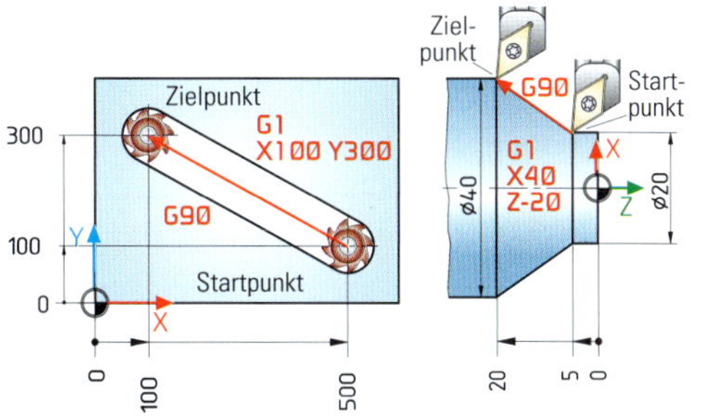
G91	**Inkrementale Maßangabe:** Es wird programmiert, **um** welche Koordinatenbeträge das Werkzeug in Abhängigkeit vom derzeitigen Startpunkt verfährt	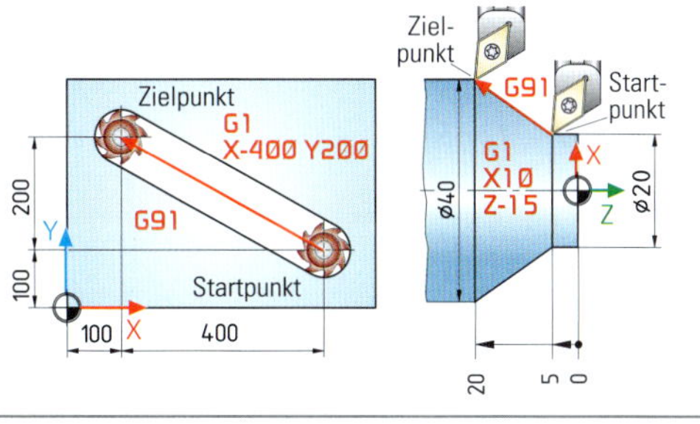

1 *Wichtige G-Funktionen bzw. Wegbedingungen*

1) Nach DIN 66025-2: 1988-09 werden die Wegbedingungen G0 bis G9 mit G00 bis G09 bezeichnet.

Geometrische Informationen (Wegbedingungen) teilen der Steuerung mit, wie sie die Relativbewegung von Werkzeug und Werkstück (z. B. Verfahrweg als Gerade oder Kreisbogen) auszuführen hat. Die Koordinaten geben jeweils den Zielpunkt des Bearbeitungsschrittes an.

MERKE

Die Wegbedingungen *(preparatory functions)* bzw. G-Wörter *(geometric function)* legen – zusammen mit den Wörtern für die Koordinaten – den geometrischen Teil des Programms fest (Seite 266 Bild 1 und Bild 1).

Wegbedingung	Bedeutung
G4	Verweilzeit, zeitlich vorbestimmt
G17	Ebenenauswahl (X-Y-Ebene)
G18	Ebenenauswahl (Z-X-Ebene)
G19	Ebenenauswahl (Y-Z-Ebene)
G33	Gewindeschneiden, Steigung konst.
G40	Aufheben der Werkzeugkorrektur
G41	Werkzeugbahnkorrektur, links
G42	Werkzeugbahnkorrektur, rechts
G43	Werkzeugkorrektur, positiv
G44	Werkzeugkorrektur, negativ
G53	Aufheben der (Nullpunkt)verschiebung
G54 ... 59	(Nullpunkt)verschiebung 1 ... 6
G80	Aufheben des Arbeitszyklus
G81 ... 89	Arbeitszyklus 1 ... 9
G94	Vorschubgeschwindigkeit in mm/min
G95	Vorschub in mm pro Umdrehung
G96	konstante Schnittgeschwindigkeit
G97	Umdrehungsfrequenz in 1/min

1 *Weitere G-Funktionen bzw. Wegbedingungen*

2.1.1 Absolute und inkrementale Maßangabe

Bevor die Beschreibung der Werkzeugwege erfolgt, muss im Programm definiert sein, worauf sich die im Programm stehenden Koordinaten (z. B. X30 Y30) beziehen.
Es gibt prinzipiell zwei Möglichkeiten der Maßangabe:

- Absolute Maßangabe *(absolute measurement)* (G90)
- Inkrementale Maßangabe *(incremental measurement)* (G91)

MERKE

Durch die Eingabe von G90 wird festgelegt, dass es sich bei den folgenden Koordinatenwerten um absolute Maßangaben handelt, die sich auf den Werkstücknullpunkt beziehen.

MERKE

Durch die Eingabe von G91 wird bestimmt, dass es sich bei den folgenden Koordinatenwerten um inkrementale Maßangaben handelt, die sich jeweils auf die derzeitige Werkzeugposition *(position of tool)* beziehen.

Bei der **absoluten Maßangabe** werden die Zielkoordinaten eingegeben, auf die sich das Werkzeug in Bezug auf den Werkstücknullpunkt bewegt (Bilder 2a und 3a). Bislang wurden alle Konturpunkte in dieser Art bestimmt (Seite 266 Bild 1 und Kapitel 1.3.1)

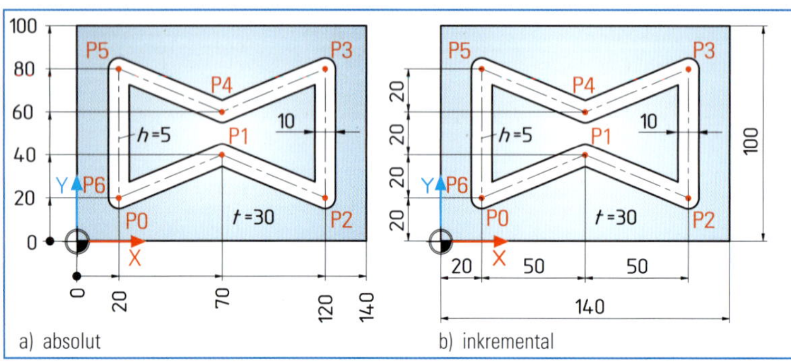

Punkt	Maßangabe G90	Maßangabe G91
1	X70 Y40	X50 Y20
2	X120 Y20	X50 Y-20
3	X120 Y80	X0 Y60
4	X70 Y60	X-50 Y-20
5	X20 Y80	X-50 Y20
6	X20 Y20	X0 Y-60

2 *Absolute Programmierung (G90) und inkrementale Programmierung (G91) eines Frästeils*

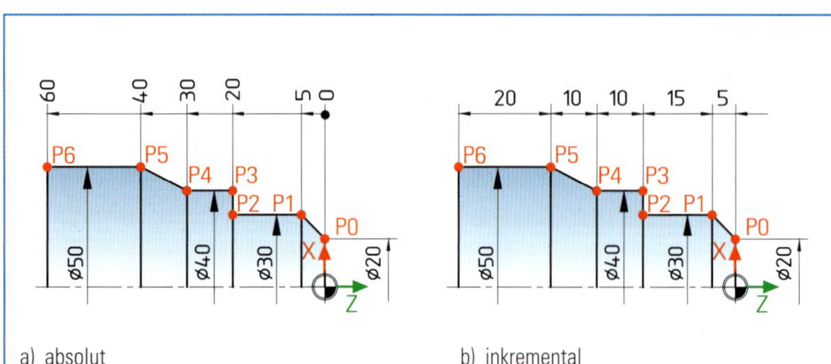

Punkt	Maßangabe G90	Maßangabe G91
1	X30 Z-5	X5 Z-5
2	X30 Z-20	X0 Z-15
3	X40 Z-20	X5 Z0
4	X40 Z-30	X0 Z-10
5	X50 Z-40	X5 Z-10
6	X50 Z-60	X0 Z-20

3 *Absolute Programmierung (G90) und inkrementale Programmierung (G91) eines Drehteils*

Bei der **inkrementalen**[1] **Maßangabe** wird programmiert, um welchen Betrag das Werkzeug von der aktuellen Position aus verfahren muss, damit es den Zielpunkt erreicht (Seite 268 Bilder 2b und 3b).

Die Werkstücke verdeutlichen für das **Fräsen** (Seite 268 Bild 2) und **Drehen** (Seite 268 Bild 3) die Unterschiede von absoluter und inkrementaler Maßangabe. Dabei wird davon ausgegangen, dass der Fräser bzw. der Drehmeißel zu Beginn der Betrachtung jeweils auf dem Punkt P0 steht und dann schrittweise jeder Punkt bis P6 angefahren wird.

Die Beispiele zeigen, dass die inkrementale Maßangabe gegenüber der absoluten einige Nachteile hat:

- Während bei der absoluten Programmierung aufgrund der Koordinatenwerte (z. B. P5 beim Fräsen: X20 Y80) sofort die programmierte Position ersichtlich ist, ist das bei der inkrementalen (X-50 Y20) nicht der Fall. Um die Werkzeugposition zu bestimmen, muss ein Programm mit inkrementaler Maßangabe von vorne bis zu dem Programmsatz durchgegangen werden, in dem die Koordinatenangabe erfolgt.
- Bei der inkrementalen oder Kettenmaßangabe setzen sich Fehler und Ungenauigkeiten durch die gesamte Bearbeitung fort.

Die inkrementale Maßangabe wird bei Unterprogrammen (vgl. Kap. 3.2.9), Programmteilwiederholungen und Parameterdefinitionen (vgl. Kap. 3.2.9) bevorzugt.

Die meisten CNC-Werkzeugmaschinen gehen nach dem Einschalten davon aus, dass eine absolute Maßangabe erfolgt.

2.1.2 Polarkoordinaten

Bislang wurden die Punkte an den Werkstücken durch **kartesische Koordinaten** *(cartesian coordinates)* (X,Y und Z) angegeben. Ausgehend von einem Punkt (Pol) sind Punkte auch durch die Angabe von **Winkel** *(angle)* und **Radius** *(radius)* bestimmt. Diese Koordinaten heißen **Polarkoordinaten** *(polar coordinates)*. In der X-Y-Ebene verläuft der positive Winkel φ von der X-Achse entgegen dem Uhrzeigersinn (Bild 1). In der Z-X-Ebene verläuft er von der Z-Achse entgegen dem Uhrzeigersinn.

2.1.3 CNC-gerechte Einzelteilbemaßung

Eine Einzelteilzeichnung soll alle Maße enthalten, die bei der Programmierung des Einzelteils erforderlich sind. Dabei können drei unterschiedliche Bemaßungsarten[2] zum Einsatz kommen.

Absolute Bemaßung *(absolute dimensioning)*
Ausgehend von einem **Koordinatenursprung**, dem **Werkstücknullpunkt**, wird jeder benötigte Werkstückpunkt bemaßt (Bild 2). Diese Art der Bemaßung erfordert relativ viel Platz.

Die **steigende Bemaßung** *(continuous dimensioning)* der Koordinaten (Bild 3) ist sehr platzsparend und übersichtlich und daher für die meisten Bauteile, die auf CNC-Maschinen hergestellt werden, besonders zu empfehlen.

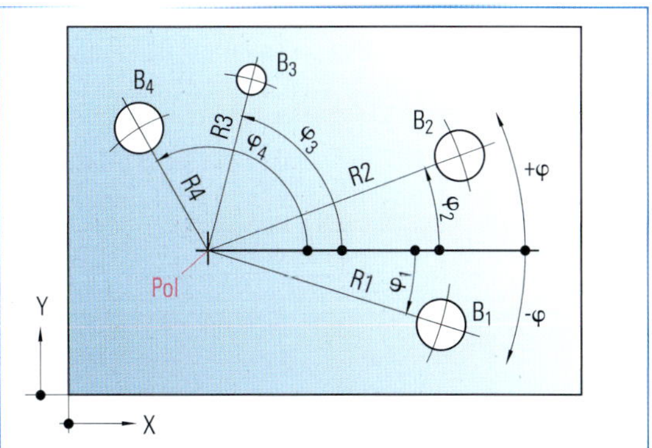

Pos.	Radius R	Winkel φ	Durchmesser
1	50	−17°	10
2	55	20°	10
3	35	75°	6
4	28	120°	10

1 *Polarkoordinaten*

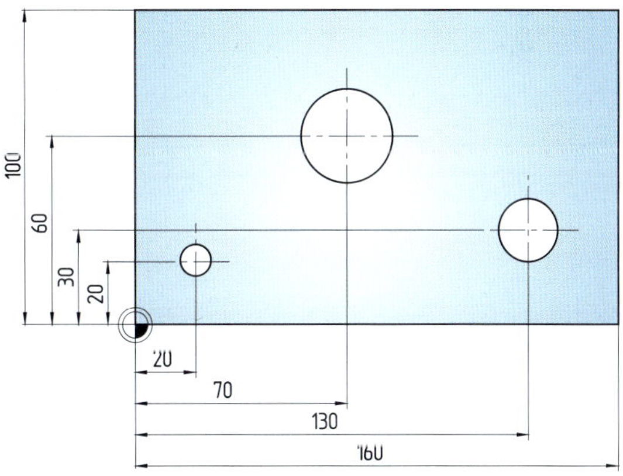

2 *Absolute Bemaßung*

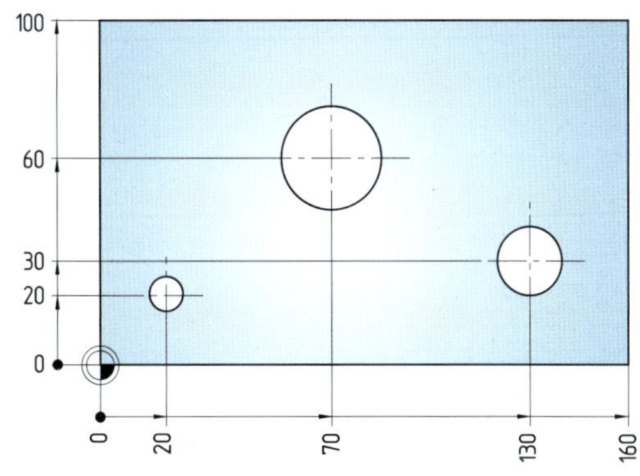

3 *Steigend absolute Bemaßung*

1) Inkrement: Zuwachs 2) DIN 406-11

Für die Bemaßung von vielen Bohrungen an Werkstücken eignet sich die **Bemaßung mithilfe von Tabellen** (Bild 1). Die Positionsnummer des Koordinatenpunkts besteht aus zwei Nummern, die durch einen Punkt getrennt sind. Die erste Nummer kennzeichnet den jeweiligen Koordinatenursprung, die zweite ist die Zählnummer des Punkts. Die Angabe 2.4 entspricht der vierten Position des zweiten Koordinatensystems.

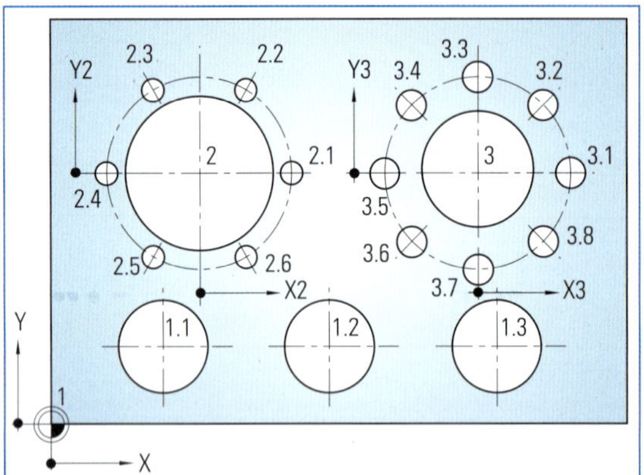

Pos.	Koordinaten				Durchmesser
	X-Achse	Y-Achse	Radius	Winkel	
1	0	0			
1.1	30	20			24H7
1.2	75	20			24H7
1.3	120	20			24H7
2	40	65			40H7
2.1	25	0	25	0	6
2.2	12,5	21,651	25	60	6
2.3	−12,5	21,651	25	120	6
2.4	−25	0	25	180	6
2.5	−12,5	−21,651	25	240	6
2.6	12,5	−21,651	25	300	6
3	115	65			30H7
3.1	25	0	25	0	8
3.2	17,678	17,678	25	45	8
3.3	0	25	25	90	8
3.4	−17,678	17,678	25	135	8
3.5	−25	0	25	180	8
3.6	−17,678	−17,678	25	225	8
3.7	0	−25	25	270	8
3.8	17,678	−17,678	25	315	8

***1** Absolute Bemaßung mithilfe von Tabellen*

Inkrementale Bemaßung *(incremental dimensioning)*
Jedes Maß gibt auf der gemeinsamen Maßlinie einen Zuwachs. Der Endpunkt des vorherigen Maßes ist der Bezugspunkt des folgenden Maßes. Die Bemaßung erfolgt als Maßkette (Bild 2). Deshalb heißt sie auch **Zuwachs-** oder **Kettenbemaßung**.

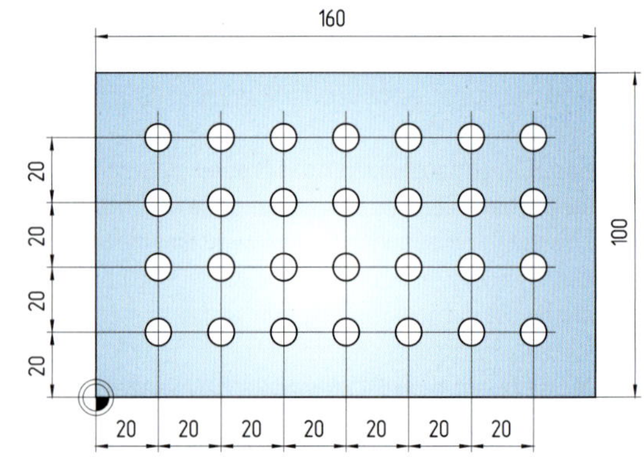

***2** Inkrementale Bemaßung (Kettenbemaßung)*

2.2 Technologische Informationen

Beim Drehen und Fräsen sind Vorschub bzw. Vorschubgeschwindigkeit und Schnittgeschwindigkeit bzw. Umdrehungsfrequenz ebenso zu programmieren wie das jeweilige Werkzeug.

Der **Vorschub** *(feed)* bzw. die **Vorschubgeschwindigkeit** *(feed speed)* wird hinter dem **Adressbuchstaben F** (feed) definiert. Beim Drehen wird der Vorschub meist in Millimeter pro Umdrehung angegeben, sodass F0.3 einen Vorschub von 0,3 mm pro Umdrehung bedeutet. Beim Fräsen wird die Vorschubgeschwindigkeit in mm/min programmiert, d. h. F300 entspricht einer Vorschubgeschwindigkeit von 300 mm/min. Mit den Wegbedingungen **G94** bzw. **G95** wird beim Drehen angegeben, ob die Vorschubgeschwindigkeit (v_f in mm/min) oder der Vorschub (f in mm) anzugeben ist.

Die **Umdrehungsfrequenz** *(rotational freqency)* bzw. die **Schnittgeschwindigkeit** wird mit dem **S-Wort** *(spindle speed)* angegeben. S4500 bedeutet beim Fräsen, dass die Arbeitsspindel mit einer Umdrehungsfrequenz von 4500/min arbeitet. CNC-Drehmaschinen ermöglichen es, mit konstanter Schnittgeschwindigkeit zu spanen. Wenn die Wegbedingung **G96** programmiert wurde, wird mit der Angabe S300 eine konstante Schnittgeschwindigkeit von 300 m/min erzielt. Nach Angabe von **G97** ist wieder die Umdrehungsfrequenz anzugeben, sodass dann S300 eine Umdrehungsfrequenz von 300/min bewirkt.

Die **Werkzeuge** *(tools)* werden mit dem **T-Wort** aufgerufen. Mit T3 wird somit das Werkzeug eingewechselt, das der Bediener als drittes Werkzeug definiert hat.

2.3 Zusatzinformationen

Bedingt durch die verschiedensten CNC-Maschinen für Drehen, Fräsen, Schleifen usw. gibt es eine Fülle von **maschinenspezifischen Zusatzfunktionen** *(additional options)*, die meistens bestimmte Schaltfunktionen ausführen. Sie werden mithilfe des **M-Worts** *(machine function)* bestimmt. Bild 1 stellt einen Auszug aus der Norm[1] dar, der für viele Maschinenarten Gültigkeit besitzt.

MERKE

Bei der Programmierung der in der Praxis vorhandenen Maschine ist unbedingt die Betriebs- bzw. Programmieranleitung der betreffenden Steuerung heranzuziehen.

Zusatzfunktion	Bedeutung
M0	Programmierter Halt
M1	Wahlweiser Halt
M3	Spindel im Uhrzeigersinn
M4	Spindel im Gegenuhrzeigersinn
M6	Werkzeugwechsel
M7	Kühl(schmier)mittel Nr. 2 EIN
M8	Kühl(schmier)mittel Nr. 1 EIN
M9	Kühl(schmier)mittel AUS
M30	Programmende mit Rücksetzen

***1** Ausgewählte M-Funktionen*

Überlegen Sie!

Schlüsseln Sie die einzelnen Sätze des CNC-Programms auf Seite 266 auf.

ÜBUNGEN

1. Unterscheiden Sie geometrische, technologische und Zusatzinformationen in CNC-Programmen.
2. Erläutern Sie, wie ein Programmsatz in einem CNC-Programm aufgebaut ist.
3. Stellen Sie absolute und inkrementale Maßangabe in CNC-Programmen gegenüber.
4. Wie kann der Punkt X30, Y40 über Polarkoordinaten angegeben werden?
5. Für die beiden Werkstücke sind die Verfahrwege vom Punkt P0 ausgehend bis zum Punkt P10 bzw. P11 absolut und inkremental zu bestimmen.

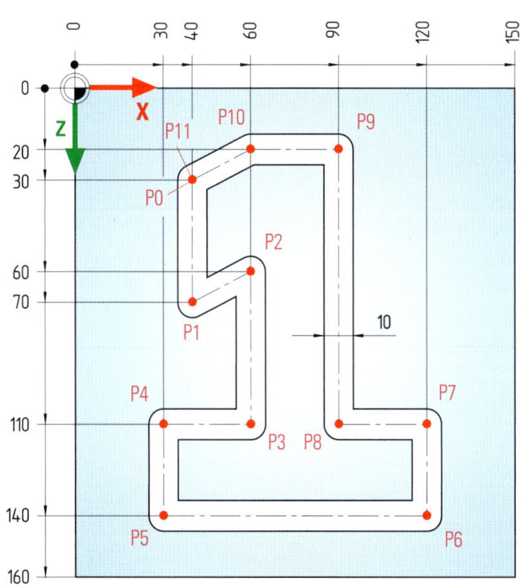

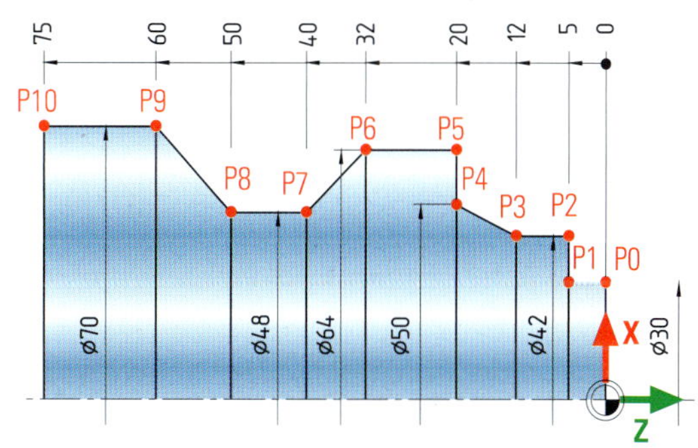

6. Für das Frästeil sind die Mittelpunkte der Bohrungen über Polarkoordinaten zu bestimmen und deren Durchmesser in einer Tabelle anzugeben.

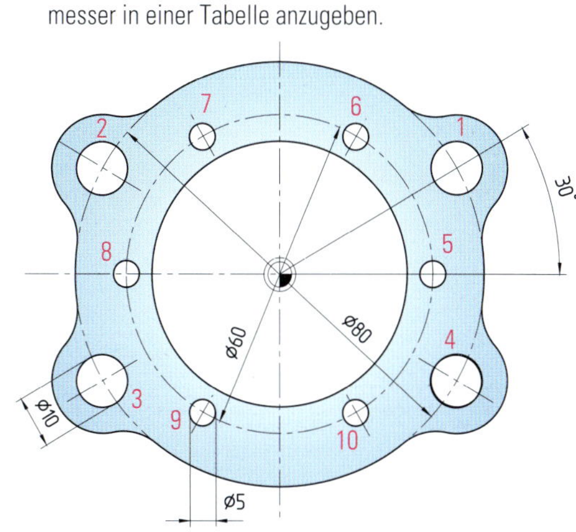

7. Mit welchen G-Funktionen werden
   a) der Vorschub in mm
   b) die Vorschubgeschwindigkeit in mm/min
   c) konstante Schnittgeschwindigkeit
   d) konstante Umdrehungsfrequenz definiert?

1) DIN 66025

3 CNC-Drehen

Für Winkelgetriebe (Bild 1) sind 10 Antriebswellen (Pos. 4) aus 34CrMo4 herzustellen. Für die Bearbeitung steht eine CNC-Drehmaschine *(CNC-lathe)* zur Verfügung.

Bei der CNC-Fertigung *(CNC-manufacturing)* ist der gesamte Fertigungsablauf zu planen und zu programmieren, bevor Werkzeuge und Maschine eingerichtet werden. Erst danach erfolgt die Zerspanung des Werkstücks.

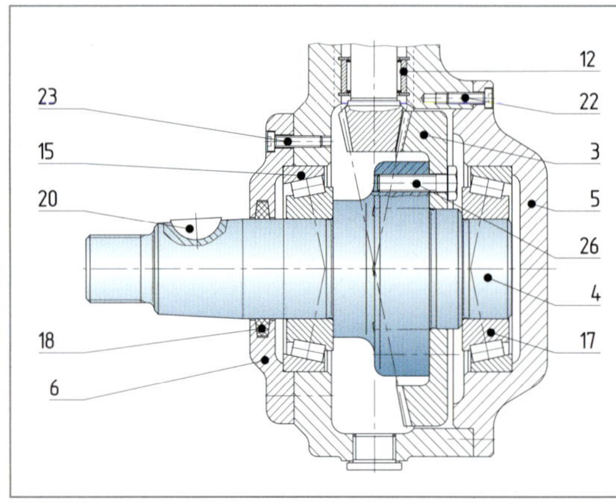

***1** Winkelgetriebe*

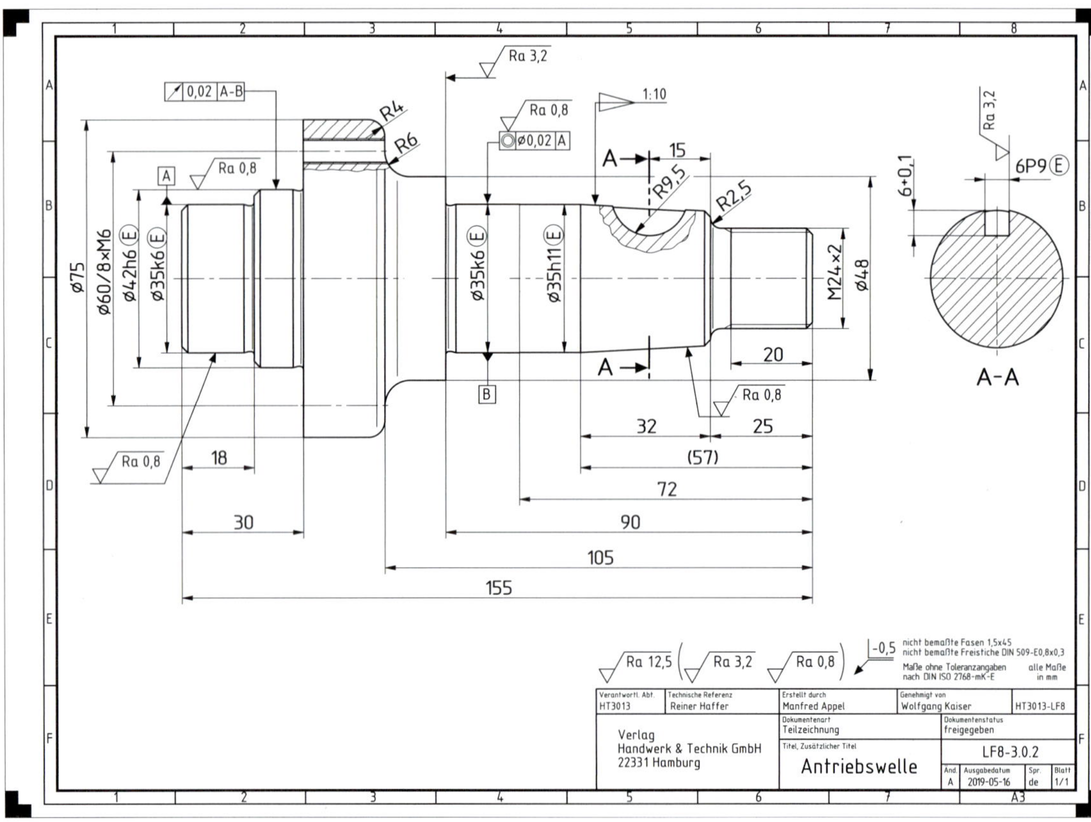

***2** Antriebswelle*

3.1 Arbeitsplanung

Der Rohling, aus dem die Antriebswelle hergestellt wird, hat einen Durchmesser von 80 mm und eine Länge von 157 mm. Aufgrund der Zeichnung, der Funktion der Antriebswelle und des vorliegenden Rohlings werden folgende Arbeitschritte, Aufspannungen und Drehwerkzeuge gewählt (Seite 273).

Die Programmierung von CNC-Drehmaschinen kann auf unterschiedliche Weise erfolgen:

- manuell
- Werkstatt orientiert oder
- CAD-CAM

1. Aufspannung: Spannmittel: Dreibackenfutter mit harten Backen		
	Werkzeuge	**Bearbeitungsschritte**
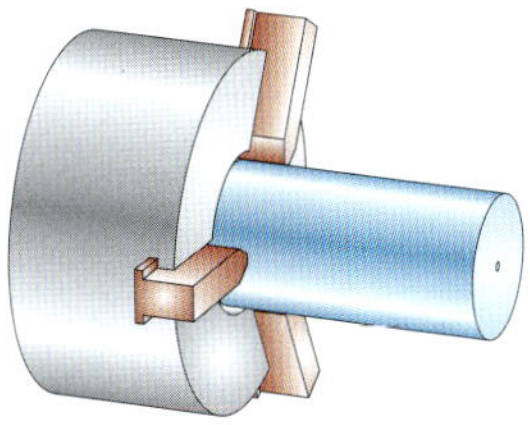	 **T1** R0,8 $\kappa = 95°$ $\varepsilon = 80°$ P25	Querplandrehen der ersten Stirnfläche $v_c = 220$ m/min $f = 0{,}2$ mm
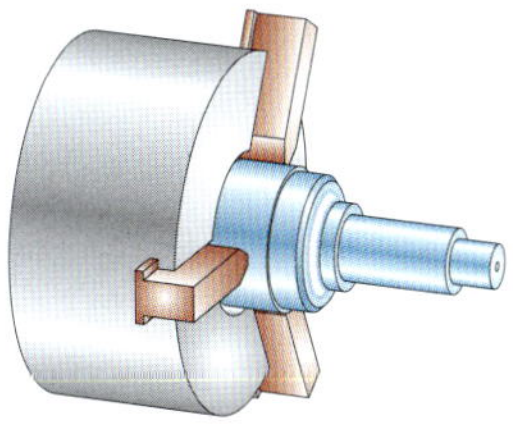	 **T1** R0,8 $\kappa = 95°$ $\varepsilon = 80°$ P25	Schruppen der Absätze mit 0,5 mm Aufmaß im Durchmesser, 0,2 mm Aufmaß in axialer Richtung $v_c = 220$ m/min $f = 0{,}3$ mm $a_p = 4$ mm
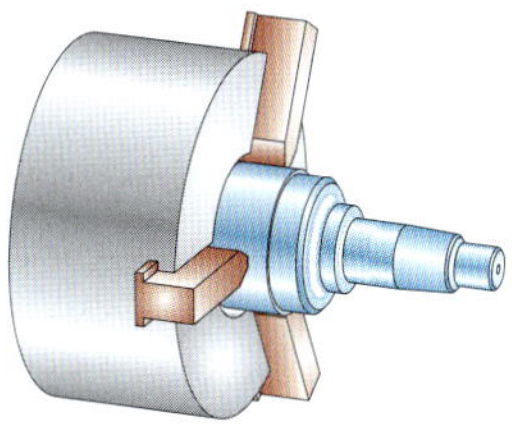	 **T2** R0,8 $\kappa = 107{,}5°$ $\varepsilon = 55°$ P25	Schlichten der ersten Seite $v_c = 250$ m/min $f = 0{,}15$ mm
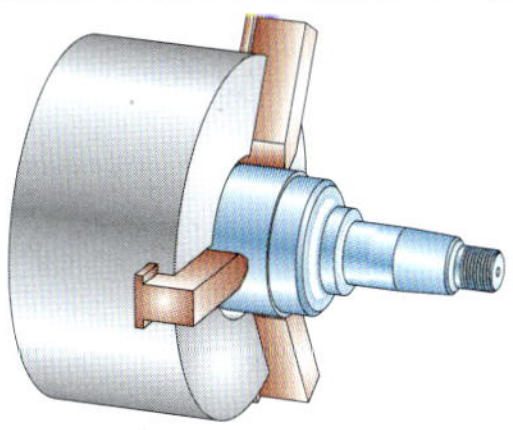	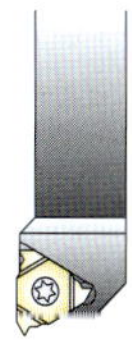 **T3** P25	Gewindeschneiden $n = 800$/min $f = 2$ mm
2. Aufspannung: Spannmittel: Dreibackenfutter mit auf ∅ 35 mm ausgedrehten weichen Backen		
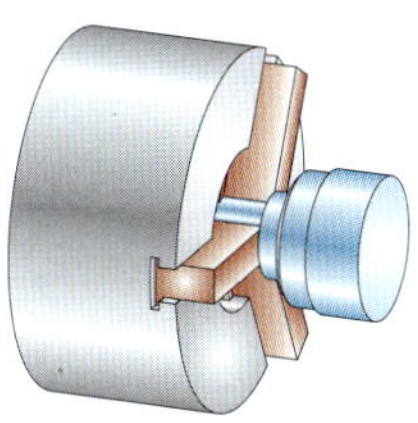	 **T1** R0,8 $\kappa = 95°$ $\varepsilon = 80°$ P25	Querplandrehen der zweiten Stirnfläche $v_c = 220$ m/min $f = 0{,}2$ mm
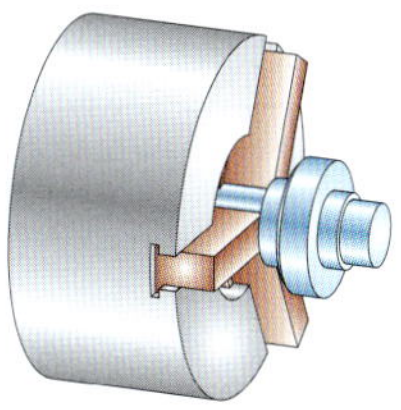	 **T1** R0,8 $\kappa = 95°$ $\varepsilon = 80°$ P25	Schruppen der Absätze mit 0,5 mm Aufmaß im Durchmesser, 0,2 mm Aufmaß in axialer Richtung $v_c = 220$ m/min $f = 0{,}3$ mm $a_p = 4$ mm
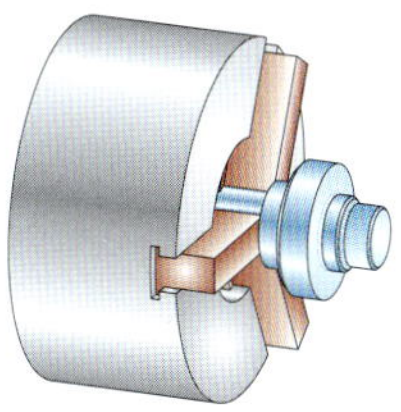	 **T2** R0,8 $\kappa = 107{,}5°$ $\varepsilon = 55°$ P25	Schlichten der zweiten Seite $v_c = 250$ m/min $f = 0{,}15$ mm

3.2 Manuelles Programmieren

MERKE

Bei der manuellen Programmierung *(manual programming)* gibt die Fachkraft die einzelnen Programmsätze an der Maschine in die Steuerung ein.

Fast alle CNC-Drehmaschinen sind als **Schrägbettmaschinen** *(inclined-bed engines)* ausgeführt (Bild 1). Bei dieser Maschinenkonzeption ist u. a. der Arbeitsraum für den Maschinenbediener gut zugänglich und die Spanabfuhr unproblematisch. Die Werkzeuge für die Außenbearbeitung liegen **hinter** der Drehmitte.

Der Rohling wird im Dreibackenfutter mit harten Backen gespannt. Er soll mindestens 130 mm über die Vorderkante der Backen in den Arbeitsraum hinein ragen (siehe Seite 273 erste Aufspannung). Dadurch ist es möglich, den großen Durchmesser von ∅75 mm noch in der ersten Aufspannung zu bearbeiten.

1 *Arbeitsraum einer Schrägbettdrehmaschine*

3.2.1 Nullpunktverschiebung

Der **Werkstücknullpunkt** *(workpiece zero reference point)* liegt an der Stirnseite der fertigen Antriebswelle, weil sich darauf fast alle Maße des rechten Teils der Antriebswelle beziehen. Bei den Drehmaschinen liegt der **Maschinennullpunkt** *(machine zero point)* meist auf der Spindelachse an der Anschlagfläche für das Drehfutter (Bild 2). Ausgehend vom Maschinennullpunkt ist die Lage des Werkstücknullpunkts zu definieren. Meist wird mit einer **absoluten Nullpunktverschiebung** *(zero shift)* (z. B. G54) der Werkstücknullpunkt auf die Stirnfläche des Dreibackenfutters verschoben. Diese Nullpunktverschiebung ist beim Anschalten der Maschine aktiviert. Nach dem Einspannen des Rohlings misst die Fachkraft die Entfernung von der Stirnfläche des Rohlings bis zum Dreibackenfutter (Bild 3). Zum Querplandrehen lässt sie ein Aufmaß von 1 mm auf dem Rohling, sodass sie z. B. statt der gemessenen 157 mm eine zusätzliche Nullpunktverschiebung von 156 mm eingibt. Im CNC-Programm wird die **zusätzliche Nullpunktverschiebung** (G59) dann aktiviert, sodass sich der Werkstücknullpunkt an die vordere Stirnseite des fertigen Drehteils verschiebt.

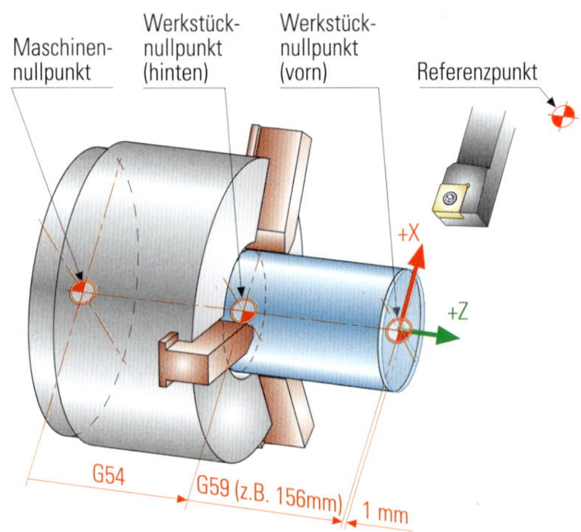

2 *Nullpunkte und Nullpunktverschiebung beim Drehen*

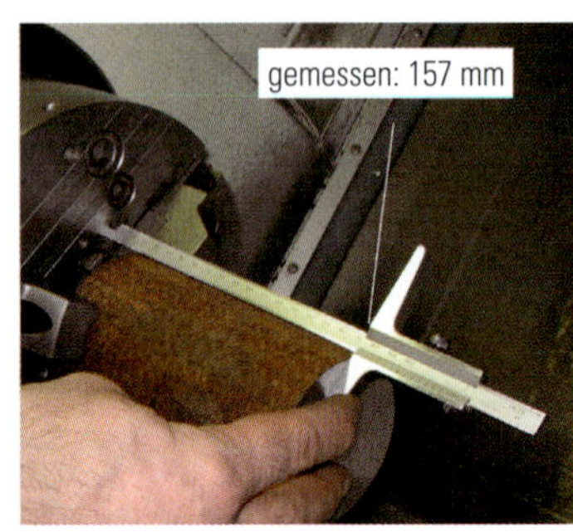

3 *Messung zur Festlegung des Werkstücknullpunkts*

```
%              (%-Zeichen markiert den Programmanfang)
N0 200701      (Programmnummer)
N10 G59 Z156   (Nullpunktverschiebung)
```

Zur besseren Lesbarkeit und Übersichtlichkeit werden CNC-Programme mit Kommentaren versehen.

MERKE

Kommentare werden in CNC-Programmen in Klammern gesetzt und von der Steuerung während der Bearbeitung überlesen[1)].

3.2.2 Werkzeugwechsel

Der Werkzeugrevolver (Seite 275 Bild 1) schwenkt das jeweilige Werkzeug in die Arbeitsposition. Dabei besteht die Gefahr, dass beim Drehen des Revolvers dessen Werkzeuge mit dem eingespannten Werkstück kollidieren.

Bevor das erste Werkzeug in Arbeitsposition schwenkt, ist der Kollisionsbereich zu verlassen. Deshalb wird zunächst der Werkzeugwechselpunkt (G14) angefahren.

```
N20 G14        (Anfahren des Werkzeugwechselpunkts)
```

1) Bei der PAL-Steuerung kennzeichnet das Semikolon (;) den Kommentarbeginn

1 Werkzeugrevolver

Beim CNC-Drehen kann der **Vorschub** in mm pro Umdrehung und die **Vorschubgeschwindigkeit** in mm/min angegeben werden (siehe Lernfeld 5 Kap. 1.1).

MERKE

G94: Vorschubgeschwindigkeit in mm/min
G95: Vorschub in mm

N30 G95 (Vorschub in mm/Umdrehung)

Beim CNC-Drehen ist es möglich, mit **konstanter Schnittgeschwindigkeit** zu spanen und somit annähernd gleichbleibende Schnittbedingungen zu erzielen.

MERKE

G96: konstante Schnittgeschwindigkeit
G97: konstante Umdrehungsfrequenz

N40 G96 S220 (konstante Schnittgeschwindigkeit)

- S220: v_c – 220 m/min
- G96: konstante Schnittgeschwindigkeit

Wenn sich beim Plandrehen mit konstanter Schnittgeschwindigkeit der Drehmeißel auf die Drehmitte zubewegt, wird die Drehzahl auf die maximale Umdrehungsfrequenz der Arbeitsspindel steigen. Das kann je nach Drehfutter zu so hohen Zentrifugalkräften an den Drehbacken führen, dass die Spannung des Werkstücks nicht mehr gewährleistet ist. Damit dies nicht geschieht, wird mit einer **Drehzahlbegrenzung** gearbeitet.

N50 G92 S4000

- S4000: max. Spindeldrehzahl: 4000/min
- G92: Drehzahlbegrenzung

MERKE

G92: Drehzahlbegrenzung

Das **Einwechseln des Werkzeugs** T1 geschieht mit folgendem CNC-Satz, der noch weitere Informationen enthält:

N60 T1 TC1 M4 (Werkzeugwechsel und Spindeldrehung)

- M4: Drehrichtung der Arbeitsspindel im Gegenuhrzeigersinn
- TC1: Adresse 1 im Werkzeugkorrekturspeicher
- T1: Werkzeugnummer T1 bzw. Revolverplatz 1

Die Information T1 bewirkt, dass das Werkzeug an der Revolverposition 1 eingewechselt wird. TC1 ist eine Adresse im **Werkzeugkorrekturspeicher**. Dort stehen die Werkzeugkorrekturwerte in X- und Z-Richtung (Seite 288 Bild 1) für das eingewechselte Werkzeug. Die Werkzeugkorrekturwerte werden beim Einrichten der Maschine ermittelt (Kapitel 3.6.1) und für das Werkzeug T1 in die Speicheradresse 1 eingetragen.

MERKE

Beim Drehen erfolgt der Werkzeugaufruf durch Angabe der Revolverposition und der Werkzeugkorrekturadresse.

3.2.3 Drehrichtungen der Arbeitsspindel

Um einen Span abzunehmen, muss eine Schnittbewegung erfolgen, d.h., die **Arbeitsspindel** *(working spindle)* muss sich drehen. Dazu gibt es zwei Möglichkeiten:

MERKE

M3: Arbeitsspindel im Uhrzeigersinn
M4: Arbeitsspindel im Gegenuhrzeigersinn

Es liegt eine Drehung *(rotation)* im Uhrzeigersinn vor[1], wenn sich bei Spindeldrehung eine rechtsgängige Schraube in das Werkstück hineindreht. Für das Drehen bedeutet das, dass bei Blickrichtung vom Drehfutter auf das Werkstück (Bild 2) Uhrzeiger- oder Gegenuhrzeigersinn direkt zugeordnet werden können.

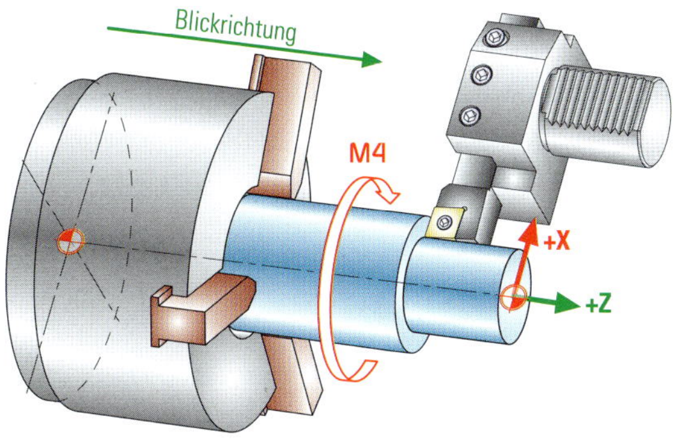

2 Spindeldrehung im Gegenuhrzeigersinn

Überlegen Sie!

Welche Drehrichtung (direction of rotation) muss die Antriebsspindel beim Herstellen einer Zentrierbohrung haben?

1) DIN 66025-2

3.2.4 Eilgang und Vorschubbewegung auf einer Geraden

Um eine saubere Stirnfläche und eine Bezugsfläche für die axialen Maße des Werkstücks zu erreichen, wird am Anfang der Aufspannung querplan gedreht. Da der Rohling 2 mm länger als die Antriebswelle ist, steht auf jeder Stirnfläche circa 1 mm Bearbeitungszugabe zur Verfügung.
Im folgenden Satz verfährt das Werkzeug im **Eilgang** *(rapid feed)* auf den **Durchmesser** von ∅84 mm (**X84**) und in axialer Richtung zur fertigen Stirnfläche (**Z0**) des Drehteils (Bild 1).

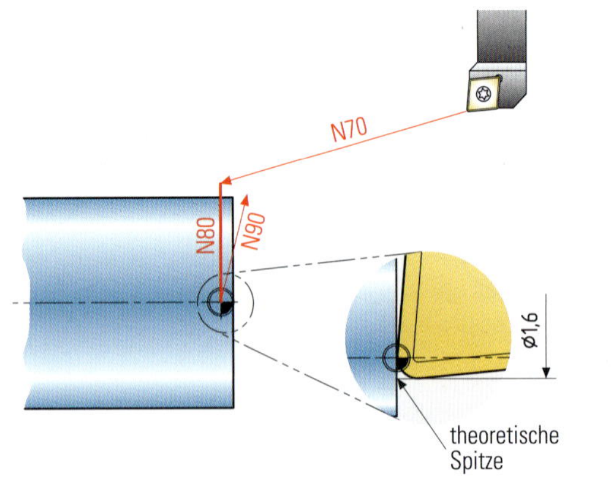

1 *Querplandrehen*

```
N70 G0 X84 Z0        (Eilgangbewegung)
```

MERKE
G0: Das Werkzeug bewegt sich durch gleichzeitiges Verfahren der programmierten Achsen mit maximaler Geschwindigkeit (Eilgang) geradlinig vom Start- zum Zielpunkt.

Das Querplandrehen geschieht durch eine Vorschubbewegung auf einer Geraden:

```
N80 G1 X-1.6 F0.2 M8   (Vorschubbewegung auf einer Geraden)
```

- M8: Kühlmittel EIN
- F0.2: Vorschub pro Umdrehung: 0,2 mm

MERKE
G1: Das Werkzeug bewegt sich vom Startpunkt mit dem **programmierten** Vorschub bzw. der Vorschubgeschwindigkeit *(feed speed)* auf einer Geraden zum Zielpunkt (**Geradeninterpolation**).

Der Zielpunkt liegt beim Querplandrehen auf X-1.6. Das bedeutet, dass der Drehmeißel mit seiner theoretischen Spitze über die Drehmitte hinaus auf einen Durchmesser von 1,6 mm fährt (Bild 1). Das ist nötig, weil die Werkzeugschneide einen Radius von 0,8 mm hat. Würde das Werkzeug nur auf X0, d. h. auf Drehmitte bewegt, bliebe ein **Butzen** auf der Stirnfläche des Drehteils stehen.

MERKE
Beim Querplandrehen muss die Werkzeugschneide um den Betrag des Schneidenradius über die Drehmitte verfahren, damit kein Butzen an der Planfläche verbleibt.

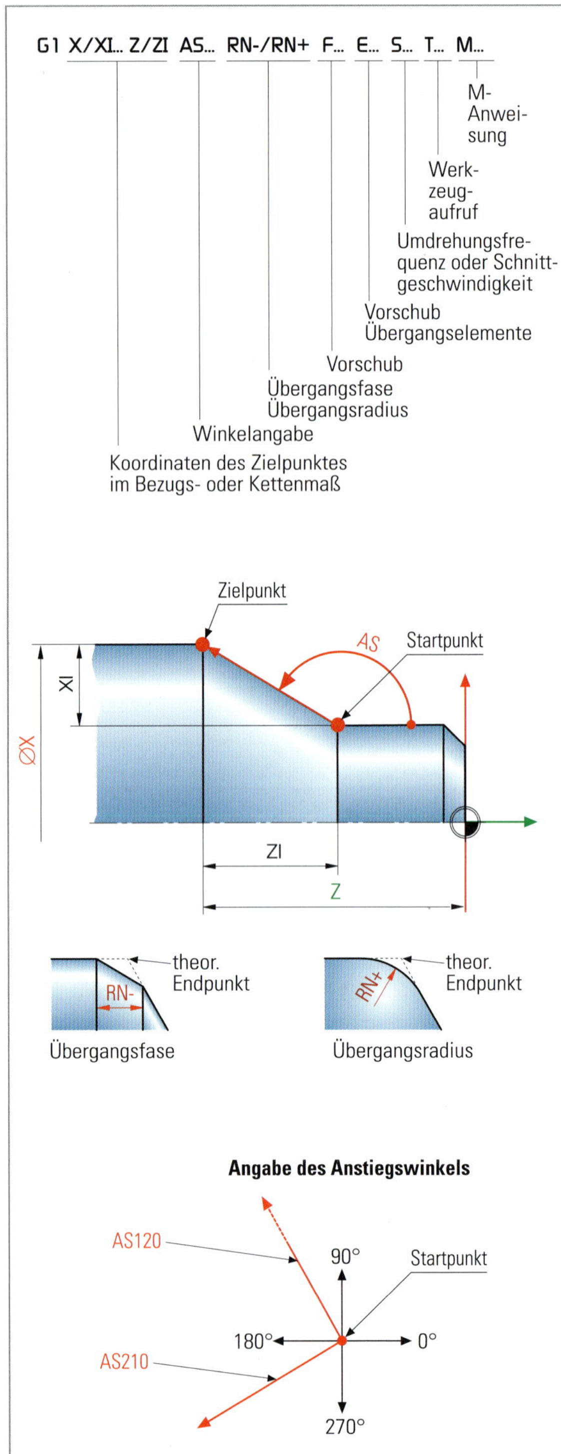

2 *Beispiel der Eingabemöglichkeiten für Vorschub auf einer Geraden*

Bei einem Schneidenradius von 0,8 mm entspricht das einem Durchmesser von ∅1,6 mm. Das negative Vorzeichen ergibt sich aus der Lage im Koordinatensystem. An dieser Stelle wird deutlich, wie wichtig bei der Programmierung die Kenntnis der Werkzeuge und deren Geometrie ist.

Der Zielpunkt kann nicht nur durch X- und Z-Koordinaten bestimmt werden. Je nach Steuerung stehen unterschiedliche Definitionen zur Verfügung (Seite 276 Bild 2).

Der Startpunkt für das Schruppen wird durch den folgenden Satz angefahren:

`N90 G0 X81 Z2` (Eilgang auf Startpunkt zum Schruppen)

Das Schruppen der Kontur kann auf unterschiedliche Weise programmiert werden. Eine Möglichkeit besteht darin, dass die Steuerung die Bewegungen zum Schruppen berechnet. Dazu muss der Steuerung die Fertigkontur mitgeteilt werden. Für das Schruppen muss die Fachkraft zusätzlich Schnittgeschwindigkeit, Vorschub und Zustellung sowie die Aufmaße in X- und Z-Richtung festlegen.

3.2.5 Vorschubbewegungen auf Kreisbögen

Bis auf das Gewinde und die Kreisbögen *(circular arcs)* (Bild 1) besteht die Fertigteilkontur der Antriebswelle aus Geraden, die mit G1 zu programmieren sind.

Für die Bearbeitung von Kreisbögen stehen zwei Wegbedingungen zur Verfügung:

MERKE

G2: Das Werkzeug bewegt sich im Uhrzeigersinn mit dem programmierten Vorschub auf einer Kreisbahn auf den angegebenen Zielpunkt (**Kreisinterpolation im Uhrzeigersinn**).

MERKE

G3: Das Werkzeug bewegt sich im Gegenuhrzeigersinn mit dem programmierten Vorschub auf einer Kreisbahn auf den angegebenen Zielpunkt (**Kreisinterpolation im Gegenuhrzeigersinn**).

„Uhrzeigersinn" bzw. „Gegenuhrzeigersinn" bezieht sich auf die Relativbewegung des Werkzeugs gegenüber dem Werkstück. Dabei muss die Blickrichtung entgegengesetzt zu der Achse erfolgen, die senkrecht auf der Ebene steht (Bild 2). Bei Schrägbettdrehmaschinen verläuft die positive Y-Achse, die auf der Z-X-Ebene steht, der Blickrichtung des Anwenders entgegen.

MERKE

Bei Schrägbettmaschinen blickt der Anwender in die „richtige" Richtung, um Uhrzeiger- bzw. Gegenuhrzeigersinn zuzuordnen.

Bei der Kreisbewegung werden wie bei G0 und G1 die Koordinaten des Zielpunktes hinter der Wegbedingung G2 bzw. G3 angegeben (Bild 3a und b). Bei den beiden Darstellungen ist

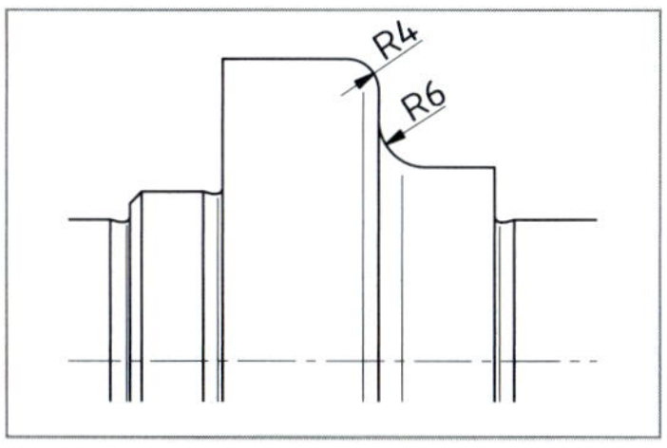

1 Kreisbögen an der Antriebswelle

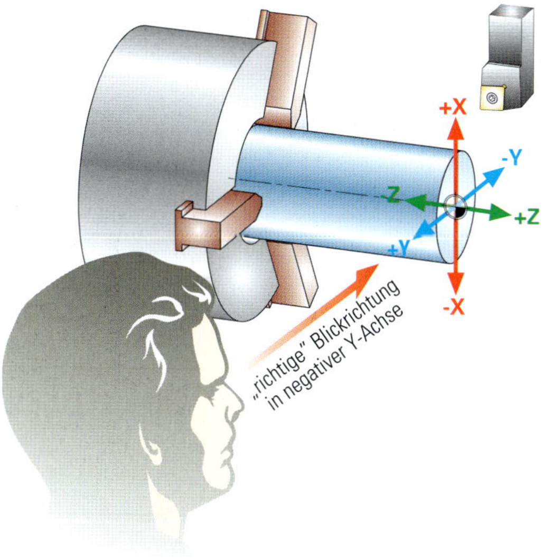

2 Blickrichtung entgegengesetzt der Y-Achse

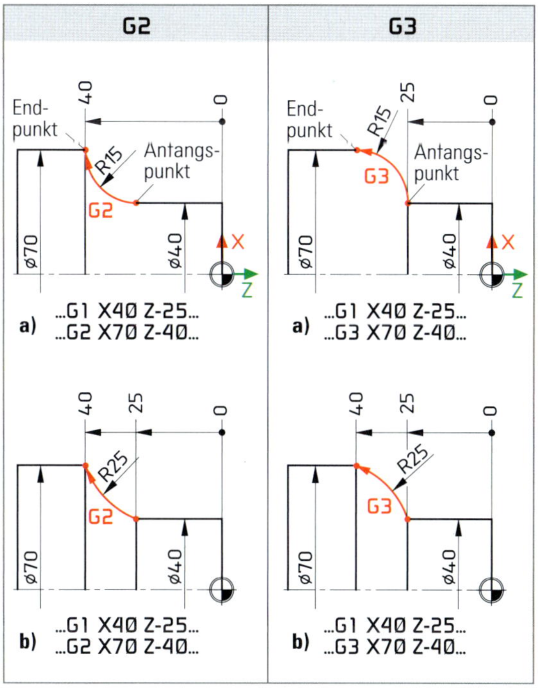

3 Das Werkzeug ist hinter der Drehmitte. Trotz gleicher Anfangs- und Endbedingungen sind bei G2 und G3 beliebig viele Kreisbögen möglich wie z. B. bei a) R15 und b) R25

jedoch zu erkennen, dass bei gleichen Startpunkten (X40, Z-25) und gleichen Zielpunkten (X70, Z-40) sowie gleichen Wegbedingungen (G2 bzw. G3) unterschiedliche Kreisbögen entstehen können. Allein durch diese Angaben sind somit die Kreisbögen **nicht eindeutig bestimmt**.

MERKE

Ein Kreisbogen ist eindeutig durch Richtung, Start-, Ziel und Mittelpunkt bestimmt.

Die CNC-Steuerung benötigt somit noch die Lage des Kreismittelpunkts. Dazu dienen die **Hilfsparameter I, J** und **K**.

MERKE

Mit I, J und K werden die Abstände vom Kreismittelpunkt zum Startpunkt des Kreisbogens definiert.
I ist der vorzeichenbehaftete Abstand in der **X-Achse**.
J ist der vorzeichenbehaftete Abstand in der **Y-Achse**.
K ist der vorzeichenbehaftete Abstand in der **Z-Achse**.

Für das Drehen in der **Z-X-Ebene** werden somit lediglich die Hilfsparameter **I** und **K** benötigt.
Bei G2 in Bild 1a ist K0 programmiert, weil der Abstand in der Z-Richtung vom Anfangs- zum Mittelpunkt des Kreises Null ist. I15 ist positiv, da die Richtung vom Anfangs- zum Mittelpunkt mit der positiven X-Achse übereinstimmt.
Bei G3 in Bild 1a ist der Abstand vom Anfangs- zum Mittelpunkt in X-Richtung Null. Daher wird I0 programmiert. K-15 weist darauf hin, dass die Richtung vom Anfangs- zum Mittelpunkt in negativer Z-Richtung verläuft.

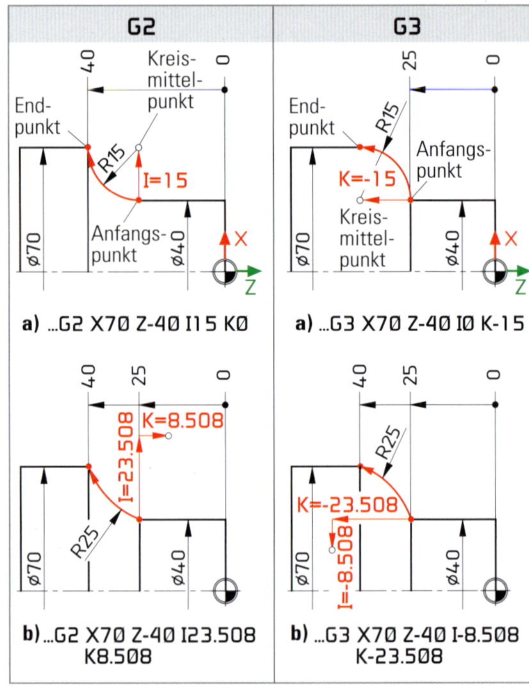

1 Interpolationsparameter I und K zur Bestimmung des Kreismittelpunkts

Bei den beiden Beispielen in Bild 1b ist kein Hilfsparameter Null.

Überlegen Sie!

1. *Übertragen Sie die Beispiele in Ihr Heft und schreiben Sie wie im Beispiel a) den CNC-Satz dazu.*

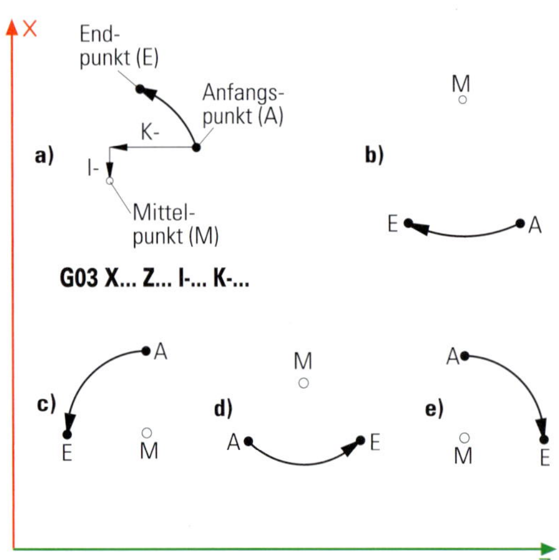

2. *Schreiben Sie die CNC-Sätze für die Kontur in Bild 1 auf Seite 277. Beachten Sie dabei auch die Zeichnung von Bild 2 auf Seite 272.*
3. *Schreiben Sie das CNC-Programm für die Fertigkontur des Bolzens aus C45, wobei Sie davon ausgehen, dass die Stirnfläche geplant ist.*

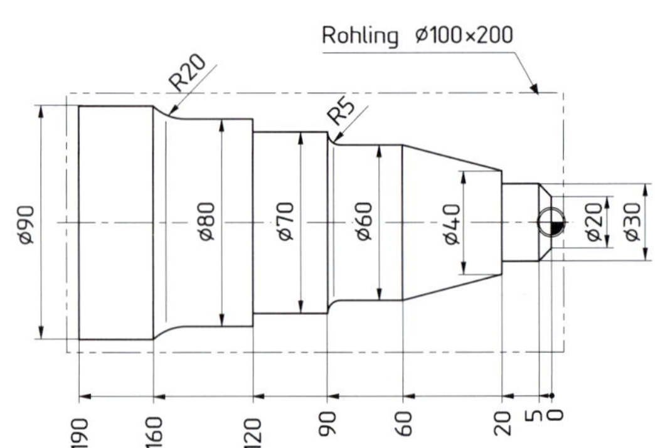

Überlegen Sie!

4. *Schreiben Sie das CNC-Programm für die Fertigkontur der Antriebswelle bei der ersten Aufspannung in Ihr Heft und ergänzen Sie die markierten Bereiche.*

N170 G14	(■)
N180 T2 TC2 M4	(Werkzeugwechsel)
N190 G96 S250 F0.15	(konstante Schnittgeschwindigkeit: v_c=250m/min)
N200 G0 X16 Z2	(Positionierung vor der Fase)
N210 G42	(Werkzeugkorrektur rechts der Kontur: siehe Kap. 3.2.5)
N220 G1 X■ Z-2	(Fase)
N230 G1 Z-22.5	(Gewindezylinder)
N240 G2 X29 Z-25 I■ K0	(Übergangsradius)
N250 G1 X31.8 Z-25 RN-1.4	(Gerade mit Fase)
N260 G1 X34.99 Z-57	(■)
N270 G1 Z-72	(∅35h11)
N280 G1 X35.01	(■)
N290 G1 Z■	(∅35k6)
N300 G1 X34.6 Z-88.5	(Kegel des Freistichs)
N310 G1 Z-90	(Zylinder des Freistichs)
N320 G1 X48	(Verfahren auf ∅48)
N330 G1 Z-99	(∅48)
N340 G2 X60 Z-105 I6 ■	(Kreisbogen R6)
N350 G1 X67	(■)
N360 G3 X75 Z-109 I0 K-4	(Kreisbogen R4)
N370 G1 Z■	(Zylinder ∅75)
N380 G1 X82	(Abfahren vom Drehteil)
N390 G40	(Aufheben der Werkzeugkorrektur: siehe Kap. 3.2.5)

3.2.6 Schneidenradienkompensation

Werkzeugschneiden (Bild 1) besitzen einen Schneidenradius *(cutting edge radius)* und keine Schneidenspitze (P0). Dadurch wird die Schneide stabiler, ihr Verschleiß geringer und die Oberflächenqualität des Werkstücks besser (siehe Lernfeld 5 Kapitel 1.1.5).
Der Schneidenradius führt bei Kreisbögen und Kegeln zu Verfälschungen (Bild 2) gegenüber der theoretischen Schneidenspitze. Beim Längsrund- und Querplandrehen entstehen dadurch keine Konturfehler.

Diese Konturfehler entstehen nicht, wenn der Mittelpunkt des Schneidenradius auf einer Konturparallelen (Äquidistanten) verfährt, deren Abstand dem Schneidenradius entspricht (Bild 3).

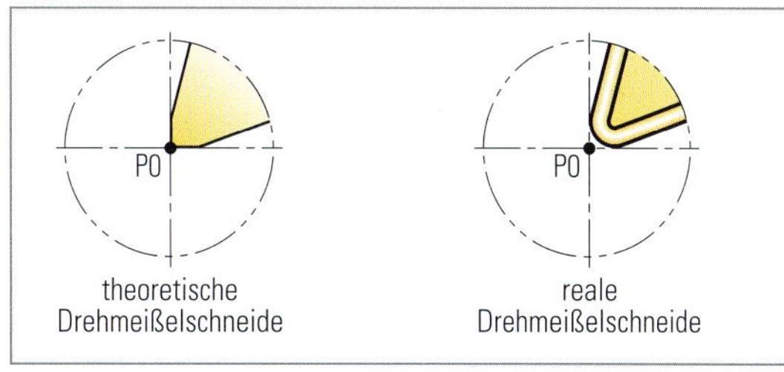

***1** Theoretische und wirkliche Werkzeugschneide*

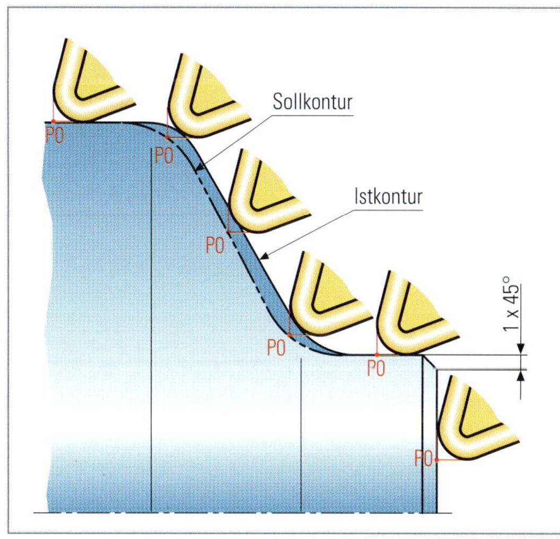

***2** Konturverzerrung durch Schneidenradius*

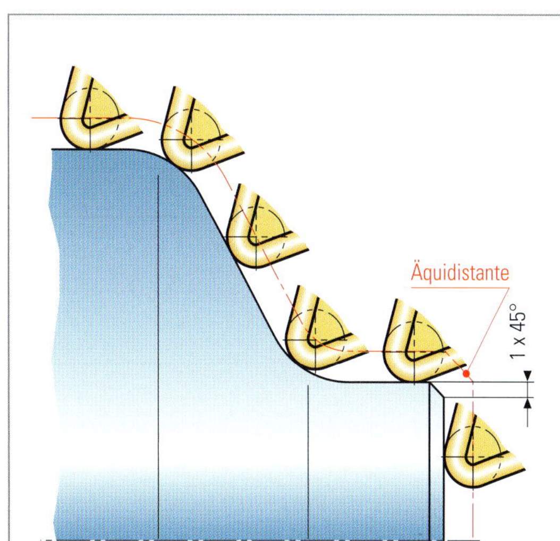

***3** Konturparallele (Äquidistante) in Abhängigkeit vom Schneidenradius*

MERKE

Die CNC-Steuerung berechnet die **Äquidistante** in Abhängigkeit vom Schneidenradius und der Lage der Werkzeugschneide.

Die Fachkraft muss deshalb beim Einrichten der Werkzeuge den Schneidenradius und die Lage der Schneide in den Werkzeugkorrekturspeicher eingeben. Kennzahlen von 1 bis 9 (Bild 1) definieren die Lage der gedachten Schneidenspitze (P0) zum Schneidenradiusmittelpunkt (S).

Überlegen Sie!

Welche Kennzahl ist für die Lage der Werkzeugschneide im Bild 3 auf Seite 279 in den Werkzeugkorrekturspeicher einzugeben?

3.2.7 Werkzeugbahnkorrektur

Um festzulegen, ob sich das Werkzeug **links** oder **rechts** der programmierten Kontur bewegt, muss sich der Programmierer gedanklich mit der Werkzeugschneide bewegen, wobei er seinen Blick in Vorschubrichtung der Schneide lenkt. Die folgenden Wegbedingungen bestimmen die Lage des Werkzeugs zur Kontur:

MERKE

G41: Das Werkzeug bewegt sich **links** von der Kontur (Bild 2).

G42: Das Werkzeug bewegt sich **rechts** von der Kontur (Bild 3).

Für die rechte Seite der Antriebswelle wird die Werkzeugbahnkorrektur *(correction of tool path)* im Satz N210 aktiviert (Seite 279).

Nach der Schlichtbearbeitung wird die Werkzeugbahnkorrektur wieder aufgehoben. Dazu steht eine besondere Wegbedingung bzw. G-Funktion zur Verfügung:

MERKE

G40: Aufheben der Werkzeugbahnkorrektur.

Nach diesem Befehl berechnet die Steuerung keine Äquidistante mehr, sondern bezieht ihre Verfahrwege wieder auf die theoretische Werkzeugspitze. Bei der Antriebswelle geschieht das im Satz N390 (Seite 279).

3.2.8 Bearbeitungszyklen

Neben den beschriebenen Wegbedingungen besitzen die CNC-Steuerungen Bearbeitungszyklen *(machining cycles)*, die die Programmierung wesentlich erleichtern und verkürzen.

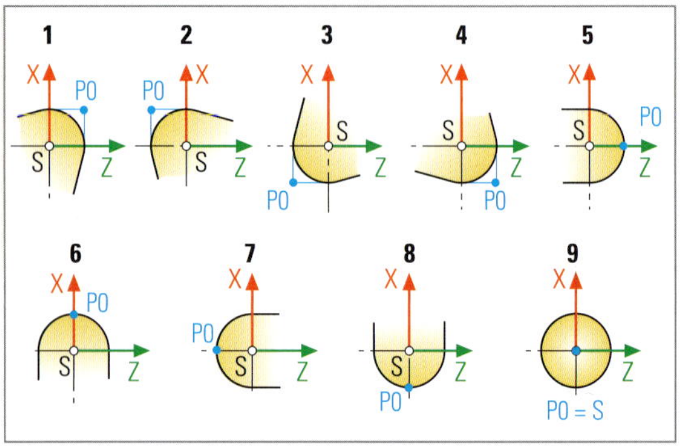

1 *Kennzahlen für die Lage der Schneidenspitze P0*

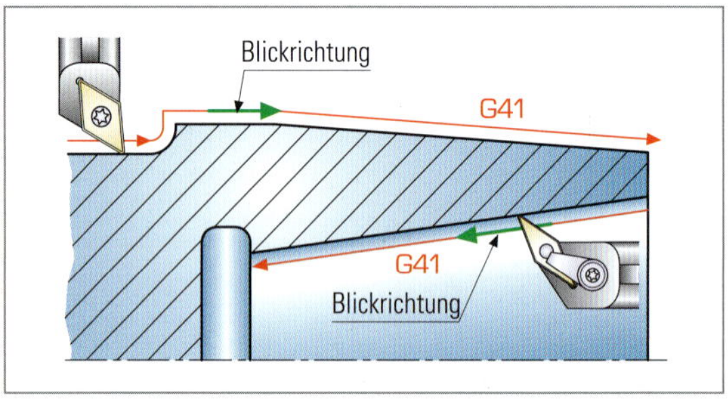

2 *G41: Werkzeug links der Kontur*

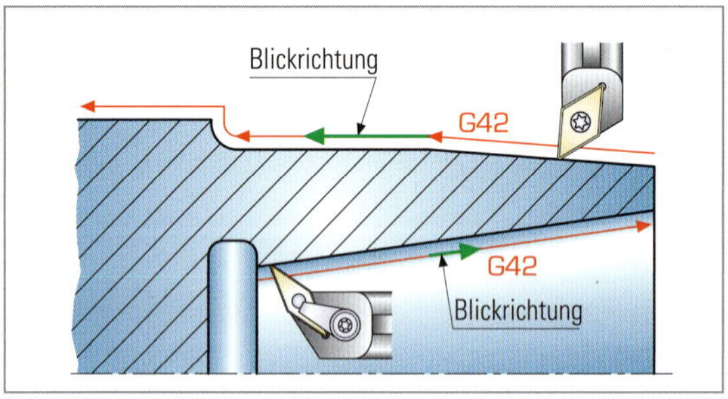

3 *G42: Werkzeug rechts der Kontur*

MERKE

Bearbeitungszyklen fassen mehrere Verfahrbewegungen in einem Programmsatz zusammen.

Die Zyklen sind bei den verschiedenen Steuerungen unterschiedlich zu programmieren. Daher müssen die erforderlichen Adressen der jeweiligen Programmieranleitung entnommen werden.

Zum Schruppen stehen z. B. Längs-, Plan- und Konturschruppzyklen zur Verfügung (Seite 281 Bild 1). Es wird die Fertigteilkontur für das Schruppen programmiert. Für das Schlichten legt die Fachkraft im Schruppzyklus Aufmaße in X- und Z-Richtung oder parallel zur Kontur fest. Bild 2 auf Seite 281 stellt ein Praxisbeispiel für den Aufbau eines Konturschruppzyklus dar.

Bei der Antriebswelle wird nach dem Querplandrehen das Werkzeug auf die Startposition für den Zyklus positioniert. Im Satz 100 ist der Konturschruppzyklus programmiert:

`N1 00 G81 D4 AK0.5` (Konturschruppzyklus)
- AK0.5 — Aufmaß konturparallel
- D4 — Zustellung in X

`N1 10 G23 N200 N390` (Konturbeschreibung)
- N390 — Satznummer für Ende der Fertigkonturbeschreibung
- N200 — Satznummer für Beginn der Fertigkonturbeschreibung
- G23 — Programmabschnittswiederholung

`N1 20 G80` (Ende Konturzyklus)

Aus dem Beispiel gehen die Vorteile von Zyklen hervor:
- einfache Programmierung, da viele Werkzeugbewegungen mit einem Satz programmiert werden können
- schnelle Programmierung
- kürzeres, übersichtlicheres Programm
- einfache Fehlersuche

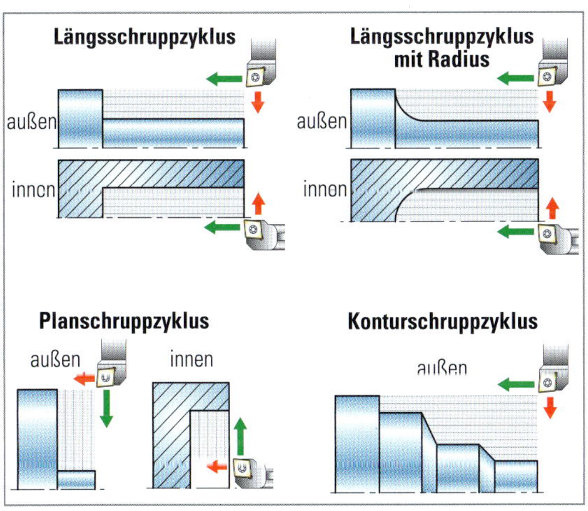

***1** Schruppzyklen*

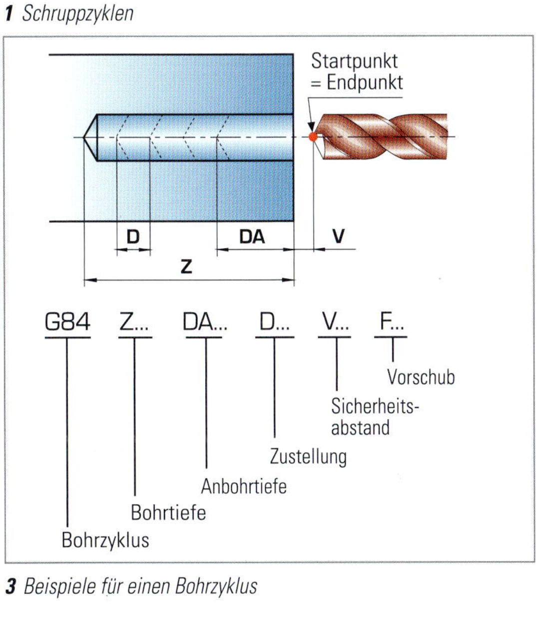

***3** Beispiele für einen Bohrzyklus*

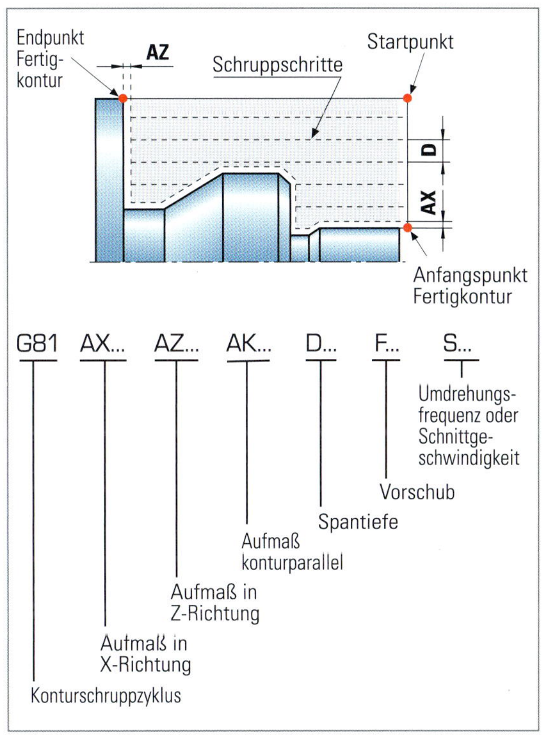

***2** Beispiel für den Aufbau eines Konturschruppzyklus*

Neben **Bohrzyklen** *(drilling cycles)* (Bild 3) sind beim Drehen **Gewindeschneidzyklen** *(thread cutting cycles)* von besonderer Bedeutung.

Um den gesamten Ablauf für das Gewindeschneiden in einem Satz zu programmieren, benötigt die Steuerung mindestens folgende Daten:
- Anfangspunkt des Gewindes
- Endpunkt des Gewindes
- Gewindesteigung
- Gewindetiefe
- Schnitttiefe bzw. Anzahl der Schnitte

Mit diesen Werten ist die Berechung der einzelnen Verfahrwege möglich. Die verschiedenen Steuerungen ordnen die Informationen unterschiedlichen Adressen zu, die den spezifischen Programmieranleitungen zu entnehmen sind. Im Bild 1 auf Seite 282 sind zwei Beispiele dargestellt.

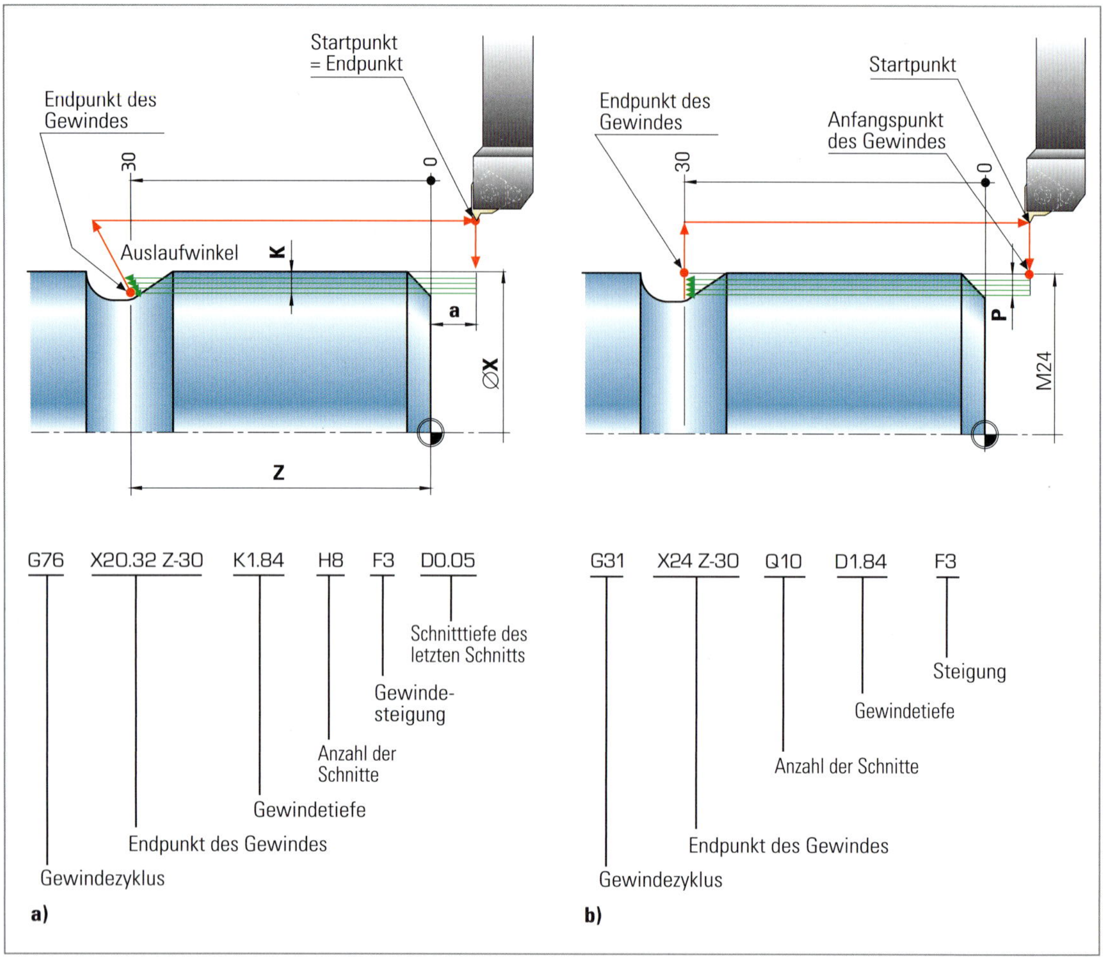

***1** Beispiele für Gewindeschneidzyklen*

MERKE

Gewinde werden mit konstanter Umdrehungsfrequenz *(rotational frequency)* geschnitten (G97), anderenfalls treten Steigungsfehler auf.

Beim Gewindeschneiden entspricht der Vorschub pro Umdrehung der Steigung des Gewindes. Somit ergibt sich eine hohe Vorschubgeschwindigkeit. So beträgt z. B. bei einer Umdrehungsfrequenz von 800/min und einem Vorschub von 2 mm die Vorschubgeschwindigkeit v_f = 800/min · 2 mm = 1600 mm/min. Zum Beschleunigen auf diese große Vorschubgeschwindigkeit benötigt die Steuerung einen relativ großen Anlaufweg. Deshalb muss der Anlaufweg a (Bild 1a) beim Gewindeschneidzyklus weit genug vom Gewindeanfang entfernt liegen.

MERKE

Der Anlaufweg soll beim Gewindeschneiden etwa zwei bis drei Mal größer als die Gewindesteigung sein.

Bei Außengewinden gibt es zum Schneiden von Rechts- und Linksgewinde unterschiedliche Möglichkeiten (Seite 283 Bild 1).

Überlegen Sie!

Übertragen Sie die Verhältnisse aus Bild 1 auf Seite 283 auf das Schneiden von Innengewinden.

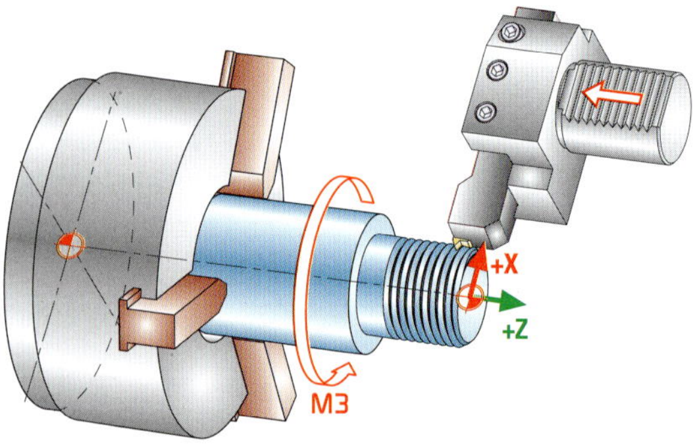

***2** Drehrichtung und Drehmeißelspannung beim Gewindeschneiden*

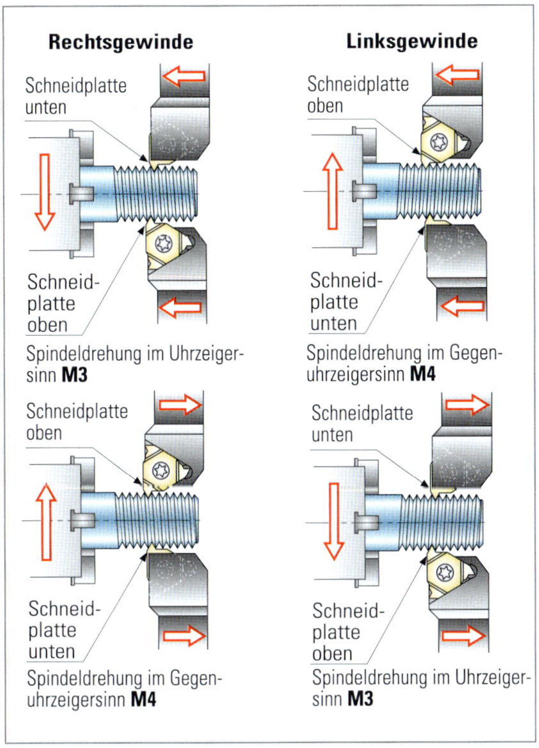

1 *Möglichkeiten des Außengewindeschneidens für Rechts- und Linksgewinde*

Um mit einem Werkzeug, das hinter der Drehmitte steht, ein **Rechtsgewinde** *(right-hand thread)* zu schneiden, muss sich die Arbeitsspindel im **Uhrzeigersinn** *(clockwise)* (M3) drehen. Bei Schrägbettmaschinen, bei denen das Werkzeug hinter der Drehmitte steht, ist das nur möglich, wenn die Spanfläche des Gewindedrehmeißels nach unten zeigt (Seite 282 Bild 2). Das Programm für das Gewinde M24 × 2 der Antriebswelle kann wie folgt aussehen:

Hauptprogrammen wird dann nicht der jeweilige Freistich beschrieben, sondern jeweils das entsprechende Unterprogramm aufgerufen (Seite 284 Bild 1).
Der Aufruf des Unterprogramms erfolgt im Beispiel unter Angabe des Unterprogrammnamens (L101). Obwohl bei den verschiedenen Steuerungen die Unterprogramme unterschiedlich aufgerufen werden, ist das Prinzip jedoch immer das gleiche.
Da z. B. der Freistich an den unterschiedlichsten Werkstückpositionen liegen kann, ist es nicht möglich, innerhalb des Unterprogramms mit absoluter Maßangabe zu arbeiten. Daher wird am Unterprogrammanfang auf inkrementale Maßangabe (G91) umgeschaltet. Aufgrund der Maße in Bild 2 sind die Konturpunkte P1 bis P4 im Unterprogramm (Bild 1 auf Seite 284) beschrieben. Im Hauptprogramm ist die Kontur bis zum Punkt P0 zu programmieren, bevor der Unterprogrammaufruf erfolgt. Vor dem Unterprogrammende wird auf absolute Maßangabe (G90) umgeschaltet, damit im Hauptprogramm der nächste Konturpunkt wieder absolut angefahren werden kann.

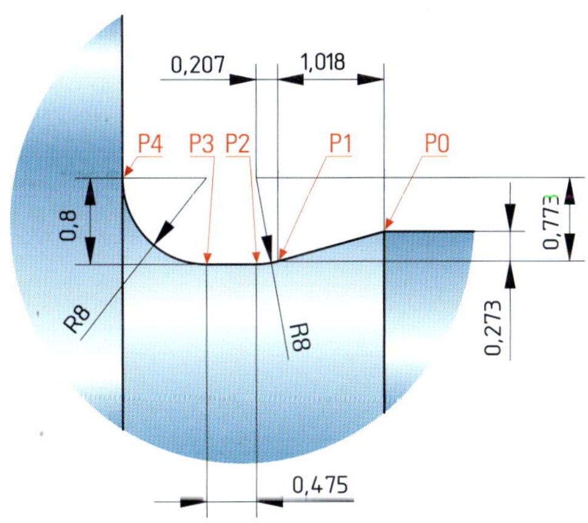

2 *Kettenbemaßung des Einstichs DIN 509 – E0,8 × 0,3*

```
N500 G14                            (Werkzeugwechselpunkt)
N510 T303 M3                        (Werkzeugwechsel)
N520 G97 S800                       (konstante Umdrehungsfrequenz)
N530 G0 X26 Z5                      (Startposition für Zxklus)
N540 G31 Z-21 X24 F2 D1.227 Q10     (Gewindeschneidzyklus)
N550 G14                            (Werkzeugwechselpunkt)
N560 M30                            (Programmende)
```

3.2.9 Unterprogrammtechnik

Bei häufig auftretenden gleichen Konturelementen (z. B. Freistich DIN 509-E0,8 × 0,3) ist es sinnvoll, diese in einem Unterprogramm *(subroutine)* zu beschreiben, wenn die Steuerung nicht über die entsprechenden Bearbeitungszyklen verfügt. Im Folgenden wird das beispielhaft für Freistiche dargestellt. In

MERKE

In Unterprogrammen sind wiederkehrende Konturelemente (Freistiche, Einstiche usw.) beschrieben. Innerhalb der Unterprogramme erfolgt die Programmierung meist inkremental.

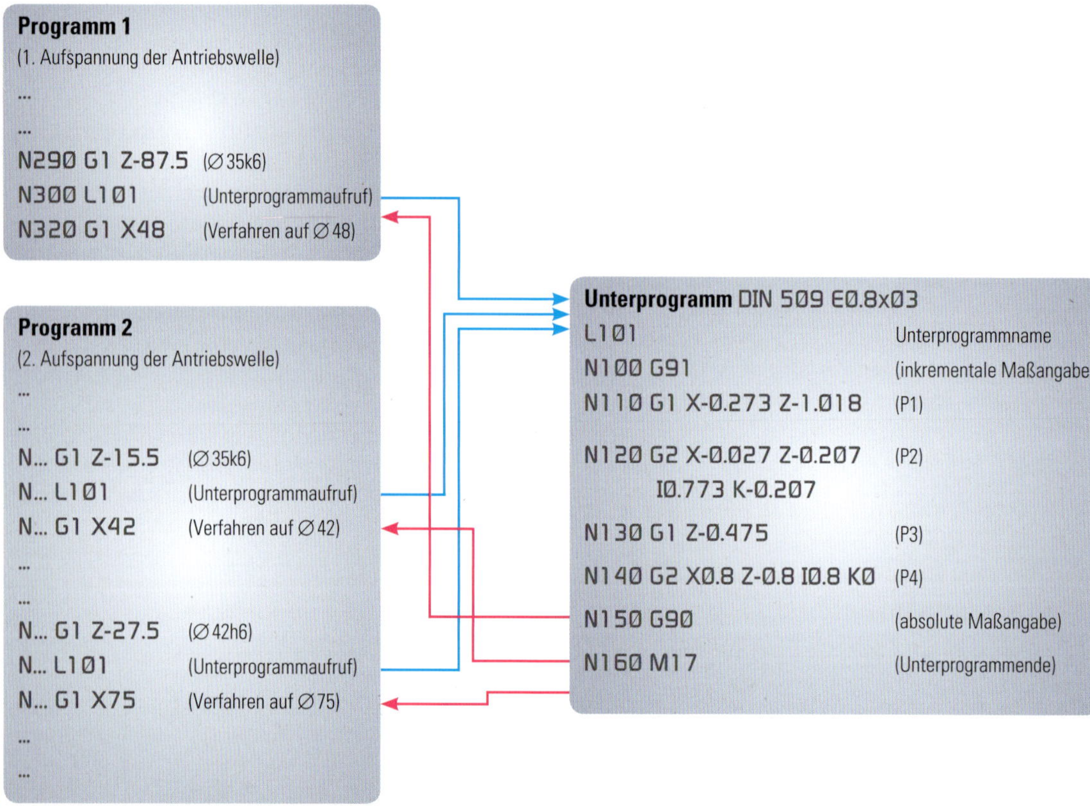

LF8_01

1 Prinzip der Unterprogrammtechnik

3.3 Werkstattorientierte Programmierung

Bei der werkstattorientierten Programmierung (**WOP**) *(workshop orientated programming)* erzeugt die Fachkraft das CNC-Programm mittels grafisch-interaktiver Eingabe (Bild 2).

In Form von grafischen Objekten steht das Arbeitsumfeld zur Verfügung. Hierzu zählt die grafische Darstellung des Maschinenraums, der Werkzeuge, die Spannsituation des Werkstücks usw. Die Geometrien des Werkstücks werden über Abfragen als Rohteil- und Fertigteilbeschreibung eingegeben. Das Ereignis jeder einzelnen Eingabe wird unmittelbar grafisch dargestellt.

Der entscheidende Vorteil ist, dass die Eingabe nicht in Satzform, sondern mittels grafischer Unterstützung im direkten Dialog mit der Maschine erfolgt.

Den einzelnen Bearbeitungsschritten (z. B. Schruppen, Schlichten, Bohren, Gewindeschneiden) werden die technologischen Daten zugeordnet. Dabei unterstützen Datenbanken die Fachkraft bei der Auswahl. Sie berücksichtigen dabei unter anderem den Werkstoff des Werkstücks, den Schneidstoff, die Schneidengeometrie und die gewünschte Oberflächenqualität. Aus wenigen geometrischen und technologischen Eingabedaten erstellt die Steuerung den gesamten Bearbeitungsablauf.

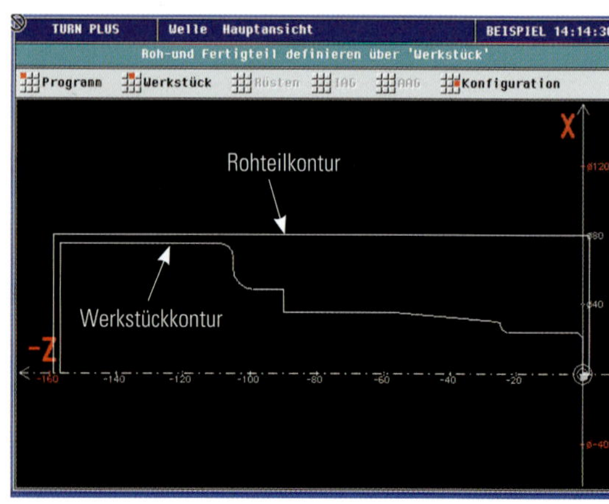

2 Kontureingabe bei der werkstattorientierten Programmierung

Die Werkstückbeschreibung ist von der übrigen Programmierung getrennt. Dadurch ist es auch leicht möglich, eine Geometrie-Übertragung aus verfügbaren CAD-Daten vorzunehmen. Mithilfe einer grafischen Simulation wird die gesamte Bearbeitung überprüft, um z. B. Kollisionen während der Zerspanung zu vermeiden.

Vorteile der werkstattorientierten Programmierung:

- grafisch-interaktive Programmierung ohne das Schreiben von CNC-Sätzen
- Programmierung der Werkstückgeometrie und nicht der Werkzeugwege
- Getrennte Programmierung von Geometrie und Technologie, d. h., die Geometriebeschreibung erfolgt bearbeitungsunabhängig.
- Möglichkeiten der Übernahme von Geometriedaten aus einem CAD-System
- grafisch-dynamische Simulation des gesamten Bearbeitungsprozesses
- Auf Anhieb fehlerfreie Programme erzeugen, sodass kein Probelauf mit Korrektureingriffen erforderlich ist.
- Ein- und Ausgabe von Daten, auch der Quellprogramme, Grafiken, Arbeitspläne etc.

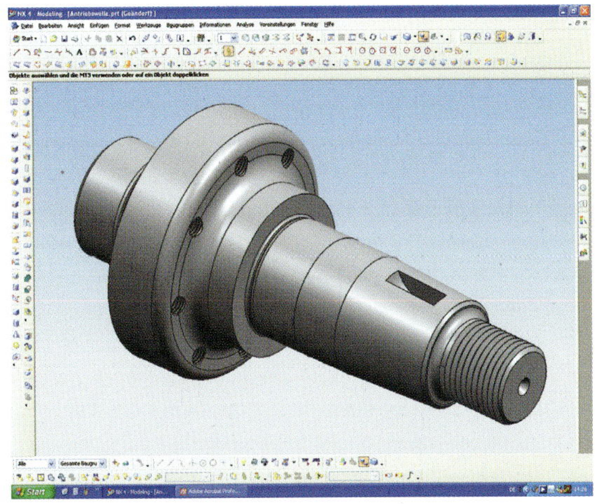

1 *Bedieneroberfläche eines CAD-Systems mit Antriebswelle*

3.4 CAD-CAM

Computer Aided Design (CAD) steht für „rechnerunterstützte Konstruktion". Die Antriebswelle (Bild 1) ist aus mehreren geometrischen Grundkörpern aufgebaut, die schrittweise miteinander verknüpft werden (Bild 2). Am Ende der Konstruktion liegen Daten vor, die die Kontur und das Volumen des Bauteils exakt beschreiben.

Computer Aided Manufacturing (CAM) bedeutet „rechnerunterstützte Fertigung". Dazu gehören unter anderem die Steuerung von Werkzeugmaschinen bzw. Produktionsanlagen, die Überprüfung der Bauteile und deren Transport, Lagerung und Montage.

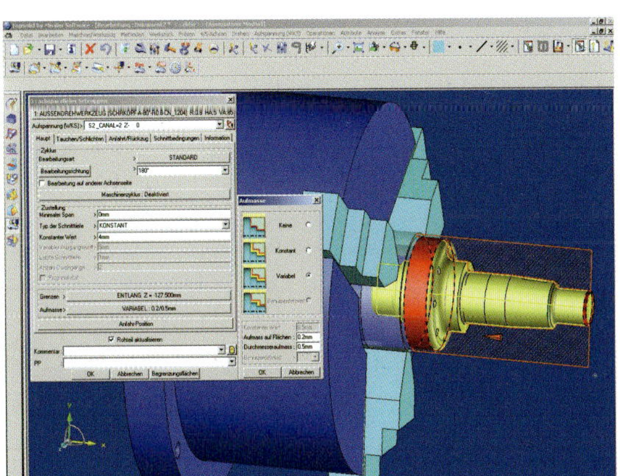

3 *Definition von Kontur und Aufmaß zum Schruppen*

CAD-CAM verbindet die beiden Bereiche. Dabei erstellt die Fachkraft mithilfe einer speziellen NC-Software die Verfahrbewegungen für die Werkzeugmaschine. Dazu werden die CAD-Daten von Werkstück und Rohteil übernommen. Der Bediener plant die Bearbeitungsschritte und legt die technologischen Daten fest (Bild 3). Für das Schruppen der Antriebswelle klickt der Bediener die erste und letzte Fläche (rot) der zu schruppende Kontur an und legt das Aufmaß fest.

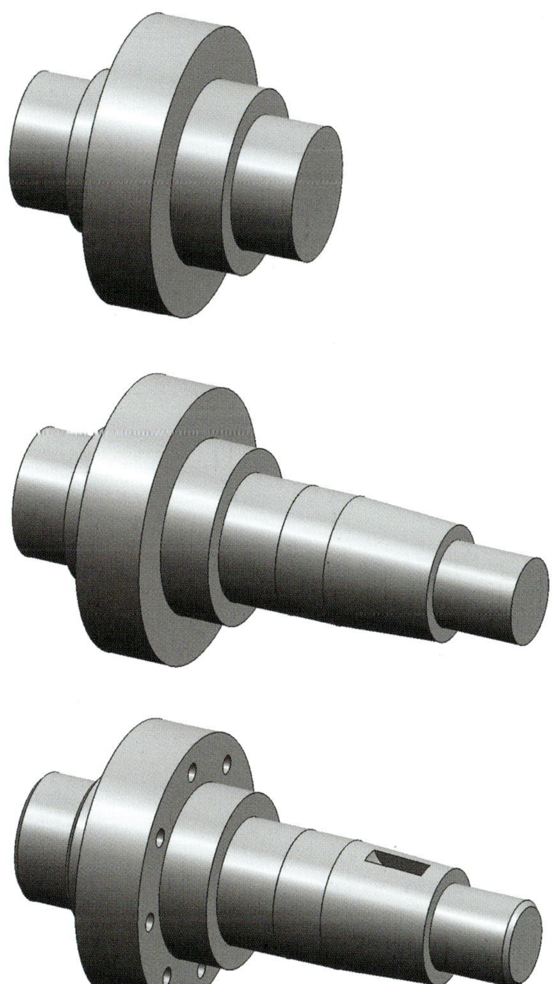

2 *Zwischenschritte bei der Konstruktion der Antriebswelle*

Aufgrund der vom CAD-System gelieferten Werkstückgeometrie und den vom Anwender bestimmten technologischen Daten berechnet die Software die Werkzeugbewegungen (Bild 1). Diese Verfahrbewegungen sind nicht auf eine bestimmte CNC-Steuerung bezogen, sondern steuerungsneutral. Ein **Postprozessor** *(postprocessor)* (Bild 2) wandelt die steuerungsneutralen Verfahrbewegungen in maschinenspezifische CNC-Programme um. Diese werden über ein lokales Netzwerk oder spezielle Schnittstellen an die CNC-Maschinen übertragen und dort abgearbeitet.

Die Fachkräfte an den CNC-Maschinen richten bei der CAD-CAM-Fertigung die Maschinen ein, überwachen den Zerspanungsprozess und optimieren die Programme. Sie erhalten Fertigungspläne und Anweisungen direkt am Bildschirm. Sie können auch die Verfügbarkeit und Bereitstellung von Verbrauchsmaterialien abrufen. Nach der erfolgten Fertigung geben sie diese Information an nachfolgende Systeme wie z. B. **Produktionsplanung und -steuerung (PPS)** weiter oder stellen sie für die **rechnerunterstützte Qualitätssicherung (CAQ)** bereit.

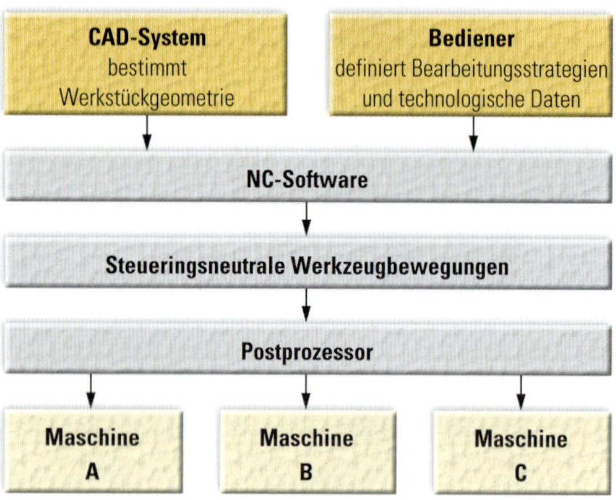

2 *CAD-CAM-Prinzip für die Erstellung von CNC-Programmen*

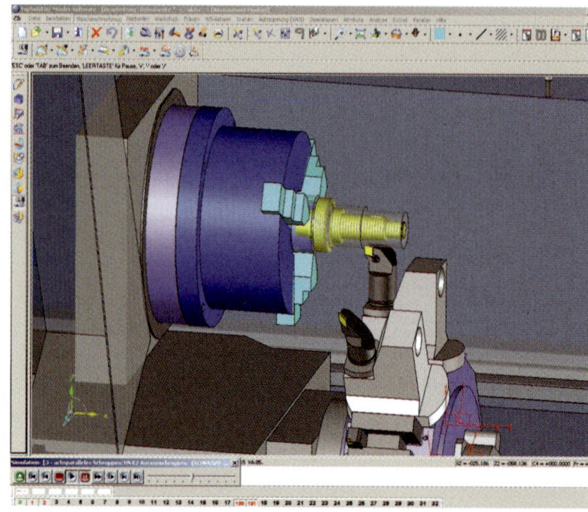

1 *Simulation während des Schruppens*

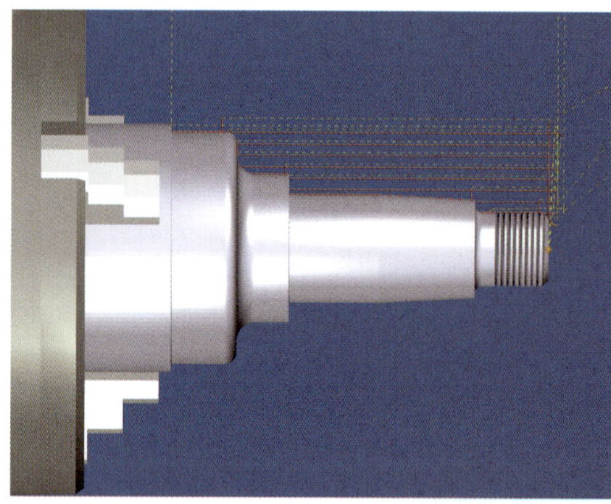

3 *Simulation der Verfahrwege*

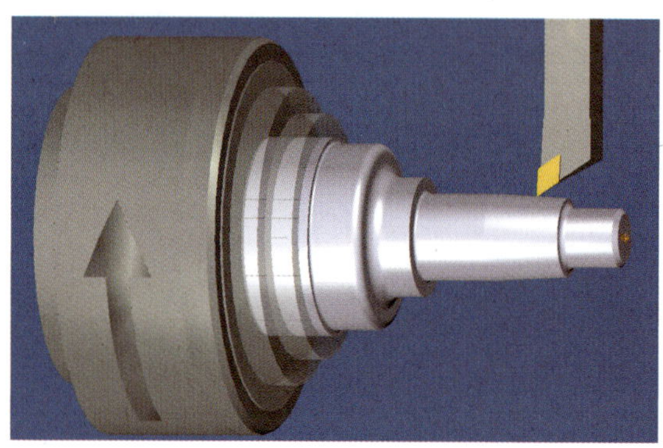

4 *Dreidimensionale Simulationsgrafik*

3.5 Programmüberprüfung

LF8_02

Die Überprüfung der Programme *(checking of programmes)* erfolgt bei allen Programmierarten über grafische Simulationen. Dabei wird der gesamte Arbeitsablauf Schritt für Schritt dynamisch dargestellt. Die entstehenden Grafiken reichen von der Anzeige der Verfahrwege (Bild 3) bis hin zur dreidimensionalen Darstellung von Werkstück, Werkzeug und Spannmittel (Bild 4). Bei der Simulation werden Programmierfehler, die zu Geometriefehlern führen, aufgedeckt. Die Simulationsgrafik dient wesentlich dazu, die Sicherheit bei der CNC-Fertigung zu erhöhen. Kollisionen zwischen Werkzeug und Werkstück bzw. zwischen Werkzeug und Spannmittel sind leicht zu erkennen und lassen sich korrigieren, bevor es „kracht".

MERKE

Die Ausschussquote lässt sich durch die CNC-Simulation deutlich reduzieren.

3.6 Einrichten der Maschine

Nach dem Einschalten der Maschine und dem **Anfahren des Referenzpunkts** *(reference point approach)* ist die Steuerung darüber informiert, an welcher Stelle das Werkzeug im Maschinenkoordinatensystem steht.

3.6.1 Einrichten und Vermessen der Werkzeuge

CNC-Drehmaschinen besitzen **Werkzeugrevolver** *(turrets)* (Bild 1), in denen eine Anzahl von Werkzeugen (ca. 12 bis 20) gespannt werden können. Durch das Schwenken des Revolvers wird die im Programm bestimmte Revolverposition in Arbeitsstellung gebracht. Deshalb ist es für die Fachkraft äußerst wichtig, dass sie den Revolver in der im Programm vorgeschriebenen Weise mit Werkzeugen bestückt. Eine Verwechslung bei der Zuordnung der Werkzeuge auf die Revolverplätze führt meist zu Kollisionen. Wenn im CNC-Programm ein neues Werkzeug aufgerufen wird, nimmt der Werkzeugrevolver den Werkzeugwechsel automatisch vor. Die Werkzeugwechselzeit reduziert sich auf ein Minimum, wodurch die Fertigungszeiten und -kosten minimiert werden.

MERKE

Werkzeuge müssen an die im Programm vorgesehenen Revolverplätze eingesetzt werden.

1 *Belegung des Werkzeugrevolvers zum Fertigen der Antriebswelle*

Die Werkzeuge besitzen unterschiedliche Abmessungen (Bild 2). Die Entfernungen der Schneiden in X- und Z-Richtung vom Werkzeugeinstellpunkt sind verschieden. Deshalb steht nach einem Werkzeugwechsel die eingewechselte Werkzeugschneide an einer anderen Position als die vorhergehende.

Damit alle Werkzeugschneiden an die programmierten Positionen verfahren, muss der Maschinenbediener für alle Werkzeuge die Werkzeugkorrekturwerte in X- und Z-Richtung in den Werkzeugkorrekturspeicher eingeben. Zur Ermittlung der Korrekturwerte stehen meist zwei Möglichkeiten des Messens zur Verfügung:

- Messen im Arbeitsraum der Maschine
- Messen mit dem Werkzeugvoreinstellgerät

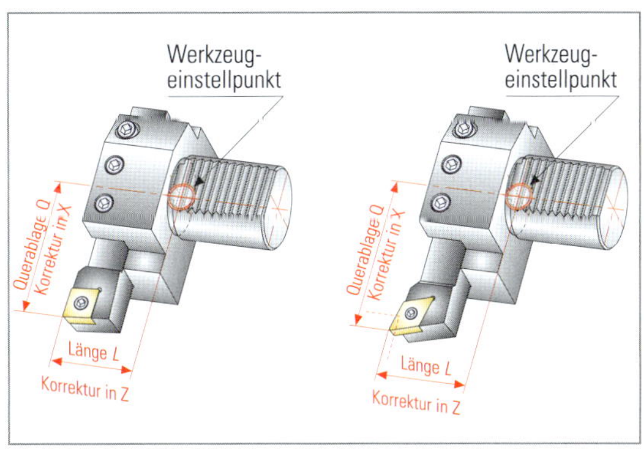

2 *Werkzeugkorrekturwerte in Abhängigkeit vom Werkzeugeinstellpunkt*

3 *Messmikroskop zur Ermittlung der Werkzeugkorrekturen*

Messen im Arbeitsraum der Maschine (internes Messen)

Zum Messen *(measuring)* wird ein Mikroskop im Arbeitsraum montiert (Bild 3). Anschließend werden die Korrekturwerte wie folgt ermittelt:

- Die Werkzeuge sind im Revolver eingesetzt.
- Das zu messende Werkzeug wird in Arbeitsposition geschwenkt.

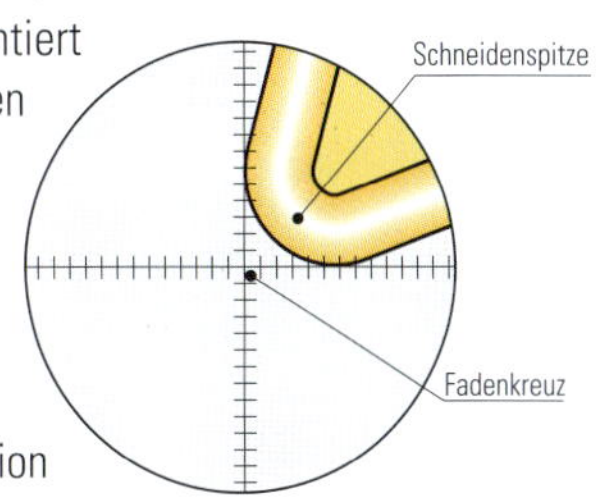

4 *Werkzeugschneide im Fadenkreuz*

- Das Positionieren der Schneidenspitze in das Fadenkreuz des Mikroskops (Seite 287 Bild 4) geschieht über Bedientasten bzw. das Handrad.
- Auf Tastendruck des Bedieners werden die Korrekturwerte in X- und Z-Richtung an die gewünschte Korrekturspeicherstelle übernommen. Für das Werkzeug T1 ist das im Bild 1 die Speicherstelle 1 (siehe Kapitel 3.2.2).
- Zusätzlich muss die Fachkraft noch die Lage der Werkzeugschneide (siehe Kapitel 3.2.6) eingeben. Für das dargestellte Werkzeug geschieht das mit Eingabe der 3.

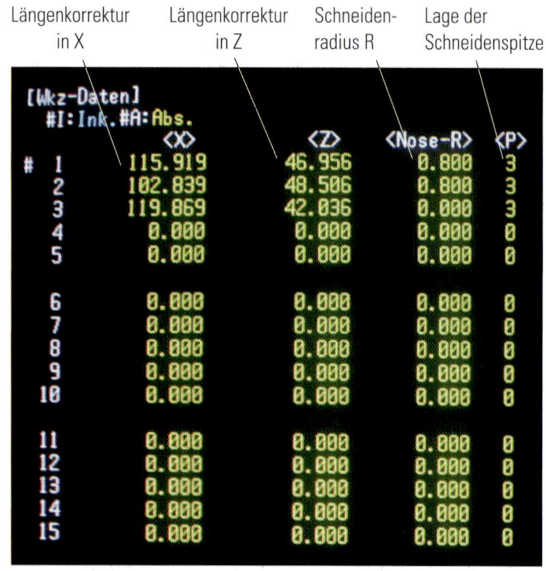

[Wkz-Daten]
#I:Ink.#A:Abs.

#	<X>	<Z>	<Nose-R>	<P>
1	115.919	46.956	0.800	3
2	102.839	48.506	0.800	3
3	119.869	42.036	0.000	3
4	0.000	0.000	0.000	0
5	0.000	0.000	0.000	0
6	0.000	0.000	0.000	0
7	0.000	0.000	0.000	0
8	0.000	0.000	0.000	0
9	0.000	0.000	0.000	0
10	0.000	0.000	0.000	0
11	0.000	0.000	0.000	0
12	0.000	0.000	0.000	0
13	0.000	0.000	0.000	0
14	0.000	0.000	0.000	0
15	0.000	0.000	0.000	0

1 *Werkzeugkorrekturspeicher*

Messen mit dem Werkzeugvoreinstellgerät (externes Messen)

Die Werkzeuge werden in die gleiche Aufnahme gesetzt, die auch an der Werkzeugmaschine vorhanden ist. Über eine Optik wird die Werkzeugspitze justiert und das Voreinstellgerät (Bild 2) zeigt die Korrekturwerte an. Diese werden auf Aufkleber gedruckt und an das Werkzeug geheftet. Dann gibt der Maschinenbediener beim Einrichten der Werkzeuge die Korrekturwerte in den Werkzeugkorrekturspeicher von Hand ein. Eine andere Möglichkeit besteht darin, die Daten online oder mittels Datenträger direkt in den Werkzeugkorrekturspeicher zu übertragen. Dabei entfällt die Eingabe der Daten per Hand, wodurch sich die Fehlerhäufigkeit und die Eingabezeit reduzieren.

3.6.2 Einrichten der Spannmittel

CNC-Drehmaschinen besitzen meist hydraulische Spannfutter *(chucks)*. Durch Hand- oder Fußbetätigung von Sensoren fahren die Backen des Futters auf oder zu. Der Hydraulikdruck und damit die Spannkraft der Backen werden auf die Betriebsverhältnisse angepasst.

Die Antriebswelle wird in der ersten Aufspannung mit gehärteten Backen und in der zweiten mit weichen Backen (siehe Lernfeld 5 Kap. 2.5.3) gespannt (Bild 3). Die Fachkraft dreht die weichen Backen auf den Durchmesser aus, der am Werkstück zu spannen ist. Bei der Antriebswelle sind das 35 mm.

Der Rohling wird so gespannt, dass er in der ersten Aufspannung 130 mm über die Spannbacken in den Arbeitsraum ragt. Bei der zweiten Aufspannung liegt der Bund des ∅45 an den Backen an.

2 *Werkzeugvoreinstellgerät*

3 *Spannen mit weichen Backen für die zweite Aufspannung*

3.7 Zerspanen und Prüfen

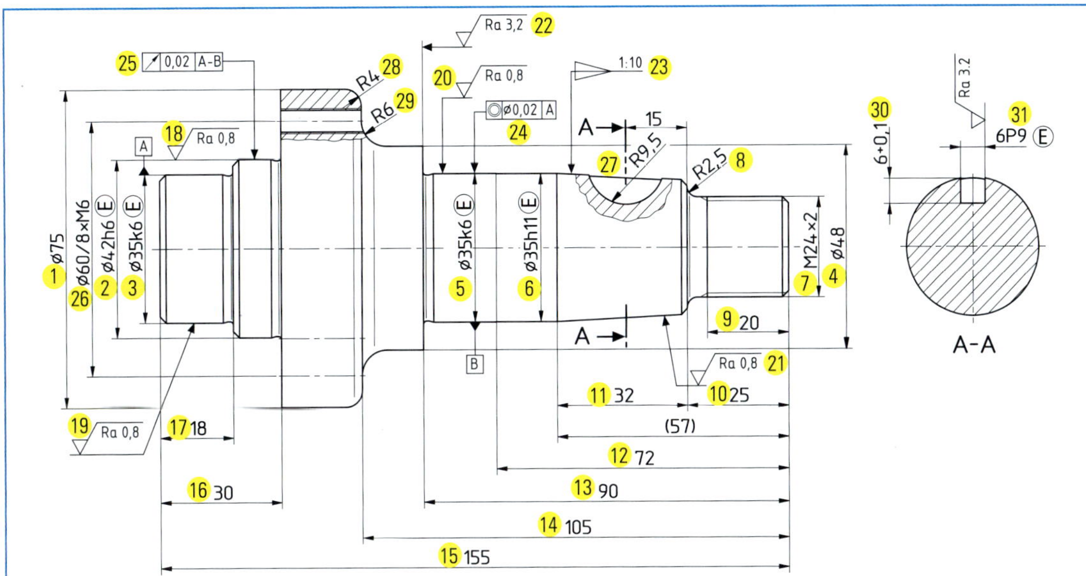

Prüf-Nr.	Zeichnungsangabe	Abmaße	Prüfgerät
1	∅75	± 0,3	Messschieber
2	∅42h6	− 0,016/0	Messschraube oder Grenzrachenlehre
3	∅35k6	+ 0,002/+0,018	Messschraube oder Grenzrachenlehre
4	∅48	± 0,3	Messschieber
5	∅35k6	+ 0,002/+0,018	Messschraube oder Grenzrachenlehre
6	∅35h11	− 0,16/0	Messschraube oder Grenzrachenlehre
7	M24 × 2		Gewindelehrring
8	R2,5		Radiuslehre
9	20	± 0,2	Messschieber
10	25	± 0,2	Messschieber
11	32	± 0,3	Messschieber
12	72	± 0,3	Messschieber
13	90	± 0,3	Messschieber
14	105	± 0,3	Messschieber
15	155	± 0,5	Messschieber
16	30	± 0,2	Messschieber
17	18	± 0,2	Messschieber
18	Ra 0,8		Tastschnittgerät
19	Ra 0,8		Tastschnittgerät
20	Ra 0,8		Tastschnittgerät
21	Ra 0,8		Tastschnittgerät
22	Ra 3,2		Tastschnittgerät
23	Verjüngung 1:10		Kegellehre
24	Koaxialitat ∅0,02		3D-Messmaschine
25	Rundlauf 0,02		3D-Messmaschine
26	∅60/8 × M8		Sichtprüfung und Messschieber
27	R9,5		Radiuslehre
28	R4		Radiuslehre
29	R6		Radiuslehre
30	6+0,1	0/+0,1	Nutenmessgerät
31	6P9	0,009/−0,039	Grenzlehre

1 *Prüfplan*

1 Zerspanung während der ersten Aufspannung

Nach dem Einrichten der Maschine wird das CNC-Programm aktiviert und gestartet. Beim Zerspanen *(machining)* des ersten Werkstücks (Bild 1) wird oft mit reduzierten Vorschüben gearbeitet.

2 Prüfen während der Bearbeitung

Nach der Bearbeitung wird das Werkstück geprüft (Bild 2). Im **Prüfplan** *(quality control plan)* (Seite 289 Bild 1) sind die durchzuführenden Prüfungen festgelegt. Dabei geht es vorrangig darum, ob die Toleranzen und Oberflächenqualitäten (Bild 3) eingehalten wurden (siehe Lernfeld 5 Kap. 9 Prüftechnik).

3 Oberflächenprüfung mit dem Tastschnittgerät

3.8 Optimierung

Für die **Serienfertigung** *(series production)* muss meist der Fertigungsprozess optimiert werden (Seite 291 Bild 1). Dabei geht es in erster Linie um die Verkürzung der Fertigungszeit bei gleichzeitiger Einhaltung der Produktqualität:

- Programmoptimierungen führen zu weniger Verfahrbewegungen und damit zu kürzeren Fertigungszeiten.
- Die Schneidstoffe sind zu optimieren, damit die Schnittgeschwindigkeiten erhöht werden können.
- Wenn es die Oberflächenqualität erlaubt, sind die Vorschübe zu erhöhen.
- Die Zustellungen werden erhöht, wenn es die Zerspanbedingungen erlauben und die Maschine über die notwendige Antriebsleistung verfügt.
- Zur Verringerung der Verfahrwege wird der Werkzeugwechselpunkt nur so weit vom Werkstück weg verlegt, dass keine Kollisionsgefahr besteht.

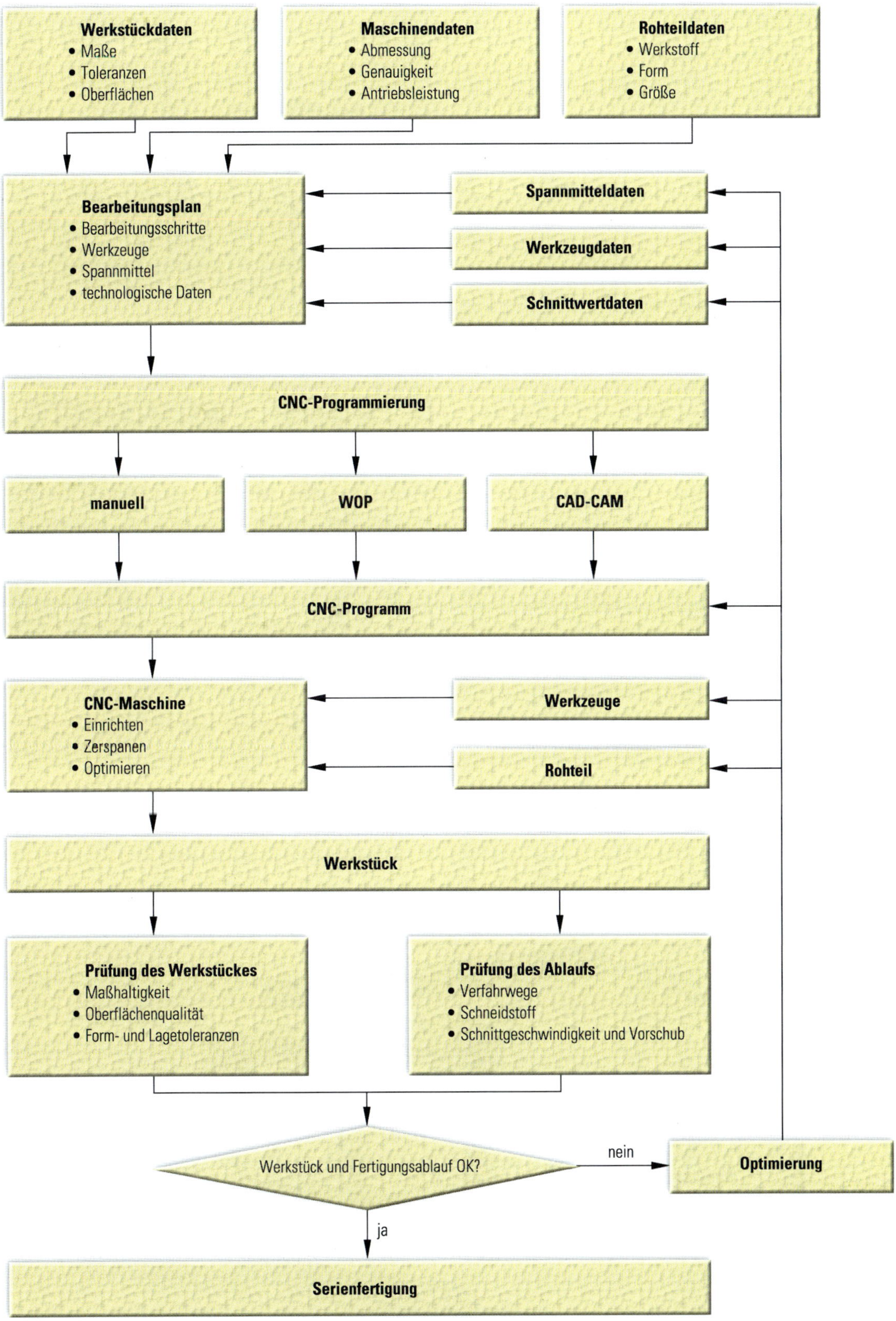

1 *Optimierung des CNC-Prozesses*

3.9 Komplettbearbeitung an Drehzentren

Um an einer Drehmaschine Bohr- und Fräsarbeiten (Bild 1) durchführen zu können, muss sie über angetriebene Werkzeuge zum Bohren und Fräsen verfügen. Die Arbeitsspindel ist als weitere Achse (meist C-Achse) programmierbar (Bild 2). Dadurch ist es möglich, Bohr- und Fräsoperationen *(drilling and milling operations)* durchzuführen.

MERKE

Drehzentren (Bild 3) ermöglichen die Komplettbearbeitung *(complete machining)* von Werkstücken.

1 Drehteile mit Bohrungen und Fräsflächen

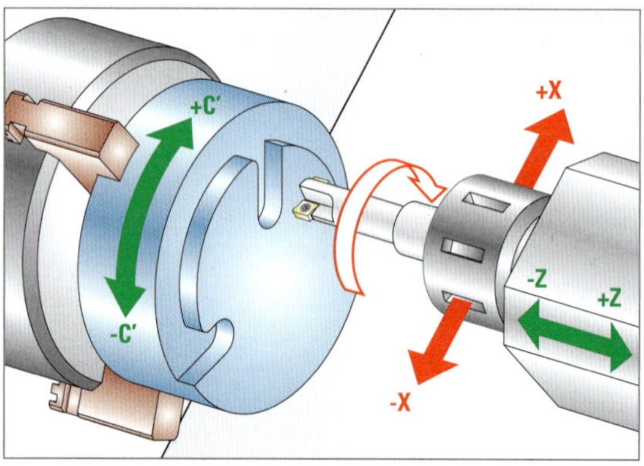

2 C-Achse an Drehzentren

4 Werkzeugschlitten und Drehfutter eines Drehzentrums

Neben den angetriebenen Werkzeugen verfügen Drehzentren oft über zwei und mehr Antriebsspindeln sowie zwei oder mehrere Werkzeugschlitten (Bild 4). Das Werkstück wird automatisch dem ersten Drehfutter nach der Zerspanung entnommen, gewendet und dem zweiten Futter zugeführt. Nach dem Spannen im zweiten Futter erfolgt die Bearbeitung der zweiten Seite. Oft sorgt ein Roboter für das Zuführen der Rohteile und das Entnehmen der Fertigteile.

Auf diese Weise ist es möglich, in einer Maschine die gesamte Bearbeitung des Werkstücks vorzunehmen. Dadurch werden

- nur zwei Aufspannungen benötigt
- die Fertigungszeiten verkürzt
- Transporte von einer zur anderen Maschine gespart
- Serienteile kostengünstig hergestellt

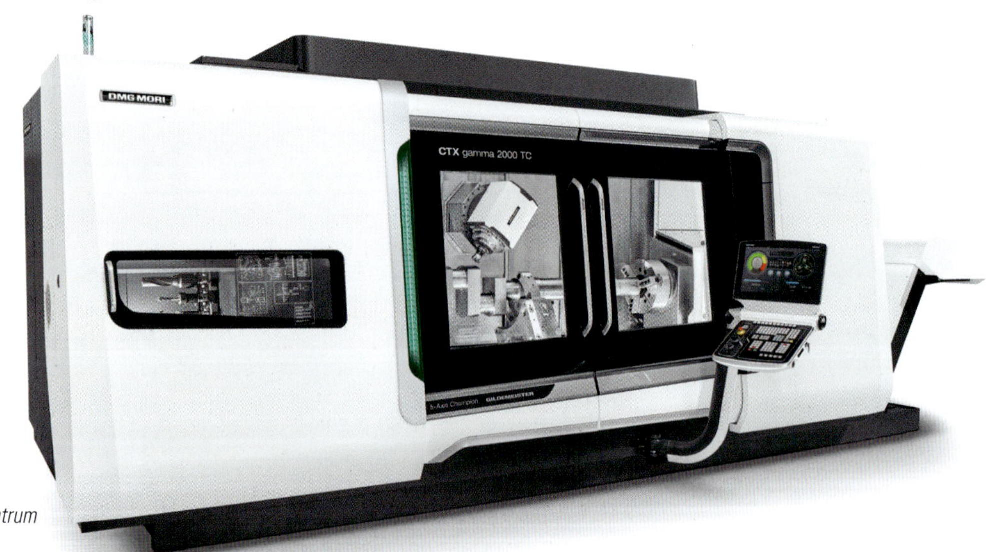

3 Drehzentrum

Die Programmierung der parallel ablaufenden Zerspanungen geschieht meist nicht manuell, sondern mithilfe von entsprechender Software, die dann auch die Maschinenbewegungen simuliert (Bild 1).

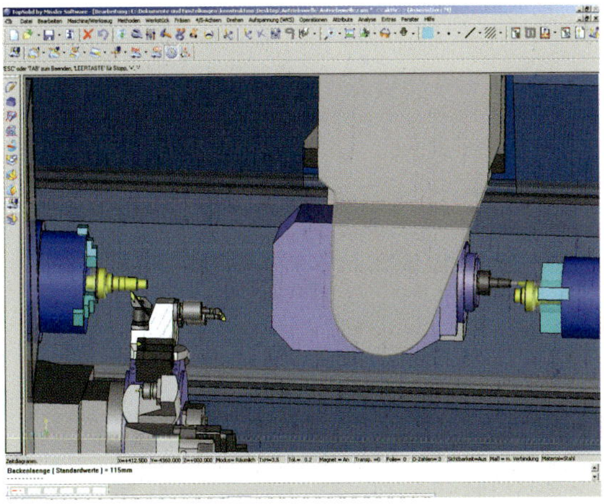

1 Simulation der Bearbeitung der Antriebswelle auf einem Drehzentrum mit zwei Arbeitsspindeln

ÜBUNGEN

1. Wohin wird der Werkstücknullpunkt bei Drehteilen meist verschoben?
2. Erläutern Sie die Angabe „N100 T606 M4"
3. Beschreiben Sie für das Drehen bzw. Fräsen, wie sich die Arbeitsspindel bei M3 und M4 dreht.
4. Nennen Sie für das Drehen auf einer Schrägbettmaschine jeweils eine Bearbeitung, bei dem sich die Arbeitsspindel im Uhrzeigersinn bzw. im Gegenuhrzeigersinn drehen muss.
5. Wann wird G0 bzw. G1 beim Drehen gewählt?
6. Skizzieren Sie ein einfaches Drehteil mit Kreisbögen und ordnen sie die Kreisbögen G2 und G3 zu.
7. Wozu dienen beim Drehen die Interpolationsparameter I und K?
8. Bei welchen Konturen muss beim Drehen mit einer Schneidenradiuskompensation gearbeitet werden?
9. Welche Werkzeuginformationen sind für die Schneidenradiuskompensation erforderlich?
10. Mit welchen G-Funktionen wird beim Drehen die Werkzeugbahnkorrektur ein- bzw. ausgeschaltet?
11. Was wird in der CNC-Technik unter Bearbeitungszyklen verstanden?
12. Welche Vorteile bietet die Verwendung von Zyklen?
13. Erkundigen Sie sich in Ihrem Betrieb bzw. in Ihrer Berufsschule, über welche Zyklen die Drehmaschinen verfügen.
14. Wie erfolgt bei der WOP die Erstellung der CNC-Programme?
15. Nennen Sie die Einzelschritte bei der CNC-Programmerstellung im CAD-CAM-Prozess.
16. Durch welche Maßnahmen können CNC-Programme überprüft werden, ohne dass die Zerspanung erfolgt?
17. Beschreiben Sie stichpunktartig das Einrichten und Vermessen der Drehwerkzeuge.
18. Durch welche Maßnahmen können CNC-Programme für die Serienfertigung optimiert werden?
19. Der Bolzen aus 10S20 ist aus einem Rohling ∅45 × 90 zu fertigen.

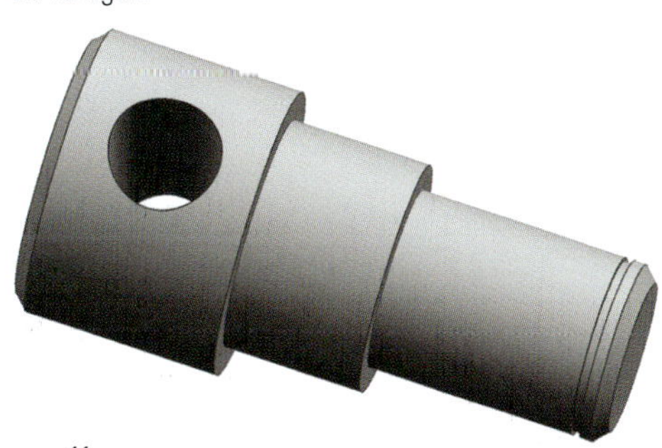

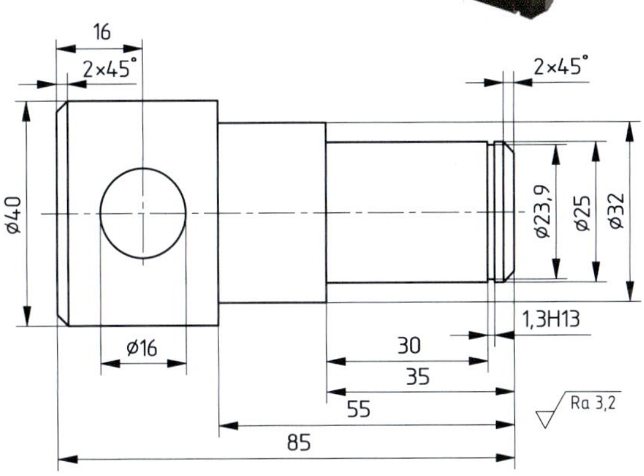

a) Stellen Sie den Arbeitsplan auf, wobei Sie die Werkzeuge, die technologischen Daten und die Spannmittel festlegen.
b) Schreiben Sie die CNC-Programme für die erste und zweite Aufspannung.

20. Für die Fertigung eines Führungsbolzens aus 42CrMo4 steht ein Rohling von ∅45 × 99 zur Verfügung.

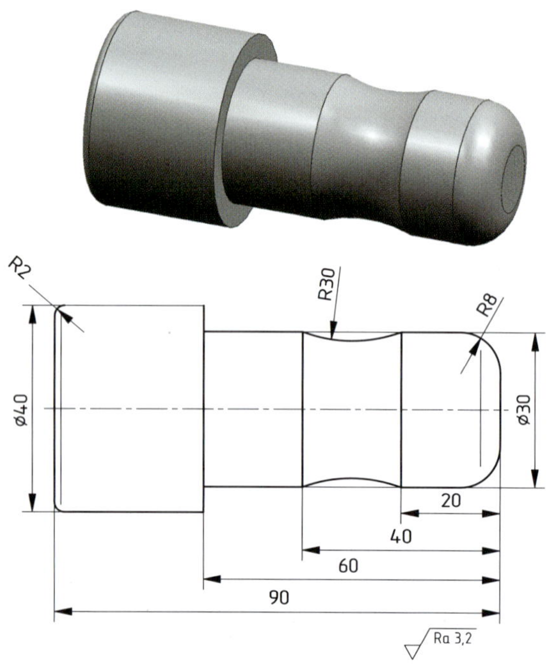

a) Stellen Sie den Arbeitsplan auf, wobei Sie die Werkzeuge, die technologischen Daten und die Spannmittel festlegen.
b) Schreiben Sie die CNC-Programme für die erste und zweite Aufspannung.

21. Der Verschlusskegel aus EN AW-2024 [AlCu4Mg1] wird von der Stange mit ∅42 mm hergestellt.

a) Stellen Sie den Arbeitsplan auf, wobei Sie die Werkzeuge, die technologischen Daten und die Spannmittel festlegen.
b) Schreiben Sie das CNC-Programm, wobei Sie ein Unterprogramm für den Gewindefreistich erstellen, das im Hauptprogramm aufgerufen wird. Die Maße für das Unterprogramm sind dem Detailausschnitt zu entnehmen.

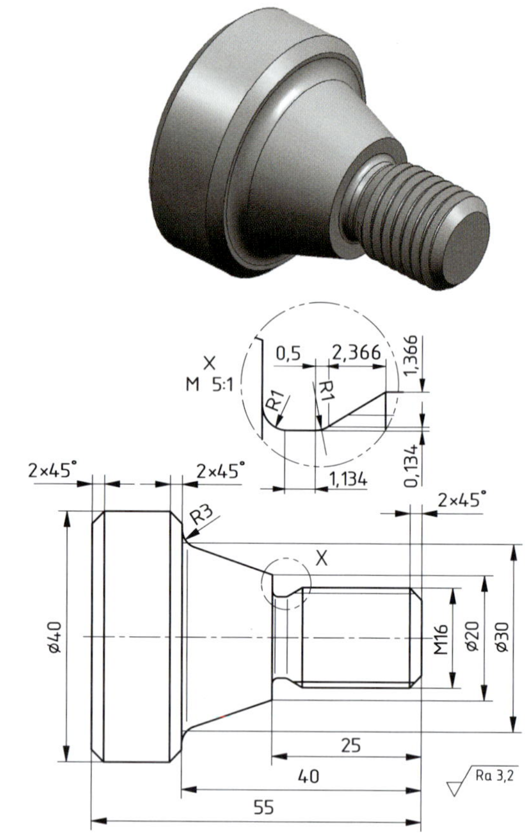

22. Warum verfügen Drehzentren über eine gesteuerte C-Achse?

4 CNC-Fräsen

Der in Bild 1 auf Seite 295 dargestellte Verlegekopf ist Bestandteil einer CNC-Wickelmaschine (Bild 1), die faserverstärkte Rohre und Behälter wickelt.
Das hervorgehobene Lagergehäuse ist in der Schnittdarstellung als Position 1 zu erkennen. Der Vorschubmotor (Pos. 30) treibt das Zahnriemenrad (Pos. 5) an, das im Rillenkugellager (Pos. 39) gelagert ist. Der Zahnriemen (Pos. 34) überträgt die Drehbewegung auf das Verlegeauge (Pos. 3). Über das Rillenkugellager (Pos. 38) ist das Verlegeauge im Lagergehäuse gelagert.
Von dem Lagergehäuse (Bild 2 auf Seite 295) aus EN AW-5051A [AlMg2(B)] sind 5 Teile herzustellen.

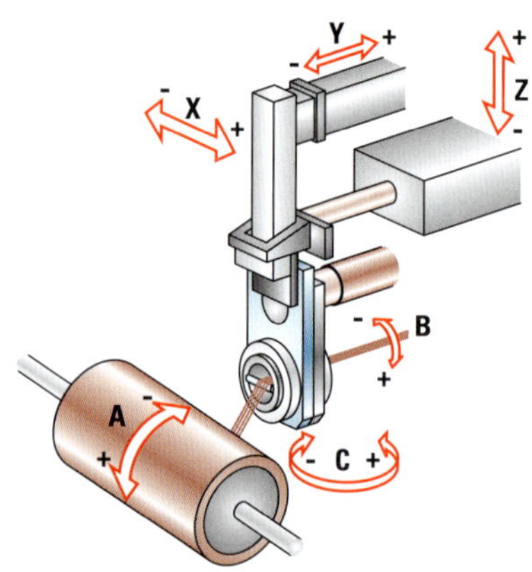

1 *Wickeln von faserverstärktem Rohr*

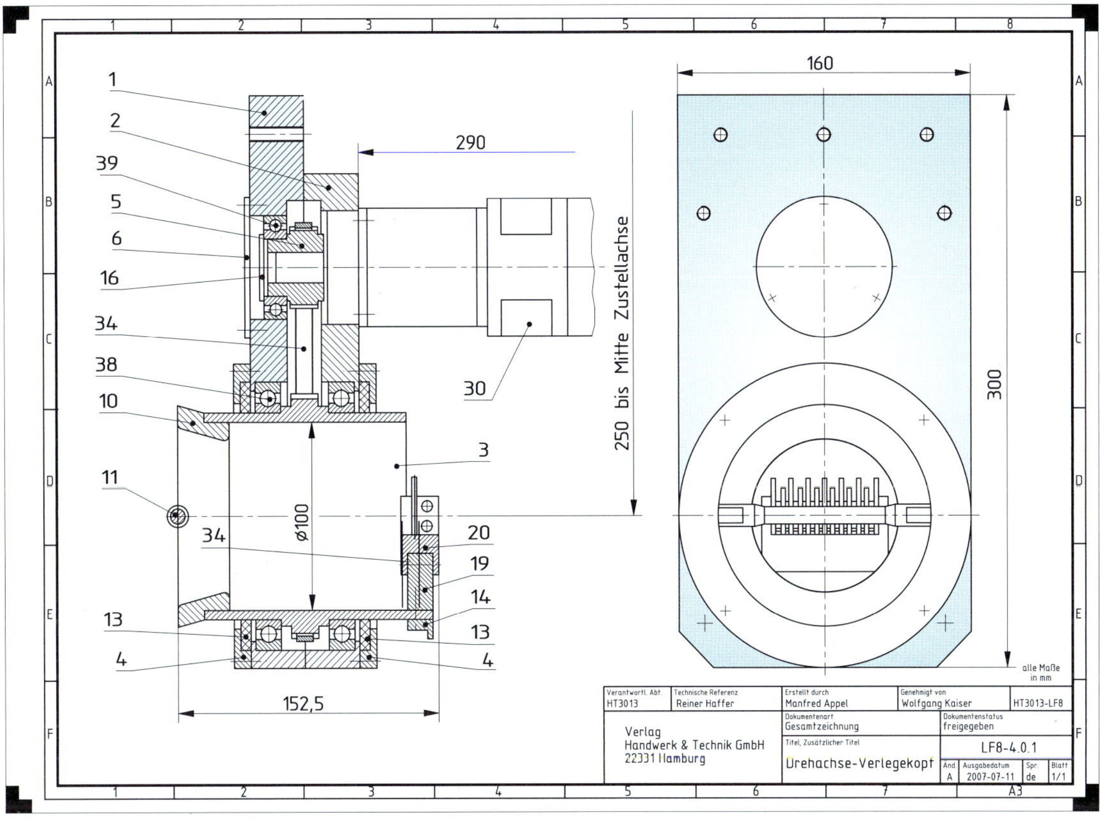
1
2
39
5
6
16
34
38
10
11
13
4
290
30
250 bis Mitte Zustellachse
3
ø100
20
19
14
152,5
160
300
alle Maße in mm
Verantwortl. Abt. HT3013
Technische Referenz Reiner Haffer
Erstellt durch Manfred Appel
Genehmigt von Wolfgang Kaiser
HT3013-LF8
Verlag
Handwerk & Technik GmbH
22331 Hamburg
Dokumentenart Gesamtzeichnung
Dokumentenstatus freigegeben
Titel, Zusätzlicher Titel
Drehachse-Verlegekopf
LF8-4.0.1
Änd. A
Ausgabedatum 2007-07-11
Spr. de
Blatt 1/1
A3

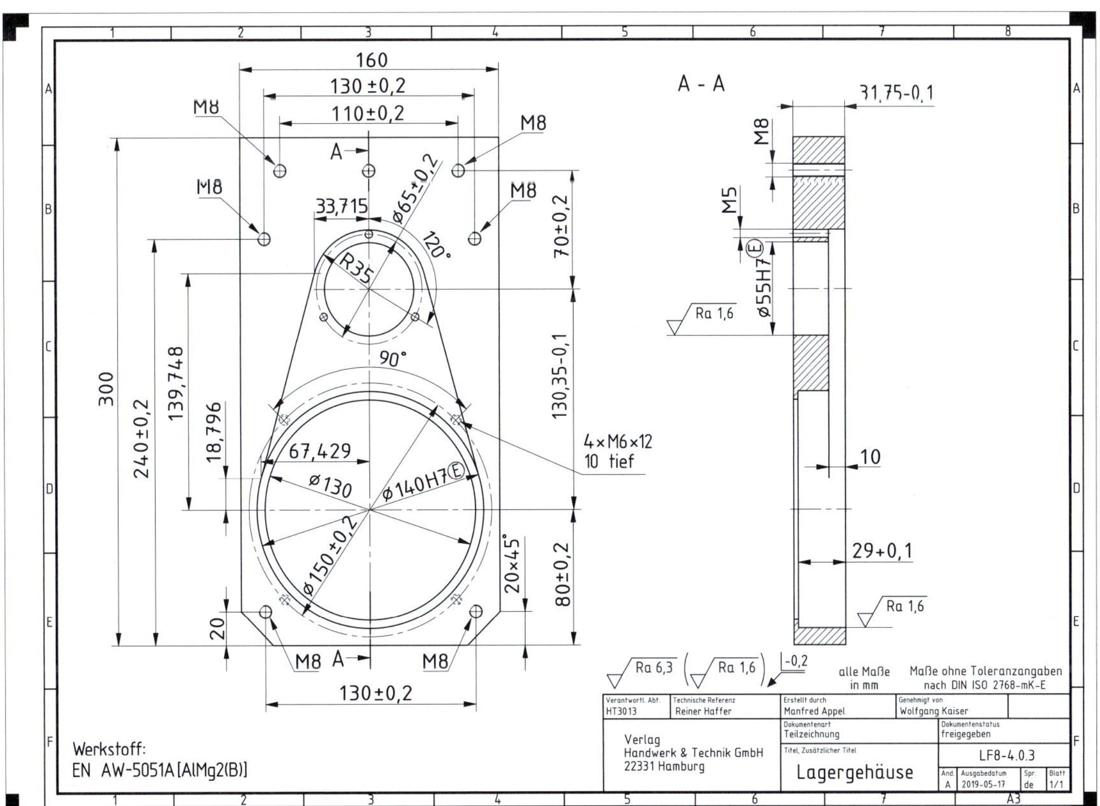
160
130±0,2
110±0,2
M8
A
ø65±0,2
33,715
R35
120°
70±0,2
90°
300
240±0,2
139,748
18,796
130,35-0,1
4×M6×12
10 tief
67,429
ø130
ø140H7Ⓔ
ø150±0,2
20×45°
80±0,2
20
130±0,2
A - A
31,75-0,1
M5
ø55H7Ⓔ
Ra 1,6
10
29+0,1
Ra 6,3
-0,2
alle Maße in mm
Maße ohne Toleranzangaben nach DIN ISO 2768-mK-E
Werkstoff:
EN AW-5051A [AlMg2(B)]
Verantwortl. Abt. HT3013
Technische Referenz Reiner Haffer
Erstellt durch Manfred Appel
Genehmigt von Wolfgang Kaiser
Verlag
Handwerk & Technik GmbH
22331 Hamburg
Dokumentenart Teilzeichnung
Dokumentenstatus freigegeben
Titel, Zusätzlicher Titel
Lagergehäuse
LF8-4.0.3
Änd. A
Ausgabedatum 2019-05-17
Spr. de
Blatt 1/1
A3

4.1 Arbeitsplanung

Aus der Zeichnung geht hervor, dass die beiden Lagerbohrungen (∅140H7 und ∅55H7) eng toleriert sind und dass eine gute Oberflächenqualität (Ra 1,6) erforderlich ist. Die restlichen Oberflächen sollen eine Oberflächenqualität von Ra 6,3 erhalten. Der Abstand der Lagerbohrungen (130,35-0,1), die Tiefe der großen Lagerbohrung (29+0,1) sowie die Dicke des Gehäuses (31,75-0,1) sind im Zehntelmillimeterbereich toleriert. Alle anderen Maße sind gröber toleriert oder müssen nur den Allgemeintoleranzen nach DIN ISO 2768-m genügen.

> MERKE
> Die umfassende Analyse der Einzelteilzeichnung ist Grundlage für die Fertigungsplanung *(production planning)*.

1 *Rohling für das Lagergehäuse vor der letzten Aufspannung*

Die Rohlinge für das Lagergehäuse wurden aus einer 35 mm dicken Platte ausgesägt und am Umfang auf Fertigmaß mit Fasen (20 × 45°) gefräst. In der letzten Aufspannung steht ein Rohling von 35 mm Dicke zur Verfügung (Bild 1).

Die Bearbeitung erfolgt auf einer Fräsmaschine *(milling machine)* mit Vertikalspindel (Bild 2), die einen automatischen Werkzeugwechsler besitzt. Die maximale Umdrehungsfrequenz der Spindel beträgt 10000/min.

Zur Fertigstellung des Lagergehäuses sind noch folgende Bearbeitungsschritte durchzuführen:

- Planfräsen des Rohlings auf 31,75-0,1 mm
- Schruppen der Lagerbohrungen ∅140H7, ∅130 und ∅55H7
- Fräsen der Kontur (10 mm tief), innerhalb derer der Zahnriemen läuft
- Schlichten der beiden Lagerbohrungen ∅140H7 und ∅55H7
- Bohren und Gewindeschneiden der sieben M8-Gewindebohrungen
- Bohren und Gewindeschneiden der drei M5-Gewindebohrungen

Die erforderlichen Bearbeitungsschritte werden in eine sinnvolle Reihenfolge gebracht. Dabei entsteht folgender **Bearbeitungs- und Werkzeugplan** *(machining and tool plan)* (Seite 297 Bild 1).

Damit die für die Werkstückbearbeitung benötigten Werkzeuge zur richtigen Zeit dem Magazin der Werkzeugmaschine zugeführt werden können, ist die Überwachung der Werkzeugmagazine von besonderer Bedeutung. Dazu dient eine Werkzeugverwaltung (*tool management system*), die die Werkzeuge und deren Daten für den gesamten Betrieb verwaltet. Dadurch lässt sich die Werkzeugvielfalt und der Lagerbestand der Werkzeuge reduzieren, der Bereitstellungsaufwand senken und die Maschinennutzung steigern.

Die Werkzeuge für die Bearbeitung sind im Bild 3 dargestellt. Schnittgeschwindigkeit v_c und Vorschub pro Zahn f_z wurden aus den Tabellen der Werkzeughersteller entnommen. Umdrehungsfrequenz n und Vorschubgeschwindigkeit v_f wurden nach der Berechnung gerundet in die Tabelle eingetragen.

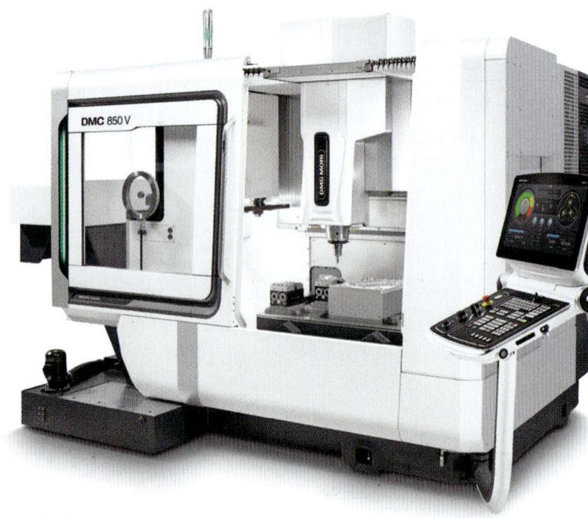

2 *CNC-Fräsmaschine mit Vertikalspindel*

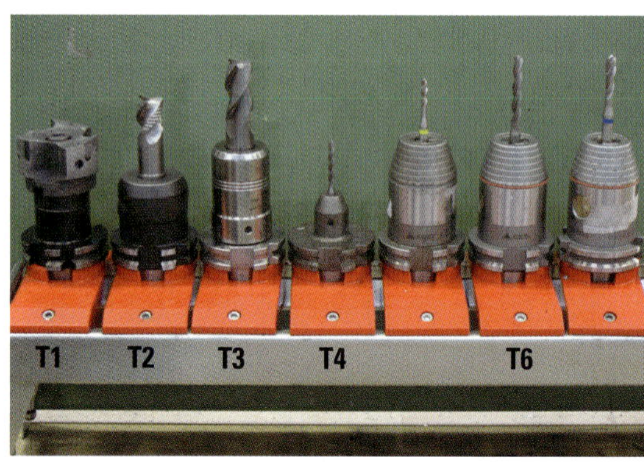

3 *Werkzeuge für das Lagergehäuse*

> MERKE
> Die Werkzeugnummer (z. B. T1) gibt die Nummer an, mit der das Werkzeug im CNC-Programm aufgerufen wird.

Da das Werkstück eine einfache äußere Form hat und außen schon fertig bearbeitet ist, kann es in zwei hydraulischen Schraubstöcken gespannt werden. Bild 2 auf Seite 297 zeigt den Spannplan. Der Werkstücknullpunkt wird auf die Mitte der großen Lagerbohrung (∅140H7) an die Oberseite des fertigen Werkstücks gelegt, weil von hier aus wichtige Funktionsmaße angegeben sind.

Nr.	Bearbeitungsschritt	Werkzeug	v_c in m/min	n in min-1	f_z in mm	v_f in mm/min	T-Nr.
1	Planen auf 31,75-0,1	Messerkopf ∅63, $z = 3$, unbeschichtetes Hartmetall K10	1100	5600	0,12	2000	1
2	Schruppen der Lagerbohrungen ∅140H7, ∅130 und ∅55H7	Schruppfräser ∅20, $z = 3$, unbeschichtetes Vollhartmetall K10	380	6000	0,11	2000	2
3	Fräsen der Kontur	Messerkopf ∅63, $z = 3$, unbeschichtetes Hartmetall K10	1100	5600	0,12	2000	1
4	Schlichten der Lagerbohrungen ∅140H7 und ∅55H7	Schlichtfräser ∅20, $z = 3$, unbeschichtetes Vollhartmetall K10	400	6400	0,1	1900	3
5	Bohren ∅4,2	Spiralbohrer ∅4,2, $z = 3$, unbeschichtetes Vollhartmetall K10	170	10000	0,07	2100	4
6	Gewindeschneiden M5	Gewindebohrer M5, HSS		300		240	5
7	Kernlochbohren ∅6,8	Spiralbohrer ∅6,8, $z = 3$, unbeschichtetes Vollhartmetall	170	8000	0,07	1920	6
8	Gewindeschneiden M8	Gewindebohrer M8, HSS		300		375	7

1 *Bearbeitungs- und Werkzeugplan für das Lagergehäuse*

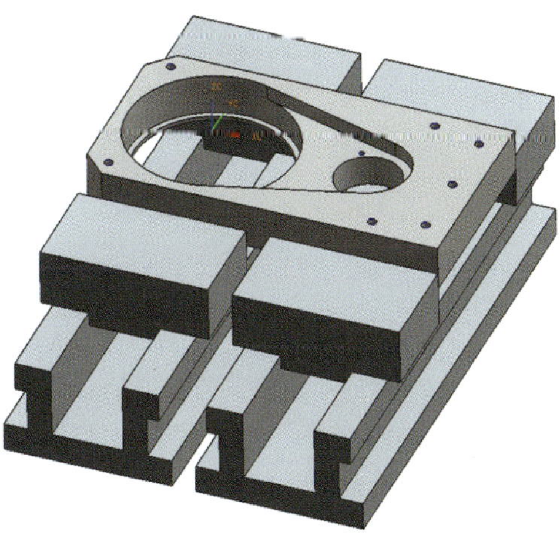

2 *Spannplan für Lagergehäuse*

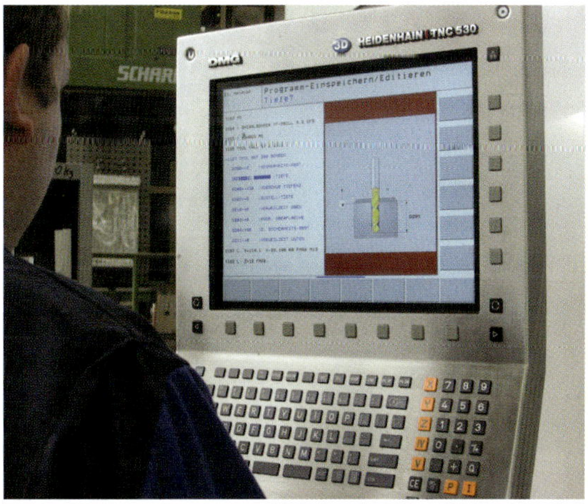

3 *Eingabedialog mit grafischer Unterstützung*

4.2 Manuelle Programmierung

Bei der manuellen Programmierung gibt die Fachkraft das Programm an der Fräsmaschine direkt ein. Dabei wird sie bei der Eingabe grafisch unterstützt und im Dialog geführt (Bild 3).

4.2.1 Werkstücknullpunkt und Bearbeitungsebene

Die ersten Programmsätze können folgendermaßen aussehen:

```
%200704   (Programmanfang und Nummer)
N10 G90   (Absolute Maßangabe)
N20 G54   (Aufruf der gespeicherten WNP-Verschiebung)
```

MERKE

Mit **G54** wird der Werkstücknullpunkt aufgerufen.

Die Position des Werkstücknullpunkts ermittelt der Maschinenbediener beim Einrichten der Maschine und gibt sie in den Nullpunktspeicher ein (siehe Kap. 4.4.2). Unter G54 sind dann die Koordinaten des Werkstücknullpunktes im Maschinenkoordinatensystem definiert.

Bei 2½-D CNC-Fräsmaschinen kann die Bearbeitung in verschiedenen Ebenen erfolgen (siehe Kap. 1.4.3). Deshalb ist die **Bearbeitungsebene** *(machining plane)* zu definieren, in der die Bahnsteuerung erfolgen soll (Bild 1). Das Werkzeug steht dann senkrecht zu der gewählten Ebene. Es gibt drei Ebenen, die über G-Funktionen aktiviert werden:

G-Funktion	Bearbeitungsebene	Werkzeugachse
G17	X-Y-Ebene	Z-Achse
G18	Z-X-Ebene	Y-Achse
G19	Y-Z-Ebene	X-Achse

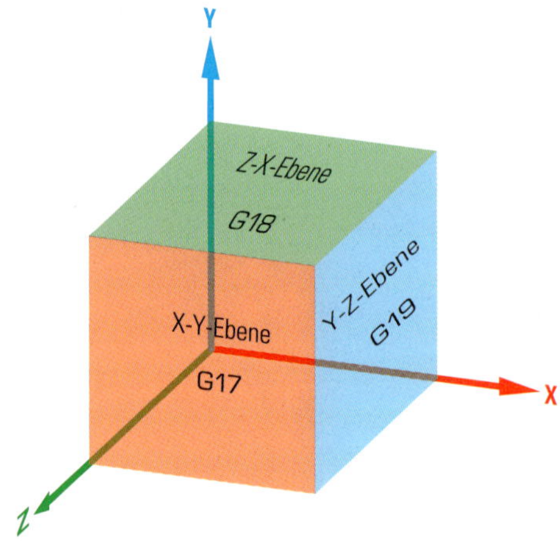

***1** Ebenen beim Fräsen*

4.2.2 Automatischer Werkzeugwechsel

Mit dem Programmsatz N40 wird das Werkzeug automatisch eingewechselt.

```
N40 T1 M6          (T1: Messerkopf ⌀63 eingewechselt)
```

Mit einem Doppelgreifer wird in einem Zug das „alte" Werkzeug aus der Spindel entnommen und durch ein „neues" ersetzt. Vor dem Wechsel bewegt das Werkzeugmagazin das neue Werkzeug an die Wechselstation. Im Bild 2 sind unter anderem das Werkzeugmagazin und der Doppelgreifer zu erkennen. Das Prinzip des Werkzeugwechsels dokumentiert Bild 3. Werkzeugmagazine gibt es in unterschiedlichen Ausführungen. Tellermagazine (Seite 312 Bild 3) und Kettenwerkzeugmagazine (Seite 299 Bild 1) sind Beispiele dafür.

***2** Vertikalfräsmaschine ohne Verkleidung mit Doppelgreifer*

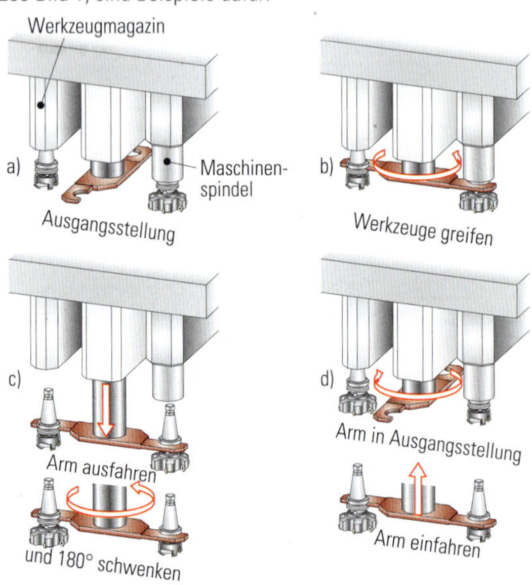

***3** Werkzeugwechsel mit Doppelgreifer*

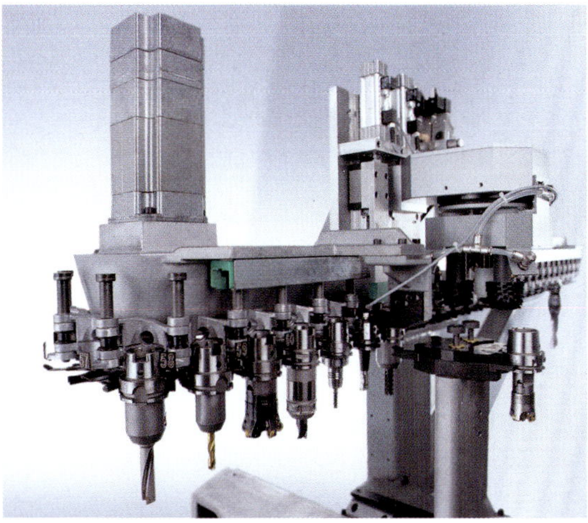

1 Kettenwerkzeugmagazin

4.2.3 Fräsermittelpunkt-Programmierung

Bei einfachen Fräsarbeiten sowie beim Bohren, Reiben und Gewindeschneiden wird die **Fräsermittelpunktbahn** *(milling cutter centre path)* programmiert. Die folgenden Sätze dienen zum Planfräsen (Bearbeitungsschritt 1) des Lagergehäuses:

N50 G0 Z50 F2000 S5600 M3	(Sicherheitsabstand, Spindel im Rechtslauf)
N60 X-115 Y55 M8	(Positionieren in X und Y, Kühlmittel ein)
N70 Z0	(Positionieren in Z)
N80 G1 X255	(Planfräsen im Vorschub auf einer Geraden)
N90 G0 Y0	
N100 G1 X-115	
N110 G0 Y-55	
N120 G1 X255	
N130 G0 Z50	(Sicherheitsabstand)

Im Satz N50 ist G0 (Eilgang) programmiert. In den beiden folgenden Sätzen ist kein G-Wort vorhanden. Auch für folgende Sätze gilt G0 solange, bis eine neue G-Funktion wie z. B. G1 im Satz N80 die alte aufhebt.

MERKE

G-Funktionen wie z. B. G0, G1, G2 und G3, müssen nicht in jedem Satz erneut angegeben werden. Sie sind **modal** wirksam.

4.2.4 Fräszyklen

Für die bei Frästeilen oft auftretenden Formelemente wie z. B. Kreis- und Rechtecktaschen, Nuten usw. stellen die CNC-Steuerungen dem Anwender Zyklen zur Verfügung.

MERKE

Fräszyklen *(milling cycles)* beschreiben zu fräsende Formelemente in einem CNC-Satz.

Der Satzaufbau ist bei den verschiedenen Steuerungen unterschiedlich. Die Vorgaben des Steuerungsherstellers sind zu beachten.

Im zweiten Bearbeitungsschritt sind die beiden Lagerbohrungen zu schruppen. Dazu wird für jeden Zylinder (∅140H7, ∅130 und ∅55H7) ein Kreistaschenfräszyklus programmiert. Die verschiedenen Steuerungen definieren den Kreistaschenfräszyklus mit unterschiedlichen G-Funktionen und Adressbuchstaben. Die vorliegende Steuerung[1] legt mit G73 den Kreistaschenfräszyklus fest. Alle Steuerungen fordern mindestens Taschenradius (R), Taschentiefe (Z),

Überlegen Sie!

1. *Ordnen Sie in Ihrem Heft die Nummern der Verfahrwege im Bild den Satznummern im obigen CNC-Programm zu.*
2. *Schreiben Sie die CNC-Sätze N80 bis N130 unter der Voraussetzung, dass folgender Satz eingeschoben wurde: N75 G91.*

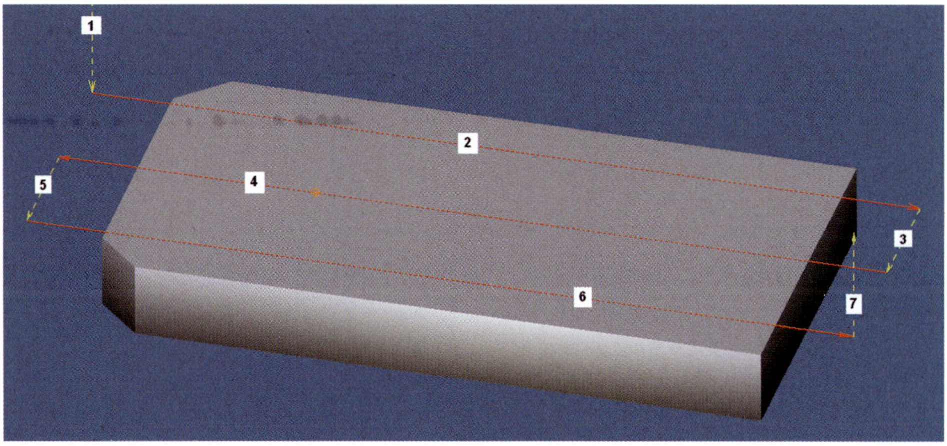

1) Die Programmierung orientiert sich an der **PAL-Steuerung**, die Elemente der verschiedenen Steuerungen beinhaltet.

Sicherheitsabstand (V) und Tiefe (D) des einzelnen Schnitts (Seite 301 Bild 1). Die Werte hinter den Adressbuchstaben können teilweise absolut (z. B. ZA) oder inkremental (z. B. ZI) angegeben werden. Die Fachkraft gibt die erforderlichen Werte dialoggeführt in eine Eingabemaske ein (Bild 2). So kann beispielsweise festgelegt werden, auf welche Art der Fräser in das Material eintaucht oder ob im Gleich- oder Gegenlauf gefräst wird.

MERKE
Mit der Zyklusdefinition *(definition of cycle)* ist festgelegt, welche Maße das Formelement hat und wie seine Zerspanung erfolgt.

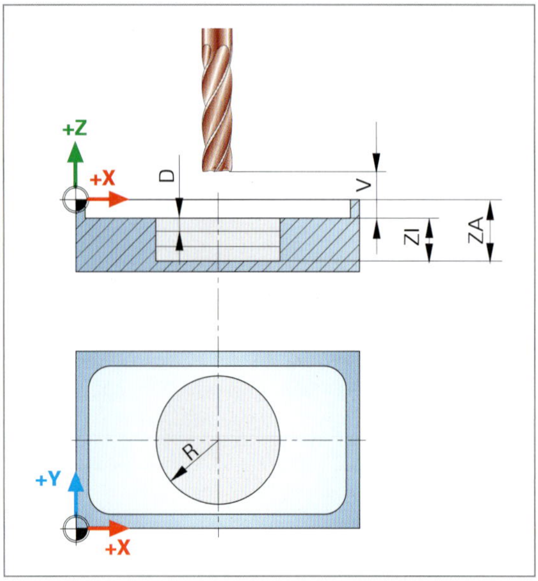

***1** Mindesteingaben beim Kreistaschenfräszyklus*

Es ist jedoch mit der Zyklusdefinition noch nicht bestimmt, wo das Formelement liegt. Dazu dient der Zyklusaufruf. Mit **G79** ist der **Zyklusaufruf für kartesische Koordinaten** festgelegt. Der Anwender kann die Koordinaten für die Kreistaschenposition absolut (z. B. Y**A**) oder inkremental (z. B. Y**I**) bezogen auf die momentane Werkzeugposition angeben (Seite 301 Bild 2).

MERKE
Mit dem Zyklusaufruf *(cycle call)* wird festgelegt, wo das Formelement liegt.

Mit den folgenden Programmsätzen werden die zwei Lagerbohrungen geschruppt.

```
N140 T2 M6                                   (Werkzeugwechsel: Schruppfräser ∅20)
N150 G0 Z50 F2000 S6000                      (Sicherheitsabstand)
N160 G73 ZA-28.75 R69.5 D15 V2 DH8 O2 Q1 H1  (Schruppzyklus für ∅140H7)
N170 G79 XA0 YA0 ZA0                         (Zyklusaufruf)
N180 G73 ZI-4 R64.5 D6 V2 DH6 O2 Q2 H1       (Schruppzyklus für ∅130)
N190 G79 XA0 YA0 ZA-29                       (Zyklusaufruf)
N200 G73 ZA-32 R27 D16 V2 DH8 O2 Q1 H1       (Schruppzyklus für ∅55H7)
N210 G79 XA130.35 YA0 ZA0                    (Zyklusaufruf)
N220 G0 Z50                                  (Sicherheitsabstand)
```

Rechtecktaschen- und Nutenfräszyklus sind zwei weitere Fräszyklen, die alle CNC-Steuerungen anbieten. Im Bild 2 sind zwei Rechtecktaschenfräszyklen von verschiedenen Steuerungen gegenübergestellt. Obwohl unterschiedliche Adressen die Taschenabmessungen definieren, ist das Gemeinsame der Zyklendefinitionen zu erkennen.

MERKE
Der grundsätzliche Aufbau von Fräszyklen ist ähnlich. Die Hersteller verwenden für ähnliche Zyklen unterschiedliche Adressbuchstaben.

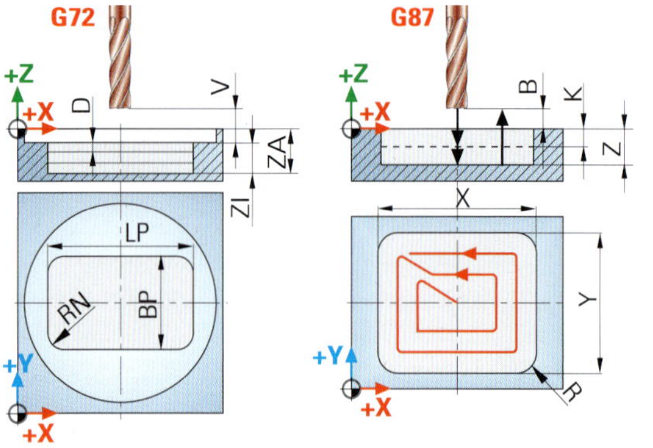

***2** Rechtecktaschenfräszyklen von zwei verschiedenen Steuerungen*

Überlegen Sie!

1. *Nennen Sie jeweils die Bedeutung der einzelnen Wörter der Kreistaschenfräszyklen in den Sätzen N160, N180 und N200.*
2. *Wie groß sind die Aufmaße, die nach dem Schruppen der Kreistaschen noch für das Schlichten vorliegen?*

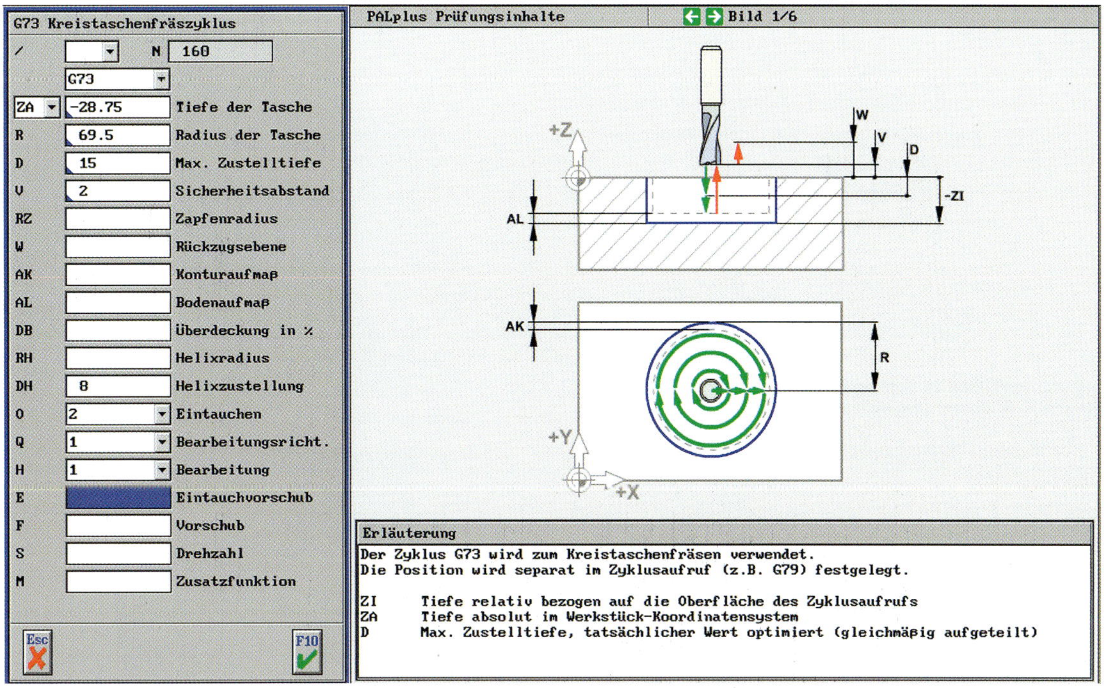

1 *Eingabemaske für Kreistaschenfräszyklus*[1)]

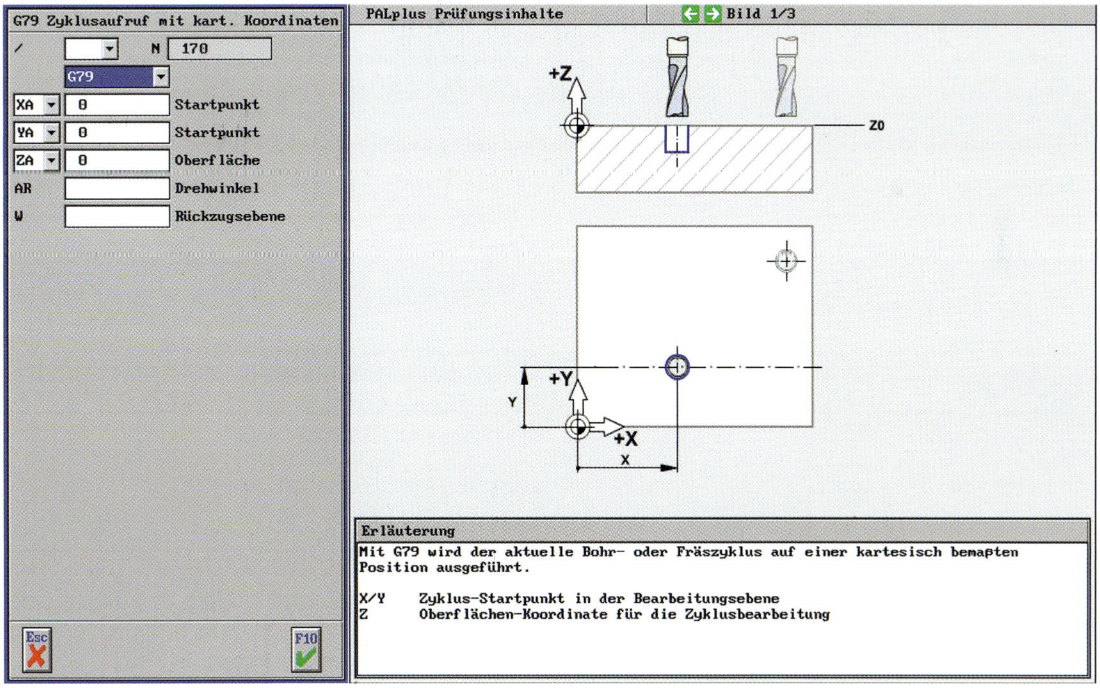

2 *Eingabemaske für Zyklusaufruf für kartesische Koordinaten*[1)]

1) KELLER GmbH

Überlegen Sie!

1. *Schreiben Sie für die beiden Rechtecktaschenfräszyklen in Bild 2 auf Seite 300 einen CNC-Satz für eine Rechtecktasche mit 100 mm Breite, 80 mm Höhe, 20 mm Tiefe und einem Taschenradius von 20 mm, bei dem die einzelne Schnitttiefe 10 mm betragen soll.*
2. *Welche Informationen benötigt ein Nutenfräszyklus, mit dem waagrechte und senkrechte Nuten gefräst werden können?*
3. *Entwickeln Sie einen Vorschlag für den Aufbau eines Nutenfräszyklus.*

4.2.5 Konturprogrammierung

Bei der Konturprogrammierung *(programming of contours)* ist es **nicht** erforderlich, dass die Fachkraft die Fräsermittelpunktbahn (Äquidistante) berechnet. Diese Aufgabe übernimmt die Steuerung. Dazu benötigt sie jedoch noch folgende Informationen:

- die zu fräsende Kontur
- den Radius des Fräsers
- die Information, ob das Werkzeug links oder rechts der Kontur steht
- Anfang und Ende der Konturprogrammierung

Diese Informationen erhält die Steuerung auf folgende Weise:

- Das CNC-Programm beschreibt die zu fräsende Kontur.
- Der Maschinenbediener gibt den Fräserradius beim Einrichten der Maschine in den Werkzeugkorrekturspeicher ein.
- Links oder rechts der Kontur wird durch G-Funktionen definiert.

MERKE

G41: links der Kontur.
G42: rechts der Kontur.

- Der Anfang der Konturprogrammierung wird mit G41 bzw. G42 angegeben.

MERKE

G40: Ende der Konturprogrammierung.

Bleibt noch zu klären, ob der Fräser links oder rechts der Kontur steht. Dazu muss sich der Programmierer gedanklich mit dem Fräser bewegen und in Vorschubrichtung blicken (Bilder 1).

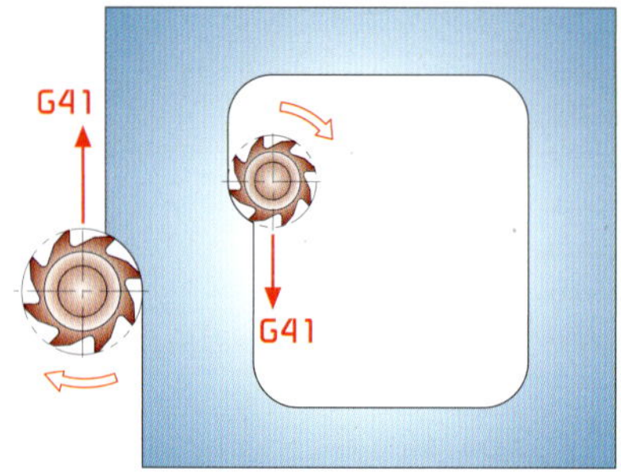

a) Gleichlauffräsen

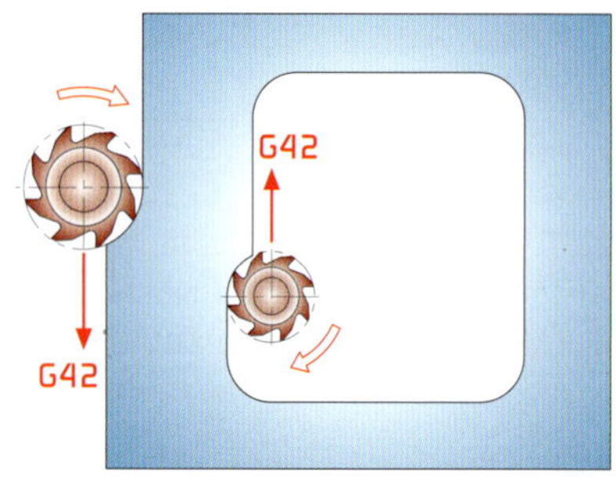

b) Gegenlauffräsen

1 *a) G41: Fräser befindet sich links von der Kontur*
b) G42: Fräser befindet sich rechts von der Kontur

Mit G41 bzw. G42 wird auch die Entscheidung für das Fräsverfahren getroffen:

MERKE

G41: Gleichlauffräsen[1)]
G42: Gegenlauffräsen

Die Kontur des Lagergehäuses, in der der Zahnriemen läuft, wird mit G41 programmiert (siehe folgenden Programmauszug und Seite 303 Bild 1). Durch das Gleichlauffräsen wird die Oberflächenqualität besser.

```
N230 T1 M6                              (Werkzeugwechsel:
                                         Messerkopf ∅63)
N240 G0 Z50 F2000 S5600                 (Sicherheitsabstand)
N250 X0 Y0                              (Positionierung in X und Y)
N260 Z-10                               (Zustellung in Z)
N270 G41                                (Anfang der Konturprogrammierung, links)
N280 G1 X18.796 Y-67.429                (Anfahren der Kontur)
N290 X139.748 Y-33.715
N300 G3 X139.748 Y33.715 I-9.398 J33.715
N310 G1 X18.796 Y67.429
N320 G40                                (Ende der Konturprogrammierung)
N330 G0 X0 Y0                           (Abfahren von der Kontur)
N340 Z50                                (Sicherheitsabstand)
```

1) siehe Lernfeld 5 Kapitel 3.4.2 „Gleichlauf- und Gegenlauffräsen".

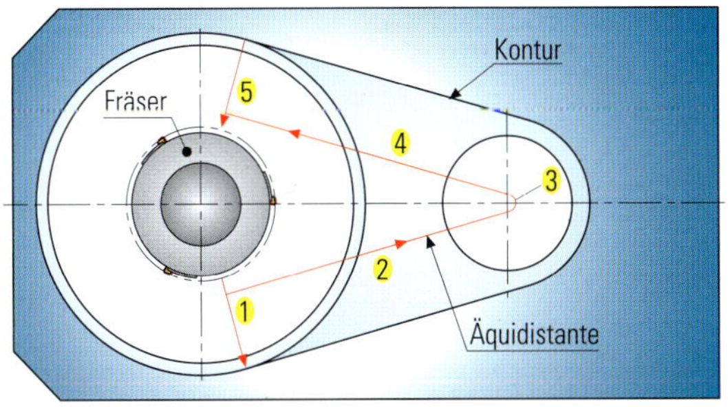

1 Kontur und Äquidistante beim Fräsen des Lagergehäuses

Überlegen Sie!

Ordnen Sie die in Bild 2 nummerierten Verfahrwege den obigen Programmsätzen zu.

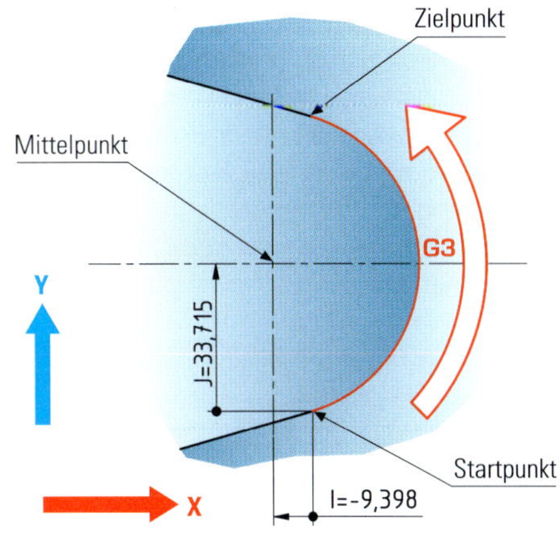

2 Hilfsparameter I inf J in der X-Y-Ebene

Hilfsparameter

Ähnlich wie beim Drehen (Kap 3.2.5) ist bei kreisförmigen Vorschubbewegungen der Kreismittelpunkt zu definieren. Dazu dienen in der **X-Y-Ebene** die **Hilfsparameter I** und **J** *(additional parameters)* (Bild 2). Beide sind vom Startpunkt zum Mittelpunkt des Kreisbogens gerichtet, wobei das Vorzeichen zu beachten ist. Im Bild ist der Hilfsparameter I negativ, weil seine Richtung entgegengesetzt zur X-Achse verläuft. J ist positiv, weil J und die Y-Achse in die gleiche Richtung verlaufen. Bei einigen Steuerungen ist es auch möglich, den Frästermittelpunkt absolut – auf den Werkstücknullpunkt bezogen – anzugeben. In der Tabelle Bild 3 sind verschiedene Möglichkeiten für die Programmierung des Kreisbogens dargestellt.

Überlegen Sie!

Schreiben Sie den Satz für den Kreisbogen der Kontur in Bild 2 für Gegenlauffräsen.

G-Funktion	X-Koordinate	Y-Koordinate	I-Hilfsparameter	J-Hilfsparameter	Radius	Bemekung
G3	X139.748	Y33.751	I-9.398	J33.715		I und J inkremental
G3	X139.748	Y33.751	IA130.350	JA0		I und J absolut
G3	X139.748	Y33.751	I-9.398	JA0		I inkremental, J absolut
G3	X139.748	Y33.751			R35	Kreisbogen ≤ 180°

3 Möglichkeiten für die Programmierung des Kreisbogens

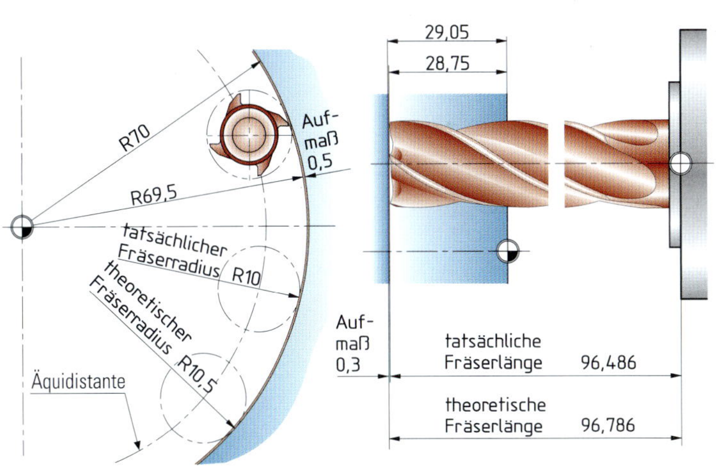

4 Aufmaßprogrammierung durch geänderte Werkzeugkorrekturen

Aufmaßprogrammierung

Für eine anschließende Schlichtbearbeitung muss beim Schruppen ein entsprechendes Aufmaß berücksichtigt werden. Das kann auf unterschiedliche Weise geschehen:

- Beim Schruppen werden keine Fertigmaße programmiert (z. B. beim Schruppen der Lagerbohrungen).
- Im CNC-Programm werden das seitliche (z. B. 0,5 mm) und das Aufmaß in der Tiefe (z. B. 0,3 mm) vor der Konturprogrammierung eingegeben, sodass Fertigmaße zu programmieren sind. Die Steuerung berücksichtigt diese Aufmaße bei der Berechnung der Frästermittelpunktsbahn.
- Der Werkzeugradius wird im Werkzeugkorrekturspeicher um den Betrag des seitlichen Aufmaßes (z. B. 0,5 mm) vergrößert. Statt des tatsächlichen Fräserradius von z. B. 10 mm steht im Korrekturspeicher ein Wert von 10,5 mm. Ebenso wird bei der Werkzeuglänge das Aufmaß in der Tiefe (z. B. 0,3 mm) dazu addiert. Statt der tatsächlichen Werkzeuglänge von z. B. 96,486 mm steht im Korrektur-

speicher 96,786 mm. Dadurch steht die Stirnfläche des Fräsers 0,3 mm über der Fertigtiefe, sodass ein Aufmaß von 0,3 mm zum Schlichten verbleibt. Die Steuerung berechnet dann die Äquidistante und die Zustelltiefe auf Grund von Werkzeugradius und -länge, die im Korrekturspeicher stehen (Seite 303 Bild 4).

Übergangsradien und -fasen

(transition radii / transition chamfers)

Bei viele Steuerungen ist es möglich, Übergangsradien und -fasen (Bild 1) einfach zu programmieren. Es wird der theoretische Schnittpunkt (P1 bzw. P2) der beiden Geraden programmiert. Durch ein zusätzliches Wort wird im gleichen Programmsatz der Radius (z. B. RN20) oder die Fase (z. B. RN-15) bestimmt. Die Steuerung errechnet sich die fehlenden Geometrien und fräst sie.

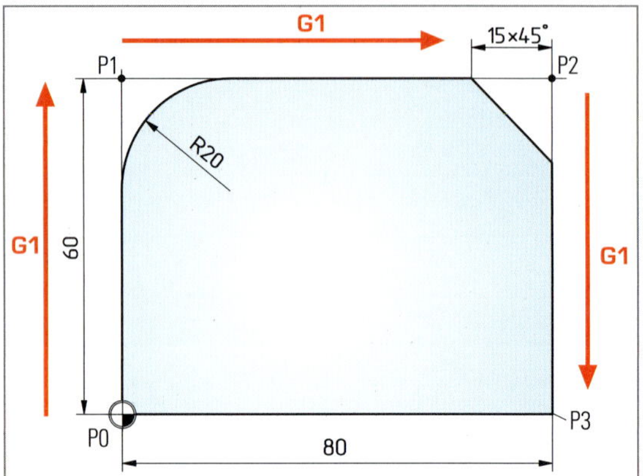


```
...
G1 X0 Y-20
G1 Y60 RN20     (P1)
G1 X80 RN-15    (P2)
G1 Y0           (P3)
```

1 *Übergangsradius und -fase*

4.2.6 An- und Abfahren beim Schlichten der Kontur

Beim rechtwinkligen Anfahren der Kontur (Bild 2) steht eine CNC-Achse beim Erreichen des Zielpunktes für einen kurzen Moment still, bevor die Konturbearbeitung erfolgt. Das führt dazu, dass der Fräser freischneidet und die Kontur beschädigt wird.

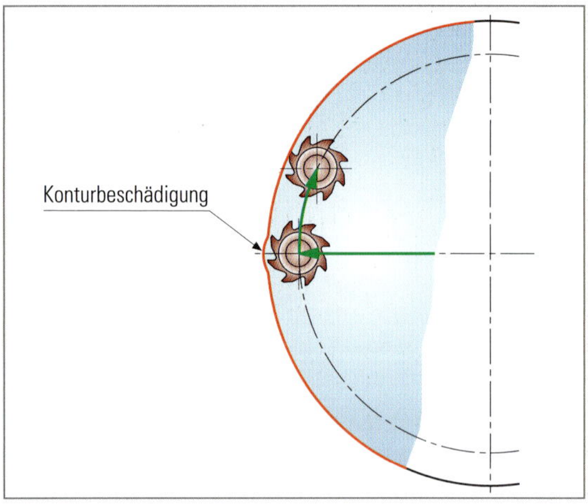

2 *Konturbeschädigung durch rechtwinkliges Anfahren*

MERKE

Beim Schlichten *(smoothing)* müssen die Konturen *(contours)* so angefahren werden, dass keine Konturbeschädigungen entstehen.

Bei Außenkonturen besteht oft die Möglichkeit, die Kontur geradlinig anzufahren (Bild 3) und auch abzufahren. Bei Innenkonturen ist das meist nicht der Fall.

Durch tangentiales An- und Abfahren (Bild 4) werden Konturbeschädigungen vermieden. Bei einigen Steuerungen gibt es besondere G-Funktionen für unterschiedliche An- und Abfahrbewegungen.

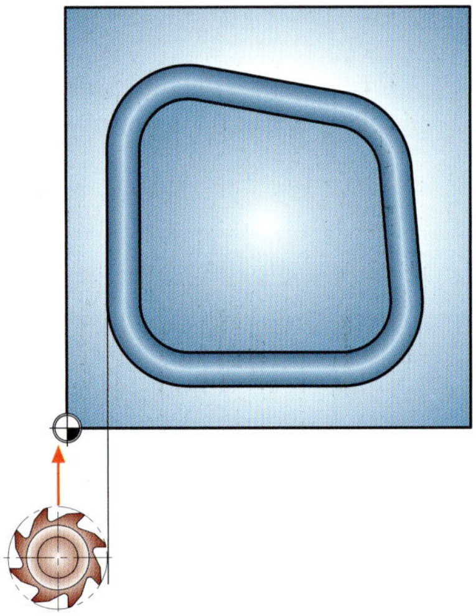

3 *Geradliniges Anfahren der Kontur*

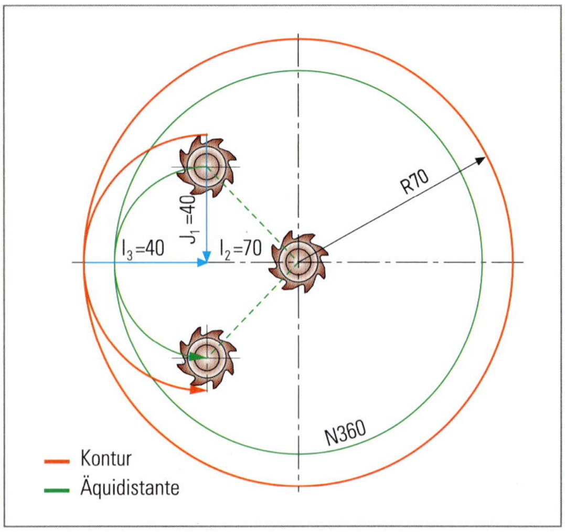

4 *Tangentiales An- und Abfahren der Kontur im Viertelkreis*

Im folgenden Programmteil ist das Schlichten der großen Lagerbohrung mit An- und Abfahren im Viertelkreis dargestellt.

```
N350 T3 M6                  (Werkzeugwechsel: Schlichtfräser ∅20)
N360 G0 Z50 F1900 S6400     (Sicherheitsabstand)
N370 X0 Y0                  (Positionierung in der X-Y-Ebene)
N380 Z-29.05                (Zustellung in Z)
N390 G41                    (Beginn der Konturprogrammierung)
N400 G0 X-30 Y40            (Positionierung auf Anfahrtkreis-Startpunkt)
N410 G3 X-70 Y0 I0 J-40     (Anfahr-Viertelkreis)
N420 X-70 Y0 I70 J0         (Vollkreis für Lagerbohrung ∅140)
N430 X-30 Y-40 I40 J0       (Abfahr-Viertelkreis)
N440 G40                    (Ende der Konturprogrammierung)
N450 G0 X0 Y0               (Lagerbohrungsmitte)
N460 Z50                    (Sicherheitsabstand)
```

Überlegen Sie!

1. *Schreiben Sie den Programmteil für das Schlichten der Lagerbohrungen ∅130 und ∅55H7.*
2. *Wie würden Sie die Außenkontur im Bild 3 auf Seite 304 abfahren?*

4.2.7 Bohrzyklen und Bohrbilder

Im nächsten Bearbeitungsschritt sind die M5-Gewindebohrungen auf dem 65er Lochkreis bei der kleinen Lagerbohrung herzustellen. Das kann in zwei bzw. drei Schritten erfolgen:

- Zentrieren und Senken mit dem NC Anbohrer (Bild 1)
- Bohren
- Gewindeschneiden

Da die verwendeten dreischneidigen Bohrer mit Zentrierspitze ein genaues und gratfreies Bohren ermöglichen, wird aus Kostengründen auf ein Zentrieren mit dem NC-Anbohrer verzichtet.

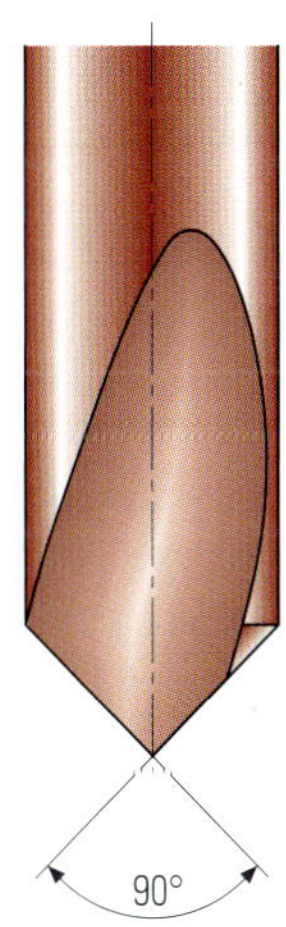

1 *NC-Anbohrer*

Für das Bohren bieten die Steuerungen unterschiedliche **Bohrzyklen** *(drilling cycles)* an. Die Funktionsweise des einfachen Bohrzyklus (G81) ist in Bild 2 dargestellt.

Da die Bohrtiefe von ca. 25 mm für das Gewindekernloch im Verhältnis zum Durchmesser (∅4,2 mm) groß ist, wird die Spanabfuhr schwieriger. Daher wird nicht der einfache Bohrzyklus sondern der Bohrzyklus zum Entspanen (G83) gewählt. Hierbei wird die Vorschubbewegung nach Erreichen der Zwischenbohrtiefe unterbrochen und das Werkzeug zum Entspanen vollständig aus der Boh-

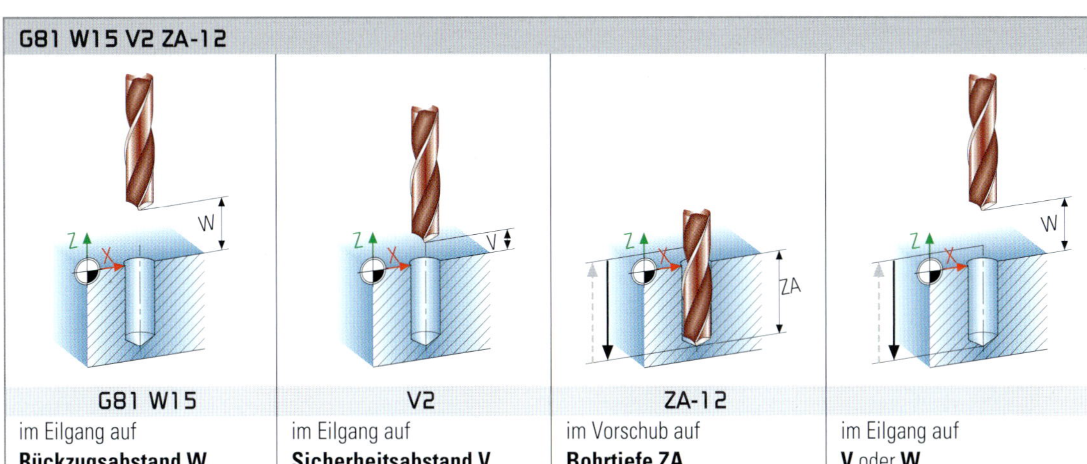

2 *Ablauf des einfachen Bohrzyklus G81*

G83 Z-35 D10 V2 W20 DA12					
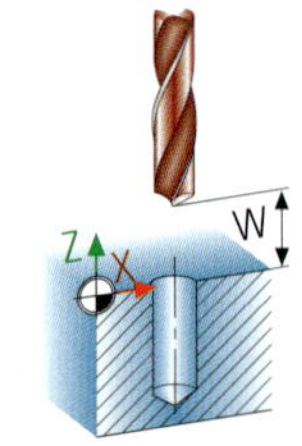	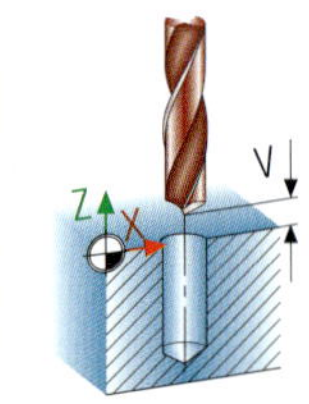	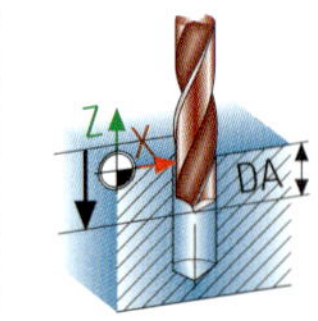	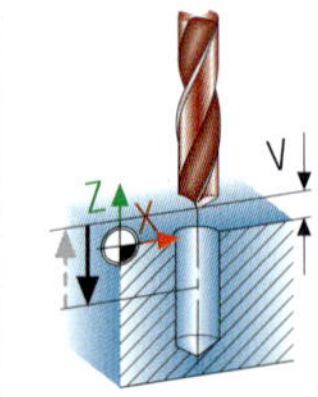	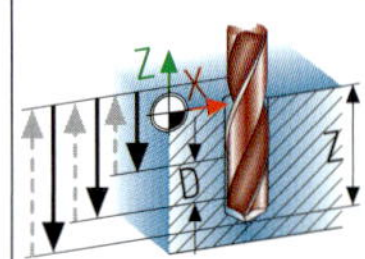	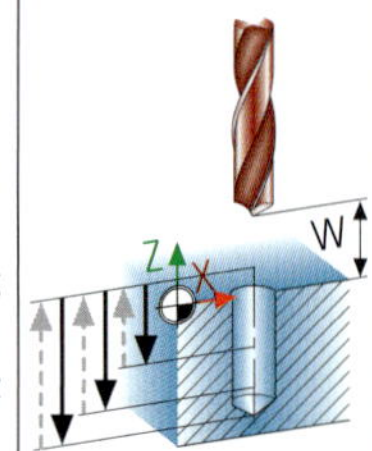
im Eilgang auf **Rückzugsabstand W**	im Eilgang auf **Sicherheitsabstand V**	im Vorschub auf **Anbohrtiefe DA**	zum Entspanen im Eilgang auf **Sicherheitsabstand V**	mit **Zustellung D** wiederholen, bis **Bohrtiefe Z** erreicht ist	im Eilgang auf **V** oder **W**

***1** Ablauf des Tieflochbohrzyklus mit Entspanen G83*

rung zurückgezogen. Vor dem weiteren Bohren wird im Eilgang bis kurz vor die erreichte Bohrtiefe zugestellt. Das geschieht so lange, bis die programmierte Bohrtiefe erreicht wird (Bild 1).

Die Position für den Bohrzyklus wird wie bei den Fräszyklen über den Zyklusaufruf bestimmt. Die drei Bohrpositionen werden über **Polarkoordinaten** (siehe Kap. 2.1.2) angegeben. Sie müssen nicht für das kartesische Koordinatensystem bestimmt werden. Ihre Angabe erfolgt über Radius und Winkel (Bild 2). Dabei ist allerdings auch noch der Ursprung für die Polarkoordinaten erforderlich.

Im Satz 600 erfolgt mit **G78** der **Zyklusaufruf mit Polarkoordinaten**. Mit den Adressen IA, JA und ZA ist der Ursprung des Polarkoordinatensystems in X-, Y- und Z-Richtung definiert. Die erste Bohrposition liegt auf einem Radius von 32,5 mm (RP32.5) und einem Winkel von 0° (AP0).

Der folgende Programmausschnitt beschreibt das Bohren der drei Gewindekernlöcher für M5.

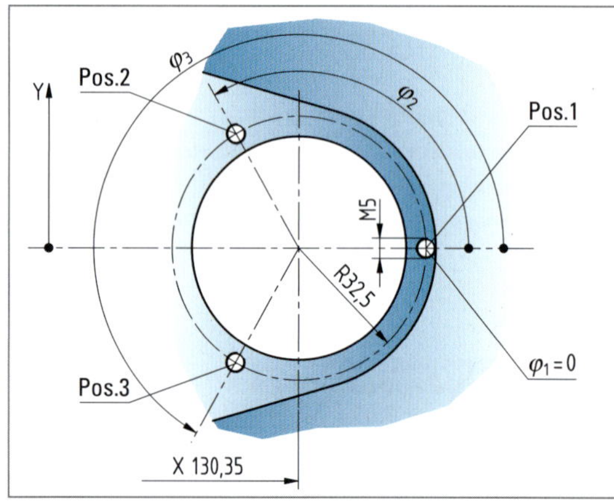

***2** Polarkoordinaten*

```
N570 T4 M6                               (Werkzeugwechsel: Bohrer ∅4,2)
N580 G0 Z50 F2100 S1000                  (Sicherheitsabstand)
N590 G83 Z-35 D10 V2 W20                 (Tieflochbohrzyklus)
N600 G78 IA130.35 JA0 ZA-10 RP32.5 AP0   (Zyklusaufruf mit Polarkoordinaten: Pos. 1)
N610 IA130.35 JA0 ZA-10 RP32.5 AP120     (Pos. 2)
N620 IA130.35 JA0 ZA-10 RP32.5 AP240     (Pos. 3)
N630 G0 Z50                              (Sicherheitsabstand)
```

Für das Gewindebohren steht der **Gewindebohrzyklus (G84)** *(tapping cycle)* zur Verfügung (Seite 307 Bild 1). Je nach Steuerung ist entweder die Steigung des Gewindes oder die Vorschubgeschwindigkeit zu programmieren. Im Beispiel wird die Gewindesteigung eingegeben, sodass sich die Steuerung die Vorschubgeschwindigkeit berechnet. Ansonsten muss die Fachkraft die Vorschubgeschwindigkeit bestimmen.

$$v_f = n \cdot P$$

v_f: Vorschubgeschwindigkeit
n: Umdrehungsfrequenz
P: Gewindesteigung

$$v_f = \frac{300 \cdot 0{,}8\ \text{mm}}{\text{min}}$$

$$v_f = 240\ \frac{\text{mm}}{\text{min}}$$

Überlegen Sie!

1. *Welche Vorschubgeschwindigkeit ist beim Gewindeschneiden von M16 zu programmieren, wenn S200 gewählt wird?*
2. *Welcher Wert ist unter der S-Adresse beim Gewindeschneiden von M10 zu programmieren, wenn F450 festgelegt ist?*

Rechts- bzw. Linksgewinde wird mit M3 bzw. M4 festgelegt. Beim Erreichen der Gewindetiefe wird die Drehrichtung umgekehrt und der Gewindebohrer aus dem Gewinde herausgedreht.

G84 ZI-28 V5 W10 F0.8 M3

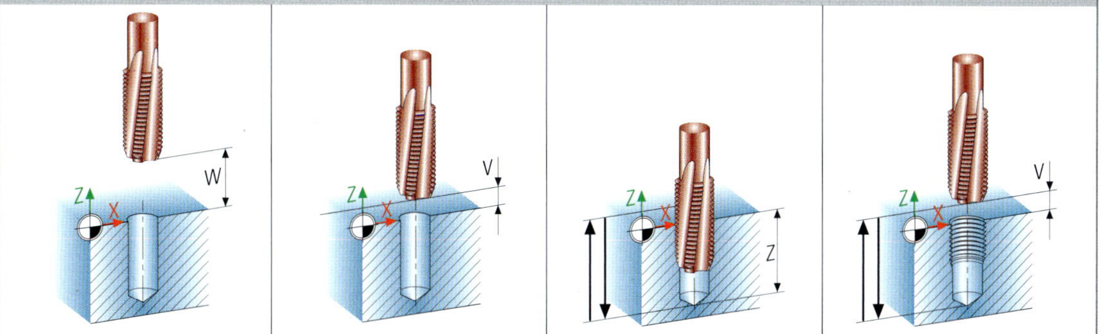

G84 W10	V5	ZI-28	
im Eilgang auf **Rückzugsabstand W**	im Eilgang auf **Sicherheitsabstand V**	im Vorschub auf **Gewindetiefe ZI**, **Umkehr** der Drehrichtung	im Vorschub auf V, **Umkehr** der Drehrichtung, im Eilgang auf W

1 *Ablauf des einfachen Gewindebohrzyklus G84*

Zum einfachen und schnellen Programmieren von Lochkreisen bieten die CNC-Steuerungen **Lochkreiszyklenaufrufe** an. Der Anwender gibt in einem Satz (N670 im folgenden Programmausschnitt) alle erforderlichen Informationen für die Bohrpositionen an. Die Mitte des Lochkreises ist mit **IA**, **JA** und **ZA** in X-, Y- und Z-Richtung bestimmt. R gibt den Lochkreisradius an, AN den Startwinkel für die erste Bohrung und O die Anzahl der Bohrungen.

```
N640 T5 M6                                  (Werkzeugwechsel:
                                             M5-Gewindebohrer)
N650 G0 Z50 S300                            (Sicherheitsabstand)
N660 G84 ZI-28 V5 W10 F0.8 M3               (Gewindebohrzyklus)
N670 G77 IA130.35 JA0 ZA-10 R32.5 AN0 AI30 O3  (Lochkreiszyklusaufruf)
N680 G0 Z50                                 (Sicherheitsabstand)
```

Die Steuerungen stellen neben den beschriebenen Zyklen noch weitere für das Reiben, Gewindefräsen usw. zur Verfügung. Ebenso gibt es Zyklenaufrufe für z. B. Bohrungen auf einer Linie oder in einer Matrix. (Bild 2).

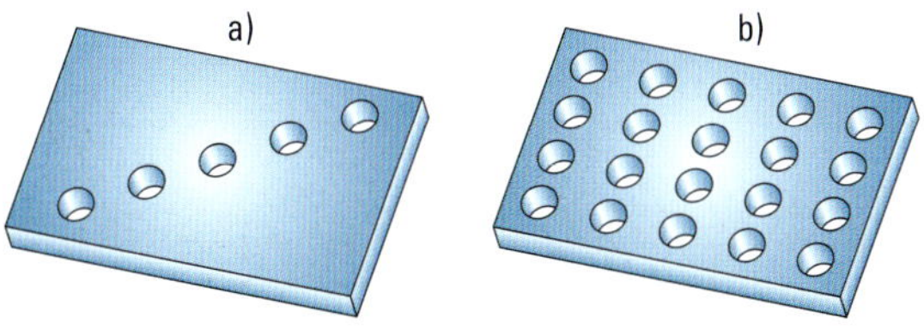

2 *Bohrungen a) auf Linie und b) auf Matrix*

Überlegen Sie!

1. *Welche Informationen benötigt die Steuerung bei einem Zyklusaufruf für ein Bohrbild auf einer Linie (Bild 2a)?*
2. *Entwickeln Sie einen Zyklusaufruf für eine Matrix (Bild 2b).*

4.2.8 Unterprogrammtechnik und Wiederholfunktionen

Die Positionen der M8-Gewindebohrungen müssen sowohl beim Bohren als auch beim Gewindeschneiden angefahren werden. Um das zweimalige Programmieren der Bohrpositionen zu vermeiden gibt es zwei Möglichkeiten:

- Die Positionen werden in einem Unterprogramm definiert oder
- Sätze des Hauptprogramms sind zu wiederholen.

In beiden Fällen wird das Programm kürzer und es entstehen z. B. durch Tippfehler keine unterschiedlichen Positionen für das Bohren und Gewindeschneiden.

Unterprogrammtechnik *(subroutine technology)*

MERKE

In Unterprogrammen sind Programmteile gespeichert, die mehrfach abgearbeitet werden. Aus dem Hauptprogramm wird das Unterprogramm aufgerufen.

Hauptprogramm

```
N690 T6 M6                      (Bohrer∅ 6,8)
N700 G0 Z50 F1920 S8000         (Sicherheitsabstand)
N710 G83 ZA-35 D10 V2 W10       (Tieflochbohrzyklus)
N720 G22 L101                   (Unterprogrammaufruf)
N730 G0 Z50                     (Sicherheitsabstand)
N740 T7 M6                      (Gewindebohrer M8)
N750 G0 Z50 S300                (Sicherheitsabstand)
N760 G84 ZI-40 V5 W10 F1.25     (Gewindebohrzyklus)
N770 G22 L101                   (Unterprogrammaufruf)
N780 G0 Z50                     (Sicherheitsabstand)
N790 T0 M6                      (Werkzeug entnehmen)
N800 M30                        (Programmende)
```

Unterprogramm

```
(L101: BOHRPOSITIONEN M8)
G79 XA-60 YA65 ZA0              (Pos. 1)
G79 YA-65                       (Pos. 2)
G79 XA160                       (Pos. 3)
G79 XA200.35 YA-55              (Pos. 4)
G79 YA0                         (Pos. 5)
G79 YA55                        (Pos. 6)
G79 XA160 YA65                  (Pos. 7)
M17                             (UP-Ende)
```

***1** Unterprogrammtechnik am Beispiel Bohren und Gewindeschneiden*

Das **Unterprogramm** erhält einen Namen, der mit **L** beginnt. In den Sätzen N720 und N770 erfolgt jeweils der Unterprogrammaufruf mit G22 aus dem Hauptprogramm. Im Beispiel werden an den Bohrpositionen die im Hauptprogramm definierten Zyklen aufgerufen. Nach dem Erreichen des Unterprogrammendes (M17) geschieht der Rücksprung in den nächsten Satz des Hauptprogramms.

Wiederholfunktion *(repeating)*
Im Satz N830 wird mit G23 die Wiederholfunktion aktiviert. Die erste und letzte Programmzeilennummer der Wiederholung ist angegeben. Es besteht meist auch die Möglichkeit, die Anzahl der Wiederholungen zu definieren.

MERKE
Mithilfe der Programmabschnittswiederholung werden Bereiche des Hauptprogramms wiederholt.

Hauptprogramm

```
N690 T6 M6                      (Bohrer ∅ 6,8)
N700 G0 Z50 F1920 S8000         (Sicherheitsabstand)
N710 G83 ZA-35 D10 V2 W10       (Tieflochbohrzyklus)
N720 G79 XA-60 YA65 ZA0         (Bohrpos. 1)
N730 YA-65                      (Bohrpos. 2)
N740 XA160                      (Bohrpos. 3)
N750 XA200.35 YA-55             (Bohrpos. 4)
N760 YA0                        (Bohrpos. 5)
N770 YA55                       (Bohrpos. 6)
N780 XA160 YA65                 (Bohrpos. 7)
N790 G0 Z50                     (Sicherheitsabstand)
N800 T7 M6                      (Gewindebohrer M8)
N810 G0 Z50 S300                (Sicherheitsabstand)
N820 G84 ZI-40 V5 W10 F1.25     (Gewindebohrzyklus)
N830 G23 N720 N790              (Wiederholfunktion)
N840 T0 M6                      (Werkzeug entnehmen)
N850 M30                        (Programmende)
```

***2** Programmabschnittswiederholung am Beispiel Bohren und Gewindeschneiden*

4.3 CAD-CAM

Das im CAD-System modellierte Lagergehäuse (Bild 1) wird mit dem Rohteil in ein NC-Modul übernommen. In der Aufspannsituation (Bild 2) sind das fertige Lagergehäuse, der transparente Rohling und der vom Anwender definierte Werkstücknullpunkt zu erkennen.

Wie bei der manuellen Programmierung muss die Fachkraft die Bearbeitungsschritte planen (rechts im Bild 3). Sie wählt z. B. das Fräsverfahren (Schruppen oder Schlichten) aus, ordnet das Werkzeug dem Bearbeitungsschritt zu und legt die technologischen Daten (Schnittgeschwindigkeit, Vorschub pro Zahn) fest. Anschließend klickt sie am Fertigteil den zu bearbeitenden Bereich an.

Die Software ermittelt daraufhin die Umdrehungsfrequenz der Arbeitsspindel und die Vorschubgeschwindigkeit. Aus der Differenz von Rohling und Fertigteil berechnet sie alle nötigen Verfahrbewegungen des Werkzeugs. Mithilfe einer grafischen Simulation kann der Anwender das Ergebnis überprüfen (links im Bild 3).

MERKE

Im Gegensatz zur manuellen Programmierung muss der Anwender bei der CAD-CAM-Programmierung keine Geometrieinformationen eingeben. Sie liegen durch die CAD-Daten vor.

Ändern sich z. B. am Rohteil die Maße für einen Bereich oder kommt ein Werkzeug mit einem anderen Durchmesser zum Einsatz, zeigt die Software an, dass der Datenstand nicht mehr aktuell ist. Meist reicht dann ein Klick des Anwenders am entsprechenden Menüpunkt aus, um die Daten auf den neuesten Stand zu bringen.

Die von der NC-Software zunächst gelieferten Informationen sind **steuerungsneutral**. Ein **Postprozessor** *(postprocessor)* wandelt die steuerungsneutralen Informationen in das spezielle Satzformat der CNC-Maschine um, auf der das Werkstück hergestellt wird. Der Programmausschnitt im Bild 1 auf der folgenden Seite stellt den Programmteil für das Planfräsen des Lagergehäuses dar.

Das **steuerungsspezifische Programm** wird dann an die CNC-Maschinen übertragen und dort abgearbeitet. Die Fachkräfte an den CNC-Maschinen richten die Maschinen ein, überwachen den Zerpanungsprozess und optimieren die Programme. Teilweise stehen auch die Rechner mit der NC-Software direkt neben der Werkzeugmaschine, sodass die Fachkraft einerseits die CNC-Programme erstellt und andererseits auch die Maschinenbedienung vornimmt.

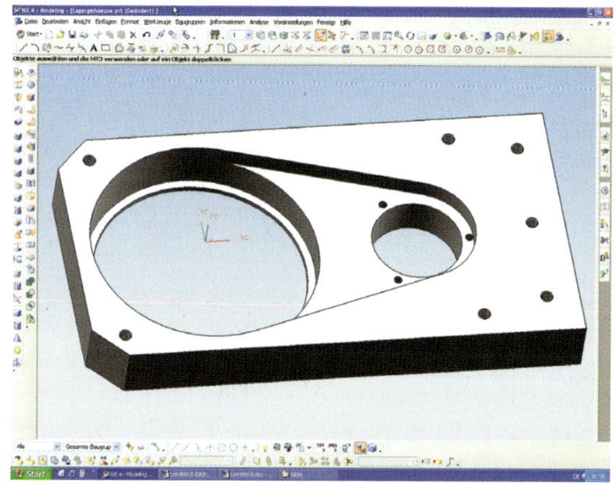

1 Im CAD-System modelliertes Lagergehäuse

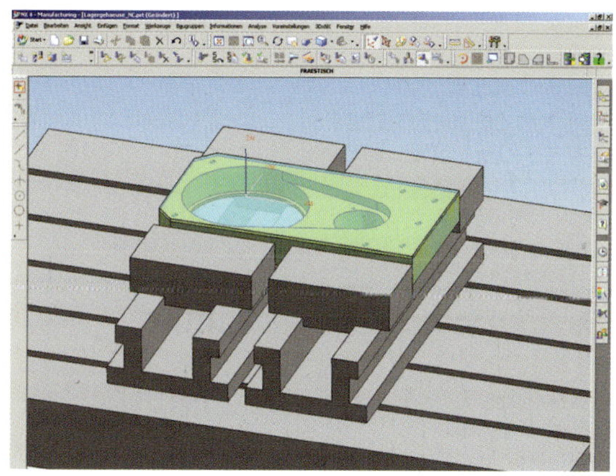

2 Aufspannsituation für Lagergehäuse

LF8_03

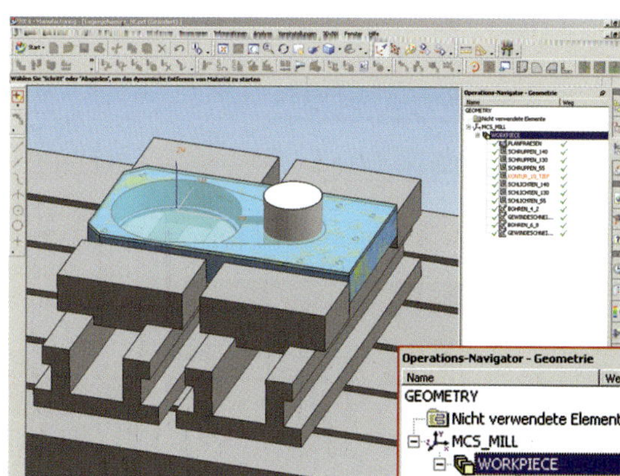

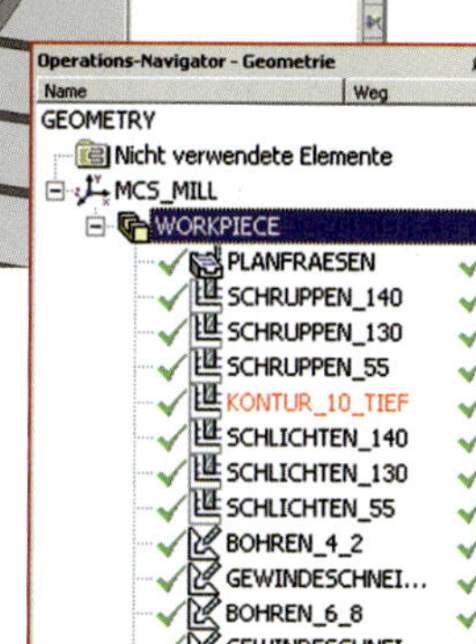

3 Reihenfolge der Bearbeitungsschritte mit grafischer Simulation

```
N10   %PM
N999  (NC VON CAD/CAM MODELL)
N11   G52
N12   G17
N13   S5600 T1 M6 (MESSERKOPF_63)
N14   M13
N15   G0 X524.500 Y-66.900
N16   Z50.000
N17   Z6.000
N18   Z3.000
N19   G1 Z0.000 F2016.0
N20   X251.500
N21   X-111.500
N22   Y-22.300
N23   X251.500
N24   Y22.300
N25   X-111.500
N26   Y66.900
N27   X251.500
N28   G0 X254.500
N29   Z50.000
N30   (Ende der Operation PLANFRAESEN)
```

***1** Auszug aus einem steuerungsspezifischen CNC-Programm*

4.4 Einrichten der Maschine

Bevor die Zerspanung erfolgen kann, ist die Maschine einzurichten. Dazu zählen

- Spannen des Werkstücks
- Festlegen des Werkstücknullpunkts
- Messen der Werkzeuge
- Einsetzen der Werkzeuge in das Werkzeugmagazin

4.4.1 Spannen des Werkstücks

Für das Spannen des Werkstücks *(clamping of work pieces)* gibt es oft verschiedene Alternativen (siehe Lernfeld 5 Kap. 3.5.6.2). Quaderförmige Werkstücke wie das Lagergehäuse, die innen bearbeitet werden, lassen sich schnell und sicher mit hydraulischen Maschinenschraubstöcken spannen (Bild 2).

- Hochdruckspindeln übertragen hohe Spannkräfte, die kontrolliert einzustellen sind.
- Spannbacken können den Anforderungen entsprechend ausgewählt und gewechselt werden.

Das Lagergehäuse wird in zwei Schraubstöcken auf Distanzstücken gegen einen Anschlag mit der erforderlichen Spannkraft gespannt. So ist gewährleistet, dass auch das nächste Werkstück an der gleichen Stelle im Maschinenraum gespannt werden kann.

4.4.2 Festlegen des Werkstücknullpunkts

Der Werkstücknullpunkt, der beim Lagergehäuse auf der Mitte der großen Lagerbohrung liegen soll, muss vom Maschinenbediener an diese Stelle gelegt werden. Dazu spannt er den **3D-Taster** *(3D feeler)* in die Arbeitsspindel und verfährt ihn feinfühlig in Z-Richtung gegen die Werkstückoberfläche, bis die Nullstellung am 3D-Taster erreicht ist (Bild 3). Auf dem Bildschirm wird der aktuelle Z-Wert mit z. B. 138,862 mm angezeigt. Da der Rohling aber noch 3,25 mm dicker als das fertige Lagergehäuses ist, liegt der Werkstücknullpunkt in der Z-Achse (Z_W) auf 135,612 mm (Bild 1 auf Seite 311).

Beim Antasten in X- und Y-Richtung ist die Nullstellung am 3D-Taster erreicht, wenn um den Radius der Tastkugel feinfühlig weiter gegen die Werkstückfläche verfahren wird (Bild Seite 311 Bild 2). Dadurch steht die Spindelmitte jeweils genau über der Werkstückkante. An der Anzeige werden bei den Nullstellungen z. B. in der X-Achse 357,964 mm und in der Y-Achse 322,354 mm angezeigt. In beiden Achsen liegt der Werkstücknullpunkt 80 mm weiter in positiver Achsrichtung (Bild 1 auf Seite 311).

In den **Werkstücknullpunktspeicher** sind unter der Adresse **G54** folgende Werte einzugeben: X437.964, Y402.354 und Z135.612. Dieser Werkstücknullpunkt wird am Anfang des CNC-Programms aktiviert, sodass sich ab diesem Zeitpunkt alle Koordinatenangaben im Programm auf den definierten Werkstücknullpunkt beziehen.

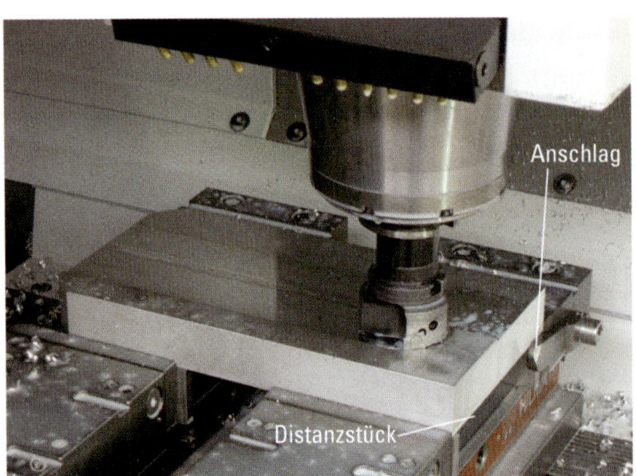

***2** Spannen des Lagergehäuses in zwei Hydraulikspannstöcken*

***3** Erfassen der Werkstückoberfläche in der Z-Achse*

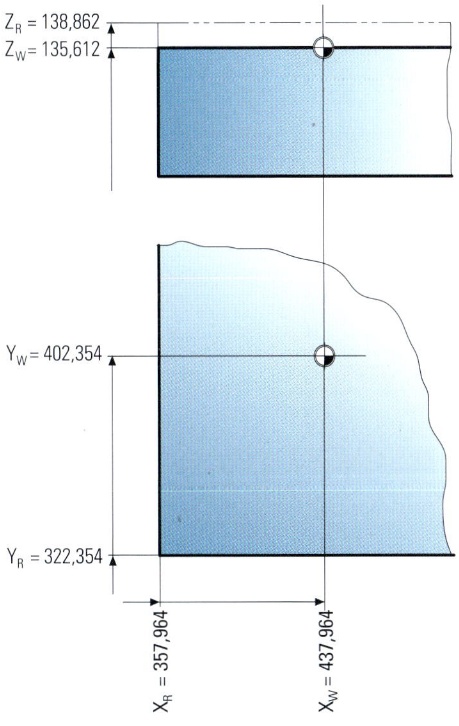

***1** Berechnungen beim Setzen des Werkstücknullpunkts*

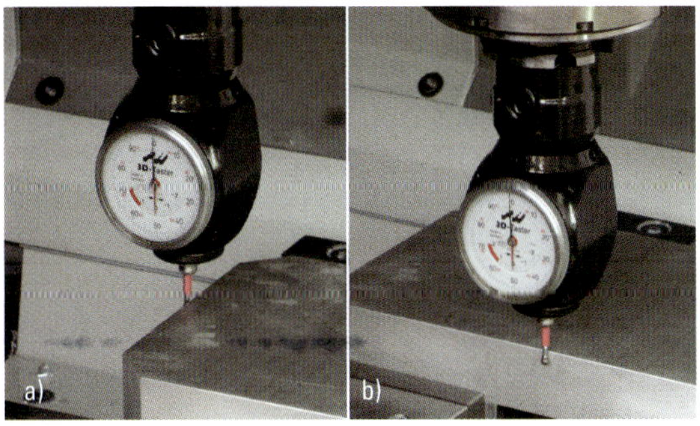

***2** Antasten a) in X-Richtung und b) in Y-Richtung*

4.4.3 Messen der Werkzeuge

Bei Bohrern, Gewindebohrern und Reibahlen sind die Werkzeuglängen in den Werkzeugkorrekturspeicher einzugeben. Die Steuerung verrechnet nach dem Einwechseln des neuen Werkzeugs dessen Länge in der Zustellrichtung. Da für diese Werkzeuge immer der Werkzeugmittelpunkt programmiert wird, ist deren Radieneingabe nicht erforderlich.

Bei Fräsern ist neben der Werkzeuglänge auch der Werkzeugradius in den Werkzeugkorrekturspeicher einzugeben (Bild 3). Nur dann ist es möglich, eine Konturprogrammierung (siehe Kap. 4.2.5) für dieses Werkzeug durchzuführen.

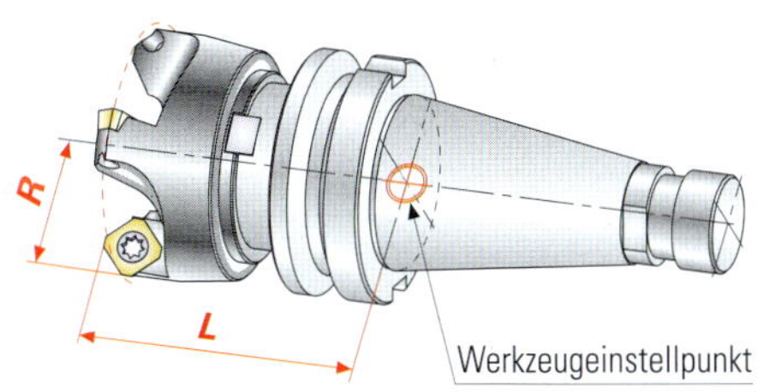

***3** Werkzeugkorrekturwerte für Fräser*

Externes Messen *(external measuring)*

Mithilfe eines Werkzeugvoreinstellgeräts (Seite 288 Bild 2) werden die Werkzeugkorrekturwerte außerhalb der Fräsmaschine ermittelt (siehe Kap. 3.6.1). Die Werkzeuge für das Lagergehäuse wurden extern gemessen.

Internes Messen *(internal measuring)*

Bei der internen Werkzeugmessung gibt es verschiedene Möglichkeiten:

- Ankratzen und Probeschnitt
- Messtaster
- Lasermessung

Ankratzen und Probeschnitt

Stehen keine Hilfsmittel zum Messen der Werkzeuge zur Verfügung, kann bei laufendem Fräser durch Ankratzen der Werkstückoberfläche die Werkzeuglänge ermittelt werden. Ist der Koordinatenwert der Werkstückoberfläche bekannt (z. B. Z0) und am Bildschirm steht Z102,367, so beträgt die Werkzeuglänge 102,367 mm. Die Fachkraft gibt die Länge in den Korrekturspeicher ein. Bei nachgeschliffenen Fräsern wird der Werkzeugdurchmesser zunächst manuell ermittelt (19,6 mm). Der daraus abgeleitete Radius wird z. B. um 0,1 mm vergrößert (9,9 mm) in den Werkzeugkorrekturspeicher eingegeben. Nach dem Fräsen der Kontur, deren Breite z. B. 100 mm sein soll (Bild 4), muss eine Korrektur des Werkzeugradius vorgenommen werden. Statt der geforderten 100 mm beträgt das tatsächliche Maß 100,246 mm. Es liegt also ein einseitiges Aufmaß von 0,123 mm vor. Um diesen Betrag ist der Radius im Werkzeugspeicher zu reduzieren. Daher gibt die Fachkraft den tatsächlichen Radius von 9,777 mm ein.

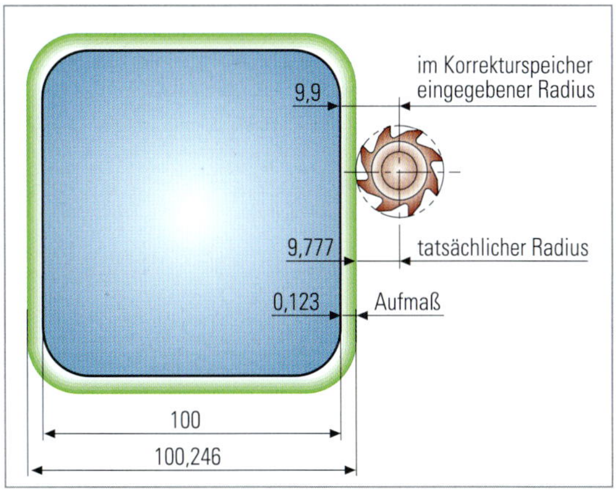

***4** Ermittlung des Fräserradius nach Konturbearbeitung*

Messtaster

Der Messtaster ist fest im Maschinenraum montiert (Bild 1). Über einen Messzyklus, der vom Maschinenbediener ausgelöst wird, verfährt die Maschine das Werkzeug zum Messtaster. Beim Antasten des Fräsers wird dessen Länge automatisch erfasst und in den Korrekturspeicher eingetragen.

Lasermessung

Ebenfalls im Arbeitsraum der Maschine ist die Lasermesseinrichtung fest eingebaut. Der Fräser wird mithilfe eines Messzyklus in den Laserstrahl hineingefahren (Bild 2). Fräserlänge und -radius werden automatisch ermittelt und in den Werkzeugkorrekturspeicher übernommen. Die Lasermessung wird auch zur Werkzeugbruch- und zur Werkzeugverschleißüberwachung genutzt.

1 Messtaster im Maschinenraum

4.4.4 Einsetzen der Werkzeuge in das Werkzeugmagazin

Werkzeuge müssen an einen Platz im Werkzeugmagazin gesetzt werden. Bei einer **festen Platzcodierung** *(permanent position coding)* muss das Werkzeug auch nach dem Wechsel wieder an den gleichen Magazinplatz zurückgesetzt werden. Das führt zwangsweise zu längeren Wechselzeiten und senkt dadurch die Produktivität der Werkzeugmaschine.

Bei der **variablen Platzcodierung** *(variable position coding)* wird bei einem Werkzeugwechsel das alte Werkzeug an die Position des neuen im Magazin gesetzt. Somit muss die CNC-Steuerung die Verwaltung der Werkzeuge im Magazin übernehmen. Sie ordnet somit das Werkzeug einem Magazinplatz zu, der sich nach jedem Werkzeugwechsel ändern kann. Die variable Platzcodierung ist bei den heutigen CNC-Fräsmaschinen Standard.

Wenn die Fachkraft das Werkzeug **manuell** in das Magazin setzt (Bild 3), muss sie neben der Werkzeugnummer (z. B. T2) nicht nur Fräserradius und -länge, sondern auch den Magazinplatz (z. B. P3) mitteilen. Wenn das Werkzeug vom Maschinenbediener zuerst in die Spindel eingesetzt wird und der Werkzeugwechsler es von dort in das Magazin transportiert, übernimmt die Steuerung auch die erste Platzzuordnung.

2 Werkzeugmessung mit Laser während der Bearbeitung

3 Einsetzen des Werkzeugs in das Werkzeugmagazin von Hand

4.4.5 Simulation des Zerspanungsprozesses

Vor der eigentlichen Zerspanung *(chipping)* wird der gesamte Prozess simuliert (Bild 1). Das ist bei modernen Steuerungen parallel zur Bearbeitung eines anderen Werkstücks möglich. Auf diese Weise können Programmfehler leicht gefunden und beseitigt werden.

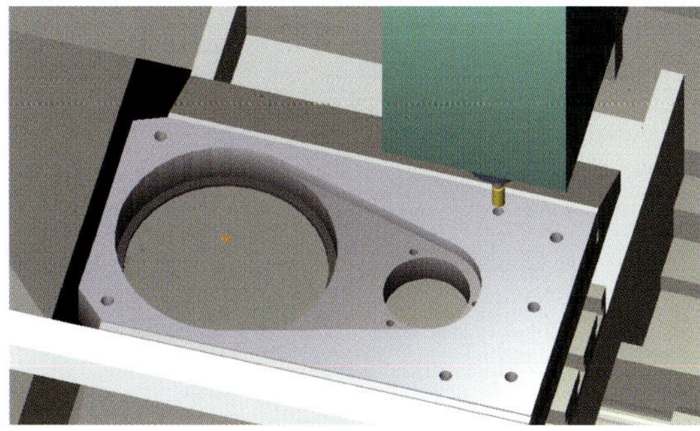

***1** Simulation des Zerspanungsprozesses*

4.5 Zerspanen, Prüfen und Optimieren

Die Zerspanung des Lagergehäuses ist auf der folgenden Seite dargestellt.

Die Fachkraft reduziert bei der Zerspanung des ersten Werkstücks einer Serie meist die Eilganggeschwindigkeiten. Sie achtet nach Werkzeugwechseln darauf, ob das Werkzeug den programmierten Sicherheitsabstand einhält. Denn wenn ihr bei der Eingabe der Werkzeuglängen ein Fehler unterlaufen ist, kann sie noch eingreifen, bevor es zu einer Kollision kommt.

Während der Zerspanung muss die Fachkraft die Schnittbedingungen im Blick haben und eventuell Vorschubgeschwindigkeit und Umdrehungsfrequenz von Hand anpassen. Nach dem ersten Werkstück wird sie die optimierten technologischen Daten in das Programm eingeben und für die nächsten Serienteile nutzen.

Sollten die Maße des Werkstücks nicht innerhalb der geforderten Toleranzen liegen, muss der Maschinenbediener die Werkzeugkorrekturwerte ändern.

Wenn die geforderten Oberflächenqualitäten nicht erzielt werden, sind die technologischen Daten im Programm zu ändern oder es ist ein anderes Werkzeug einzusetzen.

Der Optimierungsprozess *(process of optimisation)* für die Serienfertigung ist auf Seite 291 dargestellt.

Da bei dem Lagergehäuse nur wenige Maße eng toleriert sind, beschränkt sich die Fachkraft während der Fertigung auf die Prüfung *(inspection)* folgender Maße:

Zeichnungs-angabe	Abmaße	Prüfgerät
∅140H7	0/+0,040	Innenmessschraube oder Grenzlehrdorn
∅55H7	0/+0,030	Innenmessschraube oder Grenzlehrdorn
29+0,1	0/+0,1	Messschieber mit Digitalanzeige
31,75-0,1	-0,1/0	Messschieber mit Digitalanzeige
130,35-0,1	-0,1/0	Messschieber mit Digitalanzeige

Die Oberflächen der beiden Lagerbohrungen werden mithilfe eines Oberflächenvergleichsmusters überprüft.

Mit einem Messtaster (Bild 2), der in die Arbeitsspindel eingewechselt wird, kann das Werkstück noch während der Aufspannung gemessen werden. So kann z. B. die Lagerbohrung ∅140H7 auf Maßhaltigkeit geprüft werden. Dazu wird im Programm ein Messzyklus programmiert.

Aufgrund der durchgeführten Messung entscheidet die Steuerung, ob das Maß in der Toleranz liegt und welche weiteren Aktionen durchzuführen sind:

- Liegt das Maß innerhalb der Toleranz, wird das Programm fortgesetzt.
- Ist noch ein Aufmaß vorhanden, wird der Fräserradius automatisch im Werkzeugkorrekturspeicher entsprechend verkleinert. Über eine Wiederholfunktion wird dann das Schlichten der Kontur nochmals aufgerufen.
- Ist ein Untermaß vorhanden, wird das Programm beendet, weil das Teil Ausschuss ist und jede weitere Bearbeitung zu unnötigen Kosten führt.

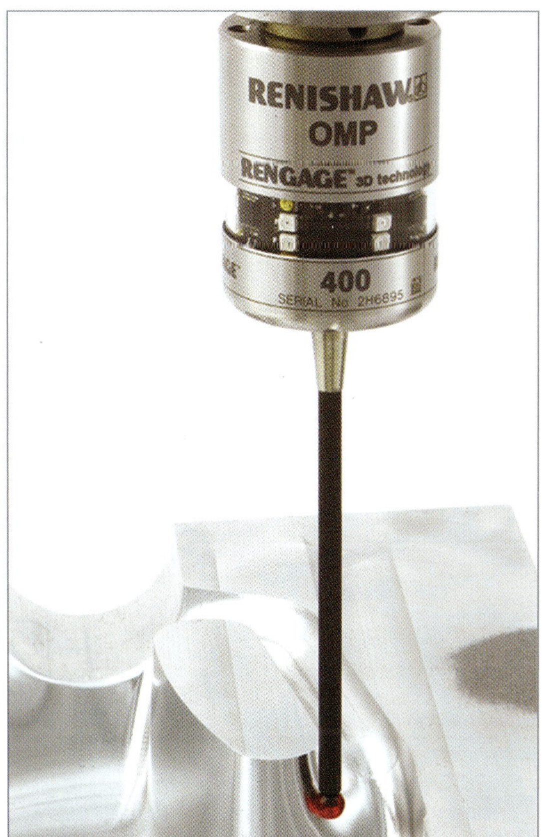

***2** Messtaster*

1 *Planfräsen*

2 *Schruppen der kleinen Lagerbohrung ∅ 55H7*

3 *Konturfräsen auf 10 mm Tiefe*

4 *Schlichten der großen Lagerbohrung ∅ 140H7*

5 *Bohren der Gewindekernlöcher M5*

6 *Gewindebohren M5*

7 *Bohren der Gewindekernlöcher M8*

8 *Gewindebohren M8*

5 Datenmanagementsysteme

Datenmanagementsysteme ermöglichen die datenbankgestützte Verknüpfung aller technischen Daten, die bei der Planung, Fertigung, Nutzung und Entsorgung eines bestimmten Produkts entstehen.

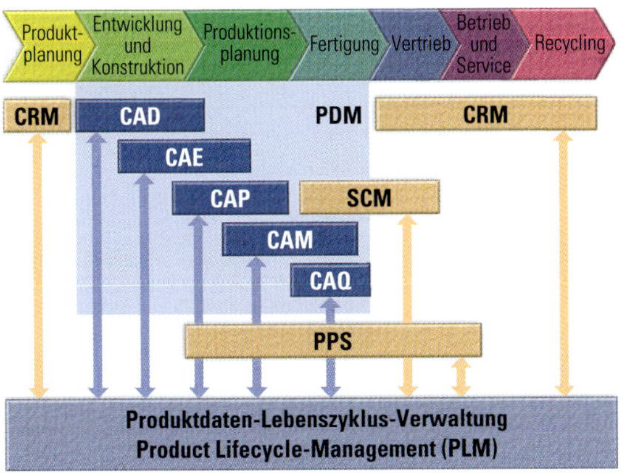

CRM: **C**ustomer **R**elationship **M**anagement steht für Kundenbeziehungsmanagement bzw. Kundenpflege.

CAD: **C**omputer **A**ided **D**esign steht für „rechnerunterstützte Konstruktion".

CAE: **C**omputer **A**ided **E**ngineering steht für „rechnergestützte Entwicklung".

CAP: **C**omputer **A**ided **P**rocess Planning steht für „rechnergestützte (Fertigungs)prozess-Planung".

CAM: **C**omputer **A**ided **M**anufacturing steht für „rechnerunterstützte Fertigung".

CAQ: **C**omputer **A**ided **Q**uality steht für „rechnerunterstützte Qualitätssicherung"

PPS: **P**roduktions**p**lanungs- und **S**teuerungssystem (PPS) unterstützen den Anwender bei der Produktionsplanung und –steuerung.

SCM: **S**upply-**C**hain-**M**anagement steht für Lieferkettenmanagement.

PDM: Das **P**rodukt**d**aten**m**anagement verknüpft alle technischen Daten, die bei der Fertigung des Produkts durch die rechnerunterstützten Verfahren (CAD, CAE, CAP, CAM und CAQ) entstehen.

Datenmanagementsysteme fassen die Daten aus den verschiedenen Bereichen zusammen, bereiten sie auf und präsentieren sie. Das ist nur möglich, wenn sie alle Daten, die meist in unterschiedlichen Formaten vorliegen, verknüpfen können. Die Systeme sind somit Integrationsplattformen, die alle rechnergestützten Anwendungen über Schnittstellen zu einem Gesamtsystem verbinden.

ÜBUNGEN

1. Unter welchen Bedingungen ist G18 bei einer 2½D-Steuerung zu wählen?
2. Für welche Werkzeuge wird bei Fräsmaschinen der Frässermittelpunkt programmiert?
3. Unterscheiden Sie Zyklusdefinition und Zyklusaufruf.
4. Was wird unter dem Begriff „Konturprogrammierung" verstanden?
5. Welche Informationen benötigt die CNC-Steuerung für die Konturprogrammierung?
6. Erklären Sie die folgenden G-Funktionen: G41, G42 und G40.
7. Welche Wegfunktion führt a) zum Gleichlauf- und b) zum Gegenlauffräsen?
8. Nennen Sie drei Möglichkeiten, wie beim Programmieren für das Schruppen ein Aufmaß erzielt werden kann.
9. Skizzieren Sie eine Innenfräskontur und geben Sie an, wie Sie die Kontur beim Schlichten anfahren, damit keine Beschädigungen an der Kontur entstehen.
10. Bestimmen Sie die Vorschubgeschwindigkeit für das Gewindebohren von M10 bei einer Umdrehungsfrequenz von 300/min.
11. Wann ist es sinnvoll, Unterprogramme einzusetzen?
12. Welche Informationen muss die Fachkraft bei der CAD-CAM-Programmierung im Gegensatz zur manuellen Programmierung nicht eingeben?
13. Wozu dient ein Postprozessor?
14. Zeigen Sie Möglichkeiten auf, durch die bei einer Serienfertigung die Werkstücke immer gleich gespannt werden.
15. Beschreiben Sie das Festlegen des Werkstücknullpunkts an einem selbst gewählten Beispiel.
16. Nennen und beschreiben Sie zwei Möglichkeiten, wie Werkzeuge gemessen werden.
17. Wie kann das Werkstück innerhalb der Werkzeugmaschine gemessen werden?

18. Programmieren Sie für die Abdeckung aus 34CrMo4 die Außen- und die Innenkontur
a) im Gegenlauf
b) im Gleichlauf

zu Übung 18

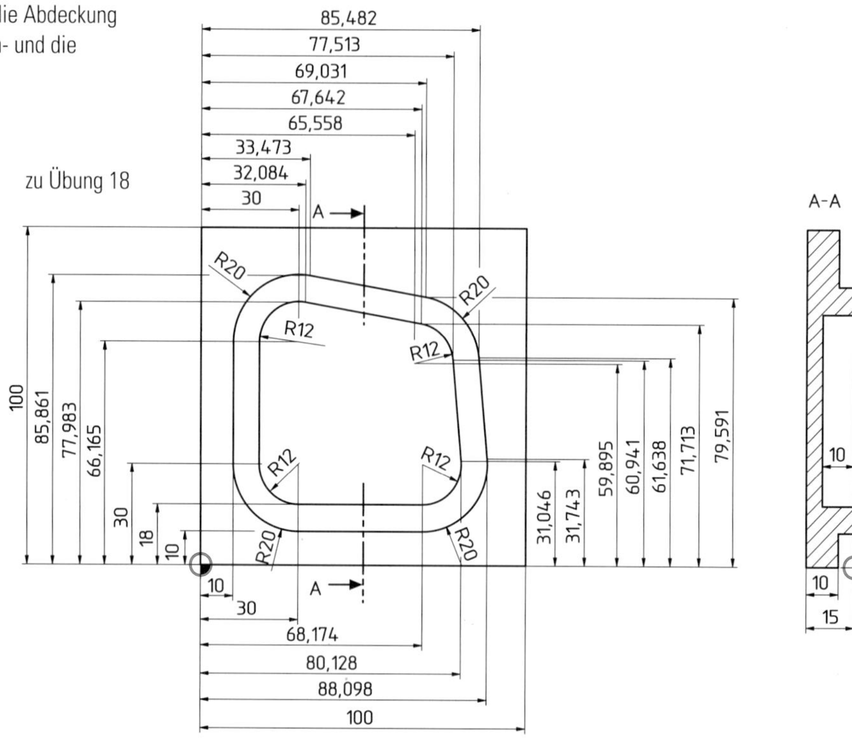

19. Programmieren Sie das Werkstück aus S235JR mit einem Fräser von ∅30 mm.

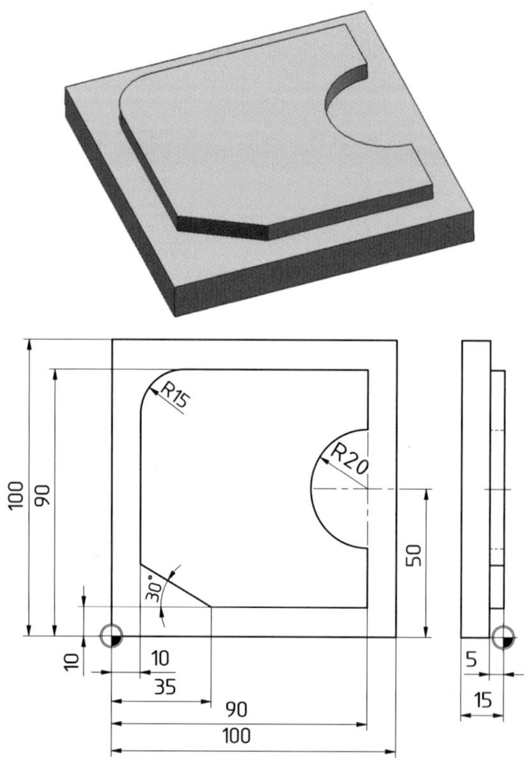

20. a) Erstellen Sie für das Frästeil aus 42Cr4 den Bearbeitungsplan.
b) Erstellen Sie das CNC-Programm für das Frästeil.

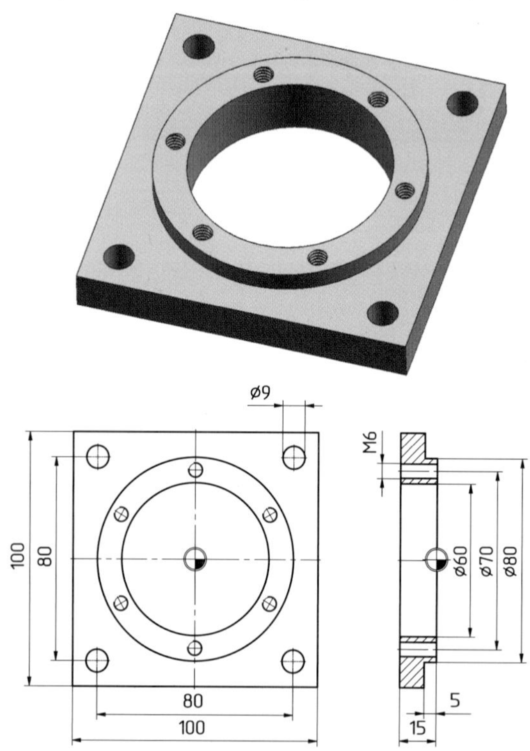

21. a) Erstellen Sie für das Frästeil aus EN AW-3103 [AlMn1] den Bearbeitungsplan.
b) Erstellen Sie das CNC-Programm.

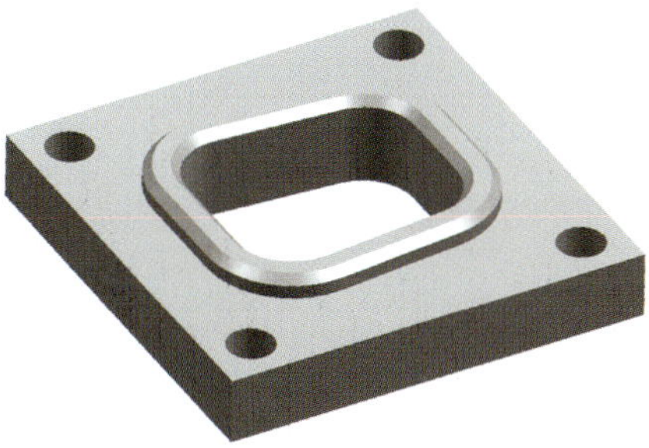

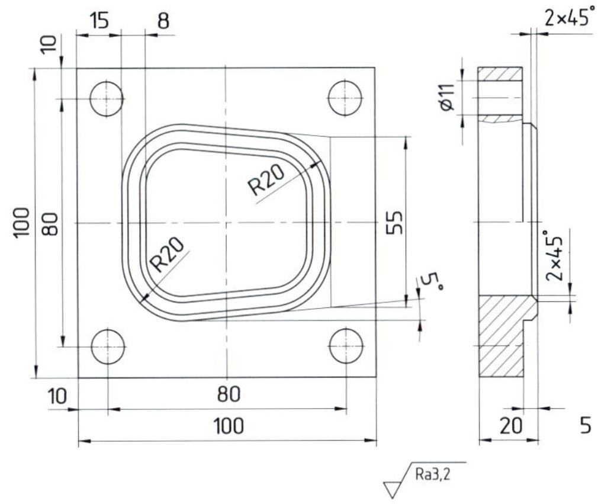

Projektaufgabe

a) Erstellen Sie für den Stifthalter aus EN AW-3004 [AlMn1Mg1] den Bearbeitungsplan.
b) Legen Sie die beiden Aufspannungen fest.
c) Erstellen Sie das CNC-Programm.

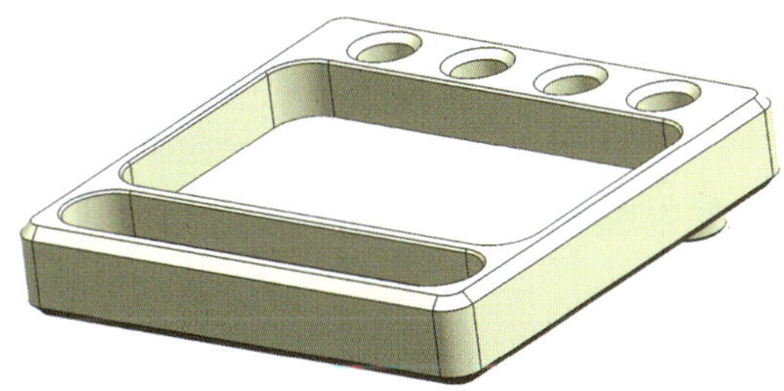

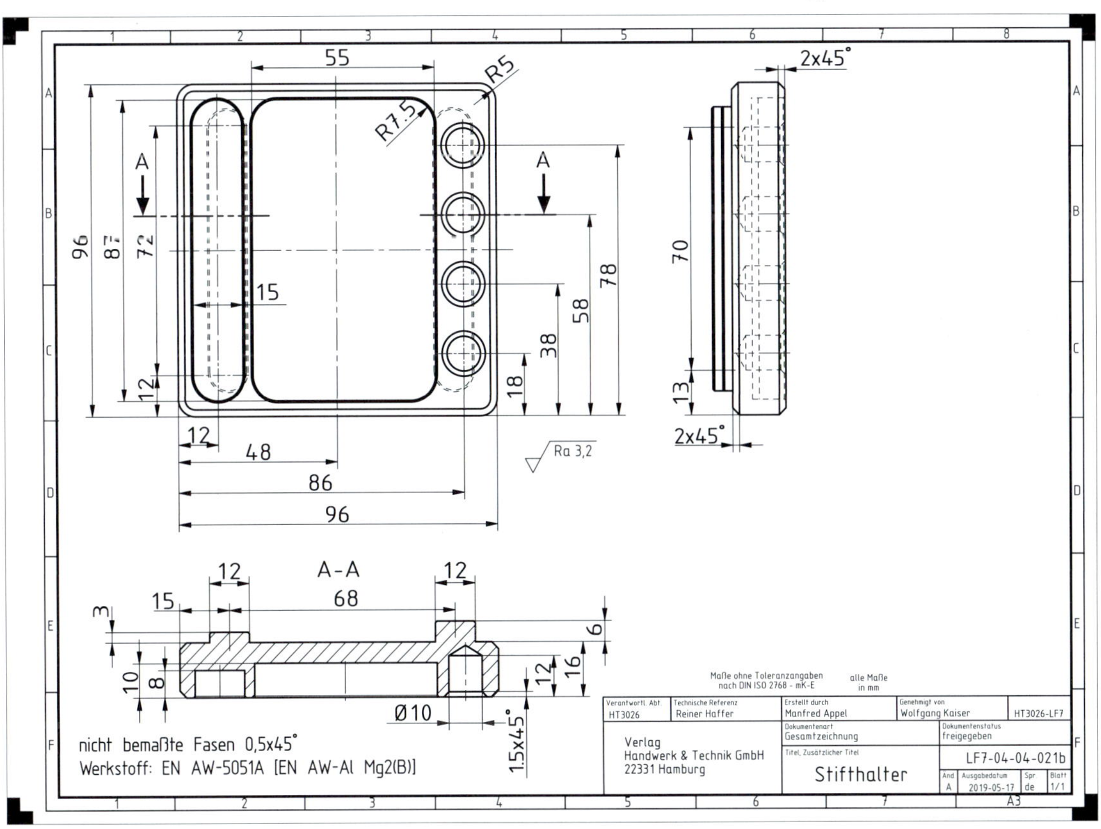

6 CNC Machine – Reference Point Approach

In the second year of apprenticeship most of the trainees working in technical professions are educated to operate CNC machines. Therefore, they should be able to read and understand original manuals in case they have to work abroad.
The documentation is intended for use by the operators of machining centres as well as CNC milling machines. The operator's and programming guides describe how to use the machines and programmes.
The guide states that persons who are not qualified should never be able to operate such machines or use these programmes. Also that before the machine is started up, it should be ensured that the operator's guides have been read and understood by people responsible.
Below you can see a part of an original operator's guide. Read the information given about ‚reference point approach' and complete the assignments on the next page.

The "Ref Point" function ensures that the control and machine are synchronized after power ON.
Various reference point approach methods may be employed.

Please refer to the machine manufacturer's instructions.

- Reference point approach can only be performed by machine axes. The actual value display does not match the real position of the axes when the control is switched on.
- Reference point approach is necessary on machines without an absolute measuring system!

Warning

If the axes are not positioned safely, then you must reposition them accordingly. You must observe the axis motions directly on the machine!
Ignore the actual value display until the axes have been referenced!
The software limit switches are not active!

Referencing axes

Key	Step
Jog	➢ Select "Machine Manual" mode.
Ref Point	➢ Press the "Ref Point" key.
X ...	➢ Select the axis to be traversed.
– +	➢ Press the "+" or "-" key.

The selected axis moves to the reference point. The direction and sequence is defined by the machine-tool manufacturer in the PLC program.
If you have pressed the wrong direction key, the action is not accepted and the axes do not move.
The display shows the reference point value.

No symbol appears for axes that have not been referenced.

This symbol is shown next to an axis if it has been referenced.

Interrupting axis motion

➢ Press the "Feed Stop" key.

The axis stops.

Re-approaching an axis

X ...

➢ Select the axis to be traversed.

– +

➢ Press the "+" or "-" key.

The selected axis moves to the reference point.

Assignments:

1. Have a look at the title '**Reference Point Approach**': Find the correct order for the following sentences. You also may need your English-German vocabulary list at the end of the book.
   - Referenzpunktfahren ist dann notwendig, wenn kein Absolutmesssystem an der Maschine vorhanden ist!
   - Beachten Sie bitte hierzu die Angaben des Herstellers.
   - Steuerung und Maschine werden bei der Funktion „REF" nach dem Einschalten synchronisiert.
   - Der Referenzpunkt ist nur für Maschinenachsen möglich.
   - Das Referenzpunktfahren kann auf unterschiedliche Art realisiert sein.
   - Die Istwertanzeige stimmt nach dem Einschalten nicht mit der tatsächlichen Position der Achsen überein.
2. Have a look at the title '**Warning**'. Translate the text by using the following terms:

axes	Achsen
reposition accordingly	entsprechend positionieren
axis motions	Achsbewegungen
actual value display	Istwertanzeige
referenced	referiert
software limit	Softwareschalter
active	wirksam

3. There are three further titles. Which English term fits to which German word? Match the numbers and the letters.
   1) '**Referencing axes**'
   2) '**Interrupting axis motion**'
   3) '**Re-approaching an axis**'
   A) Die Achse wieder anfahren
   B) Achse referieren
   C) Achsbewegung unterbrechen
4. The German sentences below fit to the three titles in assignment 3, but the order is mixed. Sort the statements in a way they fit to the titles and the English programming guide.
   a) Dieses Symbol wird neben der Achse eingeblendet, wenn diese den Referenzpunkt erreicht hat.
   b) Wählen Sie die Bedienart „Maschine Manuell".
   c) Wählen Sie die zu verfahrende Achse an.
   d) Die Achse hält an.
   e) Die angewählte Achse fährt auf den Referenzpunkt.
   f) Drücken sie die Taste „Ref. Point".
   g) Die Richtung bzw. die Reihenfolge wird durch das PLC Programm vom Maschinenhersteller festgelegt.
   h) Die Anzeige zeigt den Referenzpunkt an.
   i) Drücken Sie die Taste „Feed Stop".
   j) Wählen Sie die zu verfahrende Achse an.
   k) Für Achsen die noch nicht referiert sind, erscheint kein Symbol.
   l) Die angewählte Achse fährt auf den Referenzpunkt.
   m) Drücken Sie die Tasten „–" bzw. „+".
   n) Haben Sie die falsche Richtungstaste gedrückt, wird die Bedienung nicht angenommen, es erfolgt keine Bewegung.
5. Some questions on the information 'Reference point approach':
   a) When is the reference point approach necessary?
   b) Why does the key '–' or '+' have to be pressed.
   c) Why is a PLC program needed?
   d) What happens if you pressed the wrong direction key?
   e) When does no symbol appear?
   f) What do you have to do, if you want to interrupt the axis motion?
   g) Write what you have to do to re-approach an axis.

Work With Words

In future you may have to talk, listen or read technical English. Very often it will happen that you either **do not understand** a word or **do not know the translation**.

In this case here is some help for you!

Below you will find a few possibilities to describe or explain a word you don't know or use synonyms[1] or opposites[2].
Write the results into your exercise book.

1. **Add as many examples** to the following terms as you can find for different kinds of controls and drives.

kinds of controls:	point-to-point controls straight line controls	*drives:*	feed drives electromechanical drives

2. **Explain the two terms in the box:**
   Use the words below to form correct sentences. Be careful the order is mixed!

rotation:	circular movement/is a complete/ A rotation	*axis:*	or around which it moves evenly/ It is an imaginary line/along which something can be divided equally,

3. **Find the opposites**[1]**:**

permanent position coding:		*workpiece zero reference point:*	
normally open contact:		*cartesian coordinates:*	

4. **Find synonyms**[2]:
   You can find one or two synonyms to each term in the box below.

motor:		*radius:*	
angle:		*cartesian coordinates:*	
intersection/engine/machine/nook		circular arc/measurement/radial route	

5. In each group there is a word which is the **odd man**[3]. Which one is it?

   a) geometrical information/feed/technological information/additional information

   b) absolute measurement/incremental measurement/ working spindle

   c) absolute dimensioning/tools/continuous dimensioning/ incremental dimensioning

   d) machining cycles/subroutine/drilling cycles/thread cutting cycles

6. Please translate the information below. Use your English-German Vocabulary List if necessary.

   Reference point approach is necessary on machines without an absolute measuring system.

1) *opposite:* Gegenteil   2) *synonym:* Synonym, ähnliches Wort, Ergänzung   3) *odd man:* Außenseiter, überzähliges Wort, fünftes Rad am Wagen

Lernfeld 9: Instandsetzen von technischen Systemen

Im Lernfeld 4 des 1. Ausbildungsjahres haben Sie einen Überblick über die **Instandhaltungsmaßnahmen** erhalten:

- Wartung
- Inspektion
- Instandsetzung
- Verbesserung

Schwerpunktmäßig haben Sie dann bei Ihrer bisherigen Ausbildung Wartungsaufgaben kennen gelernt.
In diesem Lernfeld bauen Sie auf Ihren bisher erworbenen Kenntnissen auf und befassen Sie sich besonders mit Instandsetzungsmaßnahmen. Klar ist dabei, dass eine strikte Trennung der verschiedene Instandhaltungsmaßnahmen nicht möglich und auch nicht sinnvoll ist. So erfordern z. B. sowohl die Wartung wie auch die Instandsetzung oft eine entsprechende Inspektion.

Instandsetzungsmaßnahmen sind immer unter den jeweiligen betrieblichen und wirtschaftlichen Anforderungen durchzuführen. Dies bedeutet für Sie:

- Durchführen betriebsinterner Prüfungen
- Einhalten von Instandsetzungsvorschriften
- Beachten der Wirtschaftlichkeit Ihres Handelns

Instandsetzungstätigkeiten beinhalten z. B.:

- Demontage und Montage
- Ersatzteilbeschaffung
- Anwenden von Prüfverfahren
- Dokumentation der Instandsetzungstätigkeiten
- Bestimmung von Verschleißursachen

Um eine Instandsetzung erfolgreich durchzuführen, ist die Kenntnis geeigneter **Fehlersuchstrategien** erforderlich. Eine erfolgreiche Fehlersuche setzt die erforderlichen **Fachkenntnisse** voraus. Die dafür erforderlichen Informationen müssen Sie sich in vielen Fällen eigenverantwortlich z. B. aus

- technischen Zeichnungen
- Bedienungsanleitungen
- Tabellenbüchern
- geeigneter Fachliteratur

beschaffen.

Um die Ursachen für Anlagenausfälle einzuschränken, müssen häufig **Verschleißursachen** ermittelt werden. Dazu analysieren Sie die Systeme und entscheiden, ob Sie Unterstützung aus anderen Fachabteilungen benötigen. Bei all Ihren Tätigkeiten halten Sie die Bestimmungen der **Arbeitssicherheit** und des **Umweltschutzes** ein.

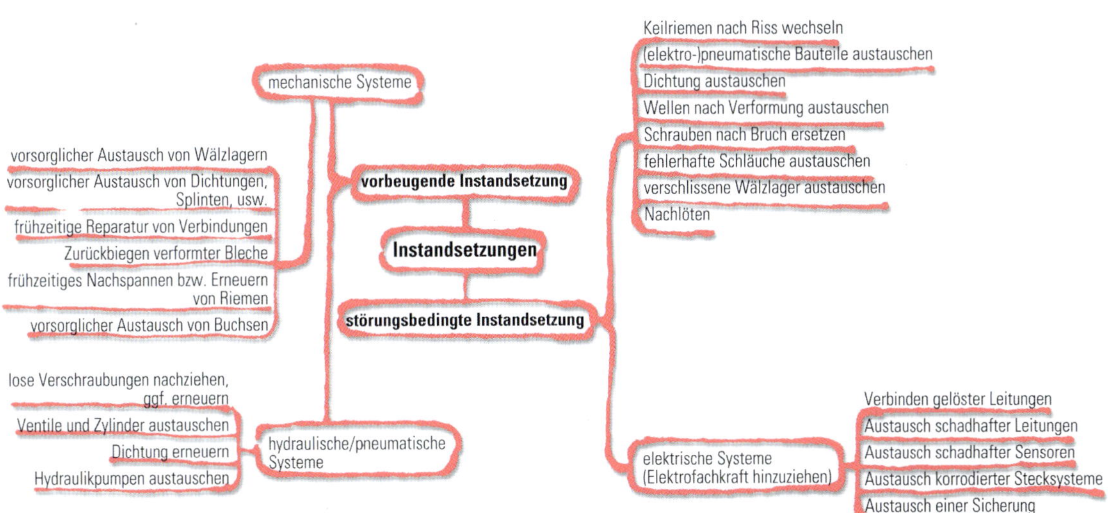

1 Instandsetzungsmaßnahmen

Zur **Instandsetzung** *(overhauling)* gehören die beiden folgenden Teilmaßnahmen:

- **Reparatur** *(repair)* (Instandsetzung durch Bearbeitung)
- **Austausch** *(replacement)* (Instandsetzung durch Ersetzen)

Die folgende Übersicht zeigt einige Beispiele für Instandsetzungsmaßnahmen.

Für jede Instandsetzungsmaßnahme sind die technischen Anlagen stets **stillzulegen** *(shut down)*. Dabei werden sie gegen selbstständiges Einschalten gesichert. Auch muss gewährleistet sein, dass Unbefugte die Anlagen **nicht einschalten** *(not activate)* können.

Beispiel	Instandsetzungsmaßnahme	Fehlerursache
	Austausch eines Riemens	überalterter Riemen
	Austausch eines Zahnrads	Verschleiß
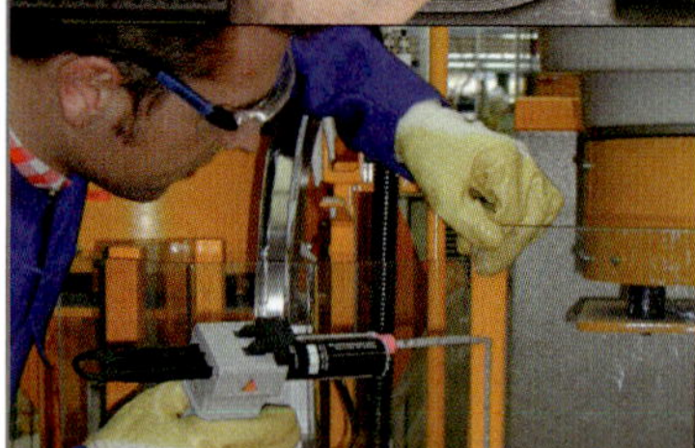	Reparatur durch Kleben einer Schutzabdeckung	Alterungserscheinung der Klebstoffverbindung
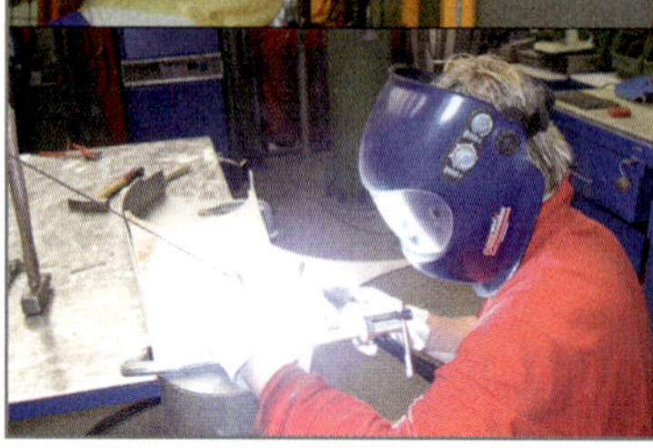	Reparatur durch Schweißen	Verschleiß, Werkstoffermüdung

1 Beispiele für Instandsetzungsmaßnahmen

ÜBUNGEN

1. Welche Tätigkeiten werden bei den einzelnen Instandhaltungsmaßnahmen durchgeführt? Erstellen Sie eine Mindmap nach dem folgenden Muster:

2. Nennen Sie zwei generelle Instandsetzungsmaßnahmen.
3. Welche arbeitssicherheitsrelevante Maßnahmen sind bei Instandsetzungstätigkeiten einzuhalten?
4. Nennen Sie Instandsetzungsbeispiele aus Ihrer betrieblichen Praxis.
5. Nennen Sie möglichen Gründe, die ausschlaggebend für eine zügige Instandsetzung sind.

2 Instandsetzungsstrategien

Grundsätzlich ist im Bereich der Instandsetzung zwischen zwei **Instandhaltungsstrategien** *(maintenance strategies)* zu unterscheiden:

- **Störungsbedingte Instandsetzung** *(failure caused overhauling)* (ausfallbedingte Instandsetzung) (siehe Kapitel 2.1) oder
- **Vorbeugende Instandsetzung** *(preventive overhauling)* (zustandsbedingte und intervallabhängige Instandsetzung) (siehe Kapitel 2.2)

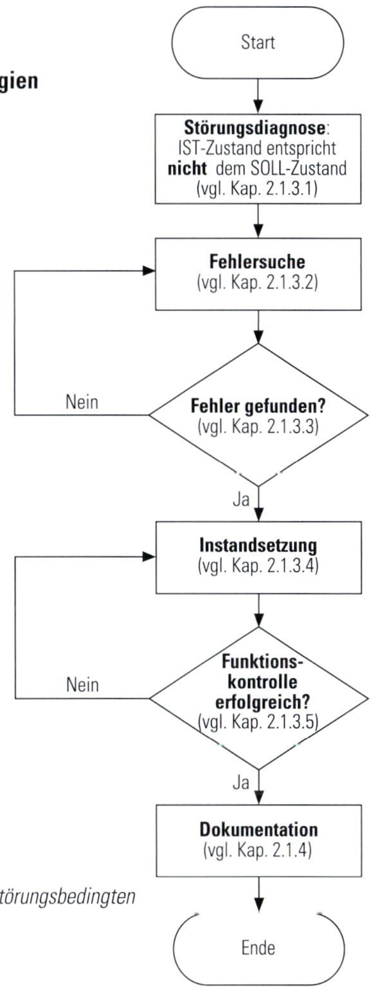

1 Ablaufplan einer störungsbedingten Instandsetzung

2.1 Störungsbedingte Instandsetzung

2.1.1 Fehlersuchstrategien

Zur Minimierung der **Ausfallkosten** *(breakdown costs)* sind geeignete Instandsetzungsmaßnahmen (Reparatur/Austausch von Bauteilen) möglichst zügig durchzuführen.
Um eine störungsbedingte Instandsetzung erfolgreich durchzuführen, sind mehrere Arbeitsschritte einzuhalten.
Bild 1 zeigt die Schritte einer störungsbedingten Instandsetzung.

Überlegen Sie!
Beschreiben Sie die Zwischenkontrollen im Ablauf von Bild 1.

Wie im **Ishikawa-Diagramm** *(Ishikawa-chart)* (Bild 2) dargestellt, sind die Ursachen einer Störung sehr vielfältig. Daher ist eine systematische **Fehlersuche** *(debugging)* durchzuführen.
Um eine Fehlersuche erfolgreich zu gestalten, muss die Fachkraft geeignete **Fehlersuchstrategien** entwickeln. Sie muss

- umfassendend beobachten
- zielorientiert überlegen und
- fachgerecht handeln.

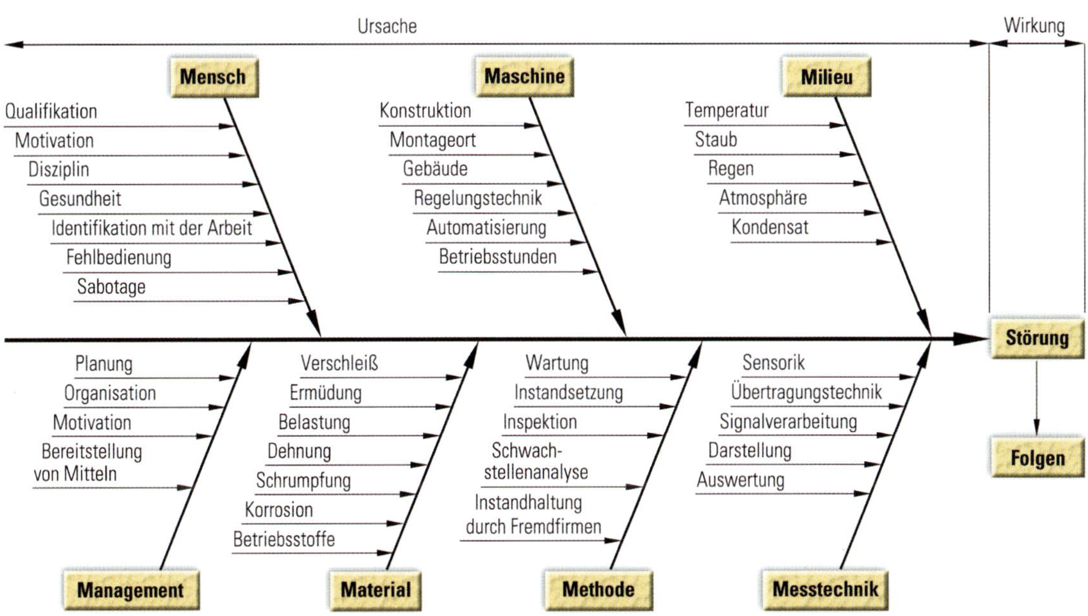

2 Ursachen einer Störung

Umfassendes Beobachten setzt Kenntnisse über die erforderliche Funktionsfähigkeit eines technischen Systems voraus. **Zielorientiert überlegen** kann die Fachkraft nur, wenn sie technische Informationsquellen wie technische Zeichnungen, Bedienungsanleitungen usw. nutzt.

Fachgerechtes Handeln setzt Fähigkeiten im Umgang mit Werkzeugen und strukturierte Vorgehensweise (Arbeitsplan) bei der Ausführung von Arbeitsschritten voraus.

Komplexe technische Anlagen wie z. B. Werkzeugmaschinen und Bearbeitungszentren besitzen mechanische, elektrische sowie pneumatische bzw. hydraulische Komponenten.

Um den oder die Fehler erkennen zu können, ist es deshalb notwendig, die aufgetretenen **Fehlermerkmale** *(error characteristics)* den verschiedenen Teilbereichen zuordnen zu können. Die Tabelle Bild 1 zeigt einige typische Merkmale, die eine erste Zuordnung zu den unterschiedlichen Bereichen ermöglicht:

Bereich	Fehlermerkmale	Beispiele
Mechanik	■ Geräusche ■ hohe Temperaturen ■ Verschleißerscheinungen wie z. B. Verformung, Abreißen, Korrosion, Bruch ■ Klemmen	 Verschleiß am Außenring eines Wälzlagers, verursacht durch unsachgemäßen Einbau und dadurch falschen Sitz im Gehäuse
Pneumatik	■ Zylinder fährt zu langsam aus ■ Geräusche ■ lose Verbindungen	
Hydraulik	■ Leckage ■ lose Verbindungen ■ Hydrauliköl überaltert ■ Aktoren sind zu langsam ■ Geruch	
Elektrik	■ Anlage lässt sich nicht einschalten ■ Anlage geht während des Betriebs aus ■ übermäßige Erwärmung von Leitungen ■ geknickte Leitungen	

1 *Fehlermerkmale aus den verschiedenen technischen Bereichen*

2.1.2 Instandsetzungsvorschriften

Weitere Hinweise zu möglichen Fehlerquellen sowie Instandsetzungsvorschriften *(overhauling regulations)* findet die Fachkraft oft in **Bedienungsanleitungen** *(operating instructions)*. Bild 1 zeigt einen Auszug aus einer Bedienungsanleitung für den hydraulischen Kraftspanner (Bild 2).

10. Fehlererkennung und deren Behebung

Trouble shooting - Détection d'erreurs et leur élimination - Possibili anomalie e loro eliminazione - Fallos posibles y su elimination

Störung - Trouble - Défauts Anomalie - Fallos	**Ursachen** - Cause - Cause - Causa - Causa	**Beseitigung** - Remedy - Remède - Rimedio - Eliminación
RH: maximale Spannkraft wird nicht erreicht RH: vice fails to achive max. clamping force RH: la force maximale de serrage n'est pas atteinte RH: tensione max. non viene raggiunta RH: no se alcanza la fuerza máxima de sujeción	**a) Hydraulik-Aggregat nicht richtig eingestellt** a) Hydraulic unit not correctly adjusted a) Le groupe hydraulique n'est pas convenablement réglé a) Gruppo idraulico regolato erroneamente a) Grupo hidráulico no correctamente ajustado	**a) Druck im Aggregat auf den richtigen Wert einstellen** a) Adjust pressure in unit to correct value a) Régler la pression du groupe hydraulique à une valeur correcte a) Regolare pressione del gruppo sul giusto valore a) Ajustar la presión correcta
	b) Hydraulik-System nicht entlüftet b) Hydraulic system not bled b) L'enceinte hydraulique n'a pas été convenablement purgée b) Sistema idraulico non sfiatato b) Aire no purgado en el sistema hidráulico	**b) Entlüften, siehe Punkt 3.2.** b) Bleed, see para 3.2. b) Purger le groupe hydraulique (voir alinéa 3.2). b) Sfiatare, cfr. punto 3.2. b) Purgar el aire, véase bajo el punto 3.2.
	c) Spannbacke steht zu weit vom Werkstück entfernt c) Clamping jaw too far from workpiece c) Le mors de serrage est trop éloignée de la piece c) Ganascia troppo distante dal pezzo c) La garra de sujeción está demasiado alejada de la pieza	**c) Spannbacken bis auf 3 – 4 mm an das Werkstück heranführen** c) Advance clamping jaw until it clears the workpiece by no more than 3 – 4 mm. c) Approcher à la main le mors jusqu'à env. 3 à 4 mm de la pièce. c) Portare ganascia fino a 3 – 4 mm dal pezzo. c) Aproximar la garra de sujeción a la pieza hasta 3 – 4 mm de la misma
	d) Hydraulische Zuleitung oder Nutring defekt d) Hydraulic pressure supply or U–shaped sealing ring damaged. d) Conduit hydraulique ou joint défectueux. d) Tubo di alimentazione oppure guarnizione ad anello difettosa. d) Tubo de alimentación hidráulico o anillo defectuoso	**d) Hydraulische Zuleitung oder Nutring austauschen oder den kompletten Hydraulik Zylinder erneuern.** d) Exchange Hydraulic pressure supply or U-shaped sealing ring or renew the complete hydraulic cylinder d) Changer conduit hydraulique ou joint ou remplacer le cylindre hydraulique complet. d) Sostituire il tubo di alimentazione oppure la guarnizione ad anello oppure l'intero gruppo idraulico. d) Sustituir tubo de alimentación hidráulico o anillo ó cambiar todo el cilindro hidráulico.
Zu geringe Spanngenauigkeit Insufficient clamping accuracy Trop faible précision du serrage Precisione di serraggio troppo bassa Insuficiente precisión de sujeción	**a) Unsachgemäße Aufspannung** a) Incorrect mounting a) Serrage inadéquat a) Bloccaggio non coretto a) Fijación incorrecta	**a) Aufspannempfehlungen beachten, siehe Punkt 4., evtl. zusätzliche Abstützung des Grundkörpers bei stirnseitiger Aufspannung** a) Observe mounting recommendations, see para. 4. If necessary, provide additional support for the body if the vice is mounted on end a) Respecter les conseils prodigués pour un serrage correct (voir chapitre 4), assurer éventuellement un meilleur appui du corps de l'étau (en cas de serrage frontal) a) Osservare raccomandazioni di bloccaggio, cfr. punto 4, eventualmente appoggio supplementare del corpo base in caso di bloccaggio frontale a) Observar las recomendaciones de fijación, véase el punto 4, eventualmente realizar un apoyo adicional del cuerpo base en la fijación frontal
	b) Schraubstock-Auflage uneben oder verschmutzt b) Vice support dirty or not perfectly level b) Montage de l'étau encrassé ou pas suffisamment plan b) Supporto morsa non piano o imbrattato b) Apoyo de la mordaza no plano o sucio	**b) Auflagefläche säubern, gegebenenfalls nacharbeiten** b) Clean supporting surface, rework if necessary b) Nettoyer le plan de montage, au besoin rectifier b) Pulire superficie di appoggio, se necessario ripassare b) Limpiar la superficie de apoyo, en caso necesario, repasar correspondientemente

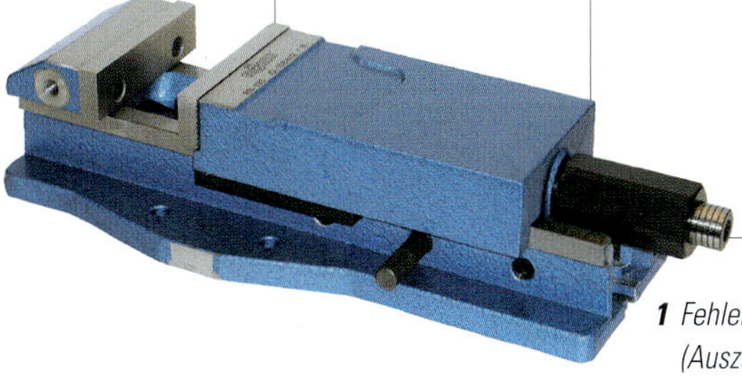

2 *Hydraulischer Kraftspanner*

1 *Fehleranalyse eines hydraulischen Kraftspanners aus einer Bedienungsanleitung (Auszug)*

Instandsetzungsstrategien

2.1.3 Arbeitsschritte bei einer störungsbedingten Instandsetzung

LF9_01

2.1.3.1 Störungsdiagnose *(malfunction diagnostics)*

Bei der Tischbohrmaschine (Bild 1) stellt der Bediener fest, dass der Hebel für die Drehfrequenzänderung klemmt, d. h., die Bohrspindel dreht sich nur mit **einer Umdrehungsfrequenz** *(rotational speed)*.

Der IST-Zustand stimmt mit dem SOLL-Zustand nicht überein (Seite 323 Bild 1). Eine Störung wurde diagnostiziert. Um mit der Bohrmaschine weiterhin fachgerecht und wirtschaftlich produzieren zu können, muss sie instandgesetzt werden. Dadurch steigt auch die **Verfügbarkeit** *(availability)* (siehe Lernfeld 4) der Bohrmaschine.

Der Fehler muss gesucht, gefunden und behoben werden. Anschließend wird die Tischbohrmaschine wieder in Betrieb genommen. Dabei wird zum einen die Funktionsfähigkeit getestet und zum Anderen die Fertigungsqualität der Testbohrungen überprüft. Wenn die Funktionskontrolle erfolgreich verlaufen ist und eine Genehmigung für die Wiederinbetriebnahme vorliegt, kann mit der Bohrmaschine erneut produziert werden. Um künftig mögliche Störungen zu vermeiden, muss während des Betriebs und z. B. im Rahmen einer **Inspektion** *(inspection)* (vgl. Lernfeld 4) fortlaufend ein SOLL-IST-Vergleich stattfinden.

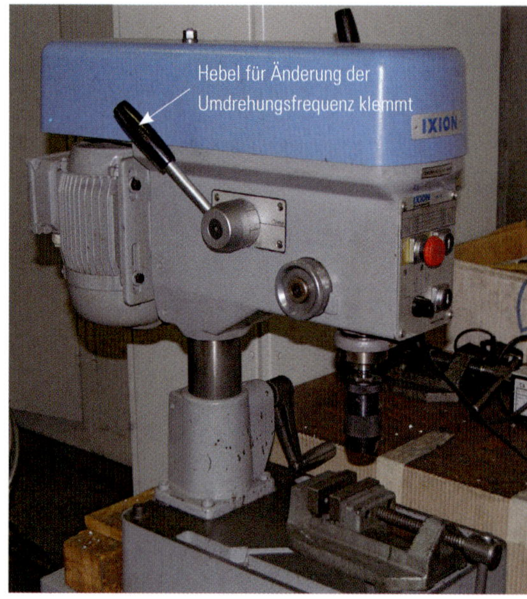

1 *Tischbohrmaschine*

2.1.3.2 Fehlersuche *(error diagnostics)*

Das Fehlermerkmal *(error characteristics)* „Hebel klemmt/Änderung der Umdrehungsfrequenz nicht möglich" verweist hier auf eine mechanische Störung (Seite 324 Bild 1).

Die für die Instandsetzung zuständige Fachkraft analysiert deshalb zunächst die Gesamtzeichnung der Bohrmaschine (Seite 327 Bild 1).

Analyse der Gesamtzeichnung

Gesamtzeichnungen *(assembly drawings)* enthalten viele Informationen wie z. B.

- die Funktion *(function)* eines Geräts *(device)*
- die Lage *(position)* und Funktion von Gruppen *(subassemblies)* und Einzelteilen
- Montagehinweise *(mounting instructions)* und Demontagehinweise *(demounting instructions)*
- Wartungs- *(maintenance instructions)* und Instandhaltungshinweise *(service and maintenance instructions)*
- als Ersatzteilzeichnungen *(spare part drawings)* die Benennung von Gruppen und Verschleißteilen

Die Fachkraft muss durch richtige Herangehensweise die für sie erforderlichen Informationen herausfiltern. Sie muss mit einer konkreten Fragestellung, die sich aus dem Arbeitsauftrag ergibt, an die Zeichnung herangehen. Dazu muss sie die prinzipiellen Funktionszusammenhänge verstanden haben.

Der Arbeitsauftrag lautet hier:

„An der Bohrmaschine klemmt der Hebel für die Verstellung der Umdrehungsfrequenz. Welche Ursachen sind dafür verantwortlich? Beheben Sie den Fehler."

Überlegen Sie!

1. *Beschreiben Sie den Energiefluss zur Erzeugung der Schnittgeschwindigkeit vom Motor bis zur Bohrspindel.*
2. *Erstellen Sie nach nebenstehendem Beispiel eine Skizze für den Antrieb zwischen Motor und Bohrspindel. Tragen Sie die Drehrichtungen ein. Achten Sie dabei auf die richtige Drehbewegung der Bohrspindel. Tragen Sie die Umdrehungsfrequenzen n_1, n_2, n_3 und n_4 ein (Seite 327 Bild 1).*

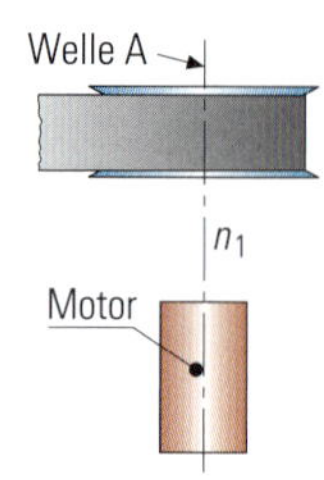

In Bild 2 ist die Breitkeilriemenverbindung zwischen Welle A und Welle B dargestellt.

2 *Breitkeilriemenverbindung*

Funktionszusammenhänge *(connections of function)*

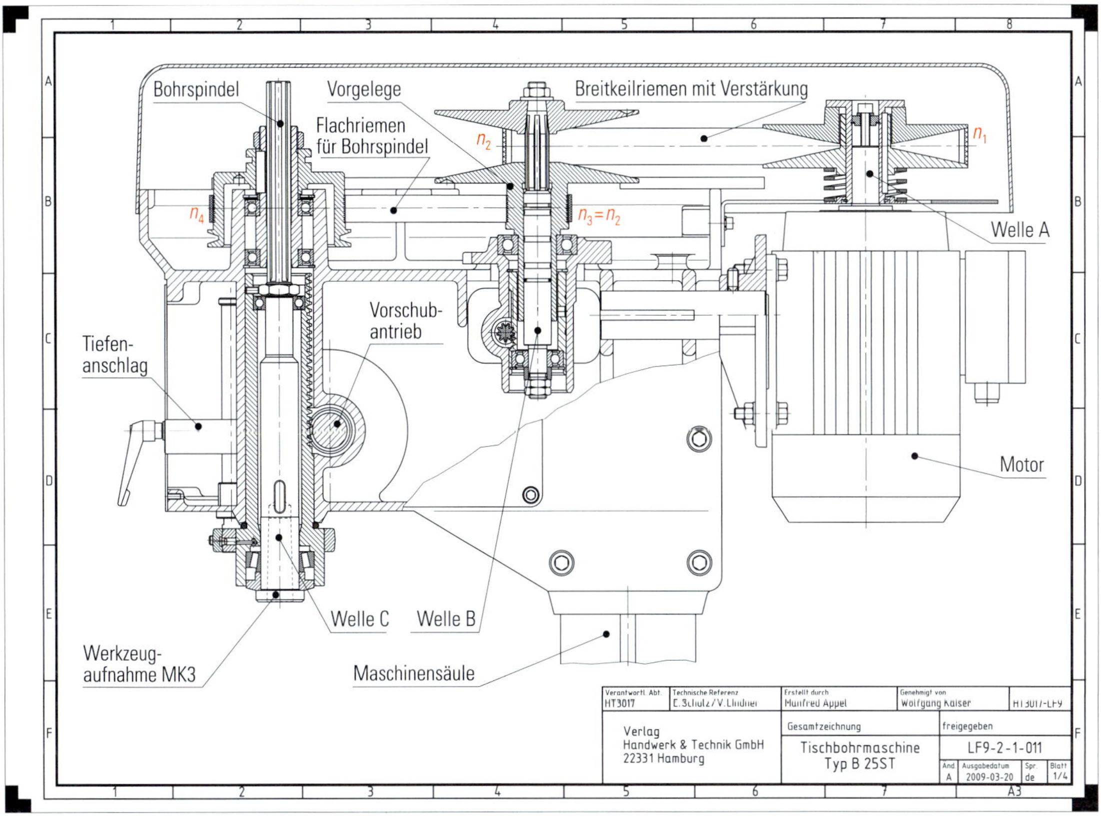

***1** Gesamtzeichnung der Bohrmaschine*

In die Skizze Bild 2 sind die Geschwindigkeiten des Riemens v und die der Riemenscheiben v_1 und v_2 eingetragen.

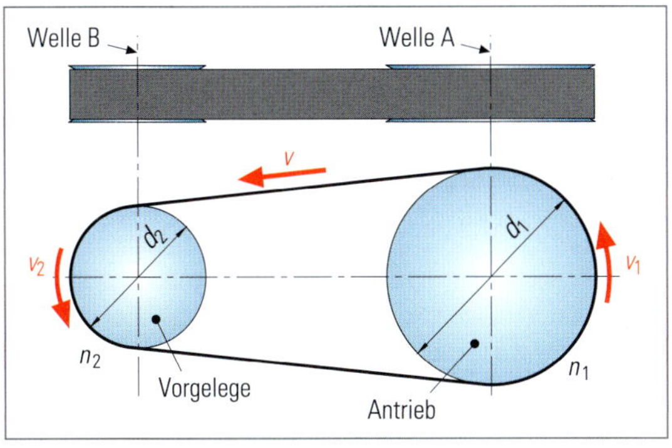

***2** Skizze der Keilriemenverbindung*

Die Riemengeschwindigkeit ist überall gleich groß: $v = v_1 = v_2$

$$v = \frac{s}{t}$$

s: Weg in mm
t: Zeit in s

Für eine **kreisförmige Bewegung** gilt allgemein:

$$v = \frac{s}{t} = d \cdot \pi \cdot n$$

$$v_1 = d_1 \cdot \pi \cdot n_1$$
$$v_2 = d_2 \cdot \pi \cdot n_2$$

d: Durchmesser der Riemenscheibe in mm
n: Umdrehungsfrequenz in min^{-1}

Die Durchmesser der Riemenscheiben d_1 und d_2 können unterschiedlich groß sein. Da die Riemengeschwindigkeit konstant ist, müssen die Umdrehungsfrequenzen n_1 und n_2 ebenfalls unterschiedlich groß sein.
Über die Motorumdrehungsfrequenz wird die Umdrehungsfrequenz n_1 für die Welle I vorgegeben. In Abhängigkeit der Durchmesser d_1 und d_2 wird die Umdrehungsfrequenz n_2 der Welle II verändert.
Das Verhältnis der Umdrehungsfrequenzen zueinander bzw. das der Durchmesser zueinander wird als das **Übersetzungsverhältnis** i *(transmission ratio)* bezeichnet:

$$v_1 = v_2$$

$$d_1 \cdot \pi \cdot n_1 = d_2 \cdot \pi \cdot n_2$$

$$d_1 \cdot n_1 = d_2 \cdot n_2$$

$$i = \frac{n_1}{n_2} = \frac{d_2}{d_1}$$

Allgemein gilt:

$$i = \frac{n_{\text{treibend}}}{n_{\text{getrieben}}} = \frac{d_{\text{getrieben}}}{d_{\text{treibend}}}$$

MERKE

Wenn $i < 1$ also $n_1 < n_2$ ist das eine Übersetzung ins Schnelle.
Wenn $i > 1$ also $n_1 > n_2$ ist das eine Übersetzung ins Langsame.

Überlegen Sie!

1. *Wie verhalten sich die Durchmesser zueinander bei einer Übersetzung ins Schnelle?*
2. *Wie verhalten sich die Durchmesser zueinander bei einer Übersetzung ins Langsame?*
3. *Wie verhalten sich die Durchmesser zueinander, wenn $n_1 = n_2$?*
4. *Wie heißt das Übersetzungsverhältnis für $i < 1$?*
5. *Wie heißt das Übersetzungsverhältnis für $i > 1$?*
6. *Wie heißt das Übersetzungsverhältnis für $i = 1$?*
7. *Stellen Sie die Gleichung $i = n_1/n_2$ für die Berechnung der Umdrehungsfrequenzen um.*
8. *Stellen Sie die Gleichung $i = d_2/d_1$ für die Berechnung der Durchmesser um.*
9. *Wie groß ist das Übersetzungsverhältnis des Keilriementriebs zwischen Motor und oberer Riemenscheibe?*

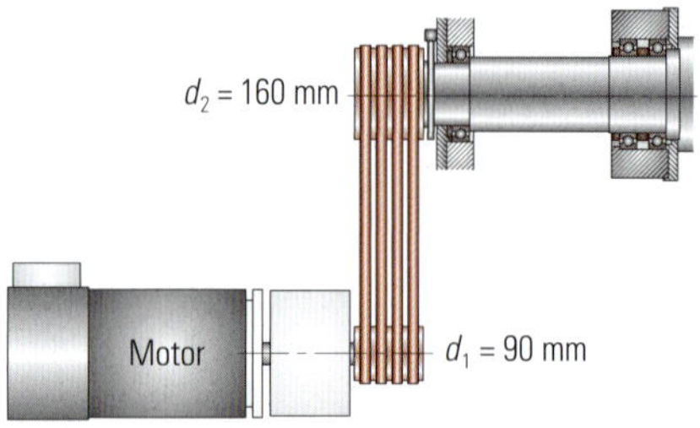

10. *Der Motor einer Bohrmaschine hat eine Nennumdrehungsfrequenz $n = 1486$/min. Die Riemenscheibe des Vorgeleges hat einen Durchmesser $d_2 = 180$ mm und eine Umdrehungsfrequenz $n_2 = 1650$/min. Berechnen Sie i, d_1 und n_1.*

Riemenschlupf *(belt slippage)*
Wenn der Motor eingeschaltet wird, erzeugen entstehende Kräfte (Trumkräfte) im Riemen eine Spannung. Der Riemen wird gedehnt. Dabei entsteht eine Relativbewegung des Riemens zu den Laufflächen der Riemenscheiben, der **Dehnschlupf** *(expansion slippage)*. Der Dehnschlupf bewirkt, dass das jeweils treibende Element etwas schneller ist als das angetriebene Gegenstück. Die Umfangsgeschwindigkeit der vom Motor angetrieben Riemenscheibe auf der Welle A ist etwas größer als die des Riemens ($v_1 > v$). Und die Riemengeschwindigkeit ist wiederum etwas größer als die der getriebenen Riemenscheibe auf der Welle B ($v > v_2$). Der Dehnschlupf liegt in Abhängigkeit vom Drehmoment zwischen 0,5 % und 5 %. Er ist nicht vermeidbar. Bei größeren Umfangskräften entsteht zwischen Riemen und Riemenscheibe eine Gleitbewegung, der **Gleitschlupf** *(glide slippage)*. Da der Gleitschlupf zerstörend auf den Riemen wirkt, ist er zu vermeiden. Dies kann z. B. durch Erhöhung der Vorspannkräfte erfolgen.

Überlegen Sie!

Wird durch den Schlupf das Übersetzungsverhältnis größer oder kleiner?

Umdrehungsfrequenzänderung *(change of rotational speed)*
Die Umdrehungsfrequenz wird an der Bohrmaschine stufenlos geändert. Dies geschieht mithilfe des **Vorgeleges** *(intermediate gearbox)* (Bild 1 und Seite 329 Bild 1).

1 *Vorgelege*

Die Keilriemenscheiben auf der Welle B werden gegeneinander verschoben. Dadurch wird der wirksame Durchmesser der Keilriemenscheibe verändert.
Wenn der wirksame Durchmesser im Vorgelege größer wird, nimmt die Umdrehungsfrequenz ab:

$$n = \frac{v}{\pi \cdot d}$$

Wenn der wirksame Durchmesser im Vorgelege kleiner wird, nimmt die Umdrehungsfrequenz zu.
Der wirksame Durchmesser der oberen Keilriemenscheibe auf der Antriebsseite (auf der Welle A) wird über den Breitkeilriemen und die Druckfeder zwangsweise angepasst. Daraus ergibt sich für die Riemenlänge immer ein passendes Durchmesserpaar. Die jeweiligen Durchmesserpaare ergeben das Übersetzungsverhältnis und damit die gewünschte Umdrehungsfrequenz des Bohrers.

2 *Keilriemenscheiben der Antriebsseite (Welle A)*

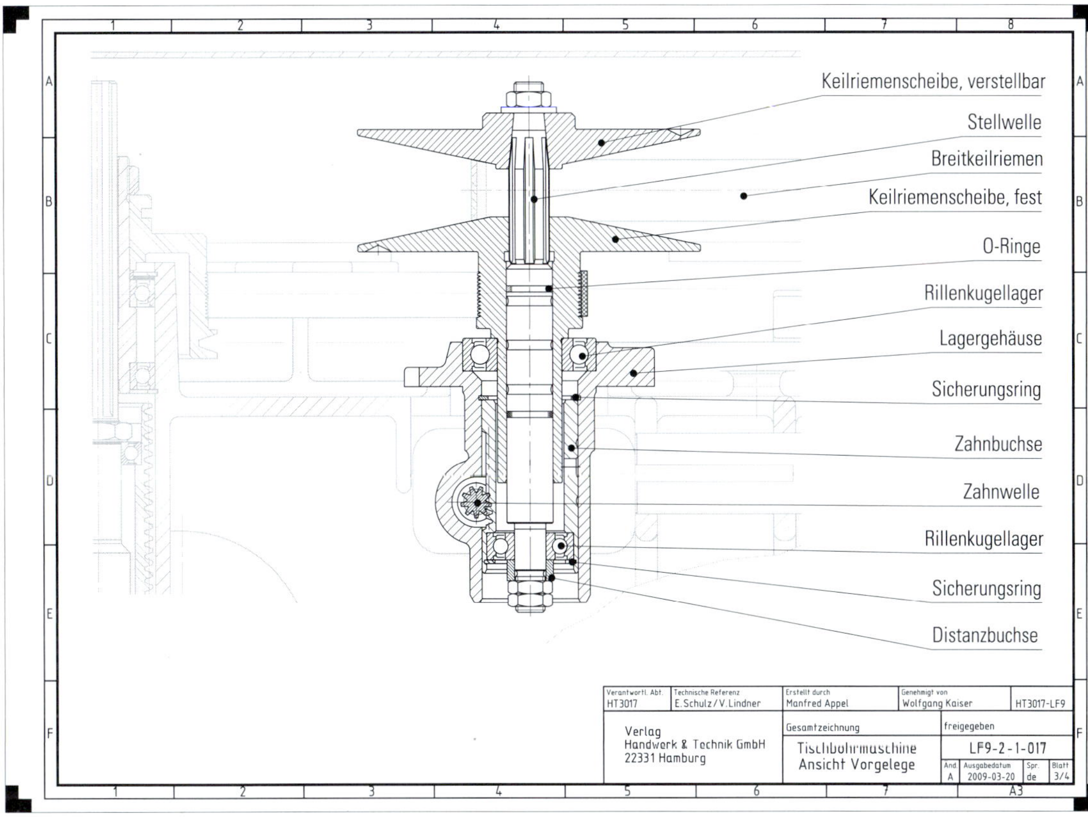

1 *Gesamtzeichnung des Vorgeleges*

Die Keilriemenscheiben dürfen nur bei laufender Maschine verschoben werden. Eine Verstellung bei Maschinenstillstand kann beim Einschalten der Maschine zu einer Beschädigung des Breitkeilriemens oder des Vorgeleges führen (vgl. Kap. 2.1.3.6).

2.1.3.3 Fehlerbehebung *(troubleshooting)*

Die Beschreibung möglicher Fehler setzt die Anwendung von Fehlersuchstrategien (siehe Seite 323) voraus.
Der Bediener hat aufgrund seiner Kenntnisse über die Funktion der Bohrmaschine festgestellt, dass eine Störung vorliegt.
Er analysiert nun die Gesamtzeichnung und erkennt am Energiefluss, dass der genannte Fehler am Breitkeilriemen oder im Vorgelege liegen muss.
Aufgrund der relativ einfachen Überprüfung des Riemens wird dieser zunächst überprüft (vgl. Kap. 2.1.3.4). Gegebenenfalls muss anschließend die Zahnwelle geprüft werden (vgl. Kap. 2.1.3.4).
Die Fachkraft hat umfassend beobachtet und zielorientiert überlegt. Sie kann nun fachgerecht handeln.

2.1.3.4 Instandsetzungsschritte
Überprüfung des Breitkeilriemens
(inspection of wide V-belt)

Folgende Schritte sind durchzuführen:

1. **Sichtkontrolle** *(visual inspection)* (Bild 2): Die erfahrene Fachkraft erkennt am äußeren Aussehen, ob ein Riemen z. B. porös ist. Der Riemen ist dann auszutauschen.

2 *Sichtkontrolle des Riemens*

2. **Kontrolle der Riemenspannung** *(check of belt tension)*: Der Breitkeilriemen muss bei kleinstem Übersetzungsverhältnis an der Antriebsriemenscheibe bündig anliegen (Seite 330 Bild 1). Ist die Bündigkeit nicht gegeben, muss nachgespannt werden:
   - Gewindestift (1) lösen
   - Motorflansch (2) nach hinten ziehen bis der Riemen bei höchster Umdrehungsfrequenz bündig in der Regelscheibe läuft.
   - Gewindestift 1 festziehen (Motorbolzen wird geklemmt)

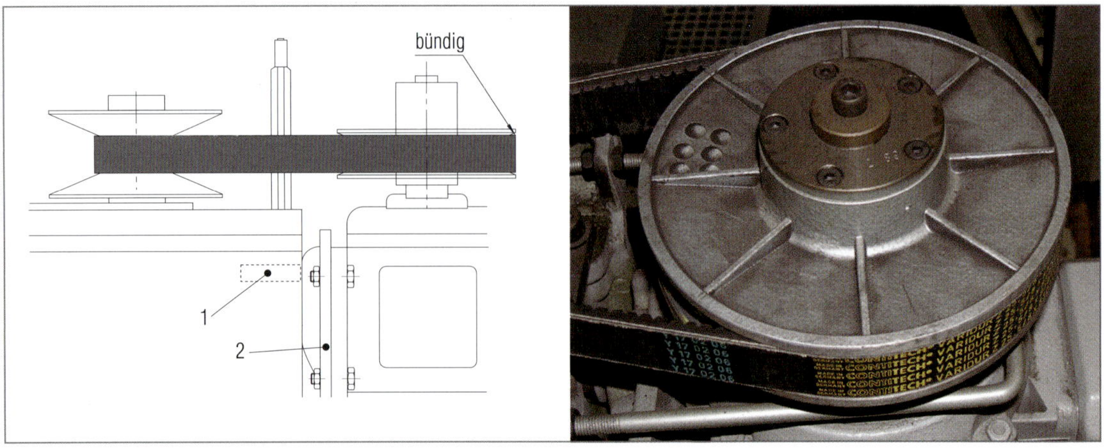

1 Bündigkeit des Breitkeilriemens mit der Antriebsriemenscheibe

In der Praxis erkennt die Fachkraft durch Zusammendrücken des Breitkeilriemens mit Daumen und Zeigefinger durch den dabei entstandenen Druck, ob die erforderliche Spannung erreicht wird (Bild 2a).

Die Riemenspannung ist hier in Ordnung, wenn der in Bild 2b gekennzeichnete Abstand von 5 mm nicht überschritten wird. Dieser Wert hängt vom Achsenabstand *a* der treibenden und angetriebenen Welle ab.

3. Das **Messen der Breitkeilriemenbreite** *(measuring of width of wide V-belt)* (Bild 3) muss im Rahmen der Wartungstätigkeiten regelmäßig durchgeführt werden. Bei einem Störungsfall, der im Zusammenhang mit dem Riemenantrieb auftritt, ist das Überprüfen der Riemenbreite unbedingt erforderlich.

3 Messen der Breitkeilriemenbreite

Im vorliegenden Fall ergab die Überprüfung *(inspection)* des Breitkeilriemenantriebs, dass dieser einwandfrei ist. Der Fehler wurde noch nicht gefunden. Daher wird im folgenden Abschnitt die Störungsursache *(cause of malfunction)* im Vorgelege vermutet.

Überlegen Sie!

Nennen Sie Maßnahmen, die zur Überprüfung der Funktionsfähigkeit des Breitkeilriemens dienen.

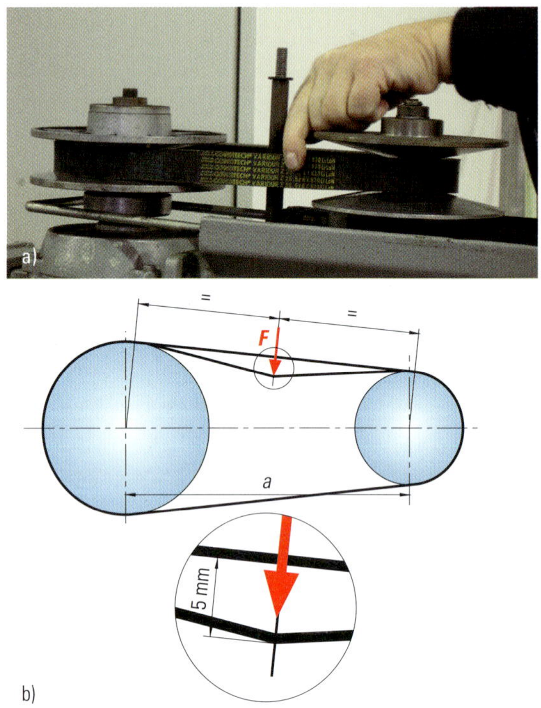

2 Prüfen der Riemenspannung

Überprüfung des Vorgeleges

Für die Instandsetzung ergibt sich die Frage: „Warum kann die Umdrehungsfrequenz nicht geändert werden?" Die äußere Untersuchung zeigt, dass der Hebel zur Änderung der Umdrehungsfrequenz sich nicht bewegen lässt.

Zur Beseitigung dieser Störung muss die Baugruppe „Vorgelege" ausgebaut *(dismantled)* und demontiert *(disassembled)* werden. Dazu benötigt die Fachkraft zunächst die Einzelteilzeichnung *(component drawing)* (Seite 331 Bild 1) aus der Bedienungsanleitung der Bohrmaschine.

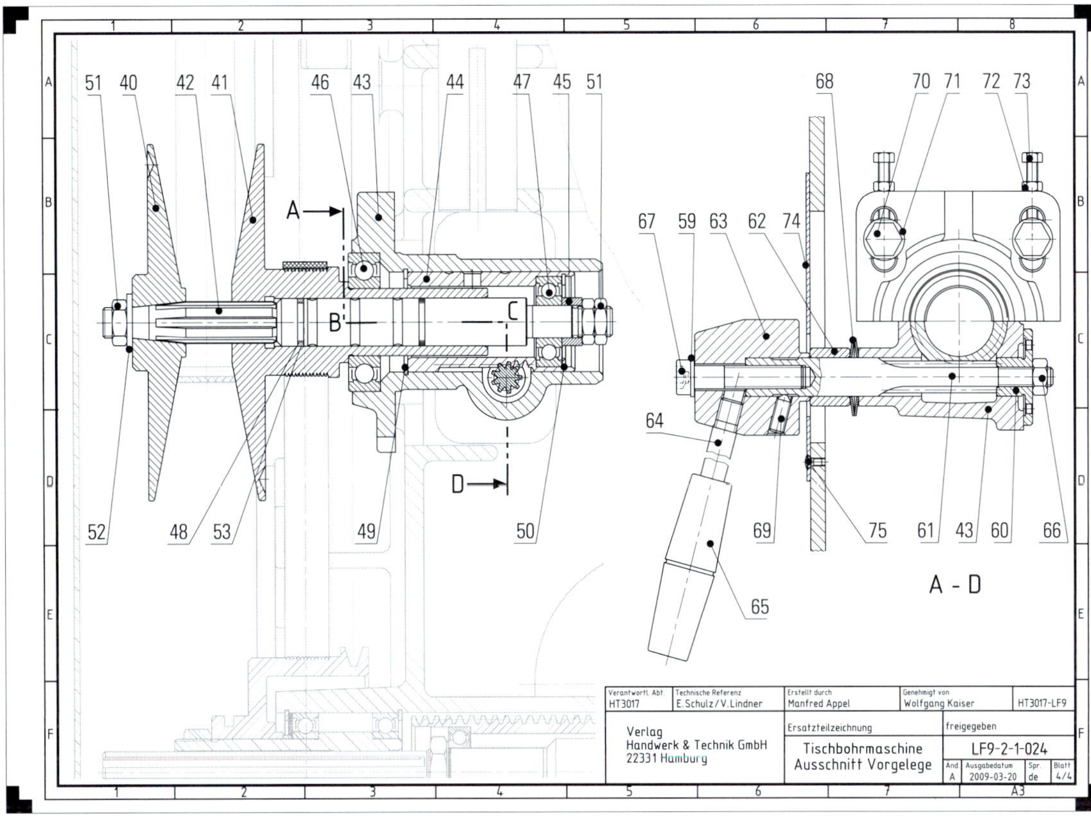

1 *Vorgelege*

Ausbau *(dismantling)* **des Vorgeleges:**

1. Lösen der Spannschrauben *(clamping screws)* der Riementriebe *(pulley)*.
2. Ausbau der Riemen *(belts)*.
3. Demontage des Hebels *(lever)*.
4. Lösen der Befestigungsschrauben *(fastening screws)* des Vorgeleges.
5. Demontage der Baugruppe *(subassembly)* Vorgelege.

Demontage des Vorgeleges
(disassembly of the intermediate gearbox)

Die Zeichnung aus der Bedienungsanleitung (Bild 1) hilft der Fachkraft, die Demontage der Baugruppe „Vorgelege" zu planen. Alle Einzelteile sind in ihrer Lage im Vorgelege zu erkennen. Weiter kann die Funktion aller Teile erkannt werden. Die Störung *(malfunction)* wird im Übergang von der Zahnwelle Pos. 61 *(splined shaft)* zur Stellwelle Pos. 42 *(regulating shaft)* vermutet. Sie kann aber auch im Übergang (Vielkeilwellenprofil) von der Stellwelle zur festen Keilriemenscheibe liegen. Die geforderte Drehbewegung der Zahnwelle kann nicht ausgeführt werden. Die Stellwelle sitzt fest.

Als weitere Unterlage wird die **Stückliste** *(parts list)* verwendet (Seite 332). Sie gibt Auskunft über die Normteile, die dazugehörigen Werkzeuge und deren Größe. Werden zusätzliche Informationen benötigt, so sind diese aus den Einzelteilzeichnungen zu entnehmen. Die Stückliste enthält die Positionen 40 bis 53, die zur Stellwelle gehören und die Positionen 59 bis 73, die zur Zahnwelle gehören.

Mithilfe dieser Unterlagen erstellt die Fachkraft einen Plan für die Demontage (Seite 333).

- Es müssen nicht alle Teile einzeln demontiert werden.
- Um die vermutete Störung zu untersuchen, genügt es, Gruppen und Einzelteile auszubauen (siehe Demontageplan).
- Zuerst muss die Zahnwelle demontiert werden. Die Zahnbuchse ist nicht durchgehend verzahnt, damit während des Betriebs Zahnwelle und Zahnbuchse nicht getrennt werden können.
- Danach kann die Stellwelle entfernt werden.
- Zum Abschluss wird die Zahnbuchse demontiert.

Alle demontierten Teile werden geprüft. Beschädigte *(damaged)* Teile werden ausgewechselt. Ursache der Störung ist die beschädigte Zahnwelle (Seite 334 Bild 1). Die Verzahnung der Zahnbuchse und die Aufnahme der festen Keilriemenscheibe (Vielkeilwelle) sind genau auf **Folgeschäden** *(secondary damages)* zu prüfen. Die defekte Zahnwelle muss erneuert werden.

Pos.	Menge	Einheit	Benennung	DIN-Kurzzeichen / Werksnorm	Bemerkung
75	4	Stck	Senkschraube	ISO 2010-M4x8-5.8	
74	1	Stck	Deckplatte	W700-11	
73	2	Stck	Sechskantmutter	ISO 4032-M6-8	
72	2	Stck	Sechskantschraube	ISO 4017-M6x35-8.8	
71	4	Stck	Scheibe	ISO 7089-10-200HV	
70	4	Stck	Sechskantschraube	ISO 4017-M10x30-8.8	
69	2	Stck	Gewindestift	ISO 4027-M8x20-45H	
68	2	Stck	Tellerfeder	DIN 2093-B20	
67	1	Stck	Zylinderschraube	ISO 4762-M12x40-8.8	
66	1	Stck	Sechskantmutter	ISO 4032-M10-8	
65	3	Stck	Griff	NLM 06252-120 M12	
64	3	Stck	Hebel	15St-192.46	
63	1	Stck	Nabe	23ST-192.20	
62	1	Stck	Distanzbuchse	23ST-192.23	
61	1	Stck	Zahnwelle	30ST-192.12	
60	1	Stck	Bundbuchse	15St-192.42	
59	1	Stck	Scheibe	ISO 7092-13-200HV	
58					
57					
56					
55					
54					
53	2	Stck	Gleitbuchse	0250-46N	
52	1	Stck	Scheibe	ISO 7092-17-200HV	
51	3	Stck	Sechskantmutter	ISO 8674-M16x1,5-8	
50	1	Stck	Sicherungsring	DIN 472-47x1,75	
49	1	Stck	Sicherungsring	DIN 472-52x2	
48	6	Stck	O-Ring	DIN 3771-20x1-N-NBR	
47	1	Stck	Rillenkugellager	DIN 625-6303-2RS	
46	1	Stck	Rillenkugellager	DIN 625-6207-2RS	
45	1	Stck	Distanzbuchse	23St-192.24	
44	1	Stck	Zahnbuchse	23St-192.41	
43	1	Stck	Lagergehäuse	23St-192.38	
42	1	Stck	Stellwelle	23St-192.22	
41	1	Stck	Keilriemenscheibe	23St-192.019	
40	1	Stck	Keilriemenscheibe	23ST-192.017	

Verantwortl. Abt.	Technische Referenz	Erstellt durch	Genehmigt von	
HT3017	J. Timm/E.Schulz	Manfred Appel	Wolfgang Kaiser	HT3017-LF9

Verlag Handwerk & Technik GmbH 22331 Hamburg	Dokumentenart: Ersatzteilliste	Dokumentenstatus: freigegeben
	Tischbohrmaschine Typ BT 25 ST	LF9-2.1.3.4-6
	Ersatzteile für Vorgelege	Änd.: A; Ausgabedatum: 2007-07-21; Spr.: de; Blatt: 1/1

1 *Stückliste*

Gruppe	Pos.	Abbildung	Werkzeug/Hilfsmittel	Beschreibung der Tätigkeit
Hebel	63 64 65 67 68 69	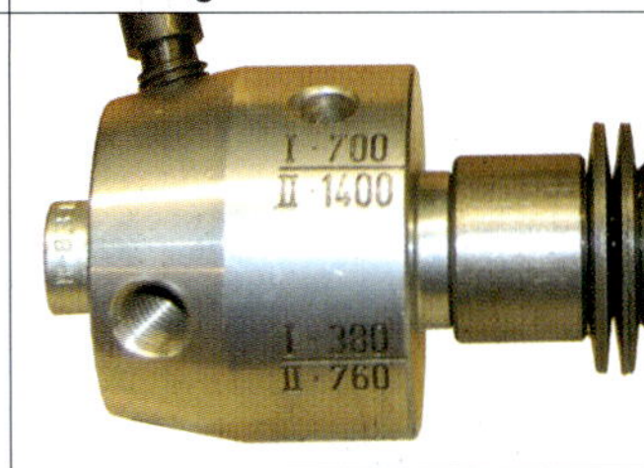	Innensechkant- schlüssel	Pos. 67 lösen und entnehmen. Pos. 69 lösen. Gruppe Hebel von der Zahnwelle Pos. 61 abziehen.
	62 68	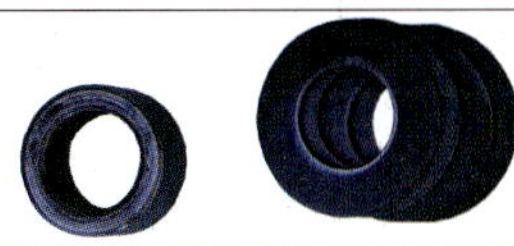		Von Hand abziehen.
Zahnwelle	43 60 61 66		Maulschlüssel SW 16 Steckschlüssel	Kontermutter Pos. 66 lösen; dabei mit dem Steckschlüssel an Pos. 60 gegenhalten. Pos. 60 lösen und Zahnwelle Pos. 61 in Richtung Hebel aus der Lagerbuchse Pos. 43 herausziehen.
Baugruppe Stellwelle mit Zahnbuchse	41 42 45 51 46 47 48 49 50		Maulschlüssel SW 24	Kontermutter Pos. 51 und Sechskantmutter Pos. 51 lösen und mit Pos. 45 entnehmen. Pos. 47 und Pos. 50 entnehmen. Gruppe Stellwelle mit Zahnbuchse Pos. 44 von Hand aus Lagerbuchse Pos. 43 lösen.
Riemenscheibe verstellbar	51 52 40		Maulschlüssel SW 24	Pos. 51 lösen und mit Pos. 52 entnehmen. Pos. 40 von konischem Sitz lösen.
Riemenscheibe	41 42			Pos. 41 von Pos. 42 abziehen.
Lagerbuchse	43			Lagerbuchse bleibt übrig, muss nicht weiter demontiert werden.

***1** Demontageplan*

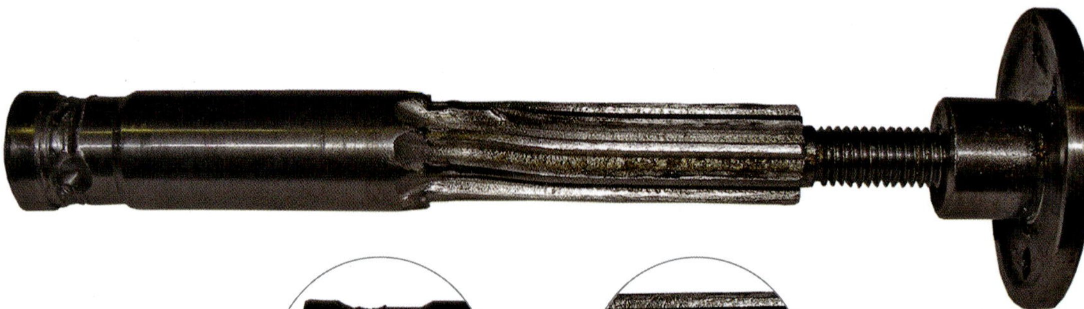

1 Beschädigte Zahnwelle

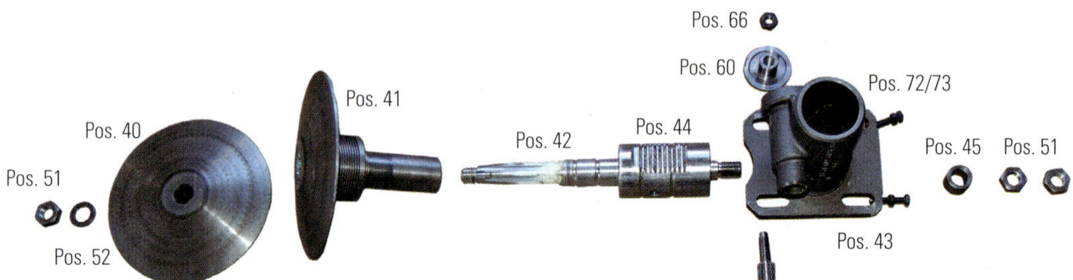

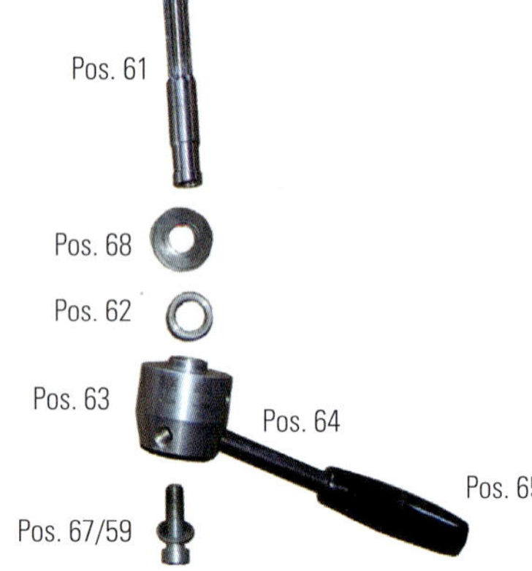

2 Einzelteile des Vorgeleges

Überlegen Sie!

1. *Welche Informationen liefert der Hersteller für die Instandsetzung?*
2. *Welche Informationen entnimmt die Fachkraft aus den technischen Unterlagen?*
3. *Warum muss die feste Keilriemenscheibe demontiert werden?*
4. *Worauf ist beim Auswechseln einzelner Teile zu achten?*
5. *Warum dürfen die Zahnwelle und die Zahnbuchse während des Betriebs nicht getrennt werden?*

Ersatzteilbeschaffung *(purchasing of spare parts)* **und Ersatzteillisten** *(spare parts lists)*

Die Stückliste einer Gesamtzeichnung (Seite 332) gibt Auskunft über verwendete Norm- und Fertigungsteile. Normteile, die instandgesetzt werden müssen, können passend im Fachhandel bestellt werden.

Fertigungsteile sind im Fachhandel nicht bestellbar. Sie müssen nach einer Teilzeichnung gefertigt oder direkt beim Hersteller bestellt werden.

Für eine **Ersatzteilbestellung** *(ordering of spare parts)* benötigt der Kunde neben der Ersatzteilnummer noch die Benennung des **Maschinentyps** und die **Maschinennummer.** So kann ein Störungsfall schnell behoben werden.

Montage *(assembly)*
Nach erfolgreicher Ersatzteilbeschaffung muss das System montiert werden.

2.1.3.5 Funktionskontrolle *(check of function)*/ Instandsetzungsprotokoll/Freigabe

Nach erfolgreicher Montage ist abschließend eine **Funktionsprüfung** *(operational test)* durchzuführen. Im vorliegenden Fall muss geprüft werden, ob sich die Umdrehungsfrequenz wieder einwandfrei schalten lässt.
Die Tätigkeiten, die während der Instandsetzung durchgeführt werden, sind zu protokollieren (vgl. Kap. 2.1.4).
Die Bohrmaschine wird freigegeben und kann wieder zur Produktion eingesetzt werden.

2.1.3.6 Fehlerursachenanalyse *(analysis of error cause)*

Parallel zu den genannten Tätigkeiten ist es sinnvoll, Ursachen für den Verschleiß zu finden. Gründe für eine Ursachenforschung können beispielsweise sein:

- Die aufgetretene Störung soll künftig vermieden werden.
- Das Ersatzteil ist schwierig zu beschaffen.
- Eine Nachfertigung im eigenen Betrieb ist nicht möglich.
- Die Ersatzteilkosten bzw. Herstellkosten sind hoch.
- Das Bauteil verschleißt trotz hochwertiger und angepasster Auswahl des Werkstoffs.
- Der Verschleiß tritt regelmäßig auf, d. h., er ist chronisch.
- Die Stillstandzeiten der Anlage sind hoch.

Bei qualitativ hochwertigen Produkten sind häufig mangelnde Wartung und Bedienerfehler ausschlaggebend für eine Störung. Aus diesem Grund werden zunächst diese Einflussfaktoren untersucht. Im vorliegenden Fall sind die Wartungstätigkeiten an der verzahnten Welle fachgerecht und regelmäßig durchgeführt worden. Somit ist zu analysieren, ob Bedienerfehler Ursache für den Verschleiß sein können.
Für das Instandhaltungspersonal stellt sich im vorliegenden Beispiel die Frage, ob der Bediener bei der Einstellung der Umdrehungsfrequenz einen Fehler gemacht haben könnte.
Aus der Funktionsanalyse, der Bedienungsanleitung sowie einem Hinweisschild an der Bohrmaschine (Bild 1) erhält er die Information, dass die Umdrehungsfrequenz nur im laufenden Betrieb zu verändern ist.
Im Gespräch mit dem Bediener erfährt der Instandhalter, dass dieser die Umdrehungsfrequenz immer im Stillstand ändert.
Die Fehlerursache – ein Bedienerfehler – wurde gefunden.

Schadensanalyse *(damage analysis)*
Mithilfe der Gesamtzeichnung/Einzelteilzeichnung Seite 331 Bild 1 lässt sich erklären, warum die Umdrehungsfrequenz der Bohrmaschine im Stillstand nicht verstellt werden darf.
Wird der Hebel für die Drehfrequenzänderung (Pos. 64) betätigt, bewirkt die Zahnwelle (Pos. 61) über die Stellwelle (Pos. 42) eine Auf- bzw. Abwärtsbewegung der beweglichen Riemenscheibe (Pos. 40) des Vorgeleges.

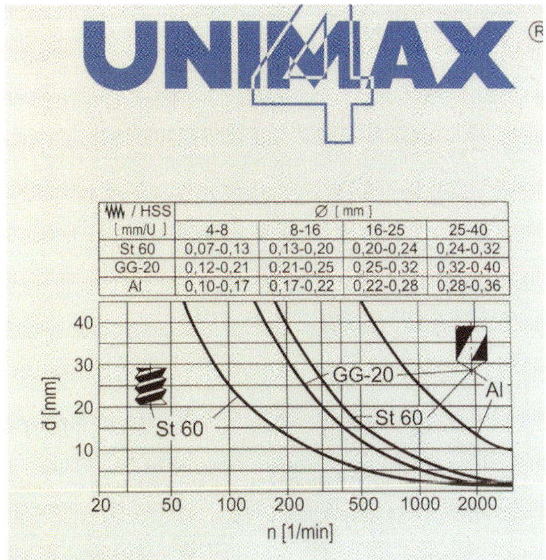

1 Hinweisschild am Getriebegehäuse

Im Lauf weicht der Riemen bei einer Auf- bzw. Abwärtsbewegung der Riemenscheibe nach außen bzw. innen aus. Dadurch ändert sich der wirkende Durchmesser und entsprechend der Formel[1]:

$$i = \frac{n_1}{n_2} = \frac{d_2}{d_1}$$

auch die Umdrehungsfrequenz n_2.

Im Stillstand wird der Riemen gequetscht (Bild 2). Ein Ausweichen nach außen ist nicht möglich. Eine Änderung der Umdrehungsfrequenz im Stillstand kann daher nur erreicht werden, wenn auf den entsprechenden Hebel sehr viel Kraft ausgeübt wird. Die Folge davon sind Schäden an der Zahnwelle und evt. auch an der Stellwelle sowie am Breitkeilriemen.
Ist die Zahnwelle wie im Beispiel deformiert, verklemmt sie mit der Stellwelle Pos. 42. Eine Auf- bzw. Abwärtswegung der Riemenscheibe ist nicht möglich. Die Bohrmaschine hat also nur eine Umdrehungsfrequenz zur Verfügung.

2 Gequetschter, verzogener Breitkeilriemen

[1] siehe Seite 327

2.1.4 Dokumentation einer Störung

Ein Ziel aller Instandhaltungsmaßnahmen ist es, eine hohe Anlagenverfügbarkeit zu gewährleisten. Deshalb wird jeder Instandsetzungsprozess durch eine **Dokumentation** *(documentation)* abgeschlossen. Notwendige Informationen sind z. B. Fehlerart, Fehlerursache, Zeitpunkt des Fehlereintrittes, Stillstandsdauer. Bei betriebsinternen Instandsetzungstätigkeiten werden dazu **Instandsetzungsprotokolle** *(overhauling print outs)* (Bild 1) und/oder **Maschinenstörungskarten** *(charts of machine malfunction)* (Bild 2) verwendet. Das Instandhaltungsmanagement wertet diese Informationen aus.

Maschinenstörungskarten werden statt eines Instandsetzungsprotokolls oder zusätzlich eingesetzt. Sie geben einen Überblick über sämtliche Störungsvorfälle innerhalb eines Zeitraums.

Instandsetzungsprotokoll	
Anlage: Hersteller: Standort: Instandsetzer: Datum der Instandsetzung: Instandsetzungsdauer:	Tischbohrmaschine 4 NoName Ausbildungswerkstatt E. Hahn 2007-02-25 6,5 h
Störungsmerkmal:	Umdrehungsfrequenz nicht veränderbar
Störungsursache:	Verschleiß der Zahnwelle (Pos. Nr. 61)
Instandsetzungsarbeiten:	Überprüfung des Breitkeilriemens Überprüfung der Breitkeilriemenspannung DemontageVorgelege Austausch der Zahnwelle Montage der Zahnwelle Funktionsprüfung
Hinweise an den Bediener:	Die Umdrehungsfrequenz darf nur bei laufender Maschine geändert werden.
Sonstiges:	
Meldorf, 25.2.07 Ort / Datum	E. Hahn Unterschrift

1 Instandsetzungsprotokoll

Lfd. Nr.	Störung	Ursache	Instandsetzungsarbeiten	Instand-setzer	Datum	Unterschrift
	...					
15	Häufiger Werkzeugbruch	Rundlauffehler	Austausch Wälzlager (Pos. 19)	E. Hahn	18.07.00	E. Hahn
16	Pinole bewegt sich nicht	falsches Austreiben	Austausch Pinole	J. Timm	02.08.02	J. Timm
17	Laute Geräusche	Riemen verschlissen	Austausch Riemen	J. Timm	23.01.06	J. Timm
18	Hebel klemmt/Umdrehungsfrequenz nicht verstellbar	deformierte Zahnwelle (Pos. 61)	Austausch Zahnwelle	E. Hahn	25.02.07	E. Hahn
19						

2 Auszug aus einer Maschinenstörungskarte

Abnahmeprotokoll
Werden Instandsetzungstätigkeiten z. B. vom Hersteller einer technischen Anlage durchgeführt, erfolgt die Dokumentation der Störung in einem Abnahmeprotokoll *(acceptance report)* (Bild 1).

Abnahmeprotokoll für Instandsetzungstätigkeiten

Tischbohrmaschine **NoName**

Nr.	Bauteil/Baugruppe	Maßnahmen	Funktion i. O	noch i. O
1	Riemen	Sichtkontrolle	x	
2	Riemen	Spannung geprüft	x	
3	Zahnwelle	ausgetauscht	x	
4	Umdrehungsfrequenzverstellung	überprüft	x	
5	Abtriebsumdrehungsfrequenz	gemessen 2459/min		x
6				
7				
8				
9				
10				

Bemerkungen:
vorhandono Mängcl wurdcn behoben (Nr.3)
auf den Zustand von Nr. 5 wurde hingewiesen

25.02.07 Gastner
Unterschrift Instandsetzer

Meldorf, 25.2.07 E. Hahn
Unterschrift Kunde

1 *Auszug aus einem Abnahmeprotokoll*

Überlegen Sie!

1. Welchen Vorteil
a) haben Instandsetzungsprotokolle gegenüber Maschinenstörungskarten?
b) haben Maschinenstörungskarten gegenüber Instandsetzungsprotokollen?
c) hat die parallele Nutzung von Instandsetzungsprotokollen und Maschinenstörungskarten?

2. Wann werden Abnahmeprotokolle für Instandsetzungstätigkeiten eingesetzt?
3. Wie werden in Ihrem Betrieb Instandsetzungsmaßnahmen dokumentiert?

2.1.5 Instandsetzungskosten

Instandsetzungskosten *(costs for overhauling)* sind ein Teil der **Instandhaltungskosten** *(costs for maintenance)* (Bild 1). Instandhaltungskosten basieren oft auf Erfahrungswerten, da besonders bei der störungsbedingten Instandhaltung häufig unerwartete Kosten entstehen. Im Beispiel auf der Seite 76 sind die Instandhaltungskosten mit 7.000,00 €/Jahr angesetzt. Einen Überblick, wie die Erfahrungswerte zustande kommen, wird im Folgenden dargestellt.

	Instandsetzungskosten	$K_{Instand}$
+	Wartungskosten	$K_{Wartung}$
+	Inspektionskosten	$K_{Inspektion}$
+	Kosten bei Verbesserungen	$K_{Verbesserung}$
=	Instandhaltungskosten	K_I

1 Instandhaltungskosten

Die Instandsetzungskosten können weiter aufgegliedert werden. Bild 2 zeigt die wesentlichen Kostenarten bei einer betriebsinternen Instandsetzung.

	Fertigungskosten	*FK*
+	Materialkosten	*MK*
+	Lagerungskosten	*LK*
+	Ersatzteilbeschaffungskosten	*EK*
+	Personalkosten	*PK*
+	Produktionsausfallkosten	*AK*
=	Instandsetzungskosten	$K_{Instand}$

2 Instandsetzungskosten

- Die Fertigungskosten sowie die Materialkosten können mithilfe der Zuschlagskalkulation[1)] bestimmt werden.
- Die Lagerungskosten ergeben sich aus der Miete für die Lagerhalle, Dauer der Lager- und Verwaltungskosten.
- Die Ersatzteilbeschaffungskosten werden aus dem Kaufpreis und den anfallenden Verwaltungskosten bestimmt.
- Die Personalkosten des Instandhalters sind konstant und werden anteilig dem Arbeitsauftrag zu geordnet. Sie ergeben sich z. B. aus dem Arbeitslohn, Steuerabgaben und Versicherungsbeiträgen.
- Auf der nachfolgenden Seite werden die Produktionsausfallkosten einer Anlage dargestellt. Aus der Vielzahl der verschiedenen Kostenarten wird deutlich, dass die tatsächlichen Ausfallkosten in der Praxis schwer zu ermitteln sind.

In vielen Unternehmen ist es daher üblich, die **Produktionsausfallkosten** *(costs for loss of production)* folgendermaßen zu berechnen:

Produktionsausfallkosten
=
Maschinenstundensatz[2)] · Stillstandszeit

$$AK = MSS \cdot t_S$$

MERKE

Neben hohen Ausfallkosten kann ein häufiger Anlagenausfall auch weitere Folgen haben:

- Qualitätseinbußen
- Imageverlust
- Verlust von Marktanteilen

Beispiel

Bei der Antriebswelle Bild 3 sind die beiden Rillenkugellager auszutauschen. Gleichzeitig werden die drei Sicherungsringe sowie der Radialwellendichtring ausgetauscht.

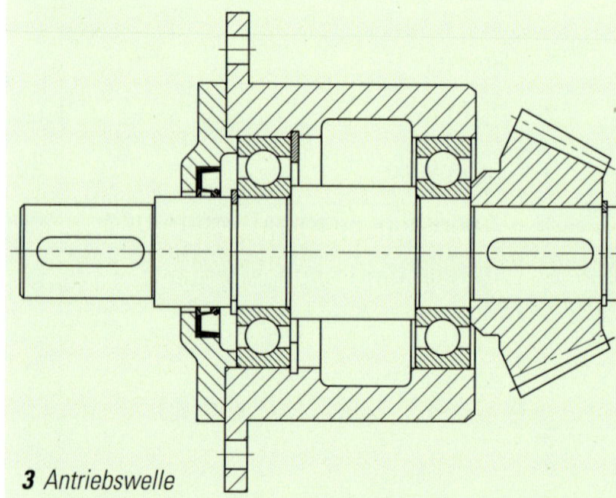

3 Antriebswelle

- Die Fertigungskosten und Materialkosten entfallen, da es sich um Kaufteile handelt.
- Die Normteile sind im Lager vorrätig. Die Lagerungskosten betragen 0,02 €/h und die Lagerungszeit beträgt 24 h.
- Die Kosten für die Ersatzteile betragen 77,69 €.
- Die Personalkosten betragen 16 €/h.
- Der Maschinenstundensatz im Einschichtbetrieb beträgt 54,55 €/h.
- Die Stillstandzeit ergibt sich aus der Dauer für den Ausbau der Baugruppe, Demontage der Baugruppe, Ersatzteilbeschaffung, Montage der Baugruppe, Zusammenbau und Funktionskontrolle. Die gesamte Stillstandzeit beträgt 5 h 10 min.

Wie hoch sind die Instandsetzungskosten in € für die Antriebswelle?

1. Schritt:
Bestimmung der Produktionsausfallkosten:

$AK = MSS \cdot t_S$

$AK = 54{,}55\ €/h \cdot 5\ h\ 10\ min$

$AK = 54{,}55\ €/h \cdot 5{,}1\bar{6}\ h$

$\underline{\underline{AK = 281{,}84\ €}}$

1) Siehe Lernfeld 5 Kap. 7.3.4
2) Die Berechnung des Maschinenstundensatzes MSS finden Sie ausführlich auf der Seite 76.

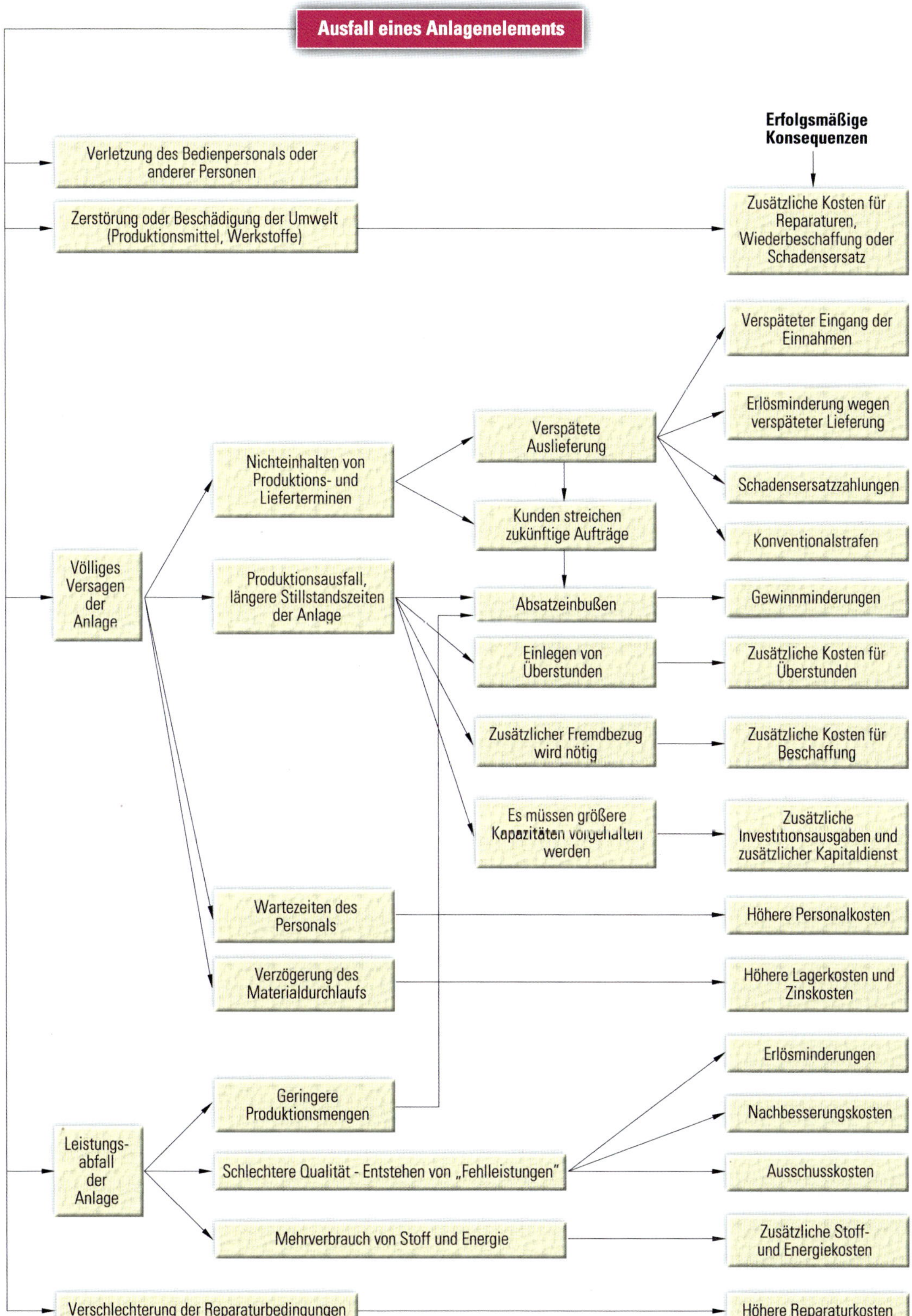

1 *Ausfallkosten einer Anlage*

Beispiel

2. Schritt:
Bestimmung der Personalkosten in €

$PK = PK \text{ in } €/h \cdot t_S$

$PK = 16\ €/h \cdot 5{,}1\bar{6}\ h$

$PK = 82{,}67\ €$

3. Schritt:
Bestimmung der Lagerungskosten in €

$LK = LK \text{ in } €/h \cdot t_S$

$LK = 0{,}02\ €/h \cdot 24\ h$

$LK = 0{,}48\ €$

4. Schritt:
Bestimmung der Instandsetzungskosten in €

	FK	=	0,00 €
+	MK	=	0,00 €
+	LK	=	0,48 €
+	EK	=	77,69 €
+	PK	=	82,67 €
+	AK	=	281,84 €
=	$K_{Instand}$	=	442,68 €

Werden innerhalb eines Jahres alle Instandsetzungskosten berechnet und aufsummiert, können die Instandsetzungskosten pro Jahr bestimmt werden. Auf die gleiche Weise werden die Wartungs-, Inspektions- und Verbesserungskosten ermittelt. Durch die Summe dieser Kosten können die Instandhaltungskosten pro Jahr bestimmt werden.

Die berechneten Instandhaltungskosten pro Jahr dienen dann zur Berechnung des Maschinenstundensatzes (vgl. Seite 75) für das kommende Jahr.

2.1.6 Instandsetzungs- und Stillstandszeiten

Besonders bei der störungsbedingten Instandsetzung weicht die Stillstandszeit *(machine downtime)* erheblich von der Instandsetzungszeit *(time for overhauling)* ab. Der Zusammenhang wird im Folgenden grafisch dargestellt.

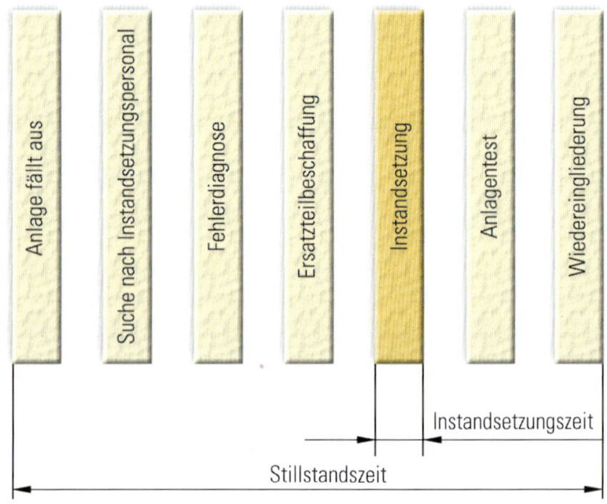

MERKE
Bei geplanten Instandsetzungsmaßnahmen sollte die Stillstandszeit wesentlich kürzer sein.

ÜBUNGEN

1. Nennen Sie mehrere mögliche Störungsursachen einer technischen Anlage.
2. Nennen Sie typische Fehler aus den verschiedenen technischen Bereichen.
3. Woher erhalten Sie Hinweise zur Fehlererkennung und -behebung?
4. Nennen Sie zwei mögliche Fehler, durch die die Funktion des Kraftspanners (Seite 325) gestört werden kann.
5. Wie können die genannten Fehler, die Sie in Übung 4 benannt haben, behoben werden?

Bohrmaschine

6. Welche Elemente aus der Stückliste Seite 332 sind Normteile und welche sind Fertigungsteile?
7. Bestellen Sie eine neue Zahnwelle für die Maschine Nummer BT25-68-7812.
8. Kontrollieren und erläutern Sie die Norm-Kurzbezeichnungen der Sechskantmuttern mithilfe Ihres Tabellenbuchs.
9. Benennen Sie alle Teile der Baugruppe (Ersatzteilliste), die bei der Reparatur der Umdrehungsfrequenzeinstellung erneuert werden müssen.

Kosten der Instandhaltung

10. Aus welchen Kostenarten ergeben sich die
    a) Instandhaltungskosten
    b) Instandsetzungskosten?
11. Nennen Sie mindestens vier verschiedene Arten von Ausfallkosten.
12. Welche Folgen könnte ein häufiger Anlagenausfall haben?
13. Berechnen Sie an einem Beispiel aus Ihrer betrieblichen Praxis die Produktionsausfallkosten.

14. In einer Anlage ist ein Bolzen beschädigt. Er muss neu angefertigt werden.

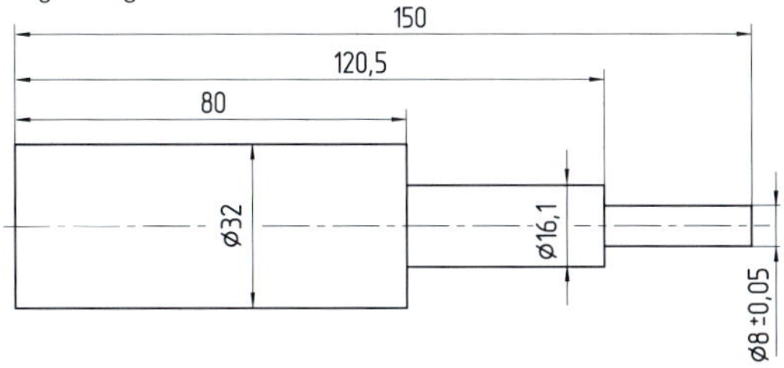

Bestimmen Sie unter folgenden Annahmen die Instandsetzungskosten in € für den Bolzen:

- Die Materialeinzelkosten *MEK* betragen 0,68 €.
- Die Materialgemeinkosten *MGK* betragen 60 % der Materialeinzelkosten.
- Für die Fertigung des Bolzens benötigt die Fachkraft 1 h 15 min.
- Der Fertigungslohn *FLK* und die Personalkosten für den Instandhalter PK betragen jeweils 12,70 €/h.
- Die Fertigungsgemeinkosten *FGK* betragen 120 % der Fertigungslohnkosten.
- Die Lagerungskosten *LK* betragen 0,01 €/h und die Lagerungszeit beträgt 168 h.
- Es werden keine Ersatzteile zugekauft.
- Die Stillstandzeit der Anlage dauert 3,5 h.
- Der Maschinenstundensatz *MSS* beträgt 43,29 €/h.

Instandsetzungs- und Stillstandszeiten

15. Erläutern Sie den Unterschied zwischen Stillstand- und Instandsetzungszeit.

16. Beschreiben Sie an einem Beispiel aus Ihrem Betrieb die Stillstands- und Instandsetzungszeit.

Projektaufgabe

Hydraulischer Kraftspanner RH 4

(hydraulic clamping element)

Bei dem Kraftspanner RH 4 (Bild 1) wird die gewünschte Spannkraft von 36 kN nicht erreicht. Die Spannkraft am Schraubstock wird über ein elektrohydraulisches Spannpumpenaggregat (Bild 2) erzeugt. Durch Betätigen eines Schalters am Hydraulikaggregat wird der Spannvorgang eingeleitet. Die bewegliche Spannbacke, deren Verfahrweg begrenzt ist, fährt dabei gegen das Werkstück und spannt es. Beim Lösen fährt die bewegliche Spannbacke wieder in ihre Ausgangsstellung zurück.

Die zu niedrige Spannkraft verursacht ein Verrutschen der eingespannten Werkstücke während der Fertigung. Die erforderliche Produktqualität ist daher nicht garantiert. Zusätzlich besteht Verletzungsgefahr durch sich lösende Werkstücke.

1 Hydraulischer Kraftspanner RH 4

2 Hydraulikaggregat

1. Erklären Sie, wie die notwendige Spannkraft eines Kraftspanners erzeugt werden kann.

2. a) Welche Folgen kann eine zu niedrige Spannkraft haben?
b) Welche Folgen kann eine zu hohe Spannkraft haben?
c) Informieren Sie sich in der Bedienungsanleitung des Herstellers (Seite 325 Bild 1) über mögliche Fehlerursachen.
d) Diskutieren Sie die vorgegebene Reihenfolge der möglichen Fehlerursachen bei Nichterreichen der maximalen Spannkraft aus der Bedienungsanleitung.
e) Erstellen Sie nach dem Muster von Seite 342 einen Ablaufplan.

3. Wie kann die Spannkraft gemessen werden?

4. Ein hydraulischer Kraftspanner der Serie RH5 soll folgende Spannkraft übertragen:
a) 90 kN
b) 60 kN
c) 22,25 kN
Welcher Druck muss jeweils vom Hydraulikaggregat erzeugt werden?
Verwenden Sie zum Lösen der Aufgabe das Diagramm auf Seite 343.

5. Laut Herstellerangaben muss die gemessene Spannkraft mindestens 80 % der maximalen Spannkraft sein.
Wie hoch muss die gemessene Spannkraft mindestens sein?

6. Beschreiben Sie mithilfe der Gesamtzeichnung von Seite 342 die Funktionsweise des Kraftspanners.

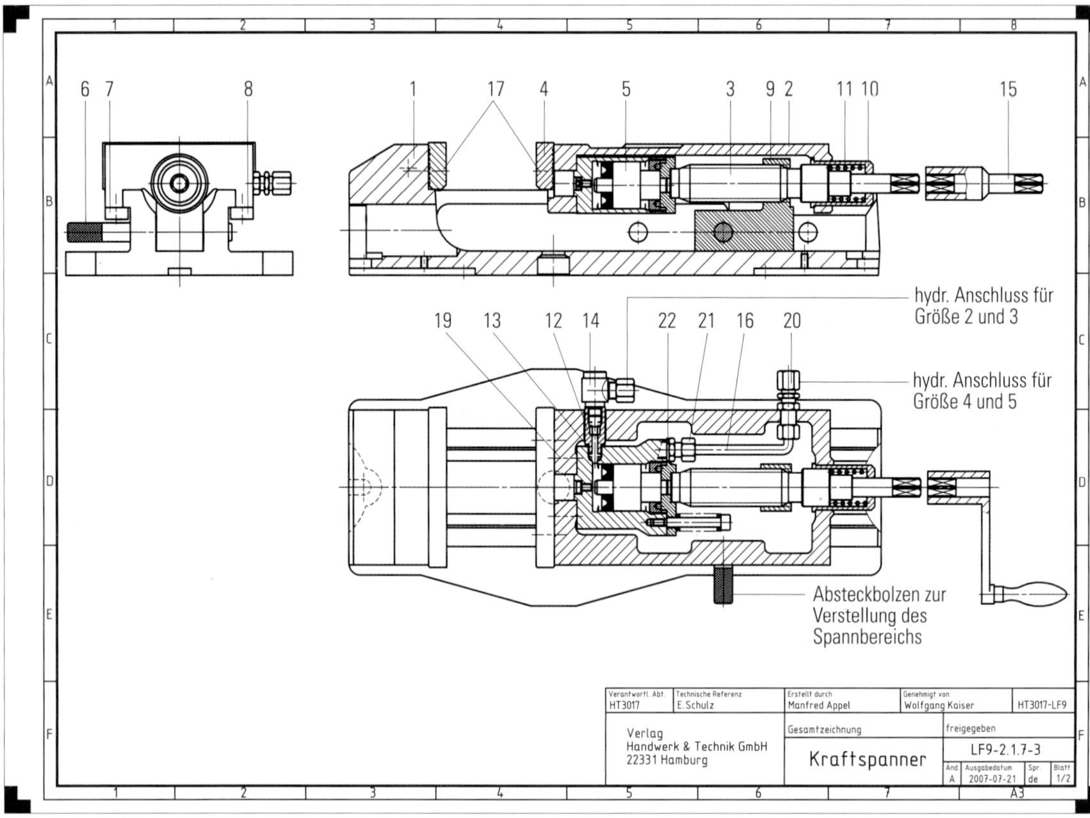

1	Grundkörper	8	Führungsleiste rechts	15	Spindelverlängerung
2	Bewegliche Spannbacke	9	Spindelmutter	16	Rohr
3	Spindel	10	Buchse	17	Zylinderschraube
4	Normalbacke SGN	11	Druckfeder	19	Zylinderschraube
5	Hydraulikeinheit, kompl.	12	Distanzschraube	20	Gerade Schottverschraubung
6	Absteckbolzen	13	Dichtring	21	Gerade Einschraubverschraubung GE
7	Führungsleiste links	14	Drosselfreie Winkel-Schwenk-verschraubung DSVW	22	Dichtring

Muster zu Übung 2e

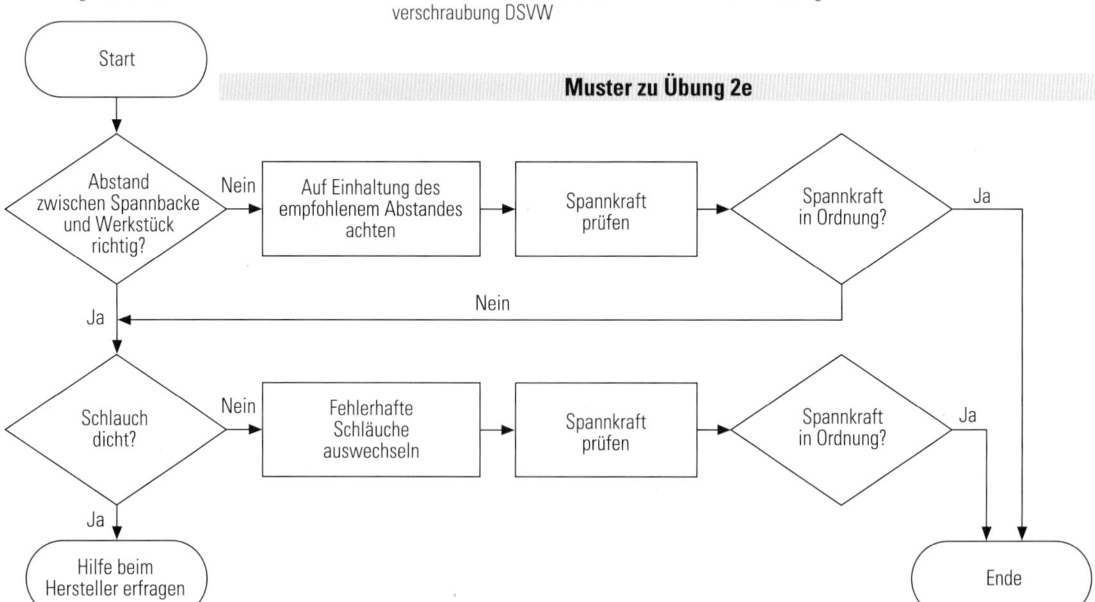

7. Welche Anforderungen werden an die Hydraulikleitungen gestellt?

8. Nennen Sie mögliche Sicherheitshinweise, die beim Arbeiten mit und am Kraftspanner einzuhalten sind.

9. Beschreiben Sie die einzelnen Schritte des Ablaufplanes nach folgendem Muster:
„Zunächst wird geprüft, ob der geforderte Abstand zwischen Werkstück und beweglicher Spannbacke eingehalten wird. Über die Handkurbel ist die bewegliche Spannbacke 3 … 4 mm manuell an das Werkstück heranzuführen. Der Abstand kann mit einem Stahlmaßstab oder einem Messschieber gemessen werden. Erst danach wird der Drucktaster für das hydraulische Spannen betätigt. Die jetzt vorhandene Spannkraft kann z. B. mit einer hydraulischen Kraftmessdose ermittelt werden. Ist die Spannkraft trotz Einhaltung des empfohlenen Abstandes zu gering, wird anschließend …".
Dazu stehen Ihnen folgende weitere Informationen zur Verfügung:

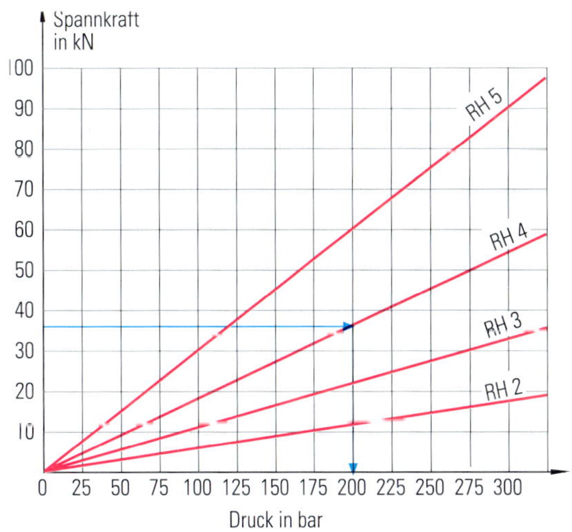

Beispiel:
Ermittlung des erforderlichen Betriebsdrucks bei gewünschter Spannkraft.
Gewünschte Spannkraft: 36 kN
Erforderlicher Betriebsdruck: 200 bar

Schlauchleitung entlüften:
- Bewegliche Spannbacke vom Grundkörper abnehmen und senkrecht stellen.
- Normalbacke SGN abschrauben.
- Aggregat auf „Spannen" schalten.
- Entlüftungsschraube an der Hydraulikeinheit etwas nach links drehen, bis Öl blasenfrei austritt, dann Entlüftungsschraube wieder fest anziehen.
- Aggregat auf „Lösen" stellen.

Schnittdarstellung Zylinder

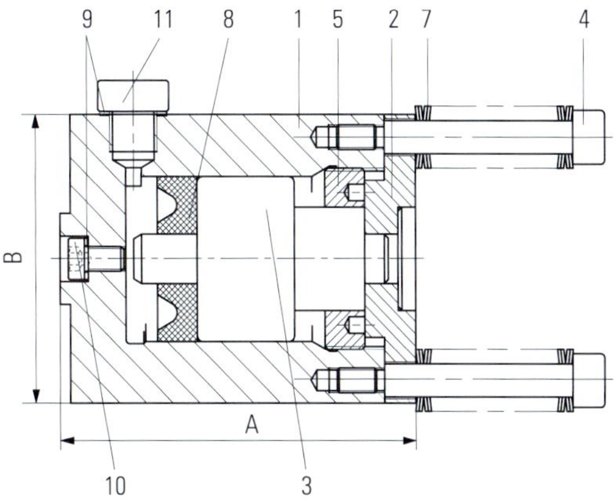

1 Kolbengehäuse
2 Flansch
3 Kolben
4 Ansatzschraube
5 Gewindering
7 Tellerfeder
8 Nutring
9 Usit-Ring[1)]
10 Zylinderschraube
11 Zylinderschraube

Demontageanleitung Zylinder:
- Ansatzschraube Pos. 4 lösen und mit Tellerfeder Pos. 7 entnehmen.
- Flansch Pos. 2 abnehmen.
- Gewindering Pos. 5 herausdrehen.
- Entlüfungsschraube Pos. 10 abschrauben, Usit-Ring Pos. 9 abnehmen und mit einem Bolzen durch die Entlüftungsbohrung den Kolben Pos. 3 herausdrücken.
- Nutring Pos. 8 herausnehmen.
- Alle Teile reinigen und auf Beschädigungen untersuchen – ggf. austauschen.
- Der Zusammenbau erfolgt sinngemäß in umgekehrter Reihenfolge.

10. Erstellen Sie unter der Annahme, dass das Hydrauliksystem nicht entlüftet wurde, ein Instandsetzungsprotokoll.

11. Erstellen Sie ein Formular für die Ersatzteilbeschaffung eines kompletten Zylinders für Typ RH.

Größe	**2**	**3**	**4**	**5**
A × B	83,5 × 60	89,5 × 70	93 × 76	119 × 98
Ident-Nr.	132231	132235	132239	132243

12. a) Bestimmen Sie die Instandsetzungskosten, wenn ein Zylinder neu bestellt werden muss. Folgende Angaben stehen Ihnen zur Verfügung: Ein neuer Zylinder kostet 149,99 €. Die Lieferzeit dauert 4 Tage. Der Maschinenstundensatz beträgt 0,59 €/h. Die Stillstandszeit beträgt 4 d 6 h 25 min. Die Personalkosten für die Instandsetzung betragen 15,00 €/h.
b) Wo können möglicherweise Folgekosten entstehen?

1) Siehe Seite 226

2.2 Vorbeugende Instandsetzung

Bei vielen komplexen Anlagen wie z. B. der Laseranlage in Bild 1 werden vorbeugende Instandsetzungsmaßnahmen *(preventive overhauling procedures)* durchgeführt. Bauteile oder Baugruppen werden, bevor sie ausfallen, instand gesetzt.
Vorbeugende Instandsetzungsmaßnahmen werden z. B. durchgeführt, wenn durch einen Störungsfall

- die Sicherheitsrisiken für Personen und Umwelt zu groß sind,
- der Produktionsablauf besonders gefährdet ist,
- mit mehreren Folgeschäden zu rechnen ist oder
- sehr hohe Kosten entstehen können.

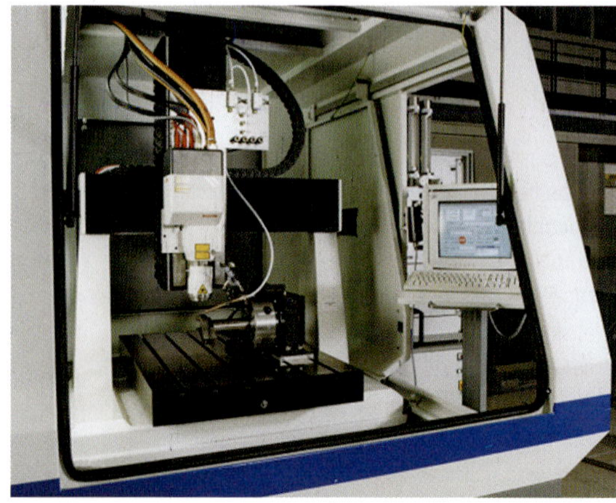

1 Laserhärteanlage

Intervallabhängige Instandsetzung

(clearance dependant overhauling)

Zur Erzeugung eines Lichtstrahls (Laserstrahls) wird in Laseranlagen Energie benötigt. Diese Energie wird z. B. über Laserlampen zugeführt. Laserlampen müssen alle 2000 Betriebsstunden kurz vor dem Erreichen ihrer **Abnutzungsgrenze** *(limit of wear)* (Bild 4) ausgetauscht werden. Dieser Zeitwert wurde in zahlreichen Versuchen ermittelt. Bei Laserlampen darf kein Störungsfall (Zerplatzen) eintreten, weil mit Folgeschäden zu rechnen ist, die zeitaufwändige und teure Reparaturen verursachen.

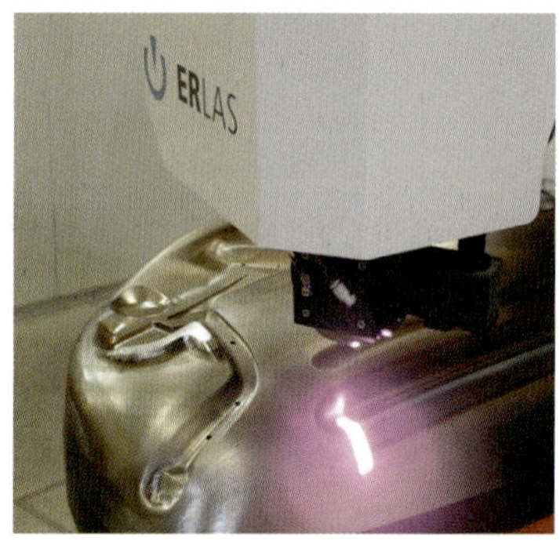

2 Härten eines Maschinenbauteils mit einer Laseranlage

MERKE

Bei der intervallabhängigen Instandsetzung werden Bauteile oder Baugruppen nach Ablauf einer festgesetzten Zeit ausgetauscht.

MERKE

Eine intervallabhängige Instandsetzung ist nur sinnvoll, wenn die Abnutzungsgrenze von Bauteilen bestimmbar ist.

3 Lasergehärtetes Bauteil

Überlegen Sie!

Welche Vorteile und welche Nachteile hat die intervallabhängige Instandsetzung gegenüber der störungsbedingten Instandsetzung?

Zustandsabhängige Instandsetzung

Technische Anlage wie z. B. die Laserhärteanlage werden regelmäßig inspiziert (vgl. LF4). Bei **Inspektionen** *(inspections)* wird der Zustand einer Maschine festgestellt und beurteilt. Auf Grundlage dieses Zustands kann z. B. eine Instandsetzungsmaßnahme *(overhauling procedure)* eingeleitet werden. Bei der Laseranlage werden z. B. Schutzgläser, die die Fokussiereinheit vor Schmutz und Verrußungen schützen, in Abhängigkeit von ihrem Zustand instand gesetzt. Dabei können die Instandsetzungszeitpunkte sehr unterschiedlich sein. Sie hängen vom tatsächlichen **Verschleiß** *(abrasion)* der Bauteile ab.

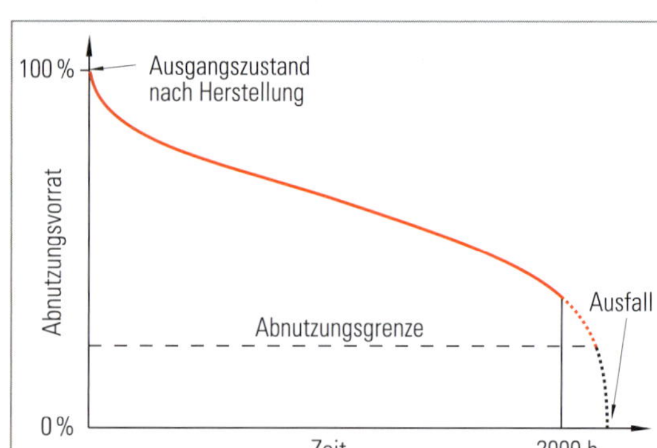

4 Abbau des Abnutzungsvorrats

Die Entscheidung zu einer zustandsabhängigen Instandsetzung *(on-condition overhauling)* basiert auf folgenden **Vorteilen**:

- Der Abnutzungsvorrat kann weitestgehend ausgenutzt werden.
- Die Beschaffung von Ersatzteilen ist planbar.
- Ursachen für den Verschleiß können bestimmt werden.
- Gegenüber der störungsbedingten Instandsetzung besteht eine höhere Anlagenverfügbarkeit.
- Moderne Messtechniken und Diagnosesysteme ermöglichen eine Zustandserfassung bereits während der Produktion (Bild 1).

Als **Nachteil** sind z. B zu nennen:

- Hohe Kosten durch intensivere Inspektionen
- Aufwändigeres Instandhaltungsmanagement

MERKE

Bei der zustandsabhängigen Instandsetzung werden Bauteile bzw. Baugruppen in Abhängigkeit vom tatsächlichen Verschleiß instand gesetzt.

MERKE

Die zustandsabhängige Instandsetzung ist nur bei regelmäßiger Zustandsüberwachung möglich.

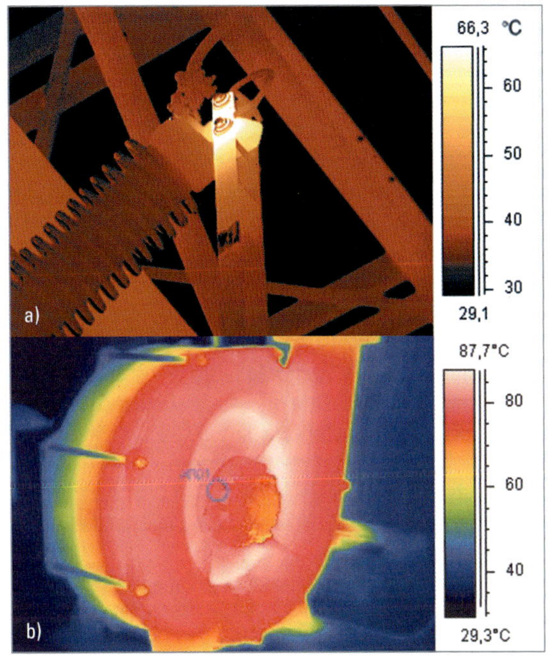

1 *Fehlererkennung durch Thermografie*
a) Fehlerhafte Verbindung (Temperatur über 65 °C)
b) Überlastete Pumpe (Temperatur bei 80 °C)

2.2.1 Ausfallverhalten technischer Systeme

Die Schlauch-Membran-Kolbenpumpe (Bild 2) kann Medien unterschiedlicher Konsistenz und Viskosität fördern.
Das Bild 3 zeigt die Funktionsweise der Kolbenpumpe.
Die Funktionsfähigkeit der Pumpe hängt wesentlich von den eingesetzten Förderventilen Pos. 1 und Pos. 5 ab. Bei Verschleiß entstehen Leckagen, die die Leistung der Pumpe vermindern und im Extremfall zum Ausfall führen.

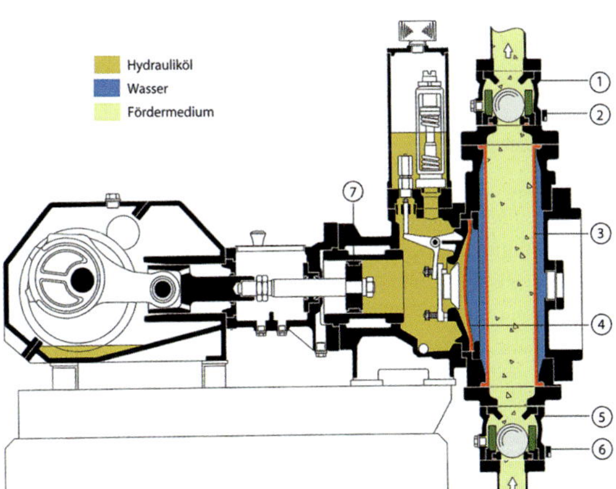

1 Druckventil
2 Körperschallsensor
3 Schlauchmembrane
4 Flachmembrane
5 Saugventil
6 Körperschallsensor
7 Kolben

3 *Schlauch-Membran-Kolbenpumpe*

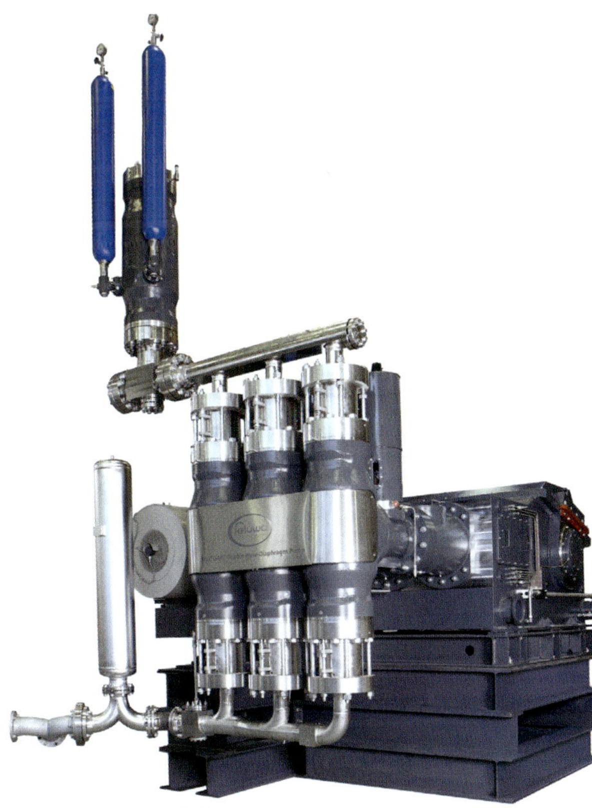

2 *Schlauch-Membran-Kolbenpumpe*

Bild 1 zeigt das Verschleißverhalten bzw. Ausfallverhalten *(failure behaviour)* eines Ventils. Nach der Einlaufphase ① beginnt die eigentliche Nutzungsphase ②. In Phase ③ verschlechtert sich die Funktionsfähigkeit der Ventile und eine Instandsetzung wird erforderlich.

Der Ventilverschleiß von Ventilsitz und Kugel führt zur Leckage und damit zum Förderleistungsverlust. Der Verschleiß wird vom Betriebsdruck und vom Fördermedium beeinflusst. Phase ③ kann zwischen 5 und 60 Tage dauern. Durch z.B. kurzzeitig eingeklemmte Partikel kann der Verschleiß beschleunigt werden. Daher ist es schwer vorhersagbar, wann ein Ventil ausfallen wird und ob alle Ventile gleichzeitig ausfallen.

Bild 1 stellt einen Zusammenhang zwischen der Ausfallwahrscheinlichkeit und der Betriebsdauer dar. Dieser Zusammenhang wird häufig als **Ausfallrate** *(rate of failure)* bezeichnet. In Bild 2 sind typische Ausfallraten dargestellt.

Ist die Ausfallrate von Anlagenelementen bzw. Anlagen bekannt, können notwendige Instandsetzungsmaßnahmen rechtzeitig eingeleitet werden.

Viele Anlagen und Anlagenelemente fallen entsprechend der „Badewannenkurve" aus. Die Frühausfälle beruhen meistens auf Fehlern in der Konstruktion, Fertigung, bei der Montage oder der Einstellung. Frühausfälle sind für die Instandhaltung nicht von besonderer Bedeutung, weil sie durch geeignete Verbesserungen fortschreitend seltener werden. Die Zufallsausfälle entstehen durch das Zusammenwirken meist mehrerer zufälliger Ursachen, die nicht vorhersehbar sind. Die Alterungsausfälle sind Verschleißerscheinungen, die mit zunehmender Betriebsdauer häufiger auftreten.

Bei komplexen Anlagen weicht häufig der tatsächliche Verlauf der Ausfallrate von der „Badewannenkurve" ab.

Die Ausfallrate B beginnt mit einer leicht ansteigenden oder konstanten Ausfallwahrscheinlichkeit und endet in einer Verschleißzone.

Die Ausfallwahrscheinlichkeit bei der Ausfallrate C steigt stetig. Eine extreme Verschleißzunahme ist auch in der 3. Phase nicht zu beobachten.

Die Ausfallrate D zeigt kurz nach der Inbetriebnahme keine Ausfälle. Dann häufen sich die Ausfälle und bleiben konstant.

Beim Verlauf E gibt es nur Zufallsausfälle. Die Ausfallrate ist über die gesamte Betriebsdauer konstant.

Die Ausfallrate F beginnt mit einer hohen Ausfallwahrscheinlichkeit, die dann auf ein gleichbleibendes oder schwach ansteigendes Niveau sinkt.

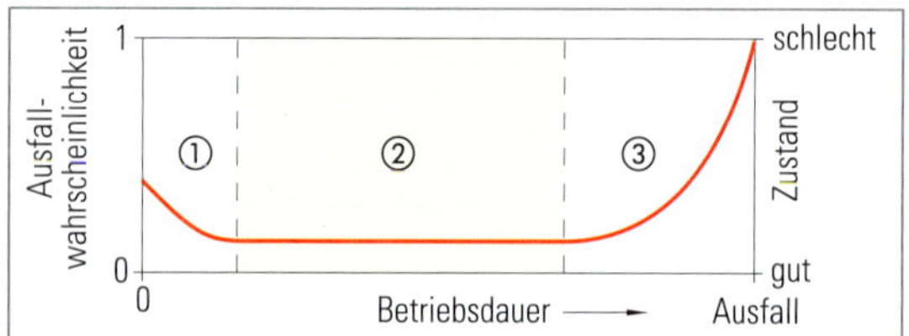

① Frühausfälle durch Fehler bei Montage, Inbetriebnahme usw.
② Nutzungsdauer
③ Ausfälle durch Verschleiß

***1** Verschleißverhalten eines Ventils der Schlauch-Membran-Kolbenpumpe*

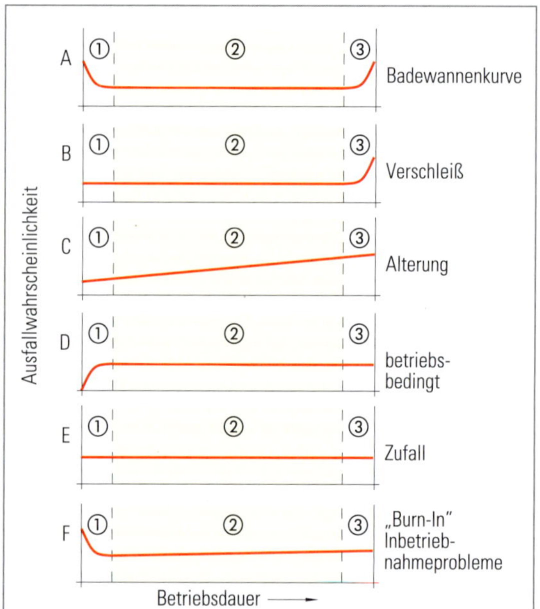

① Frühausfälle
② Zufallsausfälle
③ Altersausfälle

***2** Typische Ausfallkurven*

2.2.2 Instandsetzungsvorschriften/ Instandsetzungsstrategien

Unter der Voraussetzung, dass der Betreiber der Pumpen möglichst viele zufällige Störungen vermeiden möchte, muss er sich für eine intervallabhängige oder zustandsabhängige Instandsetzung der Förderventile entscheiden.

Die Entscheidung, die zu einer dieser Instandsetzungsvorschriften *(overhauling regulations)* bzw. Instandsetzungsstrategien *(overhauling strategies)* führt, wird z.B. von den folgenden Faktoren beeinflusst:

- Planbarkeit der Instandsetzung
- Anlagenstillstandzeit
- Instandsetzungskosten
- Verunreinigung des Produktes durch Abrieb aus den Ventilen

Entscheidet sich der Betreiber für eine intervallabhängige Instandsetzung, müssen die Verschleißteile regelmäßig ausgetauscht werden.

MERKE

Die intervallabhängige Instandsetzung technischer Bauteile ist sinnvoll, wenn Systeme nicht zustandsüberwacht werden können um einen Störungsfall zu vermeiden.

Überlegen Sie!

1. *Welche Folgen könnten zu kurze Instandsetzungsintervalle haben?*
2. *Welche Folgen könnten zu lange Instandsetzungsintervalle haben?*
3. *Erläutern Sie die unterschiedliche Art der Ersatzteilbeschaffung bei einer störungsbedingten und einer intervallabhängigen Instandsetzung.*

Die gestiegenen Anforderungen an Sicherheit, Zuverlässigkeit und Verfügbarkeit einer Anlage wie z. B. der Schlauch-Membran-Kolbenpumpe hat die Maschinenbauindustrie veranlasst **Online-Diagnosesysteme** *(online-diagnostic system)* zu entwickeln. Bei Online-Diagnosesystemen (Bild 1) werden die Messergebnisse (Bild 2) fortlaufend mithilfe einer speziellen Software dokumentiert, die Ventile werden zustandsüberwacht. Innere Leckagen und Verschleißerscheinungen am Ventil verursachen Geräusche. Diese können mit einem Körperschallsensor gemessen werden.

Bei den **intakten** Ventilen ist zu erkennen, dass der Messwert über den gesamten Druckbereich zwischen 0 und 6 dB liegt.

Bei **defekten** Ventilen ist zu erkennen, dass der Schallpegel mit zunehmenden Druck steigt.

Bei konstantem Druck gilt ferner:

Je größer der Förderverlust, desto größer der Schallpegel.

Die Online-Diagnose erkennt den frühzeitigen oder drohenden Ausfall der Förderventile (Pos. 6 in Bild auf Seite 345). Ein bedeutsamer Leistungsabfall der Pumpe kann dadurch vermieden werden.

Ein weiterer Vorteil der Online-Diagnose ist, dass an mehreren kritischen Stellen gleichzeitig gemessen werden kann. Die Messergebnisse werden zentral gesammelt und ausgewertet.

Die **zustandsabhängige Instandsetzung** setzt voraus, dass der Zustand einer Anlage messtechnisch erfasst werden kann. Ist dies möglich, so kann der Verschleiß von Bauteilen frühzeitig erkannt werden. Die Instandsetzung wird dadurch optimiert; d. h., bei gleichzeitiger Vermeidung von hohen Instandsetzungskosten kann die tatsächliche Lebensdauer der Bauteile vollständig ausgenutzt werden.

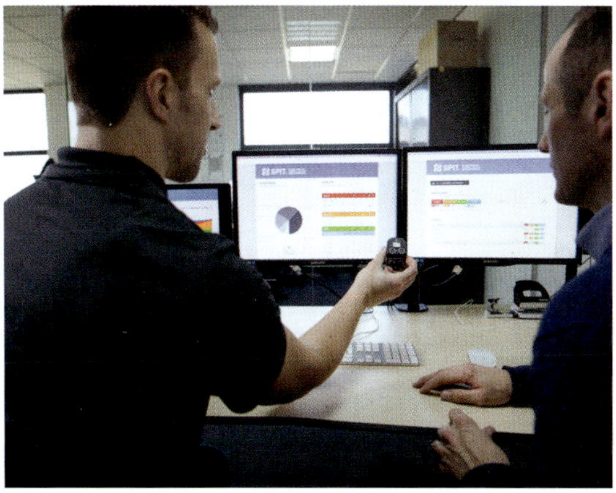

1 *Online-Diagnose*

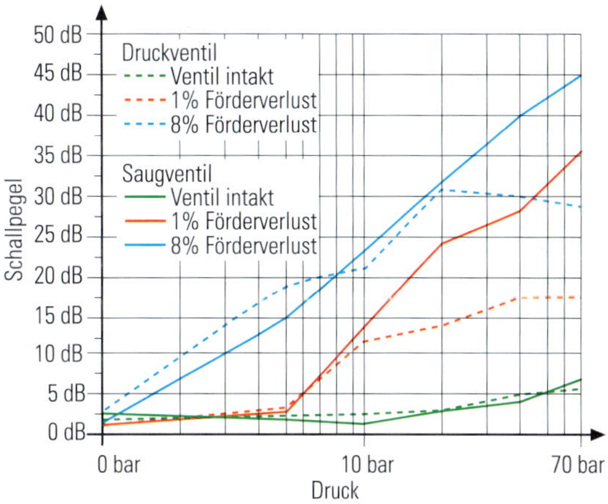

2 *Messergebnisse bei verschiedenen Schädigungen des Ventils über den Druckbereich der Pumpe. Die Angabe des Förderverlusts bezieht sich auf einen Pumpenkopf, die anderen drei sind intakt.*

MERKE

Häufig kann die zustandsabhängige Instandsetzung erst durch den Einsatz von Online-Diagnosesysteme realisiert werden.

ÜBUNGEN

1. Nennen Sie zwei verschiedene vorbeugende Instandsetzungsstrategien.
2. Nennen Sie vier sinnvolle Gründe für die Durchführung von vorbeugende Instandsetzungsmaßnahmen.
3. Erläutern Sie den Unterschied zwischen einer intervallabhängigen und einer zustandsabhängigen Instandsetzung.
4. Nennen Sie einige Vor- und Nachteile der zustandsabhängigen Instandsetzung.
5. Informieren Sie sich in Ihrem Betrieb über die unterschiedlichen Instandsetzungsstrategien und erstellen Sie eine Tabelle nach dem folgenden Muster:

Anlage	Störungsbedingte Instandsetzung	Intervallabhängige Instandsetzung	Zustandsabhängige Instandsetzung
Laserhärteanlage	Linsen, Spiegel	Laserlampe	Schutzgläser

6. Was verstehen Sie unter der Ausfallrate eines technischen Systems?

7. Welcher Kurve A, B, ... F entspricht das Verschleißverhalten der Schlauch-Membran-Kolbenpumpe?

8. Frühausfälle haben für die Instandhaltung nur eine geringe Bedeutung. Erläutern Sie diese Aussage.

9. In welcher Phase der Ausfallrate ist eine
a) störungsbedingte
b) intervallabhängige
c) zustandsüberwachende Instandsetzung sinnvoll?
Begründen Sie Ihre Aussage.

10. Informieren Sie sich in Ihrem Betrieb über das Ausfallverhalten einzelner Bauteile oder gesamter Anlagen. Welche Ausfallraten ergeben sich?

11. Untersuchungen in der Luftfahrtindustrie zeigen, dass alle untersuchten Geräte sich wie folgt zuordnen lassen:
4% Verlauf A
2% Verlauf B
5% Verlauf C
7% Verlauf D
14% Verlauf E
68% Verlauf F
Diskutieren Sie mögliche Gründe der prozentualen Verteilung.

12. Skizzieren Sie eine Ausfallrate, die Ihrer Meinung nach am günstigsten ist.

13. Nennen Sie zwei generelle Instandsetzungsvorschriften bzw. Instandsetzungsstrategien innerhalb der vorbeugenden Instandsetzung.

14. Welche Vorteile hat bei den Ventilen der Schlauch-Membran-Kolbenpumpe die zustandabhängige Instandsetzung gegenüber den anderen Instandsetzungsstrategien?

15. Welche Vorteile hat die Online-Diagnose?

16. Welche Voraussetzung muss erfüllt werden, damit Anlagenelemente mit einem Online-Diagnosesystem überwacht werden können?

17. Informieren Sie sich in Ihrem Betrieb über einen eventuellen Einsatz von Online-Diagnosesystemen. Diskutieren Sie die Ergebnisse in Ihrer Berufsschulklasse.

3 Gegenüberstellung unterschiedlicher Instandsetzungsstrategien

Am Beispiel der Quadruplex-Schlauch-Membran-Kolbenpumpe (Seite 345 Bild 2) werden die verschiedenen Instandsetzungsstrategien bezüglich ihrer jährlichen Instandsetzungskosten und Instandsetzungszeiten verglichen.
Unter den Bedingungen, dass bei einem frühzeitig erkannten Schaden nur die Ventilsitze ausgetauscht werden müssen und bei einem spät erkannten Schaden der Ventilsitz und die Ventilkugel ausgetauscht werden, können fünf Fälle (Tabelle Seite 349 Bild 1) unterschieden werden.
Im Fall der störungs- und der zustandsabhängigen Instandsetzung wird unterschieden, ob alle oder nur das defekte Ventil ausgetauscht wird.
Wenn bei der störungsabhängigen Instandsetzung nur die defekten Teile ausgetauscht werden sollen, ist das zusätzlich mit einer Fehlersuche verbunden.
Bei der **intervallabhängigen Instandsetzung** (Fall 1) sind die Instandsetzungszeiten am höchsten, da die Ventilsitze frühzeitig ausgetauscht werden. Der Instandsetzungszeitpunkt ist jeweils planbar. Die Instandsetzungskosten sind dennoch wesentlich geringer als im Fall 2, weil z. B. auf den Austausch der Ventilkugeln verzichtet werden kann. Im Vergleich zum Fall 3 entstehen aufgrund häufigere Anlagenstillstände höhere Instandsetzungskosten.
Bei der **störungsabhängigen Instandsetzung** (Fall 2 und 4) sind die Anlagenstillstandszeiten nicht planbar und die Instandsetzungskosten besonders beim Fall 2 hoch, weil sowohl Sitz als auch Kugel gewechselt werden. Wird nur das defekte Ventil ausgetauscht, muss erst festgestellt werden, welches defekt ist.
Bei **zustandsabhängiger Instandsetzung** (Fall 3 und 5) sind die Anlagenstillstandszeiten sowohl planbar und kürzer als bei der intervallabhängigen und der entsprechenden schadensabhängigen Instandsetzung. Die Instandsetzungskosten sind gering, da das defekte Ventil bekannt ist und der Schaden so früh erkannt wird, dass nur der Ventilsitz gewechselt werden muss. Damit hat die zustandsabhängige Instandsetzung erhebliche Vorteile gegenüber der intervallabhängigen und der schadensabhängigen Instandsetzung.

Fall	1 Alle Ventilsitze werden regelmäßig ausgetauscht	2 Nach einem Störungsfall werden alle Ventilsitze und -kugeln ausgetauscht	3 Bei einem frühzeitig erkannten Schaden werden alle Ventilsitze ausgetauscht	4 Nach einem Störungsfall werden nur die fehlerhaften Ventilsitze und -kugeln ausgetauscht	5 Bei einem frühzeitig erkannten Schaden werden nur die fehlerhaften Ventilsitze ausgetauscht
Instandsetzungsart	intervallabhängig	störungsabhängig	zustandsabhängig	störungsabhängig	zustandsabhängig
Instandsetzungshäufigkeit	2,9 pro Jahr	2,2 pro Jahr	2,2 pro Jahr	2,2 pro Jahr	2,2 pro Jahr
Anzahl gewechselter Ventilsitze	16	16	16	2	2
Anzahl gewechselter Ventilkugeln	–	16	–	2	2
Zeit für Fehlersuche in h	–	–	–	12	–
Zeit bis zum Eintreffen des Servicepersonals in h	–	3		3	–
Zeit für Reparatur in h	24	24	24	3	3

***1** Vergleich der fünf betrachteten Fälle*

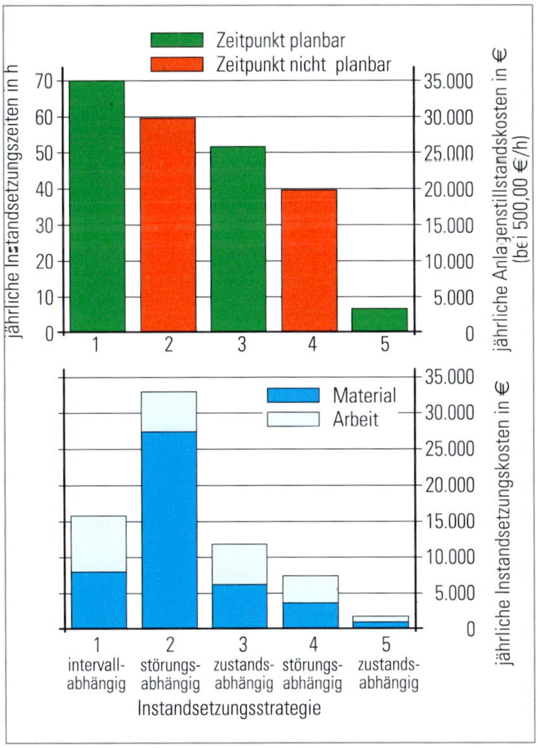

***2** Jährliche Instandsetzungskosten und -zeiten der fünf betrachteten Fälle in Bild 1*

4 Verschleiß

In den vorangegangenen Abschnitten wurden verschiedene Bauteile benannt, die instandgesetzt werden müssen, weil sie ihre Funktion nicht mehr vollständig ausüben können.
Auch bei sorgfältiger Konstruktion und bei gewissenhafter Fertigung ändern Bauteile während des Betriebs ihre Eigenschaften in unerwünschter Weise.
Eine häufige Ursache für das **Ausfallverhalten** *(failure behaviour)* technischer Systeme ist der Verschleiß *(abrasion)*.

MERKE

Wenn zwei oder mehr Werkstoffoberflächen sich gegeneinander bewegen, können die Oberflächen abnutzen. Die Abnutzungserscheinungen werden als Verschleiß bezeichnet.

Die einzelnen Bauteile können abreiben, brechen oder reißen, werden porös oder versagen in anderer Weise. Sie nutzen aufgrund von Temperaturschwankungen, dynamischen Belastungen und chemischen Beanspruchungen ab und werden geschädigt.
Die **Verfügbarkeit** *(availability)* der technischen Systeme verringert sich, wenn eine Vielzahl von mechanischen Bauteilen miteinander arbeitet.
Der Verschleiß steigt, wenn zusätzlich hydraulische, pneumatische, elektrische und elektronische Bauteile und Baugruppen zusammen wirken müssen.

Beispiel	Verschleiß-mechanismus	Erscheinungsform	Mögliche Ursachen	Abhilfe durch Fachkraft
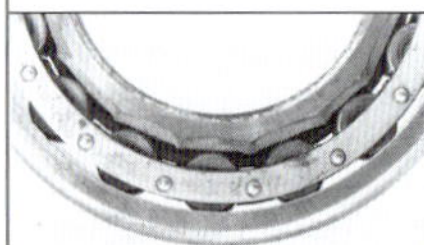 Ausgebrochener Bord eines Tonnenlagers	Oberflächenzerrüttung *(surface disruption)*	Bruch	Der Innenring wurde mit einem Hammer auf die Welle getrieben (Montagefehler).	fachgerechte Montage von Wälzlagern (Lernfeld 7)
 Deformierte Zahnwelle	Oberflächenzerrüttung	Verformung	Der Hebel für die Verstellung der Umdrehungsfrequenz wurde im Stillstand betätigt (Bedienerfehler).	fachgerechte Bedienung
 Beschädigtes Zahnrad	Oberflächenzerrüttung	Grübchen	wiederholte mechanische Überbeanspruchung	Evtl. geeigneteren Werkstoff auswählen.
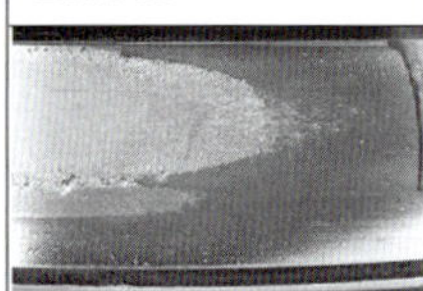 Verschleiß an einem Wälzlager	Oberflächenzerrüttung	Mikropitting[1)]	unzureichende Schmierstoffzufuhr, zu hohe Betriebstemperatur	fachgerechte Schmierung, Betriebstemperatur prüfen
 Kavitationsschaden an einem Absperrventil	Kavitation *(cavitation)* (siehe Lernfeld 6 Kap. 3)	Oberflächenzerstörung	Implodierende Gasbläschen z.B. in Rohrleitungen und Pumpen, die von flüssigen oder gasförmigen Medien durchströmt werden.	Druckverhältnisse verändern
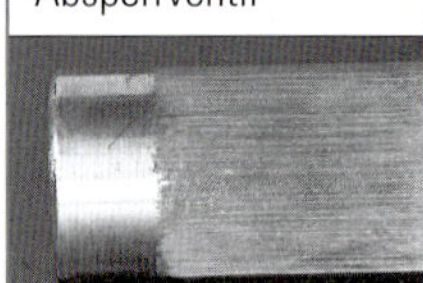 Materialabtrag	Abrasion	Kratzer Riefen Mikrospäne	Verschmutzungen zwischen den Reibpartnern	fachgerechte Reinigung und Schmierung
	Adhäsion	Riefen Löcher Fressen	ungünstige Schmierverhältnisse	fachgerechte Schmierung

1) *Pitting:* Grübchenbildung; *Mikropitting:* Graufleckigkeit

Beispiel	Verschleiß-mechanismus	Erscheinungsform	Mögliche Ursachen	Abhilfe durch Fachkraft
 Beschädigtes Zylinderrollenlager	Tribochemische Reaktion *(tribochemistrical reaction)*	Passungsrost	Formstörung der Passflächen	fachgerechte Montage von Wälz-lagern (Lernfeld 7)
	Tribochemische Reaktion	Passungsrost	chemische Reaktion der Reibpartner mit der Umgebung	Kenntnisse der elektrochemischen Korrosion in der Praxis anwenden (siehe Lernfeld 4)

1 *Verschleißerscheinungen durch Reibung an ausgewählten metallischen Maschinenelementen*

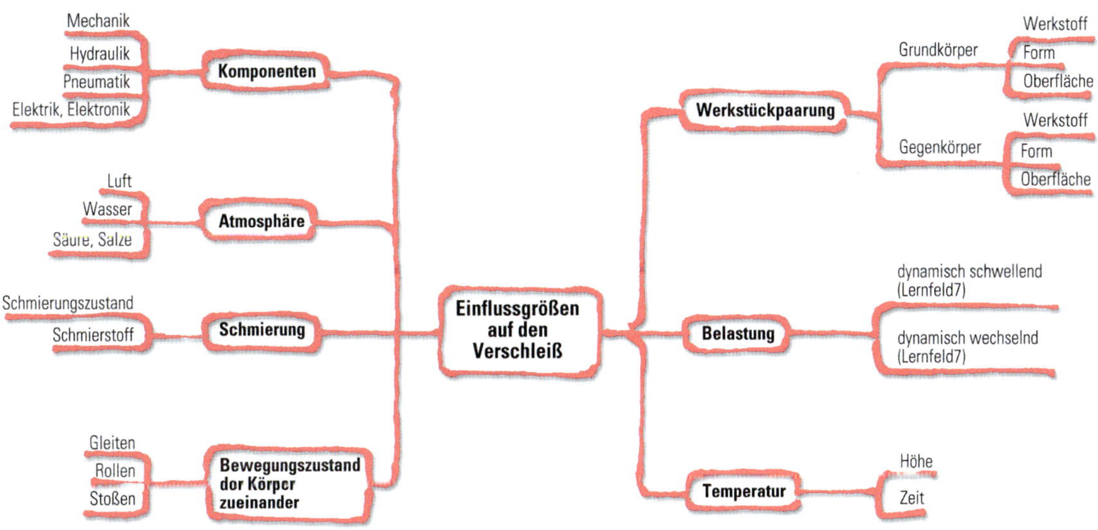

2 *Einflussgrößen auf den Verschleiß*

Ursache von Verschleiß ist überwiegend **Reibung** *(friction)* (vgl. Lernfeld 4). Reibung kann z. B. durch geeignete Schmierung (vgl. Lernfeld 4) verringert werden. Der Zusammenhang zwischen Verschleiß, Reibung und Schmierung wird als **Tribologie** *(tribology)* bezeichnet.

Weitere **Abnutzungsursachen** *(wearing reasons)* sind z. B. **Alterung** *(ageing)*, **Ermüdung** *(fatigue)* und **Korrosion** *(corrosion)*.

Überlegen Sie!

Zwischen Ventilsitz und Ventilkugel der Schlauch-Membran-Pumpe sind Partikel eingeklemmt.
Welcher Verschleißmechanismus kann vorliegen?

Ermüdung *(fatigue)*

Maschinenelemente wie z. B. Schrauben, Bolzen, Achsen, Wellen werden unterschiedlichen Beanspruchungen und Belastungen[1] ausgesetzt. Werden die Bauteile über einen längeren Zeitraum dynamisch belastet, können sie auch dann zu Bruch gehen, wenn z. B. die Zugfestigkeit[2] bei weitem nicht überschritten wurde.

Diese Bruchart wird als **Ermüdungsbruch** *(fatigue fracture)* oder **Dauerbruch** *(fatigue failure)* bezeichnet. Die Abb. 3 zeigt die typische Bruchfläche eines Ermüdungsbruches. Sie besteht aus einem Anriss, einer Dauerbruchfläche mit Rastlinien und Gewaltbruchfläche.

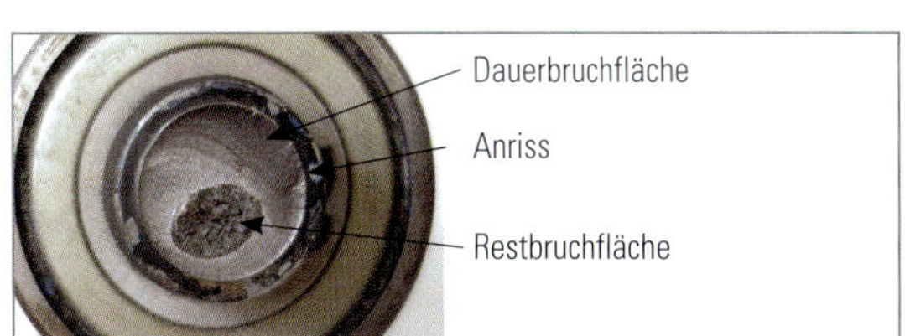

3 *Ermüdungsbruch an einer Antriebswelle, entstanden durch eine unsachgemäß ausgerichtete Kupplung*

1) Siehe Lernfeld 7 Seite 201
2) Siehe Lernfeld 12 Kap. 5.2.1.3

Schmierstoffe

Korrosion *(corrosion)* und **Alterung** *(aging)*

Korrosion[1] und Alterung sind die chemische, elektrochemische und physikalische Reaktion eines Werkstoffs.

Während bei metallischen Werkstoffen der Begriff Korrosion verwendet wird (Bild 1), wird bei z. B. Kunststoffen und Kühlschmierstoffen (Bild 2) von Alterung gesprochen. Typische Alterungserscheinungen sind Verfärbungen, bei Kunststoffen zusätzlich Versprödung und bei Kühlschmierstoffen zusätzlich Verharzung.

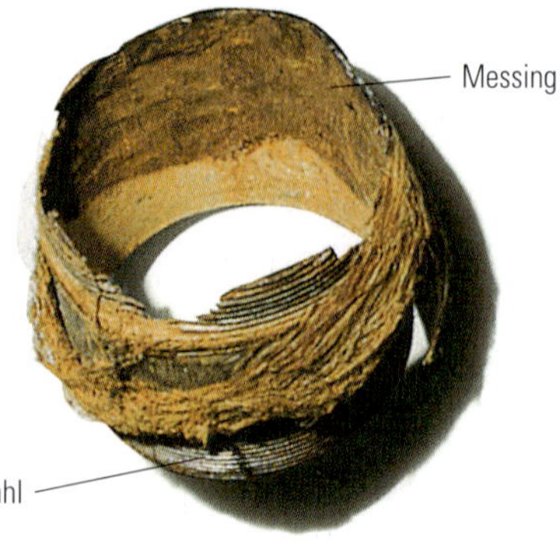

***1** Kontaktkorrosion an der Berührungsstelle von verzinktem Stahlrohr und Messingarmatur*

***2** Alterung von Kühlschmierstoffen*

5 Schmierstoffe

Reibung und Verschleiß an Maschinenbauteilen kann durch fachgerechte Schmierung gemindert werden (vgl. Tabelle Seite 350/351). Die Einteilung der Schmierstoffe ist **genormt**[2] (Tabellenbuch).

Je nach Anwendungsgebiet und Anforderungen wie Korrosionsbeständigkeit, Alterungsbeständigkeit, Temperaturbeständigkeit muss die Fachkraft einen geeigneten **Schmierstoff** *(lubricant)* auswählen.

5.1 Schmierstoffauswahl

Bei der Schmierstoffauswahl *(selection of lubricant)* muss die Fachkraft die Angaben des Anlagenherstellers wegen eventueller Gewährleistungsansprüche einhalten.

Schmierstoffe, die der Hersteller empfiehlt, können den **Bedienungsanleitungen** *(operating manuals)* entnommen werden (Seite 353 Bild 1).

Aufgrund z. B. von Lagerungskosten verwenden Betriebe eine möglichst geringe Anzahl von unterschiedlichen Schmierstoffen. In der Praxis kann es daher vorkommen, dass die Fachkraft einen gleichwertigen Schmierstoff auswählen muss.

Einen ersten Anhaltspunkt gibt der jeweilige Anwendungsbereich:

So werden z. B. in Getrieben **Umlaufschmieröle** *(circulating lubricating oils)* eingesetzt. Bei Führungsbahnen werden **Gleitbahnöle** *(slideway oils)* verwendet.

Wälzlager[3] werden mit einem speziellen **Wälzlagerfett** *(roller bearing grease)* geschmiert.

In hydraulischen Anlagen[4] werden **Hydrauliköle** *(hydraulic fluids)* verwendet, um den notwendigen Druck zu erzeugen.

Kühlschmierstoffe *(solid cooling lubricants)* werden zur Kühlung und zur Schmierung von Werkstücken und Werkzeugen sowie zum Transport von Spänen bei der Zerspanung[5] eingesetzt.

Diese Voreinteilung begründet sich beispielsweise durch folgende Eigenschaften:

- Viskosität
- Entflammbarkeit
- Pourpoint

Weitere Eigenschaften der Schmierstoffe wie

- Alterungsneigung
- Korrosionsbeständigkeit

entscheiden über den konkreten Einsatz.

***3** Kühlschmierstoff in der spanenden Fertigung*

1) Siehe Lernfeld 4 2) DIN 51502 3) Siehe Lernfeld 7 4) Siehe Lernfeld 6 5) Siehe Lernfeld 5

MAXION **Bedienung**

Wartung

Schmieranleitung

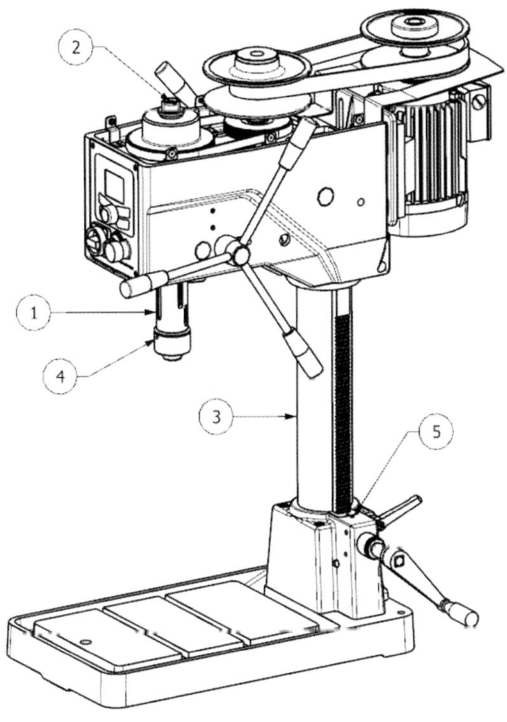

		Schmierstoff		Betriebsstunden
1	Pinole	CL 68	Gleitöl	40
2	Spindelkeilwelle	46 MR 401	Klüberpaste	200
3	Säule	CL 68	Gleitöl	40
4	Pinolenlager	KSK-20	Fett	2000
5	Hubeinrichtung	KSK–20	Fett	2000

Rückzugfeder einstellen

Seite 40

1 *Schmieranleitung des Herstellers*

5.1.1 Kennwerte von Schmierölen und Kühlschmierstoffen

Viskosität *(viscosity)*
Die Viskosität beschreibt das Fließverhalten (die Zähigkeit) von Flüssigkeiten. Öle mit einer niedrigen Viskosität sind dünnflüssig. Sie sind durch eine niedrige **Viskositätsklasse VG** gekennzeichnet.
Die Viskosität beeinflusst insbesondere den Schmierfilm. Ist die Viskosität zu gering, kann ein Schmierfilm gar nicht erst entstehen oder er reißt auf. Ist die Viskosität zu hoch, gelangt das Schmieröl nicht an die erforderlichen Schmierstellen.
Bei Mineralölen hängt die Viskosität von der Temperatur ab (Bild 1). Daher ist das Viskositäts-Temperatur-Verhalten besonders bei technischen Systemen mit unterschiedlichen Betriebstemperaturen bedeutsam. Ein Mineröl wird demnach so ausgewählt:

- Bei niedrigen Temperaturen muss es hinreichend dünnflüssig sein. Dadurch wird ein einwandfreies Anfahren der Maschine ermöglicht.
- Bei hohen Temperaturen muss das Schmieröl noch genügend Viskosität haben, damit der Schmierfilm nicht abreißt.

Die Abhängigkeit der Viskosität von der Temperatur führte zur Entwicklung **synthetischer Schmierstoffe**.
Synthetische Schmierstoffe haben ein gleichmäßigeres Viskositäts-Temperatur-Verhalten. Sie werden daher besonders bei extrem schwankenden Betriebstemperaturen eingesetzt. Im Vergleich zu Mineralölen sind synthetische Schmieröle teuerer.

MERKE
Bei Mineralölen gilt: Je höher die Temperatur, desto geringer die Viskosität.
Synthetische Schmieröle werden überwiegend bei schwankenden Betriebstemperaturen eingesetzt.

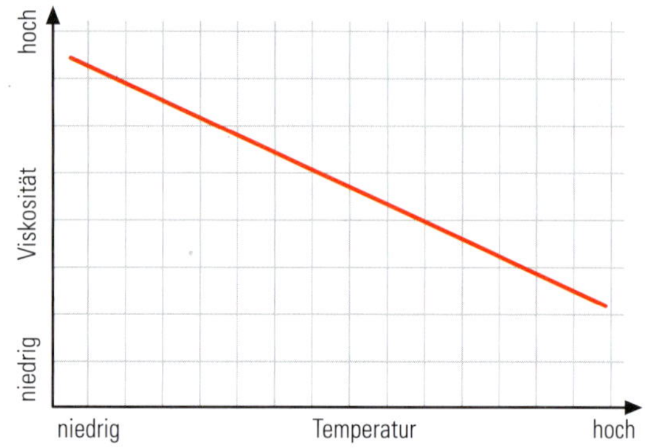

1 *Viskositäts-Temperatur-Verhalten von Minerölen*

Schmieröl nach DIN 51502	CLP 68	CLP 220	CLP 1000
Viskositätsklasse	ISO VG 68	ISO VG 220	ISO VG 1000
Minimale kinematische Viskosität bei 40 °C	61,2 mm²/s	198 mm²/s	900 mm²/s
Maximale kinematische Viskosität bei 40 °C	74,8 mm²/s	242 mm²/s	1100 mm²/s
Pourpoint	–12 °C	–9 °C	–3 °C
Flammpunkt	180 °C	200 °C	200 °C
Anwendungsbeispiele	Getriebe	Gleitbahnen	Bei Schneckengetrieben mit sehr hoher Umdrehungsfrequenz

2 *Kennwerte von Schmierölen*

Pourpoint *(pour point)*
Der Pourpoint ist die Temperatur, bei der ein Schmieröl eben noch fließt.

Flammpunkt *(flashpoint)*
Der Flammpunkt ist die Temperatur, bei der sich an der Schmieröloberfläche entzündbare Gase bilden. Die Schmieröle werden entsprechend ihres Flammpunktes in Gefahrenklassen eingeteilt.

5.1.2 Kennwerte von Schmierfetten

Bei Wälzlagern können Schmierfette anstelle von Schmierölen verwendet werden (Bild 3). Diese haben den Vorteil, dass sie nicht von der Lagerstelle wegfließen. Zusätzlich haften Schmierfette an der Schmierstelle und verhindern so das Eindringen von Wasser oder Verunreinigungen.

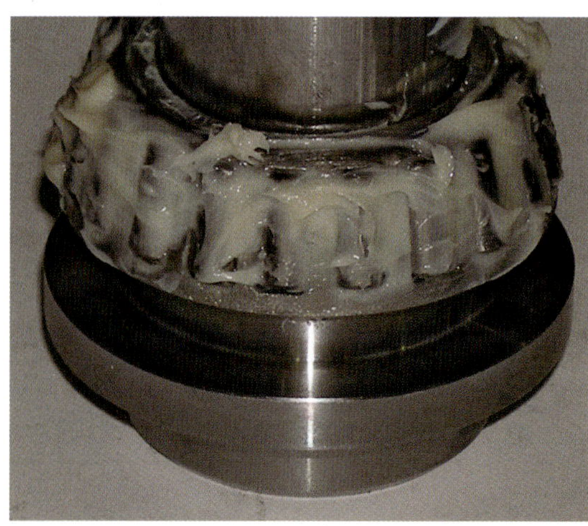

3 *Eingefettetes Wälzlager*

Schmierfette werden nach ihrer **Konsistenz** *(consistency)* beurteilt. Schmierfette werden in **9 Konsistenzklassen** *(consistency classes)* eingeteilt (Tabelle Bild 1).
Kennwert für die Konsistenz und damit wichtigster Kennwert für Schmierfette ist die **Walkpenetration**.
Bei der Walkpenetration wird das Schmierfett vor der Messung „gewalkt", d. h. vorher kräftig durchgeknetet. Dadurch werden die mechanischen Belastungen an der Schmierstelle simuliert.
Für die Bestimmung der Walkpenetration[1] (Bild 2) wird das Fett bei einer Temperatur von 25 °C in einen genormten Becher gefüllt. Die Spitze eines genormten Kegels berührt die Oberfläche. Nach dem Lösen einer Haltevorrichtung hat der Kegel 5 Sekunden Zeit in das Fett einzudringen. Die Eindringtiefe wird gemessen und in 1/10 mm angegeben.
So bedeutet ein Wert von 400, dass der Kegel nach 5 Sekunden 40 mm tief in das Fett eingedrungen ist.

MERKE

Je größer der Wert der Walkpenetration, desto mehr fließt das Fett.

Je größer der Wert der Konsistenz, desto weniger fließt das Fett.

Konsistenzklasse nach DIN 51818	Walkpenetration nach DIN ISO 2137 in 1/10 mm	Konsistenz	Anwendung
000	445 … 475 dickem Öl (fließend)	ähnlich sehr	Getriebe
00	400 … 430	fast fließend	Getriebe
0	355 … 385	extrem weich	Getriebe
1	310 … 340	sehr weich	Wälz- und Gleitlager
2	265 … 295	weich	Wälz- und Gleitlager
3	220 … 250	mittel	Wälz- und Gleitlager
4	175 … 205	fest	Dichtfette für Armaturen, Labyrinthe
5	130 … 160	sehr fest	Dichtfette für Armaturen, Labyrinthe
6	85 … 115	extrem fest	Dichtfette für Armaturen, Labyrinthe

1 *Konsistenzklassen und Walkpenetrationen von Schmierfetten*

2 *Bestimmung der Walkpenetration*

5.1.3 Festschmierstoffe

Als Festschmierstoffe *(solid lubricants)* werden oft MoS_2 (Molybdändisulfid), Grafit, PTFE (Polytetrafluorethylen), Kupfer und Kupferlegierungen verwendet. Für Festschmierstoffe gibt es keinen einheitlichen genormten Kennwert. Die Anwendungsgebiete hängen von den Eigenschaften dieser Stoffe ab.

MERKE

Festschmierstoffe kommen bei sehr hohen Drücken, bei niedriger Geschwindigkeit und extrem niedrigen oder hohen Temperaturen zum Einsatz (z. B. im Kesselbau, als Bestandteil von wartungsfreien Gleitlagerbuchsen).
PTFE ist lebensmittelverträglich und wird daher überwiegend in Maschinen, die der Lebensmittelgewinnung dienen, verwendet.

5.1.4 Schmierpasten

Schmierpasten *(grease pastes)* sind Fette, die mit Festschmierstoffen versetzt sind.
Hauptanwendungsgebiete von Schmierpasten sind:

- Montieren und Einpressen von Übermaßpassungen an Gleitlagern, Wälzlagern oder zum Aufpressen von Zahn- oder Kettenrädern. Die Demontage wird erleichtert und ein „Festfressen" wird verhindert.
- Schmierung von Schraubverbindungen. Die Demontage wird erleichtert und ein „Festfressen" wird verhindert.
- Schmierung bei extremen Drücken, hohen Temperaturen und/oder Vibrationen.
- Gewährleistung der Notlaufschmierung.
- Verbesserung von Einlaufbedingungen.

Die Tabelle Bild 1 auf Seite 356 zeigt Empfehlungen eines Schmierstoffherstellers für Schmierpasten bei Schrauben- und Bolzenverbindungen in unterschiedlichen Temperaturbereichen.

[1] DIN ISO 2137

Temperaturbereich in °C	Hauptwirkstoff	Schmierfähigkeit, Verschleißschutz, Reibverhalten im Vergleich zu MoS_2	Einsatz	Anwendung, Vorteile, Nachteile
0 … 400	MoS_2	sehr gut	Standard	Mehrzweckfette, Tieftemperaturfette, Schmierung von Aluminium
400 … 600	Grafit	gut	Grafit, weil MoS_2 sich ab 400 °C zersetzt!	Tieftemperaturfette, Hochtemperaturfette, Hochgeschwindigkeitsfette, Kunststofffette
600 … 700	Aluminium	mäßig	Aluminium, weil Grafit sich zersetzen würde	Hochtemperaturfette
700 … 1200	Kupfer	mäßig	Kupfer, weil Aluminium jetzt schmilzt	Biologisch abbaubare Schmierfette
> 1200	Keramik	schlecht	Keramikpasten haben eine minimale Schmierwirkung, die Trennwirkung überwiegt	Hochtemperaturfette, säure- und lösemittelbeständige Fette

1 Auswahl von Schmierpasten bei Schrauben- und Bolzenverbindungen

5.2 Beurteilung von Schmierstoffen

Schmierstoffe können verunreinigen oder altern (Bild 2 Seite 352). Sie müssen daher regelmäßig inspiziert werden. Die Fachkraft erkennt oft durch eine Sichtprobe, ob der Schmierstoff noch einwandfrei ist. Bild 2 zeigt mögliche Beschaffenheiten von **Schmierölen** *(lubricating oils)*.
Mithilfe einer Filterprobe kann ein Prüfer anhand der Rückstände oft wertvolle Hinweise auf die Abriebstelle geben.
Gealterte Schmierfette *(lubricating greases)* zeigen gegenüber Neufetten eine deutliche Dunkelfärbung auf. Sie verharzen, werden also härter. Wasserenthaltende Schmierfette (bis zu 5 %) trocknen regelrecht aus. Eine ausreichende Schmierung ist dann nicht mehr möglich.
Entsprechend der BG-Vorschriften müssen **Kühlschmierstoffe** *(coolants)* (vgl. Lernfeld 5) regelmäßig geprüft werden. Einfach zu prüfen ist z. B. der Säuregehalt (**pH-Wert**). Dies erfolgt mit einem Teststreifen (Bild 3). Er verfärbt sich entsprechend des pH-Werts. Wassermischbare Emulsionen sollten einen pH-Wert zwischen 8 und 9 haben (Herstellerangaben sind zu berücksichtigen). Der Teststreifen weist dann eine bestimmte Blaufärbung auf. Der pH-Wert sollte wöchentlich geprüft werden.
Ebenso erfolgt die wöchentliche **Nitritmessung** *(nitrite measurement)* mit einem Teststäbchen (Bild 4). Zeigt das Ergebnis einen zu großen Nitritgehalt (über 20 mg/l), so ist ein Nitritminderer der Emulsion beizufügen.
Die tägliche **Konzentrationsmessung** *(solvent concentration measurement)* kann mit einem Handmessgerät (Handrefraktometer) durchgeführt werden (Seite 357 Bild 1). Konzentrationsveränderungen (Seite 357 Bild 2) sind auszugleichen. Bei einer zu hohen Konzentration ist eine stark verdünnte Emulsion, kein reines Wasser, zuzugeben. Bei einer zu geringen Konzentration muss stark konzentrierte Emulsion, kein reines Konzentrat, zugeführt werden.

Zustand des Schmieröls	Ursache
Trübung	Feuchtigkeit, feinste Schmutzteile
Verfärbung	Alterungserscheinungen
Dunkelfärbung	Fremdstoffe
Absetzendes Wasser (Kondensat)	Eindringen von Wasser
Fremdkörper	Abrieb von Bauteilen, Verschmutzung von außen

2 Beschaffenheit von Schmierölen und der Ursachen

3 pH-Wert-Messung

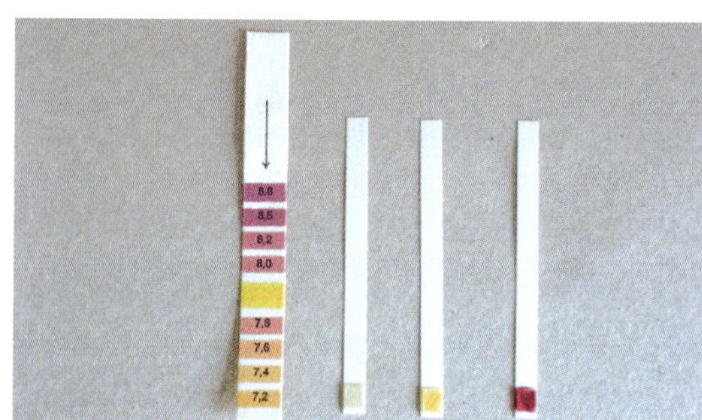

4 Nitritmessung

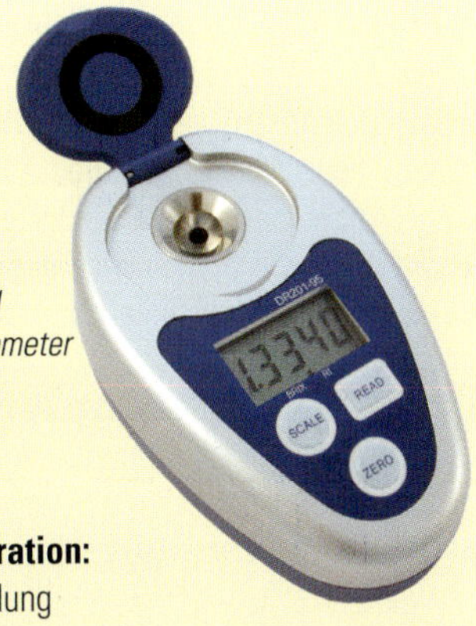

1 *Konzentrationsmessung mit einem Handrefraktometer*

Bei zu hoher Konzentration:
- erhöhte Hautgefährdung
- erhöhter Verbrauch
- erhöhte Emissionen (Aerosol[1]), Qualm)

Bei zu niedriger Konzentration:
- instabile Emulsion
- erhöhter mikrobakterieller Befall, Geruch
- Bearbeitungsprobleme

2 *Konzentrationsveränderungen*

MERKE

Alterungserscheinungen von Schmierstoffen können durch geeignete Pflegemaßnahmen (z. B. reinigen, filtern) reduziert werden.

5.3 Lagerung, Entsorgung, Gesundheitsschutz

Schmierstoffe sind in der Regel **Sondermüll** *(hazardous waste)* (vgl. Lernfeld 4). Um die Gesundheit von Personen sowie die Umwelt nicht zu gefährden, sind entsprechende Vorschriften beim Transport, bei der Lagerung und der Entsorgung einzuhalten. Diese Vorschriften sind den jeweiligen **Sicherheitsdatenblättern** *(safety data sheets)* der Hersteller zu entnehmen (vgl. Lernfeld 4).

MERKE

Unterschiedliche Schmierstoffarten müssen getrennt gelagert werden.

ÜBUNGEN

1. Nennen Sie nach folgendem Muster einige Anwendungsbereiche für Schmierstoffe sowie den zu verwendenden Schmierstoff:

Anwendungsbeispiel	Schmierstoffart	Schmierstoffbeispiel
Getriebe	Umlaufschmieröl	CL 68, CPL 100
Hydraulische Anlage	Hydrauliköl	HLP 68

2. Nennen Sie drei Anforderungen, die an Schmierstoffe gestellt werden können.

3. Nennen Sie mindestens drei Schmierstoffkennwerte.

4. Beschreiben Sie das Fließverhalten von Schmierölen mit hoher Viskosität.

5. Welcher Zusammenhang besteht zwischen der Viskosität und der Temperatur eines Schmieröls?

6. Erläutern Sie die Bedeutsamkeit des Viskosität-Temperatur-Verhaltens von Schmierölen bei Maschinen, die mit unterschiedlichen Betriebstemperaturen gefahren werden.

7. Erklären Sie den Begriff „Pourpoint".

8. Was ist unter dem Flammpunkt eines Schmieröles zu verstehen?

9. Nach welchem Kennwert werden Schmierfette klassifiziert?

10. Welche Vorteile haben Schmierfette gegenüber Schmierölen?

11. Wie viele Millimeter ist bei der Walkpenetrationprüfung ein Normkegel in ein Schmierfett eingedrungen, wenn der Wert der Walkpenetration mit
a) 365
b) 150
c) 85
angegeben ist?

12. Welche Konsistenzkennzahl müsste jeweils in den Kurzsymbolen für die Schmierfette angegeben werden?

13. Nennen Sie drei Festschmierstoffe.

14. Welcher Festschmierstoff ist lebensmittelverträglich?

15. Nennen Sie mindestens vier Anwendungsgebiete von Schmierpasten.

16. Wie können Schmieröle beurteilt werden?

17. Wodurch kann ein neues Schmierfett von einem gealterten unterschieden werden?

18. Nennen Sie drei Prüfverfahren für die Beurteilung von Kühlschmierstoffen.

1) Stoffgemisch aus einem gasförmigen Stoff und flüssigen oder festen feinverteilten Bestandteilen, die man als Schwebstoffe bezeichnet

6 Schmierverfahren

Schmierverfahren *(lubricating techniques)* werden angewendet, um den richtigen Schmierstoff zur richtigen Zeit in der geeigneten Menge an der vorgesehenen Reibstelle zur Verfügung zu stellen.

Verbrauchsschmierung *(consumption lubrication)*
In Abhängigkeit vom Verbrauch wird Schmierstoff zugeführt wie z.B. Auffüllen von Getriebeöl bei einer Bohrmaschine oder Einfetten von Führungsbahnen an einer Drehmaschine oder beim Einfetten der Spannbacken am Drehmaschinenfutter (Bild 1).

1 *Schmieren eines Drehmaschinenfutters*

Lebensdauerschmierung *(service life lubrication)*
Das einmalige Schmieren einer Reibstelle wird als Lebensdauerschmierung bezeichnet. Bis zum Benutzungsende wird der Schmierstoff weder ausgetauscht noch aufgefüllt. Dieses Schmierverfahren wird oft bei Wälzlagern angewandt (Bild 2).

2 *Einfetten eines Wälzagers*

Umlaufschmierung *(circular lubrication)*
Umlaufschmierung bezeichnet einen Schmierstoffkreislauf (Bild 3). Von einem Ölbehälter führen zur Schmierstelle Hin- und Rückleitungen. Dazwischen können auch Filter geschaltet sein. Der geschlossene Kreislauf ermöglicht eine Wiederverwendung des Schmieröls. Dadurch wird insgesamt weniger Schmieröl verbraucht. Umlaufschmierungen werden z.B. bei hydraulischen Anlagen verwendet.
Nach der Anzahl der Schmierstellen können Schmierverfahren in Einzelschmierung und Zentralschmierung unterteilt werden.

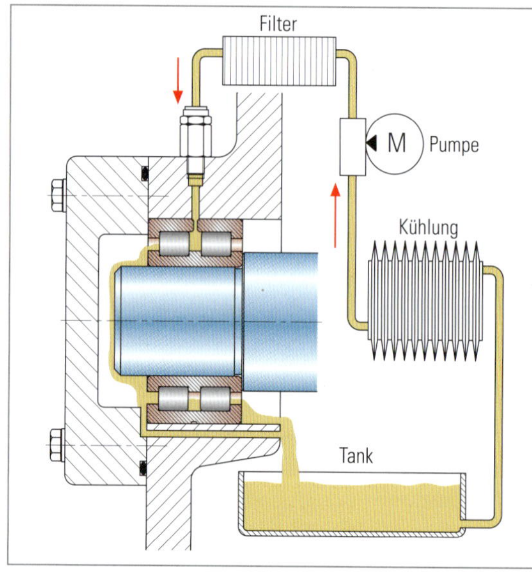

3 *Umlaufschmierung*

Einzelschmierung *(individual lubrication)*
Einzelschmierung wird angewendet, wenn nur eine Schmierstelle vorliegt, eine Zentralschmieranlage zu aufwändig ist oder die Schmierstellen von einer Zentralschmieranlage nicht erreicht werden können. Eine Einzelschmierung wird als Verbrauchsschmierung realisiert. Bei der **manuellen** Einzelschmierung stehen Hilfsmittel wie Pinsel, Tücher, Ölkanne, Schmiernippel, Fettpresse usw. zur Verfügung (Bild 4).

4 *Einzelschmierung über Schmiernippel*

Mithilfe z. B. eines Tropfölers/Schmierstoffgebers (Bild 1) kann eine **halbautomatische** Einzelschmierung erfolgen.
Eine **automatische** Einzelschmierung erfolgt z. B. durch eine Tauchschmierung. Ein typischer Anwendungsfall[1] sind z. B. Getriebe (Bild 2).

Überlegen Sie!

1. Welche Vor- und Nachteile haben die bisher genannten Schmierverfahren?
2. Erstellen Sie für die Anwendungsbereiche der verschiedenen Schmierverfahren Merksätze.

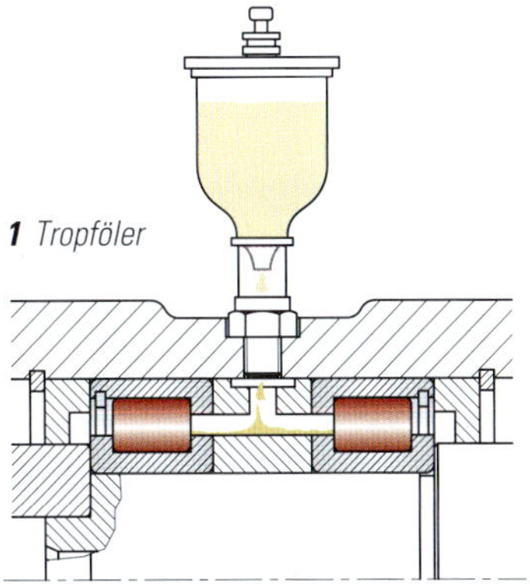

***1** Tropföler*

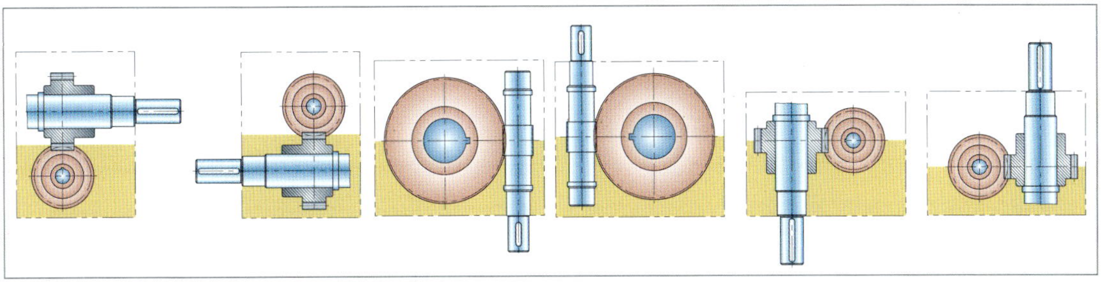

***2** Erforderliche Ölmenge bei einem Schneckengetriebe in unterschiedlichen Betriebslagen*

Zentralschmieranlagen *(central lubrication units)*
Zentralschmierungen (Bild 3) bieten sich an, wenn mehrere Schmierstellen versorgt werden müssen.
Zentralschmieranlagen bieten folgende Vorteile:

- Keine angeschlossene Schmierstelle kann vergessen werden.
- Die Schmierung erfolgt auch an schwer zugänglichen Stellen.
- Der Lagerverschleißes wird verringert.
- Die geschmierten Lager sind ausfallsicher.
- Die Reparatur- und Wartungskosten der Lager verringern sich deutlich.
- Die Ausfallzeiten der Produktion werden gesenkt.
- Automatische Steuerung der Schmieranlage, meldet Fehler im Vorfeld.

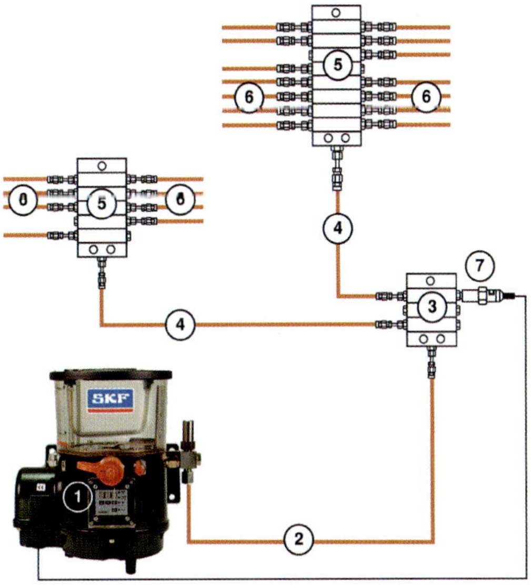

***3** Aufbau eines Zentralschmiersystems*

ÜBUNGEN

1. Nennen Sie drei Schmierverfahren.
2. Nennen Sie die Anwendungsbereiche von Einzel- und Zentralschmierung.
3. Beschreiben Sie den prinzipiellen Aufbau einer Zentralschmierung.
4. Informieren Sie sich in Ihrem Betrieb, welche Schmierverfahren an verschieden Bauteilen und Anlagen verwendet werden.

1) siehe auch Lernfeld 7 Seite 218.

Projektaufgabe 1: Instandsetzungsstrategien

Über ein Online-Diagnosesystem wurde in einem Gasturbinenteil frühzeitig ein Riss entdeckt.

1. Recherchieren Sie im world-wide-web die Anwendungsbereiche von Gasturbinen.
2. Beschreiben Sie knapp die Funktion einer Gasturbine.
3. Entscheiden und begründen Sie, um welche Instandsetzungsstrategie es sich im vorliegenden Fall handelt.
4. Stellen Sie die unter 3) genannte Instandstandsetzungsstrategie den beiden anderen hinsichtlich ihrer Vor- und Nachteile gegenüber.
5. Beschreiben Sie die Vorteile von Online-Diagnosesystemen.
6. Benennen Sie die Voraussetzungen, die den Einsatz von Online-Diagnosesystemen ermöglichen.
7. Welche Ausfallkurve würden Sie dem Schadensbeispiel zuordnen? Begründen Sie Ihre Antwort.
8. Überlegen Sie, welche Ursachen für den Riss verantwortlich sein können. Begründen Sie Ihre Antworten.
9. Welche Maßnahmen würden Sie empfehlen, wenn dieser Störungsfall häufiger vorkommt?
10. Nennen Sie mindestens drei Sicherheitsmaßnahmen, die bei der Instandsetzung des Gasturbinenteils eingehalten werden müssen.

Projektaufgabe 2: Erstellen von Schmierplänen

„Gründen" Sie eine virtuelle Produktionsfirma. Recherchieren Sie im world-wide-web nach Bedienungsanleitungen von verschiedenen Werkzeugmaschinen. Wählen Sie für Ihre Firma eine geeignete Anzahl von Werkzeugmaschinen (z.B. bei 24 Schülern, die jeweils in Dreiergruppen arbeiten 8 Werkzeugmaschinen). Fertigen Sie unter Berücksichtigung folgender Aspekte Schmierpläne für die Bediener an:

1) Herstellerangaben sind unbedingt einzuhalten!
2) Zusätzliche Skizzen und farbige Hervorhebungen sind wünschenswert.
3) Die Schmierpläne sind an den Werkzeugmaschinen aufzuhängen.
4) Die Bediener sollen einfach erkennen,
   a) welche Stellen zu schmieren sind.
   b) in welchen Intervallen die Schmierung zu erfolgen hat.
   c) welche Schmierstoffe an den verschiedenen Schmierstellen zu verwenden sind.
5) Die Schmierpläne müssen eine Qualitätskontrolle ermöglichen, d.h. es muss nachgewiesen werden, dass zum jeweiligen Zeitpunkt geschmiert wurde und wer für die Schmierung verantwortlich ist.
6) Verwenden Sie für die jeweilige Schmierart und für die zu verwendenden Schmierstoffarten die aktuellen Normbezeichnungen.
7) Entscheiden Sie, welche sicherheitsrelevanten Aspekte einzuhalten sind. Kennzeichnen Sie diese im Schmierplan.
8) Diskutieren Sie Ihre Schmierpläne auf fachliche Richtigkeit und Vollständigkeit in der Klasse.
9) Welche Entsorgungsvorschriften sind einzuhalten? Klären Sie, z.B. in einem Rollenspiel, einen neuen Mitarbeiter über diese Vorschriften auf.
10) Informieren Sie, z.B. in einem Rollenspiel, einen neuen Mitarbeiter über die gesundheitlichen Aspekte im Umgang mit Schmierstoffen.

7 Operating Manual – Change Driving Belt

Here you can see a photograph of the two belts inside the pillar drilling machine.

The instructions on pages 362 and 363 are part of the original operating manual for the pillar drilling machine. This part contains several sections including 'technical data', 'safety', 'accessories', 'maintenance' and also 'troubleshooting'.

The section on troubleshooting contains information about some problems which may occur, what causes them and how to deal with them, for example, how to change a damaged or broken belt.

If you read the information on the next two pages you will see that two different belts have to be changed in our example.

Assignments:

Now look at the instructions about 'Change broad vee belt' on p. 366 .

1. The following sentences are taken from the original German operating manual, but the order is mixed. Please compare it with the English description and find the correct order. You also may write the result into your exercise book.
   - Befestigungsschraube festziehen.
   - Breitkeilriemen wechseln
   - Der Riemen ist lose.
   - Abdeckhaube entfernen.
   - Quetschgefahr durch zusammenklappende Riemenscheiben. Hände nicht zwischen die Riemenscheiben halten.
   - Im Stillstand vorsichtig kleinste Umdrehungsfrequenz einstellen.
   - Breitkeilriemen erst von der Vorlegescheibe B, dann von der Motorscheibe A abnehmen.
   - Spindel ausschalten.
   - Ratschlag: Spindelscheibe manuell drehen.
   - Abdeckhaube aufsetzen.
   - Hauptschalter auf „0" und gegen unbeabsichtigte Inbetriebnahme sichern.
   - Spindel einschalten und höchste Umdrehungsfrequenz einstellen,
   - Neuen Breitkeilriemen erst auf die Motorscheibe A, dann auf die Vorlegescheibe B auflegen.
2. Some questions:
   a) Why does the main switch have to be set on "0" before starting?
   b) What has to be done, before the belt is loose?
   c) What has to be done before the broad vee belt is removed from the motor pulley?
   d) Describe how to put on the new broad vee belt ?
   e) What advice is helpful?
   f) Why does the fixing bolt have to be tightened?

Finally there are some assignments on how to '**Change the Poly-V-Belt**' (p. 362 and 363).

3. Translate the sentences by using your English – German vocabulary list.
4. Some questions:
   a) What has to be done, before the Poly-V-Belt can be removed?
   b) Which steps have to be performed before the belt is loose?
   c) How can danger occur?
   d) Describe or explain how to change the Poly-V-Belt.
5. Imagine you should explain the change of driving belts to an English or American colleague. A help may be to draw a chart as shown below and to compare the changing of broad vee belt and Poly-V-belt. Write down the important steps and use your own words if possible.

Broad vee belt	Poly-V-belt
1. First	*1. First*
2. Then	*2. Then*
3. After that	*3. After*
4. Now	*4. Now*
5. Finally	*5. Finally*
6. At the very end	*6. At the very end*

Change Driving Belt

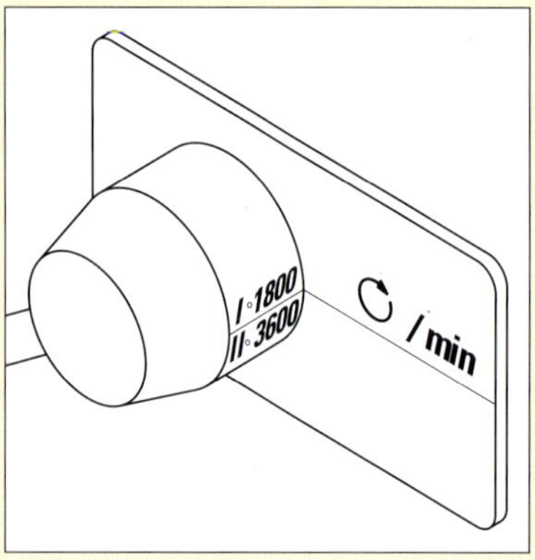

Change the broad vee belt

- Turn spindle on and set the highest rotational speed.

☞ Turn spindle off,
Set main switch to "0" and secure against accidental starting of spindle.

- Remove cowl.
- Make sure pulleys are not rotating then carefully set the lowest rotational speed.

The belt is loose.

Danger: Keep hands from between the belt pulleys.

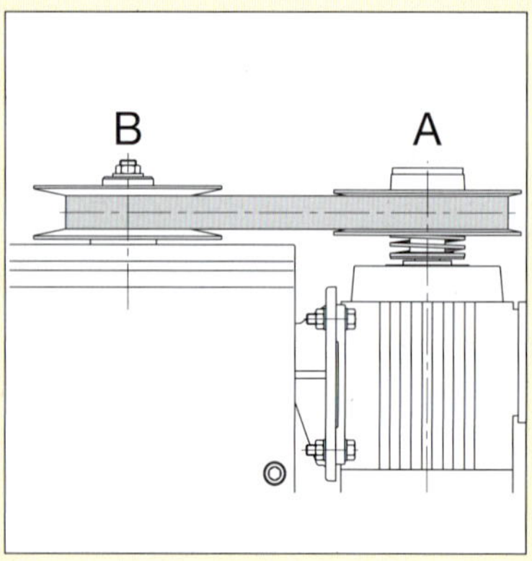

- Remove the broad vee belt first from the from pulley B, then from the motor pulley A.
- Put the new broad vee belt first on the motor pulley A, then on pulley B.

Advice: Rotate the pulley manually.

- Replace the cowl.
- Tighten the fixing bolt.

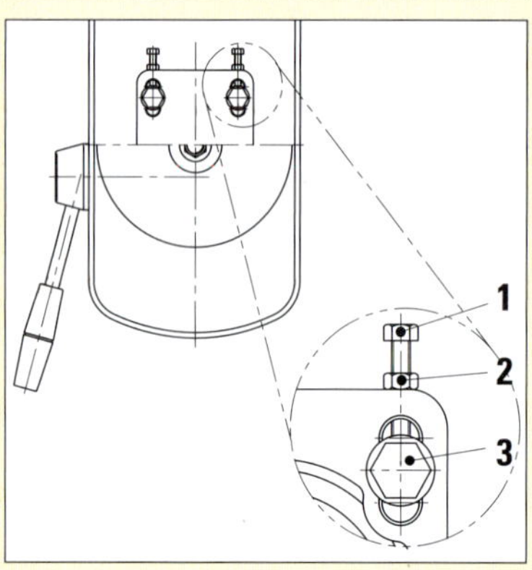

Change the Poly-V-belt

- Remove the broad vee belt as described above,
- Loosen the locknuts 1,
- Loosen the clamping screws 2,
- Loosen the fixing bolts 3,

The belt is now loose.

Danger: Keep hands from between the belt pulleys.

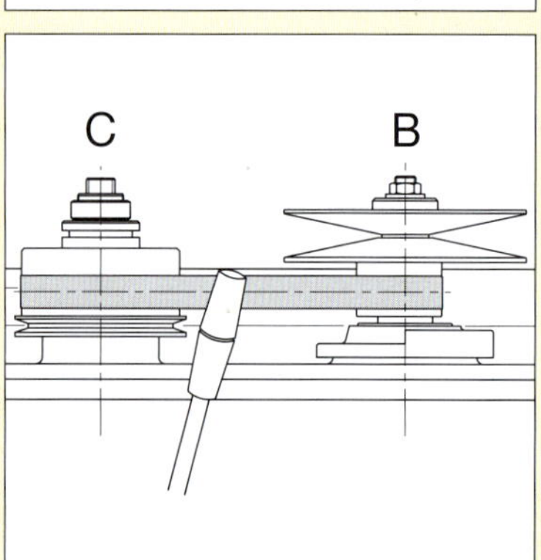

- Remove the Poly-V-belt first from pulley B, then from the spindle pulley C.
- Put the new Poly-V-belt first on the spindle pulley C, then on pulley B.

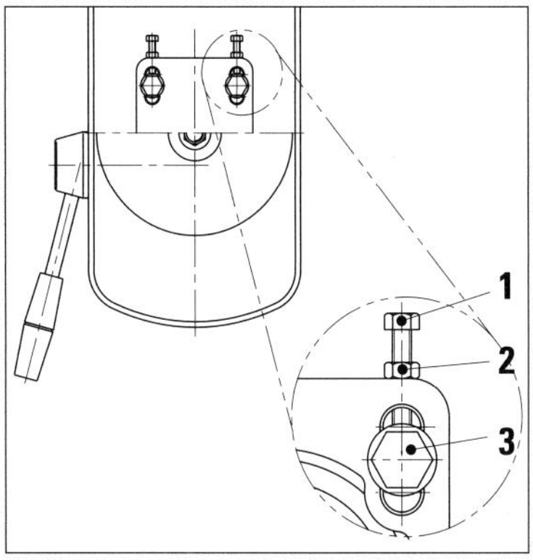

- Tighten the Poly-V-belt with the clamping screws 1,
- Tighten the locknuts 2,
- Tighten the fixing bolts 3.

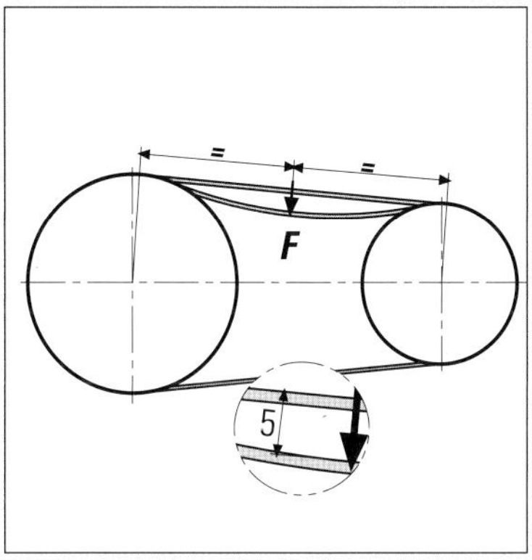

- Check the belt tension.

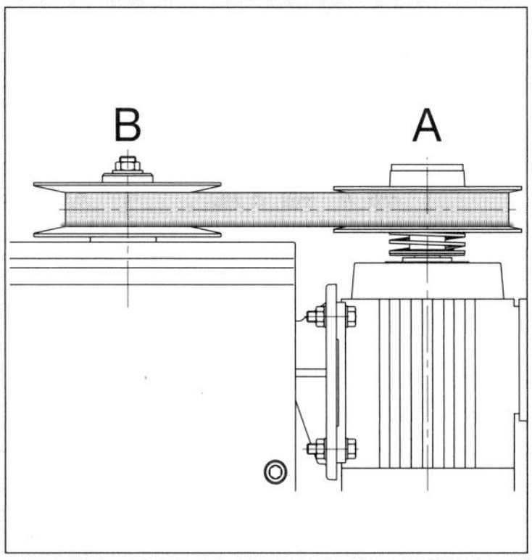

- Put the broad vee belt first on the pulley B, then on the motor pulley A
- Replace the cowl.
- Tighten the fixing bolts.

Work With Words

In future you will come into the situation to talk, listen or read technical English. Very often it will happen that you either **do not understand** a word or **do not know the translation**.

In this case here is some help for you!

Below you will find a few possibilities to describe or explain a word you don't know or use synonyms[1] or opposites[2].
Write the results into your exercise book..

1. **Add as many examples** to the following terms as you can find for different types of overhauling and lubricants.

overhauling:	failure caused overhauling clearance dependent overhauling 	*lubricants:*	slideway oil hydraulic fluid

2. **Explain the two terms in the box:**
Use the words below to form correct sentences. Be careful the order is mixed!

viscosity:	and therefore not flowing easily/ that some fluids have of being sticky/ This is the quality	*repair:*	that has been damaged/or other thing/ or is not working properly/A repair is something that you do to mend a machine

3. **Find the opposites**[1]**:**

failure caused overhauling:		*flashpoint:*	
mounting instruction:		*solid lubricant:*	

4. **Find synonyms**[2]:
You can find one or two synonyms to each term in the box below.

dismantle:		*grease:*	
fatigue fracture:		*replace:*	
dismount/fatigue failure/disassemble		change/lubricant/oil/put back	

5. In each group there is a word which is the **odd man**[3]. Which one is it?

a) consumption lubrication/spare part drawing/ service life lubrication/circular lubrication/individual lubrication

b) belt slippage/glide slippage/transmission ratio/ expansion slippage

c) documentation/overhauling print outs/charts of machine malfunction/consistancy classes

d) machine downtime/costs for overhauling/costs for maintenance/costs for loss of production

6. Please translate the information below. Use your English-German Vocabulary List if necessary.

If you inspect something, you look at every part of it carefully in order to find out about it or check that it is all right.

1) *opposite:* Gegenteil 2) *synonym:* Synonym, ähnliches Wort, Ergänzung 3) *odd man:* Außenseiter, überzähliges Wort, fünftes Rad am Wagen

Lernfeld 10: Herstellen und Inbetriebnehmen von technischen Systemen

Dieses Lernfeld ist die Fortsetzung der Lernfelder 3 „Herstellen von einfachen Baugruppen" und 7 „Montieren von technischen Systemen".
In diesem Lernfeld geht es nun darum, dass Sie verschiedene Teilsysteme zu komplexen Gesamtsystemen fügen und diese in Betrieb nehmen.
Gesamtzeichnungen, Stücklisten, Montagepläne usw. sind die Grundlage Ihrer Tätigkeiten. Aus diesen Darstellungen erkennen Sie die Funktionszusammenhänge der einzelnen Bauelemente und Baugruppen und wahlen diese nach Funktion oder Vorgabe aus. Sie nehmen Änderungsaufträge entgegen, fertigen Skizzen an und führen erforderliche Berechnungen durch.

Ihre Arbeitsabläufe planen Sie unter Berücksichtigung ergonomischer Gesichtspunkte. Sie wählen geeignete Montagehilfsmittel aus und stellen alle erforderlichen Einzelteile zusammen. Ferner entscheiden Sie sich für fachlich und wirtschaftlich angemessene Fertigungs- und Fügeverfahren.
Bei der **Inbetriebnahme** stellen Sie die geforderten Parameter ein, prüfen und dokumentieren diese. Die Inbetriebnahme ist dann erfolgreich verlaufen, wenn das von Ihnen erstellte System alle Bedingungen erfullt, die dem Kunden zugesagt wurden und die der Kunde zu Recht von diesem erwarten darf.
Dem **Kunden** übergeben Sie ein voll funktionsfähiges technisches System einschließlich aller zugehörigen Wartungs- und Bedienungsanleitungen und fertigen ein **Übergabeprotokoll** an.
Inhaltlich bilden komplette **Antriebssysteme**, bestehend aus Getriebe, Kupplung bzw. Riemen- oder Kettentrieb und elektrischem Antrieb, einen Schwerpunkt dieses Lernfeldes.
Ferner beschäftigen Sie sich mit **Pumpen** und erweitern bzw. vertiefen Ihre Kenntnisse **stoffschlüssiger Fügeverfahren** wie Kleben und Schweißen.
Einen weiteren Schwerpunkt bilden **Hebezeuge** und das fachgerechte Anschlagen von Lasten.
Gerade hierbei, aber auch bei allen anderen Tätigkeiten, beachten Sie die jeweiligen **Sicherheitsvorschriften** und verwenden vorgeschriebene oder geeignete **Sicherheitseinrichtungen**.

1 Getriebe

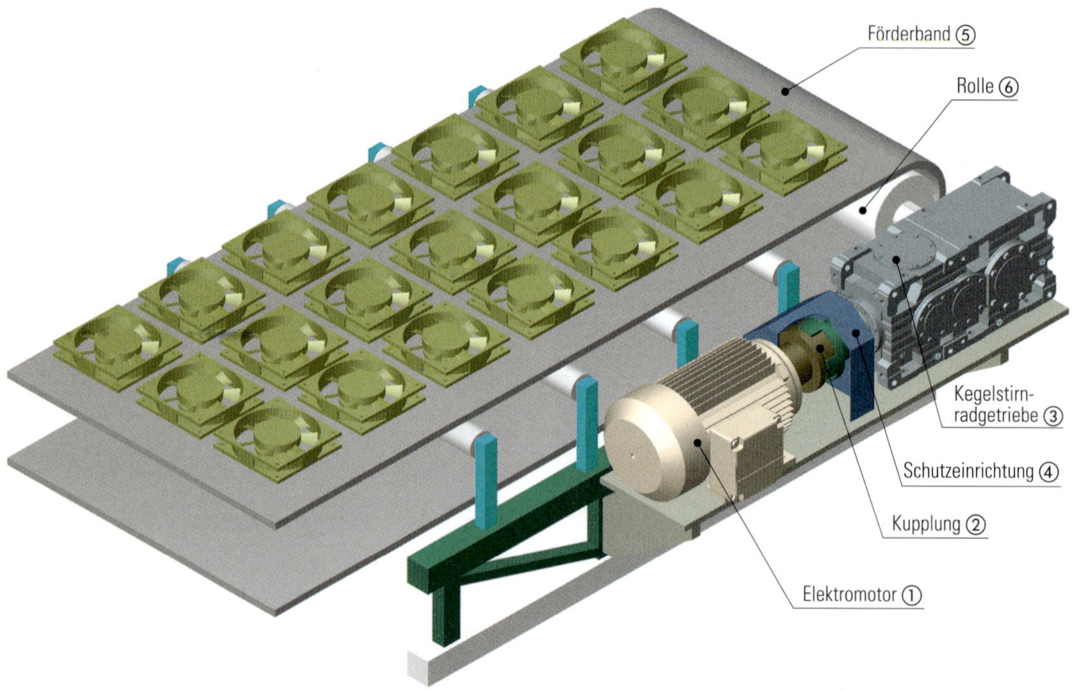

1 *Förderbandantrieb*

Der Bandantrieb eines **Förderbandes** *(conveyors)* ⑤ soll in Betrieb genommen werden (Bild 1). Dazu muss er montiert und auf seine Funktionstüchtigkeit überprüft werden. Bei einem Kunden soll diese Anlage eingebaut und übergeben werden. Die Komponenten des Antriebs sind:

Elektro-Motor → Kupplung → Getriebe → Rolle → Förderband

Der **Elektromotor** *(electric motor)* ① wandelt die elektrische Energie in mechanische Rotationsenergie um. Er erzeugt ein **Drehmoment**, das auf die Antriebsrolle des Förderbands übertragen wird.

Die **Kupplung** *(coupling)* ② hat die Aufgabe, die jeweiligen Wellenenden von Motor und Getriebe miteinander zu verbinden. Das Drehmoment wird durch die Kupplung hindurchgeleitet. Die **Schutzeinrichtung** *(safety device)* ④ verhindert, dass drehende Teile der Kupplung berührt werden können. Solche Schutzeinrichtungen sind Vorschrift. Ohne sie darf eine Maschine oder Anlage nicht betrieben werden.

Das dargestellte **Getriebe** *(gearing)* ③ wandelt die Umdrehungsfrequenzen und überträgt die Drehmomente auf die Abtriebsseite (Abtriebswelle). Die Abtriebswelle des Getriebes ist hohl, sodass die Rolle ⑥ des Förderbandantriebes direkt in das Getriebe mit einer Passfeder eingesetzt werden kann.

1.1 Aufgabengebiete von Getrieben

Aufgabe des Getriebes *(gear)* ist es, die hohe Umdrehungsfrequenz des Motors (n = 1470/min) auf die gewünschte Umdrehungsfrequenz der Abtriebswelle (n = 35/min) zu reduzieren. Gleichzeitig wird dabei das Abtriebsdrehmoment erhöht.

Getriebe wandeln
- die **Umdrehungsfrequenz** *(rotational speed)* und
- das **Drehmoment** *(static torque)*.

Weitere Aufgaben sind:
- Festlegung des **Drehsinns** *(direction of rotation)* zwischen An- und Abtriebswelle.
- Bestimmung der **Wellenlage** *(position of shaft)* zwischen An- und Abtriebswelle.

Typische Getriebeformen sind:
- **Zahnradgetriebe** *(gear drives)* (vgl. Kap. 1.2 und Seite 367 Bild 1)
- **Zugmittelgetriebe** *(traction drives)* (Kap. 1.3 und Seite 367 Bild 2)

Von allen Getrieben wird verlangt, dass sie
- einen hohen Wirkungsgrad,
- eine lange Lebensdauer,
- eine geringe Geräuschentwicklung,
- ein hohes Maß an Wartungsfreundlichkeit und
- eine niedrige Ausfallquote

haben.

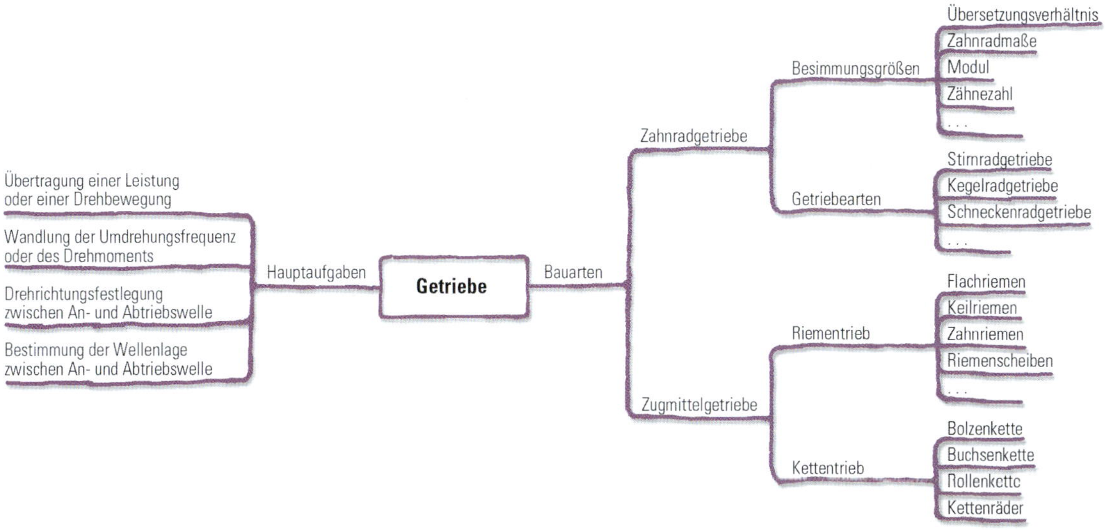

1 *Zahnradgetriebe*

2 *Zugmittelgetriebe*

1.2 Zahnradgetriebe

Bei Zahnradgetrieben *(gear drives)* (Bild 3) greifen einzelne Zähne ineinander (sie kämmen). Hierdurch werden die Umdrehungsfrequenzen bzw. das Drehmoment formschlüssig und somit schlupffrei übertragen.

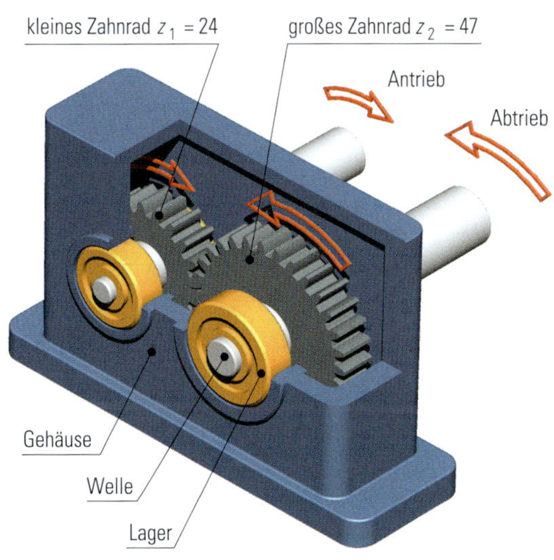

3 *Einstufiges Zahnradgetriebe*

1.2.1 Bestimmungsgrößen von Zahnradgetrieben

LF10_01

1.2.1.1 Übersetzungsverhältnisse

Das Übersetzungsverhältnis *(gear transmission ratio)* macht eine Aussage über das Verhältnis der Umdrehungsfrequenzen zwischen An- und Abtriebsseite.

$$\text{Übersetzungsverhältnis} = \frac{\text{Umdrehungsfrequenz des treibenden Zahnrads}}{\text{Umdrehungsfrequenz des getriebenen Zahnrads}}$$

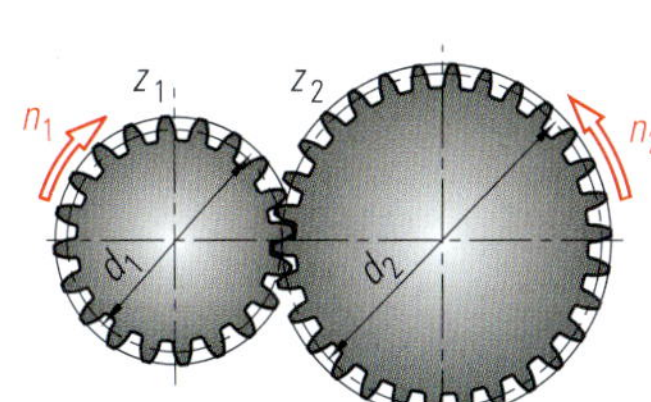

$$i = \frac{n_{\text{treib.}}}{n_{\text{getr.}}}$$

Meist erhalten **treibende** Zahnräder **ungerade Indizes** und **getriebene** Zahnräder **gerade Indizes**.

Für Rad 1 gilt: n_1; d_1; z_1; ...
Für Rad 2 gilt: n_2; d_2; z_2; ...

Die Zähne eines Zahnrades sind gleichmäßig über seinen Umfang verteilt. Somit kann das Übersetzungsverhältnis i auch über das Verhältnis der Anzahl der Zähne der einzelnen Zahnräder berechnet werden:

$$n_1 \cdot z_1 = n_2 \cdot z_2$$

$$\frac{n_1}{n_2} = \frac{z_2}{z_1}$$

➡

$$i = \frac{z_2}{z_1} = \frac{z_{getr.}}{z_{treib.}}$$

n_1: Umdrehungsfrequenz des treibenden Zahnrads
z_1: Zähnezahl des treibenden Zahnrads
n_2: Umdrehungsfrequenz des angetriebenen Zahnrads
z_2: Zähnezahl des angetriebenen Zahnrads
i: Übersetzungsverhältnis

Beispielrechnung

Berechnen Sie die Umdrehungsfrequenz n_2 von einer Zahnradpaarung mit folgenden Angaben:
$z_1 = 24$; $z_2 = 47$; $n_1 = 810/\text{min}$

$$\frac{z_2}{z_1} = \frac{n_1}{n_2}$$

$$n_2 = \frac{n_1 \cdot z_1}{z_2}$$

$$n_2 = \frac{810 \cdot 24}{\text{min} \cdot 47}$$

$$\underline{\underline{n_2 = 413{,}7/\text{min}}}$$

oder:

$$\frac{z_2}{z_1} = i = \frac{n_1}{n_2}$$

$$\frac{47}{24} = 1{,}958 = i$$

$$n_2 = \frac{n_1}{i}$$

$$n_2 = \frac{810}{\text{min} \cdot 1{,}958}$$

$$\underline{\underline{n_2 = 413{,}7/\text{min}}}$$

Um größere Übersetzungsverhältnisse zu erzielen, wären hierzu bei nur **einer** Übersetzungsstufe relativ große Zahnräder erforderlich. Größere Zahnräder erhöhen jedoch die Abmessungen des Getriebes und somit auch die Kosten seiner Herstellung. Wenn das **Gesamtübersetzungsverhältnis** *(final drive ratio)* auf mehrere Stufen verteilt werden kann, ist eine insgesamt kleinere Bauweise des Getriebes möglich. In diesem Fall werden deshalb **zwei-** oder **mehrstufige Getriebe** verwendet (Bild 1).

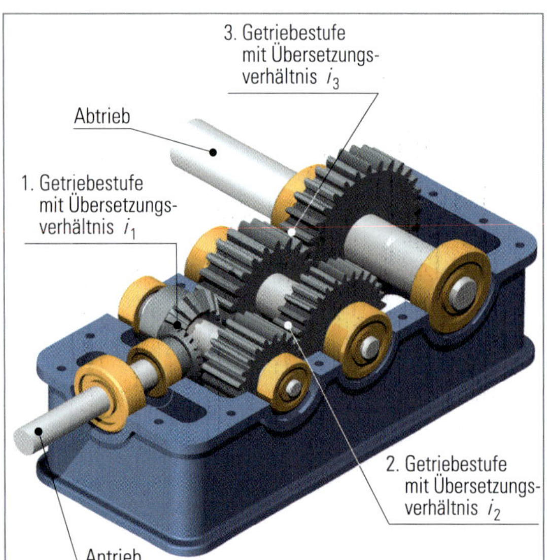

1 *Mehrstufiges Getriebe*

Im dargestellten dreistufigen Getriebe wird das **Gesamtübersetzungsverhältnis** i wie folgt berechnet:

$$i = \frac{z_2}{z_1} \cdot \frac{z_4}{z_3} \cdot \frac{z_6}{z_5} = \frac{n_1}{n_6}$$

$$i = i_1 \cdot i_2 \cdot i_3$$

1.2.1.2 Drehmomentwandlung

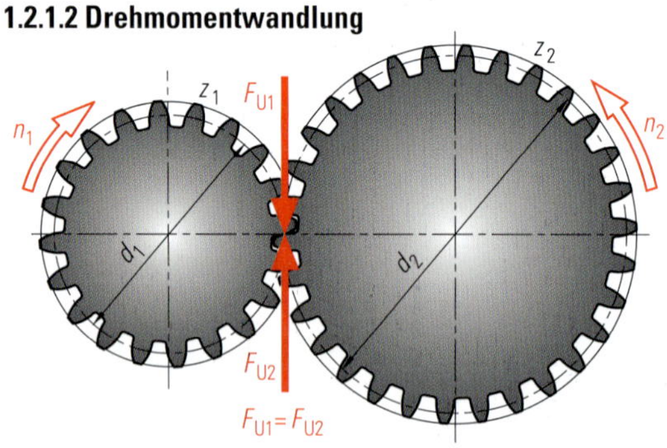

bei n_1, n_2 = konst.

$$F_{U1} = F_{U2}$$

$$\left.\begin{aligned} M_1 &= F_{U1} \cdot \frac{d_1}{2} \\ M_2 &= F_{U2} \cdot \frac{d_2}{2} \end{aligned}\right\} \quad \frac{M_2}{M_1} = \frac{\cancel{F_{U2}} \cdot d_2 \cdot \cancel{2}}{\cancel{F_{U1}} \cdot d_1 \cdot \cancel{2}}$$

$$\frac{M_2}{M_1} = \frac{d_2}{d_1} = i$$

An der Eingangswelle eines Stirnradgetriebes ($i = 1{,}6$) wirken 175 N · m. Berechnen Sie das Abtriebsdrehmoment M_2.

$$i = \frac{M_2}{M_1}$$

$$M_2 = i \cdot M_1$$

$$M_2 = 1{,}6 \cdot 175\ \text{N} \cdot \text{m}$$

$$M_2 = 280\ \text{N} \cdot \text{m}$$

Wie groß muss der Teilkreisdurchmesser des getriebenen Zahnrades gewählt werden, wenn das treibende Zahnrad einen Teilkreisdurchmesser von $d_1 = 120$ mm hat?

Geg.: $i = 1{,}6$
$d_1 = 120$ mm

$$i = \frac{d_2}{d_1}$$

$$d_2 = 1{,}6 \cdot 120\ \text{mm}$$

$$\underline{\underline{d_2 = 192\ \text{mm}}}$$

oder **Geg.:** $M_1 = 175$ N · m
$M_2 = 280$ N · m
$d_1 = 120$ mm

$$\frac{M_2}{M_1} = \frac{d_2}{d_1}$$

$$d_2 = \frac{280\ \text{Nm} \cdot 120\ \text{mm}}{175\ \text{N} \cdot \text{m}}$$

$$\underline{\underline{d_2 = 192\ \text{mm}}}$$

1.2.1.3 Zahnradmaße

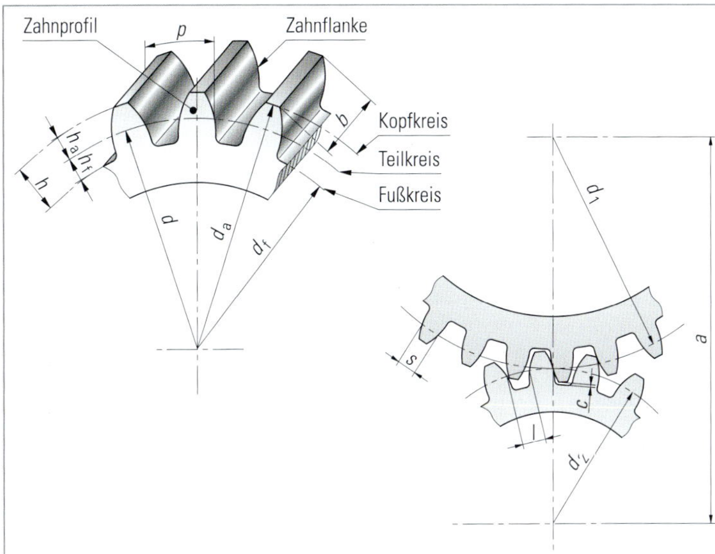

Berechnungen:

Zähnezahl:	z
Modul:	m
Teilung:	$p = \pi \cdot m$
Teilkreisdurchmesser:	$d = z \cdot m$
Kopfkreisdurchmesser:	$d_a = (z + 2) \cdot m$
Fußkreisdurchmesser:	$d_f = d - 2 \cdot (m + c)$
Zahnkopfhöhe:	$h_a = m$
Zahnfußhöhe:	$h_f = m + c$
Zahnhöhe:	$h = h_a + h_f$
Kopfspiel:	$c = (0{,}1 \ldots 0{,}3) \cdot m$
Achsabstand:	$a = \frac{d_1}{2} + \frac{d_2}{2}$
Zahnbreite:	$b = (6 \ldots 30) \cdot m$
Zahndicke:	$s = \frac{p}{2}$
Zahnlücke:	$l = \frac{p}{2}$

***1** Zahnradbestimmungsgrößen*

Der äußere Umfang des Zahnrades wird durch den Kopfkreis begrenzt (Bild 1). Aus dem Kopfkreis mit dem **Kopfkreisdurchmesser** d_a und der **Zahnhöhe** h ergibt sich der Fußkreis mit dem dazugehörigen **Fußkreisdurchmesser** d_f.
Die Zahnhöhe entspricht bei der Fertigung der Frästiefe.
Zwischen Kopfkreis und Fußkreis befindet sich der **Teilkreis** d *(pitch diameter)*. Er teilt den Zahn in den Zahnfuß und den Zahnkopf. Das **Kopfspiel** c *(clearance)* ergibt sich aus der Differenz der größeren Zahnfußhöhe des einen Zahnrades und der kleineren Zahnkopfhöhe des anderen Zahnrades. Es verhindert ein Klemmen der Räder und ermöglicht, überschüssiges Öl und Schmutz aufzunehmen.
Die **Teilung** *(pitch)* p wird aus dem Bogenmaß auf dem Teilkreisumfang von einem Punkt einer Zahnflanke bis zum nächsten entsprechenden Punkt des anderen Zahnes ermittelt.
Der Umfang des Teilkreises eines Zahnrades ergibt sich sowohl aus der Multiplikation der Zähnezahl z mit der Teilung p als auch aus der Multiplikation des Teilkreisdurchmessers d mit π (allgemeine Formel zur Berechnung eines Kreisumfangs).
Folglich gilt dann:

$$z \cdot p = U = d \cdot \pi$$
$$z \cdot p = d \cdot \pi$$

$$\frac{d}{z} = \frac{p}{\pi} = m$$

d: Teilkreisdurchmesser
z: Zähnezahl
p: Teilung
m: Modul

Die Verhältnisse $d : z$ bzw. $p : \pi$ sind als der **Modul** m *(module)* eines Zahnrades definiert. Je größer der Modul, desto größer die Zahnteilung und das Zahnprofil. Das bedeutet, dass sich mit dem Modul proportional alle Verzahnungsabmessungen vergrößern. Dies gilt insbesondere für die **Zahnhöhe** h *(whole depth)* und die **Zahndicke** s *(tooth thickness)*.

MERKE
Nur Zahnräder mit gleichem Modul können miteinander gepaart werden.

Um die Anzahl der Werkzeuge einzuschränken, wurde der Modul genormt.

Modulreihe 1 (Auszug):

m in mm: ...; 0,8; 0,9; 1; 1,25; 1,5; 2; 2,5; 3; 4; 5; ...

Die **Zahndicke** s ist ein wichtiges Maß für die Stabilität des gesamten Zahnrades und somit auch für die Höhe des übertragbaren Drehmoments.

1.2.1.4 Schrägverzahnung

LF10_02

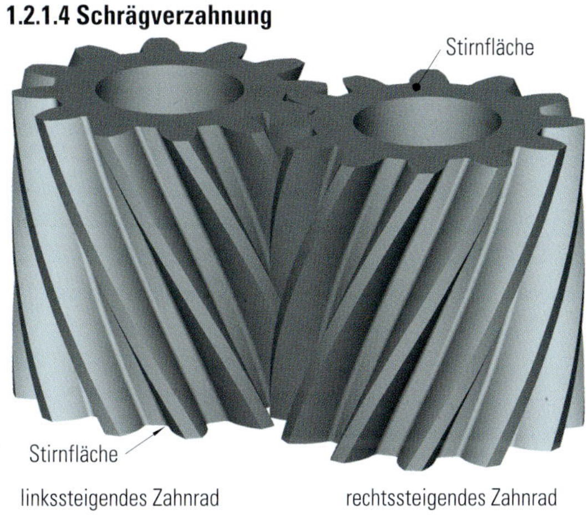

***2** Zahnschrägen*
Die Angabe der Steigungsrichtung bezieht sich auf die vom Betrachter aus gesehen unten liegende Stirnfläche

Wenn der Modul und die **Zahnschräge** *(pitch of the helix)* übereinstimmen, können Räder mit unterschiedlichen Zähnezahlen gepaart werden (Seite 369 Bild 2). Ein Kämmen der einzelnen Zahnräder ist jedoch nur bei gegensinnig verlaufenden Steigungen möglich.
Werden Zahnräder mit Schrägverzahnung in einem Getriebe *(helical gears)* verwendet, so werden immer Axialkräfte wirksam. Bild 1 zeigt die Entstehung dieser axialen Kräfte. Ihre Größe ist abhängig von der Zahnschräge β_0. Die axialen Kräfte müssen von einem geeigneten Lager aufgenommen und in das Gehäuse weitergeleitet werden. Dies kann einen höheren Platzaufwand zur Folge haben.

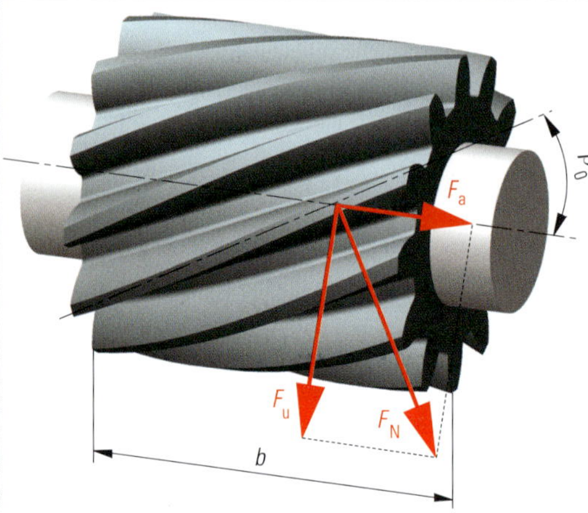

$$\tan \beta_0 = \frac{F_a}{F_U}$$

$$F_a = F_U \cdot \tan \beta_0$$

***1** Entstehung der Axialkraft F_a bei der Schrägverzahnung*

Doppelschrägverzahnung *(double helical gearing)*
Eine Lösung dieses Problems ist die Verwendung eines zweiten Zahnrades auf der gleichen Welle (Bild 2). Dieses muss die gleichen Maße und Zähnezahlen besitzen. Nur die Zahnschräge ist gegensinnig angeordnet. Die auftretenden Axialkräfte heben sich auf diese Weise auf. Ein weiterer Vorteil ist die Selbstzentrierung dieser Verzahnungsart. Der Lagerungsaufwand und die Führung der Welle können somit weniger aufwändig gestaltet werden.

***2** Doppelschrägverzahnung bei einem Turbinengetriebe*

***3** Pfeilverzahnung bei Pumpenwellen*

Vorteile der Schrägverzahnung gegenüber der Geradverzahnung	Nachteile der Schrägverzahnung gegenüber der Geradverzahnung
■ Bessere Laufruhe und geringere Geräuschentwicklung, da jedes Zahnpaar mit einem kontinuierlichen Übergang in und aus dem Eingriff läuft und somit die Übertragung des Drehmoments gleichmäßiger verläuft. ■ Verteilung der Umfangskraft auf mehrere Zähne. ■ Größere Umdrehungsfrequenzen realisierbar. ■ Größere Umfangskräfte möglich. ■ Reduzierung der Schwingungen.	■ Es entsteht eine Axialkraft auf das Lager (Bild 1). Dies hat auf die Lagerauswahl Einfluss. Alternativ kann man durch eine Pfeilverzahnung (Bild 3) die Axialkräfte sich gegenseitig aufheben lassen (kostenintensiv) oder es werden auf einer gemeinsamen Welle ein linkssteigendes und ein rechtssteigendes Zahnrad gleicher Steigung kombiniert (Bild 2). ■ Höherer Fertigungsaufwand, damit etwas höhere Fertigungskosten. ■ Geringerer Wirkungsgrad durch die höheren Reibungskräfte in den Lagern.

***4** Vor- und Nachteile einer Schrägverzahnung gegenüber einer Geradverzahnung*

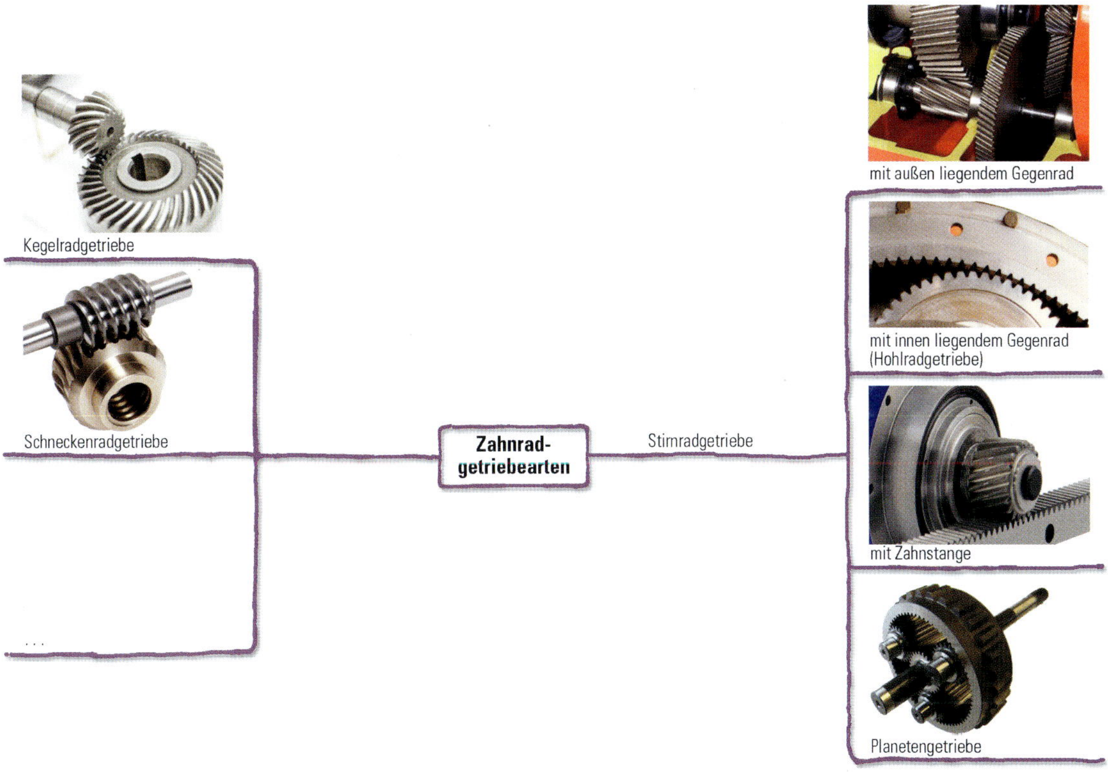

Pfeilverzahnung *(herringbone gearing)*

Die Pfeilverzahnung (Seite 370 Bild 3) hat grundsätzlich die gleichen Eigenschaften wie die Doppelschrägverzahnung. Die Herstellung ist jedoch aufwändiger. Je nach Konstruktion kann eine insgesamt geringere Zahnradbreite gegenüber der Doppelschrägverzahnung realisiert werden. Verwendung findet diese Verzahnung in Kfz-Getrieben und im Pumpenbau.

Zahnflankenform

Die **Zahnflanken** *(tooth profiles)* wälzen sich beim Ineinandergreifen zweier Zahnräder aufeinander ab. Sie sollen dabei möglichst wenig gleiten, damit Verschleiß, Erwärmung und Geräuschentwicklung gering bleiben. Diese Forderung erfüllt besonders die **Evolventenform** eines Zahnes (Seite 369 Bild 1). Sie ermöglicht die **gleichmäßige** Übertragung der Drehbewegung zwischen dem treibenden und dem getriebenen Rad.

MERKE

Im Maschinenbau wird fast ausschließlich die Evolventenverzahnung für Zahnräder verwendet.

Achsabstand

Die Teilkreisdurchmesser sind eine entscheidende Größe für den Achsabstand *a* *(center distance)* (Seite 369 Bild 1), der sich wie folgt berechnet:

$$a = \frac{d_1}{2} + \frac{d_2}{2}$$

d_1: Teilkreisdurchmesser von Zahnrad 1
d_2: Teilkreisdurchmesser von Zahnrad 2
a: Achsabstand

1.2.2 Zahnradgetriebearten

Die Getriebeart, die für eine Maschine oder Anlage ausgewählt wird, richtet sich nach

- dem erforderlichen Übersetzungsverhältnis bzw.
- dem zu übertragenden Drehmoment und
- der Übertragungsrichtung (Lage der Drehachsen zueinander).

Stirnradgetriebe und Kegelradgetriebe können z. B. mit gerader Verzahnung oder mit Schrägverzahnung hergestellt werden.

1.2.3 Zeichnerische Darstellung von Zahnrädern

Die zeichnerische Darstellung von Zahnrädern ist genormt[1)]. Bild 1 auf Seite 372 zeigt die Darstellung eines Stirnrads mit Schrägverzahnung. Hierbei sind einige Besonderheiten zu erkennen:

1. Strich-Punkt-Linie für Teilkreis
2. Zähne werden nicht geschnitten
3. Der Zahnfuß wird möglichst nur im Schnitt dargestellt. Bei Bedarf wird er in Ansichten mit dünner Volllinie gezeichnet.
4. Flankenrichtung der Verzahnung

In Bild 2 auf Seite 372 sind weitere zeichnerische Darstellungen verschiedener Zahnräder zu sehen.

Falls es erforderlich ist, wird die Flankenrichtung der Zähne bei Stirnrädern mit drei schmalen Volllinien an einem Rad gekennzeichnet (Seite 372 Bild 3).

Bild 4 auf Seite 372 zeigt die zeichnerische Darstellung verschiedener Zahnradpaarungen.

1) DIN ISO 2203

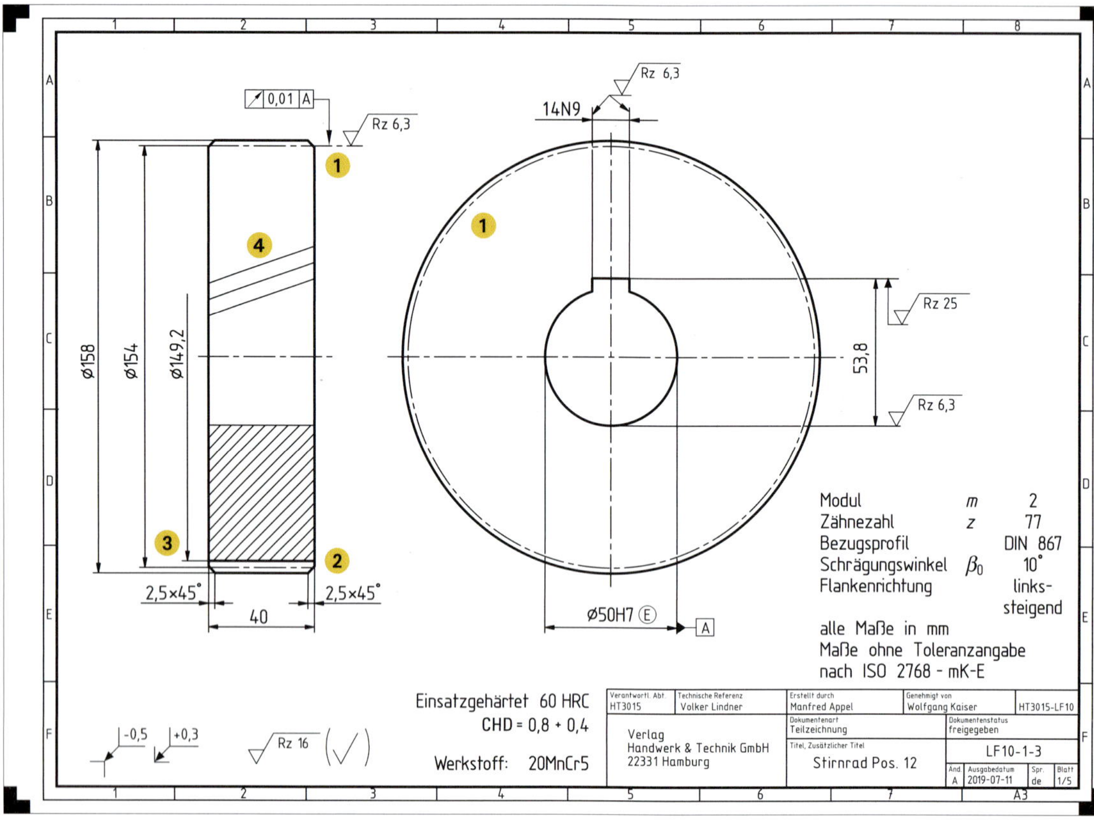

1 *Zeichnerische Darstellung eines Stirnrads*

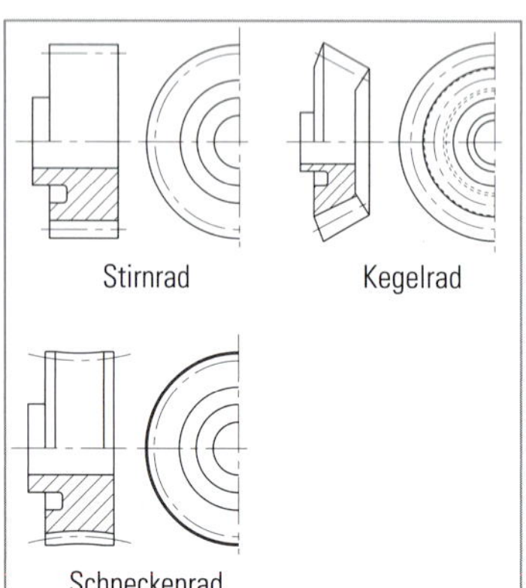

2 *Teilzeichnungen einzelner Zahnräder*

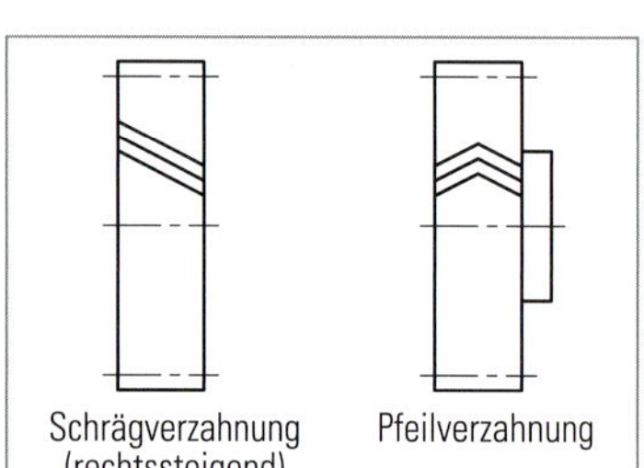

3 *Zahnflankenrichtungen*

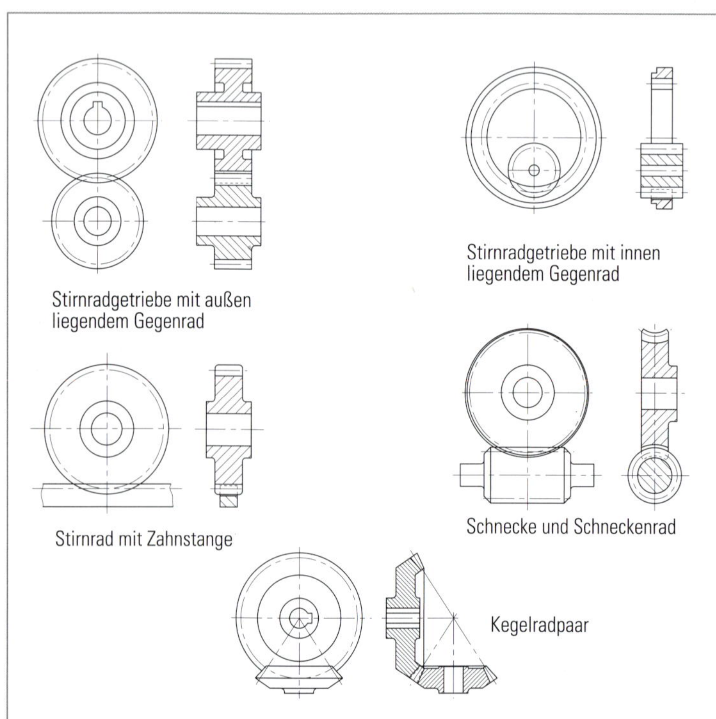

4 *Zahnradpaarungen (Auswahl)*

1.2.4 Stirnradgetriebe

Bei einem Stirnradgetriebe *(spur gear)* mit Außenverzahnung liegen die Achsen parallel (Bild 1). Je nach Bauart lassen sich mehrere Stufen hintereinander schalten, wobei bei jeder Stufe eine **Drehrichtungsumkehr** auftritt. Bei Stirnradgetrieben mit Geradverzahnung lassen sich Schaltgetriebe relativ einfach realisieren.

Bei sehr großen Unterschieden im Durchmesser zweier Zahnräder einer Stufe wird das kleinere Zahnrad als **Ritzel** bezeichnet. Die Mindestzähnezahl für ein Ritzel liegt für Stirnradgetriebe bei ca. 14...15 Zähnen. Bei einer geringeren Anzahl wäre das Kämmen der Zähne nicht mehr möglich.

1 *Stirnradgetriebe*

Montage *(mounting)*

Die genaue Ausrichtung der Zahnräder zueinander ist abhängig von der Montage der Wellen und Lager in dem Gehäuse. Eine Einstellung ist nicht erforderlich.

1.2.5 Hohlradgetriebe/Planetengetriebe

Hohlradgetriebe

Beim Hohlradgetriebe *(ring gear)* (Bild 2) liegt die Achse des Antriebsritzels innerhalb des Hohlrades. Durch diese Anordnung kann der Achsabstand zwischen antreibender Achse und angetriebener Achse deutlich verringert werden. Durch das gleichsinnige Kämmen von Ritzel und Hohlrad sind mehr Zähne im Eingriff als bei der Außenverzahnung. Es kann somit ein höheres Drehmoment übertragen werden. Es findet keine Drehrichtungsänderung statt.

Innenverzahnungen können als Gerad- und als Schrägverzahnung hergestellt werden.

Bei Hohlrädern mit Schrägverzahnung treten die gleichen Vor- und Nachteile auf wie bei den Zahnradpaarungen für Außenräder (siehe Tabelle Bild 4 auf Seite 370).

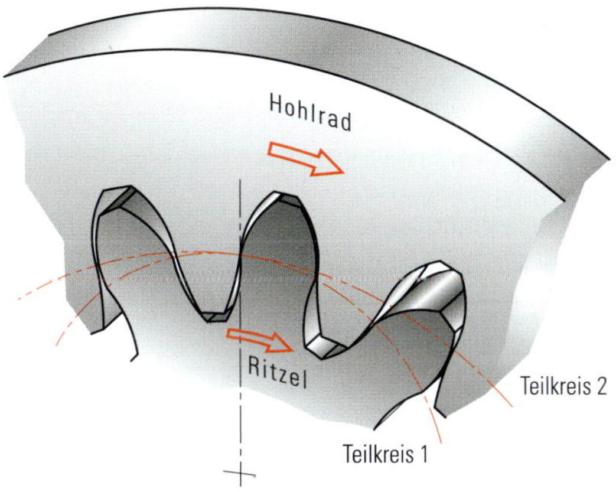

2 *Innenverzahnung eines Hohlradgetriebes*

Planetengetriebe

Ein einfaches **Planetengetriebe** *(epicyclic gear)* (Bild 3) besteht aus dem Sonnenrad in der Mitte, dem äußeren Hohlrad, Planetenrädern und dem Planetenradträger. Alle fünf Zahnräder sind ständig im Eingriff.

Bei Planetengetrieben gibt es unterschiedliche Antriebsvarianten:

Wird z. B. das **Sonnenrad** (n_1) angetrieben und das Hohlrad von einer Bremse festgehalten, sodass es sich nicht drehen kann, erfolgt der Abtrieb über den **Planetenradträger** (n_2). Damit sind Übersetzungen ins Langsame bis etwa $i = n_1/n_2 = 10$ möglich (Seite 374 Bild 1a).

Es ist auch möglich, das Sonnenrad anzutreiben und den Planetenradträger festzusetzen (Seite 374 Bild 1b). Dadurch wird eine weitere Getriebestufe mit dem Verhältnis der Zähnezahlen des Hohlrades zum Sonnenrad ermöglicht.

Je nach Aufgabe des Getriebes sind weitere Kombinationen aus Antrieb, Festsetzung eines Getriebeteiles und Abtrieb möglich (Seite 374 Bild 2).

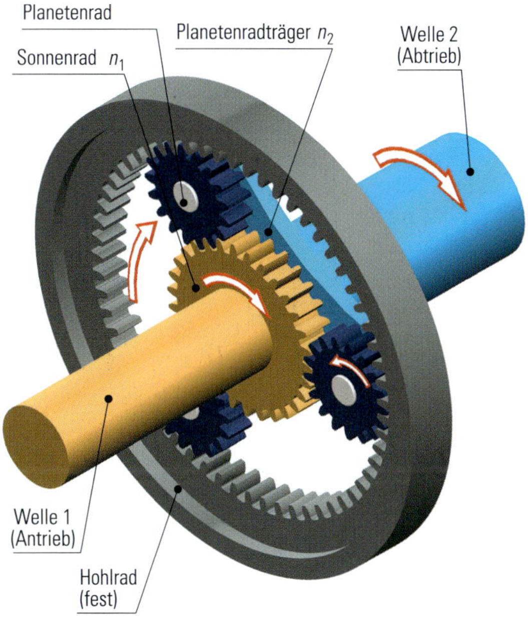

3 *Planetenradgetriebe*

LF10_03

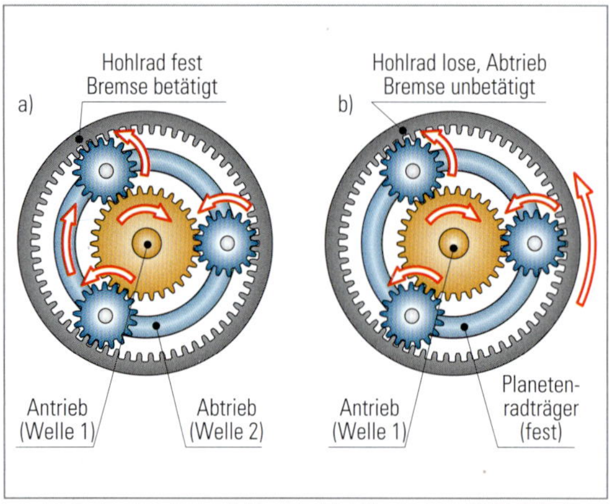

1 Kombinationsmöglichkeiten am Planetenradgetriebe

Planetengetriebe sind für kleine und große Drehmomente sowie für große und kleine Antriebsumdrehungsfrequenzen geeignet. Sie haben eine kompakte Bauweise und der An- und Abtrieb liegen auf einer Achse. Dadurch wird der Lagerungsaufwand geringer. Die Bauweise ermöglicht Schaltvorgänge, ohne dass Zahnräder zusätzlich in Eingriff gebracht werden müssen.
Typische Anwendungen sind:

- Achsantriebe von Robotern
- Rundschalttische
- Werkzeugwechselmagazine
- Klappenverstellungen von Flugzeugen
- Fahrzeugantriebe (Lkw)
- Hebezeuge (Trommelantrieb bei Kranen)

Eingang	Ausgang	fest	Bemerkung
Sonnen-rad	Planeten-rad	Hohlrad	Übersetzung ins Langsame gleiche Drehrichtung
Planeten-rad	Sonnen-rad	Hohlrad	Übersetzung ins Schnelle gleiche Drehrichtung
Hohlrad	Planeten-rad	Sonnen-rad	Übersetzung ins Langsame gleiche Drehrichtung
Planeten-rad	Hohlrad	Sonnen-rad	Übersetzung ins Schnelle gleiche Drehrichtung
Sonnen-rad	Hohlrad	Planeten-rad	Übersetzung ins Langsame Drehrichtungsumkehr
Hohlrad	Sonnen-rad	Planeten rad	Übersetzung ins Schnelle Drehrichtungsumkehr

2 Kombinationen am Planetenradgetriebe

LF10_04

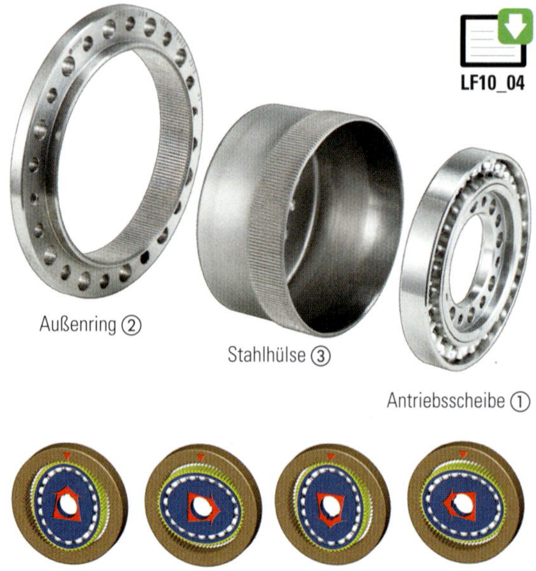

3 Aufbau und Funktion eines Harmonic-Drive-Getriebes

1.2.6 Harmonic-Drive-Getriebe (Gleitkeilgetriebe)

Roboter oder Schwenktische innerhalb von Produktionsanlagen müssen immer wieder gleiche Positionen anfahren. Dabei ist eine hohe Genauigkeit für jede einzelne Stellung eines Werkzeugs oder für die Zuführung von Material zu einer Maschine erforderlich. Wenn dabei Kräfte wirken, die von Stellmotoren (Servomotore) nicht direkt erreicht werden können, sind Getriebe erforderlich. Wo zusätzlich hohe Übersetzungsverhältnisse mit kleinen Einbaumaßen notwendig sind, können **Gleitkeilgetriebe** (Bild 3) eingesetzt werden.

Aufbau und Funktionsweise

Das Harmonie-Drive-Getriebe ist ein Gleitkeilgetriebe und besteht im Wesentlichen aus drei Elementen (Bild 3):

- Der ovalen Antriebsscheibe ① mit einem aufgeschrumpften Wälzlager.
- Einer zylindrischen Stahlhülse ③ mit Außenverzahnung. Sie ist elastisch verformbar und bildet den Abtrieb.
- Einem zylindrischen Außenring ② mit Innenverzahnung.

Die Stahlhülse ③ hat mindestens zwei Zähne weniger als der Außenring ②. Somit haben die Stahlhülse wie auch der Außenring eine unterschiedliche Zahnteilung. Wird die Antriebsscheibe ① gedreht, gleiten die Zähne der Stahlhülse ③ auf den Flanken des innenverzahnten Außenrings ②. Es kommt zu einer Drehbewegung der Stahlhülse ③. Der Außenring ② wird hierbei nicht gedreht.
Mit wenigen Bauteilen lassen sich mit diesem Getriebe in nur einer Stufe sehr große Übersetzungen (i = 30 : 1 ... 320 : 1) erzielen.

Eigenschaften:

- sehr hohe Übertragungs- und Wiederholgenauigkeit
- sehr hohe Übersetzungsverhältnisse zwischen An- und Abtrieb möglich
- geringe Getriebeabmessungen
- hoher Wirkungsgrad (η = 0,85)
- kein Spiel zwischen An- und Abtriebsseite
- hohe Drehmomentübertragung

1) Der Begriff „Achse" ist in diesem Zusammenhang als „Drehachse" zu verstehen

1.2.7 Zahnstangengetriebe

Zahnstangengetriebe *(rack gears)* haben die Aufgabe, eine drehende Bewegung des Ritzels in eine Längsbewegung der Zahnstange umzuwandeln und umgekehrt (Bild 1).

Anwendungsgebiete sind zum Beispiel:

- Höhenverstellung des Bohrtisches an einer Säulenbohrmaschine
- Längsvorschub des Werkzeugschlittens einer Drehmaschine

1 *Zahnstangengetriebe*

1.2.8 Kegelradgetriebe

Kegelradgetriebe *(bevel gears)* (Bild 2) werden eingesetzt, wenn die Wellenausrichtung winklig zueinander steht. Es sind beliebige Winkel realisierbar (Bild 3).

2 *Kegelradgetriebe*

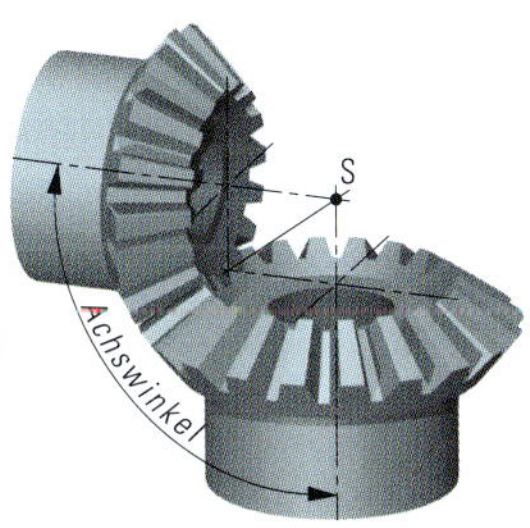

3 *Achswinkel*

Bei Kegelradgetrieben mit Gerad- und mit Schrägverzahnung schneiden sich die Achsen[1] (Bild 4). Die Schrägverzahnung wird verwendet, wenn die Kegelradpaare größere Leistungen übertragen und ruhig laufen sollen.

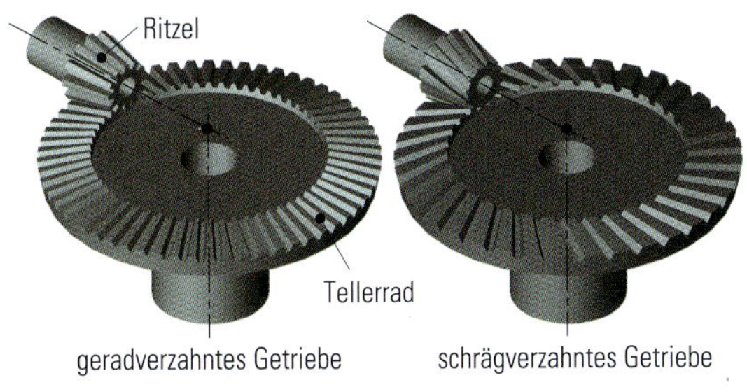

4 *Kegelradgetriebe*

Bei speziellen Kegelradgetrieben (**Hypoidgetrieben**) *(hypoid gears)* (Bild 5) kreuzen sich die Achsen, ohne sich jedoch zu schneiden. Diese Getriebeart ist in Fahrzeugantrieben zu finden. Wenn beide Zahnräder etwa gleiche Größe haben, bezeichnet man sie als **Kegelräder** *(bevel wheels)*. Bei erheblicher Größendifferenz wird das größere Zahnrad als **Tellerrad** *(crown gear)*, das kleinere Zahnrad als **Ritzel** *(pinion)* bezeichnet.

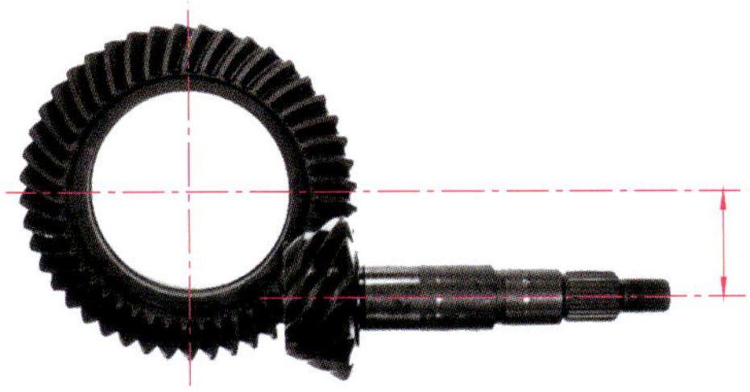

5 *Hypoidgetriebe*

Montage

Geradverzahnte Kegelräder sind besonders empfindlich gegen Achsverlagerungen. Bei Fehlern tragen dann nur die Zahnkanten. Dies hat vor allem einen frühen Verschleiß des Ritzels zur Folge. Es wird daher zunächst das Zahnspiel mit Distanzscheiben eingestellt. Danach ist der Sitz der Lager an den Getriebegehäusen sorgfältig zu prüfen und das Lagerspiel einzustellen. Ziel ist eine Verbesserung der Laufruhe und die Verlängerung der Lebensdauer der Verzahnung.

Bei Reparaturen werden die Zahnräder immer paarweise ausgewechselt.

Bei bogenverzahnten Kegelrädern sind die Zahnflanken von Rad und Gegenrad verschieden gekrümmt. Sie berühren sich daher nur in der Flankenmitte. Bei Achsenverlagerungen wandert die Berührungsfläche, wodurch eine einseitige Überlastung vermieden wird. Bei Belastung vergrößern sich die Berührungsflächen zwischen den Zahnflanken (Bild 6).

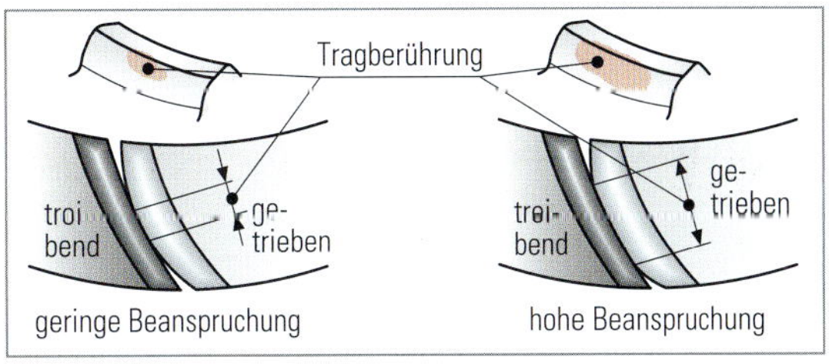

6 *Tragbilder verschiedener Beanspruchungshöhen*

1.2.9 Schneckengetriebe

Mit Schneckengetrieben *(worm drives)* (Bild 7) lassen sich innerhalb einer Getriebestufe sehr große Übersetzungen ins Langsame (z. B. $i = 60 : 1$) erzielen. Die Schnecke treibt das Schneckenrad. Sie kann ein- oder mehrgängig und rechts- oder linksgängig sein.

Ein Schneckengetriebe ist ein Winkelgetriebe, dessen Achsen auf verschiedenen Ebenen liegen und sich kreuzen, aber nicht schneiden.

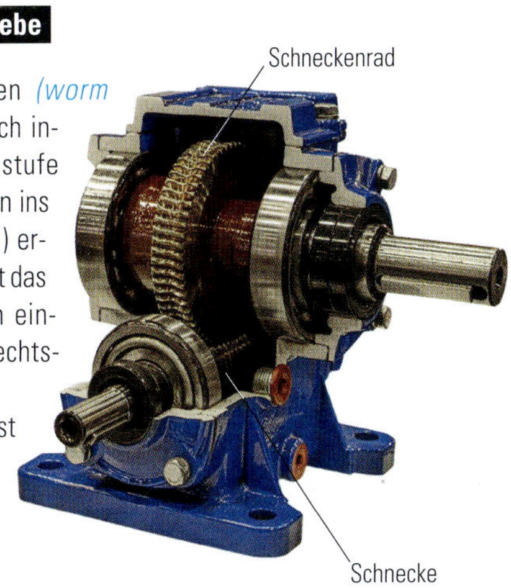

7 *Schneckengetriebe*

1) Der Begriff „Achse" ist in diesem Zusammenhang als „Drehachse" zu verstehen

Das Übersetzungsverhältnis gilt auch für die zu übertragenden Drehmomente. **Schneckenradsätze** laufen leise und können große Leistungen übertragen. Liegt der Steigungswinkel der Schneckengänge unter 5°, ist das Schneckengetriebe selbsthemmend, d. h., es kann nicht vom Schneckenrad her angetrieben werden. Bei Hebezeugen z. B. wird dadurch ein Absinken der Last verhindert. Das Getriebe ist auch für Stellantriebe geeignet, die nicht durch zusätzliche Bremseinrichtungen gesichert werden müssen. Allerdings können Vibrationen die Selbsthemmung lösen. Brems- oder Feststelleinrichtungen sind demzufolge nicht immer verzichtbar.

Wenn große Massen in Bewegung sind, ist bei einem Schneckenradgetriebe ein Nachlauf beim Abschalten des Antriebes erforderlich. Ohne Nachlauf käme das Getriebe sofort zum Stehen. Sehr hohe Lagerbeanspruchungen sind die Folge und somit auch ein erhöhter Verschleiß des gesamten Getriebes.

Die **Steigung** der eingängigen Schnecke entspricht der Teilung des Schneckenrades, sodass bei einer Umdrehung der Schnecke das Schneckenrad um einen Zahn weitergedreht wird.

Durch die Schraubbewegung der Schnecke am Schneckenrad entsteht Gleitreibung. Um den Verschleiß und die Wärmeentwicklung in Grenzen zu halten, sind die Werkstoffe von Schnecke (Stahl) und Schneckenrad (Grauguss, CuSnP-Legierung) aufeinander abzustimmen. Damit die Reibung weiter minimiert werden kann, muss der Radsatz teilweise in einem Ölbad laufen. Der Ölstand muss regelmäßig überprüft werden[1]. Insgesamt ist der mechanische Wirkungsgrad von Schneckengetrieben wesentlich geringer als der von Stirnradgetrieben.

Montage

Bei der Montage ist es wichtig, dass die Achsen der Schnecke und des Schneckenrades in parallelen Ebenen liegen. Die Achsen müssen sich unter 90° kreuzen. Weiterhin ist wichtig, dass die senkrechte Ebene der Schneckenachse mittig durch die Zähne des Schneckenrades läuft.

Die richtige Einbaulage von Schnecke und Schneckenrad lässt sich durch **Tuschieren** der tragenden Flanken kontrollieren. Dabei wird die berührende Flanke der Schnecke dünn mit Tuschierfarbe eingestrichen.

Durch Kontrolle der Lage des **Tragbildes** (Farbabrieb; Bild 1) im eingebauten Zustand lässt sich erkennen, ob ein Einbaufehler vorliegt. Das Tragbild sollte möglichst zur Auslaufseite des Schneckenrades verschoben sein und bei wechselnder Drehrichtung zur Mitte. Im nahezu unbelasteten Betrieb soll sich nur auf dem äußeren Flankenteil des Schneckenradzahnes ein Farbabrieb zeigen. Bei voller Belastung soll das Tragbild einen möglichst großen Teil der Zahnflanke bedecken. Das Tragbild ist zum einen justierbar durch axiales Verschieben der Schnecke und zum anderen durch Verschieben der Schnecke in Achsrichtung des Schneckenrades.

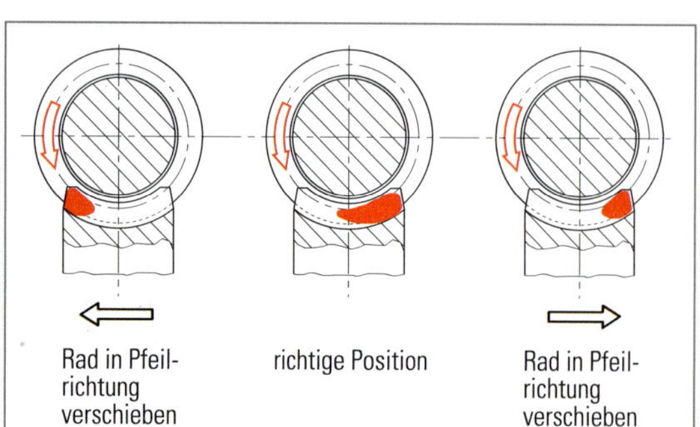

1 *Einstellen des Tragbildes bei linkssteigender Verzahnung*

1.2.10 Sinnbilder für Getriebeelemente

Eine Aussage über Funktion und Aufbau eines Getriebes ist oft durch eine sehr vereinfachte Darstellung möglich.

Die einzelnen Bauteile wie z. B. Zahnräderanordnung, Lagerungen und Schaltbarkeit der Umdrehungsfrequenzen werden dabei auf einfache Strichdarstellungen reduziert (Bild 2).

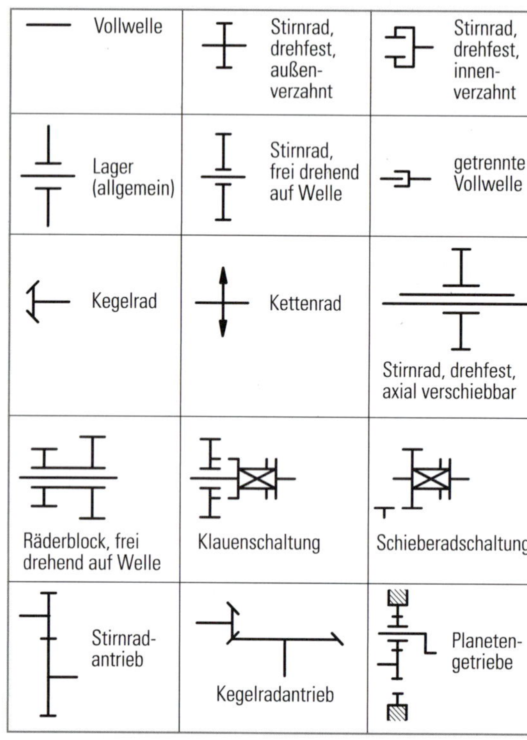

2 *Sinnbilder für Getriebeelemente (nicht genormt)*

1.2.11 Getriebeplan

Der Getriebeplan *(gearing layout)* (Seite 377 Bild 1) zeigt mithilfe von Sinnbildern den Aufbau des Kegelstirnradgetriebes von Seite 390 und das Zusammenwirken seiner Bauelemente. Eine Aussage über die konstruktiven Einzelheiten der Bauelemente macht er nicht.

Ein weiterer Getriebeplan zeigt den Aufbau eines **Schaltgetriebes** (Seite 377 Bild 2). Es werden drei Wellen, zwei Schieberäder und insgesamt 10 Zahnräder dargestellt. So können mit zwei Schalthebeln (H_1 und H_2) insgesamt 6 Abtriebsdrehfrequenzen ($n_1 \ldots n_6$) realisiert werden.

1) siehe Lernfeld 4

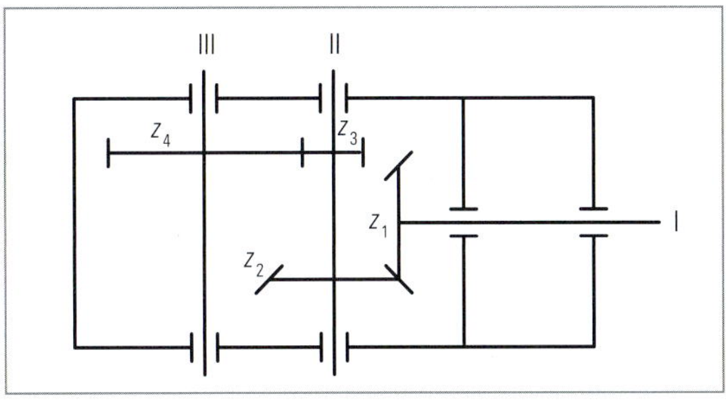

***1** Getriebeplan eines zweistufigen Kegelstirnradgetriebes*

Das **Umdrehungsfrequenzbild** (Seite 378 Bild 1) ist eine übersichtliche zeichnerische Darstellung dieser Übersetzungsverhältnisse, Schaltstufen und Umdrehungsfrequenzen eines Getriebes. Es enthält die Wellen (I, II, III) des Getriebes als paral-

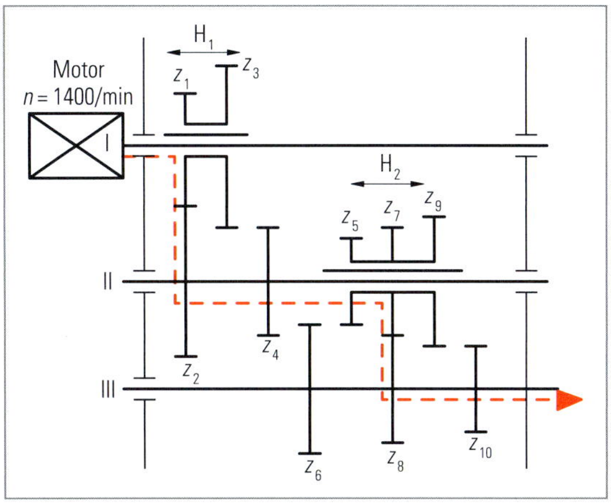

***2** Darstellung eines Schaltgetriebes*

Getriebeart	Stirnradgetriebe außenverzahnt	Stirnradgetriebe innenverzahnt	Zahnstangen-antrieb	Kegelrad-getriebe	Schnecken-radgetriebe
	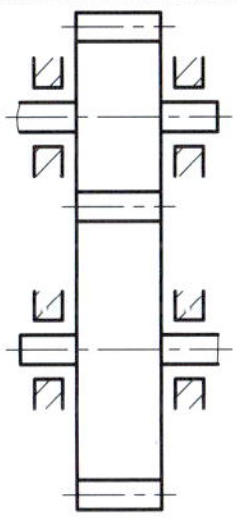	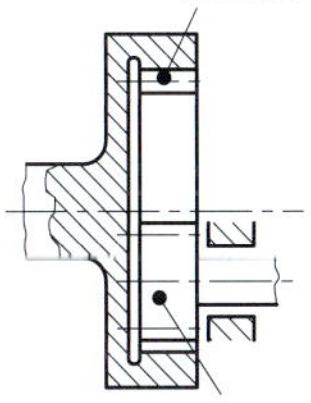	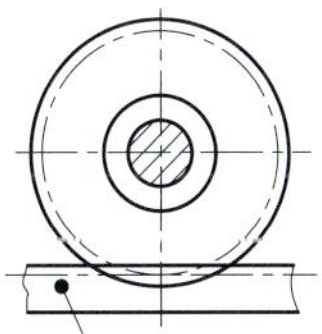	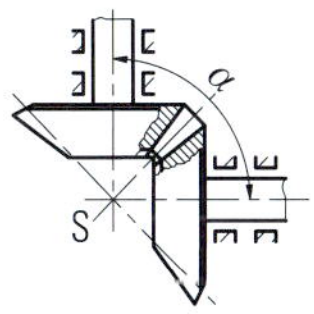	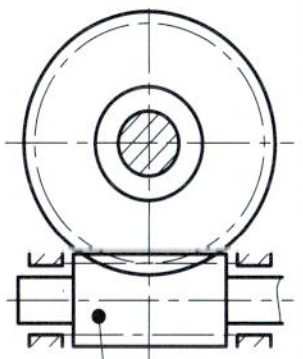
Lage der Wellen	parallele Wellen	parallele Wellen	Welle rechtwinkelig zur Zahnstange	sich schneidende Wellen	sich kreuzende Wellen
mögliche Verzahnungsarten (Auswahl)	Gerad- und Schrägverzahnung	Gerad- und Schrägverzahnung	Gerad- und Schrägverzahnung	Gerad- und Schrägverzahnung	Sonderverzahnung an Schnecke und Schneckenrad
Wirkungsgradminderung in %	Einflussgrößen: Zahnradoberfläche, Schmiermittel, Zahnradwerkstoff, Lagerausführung, Umdrehungsfrequenz, Ölfüllung ca.: 1 % pro Zahneingriff; 0,5 % pro Wälzlagerung; 2 % pro Gleitlagerung; 1 … 5 % für Wellenabdichtung und Ölbad Bei Schrägverzahnung können die Wirkungsgrade ca. 1 … 2 % kleiner als bei der Geradverzahnung sein				0,7 … 0,3 Je größer das Übersetzungsverhältnis, desto schlechter der Gesamtwirkungsgrad
Besonderheiten	Übersetzung und Drehrichtungsänderung	Übersetzung ohne Drehrichtungsänderung	Übersetzung und Umwandlung von Dreh- in Längsbewegung und umgekehrt	Übersetzung und Drehrichtungsänderung Kraftumlenkung	große, einstufige Übersetzung
Anwendungsgebiete	Ein- oder mehrstufige Getriebe, Planetengetriebe, Hebezeuge	Planetengetriebe, Hebezeuge	Vorschubantriebe an Drehmaschinen, Säulenbohrmaschine	Differenzialantriebe	Aufzüge, Winden, Krane, Antriebe von Band- und Schneckenförderern

***3** Zahnradgetriebe im Vergleich*

lele Geraden in beliebigen, aber untereinander gleichen Abständen. Die bei den verschiedenen Schaltstufen erreichbaren Abtriebsdrehfrequenzen werden aufsteigend an der Abtriebswelle (hier III) angetragen.

Bei mehrstufigen Stirnradgetrieben mit Außenverzahnung sind die Übersetzungsverhältnisse je Stufe bei $i = 1 : 2{,}5$ ins Schnelle und $i = 5 : 1$ ins Langsame begrenzt.

Kleinere Übersetzungsverhältnisse wie z. B. 1 : 4 können zu einer sehr hohen Abtriebsdrehfrequenz führen. Eine stärkere Geräuschentwicklung kann die Folge sein.

Größere Übersetzungsverhältnisse wie z. B. 10 : 1 erfordern einen großen Raum, da auf der Abtriebsseite ein sehr großes Zahnrad gebraucht wird. Dies zieht eine Vergößerung der Abmessungen des Getriebegehäuses nach sich.

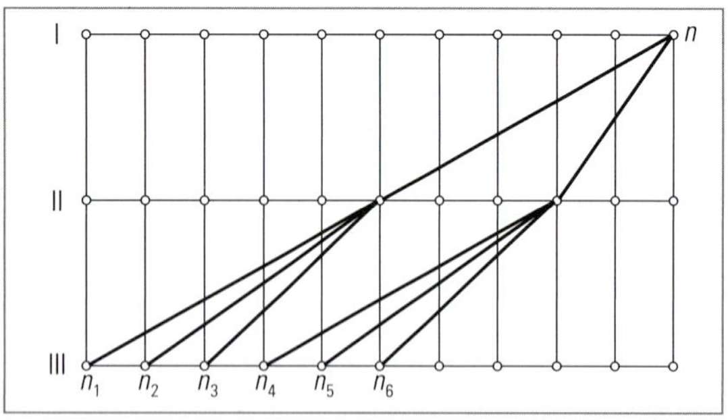

1 *Umdrehungsfrequenzbild des Schaltgetriebes*

Berechnung eines mehrstufigen Getriebes

Die Gesamtzeichnung (Bild 3) und die Stückliste (Seite 379 Bild 1) sind der Betriebsanleitung des Stirnradgetriebes SK 63 (Bild 2) entnommen. Das Getriebe hat drei Zahnradpaare oder Stufen und somit drei Einzelübersetzungen.

Alle Formelzeichen die zu einem Rad gehören, erhalten den gleichen Index: m_1, z_1, d_1, n_1, M_1 und F_1 gehören zum Rad 1. Die Wellen, auf denen die Räder sitzen, erhalten eine eigene Kennzeichnung. Im Beispiel sind das römische Ziffern: n_{I}, n_{II}, n_{III} und n_{IV}.

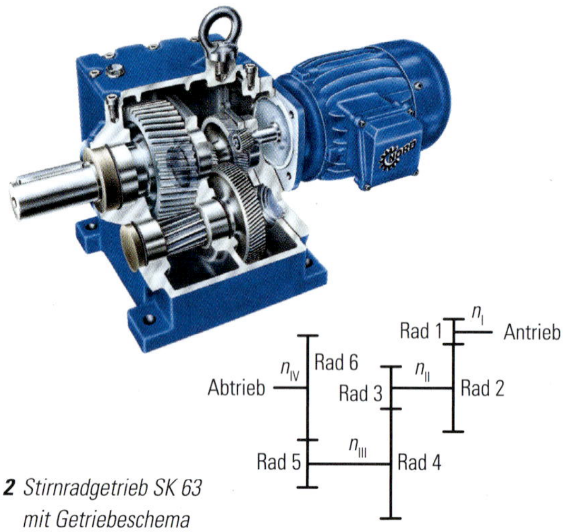

2 *Stirnradgetrieb SK 63 mit Getriebeschema*

LF10_05

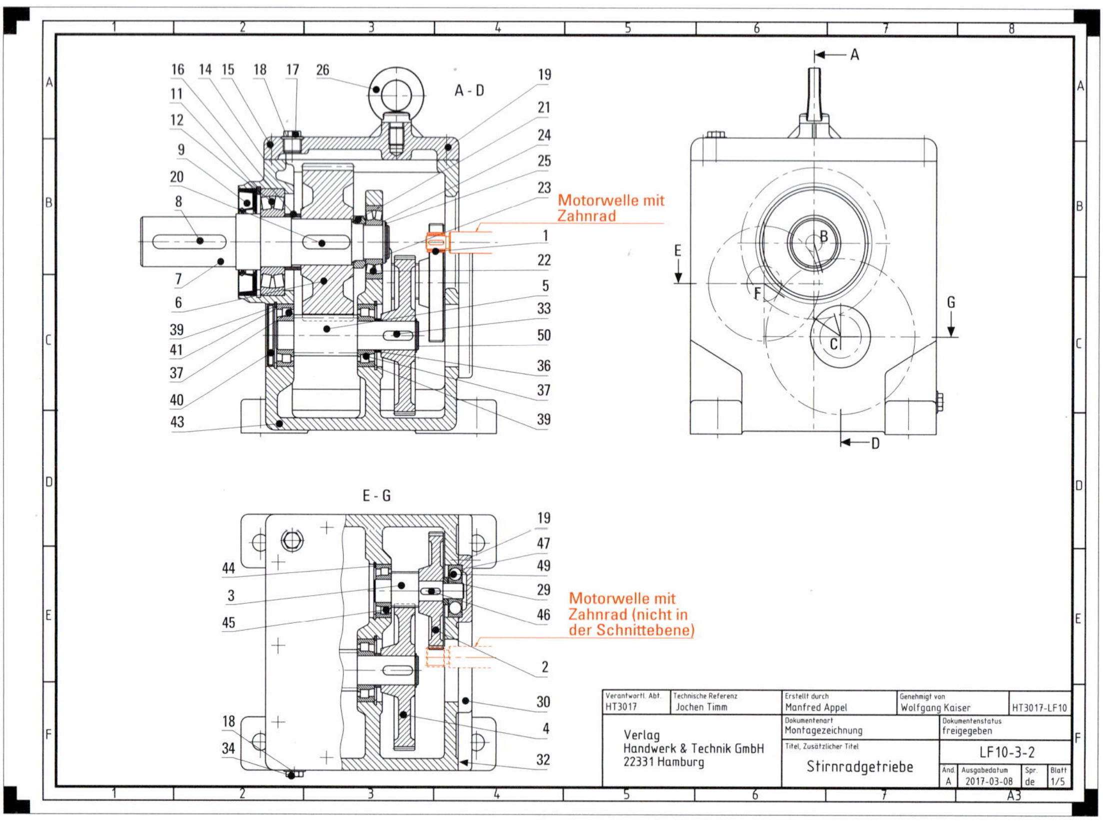

3 *Stirnradgetriebe SK 63*

Position	Menge	Benennung	Sach-Nr./Norm-Kurzbezeichnung	Bemerkung
1	1	Rad 1		Baugruppe Motor $z = 18$, $m = 1{,}25$
2	1	Rad 2		$z = 117$, $m = 1{,}25$
3	1	Rad 3		$z = 19$, $m = 2{,}00$
4	1	Rad 4		$z = 93$, $m = 2{,}00$
5	1	Rad 5		$z = 13$, $m = 3{,}50$
6	1	Rad 6		$z = 54$, $m = 3{,}50$
7	1	Abtriebswelle		
8	1	Passfeder	DIN 6885[1] – A18 × 11 × 60 – St	
9	1	Radialwellendichtring	DIN 3760 – AS90 × 120 × 12 – NBR	
11	1	Sicherungsring	DIN 472 – 120 × 4	
12	1	Pendelrollenlager	DIN 635 – 2 – 21311	
14	1	Gehäuse-Dichtung		$s = 0{,}5$
15	1	Gehäusedeckel		
16	1	Distanzbuchse		
17	1	Entlüftungsschraube	DIN 910 – M24 × 1,5	
18	2	IT-Öldichtung	DIN 7603 – 24 × 29 × 2	
19	15	Zylinderschraube	ISO 4762 – M12 × 25 – 8.8	
20	1	Passfeder	DIN 6885[1] – B18 × 11 × 65 – St	
21	1	Distanzbuchse		
22	1	Pendelrollenlager	DIN 635 – 2 – 21309	
23	1	Stützscheibe	DIN 988 – 45 × 55 × 3,0	
24	2	Passscheibe	DIN 988 – 45 × 55 × 0,1	
25	1	Sicherungsring	DIN 471 – 45 × 1,75	
26	1	Ringschraube	DIN 580 – M20 – C15E	
29	1	Distanzbuchse		
30	1	Getriebedeckel		
32	1	Getriebedichtung		$s = 0{,}5$
33	1	Passfeder	DIN 6885[1] B12 × 8 × 45	
34	1	Verschlussschraube	DIN 908 – M24 × 1,5	
36	1	Distanzbuchse		
37	2	Zylinderrollenlager	DIN 5412 – 1 – NJ208	
39	2	Sicherungsring	DIN 472 – 80 × 2,5	
40	1	Verschlusskappe	80 × 8	
41	2	Passscheibe	DIN 988 – 63 × 80 × 0,1	
43	1	Fußgehäuse		
44	1	Sicherungsring	DIN 472 – 62 × 2,5	
45	1	Zylinderrollenlager	DIN 5412 – 1 – NJ206	
46	1	Passfeder	DIN 6885[1] – B8 × 7 × 28	
47	2	Passscheibe	DIN 988 – 42 × 52 × 0,1	
49	1	Kugellager	DIN 625 – 1 – 6304	
50	1	Sicherungsring	DIN 471 – 40 × 1,75	

1 *Stückliste des Stirnradgetriebes SK 63*

1) zurückgezogen

Das Getriebeschema in Bild 2 auf Seite 378 zeigt, dass nur zwei grundlegende Räderkombinationen vorkommen:

zwei Räder auf zwei Wellen | **zwei oder mehr Räder auf einer Welle**

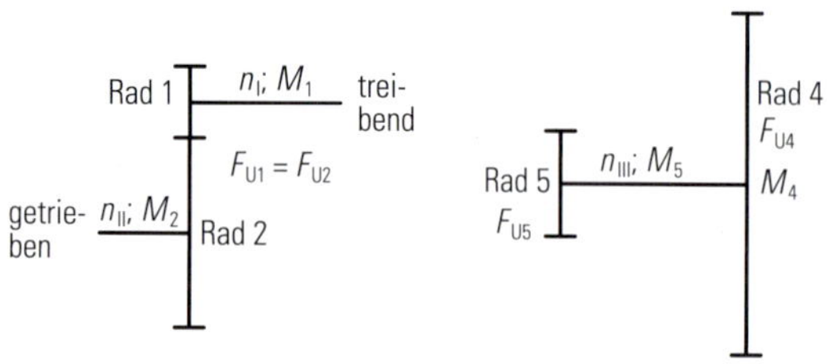

Für Rad 1 und Rad 2 gilt:

$$n_1 \neq n_2$$
$$z_1 \neq z_2$$
$$d_1 \neq d_2$$
$$m_1 = m_2$$
$$M_1 \neq M_2$$
$$F_{U1} = F_{U2}$$

Ausnahme: Für $i = 1$ sind die zusammengehörenden Werte gleich wie z.B.: $n_1 = n_2$. Die Kraft wird von Rad 1 auf Rad 2 übertragen. Ohne Reibungsverluste ist $F_{U1} = F_{U2}$. In Abhängigkeit von den Durchmessern d_1 und d_2 ändern sich die Drehmomente.

Für Rad 4 und Rad 5 gilt:

$$n_5 = n_4$$
$$z_5 \neq z_4$$
$$d_5 \neq d_4$$
$$m_5 \neq m_4$$
$$M_5 = M_4$$
$$F_{U5} \neq F_{U4}$$

In einem Bauteil und in fest mit einem Bauteil verbundenen Einzelteilen ist das Drehmoment überall gleich. In Abhängigkeit von den Durchmessern d_4 und d_5 ändern sich die Kräfte F_{U4} und F_{U5}.

In der Betriebsanleitung sind als Ergänzung zur Stückliste weitere Angaben enthalten:
Die Motorwelle, auf der das Antriebsritzel mit $z = 18$; $m = 1{,}25$ sitzt, hat eine Umdrehungsfrequenz $n = 1390$/min und ein Drehmoment $M = 7{,}56$ Nm.
Die Berechnung der Getriebedaten soll mithilfe einer Tabelle durchgeführt werden.

- Die tabellarische Darstellung erleichtert den Rechenvorgang, weil die Formeln und die Einheiten nur einmal aufgeschrieben werden müssen.
- Die tabellarische Darstellung erleichtert die Kontrolle der Zwischen- und Endergebnisse, weil Abweichungen sofort auffallen.
- Die tabellarische Darstellung ermöglicht einen einfachen und schnellen Überblick über alle wesentlichen Daten des Getriebes.

Überlegen Sie!

1. *Warum ist das Getriebe in der Gesamtzeichnung auf Seite 378 in zwei Schnitten dargestellt?*
2. *Wie und wo wird das Drehmoment im Getriebe gewandelt?*
3. *Warum ist bei dem Beispielgetriebe die größte Übersetzung in der ersten Stufe?*
4. *Wie verändern sich die Werte für n, M und F_u bei einem Getriebe mit $i_g < 1$?*
5. *Begründen Sie die genaue Berechnung der Übersetzungsverhältnisse.*

Benennung		**Räder**						**Übersetzung**		**Umdrehungsfrequenz**	**Drehmoment**	**Kraftübertragung ohne Reibung**
Formelzeichen				z	m	d	a	i_{Stufe}	i_g	n	M	F_U
Formel		treibend	getrieben			$d = z \cdot m$	$a = \frac{d_{tr.} + d_{getr.}}{2}$	$i = \frac{z_{getr.}}{z_{tr.}}$	$i_g = i_1 \cdot i_2 \cdot i_3$	$n_{tr.} = i \cdot n_{getr.}$; $n_{getr.} = \frac{n_{tr.}}{i}$	$M = F_U \cdot \frac{d}{2}$	$F_U = 2 \cdot \frac{M}{d}$
Einheit					mm	mm	mm			min⁻¹	N · m	N
Stufen 1	Rad 1	×		18	1,25	22,5	84,375	6,5	132,17	1390	7,56	672
	Rad 2		×	117		146,25				213,846	49,14	
2	Rad 3	×		19	2,0	38,0	112	4,895				2586,3
	Rad 4		×	93		186,0				43,687	240,53	
3	Rad 5	×		13	3,50	45,5	117,25	4,154				10572,7
	Rad 6		×	54		189,0				10,519	999,1	

1.3 Zugmittelgetriebe

1.3.1 Riemengetriebe

Riemengetriebe *(belt drives)* übertragen Drehmomente zwischen zwei oder mehreren Wellen (Bilder 1 bis 3). Je nach Riemenart kann dies kraft- oder formschlüssig geschehen. Dabei können **beliebige Achsabstände** überwunden werden.
Die **Größe der übertragbaren Kraft** hängt ab von

- Reibfaktor,
- Normalkraft und
- Umschlingungswinkel (Bild 4)

1 *Antrieb mit Keilriemen*

2 *Flachriemenantrieb*

3 *Zahnriemenantrieb*

1.3.1.1 Riemenarten *(kinds of belts)*

An Riemen werden hohe Anforderungen gestellt bezüglich

- hoher Zerreißfestigkeit,
- gutem Reibverhalten und
- einer Unempfindlichkeit gegenüber Umwelteinflüssen.

Deshalb werden Riemenarten und Riemenwerkstoffe auf die speziellen Anforderungen der Antriebsaufgabe ausgelegt (Bild 5).

Gebräuchlich sind:

- Flachriemen *(flat belts)* (Bild 2)
- Keilriemen *(V-belts)* (Bild 1)
- Zahnriemen *(toothed belts)* (Synchronriemen; (Bild 3)
- Keilrippenriemen *(V-ribbed belts)*

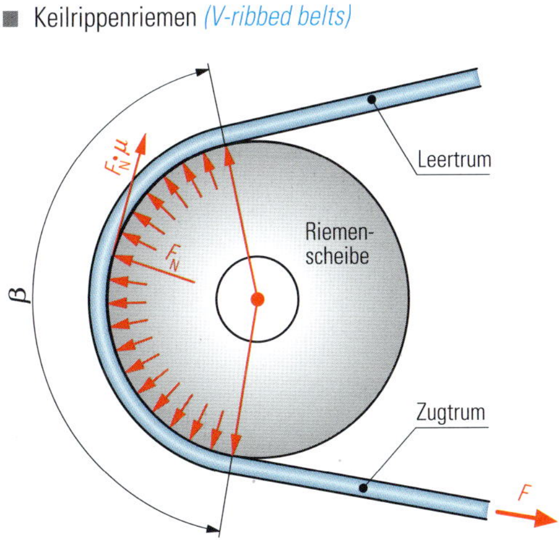

4 *Umschlingungswinkel (β) an einer Riemenscheibe*

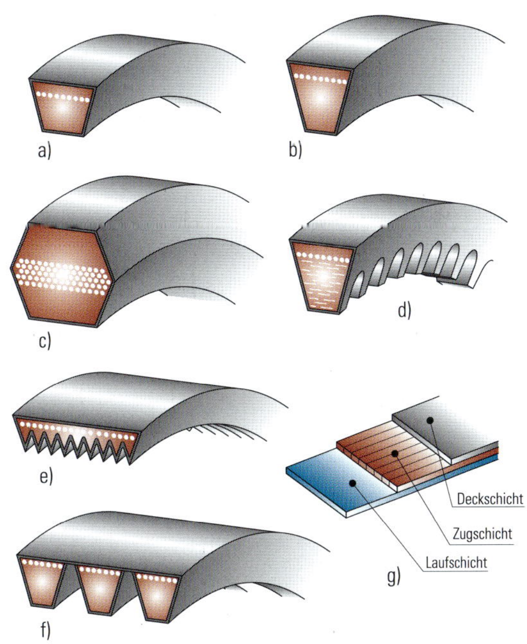

5 *Riemenarten*

a) Normalkeilriemen
b) Schmalkeilriemen
c) Doppelkeilriemen
d) Schmalkeilriemen flankenoffen, gezahnt
e) Keilrippenriemen
f) Verbundkeilriemen
g) Flachriemen: Bandriemen mit zusammengesetzten Zugbändern

1.3.1.2 Riemenführungen *(belt guides)*

Je nach Antriebsaufgabe verbinden die Riemen die Riemenscheiben auf verschiedene Weisen (Übersicht Seite 383). Damit ein ausreichender Umschlingungswinkel erreicht werden kann, sind häufig **Umlenkrollen** erforderlich (Bild 1).

MERKE
Je größer der Umschlingungswinkel desto größer sind die übertragbaren Kräfte.

Selbst bei genauer Ausrichtung der Riemenscheiben (siehe Kap. 1.3.1.3) ist bei Flach- und Zahnriemen eine gesonderte Führung erforderlich. Dies geschieht durch den Einsatz einer **Führungsrolle** (Bild 2).

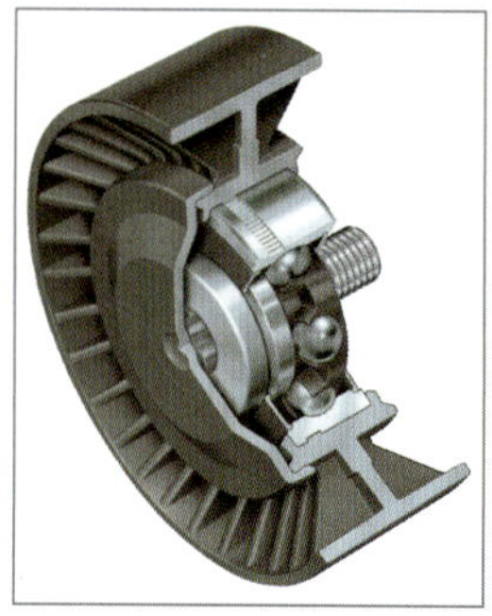

1 *Umlenkrolle*

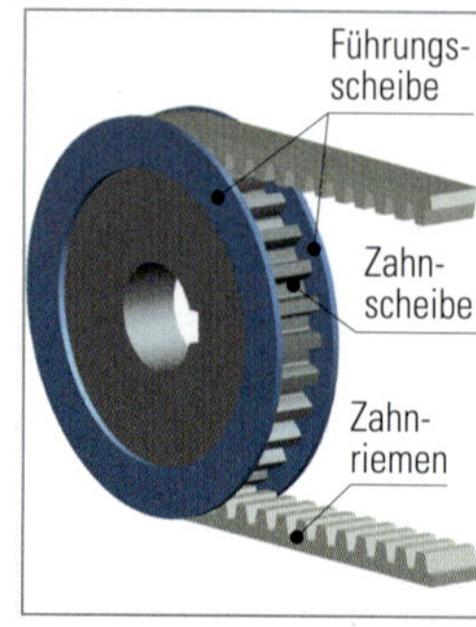

2 *Führungsrolle bei einem Zahnriemententrieb*

1.3.1.3 Montage von Riemengetrieben

Auswahl des Riemens

Der Riemen *(belt)* und die Riemenscheibe *(belt pulley)* müssen das gleiche Profil besitzen. Dies gilt besonders für Keilriemen *(V-belts)*. Bei falscher Wahl des Querschnitts ändert sich der Wirkdurchmesser und dadurch können die Seitenflächen des Riemens nicht mehr in vollem Umfang Reibkräfte übertragen (Bild 3). Der Winkel in der Riemenscheibe muss durch entsprechende Wahl des Rillenwinkels angepasst werden[1]. Dazu kommt noch ein höherer Verschleiß des Keilriemens. Dabei ist zu beachten, dass der Querschnitt eines Keilriemens zusätzlich abhängig ist vom Umschlingungswinkel um die Keilriemenscheibe (Bild 4). Grund hierfür ist das elastische Verhalten des Riemenwerkstoffs.

Die Form des Keilriemens beruht auf der Keilwirkung zur Erhöhung der Normalkräfte bei vorhandenen Vorspannkräften (Bild 5).

Das Übersetzungsverhältnis wird über die Außendurchmesser der Riemenscheiben ermittelt. Eine Ausnahme ist die Keilriemenscheibe. Aufgrund der Keilriemengeometrie ist der für das Übersetzungsverhältnis verantwortliche Wirkdurchmesser[2] (Richtdurchmesser) geringer als der Außendurchmesser. Bild 6 zeigt ein Anwendungsbeispiel:

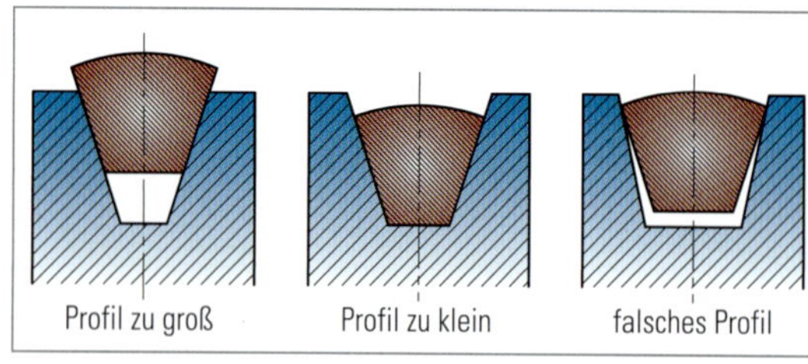

3 *Falsche Wahl des Riemenquerschnitts*

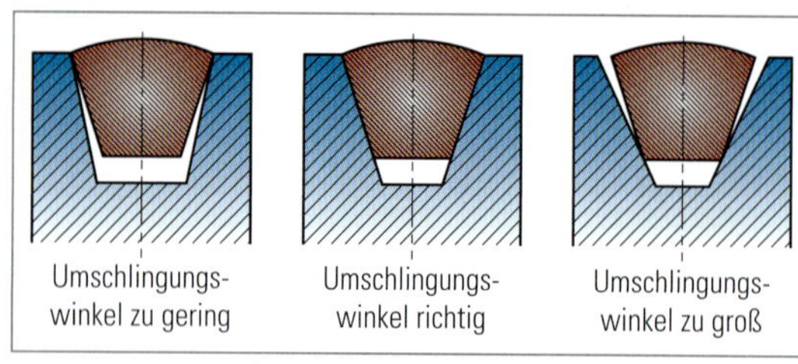

4 *Abhängigkeit des Riemenquerschnitts vom Umschlingungswinkel*

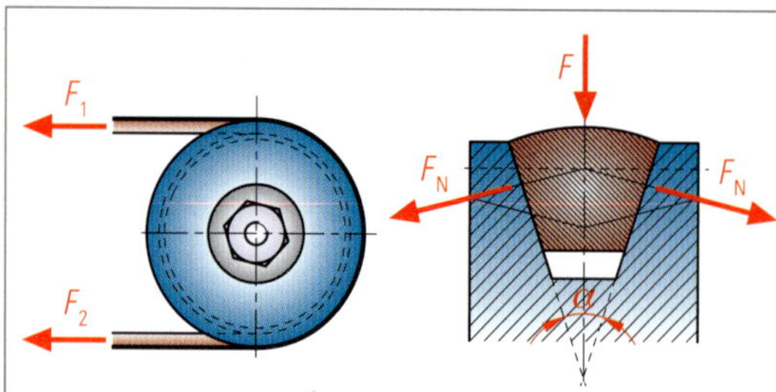

Die übertragbare Umfangskraft $F_U = F_1 - F_2$ ist abhängig von den Normalkräften F_N am Umfang und dem Reibwert μ_0.

F ist abhängig von der Vorspannkraft.
F_N ist abhängig von F und α.

$$F_N = \frac{\frac{F}{2}}{\sin\frac{\alpha}{2}}$$

5 *Keilwirkung des Keilriemens*

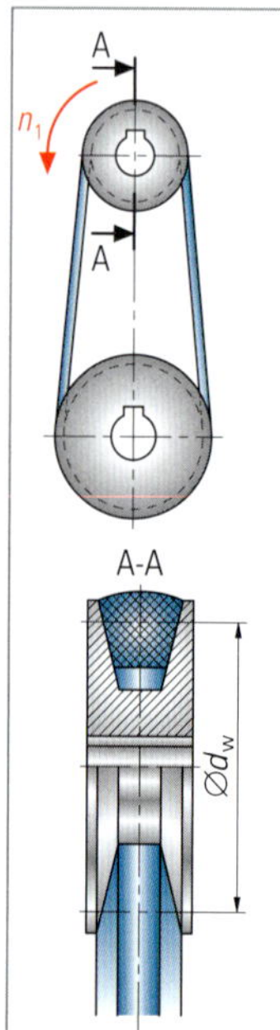

Die Wirkdurchmesser d_w – auch Richtdurchmesser genannt – können den Herstellerangaben entnommen werden.

Mit v = konst. kann das Übersetzungsverhältnis bestimmt werden:

$$i = \frac{d_{w2}}{d_{w1}}$$

Beispiel:

$d_{w1} = 80$ mm

$d_{w2} = 100$ mm

$$i = \frac{d_{w2}}{d_{w1}} = \frac{100\text{ mm}}{80\text{ mm}}$$

$i = 1{,}25$

getrieben $(n_2 = \frac{700}{\text{min}})$

$v = \pi \cdot d_{w2} \cdot n$

$v = \pi \cdot 0{,}1\text{ m} \cdot \frac{700}{\text{min}}$

$v = 220\ \frac{\text{m}}{\text{min}}$

6 *Wirkdurchmesser des Keilriementriebs*

1) 2) siehe Tabellenbuch

Riemenführung	Eigenschaften
Offener Riementrieb 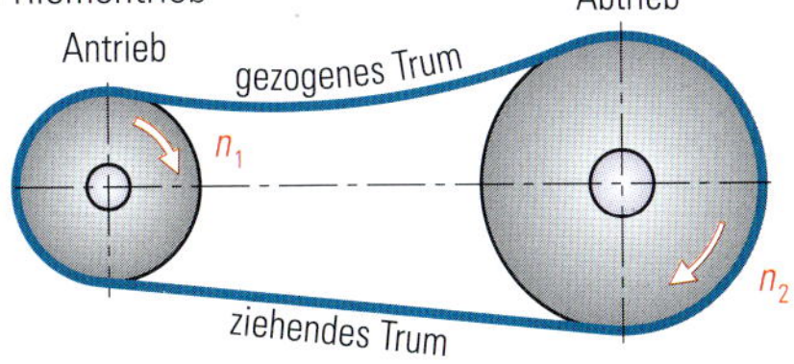	■ Kann in waagerechter, schräger und senkrechter Anordnung betrieben werden. ■ gleicher Drehsinn von An- und Abtriebsscheibe ■ einfacher Aufbau
Gekreuzter (geschränkter) Riementrieb 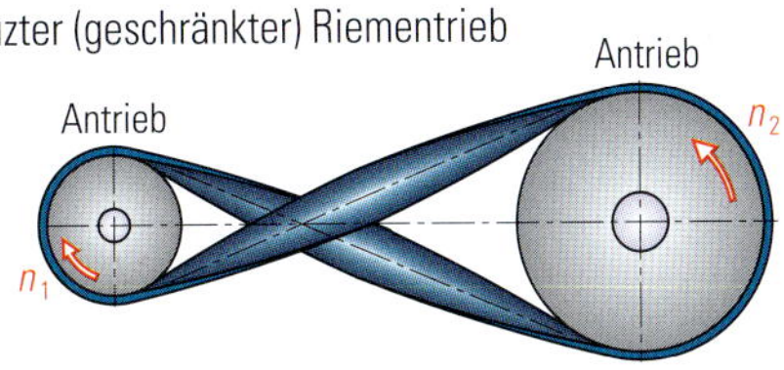	■ wie offener Riementrieb, jedoch entgegengesetzter Drehsinn von An- und Abtriebsscheibe ■ Berührung des Riemens wegen zu hoher Verschleißgefahr ist zu vermeiden. ■ nicht geeignet für Keil- und Keilrippenriemen
Mehrfachantrieb schlupffrei mit Zahnriemen (Synchronriemen) 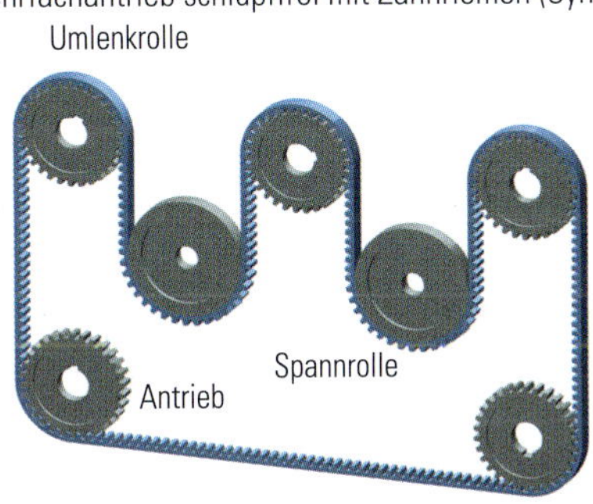	■ geeignet, um das Drehmoment von einer Antriebsscheibe auf mehrere Abtriebsscheiben zu übertragen ■ Wenn eine Relativbewegung der einzelnen Scheiben zueinander unerwünscht ist, muss ein Zahnriemen (Synchronriemen) verwendet werden.
Mehrfachantrieb mit Flachriemen 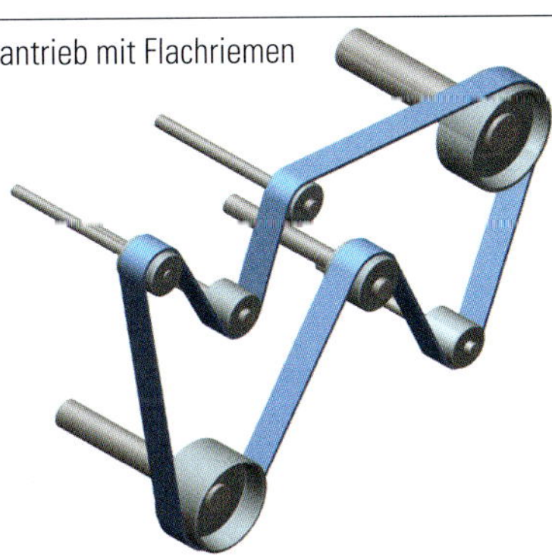	
Winkelgetriebe 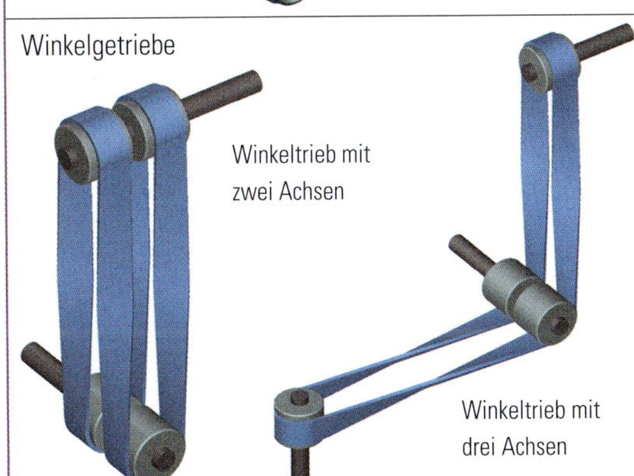	■ Antrieb von sich kreuzenden Wellen

***1** Eigenschaften verschiedener Riemenführungen*

Ausrichtung der Riemenscheiben

Die Riemenscheiben müssen alle achsparallel und ohne Winkelversatz montiert werden (Bild 1). Nur so lässt sich ein störungsfreier und verschleißarmer Betrieb gewährleisten. Höchste Präzision bei der Ausrichtung wird mithilfe von Lasern erreicht. Herkömmlich werden Parallelität und somit auch der Winkelversatz mit einem Lineal und Winkeln geprüft.

MERKE
Falsche Ausrichtung der Riemenscheiben führt zu höherem Verschleiß und höherer Geräuschentwicklung

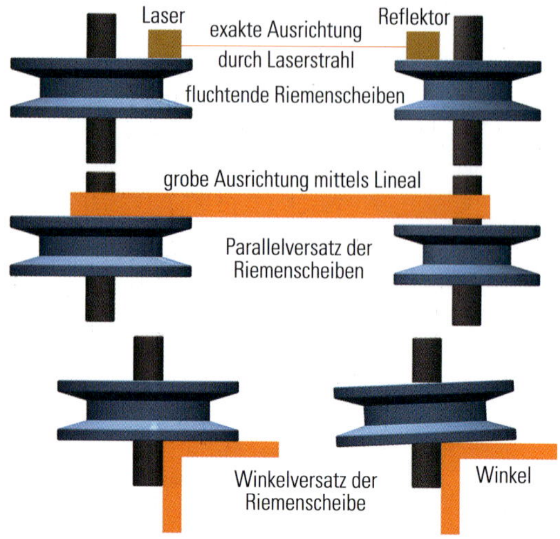

1 Ausrichten von Riemenscheiben

Erzeugung einer Vorspannkraft

Damit ein Riementrieb ordnungsgemäß durch Kraftschluss funktioniert, muss der Riemen eine richtige Spannkraft haben. Dies gilt auch für den formschlüssig arbeitenden Zahnriemen (Synchronriemen).

Die Vorspannkraft hat Einfluss auf den Wirkdurchmesser (Richtdurchmesser) eines Keilriementriebes, da eine erhöhte Vorspannkraft den Keilriemen tiefer in die Keilriemenscheibe hineindrückt.

Die erforderliche Spannkraft kann auf unterschiedliche Weise realisiert werden (Bild 2):

- durch einstellbare Spannkraft: Spannschiene, Schwenkscheibe, Spannrolle (Bild 3)
- durch Gewichtskraft von Massen: Wippe, Spannschlitten

MERKE
Die Spannkraft von Riemen wird durch fest montierte Spannrollen, die justiert werden können, oder mithilfe der Gewichtskraft von Massen aufgebracht.

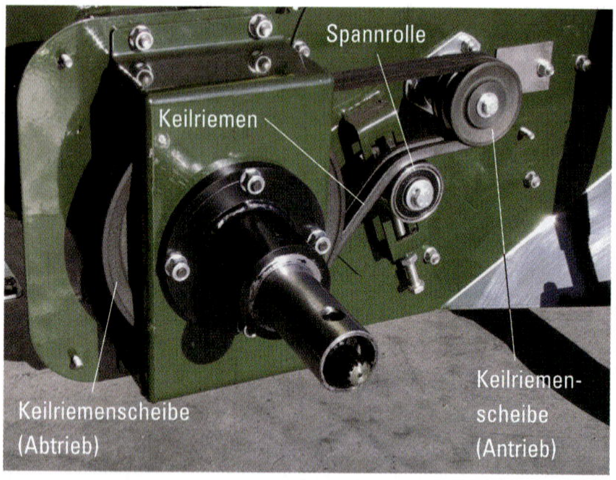

3 Einsatz einer Spannrolle bei einem Maschinenantrieb

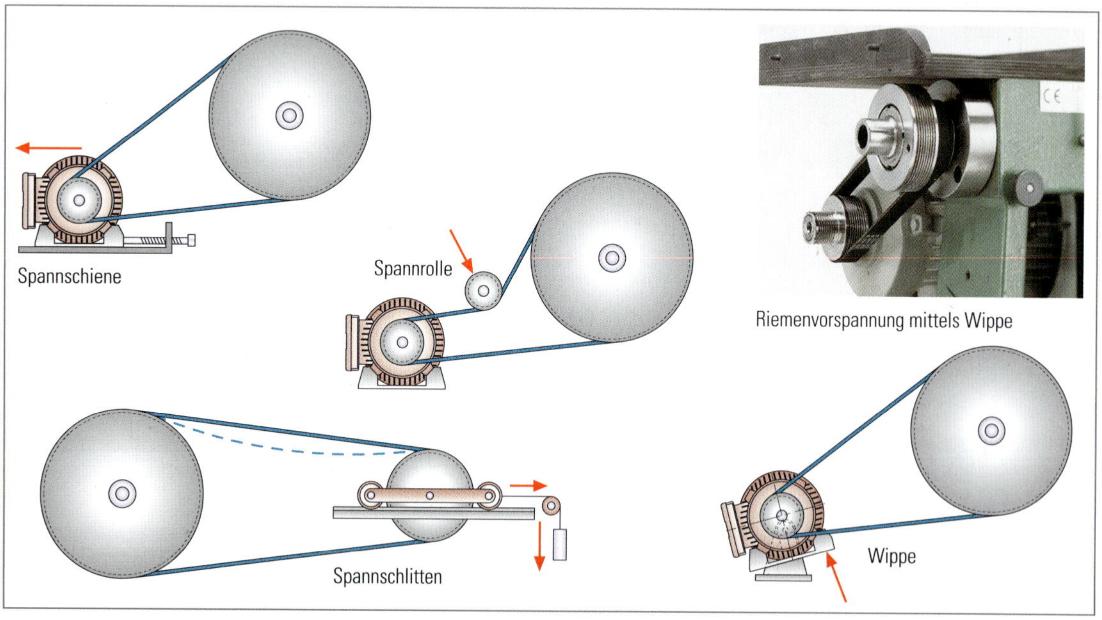

2 Vorspannmöglichkeiten bei Riementrieben

Einstellung der Vorspannkraft bei Zahnriemen (Synchronriemen)

Die Erzeugung einer Vorspannkraft hat die Aufgabe, wie beim Keil- oder Flachriemen, eine Mindestspannkraft auch im Leertrum zu gewährleisten. Nur so ist ein störungsfreies Einzahnen in die Abtriebsscheibe gewährleistet (Bild 1). Die Vorspannung sollte generell nur so groß wie nötig eingestellt werden.

MERKE

Die Seilzugfestigkeit innerhalb des Riemens gilt als obere Grenze für die Trumbeanspruchung und somit für die Vorspannkraft.

Die Überprüfung der Riemenlänge geschieht mithilfe eines Längenmessgeräts (Bild 2).

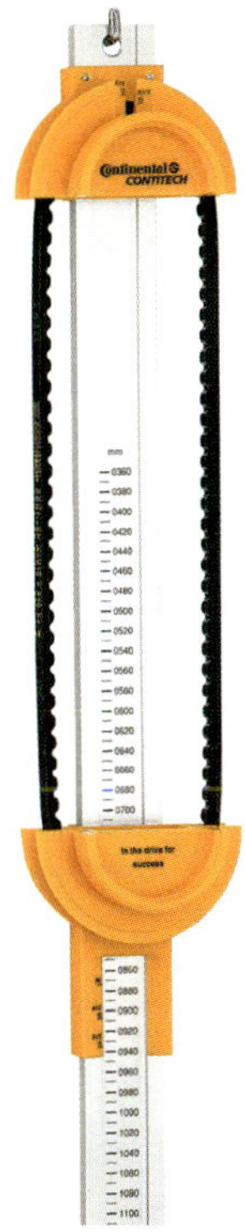

2 Riemenlängenmessgerät für verschiedene Querschnittsformen

zu geringe Vorspannung	■ Die Verzahnung des Leertrums läuft hoch bzw. klettert auf die Verzahnung der Abtriebsscheibe. ■ Flankenverschleiß durch Reibkraft beim Einzahnen ■ Gewaltbruch durch Überdehnen beim vollständigen Aufklettern
zu große Vorspannung	■ hohe Lagerbeanspruchung der Wellen bzw. Lager ■ Verminderung der übertragbaren Leistung ■ hoher Verschleiß am Riemenzahn

3 Folgen falscher Vorspannungseinstellung

Prüfen der Vorspannkraft

Die Vorspannkraft beeinflusst ganz wesentlich das Betriebsverhalten und die Lebensdauer des gesamten Getriebes. Sie ist eine der wenigen Größen, die die Fachkraft selbst einstellen muss.

Die Überprüfung der Vorspannkraft eines Zahnriemens kann durch das Messen der Durchbiegung erfolgen (Bild 4a und Lernfeld 4) oder durch die Messung der Eigenfrequenz des Riemens. Spezielle Sensoren erfassen dabei einseitig die Schwingung eines vorher angeregten Zahnriemens. Ein Messgerät ermittelt die Eigenfrequenz (Bild 4b)). Bei bekannter Riemenlänge ist die Schwingung ein Maß für die Vorspannkraft. Diese wird durch das Messgerät ermittelt und angezeigt.

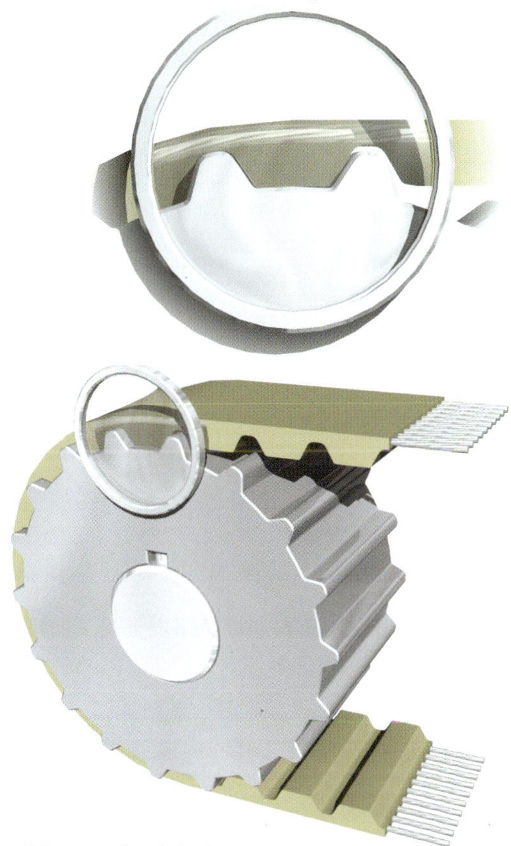

1 Einkämmen eines Zahnriemens

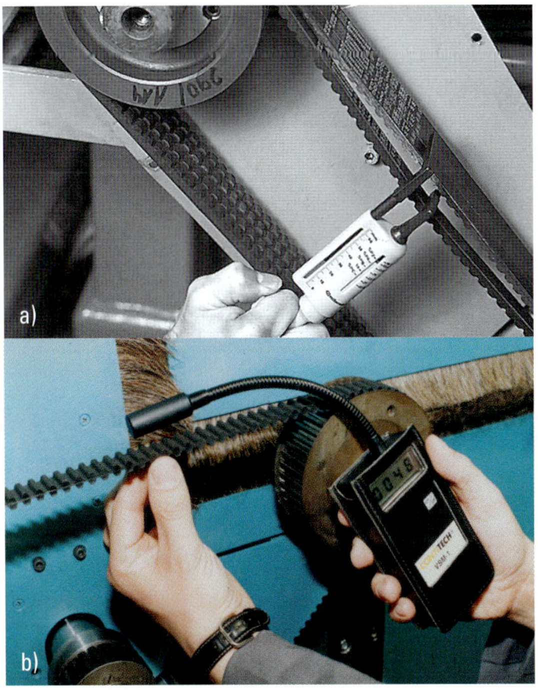

4 Messen der Riemenvorspannung

1.3.2 Kettentriebe

Kettentriebe *(chain drives)* sind vielfach in Bereichen der Textilmaschinen, Land- und Baumaschinen und in der Fördertechnik zu finden. Sie sind für raue Betriebsverhältnisse geeignet und können in Temperaturbereichen eingesetzt werden, die für Riementriebe nicht geeignet sind. Sie sind geeignet für hohe Umfangsgeschwindigkeiten und halten gleichzeitig hohen Belastungen Stand.

Je nach Aufgabe das Antriebs wird die hierfür geeignete Kettenart ausgewählt. Bild 1 zeigt den Kettentrieb eines Förderbandes.

Grundsätzlich sind die gleichen Anordnungen der Kettenräder wie bei den Riemenscheiben möglich (Bild 2).

Als Spann- und Dämpfungseinrichtungen kommen Schienen zum Einsatz (Bild 3). Sie verhindern ein Übersetzen der Kette sowie übermäßige Vibrationen.

***1** Kettenantrieb eines Förderbandes*

Bolzenketten

Bolzenketten *(pin chains)* sind eine einfache und preiswerte Bauart von Gelenkketten.

Die **Gallkette** (Seite 387 Bild 1a) ist eine robuste Antriebskette, die für viele Anwendungsgebiete von Zahnradtrieben geeignet ist.

Die **Flyerkette** (Seite 387 Bild 1b) ist eine reine Lastkette, d. h., sie dient meist als Zugmittel zur Umlenkung von Kräften. Die Flyerkette ist nicht geeignet, über verzahnte Kettenräder zu laufen und auf diese ein Drehmoment zu übertragen. Verwendung findet die Flyerkette in den Hubmasten von Gabelstaplern oder als Gegengewichtskette bei Werkzeugmaschinen.

Bei Bolzenketten nimmt die **Zahnkette** *(toothed chain)* (Seite 387 Bild 2) eine Sonderstellung ein. Sie hat hakenförmige

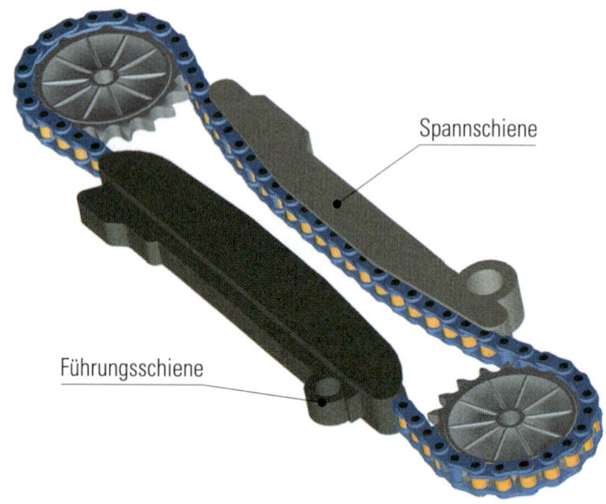

***3** Kettentrieb mit Spann- und Führungsschiene*

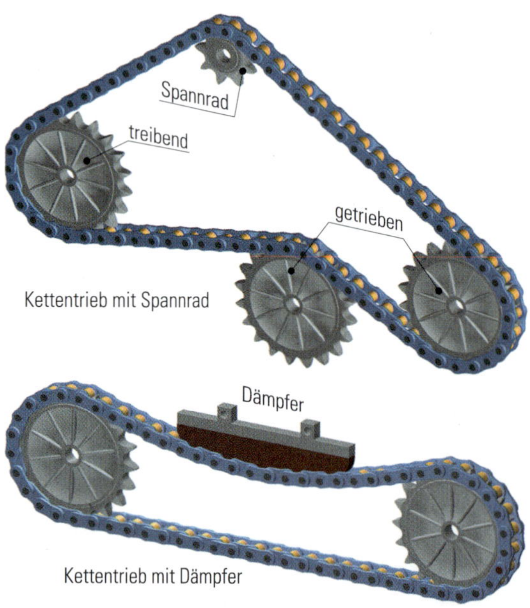

***2** Anordnung von Kettenrädern*

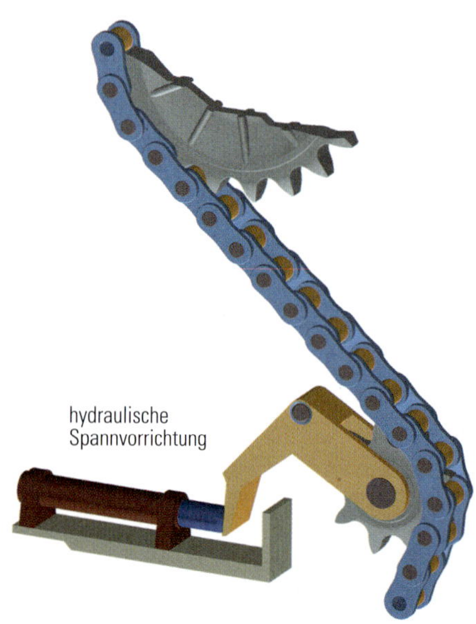

Laschenpakete mit je 2 Zähnen. Der Eingriff und Austritt aus den Kettenrädern ist ohne Gleitbewegung möglich. Eine Seitenführung ist durch eine Führungslasche gegeben.

Buchsenketten

Buchsenketten *(bush chains)* (Bild 3) besitzen gegenüber den Bolzenketten eine höhere Verschleißfestigkeit. Die Innenlaschen der Kette sind auf Buchsen gepresst. Dadurch wird die Flächenpressung erheblich gemindert und die Lebensdauer der Kette erhöht.

Rollenketten

Rollenketten *(roller chains)* (Bild 4) haben ein fast unbeschränktes Anwendungsgebiet. Sie besitzen eine auf einer Buchse gelagerte gehärtete Rolle. Die Rolle kann sich während des Einkämmens in das Kettenrad drehen und somit die Reibung erheblich minimieren.

Die Rollenkette wird dort eingesetzt, wo erschwerte Betriebsbedingungen herrschen wie z. B. bei mangelhafter Schmierung oder in Bereichen, wo ganz auf Schmierung verzichtet werden muss (Lebensmittelindustrie).

Kettenräder

Kettenräder *(sprocket wheels)* (Bild 5) bilden die Verbindung zwischen Wellen und Ketten. Bei der Auswahl von Material und Herstellungsverfahren der Räder werden die auftretenden Belastungen, die zu realisierende Geometrie sowie die Wirtschaftlichkeit berücksichtigt. Grundsätzlich wird zwischen folgenden Typen unterschieden:

- feingestanzte Kettenräder
- Kettenräder aus Sintermetall
- spanend hergestellte Kettenräder
- geschmiedete/fließgepresste Kettenräder

Montage von Kettenrädern

Bei der Montage von Kettenrädern gelten die gleichen Bedingungen wie bei Riemenscheiben (vgl. Kap. 1.3.1.3). Zusätzlich müssen beim Austausch einer Kette auch die Kettenräder bzw. Ritzel ausgetauscht werden. Sie unterliegen dem gleichen Verschleiß wie die Kette selbst.

Bei erfolgter Montage muss eine Kette geschmiert werden[1]. Herstellerangaben bezüglich Art und Häufigkeit der Schmierung sind hierbei zu beachten.

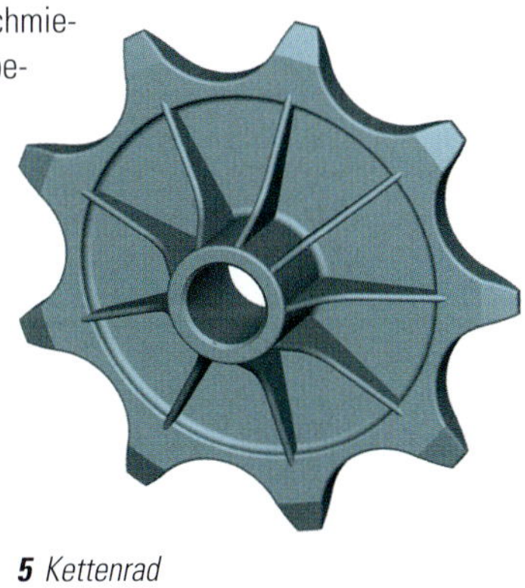

5 *Kettenrad*

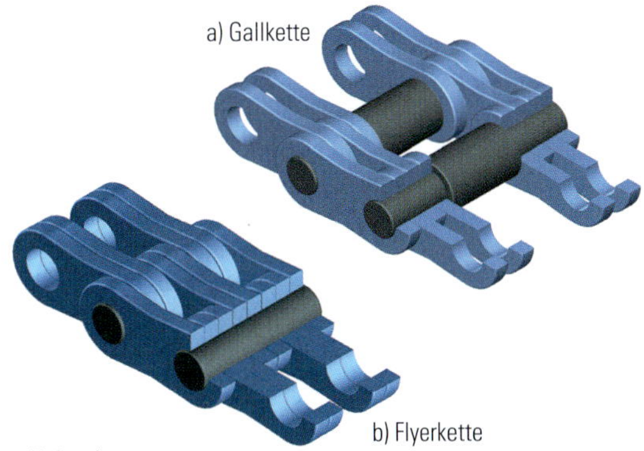

1 *Bolzenketten*

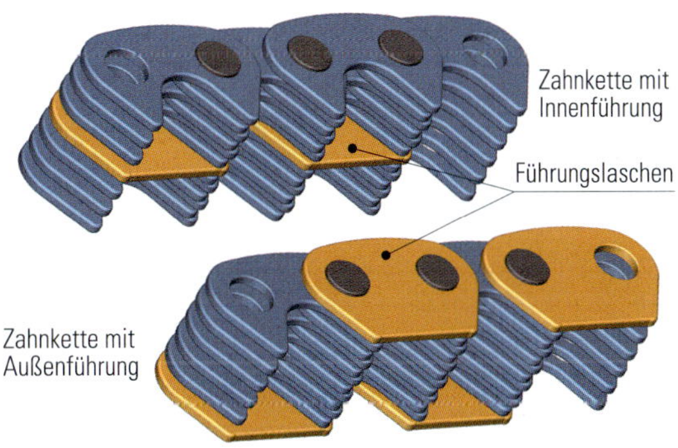

2 *Zahnketten*

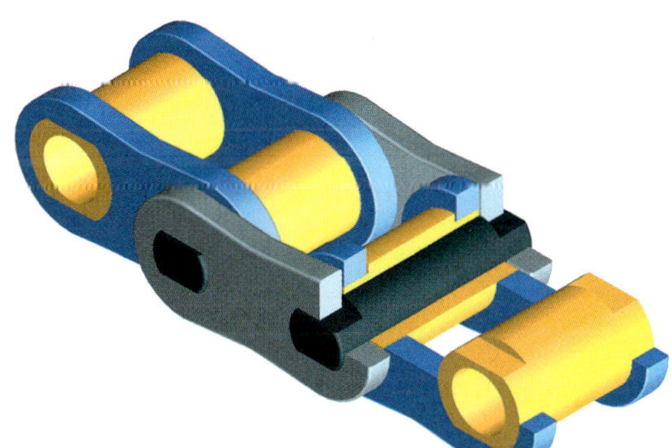

3 *Buchsenkette*

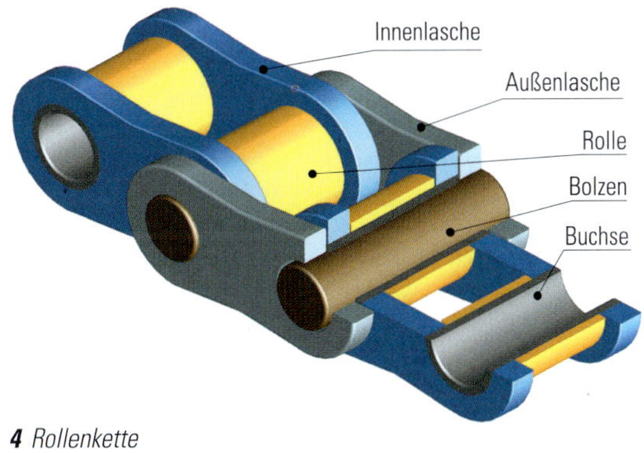

4 *Rollenkette*

[1] Ausnahme: einige Bereiche der Lebensmittelindustrie

Getriebeart	Flachriemen	Keilriemen	Zahnriemen	Kettentrieb
				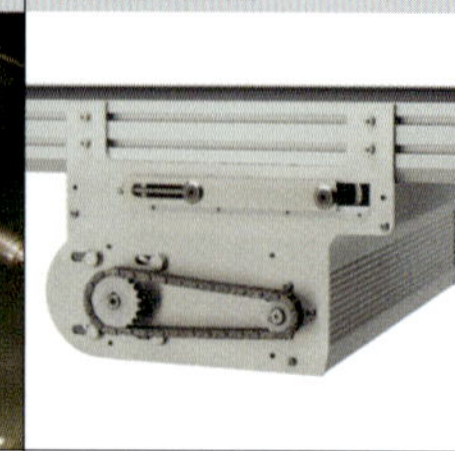
Übertragungsprinzip	kraftschlüssig	kraftschlüssig	formschlüssig	formschlüssig
Schlupf vorhanden	ja	ja	nein	nein
Wartung	Sicherstellung der Riemenvorspannung			Schmierung erforderlich
Stoßdämpfung	ja	ja	ja	nein
Umweltbedingungen	Empfindlich gegenüber Temperaturschwankungen (hoch/niedrig) Nicht geeignet für aggressive Medien			Für raue Betriebsbedingungen geeignet. Staub/Schmutz erhöhen jedoch den Verschleiß

1 Vergleich der Zugmittelgetriebearten

Vorteile der formschlüssigen gegenüber der kraftschlüssigen Kraftübertragung:	Nachteile der formschlüssigen gegenüber der kraftschlüssigen Kraftübertragung:
■ Die Kette braucht kleinere Kontakt- bzw. Reibflächen zur Kraftübertragung als Riemen, daher sind kleinere (Zahn-)Scheibendurchmesser möglich. ■ Es ist nur eine sehr geringe Vorspannung nötig, was die Lager der Wellen entlastet. ■ Es können je nach Anwendung wesentlich größere Kräfte übertragen werden. ■ Die Lebensdauer gut geschmierter Kettentriebe ist vergleichsweise hoch.	■ Kettengetriebe müssen häufig geschmiert und deshalb auch gereinigt werden, besonders in staubiger Umgebung. ■ Kettentriebe haben höhere Laufgeräusche. ■ Schwingungen – vor allem auf der rücklaufenden Kettenstrecke – müssen teilweise durch zusätzliche (teils gefederte Dämpfer) oder Spannrollen verringert werden.

2 Vergleich form- und kraftschlüssiger Zugmittelgetriebe

ÜBUNGEN

Getriebe

1. Nennen Sie sind die Hauptaufgaben von Getrieben.
2. Nennen Sie typische Getriebeformen.
3. Welche Anforderungen haben Getriebe zu erfüllen?
4. Worin unterscheiden sich Zahnradgetriebe von Zugmittelgetrieben?

Zahnradgetriebe

5. Nennen Sie drei Bestimmungsgrößen für Zahnradgetriebe.
6. Welche Bedingungen müssen erfüllt sein, damit zwei Stirnräder gepaart werden können?
7. Warum werden bei großen Übersetzungsverhältnissen mehrere Getriebestufen gewählt?
8. Welche Vorteile haben schrägverzahnte Zahnräder gegenüber geradverzahnten Zahnrädern?
9. Nennen Sie Getriebearten, bei denen sich die Drehachsen schneiden.
10. Nennen Sie Getriebearten, bei denen sich die Drehachsen kreuzen.
11. Wie berechnet man bei Stirnrädern mit Geradverzahnung den Teilkreisdurchmesser?
12. Was versteht man unter dem Modul eines Zahnrades?
13. Wie heißt der Abstand von Zahnmitte zu Zahnmitte?
14. Wie groß soll das Kopfspiel *c* bei Zahnradgetrieben gewählt werden?
15. Wozu ist ein Kopfspiel *c* bei Zahnrädern erforderlich?
16. Welche besondere Eigenschaft haben Pfeilverzahnungen bzw. Doppelschrägverzahnungen?

17. Nennen Sie die besonderen Eigenschaften und Aufgabengebiete eines
- Stirnradgetriebes
- Kegelradgetriebes
- Schneckenradgetriebes
- Planetengetriebes
- Zahnstangentriebes

18. Weshalb werden Schneckenräder oft aus Grauguss oder Buntmetall (CuSnP-Leg.) hergestellt?

19. Warum können mit Schneckengetrieben wesentlich größere Übersetzungen erreicht werden als mit Stirnradgetrieben?

20. Zeigen Sie, dass bei einem Schneckengetriebe die Übersetzung = Zähnezahl des Schneckenrades/Gangzahl der Schnecke ist.

21. Welche Vorteile besitzen Planetengetriebe?

22. Ermitteln Sie die Abtriebsdrehrichtung des einstufigen Planetengetriebes (Seite 373 Bild 3), wenn der Antrieb im Uhrzeigersinn erfolgt.

23. In welchen Bereichen (Maschinen, Anlagen) werden Zahnradgetriebe in Ihrem Ausbildungsbetrieb genutzt?

24. Worüber gibt die „Schneckengangzahl" Auskunft?

25. Welche Kurvenform für eine Zahnflanke ist im Maschinenbau üblich?

26. Für ein Schaltgetriebe sind die Daten aus nachfolgendem Bild bekannt.

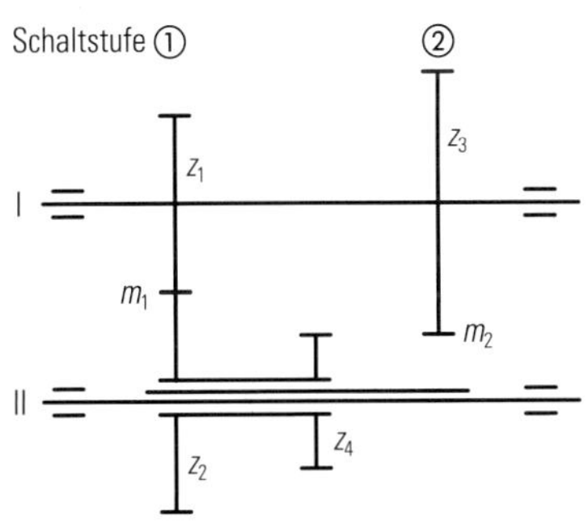

$m_1 = 2{,}5$ mm
$m_2 = 3{,}0$ mm
$z_1 = 37$
$z_2 = 59$

a) Bestimmen Sie den Achsabstand a für die Schaltstufe 1.
b) Bestimmen sie die Zähnezahl z_4, wenn $z_3 = 47$ und der Modul mit $m = 3{,}0$ mm angegeben ist.
c) Berechnen Sie die Übersetzungsverhältnisse i_1 und i_2.
d) Berechnen Sie den Teilkreisdurchmesser der Zahnräder 1 und 2.
e) Es wirkt an der Antriebswelle (I) ein Drehmoment von $M_A = 50$ Nm. Berechnen Sie die Umfangskraft für die erste Schaltstufe.
f) Welche Axialkraft wird an der Antriebswelle (I) wirksam, wenn schrägverzahnte Zahnräder ($\beta_0 = 8°$) zum Einsatz kommen?
g) Bei welchem Modul wäre für die Schaltstufe 2 die Montage der Zahnräder $z_3 = 43$ und $z_4 = 77$ zulässig?

27. An einem beschädigten Zahnrad (Antriebsseite) können nur noch der Fußkreißdurchmesser ($d_{f1} = 95{,}75$ mm) und die Zähnezahl ($z_1 = 79$) ermittelt werden. (Hinweis: $c = 0{,}2 \cdot m$).
Bestimmen Sie
a) den Modul
b) den Teilkreisdurchmesser
c) den Außendurchmesser
d) die Zahnhöhe
e) die Kopfhöhe
f) die Fußhöhe

28. Mit dem Zahnrad aus Aufgabe 27 soll ein Getriebe mit einem Übersetzungsverhältnis von $i = 2$ hergestellt werden. Bestimmen Sie die Abmessungen des zweiten Zahnrades (Abtriebsseite) (z_2, d_2, d_{a2}, d_{f2}, h, h_{a2}, h_{f2}, a).

Zugmittelgetriebe

29. Nennen Sie formschlüssig und kraftschlüssig wirkende Zugmittelgetriebe.

30. Was bedeutet ein Übersetzungsverhältnis von:
a) $i = 0{,}2$
b) $i = 3$
c) $i = 1$?

31. Wie verändert sich der Umschlingungswinkel an der kleinen Riemenscheibe, wenn sich der wirksame Durchmesser der großen Riemenscheibe
a) vergrößert, bzw.
b) verkleinert?

32. Durch welche Maßnahmen kann das übertragbare Drehmoment eines Riementriebes vergrößert werden?

33. Nennen Sie typische Anwendungsbeispiele für einzelne Zugmittelgetriebe und beschreiben Sie kurz den besonderen Vorteil.

34. Welche Aufgabe erfüllen Spannrollen und an welcher Stelle im Riementrieb werden sie montiert?

35. Welche Vor- und Nachteile haben Spannrollen bei Riementrieben?

36. Erläutern sie den Begriff „Schlupf" im Zusammenhang mit kraftschlüssigen Zugmittelgetrieben.

37. Beschreiben Sie die Drehrichtungsänderung für die einzelnen Zugmittelgetriebe.

38. Welcher Durchmesser ist bei einer Keilriemenscheibe für das Übersetzungsverhältnis maßgebend?

39. Unterscheiden Sie die Zugmittelgetriebe nach kraftschlüssiger und formschlüssiger Kraftübertragung.

40. Wie erfolgt die Einstellung bzw. Kontrolle der Riemenvorspannkraft?

41. In welchen Anwendungsbereichen (Maschinen, Anlagen) werden Zugmittelgetriebe in Ihrem Ausbildungsbetrieb genutzt? Unterscheiden Sie dabei kraft- und formschlüssig wirkende Zugmittelgetriebe.

42. In welchen Fällen werden Kettentriebe verwendet?

43. Welche Aufgabe hat bei Kettentrieben die Spannrolle?

Projektaufgabe Kegelstirnradgetriebe

LF10_06

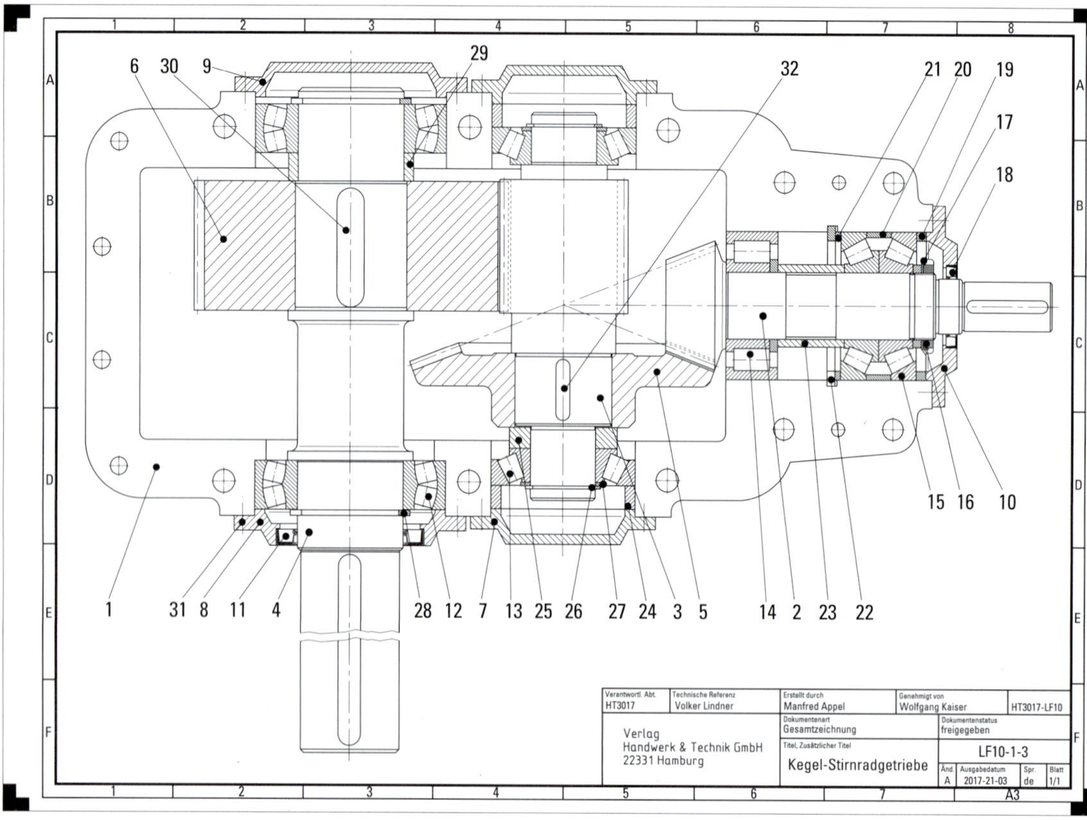

Wegen hoher Geräuschentwicklung während des Betriebes ist das obige Getriebe zu Ihnen in die Werkstatt gebracht worden. Das Getriebe ist zu analysieren und zu reparieren.

1. Analyse

Bauteile

1. Beschreiben Sie den Energieverlauf innerhalb des Getriebes.

2. Benennen und begründen Sie die Auswahl der Lagerarten. (Hinweis: Das Zahnrad Pos. 6 ist geradverzahnt.)

3. Welche Eigenschaften hat die Lagerungsart der Antriebswelle Pos. 2?

4. Erläutern sie die Lagerungsarten der Wellen Pos. 3 und Pos. 4.

5. Welche Aufgabe erfüllen die Distanzringe in dem Getriebe?

6. Welche Funktion erfüllen die Radial-Wellendichtringe Pos. 11 und Pos. 18?

7. Wie erfolgt die Schmierung des Getriebes?

8. Sie stellen aufgrund Ihrer Sichtkontrolle fest, dass das Zahnrad Pos. 6 beschädigt ist. Sie können radial verlaufende Riefen erkennen. Worauf ist dies zurückzuführen?

9. Das Zahnrad Pos. 6 soll neu gefertigt werden.
- a) Wählen Sie einen Werkstoff aus.
- b) Begründen Sie Ihre Auswahl.
- c) Beschreiben sie das Wärmebehandlungsverfahren für das Zahnrad.

Berechnung

Zu dem Getriebe sind folgende Daten bekannt:
$n_{Antrieb} = 600/min$; $M_{Antrieb} = 20\ N \cdot m$.

10. Skizzieren Sie einen Getriebeplan.

Position	Menge	Benennung	Sach-Nr./Norm-Kurzbezeichnung	Bemerkung
1	1	Gehäuse		
2	1	Antriebswelle		$z_1 = 30$; $m = 3$ mm
3	1	Ritzelwelle		$z_3 = 24$; $m = 4$ mm
4	1	Abtriebswelle		
5	1	Tellerrad		$z_2 = 75$; $m = 3$ mm
6	1	Zahnrad		$z_4 = 60$: $m = 4$ mm
7	2	Deckel		
8	1	Deckel		
9	1	Deckel		
10	1	Deckel		
11	1	Radial-Wellendichtring	DIN 3760 – A80 × 110 × 10 – NBR	
12	2	Pendelrollenlager	DIN 635 – 2 – 21316	
13	2	Kegelrollenlager	DIN 720 – 30213	
14	1	Zylinderrollenlager	DIN 5412 – 1 – 213 NUP	
15	2	Kegelrollenlager	DIN 720 – 30213	
16	1	Nutmutter	DIN 981 – KM12	
17	1	Sicherungsblech	DIN 5406 – MB12	
18	1	Radial-Wellendichtring	DIN 3760 – A45 × 65 × 8 – NBR	
19	1	Distanzring		
20	1	Distanzring		
21	1	Distanzring		
22	1	Sicherungsring	DIN 472 – 120x4	
23	1	Distanzring		
24	2	Distanzring		
25	1	Distanzring		
26	2	Sicherungsring	DIN 471 – 65 × 2,5	
27	2	Distanzring		
28	2	Sicherungsring	DIN 471 – 80 × 2,5	
29	1	Distanzring		
30	1	Passfeder	DIN 6885[1)] – A22 × 14 × 90 – St	
31	30	Zylinderschraube	ISO 4762 – M6 × 25 – 8.8	
32	1	Passfeder	ISO 6885 – A14 × 9 × 45 – St	

1 *Stückliste Kegelstirnradgetriebe*

11. Wie viele Stufen hat das Getriebe?

12. Wie verändert sich die Abtriebsumdrehungsfrequenz gegenüber der Antriebsumdrehungsfrequenz?

13. Warum sind die Zahnbreite und der Wellendurchmesser in der zweiten Stufe größer?

14. Erstellen sie eine tabellarische Berechnung des Getriebe nach der Vorlage auf der Seite 380.

2. Reparatur

Demontage

15. Sie bekommen den Auftrag, alle Wälzlager auszutauschen. Nennen Sie verschiedene Möglichkeiten, die Wälzlager von den Wellen abzuziehen.

16. Erstellen Sie für die Ritzelwelle Pos. 3 einen Demontageplan.

17. Worauf ist bei der Demontage des Tellerrades zu achten?

18. Welches Werkzeug wählen Sie für die Demontage des Sicherungsrings Pos. 22?

Montage

19. Beschreiben Sie die Montage des Tellerrades Pos. 5 auf die Ritzelwelle Pos. 3.

20. Worauf ist bei der Montage des Kegelradpaares besonders zu achten?

21. Erstellen Sie einen Montageplan für die Abtriebswelle Pos. 4.

22. Wie wird das Lagerspiel der Ritzelwelle Pos. 3 eingestellt?

23. Beschreiben Sie ausführlich die Montage der Radial-Wellendichtringe Pos. 11 und Pos. 18.

1) zurückgezogen

2 Wellenkupplungen

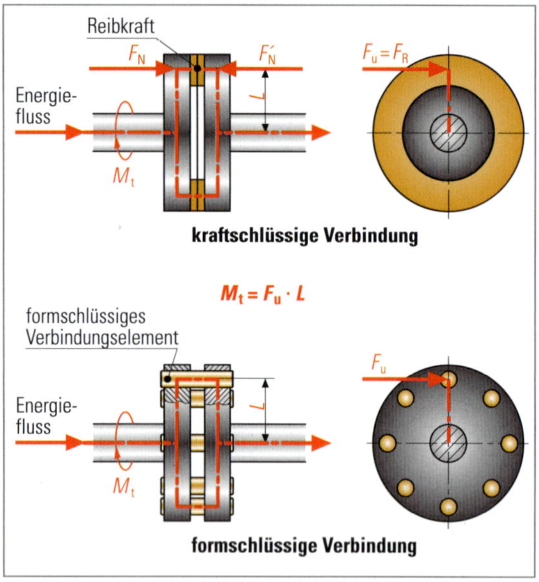

1 *Funktionsprinzipien von Kupplungen*

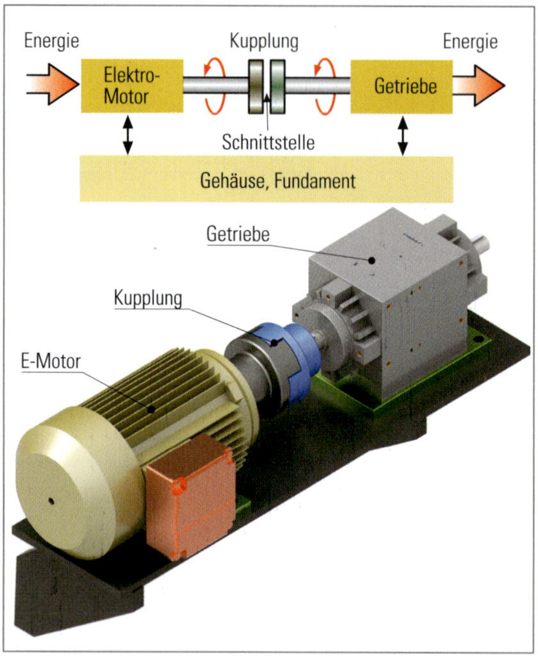

2 *Funktionseinheit zur Energieübertragung*

Wellenkupplungen übertragen den Energiefluss von einer Welle auf eine andere (Bild 2).

Die **Hauptaufgaben** von Wellenkupplungen sind:

- Übertragung von Drehbewegung und Drehmoment
- Ausgleich von Wellenverlagerungen (radial, axial, winkelig)
- Dämpfung stoßartiger Belastungen
- Schalten und Unterbrechen des Energieflusses

Es gibt zwei **Wirkprinzipien der Drehmomentübertragung** bei Kupplungen (Bild 1):

- Bei der **kraftschlüssigen** *(non-positive locking)* Drehmomentübertragung wirken Reibkräfte.
- Bei der **formschlüssigen** *(positive locking)* Drehmomentübertragung werden Bauelemente auf Abscherung beansprucht.

2.1 Nicht schaltbare Kupplungen

2.1.1 Starre Kupplungen

Starre Kupplungen *(rigid couplings)* verbinden Wellenenden ohne die Möglichkeit, Wellenversatz ausgleichen zu können. Die Wellenenden müssen daher vor der Montage fluchten. Nicht fluchtende Wellen verursachen Lagerschäden durch zu hohe Lagerbeanspruchungen und -belastungen[1].

Die **Schalenkupplung**[2] *(split coupling)* (Bild 3) besteht aus zwei Hälften, die leicht zu montieren sind, auch dann, wenn die zu verbindenden Baugruppen schon montiert sind. Jede Kupplungsschale berührt kraft- und formschlüssig beide Wellenenden. Bei der Montage werden die Schrauben wechselseitig angeordnet. Damit wird eine Unwucht vermieden.

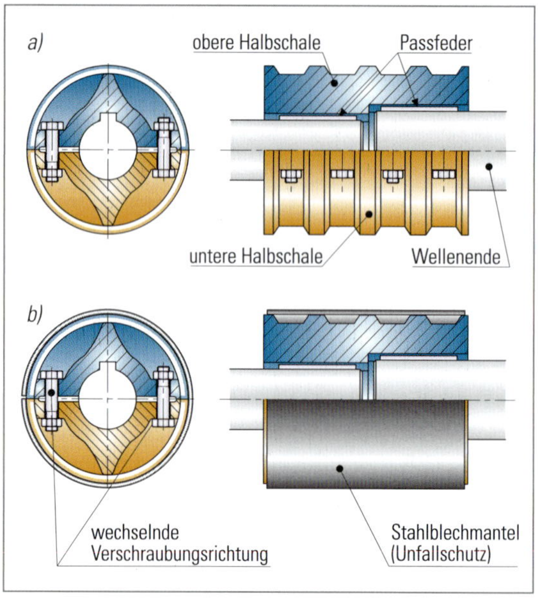

3 *Schalenkupplung a) ohne und b) mit Stahlblechmantel*

Die **Scheibenkupplung**[3] *(disc coupling)* (Seite 393 Bild 1) besteht aus zwei Kupplungshälften, die jeweils auf einem Wellenende sitzen. Die Kupplungshälften werden vor dem Zusammenbau an die beiden Wellenenden montiert. Passschrauben übertragen die Kräfte formschlüssig.

1) Siehe Kap. 4 2) DIN 115 3) DIN 116

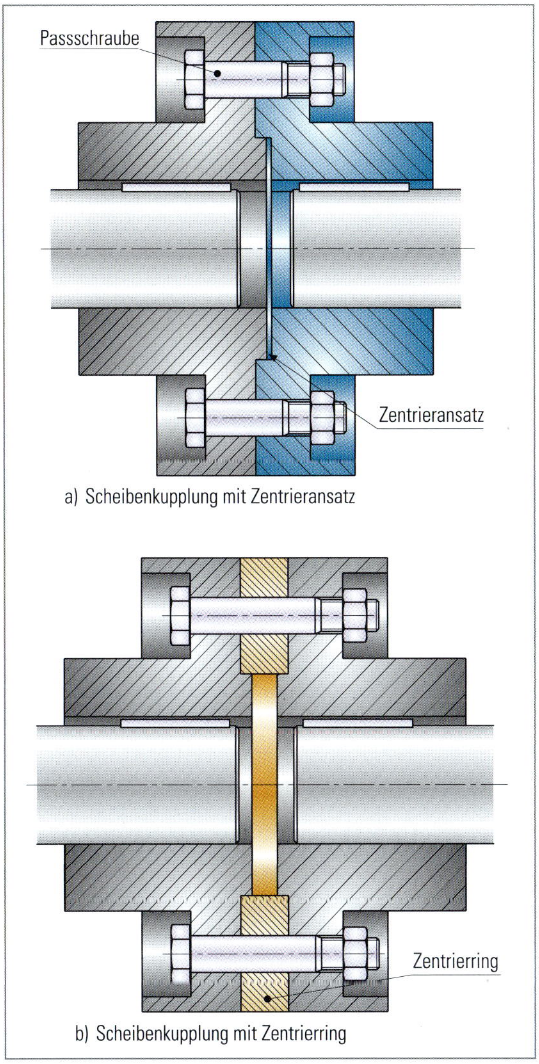

1 *Scheibenkupplung mit a) Zentrieransatz und b) Zentrierring*

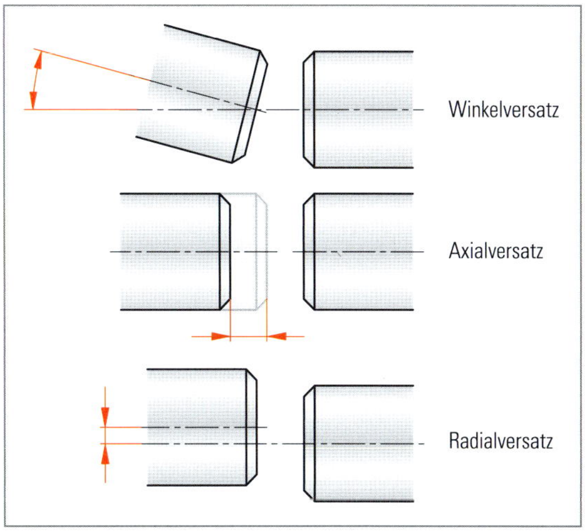

2 *Wellenversatz*

Zwischen die Kupplungshälften werden elastische Verbindungen aus Gummi, Kunststoff, Federstahl oder Textilgewebe eingesetzt. Damit sind die Wellenenden je nach Kupplungsart in geringem Maße gegeneinander beweglich.
Einige elastische Formelemente sind empfindlich gegen schädigende Umwelteinflüsse wie z. B. hohe Temperaturen oder aggressive Dämpfe. Bei ihrer Auswahl, z. B. für Instandhaltungsmaßnahmen, muss die Fachkraft auf den Einsatzbereich der Kupplung achten.

2.1.2.1 Drehelastische Kupplungen

Die **drehelastische Klauenkupplung** *(torsional flexible claw coupling)* (Bild 3) wird in vielen Bereichen des Maschinenbaus, insbesondere beim Antrieb von Getrieben, verwendet.
Die Kupplung überträgt das Drehmoment formschlüssig und ist **durchschlagsicher**.

MERKE

Durchschlagsichere Kupplungen *(puncture proofed couplings)* übertragen das Drehmoment auch bei Zerstörung des elastischen Elementes.

Bei einer **nicht durchschlagsicheren Kupplung** trennt das durch die Überlastung zerstörte elastische Element das Drehmoment zwischen An- und Abtriebswelle.

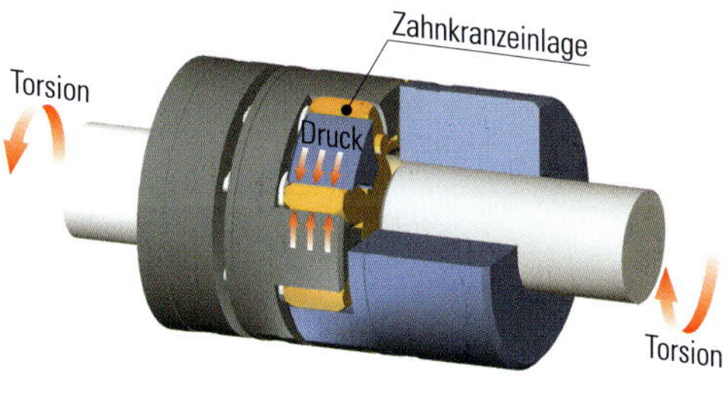

3 *Verformungen der Zahnkranzeinlage bei einer elastischen Klauenkupplung*

2.1.2 Ausgleichende Kupplungen

In vielen Anwendungsbereichen gibt es **Wellenverlagerungen** (Bild 2). Es können Winkel-, Axial- oder Radialversatz der beiden zu verbindenden Wellen auftreten. Oft treten diese Versetzungen kombiniert auf. Auch solche Versetzungen müssen durch Kupplungen aufgenommen oder ausgeglichen werden können. Es wird dabei zwischen Kupplungen unterschieden, die das Drehmoment **starr übertragen** (drehstarre Kupplungen) und Kupplungen, die ein elastisches Formelement besitzen – also das Drehmoment **elastisch übertragen** (drehelastische Kupplungen).
Elastische Formelemente wie z. B. Gummi- oder Kunststoffteile haben eine dämpfende bzw. stoßmildernde Wirkung. Wird ein Stoß von der getriebenen Welle in die Kupplung eingeleitet, kann ein solches Element diesen Stoß abmildern. Damit werden nachfolgende Maschinen geschont. Stöße innerhalb einer Maschine vermindern die Lebensdauer des gesamten Systems.

Die während des Betriebs von ungleichmäßig arbeitenden Maschinen auftretenden Schwingungen und Stöße werden durch einen **Zahnkranz** *(tooth rim)* (Seite 393 Bild 3) wirksam gedämpft und abgebaut.
Die einzelnen Zähne dieses Zahnkranzes sind ballig profiliert, um Kantenpressungen bei Fluchtungsfehlern der Wellen zu vermeiden. Die Klauenkupplung kann Axial-, Radial- und Winkelverlagerungen der zu verbindenden Wellen ausgleichen.
Die **elastische Bolzenkupplung** *(elastic pin coupling)* (Bild 1) kann Axial-, Radial- und Winkelverlagerungen ausgleichen. Sie ist durchschlagsicher. Wenn das Verformungsvermögen des elastischen Formelements (Kompressionshülse) aufgebraucht ist, wird das Drehmoment weiterhin formschlüssig über die Bolzen übertragen.

Folgen von Winkelverlagerungen:
- zusätzliche Verformungsarbeit an den elastischen Elementen (Verringerung der Lebensdauer)
- Erwärmung der Kupplung
- Verschlechterung des Wirkungsgrades

Bild 2 zeigt ein Beispiel für nicht durchschlagsichere Kupplungen. Die **elastische Nockenkupplung** *(elastic cam coupling)* ist nicht durchschlagsicher, da bei Überlastung der Kupplung die elastischen Formelemente wegkippen und somit die Drehmomentübertragung aufheben. Bei Überlastung einer **Reifenkupplung** *(tyre coupling)* (Bild 3) wird die Übertragung des Drehmomentes komplett aufgehoben, da das drehmomentübertragende Element (Gummiringe mit Gewebeeinlage) dabei vollständig zerstört wird.

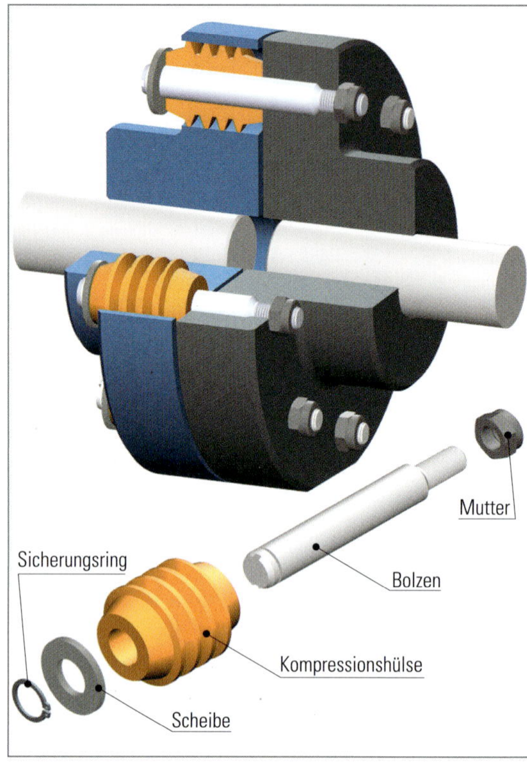

1 *Elastische Bolzenkupplung*

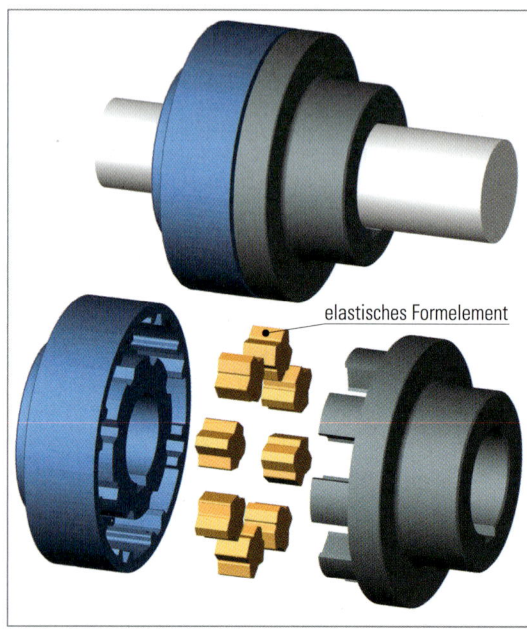

2 *Elastische Nockenkupplung*

3 *Reifenkupplung*

2.1.2.2 Drehstarre Kupplungen

Drehstarre Kupplungen *(torsional stiff couplings)* werden eingesetzt, wenn Wellenverlagerungen ausgeglichen werden müssen. Sie übertragen das Drehmoment dennoch starr (drehsteif). Sie werden z. B. an Vorschubantrieben bei Werkzeugmaschinen verwendet.

Eine **Bogenzahnkupplung** *(curved tooth coupling)* (Bild 1) ist in der Lage, axialen Versatz und Winkelversatz auszugleichen. Stöße werden aber ungemindert übertragen. Die gleichen Eigenschaften hat eine **Metallbalgkupplung** (Bild 2). Sie hat gegenüber der Bogenzahnkupplung den Vorteil, dass sie bei höheren Temperaturen und höheren Umdrehungsfrequenzen betrieben werden kann. Zudem ist sie wartungsfrei.

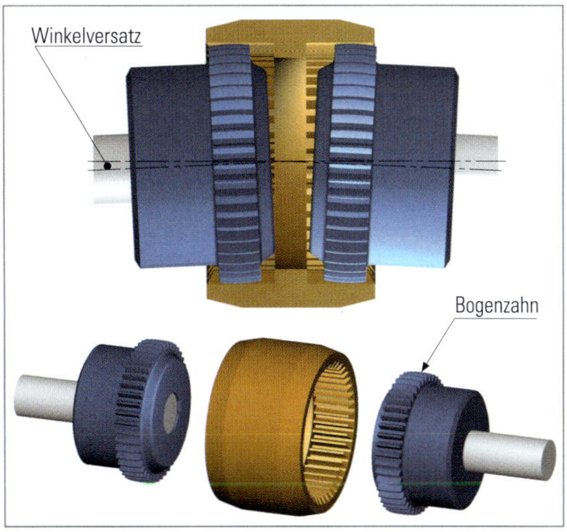

1 *Bogenzahnkupplung*

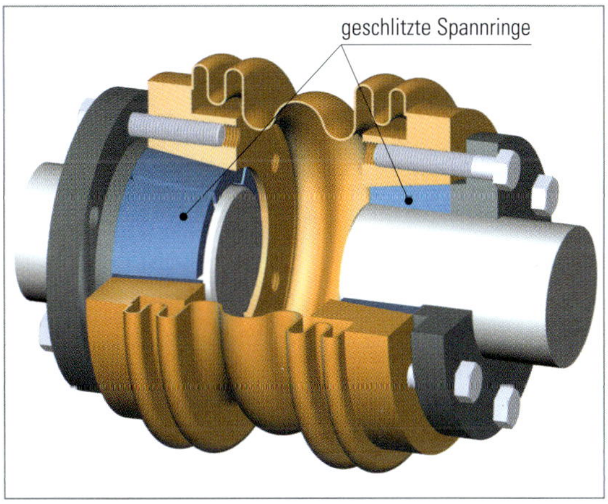

2 *Metallbalgkupplung*

2.2 Schaltbare Kupplungen

2.2.1 Formschlüssige Schaltkupplungen

Eine formschlüssige Schaltkupplung wie z. B. die Klauenkupplung *(claw coupling)* (Bild 3) **darf nicht bei unterschiedlichen Umdrehungsfrequenzen von An- und Abtrieb geschaltet werden**. Wenn dies trotzdem geschieht, werden die Klauen beschädigt.

Die Klauenkupplung wirkt starr und kann in geringem Umfang Axialversatz ausgleichen. Bei der schaltbaren Klauenkupplung (Bild 3) muss eine Kupplungshälfte axial beweglich sein. Die schaltbare Klauenkupplung wird über eine umlaufende, axial verschiebbare Schaltklaue betätigt, die mit der beweglichen Kupplungshälfte verbunden ist. Die Betätigung kann von Hand, pneumatisch oder hydraulisch erfolgen.

Elektromagnetisch betätigte **Zahnkupplungen** *(toothed couplings)* haben ein ähnliches Wirkprinzip wie die Klauenkupplungen. Auch hier wird bei der Betätigung eine Verzahnung formschlüssig in Eingriff gebracht oder geöffnet (Bild 4). Der Vorteil liegt in der **elektrischen Ansteuerbarkeit**.

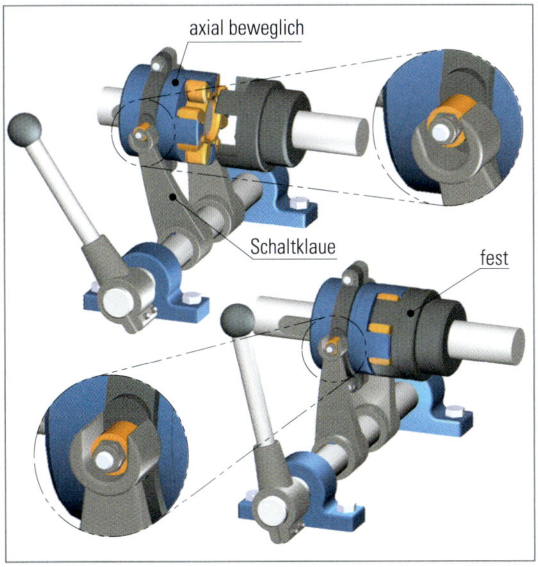

3 *Klauenkupplung*

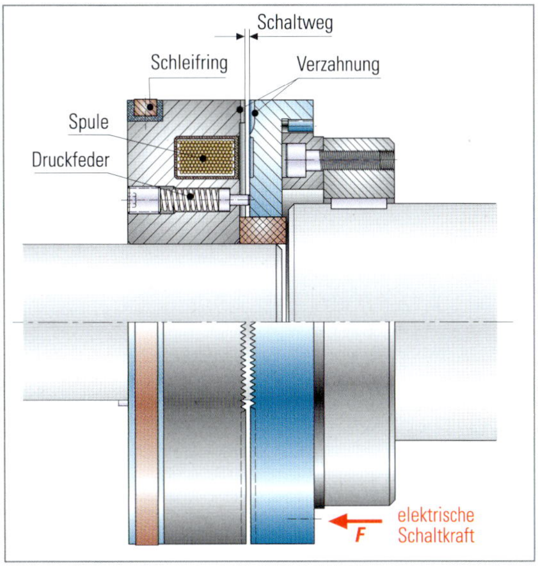

4 *Zahnkupplung*

Die Zahnkupplung wird elektromechanisch durch das Magnetfeld der Spule geschaltet. Wird das Magnetfeld abgeschaltet, wird mithilfe von Druckfedern der Kraftfluss unterbrochen. Dieses Prinzip kann auch umgekehrt werden, sodass Druckfedern die Kupplung betätigen (Kraftfluss herstellen) und durch das Magnetfeld die Kupplung unterbrochen wird.

2.2.2 Kraftschlüssige Schaltkupplungen

Wenn Kupplungen bei unterschiedlichen Umdrehungsfrequenzen geschaltet werden müssen, kommen kraftschlüssige (Schalt-) kupplungen zum Einsatz.

Die **Reibkupplung** *(friction coupling)* (Bild 1) überträgt das Drehmoment kraftschlüssig. Ein Verschieben der Schaltmuffe (Pos. 7) lässt über drei Winkelhebel (Pos. 6) die sechs Keilreibringe (Pos. 5) zwischen den Tellerscheiben (Pos. 4) nach außen gleiten. Die Keilreibringe berühren dann den Kupplungsmantel (Pos. 2) und können die Reibkräfte (das Drehmoment) übertragen. Das Schaltverhalten ist abhängig von der Schaltgeschwindigkeit. Langsames als auch schnelles Einkuppeln ist auf diese Weise möglich. Die Schaltkräfte können mechanisch, pneumatisch, hydraulisch oder elektromagnetisch erzeugt werden.

LF10_07

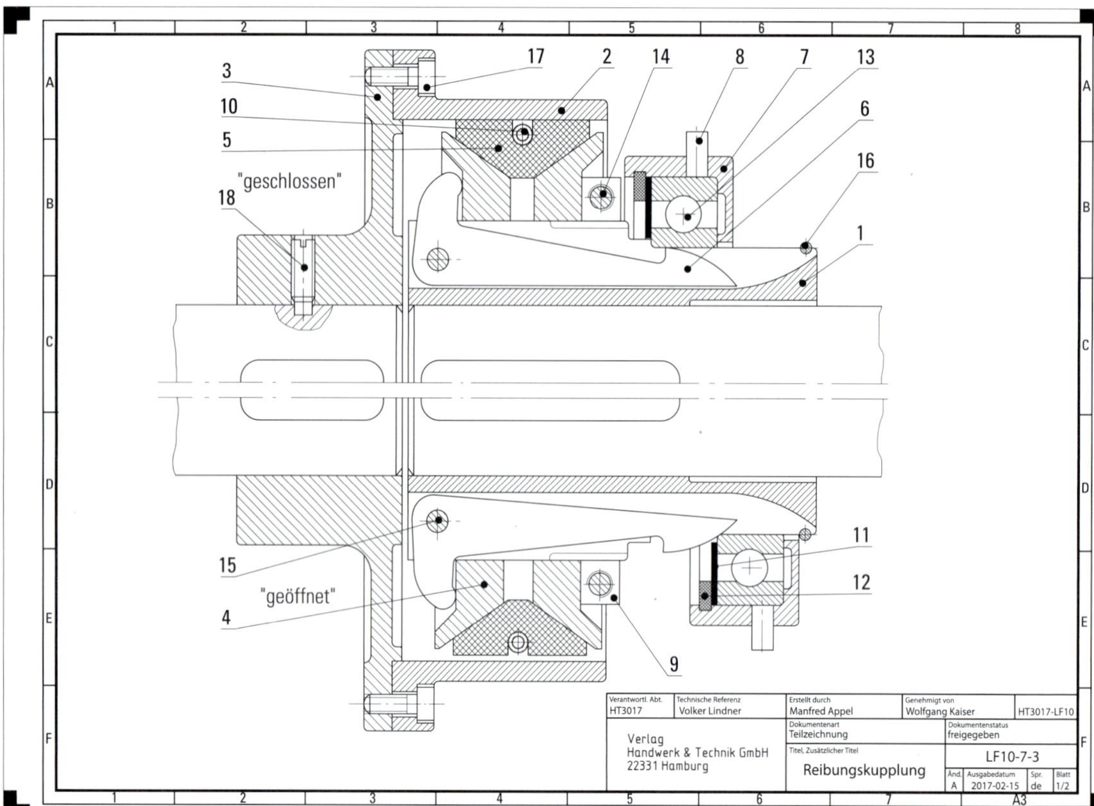

9	1	Stellring	18	1	Gewindestift ISO 7935 – M6 × 16
8	1	Mitnehmerbolzen	17	6	Zylinderschraube ISO 7984 – M6 × 16
7	1	Schaltmuffe	16	1	Sprengring DIN 9045[1)] – 60
6	3	Winkelhebel	15	3	Zylinderstift ISO 8734-8 x 30-A-St
5	6	Keilreibring	14	1	Zylinderschraube ISO 4762 – M6 × 16
4	2	Tellerscheibe	13	1	Kugellager DIN 625 – 6012
3	1	Flanschnabe	12	1	Sicherungsring
2	1	Kupplungsmantel	11	1	Dichtscheibe
1	1	Kupplungsnabe	10	1	Zugfederring
Pos.	Menge	Benennung/Norm-Kurzbezeichnung	Pos.	Menge	Benennung/Norm-Kurzbezeichnung

***1** Reibkupplung*

1) zurückgezogen

Bei allen Reibkupplungen wird zwischen schaltbarem und übertragbarem Drehmoment unterschieden. Beim Schalten unter Last gleiten zunächst beide Kupplungshälften mit ihren Gleitschichten aufeinander, sodass nur die Reibkraft mit der Gleitreibungszahl wirksam ist (schaltbares Drehmoment). Erst wenn beide Kupplungshälften dieselbe Umdrehungsfrequenz besitzen, sie also synchron laufen, wirkt zwischen den Reibflächen die Haftreibung (übertragbares Drehmoment).

Bild 1 zeigt eine **Einflächenkupplung** *(unifacial coupling)*, die elektromagnetisch geschaltet wird. Sie arbeitet kraftschlüssig und kann keinen radialen Wellenversatz ausgleichen. Für den Schaltvorgang ist es erforderlich, dass eine Kupplungsseite sich axial verschieben lässt.

Das übertragbare Drehmoment einer Reibkupplung ist umso größer, je

- mehr Reibflächen vorhanden sind,
- größer der wirksame Radius der Reibflächen ist,
- höher der Reibfaktor der Reibflächen ist,
- höher die Normalkraft ist.

Die Erhöhung der Anzahl der Reibflächen für eine höhere Drehmomentübertragung wird bei der **Lamellenkupplung** *(multidisc clutch)* genutzt. Bild 2 zeigt eine elektromagnetisch betätigte Lamellenkupplung. Einmal zusammengepresste Lamellen neigen durch die Adhäsionskräfte zum „Verkleben". Damit die Lamellen sich wieder leichter voneinander trennen können, ist eine Seite der beiden Lamellenpakete wellenförmig geformt. Sie werden in geschaltetem Zustand elastisch aneinandergepresst und übertragen das Drehmoment kraftschlüssig. Die Lamellen wiederum sind formschlüssig in den Nuten des Innen- bzw. Außenringes geführt.

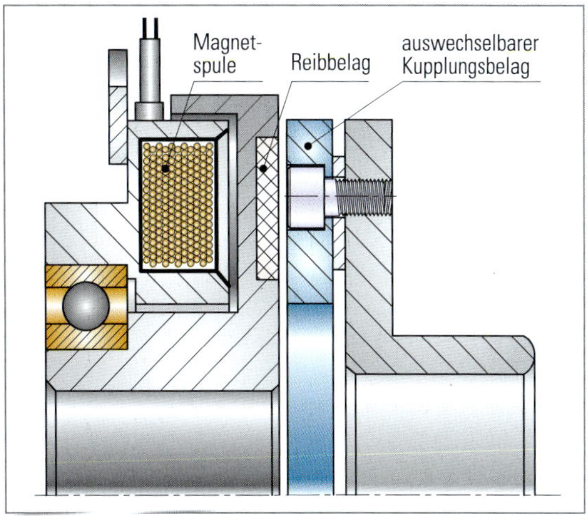

1 *Elektromagnet-Einflächenkupplung*

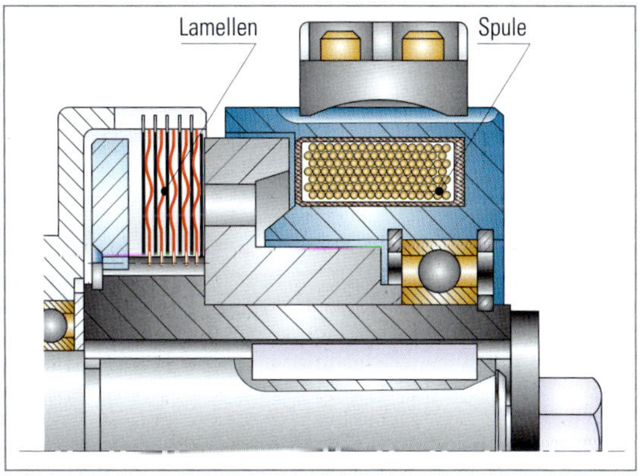

2 *Sinus-Lamellenkupplung*

2.2.3 Sicherheitskupplungen

Sicherheitskupplungen *(safety clutches)* dienen der Betriebssicherheit von Antrieben, Maschinen und Anlagen. Sie sorgen dafür, dass die konstruktiv festgelegten Kräfte und Momente nicht überschritten werden. So werden Getriebeteile, Maschinen oder Geräte vor Beschädigungen geschützt.

Die einfachste Form von Sicherheitskupplungen sind die formschlüssig wirkenden **Abscherkupplungen** *(shear pin clutches)*. Die in gehärteten Buchsen geführten Stifte oder Bolzen sind auf ein maximal übertragbares Moment ausgelegt. Übersteigt das tatsächliche Betriebsmoment das konstruktiv festgelegte Maximalmoment, wird der Scherstift oder Bolzen abgeschert (Bild 4). Der abgescherte Stift muss, nachdem die Störungsursache behoben wurde, durch einen gleichartigen Stift ersetzt werden. Es ist auch möglich, dass mehrere Stifte am Umfang der Kupplung das Drehmoment übertragen.

Wenn bei Überlastung keine dauerhafte Trennung des Drehmomentes erforderlich ist, also nur das Drehmoment einen einstellbaren Maximalwert nicht überschreiten soll (Bild 4), kom-

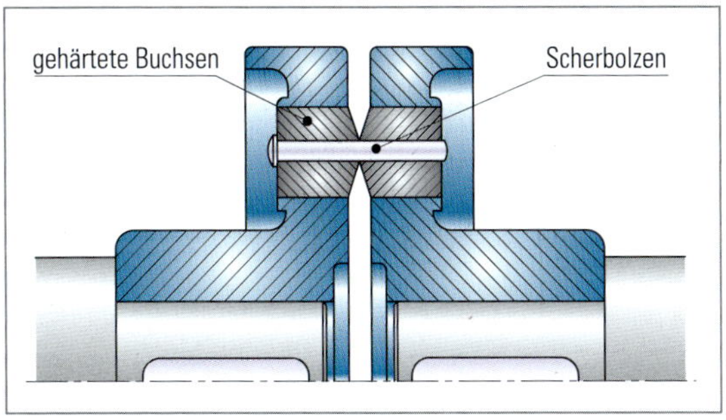

3 *Sicherheits-Abscherkupplung*

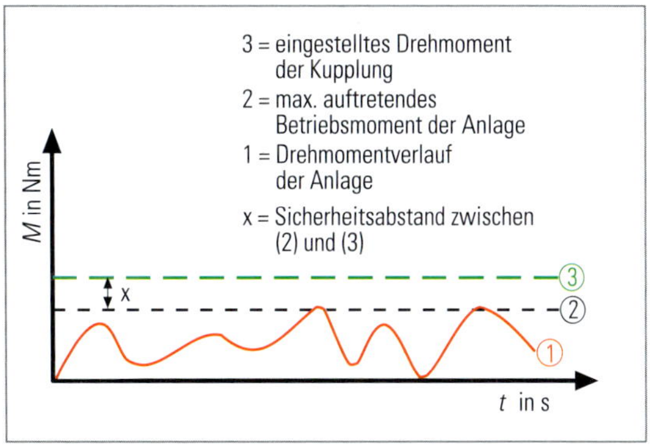

4 *Drehmomentverlauf*

men **Drehmomentbegrenzer** *(torque limiter)* zum Einsatz. Das Ansprechmoment der Kupplung sollte ca. 30 % über dem bei störungsfreiem Lauf der Anlage auftretenden Maximalmoment liegen[1]. Bild 1 zeigt das Funktionsprinzip eines Drehmomentbegrenzers. Kugeln übertragen das Drehmoment formschlüssig. Wenn eine Überlast auftritt, werden aufgrund der Drehfähigkeit der Kugeln die Andrückscheiben auseinander gedrückt. Dadurch verlassen die Kugeln ihre Mulden und rollen frei. Die Drehmomentübertragung ist dadurch unterbrochen. Das Schaltmoment ist direkt abhängig von der Federkraft, die über die Einstellmutter stufenlos eingestellt werden kann.
Eine konstruktive Ausführung dieses Prinzips zeigt Bild 2. Der Ausrückweg kann durch Endschalter oder Näherungssensoren messtechnisch erfasst und dann ausgewertet werden. Die Überlast sollte nicht allzu lange auftreten, da das Ansprechen der Kupplung immer auch Verschleiß zur Folge hat.

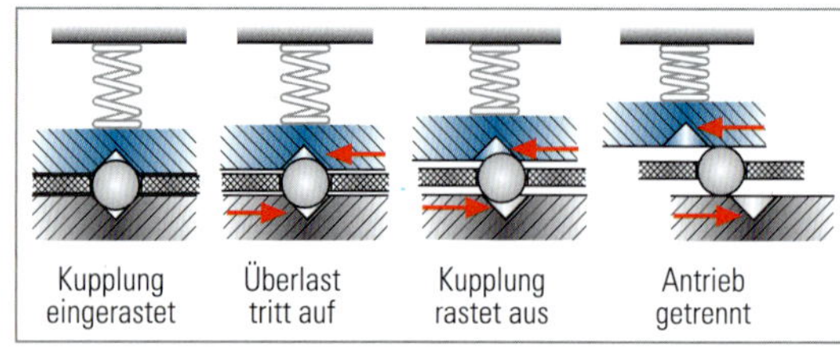

***1** Drehmomentbegrenzer – Funktionsprinzip*

Anwendung findet sie z.B. bei Kugelgewindeantrieben an Werkzeugmaschinen. Bei einer Störung (Werkzeugbruch) treten axial wirkende Kräfte auf, die auf den Drehmomentbegrenzer wirken. Dieser schaltet den Antrieb frei vom Drehmoment und gleichzeitig sorgt der Näherungssensor für eine Unterbrechung der Stromversorgung des Antriebs.

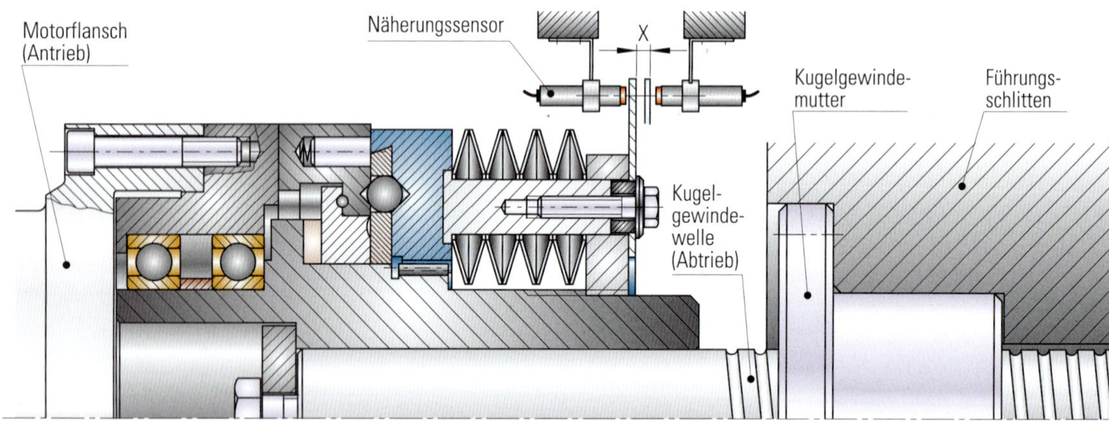

***2** Drehmomentbegrenzer*

2.2.4 Fliehkraftkupplung

Bei einer Fliehkraftkupplung *(centrifugal clutch)* (Seite 399 Bild 1) sind auf der Profilnabe Fliehmassen gelagert, die durch Zugfedern über die Belagbügel zusammengehalten werden. Axial sind die Fliehgewichte durch Scheiben gesichert. Die Belagbügel werden oft durch Niete auf der Fliehmasse fixiert. Wenn die Nabe sich dreht, werden aufgrund der Fliehkraft die Massen radial nach außen gedrückt. Dadurch legen sich die Reibbeläge an dem Innendurchmesser der Kupplungsglocke an und übertragen aufgrund von Reibkräften das Drehmoment kraftschlüssig. Dieses ist besonders bei Antrieben erforderlich, bei denen das Motorantriebsmoment erst mit steigender Umdrehungsfrequenz erreicht wird (z.B. Kurzschlussläufermotor, Verbrennungskraftmaschinen). Um den Antriebsmotor in der Motorleistung zu begrenzen, überträgt die Kupplung das Antriebsmoment in Abhängigkeit von der erreichten Antriebsfrequenz.

1) Herstellerangaben sind zu berücksichtigen

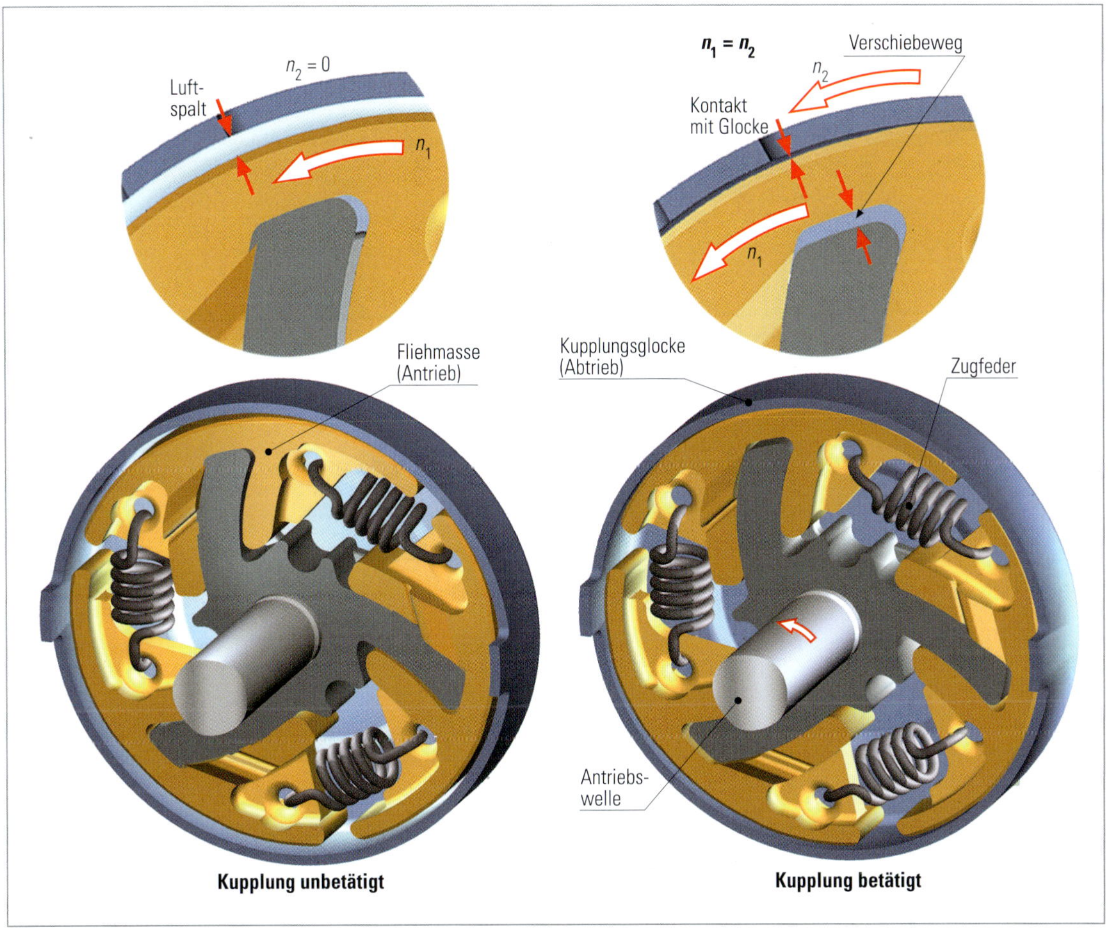

1 Fliehkraftkupplung

2.2.5 Freilaufkupplung

Bei **drehrichtungsabhängigen** Kupplungen (Freilaufkupplungen) *(free-wheel clutches)* werden Drehmomente nur in einer Drehrichtung übertragen. Wird der Innenring über die Welle im Uhrzeigersinn angetrieben (Bild 2a), verklemmen sich die Rollen oder Kugeln am Umfang. Das Drehmoment wird übertragen. Bei entgegengesetzter Drehrichtung der Antriebswelle (Bild 2b) lösen sich die Rollen und die Drehmomentübertragen wird unterbrochen. Es kommt zu einem **Freilauf** *(free-wheel)*.

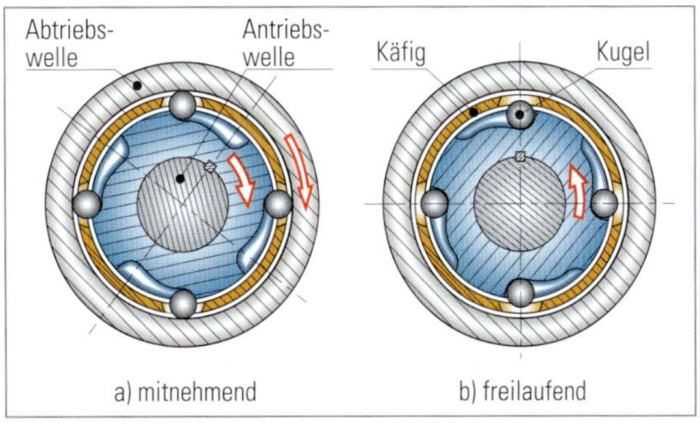

2 Freilaufkupplung

Kupplungsverhalten schaltbarer Kupplungen				
fremdbetätigt		**momentbetätigt**	**umdrehungsfrequenzbetätigt**	**drehrichtungsbetätigt**
mechanisch	**elektromechanisch**			
■ Klauenkupplung	■ Sinus-Lamellenkupplung	■ Drehmomentbegrenzer	■ Fliehkraftkupplung	■ Freilaufkupplung
■ Bogenzahnkupplung	■ Zahnkupplung			
■ Sinus-Lamellenkupplung				
■ Zahnkupplung				

1 *Bauarten von schaltbaren Wellenkupplungen (Auswahl)*

Kupplungsverhalten nicht schaltbarer Kupplungen									
starr		**ausgleichend**							
	zulässige Wellenverlagerung	**drehelastisch**	**zulässige Wellenverlagerung**			**drehstarr, gelenkig**	**zulässige Wellenverlagerung**		
			axial	**radial**	**winkelig**		**axial**	**radial**	**winkelig**
Schalenkupplung	keine	Bolzenkupplung	x	x	x	Zahnkupplung	x		
Scheibenkupplung	keine	Klauenkupplung mit elastischem Formelement	x	x	x	Klauenkupplung	x		
		Reifenkupplung	x	x	x	Bogenzahnkupplung	x		x
		Nockenkupplung	–	–	–	Membrankupplung			x
		Stahlfederkupplung	x	–	–	Kreuzscheibenkupplung			x
						Stahllamellenkupplung	–	–	x
						Metallbalgkupplung			x

2 *Bauarten von nicht schaltbaren Wellenkupplungen (Auswahl)*

ÜBUNGEN

1. Welche Aufgaben erfüllen Kupplungen?
2. Welche Versetzungen können bei zwei zu verbindenden Wellen auftreten?
3. Welche Folgen können bei Kupplungen auftreten, wenn Wellen nicht genau zueinander ausgerichtet sind?
4. Welche Eigenschaften haben starre Kupplungen?
5. Nennen Sie Einsatzgebiete für
   a) drehstarre Kupplungen
   b) elastische Kupplungen
6. Welche Vorteile haben elastische Kupplungen gegenüber drehstarren Kupplungen?
7. Durch welche Maßnahmen lässt sich das übertragbare Moment von Reibkupplungen erhöhen?
8. Welchen Vorteil haben elektrisch oder pneumatisch/hydraulisch betätigte Kupplungen in der Automatisierung?
9. Erläutern Sie die Funktion einer Lammellenkupplung und nennen Sie mögliche Anwendungsgebiete.
10. In welchen Fällen werden Freilauf- bzw. Überholkupplungen verwendet?
11. Welche Aufgabe erfüllen Sicherheitskupplungen?
12. Beschreiben Sie das Kupplungsverhalten einer Fliehkraftkupplung.

13. Welche Aufgaben erfüllen folgende Kupplungen?
a) Rutschkupplung an einer Bohrmaschine
b) Freilaufkupplung an einem Fahrrad
c) Elastische Kupplung an einem Förderbandantrieb

14. Welche Kupplungsarten sind selbstbetätigend?

15. Warum ist die Berücksichtigung des Werkstoffs für die Stifte und Bolzen bei Stift- und Bolzen-Sicherheitskupplungen besonders wichtig?

16. Warum führt eine längere Überlastung bei der Sicherheits-Rutschkupplung zu einem erhöhten Verschleiß? Welche Maßnahme kann die Zerstörung verhindern?

17. Nennen Sie Anwendungsbeispiele für den Einbau von Sicherheitskupplungen.

18. Informieren Sie sich im Internet bei verschiedenen Herstellern von Kupplungen über weitere Kupplungsarten und
a) stellen Sie ihre Recherche ihrer Klasse vor.
b) vergleichen Sie die Funktionen der von Ihnen gefundenen Kupplungen mit denen ihrer Mitschüler.

Projektaufgabe

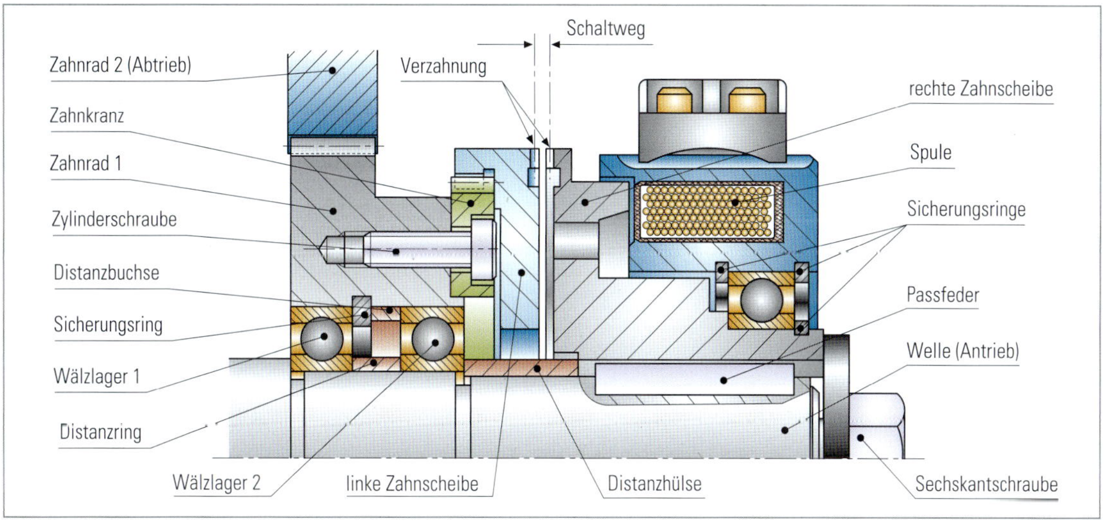

1. Beschreiben Sie den Drehmomentfluss beginnend vom Antrieb (Welle) zum Abtrieb (Zahnrad 2)

2. Welche Kupplungsart findet Verwendung?

3. Beschreiben Sie die Funktionsweise der dargestellten Kupplung.

4. Vergleichen Sie die Eigenschaften dieser Kupplung mit denen einer Sinus-Lamellenkupplung. (Tabelle)

5. Welche Aufgabe erfüllt die Passfeder?

6. Welche Aufgabe erfüllen die Sicherungsringe?

7. Welche Aufgabe erfüllt der Zahnkranz?

8. Das Zahnrad 1 muss ausgetauscht werden. Beschreiben Sie die Demontage.
Hinweis: Die Innenringe der Wälzlager haben einen festen Sitz, die Außenringe einen losen Sitz.

3 Elektrische Antriebe

Elektrische Maschinen *(electrical machines)* werden für den Betrieb von Anlagen und Maschinen eingesetzt (Bild 1). Sie besitzen folgende Vorteile:

- Abgasfreiheit *(exhaust freedom)*
- Geräuscharmut *(low noise level)*
- Wartungsfreiheit *(maintenance freedom)*

3.1 Elektromagnetismus

Elektrische Antriebe *(electrical drives)* und elektromagnetisch arbeitende Geräte *(appliances)* basieren auf der Erzeugung eines **magnetischen Feldes** durch einen elektrischen Strom. Es entstehen dabei Kraftwirkungen. Typische Anwendungen des Elektromagnetismus sind:

- Magnetspannplatten *(magnet clamping plates)*
- Relais *(relays)*
- Magnetventile *(magnet valves)*
- Transformatoren *(transformers)*
- Generatoren *(generators)*
- Elektromotoren *(electrical motors)*

3.1.1 Magnetfelder Strom durchflossener Leiter

Jeder Strom durchflossene Leiter *(current carrying conductor)* besitzt ein Magnetfeld *(magnetic field)*. Soll zum Beispiel im laufenden Betrieb der Schweißstrom ermittelt werden, so kann dies mithilfe eines Zangenstrommessgeräts ohne die Auftrennung des Stromkreises erfolgen (Bild 2). Bei dieser Messung wird dabei über das Magnetfeld des Leiters der fließende Strom ermittelt (Bild 3).

MERKE

Fließt ein Strom durch einen elektrischen Leiter, so entsteht um diesen ein magnetisches Feld.

Das magnetische Feld umgibt den elektrischen Leiter vollständig. Die Ausrichtung des Magnetfelds ist abhängig von der Stromrichtung (Bild 4).

Werden zwei parallele Leiter *(parallel conductors)* von einem Strom durchflossen, so kommt es zwischen diesen Leitern zu einer **Kraftwirkung** *(dynamic effect)* (Seite 404 Bild 1). In dem dargestellten Fall liegen zwei gleichartig ausgerichtete Magnetfelder nebeneinander. Es kommt zu Kräften *F*, welche die Leiter voneinander abstoßen.

MERKE

Wirken zwei magnetische Felder aufeinander, so kommt es zu einer Kraftwirkung zwischen diesen Feldern.

Überlegen Sie!

Welche Kraftwirkung entsteht zwischen den Leitern in Bild 4, wenn beide Leitungen in gleicher Richtung von einem Strom durchflossen werden?

1 Elektrischer Antrieb

2 Zangenstrommessgerät

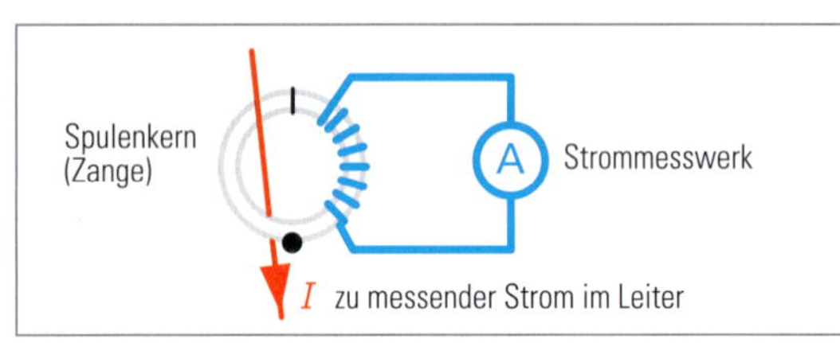

3 Prinzipbild eines Zangenstrommessgeräts

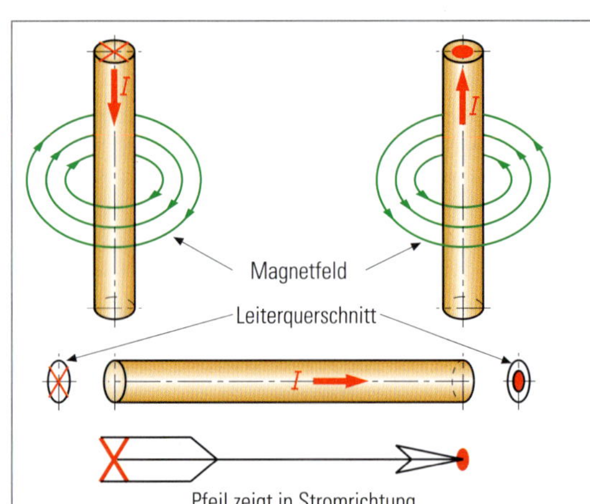

4 Magnetfelder Strom durchflossener Leiter

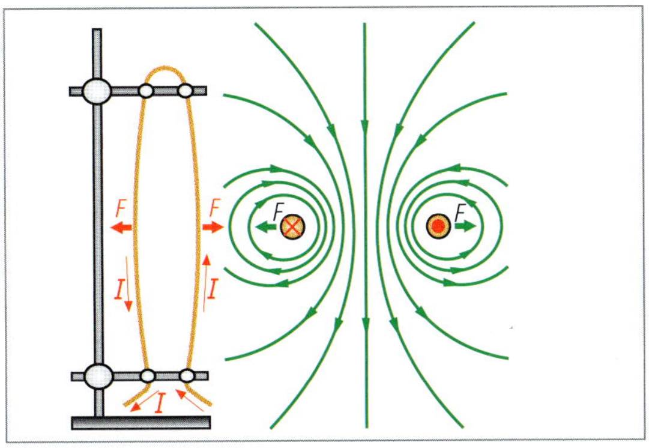

1 Magnetfeld einer Leiterschleife

3.1.2 Magnetfelder Strom durchflossener Spulen

Wird ein Leiter in Form einer Spule *(inductor)* gewickelt und von einem Strom durchflossen, so entsteht ein Magnetfeld. Dieses wirkt wie ein Dauermagnet *(permanent magnet)* und besitzt einen **Nord-** und einen **Südpol** *(north pole/south pole)* (Bild 2). Das Magnetfeld einer Spule ändert seine **Polarität** *(polarity)*, also seine Nord-Süd-Ausrichtung, wenn sich die Stromrichtung ändert. Mit der Verwendung eines **Eisenkerns** kann das Magnetfeld bei gleichem Spulenstrom um das bis zu 100.000-Fache verstärkt werden, da Eisen die Wirkung des magnetischen Feldes bündelt.

MERKE

Die Kraftwirkung des Magnetfelds einer Spule ist abhängig von:
- der Stärke des elektrischen Stroms
- der Anzahl der Windungen
- der Verwendung eines Eisenkerns

Überlegen Sie!

1. *Welche Anwendungen des elektromagnetischen Feldes kennen Sie?*
2. *Wie muss die Spule in Bild 2 angeschlossen werden, um eine Umkehrung der magnetischen Pole zu erreichen?*

3.1.3 Induktion

Wird ein Magnet durch eine Spule bewegt (Bild 3), so wird in der Spule eine Spannung *(voltage)* erzeugt. Die Polarität dieser Spannung hängt von der Bewegungsrichtung bzw. der Magnetfeldänderung in der Spulenwicklung ab. Sie ist so gerichtet, dass sie der Erzeugung entgegenwirkt. Dieser physikalische Vorgang wird als Induktion bezeichnet. Die Induktion einer Spannung ist die Grundlage für die Arbeitsweise von Generatoren und Transformatoren. Die entstehende Spannung heißt **Induktionsspannung** *(induction voltage)*.

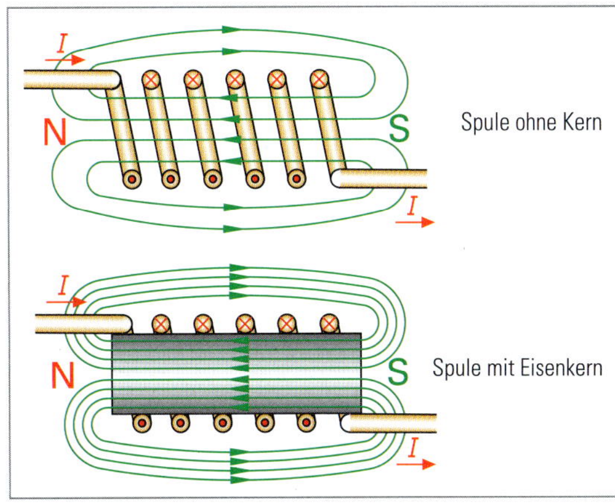

2 Magnetfeld einer Spule

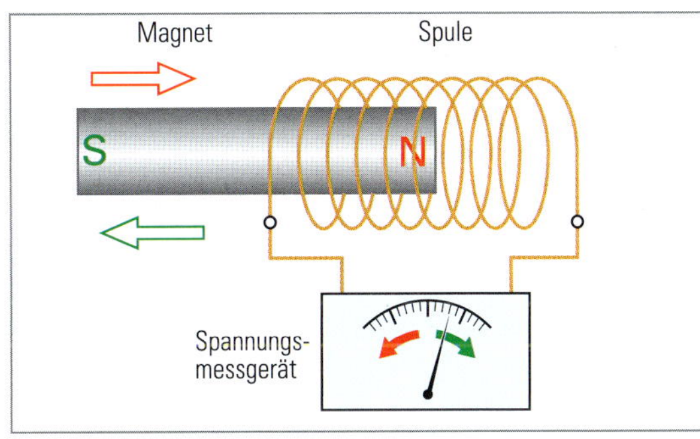

3 Induktionsprinzip

MERKE

Die Induktionsspannung ist umso größer, je größer die Geschwindigkeit der Änderung des Magnetfelds und je größer die Windungszahl der Induktionswicklung ist

3.1.4 Elektromotorisches Prinzip

Wirkt auf einen stromdurchflossenen elektrischen Leiter ein äußeres magnetisches Feld, so ergibt sich eine **Kraftwirkung** auf den Leiter (Seite 404 Bild 1). Die Kraftwirkung ergibt sich aus der Überlagerung der magnetischen Felder des Leiters und des Magneten. Während auf der einen Seite das magnetische Feld geschwächt wird, kommt es auf der anderen Seite zu einer Verstärkung. Dies bewirkt eine Bewegung des Leiters. Die Größe der Kraft ist abhängig von
- der Stärke des äußeren magnetischen Felds und
- der Höhe des elektrischen Stroms durch den Leiter.

Die Richtung der Kraft ist abhängig von Stromrichtung und der Polarität des äußeren Magnetfelds.
Befindet sich innerhalb des Magnetfelds eine drehbar gelagerte Spule, so wird diese wie eine Leiterschleife abhängig von der Stromrichtung ausgelenkt. Um eine kontinuierliche Drehbewegung zu erhalten, ist entweder die Polarität des Magnetfelds oder die Stromrichtung in der Leiterschleife periodisch umzupolen. Die notwendigen magnetischen Felder werden in der Regel durch Elektromagneten erzeugt.

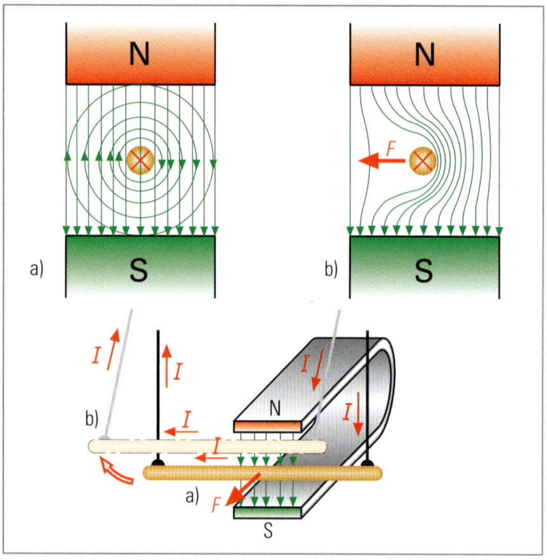

1 *Elektromotorisches Prinzip*

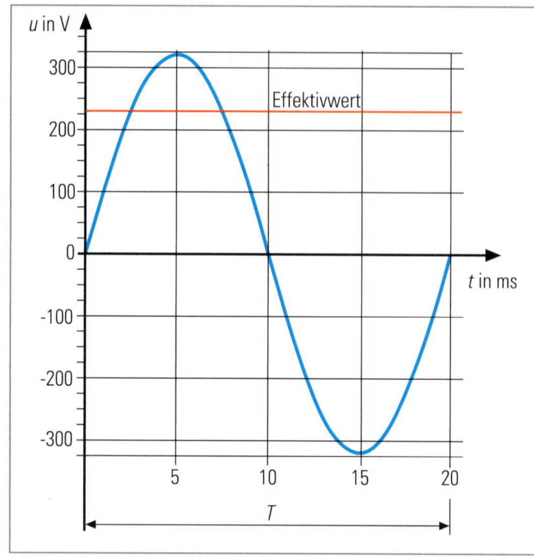

2 *Einphasen-Wechselspannung*

MERKE

Ein gegenüberliegendes Magnetpaar *(pair of magnets)* – bestehend aus Nord- und Südpol – wird als Polpaar *(pair of poles)* bezeichnet (Bild 1).

Eine kontinuierliche Umpolung der Magnetfelder wird durch die Verwendung von Wechselspannungen oder duch Stromwender (Kommutatoren; siehe Kap. 3.4.1) erreicht.

3.2 Wechselspannungen

Bei der Erzeugung einer Spannung durch einen Generator entsteht eine **sinusförmige Wechselspannung** *(alternating voltage)* (Bild 2). Diese wird über Wechselspannungsnetze verteilt und unter anderem für Beleuchtungszwecke und Antriebe verwendet. Die Netze müssen so ausgelegt sein, dass die benötigte Leistung für die Verbraucher möglichst verlustarm bereit gestellt wird. Deutlich erkennbar ist der Zusammenhang mit dem Induktionsprinzip (Seite 403 Bild 3).

3.2.1 Einphasen-Wechselspannung

Einphasen-Wechselspannungen[1] *(single-phase alternating voltages)* werden für Verbraucher mit geringer Leistungsaufnahme wie z. B. Handgeräte und Beleuchtungen eingesetzt. Sie basieren auf der Verwendung von Dreiphasen-Wechselspannungsnetzen. Es wird jedoch nur eine Phase genutzt. Die anliegende sinusförmige Spannung hat in Deutschland einen Effektivwert von 230 V mit einer Frequenz von 50 Hz (Bild 2).

MERKE

Der **Effektivwert** *(effective value)* ist der Wert einer Wechselspannung, der die gleiche Leistung bewirkt wie eine entsprechende Gleichspannung.

MERKE

Die **Frequenz** *(frequency)* ist die Anzahl der Schwingungen pro Sekunde und wird in Hertz (Hz) angegeben.

Der Anschluss erfolgt mit drei Leitungen:

- einem **Außenleiter** *(phase conductor)* (L1, schwarz, braun oder grau),
- einem **Neutralleiter** *(neutral conductor)* (N, blau) und
- einem **Schutzleiter** *(protective conductor)* (PE, grün/gelb).

Überlegen Sie!

1. *Welchen Effektivwert und welche Frequenz hat die in Bild 2 dargestellte Spannung?*
2. *Welche Leiter sind an den Steckern in Bild 3 angeschlossen?*

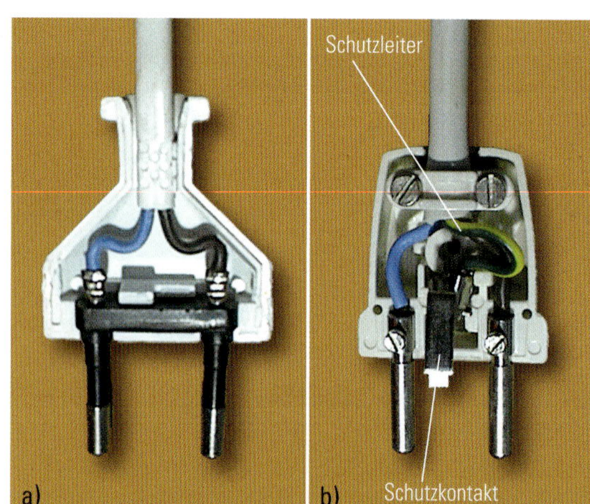

3 *Anschluss von Steckern*
a) Gerät mit Schutzisolierung
b) Gerät mit Schutzleiter

1) Die Momentanwerte sinusförmige Spannungen und Ströme werden mit dem Formelzeichen *u* bzw. *i* angegeben.

3.2.2 Dreiphasen-Wechselspannung

Bei Verbrauchern mit sehr großen Leistungen und bei der Übertragung elektrischer Energie über weite Strecken (Hochspannungsleitungen) werden Drehstromsysteme *(three-phase systems)* verwendet. Für die Übertragung werden die Spannungen auf bis zu 400 kV gewandelt.

MERKE
Das Dreiphasen-Wechselspannungsnetz wird auch als **Drehstromnetz** bezeichnet.

Beim **Drehstromnetz** *(three-phase current)* wirken **drei gleiche Wechselspannungen** *(alternating voltages)* miteinander. Diese Einzelspannungen sind in ihrem zeitlichen Verlauf gegeneinander versetzt (Bild 1). Betrachtet man den Verlauf der ersten Spannung (rot), so folgen die anderen beiden Spannungen (blau, lila) im Abstand jeweils einer drittel Periodendauer (*T*/3) der vorhergehenden Spannung. Für den Anschluss eines Verbrauchers werden insgesamt fünf Anschlussleitungen benötigt:

- 3 Außenleiter mit den Bezeichnungen L1,L2 und L3 (Farbkennzeichnung braun, schwarz und grau),
- 1 Neutralleiter mit der Bezeichnung N (Farbkennzeichnung blau)
- 1 Schutzleiter mit der Bezeichnung PE (Farbkennzeichnung grün-gelb)

Die Spannung zwischen den Außenleitern (L1, L2 und L3) beträgt 400 V. Die Spannung zwischen einem Außenleiter und dem Neutralleiter beträgt 230 V (Bild 2). Durch unterschiedliche Anschlussweisen lassen sich so in einem Drehstromnetz zwei Versorgungsspannungswerte nutzen.

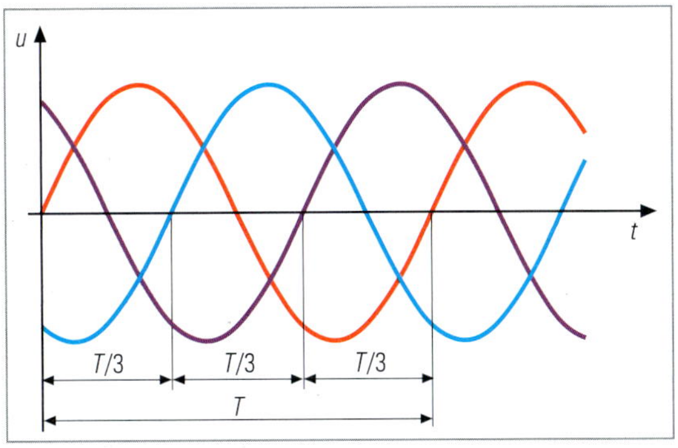

1 *Dreiphasen-Wechselspannung*

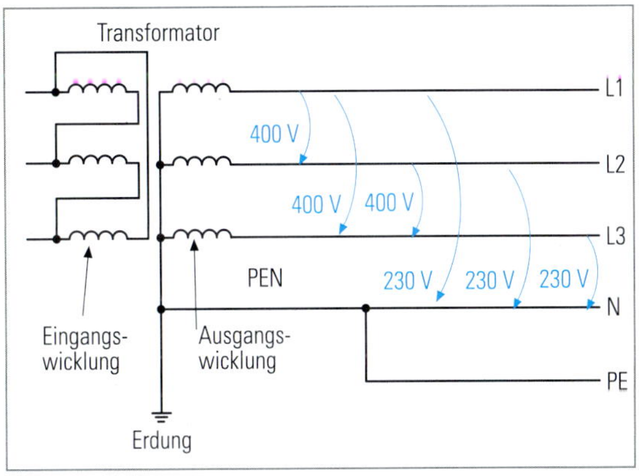

2 *Drehstromnetz*

3.3 Gleichspannungen

Gleichspannungen *(direct voltages)* werden durch Akkumulatoren *(accumulators)*, Solaranlagen oder Gleichrichterschaltungen *(rectifier circuits)* zur Verfügung gestellt und haben einen konstanten Spannungsverlauf (Bild 3). Je nach Einsatzgebiet liegen die Vorteile z. B in den geringen Abmessungen und Gewichten für die Spannungsquellen (Akkumulatoren, galvanische Elemente) und in der erhöhten Sicherheit für den menschlichen Organismus.

Folgende Anwendungen benötigen häufig eine Gleichspannung:

- LED-Lampen *(LED-lamps)*
- Notbeleuchtungen *(emergency lights)*
- Kleingeräte *(small appliances)*
- Automatisierungssysteme *(automation systems)*
- Galvanisieranlagen *(plants for galvanisation)*
- Elektrofilter *(electric filters)*
- Gleichstromantriebe *(direct current drives)*

Typische Werte von Gleichspannungen in Versorgungsnetzen sind 12 V, 24 V und 110 V.

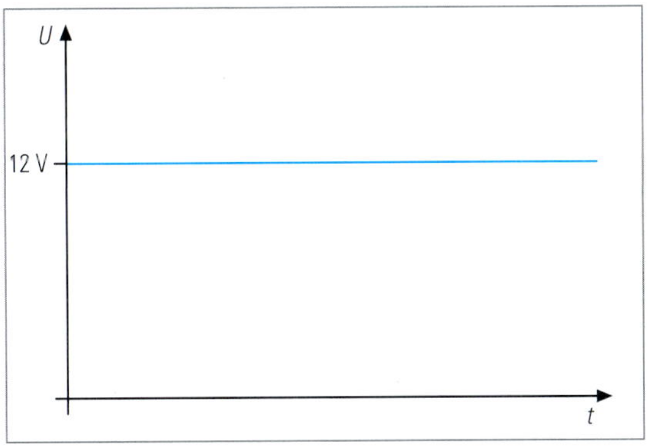

3 *Gleichspannung*

Überlegen Sie!

1. *Erkunden Sie, welche elektrischen Spannungsarten in Ihrem Betrieb verwendet werden.*
2. *Wo kommen in Ihrem Betrieb elektrische Gleichspannungen zum Einsatz?*

3.4 Elektromotoren

3.4.1 Gleichstrommotoren

Wird der Motor an einer Gleichspannung betrieben, so wird für die Umpolung an der Leiterschleife ein **Stromwender** (Kommutator) eingesetzt (Bild 1). Den Aufbau eines Gleichstrommotors *(direct current motor)* zeigt Bild 2. Gleichstrommotoren werden zum Beispiel in Werkzeugmaschinen *(machine tools)* als Vorschubantrieb *(feed drive)* und in Anlassern *(starting motors)* eingesetzt.

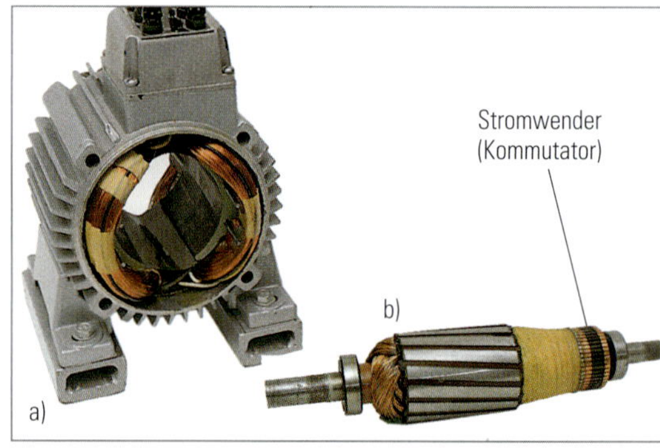

2 *Bauteile eines Gleichstrommotors a) Ständer b) Läufer*

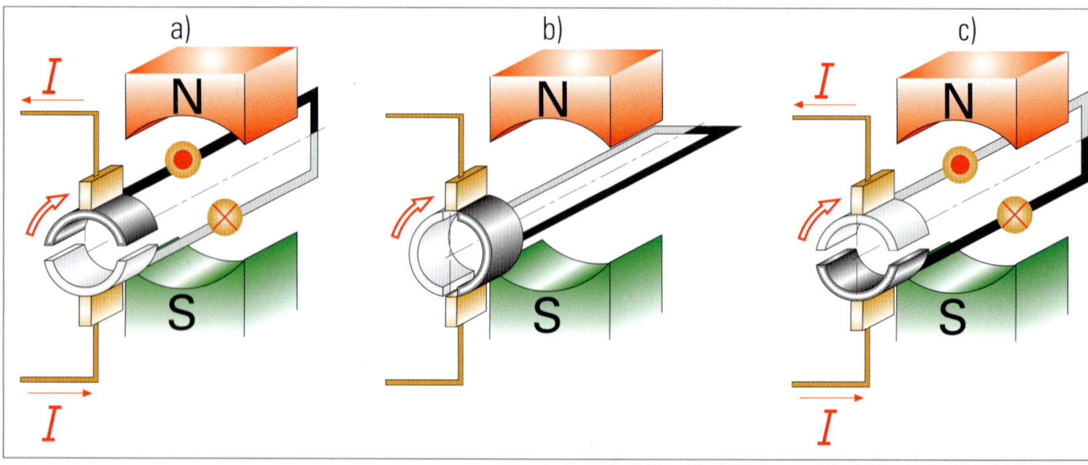

1 *Arbeitsweise eines Elektromotors mit Stromwender (Kommutator)*

3.4.2 Wechselstrommotoren

Alle Wechselstrommotoren *(alterating current motors)* nutzen den Verlauf der Versorgungsspannung für die Erzeugung eines sich verändernden magnetischen Feldes. Je nach Bauart sind diese Motoren als **Universalmotoren** *(universal motors)* auch für den Einsatz als Gleichstrommotoren geeignet.

MERKE

Die **Umdrehungsfrequenz** *(rotational frequency)* eines Wechseltrommotors ergibt sich aus der Anzahl der Polpaare und aus der Netzfrequenz.

$$n = \frac{f}{p}$$

n: Umdrehungsfrequenz des Motors
f: Frequenz der Versorgungsspannung
p: Anzahl der Polpaare

Universalmotoren werden vorwiegend in elektrischen Handgeräten wie Bohr- und Schleifmaschinen eingesetzt.

Drehstrommotoren

Der am meisten verwendete Antrieb in stationären Anlagen ist der Drehstrommotor *(three-phase motor)*. Da durch das anliegende Drehstromnetz zusätzlich zu der Wirkung der einzelnen Wechselspannung eine Verschiebung zwischen den einzelnen Leitern herrscht, ist die Erzeugung eines umlaufenden magnetischen Feldes mit einfachen Mitteln möglich. Man bezeichnet das entstehende magnetische Feld auch als **Drehfeld**. Befindet

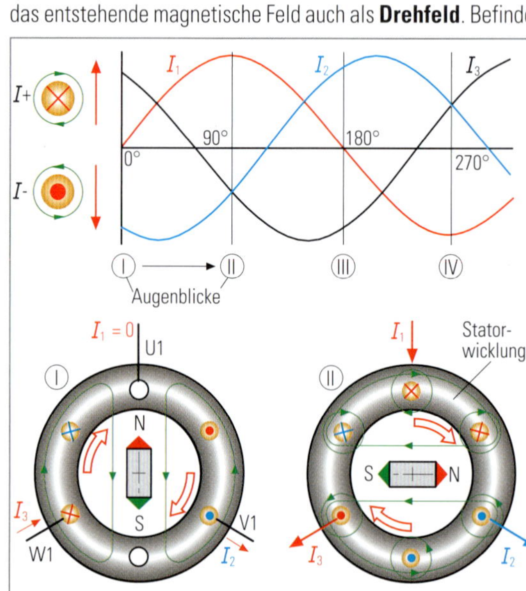

3 *Funktionsprinzip eines Drehstrom-Synchronmotors*

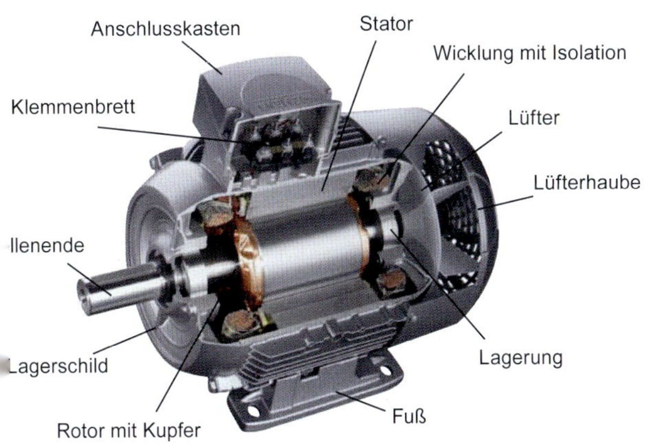

1 Aufbau eines Drehstrom-Asynchronmotors

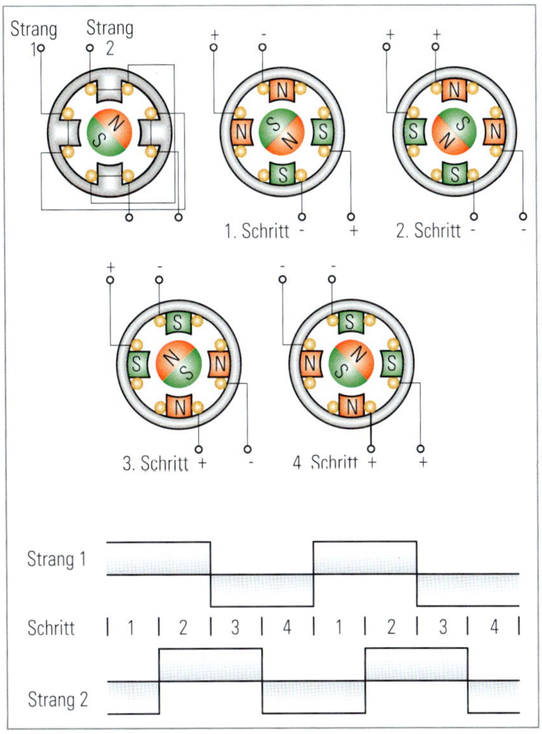

2 Ansteuerung eines Schrittmotors

sich innerhalb dieses Feldes ein Magnet, so dreht dieser mit derselben Frequenz wie das umlaufende Drehfeld (Seite 406 Bild 3). Diese Motoren werden deshalb als **Drehstrom-Synchronmotoren** *(three-phase synchronous motors)* bezeichnet.

Noch einfacher im Aufbau sind die **Drehstrom-Asynchronmotoren** *(three-phase induction motors)* (Bild 1). Da der Läufer als einfacher Käfig konstruiert ist, entsteht in dem Käfig durch das äußere umlaufende Drehfeld ein weiteres magnetisches Feld. Dieses magnetische Feld, welches den Läufer antreibt, läuft nicht mit derselben Frequenz des Drehfelds des Ständers um. Es entsteht ein Schlupf.

MERKE

Der Schlupf ist die Differenz zwischen der Drehfrequenz des Drehfelds im Ständer und der Drehfrequenz des Rotors.

3.4.3 Schrittmotoren

Ein Schrittmotor *(step motor)* ist prinzipiell wie ein Wechselstrommotor aufgebaut, dessen Ständerwicklungen einzeln angesteuert werden können. Der Rotor wird durch einen Dauermagneten realisiert. Werden die Wicklungen nacheinander mit einem Gleichstrom angesteuert, so folgt der Rotor schrittweise dem erzeugten Magnetfeld (Bild 2). Die Geschwindigkeit der Impulsfolgen bestimmt die Drehfrequenz des Motors. Durch eine veränderte Impulsfolge kann der Drehsinn umgekehrt werden. Aus der Bauform des Motors ergibt sich der Schrittwinkel, der pro Impuls erreicht wird.

3.4.4 Linearmotoren

Der Aufbau und die Wirkungsweise eines Linearmotors *(linear motor)* lässt sich von einem Drehstrom-Asynchronmotor ableiten. Beim Linearmotor sind jedoch die Ständerwicklungen in flacher Form gefertigt. Dieser Teil wird als **Primärteil** oder

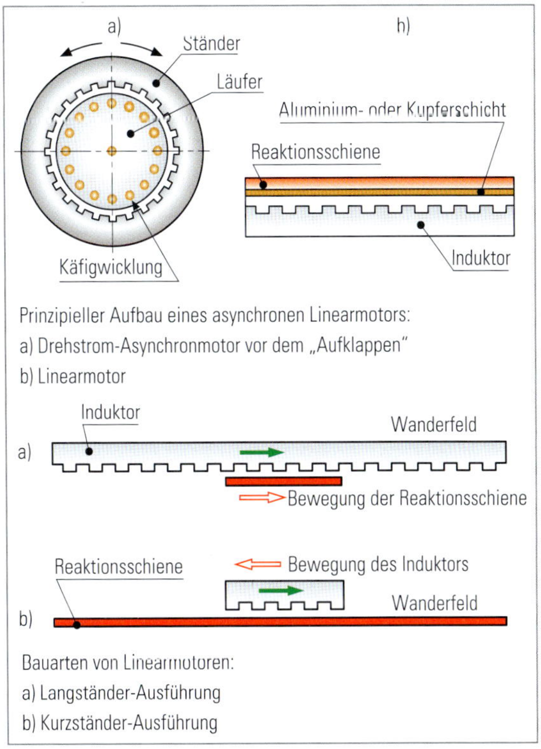

3 Aufbau eines Linearmotors

Induktor bezeichnet. Innerhalb des von ihm erzeugten magnetischen Wanderfelds befindet sich als **Reaktionsschiene** der **Sekundärteil**. Ist diese frei beweglich, so wird sie durch die magnetische Wechselwirkung mit dem Primärteil in der selben Richtung wie das Wanderfeld bewegt (Seite 407 Bild 3).

MERKE

Linearmotoren erzeugen keine Drehbewegung, sondern eine lineare Bewegung.

Linearmotoren besitzen ein ähnliches Betriebsverhalten wie Asynchronmotoren, haben jedoch aufgrund des größeren Luftspalts einen größeren Schlupf. Linearmotoren werden in Werkzeugmaschinen, Handhabungsgeräten und Fahrzeugen eingesetzt.

3.5 Kenngrößen von elektrischen Maschinen

Jede elektrische Maschine besitzt ein **Leistungsschild** *(specification plate)*, welches in seinem Aufbau genormt ist und Auskunft über wichtige Kenndaten gibt. Je nach Maschine werden nur die erforderlichen Felder ausgefüllt.

① Name des Herstellers *(name of producer)*
② Kennzeichen für den Typ *(characteristic of model)*
③ Stromart: *(type of current)* Drehstrom
④ Art der Maschine: *(kind of machine)* Motor
⑤ Fertigungsnummer und Herstellungsjahr
⑥ Schaltart der Wicklung bei Wechselstrommaschinen: z. B. Sternschaltung
⑦ Nennspannung: *(nominal voltage)* 400 V (Versorgungsspannung, an die der Motor angeschlossen wird)
⑧ Nennstrom: *(nominal current)* 23 A (Stromaufnahme die der Motor im laufenden Betrieb hat)
⑨ u. ⑩ Nennleistung: *(nominal power)* 11 kW (Leistungsaufnahme im laufenden Betrieb)
⑪ Nennbetriebsart: *(rated duty)* S1 (Dauerbetrieb)
⑫ Leistungsfaktor: 0,8
⑬ Drehrichtung: z. B. → Rechtslauf
⑭ Nenndrehfrequenz: *(nominal rotational frequency)* 1440/min
⑮ Nennfrequenz: 50 Hz
⑯ z. B. das Wort „Erregung" oder Abkürzung „Err" bei Gleichstrom- oder Synchronmaschinen oder das Wort „Läufer" bzw. „Lfr" bei Asynchronmaschionen
⑰ Schaltungsart *(connection method)* der Läuferwicklung:
⑱ Nennerregerspannung *(nominal exciting voltage)*

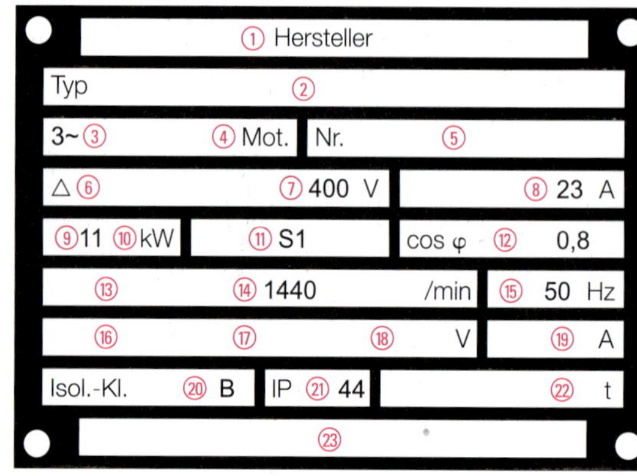

***1** Leistungsschild eines Drehstrom-Asynchronmotors*

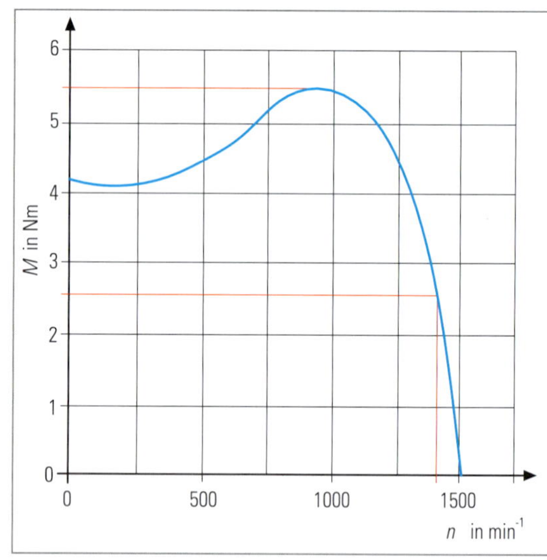

***2** Kennlinie eines Drehstrom-Asynchronmotors*

⑲ Erregerstrom *(exciting current)*
⑳ Isolierstoffklasse *(insulation class)*
㉑ Schutzart: *(protective system)* IP 44 (Schutz gegen kornförmige Fremdkörper, Schutz gegen Spritzwasser)
㉒ Masse *(mass)* von Maschinen, deren Gesamtgewicht 1 t überschreitet. Bei einer Masse < 1 t nach Bedarf.
㉓ Zusätzliche Vermerke *(comments)* wie z. B. VDE mit Jahreszahl, Kühlmittelmengen, Baugröße, Bauform

Über das Leistungsschild hinaus lassen sich Motoren in ihrem Betriebsverhalten beschreiben. Dieses wird als **Kennliniendiagramm** dargestellt und stellt z. B. das Drehmoment in Abhängigkeit von der Umdrehungsfrequenz dar. Bild 2 zeigt beispielhaft die Kennlinie eines Drehstrommotors. Die Tabelle auf Seite 409 zeigt eine Übersicht über häufig verwendete Motoren.

Überlegen Sie!

Analysieren Sie das Typenschild eines Antriebsmotors in Ihrem Betrieb.

Motortyp	**Synchronmotor**	**Asynchronmotor**	**Gleichstrommoter**	**Universalmotor**	**Linearmotor**	**Schrittmotor**
Prinzip	Drehstrommotor mit Dauermagnet	Drehstrommotor mit Käfigläufer	Wechselfelderzeugung über Kommutator	Aufbau ähnlich wie Gleichstrommotor	Induktionsmotorprinzip	Digitale Ansteuerung
Eigenschaften	■ Selbstanlauf nur durch Anlaufhilfe ■ Drehfrequenz abhängig von der Frequenz ■ fällt bei Überlast außer Tritt	■ Robust ■ Wartungsarm ■ Kompakt ■ Drehfrequenzsteuerung über Umrichter	■ Hohes Anlaufdrehmoment ■ Lastabhängige Drehfrequenz ■ Darf nur belastet betrieben werden	■ Für Gleich- und Wechselstrom ■ Betriebsverhalten ähnlich dem des Gleichstrommotors	■ Lineare Bewegung ■ Einfacher, robuster Aufbau ■ Keine Kühlungsprobleme	■ Drehbewegung in beide Bewegungsrichtungen in Winkelschritten ■ Winkelteilung von der Anzahl der Pole abhängig
Umdrehungsfrequenz	ca. 375 min^{-1} ... ca. 3000 min^{-1}	ca. 1000 min^{-1} ... ca. 13000 min^{-1}	ca. 7000 min^{-1} ... ca. 28000 min^{-1}	ca. 7000^{-1} min ... ca. 28000 min^{-1}	Lineare Geschwindigkeit	Bis etwa 5000 min^{-1}
Leistung	Bis mehrere kW	Bis mehrere kW	Bis mehrere kW	Bis ca. 1 ... 2 kW	Bis mehrere kW	Bis mehrere kW
Wirkungsgrad	ca. 10 %	ca. 70 % ... 90 %	ca. 70 % ... 80 %	ca. 50 %	ca. 60 %	ca. 45 %
Kennlinie	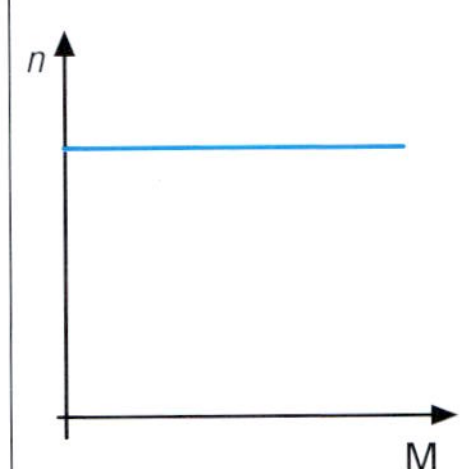	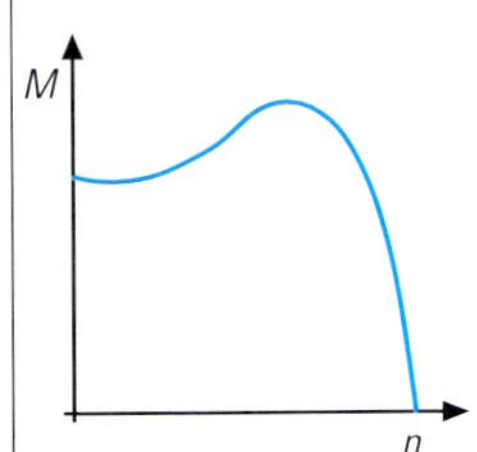	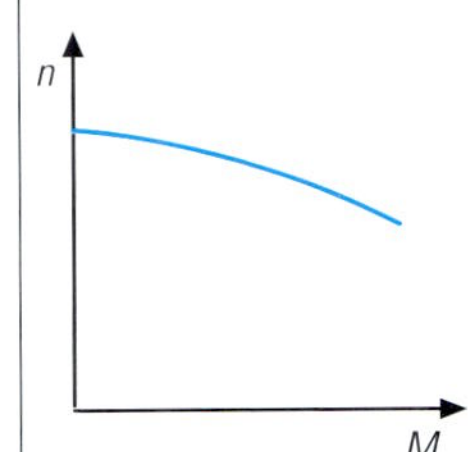	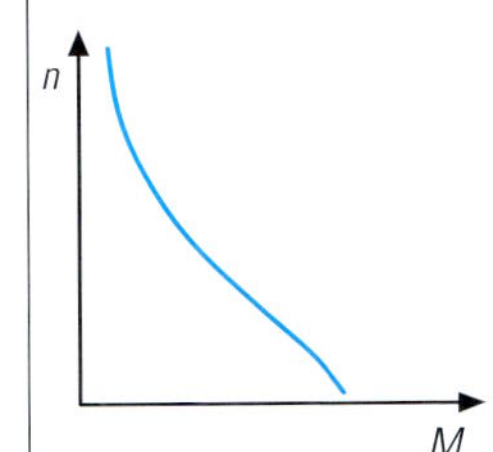	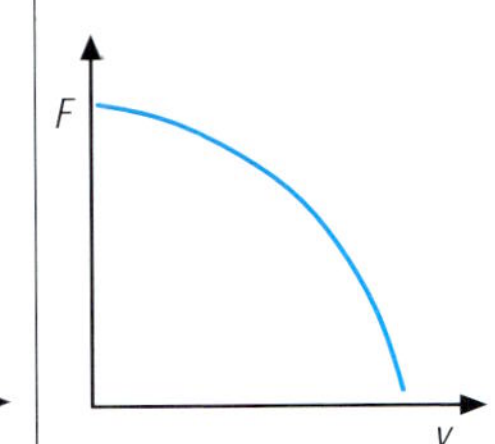	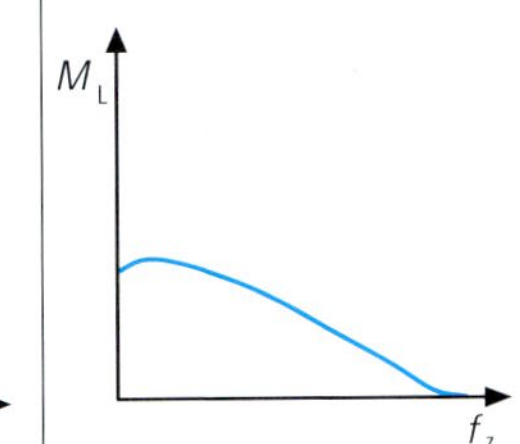
Anwendung	■ Maschinenantriebe ■ Umformer ■ Verdichter ■ Phasenschieber ■ Uhren	■ Werkzeugmaschinen ■ Hebezeuge ■ Landwirtschaftliche Maschinen ■ Maschinen mit großer Schwungmasse ■ Antriebe mit hoher Dynamik	■ Werkzeugmaschinen ■ Förderanlagen ■ Maschinen mit großer Schwungmasse ■ Anlasser im Kfz ■ Fahrzeugantriebe	■ Handmaschinen ■ Kleingeräte	■ Werkzeugmaschinen ■ Pumpen ■ Büromaschinen ■ Fahrzeugantriebe	■ Ansteuerung von Stellgliedern ■ Roboter

Elektrische Antriebe

3.6 Betrieb von Elektromotoren

Beim Betrieb eines Elektromotors sind für einen Fertigungsprozess die Kenngrößen **Umdrehungsfrequenz** *(rotational frequency)* oder **Drehmoment** *(static torque)* von Bedeutung (siehe auch Seite 409 Bild 2). Darüber hinaus ist insbesondere im Anlaufmoment des Motors die **erhöhte Stromaufnahme** *(current draw)* zu berücksichtigen.

3.6.1 Motoranlauf

Wird ein Motor eingeschaltet, so ergibt sich für den Anlauf *(start-up of motor)* eine erhöhte Stromaufnahme. Diese kann beispielsweise bei Drehstrommotoren durch unterschiedliche Schaltungsvarianten gemindert werden:

- Verwendung von Vorwiderständen,
- Stern-Dreieck-Schaltung
- Anlasstransformator
- Kurschluss-Käfigläufer-Sanftanlauf

So können die drei Spulen eines Drehstrommotors in den in Bild 1 dargestellten Varianten geschaltet werden. Durch die Verkettung der Spulen ergibt sich bei der Stern-Schaltung eine um $1/\sqrt{3}$ reduzierte Leiterspannung an jedem Strang.

3.6.2 Frequenzumrichter

Eine weite Verbreitung insbesondere in der Ansteuerung von Drehstrom-Asynchronmotoren haben Frequenzumrichter *(frequency converter)* (Bild 2). Mit ihnen wird aus der allgemeinen Versorgungsspannung über eine Elektronik eine den Betriebsanforderungen entsprechende Frequenz erzeugt (Bild 3). Durch Vorgabe dieser Frequenz wird die Umdrehungsfrequenz und/oder das Drehmoment des Motors beeinflusst. Wird dabei gleichzeitg die aktuelle Stromaufnahme ermittelt, sind auch Regelungen des Motorverhaltens möglich.

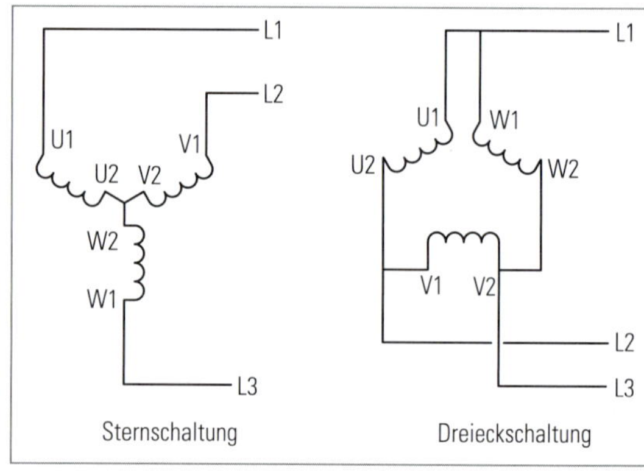

1 *Stern- und Dreieckschaltung von Motoren*

Der Einsatz eines Frequenzumrichters erspart die Verwendung eines Getriebes und außerdem ist ein erheblich flexiblerer und präziserer Betrieb möglich. Typische Einsatzgebiete sind Aufzüge, Förderbänder, Pumpen und Lüfter.

2 *Frequenzumrichter*

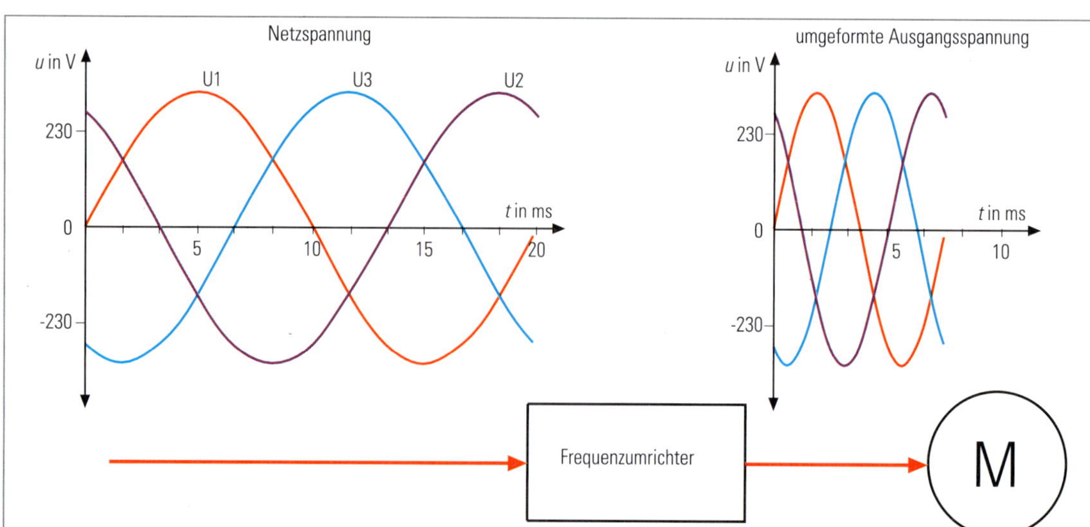

3 *Prinzip der Frequenzumrichtung*

3.6.3 Motorschutz

Da Motoren wechselnden Belastungen unterworfen sind oder im Dauerbetrieb laufen, sind sie gegen Überlastung oder falschen Betrieb zu schützen. Dies ist als erhöhte Stromaufnahme oder Wärmeentwicklung festzustellen. Dem Motor vorgeschaltete **Motorschutzrelais** *(motor protecting relay)* und **Motorschutzschalter** *(motor protecting switch)* (Bild 1) schützen diesen.

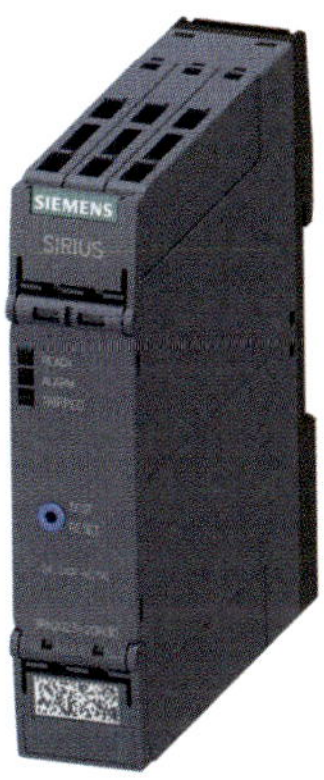

a)

b)

1 *Motorschutz*
a) Motorschutzrelais
b) Motorschutzschalter

3.6.4 Wartung

Prinzipiell sind Elektromotoren **wartungsfrei** *(maintenance free)*. Im Betrieb sollte jedoch darauf geachtet werden, dass Lufteinlässe und Kühlrippen nicht zugesetzt werden. Beschädigte Anschlusskästen, defekte Lager oder verschlissene Bürsten (bei Gleichstrommotoren) sind Gegenstand von Instandsetzungsarbeiten durch entsprechende Fachunternehmen.

Überlegen Sie!
Welche Betriebsarten eines Elektromotors können Sie in Ihrem Betrieb ermitteln?

ÜBUNGEN

1. Ein Elektromotor mit vier Polpaaren wird am Versorgungsnetz betrieben (230 V, 50 Hz). Mit welcher Umdrehungsfrequenz läuft der Elektromotor?
2. Nennen Sie vier wichtig Kenndaten eines Elektromotors.
3. Warum werden Elektromotoren bei ihrem Anlauf anders geschaltet als im Betrieb?
4. Für welche Anforderungen werden Frequenzumrichter eingesetzt?
5. Gegen welche Gefahren wirkt ein Motorschutzschalter?

4 Ausrichten eines Antriebsstrangs

Bei der Ausrichtung eines Antriebsstrangs werden Wellen zweier oder mehrerer Maschinen (z. B. Elektro-Motor, Getriebe, Pumpe etc.) so positioniert, dass die Mittellinien eine gemeinsame Gerade bilden; die Wellen also fluchten (Bild 2). Für den einwandfreien Betrieb der einzelnen Maschinen soll sich dieser Zustand bei der Betriebstemperatur einstellen.
Die genaue Ausrichtung der einzelnen Maschinenachsen ist Voraussetzung für eine maximale Lebensdauer der angeschlossenen Geräte und Bauteile. Können die Wellen betriebsbedingt nicht fluchten, so übernehmen geeignete Kupplungen den Wellenausgleich. Dies ist jedoch immer mit einem erhöhten Verschleiß aller beteiligten Bauelemente durch Reibung/Wärme verbunden. Gut zueinander ausgerichtete Wellen haben größere Wartungs- und Instandhaltungsintervalle und somit werden die Betriebskosten der gesamten Anlage gesenkt.

2 *Antriebsstrang Motor – Kupplung – Getriebe*

4.1 Einflussgrößen bei der Wellenausrichtung

Die möglichen Ursachen für Wellenverlagerungen sind vielfältig und abhängig von der jeweiligen Einbausituation:

- **Wärmedehnung** *(heat strain)* des Fundaments, der Gehäuse oder der Wellen
- **Verformungen** *(distortion)* der Bauteile während des Betriebs
- **Durchbiegung** *(deflexion)* der Wellen durch die Eigenmasse bzw. die Masse der Kupplung
- **Veränderung der Wellenlage** *(change of shaft position)* im Betriebszustand gegenüber dem Montagezustand infolge von Lagerspielen, Zahnkräften (Getriebe) oder hydrodynamischer Schmierung

4.2 Ausrichtgrößen

Die **Radialverlagerung** (Bild 1) muss als **Parallelversatz** in horizontaler und vertikaler Richtung ausgerichtet werden.
Die **Winkelverlagerung** muss als **Winkelversatz** in horizontaler und vertikaler Richtung ausgerichtet werden.
Darüber hinaus gibt es auch den **Axialversatz**. Für die Ausrichtung der einzelnen Wellen spielt dieser Versatz jedoch keine Rolle.
Die Versatzrichtungen treten manchmal einzeln, jedoch oft kombiniert auf.

1 *Ausrichtgrößen*

4.3 Folgen einer Fehlausrichtung von Wellen

Wenn Wellen nicht fluchten, sind Schwingungen im Gesamtsystem nicht zu vermeiden. Je nach Intensität der Schwingungen kann dies aber weitreichende Folgen haben.
Durch Schwingungen

- verringert sich die Fertigungsgenauigkeit bei Fertigungsmaschinen.
- wird die Lagerbeanspruchung und somit der Lagerverschleiß erhöht.
- erhöht sich der Verschleiß der Dichtungen an den Maschinen. Zusätzlich eindringender Schmutz führt zu einer Lebenszeitverkürzung von Lagern und zu einem frühzeitigen Maschinenausfall.
- erwärmt sich die Kupplung. Hiervon sind auch alle angrenzenden Bauteile betroffen (Bild 2). Ein erhöhter Verschleiß der Bauteile ist die Folge.
- entstehen Geräusche.

Eine erhöhte Temperatur von Kupplung und Welle kann zu Durchbiegungen der Wellen führen, wodurch sich die Schwingungen innerhalb des Systems weiter vergrößern.

2 *Thermische Folgen schlecht zueinander ausgerichteter Wellen*

4.4 Ausrichtmethoden im Vergleich

Bild 1 auf Seite 413 zeigt verschiedene Ausrichtmethoden im Vergleich.
In den meisten Fällen wird zuerst die Arbeitsmaschine, dann das Getriebe aufgestellt und dieses dann zur Arbeitsmaschine ausgerichtet.
Bei der Ausrichtung wird zuerst der Winkelversatz auf das richtige Maß gebracht, bevor der Radialversatz eingestellt wird.

	Ausrichtmethoden Haarlineal	Messuhr	Lasermessgerät

Anwender	Fachkraft mit sehr langer Berufserfahrung	Eingearbeitete und gut geschulte Fachkraft	Fachkraft mit kurzer Einarbeitungszeit
Genauigkeit	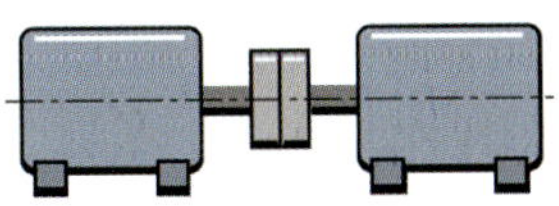 max. $\frac{1}{10}$ mm 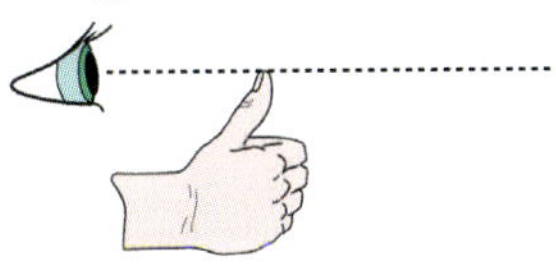	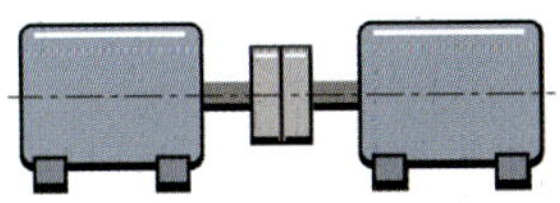 $\frac{1}{100}$ mm 	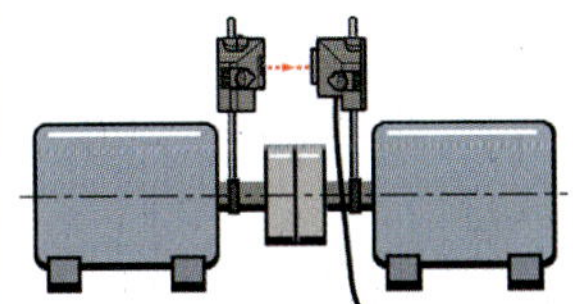 $\frac{1}{1000}$ mm 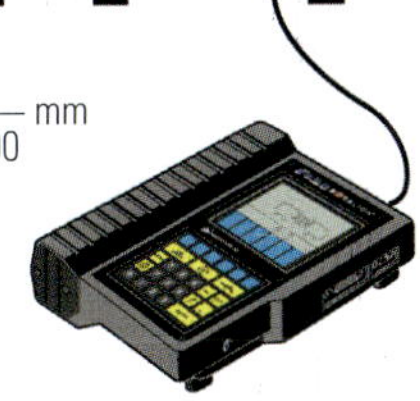

***1** Ausrichtmethoden*

Bei zulässigem bzw. richtig eingestelltem Winkelversatz braucht dann das Getriebe nur achsparallel, horizontal und vertikal verschoben zu werden.

Sind Flansche oder Kupplungsnaben bereits montiert, ist es erforderlich, beide Wellen zu drehen und immer an der gleichen Stelle der Flansche zu messen. Die beiden Wellen müssen hierbei nicht gleichzeitig gedreht werden. Es genügt, wenn sie nacheinander um jeweils 90° gedreht und dann die Messuhren abgelesen werden.

***2** Laserausrichtsystem*

Durch die Anwendung von lasergestützten Messapparaturen (Bild 2) mit entsprechender Auswertung durch einen Computer wird der Montage und Ausrichtvorgang erheblich vereinfacht und somit auch zeitlich verkürzt. Nach der Eingabe aller geometrischen Rahmenbedingungen erhält die Fachkraft unmittelbar die erforderlichen Angaben (Maße) für die Ausrichtung der Maschinen.

ÜBUNGEN

1. Warum sollten Wellen verschiedener Maschinen gut zueinander ausgerichtet sein?
2. Wovon können Wellenverlagerungen abhängig sein?
3. Welche beiden Ausrichtgrößen werden bei der Ausrichtung zweier Wellen unterschieden?
4. Welche Folgen haben die Schwingungen, die bei schlecht zueinander ausgerichteten Wellen auftreten können?
5. Beschreiben Sie das grundsätzliche Vorgehen bei der Wellenausrichtung.

5 Pumpen

Pumpen *(pumps)* erzeugen einen **Volumenstrom** von z.B. 10 dm³/min. Dieser wird auch gegen Strömungswiderstände aufrechterhalten, die z.B. in einer Rohrleitung entstehen. Pumpen können zum

- **Umwälzen** *(circulate)* einer Flüssigkeit in einem geschlossenem Kreislauf verwendet werden (z.B. Heizungsanlage) oder zum
- **Fördern** *(lift)* einer Flüssigkeit (z.B. Wassertransport bei einem Löscheinsatz der Feuerwehr).

5.1 Pumpenbauarten

Allen Pumpen ist gemeinsam, dass die zu pumpende Flüssigkeit von der Saugseite zur Druckseite gefördert wird.

5.1.1 Verdrängerpumpen

In Bild 1 ist eine Übersicht über bereits in den Lernfeldern 3 und 6 behandelte Verdrängerpumpen.

Bei Verdrängerpumpen *(positive displacement pumps)* wird das Flüssigkeitsmedium nach dem Ansaugen in das Rohrnetz **gedrückt**. Der Flüssigkeitsstrom pulsiert auf der Druckseite. **Zahnradpumpen** *(gear pumps)* sind grundsätzlich Konstantpumpen, da sich ihre Förderkammern nicht verstellen lassen. Bei einigen Pumpen wie z.B. bei Axialkolbenpumpen *(axial piston pumps)* ist das Kammervolumen während des Betriebes verstellbar. Diese Pumpen haben bei konstanter Umdrehungsfrequenz ein einstellbares Fördervolumen.

5.1.2 Kreiselpumpen

Die Kreiselpumpe *(centrifugal pump)* ist die im Rohrleitungsbau am weitesten verbreitete Pumpe. Sie findet Anwendung

- in Heizungsanlagen (Umwälzen)
- zur Trinkwasserzirkulation (Umwälzen)
- in Druckerhöhungsanlagen (Umwälzen)
- in Trinkwasserförderanlagen (Fördern)
- in Schmutzwasserförderanlagen (Fördern)

Im Weiteren wird insbesondere auf die Funktion „Umwälzen einer Flüssigkeit" eingegangen.

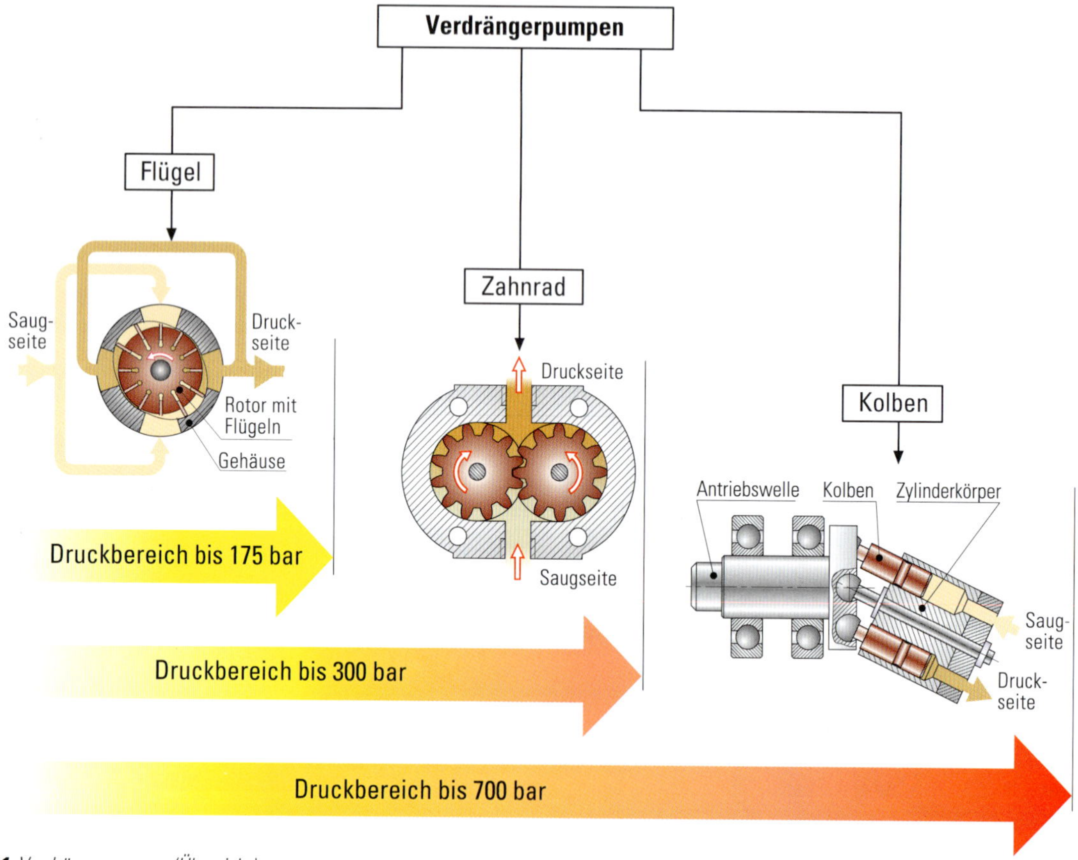

***1** Verdrängerpumpen (Übersicht)*

Die Kreiselpumpe in Bild 1 besteht aus
- Gehäuse
- Laufrad
- Antriebswelle und
- Motoranschluss.

Das **Laufrad** *(impeller)* läuft im Gehäuse mit großer Umdrehungsfrequenz. Die zwischen den Schaufeln befindliche Flüssigkeit wird beschleunigt und nach außen in einen Ringkanal geleitet. Die Energieübertragung ist beendet, sobald die Flüssigkeit die Laufradkanäle verlässt. Dabei wird die Fließgeschwindigkeit erhöht. Im anschließenden Ringkanal wird die Fließgeschwindigkeit gemindert und dadurch wird der Druck erhöht. Kreiselpumpen müssen vor Inbetriebnahme gefüllt werden. Luftansammlungen im Schaufelrad führen zu einer unzulässig hohen Umdrehungsfrequenz mit der Gefahr, dass Dichtringe heißlaufen und Lager beschädigt werden.
Kreiselpumpen werden in **Nass-** und **Trockenläuferpumpen** unterteilt.

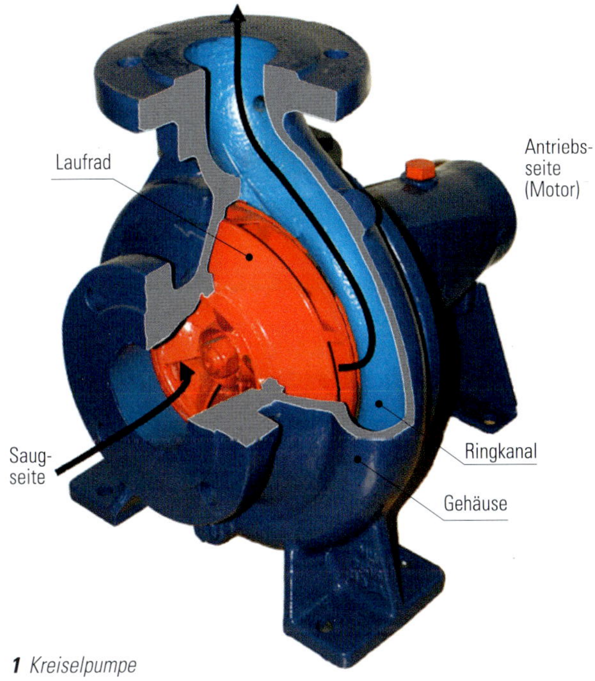

1 *Kreiselpumpe*

5.1.2.1 Nassläuferpumpen

Kennzeichnend für die Nassläuferpumpe *(wet running meter pump)* (Bild 2) ist die kompakte Bauweise von **Antriebsmotor** *(drive motor)* und Pumpengehäuse. Der Rotor des Motors ist stromlos. Nur der Stator, der wasserdicht vom Rotor abgetrennt ist (Spaltrohr), steht unter Spannung. Durch das Gleitlager (Bild 2) kann somit Förderflüssigkeit (Wasser) zum Rotor fließen und diesen kühlen und schmieren.
Nassläuferpumpen werden angewendet als Heizungsumwälzpumpen in geschlossenen Kreisläufen von Heizungsanlagen in Wohnhäusern sowie bei der Brauchwasserversorgung.

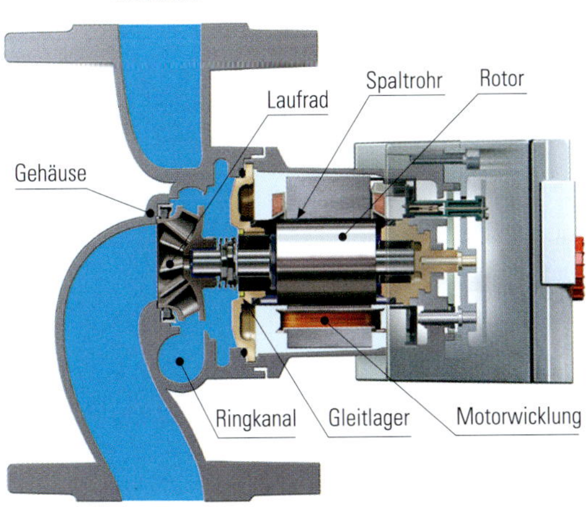

2 *Nassläuferpumpe*

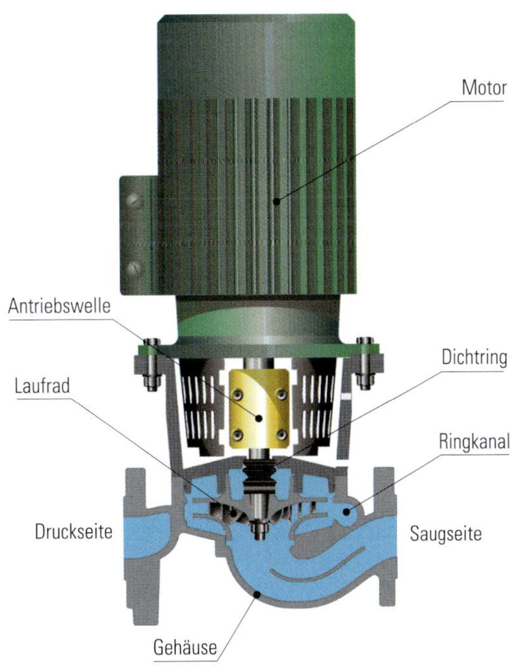

3 *Trockenläuferpumpe*

5.1.2.2 Trockenläuferpumpen

Zur Förderung von Frisch- und Kühlwasser sowie großer Fördermengen werden dagegen Trockenläuferpumpen *(dry running meter pumps)* (Bild 3) genutzt. Deren Motoren kommen nicht mit dem geförderten Wasser in Berührung, haben dadurch geringere Reibungsverluste und erreichen somit höhere Wirkungsgrade. Eine Gleitringdichtung oder eine Stopfbuchse dichtet das Gehäuse von der Flüssigkeit ab. Trockenläuferpumpen haben gegenüber den Nassläuferpumpen ein höheren Gesamtwirkungsgrad (Motor, Kupplung und Pumpe). Sie sind allerdings lauter und bei Stopfbuchsenausführung nicht wartungsfrei.
Anwendung finden diese Pumpen beispielsweise in der Kühlwasserversorgung größerer Anlagen.

Bei der **Grundplattenbauweise** werden Pumpe und Motor auf einer gemeinsamen Grundplatte befestigt und über eine Kupplung zueinander ausgerichtet (Bild 1). Die Vorteile sind eine freie Auswahl der Antriebsmaschine und der Antriebsart. Die Nachteile sind der hohe Platzbedarf und die genaue Ausrichtung von Pumpe und Motor (vgl. Kap. 4).

Montage

Bei der Montage *(assembly)* von Pumpen sind die folgenden Grundsätze einzuhalten:

- Der Einbau *(mounting)* der Pumpe muss elektrisch spannungsfrei erfolgen.
- Nassläuferpumpen sind aufgrund der Lagerung *(bearing)* der rotierenden Teile stets waagerecht zu montieren.
- Bei Trockenläuferpumpen darf der Motor *(motor)* nicht nach unten montiert werden, damit bei Undichtigkeiten die Flüssigkeit nicht in die elektrische Einrichtung läuft.
- Pumpen sollten immer zwischen Absperrorganen (z. B. Schiebern) eingebaut werden, damit ein Austausch *(replacement)* problemlos möglich ist.
- Pumpen, die von einem separaten Motor angetrieben werden, erfordern eine genaue Ausrichtung *(justification)* von Motor, Kupplung und Pumpe (Bild 1 und Kap. 4).
- Vor der Inbetriebnahme ist die Drehrichtung *(direction of rotation)* des Motors zu prüfen.
- Bei Bedarf muss eine Pumpe entlüftet werden. Da die Pumpe nicht luft- oder selbstansaugend ist, muss sie vor Inbetriebnahme mit dem Fördermedium *(medium to be pumped)* gefüllt sein.
- Pumpen nie trocken betreiben *(never operate dry)*. Dies führt zu hohen Umdrehungsfrequenzen des Antriebs und zu einem Warmlaufen mit der Gefahr, dass Dichtringe und Lager beschädigt werden.

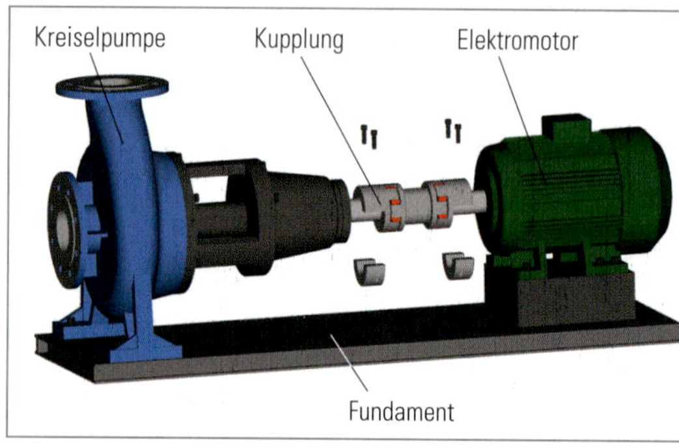

***1** Kreiselpumpe mit Antrieb in Grundplattenbauweise*

Darüber hinausgehende Montageanweisungen sind den Herstellerangaben zu entnehmen. Eine weitere, für die Funktion wichtige Unterscheidung der Bauarten ergibt sich aus der Form des Laufrads (Bild 2).

5.2 Pumpen- und Rohrnetzkennlinien

5.2.1 Pumpenkennlinie

Die Kennlinie einer Pumpe zeigt den Zusammenhang in einem geschlossenem Rohrsystem zwischen dem **Volumenstrom** $\dot{V}$ und dem **Pumpendruck** p bzw. der **Förderhöhe** h (Seite 417 Bild 1). An der Pumpenkennlinie kann die Fachkraft ablesen, welcher Volumenstrom bei einem bestimmten Pumpendruck bzw. bei einer bestimmten Förderhöhe erreicht werden kann. Bei **flachen Kennlinien** *(flat characteristics)* ändert sich der Volumenstrom bei gleichen Druckänderungen stärker als bei **steilen Pumpenkennlinien** *(steep pump characteristics)* (Bild 1).

Laufrad	**Axialräder**	**Halbaxialräder**[1]	**Radialräder**
Darstellung	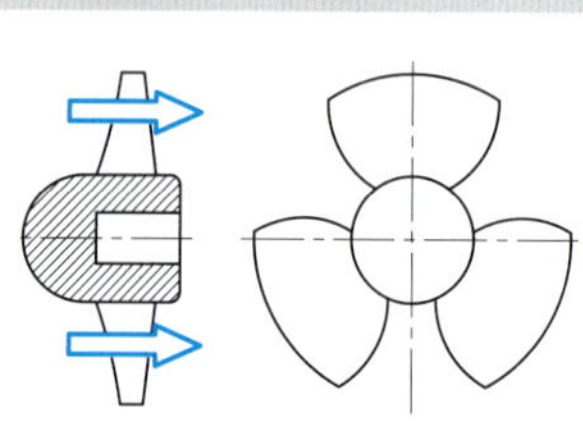	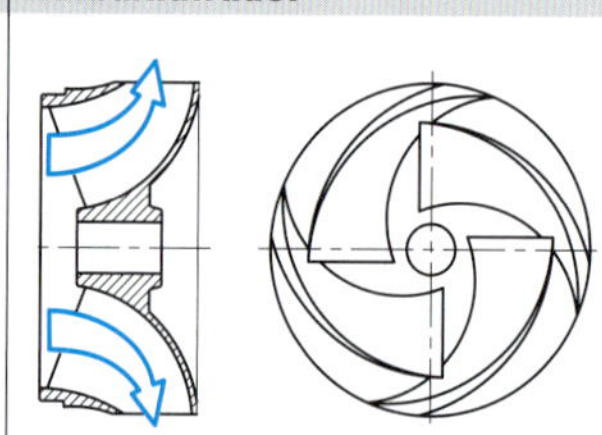	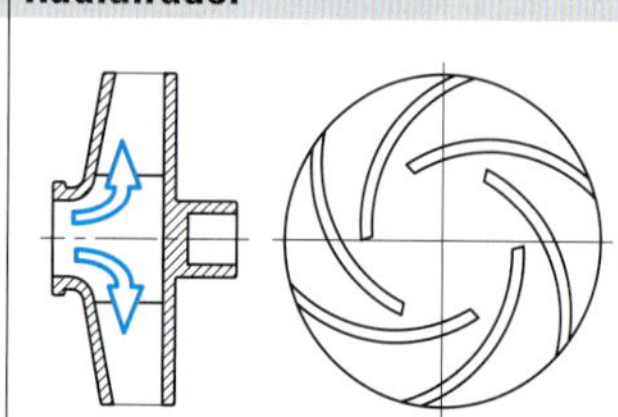
Eigenschaften	Die Flüssigkeit wird in Achsrichtung durch das Laufrad gefördert. Axialräder haben von allen Laufrädern die höchste Umdrehungsfrequenz und eignen sich für große Volumenströme bei geringer Förderhöhe.	Halbaxialräder sind ein „Kompromiss" zwischen reinen Radial- und Axialrädern. Sie erfüllen die jeweiligen Eigenschaften reiner Radial- bzw. Axialräder nur zum Teil.	Die Flüssigkeit wird aufgrund der Rotation des Rads radial nach außen geschleudert. Radialräder eignen sich für reine Flüssigkeiten und nur leicht verunreinigte Flüssigkeiten.

1) Einige Halbaxialräder können während des Betriebs oder im Stillstand verstellt und somit den jeweiligen Förderbedingungen angepasst werden.

***2** Laufräder von Kreiselpumpen*

5.2.2 Rohrnetzkennlinie

Wenn Flüssigkeiten durch ein Rohr fließen, verringern die Reibungswiderstände innerhalb des Rohrs den Druck in der Leitung (Bild 2). Es kommt zu Druckverlusten. Je länger eine Rohrleitung ist und je kleiner der Leitungsquerschnitt ist, je mehr **Drosselstellen** (Ventile, Rohrbögen...) also vorhanden sind, desto größer ist der Druckverlust innerhalb der Leitung .

Überlegen Sie!

Welche Eigenschaften eines Rohrnetzsystems begünstigen einen hohen Volumenstrom bzw. geringe Druckverluste?

5.2.3 Betriebspunkt

Werden die Kennlinien der Pumpe und des Rohrnetzes maßstabsgetreu übereinander gezeichnet, so ergibt sich ein Schnittpunkt (Bild 3). Der Schnittpunkt kennzeichnet den **Betriebspunkt** *(duty point)* der Pumpe oder der Anlage.

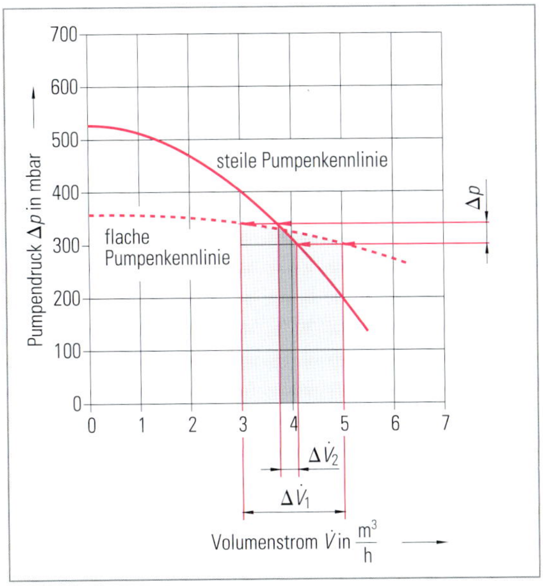

1 *Vergleich zweier Pumpenkennlien*

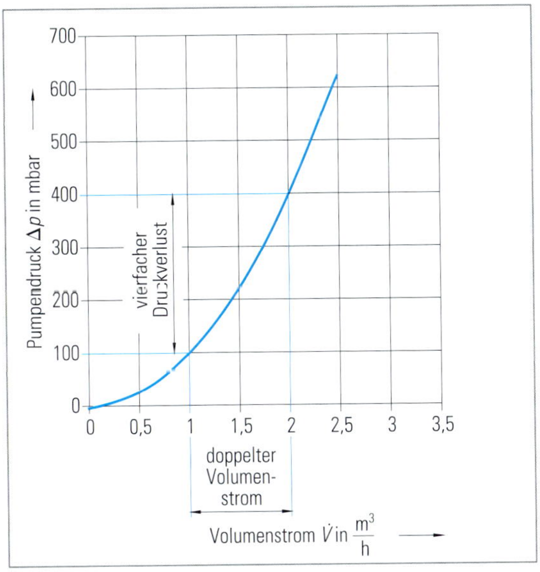

2 *Rohrnetzkennlinie*

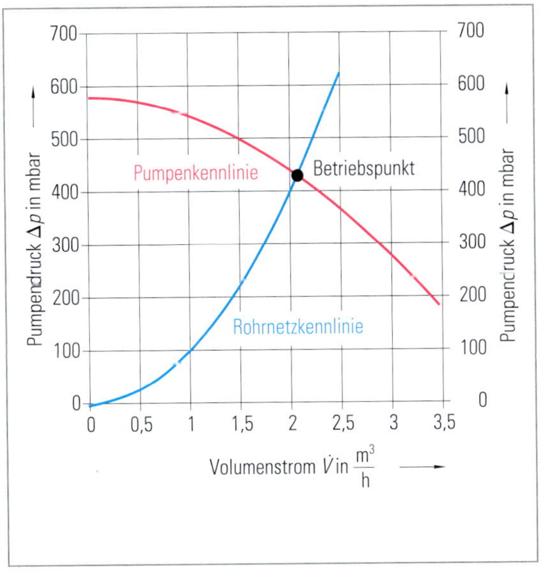

3 *Betriebspunkt*

MERKE

Der Betriebspunkt gibt an, wie groß der Volumenstrom für ein bestimmtes Rohrnetz ist.

Der geförderte Volumenstrom richtet sich nach der Pumpe und nach dem Rohrnetz. Bei einer Veränderung des Rohrleitungswiderstands z. B. durch Öffnen eines Ventils, ändert sich der Gesamtwiderstand des Rohrleitungsnetzes und somit auch der Betriebspunkt der Anlage. Großen Einfluss haben auch die Übergänge zwischen einzelnen Rohren und an den Rohrübergangsstellen z. B. zu Ventilen. Deshalb ist darauf zu achten, dass die Rohrenden entgratet sind.

ÜBUNGEN

1. Welche Aufgaben erfüllen Pumpen allgemein?

2. Nennen Sie verschiedene Verdrängerpumpen.

3. Welche Anwendungsgebiete haben Kreiselpumpen?

4. Beschreiben Sie das Funktionsprinzip einer Kreiselpumpe.

5. Worin unterscheiden sich Trockenläuferpumpen von Nassläuferpumpen?

6. Was ist bei der Montage von Kreiselpumpen zu beachten?

7. Warum kann eine Kreiselpumpe nur im entlüfteten Zustand funktionieren?

8. Welche Aufgabe erfüllen die unterschiedlichen Laufräder, die für Kreiselpumpen eingesetzt werden?

9. Welchen Zusammenhang zeigt
a) eine Pumpenkennlinie?
b) eine Rohrnetzkennlinie?

10. Was hat innerhalb eines Rohrnetzes Einfluss auf die Rohrnetzkennlinie?

11. Was ist der Betriebspunkt einer Pumpe oder eines Rohrnetzes?

12. Versehentlich wird ein schlecht entgratetes Rohrstück in ein Rohrnetz eingebaut. Welche Auswirkungen hat dies auf die gesamte Anlage?

13. In einem Rohrsystem wird ein Ventil teilweise geschlossen. Erläutern Sie das Verhalten der Anlage, wenn sich dadurch der Betriebspunkt der Anlage von Betriebspunkt 1 nach Betriebspunkt 2 verschiebt.

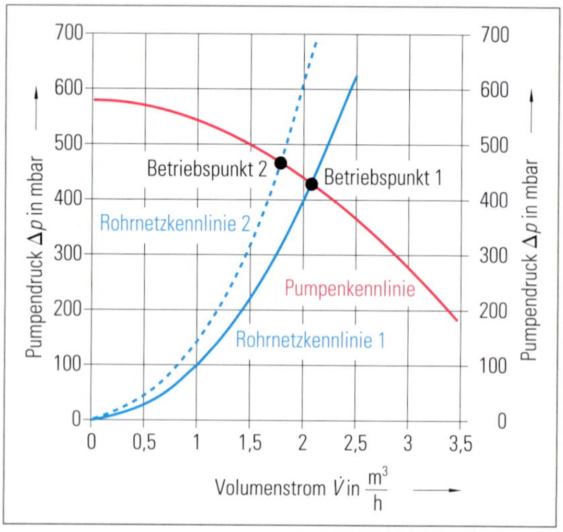

Betriebspunktänderung

6 Hebezeuge

Sowohl in der Fertigung, Lagerwirtschaft als auch bei der Montage werden häufig Lasten mit Hebezeugen *(hoists)* bewegt bzw. positioniert (Bild 1).

Lastaufnahmeeinrichtungen

Der Fachausdruck Lastaufnahmeeinrichtung *(load suspension device)* ist der Oberbegriff für

- **Tragmittel** *(load-bearing medium)*
- **Lastaufnahmemittel** *(load-carrying equipment)*
- **Anschlagmittel** *(sling)*

Kettenzug	**Brückenkran (Laufkran)**	**Schwenkkran**

Ketten- und Seilzüge werden im **Werkstattbereich** zum Heben geringer Lasten (2 ... 4 Tonnen) verwendet.	Brücken- bzw. Laufkrane dienen dem Materialtransport in **Werkshallen** und überspannen diese daher meist. Je nach Ausführung können sie Lasten bis ca. 100 t bewältigen.	Schwenkkrane werden meist bei der **Montage** zum Heben von Lasten bis ca. 10 t eingesetzt.
Hebebühne/Scherenhubtisch	**Portalkran**	**Manipulator**

Hebebühnen/Scherenhubtische werden in der Verlade- und Lagertechnik sowie bei der Fertigung, Montage und Instandhaltung verwendet. Sie heben Lasten bis ca. 2 t.	Portalkrane für den Handbetrieb finden Verwendung im Werkstattbereich bei der Fertigung und Montage. Sie heben Lasten bis zu 1 t.	Manipulatoren sind Handhabungsgeräte (Hebehilfen), die mit speziellen Greifmitteln bei der Montage in manchen Fällen unentbehrlich sind (vgl. Lernfeld 13). Je nach Ausführung heben sie Lasten bis zu 1 t.

***1** Hebezeuge für verschiedene Anwendungsgebiete*

Ein sicherer Transport von Lasten mit Hebezeugen ist nur dann gewährleistet, wenn die Fachkraft die für das Heben der Last geeigneten Lastaufnahme- und Anschlagmittel auswählt.

Die Lastaufnahme- und Anschlagmittel

- müssen für den jeweiligen Verwendungszweck geeignet sein,
- dürfen bei bestimmungsgemäßer Verwendung nicht über ihre Tragfähigkeit hinaus belastet werden und
- müssen sich in einem betriebssicheren Zustand befinden.

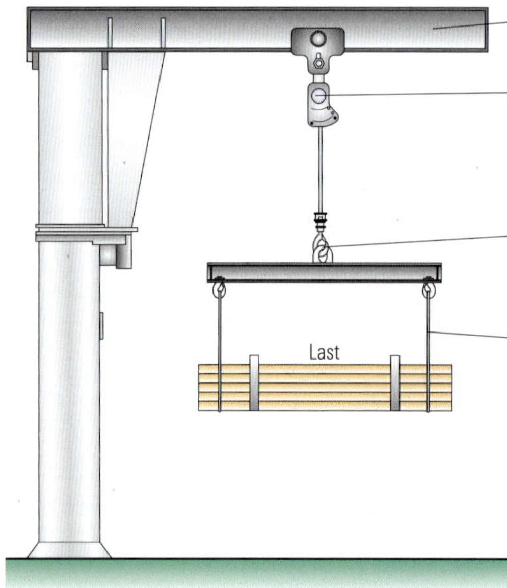

Hebezeuge wie z. B. Brückenkran oder Wandkran dienen zum Anheben von Lasten

Tragmittel wie z. B. Traversen und Kranhaken sind Einrichtungen, die **fest** mit dem Hebezeug **verbunden** sind.
Sie dienen zur Aufnahme von Anschlagmitteln oder direkt der jeweiligen Last.

Lastaufnahmemittel sind z. B. Kübel, Greifer, Lasthebemagnete, Traversen oder Zangen. Sie dienen zum Aufnehmen der Last und werden mit dem Tragmittel des Hebezeugs verbunden.

Anschlagmittel wie z. B. Ketten, Seile oder Bänder sind Einrichtungen, die eine Verbindung zwischen Tragmittel und Last bzw. zwischen Tragmittel und Lastaufnahmemittel herstellen.

Die folgende Übersicht vergleicht die gebräuchlichsten Anschlagmittel bezüglich ihrer jeweiligen Einsatzgebiete.
Damit eine Last von einem Kran angehoben werden kann, müssen entsprechende Lastaufnahmeeinrichtungen verwendet werden. An diesen befestigt die Fachkraft die anzuhebende Last – die Last wird von ihr **angeschlagen** *(fastened)*.

Rundstahlkette

Vorteile
- robust
- langlebig
- unempfindlich gegen Kanten und raue Oberflächen
- hitzebeständig
- leicht und sicher längenverstellbar
- Baukasten: sehr variabel

Nachteile
- keine Eigensteifigkeit (Durchschieben)
- aufwendige Prüfung

Einsatzgebiete
Rauer Betrieb, wo es weniger auf die Oberfläche der Last ankommt.

Hebebänder und Rundschlingen
(Polyester oder Polyamid)

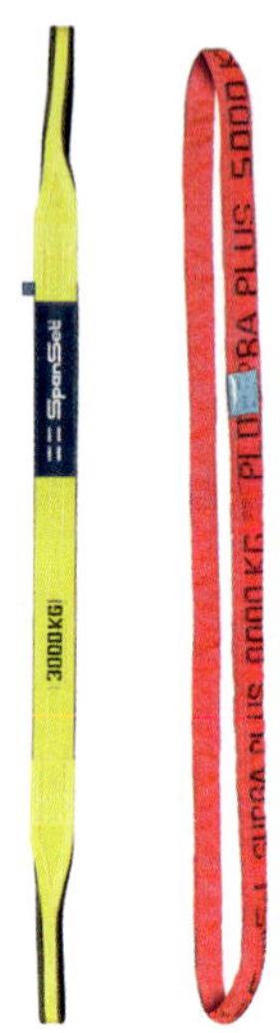

Vorteile
- hohe Tragfähigkeit bei geringem Eigengewicht
- leichte Handhabung, gut für Schnürgang
- Hebebänder eigensteif
- lastschonend, rutschhemmend

Nachteile
- nicht verkürzbar
- sehr empfindlich (raue Oberflächen, scharfe Kanten, Hitze)
- Hebeband für Schrägzug ungeeignet

Einsatzgebiete
Überall, wo leichte und Oberflächen schonende Anschlagmittel erforderlich sind, jedoch keine rauen Bedingungen herrschen.

Stahldrahtseile

Vorteile
- eigensteif
- preisgünstig
- in jeder Länge

Nachteile
- nicht verkürzbar
- empfindlich gegen scharfe Kanten
- Verletzungsgefahr bei Drahtbrüchen

Einsatzgebiete
Überall, wo leichte, eigensteife und relativ robuste Anschlagmittel gefordert sind.

Natur- und Chemie-Faserseile

Vorteile
- leicht zu handhaben
- in jeder Länge herstellbar
- preisgünstig

Werkstoffe	**Natur**	**Chemie**
	Manila	Polyamid
	Hanf	Polyester
		Polypropylen

Nachteile
- geringe Tragfähigkeit
- Brennbarkeit
- Verrottung

Einsatzgebiete
Überall, wo leichte und Oberflächen schonende Anschlagmittel erforderlich sind, jedoch keine rauen Betriebsbedingungen herrschen.

6.1 Anschlagen von Lasten

Beim Umgang mit **Hebezeugen** *(hoists)* sind einige wichtige Verhaltensregeln bzw. Vorschriften einzuhalten[1].

MERKE
Personen, die Lasten anschlagen (anbinden) und diese anheben, müssen dafür ausgebildet bzw. unterwiesen sein.

Viele Unfälle geschehen beim innerbetrieblichen Transport von Lasten. Ursachen hierfür sind:
- Verhaltensfehler beim Anschlagen der Last
- Mängel an den Hebezeugen und den Lastaufnahmeeinrichtungen

Um den **Transport** *(transport)* einer Last mit einem Kran ohne Überlastung durchführen zu können, sind Angaben über die Größe der anzuhebenden Last erforderlich. Die maximal zulässige Tragfähigkeit des Krans darf nicht überschritten werden.
Häufig kommt es durch die mangelhafte Befestigung des Anschlagmittels direkt an der Last oder am Kranhaken zu Unfällen. Die Fachkraft muss beim Anschlagen (Anbinden) der Last mit den ausgewählten Lastaufnahme- und Anschlagmitteln u. a. Folgendes beachten (Auswahl):
- Es müssen immer sichere Anschlagpunkte an der Last gewählt werden.
- Lastaufnahmeeinrichtungen dürfen nur bis zu ihrer maximal zulässigen Tragfähigkeit beansprucht werden. Bei Seilen, Bändern und Ketten darf der Spreizwinkel von 120° bzw. ein Neigungswinkel von 60° nicht überschritten werden (Bild 1). Die auftretenden Seilkräfte würden sonst unzulässig hoch (Kräftezerlegung). Die Angaben über die

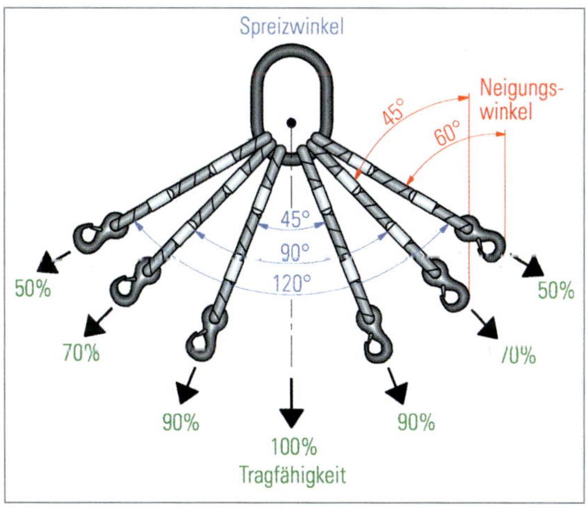

1 *Tragfähigkeit von Lastaufnahmemitteln in Abgängigkeit vom Spreiz- bzw. Neigungswinkel*

2 *Kennzeichnungsschild für eine Anschlagkette*

1) Es sind immer die jeweiligen Vorschriften der Berufsgenossenschaften in ihrer jeweils gültigen Fassung zu beachten.

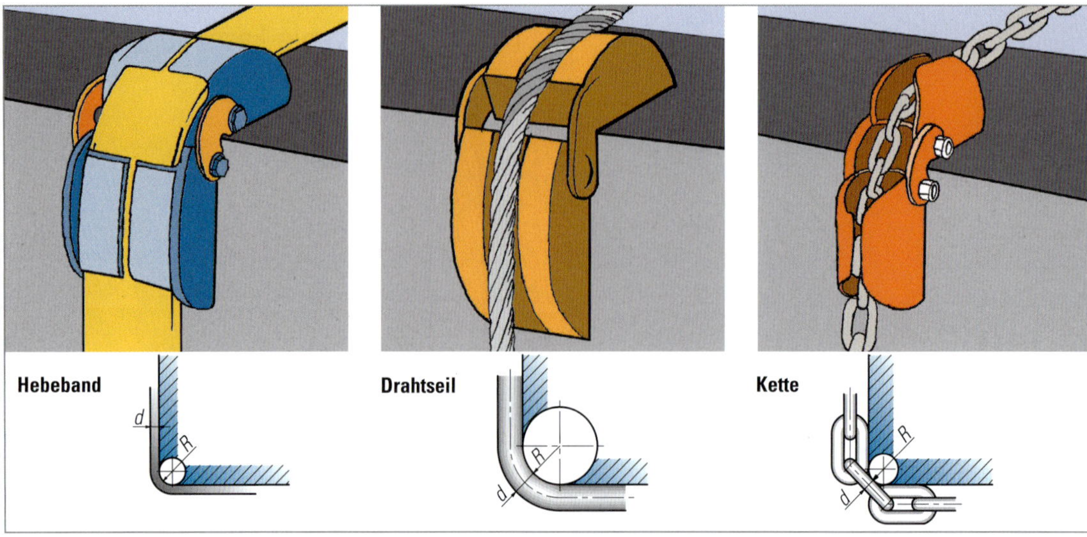

1 Kantenschutz für scharfkantige Lasten

zulässigen Tragfähigkeiten in Abhängigkeit vom Spreizwinkel müssen z. B. an Ketten auf einer Plakette angebracht sein.

- Ketten, Seile und Bänder dürfen nicht über scharfe Kanten gezogen werden. Eine Kante gilt dann als scharf, wenn der Kantenradius *R* der Last kleiner als der Durchmesser *d* des Seils, die Nenndicke *d* der Rundstahlkette oder die Dicke *d* des Hebebandes ist. Falls erforderlich muss ein Kantenschutz verwendet werden (Bild 1).
- Die Fachkraft muss einen sicheren Standplatz haben. Sie muss im Gefahrenfall ausweichen können. Sie darf dabei niemals zwischen der Last und einer Wand, Maschine oder sonstiger Einrichtung stehen, da sie keine Ausweichmöglichkeit hat, wenn die Last ins Pendeln kommt.
- Der Kranhaken muss mittig über dem Schwerpunkt der Last stehen, da die Last sonst beim Anheben ins Pendeln kommt und Personen gefährdet, die zu nahe an der Last stehen. Pendelt die Last beim Anheben, niemals versuchen, sie mit der Hand anzuhalten (Bild 2)!
- Beim Einweisen ist es wichtig, dass der Einweiser die Zeichen so gibt, wie sie aus Sicht des Kranführers eindeutig sind (Bild 3).

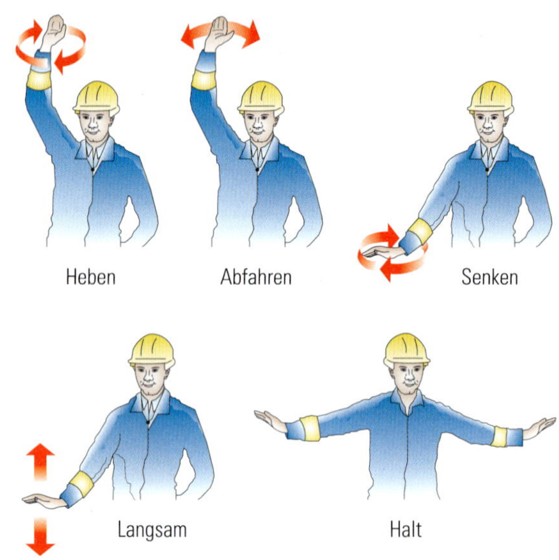

3 Verständigungszeichen für den Kranbetrieb

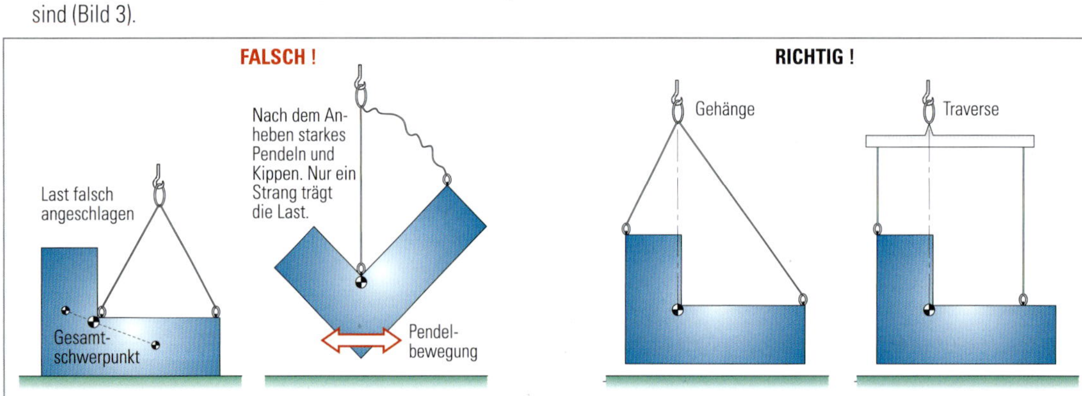

2 Schwerpunkt der Last

6.2 Sicherheitseinrichtungen

Zusätzlich zur normalen Arbeitskleidung hat die Fachkraft zusätzliche **persönliche Schutzmaßnahmen** *(protective arrangments)* zu ergreifen (Bild 1).

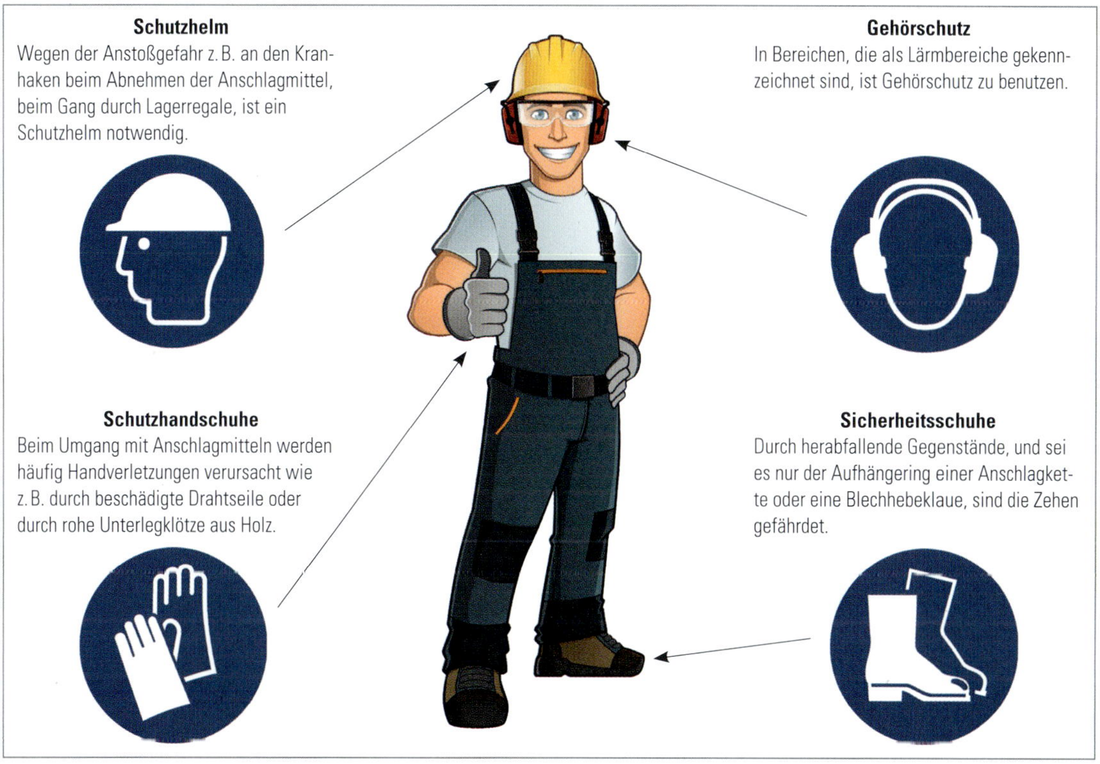

1 Persönliche Schutzausrüstung zusätzlich zur Arbeitskleidung

ÜBUNGEN

1. Nennen Sie Hebezeuge, die zum Heben von Lasten innerhalb der Montage besonders geeignet sind.
2. Nennen sie Hebezeuge, die in Ihrem Ausbildungsbetrieb zu finden sind.
   Welche Lasten können damit jeweils maximal gehoben werden?
   Vergleichen Sie Ihre Ergebnisse innerhalb Ihrer Klasse.
3. Nennen Sie verschiedene
   a) Lastaufnahmemittel
   b) Anschlagmittel
4. Sie haben die Aufgabe bekommen, Stangenmaterial (Vierkantrohr) aus dem Materiallager zu einer Bandsäge mit einem Brückenkran zu transportieren. Welches Anschlagmittel wählen sie. Begründen Sie ihre Auswahl.
5. Nennen Sie für folgende Anschlagmittel die geeigneten Einsatzgebiete:
   a) Rundstahlketten
   b) Hebebänder
   c) Stahldrahtseile
6. Woher erhalten Sie Informationen darüber, wie viel ein Anschlagmittel maximal tragen darf?
7. Wer darf ein Hebezeug bedienen?
8. Welches sind häufige Unfallursachen beim Heben von Lasten?
9. Was ist von Ihnen beim Anschlagen von Lasten besonders zu beachten?
10. Welche persönlichen Schutzmaßnahmen sind von Ihnen im Zusammenhang mit dem Heben von Lasten zu ergreifen?
11. Welche Maßnahme muss beim Anschlagen von scharfkantigen Lasten getroffen werden?
12. Wann ist eine Last scharfkantig?
13. Wo muss sich der Kranhaken befinden, wenn eine Last angehoben wird?

7 Schweißen

7.1 Metall-Schutzgasschweißen

Beim Metall-Schutzgasschweißen (MSG) *(gas metal arc welding)* wird der Lichtbogen zwischen einer abschmelzenden Drahtelektrode und dem Werkstück gebildet. Der Draht wird dabei kontinuierlich von einer Rolle mit einer Zuführeinrichtung nachgeführt. Zur Abschirmung vor Sauerstoff wird das Schweißbad mit einem Schutzgas umhüllt.

Die Schutzgase werden in **Inertgas**[1] *(inert gas)* und **Aktivgas** *(metal active gas)* unterschieden. Die Verfahrensbezeichnung ändert sich dabei:

- MIG (**M**etall-**I**nert**g**asschweißen) *(MIG welding)*
- MAG (**M**etall-**A**ktiv**g**asschweißen) *(MAG welding)*

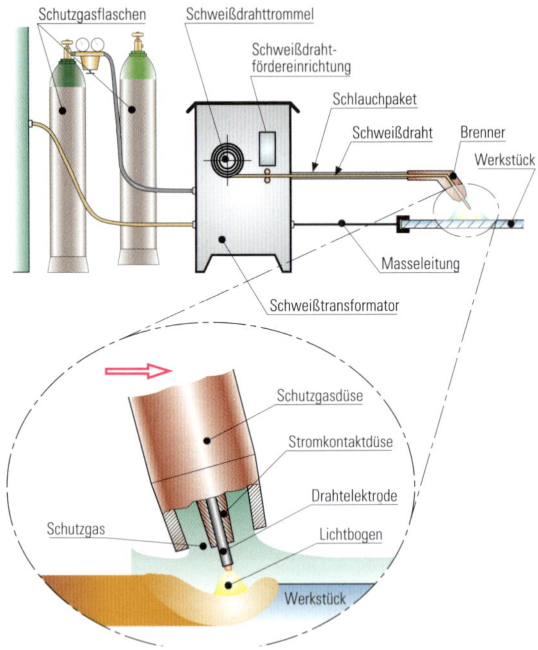

7.1.1 MAG-Schweißverfahren

Das MAG-Schweißverfahren *(MAG-welding process)* eignet sich für unlegierte und legierte Stähle. Es werden aktive Gase wie z. B. CO_2 oder Gasgemische wie Argon mit Sauerstoff bzw. Argon mit CO_2 verwendet. Ein aktives Schutzgas beeinflusst die Lichtbogenbildung, das Werkstoffverhalten während des Schweißvorgangs und die Schweißnahtbildung.

7.1.2 MIG-Schweißverfahren

NE-Metalle und legierte Stähle werden bei Anwendung von MIG-Schweißverfahren *(MIG-welding processes)* mit inerten Schutzgasen (Argon, Helium und deren Gemische) geschweißt. Die Schweißnähte dieser Metalle sollten nicht chemisch mit der Umgebungsluft reagieren. Inerte Gase erfüllen diese Forderung, indem sie die Umgebungsluft verdrängen und nicht mit der Schmelze chemisch reagieren.

Unlegierte und legierte endlose Drahtelektroden werden gezogen und mit verkupferter Oberfläche geliefert. Die Verkupferung dient der Verringerung des Gleitwiderstands und des verbesserten Kontakts mit der Stromkontaktdüse.

7.1.3 MIG/MAG-Schweißanlagen

Bild 1 zeigt eine MIG/MAG-Schweißanlage *(welding facility)*. Sie besteht hauptsächlich aus einer Gleichstromquelle, dem Schutzgas, einer Drahtzuführeinrichtung, einem Schlauchpaket für den Draht und dem Schutzgas sowie aus einem Schweißbrenner.

Das Metall-Schutzgasschweißen ist für das Verbindungsschweißen in allen Positionen sowie für das Auftragsschweißen geeignet.

1 *MIG/MAG-Schweißanlage*

1) inert: reaktionsträge

7.2 Wolfram-Schutzgasschweißen

Eine **WIG-Schweißanlage** (Bild 1) besteht im Wesentlichen aus dem Schutzgas, dem Schweißtransformator (in der Regel wird mit Gleichstrom geschweißt), aus einem Schlauchpaket für die Stromleitung, der Wasserkühlung und dem Schutzgas sowie dem wassergekühlten Brenner. Die Brennerart unterscheidet sich beim Plasmaschweißen gegenüber dem WIG-Schweißen.

Moderne Stromquellen bereiten den Wechselstrom mithilfe elektronischer Komponenten so auf, dass ein künstlicher rechteckförmiger Wechselstrom erzeugt wird. Hierdurch wird das Schweißverhalten begünstigt.

7.2.1 Wolfram-Inertgasschweißen

Beim Wolfram-Inertgasschweißen (WIG) *(tungsten-inert gas welding)* brennt ein Lichtbogen zwischen Elektrode und Werkstück. Die Elektrode aus Wolfram schmilzt dabei kaum ab. Die Elektrode hat eine Brenndauer von 30 … 300 h. Der Grund hierfür liegt in der hohen Schmelztemperatur von Wolfram (ca. 3390 °C). Den Schutz vor dem umgebenden Luftsauerstoff erreicht ein inertes Schutzgas (Argon, Reinheit min. 99,99 Vol.-%, Stickstoff, Helium).

Häufig wird beim Schweißen von Aluminium Helium verwendet. Der Einbrand der Naht wird dadurch verbessert.

Dünne Bleche werden ohne Schweißzusatz geschweißt. Bei dicken Blechen wird ein Massivdraht von Hand (ähnlich wie beim Gasschmelzschweißen) oder maschinell zugeführt.

Die **Brennerführung** *(blowpipe guidance)* erfolgt nach dem Prinzip des Nachlinksschweißens, d. h., der Zusatzstab läuft vor dem Brenner her. Dieser ist leicht in Schweißrichtung geneigt. Der Zusatzstab wird tupfend in das Schmelzbad eingebracht.

7.2.2 Plasmaschweißen

Das Plasmaschweißverfahren *(plasma arc welding process)* gehört zu den Wolfram-Schutzgasschweißverfahren. Der Aufbau der Schweißanlage entspricht dem des WIG-Schweißverfahrens. Im Gegensatz zum WIG-Schweißen ist der Lichtbogen jedoch stark eingeschnürt (Bild 2). Die Einschnürung wird durch eine besondere Brennerkonstruktion erreicht. Neben der mecha-

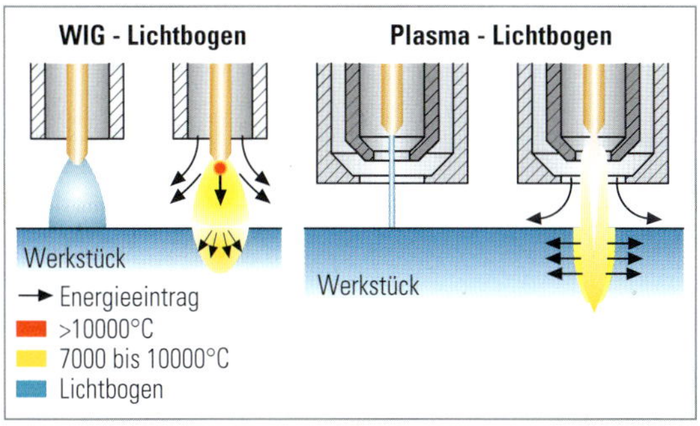

2 Vergleich von WIG- und Plasmalichtbogen und Temperaturverteilung

1 WIG-Schweißanlage

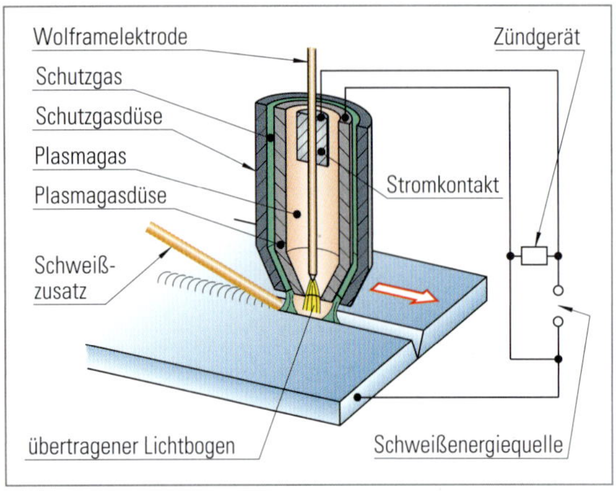

***1** Plasmaschweißverfahren*

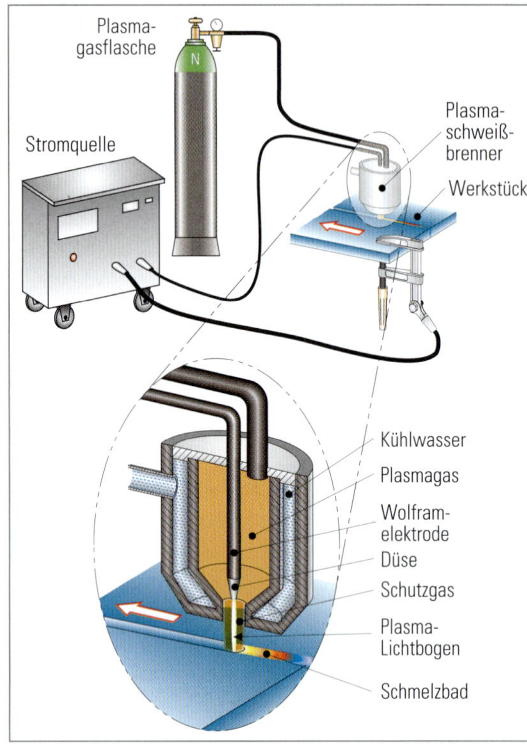

***2** Stichlochtechnik*

nischen Einschnürung kommt noch eine thermische Einschnürung durch kaltes Schutzgas außerhalb der Düse hinzu (Bild 1). Das Plasmaschweißverfahren eignet sich durch seine hohe Energiedichte zum Schweißen von legierten Stählen mit geringen Wanddicken.

Die **Stichlochtechnik** *(plug weld)* (Bild 2) ist eine besondere Schweißtechnik. Dabei durchstößt der Plasmastrahl den gesamten Werkstoff. Dadurch wird die Energie des Lichtbogens auf die gesamte Bauteilstärke übertragen. Das flüssige Metall wird vom Plasmastrahl zur Seite gedrängt. Hinter der sich bildenden Schweißöse fließt die Schmelze wieder zusammen. Die Stichlochtechnik erfordert eine präzise Brennerführung und wird ausschließlich automatisiert angewendet. Vorteil dieses Verfahrens ist der Tiefschweißeffekt (hohe Festigkeiten) und gegenüber dem WIG-Schweißverfahren die hohe Schweißgeschwindigkeit (Wirtschaftlichkeit).

7.3 Widerstandspressschweißen

Die Widerstandspressschweißverfahren *(resistance pressure welding)* verbinden Werkstücke durch Wärme und Druck. Die Wärme entsteht durch elektrischen Strom. Die höchste Wärmeentwicklung entsteht dabei an den Stellen des größten Widerstands im Stromkreis (siehe Lernfeld 4). Der größte elektrische Widerstand und damit die höchste Temperatur ϑ ergibt sich jeweils an den Kontaktstellen der zu verbindenden Werkstücke und den Elektroden (Bild 3). Die bei diesem Prozess entstehenden Temperaturen im Kontaktbereich der Werkstücke reichen aus, Stahl zu schmelzen und eine Schweißverbindung herzustellen.

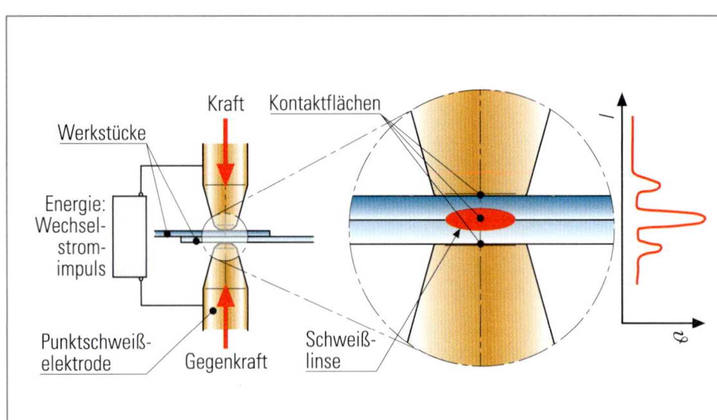

***3** Punktschweißverfahren*

7.3.1 Widerstands-Punktschweißen

Beim Widerstands-Punktschweißen *(resistance spot welding)* (Seite 426 Bild 3) werden zwei Strom führende Elektroden auf die zu verbindenden Bleche geführt. Die Elektroden pressen die Bleche aufeinander. Durch den folgenden Stromdurchgang infolge des Übergangswiderstands erwärmt sich der Kontaktbereich örtlich. Im Außenbereich der Bleche kann die Wärme gut in die relativ kühl bleibenden Kupferelektroden abfließen. Im Kontaktbereich der Bleche entsteht jedoch ein Wärmestau. Es bildet sich an der Kontaktfläche der Bleche eine Schweißlinse. Der Werkstoff wird teigig und schmilzt. Nachdem die Stromzufuhr beendet wird, erstarrt die Schmelze in der Schweißlinse. Der Schweißvorgang ist beendet und die Elektroden werden von den Blechen gelöst.

Punktschweißverbindungen bei der Montage von Karosserieteilen ist einer der häufigsten Anwendungsbereiche.

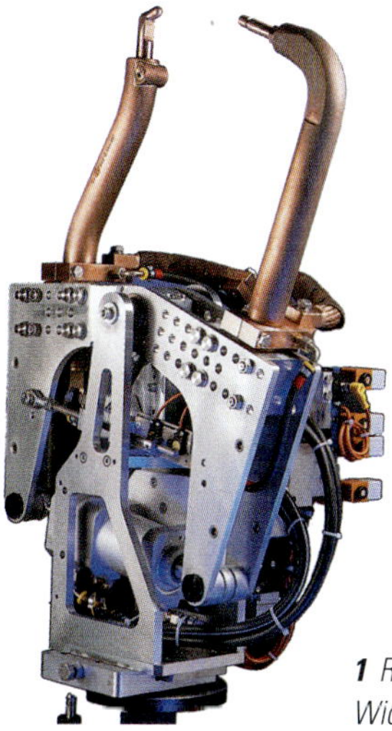

1 *Roboter-Schweißzange zum Widerstands-Punktschweißen*

7.3.2 Rollennahtschweißen

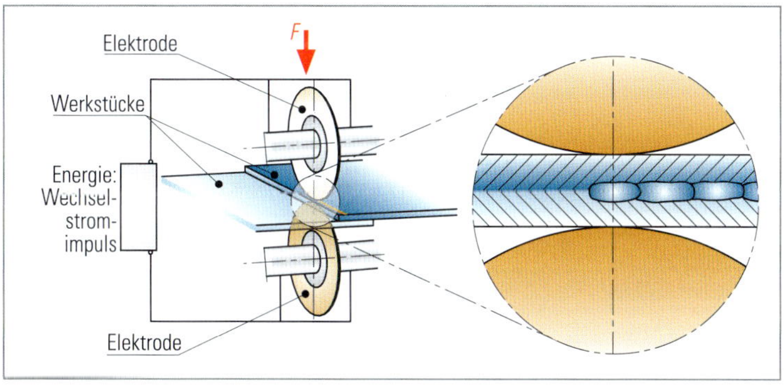

2 *Entstehung einer dichten Naht beim Rollennahtschweißen*

3 *Rollennahtschweißen*

Beim Abrollen scheibenförmiger Elektroden werden durch Stromstöße Schweißpunkte erzeugt (Bild 2). Die dabei entstehenden Schweißlinsen überlappen sich. Auf diese Weise lassen sich flüssigkeits- und gasdichte Schweißnähte erzeugen.

Anwendung findet dieses Verfahren *(continuous seam welding)* beim Herstellen von dünnwandigen Behältern und Rohren (Bild 3).

7.4 Bolzenschweißen

Bolzenschweißen *(stud welding)* dient zum Verbinden stiftförmiger Teile (Bolzen) mit flächigen Werkstücken (Bild 4) durch Pressschweißen. Die Verbindung erfolgt im plastischen oder flüssigen Zustand der Schweißzone.

Die einzelnen Verfahren werden nach der Art der Wärmeeinbringung unterschieden.

4 *Auf Blech geschweißter Gewindebolzen*

7.4.1 Lichtbogenbolzenschweißen

Sehr große wirtschaftliche Bedeutung, universelle Einsatzmöglichkeiten durch handliche, transportable Geräte, sehr kurze Schweißzeit, geringe Wärmeeinbringung, große Stückzahlen durch Automatisierung möglich, hohes Qualitätsniveau der Schweißverbindungen.

7.4.1.1 Lichtbogenbolzenschweißen mit Hubzündung

Mit den Hubzündungsverfahren (Seite 428 Bild 1) lassen sich Bolzen aus unlegierten, nicht rostenden und hitzebeständigen Stählen sowie aus Aluminium bzw. Aluminiumlegierungen aufschweißen. Dabei sind sowohl artgleiche als auch artfremde Bolzen-Grundwerkstoff-Kombinationen möglich. Das Verfahren wird für Bolzen ∅3 ...25 mm eingesetzt. Typische Anwendungsgebiete sind z.B. Stahlbau, Brückenbau, Schiffbau, Fahrzeugbau, Maschinenbau und Behälterbau.

Die Bewegungsvorrichtung wird mit einer Abstützeinrichtung auf das Werkstück aufgesetzt. Beim Abheben durch den Hubmechanismus wird der Lichtbogen gezündet. Zuerst brennt ein Vorlichtbogen, nach dem Abheben wird ein Hauptlichtbogen zwischen Bolzen und Werkstück gezündet. Bolzenstirnfläche

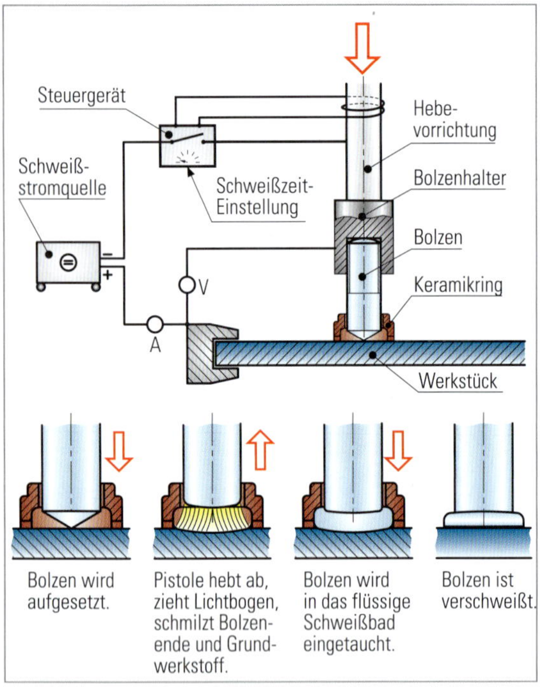

1 Lichtbogenbolzenschweißen mit Hubzündung

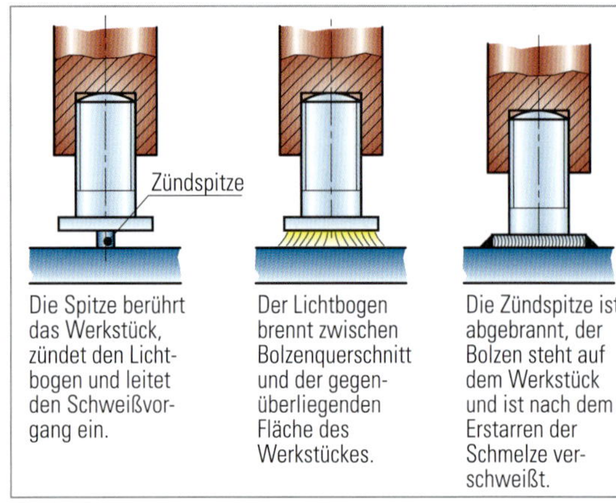

2 Lichtbogenbolzenschweißen mit Spitzenzündung

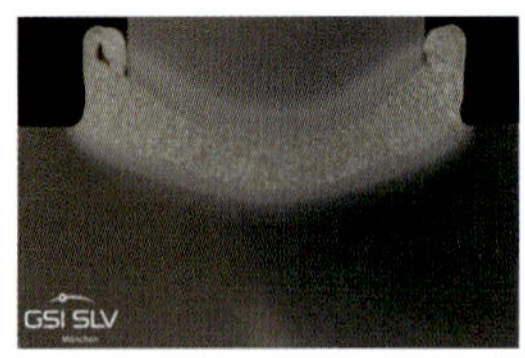

3 Hubzündungsschweißung

4 Spitzenzündungsschweißung

und Grundwerkstoff schmelzen dabei an (Bild 1). Nach Ablauf der Schweißzeit taucht der Bolzen mit geringer Kraft in das Schmelzbad ein; kurz danach wird der Strom abgeschaltet.
Zur Lichtbogenkonzentration und -stabilisierung ist bei Bolzen > ∅16 mm ein **Keramikring** (Bild 1) erforderlich.
Schutzgas wird alternativ zum Keramikring eingesetzt. Es reduziert die Porenbildung im Schweißgut. Der Lichtbogen brennt gleichmäßiger und stabiler. Der Einsatz ist sehr empfehlenswert für die Serienfertigung und bei hohen Qualitätsanforderungen im Kurzzeitbolzenschweißbereich.

7.4.1.2 Lichtbogenbolzenschweißen mit Spitzenzündung

Mit dem Bolzenschweißen mit Spitzenzündung (Bild 2) lassen sich Bolzen aus unlegierten und legierten Stählen, aber auch aus Aluminium und Messing schweißen.
Das Lichtbogenbolzenschweißen mit Spitzenzündung ist ein Kondensatorentladungsschweißen, bei dem der Lichtbogen durch eine Zündspitze an der Bolzenstirnseite gezündet wird. Länge und Durchmesser der Zündspitze beeinflussen die Schweißqualität.
Typische Anwendungsgebiete sind der Haushaltsgerätebau, Gehäusebau, Fassadenbau und Fahrzeugbau.

7.4.2 Reibbolzenschweißen

Beim Reibbolzenschweißen erfolgt die Wärmeeinbringung mechanisch durch Reibungswärme – unter drehender (oder translatorischer) Relativbewegung und gleichzeitiger Krafteinwirkung an den Fügeflächen.

7.5 Unfallverhütung

- Es ist Schutzkleidung zu tragen, da die Augen und die Haut vor der ultravioletten Strahlung und vor der Wärmeeinwirkung geschützt werden müssen.
- Der Schweißraum ist gut zu be- und entlüften.
- Der Schweißplatz ist so abzuschirmen, dass er von außen nicht eingesehen werden kann.
- Weitere Vorschriften der Berufsgenoss. sind, je nach Anwendungsgebiet des Schweißverfahrens, zu beachten.

Schweißverfahren	zu schweißender Werkstoff
MAG	unlegierte und legierte Stähle
MIG	legierte Stähle, NE-Metalle (u. a. Aluminium, Kupfer, Titan und deren jeweilige Legierungen wie z. B. CuMn5 oder CuNi40)
WIG	legierte Stähle, NE-Metalle (u. a. Aluminium, Kupfer, Titan und deren jeweilige Leg.)
Plasma	unlegierte Stähle, legierte Stähle (Edelstähle), NE-Metalle
Widerstands-Punkt-schweißen	unlegierte und legierte Stähle, NE-Metalle (u. a. Aluminium, Kupfer, Titan und deren jeweilige Legierungen wie z. B. EN AW-5754 [AlMg3])
Rollennaht-schweißen	unlegierte und legierte Stähle, NE-Metalle (u. a. Aluminium, Kupfer, Titan und deren jeweilige Legierungen)
Lichtbogenbolzenschweißen	unlegierte und legierte Stähle

7.6 Schweißfehler

Nur eine fehlerfreie Schweißnaht kann Kräfte optimal übertragen. Fehler innerhalb der Schweißnaht *(defects in welding)* setzen diese Fähigkeit herab. Dies führt aber nicht zwangsläufig zu einem Versagen der Schweißnaht. Welcher Fehler einer Naht noch zulässig ist, lässt sich daher nur im Einzelfall von einer Fachkraft beurteilen.
Schweißnähte können nach ihrem inneren und äußeren Befund beurteilt werden (Tabelle Bild 1). Aus Kostengründen werden nur besonders stark beanspruchte Bauteile nach ihrem inneren Befund beurteilt. Dafür geeignete Prüfverfahren zeigt folgende Tabelle. Eine Beschreibung der Verfahren finden Sie im Lernfeld 12 im Kapitel 5.

Zerstörende Prüfmethoden	Zerstörungsfreie Prüfmethoden
Mechanisch-technologische Prüfverfahren wie z. B. ■ Biegeversuch ■ Kerbschlagbiegeversuch ■ Härteprüfung	Visuelle Prüfung
Metallografische Prüfverfahren wie z. B. ■ Makroschliff ■ Mikroschliff ■ Fraktografie	Magnetpulverprüfung Röntgenprüfung Ultraschallprüfung Farbeindringverfahren

MERKE
Tragende Konstruktionen dürfen nur von Fachkräften geschweißt werden, die durch entsprechende Prüfungen nach DIN EN 287-1 dazu befugt sind.

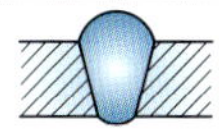	Nahtüberhöhung	z. B. zu langsam geschweißt
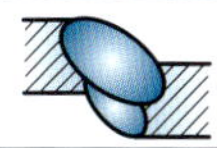	Kantenversatz	z. B. unsauber geheftet
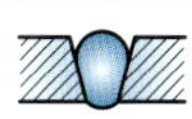	Randkerben	z. B. zu wenig gependelt
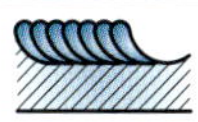	offene Endkrater	z. B. zu schnell die Elektrode abgezogen
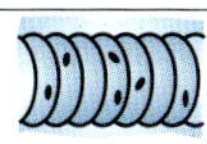	sichtbare Poren	z. B. zu schnell abgekühlt
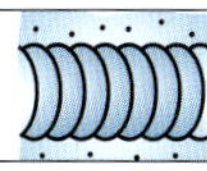	Schweißspritzer	z. B. Einstellgröße falsch gewählt
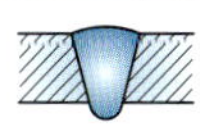	Wurzelüberhöhung	z. B. zu langsam geschweißt
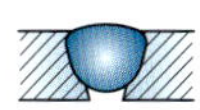	nicht durchgeschweißte Wurzel	z. B. zu wenig Wärme, zu schnell geschweißt
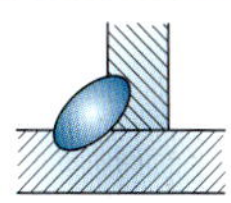	Nahtüberhöhung	z. B. zu langsam geschweißt
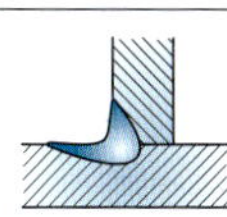	Ungleichschenkligkeit	z. B. falsche Elektrodenführung
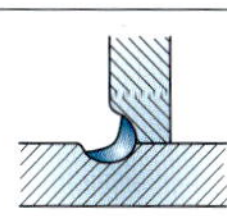	Einbrandkerbe	z. B. zu viel Wärme

ÜBUNGEN

1. Beschreiben Sie das Verfahrensprinzip des Metall-Schutzgasschweißens.
2. Was unterscheidet inerte Gase von aktiven Gasen?
3. Was ist ein Plasma?
4. Welche Aufgabe hat das Schutzgas?
5. Welche Schutzgase werden eingesetzt?
6. Warum wird das WIG-Schweißen insbesondere zum Wurzelschweißen eingesetzt?
7. Beschreiben Sie die Stichlochtechnik beim Plasmaschweißen.
8. Worin unterscheidet sich das Plasmaschweißen von den anderen Schutzgasschweißverfahren?
9. Nennen Sie Einsatzgebiete für das Plasmaschweißen.
10. Beschreiben Sie das Funktionsprinzip einer Widerstandsschweißung.
11. Nennen Sie Einsatzmöglichkeiten für das
 a) Punktschweißverfahren
 b) Rollennahtschweißen
12. In welchen Bereichen wird das Lichtbogenbolzenschweißverfahren angewendet?
13. Beschreiben Sie das Verfahren einer Lichtbogenbolzenschweißung mit Spitzenzündung.
14. Nennen Sie Vorteile des Bolzenschweißverfahrens gegenüber anderen Schweißverfahren.
15. Nennen Sie verschiedene mögliche Schweißfehler, die durch optische Prüfung festgestellt werden können.
16. Welche allgemeinen Unfallverhütungsmaßnahmen haben Sie beim Schweißen zu beachten.

Kleben

8 Kleben

Durch Kleben *(adhesive bonding)* werden Werkstoffe miteinander gefügt. Da eine Klebstoffverbindung ohne Zerstörung der Verbindung nicht gelöst werden kann, gehört dieses Fügeverfahren zu den **unlösbaren Verbindungen** *(non-detachable joinings)*.

Klebstoffverbindungen finden in vielen Teilen der Montage Anwendung. Bild 1 zeigt die Klebstoffverbindungen von Leichtbauplatten.

Die Bindungskräfte an den Grenzflächen zwischen Werk- und Klebstoff lassen sich in **form-** und **stoffspezifische Haftkräfte** *(shape and material specific peel adhesions)* unterteilen.

Der **formspezifische Anteil** *(shape specific part)* an der Gesamtfestigkeit einer Klebstoffverbindung macht ca. 30 % aus. Dafür ist der geometrische Zustand der Werkstoffoberfläche verantwortlich. Die Rauigkeit einer Werkstückoberfläche ermöglicht es dem Klebstoff, in die entstehenden Bereiche der Oberfläche einzudringen und dort anzuhaften. Bei einer auftretenden Kraft in Richtung der Oberfläche wird der Klebstoff auf Abscherung beansprucht (Bild 2).

Der **stoffspezifische Anteil** *(material specific part)* an der Gesamtfestigkeit wird durch die Einzelfestigkeiten

- der Werkstücke (Kohäsion)
- der Grenzschichten (Adhäsion) und durch
- die Festigkeit der Klebstoffschicht (Adhäsion, Kohäsion)

bestimmt.

Einfluss auf die Haltbarkeit einer Klebstoffverbindung haben

- die Werkstückoberfläche,
- der zu klebende Werkstoff und
- die Klebstoffart.

Die innere Haftfähigkeit eines Klebstoffs beruht auf der **Kohäsion** *(cohesion)*. Die Festigkeit der Klebstoffschicht ist abhängig von der chemischen Zusammensetzung des Klebstoffs.

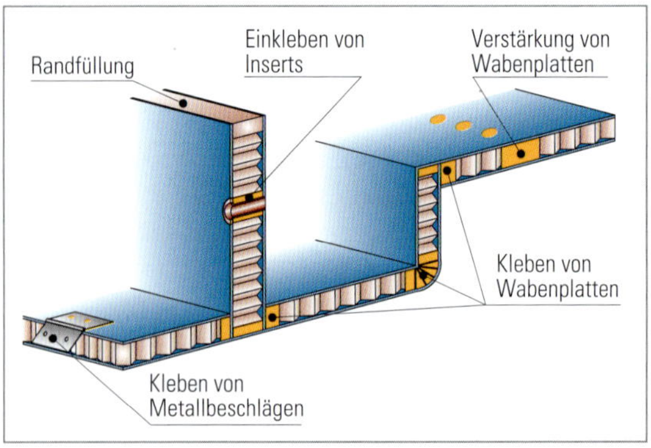

1 *Klebstoffverbindung von Leichtbauplatten*

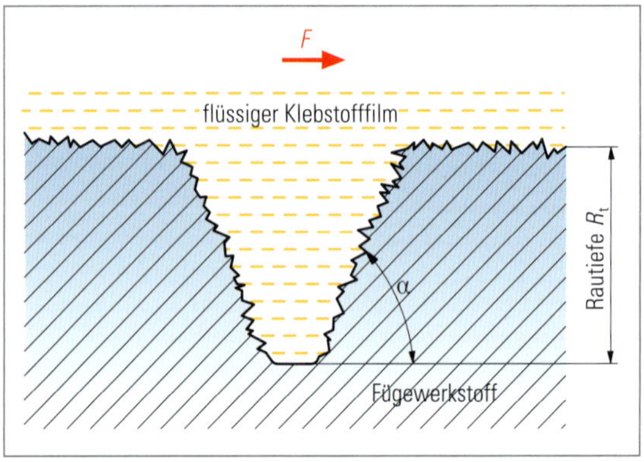

2 *Formspezifischern Anteil an der Gesamtfestigkeit einer Klebeverbindung*

Die Werkstückoberflächen müssen für eine gut haftende Klebstoffverbindung rau und schmutzfrei sein (siehe Lernfeld 3). Je größer die Benetzungsfläche des Klebstoffs ist, desto besser kann die **Adhäsion** *(adhesion)* zwischen Werkstück und Klebstoff wirken (Bild 3). Je besser sich ein Klebstoff auf der zu benetzenden Oberfläche verteilen kann, desto größer ist seine **Haftfestigkeit**. Ein Maß für die **Benetzungsfähigkeit** ist der **Benetzungswinkel** (Seite 431 Bild 1). Eine gute Oberflächenbenetzung erreichen Klebstoffe mit einem Benetzungswinkel von $\alpha < 30°$.

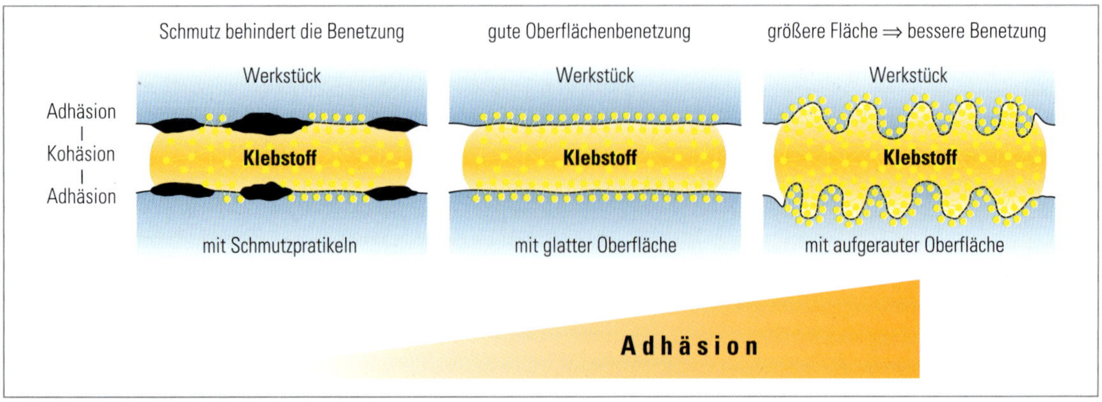

3 *Adhäsion und Kohäsion einer Klebstoffverbindung*

Die Werkstoffart der zu klebenden Bauteile ist ein weiteres Kriterium für die gute Haltbarkeit der Verbindung. Da Klebstoffe oft Kunststoffe sind, müssen die Moleküle des Kunststoffs gut an der Werkstückoberfläche anhaften. Während Klebstoffe gut an metallischen Oberflächen (z. B. Stahl, Chrom, Kupfer, Aluminium) haften, ist die Haftfähigkeit an thermoplastischen Kunststoffen (z. B. PE, PS, PVC) relativ gering. Daher müssen an Kunststoffen besondere Oberflächenbehandlungen (z. B. mechanische Erhöhung der Rauigkeit, chemische Behandlungen) vorgenommen werden um die notwendige Haftkraft zu gewährleisten.

Klebbare Werkstoffe

Alle metallischen und nichtmetallischen Werkstoffe sind grundsätzlich für das Kleben geeignet. Es müssen aber je nach Werkstoffart evtl. einige Besonderheiten beachtet werden.

An **Metallen** *(metals)* sind zu Erhöhung der Haftfähigkeit

- chemische (z. B. Beizen, Ätzen)
- elektrochemische (z. B. Anodisieren)
- mechanische (z. B. Strahlen, Schleifen, Bürsten)

Verfahren anzuwenden.

Bei Werkstoffen mit **schlechter Benetzbarkeit** *(poor wettability)* der Oberfläche sind **Haftvermittler** *(primer)* vor dem eigentlichen Klebvorgang auf die Oberflächen aufzutragen. Sie ermöglichen zum einen die gute Anhaftung an den zu klebenden Werkstoff und zum anderen die gute Bindung an den eigentlichen Klebstoff (Bild 1).

Des Weiteren sind die unterschiedlichen **Wärmeausdehnungskoeffizienten** *(thermal expansion coefficients)* der zu verklebenden Stoffe zu berücksichtigen. Es sind dann Klebstoffe zu wählen, die eine genügende Elastizität besitzen, Wärmedehnungen auszugleichen.

Duroplastische Kunststoffe *(thermosetting plastics)* werden nur aufgeraut und benötigen keine weitergehende Oberflächenbehandlung.

Einige **thermoplastische Kunststoffe** *(thermoplastics)* werden durch Auftragen geeigneter Lösemittel vorbereitet. Sie lösen die Oberfläche chemisch an und ermöglichen so die Anhaftung eines Klebstoffs.

Die Tabelle oben rechts zeigt die Klebbarkeit der thermoplastischen Kunststoffoberflächen. Welche Vorbehandlung im Einzelfall angewendet werden muss ist u. a. abhängig vom Oberflächenbehandlungsverfahren und der Klebstoffzusammensetzung (z. B. Lösungsmittel, Weichmacher). Die Herstellerangaben sind zu beachten.

Elastomere Kunststoffe *(elastomers)* sind im Allgemeinen gut klebbar. Eine Ausnahme ist Silikonkautschuk. Dieser kann nach Aufrauen der Oberfläche nur mit gleichartigen Silikon-Klebstoffen geklebt werden.

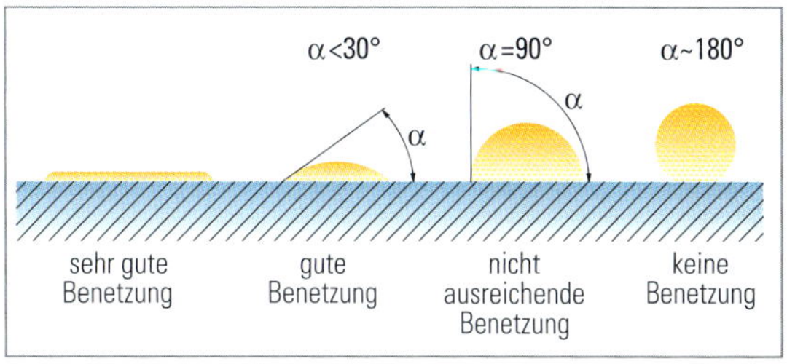

1 *Benetzung von Klebstoffen auf Oberflächen*

Kunststoff	Klebbarkeit
Polytetraflourethylen (PTFE)	nur mit spezieller Vorbehandlung klebbar
Polyethylen (PE) Polypropylen (PP)	ohne Vorbehandlung nur schwierig oder nicht klebbar
Polystyrol (PS) Polyisobutylen (PIB)	gut klebbar
Polyamid (PA) Polyethylenterephthalat (PET)	schwer klebbar
Polyvenylchlorid (PVC) Polymethylmethacrylat (PMMA)	gut klebbar

Klebverbindungen können auch **Dichtungsfunktionen** erfüllen. Bild 2 zeigt die Abdichtung eines Gehäusedeckels einer Zahnradpumpe.

Eigenschaften von Klebverbindungen mit Dichtungsfunktion

- Abdichten großer Spalte
- Elastische Anpassung bei Flanschbewegung
- Tolerierung von Oberflächenrauigkeiten
- Temperaturbereich: von -70 °C bis +260 °C, kurzzeitig bis +315 °C
- Gute Haftung auf zahlreichen Oberflächen
- Eingeschränkte chemische Verträglichkeit
- Nicht für Hochdruck- und stark beanspruchte Anwendungen geeignet

2 *Abdichten mit Klebstoff*

Vorteil von Klebstoffverbindungen	Nachteile von Klebstoffverbindungen
■ geringer Wärmeeintrag in den Werkstoff (geringer Bauteilverzug, Vermeidung aufwendiger Richtarbeiten) ■ Fügen wärmeempfindlicher Werkstoffe möglich ■ artverschiedene Werkstoffe stoffschlüssig fügbar ■ Verbindungsmöglichkeit für sehr dünne Fügeteile (z. B. Folien) ■ Flächenförmige Kraftübertragung ermöglicht die Leichtbauweise. ■ isolierende Wirkung der Klebschicht (Kontaktkorrosion wird vermieden) ■ Dichtfähigkeit ■ hohe Schwingungsdämpfung ■ Schallisolierende Wirkung der Klebschicht ■ Toleranzausgleich	■ Einfluss der Zeit auf den Verfahrensablauf (Klebstoffaushärtung) ■ Oberflächenvorbehandlung der Fügeteile i. a. erforderlich ■ Alterungsabhängigkeit von Klebschicht und Grenzschicht ■ geringe Schälfestigkeiten ■ kriechneigung der Klebschicht ■ geringe Schälbeanspruchung möglich 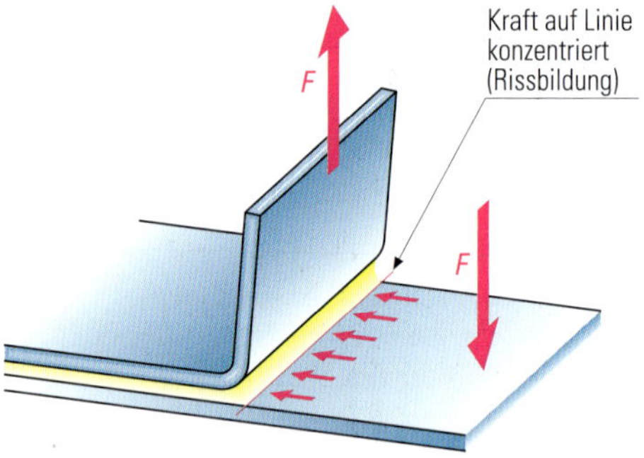

ÜBUNGEN

1. Wozu dienen Klebstoffverbindungen?
2. Wovon hängt die Haltbarkeit einer Klebstoffverbindung ab?
3. Welche Beanspruchung einer Klebstoffverbindung sollte vermieden werden?
4. Nennen Sie Vor- und Nachteile von Klebstoffverbindungen.
5. Warum müssen die Verbindungsflächen verschiedener Bauteile vorbehandelt werden?
6. Untersuchen Sie für unterschiedliche Klebestoffe die Herstellerangaben bezüglich:
   - Vorbehandlung der Flächen,
   - Vorbereiten des Klebers,
   - Auftragen des Klebers,
   - Topf- und Aushärtezeit des Klebers und
   - Montagevorgaben zur Gewährleistung der Festigkeit.
7. Von welchen Größen ist die übertragbare Kraft einer Klebeverbindung abhängig?
8. Welche Eigenschaften sollten Klebstoffe mit Dichtungsfunktion aufweisen?

9 Bedienungsanleitung

Bedienungsanleitungen *(instruction manuals)* bzw. Gebrauchsanleitungen liefern der Fachkraft Informationen zur Benutzung einer Maschine oder Anlage.
Ziel einer Bedienungsanleitung ist es, alle notwendigen Informationen über ein Produkt in verständlicher Weise der Fachkraft mitzuteilen.

MERKE
Die Bedienungsanleitung ist laut Maschinenrichtlinie notwendiger Produktbestandteil eines Produkts.

Fehlerhafte oder unverständliche Bedienungsanleitungen können unter Umständen zur Wandlung oder Minderung führen. Darüber hinaus sind sie im Sinne der Produkthaftung durch den Inhalt juristisch verbindlich (siehe Lernfeld 12).
Die Bedienungsanleitung liegt einem Produkt in gedruckter Form, als Video oder CD oder in Kombination der einzelnen Medien bei. Sie kann bei einfachen Produkten auch auf der Verpackung aufgedruckt sein.
Die Bedienungsanleitung umfasst den gesamten Lebenszyklus des Produkts:

- Aufbau
- Einrichtung/Sicherheit
- Bedienung bzw. Betrieb
- Wartung/Reparatur
- Entsorgung/Umweltschutz
- Technische Daten,
- ggf. Problem- oder Störungsbeseitigungen

Darüber hinaus gibt sie Informationen über den Hersteller, Prüfzertifikate und **Konformitätserklärungen** *(declarations of conformity)*. Die Konformitätserklärung ist eine Auflistung der Normen, denen ein Gerät entspricht oder entsprechen muss.

Beschreibung des Aufbaus eines Produkts

Der Aufbau *(structure)* beschreibt die Konstruktion des Geräts oder der Maschine. In der Regel werden dazu leicht verständliche (dreidimensionale) Zeichnungen und eine Stückliste gezeigt (Bild 1). Sie weisen den einzelnen Bestandteilen Bezeichnungen zu, die im weiteren Verlauf der Bedienungsanleitung benutzt werden.

Sicherheit/Einrichtung

Bevor eine Maschine in Betrieb genommen werden kann, muss sie eingerichtet werden. Sie muss einen Standort bekommen und in einer für den Betrieb zugelassenen Umgebung aufgestellt werden. Eine Bedienungsanleitung gibt an dieser Stelle zusätzliche Hinweise zu Sicherheitsbestimmungen *(safety regulations)*, die eingehalten werden müssen. Diese Hinweise umfassen allgemeine und spezielle Sicherheitshinweise:

Allgemeine Hinweise, die Gefahren zu vermeiden helfen, sind z. B.:

- elektrische Geräte dürfen nicht in der Nähe von brennbaren Gasen und Flüssigkeiten betrieben werden
- Die Maschine nur für den vom Hersteller vorgesehen Zweck verwenden

Spezifische Hinweise für einen Kompressor sind z. B.:

- Verletzungsgefahr durch austretende Druckluft und Teile, die durch Druckluft mitgerissen werden
- Gefahr durch ölhaltige Druckluft
- Verbrennungsgefahr an den Oberflächen der Druckluftführenden Teile.

Zu jedem Hinweis gibt der Hersteller weitere Angaben, wie den beschriebenen Gefahren zu begegnen ist wie z. B. für

Gefahr durch ölhaltige Druckluft!

Verwenden Sie ölhaltige Druckluft ausschließlich für Druckluftwerkzeuge, die für ölhaltige Druckluft vorgesehen sind. Benutzen Sie einen Druckluftschlauch für ölhaltige Druckluft nicht für Druckluftwerkzeuge, die nicht für ölhaltige Druckluft vorgesehen sind. Füllen Sie keine Autoreifen usw. mit ölhaltiger Druckluft.

Sind Sicherheitseinrichtungen an einer Maschine vorhanden, zeigt eine Bedienungsanleitung die Position dieser Sicherheitseinrichtung und erklärt die Funktionsweise (Bild 2).

Bedienung und Betrieb

An dieser Stelle werden vom Hersteller Hinweise zum Herstellen der **Betriebsfähigkeit** *(serviceability)* gegeben wie z. B.:

- Bauelemente, die noch montiert werden müssen
- Netzanschluss
- Ein- und Ausschalten der Maschine
- Erklärung des Bedienfelds einer Anlage und deren Auswirkungen

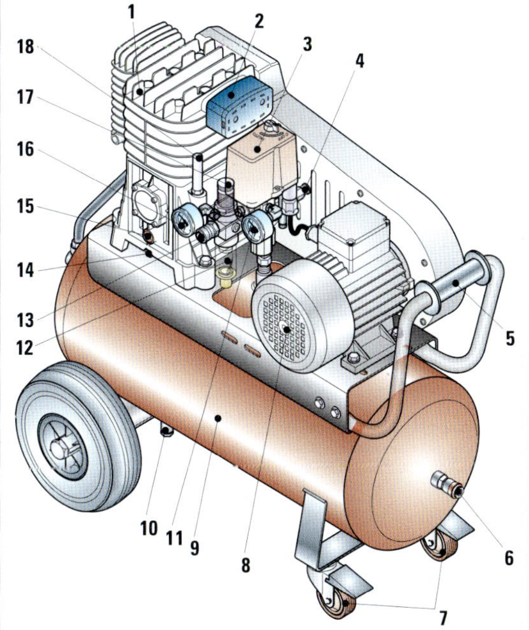

1 Verdichter
2 Luftfiltergehäuse
3 Ein/Aus-Schalter
4 Sicherheitsventil
5 Transportgriff
6 Druckluftanschluss für ungeregelte Druckluft
7 Feststellbare Lenkrollen
8 Motor
9 Druckbehälter
10 Ablass-Schraube für Kondenswasser des Druckbehälters
11 Manometer Kesseldruck
12 Filterdruckminderer
13 Druckluftanschluss für geregelte Druckluft
14 Ölablass-Schraube
15 Ölschauglas
16 Manometer Regeldruck
17 Druckregler
18 Öleinfüllstutzen

1 *Zeichnung und Stückliste eines Kompressors*

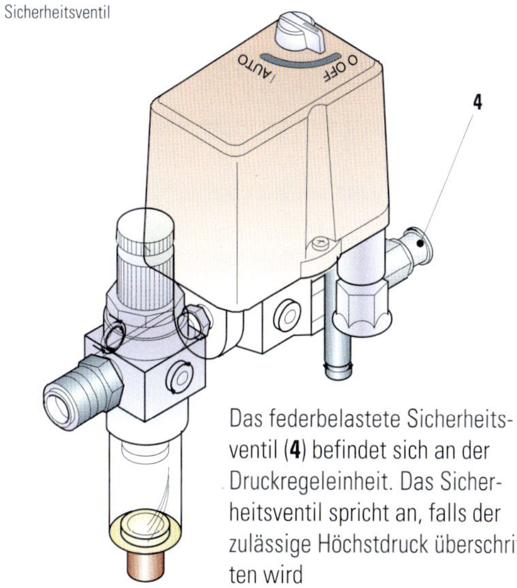

Das federbelastete Sicherheitsventil (**4**) befindet sich an der Druckregeleinheit. Das Sicherheitsventil spricht an, falls der zulässige Höchstdruck überschritten wird

2 *Auszug aus der Bedienungsanleitung eines Kompressors*

- Einstellen von notwenigen oder erforderliche Betriebsparametern mit eventuellen Grenzwerten, die nicht überschritten werden dürfen
- Einstellen von Sicherheitseinrichtungen

Wartung/Reparatur
Bevor eine Wartung *(maintenance)* oder Reparatur *(repairing)* vorgenommen werden kann, muss die Maschine oder Anlage meistens von der Stromnetzversorgung getrennt werden. Es werden Hinweise gegeben, die sicherstellen, dass von der Maschine oder Anlage keine Gefahren mehr ausgehen können. Erst wenn dieser Zustand erreicht ist, dürfen Wartungs- oder Reparaturmaßnahmen eingeleitet bzw. durchgeführt werden.

Entsorgung/Umweltschutz
Nach der Gebrauchsdauer wird jede Maschine oder Anlage außer Betrieb genommen. Dies kann durch **Verschrottung** auf einer Deponie oder meistens durch **Entsorgung** *(disposal)* und **Wiederverwertung** *(recycling)* geschehen. Viele Maschinen und Anlagen enthalten neben ungefährlichen Bestandteilen (Gehäuse aus Stahl, Schutzschirme aus Kunststoff) auch direkt umweltschädliche Stoffe wie Öle, Fette oder andere Betriebsstoffe. Diese dürfen nicht deponiert oder in einer Recyclinganlage wiederverwertet werden. Für diese Stoffe sind besondere Entsorgungsvorschriften einzuhalten. Beispielsweise wird bei einem Kompressor das Schmieröl vom Rest der Maschine getrennt und dann erst entsorgt.

Technische Daten
Den Schluss einer Bedienungsanleitung bildet oft die Zusammenstellung technischer Daten *(technical data)*. Sie liefert der Fachkraft die erforderlichen allgemeinen Daten zu:
- der aufgenommenen Leistungen
- der Nutzleistung,
- der Netz-Anschlussspannung,
- der Umdrehungsfrequenz des Antriebsmotors
- der Schutzart der Maschine (Siehe Lernfeld 4)
- den Abmessungen der Maschine
- der Gesamtmasse

Zusätzlich zu den genannten Angaben kann eine Betriebsanleitung *(handbook)* auch Anleitungen zur Beseitigung von Störungen beinhalten. Diese geben einer Fachkraft die Möglichkeit, kleinere Unregelmäßigkeiten (Störungen) selber zu beheben ohne einen Servicedienst in Anspruch nehmen zu müssen.

Beispielsweise kann folgende Störung vorliegen:
- Kompressor läuft nicht

Ein entsprechender Plan zur Behebung nennt zum einen eine Mögliche Ursache und die entsprechende Störungsbehebung:

Kompressor läuft nicht:
- Keine Netzspannung
  - Kabel, Stecker, Steckdose und Sicherung prüfen.
- Zu geringe Netzspannung
  - Verlängerungskabel mit ausreichendem Aderquerschnitt verwenden (siehe „Technische Daten"). Bei kaltem Gerät Verlängerungskabel vermeiden.
- Kompressor wurde durch Ziehen des Netzsteckers ausgeschaltet, während er lief.
  - Kompressor am Ein/Aus-Schalter zunächst ausschalten, dann wieder einschalten.
- Motor überhitzt, z. B. durch mangelnde Kühlung (Kühlrippen verdeckt).
  - Ursache der Überhitzung beseitigen, etwa zehn Minuten abkühlen lassen, dann erneut einschalten.

ÜBUNGEN

1. Wozu werden Bedienungsanleitungen gebraucht?
2. Welche Inhalte sind in Bedienungsanleitungen zu finden?
3. Was bedeutet der Begriff „Konformitätserklärung"?
4. Warum sind häufig dreidimensionale Abbildungen in Bedienungsanleitungen zu finden?
5. Nennen Sie mögliche Sicherheitshinweise, die in Bedienungsanleitungen angegeben werden.
6. Warum werden in einer Bedienungsanleitung Hinweise zur Entsorgung der Maschine oder Anlage gegeben?
7. Untersuchen Sie eine Bedienungsanleitung einer Maschine aus ihrem Ausbildungsbetrieb auf ihre Inhalte und Angaben. Stellen Sie die Ergebnisse Ihrer Untersuchung in der Klasse vor.

10 Page in a Coupling Catalogue

FLENDER Standard Couplings
Flexible Couplings - N-EUPEX and N-EUPEX DS Series

General information

Overview

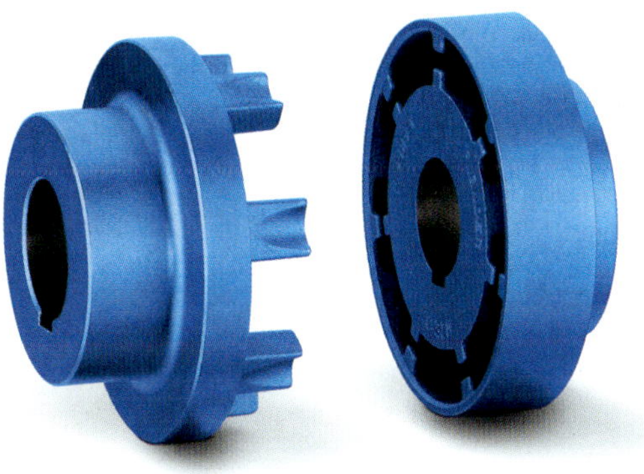

N-EUPEX as overload-holding, fail-safe series

N-EUPEX and N-EUPEX DS claw couplings connect machines. They compensate for shaft misalignment, generating only low restorative forces.

The torque is conducted through elastomer flexibles, so the coupling has typically flexible rubber properties.

Elastomer flexible of the N-EUPEX series

The flexibles of the N-EUPEX coupling are subjected to compression. If the flexibles are irreparably damaged, the hub parts come into contact with metal. This "emergency operation capability" is required, e.g., in the case of fire pump drives.

Basically a coupling consists of two halves, usually discs, and the connection, or joint, between the two. This joint between the two halves can be a positive joint, using bolts, claws, metal pins, springs, teeth etc. or, a non-positive joint using friction surfaces. Couplings should transmit turning moment under defined operating conditions, for example, shock free running between shafts or between a shaft and a pulley or a fly wheel. According to the function of the joint, the couplings are classified as being either rigid or flexible.
The coupling shown on the left is a claw coupling. This type of coupling transmits the turning moment through a positive joint but it will allow for small misalignments and small changes in length of the shafts.

Assignments on the text:

1. Translate the text above by using your English-German vocabulary list.
2. What is the main function of each coupling?
3. What kind of joints can be used in couplings?
4. Why are couplings classified as being either rigid or flexible?
5. Get out your exercise book or a sheet of paper and draw a mind map for the 5 different types of positive joints and write the translations beside.

Assignments on the catalogue page:

6. Below you can find the translations for the phrases below the two photos, but the range is mixed. Find the correct order and write it into your exercise book.
   a) Die Pakete der N-EUPEX Kupplung werden druckbeansprucht.
   b) N-EUPEX als überlasthaltende, durchschlagsichere Baureihe.
   c) Bei Zerstörung der Pakete findet Metallkontakt der Nabenteile statt.
   d) Das Drehmoment wird über Elastomerpakete geleitet, damit besitzt die Kupplung die typisch gummielastischen Eigenschaften.
   e) Sie gleichen Wellenversatz aus, wobei nur geringe Rückstellkräfte erzeugt werden.
   f) Elastomerpaket der N-EUPEX Baureihe
   g) Diese „Notlaufeigenschaft" wird z. B. bei Feuerlöschpumpen gefordert.
   h) N-EUPEX und N-EUPEX DS Klauenkupplungen verbinden Maschinenwellen.
7. Questions on the page from the catalogue:
   - What is the function of the claw couplings shown on the first photo?
   - Which parts conduct the torque?
   - What are the typical properties of this coupling?
   - What happens if the flexible elements are irreparably damaged?
   - From which material is the flexible element made and what advantage does this material have?

Work With Words

In future you will come into the situation to talk, listen or read technical English. Very often it will happen that you either **do not understand** a word or **do not know the translation**.

In this case here is some help for you!

Below you will find a few possibilities to describe or explain a word you don't know or use opposites[1] or synonyms[2].
Write the results into your exercise book.

1. **Add as many examples** to the following terms as you can find for couplings and welding processes.

couplings:	rigid couplings split couplings ______	*welding processes:*	gas metal arc welding tungsten-inert gas welding ______

2 **Explain the two terms in the box:**
Use the words below to form correct sentences. Be careful the range is mixed!

gearing:	with teeth around their edges/often consist of wheels/that fit into the teeth of another wheel/Gearing	*pump:*	from below the ground/ is a device/ A pump/for bringing water to the surface

3. **Find the opposites**[1]**:**

alternating voltage:	______	*belt:*	______
crown gear:	______	*wet running meter pump:*	______

4. **Find synonyms**[2]:
You can find two synonyms to each term in the box below.

conveyor:	______	*identification plate:*	______
coupling:	______	*handbook:*	______
clutch, band conveyor, hitch, conveyor belt		name plate, operating instruction, manual, rating plate	

5. In each group there is a word which is the **odd man**[3]. Which one is it?

a) magnet clamping plates, relays, magnet valves, transformers, defect in welding, generator, electric engine
b) load-bearing medium, nominal current, load-carrying equipment, sling
c) pin chain, toothed chain, bush chain, roller chain, torque limiter
d) flat belt, V-belt, toothed belt, toothed profile, V-ribbed belt

6. Please translate the information below. Use your English-German Vocabulary List if necessary.

When two things are bonded together using adhesive, the two things are said to be stuck together.

1) *opposite:* Gegenteil 2) *synonym:* Synonym, ähnliches Wort, Ergänzung 3) *odd man:* Außenseiter, überzähliges Wort, fünftes Rad am Wagen

Lernfeld 11: Überwachen der Produkt- und Prozessqualität

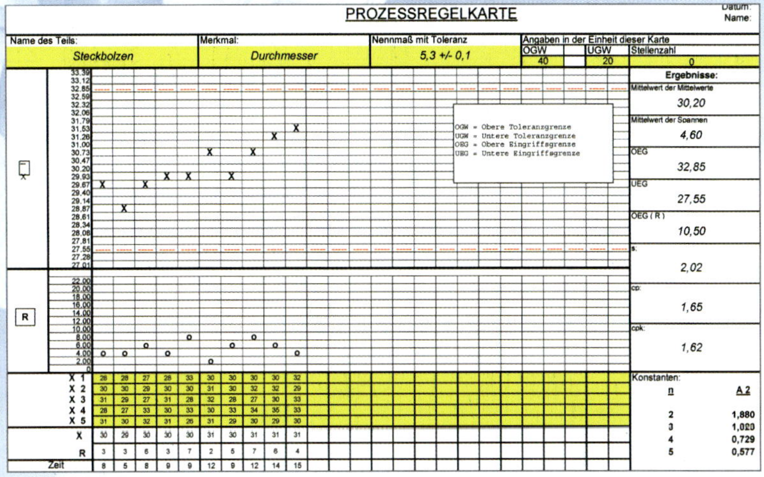

Sie haben in Lernfeld 2 die Herstellung von Bauteilen durch spanende Verfahren kennengelernt, z. B. durch Bohren, Senken, Reiben, Drehen und Fräsen. Gleichzeitig sind Grundlagen des Qualitätsmanagements behandelt worden.
Im Lernfeld 5 haben Sie diese Kenntnisse vertieft und erweitert. Sie haben dabei Arbeitspläne erstellt, die Spannmittel, die technologischen Daten und die Hilfsstoffe ausgewählt und die Maschine eingerichtet. Ein Schwerpunkt dieses Lernfeldes waren die Prüftechnik und damit verbunden z. B. Prüfanweisungen und die Prüfmittelauswahl.
Im Lernfeld 8 sind Grundlagen zur CNC-Fertigung gelegt worden. In dieser Einführung haben Sie u. a. das Einrichten einer CNC-Maschine und die Programmerstellung kennengelernt. Für die gefertigten Teile waren Prüfpläne zu erstellen, auch im Hinblick auf die Serienfertigung.
Mithilfe dieser Ergebnisse haben Sie den Fertigungsprozess optimiert.
Im Lernfeld 11 sollen Sie wichtige Elemente der **Qualitätssicherung** kennenlernen, durch die in der Serienfertigung die **Prozessqualität** sichergestellt wird.
Die Prozessqualität ist dabei die Fähigkeit der Fertigungseinrichtungen, Produkte mit den festgelegten Toleranzen, Oberflächen, Form- und Lagetoleranzen etc. zu produzieren. Dabei soll die Fertigung wirtschaftlich und umweltverträglich sein.
Die Prozessqualität wird vor Serienbeginn nicht durch die subjektive Beurteilung einer Fachkraft festgestellt, sondern sie wird durch Prüfungen ermittelt. Dazu sind zunächst die **Maschinenfähigkeit** und dann die **Prozessfähigkeit** festzustellen. Durch statistische Methoden kann dabei von einer relativ kleinen Stückzahl auf eine große Serie geschlossen werden. Während der Produktion erfolgt durch Stichproben eine laufende Überwachung.
In der betrieblichen Praxis kommen dabei **Qualitätsregelkarten** zum Einsatz.
Die Stichproben sind ebenfalls statistisch auszuwerten.
Durch die Anwendung statistischer Methoden und durch entsprechende Erfahrungen ist es möglich, ohne 100%-Prüfung der Werkstücke mit einer hohen Sicherheit

- den Bereich der Istmaße der nicht geprüften Teile zu prognostizieren und
- den Prozess zu überwachen

In diesem Lernfeld ist deshalb ein Einblick in diese statistischen Verfahren vorgesehen.
Durch die Stichproben ist der Aufwand für die Prüfungen minimiert.
Ein Aspekt einer wirtschaftlichen Serienfertigung ist eine niedrige Ausschussquote. Der Anteil darf heute bei maximal 0,27 % liegen. Oft gehen die Forderungen noch wesentlich weiter, z. B. bis 0,006 %. Die Prozentzahlen sind nicht beliebig gewählt, sondern hängen mit der schon erwähnten Statistik zusammen.
Ausschussteile sind aber nicht nur ein Kostenfaktor. Noch gravierender sind die Folgen, wenn diese Teile zur Montage gelangen und später zu einem vorzeitigen Ausfall der Maschine oder des Gerätes oder gar zu einem Unfall führen. Auch hier ist die statistische Auswertung hilfreich, die Ausschussteile zu finden.
Hinsichtlich der Produktqualität denkt man heute nicht nur in den strengen Kategorien „Gut“ und „Ausschuss“. Also: Gut ist das Teil, wenn das Istmaß in der Toleranz liegt, ganz gleich, ob am Rand oder in der Mitte. Ausschuss liegt vor, wenn das Maß außerhalb der Toleranz ist, auch wenn es dicht an einem Grenzmaß liegt.
Sowohl für die Fertigung als auch für die Funktionalität und auch für die Lebensdauer ist es wichtig, dass die Maße in der Toleranzmitte liegen.
Damit ist der Begriff Qualität angesprochen. Nur Produkte mit einem hohen Qualitätsstandard können sich heute am Markt behaupten. Dabei geben die Kunden vor, was Sie unter Qualität verstehen, z. B. lange Gebrauchsdauer, keine oder wenige Ausfälle, leichte Austauschbarkeit von defekten Teilen bei Reparaturen, guter Kundendienst usw. In den meisten Firmen sind heute umfassende Qualitätskonzepte geplant und umgesetzt worden. Oft sind Qualitätsmanagementsysteme entstanden, die für die Festlegung der Qualitätsziele (z. B. guter Kundendienst) sowie für die Umsetzung dieser Ziele verantwortlich sind. Dabei entsteht ein Netzwerk, das alle betrieblichen Ebenen umfasst, denn über Qualität entscheidet nicht mehr nur die Endkontrolle. Nach Möglichkeit sollen Fehler und Fehlerquellen, die zu schlechter Qualität führen, auf allen Ebenen erkannt und ausgeschaltet werden. Ein umfangreiches Normenwerk legt entsprechende Standards fest.

1 Qualität

Der Begriff Qualität *(quality)* wird oft subjektiv verwendet und hat dann unterschiedliche Bedeutungen. Oft wird darunter die Güte eines Produkts verstanden. Qualität schließt diesen Bereich ein, aber die Verwendung in diesem Sinn erfasst nicht seine volle Bedeutung.

Die Norm sieht den Begriff aus Sicht der Kundenwünsche, die neben der Güte auch andere Bereiche einschließen.

Nach **DIN EN ISO 9000**[1)] ist Qualität der Grad, in dem ein Satz inhärenter Merkmale Anforderungen erfüllt." (inhärent bedeutet: „innewohnend", „ständiges Merkmal"). Merkmale *(characteristics)* lassen sich in verschiedene Klassen einteilen:

- **Physikalische Merkmale** *(physical characteristics)* wie z. B. mechanische oder elektrische Eigenschaften.
- **Funktionale Merkmale** *(functional characteristics)* wie z. B. Dauerbetrieb, Höchstgeschwindigkeit eines Fahrzeugs, Zuverlässigkeit, Sicherheitsstandards, Lebensdauer ...
- **Ergonomische Merkmale** *(ergonomic characteristics)* wie z. B. die Belastung des Menschen.
- **Verhaltensbezogene Merkmale** *(behavioural characteristics)* wie z. B. Ehrlichkeit, Wahrheitsliebe, Vertrauenswürdigkeit, Beratung.
- **Zeitbezogene Merkmale** *(temporal characteristics)* wie z. B. Pünktlichkeit, Verlässlichkeit.
- **Umweltbezogene Merkmale** *(environmental characteristics)* wie z. B. umweltverträgliche Produktion, umweltfreundliche Nutzung und Entsorgung bzw. Recycling.

MERKE

Je besser die Produkte den Anforderungen oder den Erwartungen der Kunden entsprechen, desto höher ist die Produktqualität.

Überlegen Sie!

1. *Erläutern sie den Begriff Qualität.*
2. *In welche Klassen können Merkmale eingeteilt werden?*
3. *Wodurch wird eine hohe Produktqualität erreicht?*

1 *Der Kunde ist König*

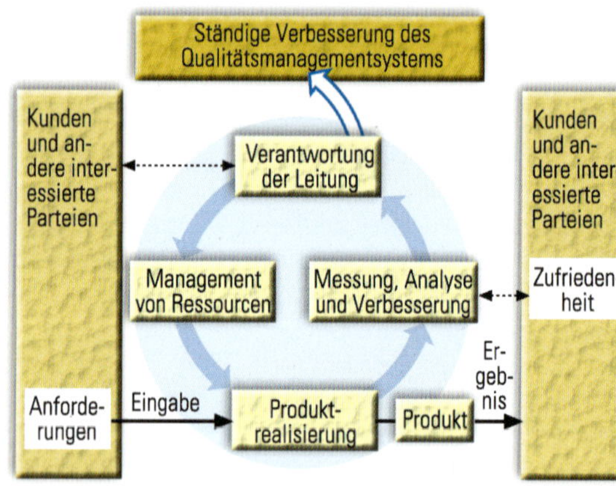

2 *Prozessorientiertes Qualitätsmanagementsystem*

MERKE

Die Verantwortung für das QM-System liegt bei der Geschäftsleitung.

1.1 Qualitätsmanagementsysteme

Viele Firmen haben ein **Q**ualitäts**m**anagementsystem (**QM**-System) *(quality management system)* eingeführt. Durch dieses System werden Strukturen geschaffen (Bild 2), die für die Qualitätsbestrebungen der Firma erforderlich sind. Dazu gehört auch die Besetzung dieses Bereiches mit geeigneten Mitarbeitern. Neben den Kundenwünschen sind folgende Aspekte zu beachten:

- internationale Verflechtung der Märkte
- die verschärften Sicherheitsbestimmungen (Produkthaftung vgl. Lernfeld 12 Kap. 3.3)
- die Umweltverträglichkeit und Entsorgung der Produkte
- die schnelle Marktreife der Produkte

In einem **QM-Handbuch** *(QM assurance manual)* ist das QM-System zu dokumentieren.

Die Realisierung aller Qualitätsbestrebungen und die damit verbundenen Tätigkeiten liegt nach DIN EN ISO 9000 in den Händen des **Qualitätsmanagements** *(quality management)*.

Zu den Aufgaben des Qualitätsmanagements gehören damit auch das Festlegen der Qualitätspolitik und der Qualitätsziele, die daraus abzuleiten sind.

In der **Qualitätspolitik** *(quality policy)* werden die Bedürfnisse und Wünsche aller Interessenspartner des Unternehmens beschrieben. Als Interessenspartner des Unternehmens gelten:

- die Kunden
- die Lieferanten
- die Mitarbeiter
- die Eigentümer
- die Gesellschaft (Staat, Bürger, Institutionen)

1) DIN EN ISO 9000 : 2015-11 Qualitätsmanagementsysteme – Grundlagen und Begriffe

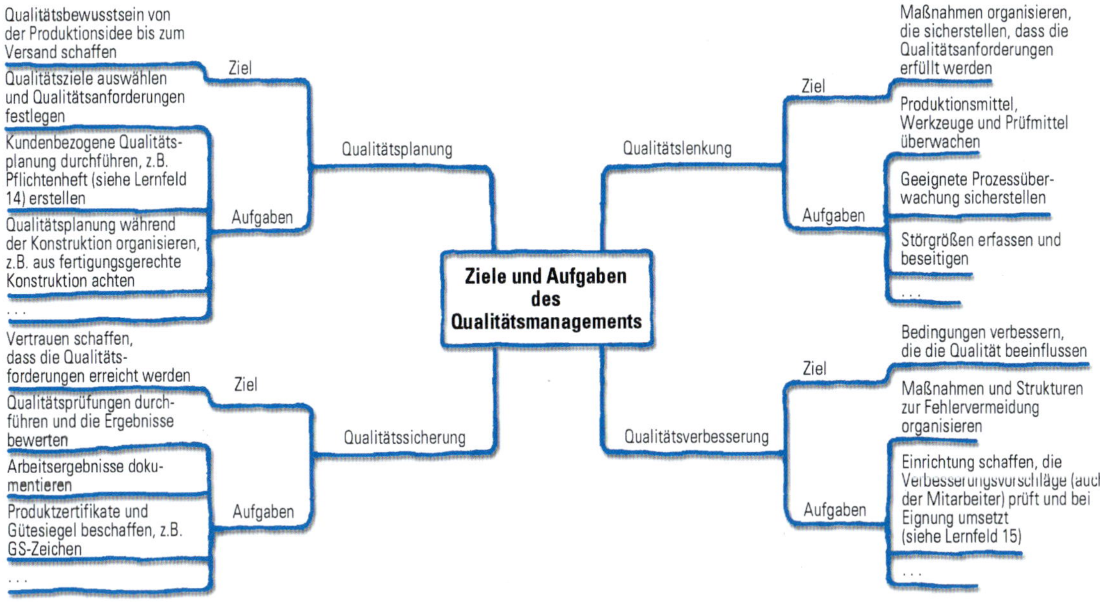

ZERTIFIKAT

Die ZDH-ZERT GmbH - Partner für Qualität in Handwerk und Mittelstand bescheinigt, dass das Unternehmen

Firma Müller Maschinenbau GmbH

Erbacher Landstr. 45
75333 Winkel

in den Tätigkeitsbereichen:

Herstellung und Vertrieb von Sondermaschinen, Vorrichtungs- und Apparatebau, CNC-Teilefertigung

ein Qualitätsmanagementsystem eingeführt hat und anwendet.
Ein Audit von ZDH-ZERT hat den Nachweis erbracht,
dass dieses Qualitätsmanagementsystem die Forderungen der folgenden Norm erfüllt:

DIN EN ISO 9001

Qualitätsmanagementsysteme - Anforderungen (Ausgabe Dezember 2000)

Dieses Zertifikat ist gültig bis 25.06.2011.
Zertifikat-Registrier-Nr.: Q1 0108000
Bonn, den 01.07.2008

Vorsitzender des Lenkungsgremiums

Zertifizierungsstelle

akkreditiert bei:

IAF

TGA-ZM-05-94-00

ZDH ZERT

ZDH-ZERT GmbH, Ennemoserstr. 10, 53119 Bonn

1 *Zertifikat nach DIN EN ISO 9001*

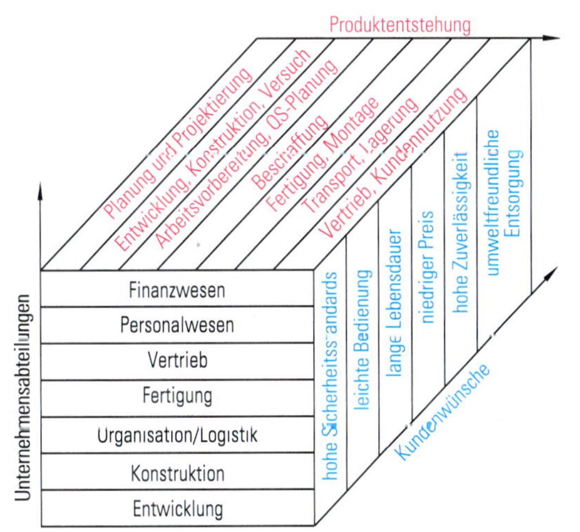

2 *Enge Verzahnung zwischen Unternehmensabteilungen, Produktentstehung und Kundenwünschen*

In den **Qualitätszielen** *(quality goals)* wird eine „zunehmende Zufriedenheit dieser Interessenspartner" angestrebt.

Obige Mind-Map gibt einen Überblick über die Ziele und Aufgaben des Qualitätsmanagements.

Für diese Aufgaben sind verbindlich Mitarbeiter festzulegen und bei Bedarf zu schulen.

In regelmäßigen Untersuchungen (**Audits**) *(audits)* wird ermittelt, ob die festgelegten Anforderungen an das QM-System erfüllt sind. Führt eine unabhängige und dafür autorisierte Stelle die Audits mit positivem Ergebnis durch, ist die Firma nach **DIN ISO 9001**[1)] zertifiziert (Bild 1). Diese **Zertifizierung** *(certification)* ist für viele Kunden wichtig, weil damit sichergestellt ist, dass der Anbieter Produkte mit gleich bleibender hoher Qualität liefern kann.

Für die Sicherung und Steigerung der Produktqualität ist es wichtig, dass

- jede Abteilung in die Qualitätsüberlegungen einbezogen wird
- die Mitarbeiter die Verantwortung für ihre Arbeit übernehmen
- die einzelnen Abteilungen miteinander verzahnt sind wie z. B. die Konstruktion und die Montage.

1) DIN EN ISO 9001 : 2015–11 (DIN EN ISO 9000: 2015-11, DIN EN ISO 9004: 2018-08)

Bezieht man die Kundenwünsche noch in die Betrachtung ein, dann entsteht ein Beziehungsgeflecht zwischen der Produktentstehung, den Kundenwünschen und den Unternehmensabteilungen (Seite 439 Bild 2).
Dieser ganzheitliche Ansatz wird auch als **Total Quality Management (TQM)** bezeichnet.

1.2 Was ist Qualität?

Nachstehend sind einige Beispiele aufgeführt, die verdeutlichen, dass unterschiedliches Qualitätsverständnis *(commitment to quality)* zu verschiedenen Entscheidungen führen kann.

Fehlerverantwortung *(fault responsibility)*
Position 1: Einzelne Mitarbeiter sind für Fehler verantwortlich.
Position 2: Alle Mitarbeiter sind für Fehler verantwortlich.
Der Mitarbeiter aus der Qualitätssicherung kann einen Fehler nur im Nachhinein feststellen. Es ist zwar wichtig, dass fehlerhafte Teile entdeckt und aussortiert werden – es ist aber noch besser, wenn der Fehler überhaupt gar nicht erst entsteht. In manchen Fällen kann durch technische Maßnahmen ein Fehler verhindert werden. In anderen Fällen liegt es an der Motivation der Mitarbeiter oder auch an der fehlenden Schulung.
Besonders schwerwiegend sind Fehler, die erst sehr spät erkannt werden. Die Kosten[1)] und der Imageverlust können sehr hoch sein, wenn z. B. Rückrufaktionen (vgl. Lernfeld 12 Kap. 3.3) erforderlich sind (Bild 1).

Fehlereingrenzung *(fault location)*
Position 1: Menschen machen Fehler.
Position 2: Prozesse provozieren Fehler.
Durch Fehler von Mitarbeitern können Ausschussteile entstehen wie z. B. durch das falsche Einstellen einer Werkzeugmaschine. Andere Fehler sind durch den betrieblichen Ablauf, den Prozess bedingt. Wenn z. B. ein Konstrukteur eine Maschine konstruiert, bei der sich zwei Lager schlecht montieren lassen, dann steigt dadurch die Gefahr, dass die Lager bei der Montage beschädigt werden. Wenn es keine Rückmeldungen gibt, erfährt der Ingenieur seinen Fehler nicht und wiederholt ihn eventuell.
Ein Austausch zwischen den Abteilungen Konstruktion, Fertigung und Montage kann entscheidend zur Lösung dieser Probleme beitragen. In vielen Betrieben ist aus dieser Rückkopplung eine neue Methode entstanden. Sie wird mit dem Kürzel **FMEA**[2)] bezeichnet. Es ist ein Verfahren, mit dem Fehler möglichst frühzeitig erkannt und vermieden werden. Die **Fehlersuche** *(fault finding)* bezieht sich sowohl auf das **Produkt** *(product)* als auch auf den **Prozess** *(process)*.
Die Mitarbeiter des FMEA-Teams setzen sich aus unterschiedlichen Abteilungen zusammen. Neben den Erfahrungen, dem Wissen und Können der Fachkräfte und neben Versuchsergebnissen werden vor allem frühere Fehler und ihre Ursachen in die Überlegungen einbezogen.

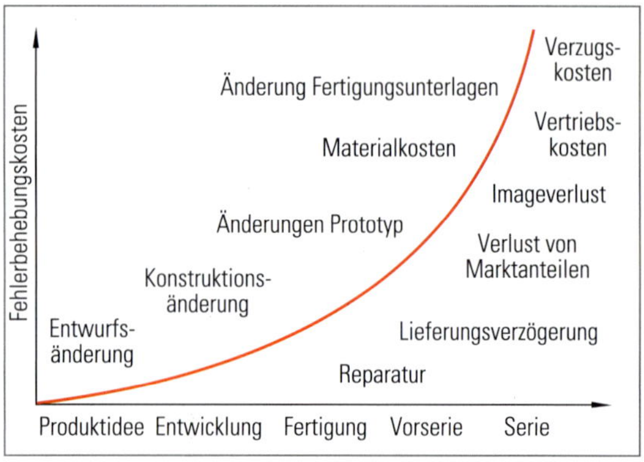

***1** Fehlerbehebungskosten*

Ausschussquote *(reject rate)*
Position 1: Null-Fehler-Produktion ist nicht machbar.
Position 2: Null-Fehler-Produktion ist das Ziel.

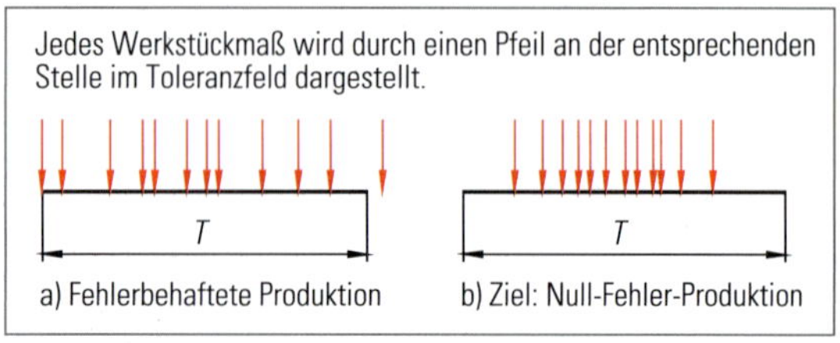

***2** Gegenüberstellung von Produktion mit Ausschuss und Null-Fehler-Produktion*

Im ersten Satz ist eine richtige Aussage formuliert. Gleichzeitig entsteht aber der Eindruck, dass es kaum möglich ist, in die Nähe der Null-Fehler-Produktion zu kommen. Die Aussage nimmt somit die Motivation, Schritte in diese Richtung zu gehen. Dagegen ist die zweite Position ein ständiger Anreiz, nach Verbesserungen zu suchen. Die technische Entwicklung zeigt, dass es sehr oft möglich ist. Der Ausschussanteil ist in vielen Bereichen deutlich gesenkt worden.
Dabei darf der Ausschuss nicht nur als Kostenfaktor für die Teilefertigung gesehen werden. Wenn Ausschussteile dennoch zur Montage gelangen und das Produkt an den Kunden ausgeliefert wird, sind Reklamationen sehr wahrscheinlich. Die dadurch entstehenden Kosten übersteigen die Ausschusskosten während der Teilefertigung um ein Vielfaches. Das bedeutet einen zusätzlichen Imageverlust für Produkt und Herstellerfirma.

Verbesserungsvorschläge *(suggestions for improvement)*
Position 1: Für Verbesserungen und Weiterentwicklungen am Produkt und in der Fertigung sind die Mitarbeiter der entsprechenden Abteilungen verantwortlich (Ingenieure, Techniker, Meister).
Position 2: Jeder Mitarbeiter ist aufgerufen, Verbesserungsvorschläge einzubringen.
Einem Auszubildenden fiel kurz vor der Auslieferung einer neuen Maschinenreihe auf, dass sich bei mehreren Maschinen an einer schwer zugänglichen Stelle Öl sammelte. Die Beobachtung des jungen Mannes war richtig. Ein Bauteil hatte eine

1) siehe Lernfeld 5, Seite 82 2) **F**ehler-**M**öglichkeits- und **E**influss-**A**nalyse

falsche Bohrungstiefe, dadurch entstand das Leck. Eine Nacharbeit war noch möglich.
In vielen Betrieben bringen Fachkräfte aus der Fertigung und der Montage wichtige Verbesserungsvorschläge ein, die auch umsetzbar sind. Viele Firmen prämieren die Verbesserungsvorschläge ihrer Mitarbeiter, wenn sie zur Anwendung kommen. Daraus ist eine wichtige Methode entstanden: der **k**ontinuierliche **V**erbesserungs-**P**rozess (**KVP**). Bild 1 zeigt die einzelnen Abschnitte, die bei der Umsetzung eines weitgreifenden Verbesserungsvorschlags erforderlich sind (siehe auch Lernfeld 15).

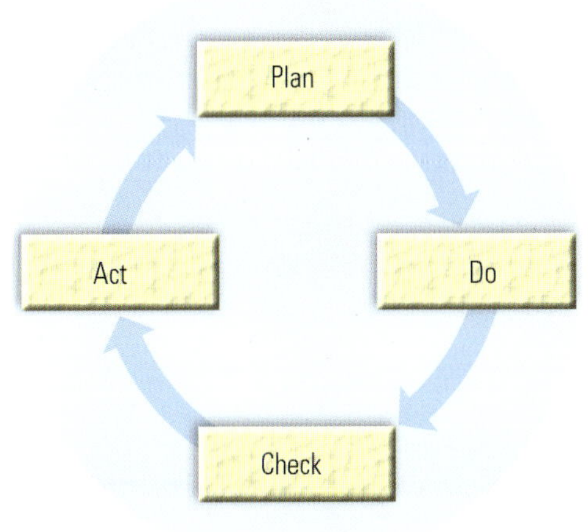

Plan: Eine Fachkraft erkennt z. B. einen betrieblichen Ablauf, der verbesserungsfähig ist. Sie gibt ihre Beobachtung und vielfach auch schon einen Verbesserungsvorschlag weiter. Daraufhin wird der Istzustand genau analysiert. Anhand dieser Analyse wird versucht, die Auswirkungen des Verbesserungsvorschlags abzuschätzen.

Do: In der zweiten Phase wird die Verbesserung meist unter provisorischen Bedingungen an einem einzelnen Arbeitsplatz getestet. Dabei besteht die Möglichkeit, den Vorschlag zu korrigieren bzw. zu optimieren.

Check: Der Prozessablauf und seine Resultate werden noch einmal sorgfältig überprüft.
Wenn das Ergebnis positiv ist, wird die Umsetzung beschlossen. Damit ist die Einführung freigegeben.

Act: In der letzten Phase erfolgt die Einführung in den betrieblichen Ablauf. Der Erfolg wird danach regelmäßig überprüft (Audits).
Eine Änderung kann mit einem erheblichen organisatorischen Aufwand verbunden sein (z. B. Änderung von Arbeitsplänen und CNC-Programmen, Schulungen usw.).
In Lernfeld 15 ist an einem Beispiel die Umsetzung eines Verbesserungsvorschlags dargestellt.

1 *Umsetzung eines Verbesserungsvorschlags in vier Schritten*

Toleranzüberlegungen *(tolerance related considerations)*

Position 1: Das Istmaß darf beliebig innerhalb der Toleranz liegen.

Position 2: Das ideale Istmaß liegt in der Toleranzmitte

Nach dem ersten Satz kann die Fertigung die Toleranz voll ausschöpfen. Dabei ist es gleichgültig, wo das Istmaß innerhalb des Toleranzfeldes liegt: im mittleren Bereich, im Grenzbereich oder auf einer Toleranzgrenze – wichtig ist, dass das Maß im Toleranzfeld liegt.

Beispiel:

Maß: 50 ± 0,2 mm; *OGW*[1] = 50,2 mm; *UGW*[2] = 49,8 mm
Danach ist ein Werkstück mit dem Istmaß 49,80 mm noch gut, ein Teil mit dem Maß 49,79 mm ist dagegen Ausschuss.
Es ist kaum vorstellbar, dass der geringe Maßunterschied von 0,01 mm eine Funktionsstörung verursacht.

Aus dem Beispiel folgt:

Die Toleranzgrenze trennt nicht unbedingt die beiden Bereiche „gute Qualität, d. h. funktionsfähig" und „schlechte Qualität d. h. nicht funktionsfähig", so wie es in Bild 2 dargestellt ist.

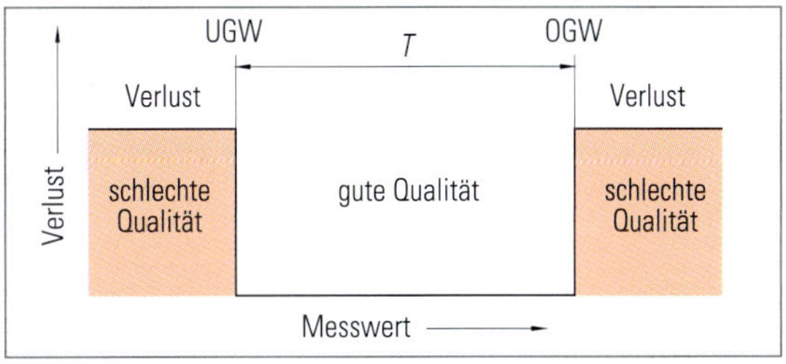

2 *Ungünstiges Gut-Ausschuss-Denken im Zusammenhang mit der Toleranz*

Schlussfolgerung:

Je weiter das Istmaß von der Toleranzmitte abweicht, desto größer ist der Qualitätsverlust.
Dieser Zusammenhang ist in Bild 3 dargestellt. Aus diesem Grund ist meist die Toleranzmitte anzustreben.

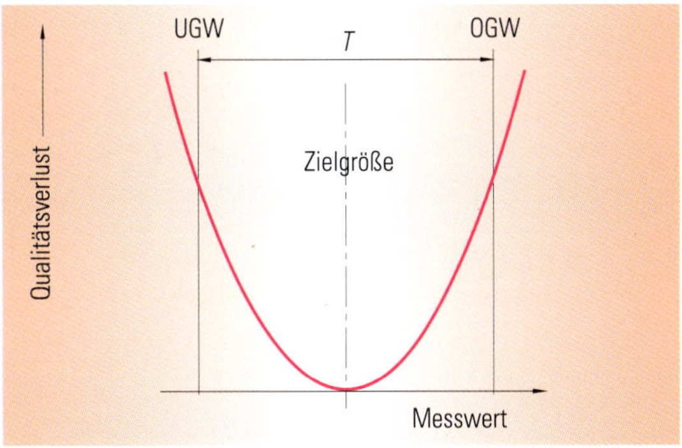

3 *Qualitätsverlust nach Taguchi*[3] *in Abhängigkeit vom Abstand des Istmaßes von der Toleranzmitte*

1) OGW: oberer Grenzwert 2) UGW: unterer Grenzwert
3) Taguchi Gen'ichi, japanischer Ingenieur, Statistiker und Experte für Qualitätsverbesserung (* 1924)

Für die Umsetzung der Qualitätsbestrebungen auf der betrieblichen Ebene sind u. a. folgende Maßnahmen wichtig:

- Mehr Verantwortung auf die Mitarbeiter verlagern (besonders für die Qualität der eigenen Arbeit)
- Gruppen- oder Teamarbeit organisieren
- Mitarbeiter schulen

In Bild 1 ist die damit zusammenhängende Organisationsform dargestellt.

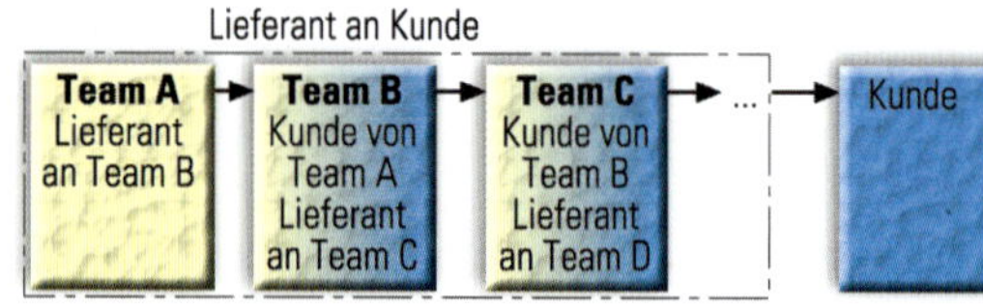

1 Beispiel einer betrieblichen Organisationsform mit internem Kunden-Lieferanten-Verhältnis

ÜBUNGEN

1. Wozu dienen Qualitätsmanagementsysteme?
2. Beschreiben Sie, wie ein Betrieb nach DIN EN ISO 9001 zertifiziert werden kann.
3. Nennen Sie mehrere Möglichkeiten, die Sie in Ihrem Betrieb haben, um die Qualität zu sichern oder zu verbessern.
4. Erläutern Sie die Methode Fehler-Möglichkeits- und Einfluss-Analyse.
5. Was wird unter der Methode „kontinuierlicher Verbesserungsprozess" verstanden?
6. Begründen Sie, weshalb eine große Abweichung von der Toleranzmitte zum Qualitätsverlust führt.
7. Beschreiben Sie Ihr Qualitätsverständnis.

2 Prüfmerkmale erfassen, darstellen und auswerten

Eine hohe **Produktqualität** *(product quality)* setzt Einzelteile voraus, bei denen z. B. die Merkmale Längenmaße, Oberflächen, Form- und Lagetoleranzen den Anforderungen entsprechen. Das ist nur möglich, wenn die Fertigungsprozesse stabil sind, d. h., wenn eine hohe **Prozessqualität** *(process quality)* vorliegt. Dies gilt in besonderem Maße für die Serienfertigung, in der große Stückzahlen produziert werden. Die Forderungen, die dabei zu erfüllen sind und die dafür notwendigen Voraussetzungen gibt die folgende Übersicht wieder.

Forderungen an eine hohe Prozessqualität:

- Prüfmerkmale einhalten
- kostengünstige Produktion
- termingerechte Lieferung

Voraussetzungen für eine hohe Prozessqualität:

- stabile Fertigungsprozesse
- niedriger Ausschussanteil
- möglichst nur Stichprobenmessung
- Einsatz moderner Fertigungsmittel (Maschinen, Werkzeuge usw.)
- Terminplanung

Die Prozessqualität steht im Mittelpunkt der folgenden Betrachtungen. Dabei geht es um:

- Voraussetzungen, die erforderlich sind, um in der Serienfertigung die angestrebten Ziele zu erreichen (vgl. Kap. 4, 5 und 6) und
- ständige Prozessüberwachung (vgl. Kap. 7 und 8).

Für beide Aspekte gibt es Methoden und Werkzeuge. Als Beispiel dient die Kegelradwelle (Seite 443 Bild 1), ein Antriebselement aus der Autoindustrie, das in Serienfertigung hergestellt wird.

Überlegen Sie!

Welchen Einfluss haben Sie auf die Prozessqualität?

2.1 Prüfmerkmale

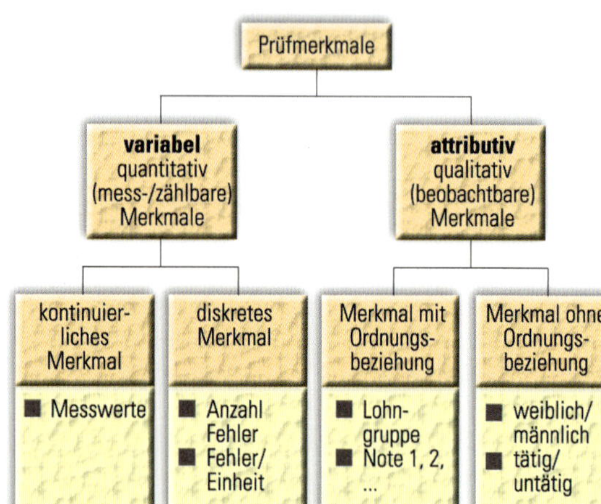

2 Einteilung der Prüfmerkmale

Ein Werkstück wird nach seinen Eigenschaften beurteilt. Diese Eigenschaften sind sehr unterschiedlich: Ein Längenmaß ist nicht vergleichbar mit der Anzahl der Bohrungen in einem Werkstück. Die Anzahl der Bohrungen kann z. B. nur durch eine ganze Zahl ausgedrückt werden, ein Längenmaß kann jeden Wert auf einer Skala einnehmen.

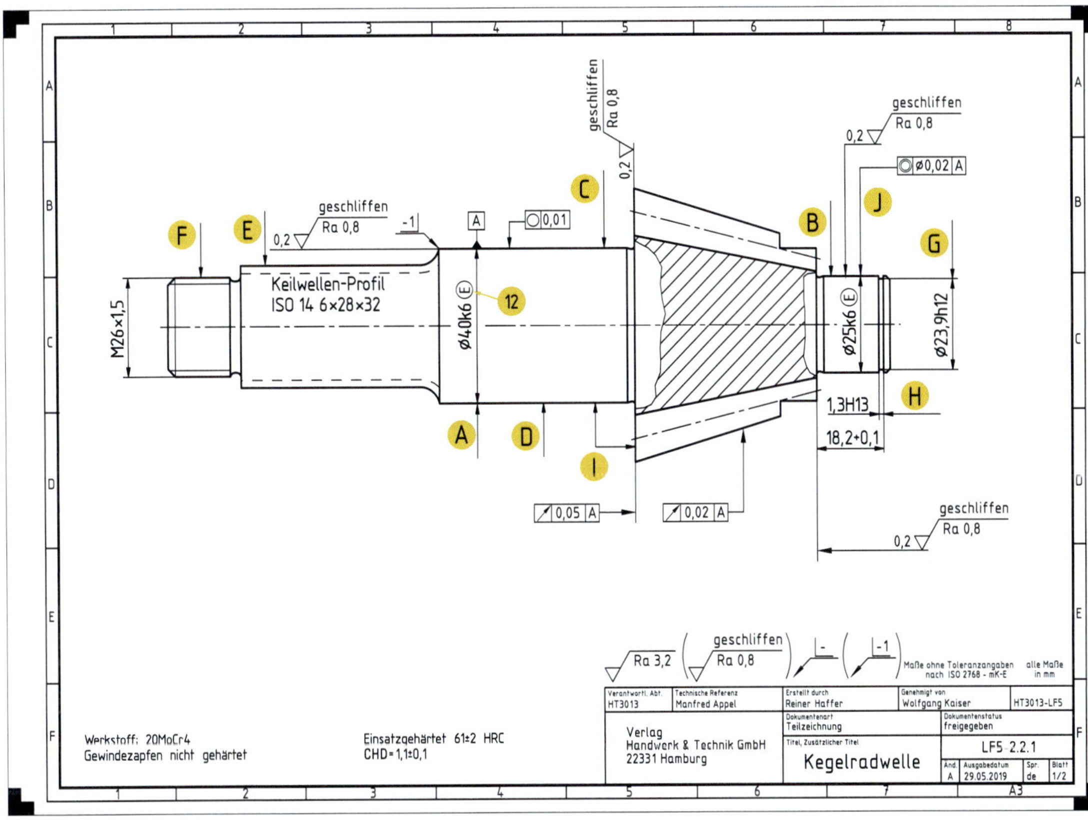

Prüfmerkmal	Kennzeichen	Messmittel	Prüfschärfe[1]	Dokumentation
Lagersitz ⌀40k6	A	Feinzeiger	20	1/S[1]
Lagersitz ⌀25k6	B	Feinzeiger	20	1/S
Formtoleranz	C	Messmaschine	1/S	1/S
Rautiefe	D	Rautiefenmessgerät	100	
Keilwellenprofil	E	Grenzlehrringe	40	
Außengewinde	F	Gewindegrenzlehrring	40	
Einstichdurchmesser	G	Messschieber	100	
Lagetoleranz	I	Messmaschine	1/S	1/S
Lagetoleranz	J	Messmaschine	1/S	1/S

1) 1/S: einmal pro Schicht

***1** Prüfplan für die Kegelradwelle*

Deshalb werden diese Eigenschaften in unterschiedliche Gruppen eingeteilt (Seite 442 Bild 2).

Variable Merkmale:

Kontinuierliche Merkmale sind z. B. Messwerte oder das Alter von Personen. Sie bestehen immer aus Zahlenwerten und Einheiten.

Diskrete Merkmale liefern nur ganzzahlige Werte wie z. B. die Anzahl der Ausschussteile in einer Probe.

Attributive Merkmale:

Bei **Merkmalen mit Ordnungsbeziehungen** ist es möglich, eine Rangfolge vorzunehmen wie z. B. Gut/Ausschuss. Typisch dafür ist das Lehren. Ein anderes Gebiet, bei dem ebenfalls nach bestimmten Maßstäben unterschieden wird, sind Lohngruppen wie z. B. 7, 8, 9, …

Bei **Merkmalen ohne Ordnungsbeziehung** ist es nicht möglich, eine Rangfolge festzulegen wie z. B. männlich/weiblich; tätig/nicht tätig, Materialkosten/Maschinenkosten/Verwaltungskosten usw.

1) Die Prüfschärfe gibt an, in welchen Abständen die Werkstücke zu kontrollieren sind, z. B. jedes 20. Teil oder 1 mal pro Schicht

Überlegen Sie!

Nennen Sie jeweils zwei weitere Beispiele für
a) kontinuierliche Merkmale
b) diskrete Merkmale
c) Merkmale mit Ordnungsbeziehung
d) Merkmale ohne Ordnungsbeziehung

2.2 Prüfmerkmale festlegen

In dem **Prüfplan** *(quality control plan)* (Seite 443 Bild 1) sind die **Prüfmerkmale** *(inspection features)* festgelegt. Das sind Merkmale, die für die Funktion der Welle wichtig sind. Sie werden in der Serie ständig überwacht. Ein Team, das sich aus Mitarbeitern unterschiedlicher Abteilungen zusammensetzt, (Konstruktion, Qualitätssicherung, Fertigung usw.), legt diese Prüfmerkmale fest.

Die Auflistung der Prüfmerkmale in der Tabelle ist nicht vollständig. Es sind z. B. keine Merkmale für die Verzahnung aufgeführt.

Wenn die Prüfmerkmale festliegen, können die Messmittel bestimmt werden. Es ist wichtig, die Istwerte möglichst genau zu erfassen. Eine Auswertung der Messwerte kann keine brauchbaren Ergebnisse liefern, wenn die Messwerte ungenau oder falsch sind.

Die nachstehende Betrachtung beschränkt sich auf den großen Lagersitz ∅40k6 der Kegelradwelle.

2.3 Messmittel bestimmen

Die **Qualitätssicherung** *(quality assurance)* legt die Bedingungen fest, nach denen die **Messmittel** *(measuring equipment)* ausgewählt und getestet werden. Für das ausgewählte Beispiel ist

a) der kleinste Ablesewert des Messmittels festzulegen und
b) seine Funktionsfähigkeit nachzuweisen.

Zu a): Der kleinste Ablesewert des Messgerätes soll 5 % der Toleranz betragen.

Beispiel

T = 16 µm
5 % von 16 µm = 0,8 µm
gewählt: 1 µm
d. h., der kleinste Ablesewert des Messgerätes sollte 1 µm betragen.
Es wird ein Feinzeiger mit 0,001 mm Ablesegenauigkeit gewählt (Bild 1).

Zu b): Die Funktionsfähigkeit des Messmittels ist nachzuweisen. Dazu wird eine Messreihe durchgeführt, bei der genaue Maßverkörperungen (z. B. Endmaße) gemessen werden. Die Messwerte dürfen im vorliegenden Fall nicht mehr als 5 % der Werkstücktoleranz von der Maßverkörperung abweichen (Bild 2).

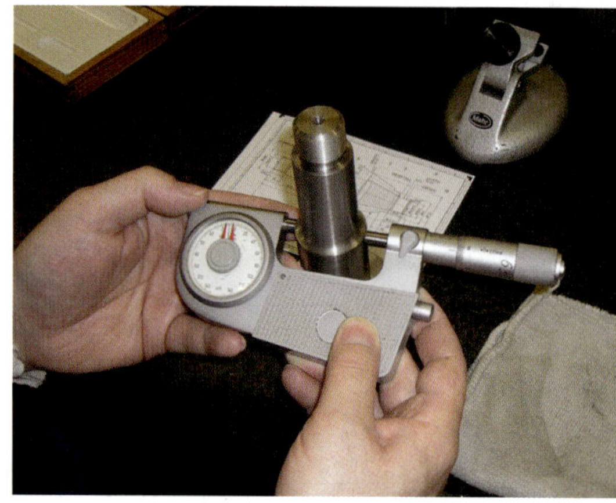

1 Messen der Kegelradwelle am Lagersitz ∅40k6 mit Feinzeiger

Beispiel

Endmaß: 40,0000 mm
Toleranz des Werkstücks: *T* = 16 µm
Geduldete Abweichung: 5 % von *T*,
d. h., nach jeder Seite 2,5 %
2,5 % von 16µm = 0,4 µm
Größter Messwert: 40 mm + 0,0004 mm = 40,0004 mm
Kleinster Messwert: 40 mm − 0,0004 mm = 39,9996 mm
Bei den Kontrollmessungen muss der Messwert in den angegebenen Grenzen liegen.

2 Überprüfung der Funktionsfähigkeit eines Feinzeigers durch Messen eines Endmaßes

MERKE

Messmittel sind regelmäßig zu überprüfen.

Überlegen Sie!

Bei einer Toleranz von 20 µm soll der Ablesewert des Messgeräts 5% betragen.
a) Welchen Genauigkeitswert muss das Messmittel haben?
b) Welches Messmittel würden Sie auswählen, wenn ein Außendurchmesser (ein Innendurchmesser) zu prüfen ist?

3 Messergebnisse darstellen und auswerten

Bei kleinen und mittleren Serien werden oft alle Teile gemessen, um sie sicher beurteilen zu können. In der Serienfertigung werden dagegen regelmäßig **Stichproben** geprüft.

Der Prüfplan für die Kegelradwelle zeigt, in welchen Abständen bei diesem Werkstück die einzelne Maße aufzunehmen sind (Prüfschärfe).

Die **Messergebnisse** *(test results)* werden statistisch ausgewertet. Dadurch erhält man bessere und genauere Informationen über den Fertigungsprozess.

Wenn der Fertigungsprozess stabil ist und positive Ergebnisse der statistischen Auswertung der Stichproben vorliegen, kann mit hoher Sicherheit davon ausgegangen werden, dass die nicht geprüften Teile auch in der Toleranz liegen.

MERKE

Das Ergebnis der statistischen Auswertung sind grafische Darstellungen und Kennzahlen.

Mit grafischen Darstellungen *(graphical representations)* lassen sich Zahlenkolonnen wie z. B. in Tabelle Bild 1 anschaulicher und aussagefähiger präsentieren. Deshalb werden nachstehend zwei **Darstellungsmöglichkeiten** *(illustration facilities)* vorgestellt, die in der Qualitätssicherung *(quality assurance)* häufig angewendet werden.

Die dabei verwendeten Messwerte beziehen sich auf das Maß ∅40k6 an der Kegelradwelle.

Die Betrachtung bezieht sich auf eine Schleifmaschine und eine Drehmaschine:

a) Schleifmaschine

In der Fertigung ist der betreffende Absatz durch Schleifen zu bearbeiten. Die Fähigkeit der Schleifmaschine wird in Kap. 5.3 nachgewiesen.

b) Drehmaschine

Drei Auszubildende erhalten den Auftrag, die Maschinenfähigkeit ihrer CNC-Drehmaschine in der Ausbildungswerkstatt in Bezug auf die Toleranz ∅40k6 zu prüfen. Anhand einer betriebsinternen Anweisung sollen sie die Prüfung selbstständig durchführen. Ihr Ergebnis ist mit den Werten der Schleifmaschine zu vergleichen.

Überlegen Sie!

1. *Bestimmen Sie Höchstmaß und Mindestmaß des Maßes ∅40k6.*
2. *Bestimmen Sie die Toleranz und die Toleranzmitte des Maßes ∅40k6.*

3.1 Histogramm

Das Histogramm *(histogram)* zeigt die Verteilung der Werkstücke im Toleranzfeld (Seite 446 Bild 1). Dazu werden die Werkstücke in Bereiche oder Klassen aufgeteilt. Für jede Klasse stellt ein Balken die Anzahl der Werkstücke dar.

Für die Darstellung sind Regeln vereinbart, die bei dem folgenden Beispiel zur Anwendung kommen:

Beispiel: Mit den Messwerten ∅40k6, die die Auszubildenden für die gedrehten Werkstücke ermittelt haben, ist ein Histogramm zu konstruieren:

3.1.1 Histogramm konstruieren und auswerten

LF11_01

Ein Histogramm wird in folgenden Schritten erstellt:

a) Messwerte ermitteln und in eine Urwertliste eintragen

Die Urwertliste enthält alle Messwerte in der Reihenfolge ihrer Aufnahme.

1	40,007	11	40,005	21	40,012	31	40,012	41	40,013
2	40,010	12	40,012	22	40,010	32	40,021	42	40,012
3	40,013	13	40,011	23	40,014	33	40,014	43	40,009
4	40,008	14	40,015	24	40,008	34	40,012	44	40,010
5	40,012	15	40,018	25	40,010	35	40,010	45	40,012
6	40,006	16	40,016	26	40,015	36	40,008	46	40,008
7	40,005	17	40,016	27	40,011	37	40,009	47	40,012
8	40,017	18	40,010	28	40,007	38	40,007	48	40,007
9	40,002	19	40,009	29	40,012	39	40,006	49	40,004
10	40,009	20	40,011	30	40,013	40	40,012	50	40,009

***1** Urwertliste*

b) Klassenweite *W* ermitteln

Ziel	Erklärung	Formel	Beispiel
1. Schritt: Spannweite R berechnen	Die Spannweite R ist die Differenz zwischen dem größten Maß X_o und dem kleinsten Maß X_u	$R = X_o - X_u$	$X_o = 40{,}021$ mm $X_u = 40{,}002$ mm $R = X_o - X_u$ $R = 40{,}021 \text{ mm} - 40{,}002 \text{ mm}$ $R = 0{,}019$ mm
2. Schritt: Klassenweite W berechnen	Die Klassenweite W entspricht der Breite der Balken (Seite 446 Bild 1)	$W = \frac{R}{\sqrt{n}}$ n: Anzahl der Messwerte	$W = \frac{0{,}019 \text{ mm}}{\sqrt{50}}$ $W = 0{,}0027$ mm gewählt: $W = 0{,}003$ mm

c) Klassen bilden

- Die Klassen beginnen üblicherweise an der **unteren Toleranzgrenze**, d. h., bei *UGW*.

  UGW = 40,002 mm; *W* = 0,003 mm

  1. Klasse: 40,002 mm ... < 40,005 mm

  2. Klasse: 40,005 mm ... < 40,008 mm

- Es ist möglich, dass der letzte Balken im Histogramm über die obere Toleranzgrenze hinausgeht. Das bedeutet nicht automatisch, dass Ausschuss vorliegt.
- Wenn Maße außerhalb der unteren Toleranzgrenze darzustellen sind, dann wird das Histogramm nach dieser Seite erweitert.

d) Häufigkeitstabelle erstellen

Klassen		Anzahl
40,002 mm...< 40,005 mm	||	2
40,005 mm...< 40,008 mm	𝍸 |||	8
40,008 mm...< 40,011 mm	𝍸 𝍸 𝍸	15
40,011 mm...< 40,014 mm	𝍸 𝍸 𝍸 |	16
40,014 mm...< 40,017 mm	𝍸 |	6
40,017 mm...< 40,020 mm	||	2
40,020 mm...< 40,023 mm	|	1

e) Histogramm zeichnen

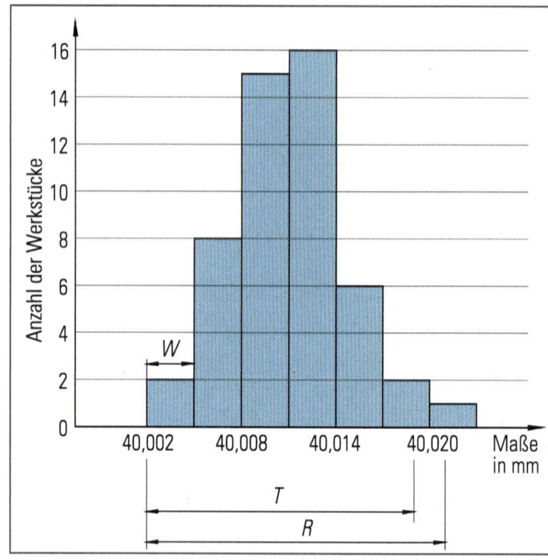

1 Histogramm

Ergebnisse

- Die meisten Werte (29) liegen im Bereich zwischen 40,008 mm und 40,014 mm. Das ist positiv, denn die Toleranzmitte 40,010 mm wird als Maß angestrebt. Allerdings ist der Bereich von 40,011 mm...40,014 mm am stärksten vertreten. Dadurch sind die Werte nicht gleichmäßig zu beiden Seiten der Toleranzmitte verteilt.

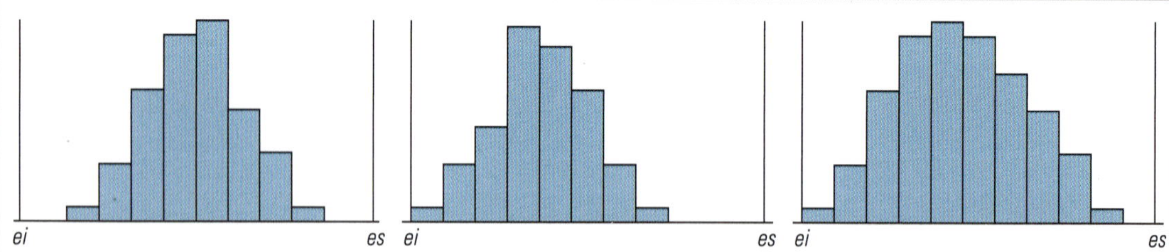

a) Der Mittelwert liegt ungefähr **in der Mitte** des Toleranzfeldes.
Die Spannweite ist **kleiner** als das Toleranzfeld.
Eine fehlerfreie Fertigung ist zu erwarten.

b) Der Mittelwert liegt **außerhalb der Mitte** des Toleranzfeldes.
Die Spannweite ist **kleiner** als das Toleranzfeld, es liegt aber **am Rand** des Toleranzfeldes.
Die **Gefahr der Toleranzfeldüberschreitung** während der Fertigung ist jedoch groß.

c) Der Mittelwert liegt ungefähr **in der Mitte** des Toleranzfeldes.
Die Spannweite ist **fast so groß** wie das Toleranzfeld.
Die Fertigung ist fehlerfrei, jedoch mit einem **großen Risiko behaftet**.
Kleinste Änderungen der Einflussgrößen können zum Überschreiten des Toleranzfeldes führen.

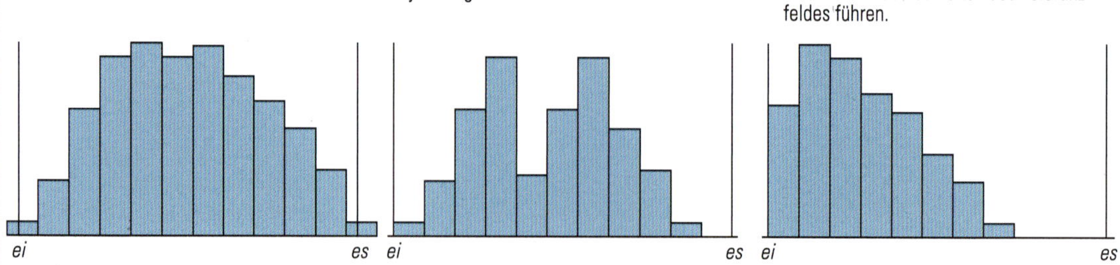

d) Der Mittelwert liegt ungefähr **in der Mitte** des Toleranzfeldes.
Die Spannweite ist jedoch **größer** als das Toleranzfeld.
Auf jeden Fall werden **Ausschussteile** geliefert.

e) Die Verteilung hat **mehrere Gipfel**.
Mögliche Ursachen sind z. B. Änderungen des Werkstoffs oder des Schneidstoffs während der Fertigung oder es wurden verschiedene Lose vermischt.

f) Die Verteilung ist am unteren Abmaß **abgeschnitten.**
Diese Anordnung ist praktisch nicht möglich. Offensichtlich wurden alle fehlerhaften Teile aussortiert.

2 Deutung von Histogrammen mit verschiedenen Verteilformen

Die Ursache für die Verschiebung kann ein Einstellfehler sein. Die Fachkraft sollte die Toleranzmitte anstreben, damit bei zufälligen Abweichungen eine gleich große Reserve nach beiden Seiten vorhanden ist.

- Negativ ist, dass ein Ausschussteil vorliegt. Diese Information ist der Urliste zu entnehmen.
  Aus dem Histogramm kann die Anzahl der Ausschussteile nicht verbindlich entnommen werden, weil die Aufteilung der Bereiche (meist) nicht mit den Toleranzgrenzen übereinstimmt.
- Negativ ist auch, dass in den beiden Grenzbereichen – zusammen mit dem Ausschussteil – fünf Werkstücke (von 50 Teilen) liegen. Das ist nach den heute üblichen Maßstäben zu viel.

Überlegen Sie!

Warum ist die Toleranzmitte als Sollmaß anzustreben?

Vor- und Nachteile des Histogramms

Vorteile:

- Das Histogramm zeigt anschaulich die Verteilung der Werkstücke innerhalb des Toleranzfeldes.
- Die Verteilform lässt Rückschlüsse auf Probleme bei der Fertigung zu (Seite 446 Bild 2).

Nachteile:

- Wenn das Histogramm – wie im vorliegenden Fall – nicht mit der oberen Toleranzgrenze abschließt, kann man aus der Darstellung nicht die Anzahl der Ausschussteile entnehmen.
- Das Histogramm gibt auch keine Auskunft über den prozentualen Ausschussanteil.

3.2 Gaußkurve

3.2.1 Vom Histogramm zur Gaußkurve

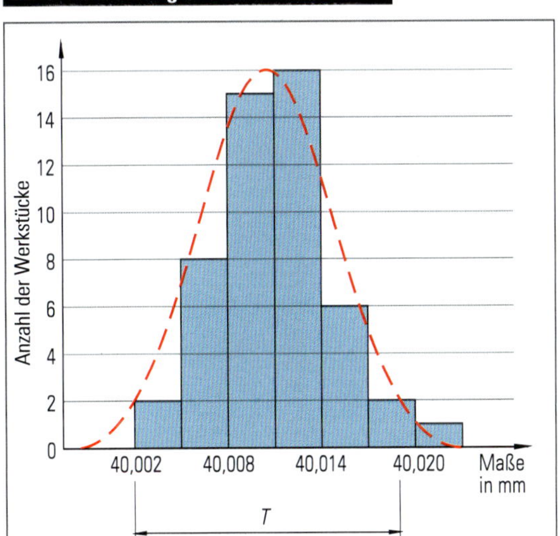

1 *Histogramm und Gaußkurve*

Das Histogramm von Seite 446 Bild 1 zeigt eine Verteilform, die in vielen Bereichen der Technik vorkommt. Der deutsche Mathematiker Johann C. F. Gauß[1] hat dafür den Begriff **Normalverteilung** *(normal distribution)* geprägt. Er hat eine Formel entwickelt, mit der die mathematische Berechnung der Normalverteilung möglich ist. Damit ist die Normalverteilung auch grafisch darstellbar. Dieser Graf verläuft – vereinfacht dargestellt und damit vom gaußschen Grafen etwas abweichend – durch die obere Begrenzung der Balken. Der Graf wird nach seinem Entdecker auch als **Gaußkurve** *(Gaussian curve)* bezeichnet. Für das vorliegende Beispiel ist in Bild 2 die Gaußkurve dargestellt.

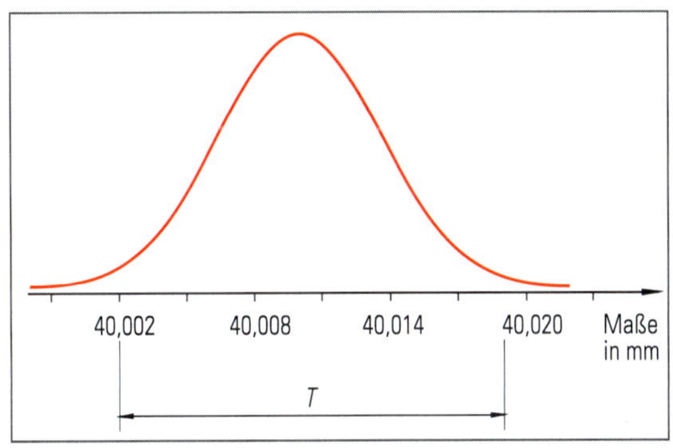

2 *Gaußkurve für die Messwerte von Tabelle Seite 445 Bild 1*

Besonderheiten der Gaußkurve

a) Bei der Gaußkurve sind nicht nur die „Treppenstufen" eingeebnet, auch die Unterschiede zwischen der linken und der rechten Hälfte, wie sie das Histogramm in Bild 1 zeigt, sind geglättet.

b) Die Gaußkurve ist somit nicht das genaue Abbild der im Versuch hergestellten fünfzig Teile.
Der Graf gibt für eine hohe Stückzahl eine Prognose, wie sich die Werkstücke im Toleranzfeld verteilen. Die Basis für diese Prognose sind die fünfzig Messwerte des Versuchs.

c) Mithilfe der Gaußkurve kann der zu erwartende Ausschussanteil ermittelt werden. Dafür gibt es geeignete Software und Tabellen. Für das vorliegende Beispiel beträgt der zu erwartende Ausschussanteil 3,4 % (vgl. Kap. 5.3). Allerdings ist dieser Wert wegen der kleinen Stückzahl (50 Teile) noch nicht sehr zuverlässig

d) Mithilfe der Gaußkurve ist es möglich, die „Fähigkeit" einer Maschine oder eines Prozesses zu ermitteln.
Deren Berechnungen basieren ebenfalls auf den Grundlagen der Gaußkurve.

Maßzahlen der Gaußkurve

Form und Lage der Gaußkurve sind durch zwei Maßzahlen festgelegt (Seite 448 Bild 1):

- die **Standardabweichung** s
- den **Mittelwert** $\bar{x}$

1) Johann Carl Friedrich Gauß (1777 – 1855) deutscher Mathematiker, Astronom, Geodät und Physiker

Standardabweichung s *(standard deviation)*

In Bild 1a) ist die Gaußkurve vergleichsweise schmal und hoch, d. h., viele der ermittelten Maße liegen im mittleren Bereich. Die Streuung der Maße ist deshalb klein.

In Bild 1b) ist der Graf dagegen flacher und breiter, d. h., die Maße sind weiter verteilt. Die Streuung der Maße ist deshalb größer.

Diese Unterschiede gibt die Standardabweichung s an: Bei einer **kleinen Streuung** ist s **klein**, bei einer **breiten Streuung** ist s **größer**.

MERKE

Die Standardabweichung s ist ein Kennwert, der die Streuung der Messwerte angibt.

Die Standardabweichung lässt sich auch geometrisch beschreiben:

Die Gaußkurve hat auf jeder Seite eine Linkskrümmung und eine Rechtskrümmung. Im Abstand s vom Mittelwert liegt der Punkt der Kurve, bei dem die Linkskrümmung in eine Rechtskrümmung übergeht (Wendepunkt).

Die Standardabweichung s kann rechnerisch ermittelt werden (siehe Tabellenbuch). Meistens erfolgt die Berechnung mit speziellen Programmen für die Qualitätssicherung.

Mittelwert $\bar{x}$ *(average value)*

In den Bildern 1 und 2 ist jeweils der Mittelwert $\bar{x}$ für die dargestellten Gaußkurven eingezeichnet. Bei diesem Wert liegt jeweils der höchste Punkt der Gaußkurve. In Bild 1 liegt dieser Wert in beiden Fällen auf der Toleranzmitte, d. h., bei 10 µm. In Bild 2 liegt er bei 12 µm und damit ist er deutlich aus der Toleranzmitte verschoben. Das ist ungünstig, weil dadurch die Gefahr steigt, dass im oberen Bereich, d. h. rechts vom Mittelwert, Ausschussteile produziert werden. Die Gaußkurve reicht deutlich sichtbar über die obere Toleranzgrenze hinaus.

MERKE

Der Mittelwert ist das arithmetische Mittel[1)] der Messwerte. Er gibt an, wo das Kurvenmaximum liegt. Der Mittelwert sollte mit dem Wert der Toleranzmitte übereinstimmen.

Kurvenmaximum

Im mittleren Bereich der Gaußkurve wurde ein Balken mit einer Breite von 1 µm eingezeichnet. Je größer der Anteil der Werkstücke in diesem Bereich ist, desto schmaler und höher wird die Gaußkurve und desto höher wird auch der Balken. Im Beispiel von Bild 3 liegen in diesem Bereich 15 % aller Werkstücke.

MERKE

Das Maximum der Gaußkurve entspricht der Prozentzahl der Werkstücke, die im Bereich von 1 µm um den Mittelwert der Gaußkurve liegen.

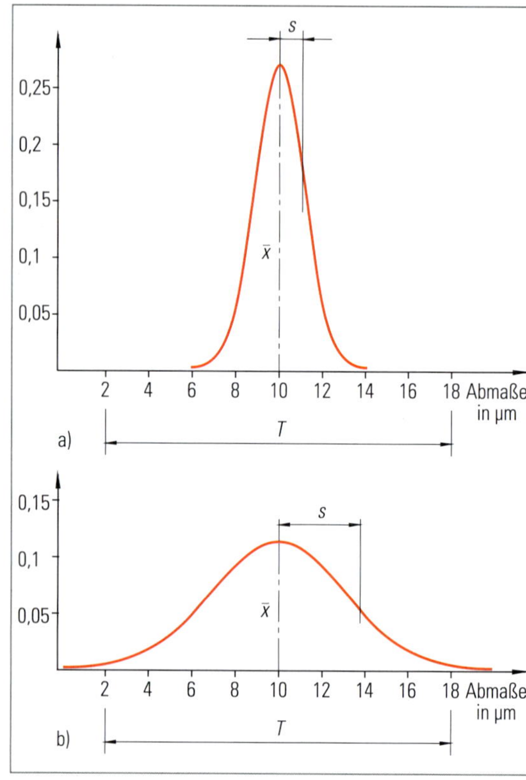

1 *Gaußkurven mit unterschiedlichen Standardabweichungen*
a) s = 1,597 µm *b)* s = 3,719 µm

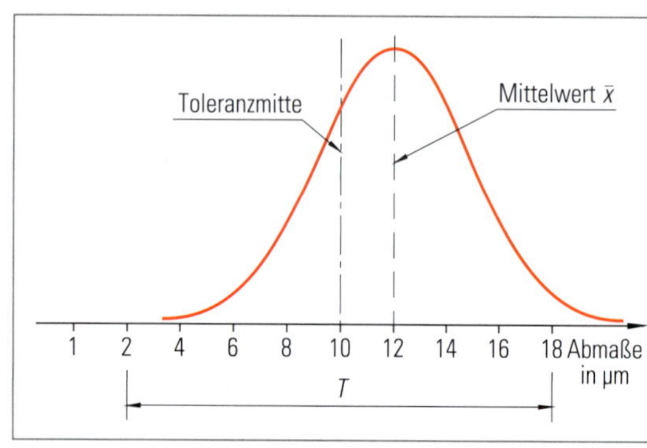

2 *Mittelwert der Gaußkurve aus der Toleranzmitte verschoben*

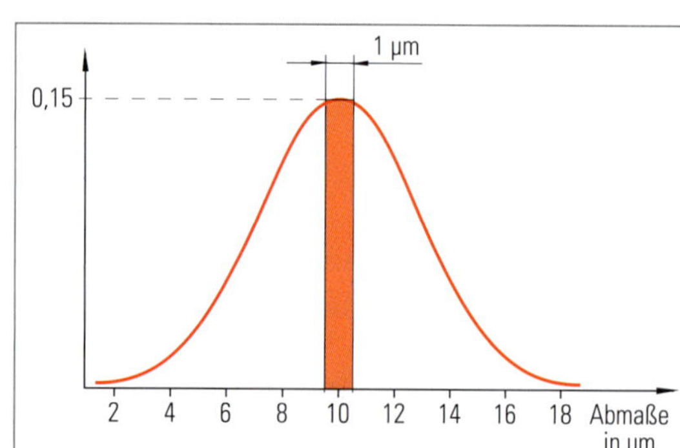

3 *Mittlerer Bereich der Gaußkurve*

1) arithmetisches Mittel: Summe aller Messwerte geteilt durch die Anzahl der Messwerte

3.3 Vergleich zwischen Histogramm und Gaußkurve

Im **Histogramm** *(histogram)* sind die Maße der Werkstücke aus der Versuchsreihe abgebildet. Die Darstellung bezieht sich somit auf die **produzierten Teile** *(manufactured parts)*. In begrenztem Umfang lassen sich daraus auch Schlüsse für die weitere Produktion ziehen.

Die **Gaußkurve** *(Gaussian curve)* ist eine Projektion in die Zukunft. Sie nutzt das Naturgesetz der **Normalverteilung**, um eine **Prognose** *(forecast)* für die **bevorstehende Produktion** *(impending production)* zu stellen. Die Zuverlässigkeit der Prognose hängt sehr stark von der Probenanzahl ab. Je größer der Probenumfang ist, desto verbindlicher ist die Aussage.

Überprüfung auf Normalverteilung

Die Überprüfung der Maschinenfähigkeit nach dem Verfahren, das im nächsten Abschnitt behandelt wird, setzt die Normalverteilung der Messwerte voraus. Wenn Zweifel an der Normalverteilung bestehen, sind die Werte zu überprüfen.

4 Grundlagen der Maschinen- und Prozessfähigkeit

Abweichungen aus statistischer Sicht

Bei einem **idealen Fertigungsprozess** *(manufacturing process)* – den es leider nicht gibt – hätten alle Werkstücke

- das **gleiche Maß** *(identical measure)* und
- alle Maße würden genau in der **Toleranzmitte** *(tolerance centre)* liegen

Dieser Fall ist annähernd in Bild 1a) dargestellt.

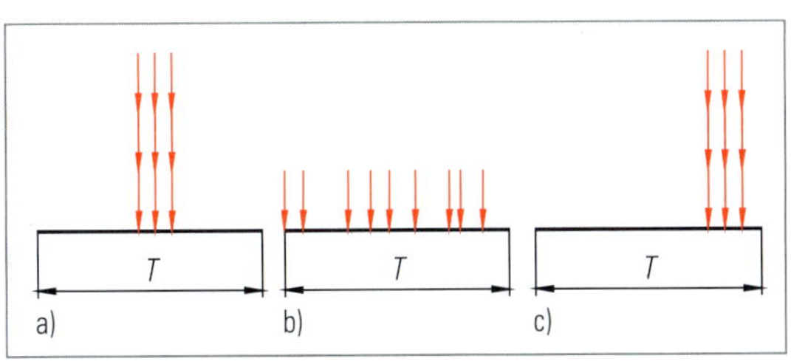

***1** Wertestrahl*

Die Ergebnisse eines wirklichen Fertigungsprozesses weichen von dem Ideal ab. Bei der **realen Fertigung** *(production)*

- **streuen** *(spread)* die Maße (Bild 1b)
- sind die Maße **aus der Mitte verschoben** *(scrolled)* (Bild 1c).

Je stärker diese Abweichungen ausgeprägt sind, desto größer ist die Gefahr, dass ein erhöhter Ausschussanteil produziert wird. Zumindest liegt ein Qualitätsverlust vor, weil viele Maße nicht im Bereich der Toleranzmitte liegen. Deshalb werden Grenzen festgelegt, die eine Maschine oder ein Prozess erreichen muss, um die Freigabe für die Produktion zu erhalten. Die Grenzen werden

a) durch Kennwerte angegeben oder
b) grafisch (s. o.) dargestellt.

Zur Ermittlung der Kennwerte sind Prüfungen vorgeschrieben. Die Bedingungen für diese Prüfungen sind teilweise festgelegt, teilweise durch werksinterne Vorschriften geregelt.

MERKE

Bei den Untersuchungen zur Maschinen- und Prozessfähigkeit wird meistens geprüft,

a) wie groß die Streuung der Maße ist (Bild 1b) und
b) wie weit die Maße aus der Mitte verschoben sind (Bild 1c).

Die Prozessfähigkeit wird in mehreren Stufen (vgl. Kap. 6.1) erreicht:

1. Maschinenfähigkeit
2. vorläufige Prozessfähigkeit
3. ständige Prozessfähigkeit

5 Maschinenfähigkeit

LF11_02

Die **M**aschinen**f**ähigkeits**u**ntersuchung **(MFU)** *(machine capability study)* ist notwendig:

- wenn der Kunde dies verlangt
- bei jeder neuen Maschine
- nach wesentlichen Änderungen oder Reparaturen oder
- bei Produktionsumstellungen wie im vorliegenden Fall, wenn noch keine Erfahrungen vorliegen

Die MFU ist nicht erforderlich, wenn an der Maschine vorher schon gleichartige Werkstücke gefertigt wurden.

5.1 Bedingungen bei der Maschinenfähigkeitsuntersuchung

Da es ausschließlich um die Maschine geht, sind alle Faktoren, die die Fertigung beeinflussen können, zu optimieren und konstant zu halten.

Beispiel	Einflussgrößen
Erfahrung des Maschinenbedieners	**M**ensch
Funktionsfähigkeit der Maschine	**M**aschine
Betriebstemperatur	**M**aschine
Umweltbedingungen (z. B. Temperatur) nicht verändern	**M**ilieu (Umwelt)
Material einer Charge	**M**aterial
Optimale Werkzeuge	**M**ethode
Gleiche Fertigungsbedingungen	**M**ethode

Für die Untersuchung sind mindestens 50 Teile herzustellen. Die Beurteilung der Maschinenfähigkeit *(machine capability)* stützt sich hauptsächlich auf zwei Kennwerte: C_m und C_{mk} (vgl. Kap. 5.3).

5.2 Rechnerische Grundlagen für die Ermittlung der Kennwerte

Ausgang der Überlegung ist die Gaußkurve – genauer gesagt – die Fläche unter der Gaußkurve. In Bild 1a ist – vom Mittelwert ausgehend – die Standardabweichung *s* nach beiden Seiten abgetragen ($s = 2{,}667\ \mu m$). Die dadurch abgegrenzte Fläche ist markiert. Ihr Anteil an der Gesamtfläche beträgt 68,26 %. Bei einer großen Serie liegen in diesem Bereich auch 68,26 % der Werkstücke.

Breite des markierten Bereichs	Flächenanteil des markierten Bereichs an der Gesamtfläche (nach Gauß)	Anteil der Werkstücke dieses Bereichs an der Gesamtzahl der Werkstücke
a) 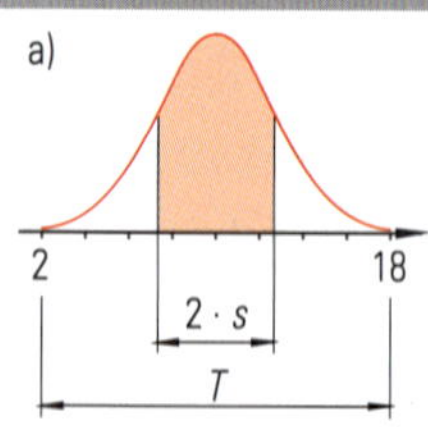 $2 \cdot s = 5{,}334\ \mu m$	68,26 %	68,26 %
b) 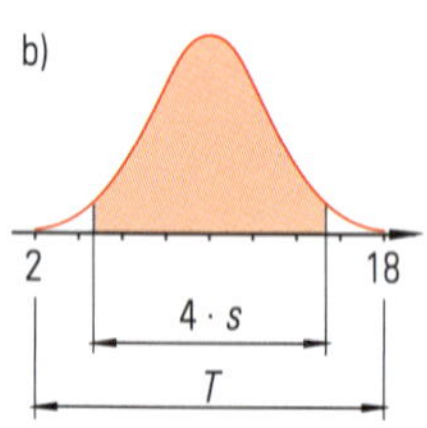 $4 \cdot s = 10{,}668\ \mu m$	95,44 %	95,44 %
c) 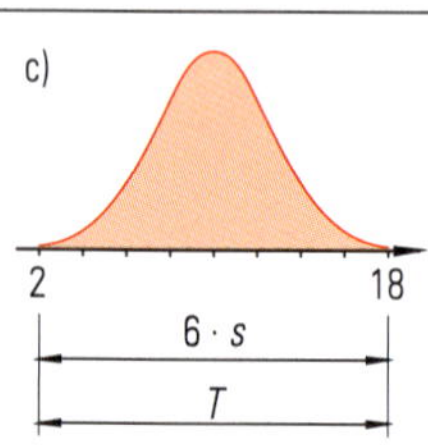 $6 \cdot s = 16{,}002\ \mu m$	99,73 %	99,73 %

1 Flächen unter der Gaußkurve

Der „Gut"-Anteil von 99,73 % im letzten Beispiel wird heute in vielen Fällen bei der Serienfertigung mindestens erwartet, oft gehen die Forderungen noch weiter.

In Bild 2 ist der Fall von Bild 1c) noch einmal dargestellt und zeigt den Zusammenhang zwischen der Toleranz *T* und dem Bereich $6 \cdot s$.

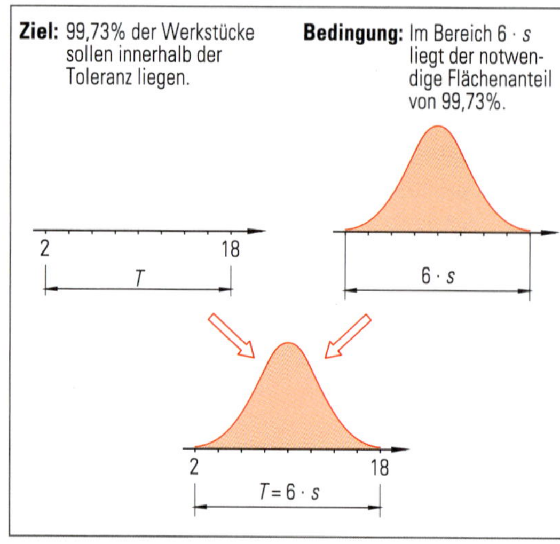

2 Zusammenhang zwischen der Toleranz T und dem Bereich 6 · s

Mit der Bedingung $T = 6 \cdot s$ lässt sich das für diesen Fall erforderliche Maß *s* berechnen:

$$s = \frac{T}{6};\ s = \frac{16\ \mu m}{6}$$

$$\underline{\underline{s = 2{,}667\ \mu m}}$$

Es ist üblich, die Bedingung $T = 6 \cdot s$ als Quotient zu schreiben:

$$T = 6 \cdot s \Rightarrow \frac{T}{6 \cdot s} = 1 \Rightarrow \frac{16\ \mu m}{6 \cdot 2{,}667\ \mu m} = 1$$

Mit dem Ergebnis „1" ist eine weitreichende Aussage verbunden:

- Die Toleranz *T* ist so groß wie das Maß $6 \cdot s$
- Da 99,73 % der Gaußfläche im Bereich $6 \cdot s$ liegen, sind auch 99,73 % der produzierten Werkstücke „gut".

MERKE

Wenn die Toleranz *T* und das Maß $6 \cdot s$ gleich groß sind, dann sind 99,73 % der Werkstücke „gut".

5.3 Berechnen der Maschinenfähigkeit

Meistens wird der Quotient $\frac{T}{6 \cdot s} \neq 1$ sein.

Aber auch die von 1 abweichenden Ergebnisse sind sehr informativ. Deshalb wird der Quotient als **Kennwert** C_m *(specific value)* für die Beurteilung der **Maschinenfähigkeit** *(machine capability)* verwendet:

$$C_m = \frac{T}{6 \cdot s}$$

Beispiel

$s = 2\ \mu m;\ T = 16\ \mu m$

$$C_m = \frac{T}{6 \cdot s}$$

$$C_m = \frac{16\ \mu m}{6 \cdot 2\ \mu m}$$

$$\underline{\underline{C_m = 1{,}33}}$$

MERKE

Für die Fähigkeitsuntersuchungen wird der C_m-Wert vom Qualitätsmanagement oder Kunden vorgegeben.

Bei dem Lagersitz ist C_m mit 1,84 vorgegeben. Der berechnete Wert muss in diesem Fall gleich oder größer sein als 1,84.

a) Berechnung der Maschinenfähigkeit für die Drehmaschine

Für die Drehteile gilt:
$s = 3{,}72\ \mu m;\ T = 16\ \mu m$
Bedingung: $C_m \geq 1{,}84$

$$C_m = \frac{T}{6 \cdot s}$$

$$C_m = \frac{16\ \mu m}{6 \cdot 3{,}72\ \mu m}$$

$$\underline{\underline{C_m = 0{,}71 < 1{,}84}}$$

Die Bedingung für die Maschinenfähigkeit ist **nicht** erfüllt.

Das Ergebnis ist **sehr schlecht**. Der berechnete Wert $C_m = 0{,}71$ ist weit von der geforderten Grenze $C_m = 1{,}84$ entfernt. Es war nicht zu erwarten, dass die Drehmaschine diesen C_m-Wert erreichen würde, aber nach den Angaben des Herstellers hätte der C_m-Wert zwischen 0,9 und 1,0 liegen müssen. Wegen der starken Abweichung ist der Test noch einmal zu überprüfen. Wenn sich das Ergebnis bestätigt, ist die Drehmaschine zu überprüfen.

In der Tabelle Bild 1 sind verschiedene C_m-Wert aufgeführt. Dadurch kann das Ergebnis der Drehmaschine eingeordnet werden.

Die C_m-Werte in der ersten Spalte (z. B. $C_m = 1{,}33$) und die entsprechenden Zahlenwerte in der dritten Spalte (z. B. ⑧) werden in der Qualitätssicherung sehr häufig verwendet.

Mit beiden Aussagen ist der gleiche Sachverhalt gemeint: Die Ausschussquote beträgt 0,006 %, das entspricht 60 ppm[1)].

Überlegen Sie!

1. *Das Ergebnis der Drehmaschine ist „sehr schlecht". Begründen Sie diese Beurteilung anhand der Tabelle Bild 1.*
2. *Wie verändern sich s und ppm von der ersten Zeile der Tabelle mit $C_m = 1$ bis zur vierten $C_m = 1{,}84$?*
3. *Eine Firma möchte langfristig mit ihrer Produktion von $6 \cdot s$ zu $8 \cdot s$ kommen. Welche Konsequenzen hat das hinsichtlich der Ausschussquote? Welche Maßnahmen sind wahrscheinlich erforderlich?*

Die Berechnung der Maschinenfähigkeit für die Schleifmaschine basiert auf den folgenden grafischen Darstellungen.

C_m Wert	**s in µm** $s = \frac{16\ \mu m}{6 \cdot C_m}$	$T = C_m \cdot 6 \cdot s$	**Ausschussquote in %**	**parts per million ppm**
Die C_m-Werte sind gesetzt. Sie werden in anderen Spalten weiter betrachtet	Die s-Werte sind erforderlich, um die C_m-Werte aus Spalte 1 zu errechnen.	($C_m \cdot 6$) wird zusammengefasst. Diese Zahlen sind in der Qualitätssicherung sehr geläufig.	Die Ausschussquote wird von einem PC-Programm berechnet	Ausschussteile bezogen auf 1 000 000 Werkstücke
$\frac{T}{6 \cdot s} = 1{,}0$	$s = 2{,}67\ \mu m$	$T = 1 \cdot 6 \cdot s$ $T =$ ⑥ $\cdot s$	0,27 %	2700
$\frac{T}{6 \cdot s} = 1{,}33$	$s = 2{,}00\ \mu m$	$T = 1{,}33 \cdot 6 \cdot s$ $T =$ ⑧ $\cdot s$	0,006 %	60
$\frac{T}{6 \cdot s} = 1{,}66$	$s = 1{,}60\ \mu m$	$T = 1{,}66 \cdot 6 \cdot s$ $T =$ ⑩ $\cdot s$	0,00016 %	2
$\frac{T}{6 \cdot s} = 1{,}84$	$s = 1{,}45\ \mu m$	$T = 1{,}84 \cdot 6 \cdot s$ $T =$ ⑪ $\cdot s$	0,000005 %	< 1
$\frac{T}{6 \cdot s} = 0{,}71$	$s = 3{,}70\ \mu m$	$T = 0{,}71 \cdot 6 \cdot s$ $T = 4{,}26 \cdot s$	3,384 %	33384

1 C_m-Werte

1) ppm: engl. **p**arts **p**er **m**illion: Teile pro Million

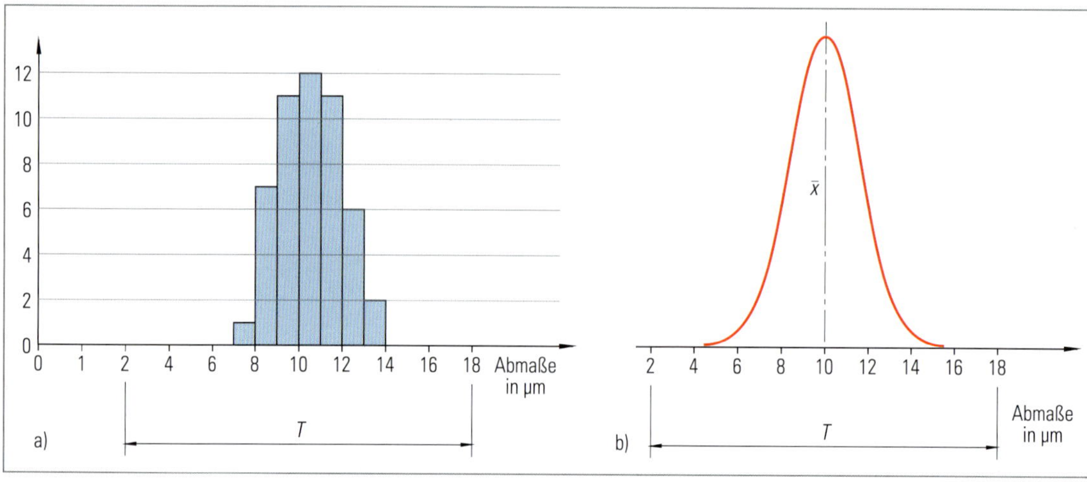

***1** Histogramm und Gaußkurve der geschliffenen Werkstücke:* T = 16 µm; s = 1,436 µm; $\bar{x}$ = 10,02 µm

Zum Vergleich Histogramm und Gaußkurve beim Drehen (Bild 2).

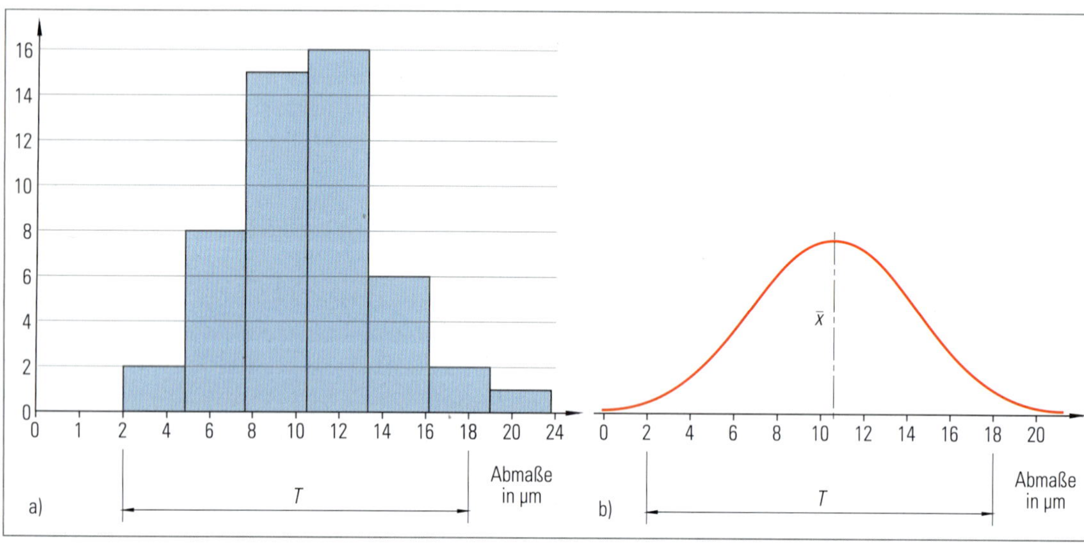

***2** Histogramm und Gaußkurve der gedrehten Werkstücke:* T = 16 µm; s = 3,72 µm; $\bar{x}$ = 10,62 µm

b) Berechnung der Maschinenfähigkeit für die Schleifmaschine

Beispiel

1. Prüfung: C_m-Wert

s = 1,436 µm; T = 16 µm

Bedingung: $C_m \geq 1{,}84$

$$C_m = \frac{T}{6 \cdot s}$$

$$C_m = \frac{16\ \mu m}{6 \cdot 1{,}436\ \mu m}$$

$$\underline{\underline{C_m = 1{,}85 > 1{,}84}}$$

Die 1. Bedingung für die Maschinenfähigkeit ist erfüllt.

MERKE

Wenn die C_m-Bedingung erfüllt ist, spricht man von einer „fähigen Maschine" *(capable machine)*.
Fähig bedeutet, dass die Streuung der Messwerte sehr klein ist.

Neben der Streuung ist noch eine zweite Fehlerquelle zu untersuchen: Die Verschiebung des Mittelwertes aus der Toleranzmitte.

In Bild 1 auf Seite 453 ist dieses Problem dargestellt. Die Gefahr, die von der Verschiebung des Mittelwerts bei der Schleifmaschine ausgeht, ist mit einem weiteren Rechengang zu überprüfen. Dabei wird der Kennwert C_{mk} ermittelt.

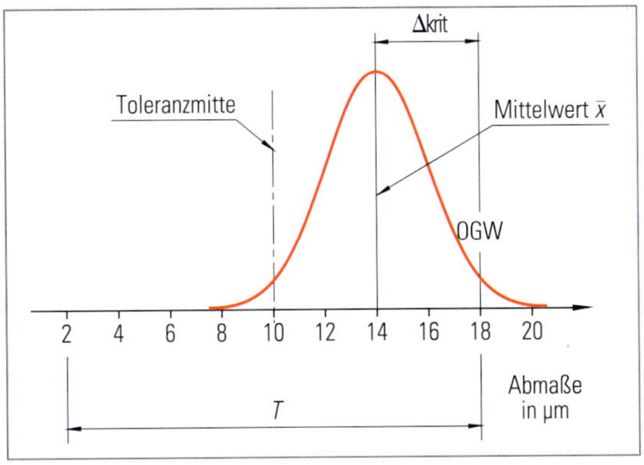

1 *Mittelwert $\bar{x}$ deutlich aus der Toleranzmitte verschoben*
Dieses Bild dient der Veranschaulichung von Δkrit und bezieht sich nicht auf die hier dargestellte Maschinenfähigkeitsuntersuchung

Beispiel

2. Prüfung: C_{mk}-Wert
$s = 1{,}436\ \mu m$; $T = 16\ \mu m$; $\bar{x} = 10{,}02\ \mu m$
Bedingung: $C_{mk} \geq 1{,}84$

$\Delta krit = es - \bar{x}$

$\Delta krit = 18\ \mu m - 10{,}02\ \mu m$

$\Delta krit = 7{,}98\ \mu m$

$$C_{mk} = \frac{\Delta krit}{3 \cdot s}$$

$$C_{mk} = \frac{7{,}98\ \mu m}{3 \cdot 1{,}436\ \mu m}$$

$$C_{mk} = 1{,}85 > 1{,}84$$

Die 2. Bedingung für die Maschinenfähigkeit ist erfüllt.

MERKE

Wenn die C_{mk}-Bedingung erfüllt ist, spricht man von einer „beherrschten Maschine" *(controlled machine)*.

Im vorliegenden Fall liegt $\bar{x}$ nahezu auf der Toleranzmitte. Dies bedeutet:

$$\Delta krit \approx \frac{T}{2}.$$

Die Schleifmaschine erfüllt beide Bedingungen und ist somit „fähig" und „beherrscht". Deshalb erfolgt die Freigabe zur nächsten Prüfung, zur vorläufigen Prozessfähigkeit.

6 Prozessfähigkeit

Auf der Grundlage der Maschinenfähigkeit wird die **vorläufige Prozessfähigkeit** *(provisional process capability)* in einer Testphase ermittelt. Anschließend folgt die Überprüfung der **ständigen Prozessfähigkeit** *(permanent process capability)* für die Serie (Tab. Bild 2). Die dort angegebenen Maschinen- und Prozessfähigkeitskennwerte sind nicht genormt. Sie werden firmenspezifisch festgelegt.

Die geforderten Fähigkeitswerte sind bei der MFU am größten (Tab. Bild 2), weil die Fertigungsbedingungen optimiert sind und nur ein Prüfmerkmal getestet wird. Die Werte sind gleichzeitig wegen der geringen Stückzahl noch relativ unsicher.

Bei der vorläufigen Prozessfähigkeitsuntersuchung sind die Kennwerte P_p und P_{pk} kleiner. In der Serie sind die geforderten Kennwerte am kleinsten. Oft wird nur noch ein $C_p > 1{,}33$ gefordert.

Im Vergleich zur MFU gibt es bei der vorläufigen Prozessfähigkeit folgende Unterschiede:

Maschinenfähigkeitsuntersuchung (MFU) **Vor dem Serienlauf**	**Vorläufige Prozessfähigkeitsuntersuchung (PFU)** **Serie in der Testphase**	**Ständige Prozessfähigkeitsuntersuchung** **Serie**
Die MFU ist eine Kurzzeituntersuchung, in der die Qualitätsfähigkeit der Maschine festgestellt wird (C_m; C_{mk})	Bei der PFU wird die Qualitätsfähigkeit des Prozesses und die Prozessbeherrschung untersucht (P_p; P_{pk}; C_p; C_{pk})	Nach ca. 20 Produktionstagen: Überprüfung des Prozesses mit den vorliegenden Daten. Evtl. Korrekturen erforderlich (s. u.)
z. B.: $C_m > 1{,}84 \Rightarrow$ Maschine ist fähig $C_{mk} > 1{,}84 \Rightarrow$ Maschine ist beherrscht	z. B.: $P_p > 1{,}66 \Rightarrow$ Prozess ist fähig¹⁾ $P_{pk} > 1{,}66 \Rightarrow$ Prozess ist beherrscht¹⁾	z. B.: $C_p > 1{,}33 \Rightarrow$ Prozess ist fähig¹⁾ $C_{pk} > 1{,}33 \Rightarrow$ Prozess ist beherrscht¹⁾
Mindestumfang: 50 Teile in Folge fertigen	Mindestumfang: 25 Stichproben, je Probe mindestens $n = 5$ Teile ($n \geq 3$ Teile)	Regelmäßige Überprüfung von Stichproben mithilfe von Qualitätsregelkarten
Die 5M-Einflussgrößen konstant halten.	Fertigung unter Produktionsbedingungen, d. h., die Störgrößen können wirken.	

¹⁾ Die Prozessfähigkeit wird mit anderen Indizes angegeben:
P_p und P_{pk}: vorläufige Prozessfähigkeit bis zur endgültigen Übernahme
C_p und C_{pk}: Langzeitfähigkeit

2 *Vergleich von Maschinen- und Prozessfähigkeitsuntersuchung*

- Die Produktionsbedingungen sind nicht mehr optimiert, d.h., die Fertigung läuft unter Werkstattbedingungen, z.B. mit Temperaturschwankungen, mit Werkzeugwechsel, Schichtwechsel, u.a.
- In regelmäßigen Abständen werden 25 Stichproben entnommen. An der Schleifmaschine sind beide Lagersitze als Prüfmerkmale festgelegt, deshalb werden beide Maße auch gemessen.

6.1 Stufen zur Prozessfähigkeit

Die Prozessfähigkeit wird in mehreren Stufen *(steps)* erreicht. Es sind folgende Tests durchzuführen:

a) **Nachweis der Maschinenfähigkeit** *(evidence of machine capability)* (vgl. Kap. 5)
Eine Maschine wird unter optimalen Bedingungen auf ihre Qualitätsfähigkeit geprüft. Dabei wird festgestellt, ob sich die Maschine für die vorgesehene Aufgabe eignet.

b) **Vorläufige Prozessfähigkeit** *(provisional process capability)*. Bei der vorläufigen Prozessfähigkeit wird die Maschine oder die Anlage unter Produktionsbedingungen getestet.

c) **Ständige Prozessüberwachung** *(permanent process control)*. Wenn die Fertigung freigegeben wurde, ist der Prozess zu überwachen – die Prozessfähigkeit ist also ständig nachzuweisen.

6.2 Ziele der Prüfung

Bei der vorläufigen Prozessfähigkeit wird mithilfe regelmäßiger **Stichproben** *(random tests)* geprüft,

- wie die Maße streuen und
- wie sich der Mittelwert verändert.

Wenn die beiden Grenzwerte für die Prozessfähigkeit eingehalten werden, ist der Prozess „fähig" und „beherrscht".

Sind die Grenzwerte nicht eingehalten, spricht man von einem „nicht fähigen" bzw. einem „nicht beherrschten" Prozess. Auf dieser und der nächsten Seite sind die verschiedenen Möglichkeiten gegenübergestellt, die sich mit diesen Begriffen bzw. Begriffspaaren ergeben.

In der Übersicht sind vier Möglichkeiten zusammengestellt, die sich durch die Begriffspaare ergeben. Dadurch soll noch einmal deutlich werden, welche Kombinationen möglich sind und mit welchen Fachbegriffen diese Varianten belegt sind.

Im Fall b) liegt z.B. die Kombination „beherrscht"/„nicht fähig" vor.

„Beherrscht" heißt: Bei allen Stichproben ist der Mittelwert $\bar{x}$ in der Toleranzmitte oder in der Nähe der Toleranzmitte.

„Nicht fähig" bedeutet: Die Fähigkeitswerte P_p und P_{pk} liegen deutlich unter 1,33, d.h., die Standardabweichung ist zu groß, es kommt zu einem erheblichen Ausschussanteil, der in den Abbildungen bei den Flächen außerhalb der Toleranz zu sehen ist.

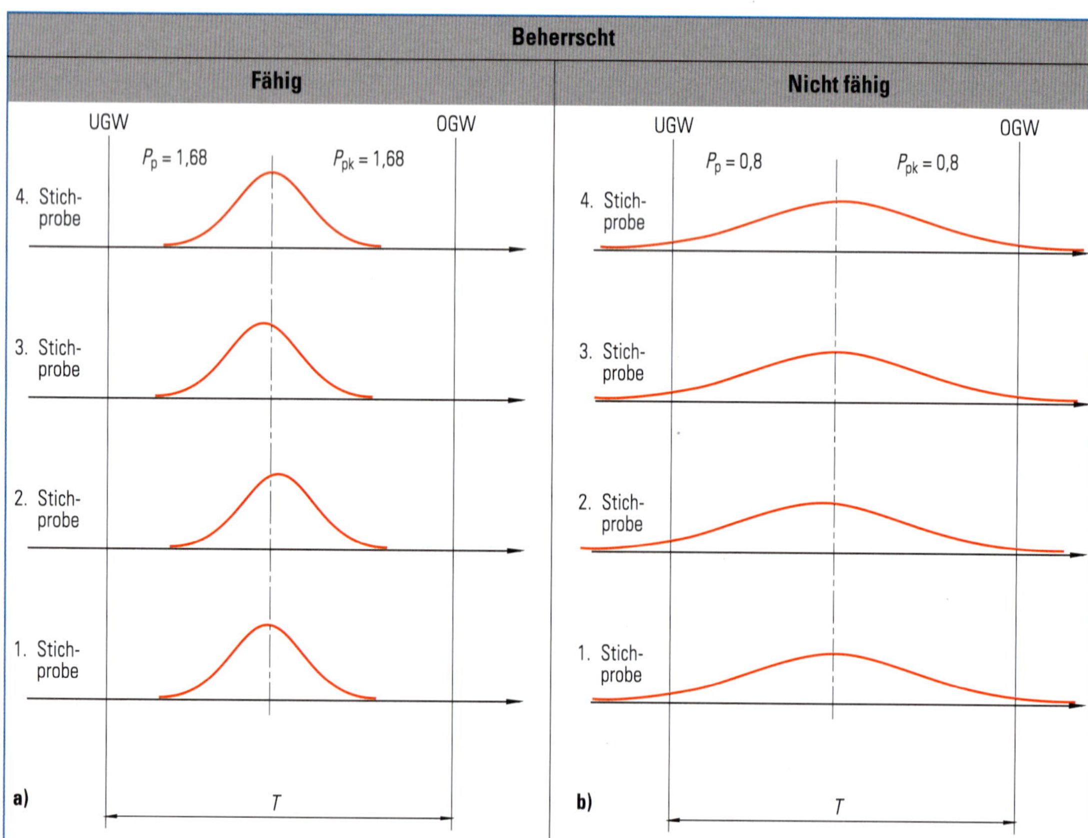

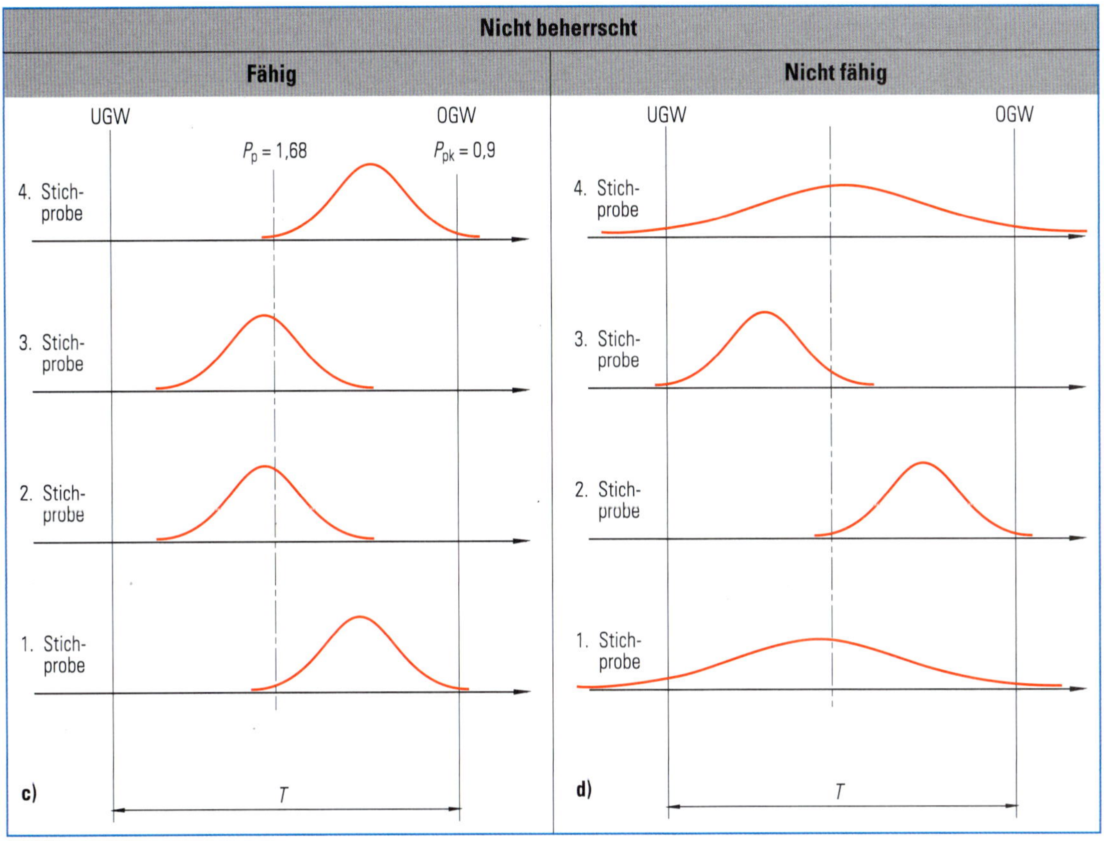

Überlegen Sie!

1. *Erläutern Sie nach dem gegebenen Beispiel von Seite 454 die drei anderen Felder.*
2. *Wie beurteilen Sie die kritischen Fälle hinsichtlich ihrer Eignung bzw. der Möglichkeit, durch Verbesserungen in Serie gehen zu können?*

Es ist sinnvoll, den Prozess nicht nur mit den Fähigkeitskennwerten (P_p, P_{pk} bzw. C_p und C_{pk}) zu beurteilen, sondern auch grafische Darstellungen zu verwenden wie z. B. Histogramm, Gaußkurve, Urwertkarte, Qualitätsregelkarte und Wahrscheinlichkeitsnetz.

6.3 Urwertkarte

In die Urwertkarte *(original data chart)* (Bild 1) werden die Messwerte der Stichproben eingetragen. Die Karte zeigt Ausreißer, Trends und Ausschussteile.

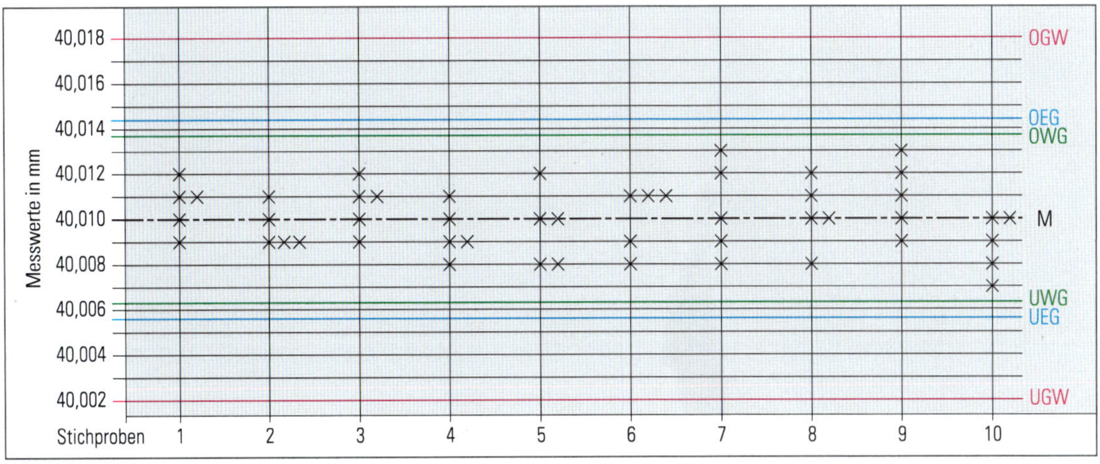

1 *Urwertkarte*

6.4 Qualitätsregelkarte

MERKE

Mit Qualitätsregelkarten (QRK) *(control charts)* ist es möglich, die Prozessentwicklung zu beobachten.

Zum Aufzeichnen und Beurteilen der Prozessentwicklung sind die Streuung und die Lage der Messwerte zu dokumentieren. Deshalb enthält eine Karte zwei Bereiche, in denen diese Kennwerte getrennt angegeben werden.

Maßzahlen für die Lage sind z. B.:

- der Mittelwert $\bar{x}$
- der Median $\tilde{x}$

Der **Median** ist der mittlere Wert einer Zahlenreihe. Beispiel: In der Zahlenreihe 2, 3, 5, **7**, 8, 9, 11 ist „7" der Wert „in der Mitte", der Median („7" ist aber nicht der Mittelwert!).

Maßzahlen für die Streuung sind z. B.:

- die Standardabweichung *s*
- die Spannweite *R*

Wenn bei kontinuierlichen Merkmalen eine Normalverteilung vorliegt, wird die $\bar{x}/s$-Karte verwendet. Für die Auswahl der richtigen Qualitätsregelkarte gibt es Empfehlungen oder es liegen entsprechende Erfahrungen vor.

In Bild 1 ist eine $\bar{x}/s$-QRK dargestellt. In die Karte sind die Messwerte einer vorläufigen Prozessfähigkeitsuntersuchung und die **Eingriffsgrenzen** (OEG und UEG) eingetragen.

Durch die grafische Darstellung der beiden Kennwerte kann der Prozess beurteilt werden. Es fällt z. B. auf, wenn die Werte allmählich in eine Richtung driften oder wenn die Werte sehr stark springen.

Prüfmerkmal: Durchmesser	Kontrollmaß: 40k6
Stichprobenumfang: $n = 5$	Kontrollintervall: 60 min

Messwerte in mm										
x_1 in mm	40,009	40,010	40,012	40,008	40,012	40,011	40,013	40,010	40,013	40,009
x_2 in mm	40,010	40,011	40,011	40,009	40,008	40,008	40,009	40,008	40,009	40,008
x_3 in mm	40,011	40,009	40,011	40,010	40,008	40,011	40,012	40,012	40,011	40,007
x_4 in mm	40,011	40,009	40,010	40,009	40,010	40,011	40,010	40,010	40,012	40,010
x_5 in mm	40,012	40,009	40,009	40,011	40,010	40,009	40,008	40,011	40,010	40,010
$\bar{x}$ in mm	40,0106	40,0096	40,0106	40,0094	40,0096	40,0100	40,0104	40,0102	40,0110	40,0088
s in µm	1,140	0,894	1,140	1,140	1,673	1,414	2,073	1,483	1,581	1,304

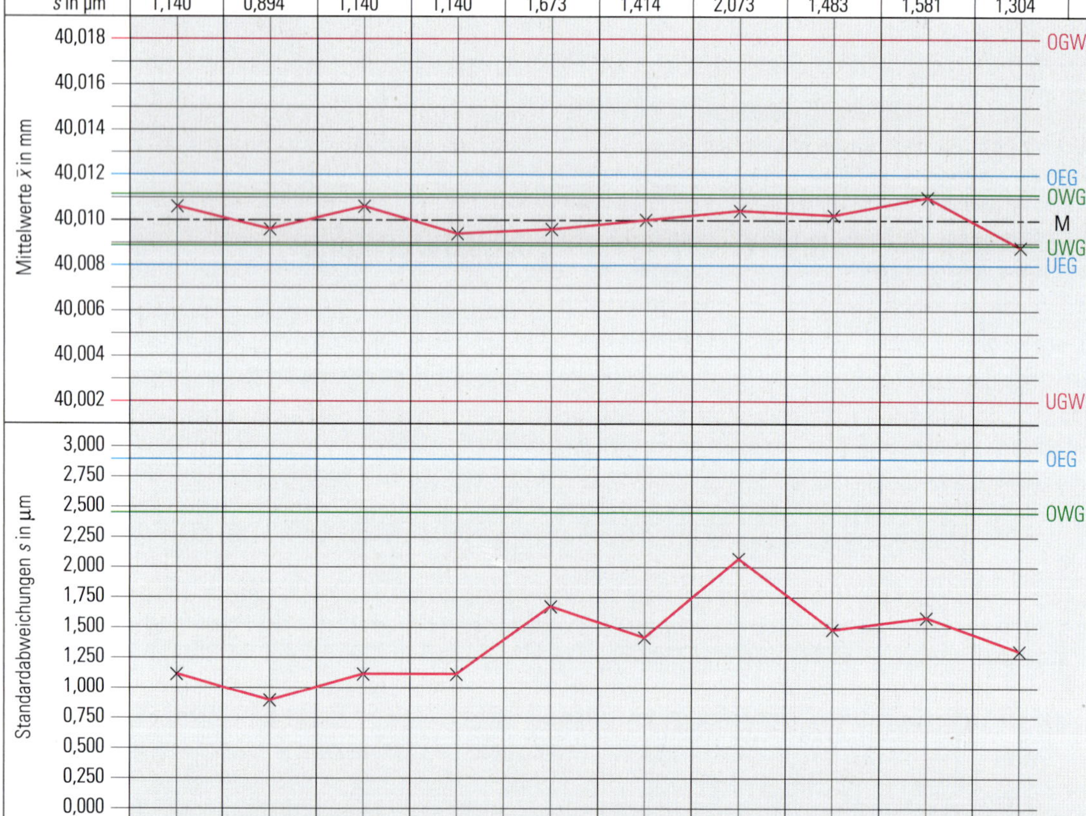

Probennr.	1	2	3	4	5	6	7	8	9	10
Uhrzeit	6:00	7:00	8:00	9:00	10:00	11:00	12:00	13:00	14:00	15:00

1 *Qualitätsregelkarte*

Bei Stichproben bis $n \leq 5$ wird die untere Eingriffsgrenze für Standardabweichungen nicht berechnet.

Die Eingriffsgrenzen sind mit den Messwerten nach festgelegten Formeln (vgl. Tabellenbuch) berechnet worden. Meistens übernehmen Computerprogramme diese Aufgabe.

Bedeutung der Eingriffsgrenzen

- **Für die Fachkraft:** Nach dem Überschreiten eines Grenzwertes ist korrigierender Eingriff in den Prozess erforderlich.
- **Für die Qualitätskontrolle:** Die Qualitätskennzahlen (P_p, P_{pk}, C_p und C_{pk}) sind nur gültig, wenn der Prozess innerhalb der Eingriffsgrenzen abläuft und nur in diesem Fall ist eine weitergehende Überprüfung des Prozesses mit den sogenannten Stabilitätskriterien sinnvoll.

Über die **Stabilitätsregeln** *(stability standards)* können systematische Einflussgrößen ermittelt werden. In vielen Fällen können diese Einflüsse beseitigt bzw. verkleinert und dadurch die Prozessergebnisse verbessert werden.

Im Einzelnen sind es folgende Regeln (Bild 1):

- **Run:** Sieben oder mehr aufeinander folgende Werte oberhalb bzw. unterhalb der Mittellinie. Der Prozess muss unterbrochen werden, da z. B. erheblicher Werkzeugverschleiß vorliegt, Kühlschmierstoff gewechselt wurde.
- **Trend steigend** oder **fallend:** Sieben oder mehr hintereinander folgende aufsteigende bzw. fallende Intervalle. Der Prozess muss unterbrochen werden. Die Ursachen müssen ermittelt werden.
- **Middle Third:** Weniger als 40 % oder mehr als 90 % von 25 hintereinanderliegenden Werten liegen im mittleren Drittel. Wenn das der Fall ist, können die Ursachen sein: fehlerhafte Messgeräte, Material aus einer anderen Charge, Mischen von Teilen, die z. B. auf unterschiedlichen Drehmaschinen vorgefertigt worden sind.

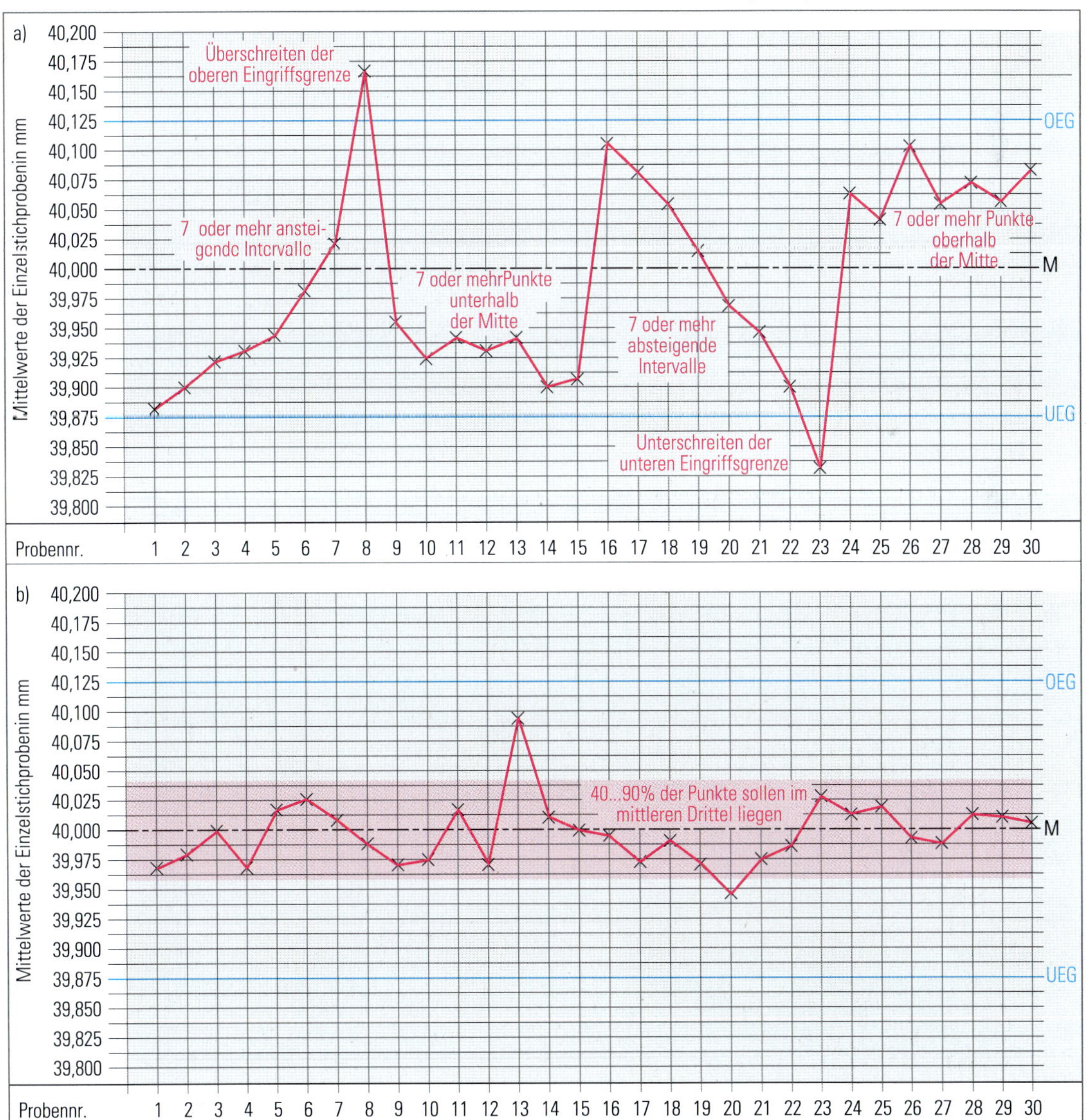

1 Shewhart-Karte[1]: a) Verletzung von Stabilitätsregeln; b) Middle Third

1) Walter Andrew Shewhart, US-amerikanischer Physiker, Ingenieur und Statistiker, 1891 bis 1967

In die Qualitätsregelkarten werden neben den **Eingriffsgrenzen** (OEG, UEG) oft auch **Warngrenzen** (OWG, UWG) eingetragen (Bild 1). Zwischen diesen Grenzen besteht folgender Zusammenhang:

- Bei einem Messwert innerhalb der Warngrenzen (a) liegt keine Störung vor, es ist kein Eingriff erforderlich.
- Ein Messwert zwischen Warn- und Eingriffsgrenzen (b) kann auf eine drohende Störung hinweisen. Konsequenz: Die nächsten Werkstücke werden gemessen, auch wenn der Prüfplan dies nicht vorsieht.
- Bei einem Messwert außerhalb der Warngrenzen ist ein Eingriff erforderlich. Die Fachkraft vor Ort entscheidet über die Maßnahme bzw. die Maßnahmen.

Die Grenzwerte (OGW, UGW) werden in der Praxis vielfach auch als Spezifikationsgrenzen (OSG, USG) bezeichnet. Damit soll verdeutlicht werden, dass der Kunde die Grenzwerte festlegt.

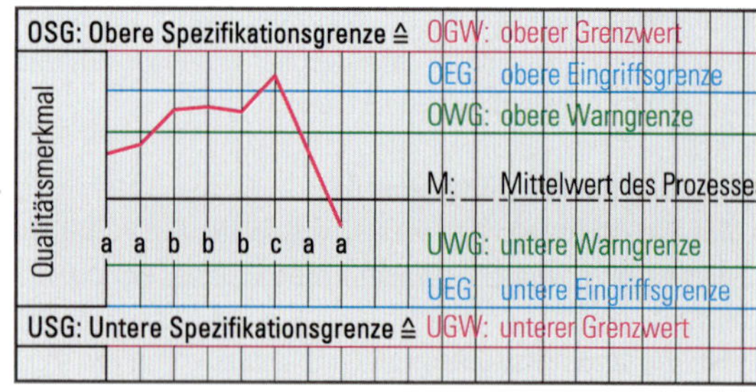

1 Einzelwertkarte mit Spezifikationsgrenzen (OSG, USG), Grenzwerten (OGW, UGW), Eingriffsgrenzen (OEG, UEG) und Warngrenzen (UWG, OWG)

6.5 Fehlersammelkarte

Bei Baugruppen, Geräten, aber auch bei komplexen Einzelteilen sind oft mehrere voneinander unabhängige Merkmale zu überwachen. In vielen Fällen ist es vorteilhaft, die Daten zu sammeln. Dafür eignet sich eine Fehlersammelkarte *(inspection chart)* (Bild 2). Auch hier sind Stichproben zu entnehmen und zu prüfen. Die Ergebnisse sind in der Fehlersammelkarte festzuhalten.

Die Karte ist in einzelne Bereiche aufgeteilt:

Bereich A:

Links: Liste der Fehlerarten
F1: z. B. Oberflächenfehler
F2: z. B. Bohrung fehlt
F3: z. B. Stutzen fehlt
F4: z. B. Schrauben fehlen
F5: z. B. Verbindungselement falsch angeschweißt

Mitte: Laufende Nummern der Stichproben mit Eintrag der Fehlerart und Anzahl.

Rechts: Anzahl der Fehler einer Fehlerart

Bereich B:

Bildliche Darstellung der Anzahl der Fehler je Stichprobe.

Bereich C:

Anzahl der Fehler, die in der Grafik aufgeführt sind. Die zeitlichen Abstände der Stichproben sowie der Stichprobenumfang werden von der Qualitätsplanung festgelegt.

Mit den gesammelten Daten kann für jede Fehlerart eine Qualitätsregelkarte *(control chart)* geführt werden. Für die Berechnung der Eingriffsgrenzen stehen Formeln zur Verfügung.

Die Fehlersammelkarte wird auch für Eingangskontrollen verwendet.

lfd. Nr. der Stichproben.

Fehlerart	**1**	**2**	**3**	**4**	**5**	**6**				Σx_i	
F1	1	2	1	0	1	0				5	
F2	2	1	0	0	2	2		**A**		7	
F3	0	0	0	1	0	0				1	
F4	2	3	3	2	3	1				14	
F5	0	0	0	1	1	0				2	

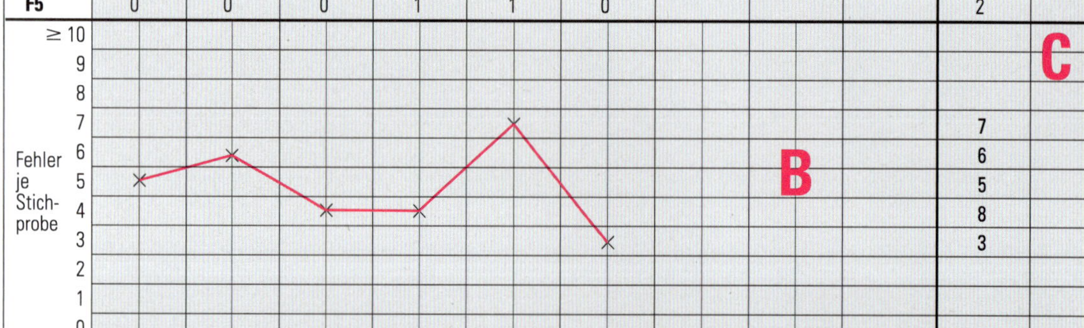

Fehler gesamt: 29

2 Schema einer Fehlersammelkarte

7 Statistische Qualitätsregelung

Auf den Fertigungsprozess wirken ständig Störgrößen ein (Bild 1). Als Gegenmaßnahme wird der Prozess überwacht, d.h., in regelmäßigen Abständen werden Proben gemessen und die Messwerte statistisch ausgewertet. Das Ergebnis zeigt, ob ein korrigierender Eingriff erforderlich ist. Damit liegt ein **Regelkreis** vor (vgl. Lernfeld 13), in dem der **Fertigungsprozess** die **Regelstrecke** ist und das zu fertigende **Maß** die **Regelgröße**. Der korrigierende Eingriff hat die Funktion des Reglers.

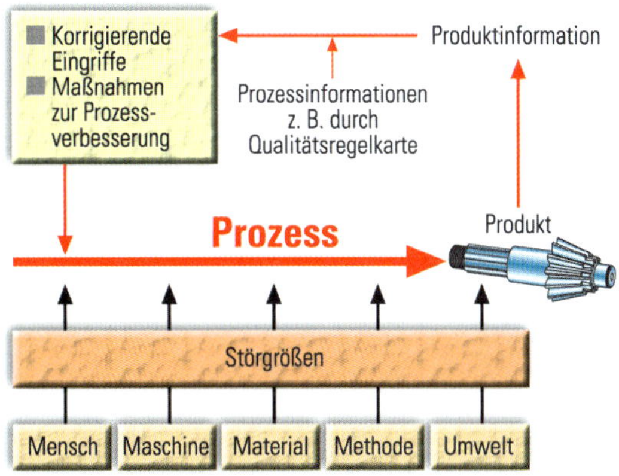

1 Regelkreismodell einer statistischen Qualitätsregelung

8 Prozessüberwachung

Die Prozessüberwachung *(process control)* erfolgt mit einer Qualitätsregelkarte und den damit festgelegten Warn- und Eingriffsgrenzen. Im Prüfplan ist für jedes Merkmal angegeben, wie oft es zu messen und zu dokumentieren ist. Die Werte können auch direkt in einen Rechner eingegeben werden und stehen dann für die Auswertung sofort zur Verfügung. Das kann zur Folge haben, dass die Warn- und Eingriffsgrenzen neu berechnet werden. Wenn mehrere Merkmale vorliegen, eignet sich dafür die Darstellung in Form von Box Plots.

Merkm.-Nr.	n	N	T	UGW	X_u	OGW	X_o
1	500	20	0,013	19,996	19,992	20,009	20,006
2	200	40	0,025	40,000	40,003	40,025	40,022
3	800	30	0,021	29,991	29,994	30,012	30,010
4	500	50	0,025	49,975	49,976	50,000	49,996
5	600	80	0,030	79,979	79,984	80,009	80,006

2 Statistische Kennwerte für den Box Plot

8.1 Box Plot

Bei der Kegelradwelle sind zehn Merkmale angegeben, die zu beobachten sind. Für eine vergleichende Betrachtung eignet sich die **Box Plot Methode** *(Box Plot method)*.

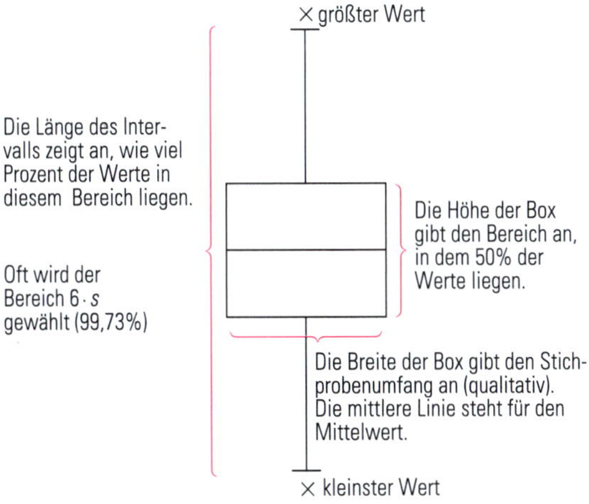

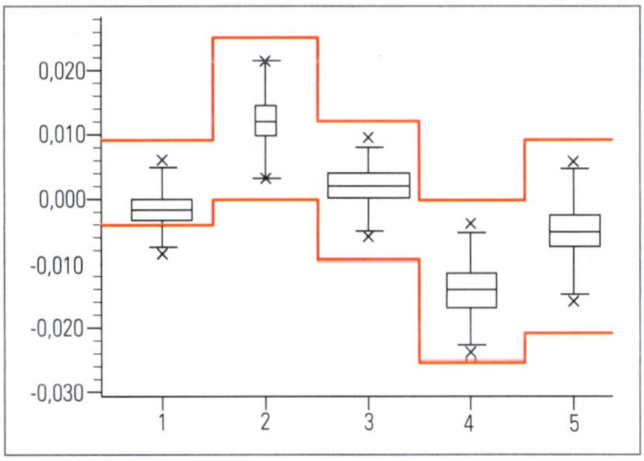

3 Box-Plot mit den Kennwerten aus Tab. Bild 2

Bild 3 zeigt, dass bei Merkmal 1 Werte außerhalb der Toleranzgrenzen liegen. Der Stichprobenumfang bei Merkmal 2 ist wesentlich geringer als bei den anderen Werten. Die Toleranzfelder der einzelnen Merkmale sind unterschiedlich groß. Deshalb verlaufen die Linienzüge für das obere und das untere Abmaß nicht waagrecht, sondern sind den Toleranzen angepasst. Das erschwert den Vergleich der einzelnen Merkmale.

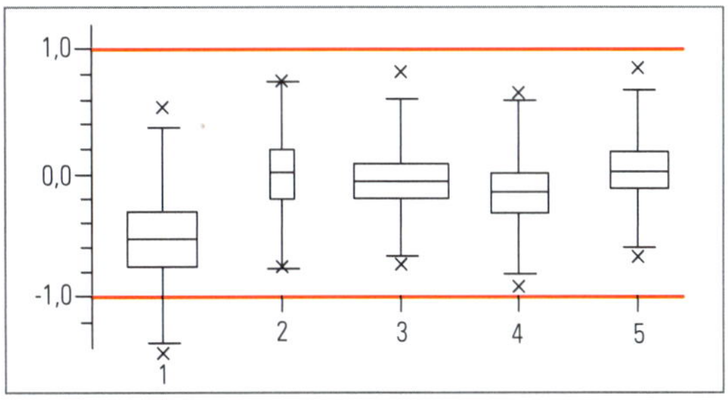

4 Box Plot mit einheitlichen Grenzlinien für das obere und das untere Abmaß

Dieses Problem ist bei der Darstellung in Bild 4 gelöst. Die Toleranzfelder sind einheitlich auf den Bereich zwischen –1 und +1 umgelegt. Dieser Bereich ist – in Prozenten ausgedrückt – immer 100 %. Dadurch kann sowohl oben als auch unten eine durchgehende Linie für die Toleranzgrenzen gezeichnet werden.

8.2 Veränderung der Eingriffsgrenzen

Durch Verschleiß, Abnutzung, Prozessschwankungen usw. entstehen **trendbehaftete Prozesse**. Die Ursachen sind meist systematische Einflüsse, die aus wirtschaftlichen Gründen hingenommen werden wie z. B. der Werkzeugverschleiß. Wenn die Standardabweichung sehr klein ist (z. B. $T = 8 \cdot s$), d. h., wenn der Prozess sehr zuverlässig ist, können die Eingriffsgrenzen *(action limits)* etwas erweitert werden. Gleichzeitig ist ein Prozessablauf möglich, wie er z. B. in Bild 1b dargestellt ist.

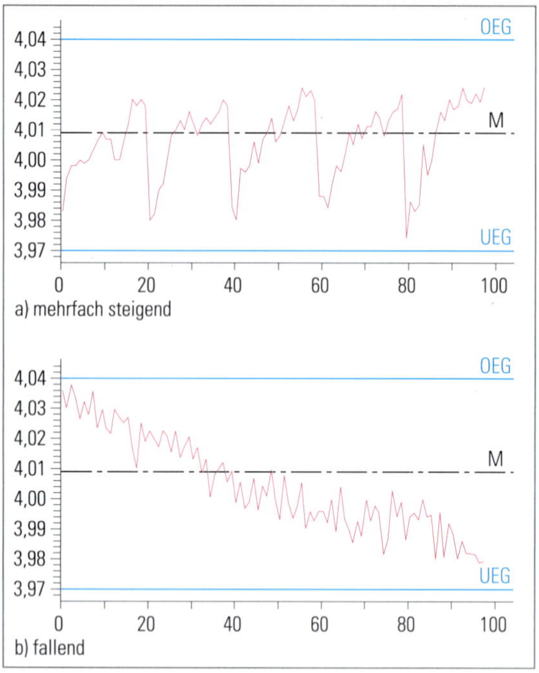

1 *Trendhafte Fertigungsprozesse*

8.3 100 %-Kontrolle

Die Firma Zweiloft liefert ihre Produkte an die Automobilindustrie und hat eine **Ausschussquote** *(reject rate)* von 6 ppm (6 Ausschussteile bezogen auf 1 Million Werkstücke). Der Prozess ist stabil, d. h., es ist nicht zu erwarten, dass der Fehleranteil (erheblich) größer wird. Die Firma Zweiloft ist mit diesen Werten zufrieden, denn eine weitere Reduzierung der Ausschussquote ist mit den bestehenden Anlagen nicht möglich.

Ihre Kunden in der Autoindustrie haben keine Eingangskontrolle, d. h., alle angelieferten Teile werden auch eingebaut. Wenn das Montageband wegen der Ausschussteile gestoppt werden muss oder wenn Rückrufaktionen erforderlich sind (siehe Lernfeld 12) oder Unfälle verursacht werden, haftet der Verursacher, also der Zulieferer. Die Ausschussteile können zu Schadenersatzforderungen führen, die weit höher sind, als der Jahresgewinn. Das Problem lässt sich nur durch eine 100 %-Kontrolle *(check)* lösen.

Heute wird bei allen **sicherheitsrelevanten Komponenten** wie z. B. dem Bremssystem oder der Lenkung eine Kontrolle aller Teile durchgeführt. Schon wegen der Produkthaftung sind die Messergebnisse zu dokumentieren und zu archivieren.

In der **Luftfahrtindustrie** sind eine **Kontrolle aller Teile** und die **Dokumentationspflicht** *(documentation required)* gesetzlich vorgeschrieben.

Die 100 %-Kontrolle ist darüber hinaus sinnvoll bzw. notwendig, wenn

- die Teile nach der Montage nur noch mit hohen Kosten auszutauschen sind wie z. B. das Pleuel oder die Kurbelwelle.
- die Prozessfähigkeit sehr niedrig ist, d. h., wenn z. B. der C_{pk}-Wert < 1,33 ist.

ÜBUNGEN

1. Wie ist der Begriff „Qualität" in DIN EN ISO 9 000 festgelegt?
2. Welche Merkmale sind in der in Übung 1 angegebenen Norm für den Begriff „Qualität" wichtig?
3. Nennen Sie Aspekte, die dazu führen, dass eine Firma ein Qualitätsmanagementsystem aufbaut?
4. Das Qualitätsmanagement ist in vier Bereichen tätig:
   a) Qualitätsplanung
   b) Qualitätslenkung
   c) Qualitätssicherung
   d) Qualitätsverbesserung
   Beschreiben Sie das jeweilige Ziel des Qualitätsmanagements in diesen Bereichen und nennen Sie jeweils zwei Aufgaben.
5. a) Welche Forderungen müssen erfüllt sein, damit in der Serienfertigung von einer hohen Prozessqualität gesprochen werden kann?
   b) Welche Voraussetzungen sind dafür erforderlich?
6. a) Welche Angaben enthält ein Prüfplan?
   b) Wer stellt in der Serienfertigung die Prüfpläne zusammen?

7. a) Welche Informationen können Sie dem Histogramm entnehmen?
b) Welche Informationen liefert das Histogramm nicht?

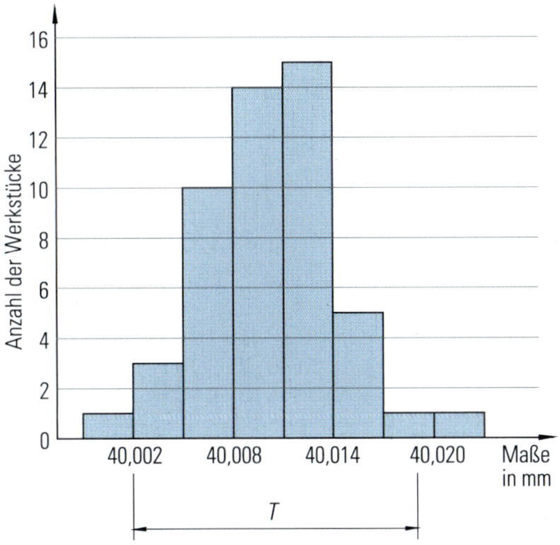

8. Beurteilen Sie die Histogramme unten auf dieser Seite.
a) Zeichnen Sie dafür zunächst ein Histogramm aus einer Serienfertigung mit einer hohen Prozessqualität. Vergleichen Sie Ihr Histogramm mit Bild 1 von Seite 446.
b) Vergleichen Sie Ihr unter a) gefundenes Histogramm mit den dargestellten Abbildungen. Interpretieren Sie die Abweichungen. Welche Ursachen können zu den Abweichungen geführt haben?

9. Welche Vor- und Nachteile hat das Histogramm?

10. a) Nennen Sie die Besonderheiten der Gaußkurve.
b) Welche Kennzahlen legen die Form der Gaußkurve fest?

11. Auf Seite 452 sind in den Bildern 1 und 2 verschiedene Gaußkurven mit ihren Kennwerten dargestellt. Übernehmen Sie diese Abbildungen in Ihre Unterlage und skizzieren Sie in Anlehnung an diese Grafen folgende Gaußkurven:
a) $s = 2{,}5$ µm; $\bar{x} = 10$ µm
b) $s = 4{,}0$ µm; $\bar{x} = 10$ µm
c) $s = 3{,}0$ µm; $\bar{x} = 12$ µm

12. Welcher Zusammenhang besteht zwischen den beiden Begriffen „$6 \cdot s$" und „der Ausschussanteil beträgt 0,27 %"?

13. Vergleichen Sie das Histogramm mit der Gaußkurve.

14. Wann ist die Maschinenfähigkeit nachzuweisen?

15. Nennen Sie die Bedingungen, die bei der Überprüfung der Maschinenfähigkeit einzuhalten sind.

16. Überprüfen Sie, ob in folgenden Fällen die geforderte Bedingung für dieMaschinenfähigkeit gegeben ist:
a) $C_m = 1{,}333$; $T = 25$ µm; $s = 3{,}5$ µm
b) $C_m = 1{,}666$; $T = 30$ µm; $s = 2{,}9$ µm
c) $C_m = 1{,}666$; $T = 22$ µm; $s = 2{,}15$ µm

17. Welche Standardabweichung s darf unter folgenden Bedingungen nicht überschritten werden?
a) $C_m = 1{,}333$; $T = 35$ µm
b) $C_m = 1{,}666$; $T = 16$ µm
c) $C_m = 1{,}8$; $T = 13$ µm

18. Erläutern Sie die Begriffe „fähige Maschine" und „beherrschte Maschine".

19. Nennen und beschreiben Sie die Stufen zur Prozessfähigkeit.

20. Auf den Seiten 454 und 455 sind vier Felder dargestellt, in denen folgende Kombinationen aufgeführt sind:
- beherrscht/fähig
- beherrscht/nicht fähig
- nicht beherrscht/fähig und
- nicht beherrscht/nicht fähig

Mit diesen Begriffskombinationen wird der Fertigungsprozess beurteilt. Beschreiben Sie unter Einbeziehung der Grafen, welche Situation in den einzelnen Feldern vorliegt. Verwenden Sie dabei die Begriffe

zu Übung 8.

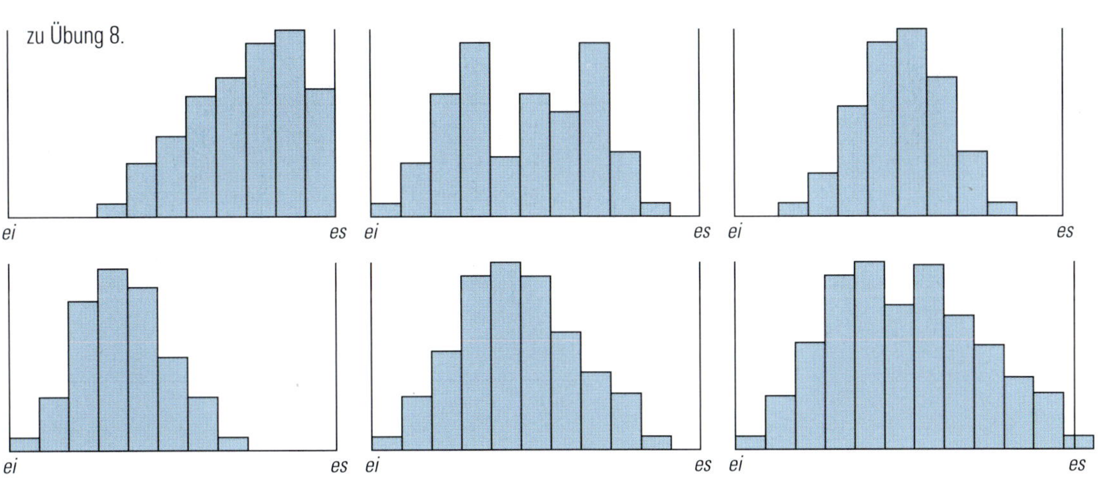

- „Der Prozess ist fähig“ bzw. „Der Prozess ist nicht fähig“ und „Der Prozess ist beherrscht“ bzw. „Der Prozess ist nicht beherrscht“.
- „Der angestrebte P_p-Wert liegt vor“ bzw. „Der angestrebte P_p-Wert liegt nicht vor“ und „Der angestrebte P_{pk}-Wert ist erreicht“ bzw. „Der angestrebte P_{pk}-Wert ist nicht erreicht“.

21. Welche Messwerte sind in die Urwertkarte einzutragen? Welche Aussagen sind der Urwertkarte zu entnehmen?

22. Mit der Qualitätsregelkarte wird die Prozessentwicklung aufgezeichnet. Dabei stehen zwei Bereiche im Mittelpunkt der Beobachtung.
Nennen Sie die Bereiche und geben Sie an,
- mit welchen Kennwerten diese Bereiche erfasst werden können und
- warum diese Bereiche für die Prozessqualität eine herausgehobene Bedeutung haben.

23. Welche Bedeutung haben die Eingriffsgrenzen
a) für die Fachkraft?
b) für die Qualitätskontrolle?

24. Mit den Stabilitätsregeln können systematische Einflussgrößen ermittelt werden. Dieser Begriff wird auch in der Messtechnik verwendet. Erläutern Sie ihn.

25. Überprüfen Sie die Werte in der Qualitätsregelkarte nach den Stabilitätskriterien.
Liegt ein Run, ein Trend oder ein Middle Third vor?
Werden die Eingriffsgrenzen über- oder unterschritten?

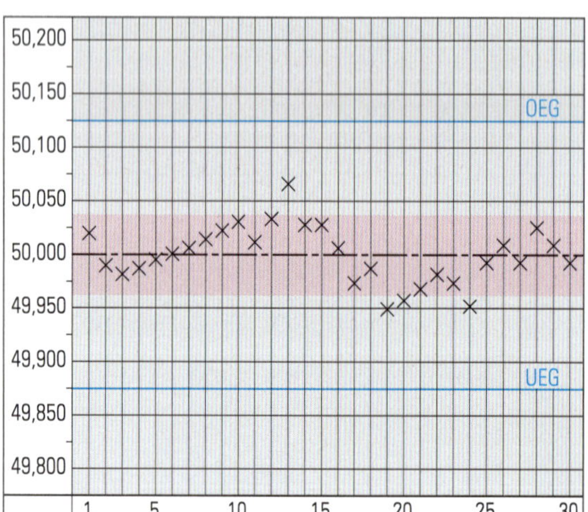

26. Wann ist es vorteilhaft, eine Fehlersammelkarte zu führen?

27. Erläutern Sie das Regelkreismodell der statistischen Qualitätsregelung.

28. Unter welchen Voraussetzungen wird die Darstellungsform „Box Plot“ gewählt?

29. Geben Sie an, welche Informationen der Box Plot enthält. Die Zahlen kennzeichnen die Bereiche, in denen Sie eine Antwort geben müssen.

30. Wann kann mit erweiterten Eingriffsgrenzen gearbeitet werden?

31. Wann ist eine 100 %-Kontrolle sinnvoll bzw. notwendig?

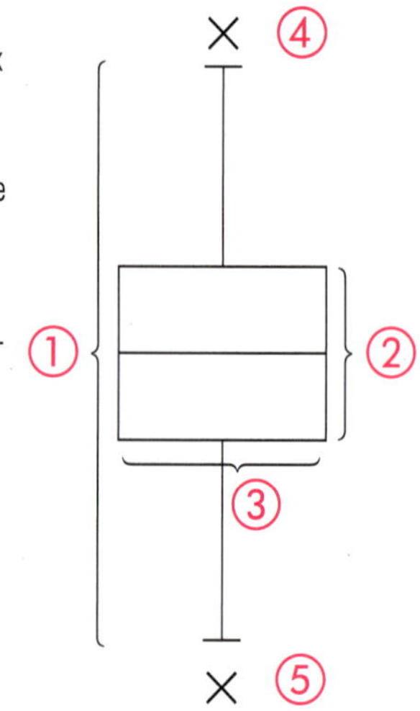

CAQ – Rechnergestützte Qualitätssicherung

In der Qualitätssicherung sind oft sehr große Datenmengen in kurzer Zeit zu verarbeiten. Als Ergebnis werden aussagefähige Grafiken und Kennzahlen erwartet. Dafür stehen entsprechende Programme zur Verfügung Seite 463 zeigt den Auszug einer Prozessanalyse, die Sie mithilfe der folgenden Fragen näher analysieren sollen.

1. Werden die Toleranzgrenzen überschritten?
Hinweis: OSG ≙ OGW, USG ≙ UGW. Der 6s-Bereich ist mit den Grenzen Q_{ob3} und Q_{un3} definiert.

2. Welche Bedeutung hat der „6s“-Bereich?
Hinweis: Der 6s-Bereich ist mit den Grenzen Q_{ob3} und Q_{un3} definiert.

3. Ist der „6s“-Bereich bei diesem Beispiel größer oder kleiner als die Toleranz? (siehe Werteverlauf und Histogramm)

4. Zeigen die **QRK** Besonderheiten?

5. Sind die **Stabilitätsegeln** verletzt?

6. Ist die Mittenlage verschoben?

7. Liegt **Normalverteilung** vor?

8. Sind die geforderten **Fähigkeitswerte** erreicht? (Siehe Formblatt)

9. Geben Sie zwei Gründe an, warum das Ziel (Prozessfähigkeit) nicht erreicht wurde.

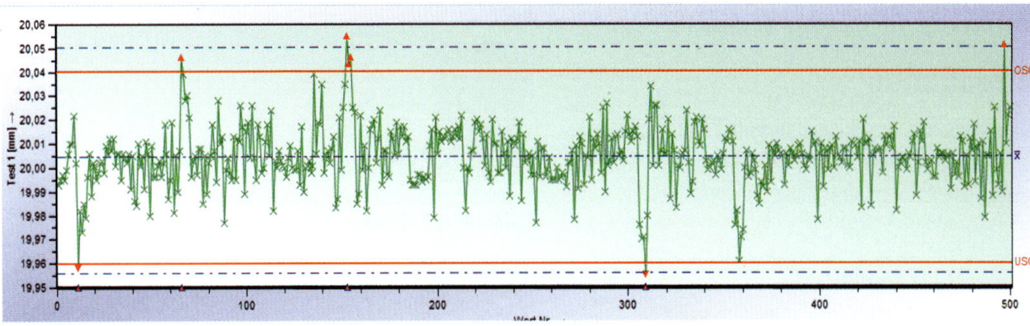

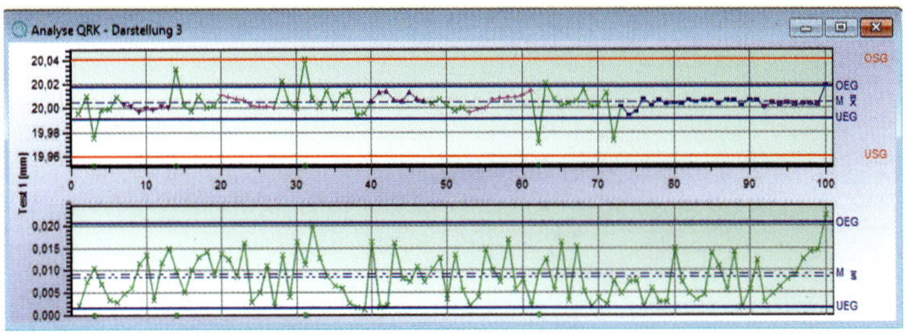

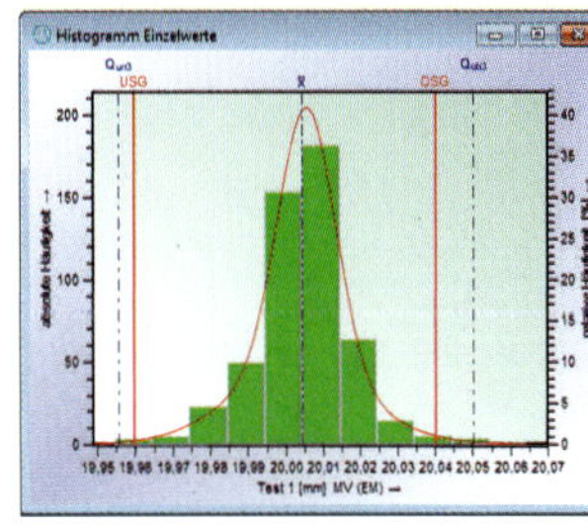

Formblatt - Darstellung 3

Teilnr.	02	Teilebez.		PC - Assembly #1	
Merkm.Nr.	1	Merkm.Bez.		Test 1	
Zeichnungswerte		Gemessene Werte		Statistische Werte	
T_m	20,000	$\tilde{x}$	20,0050	$\bar{x}$	20,00453
USG	19,960	x_{min}	19,955	s	0,0126
OSG	20,040	x_{max}	20,055	$Q_{50\%}$	20,00497
T	0,080	R	0,100	$Q_{0,135\%}$	19,95567
Merkmalklasse :	unwichtig	n_{eff}	500	$Q_{99,865\%}$	20,05036
		n_{ges}	500	Q_{ob3}-Q_{un3}	0,09469
		$n_{<T>}$	493 / 98,60000%	$p_{<T>}$	99,04014 %
		$n_{>OSG}$	5/1,00000%	$p_{>OSG}$	0,68350%
		$n_{<USG}$	2/0,40000%	$p_{<USG}$	0,27637%
Modell-Verteilung				Mischverteilung (EM)	
Vert. Regr. Koeff.		r_{ges}	:	0,99931131	
Vert. Regr. Koeff.		$r_{25\%}$	:	0,99460075	
Berechnungsart		$M_{2,1}$	Percentil (0,135%-50%-99,865%)		
potentieller Fähigkeitsindex		P_p	$0{,}79 \le \mathbf{0{,}84} \le 0{,}90$		
kritischer Fähigkeitsindex		P_{pk}	$0{,}72 \le \mathbf{0{,}77} \le 0{,}83$		
Die Anforderungen sind nicht erfüllt (P_p,P_{pk},GW)					
Forderung potentieller Fähigkeitsindex		$P_{p\,soll}$	1,00		
Forderung kritischer Fähigkeitsindex		$P_{pk\,soll}$	1,00		
© Q-DAS Process Capability (01/2018)					

Analyse von weiteren Grafiken und Kennwerten

Im Downloadmaterial zum Buch finden Sie im LF 11 die Demoversion des Programms zur Prozessanalyse. Das o.a. Beispiel ist der Datenbank des Programms entnommen.
Gehen Sie die Beispiele A bis D durch und interpretieren Sie die Ergebnisse mithilfe der Fragen 1 - 9 auf S. 462

Beisp.	Teileauswahl	Merkmalauswahl
A	02 PC-Assembly # 1	1/Test 1/($n = 500$)
B	01 PC-VW Test data	1/A1- (Modell) ($n = 255$)
C	01 PC-VW Test data	9/C3-Modell_mit_Eingriff ($n = 255$)
D	21 PV - Shaft	Diameter 6

9 Quality Management

9.1 Introduction

Quality management is a method of ensuring that all activities necessary to design, develop and implement a product or service are effective and efficient. It can be considered to have three main components: quality control, quality assurance and quality improvement. Quality management is focused not only on product quality, but also the means to achieve it.

Assignments:

1. Translate the text above by using your English-German vocabulary list.
2. Why is quality management important? Explain in your own words.
3. What are the main components of quality management?
4. What means have to be provided to achieve product quality? You also may look into the German texts on Lernfeld 11.
5. How is it possible to achieve more consistent quality?

9.2 Information given in a quality management centre

The elements below represent the aims and objectives of a quality management centre. These elements give some background information of the process of quality management in a large firm.

Element 1: Management Responsibility

Quality must be regarded as an overall management task, defined and utilized.

Element 2: Quality Management System

The procedures to be used must be described and kept up to date.
Defined procedures should be applied effectively, i.e.

- quality assurance manual
- quality plans
- procedures
- test plans and Procedures
- work procedures

Element 3: Financial Considerations of Quality Systems

Procedures for financial reporting and evaluation.

Element 4: Training

Define training requirements, carry out the training and document it.

Element 5: Product Safety

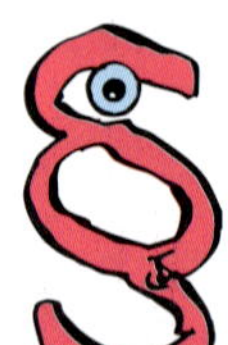

Determine safety aspects with the aim to increase product safety. The aim of the quality management system should be to prevent errors!

- product liability
- special recording of quality evidence
- product risks
- emergency plans

Element 6: Product Development

Ascertain quality of design in all phases of development.

- plan development
- check development results
- document development results
- document development experience

Element 7: Inspection and Testing

Verify the fulfilment and documentation of the inspection.

Element 8: Control of Inspection, Measuring and Test Equipment

Ascertain satisfactory capability of measuring equipment including inspection software.

Element 9: Handling, Storage, Packaging and Delivery

Prevent damage and short comings in quality.

Element 10: Maintenance

Quality in servicing, after sales and market feedback.

- operation and installation manuals
- product observation
- early warning systems in case of product failure
- service department

Element 11: Statistical Techniques

Use of correct statistical methods.

Assignments:

1. Have a look at the 11 titles written beside the terms 'Element' and match the English information with the German given below.
   - Produktentwicklung
   - Wartung
   - statistische Methoden
   - Schulung
   - Verantwortung der Leitung
   - Prüfmittelüberwachung
   - Handhabung, Lagerung, Verpackung und Versand
   - finanzielle Überlegungen zum QM System
   - Produktsicherheit
   - Qualitätsmanagement System
   - Prüfungen
2. Also, there are several sentences below the 11 titles. Match the German translations below with the sentences written in English.
   a) Qualität der Führungsaufgabe verstehen, festlegen und umsetzen.
   b) Beschädigungen und Beeinträchtigung der Qualität vermeiden.
   c) Nachweis der Erfüllung und Aufzeichnungen der Produktprüfung.
   d) Das Qualitätsmanagementsystem ist darauf auszurichten, Fehler zu vermeiden!
   e) Verfahren zur finanziellen Berichterstattung und Auswertung betreiben.
   f) Tauglichkeit aller Prüfmittel einschließlich Prüfsoftware sicherstellen.
   g) Anwendung statistischer Methoden.
   h) Sicherheitsaspekte ermitteln mit dem Ziel, die Produktsicherheit zu erhöhen.
   i) Anzuwendende Verfahren schriftlich festlegen und auf neuestem Stand halten.
   j) Entwurfsqualität in allen Entwicklungsphasen sicherstellen.
   k) Schulungsbedarf ermitteln, Schulungen durchführen und dokumentieren.
   l) Festgelegte Anweisungen wirksam ausführen wie z. B. Qualitätsmanagement-Handbuch.
   m) Wartungsqualität, Kundendienst, Bedarfsrückmeldung
3. Have a look at the Elements 2, 5, 6 and 10 and translate the terms given below the text by using your English-German vocabulary list.
4. Look at the red book on the left of element 2 and read the abbreviation. What does it stand for?
5. Personnel training must be carried out. Why?
6. Why is it important to prevent errors in production, assembly and maintenance?
7. Why are handling, storage, packaging and delivery essential in quality management?
8. Write down your opinions about the statement 'statistical techniques are important in quality management'.
9. Draw a mind-map and fill in all important information about quality management you can think of.

Work With Words

In future you may have to talk, listen or read technical English. Very often it will happen that you either **do not understand** a word or **do not know the translation**.

In this case here is some help for you!

Below you will find a few possibilities to describe or explain a word you don't know or use opposites[1] or synonyms[2]. Write the results into your exercise book.

1. **Add as many examples** to the following terms as you can find for characteristics and graphical representations.

characteristics:	physical characteristics functional characteristics ______
graphical representations:	histogram original data chart ______

2. **Explain the two terms in the box:**
Use the words below to form correct sentences. Be careful the range is mixed!

quality:	of the same kind/and how good or bad it is/Quality is the standard of something/in relation to other things
tolerance:	a technical term in mathematics, statistics etc./is an acceptable degree/ A tolerance/of variation in a measurement, value, or calculation/

3. **Find the opposites**[1]**:**

variable characteristic: ______

provisional process capability: ______

4. **Find synonyms**[2]**:**
You can find two synonyms to each term in the box below.

process: ______
measuring equipment: ______
measurement equipment, action, proceeding, measuring device

test result: ______
forecast: ______
outlook, measuring result, result of measurement, prediction

5. In each group there is a word which is the **odd man**[3]. Which one is it?

a) control chart, inspection chart, reject rate, original data chart
b) evidence of machine capability, provisional process capability, measure, permanent process control
c) machine capability, capable machine, controlled machine, product quality
d) QM assurance manual, Gaussian curve, average value, standard deviation

6. Please translate the information below. Use your English-German Vocabulary List if necessary.

A suggestion for improvement is the act of mentioning something which you or other people might do in a better way.

1) *opposite:* Gegenteil 2) *synonym:* Synonym, ähnliches Wort, Ergänzung 3) *odd man:* Außenseiter, überzähliges Wort, fünftes Rad am Wagen

Lernfeld 12: Instandhalten von technischen Systemen

Baugruppen und Bauteile sind grundsätzlich störanfällig. Verschleiß lässt sich nicht vermeiden.
Abhängigkeiten zwischen den einzelnen Komponenten können zu Folgeschäden führen. Je komplexer technische Systeme sind, desto häufiger können Störungen auftreten. Dies gilt besonders für vollautomatisierte Systeme der Industrie 4.0, die einen hohen Digitalisierungsgrad aufweisen.
Die Instandhaltungsabteilung eines jeden Betriebes hat daher neben der Wartung (vgl. Lernfeld 4), Inspektion und Instandsetzung (vgl. Lernfeld 9) auch das Ziel, die **Wirtschaftlichkeit**, die **Sicherheit** und die **Verfügbarkeit** komplexer Anlagen durch geeignete Maßnahmen zu erhalten oder sogar zu erhöhen. Die vorausschauende Instandhaltung mithilfe von Maschinendatenerfassung und softwaregestützter Auswertung hilft Ausfälle zu vermeiden und gewinnt zunehmend an Bedeutung.
Eine wichtige Voraussetzung dafür ist es, aus den Fehlerursachen und der Fehlerhäufigkeit Schwachstellen des Systems zu erkennen.
Einige der Maßnahmen, die Ihnen dabei zur Verfügung stehen wie z. B. die Schadensanalyse, Werkstoffprüfverfahren oder Wärmebehandlungsverfahren, haben Sie bereits kennengelernt. Ihre Kenntnisse dieser Verfahren erweitern und vertiefen Sie in diesem Lernfeld. Zusätzlich lernen Sie neue Verfahren kennen, die teilweise auf der Anwendung statistischer Verfahren beruhen, wie sie z. B. in Lernfeld 11 behandelt werden. Vertieft werden auch die Kenntnisse des **Condition Monitoring** (Zustandsüberwachung), sowie des **Controlling** (Prozessüberwachung).
Ob Maßnahmen geeignet sind, hängt oft von der dadurch erreichten Prozessqualität (vgl. Lernfeld 11) sowie von dem Zusammenhang zwischen den Instandhaltungskosten und dem Instandhaltungsaufwand ab.
Neben den wirtschaftlichen beachten Sie auch die rechtlichen Folgen Ihrer Instandhaltungsarbeiten und deren Einfluss auf die Qualitätsanforderungen an die Produktion und das Produkt.

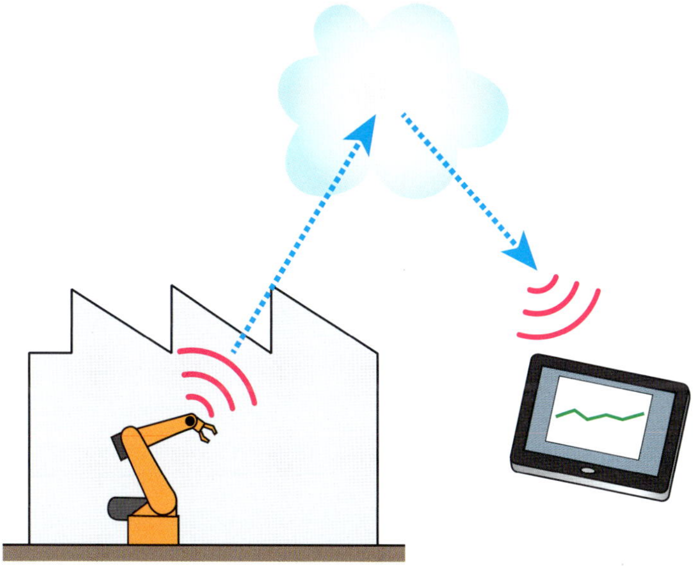

1 Instandhaltungsstrategien

Instandhaltungsstrategien *(maintenance strategies)* sind Regeln, die angeben, zu welchen Zeitpunkten welche Maßnahmen an welchen Anlagen bzw. Bauteilen durchgeführt werden sollen. Das Instandhaltungsmanagement *(maintenance management)* entscheidet über den Anwendungsfall der vier Instandhaltungsstrategien:

- **Störungsbedingte Instandhaltung** *(failure caused maintenance)*
- **Intervallabhängige Instandhaltung** *(clearance dependant maintenance)*
- **Zustandsüberwachende Instandhaltung** *(condition monitoring)* (Bild 1) und
- **Vorausschauende Instandhaltung** *(foresighted maintenance)*

1 *Permanente Überwachung von Maschinenschwingung, Wälzlagerzustand und Temperatur*

Die ersten drei Instandhaltungsstrategien entsprechen den aus Lernfeld 9 bekannten Instandsetzungsstrategien *(overhauling strategies)*.

Die **vorausschauenden Wartung** *(predictive maintenance)* wird zunehmend von Wartungssoftware aus dem Bereich der zustandsüberwachenden Instandhaltung unterstützt und ermöglicht es vorbeugend auf Maschinenstörungen und Stillstände zu reagieren. Beim **Condition Monitoring** (Zustandsüberwachung) überwachen Sensoren permanent alle wartungsrelevanten Daten, wie zum Beispiel Temperatur, Vibrationen und Feuchtigkeit. Die Daten werden vorsorglich gesammelt (Big Data) und ausgewertet. So lassen sich Wartungstendenzen erkennen und Wartungsmaßnahmen planen. Lernende Systeme benutzen die Daten aus dem Condition Monitoring für konkrete Maßnahmen der vorausschauenden Instandhaltung.

Fehleralarmmeldungen können auf portable Endgeräte wie Tablets oder Smartphones übertragen werden. Das Wartungspersonal hat Fernzugriff auf alle relevanten Prozessdaten, die beim **Controlling** erhoben werden. So kann die Fehlerdiagnose auch ortsunabhängig erfolgen. Die Analyse der Fehlerursachen führt zu Maßnahmen der vorausschauenden Instandhaltung. Diese sind oft:

- Konstruktionsänderungen
- Einsatz anderer Werkstoffe
- Wechsel der Fertigungsverfahren
- Mitarbeiterschulungen
- Condition Monitoring und Controlling
- Einsatz lernender KI-Systeme

MERKE

Ein optimales Instandhaltungskonzept *(maintenance concept)* ergibt sich häufig aus einer Kombination der verschiedenen Instandhaltungsstrategien.

Instandhaltungskonzepte sind individuell auf das jeweilige Unternehmen abgestimmt und orientieren sich an den jeweiligen **Kundenaufträgen** *(customer orders)*.

Im Instandhaltungsbereich können Arbeitsaufträge extern oder intern erfolgen.

Bei **externen Aufträgen** *(external orders)* übernimmt der beauftragte Betrieb für andere Unternehmen Instandhaltungsarbeiten. Dazu gehört gegebenenfalls auch die Entwicklung eines Instandhaltungskonzepts.

Interne Aufträge *(internal orders)* werden innerhalb eines Betriebs abgewickelt. Häufig sind dabei mehrere Abteilungen beteiligt.

Externe und interne Aufträge werden vergeben,

- wenn ein Störungsfall aufgetreten ist,
- wenn die Wirtschaftlichkeit erhöht werden soll,
- aufgrund von besonderen Kundenwünschen,
- um z. B. Kosten, die durch die Verbraucherrechte entstehen können, gering zu erhalten.

ÜBUNGEN

1. Beschreiben Sie die Vor- und Nachteile der genannten Instandhaltungsstrategien.
2. Erklären Sie die unterschiedlichen Anwendungsbereiche der Instandhaltungsstrategien.
3. Nennen Sie ein Beispiel für Condition Monitoring aus Ihrem Betrieb.
4. Welche Chancen und Risiken sehen Sie in der Fernabfrage der Daten aus dem Condition Monitoring?

5. Ordnen Sie den folgenden Fallbeispielen die entsprechende Instandhaltungsstrategie zu. Wälzlager werden ausgetauscht, wenn
   a) die Funktion des Systems gestört wird.
   b) eine Schwingungsüberwachung das mittlere Zeitsignal liefert.

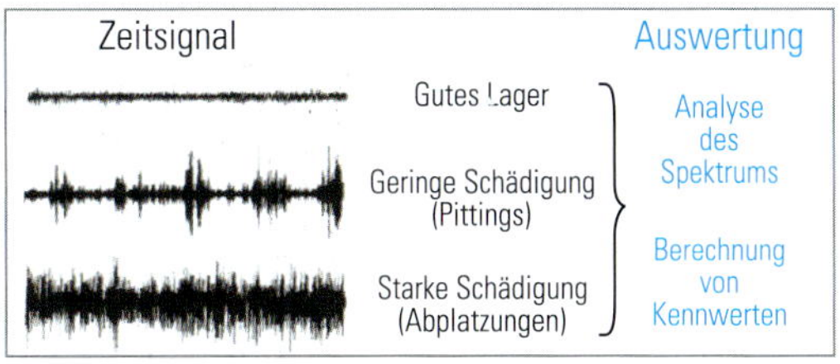

   c) 2000 Betriebsstunden vorüber sind.
   d) die gelagerte Welle neu konstruiert wird.

2 Kaufvertrag

Durch den Abschluss eines Kaufvertrags *(bill of sale)* ist nach § 433 BGB[1)] der **Verkäufer** *(vendor)* einer Sache verpflichtet, diese dem Käufer frei von Sach- und Rechtsmängeln zu übergeben und das Eigentum daran zu verschaffen.
Der **Käufer** *(purchaser)* ist verpflichtet, dem Verkäufer den vereinbarten Kaufpreis zu zahlen und die gekaufte Sache abzunehmen.
Wird von einer Seite gegen diese Vertragspflichten verstoßen, so spricht man von einer **Leistungsstörung** (Bild 1).

1 *Leistungsstörungen eines Kaufvertrags*

Der Kaufvertrag ist in der Regel formfrei und kann sowohl **mündlich** als auch **schriftlich** abgeschlossen werden. Nur in bestimmten Fällen wie z. B. einer Grundstücksveräußerung schreibt der Gesetzgeber eine besondere Form vor.
Vom gesetzlichen Kaufrecht abweichende Vereinbarungen können nicht nur für den Einzelfall getroffen werden. Viel häufiger ist im Wirtschaftsleben, dass solche abweichenden Vereinbarungen in **Allgemeinen Geschäftsbedingungen (AGB)** enthalten sind. Sie werden von einer Vertragspartei gestellt und in den Vertrag mit einbezogen. Dabei besteht die Gefahr, dass Regelungen in AGB allzu einseitig die Interessen einer Partei – meist der wirtschaftlich stärkeren – bevorzugen.

3 Verbraucherrechte

In den vergangenen Jahren hat der **Verbraucherschutz** *(consumer protection)* aus wirtschaftlichen und politischen Gründen zunehmend an Bedeutung gewonnen. Da insbesondere die Rechte des Verbrauchers gestärkt werden sollen, ist es wichtig, die Unterschiede zwischen den einzelnen **Verbraucherrechten** *(consumer rights)* genau zu kennen. Diese sind z. B.:
- die Mängelgewährleistung *(warranty of defects)*,
- die Garantie *(guarantee)* und
- die Produkthaftung *(product liability)*.

3.1 Mängelgewährleistung

Der Verkäufer ist verpflichtet, die Kaufsache **frei von Sach- und Rechtsmängeln** zu liefern. Darunter fallen auch sogenannte **versteckte Mängel** *(hidden lacks)* (§ 433 BGB), die bei der Übergabe bereits vorhanden waren, jedoch erst später entdeckt wurden.
Bei Vorliegen eines Mangels kann der Käufer **Gewährleistungsansprüche** *(warranty claims)* geltend machen und ggf. bei Gericht einklagen. Diese Ansprüche bestehen auch dann, wenn sie nicht ausdrücklich im Kaufvertrag vereinbart wurden und können auch nicht durch AGB ausgeschlossen werden.
Leistungsstörungen vonseiten des Verkäufers sind z. B.:
- Lieferungsverzug
- Mängel in der Kaufsache

Bei Mängeln in der Kaufsache wird nach § 434 BGB zwischen Sach- und Rechtsmängeln unterschieden.
Ein **Sachmangel** (Fehler) ist z. B.
- Lieferung defekter, beschädigter oder verdorbener Ware.
- Unsachgemäße Montage oder mangelhafte Montageanleitung, die zu fehlerhafter Montage geführt hat.
- Lieferung einer anderen als der gekaufte Sache, Lieferung einer zu geringen Menge oder in mangelhafter Qualität.

Ein **Rechtsmangel** liegt vor, wenn an der gekauften Sache Rechte Dritter bestehen. Das ist z. B. bei verpfändeter oder gestohlener Ware der Fall oder bei einer Ware, die der Verkäufer durch Ratenzahlungskauf erworben hat, bei dem er das Eigentum an der Ware erst bei Zahlung der letzten Rate erhält.
Bei **Vorliegen eines Mangels** hat der **Käufer** die **Rechte** aus § 437 BGB:
1. **Nacherfüllung**, d. h., er kann wahlweise Beseitigung des Mangels oder Lieferung einer mangelfreien Sache verlangen. Das Wahlrecht des Käufers kann eingeschränkt werden, wenn das gewählte Recht (Reparatur oder Ersatzlieferung) für den Verkäufer mit unverhältnismäß hohen Kosten verbunden wäre.
2. **Rücktritt** oder **Minderung** (Preisnachlass) nach fruchtlosem Ablauf einer dem Verkäufer gesetzten angemessenen Nachbesserungsfrist oder nach mehrfach erfolglosen Nachbesserungsversuchen des Verkäufers. Unter bestimmten Voraussetzungen können Schadensersatz und Ersatz von Aufwendungen gefordert werden.

1) BGB: Bürgerliches Gesetzbuch

Die gesetzliche **Verjährungsfrist** *(limitation period)* beträgt nach § 438 BGB **zwei Jahre**. Sie verlängert sich auf **drei Jahre**, wenn der Verkäufer den Käufer hinsichtlich eines Mangels an der Kaufsache **arglistig getäuscht** hat.
Entscheidend für den **Beginn der Gewährleistungsfrist** ist beim **Sachmangel** nach § 434 Abs. 1 Satz 1 BGB grundsätzlich der Zeitpunkt der Übergabe an den Käufer oder beim Versendungsverkauf nach § 447 BGB z. B. an den Spediteur.
Verstößt der Käufer gegen den Kaufvertrag, z. B. durch Zahlungsverzug, so muss er mit Mahnungen, Mahngebühren bis hin zur Einschaltung des Gerichts durch den Verkäufer rechnen. Die daraus entstehenden Kosten muss der Käufer bezahlen.

3.2 Garantie

Der Garantiegeber verpflichtet sich **freiwillig** zu zusätzlichen Leistungen. Die Erklärung einer Garantie dient dazu, das Vertrauen des Kunden in das Produkt zu stärken.

MERKE

Die Garantie ist eine freiwillige Selbstverpflichtung des Händlers oder Herstellers, die über die gesetzlichen Gewährleistungen des Kaufvertrags hinausgeht. Sie kann ausgeschlossen werden z. B. bei unsachgemäßer Nutzung, baulichen Veränderungen oder eigenen Reparaturen durch den Käufer.

Garantiearten

Es gibt die unterschiedlichsten Formen von Garantiehaftungen *(kinds of guarantees)*. Dazu gehören beispielsweise:

- **Preisgarantie** *(price guarantee)*: Rücknahme oder Preisangleichung, wenn die Konkurrenz billiger ist.
- **Zufriedenheitsgarantie** *(contentedness guarantee)*: Befristetes Rückgaberecht bei Unzufriedenheit mit dem Produkt.
- **Langzeitgarantie** *(long-term guarantee)*: Garantiertes Merkmal und die Garantiedauer werden konkret genannt wie z. B.: 12 Jahre Garantie gegen Durchrostung.
- **Reparaturgarantie** *(repair guarantee)*: Innerhalb einer bestimmten Frist wird eine kostenlose Reparatur garantiert.
- **Haltbarkeitsgarantie** *(durability guarantee)*: Der Verkäufer oder der Hersteller einer Sache garantiert, dass diese für eine bestimmte Dauer eine bestimmte Beschaffenheit behält.
- **Vor-Ort-Garantie** *(on-site guarantee)*: Verkäufer oder Hersteller repariert die Anlage vor Ort beim Käufer.

***1** Armaturen*

Methode: Cu-01-F — 18.07.2008 12:49:23
Kommentar: Orientation — 119436/05
Mittelwert (n=0) — Elemente: Konzentrationen

Untersuchungsb.: — Werkstoff: Rg 5
Chargen Nr.: 1E83 — Proben Nr.:
Gussdatum: — Prüfer:

	Cu %	Pb %	Sn %	Ni %	Zn %	Fe %	Al %	S %
⊥		4.00	4.00	0.0000	4.00	0.0000	0.0000	0.0000
x	84.3	4.64	5.18	0.95	4.70	0.045	<0.0010	0.018
⊤		6.00	6.00	2.00	6.00	0.300	0.010	0.100

	P %	Sb %	Si %	Cr %	Mn %	Cd %	Bi %	Ag %
⊥	0.0000	0.0000	0.0000					
x	0.0075	0.142	<0.0010	<0.0003	<0.0005	0.0026	<0.0010	0.022
⊤	0.100	0.250	0.010					

	Co %	Mg %	As %	Be %	Au %	B %	C %	Ti %
⊥								
x	<0.0015	<0.0005	0.015	<0.0001	0.0024	<0.0005	0.0019	0.0022
⊤								

	Zr %
⊥	
x	<0.0000
⊤	

***2** Nachweis der chemischen Zusammensetzung mithilfe einer Spektralanalyse*

Beispiel:
Um ihre Aufgaben erfüllen zu können, müssen Armaturen (Bild 1) bestimmte Eigenschaften erfüllen. Die Kunden der Herstellerfirma fordern einen **Qualitätsnachweis**. Der Hersteller **garantiert** die Einhaltung dieser Eigenschaften, indem er z. B. ein Zeugnis über die chemische Zusammensetzung der Einzelteile ausstellt.
Bei jedem Einzelteil der Armaturen sind die **prozentualen Anteile** der Legierungselemente wie Kupfer, Zink usw. zu dokumentieren.
Mithilfe der **Spektralanalyse** *(spectrum analysis)* kann dieser Nachweis erfolgen (Bild 2).

Überlegen Sie!

1. Erläutern Sie den Unterschied zwischen Garantie und Mängelgewährleistung.
2. Nennen Sie aus Ihrer beruflichen Praxis oder Ihrem privaten Umfeld Beispiele für die genannten Garantiearten.
3. Nennen Sie drei Garantiearten und erläutern Sie diese.
4. Ordnen Sie den Fällen den entsprechenden Mangel zu:
a) Bei einer Lieferung von 20 Wälzlagern haben zwei nicht die bestellte Größe.
b) Ein Käufer kommt in finanzielle Schwierigkeiten und bezahlt daher zunächst nicht.
c) Ein Käufer verweigert die Annahme der bestellten Elektromotoren, weil er sie zwischenzeitlich bei einem Mitbewerber günstiger erwerben konnte.
d) Die Firma CFS bestellte Linearführungen für Verpackungsanlagen, die sie auch 14 Tage nach dem vereinbarten Termin noch nicht erhalten hat.

3.3 Produkthaftung

Nach dem **Produkthaftungsgesetz** (ProdHaftG) *(product liability act)* haftet ein Hersteller, wenn von ihm in den Verkehr gebrachte Produkte Personen oder Sachen schädigen.

Als Hersteller gilt, wer das (End-) Produkt verantwortlich erzeugt hat. Infolgedessen wird auch ein Zulieferer als Hersteller seines (Teil-) Produkts angesehen, nicht aber derjenige, der die Teile nur zusammenfügt. Falls der Endprodukthersteller nicht ermittelt werden kann, haftet der Quasi-Hersteller, der das Produkt mit seiner Marke oder seiner Firma versehen hat. Kann ein Hersteller nicht festgestellt werden, haftet der Importeur, der das Produkt aus einem Land außerhalb der Europäischen Union wie z. B. Norwegen, USA, Russland oder China in das Gebiet der Europäischen Union eingeführt hat. Falls auch der Importeur nicht ermittelt werden kann, haftet jeder Lieferant.

Bei der Produkthaftung gilt **Beweislastumkehr**, d. h., nicht der Käufer bzw. Nutzer muss den Fehler des Produkts nachweisen. Vielmehr muss der Hersteller schlüssig darlegen, dass das Produkt im Zeitpunkt des Inverkehrbringens fehlerfrei war.

Es ist eine Haftungshöchstgrenze für Personenschäden vorgesehen, die bei 85 Mio. € liegt. Das ProdHaftG enthält eine Ausschlussfrist von zehn Jahren nach dem Inverkehrbringen des Produkts.

1. Beispiel:

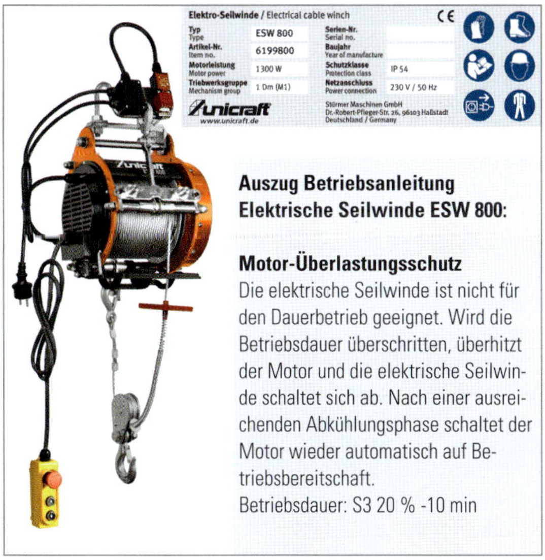

1 *Seilwinde mit Typenschild und Auszug aus Betriebsbuch*

Der Hersteller der **Seilwinde** (Bild 1) prüft z. B. die funktionsrelevanten Kennwerte, bevor er die Seilwinde ausliefert. Auf dem Typenschild werden mindestens Typ, Seriennummer, Artikelnummer, Baujahr und Hersteller festgehalten. Baujahr und Seriennummer werden häufig eingestanzt. Diese Angaben werden z.B. bei der Ersatzteillieferung benötigt und kennzeichnen das Produkt eindeutig. Wichtige Kenndaten und Sicherheitsvorschriften sowie Wartungspläne befinden sich im Betriebshandbuch. Maschinen dürfen in der EU nicht ohne Betriebshandbuch ausgeliefert werden. Darin finden sich z. B. Angaben zur Traglast, Seilgeschwindigkeit und Betriebsdauer.

2. Beispiel:

2 *Trennscheibe*
Die zulässige Umfangsgeschwindigkeit von 80 m/s ist auch an dem roten Farbbalken erkennbar (siehe Lernfeld 5)

Trennscheiben werden im metalltechnischen Gewerbe häufig in Winkelschleifern eingesetzt. Wenn die Trennscheiben nicht den Anforderungen entsprechen, besteht eine sehr hohe Verletzungsgefahr für die Fachkraft. Weiterhin können in der Nähe befindliche Personen verletzt und Anlagen beschädigt werden. Aus diesem Grund wird an Trennscheiben stichprobenartig im **Fliehkraftversuch** *(centrifugal test)* die Bruchsicherheit überprüft. Dabei wird die Umdrehungsfrequenz bis zum Bruch gesteigert und die zulässige Arbeitsgeschwindigkeit der jeweiligen Trennscheibe ermittelt. Diese Angaben müssen auf der Trennscheibe vermerkt sein (Bild 2).

3. Beispiel:

Hersteller starten eine **Rückrufaktion** *(product recall)*, wenn nach dem Verkauf festgestellt wird, dass Menschen und Gegenstände erheblich verletzt bzw. beschädigt werden können. Dabei werden Käufer aufgefordert, das erworbene Produkt nicht weiter zu benutzen und umgehend zurückzugeben.

MERKE

Das Produkthaftungsgesetz veranlasst Hersteller zu
- hoher Produktsicherheit
- schnellstmöglicher Behebung von Mängeln

ÜBUNGEN

1. Erläutern Sie das Verbraucherrecht „Produkthaftung".
2. Informieren Sie sich in Ihrem Betrieb, ob Prüfungen aufgrund des Produkthaftungsgesetzes durchgeführt werden.
3. Erläutern Sie den Begriff „Rückrufaktion".
4. Ein Mitarbeiter meldet, dass sich die Seilwinde (Bild 1) nach 2 min Dauerbetrieb abschaltet und vorerst nicht mehr einschalten lässt. Beurteilen Sie rechnerisch mithilfe des Auszugs aus dem Betriebshandbuch (Bild 1), ob es sich um eine Funktionsstörung oder eine Maßnahme zur Erhöhung der Produktsicherheit des Herstellers handelt.

4 Schadensanalyse

Wenn an Anlagen, Bauteilen oder Produkten ein Schaden auftritt, muss der Fehler analysiert werden (Bild 1). Das Instandhaltungswesen des Herstellers bzw. des Betreibers hat daher das Ziel, mögliche Fehlerursachen wie zum Beispiel

- Bauteilfehler
- Konstruktionsfehler
- Werkstofffehler
- Bedienerfehler
- Wartungsfehler

zu finden und zu beheben.

Dazu ist zunächst eine Schadensanalyse *(analysis of damage)* notwendig. Die folgenden Ausführungen beziehen sich auf eine Produktschadensanalyse.

1 *Schäden an einem Zahnrad*

4.1 Ziele der Schadensanalyse

Ziele einer jeden Schadensanalyse sind:

- Gleichartige Schäden zukünftig zu vermeiden.
- Fehler frühzeitig zu erkennen (Bild 2).
- Folgeschäden zu verhindern.
- Ursachen wie z. B. Bedienerfehler zu vermeiden.
- Verbesserungsmöglichkeiten zu finden.
- Erfahrungen und Kenntnisse weiterzugeben.

Unter der Annahme, dass Bedienerfehler nicht die Störungsursache sind, liegen Fehler oft im Bereich der **Werkstoffauswahl** *(choice of material)* oder **Werkstoffbearbeitung** *(material treatment)*. Dementsprechend liegt der Schwerpunkt einer Schadensanalyse häufig im Bereich der Werkstoffprüfung und der Beurteilung der durchgeführten Wärmebehandlungsverfahren.

Bevor eine Schadensanalyse durchgeführt wird, müssen jedoch die **Fehlerarten** *(types of mistakes)* und die **Fehlerhäufigkeiten** *(error rates)* ausgewertet werden.

Es wird zwischen **absoluter** und **relativer Häufigkeit** unterschieden.

Die relative Häufigkeit lässt sich nach folgender Formel berechnen:

$$\text{relative Häufigkeit} = \frac{\text{absolute Häufigkeit} \cdot 100\,\%}{\text{Gesamtanzahl}}$$

MERKE

Die relative Häufigkeit eines Merkmals ist der prozentuale Anteil der entsprechenden absoluter Häufigkeit.

Die **Summenhäufigkeit** *(cumulative frequency)* ergibt sich aus der Addition der relativen Häufigkeiten.

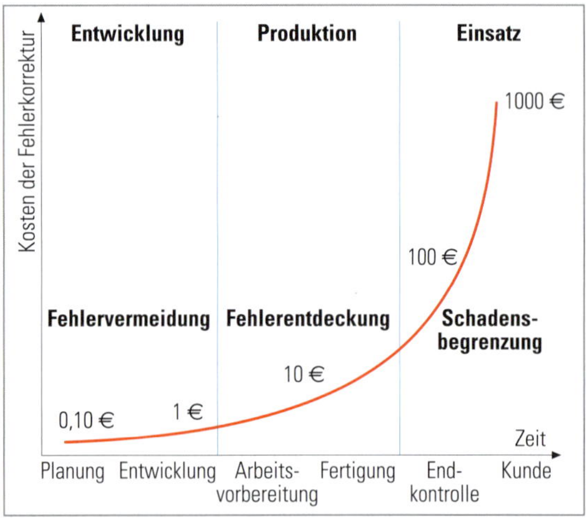

2 *Zusammenhang zwischen Kosten und dem Zeitpunkt der Fehlererkennung in Anlehnung an die „Zehnerregel" nach Daimler AG*

Beispiel:

Von 200 gefertigten Wellen wurden bei 5 Wellen fehlerhafte Längenmaße und bei 10 Wellen ungenügende Oberflächenqualitäten festgestellt.

Merkmal	Absolute Häufigkeit	Relative Häufigkeit	Summenhäufigkeit
fehlerhafte Längenmaße	5	2,5 %	2,5 %
ungenügende Oberflächenqualität	10	5 %	7,5 % (2,5 % + 5 %)
fehlerfreie Wellen	185	92,5 %	100 % (7,5 % + 92,5 %)
Summe	200	100 %	

3 *Häufigkeit von Schadensmerkmalen*

4.2 Pareto-Analyse

Eine Möglichkeit der Fehlerauswertung ist die Pareto[1)]-Analyse *(pareto analysis)* – auch ABC-Analyse *(ABC analysis)* genannt.

MERKE

Eine Pareto-Analyse basiert auf der Erfahrung, dass 80 % der Fehler auf 20 % der möglichen Ursachen zurück zuführen sind.

Aus mehreren möglichen Ursachen werden diejenigen herausgefiltert, die den größten Einfluss auf eine Störung haben. So entsteht eine Entscheidungshilfe, in welcher Reihenfolge die Ursachen bekämpft werden sollten.

Eine Pareto-Analyse besteht aus mehreren Schritten:

1. Schritt: Feststellung der Fehlerursachen *(diagnosis of error causes)*

Bei einem Zahnradgetriebe können Fehler auftreten, die auf folgende mögliche Ursachen zurückzuführen sind:

- Eindringen von Schmutz
- falsche Wälzlagerauswahl
- Leckage
- zu wenig Schmierung des Getriebes
- zu viel Schmierung des Getriebes
- falsches Schmiermittel
- falsche Werkstoffauswahl
- fehlerhafte Wärmebehandlung
- keine oder falsche Wärmebehandlung
- Montagefehler der Zahnräder
- Überlastung

2. Schritt: Bestimmung der Fehlerhäufigkeiten *(regulation of error rates)*

Bei 175 fehlerhaften Getrieben sind folgende Fehlerhäufigkeiten festgestellt und tabellarisch erfasst wurden:

Fehlerart	Absolute Häufigkeit
Eindringen von Schmutz	48
Leckage	52
falsche Lagerauswahl	4
zu wenig Schmierung	7
zu viel Schmierung	5
falsches Schmiermittel	3
falsche Werkstoffauswahl	1
fehlerhafte Wärmebehandlung	3
keine Wärmebehandlung	1
Montagefehler	45
Überlastung	4
Sonstiges	2
Summe	175

Überlegen Sie!

1. *Übernehmen Sie die Tabelle, evt. mithilfe eines Tabellenkalkulationsprogramms, der Größe nach sortiert in Ihre Unterlagen und ergänzen Sie diese um zwei Spalten. Tragen Sie in die dritte Spalte die relativen Häufigkeiten ein.*
2. *Welchen Wert muss die Summe der relativen Häufigkeit ergeben?*
3. *Tragen Sie in die vierte Spalte die Summenhäufigkeit ein.*

3. Schritt: Grafische Darstellung *(graphical representation)*

Die grafische Darstellung (Bild 1) kann mithilfe eines Tabellenkalkulationsprogramms erfolgen.
Dabei werden die relativen Fehlerhäufigkeiten der Größe nach geordnet und in einem Säulendiagramm dargestellt. Die Grafik wird um die Summenkurve ergänzt.
Die **Summenkurve** *(cumulative curve)* ist die grafische Darstellung der Summenhäufigkeit.

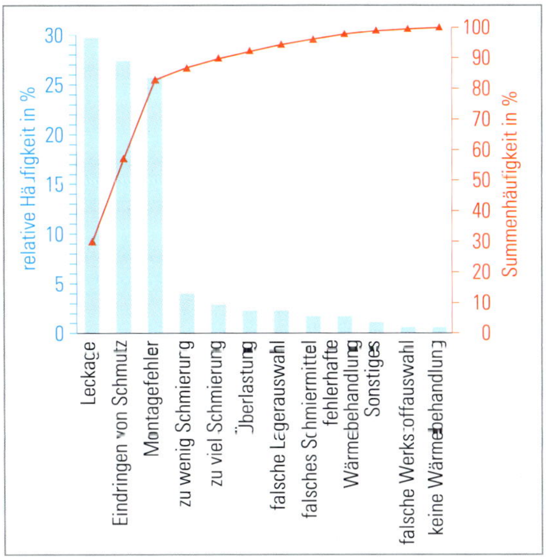

1 *Grafische Darstellung*

Überlegen Sie!

1. *Erstellen Sie mithilfe eines Tabellenkalkulationsprogramms die Grafik Bild 1.*
2. *Begründen Sie mithilfe von Bild 1 die Bedeutung der Summenkurve.*

4. Schritt: Auswertung *(evaluation)*

Aus der Grafik Bild 1 ist anschaulich zu erkennen, dass ca. 80 % der Fehler durch Leckage, Eindringen von Schmutz sowie Montagefehler entstehen. Aus diesem Grund sind zunächst Maßnahmen einzuleiten, die diese Fehlerursachen minimieren. Dazu gehören zum Beispiel:

- Überprüfen, ob die richtigen Dichtungen verwendet wurden.
- Schulung der Mitarbeiter, um die Montagefehler zu vermeiden.

1) benannt nach Vilfredo Federico Pareto, italienischer Ingenieur, Ökonom und Soziologe (1848 bis 1923)

Überlegen Sie!

Führen Sie für das folgende Beispiel eine Pareto-Analyse durch: Ein Unternehmen hat eine Liste von Kundenreklamationen erstellt.

Reklamationsart	Häufigkeit
Unpünktliche Lieferung	30
Qualitätsmängel	17
Fehlende Begleitmaterialien	10
Mangelhafte Verpackung	7
Unvollständige Ware	5
Falsche Beratung	2

5 Werkstoffprüfverfahren

Für das beschädigte Zahnrad (Seite 472 Bild 1) eines Getriebes stellen sich für die Instandhaltung unter der Annahme, dass keine Bedienerfehler vorliegen, folgende Fragen:

1. Hat der Werkstoff, die vom Hersteller genannten Eigenschaften *(properties)* (vgl. Kap. 3 Verbraucherrechte)?
2. Ist der richtige Werkstoff *(material)* ausgewählt worden? (vgl. Kap. 5.1 Werkstattprüfverfahren *(workshop methods of testing)* und Kap. 5.2 Technologische Prüfverfahren).
3. Liegen Werkstofffehler *(material malfunctions)* vor (vgl. Kap. 5.3 Metallografische Prüfverfahren) ?
4. Haben Betriebsbedingungen *(operating conditions)* Einfluss auf das Werkstoffverhalten (vgl. Kap. 5.4 Zerstörungsfreie Prüfverfahren)?
5. Sind die vorgeschriebenen Wärmebehandlungen *(heat treatments)* (vgl. Kap. 6 Wärmebehandlungsverfahren) fachgerecht durchgeführt worden?

Aufgrund der Verbraucherrechte und unternehmerischen Ziele (Bild 1) sind Betriebe in der Regel daran interessiert, qualitativ hochwertige Produkte herzustellen. Um diese Ziele zu erreichen,

1 *Beispiele für unternehmerische Ziele*

werden oft **Werkstoffprüfungen** *(material tests)* durchgeführt. Diese haben drei Schwerpunkte:

- **Bestimmung technologischer Kennwerte** *(determination of technological characteristics)*: Werkstoffprüfverfahren erfassen die verschiedenen Eigenschaften und können oft Kennwerte liefern, die zur Beurteilung verschiedener Eigenschaften von Proben und Bauteilen dienen.
- **Überprüfung bereits eingesetzter Werkstücke** *(checking of used work pieces)*: Im Betrieb eingesetzte Werkstücke werden im Rahmen der vorbeugenden Instandhaltung auf Schäden wie z. B. Risse geprüft.
- **Ermittlung von Schadensursachen** *(inquiry of causes of damage)* (vgl. Kap. 4): Ursachen von Schäden können durch Werkstückprüfungen bestimmt werden.

Die **Einteilung** *(classification)* der verschiedenen Werkstoffprüfverfahren ist nicht genormt. Aus Sicht der Instandhaltung ist die im Folgenden beschriebene Einteilung (Bild 2) zweckmäßig.

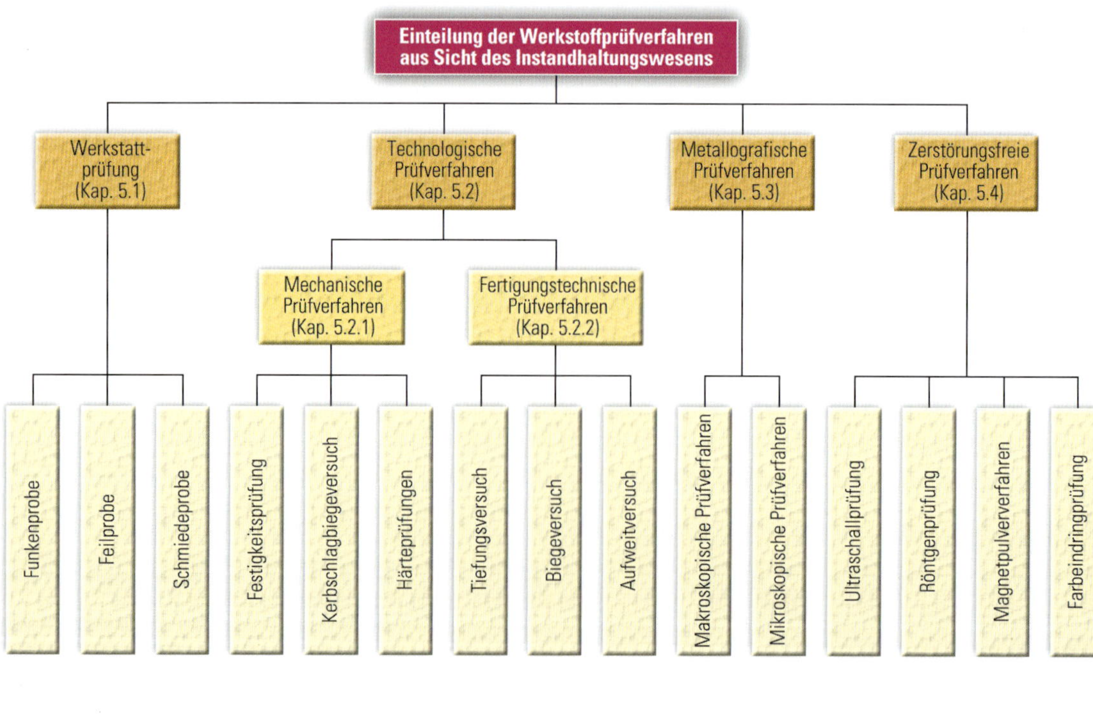

5.1 Werkstattprüfverfahren

Werkstattprüfungen *(workshop methods of testing)* sind einfache Werkstoffprüfungen, die in jeder Werkstatt ohne großen Aufwand durchgeführt werden können (Bild 1). Oft werden Werkstattprüfungen bei Instandsetzungsarbeiten in der Einzelfertigung *(single part production)* durchgeführt.

Überlegen Sie!

Nennen Sie einige Werkstattprüfverfahren, die Sie in Ihrer beruflichen Praxis kennen gelernt haben.

Bei den Werkstattprüfungen werden keine zahlenmäßigen Werte ermittelt.
Um für den jeweiligen Auftrag den geeigneten Werkstoff auswählen zu können, kombiniert die Fachkraft deshalb Fachwissen mit praktischen Erfahrungen.

MERKE

Werkstattprüfungen geben erste Hinweise auf die Anwendbarkeit eines Werkstoffs.

5.2 Technologische Prüfverfahren

Technologische Prüfverfahren *(technological methods of testing)* haben meist die Aufgabe festzustellen, ob ein Werkstoff für eine bestimmte Verwendung (vgl. mechanische Prüfverfahren Kap. 5.2.1) oder Bearbeitung (vgl. fertigungstechnische Prüfverfahren Kap. 5.2.3) geeignet ist.
Die sorgfältige Anwendung dieser Prüfverfahren reduziert in erheblichem Maße Bauteilfehler und damit die **Instandhaltungskosten** *(costs for maintenance)* und den **Instandhaltungsaufwand** *(repairs and maintenance expenses)*.
Entsprechend der Einteilung der Werkstoffeigenschaften (Bild 2) erfolgt die Einteilung der technologischen Werkstoffprüfverfahren.

MERKE

Die technologischen Eigenschaften sind Grundlage für eine fachgerechte Werkstoffauswahl und deren Anwendung.

5.2.1 Mechanische Prüfverfahren

Die **mechanische Beanspruchbarkeit** *(mechanical strain)* von Werkstoffen wird in speziellen Prüfverfahren ermittelt. Dabei wird geprüft, welche mechanischen Beanspruchungen Werkstoffe und Bauteile ohne bleibende Verformung oder Bruch aufnehmen können. Ergebnisse sind **Festigkeits-**, **Härte-** und **Zähigkeitskennwerte** *(toughness-, hardness- and viscosity data)*. Der Belastungsfall ändert sich in Abhängigkeit vom zeitlichen Verlauf der auftretenden Beanspruchung (Bild 3 und Seite 476 Bild 1, vgl. auch Lernfeld 7). Häufig muss bei den mechanischen Prüfverfahren *(mechanical methods of testing)* das

1 *Funkenproben*
Die Funkenprobe (auch Schleiffunken-Analyse) ist eine Werkstoffprüfung zur groben Bestimmung eines Stahls.
a) Unlegierter Werkzeugstahl: viele C-Explosionen, stark verästelt
b) Säurebeständiger Stahl: glatte Strahlen ohne C-Explosionen

mechanisch-technologisch	physikalisch	chemisch-technologisch	fertigungstechnisch
fest,	Schmelzpunkt,	giftig,	zerspanbar,
hart,	Siedepunkt,	korrosions-	gießbar,
dehnbar,	Dichte,	beständig,	formbar,
elastisch,	Leitfähigkeit,	brennbar,	schweißbar,
zäh u. a.	Ausdehnungs-	explosiv,	schmiedbar,
	koeffizient	biologisch ab	lötbar u. a.
	u. a.	baubar u. a.	

2 *Einteilung der Werkstoffeigenschaften*

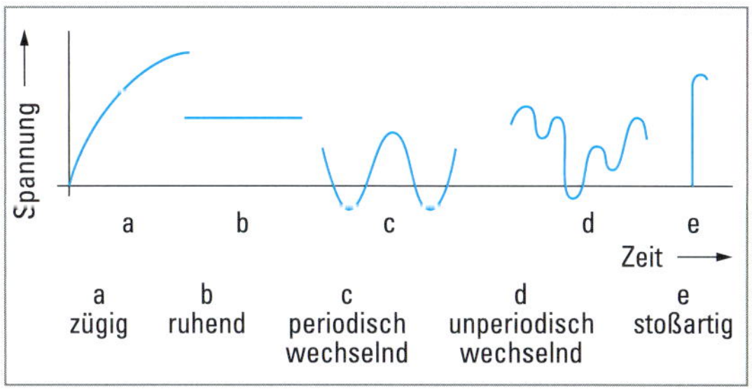

3 *Belastungs-Zeitverläufe*

Werkstück zerstört werden. Aus diesem Grund werden meist genormte Werkstoffproben für die Prüfung verwendet.

5.2.1.1 Festigkeitsprüfungen

Zu den zerstörenden Prüfverfahren gehören die Festigkeitsprüfungen *(strength tests)* wie Zug-, Druck-, Biege- und Kerbschlagbiegeversuch sowie der Dauerschwingversuch.

Zugversuch[1] **und Druckversuch**[2] *(tensile test and compression test)*

Bei den Chargen, aus denen die Armaturen (Seite 470 Bild 1) hergestellt werden, sind Zugversuche durchzuführen.
Der **Zugversuch** dient hauptsächlich zur Bestimmung der Festigkeitswerte.

1) DIN EN ISO 6892-1
2) DIN 50106

Beanspruchungsart	Belastungsverlauf	Prüfverfahren	Zweck
Zug	zügig	Zugversuch	Ermittlung der Zugfestigkeit, Dehnung, Streckgrenze und Elastizitätsgrenze metallischer und nichtmetallischer Werkstoffe.
	ruhend	Standversuch	Feststellung des Werkstoff- oder Werkstückverhaltens bei ruhender Beanspruchung.
	schwingend	Dauerversuch (Durchschwingversuch)	Feststellung des Werkstoff- oder Werkstückverhaltens bei wechselnder Beanspruchung, Zeit- oder Dauerfestigkeit.
Druck	zügig	Druckversuch	Ermittlung des Werkstoff- oder Werkstückverhaltens bei Druckbeanspruchung.
	zügig	Knickversuch	Prüfung der Knickfestigkeit von langen, schlanken Bauteilen.
Biegung	zügig	Biegeversuch	Ermittlung der Biegefestigkeit von Werkstoffen oder Bauteilen, hauptsächlich für Gusseisen.
	schwingend	Umlauf-/Wechselbiegeversuch	Ermittlung der Biegewechselfestigkeit von Werkstoffen und Bauteilen.
	schlagartig	Kerbschlagbiegeversuch	Beurteilung der Zähigkeit von Werkstoffen.
Abscherung	zügig	Scherversuch	Feststellen der Scherfestigkeit metallischer Werkstoffe.
Druck	zügig	Härteprüfung	Feststellen der Härte (Eindringwiderstand) von Werkstoffen und Werkstücken.

1 *Festigkeitsprüfungen*

- Streckgrenze R_e *(yield point)*
- Dehngrenze R_p *(tensile yield strength)*
- Zugfestigkeit R_m *(tensile strength)*
- Bruchdehnung A *(ultimate strain)*

LF12_01

Im Zugversuch nach DIN EN ISO 6892: 2017 wird bei Raumtemperatur eine genormte Werkstoffprobe (Seite 477 Bild 2) bei möglichst **konstanter Ziehgeschwindigkeit** mit der zunächst stetig anwachsenden Zugkraft F belastet.

Im Streckgrenzenbereich erfolgt eine deutliche plastische (bleibende) Verlängerung ohne Kraftzunahme: Die Zugprobe wird „gestreckt".

Die Zugkraft steigt weiter, bis sie die **Höchstkraft** F_m erreicht. Anschließend verringert sich die Zugkraft wieder, bis es schließlich zum **Bruch** kommt (Seite 477 Bild 3).

Der Zugversuch wird auf rechnerunterstützten **Universalprüfmaschinen** (Bild 2) *(universal testing machines)* z. B. mithilfe von Sensoren (Extensometer, Seite 477 Bild 1) durchgeführt, die kontinuierlich Längen- und Dehnungsänderungen aufzeichnen.

Um werkstoffspezifische, bauteilunabhängige Kennwerte nutzen zu können, liefert das Prüfprotokoll ein **Spannungs-Dehnungs-Diagramm** (Seite 477 Bild 3). Aus diesem kann der Zusammenhang zwischen vorhandener Spannung R bzw. σ und entsprechender Dehnung e bzw. ε abgelesen werden.

Die Spannung R bzw. σ ergibt sich aus

$$R = \frac{F}{S_0} \quad \text{bzw.} \quad \sigma = \frac{F}{S_0}$$

Bezogen auf den grundlegenden Verlauf der Spannungs-Dehnungs-Kurve werden zwei Werkstofftypen unterschieden:

- Werkstoffe **mit ausgeprägter Streckgrenze** (unlegierte Baustähle) (Seite 477 Bild 3)

2 *Zugversuch an der rechnerunterstützten Universalprüfmaschine*

1 Extensometer

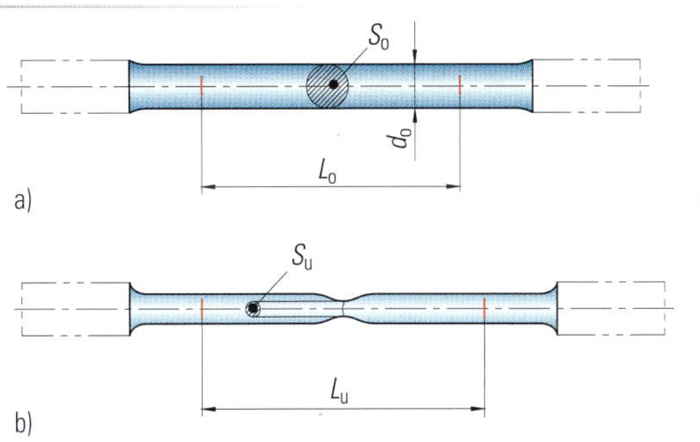

d_0: Anfangsprobendurchmesser
L_0: Anfangsmesslänge
L_u: Messlänge nach Bruch
S_0: Anfangsquerschnitt
S_u: Kleinster Querschnitt nach Bruch

2 Zugprobe nach DIN 50125
a) vor dem Bruch und b) nach dem Bruch

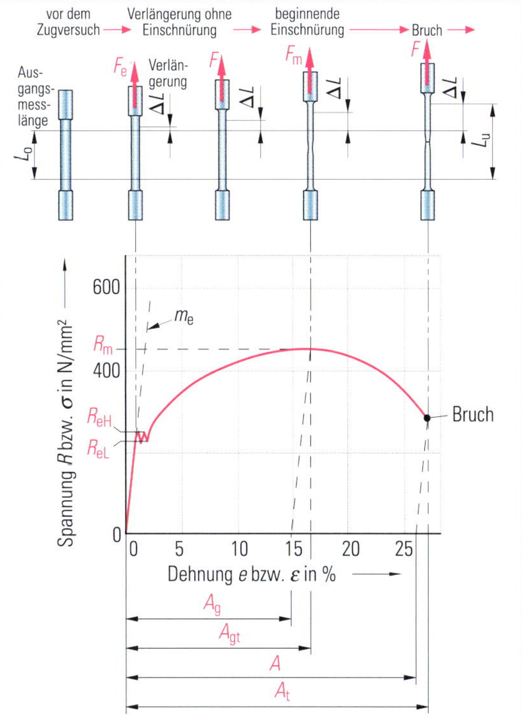

R bzw. σ: Spannung
R_m: Zugfestigkeit, entspricht der Höchstkraft F_m
R_{eH}: Obere Streckgrenze
R_{eL}: Untere Streckgrenze
m_e: Steigung des elastischen Teils der Spannungs-Dehnungs-Kurve
e bzw. ε: Extensometer-Dehnung
A_g: Plastische Extensometer-Dehnung bei Höchstkraft
A_{gt}: Gesamte Extensometer-Dehnung bei Höchstkraft
A: Bruchdehnung
A_t: Gesamte Extensometer-Dehnung beim Bruch

3 Spannungs-Dehnungs-Diagramm für einen Werkstoff mit ausgeprägter Streckgrenze

- Werkstoffe **ohne ausgeprägte Streckgrenze** (z. B. gehärteter Stahl, Aluminium- und Kupferlegierungen) (Bild 4)

Bei Werkstoffen **mit ausgeprägter Streckgrenze** werden die obere und untere Streckgrenze unterschieden.

Bei der **oberen Streckgrenze** R_{eH} tritt der erste deutliche Kraftabfall ein.

Die **untere Streckgrenze** R_{eL} ist der niedrigste Wert der Spannung (nach dem Einschwingverhalten) während des plastischen Fließens des Werkstoffs.

Die meisten Werkstoffe weisen ein Spannungs-Dehnungs-Diagramm **ohne ausgeprägte Streckgrenze** (Bild 4) auf. An die Stelle der Streckgrenze tritt die **Dehngrenze $R_{p0,2}$** *(yield strength)*.

Dies ist die Spannung, bei der die Zugprobe nach Entlastung eine plastische Dehnung von 0,2 % aufweist. Die Dehngrenze wird mithilfe einer Parallelen zur Anfangsgeraden, die durch $e_{p0,2}$ verläuft, ermittelt.

MERKE

Bauteile, die sich nicht plastisch verformen sollen, dürfen nicht über die Streck- bzw. Dehngrenze beansprucht werden.

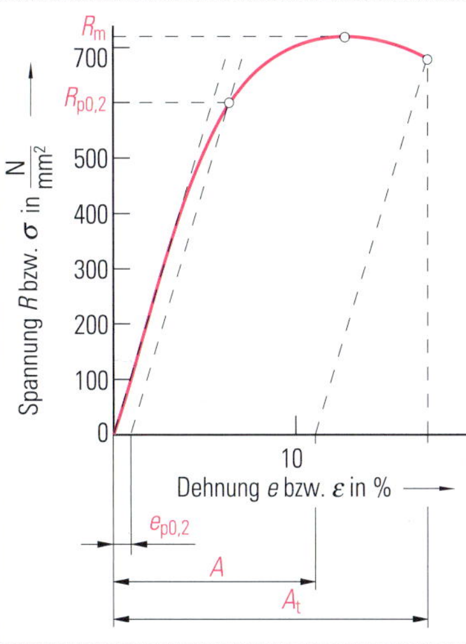

R_m: Zugfestigkeit
$R_{p0,2}$: Dehngrenze bei 0,2% bleibender Verformung
A: Bruchdehnung
$e_{p0,2}$: 0,2% bleibende Dehnung
A_t: max. Dehnung beim Bruch

4 Spannungs-Dehnungs-Diagramm mit nicht ausgeprägter Streckgrenze

Nach dem Streckbereich steigt unter Zunahme der Zugkraft die Spannung bis zum Höchstwert, der **Zugfestigkeit R_m** *(tensile strength)*.

MERKE

Je höher die Zugfestigkeit eines Werkstoffes, desto größer sind die erforderlichen Zerspankräfte und der Werkzeugverschleiß.

Kennwert des **elastischen Verhaltens** eines Werkstoffs ist sein **Elastizitätsmodul *E*** *(elastic modulus)*.

Der Elastizitätsmodul *E* entspricht der Steigung des elastischen Teils m_e der Spannungs-Dehnungs-Kurve (Seite 477 Bild 3).

$$E = \frac{R}{e} \quad \text{bzw.} \quad E = \frac{\sigma}{\varepsilon}$$

MERKE

Je kleiner der Elastizitätsmodul ist, desto größer ist die elastische Verformung bei gleicher Spannung.

Beispiele:

- Stahl hat einen Elastizitätsmodul von 210 000 N/mm²
- Gusseisen mit Kugelgrafit hat einen Elastizitätsmodul von 170 000 N/mm²
- Aluminiumlegierungen haben einen Elastizitätsmodul zwischen 68 000 N/mm² und 75 000 N/mm²

Überlegen Sie!

Ordnen Sie die drei Werkstoffe nach ihrem elastischen Verhalten. Beginnen Sie mit dem Werkstoff, der die geringste Steifigkeit besitzt.

Ein wichtiger Kennwert für die Umformbarkeit eines Werkstoffs ist die **Bruchdehnung *A*** *(ductile yield)*. Sie entspricht der gesamten Extensometer-Dehnung beim Bruch A_t vermindert um den Wert der elastischen Dehnung.

Die Bruchdehnung gibt an, um wie viel Prozent sich das Material kalt und ohne Zwischenglühen umformen lässt, bis es zu Bruch geht.

MERKE

Je größer die Bruchdehnung eines Werkstoffs, desto besser ist er plastisch verformbar. Hohe Verformbarkeit verursacht Aufbauschneiden und wirkt sich negativ auf die Spanbildung und Oberflächengüte aus.

Dauerschwingversuch[1] *(fatigue test)*

Die meisten technischen Bauteile unterliegen im Betrieb einer **dynamischen Belastung** *(dynamic loading)* (Bild 1).

Im Bild 2 ist der Beanspruchungs-Zeitverlauf dargestellt. Zur vollständigen Beschreibung einer Schwingung sind immer die Mittelspannung und die Spannungsamplitude oder die obere und untere Spannung anzugeben.

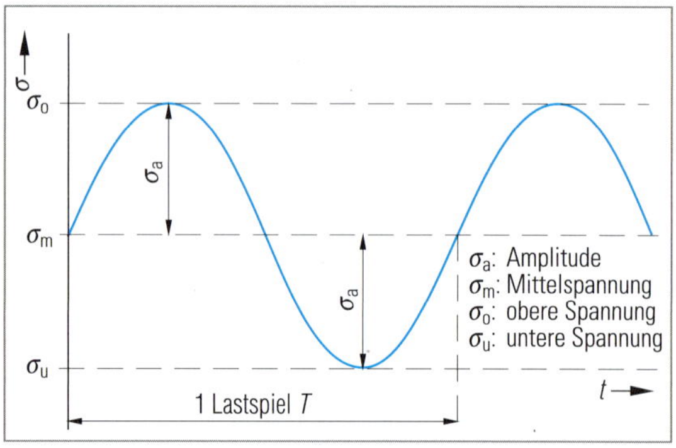

***2** Beanspruchungs-Zeitverlauf (Wechselfestigkeit)*

Im Dauerschwingversuch werden die Zeitfestigkeit und die Dauerschwingfestigkeit ermittelt. Dazu wird von der Prüfmaschine eine sinusförmige Spannung (Bild 2) erzeugt und die Lastspiele bis zum Bruch der Probe (**Bruchschwingspielzahl** N_B) werden gezählt. Der Zusammenhang zwischen gewählter Spannungsamplitude und erreichter Schwingungsspielzahl kann

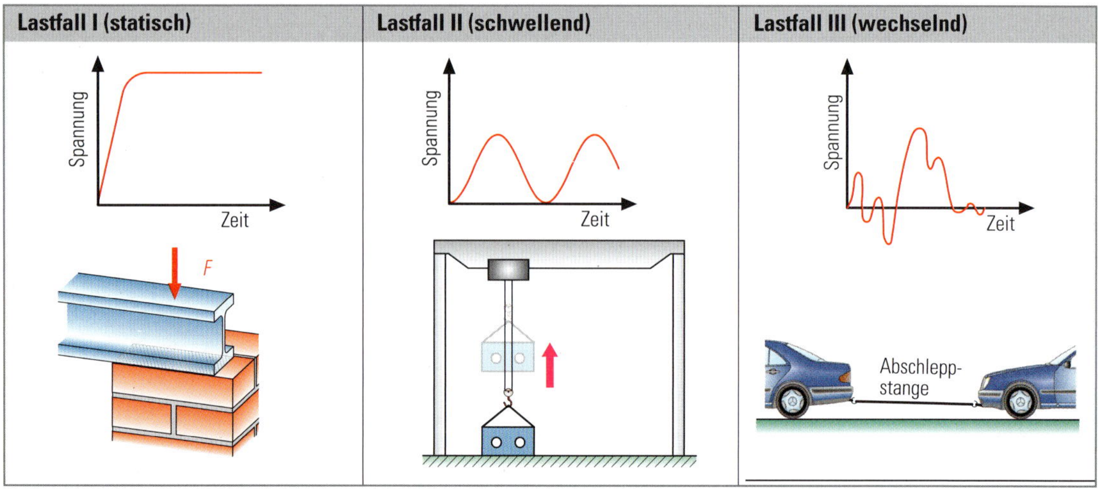

***1** Belastungsfälle verschiedener Bauteile*

1) DIN 50100

Weitere Informationen zu den Belastungsfällen finden Sie im Lernfeld 7 grafisch dargestellt werden (Bild 1). Werden für einen Werkstoff mehrere Versuche bei gleichbleibender Mittelspannung und verschiedenen Spannungsamplituden durchgeführt, entsteht die **Wöhlerkurve**[1].

Die **Dauerschwingfestigkeit**[2] *(fatigue strength)* bezeichnet die dauerhaft ertragbare Belastung (mechanische Spannung) eines Werkstoffs oder Bauteils bei schwingender Beanspruchung. Dauerhaft ertragbar ist eine Belastung, wenn sie keine bleibenden Schäden an einem Bauteil verursacht oder zu einem Versagen führt.
Zusätzlich ist die Mittelspannung zu beachten. Abhängig von der Mittelspannung wird von Wechselfestigkeit oder Schwellfestigkeit gesprochen:

- Die **Wechselfestigkeit** ist der Dauerfestigkeitswert, bei dem die Mittelspannung Null ist.
- Die **Schwellfestigkeit** ist der Dauerfestigkeitswert, bei dem die Mittelspannung gleich dem Spannungsausschlag ist.

MERKE
Die Schwellfestigkeitswerte eines Werkstoffs sind höher als die Wechselfestigkeitswerte desselben Werkstoffes.

Unter **Zeitfestigkeit** *(endurance limit)* wird eine begrenzt ertragbare Belastung bei schwingender Beanspruchung verstanden. Die Schwingspielzahlen, die ohne Bruch ertragen werden können, liegen zwischen 10^4 und $2 \cdot 10^6$.
Im Bild 1 (oben) sind die Bereiche der Zeitfestigkeit und Dauerfestigkeit farblich hervorgehoben.
Der in Bild 1 untersuchte Stahl ist unterhalb einer Wechselspannung von 160 N/mm² dauerfest. Bei kleinen Amplituden kann die Lebensdauer so groß werden, dass der Versuch bei einer bestimmtem **Grenzschwingspielzahl** N_G beendet wird.

MERKE
Grenzschwingspielzahl N_G für Stahl: $2 \cdot 10^6$ ... 10^7
N_G für Aluminiumlegierungen: 10^8

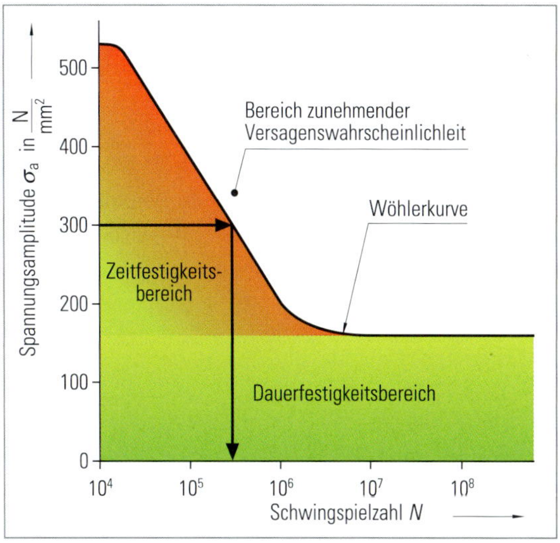

1 *Wöhlerkurve*

Oberhalb der Dauerschwingfestigkeit ist der Stahl zeitfest, d. h., er hat eine Bruchschwingspielzahl N_B, die kleiner als ca. 10^7 ist. Beispielsweise bricht der Werkstoff bei einer dynamischen Spannung von 300 N/mm² nach 300.000 Lastwechseln. Die Lebensdauer des Werkstoffs bei dieser Belastung ist eingeschränkt.

MERKE
Je größer die Beanspruchung im Bereich der Zeitfestigkeit, desto kleiner die Bruchschwingspielzahl.

Wird ein dynamisch belastetes Bauteil über die zulässige Dauerfestigkeit beansprucht, kann mit zunehmender Lastspielzahl ein Dauerbruch (*fatigue fracture*) auftreten (Seite 480 Bild 1).
Dauerbrüche können durch folgende Maßnahmen eingeschränkt werden:

- Vermeiden von scharfkantigen Übergängen.
- Vermeiden von Bearbeitungsriefen.
- Fachgerechtes Inbetriebnehmen von Anlagen und Maschinen.

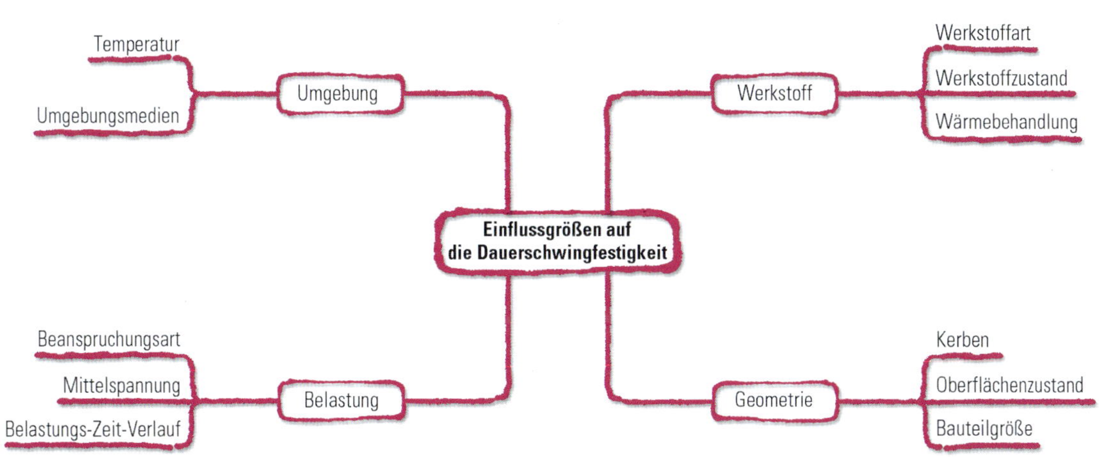

1) Benannt nach August Wöhler, deutscher Ingenieur (1819 bis 1914)
2) Vereinfacht auch „Dauerfestigkeit" genannt

MERKE

Die Spannungen, die ein Werkstoff bei dynamischer Belastung aushalten kann, sind wesentlich geringer als die im statischen Belastungsfall.

Einflussgrößen auf die Dauerfestigkeit

Die Mindmap auf Seite 479 unten zeigt die Einflussgrößen auf die Dauerfestigkeitswerte. Aus diesen Faktoren ergeben sich verschiedene Anforderungen an die
- Konstruktion,
- Fertigung,
- Montage und
- Instandhaltung.

Im Folgenden werden exemplarisch einige Aspekte genannt:
- Das Kristallgitter[1] hat Einfluss auf die Festigkeitskennwerte. Krz-Gitter haben eine Dauerfestigkeit, kfz-Gitter weisen auch bei hohen Schwingspielzahlen nur eine Zeitfestigkeit auf.
- Beim Härten wird der Werkstoff spröde. Dadurch steigt die Kerbwirkungszahl. Um höhere Dauerfestigkeitswerte zu erreichen, wird deshalb z. B. vergütet.
- Querschnittsänderungen wie z. B. Bohrungen oder Absätze führen zu Spannungsspitzen an den entsprechenden Stellen. Dadurch steigt die Kerbwirkungszahl und die Dauerfestigkeit wird vermindert.
- Oberflächenrauigkeiten wirken wie kleine Kerben. Je größer der Rauigkeitswert, desto geringer die Dauerfestigkeit.
- Die Dauerfestigkeit wird durch die Beanspruchungsarten Biegung, Zug, Druck und Torsion beeinflusst (vgl. Tabelle Bild 2)
- Bei zunehmender Temperatur sinkt die Dauerfestigkeit.
- Durch Korrosion steigt die Kerbwirkung, die Dauerfestigkeit wird gemindert.

5.2.1.2 Kerbschlagbiegeversuch[2] *(beam impact test)*

Maschinenelemente wie Bolzen und Zahnräder werden häufig schlag- und stoßartig auf Biegung beansprucht.

Im Kerbschlagbiegeversuch kann die mechanische Belastbarkeit bei dieser Beanspruchung quantitativ beurteilt werden. Mit einem **Pendelschlagwerk** (Bild 3) wird die aufzuwendende Brucharbeit, die **Kerbschlagarbeit** *(notch-impact energy)* ermittelt.

Die Größe der Kerbschlagarbeit gibt Auskunft über die **Zähigkeit** *(toughness)* bzw. **Sprödigkeit** *(brittleness)* metallischer Werkstoffe.

MERKE

Um die Bruchneigung zu erhöhen, werden im Kerbschlagbiegeversuch gekerbte Proben verwendet.

Die Kerbschlagarbeit ist abhängig von der Prüftemperatur. Der Kerbschlagbiegeversuch wird daher bei verschiedenen Temperaturen durchgeführt. Die einzelnen Messpunkte werden durch eine Ausgleichskurve verbunden.

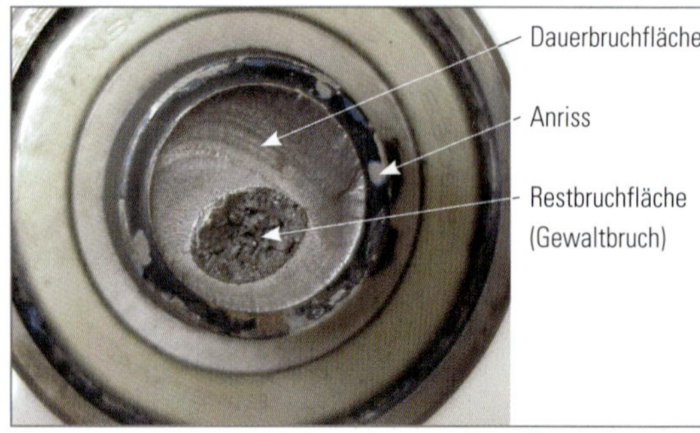

***1** Dauerbruch*

	Biegewechselfestigkeit	Zug-Druck-Wechselfestigkeit	Torsionswechselfestigkeit
Baustahl	$0{,}5 \cdot R_m$	$0{,}45 \cdot R_m$	$0{,}35 \cdot R_m$
Vergütungsstahl	$0{,}44 \cdot R_m$	$0{,}41 \cdot R_m$	$0{,}3 \cdot R_m$
Aluminium	$0{,}4 \cdot R_m$	$0{,}3 \cdot R_m$	$0{,}25 \cdot R_m$

***2** Faustformeln zur Ermittlung der Wechselfestigkeit aus der Zugfestigkeit*

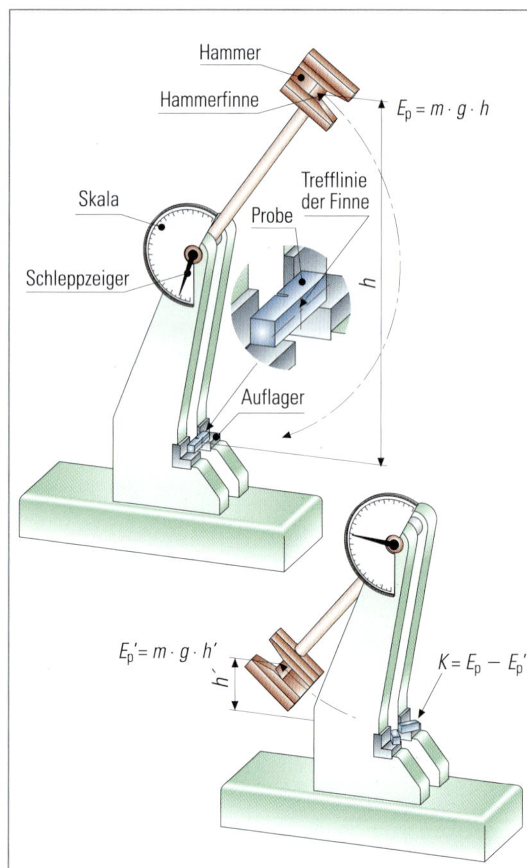

***3** Pendelschlagwerk*

1) siehe Lernfeld 5 Kap. 10.2.1
2) Der Kerbschlagbiegeversuch nach Charpy ist genormt nach DIN EN ISO 148-1

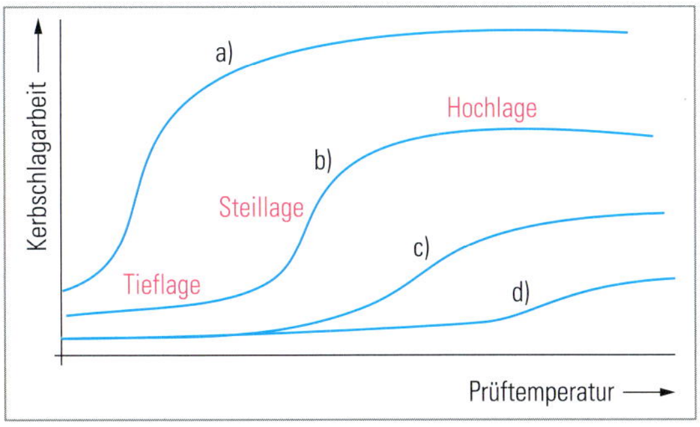

1 *Kerbschlagarbeit-Temperaturkurven von Stahl*
a) vergütet, b) normalgeglüht, c) verformt, d) gehärtet

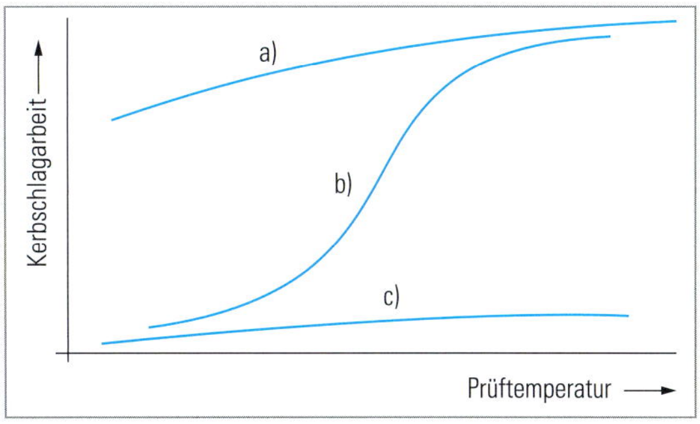

2 *Kerbschlagarbeit-Temperaturkurven*
a) Al, Cu, Ni, austenitischer Stahl (kfz-Gitter) b) Stahl (krz-Gitter)
c) Glas, Keramik, hochfeste Stähle

Der sich ergebende Kurvenverlauf (Bilder 1 und 2) und die Streuung der Versuchswerte sind abhängig vom Werkstoff und, wenn abweichende Prüfbedingungen vorliegen, auch von der Probenlänge und der Probenform.

Die entstehende Bruchart ist abhängig von der Werkstoffart und von der Prüftemperatur. Bei Stählen entstehen dabei Sprödbrüche in der Tieflage, Verformungsbrüche in der Hochlage und Mischbrüche in der Steillage (Bild 1).

Auch Werkstoffe, die gute statische Festigkeitskennwerte aufweisen, können im Betrieb bei schlag- bzw. stoßartiger Belastung zum **Trennbruch** *(cleavage fracture)* (Bild 3) neigen. Ein Trennbruch tritt plötzlich und ohne vorher sichtbare plastische Verformung auf. Der Werkstoff erscheint **spröde**.

Beim **Verformungsbruch** *(ductile fracture)* (Bild 4) erfolgt die Trennung durch Abscheren. Die aufzubringende Trennarbeit ist wesentlich größer als beim Trennbruch. Der Werkstoff ist **zäh**.

Beim **Mischbruch** *(mixing fracture)* (Bild 5) treten beide **Brucharten** *(kinds of fracture)* nebeneinander auf.

MERKE

Durch das Aussehen der Bruchfläche kann die Zähigkeit/Sprödigkeit eines Werkstoffs beurteilt werden.

Das Aussehen der Bruchfläche wird im Instandhaltungswesen genutzt, um z. B. die Trennbruchneigung

- von Stählen und Stahlgusssorten,
- nach einem Wärmebehandlungsverfahren oder
- von Schweißnähten beurteilen zu können.

5.2.1.3 Härteprüfungen *(hardness tests)*

MERKE

Die Härte *(hardness)* ist der Widerstand eines Körpers gegen das Eindringen eines anderen härteren Körpers.

Die Härte eines Werkstoffs ist demnach nur vergleichbar mit der Härte eines anderen Werkstoffs.

Härteprüfungen sind relativ einfach durchführbar und bedingt zerstörungsfrei, d. h., geprüfte Werkstücke sind meistens auch nach der Prüfung brauchbar (Seite 482 Bild 1).

3 *Trennbruch*

4 *Verformungsbruch*

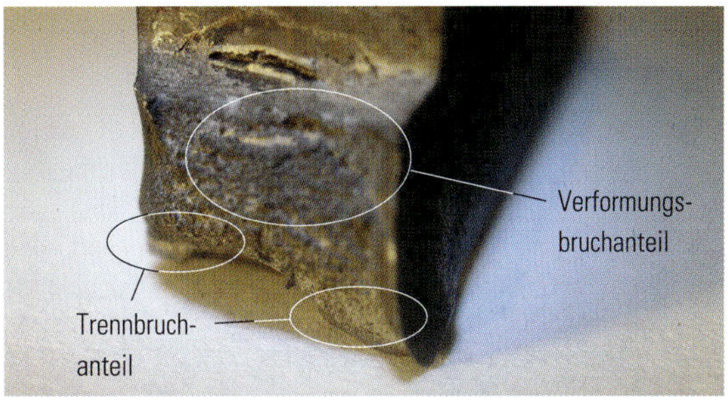

5 *Mischbruch*

Für viele metallische Bauteile sind die statischen **Härteprüfverfahren** *(statistical methods of testing for hardness)* nach **Brinell**[1] (Seite 482 Bild 2), **Vickers**[2] (Seite 482Bild 3) und **Rockwell**[3] (Seite 482 Bild 4) (vgl. Tabellenbuch) üblich.

1) DIN EN ISO 6506-1 2) DIN EN ISO 6507-1 3) DIN EN ISO 6508-1

1 Härteprüfung an den beschichteten Zahnflanken eines Gewindebohrers

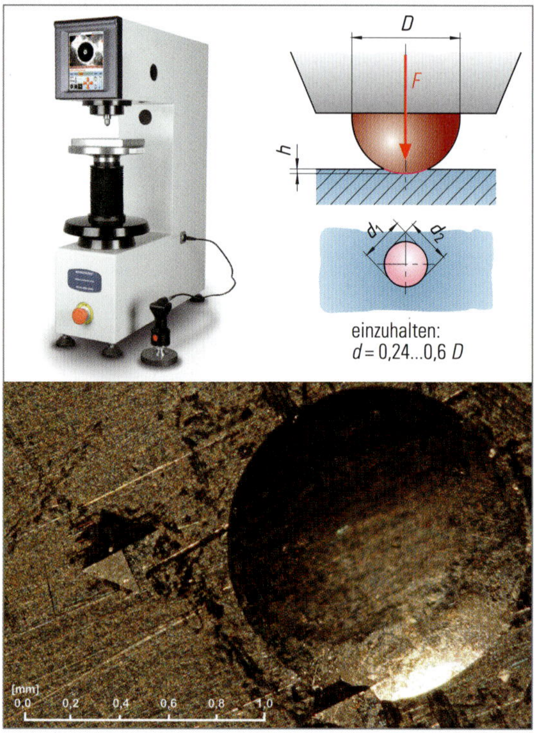

2 Härteprüfung nach Brinell

Überlegen Sie!

Nennen Sie die Anwendungsgebiete der drei statischen Härteprüfverfahren.

Zwischen der Härte und der Zugfestigkeit bestehen Abhängigkeiten. Daher kann in gewissen Grenzen von der Härte auf die Zugfestigkeit geschlossen werden.

LF12_03

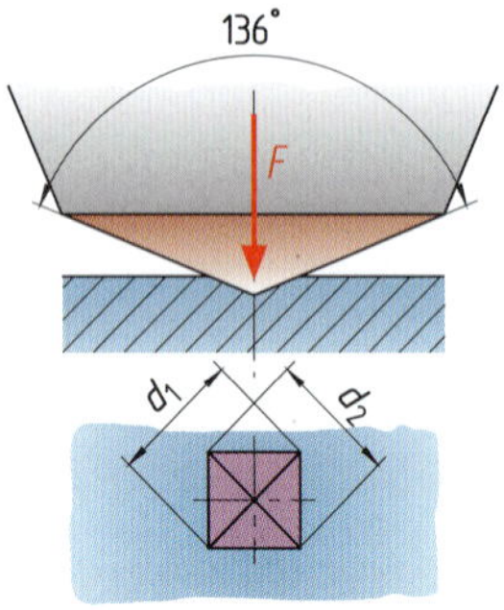

3 Härteprüfung nach Vickers

LF12_04

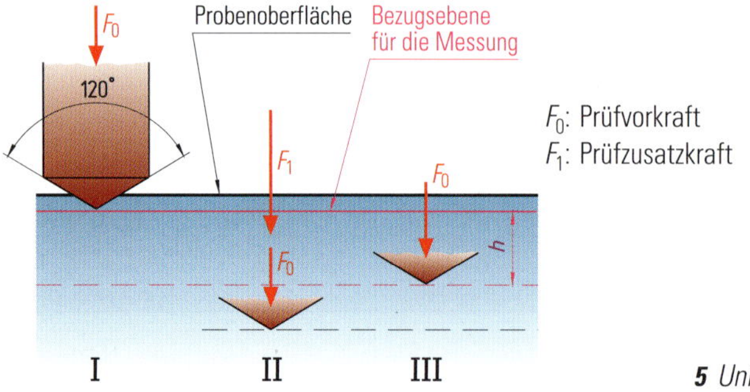

4 Härteprüfung nach Rockwell

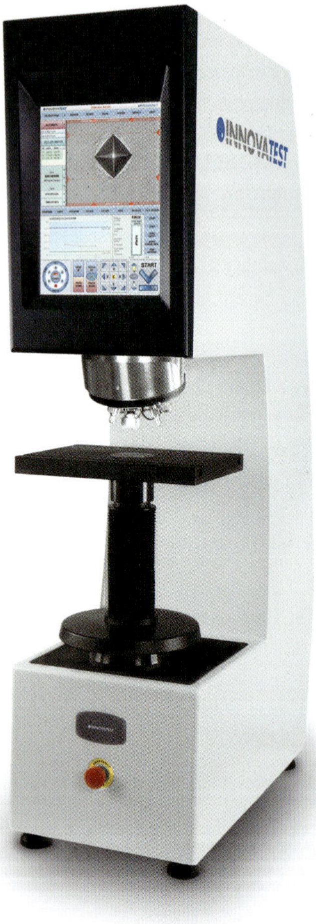

5 Universalhärteprüfgerät

MERKE

Für Stähle gilt:
$R_m \approx 3{,}5 \cdot \text{HB}$ (bis $R_m = 1400\ \text{N/mm}^2$)
$R_m \approx 3{,}8 \cdot \text{HV}$
(bei Härtewerten zwischen 80 HV und 650 HV)

Die Härte dynamisch beanspruchter Bauteile wie z. B. von Turbinenwellen wird mithilfe **dynamischer Härteprüfverfahren** *(dynamic methods of testing for hardness)* ermittelt.
Bei diesen Härteprüfverfahren (Shorehärte oder Schlaghärteprüfung) wird der Eindringkörper mit einer bestimmten kinetischen Energie aus einem festgelegten Abstand in das Bauteil gestoßen. Dabei wird die Rücksprunghöhe als Maß für die Härte benutzt.
Technische Weiterentwicklungen ermöglichen **automatisierte** *(automated)* (Bild 1) und **mobile** *(mobile)* (Bild 2) Härteprüfungen.

Überlegen Sie!

1. *Welchen Vorteil haben automatisierte Härteprüfverfahren?*
2. *Welchen Vorteil haben mobile Härteprüfverfahren?*

Die **Härteprüfung von Kunststoffen**[1] *(hardness tests of plastics)* wird auch als **Kugeleindruckversuch** *(ball-thrust test)* bezeichnet.
Mit einer gehärteten Stahlkugel wird die **Kugeleindruckhärte HB** *(hardness of ball intentation)* von Kunststoffen ermittelt. Nach dem Aufbringen der Vorkraft F_0 wird die Prüfkraft F_m für 2 bis 3 s aufgebracht und nach 30 s wird die Eindringtiefe h gemessen (Bild 3). Die Prüfkraft F_m ist so zuwählen, dass die Eindringtiefe h zwischen 0,15 mm und 0,35 mm liegt.

1 Automatische Härteprüfung

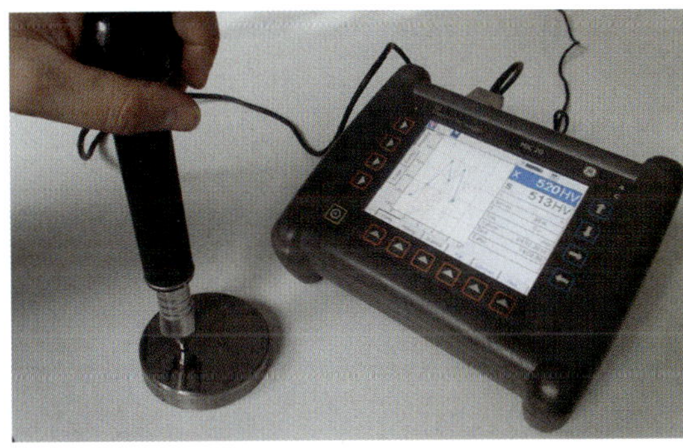

2 Mobile Härteprüfung

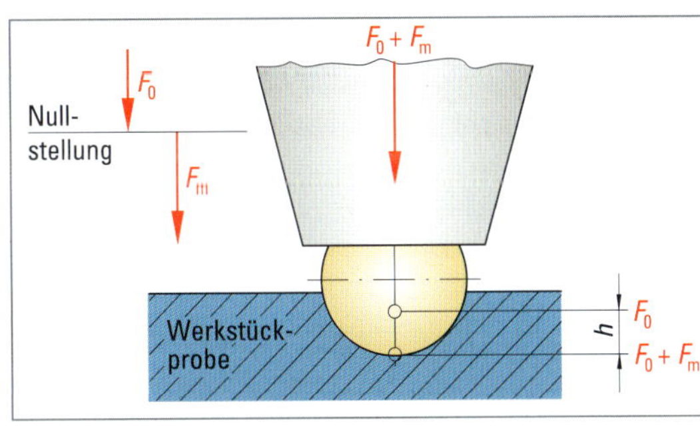

3 Härteprüfung von Kunststoffen

5.2.2 Fertigungstechnische Prüfverfahren

Mit fertigungstechnischen Prüfverfahren *(production methods of testing)* kann überprüft werden, ob ein Werkstoff für bestimmte Fertigungsverfahren geeignet ist. Neben den genormten Verfahren gibt es zahlreiche nicht genormter Prüfverfahren, um die Eignung der Werkstoffe für spezielle Fertigungsverfahren beurteilen zu können. Die Ergebnisse sind entweder zahlenmäßig erfassbar oder einfache Ja-Nein-Aussagen.
Die folgend genannten Prüfverfahren dienen zur Ermittlung der Umformeigenschaften.

Tiefungsversuch[2] *(cupping test)*
Mit dem Tiefungsversuch nach Erichsen[3] kann die **Tiefziehfähigkeit** *(deep drawability)* von Blechen und Bändern beurteilt werden. Genauso wie bei einem Tiefziehwerkzeug besteht das Prüfgerät aus einer Matrize, einem Blechhalter und einem Stempel (Bilder 4 und Seite 484 Bild 1). Das zu prüfende Blech bzw. Band wird zwischen Matrize und Blechhalter gespannt. Dann wird der kugelförmige Kopf des Stempels mit dem Prüfstück in Berührung gebracht und anschließend soweit eingedrückt, bis

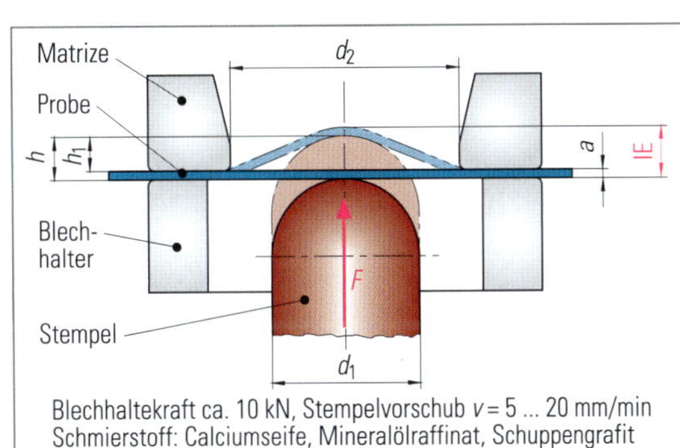

4 Prinzipanordnung des Tiefungsversuchs

1) DIN EN ISO 2039 2) DIN EN ISO 20482
3) Benannt nach dem in Norwegen geborenen und später in Berlin lebenden Ingenieur A. M. Erichsen.

1 *Tiefungsprüfgerät*

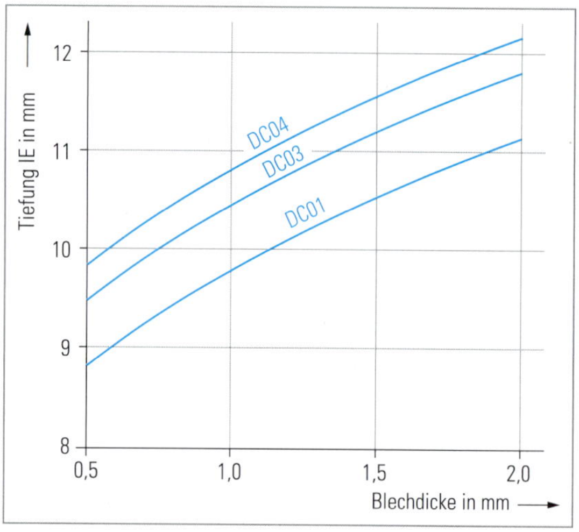

2 *Erichsen-Tiefung von kaltgewalzten Flacherzeugnissen*

ein Riss entsteht. Gemessen wird die Eindringtiefe in mm im Augenblick des Einreißens. Diese wird als **Erichsen-Tiefung IE** bezeichnet (Bild 2).

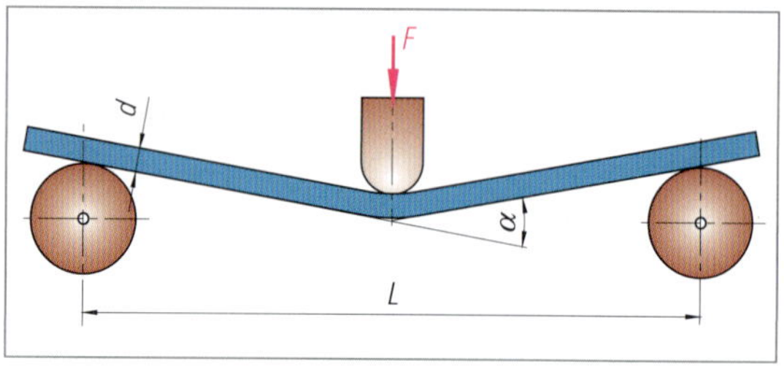

3 *Dreipunkt-Biegeversuch (schematisch)*

Biegeversuch (Faltversuch)[1] *(bending test/folding test)*

Der Biegeversuch (Bild 3) dient zur Bestimmung der plastischen Verformbarkeit unter Biegebeanspruchung.

Ermittelt wird der Biegewinkel α, bei dem die Probe auf der Dehnungsseite reißt. Oft ist auch ein Biegewinkel vorgeschrieben, ohne dass ein Anriss vorhanden sein darf.

Mit fertigungstechnischen Prüfverfahren *(production methods of testing)* kann überprüft werden, ob ein Werkstoff für bestimmte Fertigungsverfahren geeignet ist. Neben den genormten Verfahren gibt es zahlreiche nicht genormter Prüfverfahren, um die Eignung der Werkstoffe für spezielle Fertigungsverfahren beurteilen zu können. Die Ergebnisse sind entweder zahlenmäßig erfassbar oder einfache Ja-Nein-Aussagen.

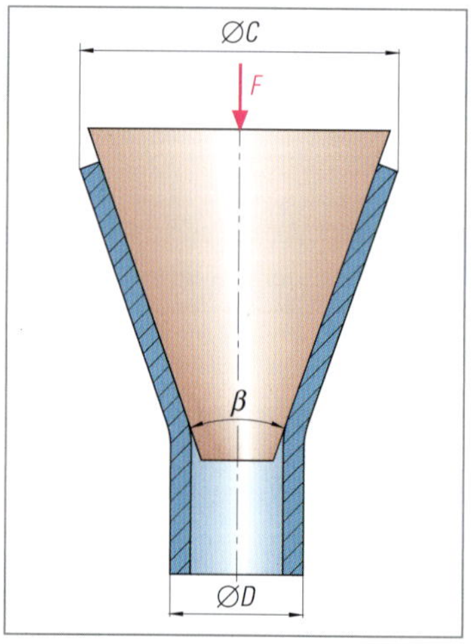

4 *Aufweitversuch*

Aufweitversuch[1] *(drift expanding test)*

An Präzisionsrohren wird die Aufweitfähigkeit geprüft (Bild 4). Dazu wird ein konischer Dorn mit einem festgelegten Winkel β in das Rohr gedrückt, bis der geforderte Außendurchmesser C erreicht ist. Nach der Durchführung erfolgt eine Sichtprüfung. Risse dürfen dabei nicht erkennbar sein.

5.3 Metallografische Prüfverfahren

Mit metallografischen Prüfverfahren *(metallographic methods of testing)* kann das Gefüge eines Werkstoffs sichtbar gemacht werden.

Bei **makroskopischen Untersuchungen** *(macroscopic investigations)* wird die wärmebehandelte, umgeformte oder geschweißte Werkstoffprobe geschliffen. Nach Auftragen eines geeigneten Ätzmittels wird der Faserverlauf sichtbar (Bild 5).

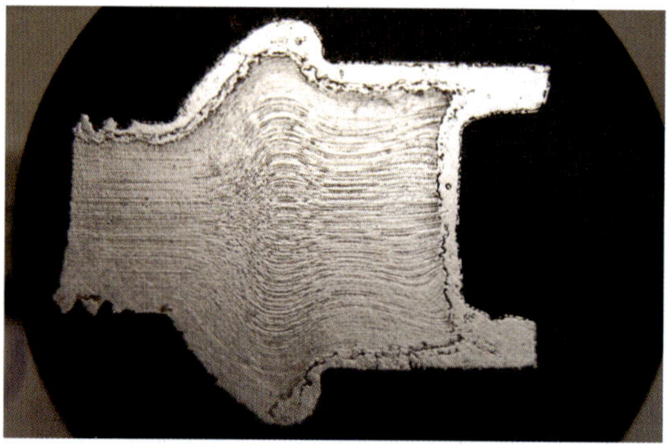

5 *Faserverlauf eines Schmiedewerkstücks*

1) DIN EN ISO 7438   1) DIN EN 10234

MERKE

Makroskopische Untersuchungen machen den Faserverlauf an gefährdeten Stellen sichtbar.

Bei **mikroskopischen Untersuchungen** *(microscopic investigations)* wird mithilfe eines Mikroskops das Gefüge einer geschliffenen und polierten Werkstückprobe sichtbar (Bilder 1 bis 3).

1 *Ungleiche Konzentration der Legierungselemente (Seigerung)*

2 *Gefüge eines weichen Werkstoffs*

3 *Gefüge eines harten Werkstoffs*

ÜBUNGEN

1. Nennen Sie mehrere Beanspruchungsarten.

2. Erklären Sie die Kennwerte R_e und $R_{p0,2}$.

3. Welche Mindeststreckgrenze hat der Werkstoff S235JR laut Kurzbezeichnung?

4. Welche Bedeutung hat der Sicherheitsfaktor ν?

5. Ein Stahl aus E360 hat eine Streckgrenze R_e von 340 N/mm². Wie groß darf die zulässige Spannung im Bauteil sein, wenn eine Sicherheit $\nu = 2$ berücksichtigt werden muss?

6. Ein Ringschraube aus C15E soll mit einer Zugkraft von $F = 52$ kN bei einer Sicherheit $\nu = 3$ belastetet werden.
Welches metrische ISO-Gewinde ist zu wählen?

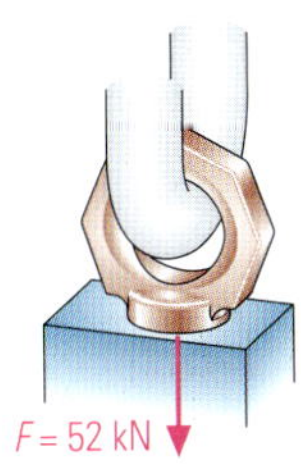

7. Ein Flachstahl aus 235JR mit dem Querschnitt 12 mm × 6 mm soll auf Zug beansprucht werden. Welche maximale Zugkraft ist zulässig, wenn die Sicherheitszahl $\nu = 2{,}5$ berücksichtigt wird?

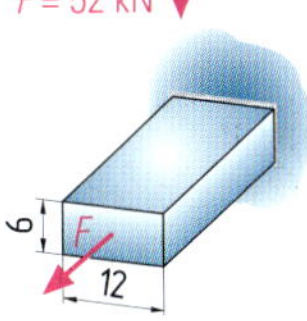

8. Um das Werkstück umformen zu können, werden die Umformkräfte $F_1 = F_2 = 500$ kN benötigt.
a) Welche Druckkraft F ist erforderlich?
b) Welche Druckspannung σ_d tritt im Biegestempel auf?

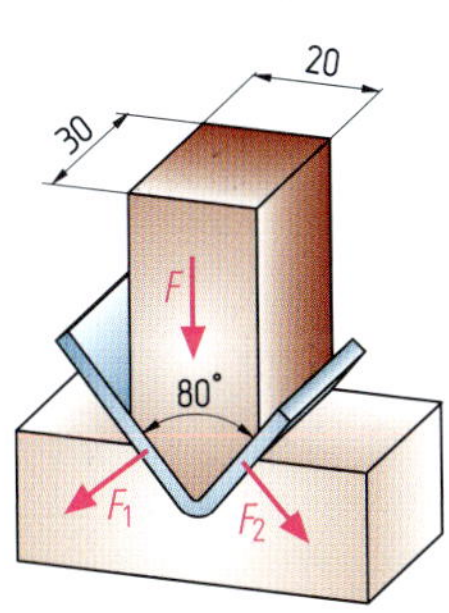

9. Welche Eigenschaft eines Werkstoffs kann mit dem Elastizitätsmodul beurteilt werden?

10. Ergänzen Sie den folgenden Satz:
„Je größer die Bruchdehnung eines Werkstoffs, desto…"

11. Wozu dient der Dauerschwingversuch?

12. Erläutern Sie den Begriff „Härte".

13. Nennen Sie drei Härteprüfverfahren.

14. Erläutern Sie die Kurzbezeichnung HRC 55 ± 3

15. In einer technischen Zeichnung ist die geforderte Härte mit HV 255 angegeben. Welcher Brinellhärte entspricht dieser Wert?

16. Begründen Sie, warum in Tabellenbüchern erst ab HV 240 ein Vergleich mit der Härteprüfung nach Rockwell angegeben ist.

17. Welche Möglichkeit bieten metallografische Prüfverfahren?

18. Nennen Sie die zwei Hauptgruppen der metallografischen Prüfverfahren.

19. Nennen Sie Anwendungsbereiche für diese beiden Hauptgruppen.

20. Informieren Sie sich in Ihrem Betrieb, ob metallografische Prüfverfahren durchgeführt werden. Benennen Sie gegebenenfalls Bauteile, Ergebnisse und eventuell eingeleitete Maßnahmen.

21. Welche Maßnahmen könnten eingeleitet werden, um die in Bild 1 dargestellte Seigerung auszugleichen?

5.4 Zerstörungsfreie Prüfverfahren

Zerstörungsfreie Prüfverfahren *(non-destructive methods of testing)* haben den Vorteil, dass sie Bauteile nicht beschädigen bzw. in ihrer Funktion einschränken.
Zerstörungsfreie Prüfverfahren werden meistens verwendet, um Fehler wie z. B. Risse im Bauteil sichtbar zu machen. Sie liefern keine Aussagen über die mechanische Belastbarkeit der verwendeten Bauteile.

MERKE
Zerstörungsfreie Prüfverfahren werden sehr häufig in der vorbeugenden Instandhaltung eingesetzt, da sie Bauteile nicht beschädigen.

Ultraschallprüfung[1]
Mit der Ultraschallprüfung *(ultrasonic inspection)* können z. B. Fehler im Innern eines Bauteils frühzeitig erkannt werden. Dabei wird ein Schallkopf auf das zu prüfende Bauteil gesetzt. Dieser sendet Schallwellen an das Werkstück. Die Schallwellen werden an der Vorder- und Rückwand sowie an Fehlern zurückgeworfen. Auf einem mobilen Bildschirm werden die reflektierten Schallwellen als Ausschlag dargestellt (Bild 1). Größe, Form und Lage der Fehler können annähernd beurteilt werden. Schallwellen werden bei Werkstückdicken bis zu 10 m angewendet.
In Bild 2 sind einige Anwendungsbeispiele aufgeführt.

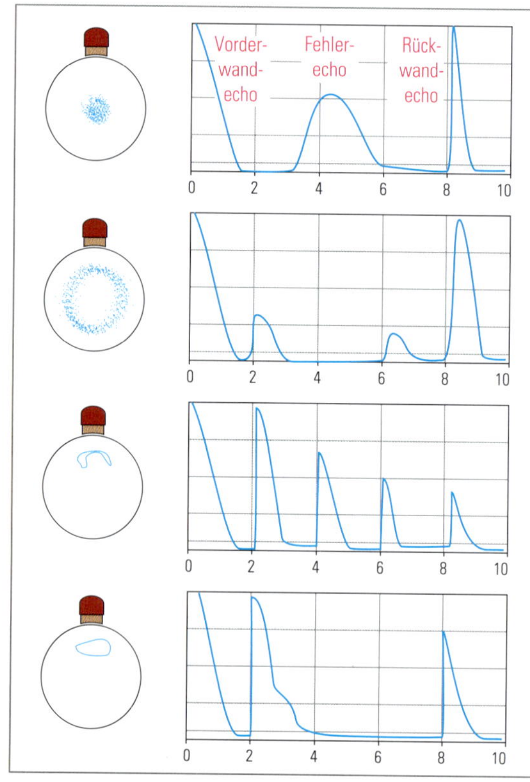

1 *Prinzip der Ultraschallprüfung*

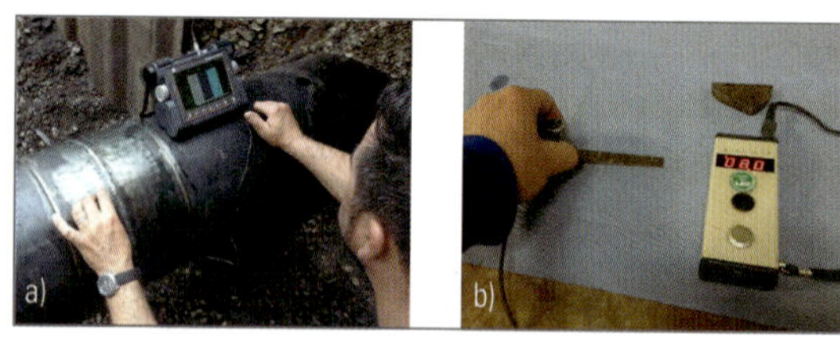

2 *Ultraschallprüfungen*
a) Schweißnahtprüfung
b) Kalibrierung des Messgerätes für Wanddickenmessung

Röntgenprüfung *(x-ray inspection)*
Mithilfe von Röntgenstrahlen können berührungsfrei *(contactless)* Fehler wie Gasblasen oder Lunker in Werkstücken sichtbar gemacht werden (Bild 3).
Röntgenstrahlen sind gesundheitsschädigend. Die Röntgenprüfung darf deshalb nur von besonders geschultem Fachpersonal durchgeführt werden.

MERKE
Die Röntgenprüfung liefert ein deutliches Fehlerbild (Bild 3).

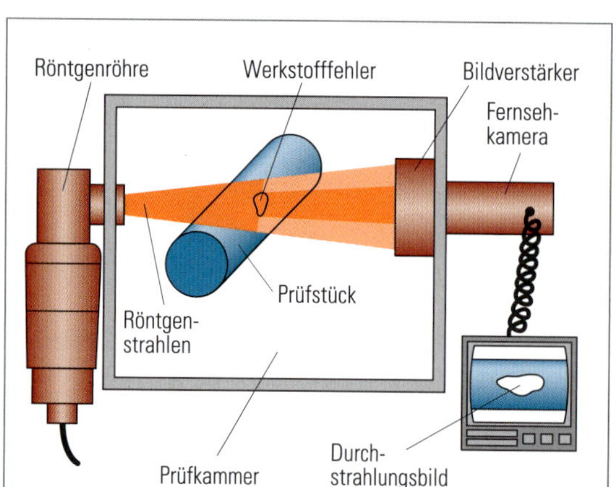

3 *Prinzip der Röntgenprüfung*

Magnetpulververfahren[2]
Mit dem Magnetpulverfahren *(magnetic particle testing)* können Oberflächenrisse oder oberflächennahe Risse sowie nicht-

4 *Magnetpulverprüfung*

1) DIN EN 10228-3
2) DIN EN 10228-1

metallische Einschlüsse oder Lunker bei magnetisierbaren *(magnetizable)* Werkstoffen sichtbar gemacht werden.
Bei dieser Prüfung werden ferromagnetische Pulverpartikel auf die Oberfläche gesprüht. Unter UV-Licht sind Veränderungen der Oberfläche sofort zu erkennen (Seite 486 Bild 4).
Durch diese Methode kann die Lage und Länge eines Fehlers beurteilt werden. Jedoch gibt es keine Aussage über die Fehlertiefe.

Farbeindringprüfung[1]

Mit der Farbeindringprüfung *(dye penetration testing)* können Risse an der Oberfläche sichtbar gemacht werden (Bild 1). Auf die gründlich gereinigte Bauteiloberfläche wird flüssige Farbe aufgetragen. Kleinere Bauteile können auch in ein Bad gelegt werden. Durch die **Kapillarwirkung**[2] wird die Farbe in die Risse gesogen. Nach einer Einwirkdauer zwischen 5 und 60 min, wird das Bauteil sorgfältig abgespült und getrocknet.

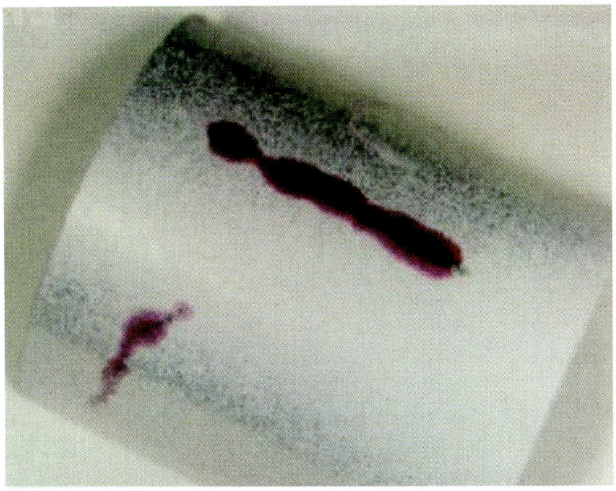

1 *Farbeindringprüfung*

Überlegen Sie!

Von welchen Faktoren kann die Einwirkdauer abhängen?

Nun wird auf die Bauteiloberfläche ein Entwickler – meist Kreide – aufgebracht. Dieser Entwickler wirkt ebenfalls kapillar. Dadurch bildet sich über dem Riss nach einer gewissen Einwirkdauer eine breite Farbspur.

5.5 Ermitteln von Schadensursachen durch Werkstoffprüfungen

Verschleiß

Verschleiß *(abrasion)* (vgl. Lernfelder 4 und 9) ist besonders an mechanisch beanspruchten Bauteilen eine übliche **Abnutzungserscheinung** *(wearing aspect)*.

- Als Verschleiß werden die Abnutzungserscheinungen bezeichnet, die entstehen, wenn zwei oder mehr Werkstückoberflächen sich gegeneinander bewegen.
- Verschleiß wird somit hauptsächlich durch **Reibung** *(friction)* verursacht.
- Verschleißerscheinungen können durch Betriebsbedingungen wie steigende Temperatur, wechselnde Belastung, größere Beanspruchung „unerwartet" auftreten.
- Verschleiß kann durch **fachgerechte Schmierung** *(lubrication)* gemindert werden.

Besonders in komplexen Systemen werden daher möglichst verschleißarme Bauteile eingesetzt. Dies sind oft elektronische Bauteile (vgl. Lernfeld 13), aber auch innovative Fertigungsmethoden können die Reibung vermindern. Dazu gehören z. B. spezielle Beschichtungsverfahren (Bild 2).
Diese Beschichtungsverfahren basieren auf der **Nanotechnologie** *(nanotechnology)*. Dabei werden die Oberflächenstrukturen im Nanometerbereich verändert.

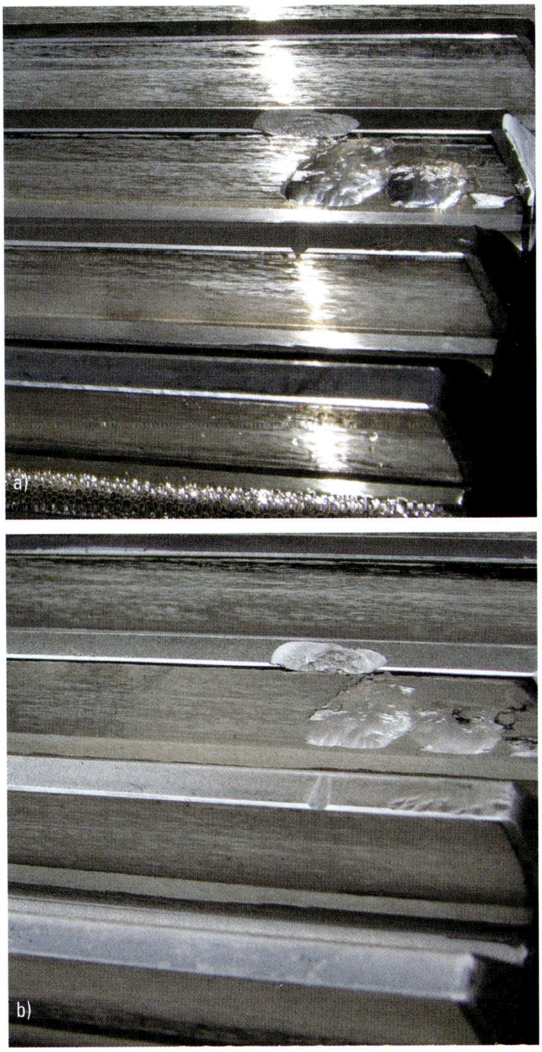

2 *Zahnrad bei gleicher Verschleißdauer*
a) ohne Beschichtung
b) mit Beschichtung

1) DIN EN 10228-2
2) Kapillare: langgestreckte Hohlräume; Kapillarwirkung nennt man die Eigenschaft von Flüssigkeiten, sich in engen Spalten gut ausbreiten zu können.

Die an dem verschlissenen Zahnrad (Seite 472 Bild 1) durchgeführte Schadensanalyse sowie die durchgeführten Werkstoffprüfungen lassen keine Rückschlüsse auf falsche Werkstoffauswahl noch Werkstofffehler zu. Allerdings wurde die erforderliche Härte nicht erreicht.

Zu diesem Ergebnis kam die Fachkraft nach folgenden Schritten:

- Bestimmung möglicher Werkstoffkennwerte, die den Schaden verursacht haben können (Pareto-Analyse).
- Feststellen dieser Kennwerte bei einem einwandfreien Werkstoff (mithilfe von Herstellerangaben, Zeichnungen, Normen usw.)
- Auswahl und Durchführung eines oder mehrer Prüfverfahren an dem geschädigten Bauteil.
- Erstellen eines Prüfberichts, gegebenenfalls mit einem Vorschlag zur weiteren Vorgehensweise.

Überlegen Sie!

1. *Nennen Sie Werkstoffkennwerte, die für die Funktionsfähigkeit eines Zahnrads wichtig sind.*
2. *Begründen Sie, welche Werkstoffprüfverfahren an dem geschädigten Bauteil sinnvoll durchzuführen sind.*

Die **Abnutzungsursache** *(wearing reason)* kann demzufolge nur an einer fehlenden oder falschen Wärmebehandlung liegen.

ÜBUNGEN

1. Erläutern Sie den Unterschied zwischen dynamischer und statischer Belastung.
2. Wozu dient der Dauerschwingversuch?
3. Beschreiben Sie den Wöhlerversuch.
4. Erläutern Sie den Unterschied zwischen Dauer- und Zeitfestigkeit.
5. Erläutern Sie den Unterschied zwischen Schwell- und Wechselfestigkeit.
6. Skizzieren und beschreiben Sie einen Dauerbruch.
7. Nennen Sie drei Maßnahmen, die das Auftreten von Dauerbrüchen reduzieren.
8. Bestimmen Sie mithilfe Ihres Tabellenbuchs jeweils die Schwellfestigkeit sowie die Wechselfestigkeit für
   a) S235JR
   b) C10E
   c) 30CrNiMo8
9. Je größer die Kerbschlagarbeit, desto ... (zäher/spröder) ist der Werkstoff. Begründen Sie Ihre Antwort.
10. Informieren Sie sich in Ihrem Betrieb und im Internet über technologische Prüfverfahren, die
    - die Gießbarkeit von Werkstoffen überprüfen können.
    - die Schweißeignung von Werkstoffen überprüfen können.
    - die Korrosionsbeständigkeit überprüfen können.

6 Wärmebehandlungsverfahren

Durch gezieltes Erwärmen und Abkühlen können die Eigenschaften von Metallen verändert werden.

Die Mindmap (Bild 1) gibt einen Überblick über die wichtigsten Wärmebehandlungsverfahren *(heat treatment processes)*.

Im Lernfeld 5 (Fertigen von Einzelteilen mit Werkzeugmaschinen) haben Sie die entsprechenden Wärmebehandlungsverfahren grundlegend kennen gelernt.

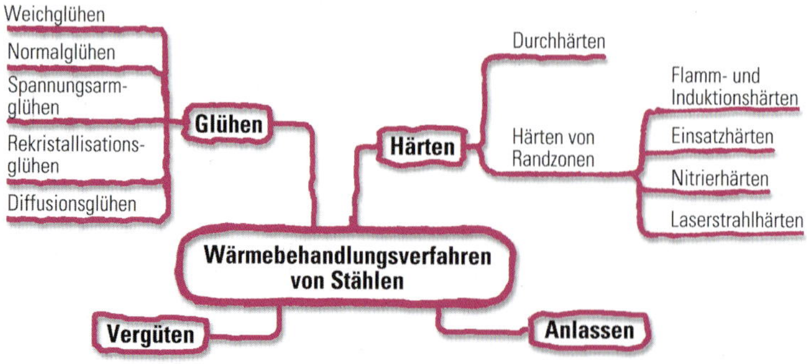

***1** Überblick über Wärmebehandlungsverfahren von Stählen*

Überlegen Sie!

1. *Nennen Sie die durchzuführenden Arbeitsschritte beim Glühen.*
2. *Nennen Sie die durchzuführenden Arbeitsschritte beim Härten.*
3. *Welche Stähle sind härtbar?*
4. *Welche Abschreckmittel können verwendet werden?*
5. *Erläutern Sie das Wärmebehandlungsverfahren Anlassen.*
6. *Beschreiben Sie die erforderlichen Arbeitsschritte beim Vergüten.*
7. *Nennen und beschreiben Sie drei Randschichthärteverfahren.*
8. *Erläutern Sie den Unterschied zwischen Durchhärten und Randschichthärten.*
9. *Benennen Sie für jedes der genannten Wärmebehandlungsverfahren aus der Mind-Map (Bild 1) ein konkretes Anwendungsbeispiel.*

6.1 Wärmebehandlungsplan

Bild 1 zeigt eine Wellenlagerung mit Dichtung. Nach Herstellerangaben muss die Lauffläche des Radialwellendichtrings einen Härtekennwert von mehr als 45 HRC aufweisen.
Um Wärmebehandlungsverfahren planen und nachvollziehen zu können, erstellt bzw. erhält die Fachkraft einen Wärmebehandlungsplan *(heat treatment instruction)* (Bild 2).

Überlegen Sie!

1. *Wählen Sie für das Zahnrad (Seite 472 Bild 1) einen geeigneten Werkstoff aus. Begründen Sie Ihre Antwort.*
2. *Welches Wärmebehandlungsverfahren würden Sie für das Zahnrad empfehlen? Begründen Sie Ihre Antwort.*
3. *Beschreiben Sie die durchzuführenden Arbeitsschritte.*

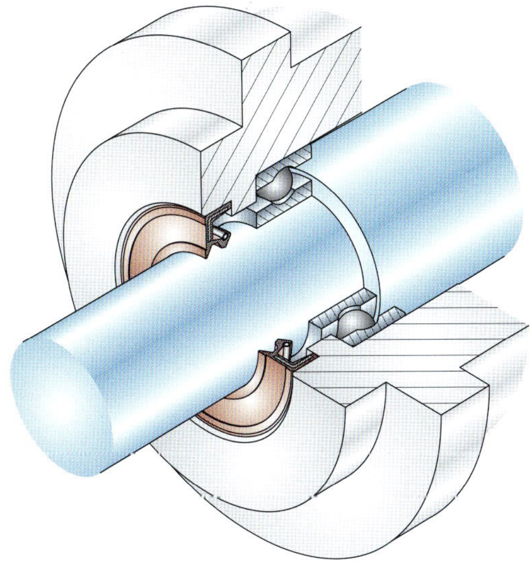

1 *Wellenlagerung mit Radialwellendichtring*

Werkstoff: 16MnCr5		Zeichnungsnummer: 873/3015
Härteprüfung nach Rockwell (cone)		zu erreichender Härtekennwert HRC > 45
Wärmebehandlungsverfahren:		Einsatzhärten Einhärtetiefe: 1,2+0,1 mm
Arbeitsschritte:		
Aufkohlen:	950 °C;	6h im Gasaufkohlungsofen
Härten:	Härtetemperatur Haltezeit Abschreckmittel	870 °C 3 min Wasser, Welle längs eintauchen und kreisende Bewegung
Anlassen:	Anlasstemperatur Anlasszeit Abkühlen	300 °C 5 min an der Luft
Härteprüfung an einer Universalhärteprüfmaschine:		
	Prüfverfahren:	Rockwell cone 120°
	Prüfvorkraft:	F_0 = 98 N
	Prüfzusatzkraft:	F_1 = 1373 N
	Prüfzeit:	4 s
	bleibende Eindringtiefe: (Minimum)	h = 0,11 mm

2 Wärmebehandlungsplan

Während einer Wärmebehandlung werden verschiedene Gefügearten erzeugt und verändert. Voraussetzung für die Erstellung eines Wärmebehandlungsplans sind somit Kenntnisse über diese Veränderungen.
Im **Eisen-Kohlenstoff-Diagramm** *(iron-carbon phase diagram)* (vgl. Lernfeld 5) werden die entstehenden Gefügearten beim langsamen Abkühlen bzw. langsamen Erwärmen dargestellt. In der Praxis sind oft andere Abkühlungsgeschwindigkeiten üblich.

6.2 Fehler bei einer Wärmebehandlung

Die Tabelle Bild 1 nennt häufige Fehler bei einer Wärmebehandlung *(malfunctions of a heat treatment)*, stellt Auswirkungen auf das Werkstück bzw. den Werkstoff dar und nennt mögliche Gegenmaßnahmen.

Nach Analyse des Wärmebehandlungsplanes des Zahnrades von Seite 472 Bild 1 wurde festgestellt, dass keine Zwischenstufenhärtung erfolgte. Stattdessen wurde in Öl mit einer zu geringen Abschreckgeschwindigkeit abgekühlt. Dadurch hat sich statt des gewünschten Bainit-Gefüges ein Gefüge mit einem zu hohen Ferrit und Perlit-Anteil gebildet.

Fehlerart	Auswirkung	Gegenmaßnahmen[1]
Ungleichmäßige Erwärmung auf Härtetemperatur	Spannungen und evtl. Risse	Weichglühen solange keine Risse vorhanden sind
Zu hohe Härtetemperatur oder zu lange Haltezeit	Abnahme der Festigkeit aufgrund Grobkornbildung	Normalglühen
Zu niedrige Härtetemperatur	Keine Härtezunahme	Weichglühen
Zu mildes Abschreckmittel	Ungenügende und ungleichmäßige Härtezunahme	Weichglühen
Zu schroffes Abschreckmittel	Sehr hartes, sprödes Gefüge, Spannungen und evtl. Rissbildung und Verzug	Weichglühen, solange das Werkstück nicht verzogen oder gerissen ist
Falsches Eintauchen in das Abschreckmittel	Ungenügende und ungleichmäßige Härtezunahme	Weichglühen
Randentkohlung	Kohlenstoff wird der Randzone entzogen. Dadurch Minderung der Härtbarkeit	Einsatzhärten
Verzunderung	Verschlechterung der Oberflächenqualität	Mechanische Bearbeitung der Oberfläche oder Beizbäder

1) Anschließend muss die Wärmebehandlung fachgerecht erneut durchgeführt werden. Bei Rissen und Verzug ist das Werkstück Ausschuss.

1 Häufige Fehler beim Härten

7 Instandhaltungskosten

Instandhaltungskosten *(costs for maintenance)* setzen sich aus den entstandenen Kosten der einzelnen Instandhaltungsmaßnahmen zusammen (Bild 1).

	Instandsetzungskosten	$K_{Instand}$
+	Wartungskosten	$K_{Wartung}$
+	Inspektionskosten	$K_{Inspektion}$
+	Kosten bei Verbesserungen	$K_{Verbesserung}$
=	Instandhaltungskosten	K_I

1 Instandhaltungskosten

Überlegen Sie!

In welche weiteren Kostenarten werden Instandsetzungskosten gegliedert (vgl. LF9)?

Diese Kosten hängen von verschiedenen Faktoren ab. Die Instandhaltungskosten der in Bild 2 dargestellten Transport- und Verpackungsanlage betragen jährlich mehrere Tausend Euro.

Überlegen Sie!

Von welchen Faktoren kann die Höhe der Instandhaltungskosten bei einem Ausfall abhängen (vgl. Lernfeld 9)?

2 Transport- und Verpackungsanlage

In Abhängigkeit von geplanten **Ausfallzeiten** und **-kosten** *(maintenance downtime and breakdown costs)* (vgl. Lernfeld 9) werden besonders bei externen Aufträgen **Kostenvoranschläge** *(cost estimates)* erstellt.

MERKE

Kostenvoranschläge im Instandhaltungswesen sind vermutete Kosten, die bei einer Instandhaltungsmaßnahme anfallen werden.

Überlegen Sie!

Nennen Sie die Vorteile eines Kostenvoranschlags
a) für den Kunden
b) für den Anbieter

8 Arbeits- und Umweltschutz

Bei sämtlichen Tätigkeiten während der beruflichen Praxis sind die Arbeits- und Umweltschutzmaßnahmen *(occupational safety measures and antipollution measures)* einzuhalten.

Im **Arbeitsschutzgesetz** (ArbSchG) *(labour protection law)* werden Maßnahmen vorgeschrieben, die der Sicherheit und dem Gesundheitsschutz der Beschäftigten dienen (Bild 1).

Das Säulendiagramm *(bar graph)* in Bild 1 auf Seite 492 stellt die Anzahl der Arbeitsunfälle von 1990 bis 2006 dar. Dabei wird zwischen Wegeunfällen und betrieblichen Unfällen unterschieden.

In der Praxis zeigt sich, dass besonders Auszubildende die Einhaltung der **Sicherheitsvorschriften** *(safety regulations)* oftmals als unnötig erachten.

Neben dem Personenschutz hat der Umweltschutz für das gesellschaftliche Leben eine hohe Bedeutung.

Die Fachkraft im metalltechnischen Gewerbe muss daher z. B. Späne und Hilfsmittel sachgerecht sammeln und zur Entsorgung weiterleiten (Seite 492 Bild 2).

§ 2 Begriffsbestimmungen

(1) Maßnahmen des Arbeitsschutzes im Sinne dieses Gesetzes sind Maßnahmen zur Verhütung von Unfällen bei der Arbeit und arbeitsbedingten Gesundheitsgefahren einschließlich Maßnahmen der menschengerechten Gestaltung der Arbeit.

§ 3 Grundpflichten des Arbeitgebers

(1) Der Arbeitgeber ist verpflichtet, die erforderlichen Maßnahmen des Arbeitsschutzes unter Berücksichtigung der Umstände zu treffen, die Sicherheit und Gesundheit der Beschäftigten bei der Arbeit beeinflussen. Er hat die Maßnahmen auf ihre Wirksamkeit zu überprüfen und erforderlichenfalls sich ändernden Gegebenheiten anzupassen. Dabei hat er eine Verbesserung von Sicherheit und Gesundheitsschutz der Beschäftigten anzustreben.

§ 4 Allgemeine Grundsätze

Der Arbeitgeber hat bei Maßnahmen des Arbeitsschutzes von folgenden allgemeinen Grundsätzen auszugehen:

1. Die Arbeit ist so zu gestalten, dass eine Gefährdung für Leben und Gesundheit möglichst vermieden und die verbleibende Gefährdung möglichst gering gehalten wird;
2. Gefahren sind an ihrer Quelle zu bekämpfen;
3. bei den Maßnahmen sind der Stand von Technik, Arbeitsmedizin und Hygiene sowie sonstige gesicherte arbeitswissenschaftliche Erkenntnisse zu berücksichtigen;
4. Maßnahmen sind mit dem Ziel zu planen, Technik, Arbeitsorganisation, sonstige Arbeitsbedingungen, soziale Beziehungen und Einfluss der Umwelt auf den Arbeitsplatz sachgerecht zu verknüpfen;
5. individuelle Schutzmaßnahmen sind nachrangig zu anderen Maßnahmen;
6. spezielle Gefahren für besonders schutzbedürftige Beschäftigtengruppen sind zu berücksichtigen;
7. den Beschäftigten sind geeignete Anweisungen zu erteilen;
8. mittelbar oder unmittelbar geschlechtsspezifisch wirkende Regelungen sind nur zulässig, wenn dies aus biologischen Gründen zwingend geboten ist.

§ 15 Pflichten der Beschäftigten

(1) Die Beschäftigten sind verpflichtet, nach ihren Möglichkeiten sowie gemäß der Unterweisung und Weisung des Arbeitgebers für ihre Sicherheit und Gesundheit bei der Arbeit Sorge zu tragen. Entsprechend Satz 1 haben die Beschäftigten auch für die Sicherheit und Gesundheit der Personen zu sorgen, die von ihren Handlungen oder Unterlassungen bei der Arbeit betroffen sind.

(2) Im Rahmen des Absatzes 1 haben die Beschäftigten insbesondere Maschinen, Geräte, Werkzeuge, Arbeitsstoffe, Transportmittel und sonstige Arbeitsmittel sowie Schutzvorrichtungen und die ihnen zur Verfügung gestellte persönliche Schutzausrüstung bestimmungsgemäß zu verwenden.

***1** Auszüge aus dem Arbeitsschutzgesetz (ArbSchG)*

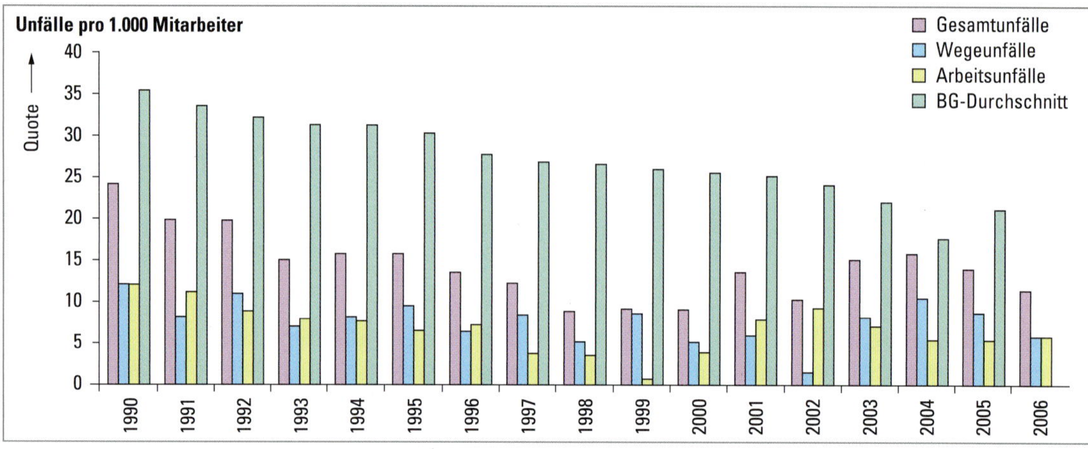

1 Arbeitsunfälle

Abfall	Entsorgung
schmierstoffverunreinigte Papierfilter	Sonderabfall, Abgabe an Spezialbetrieb
schmierstoffverunreinigte Putzlappen, Pinsel	Sonderabfall, Abgabe an Spezialbetrieb
Ölbindemittel	Sonderabfall, Abgabe an Spezialbetrieb
Metalldosen z. B. von Farben, Reinigern, Klebern, Rostentfernern	entleerte Dosen beim Schrotthändler abgeben
Kunststoffdosen mit Ölresten	Sonderabfall, Abgabe an Spezialbetrieb
Getriebeöle, Hydrauliköle, Kompressoröle von Verdichtern, z. B. Verbrennungsmotoren	Rückgabe an den Lieferanten. Nicht mit anderen Stoffen mischen.
Öle aus Heizungs- und Hydraulikanlagen	Sonderabfall, Abgabe an Spezialbetrieb
überalterte Kühlschmierstoffe aus **mineralischen** Ölen	Rückgabe an den Lieferanten zur Verwertung. Nicht mit Wasser, Emulsionen, Reinigern usw. mischen, weil sonst keine Verwertung möglich ist.
überalterte Kühlschmierstoffe aus **synthetischen** Ölen	Sonderabfall, Abgabe an Spezialbetrieb
Kondensate aus Kompressoren	Sonderabfall, Abgabe an Spezialbetrieb
Metallschleifschlamm, kühlschmierstoffbehaftete Späne	Sonderabfall, Abgabe an Spezialbetrieb

2 Auswahl besonders überwachungsbedürtiger Abfälle

ÜBUNGEN

1. Welche Sicherheitsvorschriften sollten unbedingt eingehalten werden?

2. Nennen Sie drei typische Arbeitstätigkeiten aus Ihrer beruflichen Praxis sowie die dabei einzuhaltenden Sicherheitsvorschriften.

3. Beschreiben Sie mithilfe Ihres Tabellenbuches drei Sicherheitskennzeichen.

4. An welchen Orten sind in Ihrem Betrieb Sicherheitskennzeichen aufgestellt? Begründen Sie die Notwendigkeit dieser Hinweise!

Projektaufgabe „Welle"

Die Welle aus 42CrMo4 hat eine Länge von 185 mm. Der größte Durchmesser beträgt 160 mm. Die Oberfläche hat einen maximalen Mittenrauwert von Ra 0,4.

1. Erstellen Sie für die Welle eine Teilzeichnung mit sinnvoller Bemaßung. Begründen Sie Ihre Bemaßung.
2. Erläutern Sie die Werkstoffkurzbezeichnung 42CrMo4.
3. Bestimmen Sie mithilfe Ihres Tabellenbuchs
   a) die Werkstoffnummer,
   b) die Stahlsorte,
   c) den Molybdän- und Mangangehalt.
4. Welchen Einfluss haben Chrom und Molybdän auf den Stahl?
5. Nennen Sie mögliche Einsatzgebiete für diesen Werkstoff.
6. Mit welchem Prüfverfahren können die chemischen Bestandteile garantiert werden?
7. Erstellen Sie ein Spannungs-Dehnungs-Diagramm für diesen Werkstoff.
8. Erläutern Sie das Spannungs-Dehnungs-Diagramm.
9. Führen Sie mit 6 Proben aus 42CrMo4 einen Dauerschwingversuch durch.
   a) Skizzieren Sie die Wöhlerkurve.
   b) Welche Dauerfestigkeit hat der Werkstoff?
   c) Welche Bedeutung hat die ermittelte Dauerfestigkeit auf die Belastbarkeit der Welle?
10. Bestimmen Sie experimentell die Kerbschlagarbeit für den Werkstoff 42CrMo4 bei Raumtemperatur
    a) im weichgeglühten Zustand,
    b) im gehärteten Zustand und
    c) im vergüteten Zustand.

Welche Aussage können Sie treffen? Beurteilen Sie dazu auch die Bruchbilder.

11. Begründen Sie über den Haupteinsatzbereich die im Betrieb gewünschte Gefügeart.
12. Welche Gefügeart wäre bei der Fertigung der Welle wünschenswert? Begründen Sie ihre Aussage.
13. Wie kann dieses „Fertigungsgefüge" erreicht werden, wenn der Werkstoff 42CrMo4+Q vorliegt?
14. Erläutern Sie Möglichkeiten zur Überprüfung der tatsächlichen Härte.
15. Welche vorbeugenden Instandhaltungsmaßnahmen würden Sie treffen, um Störungen während des Betriebs möglichst zu vermeiden?
16. Erläutern Sie ausführlich die beiden ZTU-Schaubilder.
17. Nennen Sie die bei der Fertigung einzuhaltenden Arbeits- und Umweltschutzmaßnahmen.
18. Nennen Sie die bei der Entsorgung einzuhaltenden Arbeits- und Umweltschutzmaßnahmen.
19. Welche Kostenarten können entstehen bei
    a) einer Wartung
    b) einer Inspektion
    c) einer Instandsetzung
    d) einer Verbesserung?

9 Handbook – Charpy Impact Test

Handbooks are used world wide and if a fitter, or, technician works abroad he or she should be able to read and understand handbooks written in English, especially if a technician is concerned with materials testing.

Materials testing usually consists of finding its mechanical strength properties and determining the effects of external influences upon them.

Charpy Impact Tests are carried out to evaluate the toughness and deformability of steel and cast steel, to find evidence of ageing and to control heat treatment processes. Tough materials have higher notch-impact strengths than brittle ones.

This page describes the Charpy Impact Test.

Read the information and answer the questions on this area of materials testing.

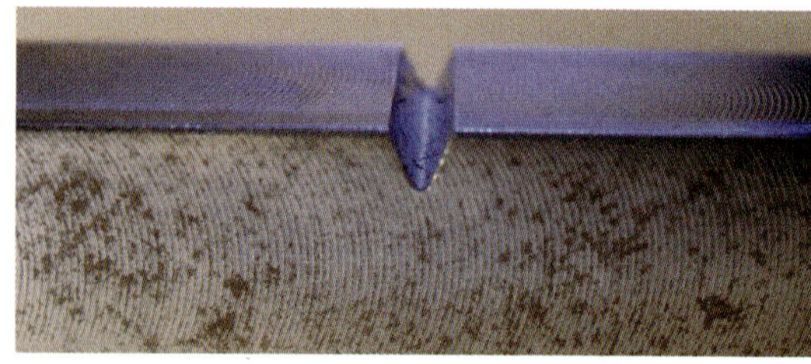

1 *V-notch*

2 *U-notch*

Material Testing

Metallic materials
Charpy pendulum impact test. Test Method

BS EN ISO 148-1 : 2016-11-30

Each notch in a component, for example in the case of threads, shrink holes, stress cracks etc. can cause stress peaks as a result of mechanical strain. Therefore, it is important to know the toughness of a material.

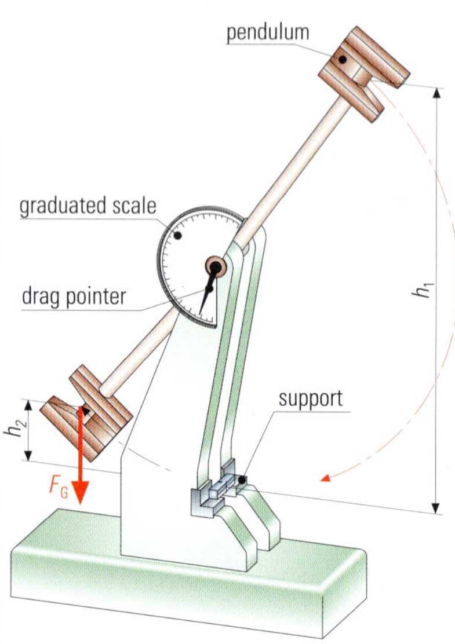

DVM test specimen a_2 = 7 mm
according to Charpy:
U-notch a_1 = 5 mm
R_1 = 1 mm

V-notch α = 45°
a = 8 mm
R = 0,25 mm

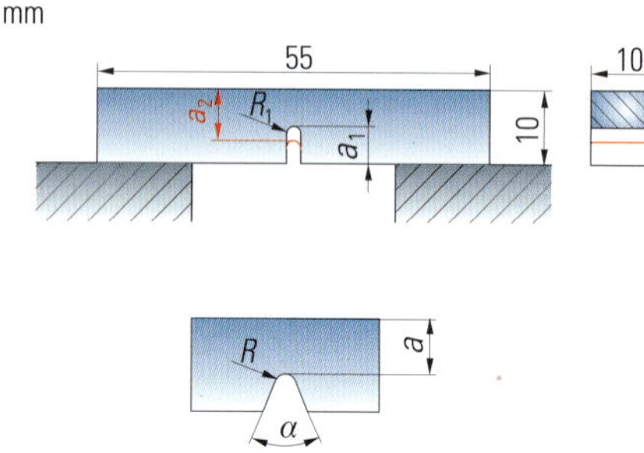

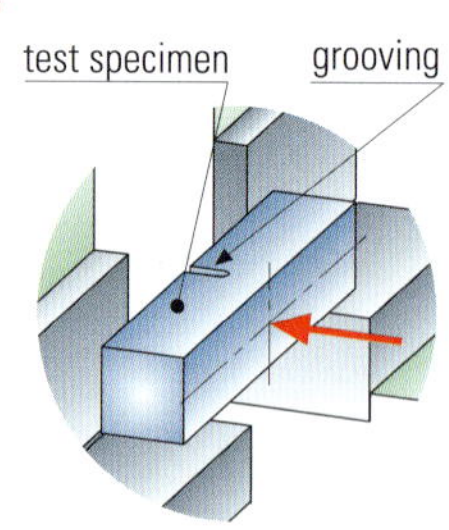

notch impact energy

$KU = F_G \cdot (h_1 - h_2)$ respec. KU in J

KU notch impact energy with U-notch
KV notch impact energy with V-notch
F_G weight force in N
$(h_1 - h_2)$ height difference in mm

Assignments:

Questions on the text:

1. Translate the text given above by using your English-German vocabulary list.
2. What are the usual objectives of materials testing? Give examples and write them down in your own words.
3. Which property of materials can be determined by using the Charpy Impact Test?
4. What notch-impact strength does a tough material have when compared with a brittle material?

Questions on the information and figures given in the handbook.

5. What are the numbers given in the top right hand corner? Find out what the abbreviations mean by using your handbook. Describe the differences.
6. Translate the text given below the title by using your English-German vocabulary list.
7. Why is it important to determine the toughness of materials?
8. Find out what the abbreviation DVM means.
9. Look at the figure on the left and translate the terms given.
10. Now have a look at all the figures and describe what happens when a test specimen of a material is subjected to the Charpy Impact Test.
11. Which different types of notch are usually tested?
12. Did you ever practice or see a Charpy Impact Test in your company?
    If yes, describe the circumstances in a couple of sentences e.g. when, where, which part, why etc. and present this result to your class mates.
13. The square contains 15 different terms you can find in the British Standard for Material Testing on p. 132. One word has already been marked. Find the other fourteen and write them into your exercise book.

M	Q	W	E	F	R	T	Z	U	G	B	M	N	B	G	V	C	E	X	Y
F	G	H	K	L	Ö	Ä	F	D	S	A	C	C	O	R	D	I	N	G	A
W	Q	E	R	T	Z	U	U	I	O	P	Ü	A	S	O	D	F	E	H	J
K	L	Ö	Ä	Y	X	C	V	B	N	M	Q	W	E	O	T	Z	R	U	I
A	S	D	F	P	G	H	J	K	L	Ö	H	Ä	L	V	Ö	Ä	G	Y	X
C	T	H	R	E	A	D	S	V	B	N	M	Q	W	I	E	R	Y	T	Z
U	I	O	O	N	P	Ü	U	A	S	D	F	G	H	N	J	K	L	Ö	Ä
Q	W	L	E	D	R	T	P	O	I	N	T	E	R	G	Z	U	I	O	P
A	S	E	F	U	U	J	P	K	L	Ö	Ä	Y	Y	X	C	V	B	N	M
M	N	S	V	L	X	C	O	M	P	O	N	E	N	T	X	Y	Q	W	E
E	R	T	T	U	Z	U	R	I	O	O	P	Ü	Q	W	E	R	T	Z	U
Z	U	I	O	M	O	I	T	O	U	G	H	N	E	S	S	W	E	R	T
M	B	X	Y	N	K	A	S	D	F	G	H	J	K	K	C	I	Z	T	Z
P	I	U	T	O	R	E	W	Q	L	J	H	G	D	S	A	S	A	N	V
M	B	M	A	T	E	R	I	A	L	C	X	Y	L	J	L	G	F	D	S
P	P	I	U	C	T	R	E	W	E	R	T	Z	U	W	E	I	G	H	T
H	G	F	S	H	E	I	G	H	T	L	J	H	G	F	D	S	A	A	S
M	N	B	V	C	X	Y	A	S	D	F	G	H	J	K	L	Ö	O	I	U
I	U	Z	Z	T	R	E	W	W	A	S	Q	S	E	D	R	R	F	G	G
G	V	D	E	J	H	G	D	S	E	E	F	V	H	Z	I	L	Ö	Ä	Ä

Handbook – Charpy Impact Test

Work With Words

Work With Words

In future you will come into the situation to talk, listen or read technical English. Very often it will happen that you either **do not understand** a word or **do not know the translation**.

In this case here is some help for you!

Below you will find a few possibilities to describe or explain a word you don't know or use opposites[1] or synonyms[2]. Write the results into your exercise book.

1. Add as many examples to the following terms as you can find for types of guarantees and tests.

types of guarantees:	price guarantee repair guarantee ___	tests:	strength test tensile test ___

2 Explain the two terms in the box:
Use the words below to form correct sentences. Be careful the range is mixed!

friction:	for an object/ that makes it difficult/ to slide over something/Friction is the force	malfunction:	or a computer malfunctions,/it fails to work/If a machine/properly

3. Find the opposites[1]:

compression test:	___	malfunction:	___
external order:	___	planned maintenance:	___

4. Find synonyms[2]:
You can find two synonyms to each term in the box below.

determination:	___	classification:	___
property:	___	inquiry:	___
characteristic, ascertainment, feature, discover		exploration, arrangement, cataloguing, investigation	

5. In each group there is a word which is the **odd man**[3]. Which one is it?

a) diagnosis of error causes, regulation of error rates, graphical representation, evaluation, guarantee
b) resistance data, error rate, hardness data, viscosity data
c) yield point, yield strength, bill of sale, tensile strength, ultimate strain
d) abrasion, cleavage fracture, ductile fracture, mixed fracture,

6. Please translate the information below. Use your English-German Vocabulary List if necessary.

If you overhaul a machine or other equipment, you repair it, clean it, and check it thoroughly.

1) opposite: Gegenteil 2) synonym: Synonym, ähnliches Wort, Ergänzung 3) odd man: Außenseiter, überzähliges Wort, fünftes Rad am Wagen

13

Lernfeld 13: Sicherstellen der Betriebsfähigkeit automatisierter Systeme

Dieses Lernfeld schließt an Lernfeld 6 „Installieren und Inbetriebnehmen steuerungstechnischer Systeme" an.

Ein **Automat**[1] ist ein System (Maschine oder Vorrichtung), bei dem nach einer Schaltbetätigung ein vorprogrammierter Prozess selbsttätig abläuft. Ursprünglich funktionierten Automaten wie z. B. Spieluhren oder Automatendrehmaschinen meist durch ausgeklügelte mechanische Konstruktionen, bei denen das Programm z. B. durch die Anordnung von Nocken auf einer rotierenden Walze oder durch die Form rotierender Kurvenscheiben vorgegeben war.

Ziel der **Automatisierungstechnik** ist es, Maschinen oder Anlagen mit einem Höchstmaß an Wirtschaftlichkeit, Sicherheit und Zuverlässigkeit zu betreiben. Je besser dieses Ziel erreicht wird, desto höher ist der Automatisierungsgrad.

Ein wichtiger Schritt zum Erreichen dieses Ziels waren die Fortschritte auf dem Gebiet der **Steuerungs-** und **Regelungstechnik**.

Mit der Entwicklung der **Informations-** und **Kommunikationstechniken** auf der Basis der **Mikroelektronik** wurden die Voraussetzungen dafür geschaffen, dass sich die Automatisierungstechnik auf nahezu alle Bereiche menschlicher Arbeit ausgedehnt hat.

Durch die Automatisierungstechnik wird menschliche Arbeit eingespart und auf Konstruktions-, Installierungs-, Programmierungs-, Überwachungs- und Instandsetzungsaufgaben beschränkt. Unter wirtschaftlichem Gesichtspunkt ist die Automatisierungstechnik ein Teilbereich der **Rationalisierung**[2]. Unter wirtschaftlichem Gesichtspunkten ist die Automatisierungstechnik ein Teilbereich der Rationalisierung und der **digitalen Betriebsführung**.

Ihre Aufgabe als Industriemechanikerin oder Industriemechaniker besteht darin, die Betriebsfähigkeit automatisierter Systeme zu sichern.

Hierzu analysieren Sie diese Systeme unter Verwendung technischer Dokumentationen.

Für einzelne Teilsysteme entwickeln Sie unter Berücksichtigung des vorgegebenen Prozessablaufs und der Herstellerunterlagen Lösungen zur Prozessoptimierung.

Zur Behebung von Betriebsstörungen entwickeln Sie Strategien zur Fehlereingrenzung. Hierbei beachten Sie stets die erforderlichen Maßnahmen zum Arbeitsschutz sowie wirtschaftliche Erfordernisse und vermeiden unnötige Stillstandszeiten.

Zur Erledigung dieser Aufgaben benötigen Sie entsprechende Kenntnisse. So beschäftigen Sie sich in diesem Lernfeld schwerpunktmäßig mit dem Aufbau und der Programmierung speicherprogrammierbarer Steuerungen. Ferner befassen Sie sich mit Regelungen, Handhabungssystemen, Schnittstellen zwischen einzelnen Anlagenteilen sowie Mensch-Maschine-Schnittstellen und den entsprechenden Instandhaltungsvorschriften und Sicherheitseinrichtungen.

1) grch. *autómatos*: sich selbst bewegend
2) Zweckmäßige und wirtschaftliche Gestaltung

1 Automatisierte Systeme

1.1 Kennzeichen automatisierter Systeme

Automatisierte Systeme *(automated systems)* sind Maschinen oder Anlagen, bei denen Prozesse **selbstständig** ablaufen. Ein Prozess kann die Herstellung von Treibstoffen in einer verfahrenstechnischen Anlage einer Raffinerie oder die Fertigung eines Produkts wie z. B. eines Kraftfahrzeugs sein. **Fachkräfte** haben die Aufgabe, diese Anlagen in **Betrieb zu nehmen**. Außerdem **unterstützten** sie später den Prozess, indem sie

- die Anlage mit Rohteilen versorgen
- die Fertigteile abtransportieren
- den Ablauf überwachen
- Störungen diagnostizieren und beseitigen
- den Ablauf optimieren
- die Anlage warten

MERKE

Durch automatisierte Systeme können qualitativ hochwertige Produkte wirtschaftlich hergestellt werden.

Beispiel:

LF13_01

In einer **Fertigungsstraße** *(assembly line)* werden Gasflaschen aus unterschiedlichen Umformteilen (Bild 1a) bis hin zur fertig lackierten Flasche (Bild 1b) hergestellt. Die komplette Fertigungsstraße besteht aus mehreren **Teilsystemen** *(subsystems)*, die jeweils für sich automatisiert sind. Eines dieser Teilsysteme dient dazu, Griffe an die Flasche zu schweißen (Bild 2). Dieses Teilsystem besteht wiederum aus untergeordneten **Einrichtungen** *(appliances)* mit unterschiedlichen Aufgaben.

1 *Gasflasche*

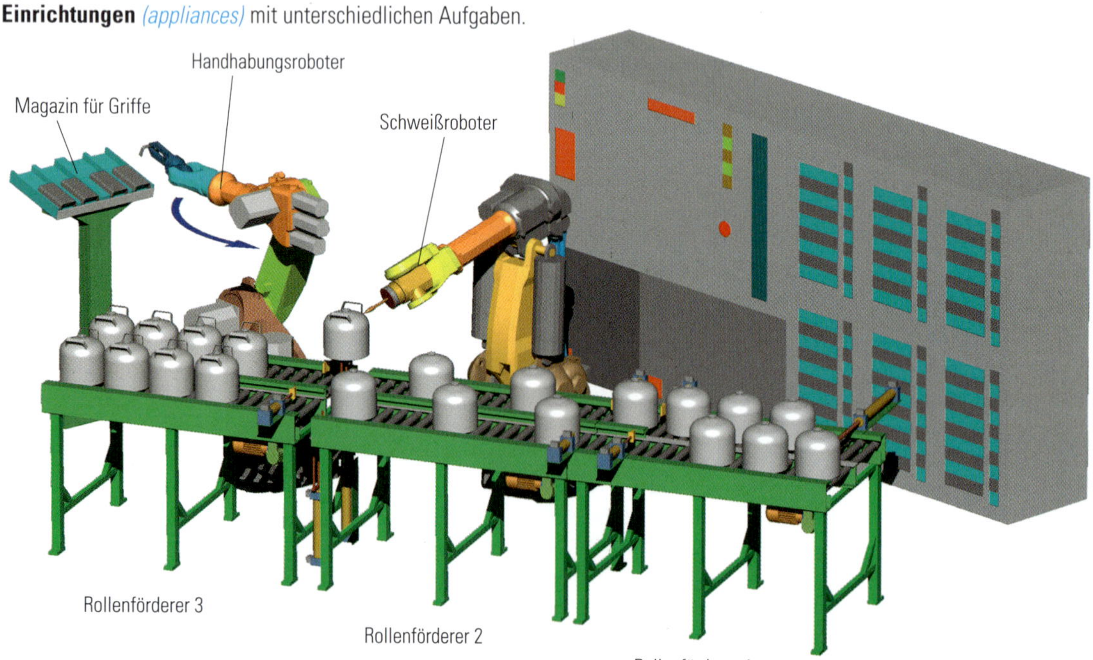

2 *Teilsystem zum automatisierten Anschweißen von Griffen an die Gasflasche*

1 *Ein Rollenförderer befördert die Blechkörper in die Station*

2 *Der Handhabungsroboter entnimmt einen Griff aus dem Magazin und setzt ihn auf den Blechkörper auf*

- Über einen **Rollenförderer** *(powered roller conveyor)* (Bild 1) werden die Blechkörper in die Station befördert. Die ankommenden Rohteile können hier gezählt und auch gepuffert werden. Anschließend erfolgt eine Vereinzelung.
- Ein **Magazin** *(magazine)* stellt die Griffe in aureichender Menge und richtiger Position bereit.
- Nach dem Anheben des Blechkörpers entnimmt ein **Handhabungsroboter** *(handling robot)* (Bild 2) einen Griff aus dem Magazin und setzt diesen auf den Blechkörper auf.
- Ein **Schweißroboter** *(welding robot)* (Bild 3) verschweißt den Griff auf dem Blechkörper.
- Ein **übergeordnetes Automatisierungsgerät** koordiniert das Zusammenwirken der einzelnen Teilsysteme und stellt eine **Schnittstelle** *(interface)* zum Bediener *(operator)* her.

Zum Betreiben der Anlage sind neben mechanischen Komponenten außerdem **pneumatische Komponenten** wie z. B. Wegeventile (Bild 4) und pneumatische Aktoren, **elektrische Komponenten** wie z. B. die elektrische Energieversorgung, Elektromotoren, Sensoren und die Steuerungen der Roboter (Bild 2 Seite 498) notwendig.

- Die Pneumatikzylinder und Elektromotoren zum Antrieb der Rollenförderer werden von einer **speicherprogrammierbaren Steuerung (SPS)** *(stored program control)* (Bild 5) gesteuert und überwacht.

3 *Der Schweißroboter verschweißt den Griff auf dem Blechkörper*

5 *Speicherprogrammierbare Steuerung (SPS)*

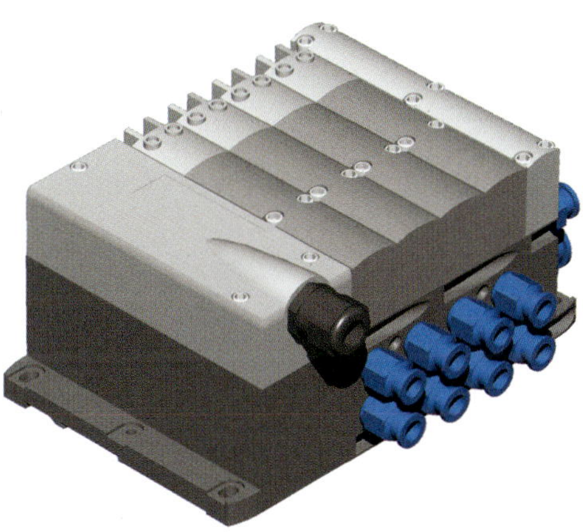

4 *Pneumatische Wegeventile (Ventilinsel)*

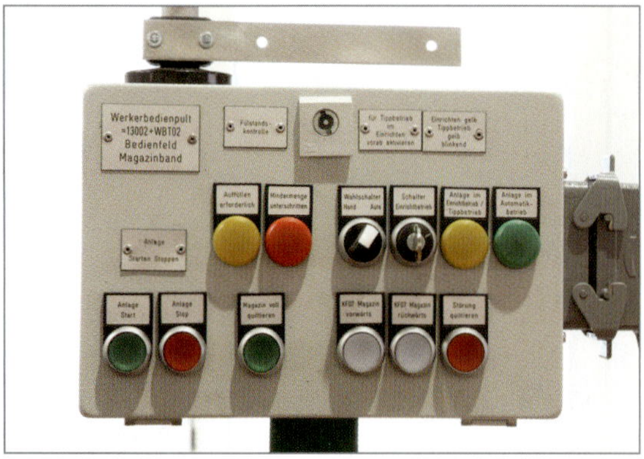

1 Bedientafel als Schnittstelle zwischen Maschine und Bediener

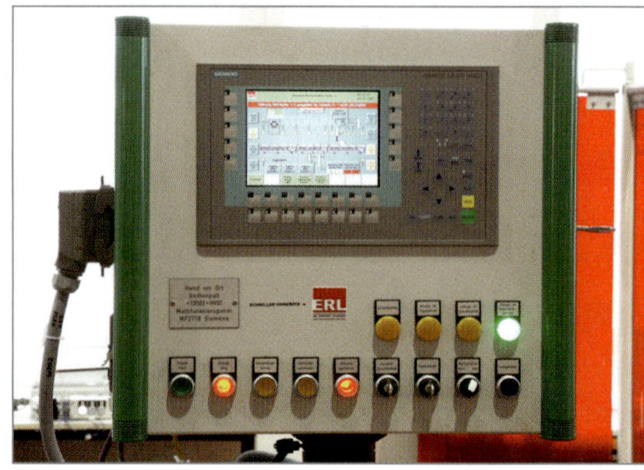

2 Touchscreen als Schnittstelle zwischen Gesamtprozess und Bediener

Da die Fertigungsstraße als Einheit arbeiten soll, sind zwischen den Teilsystemen **Schnittstellen** *(interfaces)* (vgl. Kap. 1.3) notwendig. Als Schnittstelle zwischen Anlage und Bediener dient eine **Bedientafel** *(user interface)* (Bild 1). Für das Wartungs- und Bedienpersonal wird der Prozess auf einem **Bildschirm** *(display)* (Bild 2) visualisiert, was die Fehlerdiagnose bei einer Störung erleichtert. Auch über Internetdienste kann der Prozessablauf dargestellt, überprüft und verändert werden.

1.2 Speicherprogrammierbare Steuerungen

1.2.1 Aufbau und Funktionsweise einer speicherprogrammierbaren Steuerung (SPS)

Speicherprogrammierbare Steuerungen *(stored program controls)* arbeiten nach dem Prinzip **E**ingabe – **V**erarbeitung – **A**usgabe. Dementsprechend gibt es bei jeder SPS (Bild 3) elektroni-

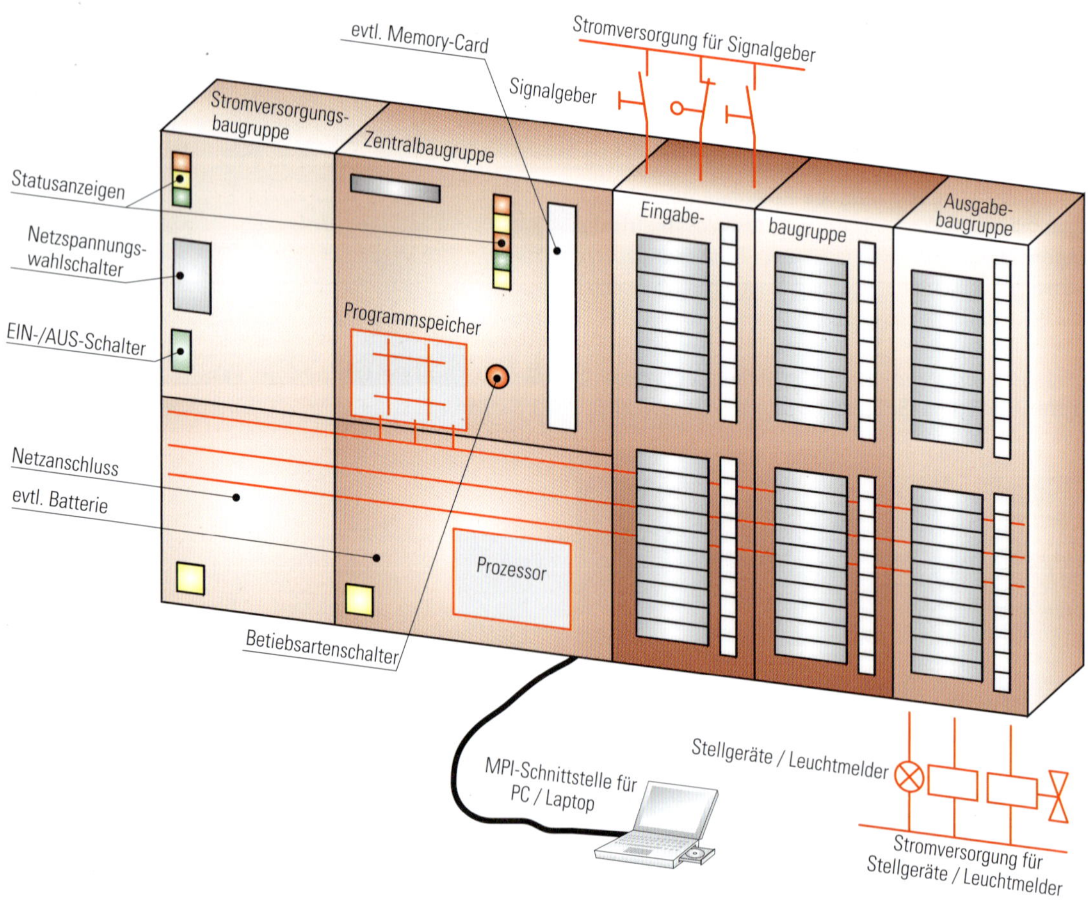

3 Aufbau einer speicherprogrammierbaren Steuerung (SPS)

sche Baugruppen zur Signaleingabe *(devices for signal input)*, zur Signalverarbeitung *(signal processing)* und zur Signalausgabe *(signal output)*.
Zur Programmierung ist ein **Programmiergerät** (PG) *(programmer)* nötig. Die Programmierung kann auch durch einen PC mit entsprechender Software erfolgen.
Ein Netzteil sorgt für die nötige Spannungsversorgung. Entsprechend den Anforderungen gibt es SPS-Kleinsteuerungen zur Lösung einfacherer Steuerungsaufgaben bis hin zu Geräten zur Automation kompletter Fertigungsstraßen.
Die **Eingabebaugruppen** *(input sub-assemblies)* einer SPS werden durch Sensoren einer Maschine oder Anlage mit Signalen versorgt. Es können sowohl **binäre Signale** wie z. B. von einem Reed-Kontakt[1] zur Abfrage von Endlagen, als auch **analoge Signale** wie z. B. Temperaturen von entsprechenden Sensoren verarbeitet werden.
Jeder Eingang hat eine Bezeichnung. So bedeutet z. B. E124.5: Eingabebaugruppe 124, Eingang 5.
Eine Eingabebaugruppe hat meist acht Eingänge. Der Zustand dieser Eingänge wird in einer Speicherzelle der SPS abgelegt. Diese wird auch als **Prozessabbild** der Eingänge bezeichnet.
Ein **Programm** verarbeitet die Eingangssignale und erzeugt so das Prozessabbild der Ausgänge.
Die **Ausgabebaugruppen** *(output sub-assemblies)* steuern dann die jeweiligen Aktoren wie z. B. ein Magnetventil an.
Die Bezeichnung A124.3 bedeutet: Ausgabebaugruppe 124, Ausgang 3.
Am Aufleuchten von Leuchtdioden kann die Fachkraft erkennen, ob an einem Ein- oder Ausgang ein Signal anliegt.
Die wichtigste Baugruppe einer SPS ist die **Zentraleinheit**[2]. Sie startet das System, liest die Eingänge, arbeitet das Anwenderprogramm ab, speichert Zwischenergebnisse und schreibt die Ausgänge.
Speicherprogrammierbare Steuerungen arbeiten zyklisch, d. h., das Einlesen, Verarbeiten und Schreiben der Signale erfolgt nicht erst dann, wenn sich ein Eingangssignal verändert, sondern permanent. Die Zykluszeit liegt bei etwa 1/100 Sekunde. Folglich kann es vorkommen, dass die SPS Signalveränderungen, die kürzer als die Zykluszeit sind, nicht verarbeiten kann.

MERKE

Eine SPS arbeitet nach dem EVA-Prinzip. Signale werden gelesen, verarbeitet und ausgegeben.

1.2.2 Vorteile der SPS

Auch mit pneumatischen oder elektropneumatischen Steuerungen (Fachstufe I) können Signale abgefragt, verknüpft und dann ausgegeben werden. Als einfaches Beispiel soll hier die **ODER-Verknüpfung** zweier Signale dienen (Bild 1):
Ein Zylinder soll ausfahren, wenn der Taster -SF1 ODER der Taster -SF2 oder wenn beide betätigt sind.
Man kann sagen, dass die Steuerung nach einem bestimmten Programm abläuft. Da dieses Programm von der Verschlauchung, von den verwendeten Verknüpfungsgliedern oder in der

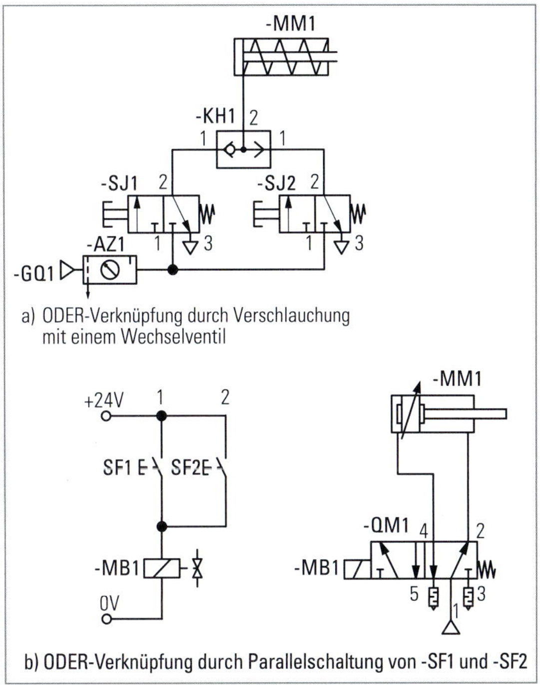

1 ODER-Verknüpfung zweier Signale durch a) Verschlauchung und b) Verdrahtung

Elektro-Pneumatik von der Verdrahtung abhängt, spricht man hier auch von **verbindungsprogrammierten Steuerungen (VPS)** *(hard wired programmed logic controls)*. Ändert sich jedoch die Steuerungsaufgabe, der Zylinder soll ausfahren, wenn beide Taster -SF1 **und** -SF2 betätigt sind, dann muss bei pneumatischen Steuerungen das Wechsel- durch ein Zweidruckventil ersetzt und bei elektropneumatischen Steuerungen die Verdrahtung verändert werden.
Anders ist dies bei speicherprogrammierbaren Steuerungen. Ändert sich die Steuerungsaufgabe, aus einer ODER- soll eine UND-Verknüpfung werden, so ist nur das Programm zu verändern, die Verdrahtung bleibt gleich. Neben der Flexibilität hat die SPS aber weitere Vorteile:

- hohe Betriebssicherheit
- kostengünstiger, wenn die Anzahl der Aus- und Eingänge genügend groß ist
- Vernetzbarkeit
- gute Fehlerdiagnose möglich
- kann über das Internet gewartet, manipuliert werden
- geringerer Verschleiß, da anders als bei Schützsteuerungen weniger Kontakte vorhanden sind
- eine SPS kann auch Regelvorgänge übernehmen

Bei sehr spezialisierten und bewährten Systemen wie z. B. bei Textilmaschinen, bei denen sich am Arbeitsablauf nichts mehr ändern wird oder bei Anlagen mit einfachen Abläufen ist der Einsatz einer SPS **nicht sinnvoll**. Auch in explosionsgefährdeten Bereichen kommen nach wie vor pneumatische Steuerungen zum Einsatz.

1) siehe Lernfeld 6
2) **c**entral **p**rozessing **u**nit

MERKE

Steuerungen werden in verbindungsprogrammierte und speicherprogrammierbare Steuerungen unterteilt. Bei der VPS hängt der Ablauf der Steuerung von der Verdrahtung, Verschlauchung ab. Die SPS ist frei programmierbar.

1.2.3 Programmierung der SPS-Grundverknüpfungen

Ein doppelt wirkender Zylinder soll über ein 5/2-Wegeventil angesteuert werden. Wenn die Taster -SF1 **und** -SF2 betätigt werden, fährt der Zylinder aus (Bild 1). Vor der Programmierung ist eine **Zuordnungsliste** *(reference list)* (Bild 2) zu erstellen, in der jedem Eingabebauteil ein **Eingang** *(input)* und jedem Ausgabebauteil ein **Ausgang** *(output)* der SPS zugeordnet wird. Bei den einzelnen Ein- und Ausgängen einer SPS spricht man allgemein von **Operanden** *(operands)*.

Ein- /Ausgabebauteil	**Operand**	**Kommentar**
-SF1	E0.0	Schließer, Taster -SF1
-SF2	E0.1	Schließer, Taster -SF2
-MB1	A0.0	Magnetventil -MB1

2 *Zuordnungsliste*

MERKE

Vor der Programmierung einer Anlage ist immer zuerst eine Zuordnungsliste zu erstellen.

Für die Programmerstellung stehen drei Möglichkeiten zur Verfügung:

1.2.3.1 Anweisungsliste – AWL

Bei der Anweisungsliste *(instruction set)* handelt es sich um eine Textsprache. Ein Programm besteht aus aufgelisteten Steueranweisungen. Jede Steueranweisung besteht dabei aus einem **Operationsteil** *(operation part)* und einem **Operandenteil** *(operand part)*. Eine UND-Verknüpfung sieht folgendermaßen aus:

	Operationsteil	**Operandenteil**
Steuer-anweisungen	U	E0.0
	U	E0.1
	=	A0.0

Der Operationsteil gibt die von der SPS auszuführende Tätigkeit an. Der Operandenteil gibt an, worauf sich diese Tätigkeit bezieht. Hierbei kann es sich beispielsweise um Ausgänge, Eingänge oder auch Zwischenspeicher handeln.

Die Tabelle Bild 3 zeigt einen Auszug aus den möglichen Operationen und Operanden.

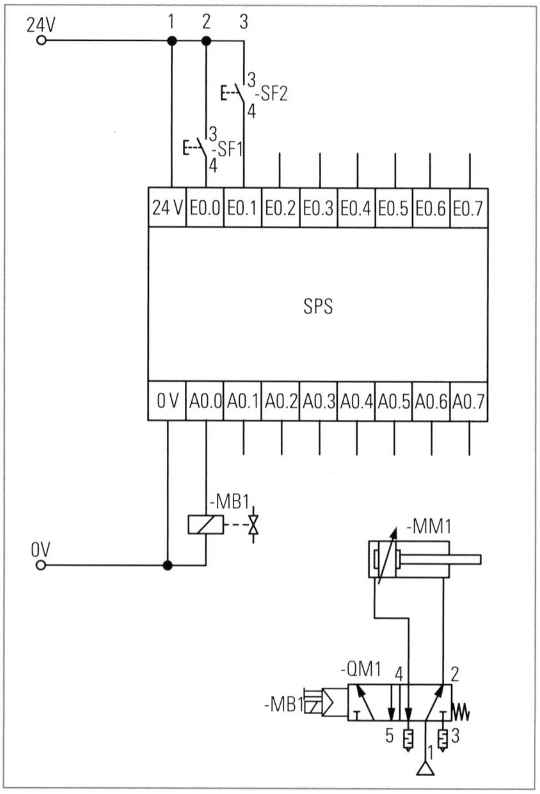

1 *Anschlussplan für die Ein- und Ausgänge der SPS*

Operationen		**Operanden**	
UND	U	Eingang	E
ODER	O	Ausgang	A
NICHT	N	Merker	M
Laden	LD	Zähler	Z
Zähle vorwärts	ZV	Konstante	K
Setzen	S	Zeitglied (Timer)	T
Rücksetzen	R		
Zuweisung an (Operanden)	=		

3 *Auswahl von Operationen und Operanden*

Überlegen Sie!

Erstellen Sie ein Programm in AWL:

1. *Der Zylinder -MM1 soll ausfahren, wenn entweder -SF1, -SF2 oder beide betätigt werden.*
2. *Der Zylinder soll ausfahren, wenn -SF1 betätigt ist und -SF2 nicht betätigt ist.*
3. *Der Zylinder soll nach einer kurzen Betätigung von -SF1 ausfahren und in der vorderen Endlage bleiben. Durch -SF2 fährt der Zylinder wieder ein.*

1.2.3.2 Kontaktplan – KOP

Der Kontaktplan *(ladder diagram)* ist eine graphische Programmiersprache. Sie wurde aus dem Stromlaufplan entwickelt. So besteht dieser aus zwei Stromschienen, die über unterschiedliche Kontakte oder auch über Blöcke wie z. B. Zeitglieder, Zähler miteinander verbunden sind.

Es werden vor allem die folgenden vier Kontakte verwendet:

E0.1 	E0.1 	A0.1 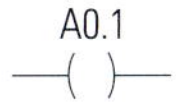	A0.1 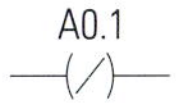
Kontakt Schließer. Abfrage eines Operanden auf logisch 1. Bei 1 wird das Signal von der linken zur rechten Stromschiene weitergeleitet.	Kontakt Öffner. Abfrage eines Operanden auf logisch 0. Bei 0 wird das Signal von der linken zur rechten Stromschiene weitergeleitet.	Zuweisung an einen Ausgang oder Merker.	Zuweisung an einen Ausgang oder Merker mit Logikumkehr. Aus 1 wird 0, aus 0 wird 1.

Für die Aufgabenstellung ergibt sich folgender KOP:

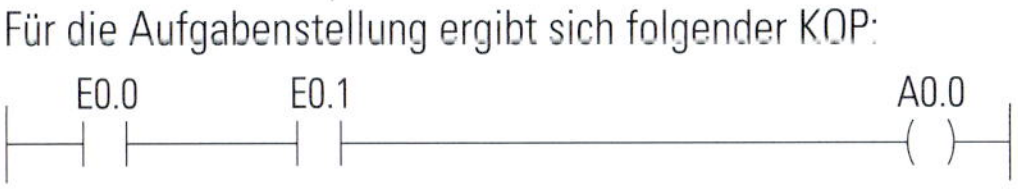

Überlegen Sie!

Erstellen Sie einen KOP:

1. *Der Zylinder -MM1 soll ausfahren, wenn entweder -SF1, -SF2 oder beide betätigt werden.*
2. *Der Zylinder soll ausfahren, wenn -SF1 betätigt ist und -SF2 nicht betätigt ist.*

1.2.3.3 Funktionsbausteinsprache – FBS (Funktionsplan – FUP)

Die Funktionsbausteinsprache ist ebenfalls eine graphische Programmiersprache. Die Symbole haben allgemeine Aussagekraft (vgl. Grundstufe). Nachfolgende Abbildung zeigt das Programm zum Ansteuern des doppelt wirkenden Zylinders.

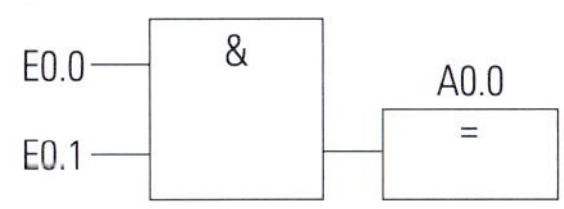

Die Tabelle Bild 1 zeigt weitere Bausteine:

Zähler

Zählfunktionen werden z. B. benötigt, um bei der Herstellung der Gasflaschen die Stückzahl zu ermitteln, die während einer Schicht gefertigt wurde. Für diesen Zweck gibt es Vorwärts-, Rückwärts- und Vorwärts-/Rückwärtszähler.

Die Tabelle Bild 1 auf Seite 504 zeigt mögliche Zählfunktionen.

Zeiten

Die Tabelle Bild 2 auf Seite 504 zeigt gängige Zeitoperationen.

ODER-Befehl Am Ausgang liegt ein Signal an, wenn mindestens an einem Eingang ein Signal anliegt. 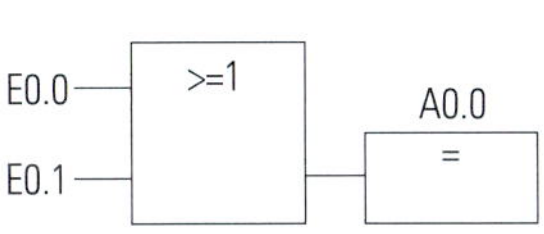	**Exklusiv-ODER-Befehl** Am Ausgang liegt nur dann ein Signal an, wenn nur an einem der beiden Eingänge ein Signal anliegt. 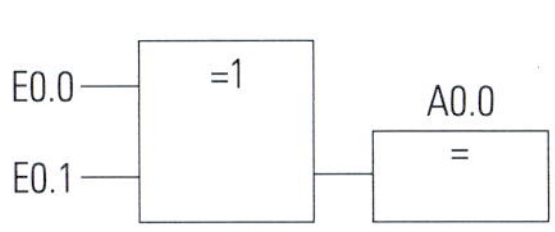	**UND-Befehl mit negiertem Eingang** In der AWL vergleichbar mit UN, d. h., am Ausgang liegt nur dann ein Signal an, wenn an E0.0 ein Signal und an E0.1 kein Signal anliegt. 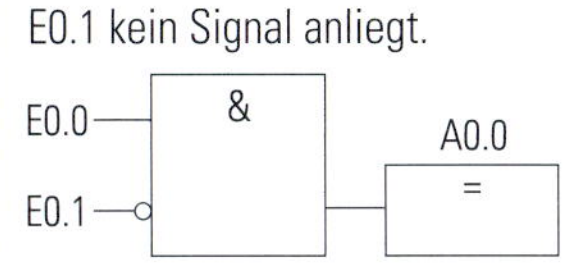
ODER-Befehl mit negiertem Ausgang Es findet eine Logikumkehr statt. Aus logisch 1 wird 0, aus 0 wird 1. 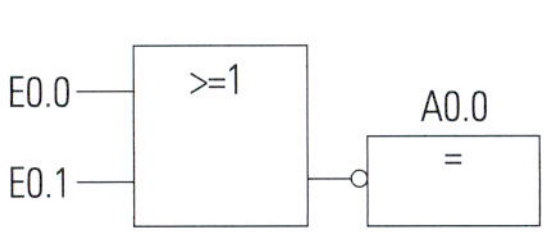	**Äquivalenz-Befehl** Am Ausgang liegt nur dann ein Signal an, wenn an allen Eingängen gleiche Signalzustände anliegen. 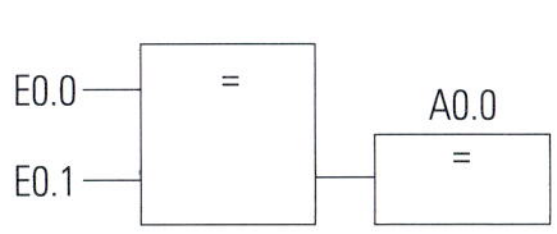	**Signalspeicherung** Der Ausgang wird mit dem Eingang E0.0 gesetzt und mit E0.1 rückgesetzt. Es gibt die Auswahlmöglichkeiten dominierend EIN und dominierend AUS (vgl. Lernfeld 6). 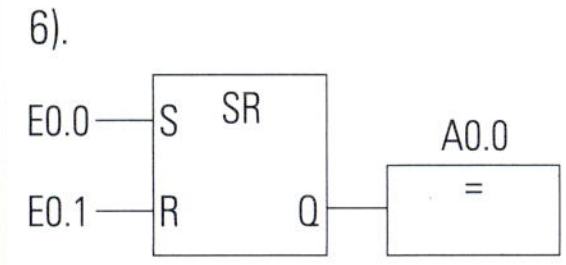

1 *Logische Grundverknüpfungen*[1]

1) Die Symbole der Logikfunktionen und deren Bedeutung sind in DIN EN 60617-12 genormt.

Einfache Vorwärts- (ZV)/ Rückwärtszähler (ZR)
Der Zähler Z1 wird durch E0.1 um den Wert „1" erhöht oder verringert. Der Wert von Z1 kann im Programm weiterverarbeitet werden.
Der Anfangswert muss durch die Operation „Zähleranfangswert setzen" vorher festgelegt werden.

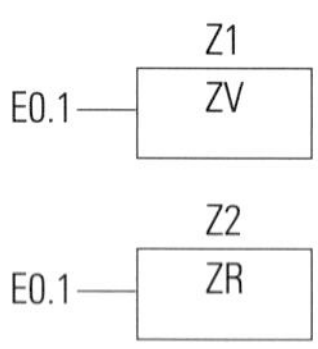

Vorwärtszähler (Z_VORW)
Durch E0.2 am Eingang S wird z. B. die Konstante 5 (C#5), die am Eingang ZW vorgegeben ist, im Zähler Z3 gesetzt.
Ein Signal an E0.1 bewirkt eine Erhöhung des Zählers um den Wert „1". Ein Signal an E0.3 setzt den Zähler auf den Wert „0" zurück.
An den Ausgängen DUAL und DEZ kann eine Ausgabe des aktuellen Zählwertes als Dual- oder BCD-Zahl (**b**inär **c**odierte **D**ezimalzahl) erfolgen.
Q wird auf logisch 1 gesetzt, wenn der Zählwert größer als 0 ist.

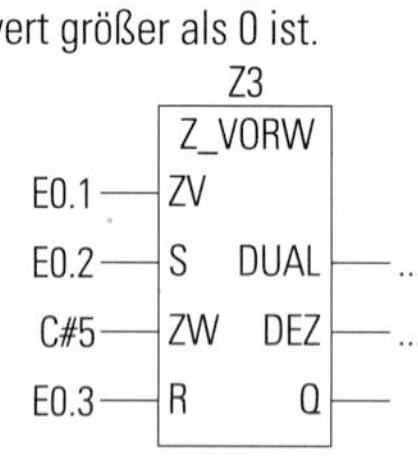

Kombinierter Vorwärts-/ Rückwärtszähler
Ein Signal am Eingang E0.1 bewirkt Vorwärtszählen und ein Signal an E0.2 bewirkt Rückwärtszählen.

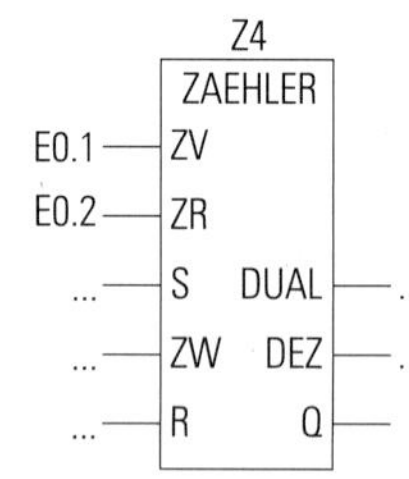

***1** Zähler*

Einschaltverzögerung S_SEVERZ
Bei der Einschaltverzögerung S_SEVERZ wird durch ein Signal E0.0 ein Timer T1, hier 10 s, gestartet. Die Zeit läuft weiter, auch wenn an E0.0 kein Signal mehr anliegt. Nach Ablauf dieser Zeit wird der Ausgang A0.1 auf logisch 1 **gesetzt**. Mit E0.1 kann die ablaufende Zeit auf 0 zurückgesetzt werden. An den Ausgängen DUAL und DEZ kann die momentane Zeit in unterschiedlichen Formaten ausgegeben werden.

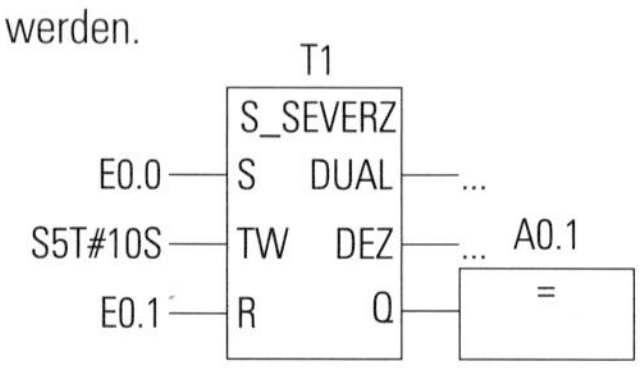

Bei Verzögerung durch den Baustein **S_EVERZ** läuft die Zeit nur solange, wie an E0.0 ein Signal anliegt.
Die Zeiten am Eingang TW werden im herstellerspezifischen Datentyp S5Time angegeben.

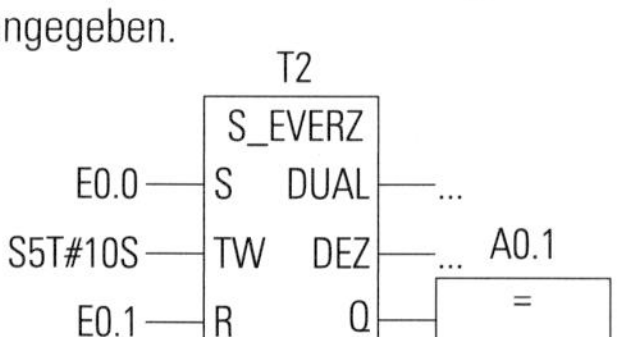

Ausschaltverzögerung
Wechselt das Signal von E0.0 von 1 auf 0, so wird der Ausgang A0.1 nicht sofort sondern z. B. erst nach 10 s ausgeschaltet.
Mit E0.1 kann die ablaufende Zeit zurückgesetzt werden und der Ausgang wird sofort ausgeschaltet.

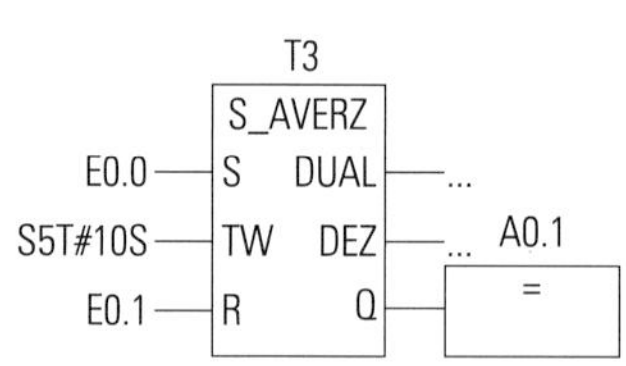

Impuls
Mit dem Baustein **Impuls** bekommt der Ausgang A0.1 an Q durch den Eingang E0.0 nur für eine bestimmte Zeit, hier für 10 s, ein logisches 1. Danach wechselt der Ausgang A0.1 wieder auf logisch 0.
Mit E0.1 kann die ablaufende Zeit gestoppt und somit der Ausgang A0.1 sofort rückgesetzt werden.

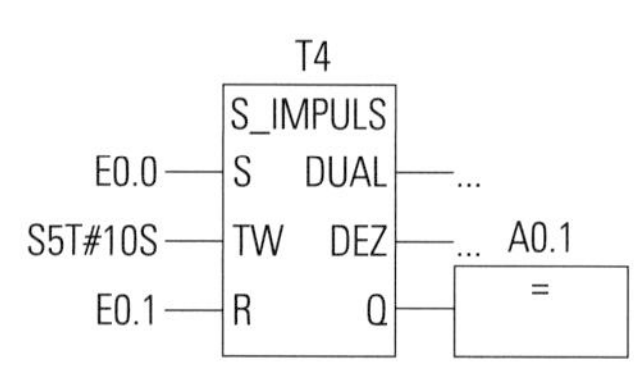

***2** Zeiten*

MERKE

Zum Programmieren stehen drei Arten zur Verfügung:
- Anweisungsliste,
- Kontaktplan und
- Funktionsbausteinsprache.

Die Anweisungsliste wird als Text geschrieben. Der Kontaktplan und die Funtkionsbausteinsprache sind grafische Programmiersprachen. Komplexe Steuerungsaufgaben lassen sich mit der Funktionsbausteinsprache übersichtlich strukturieren und lösen. Grafischen Programmiersprachen sind übersichtlich und leicht zu verstehen.

1.2.4 Vorgehensweise beim Erstellen des Programms für den Rollenförderer

1.2.4.1 Aufgabenanalyse

Lageplan

Der Lageplan (Bild 1) zeigt schematisch die Anordnung der Antriebselemente und der Signalglieder im Gesamtsystem.

Funktionsbeschreibung

Die Anlage lässt sich erst dann starten, wenn
- die Anlage über den **HAUPTSCHALTER** eingeschaltet wurde und
- sich die Anlage in **Grundstellung** befindet. Dies ist der Fall, wenn die beiden Vereinzelungszylinder -MM1 und -MM2 ausgefahren, die Zylinder -MM3 und -MM4 eingefahren sind und der Sensor -BG14 keine Gasflasche meldet.

Ist dies der Fall, meldet eine **grün blinkende Kontrolllampe -PF1** die **Betriebsbereitschaft**.

Das **Bedienfeld** *(control panel)* hat folgende Funktionen:
- Der Wahlschalter **AUTO** lässt die Anlage automatisch und kontinuierlich ablaufen, nachdem der START-Taster gedrückt wurde. Das Dauerlicht der grünen Meldeleuchte -PF1 signalisiert den Automatikbetrieb mit Dauerzyklus.
- Befindet sich die Anlage im **Hand- und Einrichte-Betrieb**, wird ein einziger Arbeitszyklus durch das Drücken des START-Tasters durchlaufen, bei dem die Flaschen ohne Schweißen durchfahren können. Dies ist nötig, um nach einer Umstellung auf eine andere Flaschengröße einen **Probelauf** *(test run)* durchführen zu können. Zwei Meldeleuchten signalisieren diese Betriebsart(en), wobei die Lampe -PF2 den Handbetrieb durch ein gelbes Dauerlicht und die Lampe -PF3 den Einrichte-Betrieb im Einzelzyklus durch ein Blinken anzeigt.
- Mit dem Taster STOPP, einem Öffner, wird die Anlage im Automatikbetrieb nach dem Ende eines Zyklus angehalten und eine rote Lampe -PF4 leuchtet auf. Mit START lässt sie sich wieder starten.
- Befindet sich **kein Rohteil** auf dem ersten Rollenförderer, d.h. der Sensor -BG12 spricht nicht an, leuchtet eine **gelbe Kontrolllampe -PF5**.

Ein Arbeitszyklus besteht aus den nachfolgend dargestellten Schritten, wobei das Ein- und Ausschalten der Bandmotore nicht berücksichtigt wird. Ferner wird auch nur eine Seite des Transportbandes betrachtet. Die Anlage befindet sich in Grundstellung. Der Starttaster wurde im Automatikbetrieb betätigt.

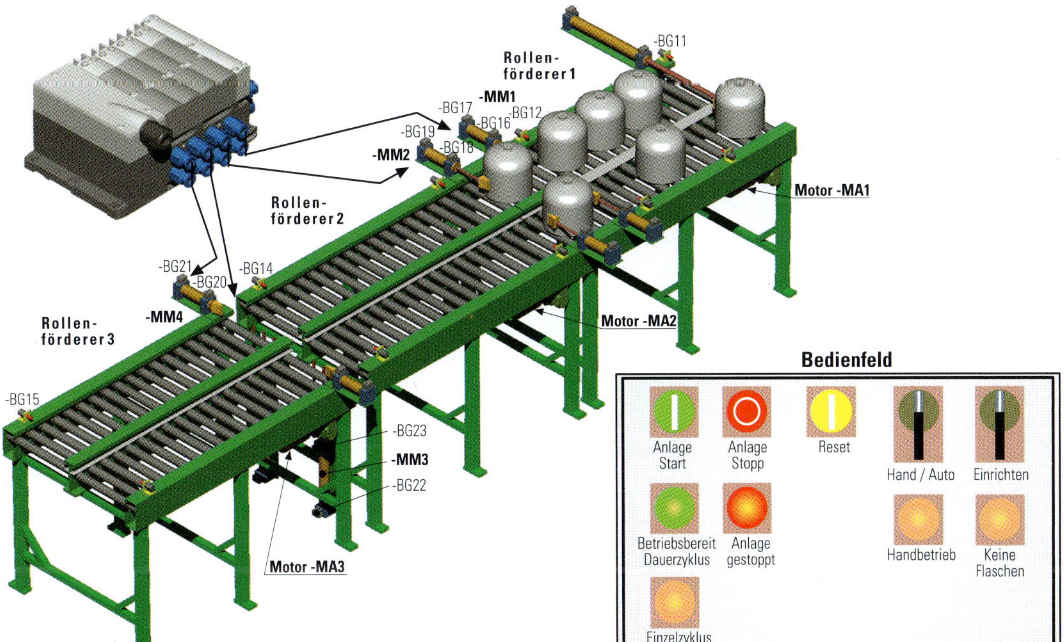

1 *Lageplan*

1. Der Zylinder -MM4 fährt aus, um die Flaschen zu stoppen, wenn -BG12 betätigt ist (A).

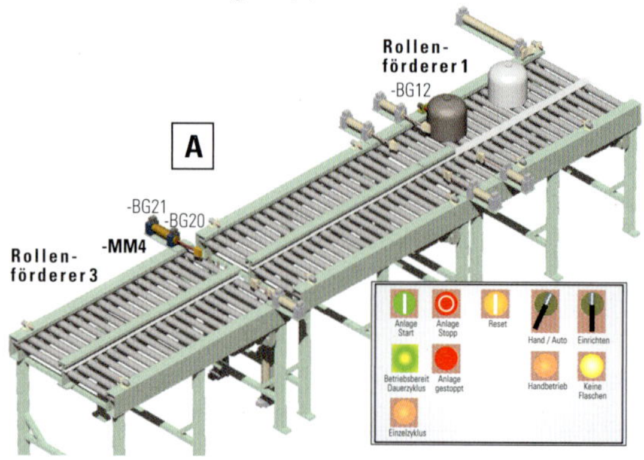

Hinweis: In dieser und den folgenden Abbildungen sind **aktive** Zylinder und Flaschen dunkler dargestellt als die anderen.

2. Die Umformteile werden durch die Zylinder -MM1 und -MM2 vereinzelt. Es fährt zunächst der Zylinder -MM1 ein und gibt eine Flasche frei (B).

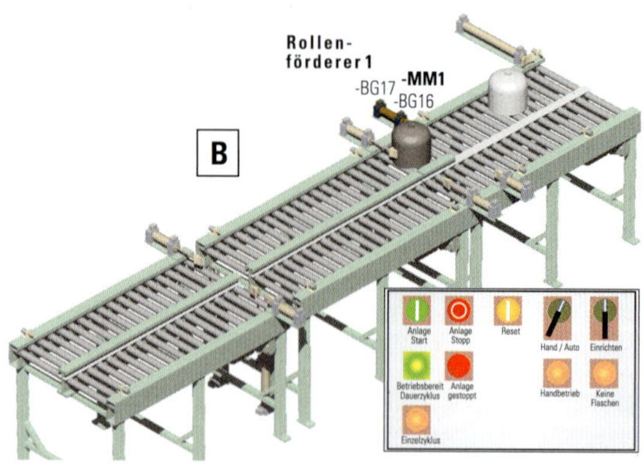

3. -MM1 fährt **verzögert** wieder aus. Die Verzögerung ist nötig, damit die Flasche genügend Zeit hat, den Zylinder zu passieren, bevor dieser wieder ausfährt (C).

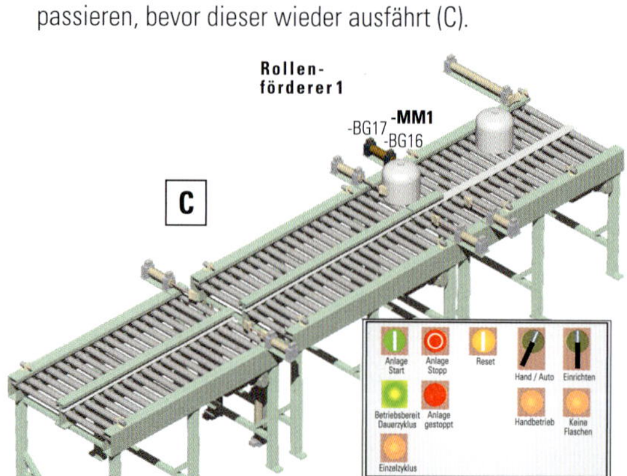

4. -MM2 fährt ein und das Umformteil gelangt auf den Rollenförderer 2 (D).

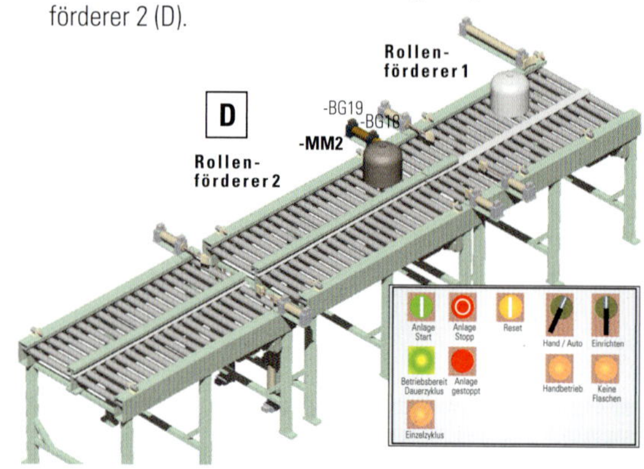

5. Der Zylinder -MM2 fährt verzögert wieder aus (E).

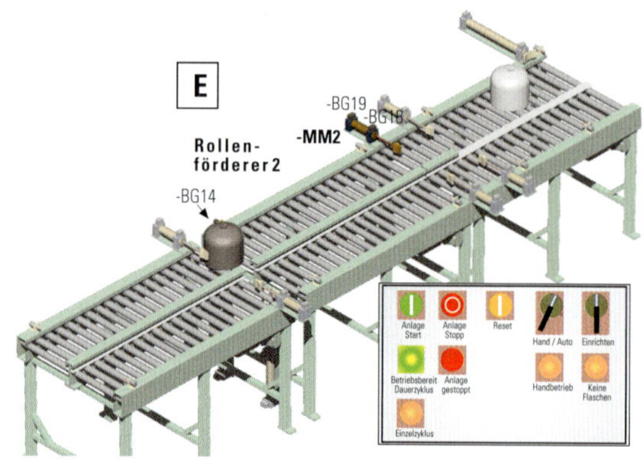

6. Um sicherzustellen, dass ein Umformteil vorhanden ist, fährt der Zylinder -MM3 erst dann aus, wenn der Sensor -BG14 betätigt wurde. Auch hier ist eine Verzögerung nötig, da erst die Kolbenstange des Stoppers -MM4 erreicht werden muss (F).

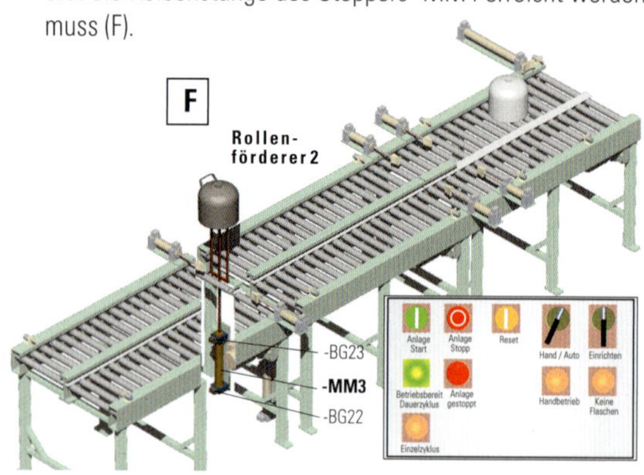

7. Das Werkstück wird angehoben und die Griffe werden angeschweißt.

8. Zylinder -MM3 fährt wieder ein, nachdem die Griffe angeschweißt sind (G).

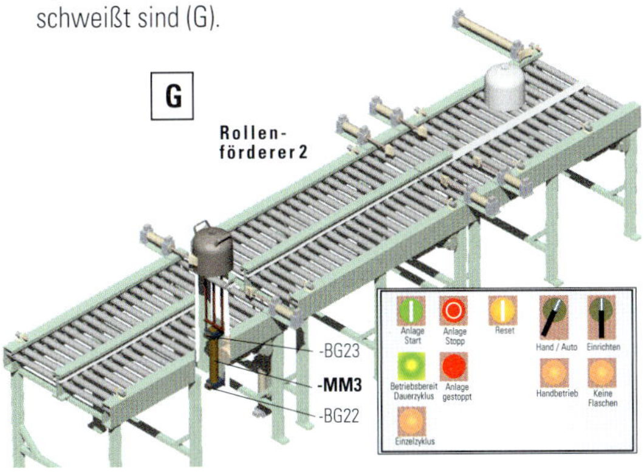

9. Anschließend fährt Zylinder -MM4 ein und gibt die geschweißte Flasche zum Abtransport über den Rollenförderer 3 frei. Ein Sensor -BG15 erfasst die Stückzahl (H).

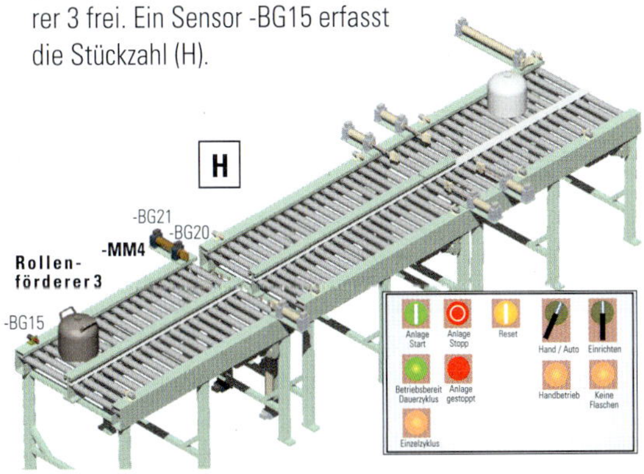

Spricht der Sensor -BG12 auf dem Rollenförderer 1 erneut an, kann der Zyklus von vorne beginnen.

Da die Beschreibung eines Arbeitszyklus mit Worten sehr unübersichtlich ist und auch mit Weg-Schritt- und Zustandsdiagrammen komplexe Steuerungen nicht mehr genau genug beschrieben werden können, ist es hier sinnvoll, den Zyklus mithilfe eines **GRAFCET** (vgl. Kap. 2.4.2) darzustellen.

Darstellung der Ablaufkette durch den Grafcet-Plan

Bei nachfolgend dargestelltem Grafcet-Plan soll zwischen den beiden Betriebsarten Automatik und Einrichten gewählt werden können.

Teil-GRAFCETS

Da es sich bei der beschriebenen Anlage um ein relativ komplexes System handelt, ist es sinnvoll, die Steuerung durch Teil-Grafcet-Pläne zu strukturieren. So wird die Wahl der Betriebsarten und die eigentliche Ablaufkette in den **Teil-GRAFCETS G1** und **G2** beschrieben.

Schritte

Bild 1 zeigt den Betriebsarten-Grafcet G1. Dieser besteht aus dem **Anfangsschritt 1**, erkennbar an der doppelten Umrahmung und den Schritten 2 und 3. Ein Schritt in der Ablaufkette

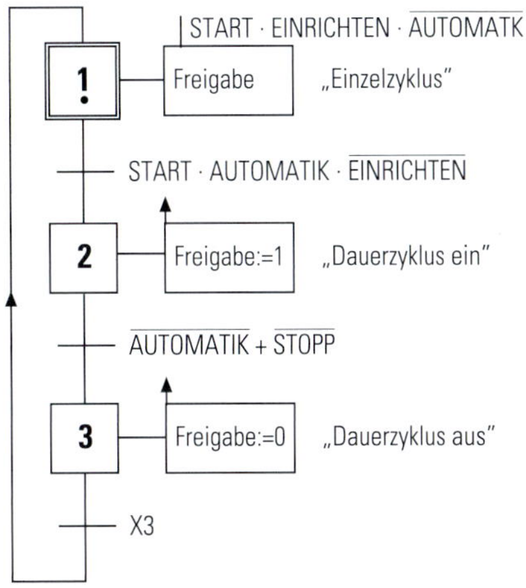

1 *Teil-Grafcet G1*

kann aktiv oder inaktiv sein. Der **schwarzer Punkt** kennzeichnet die **Aktivität** des Schrittes 1. Jedem Schritt wird eine **Schrittvariable X*** zugeordnet, wobei der Stern für die Schrittnummer steht. Eine Schrittvariable kann die Werte 0 (false) oder 1 (true) annehmen, d. h., die Schrittvariable X1 hat im Augenblick den logischen Wert 1, die Anlage könnte im Einzelzyklus betrieben werden, die Schrittvariable X2 hat den Wert 0, d. h., Schritt 2 ist momentan inaktiv. Es ist möglich, die Schrittvariablen beispielsweise als Übergangsbedingung zu verwenden, wie es vom Schritt 3 zum Schritt 1 durch die Variable X3 dargestellt ist. Genauso kann die Schrittvariable eines Teil-Grafcets in anderen Grafcets genutzt werden. So werden im Grafcet 2 die Schrittvariablen G1.X1 und G1.X2 aus dem Grafcet 1 verwendet, wobei das G1 für Grafcet 1 und X2 für Schritt 2 steht.

Wirkverbindungen und Transitionen

Die Wirkverbindungen zwischen den Schritten verlaufen von oben nach unten. Ist dies nicht der Fall, so muss dies durch einen Pfeil gekennzeichnet sein (Bild 1).

Der Übergang vom Schritt 1 zum Schritt 2 kann erfolgen, wenn Schritt 1 aktiv ist und die **Transitionsbedingung**[1)] „Start UND Automatik UND NICHT Einrichten" wahr ist. Die Schrittvariable X1 bekommt dann den Wert 0, die Schrittvariable X2 den Wert 1 und die Anlage wird Dauerzyklus betrieben.

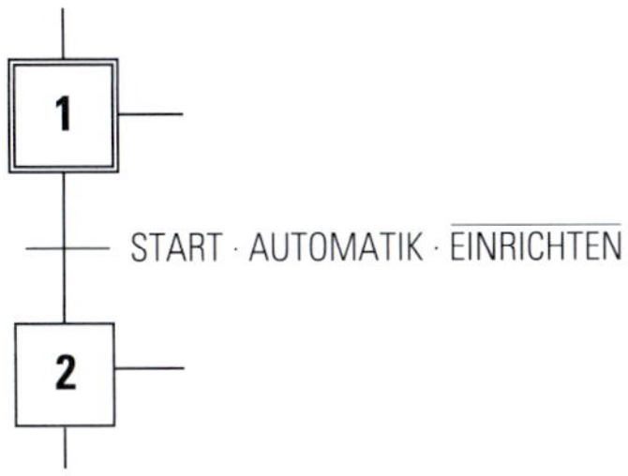

Durch die Schrittvariable X3 erfolgt der Übergang von Schritt 3 zu 1, nachdem durch Schritt 3 der Dauerzyklus beendet wurde. Für den Übergang zwischen den Schritten können Eingangsvari-

1) Übergangsbedingung

Hinweis: START · AUTOMATIK bedeutet START UND AUTOMATIK; AUTOMATIK + STOPP bedeutet AUTOMATIK ODER STOPP; AUTOMATIK (überstrichen) bedeutet NICHT AUTOMATIK

ablen wie z.B. Sensoren, Ausgangsvariablen wie z.B. der Elektromagnet -MB1 oder, wie bereits erwähnt, Schrittvariablen verwendet werden.
Die Transition von einem Schritt zum nächsten kann auch zeitabhängig sein. So wird im Teil-GRAFCET 2 (Bild 1) Schritt 4 erst eine Sekunde nachdem der Sensor -BG17 betätigt wurde aktiv. Der Ausdruck in Klammern ist der Name der Transitionsbedingung.

MERKE

Ein Grafcet-Plan besteht aus Schritten, die durch Wirkverbindungen und Transitionsbedingungen miteinander verbunden sind. Diese können auch zeitabhängig sein. Eine Transitionsbedingung muss immer vorhanden sein.

Ablaufketten

Bild 1 zeigt die eigentliche **Schritt-** bzw. **Ablaufkette** *(sequence chain)* des Steuerungsablaufs. Da der letzte Schritt eine Rückführung zum Startschritt hat, spricht man hier von einer **geschlossenen Ablaufkette**. Diese besteht aus neun Einzelschritten, die nacheinander durchlaufen werden müssen, nachdem die jeweilige Transitionsbedingung erfüllt wurde. Es kann demnach immer nur ein Schritt aktiv sein.

Aktionen

Einzelne Schritte können mit beliebig vielen Aktionen verbunden sein. Diese werden rechts neben den Schritten in einem rechteckigen Rahmen dargestellt. Bei mehreren Aktionen werden diese nebeneinander oder untereinander angeordnet. Man unterscheidet **zwei Arten von Aktionen** (siehe Übersicht auf der nachfolgenden Seite).

MERKE

Jeder Schritt kann einen oder mehrere Aktionen auslösen. Bei diesen kann es sich um eine Zuweisung handeln, die nur solange ausgeführt werden, solange der zugehörige Schritt aktiv ist. Bei einer Zuordnung bleibt die Aktion solange aktiv, bis sie durch eine andere Aktion wieder zurückgesetzt wird.

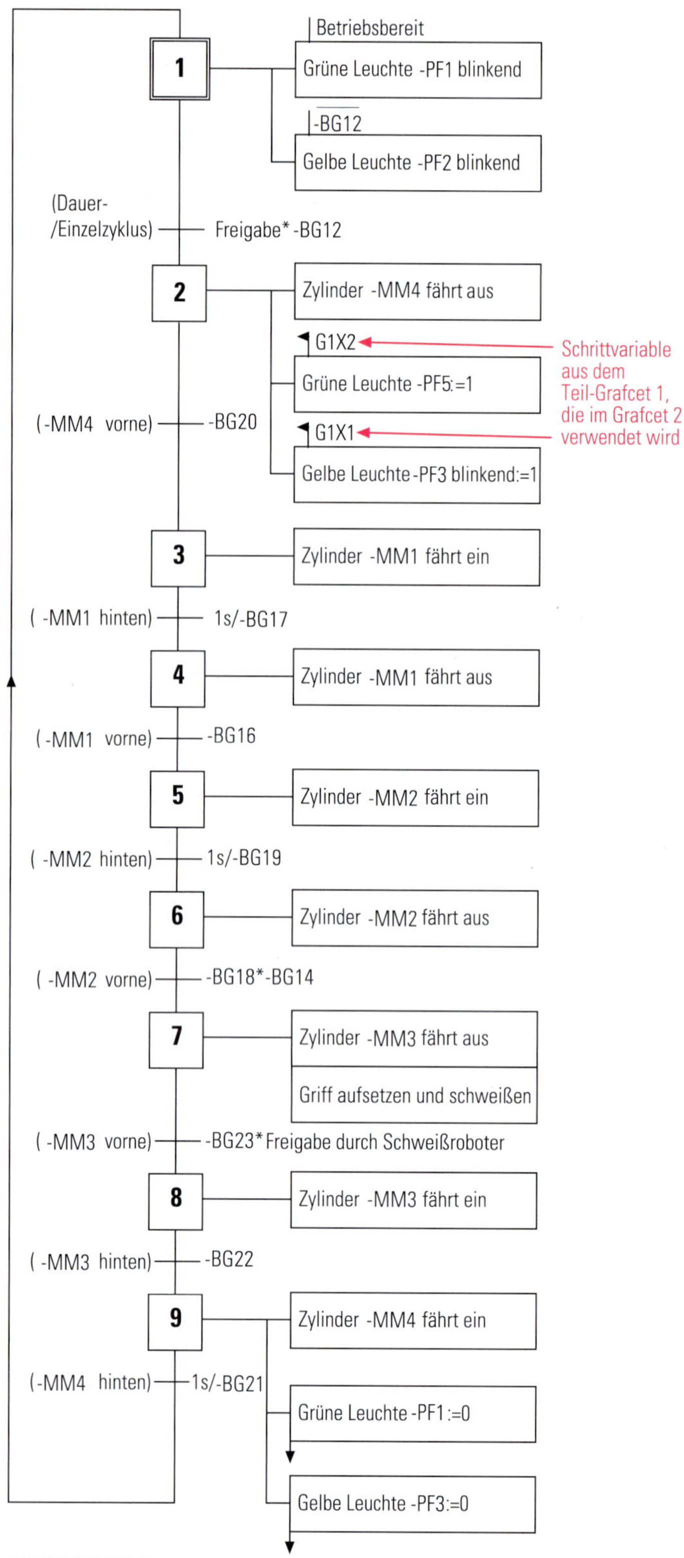

1 *Teil-GRAFCET 2*

Kontinuierlich wirkend (Zuweisungen)	**Gespeichert wirkend (Zuordnung)**
Die zugehörige Variable, z. B. der Elektromagnet -MB1 eines Ventils, auf den Wert „true" (1) gesetzt, solange der zugehörige Schritt 3 aktiv ist. Ist Schritt 3 nicht mehr aktiv, wechselt auch die Variable -MB1 auf den Wert 0. **3** — -MB1	Der einer Variablen zugeordnete Wert bleibt so lange unverändert, bis er von einer weiteren Aktion verändert wird. So nimmt die Variable bei der **Aktivierung** des Schritts 3 den Wert 1 an. **3** — ↑ -MB1:=1
... **mit** Bedingung -SF1. -SF1 **3** — -MB1	**Zuordnung bei Deaktivierung** des Schrittes 5. -MB1 wird der Wert 0 zugeordnet, sobald Schritt 5 deaktiviert wird. **5** — ↓ -MB1:=0
Auch zeitabhängige Zuweisungen sind möglich wie z. B. 2 s nachdem -SF1 betätigt wurde. 3s/-SF1 **3** — -MB1	**Zuordnung bei Ereignis.** Bei Schritt 3 wird -MB1 nur dann der Wert 1 zugeordnet, wenn die Eingangsvariable -SF1 den Wert 1 hat. ↑-SF1 **3** — -MB1:=1

Überlegen Sie!

1. *Erläutern Sie die Aktionen des Teil-GRAFCET 1. Inwiefern hat der GRAFCET 1 Einfluss auf den GRAFCET 2?*
2. *Der Start-Taster wird in der Betriebsart Einrichten/ Einzelzyklus dauerhaft gedrückt und Schritt 1 ist aktiv. Welche Auswirkung hat das?*

Beschreibung der Schritte 1 bis 3 des Teil-GRAFCETS 2:
Ist der Startschritt 1 aktiv, werden zwei Aktionen ausgelöst.

1. Ist die Anlage betriebsbereit, erfolgt eine Zuordnung an die Variable „grüne Leuchte -PF1", die zu blinken beginnt.
2. Meldet der Sensor -BG12 keine Flaschen, beginnt die gelbe Leuchte -PF5 zu blinken.

Die Transitionsbedingung **zu Schritt 2** ist dann erfüllt, wenn der **Teil-GRAFCET 1** ein **Freigabe**signal **und** der **Sensor -BG12** eine Flasche meldet.
Schritt 2 löst drei Aktionen aus, wobei zwei davon bedingt sind.

1. Der Zylinder -MM4 fährt aus.
2. Der Meldeleuchte -PF1 wird der Wert 1 **zugeordnet** und sie erzeugt ein Dauerlicht, wenn durch die Schrittvariable G1.X2 des Teil-Grafcet 1 die Anlage im Automatikbetrieb/ Dauerzyklus gestartet wurde.
3. Der Meldeleuchte -PF3 wird der Wert 1 **zugeordnet** und sie beginnt zu blinken, wenn durch die Schrittvariable G1.X1 die Anlage im Einzelzyklus gestartet wurde.

Der Zylinder -MM4 betätigt in seiner vorderen Endlage den Sensor -BG20 und ermöglicht eine Transition zu Schritt 3. Sobald **Schritt 3** aktiv ist, fährt Zylinder -MM1 ein.

Überlegen Sie!

Erläutern Sie die Schritte 4 bis 9 des Teil-GRAFCETS 2 (Seite 508 Bild 1).

1.2.4.2 Programmierung *(programming)*

Die Steuerung der Anlage erfolgt durch das **Automatisierungsgerät S7-300**. Als Programmierwerkzeug dient die **Programmiersoftware Step 7** der Fa. Siemens. Dazu muss zunächst ein **S7-Projektordner** (Seite 510 Bild 1) angelegt und ein Projektname wie z. B. „Handwerk_Technik" vergeben werden. In diesem Projektordner befinden sich **Unterordner**, in denen unter anderem die Hardwarekonfiguration und die S7-Programme abgelegt sind.
Alternativ kann das gegebene Beispiel auch mit einer **Logo** (Bild 1) oder **Easy** programmiert werden.

1 *Logo*

Hardwarekonfiguration *(hardware configuration)*

Da eine Simatic S7-300 Station **modular** aufgebaut ist, muss der Anwender zunächst festlegen, welche **Stromversorgung**, welche **CPU** und welche **Eingangs- und Ausgabebaugruppen** verwendet werden (Seite 510 Bild 2). Bei den E/A-Baugruppen können digitale oder analoge Module zum Einsatz kommen. Diese spricht dann das S7-Programm über die **Ein-**

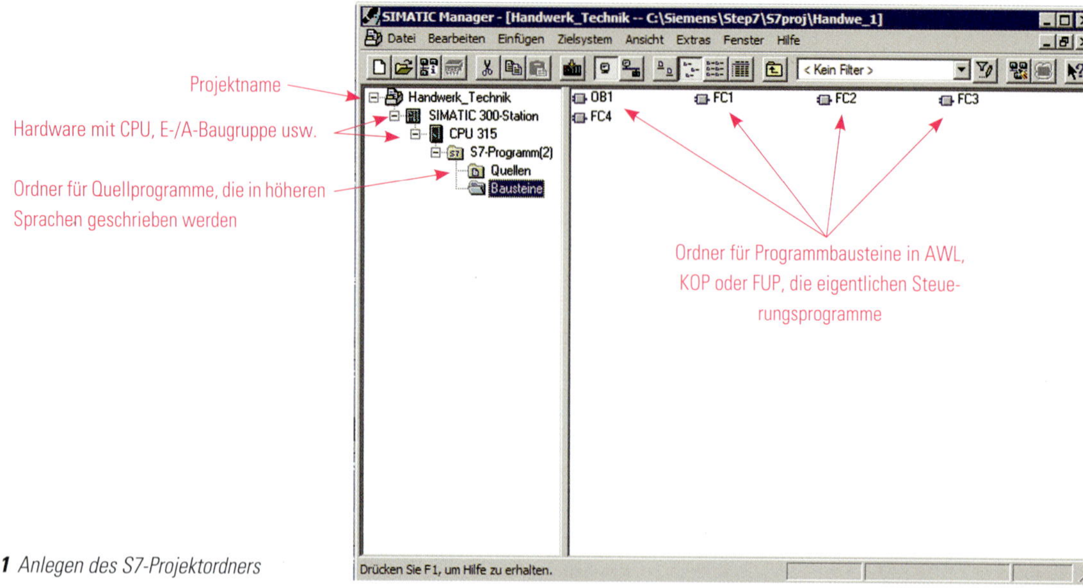

1 *Anlegen des S7-Projektordners*

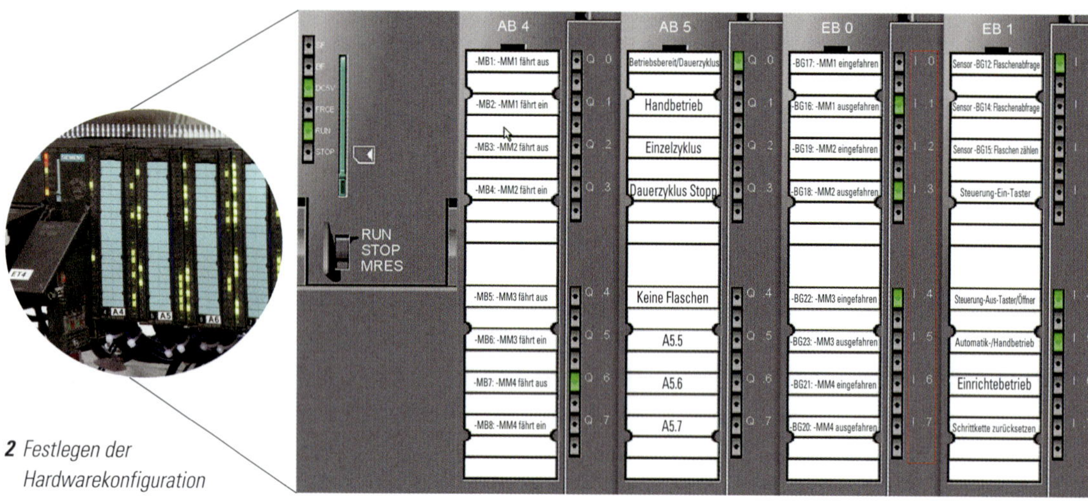

2 *Festlegen der Hardwarekonfiguration*

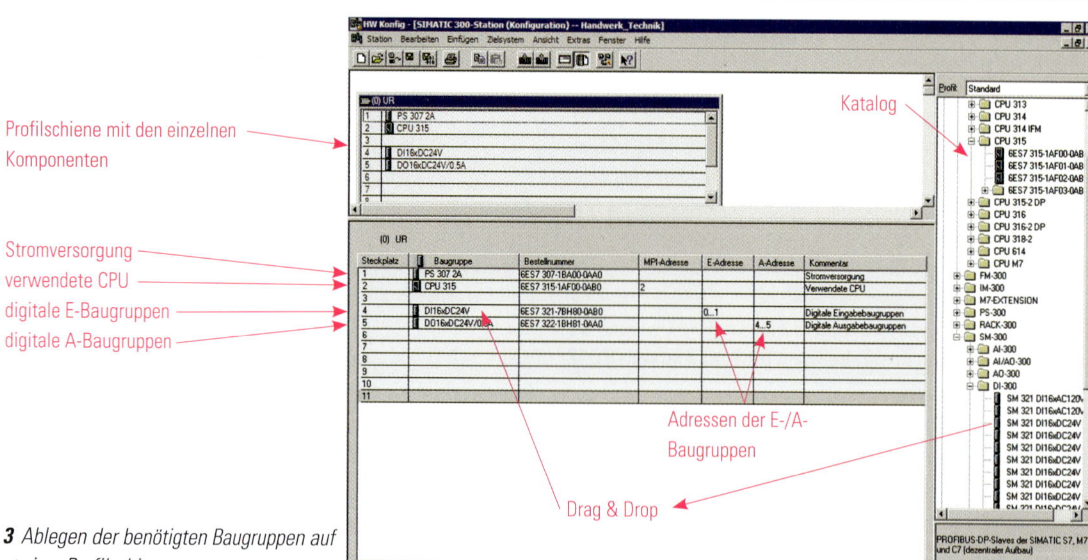

3 *Ablegen der benötigten Baugruppen auf einer Profilschiene*

gangs- (E) und **Ausgangsadressen (A)** an. Mit Drag & Drop (Seite 510 Bild 3) werden aus einem Katalog die benötigten Baugruppen auf einer Profilschiene an den dafür vorgesehenen Steckplätzen abgelegt.

Strukturierung von Steuerungsprogrammen

Standardmäßig wird in jedem Projekt ein **Organisationsbaustein OB1** angelegt, der als **Schnittstelle** zum Betriebssystem dient. Er wird automatisch aufgerufen und zyklisch bearbeitet.

Bei der **linearen Programmierung** (Bild 1) werden alle Anweisungen in diesen einen Organisationsbaustein geschrieben und nacheinander bis zum Programmende abgearbeitet, bevor die Programmbearbeitung wieder von vorne beginnt. Die Zeit für einen Durchlauf wird als **Zykluszeit** bezeichnet. Diese Art der Programmierung ist geeignet für einfache Steuerungsaufgaben, da **komplexere Abläufe** schnell **unübersichtlich** werden.

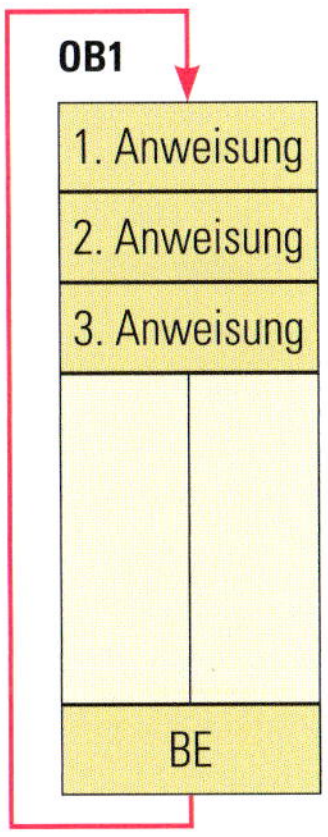

***1** Lineare Programmierung*

Bei der **strukturierten Programmierung** (Bild 2) wird das gesamte Programm in nach Teilproblemen geordnete Programme zerlegt. Diese Teilprogramme können **FUNKTIONEN** oder **FUNKTIONSBAUSTEINE** sein, die dann nacheinander vom Organistionsbaustein aus aufgerufen und abgearbeitet werden. **Funktionen** und **Funktionsbausteine** sind vergleichbar mit Bausteinen aus der Funktionsbausteinsprache wie z. B. einer UND-Verknüpfung. Der Unterschied besteht darin, dass diese Bausteine **vom Programmierer erstellt werden**. Bild 3 zeigt den Aufruf einer Funktion FC2 im Organisationsbaustein OB1. Mit ihm kann zwischen den Betriebsarten Einzel- und Dauerzyklus ausgewählt werden. Mit dem Taster Stopp wird der Dauerzyklus beendet. Bild 3 zeigt einen Ausschnitt aus dem Programm, das hinter der Funktion FC2 abgearbeitet wird. Es legt fest, welche Eingänge belegt sein müssen, damit für den Dauerbetrieb ein permanentes „Freigabe"-Signal an die Maschine erfolgt und der Steuerungsablauf beginnen kann.

Funktionen und Funktionsbausteine unterscheiden sich dadurch, dass die **Daten einer Funktion (FC) nach ihrer Bearbeitung verloren sind**.

Funktionsbausteine (FB) verfügen über **DATENBAUSTEINE** (DB), auf die sie zugreifen können.

Überlegen Sie!

1. *Ergänzen Sie das Programm so, dass der Dauerbetrieb mit dem „Stopp-Taster" beendet werden kann und gleichzeitig ein Rücksetzsignal „Reset" erzeugt wird.*
2. *Programmieren Sie den Einzelbetrieb. Der Einzelbetrieb wird durch ein kurzzeitiges Freigabesignal gestartet.*

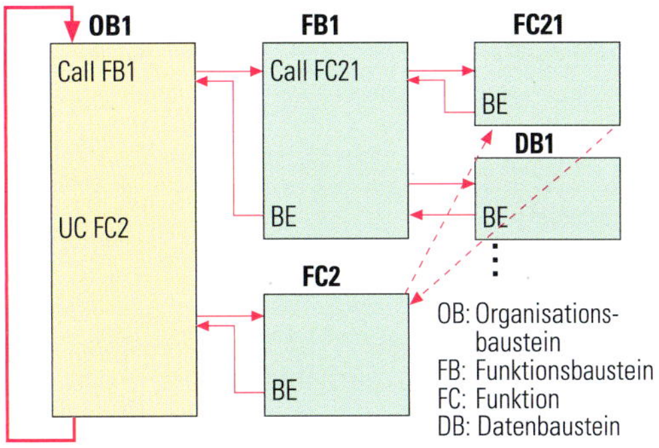

***2** Strukturierte Programmierung*

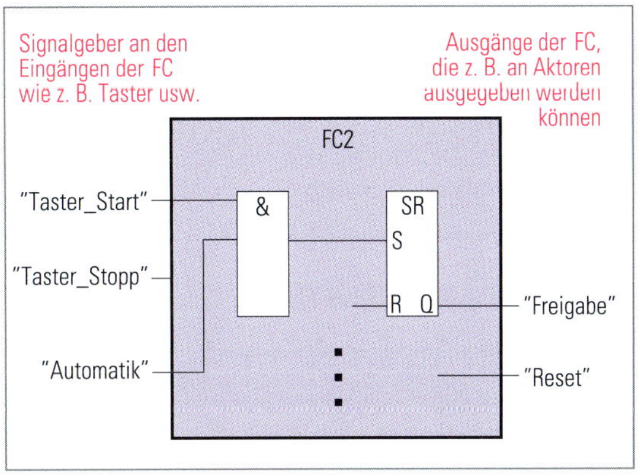

***3** Aufruf der Funktion FC2 im Organisationsbaustein OB1 mit ausschnittsweiser Darstellung der internen Verknüpfungslogik für das Freigabesignal*

MERKE

Funktionen werden im Organisationsbaustein aufgerufen und dort auch mit den entsprechenden Ein- und Ausgängen belegt. Das eigentliche Programm befindet sich in einem gesonderten Baustein mit der Bezeichnung FC*.

Die **strukturierte Programmierung** bietet folgende **Vorteile**:

- Teilprobleme sind einfacher zu lösen
- Teamwork ist möglich, indem Aufgaben auf verschiedene Mitarbeiter verteilt werden
- Es können Bausteine entworfen werden, die mit anderen Parametern immer wieder verwendet werden können, z. B. ein Baustein für Bedienfelder
- Jeder einzelne Baustein kann auf seine Funktionsfähigkeit getestet werden
- Funktionieren die einzelnen Bausteine, können sie zu einem Gesamtprogramm zusammengefügt werden
- Das Gesamtprogramm wird übersichtlicher
- Die Fehlersuche wird erleichtert

MERKE

Man unterscheidet die lineare und die strukturierte Programmierung.
Wegen ihrer Vorteile ist die strukturierte Programmierung bei komplexeren Anlagen zu bevorzugen.

Entwicklung des Steuerungsprogramms der Anlage

Programmstruktur:

Für den Rollenförderer bietet sich eine Programmstruktur nach Bild 1 an.

Zuordnungsliste:

Für die Programmierung der Betriebsarten müssen die erforderlichen Signalgeber den Eingängen der SPS zugeordnet werden. Da durch diesen Baustein noch keine Signalausgabe an die Aktoren der Anlage erfolgt, werden **Merker** verwendet. Für diese gibt es einen festen Speicherbereich in der CPU. Merker sind als **Zwischenspeicher** zu betrachten, in denen **Verknüpfungsergebnisse** innerhalb der SPS abgespeichert werden. Sie werden **wie Ausgänge** programmiert wie z. B. bei einer Zuweisung durch den Befehl **= M10.1**. Es gibt **remanente** und **nicht remanente Merker**. Die remanenten Merker behalten ihren logischen Zustand auch nach einem Spannungsausfall, da dieser durch eine **Pufferbatterie** überbrückt wird. So kann eine Anlage an der Stelle weiterarbeiten, an der ein Spannungsausfall den Arbeitszyklus unterbrochen hat.

Zuordnungsliste Betriebsarten:

Ein-/Ausgabe-bauteil	Operand	Kommentar
-SF1	E1.3	Schließer, Start-Taster
-SF2	E1.4	Öffner, Stopp-Taster
-SF3	E1.5	Drehschalter Auto/Hand
-SF4	E1.6	Drehschalter Einrichten EIN/AUS
-SF5	E1.7	Schließer, Taster zum Rücksetzen (Reset)
	M2.2	Merker: Freigabe der Anlage
	M2.3	Merker: Anlage läuft im Dauerzyklus
	M2.4	Merker: Anlage soll stoppen
	M2.5	Merker: Rücksetz(Reset)signal, Anlage wird rückgesetzt
	M2.6	Anlage ist betriebsbereit, wenn Zylinder in Grundstellung und wenn sich keine Flasche in der Anlage befindet

MERKE

Die Zuordnungsliste dokumentiert die Zuweisung der Ein- und Ausgänge zur SPS.

Eine weitere Erleichterung bei der Programmierung ist die Verwendung von **Symbolen** anstatt der Operanden. Nachfolgend ist die **Symboltabelle** dargestellt.

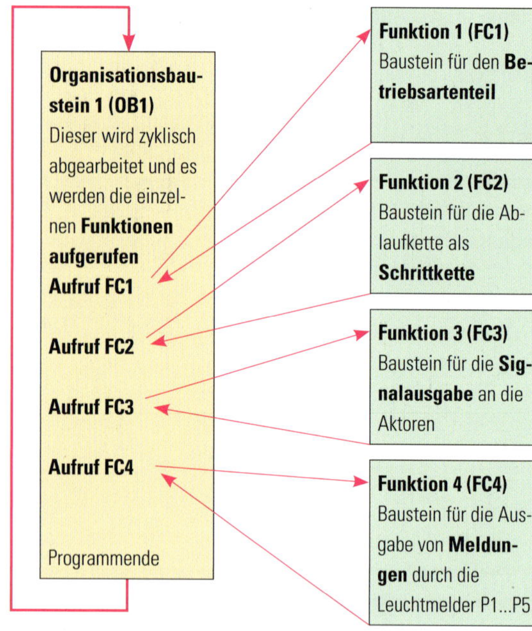

1 Programmstruktur

Symboltabelle

Symbol	Operand	Kommentar
Taster_Start	E1.3	Anlage starten im Einzelzyklus/Dauerbetrieb
Taster_Stopp	E1.4	Dauerzyklus wird nach dem letzten Schritt beendet
Automatik	E1.5	Drehschalter Auto/Hand
Einrichten	E1.6	Drehschalter Einrichten EIN/AUS
Taster_Reset	E1.7	Anlage zurücksetzen
Merker_Freigabe	M2.2	Merker Freigabe der Anlage
Merker_Dauerzyklus	M2.3	Merker Anlage im Dauerzyklus
Merker_Reset	M2.4	Merker Rücksetzen der Anlage
Signal_Stopp	M2.5	Merker Anlage soll stoppen
Merker_Betriebsbereit	M2.6	Zylinder in Grundstellung, keine Flasche in der Anlage

Programm Betriebsartenteil:

Der Aufruf der Funktion FC1 (Seite 513 Bild 1) spiegelt das **Bedienfeld** wider. Auf der linken Seite befinden sich die Eingänge der einzelnen Taster und Drehschalter, auf der rechten Seite die Ausgänge. Da es sich bei diesen nur um interne Verknüpfungen der SPS handelt, werden sie in die Merker M2.2 bis M2.5 geschrieben. Im **Inneren** muss man sich wieder die **Verknüpfungslogik** für die Ein- und Ausgänge vorstellen.

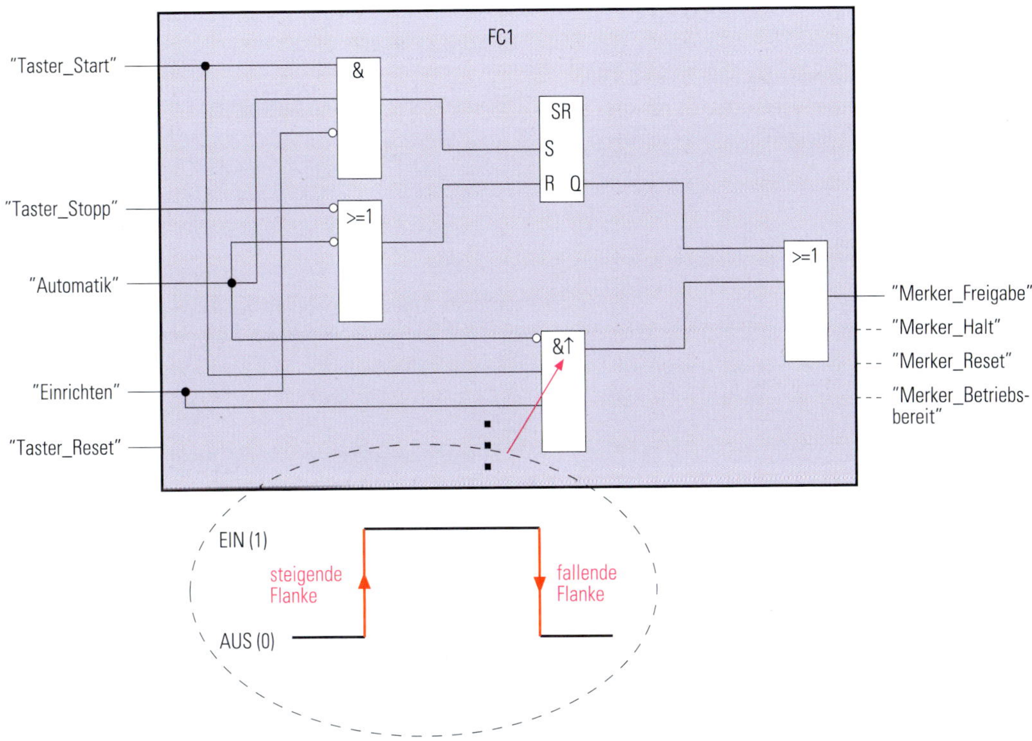

1 *Aufruf der Funktion FC1 im Organisationsbaustein OB1 mit Darstellung der Verknüpfungslogik für den „Merker_Freigabe"*

Beispiel:
Der **„Merker_Freigabe"** liefert dann ein Signal, wenn am Bedienfeld der Drehschalter auf **„NICHT-Automatik"** steht und der **„Einrichte"-Betrieb** gewählt UND der **„Taster_Start"** betätigt wurde. Da ein **Dauersignal des Start-Tasters** zu einem **Dauerzyklus** führen würde, ist eine Flankenauswertung (Bild 1) notwendig. Beim Wechsel des Verknüpfungsergebnisses der UND-Verknüpfung von AUS (0) auf EIN (1) wird die ansteigende Flanke erfasst und steht dann nur einen Zyklus lang zur Verfügung. Dadurch ist gewährleistet, dass der Steuerungsablauf nur einmal durchlaufen wird. Für einen Neustart ist ein erneutes Betätigen des Start-Tasters notwendig. In der Simulation kann man am Ausgang **Merker_Freigabe** nur einen kurzen Impuls wahrnehmen. Neben der steigenden Flanke ist auch die Auswertung fallender Flanken, d. h., der Wechsel von 1 auf 0 möglich.

Überlegen Sie!

1. *Erläutern Sie die Wirkung der restlichen Logik.*
2. *Erstellen Sie die Steuerungslogik für*
   - *den „Merker_Halt". Dieser soll ein Signal liefern, wenn der „Taster_Stopp" gedrückt wird.*
   - *den „Merker_Reset". Dieser liefert ein Signal, wenn der „Taster_Reset" betätigt wird.*
   - *den „Merker_Betriebsbereit". Dieser meldet dann Betriebsbereitschaft, wenn sich die Zylinder in der Grundstellung befinden und der Sensor -BG14 keine Flasche meldet.*

Programm Schrittkette *(sequencer)*:
Bereits im GRAFCET-Plan (Seite 508 Bild 1) wurden die einzelnen Schritte der Schrittkette und die zugehörigen Aktionen beschrieben. Es handelt sich um eine geschlossene Ablaufkette mit neun Schritten.
Die Programmierung eines einzelnen Schrittes erfolgt stets nach demselben Muster (Bild 2):

- Jeder einzelne **Schritt n** wird über einen **dominierend rücksetzenden SR-Baustein gespeichert**. Jedem Schritt ist ein **Schrittmerker** zugeordnet. Die **Signalausgabe an die Ausgänge** der SPS erfolgt in einem gesonderten Baustein.
- **Ein Schritt n** kann nur gesetzt werden, wenn der vorherige **Schritt n − 1 gesetzt** wurde und wenn die entsprechenden **Transitionsbedingungen** erfüllt sind.

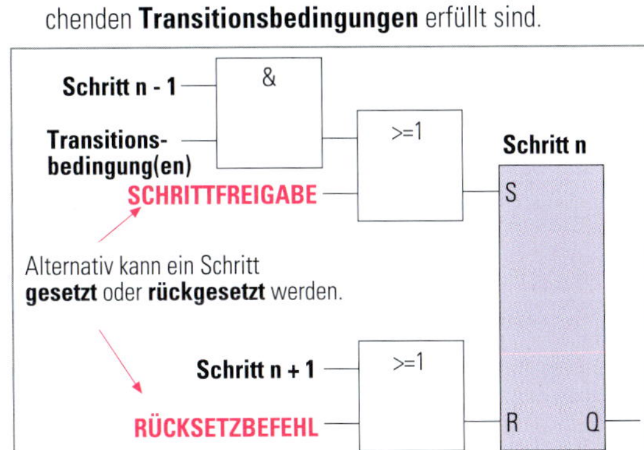

2 *Programmierung eines Schritts*

- Ein Schritt wird durch den nachfolgenden **Schritt n + 1 zurückgesetzt**.
- Mit einem **Stopp-** oder **Rücksetz-Signal** können bei Bedarf einzelne Schritte **alternativ gesetzt** oder **rückgesetzt** werden. Welche Schritte das sind, hängt von der Aufgabenstellung ab.

MERKE
Ablaufsteuerungen werden in Schrittketten programmiert.

Beispiele:
Damit **Schritt 1** – der **Startschritt** – gesetzt werden kann, darf **kein Signal vom „Merker_Halt"** vorhanden sein UND die Anlage muss **betriebsbereit** sein UND **Schritt 9** muss gesetzt sein. Schritt 9 befindet sich in der geschlossenen Ablaufkette vor Schritt 1. Die Signale vom „Merker_Halt" und das Signal „Merker_Betriebsbereit" liefert der Baustein FC1. Durch Schritt 2, das ist der nächste Schritt der Ablaufkette, wird Schritt 1 wieder zurückgesetzt. Alternativ kann beim Einschalten der Anlage der **Startschritt** mit dem **Rücksetzsignal gesetzt** werden.
Mit **Schritt 2** soll der **Zylinder -MM4 ausfahren**. Zum **Setzen** des Schritts ist wieder der **vorausgehende Schritt**, ein Signal **vom „Merker_Freigabe"** der Funktion FC1 UND eine zusätzliche Transitionsbedingung **S1_S2** notwendig. Welche Transitionsbedingung das ist, wird im Organisationsbaustein OB1 festgelegt. **Zurückgesetzt** wird der Schritt wieder mit dem nächsten Schritt oder beim Rücksetzen der Schrittkette durch den **„Merker_Reset"**.

Überlegen Sie!
1. *Welcher Signalgeber wurde für die Transitionsbedingung S1_S2 gewählt? Vergleichen Sie mit dem Grafcet-Plan.*
2. *Entwickeln Sie die Schrittkette mithilfe von Bild 1 zu Ende.*

Programm Signalausgabe an die Aktoren:
Durch den Aufruf der **Funktion FC3** (Seite 515 Bild 1) im Organisationsbaustein OB1 erfolgt die Verknüpfung zwischen den einzelnen Schrittmerkern und den entsprechenden Ausgängen.
Als **Eingangssignale** werden die **Ausgangssignale der Funktion FC2** verwendet. In der Abbildung ist zu erkennen, dass gerade der Schrittmerker des Schritts 4 gesetzt ist. Dies bewirkt, dass der **Ausgang -MM1_aus** und somit auch der **Ausgang A 0.3** ein Signal liefert. Der Elektromagnet, der über diesen Ausgang angesteuert wird, schaltet das Ventil um und der **Zylinder -MM1** fährt aus.
Den Programmteil des Bausteins FC3, der für das Setzen des **Ausgangs -MM1_aus** verantwortlich ist, zeigt Bild 1 Seite 515. Der Ausgang wird mit einer Verzögerung von 1 Sekunde gesetzt, da die Flaschen den Zylinder -MM1 zunächst passieren

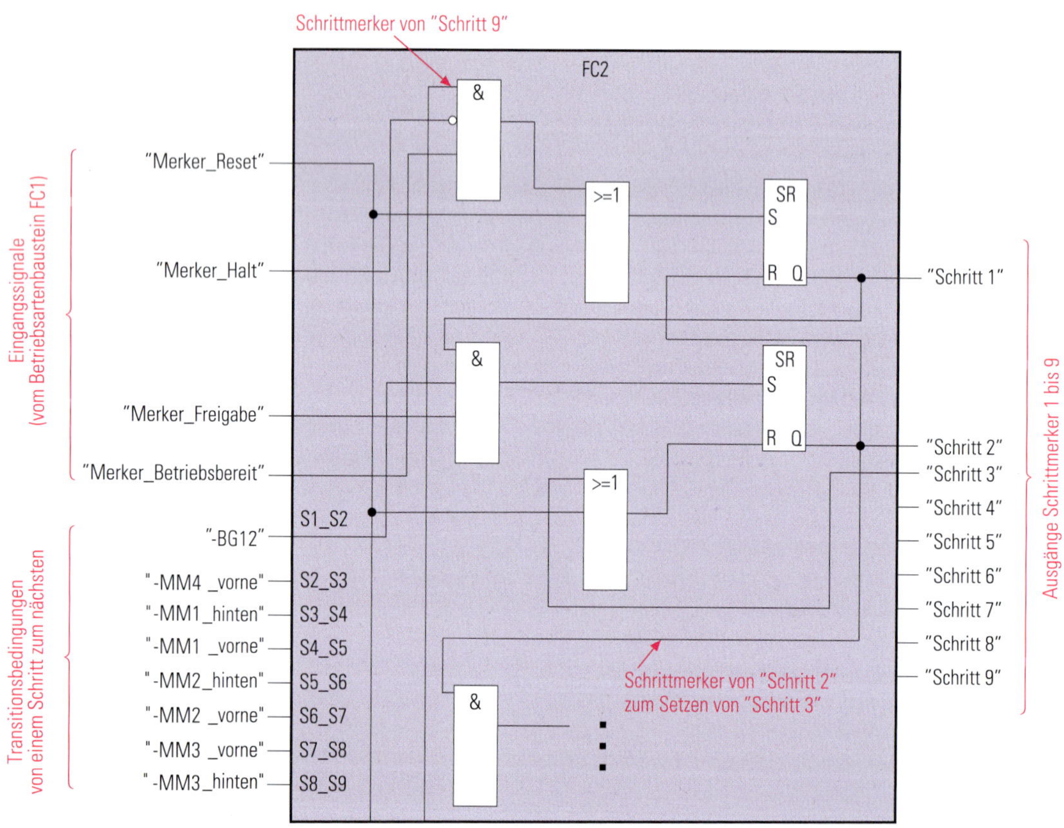

1 *Schrittkette*

müssen, bevor er wieder ausfährt. Dasselbe gilt auch beim Ausfahren der Zylinder -MM2 und -MM4.

Überlegen Sie!

Erstellen Sie das vollständige Programm der Funktion FC3. Orientieren Sie sich dabei an Bild 1.

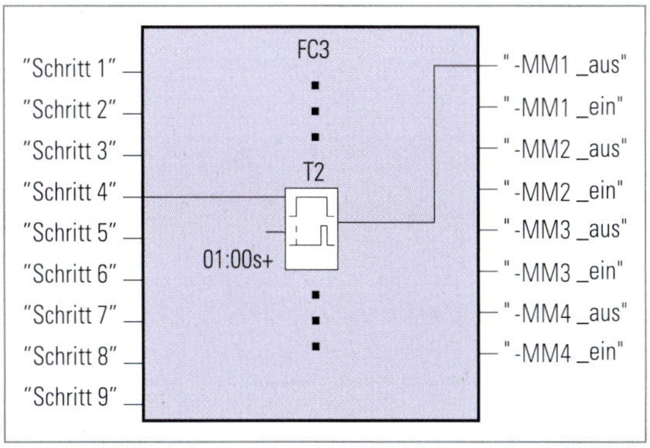

***1** Signalausgabe an die Aktoren*

Programm Meldungen:

Das Ansteuern der Leuchtmelder „-PF1" bis „-PF5" erfolgt nach demselben Schema wie die Signalausgabe an die Stellglieder der Aktoren.

Bild 2 zeigt den zugehörigen Funktionsaufruf im OB1 und einen Ausschnitt aus dem Programm. Durch den **„Merker_Dauerzyklus"** erhält der **Ausgang „-PF1"** ein Signal, vorausgesetzt einer der Schritte zwei bis neun ist gerade aktiv. Der Ausgang **A 2.0** der SPS bringt wiederum die **Meldelampe -PF1** zum Leuchten.

Befindet sich die Anlage **nicht im Dauerzyklus**, ist aber **betriebsbereit**, dann soll die Meldeleuchte -PF1 blinken. Das Blinklicht verursacht ein **Taktmerker**. Der Taktmerker muss in der CPU, d. h. bei der Konfiguration der Hardware, definiert werden. So erzeugt z. B. der Taktmerker M100.5 einen Takt von **einem Herz**.

Überlegen Sie!

1. *Erstellen Sie die restliche Verknüpfungslogik. Orientieren Sie sich dabei an der Anlagenbeschreibung auf Seite 505.*
2. *Programmieren Sie einen Zähler, mit dem die Stückzahl der hergestellten Flaschen erfasst wird. Verwenden Sie hierzu den Sensor -BG15.*

Zusammenfassend zeigt Bild 1 auf Seite 516 das Zusammenspiel der Funktionen FC1, FC2 und FC3.

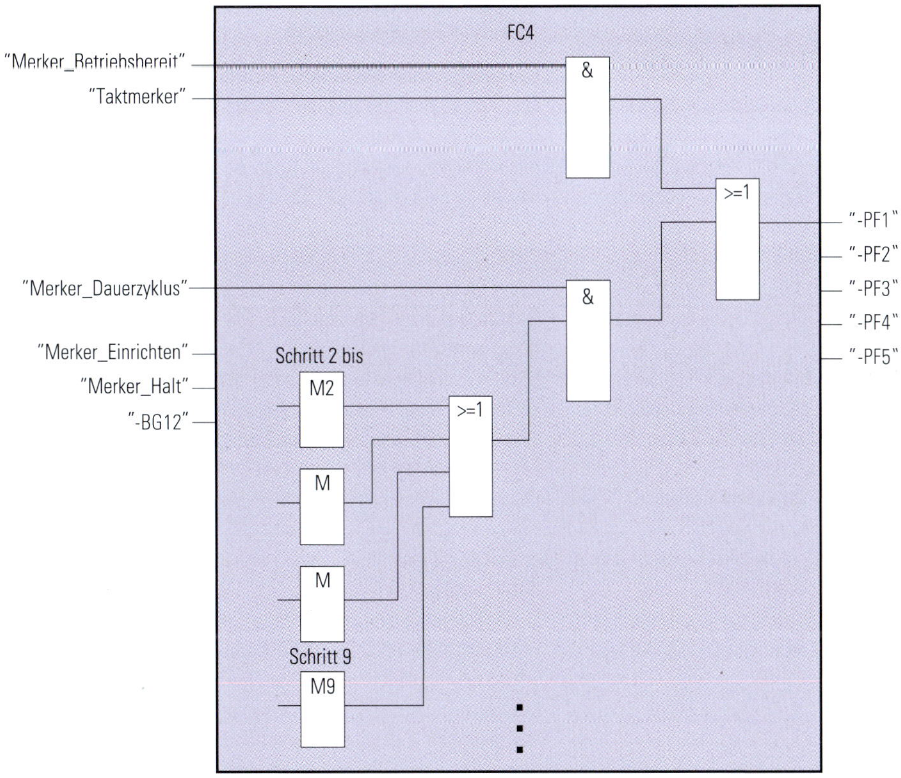

***2** Ein Blinken der Lampe -PF1 meldet Betriebsbereitschaft. Dauerlicht signalisiert, dass sich die Anlage im Dauerzyklus befindert.*

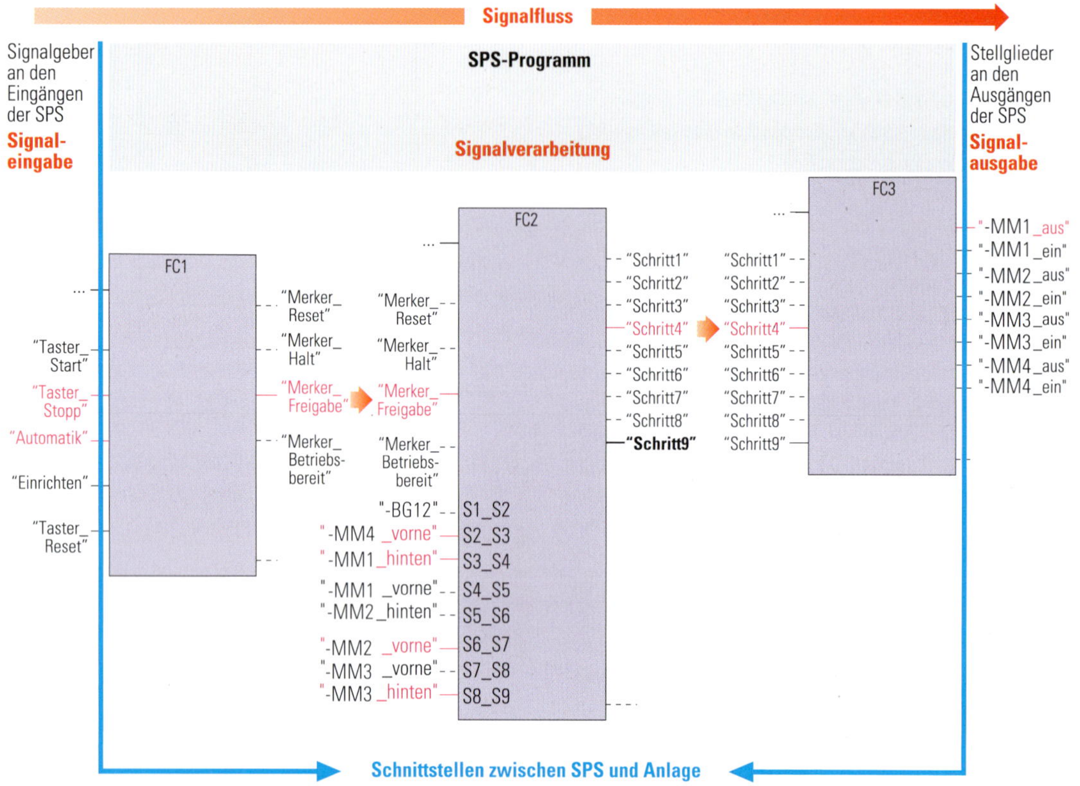

1 *Zusammenwirken der Funktionen FC1, FC2 und FC3*

1.2.5 Inbetriebnahme einer SPS-gesteuerten Anlage – Prozessoptimierung

Bei der Inbetriebnahme *(starting)* einer Anlage sollte zunächst die **Hardware überprüft** werden. Grundlage dieser Kontrolle ist die **Zuordnungsliste**. Mit ihr wird geprüft, ob jeder Sensor und jeder Aktor am richtigen Ein-/Ausgang der SPS angeschlossen ist. Anschließend wird das Programm in die Zentraleinheit der SPS geladen. Beim **Testen des Programms** sollten nur einzelne Programmteile oder einzelne Funktionen wie z. B. Handbetrieb, Einrichten usw. auf ihre Fehlerfreiheit überprüft werden. Es empfiehlt sich, spezielle Funktionen wie den Einzelschrittbetrieb zu nutzen. Da das Programm Schritt für Schritt abgearbeitet wird, kann die Fachkraft schnell die Ursachen für auftretende Fehler finden. Nach dem ersten Test werden der eigentliche **Fertigungsprozess** wie z. B. die Güte der Schweißnähte an den Griffen sowie das **Programm optimiert** *(optimized)*. Dadurch wird der gesamte Prozess optimiert. Bei der Flaschenschweißanlage ist das Hauptziel der Prozessoptimierung die Steigerung der **Maschinenproduktivität** *(efficiency)*. Diese gibt das Verhältnis von Produktionsmenge und Maschinenstunden an. Weitere Ziele der Prozessoptimierung könnten sein:

- kurze Durchlaufzeiten
- geringe Prozesskosten oder
- geringe Fehlerquoten

Nach der Test- und Optimierungsphase kann die Abnahme der Anlage durch den Kunden erfolgen.

1.2.6 SPS und Sicherheit

Die **europäische Maschinenrichtlinie** beschreibt grundsätzlich, wie Maschinen zu konstruieren und zu bauen sind, damit der Betrieb, das Einrichten und die Wartung unter den vorgesehenen Bedingungen erfolgen kann, ohne dass Mensch, Maschine und Umwelt einer Gefährdung ausgesetzt sind. Mögliche Fehlbedienungen sind zu berücksichtigen. Die Inhalte dieser Richtlinie wurde in den einzelnen Mitgliedsstaaten in geltendes Recht umgesetzt. Dies geschah in Deutschland z. B. durch das **Gerätesicherheitsgesetz GSG**. Mit der **CE-Kennzeichnung (Konformitätserklärung)** dokumentiert der Hersteller einer Maschine die Einhaltung aller zutreffenden Richtlinien und Vorschriften. Da die europäischen Richtlinien weltweit anerkannt sind, hilft deren Anwendung auch beim Export in andere Länder. Für spezielle Maschinen regeln oft Fachnormen den sicherheitstechnischen Aspekt wie z. B. beim Bau von Druck- oder Werkzeugmaschinen usw. Ist dies nicht der Fall, muss der Hersteller einer Maschine dafür sorgen, dass zunächst eine **Gefährdungsanalyse** (risk analysis) durchgeführt wird und mögliche Gefährdungen identifiziert werden. Dazu gehören z. B. mögliche Fehlfunktionen und die damit verbundenen Arten von Verletzungen, die auftreten könnten. Die nachfolgende **Risikoeinschätzung** *(security rating)* beurteilt z. B. die Schwere der Verletzungen und die Wahrscheinlichkeit ihres Eintretens. Daraus ergeben sich dann die erforderlichen **Maßnahmen zur Risikominimierung**, beispielsweise die Verwendung von

Schutzeinrichtungen, das Beseitigen von Gefährdungen, das Versperren des Zugangs.
Für SPS-Steuerungen schreibt die Maschinenrichtlinie vor, dass Steuerungen so zu konzipieren und zu bauen sind, dass es zu keinen Gefährdungssituationen kommt. Sie müssen so ausgelegt und beschaffen sein, dass

- sie den zu erwartenden Betriebsbeanspruchungen und Fremdeinflüssen standhält
- ein Defekt der Hardware oder der Software der Steuerung nicht zu Gefährdungssituationen führt
- Fehler in der Logik des Steuerkreises nicht zu Gefährdungssituationen führen
- vorhersehbare Bedienungsfehler nicht zu Gefährdungssituationen führen

Jede Maschine muss eine NOT-AUS-Einrichtung haben. Bei deren Betätigung muss ein Stopp der Kategorie 0 (sofortiges Abschalten) oder ein Stopp der Kategorie 1 (gesteuertes Stillsetzen) erfolgen. Der NOT-AUS muss einrasten. Das Rücksetzen darf keinen Wiederanlauf zur Folge haben. Ein Wiederanlauf darf erst erfolgen, nachdem die Anlage freigegeben wurde. Für Funktionen, die ein **Ausschalten** der Anlage auslösen, ist immer ein **Öffner** *(contact breaker)* vorzusehen. Dieser Grundsatz gilt aber nicht nur für NOT-AUS-Taster, sondern auch für Schalter an Sicherheitstüren und für Positionsschalter. Bei einem Schließer könnten Störungen wie ein Drahtbruch oder Kontaktprobleme dessen Betätigung wirkungslos machen. Umgekehrt gilt, dass für einen **Starttaster** immer ein **Schließer** *(contacter)* zu verwenden ist.

MERKE

Die europäische Maschinenrichtlinie schreibt vor, wie Maschinen gebaut werden müssen, damit für Mensch, Maschine und Umwelt keine Gefahren ausgehen können. Der Hersteller dokumentiert die Erfüllung der geltenden Gesetze mit der **Konformitätserklärung**. Diese Richtlinie gilt auch für die Gestaltung von SPS-gesteuerten Anlagen. Diese müssen immer einen NOT-AUS haben. Der NOT-AUS ist immer als Öffner auszuführen.

Überlegen Sie!

Welche Folgen hätte es, wenn zum Starten ein Öffner verwendet würde?

Sicherheitsschaltgeräte (Bild 1) überwachen NOT-AUS-Befehlsgeräte, Positionsschalter, aber auch berührungslos wirkende Sensoren wie z. B. Lichtvorhänge. Bei einer Betätigung übernehmen sie die Sicherheitsfunktion. So wird z. B. die Steuerspannung an den Ausgängen der SPS zum Ansteuern von Wegeventilen abgeschaltet. Alle Ausgänge haben dann „0"-Signal. Damit die Aktoren ebenfalls in eine sichere Lage gelangen, kommen Wegeventile mit Sperr-Mittel-Stellung und Elektromotore mit Bremsen zum Einsatz. Sicherheitsschaltgeräte **überwachen sich selbst**. Bei einem Fehler wie z. B. bei Kurzschluss schalten sie ebenfalls ab. Ein weiterer Kontakt des Sicherheitsschaltgerätes meldet der SPS den Zustand der

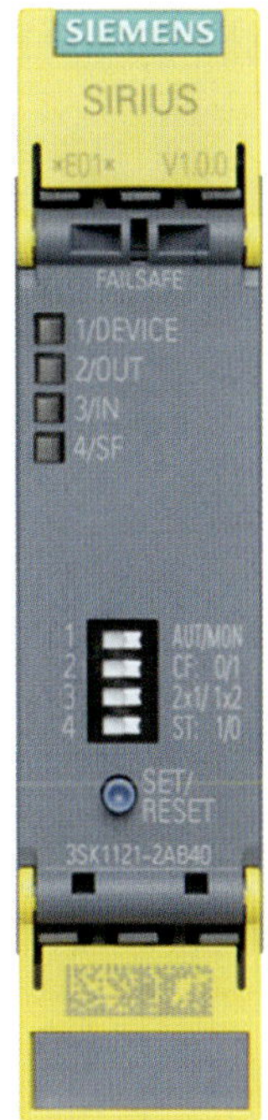

1 *Sicherheitsschaltgerät*

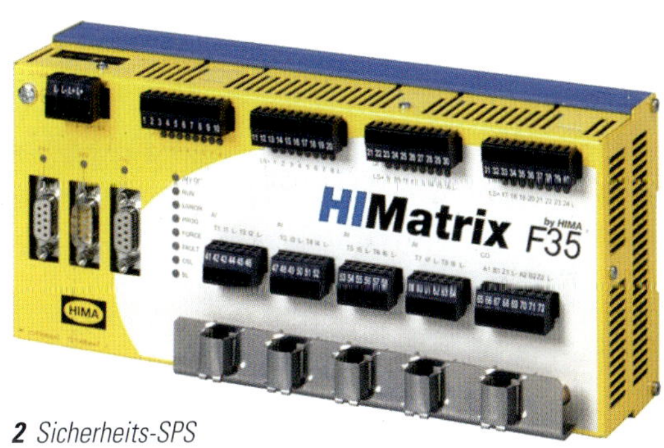

2 *Sicherheits-SPS*

Sicherheitskreise. Das Steuerprogramm kann dann entsprechend reagieren. Es kann z. B. vorsehen, dass nach einem NOT-AUS der Anlage für einen Neustart zunächst ein Quittiertaster gedrückt werden muss.

MERKE

Ein NOT-AUS-Signal darf nicht ausschließlich durch eine herkömmliche SPS verarbeitet werden, denn mit einer beschädigten SPS könnte es unmöglich sein, den NOT-AUS zu schalten. Ein NOT-AUS erfolgt ausschließlich über die Hardware.

Anstelle der Sicherheitsschaltgeräte kommen zusätzlich zur herkömmlichen SPS sicherheitsgerichtete, **fehlersichere speicherprogrammierbare Steuerungen** (Bild 2) zum Einsatz, die die Sicherheitskreise überwachen und bei Gefahr reagieren. Ihr Vorteil liegt in der freien Programmierbarkeit.

1.3 Automatisierungssysteme

MERKE

Informationstechnische Systeme, die Prozessgeräte miteinander verbinden, werden „Automatisierungssysteme" genannt.

Automatisierungssysteme *(automation systems)* fassen alle Funktionen von Steuerungen und Regelungen zusammen. Es wird dann eine abgestufte und gegliederte **Leitstruktur** angestrebt, wie sie in Bild 1 dargestellt wird. Folgende Elemente sind Bestandteil eines Automatisierungssystems:

- Sensoren
- Aktoren
- Regler
- SPS-Geräte
- Bussysteme
- Leitrechner
- Prozessvisualisierungssoftware

Die Leitstruktur ist Bestandteil einer übergeordneten digitalen Betriebsführung.

Überlegen Sie!

Erklären Sie den Unterschied zwischen automatisierten Systemen und Automatisierungssystemen. Beachten Sie dabei die Ausführungen auf Seite 498.

Im Anwendungsbeispiel der Fertigungseinheit für das Anschweißen von Griffen an eine Gasflasche (Bild 2 auf Seite 498) sind dabei folgende Systeme über Bussysteme miteinander verbunden:

- die Rollenförderer,
- die Roboter und
- die SPS.

Dies Fertigungseinheit steht wieder im Verbund mit weiteren Fertigungseinheiten wie z. B. weiteren Schweißeinheiten und der Lackiereinheit. Über entsprechende **Kommunikationsverbindungen** werden alle Einheiten über einen zentralen Prozessrechner geführt und überwacht.

Aus den Anforderungen folgt, dass sowohl alle Regler und SPS-Geräte in der Lage sein müssen, neben der Erfüllung ihrer Aufgaben Informationen untereinander auszutauschen. Für diese Kommunikation werden spezielle Datenübertragungssysteme genutzt.

Folgende Anforderungen werden an Automatisierungsbussysteme gestellt:

- Hersteller unabhängig: Es können Geräte unterschiedlicher Hersteller kombiniert werden.
- Plattform übergreifend: Es können unterschiedliche Technologien miteinander kombiniert werden.
- Störsicher: Die Anlage ist robust gegenüber Störungseinflüssen wie z. B. elektromagnetischen Feldern.
- Hohe Ausfallsicherheit: Die Systeme sind so konzipiert, dass sie geringe Ausfall- und Wartungszeiten haben.

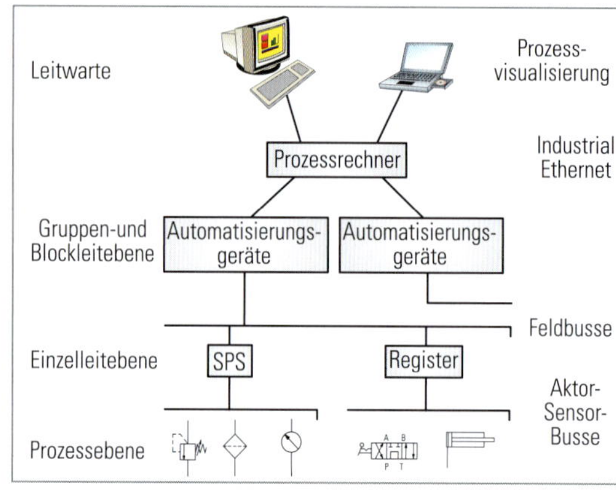

1 *Prozessleitebenen*

- Offene Kommunikationsstandards: Es werden Kommunikationsstandards verwendet, die allen Herstellern zugänglich sind.

Häufig sind auch noch Anforderungen des **Explosionsschutzes** zu erfüllen.

MERKE

Ein Automatisierungsbussystem stellt flexible Kommunikationsverbindungen zwischen Geräten her.

Dazu wird folgendes festgelegt:

- Maximale Anzahl der Kommunikationsteilnehmer
- Adressierung der Teilnehmer
- Format der Nachrichten

Je nach Einsatz innerhalb der Automatisierungsebenen gibt es unterschiedliche Systeme:

- Sensor-/Aktorbusse
- Feldbusse
- Leitnetze

1.3.1 Sensor-/Aktorbus

Sensor-/Aktorbusse verbinden Sensoren und Aktoren, die über spezielle integrierte **Kommunikationscontroller** verfügen. Diese können z. B. als Schaltgeräte (Bild 2) in der Steuerung der Fertigungsstraße eingesetzt werden. Die Installation der Komponenten erfolgt durch Aufklemmen auf spezielle Leitungen mittels Schneidklemmen. Gängige Produkte sind der ASI-Bus und der Inter-Loop.

2 *Schalteinheit mit AS-Interface*

1.3.2 Feldbus

Der Austausch der Daten zwischen den einzelnen Teilsystemen der als Beispiel angeführten Schweißanlage erfolgt über ein Feldbussystem. Feldbusse *(field buses)* verbinden Steuer-,

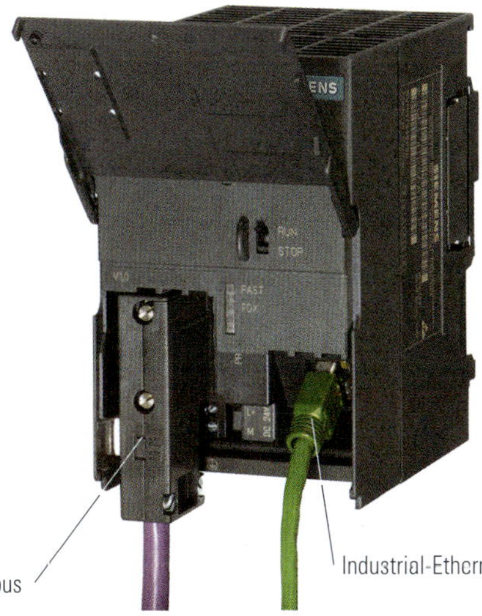

1 *Automatisierungsgerät mit Schnittstellen für Profibus und Industrial-Ethernet*

Regelgeräte und Prozessrechner. Ausserdem stellen sie über spezielle Komponenten die Verbindung zwischen Sensor-/Aktorbussen und Leitbussen her (Bild 1).

Über Feldbusse können eine hohe Anzahl von Teilnehmern über eine gemeinsame Leitung miteinander kommunizieren. Diese Teilnehmer können Daten sowohl senden als auch empfangen. Organisiert wird die Kommunikation über Vereinbarungen (Protokolle), welche beispielsweise Folgendes festlegen:

- die Adressierung von Teilnehmern,
- den Aufbau von Datenpaketen,
- die Organisation des Zugriffes auf die Leitung,
- die Erkennung von Fehlern.

In einigen Feldbusssystemen wird in den Kommunikationsleitungen auch die Spannungsversorgung für die Teilnehmer mitgeführt. Feldbusse müssen insbesondere sicherstellen, dass eine Information zeit- und bedarfsgerecht übertragen wird. Typische Feldbus-Vertreter sind der Profibus, der Interbus, CAN und LON.

1.3.3 Leitnetze

Leitnetze *(pilot networks)* integrieren die unterschiedlichen Gruppenleitsysteme und stellen eine übergeordnete Kommunikationsstruktur zu großen Leitrechnern zur Verfügung. Zunehmend wird für diese Anwendung eine Variante des aus der Computervernetzung bekannten **Ethernets** (Industrial-Ethernet) eingesetzt. Prinzipiell ähneln die Funktionen der Leitnetze denen der Feldbusse. Sie sind jedoch hinsichtlich der Sammlung und Verteilung von Daten optimiert.

1.3.4 Prozessvisualisierung

Die Einrichtung und Bedienung der Fertigung der Gasflaschen wird über das Bedientableau vorgenommen (Bild 2, vgl. auch Seite 500). Dieses steht über einen Feldbus (z. B. Profibus) mit

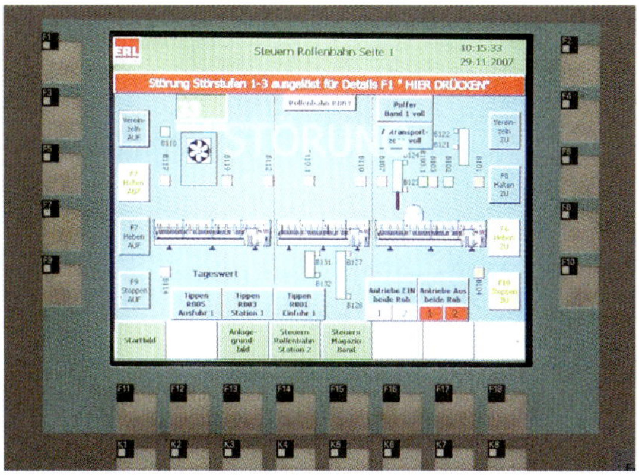

2 *Bedienpanel*

den anderen am Prozess beteiligten Teilsystemen in Verbindung. Über eine spezifische Software kann auf alle Funktionen des Prozesse zugegriffen werden. In Form einer einfachen und übersichtlichen grafischen Darstellung ist der Aufbau und Wirkzusammenhang des Prozesses abgebildet *(process visualisation)*. Dazu gehören auch Einblendungen der aktuellen Betriebswerte und Prozessparameter. Über entsprechende Schaltflächen ist ein Eingriff in den Ablauf möglich.

Die Software dient folgenden Zwecken:

- Darstellung des Prozessabbildes
- Darstellung aktueller Betriebswerte
- Vorgabe von Werten (Parametrierung)
- Eingriff in den Prozess.

1.3.5 Schnittstellen

Schnittstellen werden eingesetzt, um die Verbindung zwischen Automatisierungsgeräten, Sensoren, Aktoren, Handhabungsgeräten, Robotern, Bedienfeldern und Programmiergeräten herzustellen. Die Programmierung eines Automatisierungsgeräts erfolgt z. B. über das Laden eines Programms von einem Datenträger oder Computer (Bild 3).

MERKE

Schnittstellen stellen die Verbindung zwischen mechanischen, elektrischen oder logischen Funktionseinheiten wie z. B. Geräten, Baugruppen und Programmen her.

3 *Programmierung eines Automatisierungsgeräts*

Schnittstellen *(interfaces)* sind bezüglich folgender Kriterien genormt:

- Form der Steckverbindung (Steckgesicht)
- Belegung der Anschlüsse
- Form und Pegel der elektrischen Signale
- Art und Anzahl der Steuersignale
- Art der Codierung der Information
- Datenübertragungsgeschwindigkeit

1.3.5.1 Schnittstellen SPS – Anlage

Schnittstelle SPS – Aktoren

Schnittstelle *(interface)* zwischen der SPS und den Aktoren sind die **elektromagnetisch betätigten Ventile** *(electromagnetic valves)*. In automatisierten Systemen mit Pneumatikkomponenten findet man eine hohe Anzahl von pneumatischen Antrieben, die durch Magnetventile angesteuert werden. Jedes dieser Ventile benötigt eine Zuluftleitung und eine Entlüftung. Jeder Elektromagnet wird über eine Leitung elektrisch angesteuert und jedes Ventil muss einzeln montiert werden. Dieser Umstand hat einen enormen Installations- und Zeitaufwand bei der Fehlersuche zur Folge. Abhilfe schafft hier die Verwendung von **Ventilinseln** *(valve clusters)* (Bild 1), bei der mehrere Ventile zu einer **Batterie** *(battery)* montiert werden. Somit ist nur noch **eine Verschlauchung für die Zuluft** notwendig. Kanäle im Inneren versorgen jedes Ventil mit Druckluft. Ebenso benutzen die einzelnen Ventile denselben Entlüftungsanschluss. Arbeitsanschlüsse sorgen dann für die Druckluftversorgung der einzelnen Zylinder.

Ein **pneumatischer Multipol** *(pneumatic multipole)*, der den kompletten Ventilblock von der pneumatischen Anschlussebene trennbar macht, ermöglicht mit wenigen Handgriffen den Austausch der Ventilinsel bei bestehender Verschlauchung.

Ähnlich verhält es sich mit den Magnetspulen der Ventile. Diese werden intern zu einem Sammelanschluss zusammengefasst. Eine mehradrige Leitung verbindet die Ventilinsel mit der SPS.

MERKE

Die Ventilinsel, die pneumatische und die elektrische Verteilung sind

- installationsfreundlich
- wartungsfreundlich
- materialsparend

Schnittstelle SPS – Signalglieder

Auch hier bietet sich die Verwendung einer Sammelleitung an. Die Signale der einzelnen Sensoren (Bild 2) werden zentral gesammelt und dann über eine Sammelleitung mit der SPS verbunden.

1.3.5.2 MPI Schnittstelle

Die MPI Schnittstelle (MPI: **M**ulti **P**oint **I**nterface) ist eine herstellerspezifische Kommunikationsschnittstelle von Automatisierungsgeräten der Fa. Siemens. An diese Schnittstelle können Programmiergeräte, Computer, Bediengeräte (Touchpanels) oder weitere Automatisierungsgeräte angeschlossen werden (Bild 3). Über Adapter kann die MPI Schnittstelle mit seriellen Schnittstellen des Computers verbunden werden.

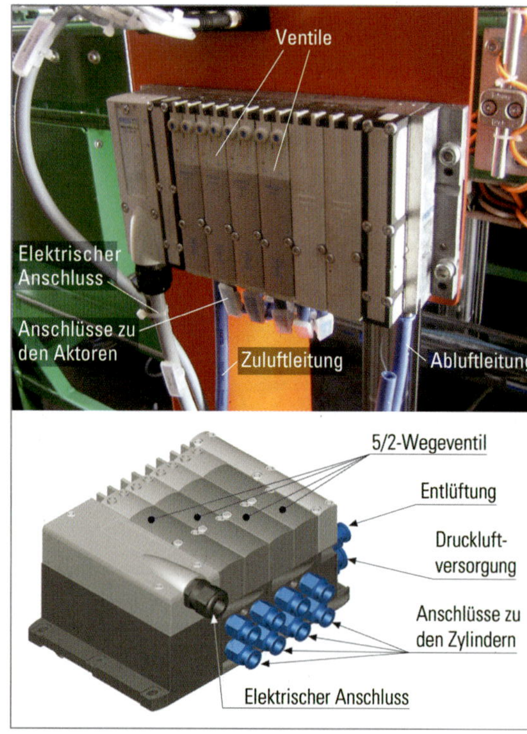

1 *Ventilinsel*

2 *Verbindung der Sensoren mit der SPS über Multipol*

3 *Bediengerät mit MPI-Schnittstelle*

1.3.5.3 Serielle Schnittstelle

Die serielle Schnittstelle (Bild 1) ist auch als **COM-Schnittstelle**[1] bekannt. Es werden die Daten nacheinander (seriell) über eine Leitung übertragen. Dazu werden die parallelen Datenworte nacheinander in Form von elektrischen Spannungspegeln über ein Aderpaar übertragen. Weitere Adern dienen der Steuerung der Kommunikation. Es besteht immer nur eine Punkt-zu-Punkt-Verbindung.

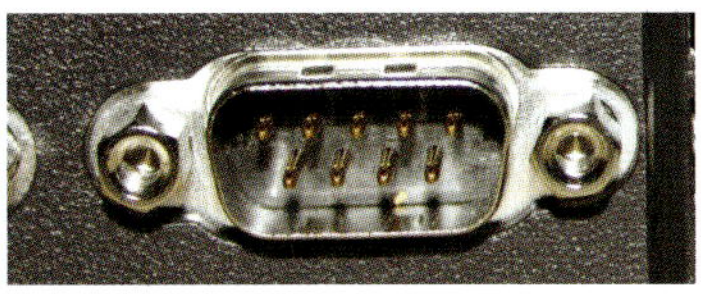

1 Serielle Schnittstelle

1.3.5.4 USB-Schnittstelle

Aktuelle Computersysteme, Mobiltelefone und Peripheriegeräte werden überwiegend mit USB[2]-Schnittstellen ausgeliefert. Sie können unterschiedliche Steckverbindungen aufweisen (Bild 2). Bei der USB-Schnittstelle werden die Daten seriell in Form von Paketen übertragen. Dabei ist ein gleichzeitiger paralleler Anschluss von bis zu 127 Geräten möglich.

2 USB-Schnittstellen

Überlegen Sie!

Ermitteln Sie an einem PC, welche Schnittstellen zur Verfügung gestellt werden.
Für welche Zwecke können sie jeweils verwendet werden?

ÜBUNGEN

1. Was versteht man unter automatisierten Systemen?
2. Welche Aufgaben übernimmt die Fachkraft in automatisierten Systemen?
3. Nennen Sie die wesentlichen Baugruppen einer SPS. Nach welchen Prinzip arbeitet diese?
4. Eine SPS kann binäre und analoge Signale verarbeiten. Wo ist der Unterschied? Nennen Sie Beispiele.
5. Welche Bedeutung haben die Bezeichnungen E0.3 bzw. A1.5?
6. Nennen Sie die Hauptaufgaben der Zentraleinheit einer SPS.
7. Eine SPS arbeitet zyklisch. Welchen Nachteil kann dies haben?
8. Welche Vorteile hat die SPS gegenüber der verbindungsprogrammierten Steuerung (VPS)?
9. Wann ist der Einsatz einer SPS nicht sinnvoll?
10. Welche Arten der Programmierung für eine SPS gibt es? Welchen Vorteil hat die grafische Programmierung?
11. Ersetzten Sie nachfolgende Verknüpfungslogik durch einen alternativen Baustein aus der Funktionsbausteinsprache (FBS).

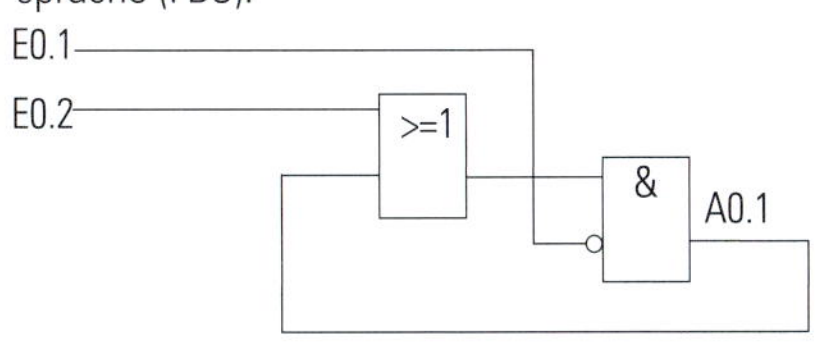

12. Welche Aufgabe hat die Zuordnungsliste?
13. Beschreiben Sie den Aufbau eines GRAFCET-Plans. Welche Arten von Aktionen werden unterschieden?
14. Welchen Vorteil hat die Verwendung von Teil-Grafcets?
15. Erläutern Sie den Unterschied, die Vor- und Nachteile bei der linearen und der strukturierten Programmierung einer SPS.
16. Wie könnte die Programmstruktur einer Ablaufsteuerung aussehen?
17. Welche Aufgaben erfüllen Funktionsbausteine in der SPS-Programmierung?
18. Welche Aufgabe haben Merker? Welche Arten von Merkern werden unterschieden?
19. Was ist eine Flankenauswertung und wann ist diese sinnvoll?
20. Skizzieren Sie alle Ein- und Ausgabebedingungen für einen Schritt einer Schrittkette.
21. Nennen Sie die einzelnen Schritte bei der Inbetriebnahme einer SPS-gesteuerten Anlage.
22. Was sind die Ziele einer Prozessoptimierung?
23. Was beschreibt die europäische Maschinenrichtlinie grundsätzlich?
24. Was dokumentiert der Hersteller einer Maschine mit der CE-Kennzeichnung?

1) COM: engl. Communication 2) USB: **U**niversal **S**erial **B**us

25. Wie ist die Vorgehensweise, um mögliche Gefährdungen, die von einer Maschine ausgehen könnten, auszuschließen?

26. Was schreibt die Maschinenrichtlinie für SPS-gesteuerte Anlagen vor?

27. Warum ist eine NOT-AUS-Einrichtung grundsätzlich als Öffner auszuführen?

28. Was sind Sicherheitsschaltgeräte und was tun sie, wenn z. B. ein NOT-AUS-Signal ausgelöst wird.

29. Warum darf ein NOT-AUS-Signal durch keine herkömmliche SPS verarbeitet werden.

30. Welche Kennzeichnungen geben einen Hinweis auf die Einhaltung von Sicherheitsrichtlinien an einer Maschine?

31. Welche besonderen Eigenschaften muss ein Sensor oder Aktor besitzen, der in ein umfassendes Automatisierungssystem eingebunden werden soll?

32. Welche Unterschiede besitzen Automatisierungsgeräte gegenüber einer SPS?

33. Welche Möglichkeiten haben Sie, um eine SPS oder ein Automatisierungsgerät zu programmieren?

34. Nennen Sie Vorteile der seriellen Datenübertragung.

35. Nennen Sie Beispiele für die Verwendung von Schnittstellen.

36. Welche Vorteile ergeben sich, wenn für die Kommunikation in Leitsystemen eine einheitliche Kommunikationsstruktur verwendet wird?

37. Welche Grundfunktionen sollte eine Prozessvisualisierungssoftware besitzen?

38. Wie ist eine Ventilinsel aufgebaut und welchen Vorteil hat ihre Verwendung?

39. Was ist ein pneumatischer Multipol?

Projektaufgabe: Vorrichtung zum Vereinzeln von Rotoren

Bei der Fertigung von Rotoren für Umwälzpumpen werden deren Wellen in einem Magazin zwischengelagert. Über eine Verschiebeeinrichtung gelangen sie auf eine Rutsche. Dort werden sie vereinzelt und einer Schwenkeinheit zugeführt. Diese dreht die Welle und führt sie einem Greifer zu. Der Greifer setzt die Rotoren auf einem Montageautomat ab, wo dann die Lager, Dichtungsringe und das Schaufelrad aufgesetzt werden. Die Anlage soll durch eine SPS gesteuert werden. Folgende Randbedingungen sind zu beachten:

- Die Anlage soll sich im Einzelbetrieb und Dauerzyklus betreiben lassen, wobei ein Arbeitszyklus nur starten kann, wenn die Schwenkeinheit das Signalglied -BG5 und die beiden Zylinder in der Ausgangsstellung die beiden Reed-Schalter -BG2 und -BG4 betätigen. Mit einem Drehschalter wird zwischen dem Einzelbetrieb und dem Dauerzyklus umgeschaltet. Ein Start-Taster startet den Arbeitszyklus.
- Beim Betätigen eines Stopp-Tasters wird der Zyklus beendet.
- Durch ein Rücksetzsignal wird die Schrittkette für die Anlage rückgesetzt.
- Eine grüne Lampe signalisiert Betriebsbereitschaft durch ein Dauerlicht. Im Dauerbetrieb soll diese blinken.
- Im Einzelzyklus leuchtet eine gelbe Kontrolllampe. Sie soll blinken, wenn der Taster -BG5 nicht betätigt ist.

  a) Stellen Sie den Ablauf in einem Grafcet-Plan dar.

  b) Erstellen Sie eine Zuordnungsliste mit allen benötigten Bauteilen.

  c) Erstellen Sie ein strukturiertes Programm mit den Programmteilen für die Bedienung, für die Schrittkette, für die Signalausgabe und die Meldungen.

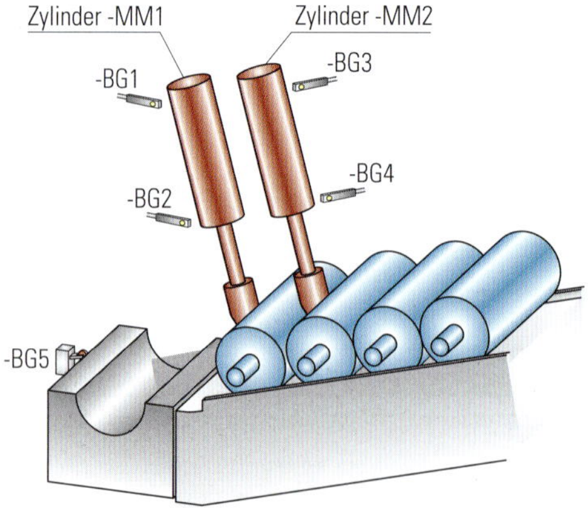

2 Handhabungstechnik

In allen Fertigungs-, Montage- und Transportabläufen sind immer wiederkehrende Handhabungsvorgänge *(handling processes)* notwendig. So müssen z. B. Paletten bestückt werden, Werkzeugmaschinen sind zu beschicken, Werkzeuge sind zu wechseln, aus Druckguss- oder Spritzgussmaschinen sind die Teile zu entnehmen oder im Karosseriebau sind die Bleche zu schweißen.

MERKE

Handhabungsgeräte rationalisieren und präzisieren Fertigungs-, Montage- und Transportabläufe.

Darüber hinaus werden die Arbeitsplätze durch die Handhabungsgeräte *(handling devices)* humanisiert, da körperbelastende oder gefährliche Arbeiten von diesen übernommen werden.

2.1 Einteilung der Handhabungsgeräte

handgesteuert	maschinengesteuert		
Manipulatoren	**Einlegegeräte**	**Handhabungsautomaten**	**Industrieroboter**
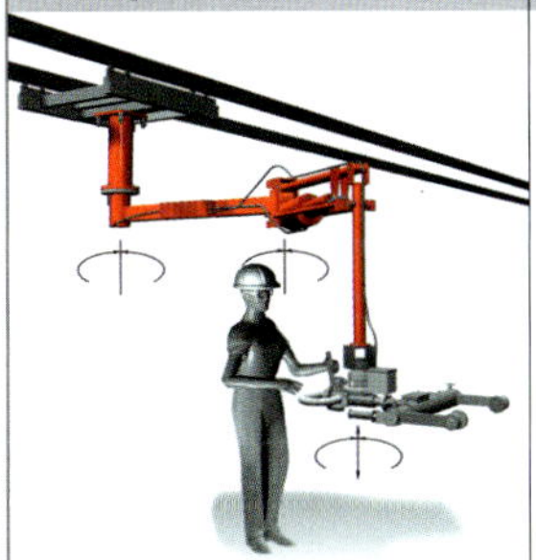	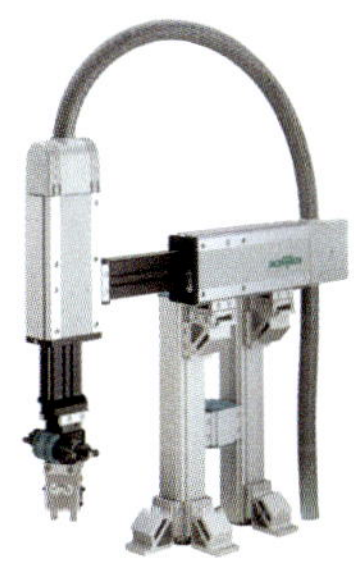		
Manipulatoren *(manipulators)* sind **manuell gesteuert** *(manually driven)* und werden vorwiegend zum Bewegen schwerer Lasten und in Gefahrenbereichen eingesetzt (vgl. Lernfeld 10 Kap. 6).	Einlegegeräte *(pick-and-place robots)* sind **fest programmiert**, d. h., der Bewegungsablauf ist fest vorgegeben. Aufgrund ihrer Konstruktion sind sie in ihrer **Bewegungsmöglichkeit** stark begrenzt und nur für eine ganz bestimmte Aufgabe konzipiert. Der Antrieb erfolgt meist durch hydraulische oder pneumatische Linear- oder Drehantriebe. Sie führen nur eine Punkt-zu-Punkt-Bewegung durch und werden z. B. zum Bestücken von Werkzeugmaschinen mit Rohteilen oder für einfache Montagevorgänge eingesetzt. Oft werden sie auch als **Pick-and-Place-Geräte** (Aufnehmen und Ablegen) bezeichnet.	Handhabungsautomaten *(handling robots)* arbeiten selbsttätig im **Verbund mit programmierbaren Maschinen**; so wird z. B. der Werkzeugwechsler in einer CNC-Maschine durch eine SPS gesteuert und entnimmt nach einer Anweisung des CNC-Programms der Arbeitsspindel ein Werkzeug und setzt aus dem Magazin ein anderes Werkzeug ein.	Industrieroboter *(industrial robots)* sind **frei programmierbar**. Sie sind **universell einsetzbar**, ■ da der Bewegungsablauf vom Programm abhängt und je nach Aufgabenstellung geändert werden kann und ■ da er je nach Aufgabe mit auswechselbaren Greifern oder Werkzeugen ausgestattet werden kann.

MERKE

Es gibt handgesteuerte *(manually driven)* und maschinengesteuerte *(automatically driven)* Handhabungsgeräte. Der Industrieroboter ist frei programmierbar und daher universell einsetzbar.

2.2 Industrieroboter

Der Industrieroboter (slawisch robota = schwer arbeitend) wurde zum ersten Mal 1965 in den USA und 1970 in Deutschland eingesetzt. Seitdem hat seine Nutzung und auch seine Bedeutung in der automatisierten industriellen Fertigung stark zugenommen (Bild 1). Im Beispiel der Gasflaschenfertigung (Kap. 1.1) unterstützen ein Bestückungsroboter und ein Schweißroboter den Fertigungsprozess *(production process)*, wobei der erste die Griffe auf die Flasche aufsetzt und der zweite diese dann verschweißt.

Genau wie bei CNC-Maschinen sind die Bewegungen der Achsen in ihrer Lage und in ihrer Geschwindigkeit geregelt. Da die einzelnen Achsen unabhängig voneinander wirken, ist jede von ihnen mit einem eigenen Antrieb und dem entsprechenden Wegmesssystem ausgestattet (vgl. Lernfeld 8). Wahlweise kann der Industrieroboter seinen Zielpunkt entweder **punkt-**[1] *(point-to point controlled)* oder **bahngesteuert**[2] *(continuous path controlled)* anfahren (Bild 2). Im **PTP-Betrieb** erreicht der Roboter innerhalb der kürzesten Zeit seinen Zielpunkt. Der genaue Verlauf des Weges ist nicht vorhersehbar. Bei Transportvorgängen wie z. B. der Griffe für die Gasflaschen ist deshalb ein punktgesteuertes Anfahren des Zielpunkts ausreichend, vorausgesetzt, es befindet sich **kein Hindernis** zwischen Anfangs- und Endpunkt.

Im **CP-Betrieb** kann das Ziel entweder auf einer **Geraden (Linearinterpolation)** oder auf einer **Kreisbahn (Zirkularinterpolation)** angefahren werden, wobei die einzelnen Achsbewegungen genau aufeinander abgestimmt sein müssen. Beim Schweißen der Griffe ist eine Bahnsteuerung notwendig.

Darüber hinaus gibt es noch die Möglichkeit, durch eine **Spline**[3]**-Interpolation** (Bild 3) mithilfe von programmierten Bahnstützpunkten, entsprechend der Biegelinie eines Drahtes, eine Bewegung auf einer durchgängigen Bahn zu definieren.

Ähnlich wird beim **Überschleifen** (Bild 4) bei einer Aneinanderreihung von Linear-, Circular- oder Spline-Interpolationen eine weiche kontinuierliche Bewegung erreicht. Dabei werden die programmierten Eckpunkte der zusammengesetzten Bewegungen abgerundet.

MERKE

Der Industrieroboter ist, wie die CNC-Maschine, eine geregelte Maschine. Die Zielpunkte können punkt- oder bahngesteuert angefahren werden.

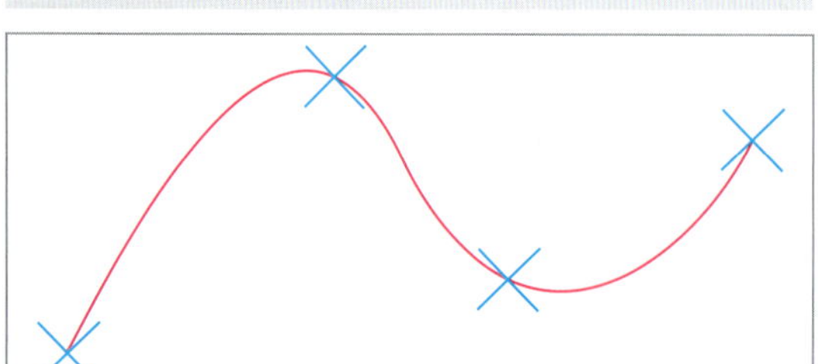

3 *Beispiel für einen 2D-Spline; die blauen Kreuze sind die Stützpunkte*

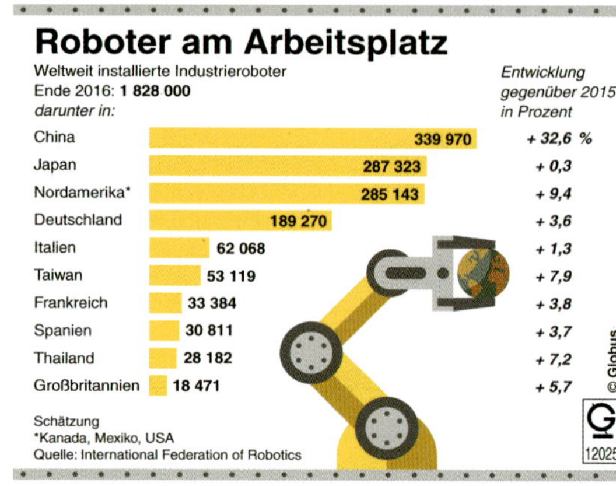

1 *Einsatz von Industrierobotern weltweit*

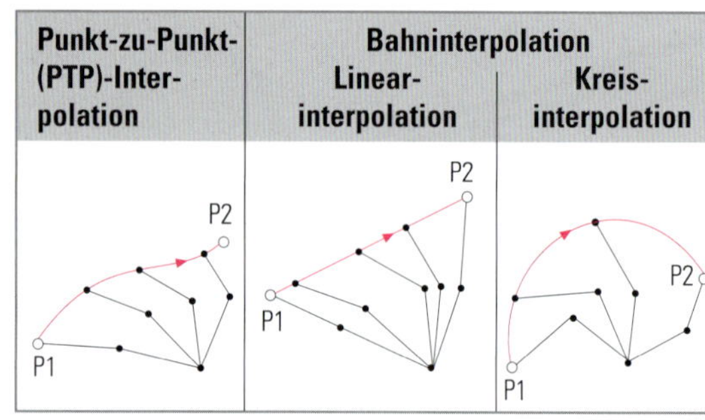

2 *Interpolationsarten*

4 *Überschleifen*

1) PTP: **P**oint **t**o **P**oint = Punkt-zu-Punkt-Bewegung 2) CP: **C**ontinous **P**ath = stetige Bahn
3) spline (engl.: langes, dünnes Stück Holz, Kurvenlineal)

2.2.1 Grundachsen[1]-Typen von Industrierobotern

Grundsätzlich gibt es zwei mögliche Achsbewegungen *(motions of axes)* bei Robotern. Das sind:

- **drehende** (rotatorische) Bewegungen *(rotary motions)*
- **lineare** (translatorische) Bewegungen *(translational motions)*

In Abhängigkeit von der Konstruktion gibt es zwei Grundtypen mit **nur translatorischen** oder **nur rotatorischen** Achsen. Es gibt aber auch Typen, bei denen sowohl translatorische als auch rotatorische Achsen zu finden sind.

Typ	Mögliche Achsbewegungen	Arbeitsraum	Eigenschaften/ Anwendungen
Portalroboter 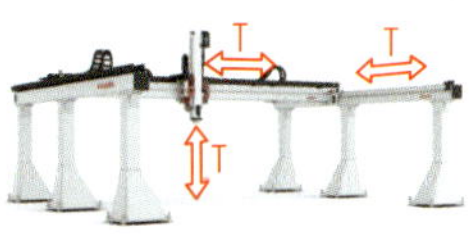	3 Linearachsen TTT T: translatorisch	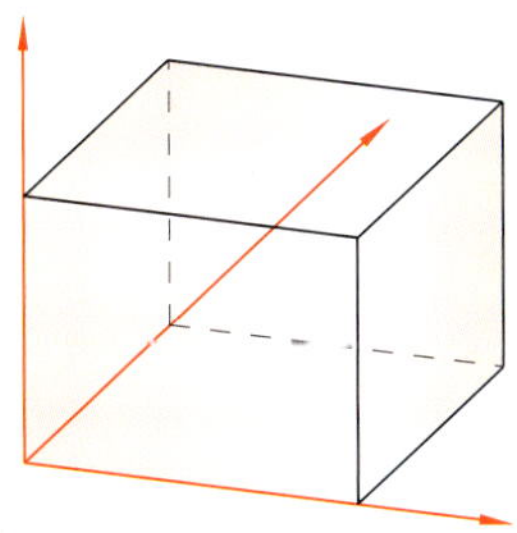	Einfache Konstruktion, einfach räumlich zu programmieren Einlegen von Werkzeugen und Werkstücken, Palettieren, Montage
Schwenkarmroboter 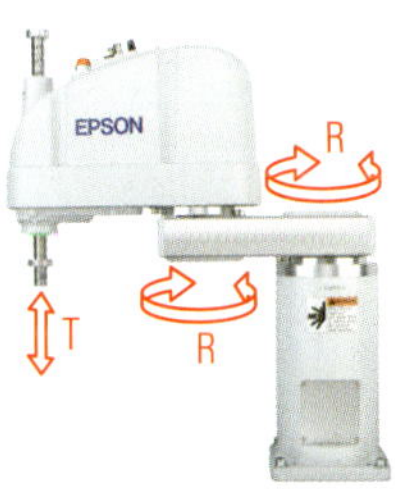 Scara[2]-Roboter	1 Linearachse 2 Drehachsen RRT[3] R: rotatorisch	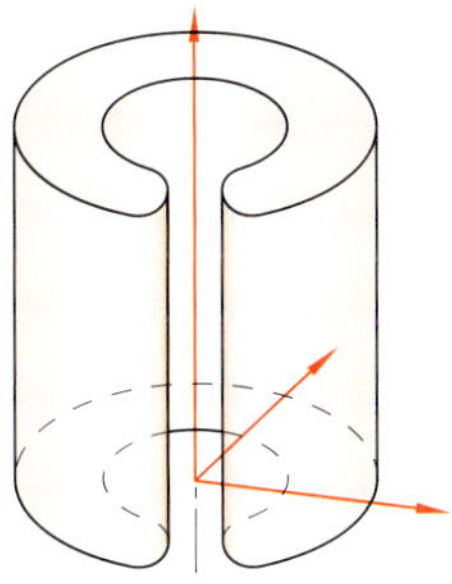	Stabile senkrechte, lineare Achse, deshalb ist diese auch die Hauptarbeitsrichtung wie z. B. zum Fügen. In den horizontalen, rotatorischen Achsen ist der Schwenkarmroboter nachgiebig. In der Fertigung zum Bohren, in der Montage, zum Prüfen.
Drehgelenkroboter 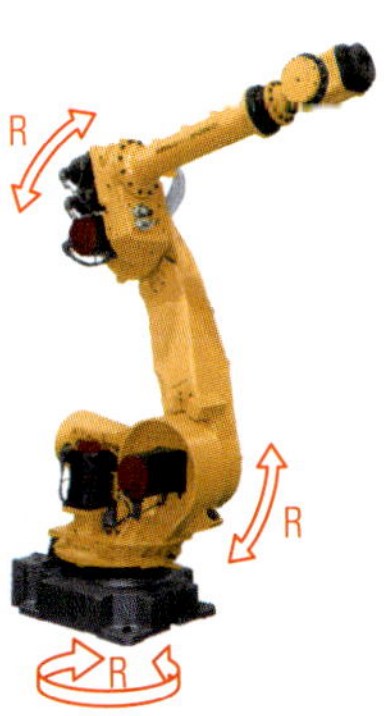	3 Drehachsen RRR	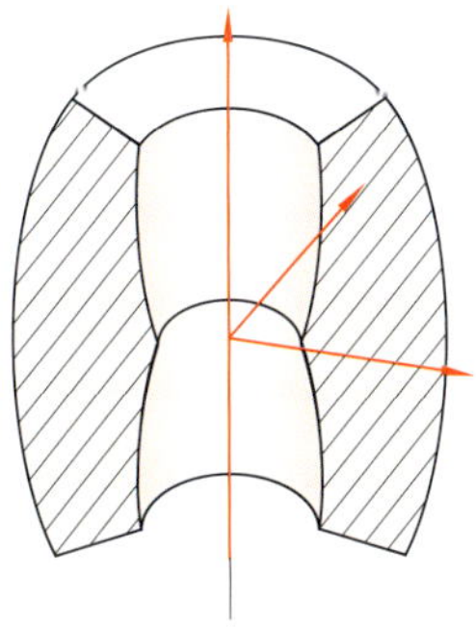	Wird auch als Knickarmroboter *(articulated robot)* bezeichnet. Sehr beweglich und deshalb vielseitig einsetzbar. Schweißen, Schneiden, Transportieren, Montieren, Lackieren, Bestücken von Platinen usw.

***1** Typen von Industrierobotern*

2.2.2 Kenngrößen von Industrierobotern

Das **Datenblatt** *(technical data sheet)* eines Industrieroboters (siehe Seite 526) gibt Auskunft über wichtige Kenngrößen *(characteristics)* und somit auch über seine Einsatzmöglichkeiten. In der Richtlinienreihe VDI 2861 werden technische Begriffe und Kenngrößen für Industrieroboter definiert. Man unterscheidet hier:

Belastungskenngrößen *(load characteristics)*

- Die **Nennlast** *(nominal load)* gibt an, welche Masse der Roboter unter Einhaltung einer bestimmten Geschwindigkeit und Genauigkeit bewegen kann. Sie setzt sich aus der **Werkzeug-** und **Nutzlast** *(tool- and payload)* zusammen. Die Nutzlast ist die Masse des zu bewegenden Objektes.

1) Unter den Grundachsen versteht man hier die Hauptachsen des Roboters (vgl. Kap. 2.2.3) 2) Scara: **S**elective **C**ompliance **A**ssembly **R**obot **A**rm
3) Die Bezeichnung der Achsen beginnt immer mit der ersten Bewegungsmöglichkeit des Roboters, die der Basis am nächsten ist. Die Basis gibt der Hersteller vor.

Typ / Type / Type:	RV30-16	RV30-26
Maximallast max. payload / charge maximale	16 kg	26 kg
Zusatzlast A3 additional load A3 / charge supplémentaire A3	20 kg	20 kg
Achsdaten / axis data / données axes	Geschwindigkeit / speed / vitesse	
Achse / axis / axe 1 (A1)	165 °/s	165 °/s
Achse / axis / axe 2 (A2)	165 °/s	165 °/s
Achse / axis / axe 3 (A3)	150 °/s	150 °/s
Achse / axis / axe 4 (A4)	450 °/s	300 °/s
Achse / axis / axe 5 (A5)	450 °/s	300 °/s
Achse / axis / axe 6 (A6)	500 °/s	400 °/s
Wiederholgenauigkeit / repeatability / répétabilité:	± 0,08 mm	± 0,08 mm
Gewicht Grundgerät (ohne Steuerung) weight of standard unit (without control cabinet) poids de l'unité de base (sans armoire)	360 kg	400 kg
Mittlere Leistungsaufnahme medium power consumption / puissance moyenne	1,7 kVA	2,3 kVA
Elektr. Anschlusswert connected load / puissance installée	2,7 kVA	3,7 kVA
Netzseitige Absicherung mains fusing / fusibles au réseau	max. 3x 25A Sicherung träge / fuse slow-blowing / fusible à action retardée	
Schutzart (EN 60529) A1 – A6 protective system (EN 60529) A1 – A6 type de protection (EN 60529) A1 – A6	IP65	IP65
Befestigungsart fastening / position	stehend / upright / debout hängend / suspended / suspendu	

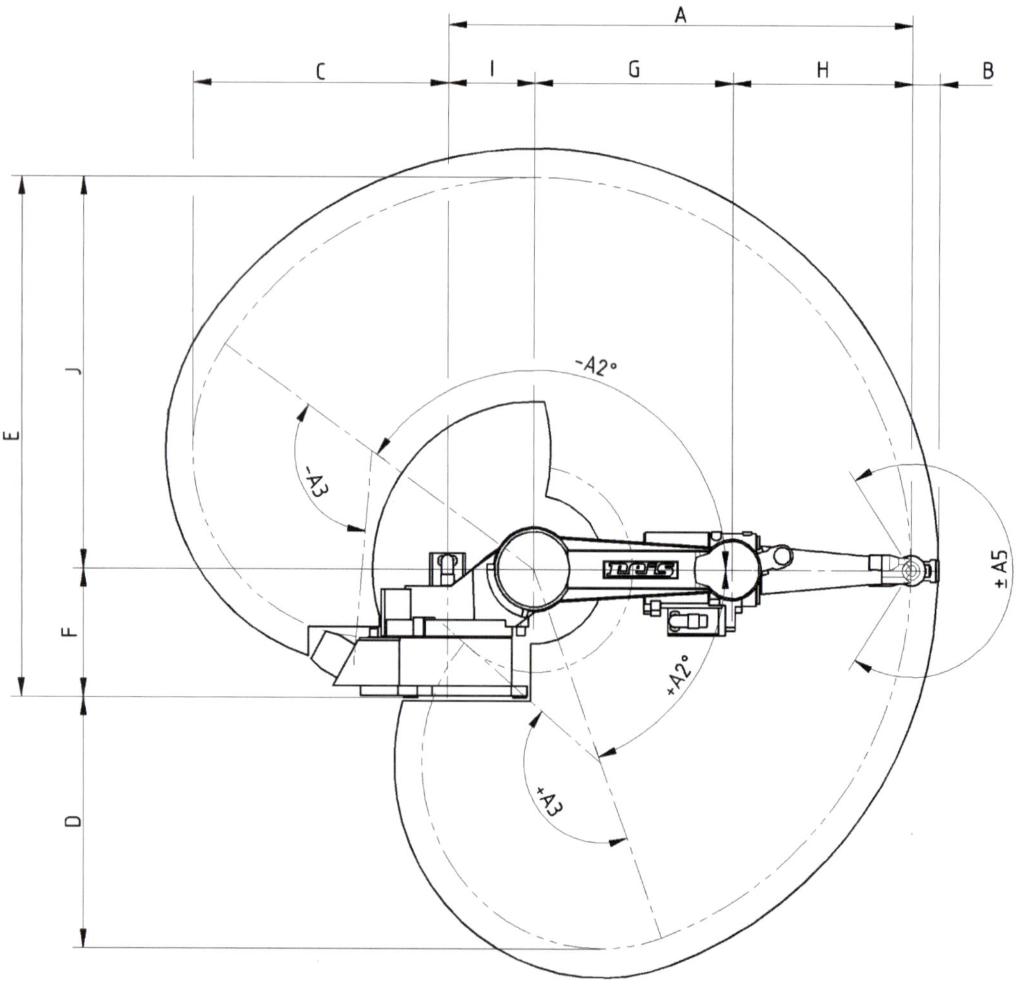

1 *Auszug aus dem Datenblatt eines Industrieroboters (1. Seite)*

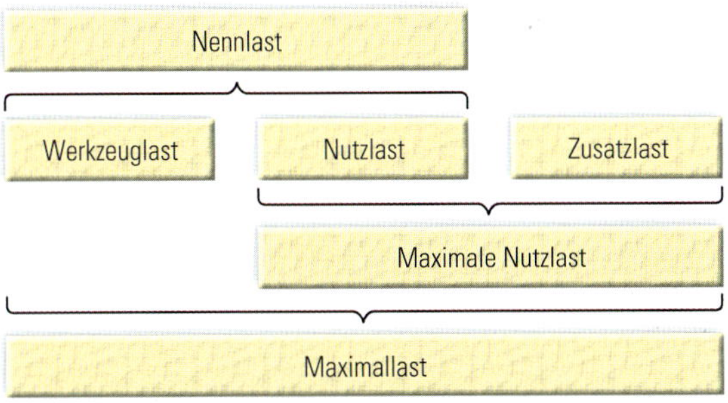

- Bei der Angabe der **maximalen Nutzlast** (Nutzlast + Zusatzlast) bzw. der **Maximallast** (Nennlast + Zusatzlast) gibt es einschränkende Bedingungen z. B. bei den Geschwindigkeiten oder der Genauigkeit.
- Das **Nenndrehmoment** *(nominal torque)* ist das Produkt aus der **Nennlast** und dem **Nennabstand**. Den Nennabstand gibt der Hersteller vor.

Geometrische Kenngrößen *(geometrical characteristics)*

- Der **Arbeitsraum** *(working space)* (siehe Seite 526) ist der Raum, den ein Roboter mit seinem Handgelenkflansch erreichen kann. Dieser hängt ab von der **Lage** und der **Anzahl der Achsen**.
- Zu beachten ist, dass sich am Handgelenkflansch oft Werkzeuge befinden, für die ein **Werkzeugarbeitspunkt** (**TCP**: **T**ool **C**enter **P**oint) festgelegt ist. Der erreichbare Raum wird dadurch vergrößert; er wird als **Werkzeugarbeitsraum** bezeichnet. Der TCP liegt beispielsweise bei einem Schweißbrenner an dessen Spitze.

Kinematische Kenngrößen *(kinematic characteristics)*

- Bei den **Geschwindigkeiten** *(speeds)* werden die Maximalwerte bei Belastung mit der Nennlast angegeben. Für Translationsachsen *(translation axes)* wird die Geschwindigkeit in m/s und für Rotationsachsen *(rotation axes)* in Grad/s angegeben.
- Die **Beschleunigung** *(acceleration)* gibt die Geschwindigkeitsänderung je Zeiteinheit an. Sie wird mit m/s^2 oder Grad/s^2 angegeben.

Genauigkeitskenngrößen *(accuracy characteristics)*

- Die **Posioniergenauigkeit** *(positioning accuracy)* ist die Genauigkeit, mit der ein im Programm beschriebener Punkt angefahren werden kann.
- Die Genauigkeit, mit der der Industrieroboter einen Punkt wiederholt exakt anfahren kann, wird als **Wiederholgenauigkeit** *(repeat accuracy)* bezeichnet.
- Die **Bahnwiederholgenauigkeit** *(path repeat accuracy)* beschreibt, mit welcher maximal zulässigen Abweichung eine bestimmte Bahn wiederholt abgefahren wird.

MERKE

Der Grundachsentyp und die mechanischen Kenngrößen bestimmen das Einsatzgebiet eines Industrieroboters.

2.2.3 Aufbau von Industrierobotern

Ein Industrieroboter besteht aus folgenden Teilsystemen:

Kinematik *(kinematics)* (Bild 1)

Die Kinematik beschreibt die Bewegungsmöglichkeiten des Roboters. Dazu gehört u. a.:

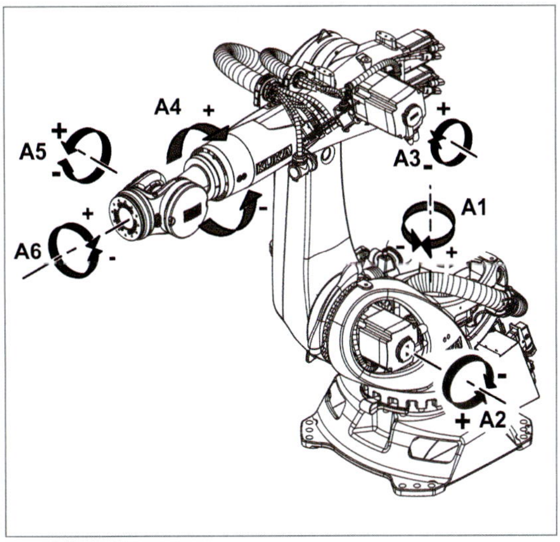

1 Bewegungsmöglichkeiten eines 6-Achsen-Knickarmroboters

- die **Anzahl der Achsen**
  Der Knickarmroboter (Bild 1) besitzt insgesamt sechs Achsen. Drei **Hauptachsen** (Körperachsen) *(principal axes)* 1 ... 3, die die **Positionierung** übernehmen und drei **Nebenachsen** (Handachsen) *(wrists)* 4 ... 6, die für die **exakte Ausrichtung**, die **Orientierung** des Roboterwerkzeugs zuständig sind. Roboterwerkzeuge werden auch oft als **Effektoren** bezeichnet.
- Der **Freiheitsgrad** *(degree of freedom)* des Industrieroboters (Seite 528 Bild 1) gibt an, wie viele **voneinander unabhängige** drehende und verschiebende Bewegungen in einem Bezugssystem *(frame of reference)* möglich sind. Am Beispiel eines Schweißbrenners in einem rechtwinkligen Bezugskoordinatensystem wird deutlich, dass bei einer beliebigen Positionierung und Orientierung der Brennerspitze sechs Angaben nötig sind (Seite 528 Bild 1). So sind zum einen die drei **Verschiebungen** *(displacements)* in X,Y,Z und drei **Drehungen** *(rotations)* A,B,C anzugeben. Der Effektor hätte dann sechs Freiheitsgrade $f = 6$. Um dies zu realisieren, ist ein Knickarmroboter (Seite 528 Bild 1) mit sechs Achsen notwendig. Das heißt aber nicht, dass der Freiheitsgrad identisch mit der Anzahl der Achsen ist. Wenn z. B. ein Scara-Roboter mit einer zusätzlichen vierten Translationsachse ausgestattet ist, die eine Bewegung in dieselbe Richtung wie die erste ermöglicht, dann heißt das nicht, dass sich dadurch der Freiheitsgrad erhöht.

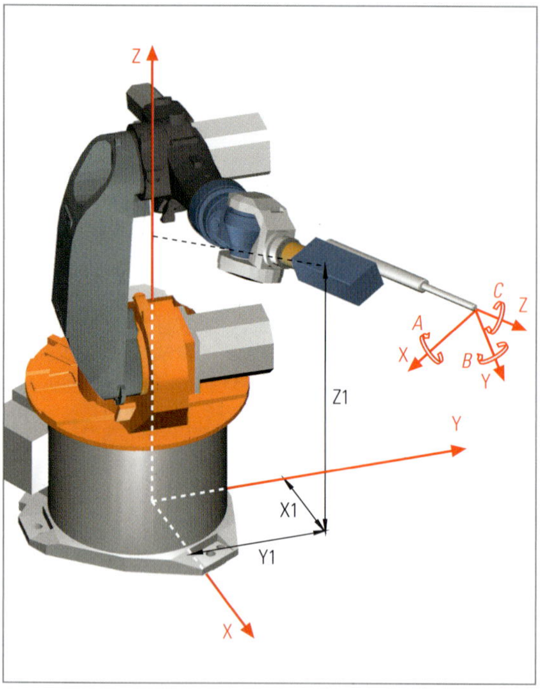

1 Freiheitsgrade eines 6-Achsen-Knickarmroboters

Überlegen Sie!

Wie viele Freiheitsgrade ergeben sich für die dargestellten Industrieroboter?

a)

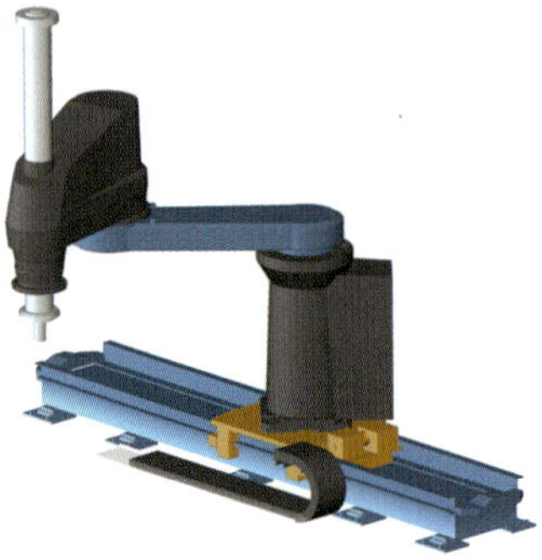

b)

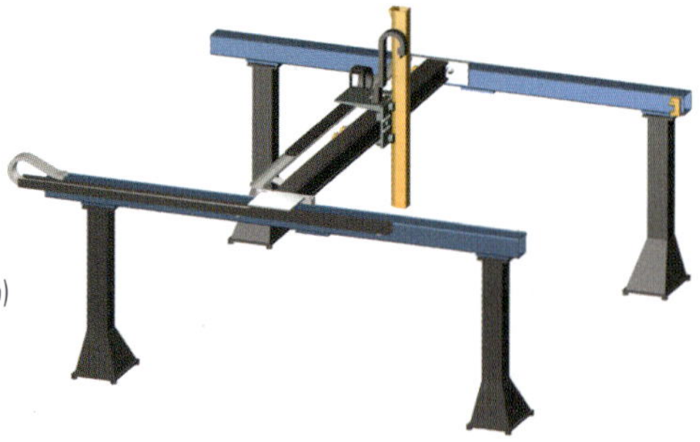

- die **Art der Achsbewegungen** *(kind of axis movements)* (translatorisch, rotatorisch)
- die **Anordnung der Achsen** *(positioning of axes)* (vertikal, horizontal)
- die **Form des Arbeitsraums** *(working space)* (Kubus, Zylinder, Kugel usw.).

Programmierung und Steuerung *(programming and control)* (Seite 529 Bild 1)

Zum Bedienen und Programmieren stehen **Programmierhandgeräte** *(teach pendants)* oder **Offline-Programmiersysteme** zur Verfügung (Kap. 2.2.4). Darüber hinaus stehen Hilfsmittel zum Ein- und Auslesen, zum Archivieren und Dokumentieren von Programmen sowie zur Visualisierung zur Verfügung. Für den Anwender ist das Programmiersystem *(automatic programming system)* die Schnittstelle zum Roboter (HMI: **H**uman **M**achine **I**nterface).

Die Steuerung (Seite 529 Bild 1) entnimmt dem Programm die Bewegungsvorgaben und berechnet daraus die notwendigen Achsbewegungen, die Soll-Werte für die Position und die Geschwindigkeit. Die Bewegungssteuerung muss dazu zwischen Start- und Zielpunkt Zwischenwerte, sog. **Interpolationswerte**, berechnen. Ebenso muss sie die in einem kartesischen Koordinatensystem beschriebene Punkte in entsprechende Achsbewegungen des Roboters umrechnen. Die **Achsregelung** (Bild 2) hat die Aufgabe, die Soll-Werte mit den Ist-Werten der einzelnen Achsen zu vergleichen und die Servomotore so anzusteuern, dass sich die gewünschte Bahn bzw. Bahngeschwindigkeit hinreichend genau einregelt. Eine weitere Aufgabe der Steuerung ist die **Kommunikation** mit der Peripherie z. B. über Sensoren oder mit einer übergeordneten SPS.

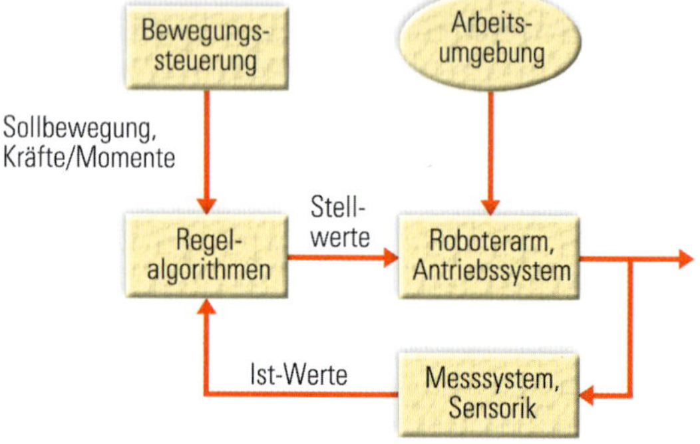

2 Grobstruktur der Achsregelung

Antriebe *(drives)*

Der Antrieb einer Achse besteht meist aus einem Elektromotor und einem Getriebe. Aber auch hydraulische oder pneumatische Antriebe kommen zum Einsatz. Für **translatorische Bewegungen** *(translational motions)* kommen **Antriebe mit Zahnstange** *(gear rack)* und **Stirnrad** *(spur gear)* oder **Kugelgewindetriebe** *(ball screw)* in Frage. **Rotatorische Bewegungen** *(rotary motions)* kommen meist durch Motor-Getriebe-Einheiten *(motor-gear units)* direkt an den Gelenken (Seite 527 Bild 1) zustande. Können diese nicht direkt am Gelenkt montiert wer-

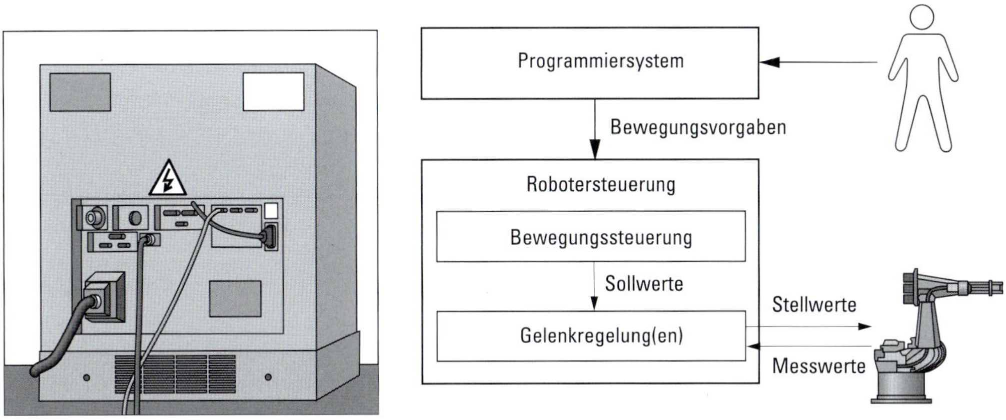

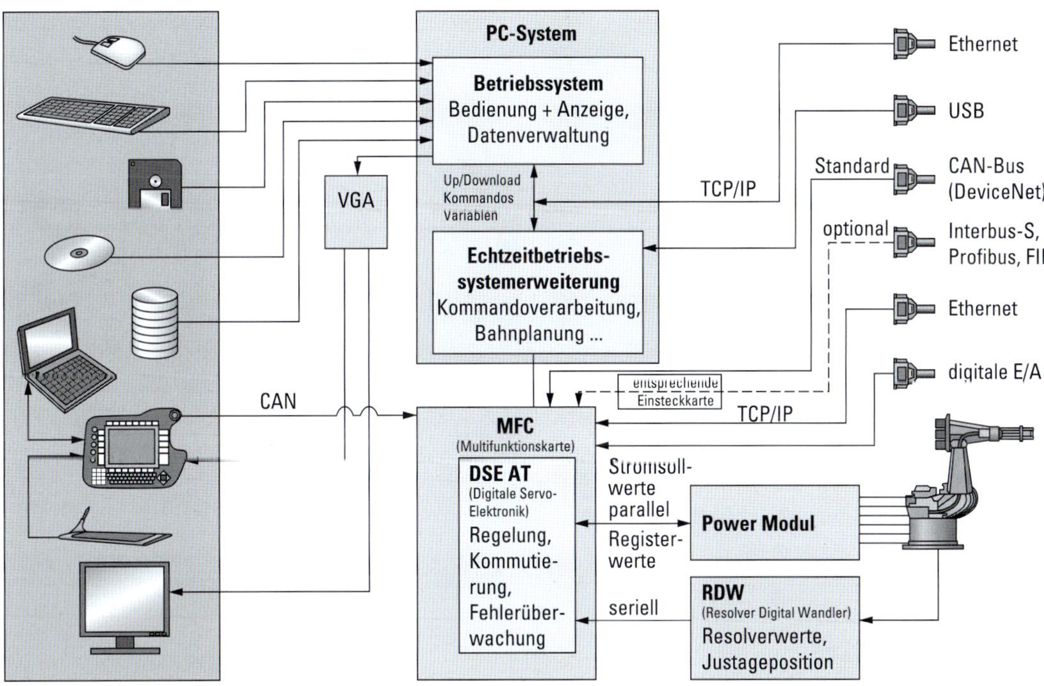

1 *Hauptkomponenten von Programmierung und Steuerung*

den, so werden zwischen Getriebe und Gelenk Riemenstufen zwischengeschaltet (Seite 527 Bild 1). Sehr große Achsen werden über Zahnkränze angetrieben. Zur Drehmomentwandlung werden Getriebe wie z. B. Planetengetriebe und Kegelradgetriebe verwendet (vgl. Lernfeld 10), an die hinsichtlich Spielfreiheit, Steifigkeit, Schwingungsfreiheit usw. hohe Anforderungen gestellt werden.

Sensorik *(sensor system)*

Hier handelt es sich vor allem um **Messsysteme** *(measuring systems)*, um der Achsregelung Informationen über die aktuelle Position und Geschwindigkeit zu liefern. Diese Werte werden dann dazu verwendet, um einen Abgleich zwischen Soll- und Ist- Wert zu schaffen. Es werden dieselben digitalen Längen- und Winkelmesssysteme wie bei den CNC-Maschinen (vgl. Lernfeld 8) eingesetzt. Darüber hinaus liefern weitere Sensoren *(sensors)* Informationen, ob Bauteile zur Handhabung bereitstehen, sie identifizieren Werkstücke, verfolgen die Kontur der Teile bei der Bearbeitung oder sie prüfen die Fertigteile auf ihre Qualität. Bild 1 auf Seite 530 zeigt einen Industrieroboter, der durch ein Bildverarbeitungssystem die Lage beliebig angeordneter Werkstücke erkennt, diese aufnimmt und dann sortiert. Typische Anwendungen sind die Montage *(assembling)* oder die Verpackung *(packaging)*.

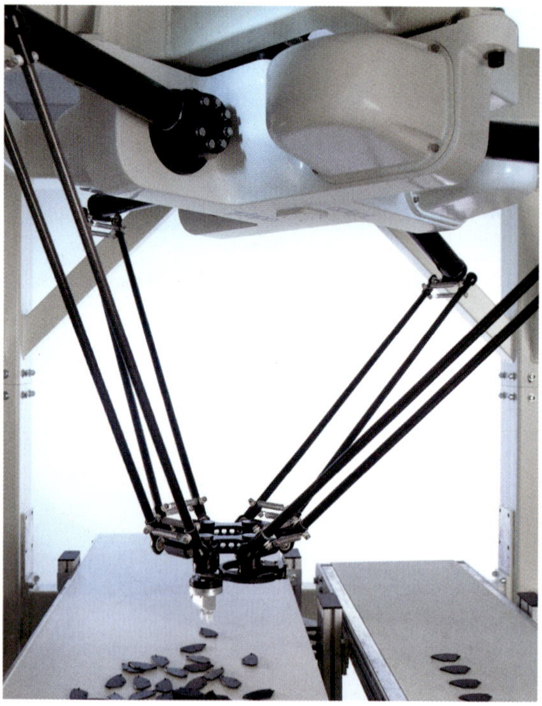

1 Lageerkennung beliebiger Werkstücke durch Bildverarbeitungssystem

Roboterwerkzeuge *(robot toolings)*

Roboterwerkzeuge können sowohl **Greifwerkzeuge** *(gripper tools)* als auch Werkzeuge zur **Fertigung** *(tools for manufacturing)* sein. Sie sind das Bindeglied zwischen Roboter und Werkstück. Die Roboterwerkzeuge werden an den standardisierten Handgelenkflanschen (Bild 2) angebracht. Werden im Fertigungsprozess unterschiedliche Roboterwerkzeuge benötigt, können automatische Werkzeugwechsel durchgeführt werden.

Greifer *(grippers)* können unterteilt werden nach

- der Anzahl der Greifobjekte (einzel, zweifach, mehrfach ...) (Bild 3)
- dem Greifmechanismus (Seite 531 Bild 1) (Saug-, Magnet-, Finger-, Zangen-, Haftgreifer)
- der Art des Greifens (innen, außen)

Fertigungswerkzeuge *(manufacturing tools)* können sein:

- Werkzeuge zum Materialabtrag wie z. B. zum Entgraten, Schleifen (Seite 531 Bild 2)
- Werkzeuge zum Materialauftrag wie z. B. zum Lackieren, Klebstoffauftrag
- Werkzeuge zum Schweißen (Seite 531 Bild 3) und Schneiden wie z. B. zum Schutzgasschweißen oder Laserstrahlschneiden.

MERKE

Ein Industrieroboter besteht im Wesentlichen aus der Robotermechanik, der Robotersteuerung und dem Programmiersystem. Es wird meist von einem Hersteller geliefert.

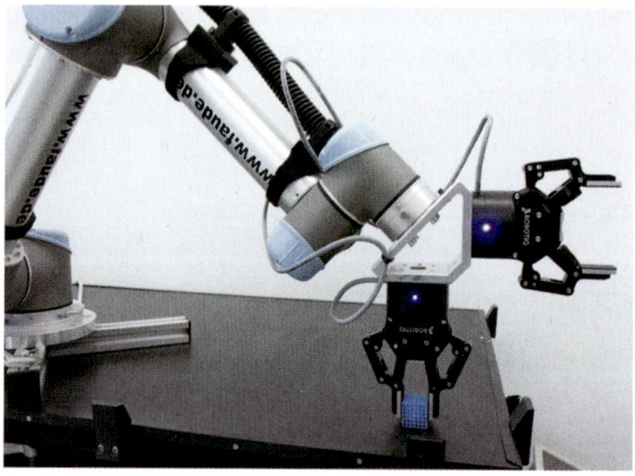

3 Roboter mit zwei Greifwerkzeugen

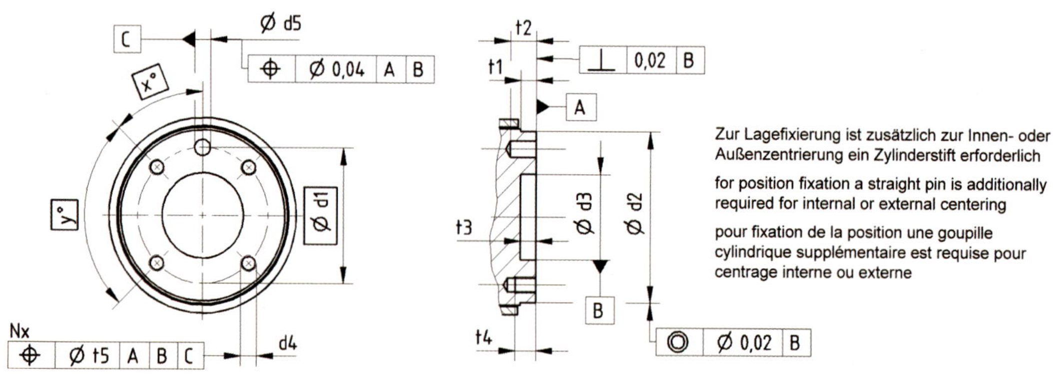

Typ / Type	nach / acc. to / selon DIN9409-1-d1-N-d4	d1	d2 h8	d3 H7	d4	N	d5 H7	x	y	t1	t2	t3	t4	t5	M* [Nm]
RV30-16	DIN9409-1-63-4-M6	63	80	40	M6	4	6	45°	90°	6	6	6	8	0,2	10
RV30-26	DIN9409-1-80-6-M8	80	100	50	M8	6	8	30°	60°	6	8	6	10	0,4	25

* min. Anzugsmoment für Schrauben 8.8
* minimum tightening moment for screws 8.8
* couple de serrage minimum pour vis 8.8

2 Handgelenkflansch

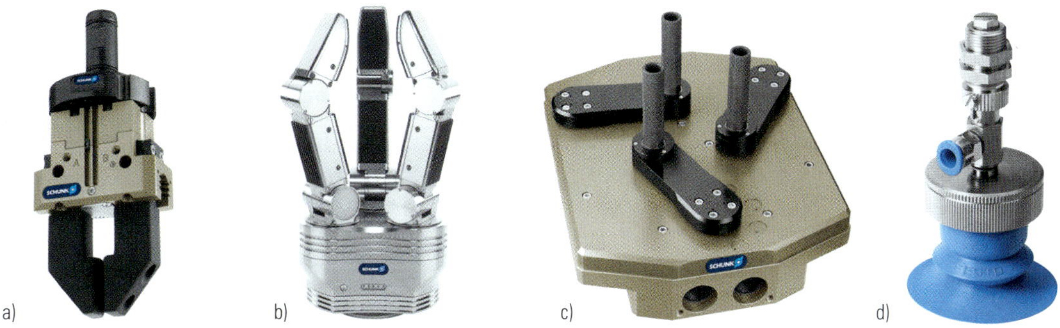

1 Greifer: a) Zwei-Finger-Greifer, b) Drei-Finger-Greifer, c) Backengreifer, d) Sauggreifer

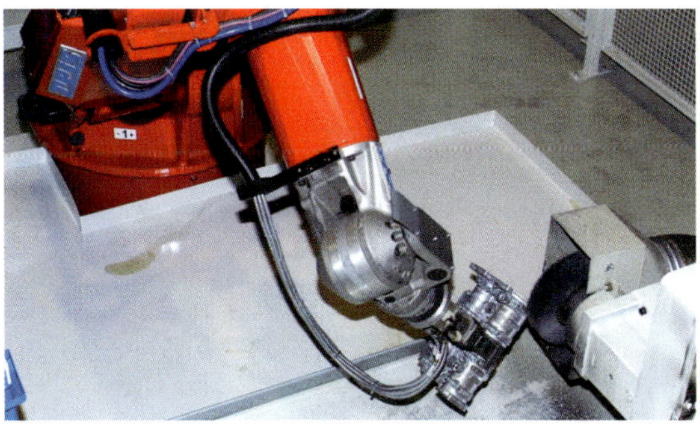

2 Schleifen von Sägeblättern

3 Schweißroboter

2.2.4 Programmierung von Industrierobotern

On-Line-Programmierung Die Programmierung erfolgt **direkt** am Industrieroboter		**Off-Line-Programmierung** Die Programmierung erfolgt **extern** an einem PC-Arbeitsplatz
Teach-In Programmierung Mit dem **Programmierhandgerät** (Seite 532 Bild 1) oder mit einer 6D-Maus (Seite 532 Bilder 2 und 3) werden die einzelnen Punkte aus Sicherheitsgründen im Schleichgang angefahren und gespeichert. Der Programmierer legt hier auch die Orientierung des Greifers bzw. Werkzeugs fest. Das Programm kann zusätzlich durch Informationen wie z. B. Geschwindigkeit, Form der Bahn zum nächsten Punkt – z. B. auf einer Geraden – oder durch weitere Ausgabesignale wie das Einschalten der Schweißpistole ergänzt werden. Im Automatikbetrieb fährt der Roboter die festgelegten Punkte nacheinander ab.	**Play-Back-Programmierung** Bei der Play-Back-Programmierung (engl. wiedergeben) (Seite 532 Bild 4) sind die Achsen des Roboters frei beweglich. Die Fachkraft führt den Roboter mit der Hand. In fest vorgegebenen Zeitintervallen werden die Bahnpunkte abgespeichert. Das Programm besteht aus vielen Raumpunkten, die dann im Automatikbetrieb beliebig oft durch den kraftbetätigten Industrieroboter abgefahren werden. Typische Anwendungen sind das Lackieren oder das Abfahren komplizierter Bahnen wie z. B. beim thermischen Trennen oder Schweißen.	Diese Art Programmierung wird meist grafisch durch Simulationsmodelle (Seite 533 Bild 1), durch Konstruktionszeichnungen und durch die Darstellung der Arbeitsumgebung des Roboters unterstützt. Das so erstellte Programm enthält Angaben über die Positionen, die mit einer bestimmten Geschwindigkeit auf einer festgelegten Bahn anzufahren sind. Die Off-Line-Programmierung bietet folgende Vorteile: ■ Der Einsatz höherer Programmiersprachen und eine Einbindung von CAD-Systemen zur Simulation ist möglich. ■ Programme können in der Simulation getestet werden, ohne größere Schäden anzurichten. Eine Kollisionskontrolle vor Ort ist aber trotzdem unumgänglich. ■ Programmänderungen können einfach durchgeführt und dokumentiert werden. ■ Da eine Programmierung ohne Roboter möglich ist, gibt es auch keine Ausfallzeiten. Dadurch ist diese Art der Programmierung wirtschaftlicher. Die heute auf dem Markt erhältliche Software ermöglicht die Entwicklung kompletter automatisierter Systeme.

MERKE

Industrieroboter können direkt (On-Line) oder extern (Off-Line) programmiert werden.

- Die Teach-In Programmierung wendet das Prinzip „Anfahren und Speichern" an.
- Bei der Play-Back-Programmierung wird der Roboter von Hand geführt und die Bahnpunkte werden dabei abgespeichert.
- Bei der Offline-Programmierung erfolgt die Programmierung am PC-Arbeitsplatz.

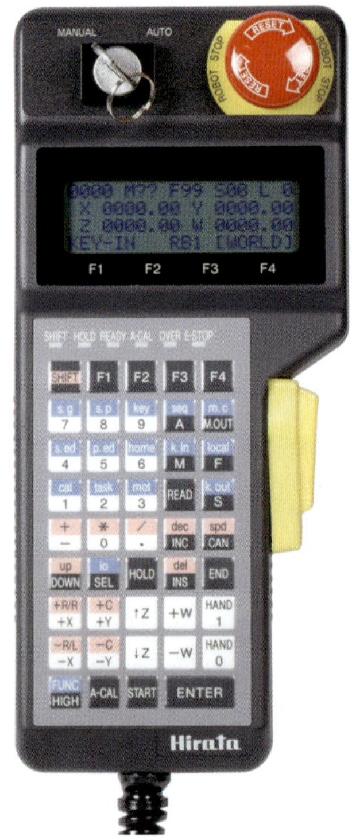

1 *Programmierhandgerät*

2 *Programmierhandgerät mit 6D-Maus*

3 *Roboterführung mit 6D-Maus*

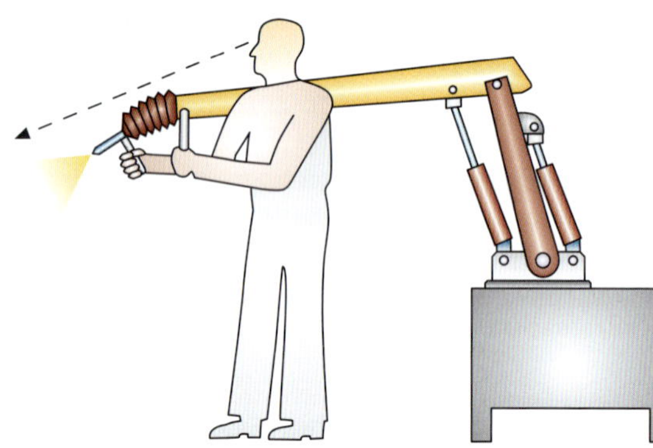

4 *Verfahren des Roboters*

Überlegen Sie!

1. *Nennen Sie die Unterschiede zwischen On-Line- und Off-Line-Programmierung.*
2. *Wie erfolgt die Teach-In-Programmierung?*
3. *In welchen Fällen ist die Play-Back-Programmierung sinnvoll?*
4. *Nennen Sie die Vorteile der Off-Line-Programmierung.*
5. *Beurteilen Sie folgende Aussage: „Off-Line-Programme müssen durch die Teach-In-Programmierung oft noch optimiert werden." Nennen Sie Beispiele.*

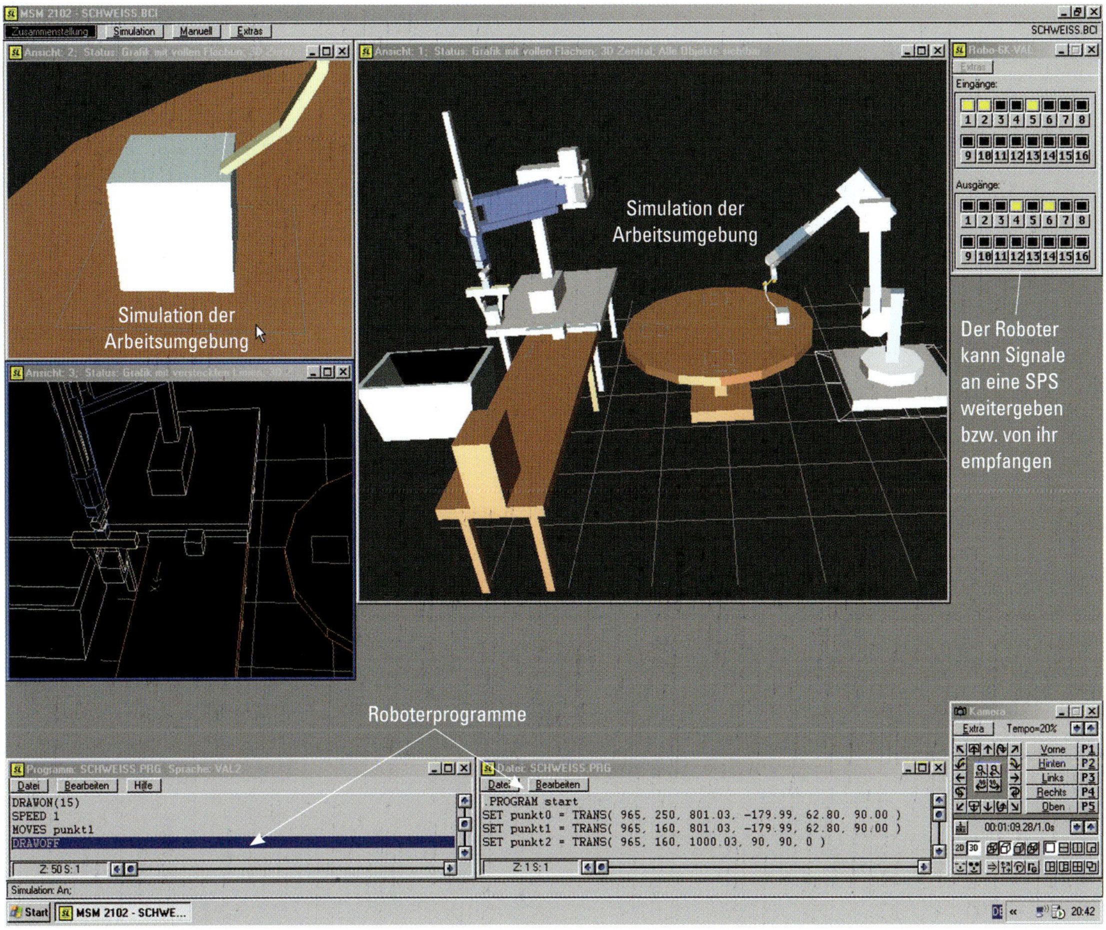

1 *Off-Line Programmierung*

2.2.5 Programmbeispiel

Auch in die Schweißstation (vgl. Seite 498) sind zwei Industrieroboter integriert. Sobald die SPS eine bereit stehende Flasche durch ein **Eingangssignal** *(input signal)* am ersten Roboter meldet, entnimmt dieser dem Magazin einen Griff und der zweite, an dessen Flansch sich eine Schutzgasschweißpistole befindet, verschweißt diese dann. Nachdem der Griff angeschweißt wurde, kann der Abtransport der Flasche über den Rollenförderer durch ein **Ausgangssignal** *(output signal)* des Schweißroboters *(welding robot)* veranlasst werden.

Anhand eines Programms zum Bahnschweißen sollen die Koordinatensysteme, Programmaufbau und die Programmierung erläutert werden. Zum Einsatz kommt ein 6-Achs-Roboter (Seite 534 Bild 1).

2.2.5.1 Koordinatensysteme

Wichtiger Bestandteil des Programms sind Angaben zu den Positionen. Diese werden in Koordinatensystemen *(coordinate systems)* beschrieben. Man unterscheidet das:

- **Welt-Koordinatensystem** *(world- coordinate system)* (Seite 534 Bild 1).
  Dieses Koordinatensystem ist Bezugspunkt für alle Koordinatenangaben des Roboters. Die Koordinaten im Programm geben den Abstand des **Tool-Center-Point (TCP)** zum **Ursprung** des Welt-Koordinatensystems an, wobei das Werkzeug genau wie bei CNC-Maschinen vermessen werden muss und die Abstände vom Roboterflansch anzugeben sind. Bei dem 6-Achs-Roboter befindet sich der Ursprung des Welt-Koordinatensystems in der Mitte der Standfläche.
- **Tool-Koordinatensystem** *(tool-coordinate system)* (Seite 534 Bild 1)
  Dieses hat seinen Ursprung im TCP und ändert seine Lage ständig mit der Greiferorientierung. Da der Effektor meist in positive Z-Richtung zeigt, ist es mithilfe dieses Koordinatensystems relativ einfach, z. B. in diesem Koordinatensystem Fügearbeiten durchzuführen, die nicht parallel zu den Achsen des Welt-Koordinatensystems auszuführen sind. Wird also der Roboter im Tool-Koordinatensystem in die Z-Richtung bewegt, so verfährt das Werkzeug genau entlang der Z-Achse des Tool-Koordinatensystems.

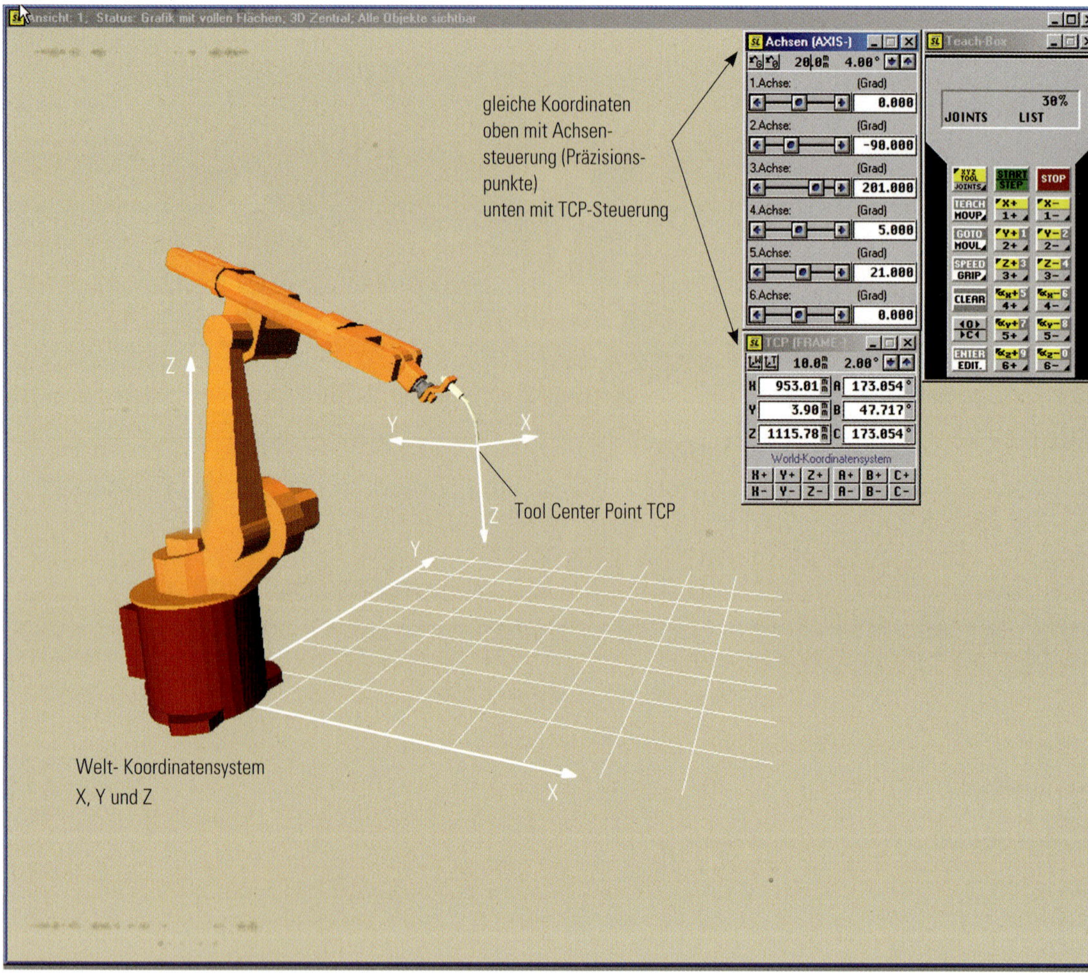

1 *Koordinatensysteme des 6-Achs-Roboters*

Die jeweilige Roboterposition kann mit den exakten Winkeln der einzelnen Achsen, den Präzisionspunkten, oder als **kartesischer Punkt** unter Angabe der Koordinaten und Orientierung des Werkzeugs im Welt-Koordinatensystem angegeben werden (Bild 1). Die Angabe der kartesischen Koordinaten zusammen mit der Orientierung wird auch als **Pose** bezeichnet. Der Roboter kann am PC OFF-LINE entweder über **Achsensteuerung**, über die **TCP-Steuerung in X, Y, Z, A, B und C**[1] oder über die grafisch dargestellte **Teach-Box** bewegt werden.

MERKE

Koordinatensysteme beschreiben die Lage von Körpern und Punkten im Raum. Es gibt das Welt-Koordinatensystem und das Tool-Koordinatensystem. Die Pose, d. h. die Position mit den dazugehörigen Winkeln, kann mit der TCP-Steuerung, mit der Achsensteuerung oder der Teach-Box festgelegt werden.

2.2.5.2 Programmaufbau und Programmierung

Für die **Programmerstellung** *(program generating)* sind zunächst zwei **TEACH-Punkte** (Seite 535 Bilder 1 und 2) notwendig, wobei Punkt P1 die Ausgangsstellung des Roboters und der Punkt P10 den Startpunkt und die Orientierung des Effektors für das Bahnschweißen beschreibt. Die weitere Programmierung erfolgt OFF-LINE mit grafischer Unterstützung unter Verwendung der Programmiersprache Scorbase.

Das Programm besteht aus:

- **Vereinbarungsteil** *(part of agreement)*
  Hier werden Variablen deklariert und es wird diesen ein Wert zugewiesen.

J	Schleifenzähler, J gibt im Programm die Anzahl der Schweißbahnen vor
P1 P2	Punkt-Variablen für Zwischenergebnisse während der Berechnung

1) A, B und C sind die Drehungen um die X, Y und Z-Achse.

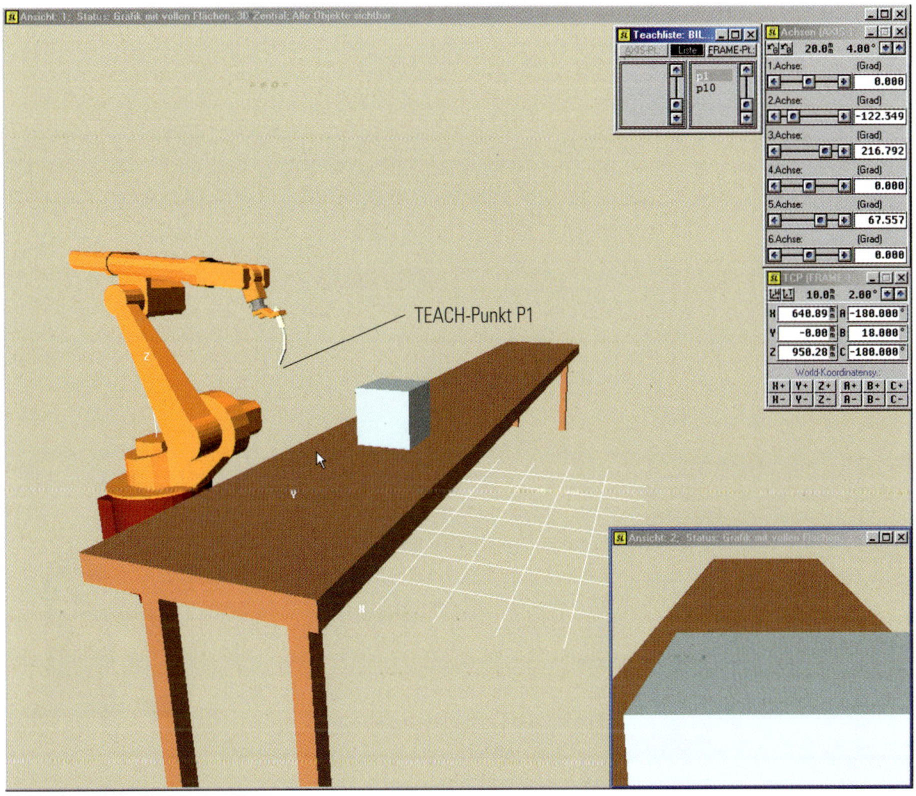

1 *Teach-Punkt P1*

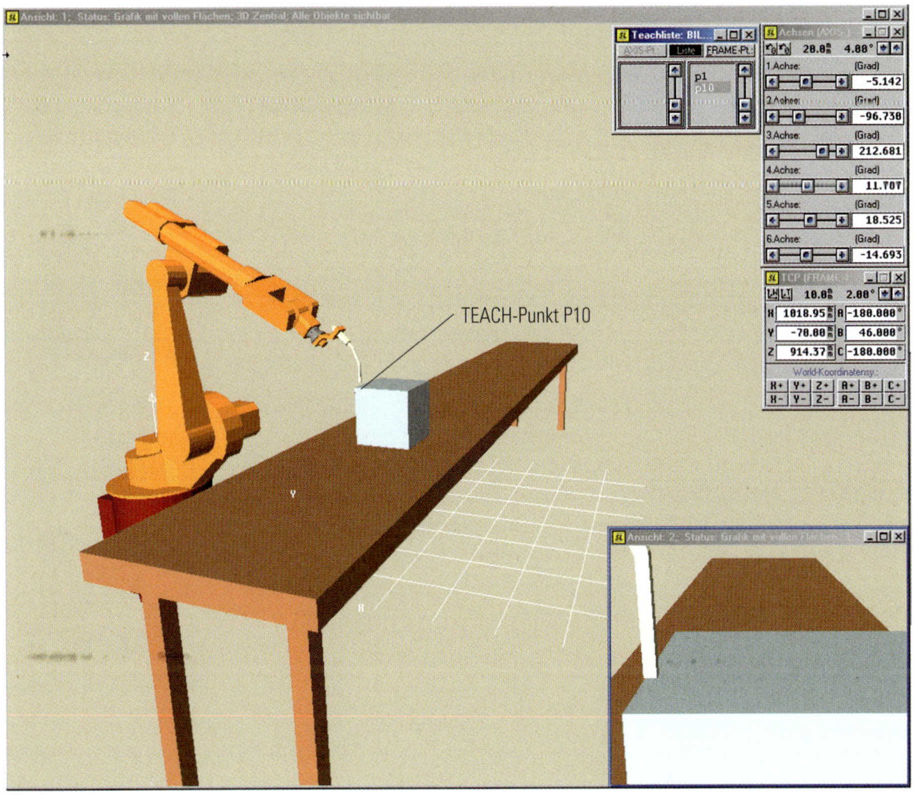

2 *Teach-Punkt P10*

- **Hauptprogramm** *(main programme)*
  Im Hauptprogramm fährt der Roboter von seiner Ausgangsstellung zur Startposition der ersten Schweißnaht und ruft zwei Unterprogramme auf. Durch die Schleife wird das Hauptprogramm zweimal durchlaufen. Am Ende fährt der Schweißroboter wieder in Ausgangsstellung.

- **Unterprogramme** *(subprogrammes)*
  Unterprogramm #10 berechnet die beiden Anfangspunkte beim Schweißen.
  Unterprogramm #20 berechnet die Endpunkte beim Schweißen und gibt die Bewegung auf einer Geraden vor.

Außerdem enthält das Programm noch die genaue Zusammenstellung der Anlage für Kollisionsberechnungen und die Teach-Liste.

REM: WERTZUWEISUNG ZU DEN VARIABLEN SETZE VARIABLE J AUF 0 SETZE VARIABLE P1 AUF 0 SETZE VARIABLE P2 AUF 0	Die Variable J gibt die Anzahl der Bahnen vor P1, P2 dienen für Zwischenberechnungen	
REM: AUSGANGSPOSITION ANFAHREN GEHE ZU POSITION 1 SCHNELL 1 GEHE ZU POSITION 10 SCHNELL SPEICHERE AKTUELLE POSITION ALS POSITION #P1 RUFE UNTERPROGRAMM #10 SETZE VARIABLE J = J + 1 WENN VARIABLE J < = 1 SPRINGE ZU ZEILE 1 GEHE ZU POSITION 1 SCHNELL	Anfahren der Ausgangsposition P1 in PTP schnell (Seite 535 Bild 1) Sprungmarke 1 PTP-Bewegung schnellstmöglich zu Startpunkt P10 (Seite 535 Bild 2) Diesen Punkt als P1 abspeichern Unterprogramm #10 berechnet Startpunkte der beiden Bahnen Variable J wird um eins erhöht. Ist J kleiner oder gleich 1, erfolgt ein Rücksprung zur Sprungmarke 1. Ist J = 1, d. h. nach dem zweiten Durchlauf fährt der Roboter die Ausgangsstellung P1 an.	Erster Durchlauf der Schleife. Schweißen der 1. Naht. 
ANFANG UNTERPROGRAMM #10 REM: AKTUELLE POSITION BERECHNEN SETZE VARIABLE JY = J * 130 VERSCHIEBE POSITION P1 IN Y-RICHTUNG UM JY GEHE ZU POSITION P1 SCHNELL SPEICHERE AKTUELLE POSITION ALS POSITION #P2 RUFE UNTERPROGRAMM #20 ENDE UNTERPROGRAMM	Beim ersten Durchlauf wird der P1 nicht verschoben, da J = 0 ist. Beim zweiten Durchlauf wird P1 um 130 mm in Y-Richtung verschoben, das ist dann der Startpunkt der zweiten Naht. Diese Position wird als P2 gespeichert. Unterprogramm #20 wird aufgerufen, das die weiteren Punkte berechnet und dann anfährt. Danach erfolgt ein Rücksprung ins Hauptprogramm.	Vorpositionieren in Y-Richtung um 130 mm versetzt zur ersten Naht. 
ANFANG UNTERPROGRAMM #20 GEHE ZU POSITION P2 SCHNELL VERSCHIEBE POSITION P2 IN Z-RICHTUNG UM -18 GEHE LINEAR ZU POSITION P2 LANGSAM #2 DRAWON (4) VERSCHIEBE POSITION P2 IN X-RICHTUNG UM 30 VERSCHIEBE POSITION P2 IN Z-RICHTUNG UM -3 GEHE LINEAR ZU POSITION P2 LANGSAM #2 DRAWOFF VERSCHIEBE POSITION P2 IN Z-RICHTUNG UM 21 GEHE ZU POSITION P2 SCHNELL ENDE UNTERPROGRAMM	P2 wird in einer PTP-Bewegung schnell angefahren. Danach erfolgt eine Verschiebung in Z um -18 mm. Zwischen dem TCP und der Flasche ist ein Abstand von 2 mm vorhanden. Dieser Punkt wird linear mit langsamer Geschwindigkeit angefahren. Mit Drawon wird ab jetzt die Bahn aufgezeichnet. Position P2 wird um 30 mm in X verschoben und -3 mm in Z. Dieser Punkt wird wieder linear mit langsamer Geschwindigkeit angefahren. Mit Drawoff wird die Kennzeichnung der Bahn ausgeschaltet. Position P2 wird in Z um 21 mm verschoben und danach wieder schnell angefahren. Das Unterprogramm endet und springt ins Unterprogramm #10 zurück.	Zweiter Durchlauf der Schleife. Schweißen der zweiten Naht. 

2.2.6 Industrieroboter und Sicherheit

Die Gefahren, die von Industrierobotern *(industrial robots)* ausgehen, liegen vor allem in deren unvorhersehbaren Bewegungen mit großen Geschwindigkeiten, verbunden mit großen Kräften und Drehmomenten. Darüber hinaus können Verletzungen durch Abscheren und Quetschen sowie durch die verwendeten Roboterwerkzeuge wie z. B. durch Schneid- oder Schleifwerkzeuge entstehen. Der gesamte **Bewegungsraum** *(operating space)* ist somit auch **Gefahrenraum** *(risk area)*. Deshalb sind beim Bau, bei der Ausrüstung, bei der Programmierung und im Betrieb von Robotern die geforderten sicherheitstechnischen Standards[1] zu beachten. Diese Anforderungen basieren wiederum auf den Inhalten der **EG-Maschinenrichtlinie**.

2.2.6.1 Sicherheit während des Betriebs

Die einfachste Möglichkeit, sich vor Gefahren zu schützen, ist eine vollständige Abschirmung *(shielding)* des Industrieroboters durch eine massive Umzäunung (Bild 1) aus einem Metallgitter oder Sicherheitsglas. Ein Öffnen von Zugangstüren oder die Unterbrechung von Lichtvorhängen *(light curtains)* (Bild 2) muss einen Stopp der Roboterbewegung auslösen. Da der Arbeitsraum des Industrieroboters meist größer ist als der am Aufstellungsort verfügbare Raum, werden **Schutzräume** *(shelters)* (Bild 3) festgelegt, die z. B. vom Werkzeugbezugspunkt nicht berührt werden dürfen. Muss die Fachkraft mit dem Industrieroboter zusammenarbeiten, im sog. kollaborierenden[2] Betrieb wie z. B. beim Einlegen von Blechteilen im Karosseriebau, dann sind zwischen Roboter und Fachkraft bestimmte **Mindestabstände** einzuhalten. Diese Mindestabstände sind wieder durch programmierte Schutzräume festgelegt, die beim Einlegevorgang aktiviert werden. Zur Überwachung des Umfelds eines Industrieroboters werden auch **Laserscanner** (Bild 4) eingesetzt. Der Vorteil des Laserscanners liegt darin, dass das Umfeld des Industrieroboters in **Zonen** (Bild 5) eingeteilt werden kann. Betritt eine Person eine Zone, die **auf keinen Fall** betreten werden darf, so wird der Roboter sofort angehalten. Es können aber auch Zonen im Gefahrenbereich des Roboters festgelegt werden, die während der Fertigung betreten werden müssen wie z. B. der rechte Teil der Zelle in Bild 5 zum Abtransport der

1 *Abgeschirmte Zelle*

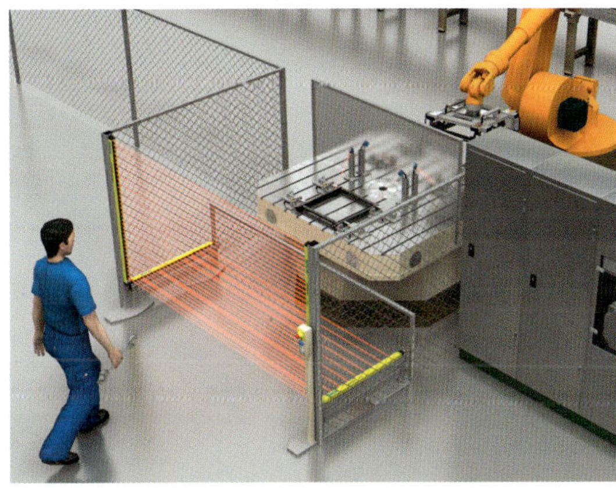

2 *Lichtvorhang*

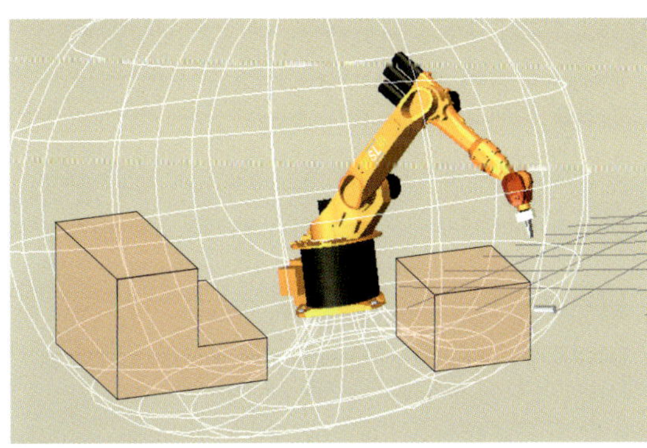

3 *Schutzräume*

4 *Laserscanner*

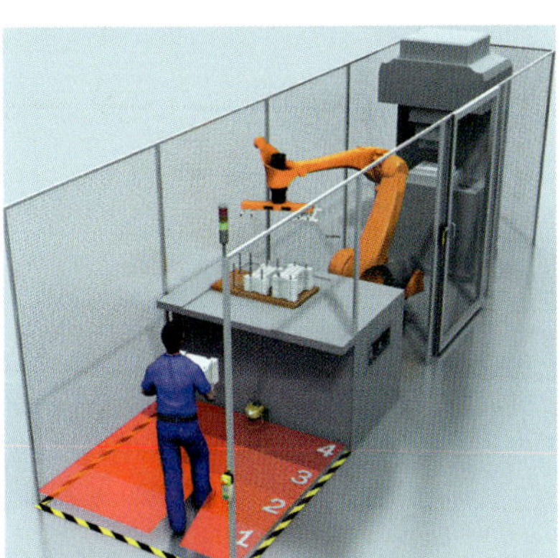

5 *Einteilung des Gefahrenbereichs in Zonen*

1) DIN EN ISO 10218-1
2) lat. colaborare: zusammenarbeiten

Palette mit einem Gabelstapler. Ist dies der Fall, dann darf der Roboter während dieser Zeit keine Arbeiten in dieser Zone ausführen. In anderen Zonen kann er aber weiterarbeiten.

Trotz der genannten Sicherheitsmaßnahmen kann es zu gefährlichen Situationen während des Betriebs kommen. Für solche Situationen ist ein NOT-AUS-Schalter vorzusehen, der einen Stopp der Kategorie 0 oder 1 (vgl. Kap. 1.2.6 SPS und Sicherheit) auslöst.

Weitere **Sicherheitseinrichtungen** *(safety systems)* sind

- die Überwachung *(monitoring)* der Antriebe vor Überlastung *(overload)*
- Achsbegrenzungen *(limitation of axis)* durch mechanische und elektromechanische Achsbegrenzungseinrichtungen
- bei hydraulischen oder pneumatischen Antrieben die Überwachung des Drucks *(monitoring of pressure)*

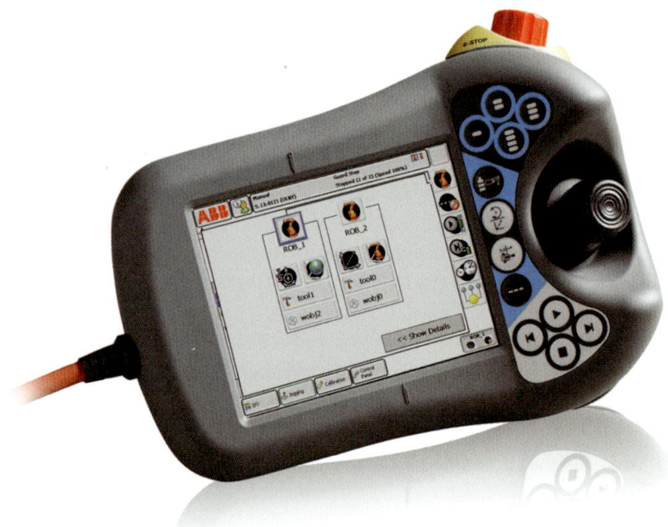

1 *Zustimmungsschalter*

2.2.6.2 Sicherheit während der Programmierung

Während der Programmierung im Teach-In- und Play-Back-Verfahren befindet sich die Fachkraft im Schutzbereich des Roboters. Deshalb erfolgen alle Roboterbewegungen nur mit **reduzierter Geschwindigkeit** *(speed)* von maximal 250 mm/s. Die Bewegung muss stoppen, sobald der entsprechende Taster losgelassen wird. Das Programmierhandgerät *(teach pendant)* muss über eine dreistufige **Zustimmungseinrichtung** (Bild 1) verfügen. Eine Bewegung des Roboters ist nur dann möglich, wenn sich der Zustimmungsschalter in Mittelstellung befindet. Außerdem muss ein NOT-AUS-Schalter vorhanden sein.

ÜBUNGEN

1. Welche Auswirkungen hat der Einsatz der Handhabungstechnik in der modernen Arbeitswelt?

2. Was sind Manipulatoren und wo werden sie eingesetzt?

3. Wodurch unterscheiden sich Einlegegeräte, Handhabungsautomaten und Industrieroboter und wo kommen sie zum Einsatz?

4. Unterscheiden Sie drei Möglichkeiten, wie ein Industrieroboter seinen Zielpunkt anfahren kann.

5. Was passiert beim Überschleifen?

6. Bei den Industrierobotern werden drei Grundachsentypen unterschieden. Nennen Sie diese und geben Sie typische Anwendungsbeispiele an.

7. Geben Sie zu den Belastungskenngrößen, geometrischen, kinematischen Kenngrößen und den Genauigkeitskenngrößen jeweils zwei an und erläutern Sie diese.

8. Skizzieren Sie die Grobstruktur der Achsregelung eines Industrieroboters.

9. Welche Antriebe werden in Industrierobotern eingesetzt und welche Arten der Bewegung erzeugen diese?

10. Wie können die Greifer eines Industrieroboters unterteilt werden? Nennen Sie auch Beispiele.

11. Erstellen Sie ein Mindmap zum Thema Roboterprogrammierung.

12. Was wird im Welt-Koordinatensystem eines Roboters beschrieben?

13. In welche Richtung zeigt die positive Z-Achse im Tool-Koordinatensystem meist?

14. Was sind Präzisionspunkte?

15. Was versteht man unter dem Begriff „Pose"?

16. Wie kann ein Roboterprogramm aufgebaut sein?

17. Wo liegen die Gefahren eines Industrieroboters?

18. In Ihrem Betrieb wurde ein Industrieroboter angeschafft. Welche Sicherheitsaspekte müssen beachtet werden, um einen sicheren Betrieb zu gewährleisten?

19. Bei der Teach-In- bzw. Play-Back-Programmierung muss der Gefahrenraum des Roboters betreten werden. Wie wird der Programmierer vor schweren Unfällen geschützt?

3 Regelungstechnik

3.1 Grundprinzipien einer Regelung

In vielen Produktionseinrichtungen *(processing equipment)* und Geräten *(devices)* müssen Werte auf einem möglichst konstanten Niveau gehalten werden. Dies sind beispielsweise:

- Temperatur *(temperature)*
- Druck *(pressure)*
- Füllstand *(level)*
- Durchflussmenge *(flow rate)*
- Stromstärke *(current intensity)*
- Spannung *(voltage)*

3.1.1 Geschlossener Regelkreis

Regeleinrichtungen *(control units)* sind in der Lage, durch einen Vergleich von Soll- und Istwert so zu reagieren, dass der Istwert möglichst wenig vom voreingestellte Sollwert abweicht.

Anhand des Einsatzes eines **Proportionalventils** (vgl. Kap. 4.1) sollen im Folgenden die Elemente eines Regelkreises *(closed loop)* und ihr Zusammenwirken erläutert werden. Für einen Pressvorgang in einer Gesenkbiegepresse (Bild 1) ist es notwendig, dass beide Hydraulikzylinder gleichmäßig verfahren. Ein Verkanten des Gesenks würde die Qualität des Werkstücks beeinträchtigen. Für die Realisierung werden Proportionalventile eingesetzt, mit denen sich Positionen exakt anfahren und halten lassen. Das Proportionalventil bildet dabei zusammen mit einer Regelelektronik eine elektromechanische bzw. elektrohydraulische Einheit, die mittels eines magnetischen Antriebs die gewünschte Position beibehält (Bild 2).

1 *Gesenkbiegepresse*

Die oben beschriebene Aufgabenstellung kann so dargestellt werden, dass alle Elemente eines Regelkreises in ihrem Zusammenwirken erkennbar werden (Seite 540 Bild 1). Deutlich erkennbar ist die Unterteilung eines Regelkreises in **Regeleinrichtung** *(control unit)* und **Regelstrecke** *(controlled system)*.

MERKE

In einer Regelung besteht eine ständige Rückwirkung. Der geschlossene Wirkungsablauf ist typisch für den Regelkreis.

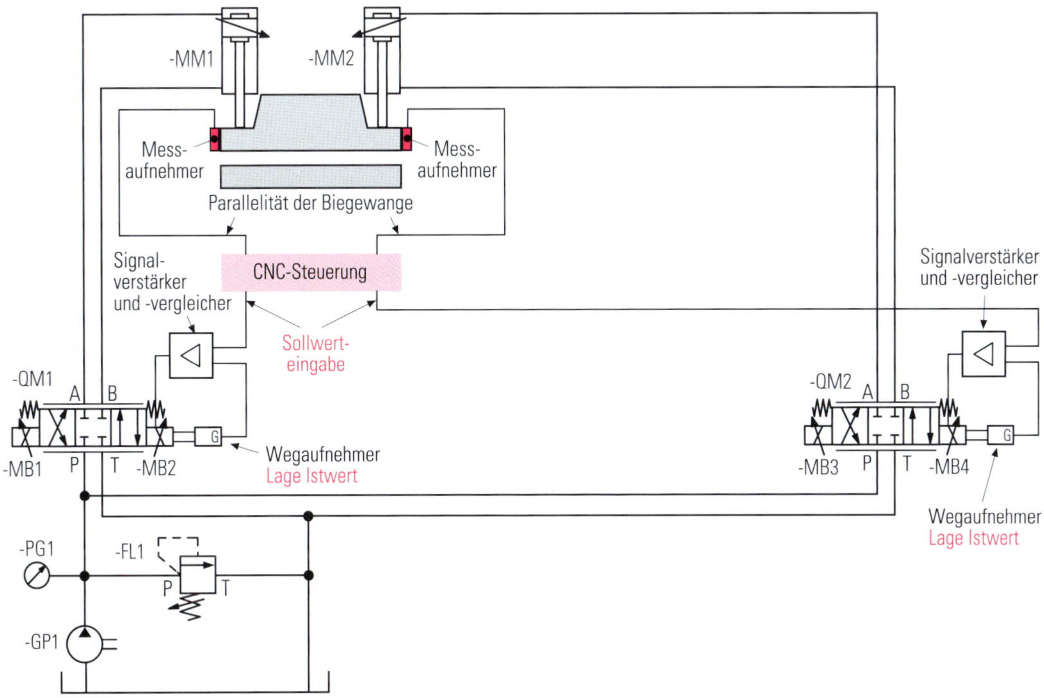

2 *Lageregelung der Gesenkbiegepresse (Prinzipschaltbild)*

Die Einrichtungen eines Regelkreises sind so miteinander verbunden, dass eine Veränderung der zu regelnden Größe (**Regelgröße**, hier Position) Einfluss auf das Verhalten des Reglers hat. Diese Veränderung wird auf den Eingang der Regelstrecke (hier Stellmagnet) zurück geführt.

MERKE

Die Rückführung der Regelgröße auf den Regler wird als Rückkopplung bezeichnet.

Der Regler verknüpft den vorgegebenen Wert (**Führungsgröße** *w*) mit dem von einer Messeinrichtung aufgenommenen tatsächlichen Wert der **Regelgröße** *x* zur **Regeldifferenz** *e*.

MERKE

Der Regler ermittelt aus dem Vergleich von Sollwert (Führungsgröße *w*) und Istwert (Regelgröße,*x*) die Regeldifferenz *e* und erzeugt daraus die Stellgröße *y*.

Für die Anwendung des Proportionalventils bedeutet dies, dass die gewünschte Position über die Ansteuerung des Stellmagneten angefahren wird. Ein Lagesensor ermittelt die jeweilige Ausfahrstellung des Ventils und übermittelt den Wert an die Regelelektronik des Ventils. Diese Elektronik vergleicht die aktuelle Position mit der vorgewählten Position. Kommt es aufgrund äußerer Kräfte zu einer Bewegung des Ventilkolbens, so wird dies über den Lagesensor als Störung erkannt.

MERKE

Eine Störgröße *z* beeinflusst die zu regelnde Größe (Regelgröße *x*).

Der Vergleich von aktueller Position und vorgebener Position durch die Regelelektronik hat zur Folge, dass über den Stellmagneten (Stellglied) der Störung solange entgegengewirkt wird, bis wieder die urspüngliche Position erreicht wird.

Überlegen Sie!

Wie reagiert das Proportionalventil, wenn der Gegendruck am Kolben erhöht wird?

3.1.2 Stetige Regelungen

Um einen Istwert möglichst konstant zu halten, müssen Regelungen *(closed-loop controls)* auf Regeldifferenzen mit einer Stellgröße reagieren können, die innerhalb von Systemgrenzen beliebige Werte annehmen kann.

MERKE

In stetigen Regelungen *(continuous controls)* können die Regler Stellgrößen ausgeben, die zwischen ihrem Minimum- und Maximumwert beliebige Werte annehmen können.

Die verwendeten Regler werden als **stetige Regler** bezeichnet. Das Verhalten der Regler wird als sogenanntes Übertragungsverhalten in Form von Diagrammen beschrieben. Üblicherweise

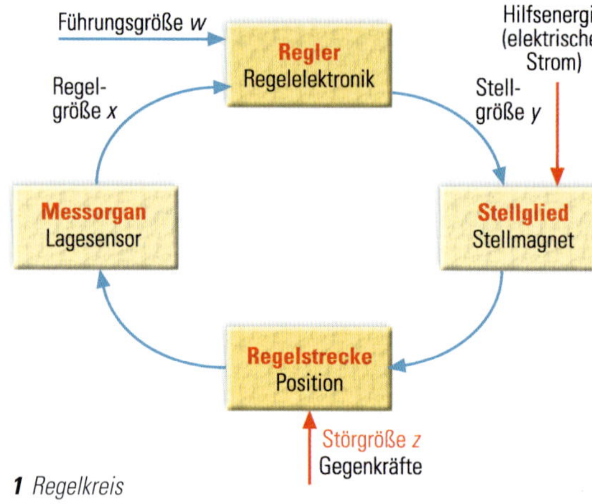

1 *Regelkreis*

wird die Reaktion des Reglers auf ein bestimmtes Eingangssignal der **Sprungfrage** in Form der **Sprungantwort** dargestellt. Die Tabelle auf der folgenden Seite stellt eine Übersicht über die gängigsten stetigen und unstetigen Regler dar.

3.1.3 Unstetige Regelungen

Bei unstetigen Regelungen *(discontinuous controls)* kann die Stellgröße nur einzelne Werte annehmen. Weit verbreitet sind sogenannte **Zweipunktregler** *(two-position controller)*, die als Stellgröße nur zwei Schaltwerte ausgeben.

MERKE

Unstetige Regler können nur einzelne Stellgrößen erzeugen.

Zweipunktregler werden insbesondere in einfachen Temperaturregelungen eingesetzt. Bild 2 zeigt das Technologieschema eines Härteofens. Der Temperatursensor in Form eines Bimetallschalters reagiert auf die Temperatur im Ofen. Bei Erreichen des voreingestellten Maximalwerts öffnet der Schalter und der Stromfluss durch den Heizwiderstand wird durch ein Steuerrelais unterbrochen. Nach Absinken der Temperatur z. B. durch Öffnen der Tür (Störgröße) schließt der Schalter, das Relais

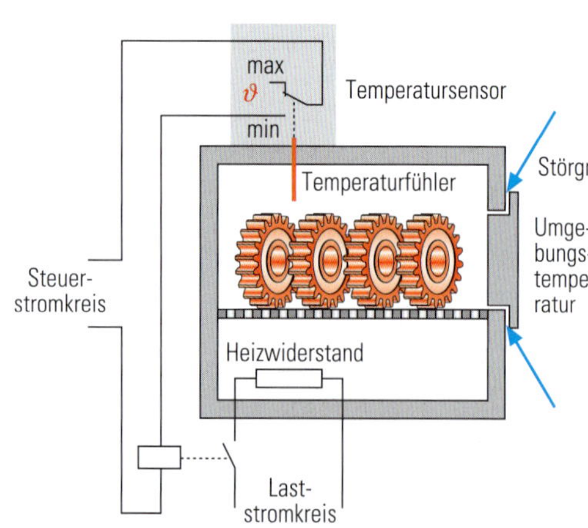

2 *Temperaturregelung eines Härteofens*

Reglertyp	P-Regler (Proportional-Regler)	I-Regler (Integral-Regler)	D-Regleranteil (Differential-Regleranteil)	PID-Regler	Zweipunkt-Regler
Beschreibung	P-Regler erzeugen ein Ausgangssignal, das direkt proportional zum Eingangssignal ist.	I-Regler erzeugen ein Ausgangssignal, das direkt proportional zur Änderungsgeschwindigkeit des Eingangssignals ist.	Der D-Anteil eines Reglers erzeugt ein Ausgangssignal das poroportional zur Änderungsgeschwindigkeit der Reglerdifferenz ist.	PID-Regler verbinden die Eigenschaften von P-, I-Regler und D-Regleranteil.	Zweipunktregler erzeugen als unstetige Regler nur zwei Werte einer Stellgröße.
Reglerparameter	Verstärkungsfaktor K_p	Integrationszeit t_I	Nachstellzeit t_N	Verstärkungsfaktor K_p Integrationszeit t_I Nachstellzeit t_N	Schaltdifferenz u_{SD}
Reglerverhalten	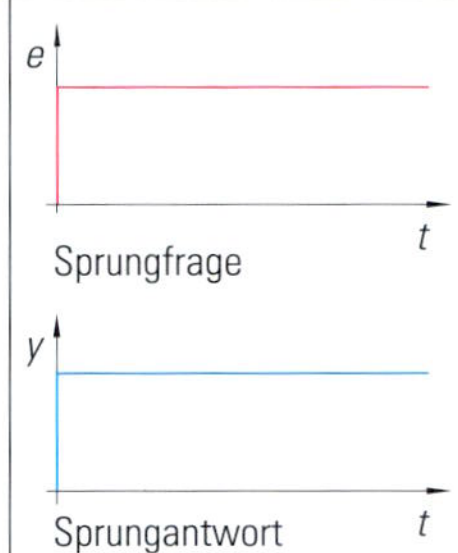	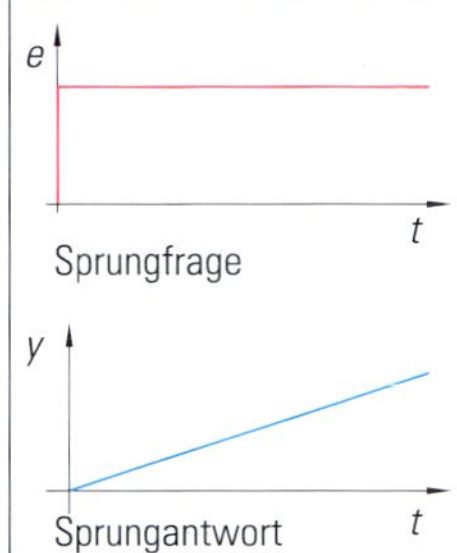	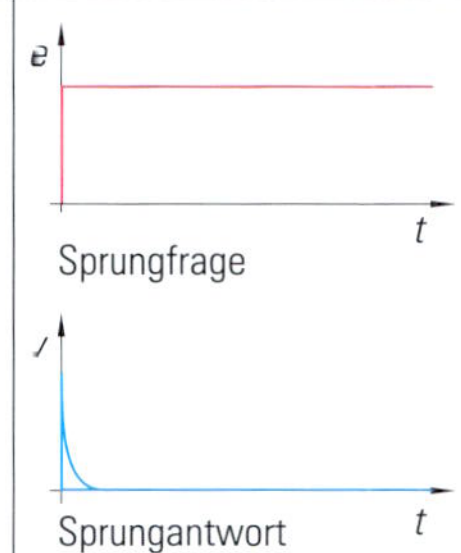	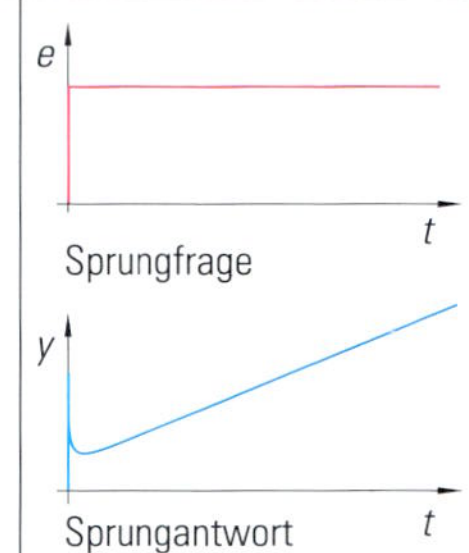	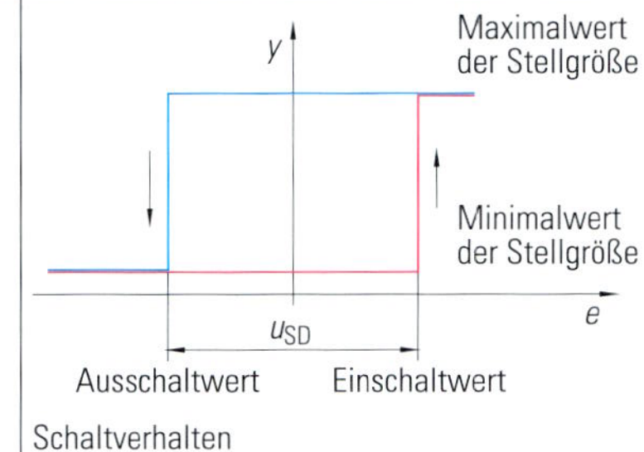
Einsatz	■ schnelle Reaktion ■ einfache Einstellung ■ bleibende Regelabweichung	■ langsame Reaktion ■ keine bleibende Regelabweichung	■ schnelle Reaktion ■ nur zusammen mit P- oder als PID-Regler verwendbar	■ sehr schnelle Reaktion ■ keine bleibende Regelabweichung ■ geringe Schwingungsneigung ■ komplizierte Einstellung	■ Schwankung der Regelgröße ■ einfacher Aufbau

zieht an und der Heizwiderstand erzeugt wieder Wärme. Dieser Vorgang wiederholt sich fortlaufend. Da der Bimetallschalter in seinem Schaltverhalten mit einem gewissen Zeitverzug auf eine Temperaturänderung reagiert, wird eine Störung nie vollständig ausgeregelt. Dieses Verhalten, dass ein Schalter nicht zum selben Zeitpunkt Ein- und Ausschalten kann, wird als **Schalthysterese** bezeichnet. Bild 1 zeigt das Regelverhalten eines Zweipunktreglers bei unterschiedlicher Schalthysterese. Daraus folgen dann die verschiedenen **Schwankungsbandbreiten** bei der Regelung der Ofentemperatur.

MERKE

Bei einer Zweipunktregelung ist die Schwankungsbandbreite des Sollwerts von dem Schaltverhalten des Reglers abhängig.

Zweipunktregler haben den Vorteil, dass Regelungen mit sehr einfachen technischen Mitteln durchgeführt werden können. Sie sind sehr robust, betriebssicher und kostengünstig. Ihr Nachteil liegt darin, dass auf eine Störung nur unvollständig und in einer gewissen Schwankungsbandbreite reagiert werden kann.

Überlegen Sie!

1. *Welcher Typ einer Regelung liegt der Druckregelung bei einem Proportionalventil zugrunde?*
2. *Welche Vor- und Nachteile ergeben sich bei einer Zweipunktregelung, wenn die Schalthysterese sehr klein gehalten wird?*

3.1.4 Digitale Regelungen

Analoge Regler *(analog controller)* verarbeiten die Signale über elektrische Schaltungen oder pneumatische Funktionen. Stetige und unstetige Regelungen werden heute jedoch überwiegend von digitalen Reglern *(digital controller)* übernommen. Digitale Regler setzen alle analogen Werte in digitale Werte um, bevor sie über entsprechende Rechenfunktionen bearbeitet werden. Die Stellgröße wird dann wieder als umgesetzter analoger Wert ausgegeben.

MERKE

Digitale Regler ähneln in ihrem Aufbau Computersystemen.

Geschieht die Verarbeitung mit ausreichend hoher Geschwindigkeit, ist die digitale Verarbeitung von einer analogen Verarbeitung kaum noch zu unterscheiden. Die digitale Regelung wird auch als **DDC** (**D**irect **D**igital **C**ontrol) abgekürzt. Da digitale Regler in ihrem Verhalten universell einstellbar sind und zusätzliche Funktionen erfüllen können, werden sie auch als **Kompaktregler** bezeichnet (Bild 2).

MERKE

Digitale Regelungen verarbeiten alle Prozessgrößen in digitaler Form.

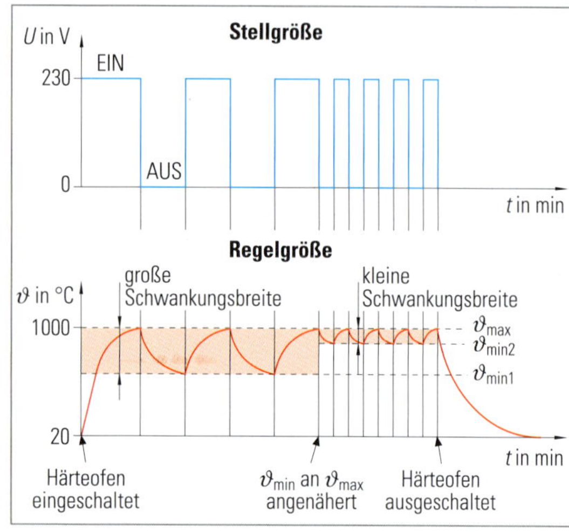

1 *Temperaturregelung eines Härteofens*

2 *Digitaler Kompaktregler*

Auch mit einer Speicherprogrammierbaren Steuerung (SPS) ist es möglich, regelungstechnische Aufgabenstellungen zu lösen. Für einfache Zweipunktregelungen ist der Aufwand als gering zu betrachten. Sollen aufwendigere Regelungen realisiert werden,

3 *Analoges Ein- /Ausgabemodul für eine SPS*

so müssen über spezielle Module analoge Regel- und Stellgrößen digital umgesetzt werden (Seite 542 Bild 3). Für die Durchführung der Berechnung der Regelung liefern viele Hersteller vorbereitete Programmbausteine, die vom Anwender dann angepasst werden müssen.

3.2 Gütekriterien für eine Regelung

Bei der Auswahl und Beurteilung einer Regelung ist das Regelverhalten zu beurteilen. So ist bei der Zweipunktregelung von vornherein davon auszugehen, dass eine vollständige Ausregelung einer Störung nie erreicht werden kann und dass es eine ständige Schwankungsbandbreite gibt (Bild 1).

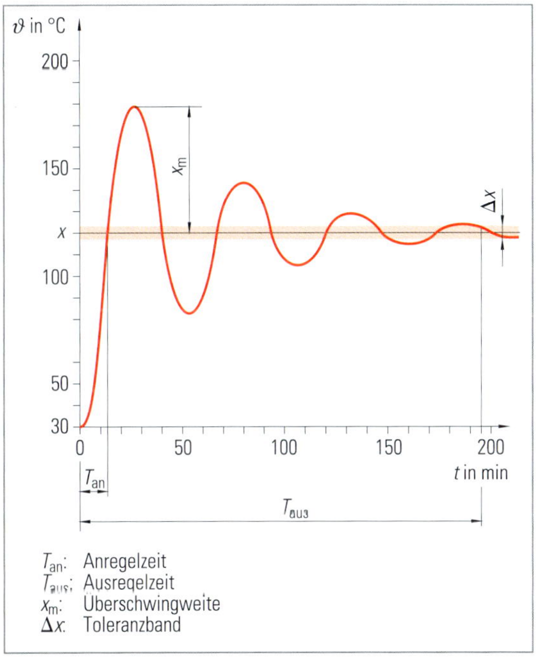

1 Regelgüte eines PID-Reglers für eine Temperatur-Regelstrecke

Bild 1 zeigt das **Regelverhalten** eines PID-Reglers bei einer Störung (Sprungfrage). Dieses Regelverhalten könnte z. B. bei einer Temperaturregelung zu beobachten sein. Die Güte der Regelung (Regelgüte) wird unter anderem durch folgende Kriterien beschrieben:

- **Regeldifferenz** *(error signal)*: Innerhalb welcher Bandbreite kann der Sollwert erhalten werden?
- **Einschwingverhalten** *(transient response)*: Wie groß ist die Überschwingweite und wie häufig ist ein Überschwingen zu beobachten?
- **Einschwingzeit** *(settling time)*: Innerhalb welcher Zeit befindet sich der Istwert im Toleranzband für den Sollwert?

Überlegen Sie!

Entnehmen Sie aus der Grafik Bild 1 die Werte für die Ausregelzeit und die maximale Überschwingweite.

ÜBUNGEN

1. Welche Auswirkungen ergeben sich, wenn die Rückwirkung im Regelkreis nicht vorhanden ist?
2. Was ist eine Störgröße?
3. Erläutern Sie ein Beispiel für eine Zweipunktregelung.
4. Worin liegt der Unterschied zischen stetigen und unstetigen Regelungen?
5. Nennen Sie Gütekriterien für eine Regelung.

4 Steuern und Regeln in der Elektrohydraulik

Zum Steuern *(open loop control)* und Regeln *(closed loop control)* werden in der Elektrohydraulik *(electrohydraulic)* **Proportional-**, **Servo-** und **Regelventile** eingesetzt. Diese Ventile gehören zur Gruppe der **Stetigventile** *(proportional servo valves)*, da sie nicht nur vordefinierte Schaltstellungen einnehmen können, sondern auch jede beliebige Zwischenstellung.

4.1 Steuern mit Proportional-Wegeventilen

Die Geschwindigkeit eines doppelt wirkenden Zylinders soll stufenlos einstellbar sein. Als Stellglied kommt ein 4/3-Wege-Proportionalventil *(proportional valve)* (Bild 2) zum Einsatz. Bei diesem Ventil bewirkt ein analoges Eingangssignal über einen Verstärker und über Proportionalmagnete einen entsprechenden Öffnungsquerschnitt an den Steuerkanten des Steuerkolbens. Dadurch **erhöht** sich auch der **Durchfluss**. In unserem Beispiel kann die Spannung zwischen -10 V und +10 V variieren. Bei 0 V wird die Mittelstellung eingenommen und das Ventil ist gesperrt. Somit bringt die Verwendung des Proportionalventils den Vorteil, dass man hydraulische Schaltungen vereinfachen kann, da ein Stromventil entfällt. Die Drosselfunktion übernimmt das Proportionalventil.

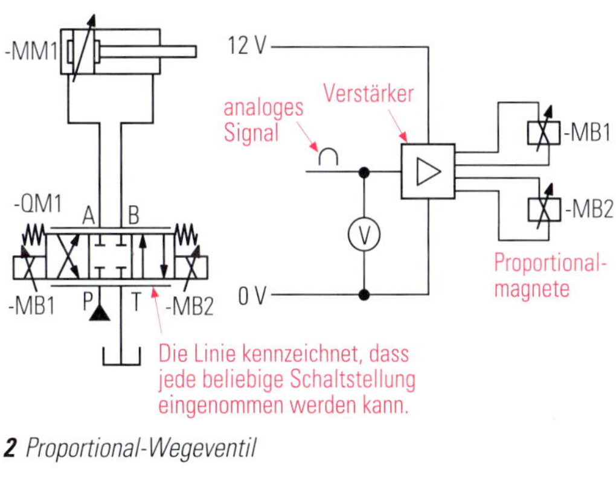

2 Proportional-Wegeventil

LF13_02

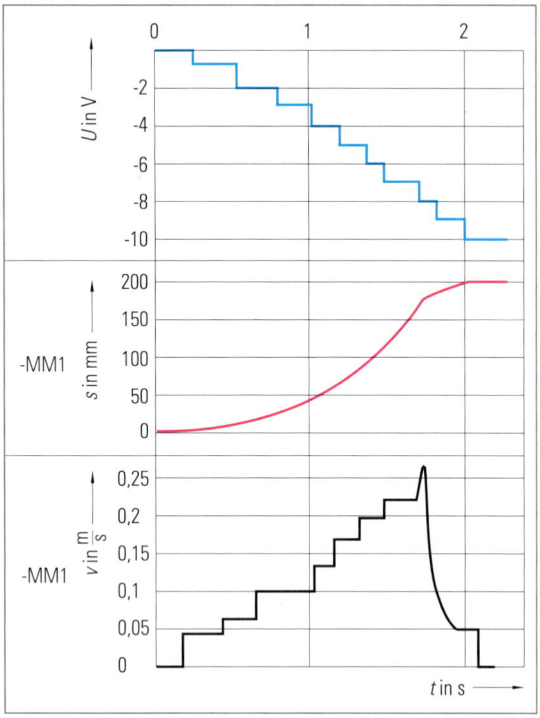

1 Zustandsdiagramm

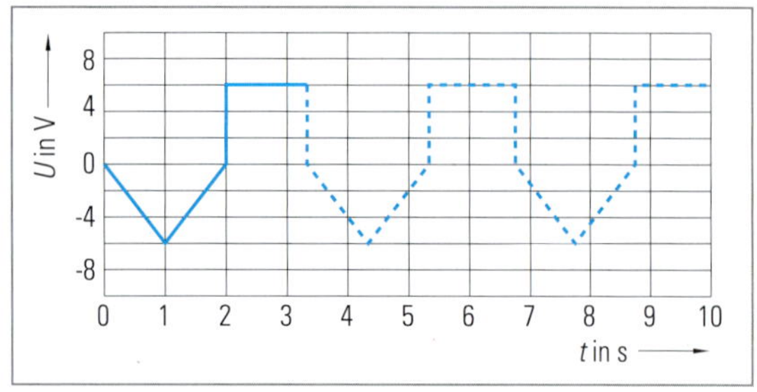

2 Spannungsprofil

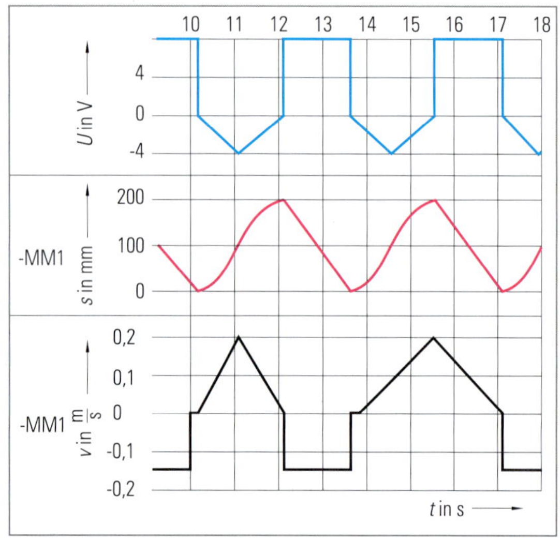

3 Zustandsdiagramm

Im Zustandsdiagramm (Bild 1) ist zu erkennen, dass sich die Ausfahrgeschwindigkeit bei einer stufenweisen Veränderung der Spannung von 0 V auf –10 V erhöht. Die Vorgabe der Spannung kann über ein Potentiometer erfolgen.

Nun soll der Zylinder beim Anheben einer Last zunächst langsam bis zu einer gewissen Geschwindigkeit beschleunigen und vor dem Erreichen der vorderen Endlage sanft abbremsen. Die Beschleunigung und Verzögerung erfolgen durch ein **Spannungsprofil**, mit dem die Proportionalmagnete angesteuert werden (Bild 2). Bild 3 zeigt das Zustandsdiagramm von Spannung, Weg und Geschwindigkeit des Zylinders. Dieser wird langsam beschleunigt und vor Erreichen der vorderen Endlage wieder abgebremst. Anschließend fährt der Zylinder wieder ungedrosselt ein. Da Proportionalventile grundsätzlich mit **positiver Überdeckung** (vgl. Lernfeld 6) hergestellt werden, ergibt sich in einem bestimmten Spannungsbereich eine Totzone, d. h., es fließt kein Öl, obwohl schon Spannung vorhanden ist und sich der Steuerkolben schon bewegt. Aus diesem Grund sind diese Ventile nur bedingt für Regelungsaufgaben geeignet. Sehr wohl kann aber die Lage des Steuerkolbens über induktive Wegaufnehmer (Bild 4) überprüft werden. Durch einen Soll-Ist-Wert-Vergleich kann dann bei einer Abweichung die Lage des Steuerkolbens nachgeregelt werden. Dadurch verbessert sich das Verhalten des Ventils z. B. hinsichtlich Ansprechempfindlichkeit und Reproduzierbarkeit.

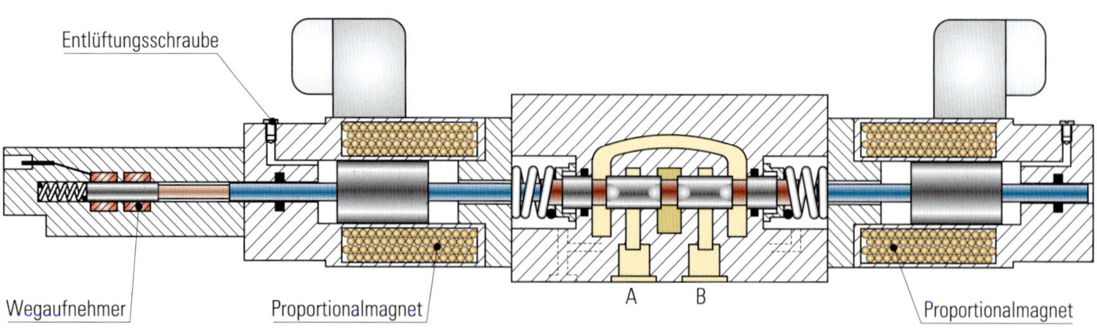

4 Direkt gesteuertes Proportional-Wegeventil

4.2 Regeln mit Servo- und Regelventilen

In der Sägewerksindustrie wird die Schnittbreitenverstellung der Sägeblätter elektrohydraulisch durchgeführt. Da hier eine Toleranz im Millimeterbereich verlangt wird, ist eine Lageregelung erforderlich. Als Stellglieder *(final controlling elements)* kommen entweder ein **Servoventil** *(servo valve)* oder ein **Regelventil** *(control valve)* in Frage. Weil Servoventile kompliziert aufgebaut, teuer und sehr schmutzempfindlich sind (geforderte Filterfeinheit von 0,003 ... 0,005 mm), übernehmen heute vor allem Regelventile diese Aufgabe. Sie sind günstiger und robuster (geforderte Filterfeinheit von 0,025 mm). Regelventile sind Proportionalventile mit **Null-Überdeckung** (vgl. Lernfeld 6). Bei einer Lageregelung muss die aktuelle Position des Zylinders bekannt sein. Deshalb ist ein Wegmesssystem am hydraulischen Antrieb erforderlich. Bild 1 zeigt einen lagegeregelten Hydraulikzylinder und Bild 2 das zugehörige Zustandsdiagramm. Das Wegmesssystem liefert -10 V, wenn der Zylinder eingefahren ist und +10 V, wenn er ausgefahren ist. Befindet sich der Zylinder genau in der Mitte, liefert das Wegmesssystem 0 V. Wird folglich als Soll-Wert 0 V vorgegeben, wird der Proportionalmagnet -MB1 durch den Regler so lange angesteuert, bis sich zwischen dem Soll- und dem Ist-Wert eine Differenz von NULL ergibt. Der Zylinder befindet sich dann genau in der Mitte zwischen vorderer und hinterer Endlage. Soll der Zylinder **beliebige Positionen** anfahren, so können die Soll-Werte über **Sollwertkarten** vorgegeben werden (Bild 3 und Seite 547 Bild 1). Sollwertkarten sind elektronische Baugruppen, mit denen die benötigten Sollwerte und Rampen programmiert werden.

Muss der Zylinder z. B. beim Ausfahren jeweils um 25 % seines maximal möglichen Hubs von 200 mm weiterfahren und anschließend wieder einfahren, so ergeben sich für die Soll-Werte -10 V, -5 V, 0 V, +5 V und +10 V. Der Wechsel von einem Wert zum nächsten kann über Rampen (Seite 546 Bild 1) erfolgen. Diese können unterschiedlich flach oder steil ausfallen, je nachdem, wie schnell der Zylinder die nächste Position anfahren soll. Der Wechsel von einem zum nächsten Soll-Wert erfolgt entweder zyklisch über Zeitglieder, kann aber auch extern durch Binär-

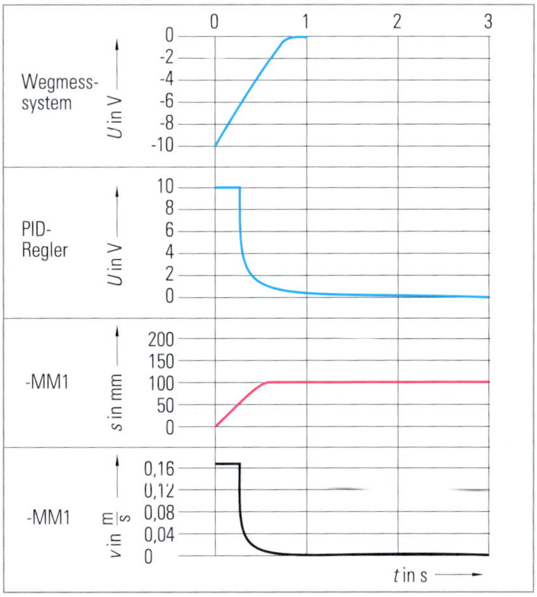

2 *Zustandsdiagramm*

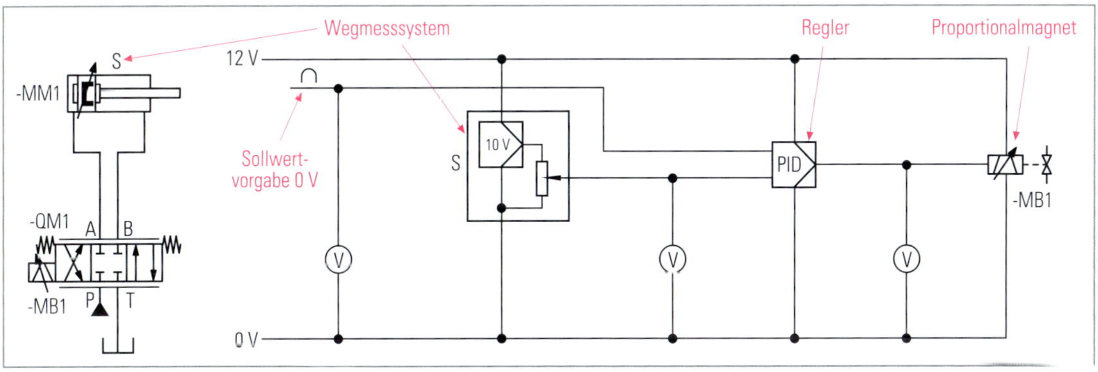

1 *Lagegeregelter Hydraulikzylinder*

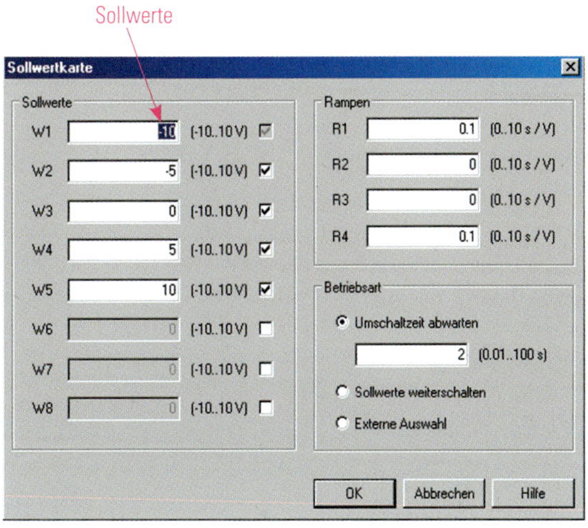

3 *Sollwertkarte*

LF13_03

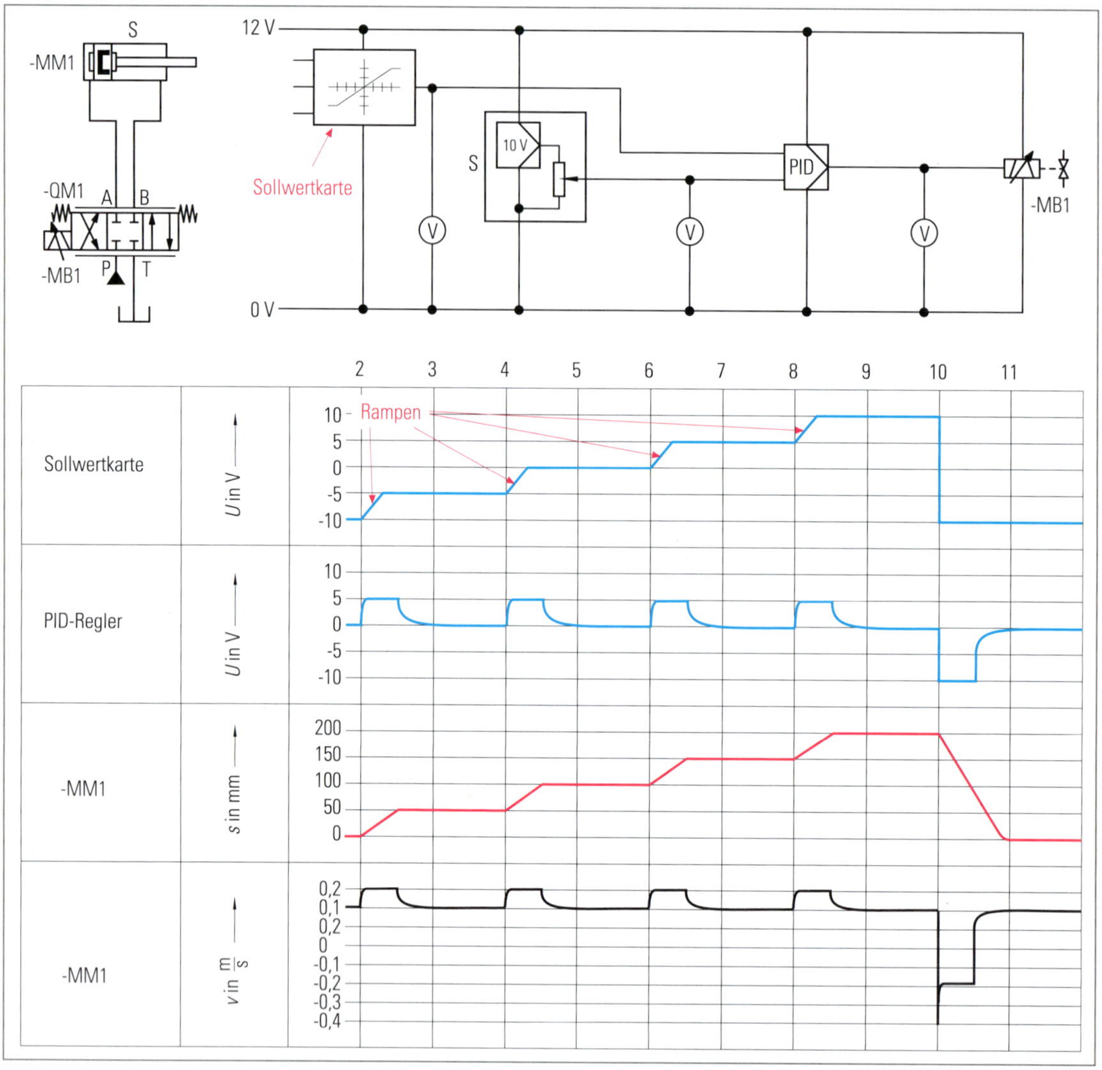

***1** Vorgabe der Sollwerte mit Sollwertkarte*

eingänge wie z. B. durch einen Rolltaster oder durch Sensoren erfolgen. Bild 1 zeigt den Schaltplan mit Sollwertkarte und das Zustandsdiagramm. Dieses zeigt den Zusammenhang zwischen der Spannung an der Sollwertkarte, der Spannung des Reglers für den Proportionalmagneten und dem Weg und der Geschwindigkeit des Hydraulikzylinders. Das Weiterschalten zum nächsten Soll-Wert erfolgt automatisch nach jeweils zwei Sekunden.

MERKE

Mit Proportionalventilen kann die Lage, die Geschwindigkeit (Volumenstrom) und die Kraft (Druck) hydraulischer Antriebe geregelt werden.

***2** Servoventil*

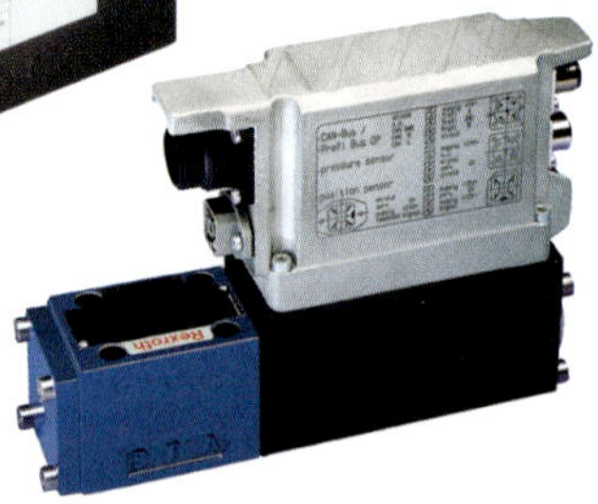

***3** Regelventil*

Sollwertkarte

151489

1/4

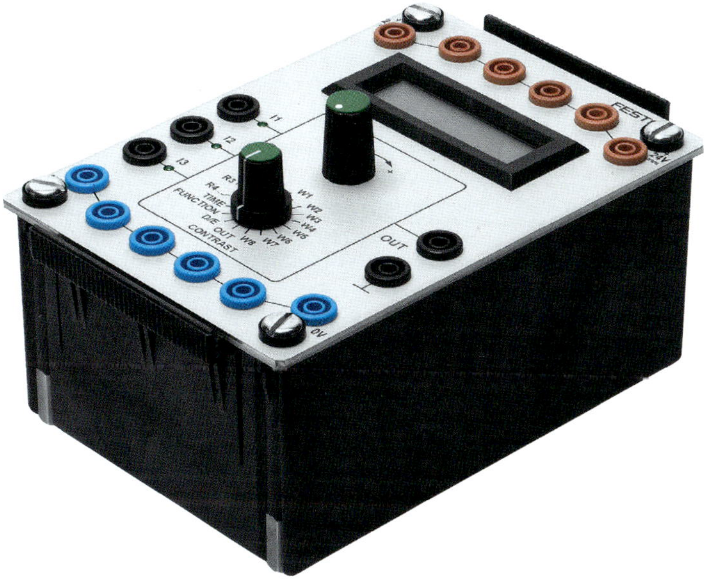

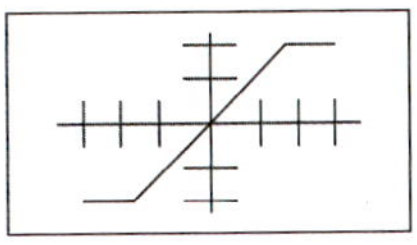

Bedienelemente

1 Versorgungsspannung: 24 VDC
2 Versorgungsspannung: 0 VDC
3 Anzeige
4 Drehknopf
5 Wahlschalter
6 Sollwertsignal +
7 Sollwertsignal -
8 Externer Binäreingang I1
9 Leuchtdiode
10 Externer Binäreingang I2
11 Leuchtdiode I2
12 Externer Binäreingang I3
13 Leuchtdiode I3

Aufbau

Die Sollwertkarte ist in einer kleinen ER-Gehäuseeinheit untergebracht. Die Signale und Spannungen sind über 4 mm-Buchsen zugänglich.

Funktion

Die Sollwertkarte besitzt folgende Funktionen:

- programmierbare Sollwertgenerierung
- programmierbare Rampengenerierung
- zyklischer Ablauf von Sollwerten und Rampen
- Stoppuhr

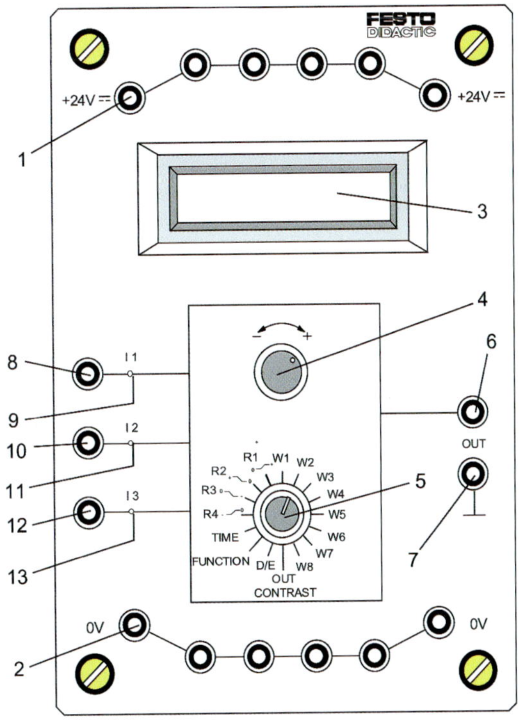

1 Sollwertkarte

5 Industrial Robot for Arc Welding

KR CYBERTECH ARC nano

The KR CYBERTECH ARC nano is optimized for continuous-path applications such as arc welding and the application of adhesives and sealants. The industrial robots offer ideal performance combined with a high-power density – for maximum economy at low cost.

Payload.
_Reinvented.
Already now, with its most compact series – KR CYBERTECH nano – the new KR CYBERTECH generation offers you maximum versatility for more economical flexibility. The fine payload intervals of 6, 8 and 10 kg and the nine perfectly coordinated robot types mean that you can select precisely the robot you actually need. For maximum performance with minimum investment and energy costs. Equipping your applications with unprecedented performance for the markets of the future.

KR CYBERTECH ARC nano. The evolution of continuous-path motion.
Extremely high path accuracy and speed with new controller structures. The acceleration values and the new ergonomic design with minimized disruptive contours are enough to reveal what the robots of the KR CYBERTECH ARC nano family were created for: continuous-path motion at the very highest level – even deep inside the workpieces.

The KR CYBERTECH nano family
Type Reach Rated payload
KR 8 R1420 arc HW 1,420 mm 8 kg
KR 8 R1620 arc HW 1,620 mm 8 kg
KR 6 R1820 arc HW 1,820 mm 6 kg

The master of mobility. The new KUKA hollow wrist.
The new 50 mm hollow-shaft wrist from KUKA is the result of the fusion of many years of experience with pioneering innovations. At the same time, the diameter of the wrist has been reduced to 150.2 mm. Not only is hollow axis 6 capable of infinite rotation, the main axis motion is also reduced, allowing extremely short cycle times combined with utmost motion precision. The functional design optimizes the backward reach and enables the robot to move up very close to the workpieces. Features for maximum output and a new level of performance and quality.

Total load	KR 8 R1420 arc HW	KR 6 R1820 arc HW
Payload	8 kg	6 kg
Total load	18 kg	16 kg
Maximum reach	1421 mm	1823,5 mm
Number of controlled axes	6	6
Position repeatability	± 0,04 mm	± 0,04 mm
Weight	179 kg	188 kg
Mounting positions	Ceiling/Floor/Wall	Ceiling/Floor/Wall
Ambient temperature	5 °C to +45 °C	5 °C to +45 °C
Controller	KR C4 compact/ KR C4 smallsize-2	KR C4 compact/ KR C4 smallsize-2
Protection class	IP 54	IP 54
Protection class inline wrist	IP 54	IP 54

An industrial robot is an automatically controlled, multipurpose machine that can be programmed to work in three or more axes. A robot is part of an assembly line and this means it is a subsystem of the production line.

Typical applications of robots include welding, painting, assembly, pick and place, packaging, product inspection and many others. All of them are accomplished with high speed and precision. A fitter may need to carry out maintenance work on a robot, such as an industrial robot for arc welding as shown on page 548, and by looking at this online information he can find information about the reach, payload, load etc. of two different types.

Assignments on the text:

1. Translate the text above by using your English-German vocabulary list.
2. What is said about the working axes of an industrial robot?
3. Explain the term subsystem.
4. Draw a mind map and fill in as many applications of robots as you can think of.

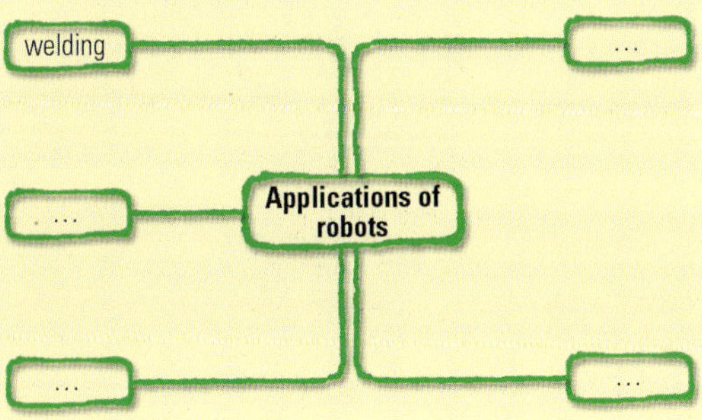

5. Why is it necessary for robots to carry out their tasks with high speed and precision?

Assignments on the online information:

Have a look at the text above the photo:

6. Translate the sentences by using the terms or phrases in the box underneath.
   Watch out! Some parts of sentences are not translated exactly the same by the manufacturer.

Klebe- und Dichtmittelauftrag

bei geringen Kosten | eine hohe Leistungsdichte

wie Schutzgasschweißen | die Industrieroboter

und gleichzeitig | für Bahnapplikationen

ist optimiert | bieten eine ideale Performance

für maximale Wirtschaftlichkeit

Now look at the three other texts:

7. The sentences below are the original German translations, but the range is mixed. Please find the correct order and write the result into your exercise book.
   Dabei ist die Hohlachse 6 nicht nur endlos drehbar, sondern besticht durch eine reduzierte Grundachsbewegung mit extrem kurzen Taktzeiten bei höchster Bewegungspräzision.
   Für maximale Performance bei minimalen Investitions- und Energiekosten.
   Das funktionale Design ermöglicht unter anderem ein optimales „Hinterlangen" oder extrem nahes Anfahren von Bauteilen.
   Mit einer feinen Traglastabstufung von 6, 8 und 10 kg und neun perfekt aufeinander abgestimmten Robotertypen können Sie exakt den Roboter bestimmen, der wirklich gebraucht wird.
   Bereits die Beschleunigungswerte und die neue störkonturarme Ergonomie verraten, wofür die Roboter der KR CYBERTECH ARC nano Familie geschaffen wurden: für Bahnfahren auf allerhöchstem Niveau – auch tief in den Bauteilen.
   Bei gleichzeitiger Reduzierung des Handdurchmessers auf 150,2 mm.
   Mit der neuen 50-mm-Hohlwellenhand ist es KUKA gelungen, jahrelange Erfahrung mit zukunftsweisenden Innovationen zu verschmelzen.
   Features für maximalen Output und ein neues Leistungs- und Qualitätsniveau.
   Die neue KR CYBERTECH Generation bietet Ihnen bereits mit ihrer kompaktesten Serie – KR CYBERTECH nano – maximale Vielfalt für mehr ökonomischen Handlungsspielraum.
   Um Ihre Applikationen mit neuer Leistungsfähigkeit für die Märkte der Zukunft zu rüsten.
   Mit neuen Reglerstrukturen extrem bahngenau und schnell.

Look at the table underneath the text:

8. There are important terms that define the dimensions, weight or volume of the two robots shown. Below you can see the German and English vocabulary. Please match the letters and numbers.

1. Max. Reichweite	a) Ambient temperature
2. Traglast	b) Position repeatability
3. Umgebungstemperatur	c) Total load
4. Positionswiederholgenauigkeit	d) Maximum reach
5. Nenn-Gesamtlast	e) Payload

Questions on the complete page:

9. What is the robot KR CYBERTECH ARC nano especially designed for?
10. Which are the fine payload intervals?
11. Which are the advantages of the new KR CYBERTECH generation?

Work With Words

Work With Words

In future you will come into the situation to talk, listen or read technical English. Very often it will happen that you either **do not understand** a word or **do not know the translation**.

In this case here is some help for you!

Below you will find a few possibilities to describe or explain a word you don't know or use opposites[1] or synonyms[2].
Write the results into your exercise book.

1. **Add as many examples** to the following terms as you can find for handling devices and load characteristics.

handling devices:	manipulators pick-and-place robots	*load characteristics:*	nominal load tool load

2 **Explain the two terms in the box:**
Use the words below to form correct sentences. Be careful the range is mixed!

drive:	to make the vehicle move/supplied by the engine/in a car or other vehicle/Drive is the power/to particular wheels	*operator:*	is a person/to operate or control a machine/An operator/who is employed

3. **Find the opposites**[1]**:**

input-subassembly:		*point-to-point controlled:*	
contact breaker:		*translational motions:*	

4. **Find synonyms**[2]:
You can find two synonyms to each term in the box below.

pressure:		*belt:*	
speed:		*gear rack:*	
tempo, stress,compression, velocity		conveyor, rack, feed band, control shaft	

5. In each group there is a word which is the **odd man**[3]. Which one is it?

a) part of agreement, valve, main program, subprogram,
b) proportional valve, servo valve, control valve, output
c) error signal, transient response, principal axes, settling time,
d) packaging, positioning accuracy, repeat accuracy, path repeat accuracy

6. Please translate the information below. Use your English-German Vocabulary List if necessary.

A display is an electronic device for representing information in a visual way, for example a screen connected to a computer.

1) *opposite:* Gegenteil 2) *synonym:* Synonym, ähnliches Wort, Ergänzung 3) *odd man:* Außenseiter, überzähliges Wort, fünftes Rad am Wagen

Lernfeld 14: Planen und Realisieren technischer Systeme

Betriebe leben von Aufträgen ihrer Kunden und Sie leben von den Aufträgen Ihres Betriebs. Sie und Ihr Betrieb tun also sehr gut daran, mit diesen Aufträgen höchst sorgfältig umzugehen.
Aufträge können äußerst unterschiedlich gestaltet sein und können daher im Betrieb des Auftragnehmers sehr unterschiedliche Aktivitäten auslösen. Geht es vorerst nur um eine Preisanfrage? Muss eine sorgfältige Kalkulation erstellt werden? Ist die Konstruktionsabteilung gefordert oder nur die Fertigungsabteilung? Ist der Auftrag klar definiert oder muss er in Gesprächen mit dem Kunden erst präzisiert werden?
Ein Auftrag kann darin bestehen, dass Produkte geliefert werden sollen, die der betreffende Betrieb ohnehin in seinem Angebotssortiment führt. In diesem Fall sind die Teile entweder vorrätig und müssen nur noch ausgeliefert oder in der entsprechenden Stückzahl hergestellt werden. Hier dürfte der planerische Aufwand für den Auftragnehmer recht gering sein. Das Produkt, um das es geht, steht fest. Zwischen Auftragnehmer und Auftraggeber sind lediglich das Auftragsvolumen (Liefermenge), Lieferfristen und evtl. Zahlungsmodalitäten wie z. B. Mengenrabatt, Skonto usw. zu klären.
Das obige Bild zeigt die Montage und den Aufbau einer kompletten Fertigungsanlage – also eines recht komplexen technischen Systems.
Für den Lieferanten dieser Anlage dürfte der Aufwand für Planung und Realisierung erheblich gewesen sein. In diesem Fall kann man von einem **umfangreichen Projekt** sprechen.
Allein die Angebotserstellung erfordert intensive Gespräche mit dem Kunden und kann im Betrieb des Auftragnehmers nur durch ein Projektteam geleistet werden.
Das **Lastenheft** des Kunden beschreibt dessen Anforderungen und Wünsche an das Projekt.
Das **Pflichtenheft** des Auftragnehmers beschreibt, wie und mit welchen Mitteln innerhalb welchen Zeitraums und zu welchen Konditionen der Auftragnehmer den Auftrag erfüllen will.
Zu einem Auftrag kommt es also nur dann, wenn sich beide Seiten über das Pflichtenheft einigen können.
Ein erfolgreicher Abschluss des Projekts ist dann gegeben, wenn der Kunde zufrieden ist und die wirtschaftlichen Erwartungen des Auftragnehmers erfüllt wurden.

1 Projektdefinition

Die Firma REIHA verpackt Wurstprodukte mithilfe von Verpackungsmaschinen. Die Verpackung hat im Wesentlichen folgende Funktionen zu erfüllen. Sie soll

- das Produkt vor Beschädigungen schützen und frisch halten
- sich einfach öffnen und verschließen lassen
- ein ansprechendes, individuelles Design besitzen, das den Verbraucher zum Kauf veranlasst
- Informationen (z. B. Gewicht, Preis, Mindesthaltbarkeit) für den Verbraucher beinhalten

Mit der derzeitigen Verpackung (Bild 1) ist die Firma REIHA nicht mehr zufrieden. Sie möchte die Salamiverpackung im neuen Design auf den Markt bringen. Dazu benötigt sie eine neue Verpackungsmaschine, die u. a. folgenden Anforderungen genügen soll:

- die Verpackung soll schmaler werden, damit weniger Folie zum Verpacken benötigt wird
- um die gleiche Masse (z. B. 200 g) zu verpacken, muss die Verpackung tiefer werden
- die einzelnen Scheiben sollen vom Verbraucher leicht zu entnehmen sein
- die Verpackung soll wieder verschließbar sein
- die Verpackung soll ein ansprechendes Design erhalten
- die Maschine soll 4000 Salami-Verpackungen pro Stunde herstellen
- die Ausschussquote darf nicht größer als 1 % sein
- die Maschine muss den geltenden Hygienevorschriften genügen
- die Maschine muss innerhalb von 20 Minuten auf ein anderes Verpackungsformat umzurüsten sein

Aus diesem Grunde wendet sich die Firma REIHA an verschiedene Anbieter von Verpackungsmaschinen und sendet ihnen ein Lastenheft (Seite 553 Bild 1) für die benötigte Verpackungsmaschine zu.

***1** Bisherige Verpackung für Salami*

1.1 Lastenheft

Im Lastenheft *(specifications)* beschreibt der **Auftraggeber** *(principal)* die Anforderungen, Erwartungen und Wünsche an ein geplantes Produkt. Das Produkt kann z. B. eine Maschine, ein beliebiges Gerät, eine Software, eine Dienstleistung oder eine Kombinationen der genannten Komponenten sein. Das Lastenheft beschreibt, **was** erreicht werden soll und gibt **nicht** detailliert vor, wie das Ziel zu erreichen ist. Es dient als Grundlage zur Einholung von Angeboten.

MERKE

Im Lastenheft legt der Auftraggeber alle Forderungen an die Lieferungen und Leistungen des Auftragnehmers fest. Es beschreibt das **WAS** und **WOFÜR** der Anforderungen[1].

Je nach Einsatzgebiet und Branche unterscheiden sich Lastenhefte in Aufbau und Inhalt stark. Ein Lastenheft lässt sich auf verschiedene Weise gliedern. Folgende Angaben sollten berücksichtigt werden:

- Ausgangssituation und Zielformulierung
- Beschreibung des zu erstellenden Produkts
- Funktionalität des Produkts
- Leistungsanforderungen wie z. B. Normen, Richtlinien, Materialien usw.
- wichtige technische Daten
- Qualitätsanforderungen wie z. B. Zuverlässigkeit, Änderbarkeit
- Lieferumfang und -termin
- Gewährleistungsanforderungen wie z. B. Garantie, Kundendienst, 24-Stunden-Service usw.
- Abnahmekriterien

Das Lastenheft fasst die technischen, wirtschaftlichen und organisatorischen Erwartungen des **Auftraggebers** an das Produkt zusammen. Es informiert den potenziellen **Auftragnehmer** *(agent)* über den zu erwartenden Auftragsumfang. Es stellt auch oft die Basis einer Anfrage beim möglichen Auftragnehmer dar.

1.2 Projektstart beim Auftragnehmer

Auch die Firma GEA erhält eine Anfrage der Firma REIHA über eine Verpackungsmaschine, deren Anforderungen im Lastenheft beschrieben sind. Damit wird bei GEA ein mögliches Projekt angestoßen.

Projekte laufen in Phasen ab, die meist nach dem gleichen Muster strukturiert sind (Seite 553 Bild 2). Das Projekt „Verpackungsmaschine für die Firma REIHA" befindet sich derzeit in der Anfangsphase der Projektdefinition.

Da im Lastenheft noch nicht alle Anforderungen und Bedingungen für die weitere Planung erfasst sind, ist es dringend erforderlich, das Projekt genauer zu definieren. Der Bereich der **Projektdefinition** *(definition of projects)* gliedert sich wiederum in einzelne Phasen (Seite 553 Bild 3).

1) vgl. VDI 2519 Blatt 1 und 2

REIHA
Delikate Dauerwürste

Lastenheft für Verpackungsmaschine

Aufgabenstellung:
Auf einer Tiefzieh-Verpackungsmaschine soll Salami in ansprechende Packungen für den SB-Markt verpackt werden. Die bisher hergestellten Packungen dienen als Muster, müssen aber ansprechender sein und in der Form den neuen Anforderungen an die Packung angepasst werden.

Zu verpackende Produkte:
Salami, in Scheiben geschnitten, 200 gr./Packung

Vor- und nachgeschaltete Maschinen/Vorgänge:
- Das Produkt wird in geschnittener Form automatisch zugeführt.
- Die fertigen Packungen werden über eine automatische Entnahmeeinheit entnommen und kartoniert.
- Herstellerdatum und Erzeugerinformationen sollen mittels eines Etiketts auf der Packung angebracht sein.

Zu verwendende Folien:
- Oberfolie: PA/PE 85 µm, 455 mm
- Unterfolie: APET 250 µm, 460 mm

Design-Vorschläge und Musterpackungen sind vor Auftragsvergabe zu erstellen.

Maschinenleistung:
4000 Packungen/Stunde

Ausschussquote kleiner 1%

Maschine wird hergestellt nach geltenden EU-Maschinen- und Hygienerichtlinien.

Um- bzw. Rüstzeit max. 20 Minuten.

Maschine muss für den 3-Schichtbetrieb geeignet sein.

1 *Lastenheft der Firma REIHA*

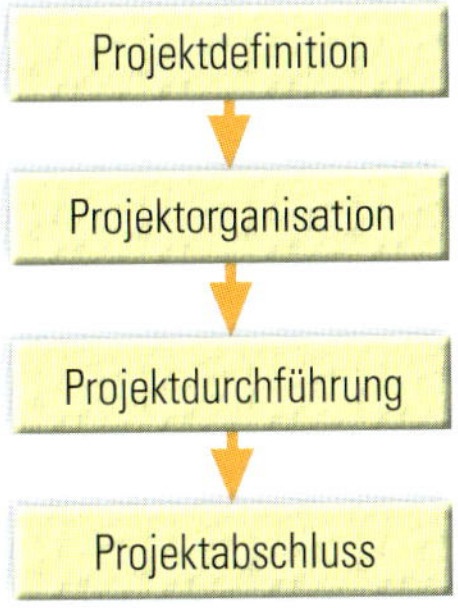

2 *Projektphasen*

Phasen der Projektdefinition
- Analyse des Problems
- Klärung des Ziels
- Durchführung von Kundengesprächen
- Analyse der eigenen Möglichkeiten
- Prüfung auf Durchführbarkeit
- Betrachten der Wirtschaftlichkeit
- Durchführen der Grobplanung
- Erstellen des Pflichtenhefts
- Projektauftrag

3 *Phasen während der Projektfindung*

Wenn das Ende der Projektdefinition mit dem Kundenauftrag abschließt, wird das Projekt durchgeführt, ansonsten wird es jetzt schon beendet.
Nach dem Eingang des Lastenheftes benennt GEA einen **Projektleiter** *(projectmanager)*, der mit seinem Team die Verantwortung für das Projekt übernimmt. Bei der Projektrealisierung kann auf Erfahrungen zurückgegriffen werden, die bei der Herstellung anderer Verpackungsmaschinen gesammelt wurden.

GEA plant und realisiert die Maschinen kundenspezifisch. Mit ihnen werden ganz unterschiedliche Produkte wie z. B. Lebensmittel (Bild 1) oder Artikel der Medizintechnik verpackt. Der prinzipielle Aufbau ist für alle Maschinen ähnlich (Bild 2). Transportketten halten die **Unterfolie** *(bottom film)* straff und führen sie taktweise den einzelnen Stationen zu.

In der **Heizstation** *(heating station)* (Seite 555 Bild 1) wird die Unterfolie erwärmt, bis sie gut verformbar ist.

In der **Formstation** *(forming station)* erhält die Verpackung ihre Form. Druckluft drückt oberhalb der Folie mit Vakuumunterstützung unterhalb der Folie die erwärmte Folie in die Form (Seite 193 Bild 2). An der Formwand kühlt die Folie ab und behält ihre Form bei. Bei besonders tiefen Formen unterstützen Stempel oberhalb der Folie den Formvorgang.

Mitarbeiter oder Handhabungsgeräte legen die zu verpackenden Produkte in der **Einlegestation** *(loading area)* in die geformten Mulden.

Die Unterfolie mit den gefüllten Mulden wird taktweise zur **Siegelstation** *(sealing station)* (Seite 555 Bild 3) transportiert. Bevor das Siegelwerkzeug die Oberfolie mit der Unterfolie verschweißt, wird die Luft aus der späteren Packung evakuiert. Es ist auch möglich, vor dem Verschweißen die Luft gegen Kohlendioxid bzw. Stickstoff auszutauschen.

1 *Verpackte Lebensmittel*

In der **Etikettierstation** *(labeling station)* erhalten die Verpackungen Etiketten mit Informationen über das Gewicht, den Preis, das Verfallsdatum usw.

Die **Schneidestation** *(cutting station)* (Bild 2) trennt die Einzelpackungen aus dem Verbund. Die Randstreifen werden automatisch abgeführt und aufgewickelt.

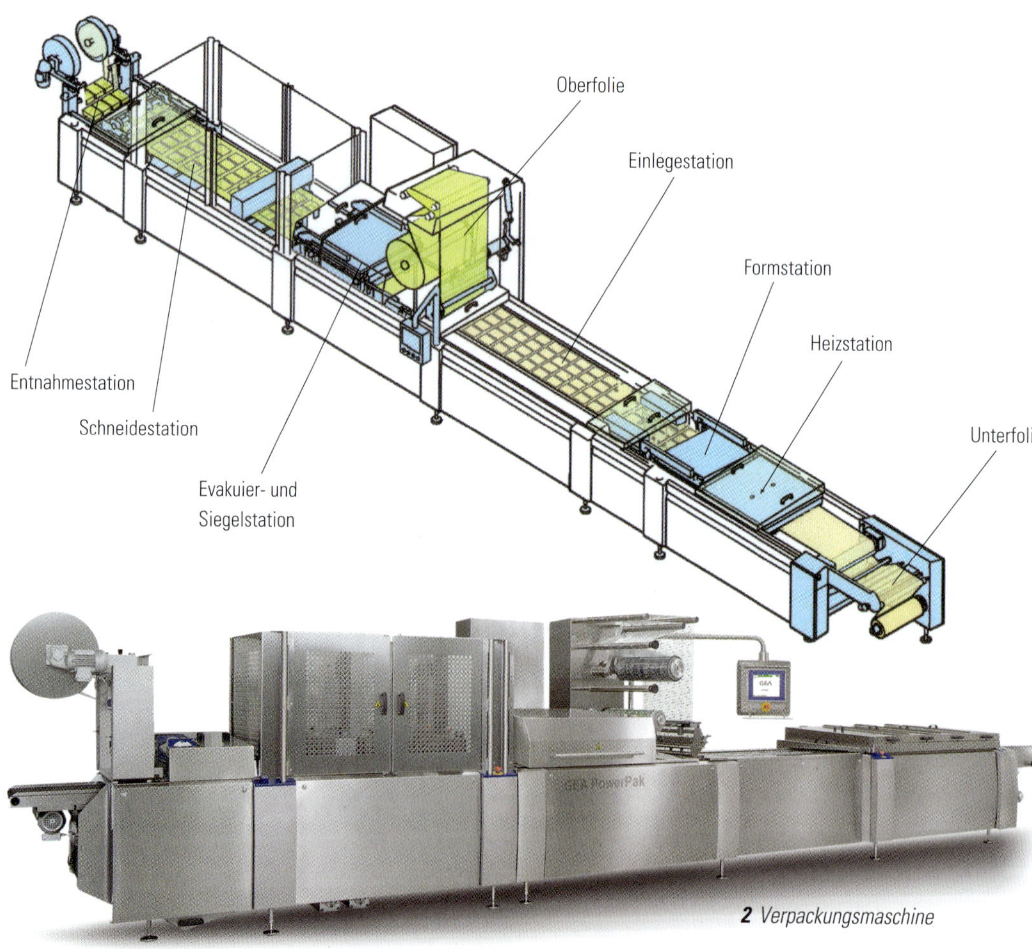

2 *Verpackungsmaschine*

Aus der **Entnahmestation** *(removing station)* befördern Mitarbeiter oder Handhabungsgeräte die verpackten Produkte und stapeln sie in Pakete.
Die Verpackungsmaschine ist somit eine komplexe, kundenspezifische Anlage, die in Form eines **Projekts** *(project)* realisiert werden soll.
Ein Vorhaben ist dann ein Projekt[1], wenn

■ eine klare, ergebnisorientierte und messbare Zielvorgabe vorliegt	Herstellung und Lieferung einer Verpackungsmaschine (siehe Pflichtenheft und Vertrag)
■ es durch definierte Anfangs- und Endtermine begrenzt ist	Start: Empfang des Lastenhefts; Ende: Inbetriebnahme beim Kunden
■ es in genau dieser Konstellation nur einmal auftritt	Anforderungen aus dem Lastenheft (Verpackung für Salami)
■ komplexe Handlungsabläufe vorliegen, die den Einsatz besonderer Methoden und Techniken erfordern	Planung, Fertigung, Montage, Lieferung und Inbetriebnahme führen verschiedene Mitarbeiter von GEA an unterschiedlichen Stellen durch.
■ es fach- und abteilungsübergreifend ist	Viele Abteilungen der Firma GEA sind beteiligt.
■ finanzielle und personelle Begrenzungen vorliegen	Der Kaufpreis für die Verpackungsmaschine ist vertraglich vereinbart, es stehen die Mitarbeiter zeitlich begrenzt zur Verfügung.
■ es gegenüber anderen Vorhaben abgegrenzt ist	Parallel zu diesem Projekt werden in der Firma GEA weitere abgewickelt.
■ es eine projektspezifische Organisation erfordert	Der Projektleiter mit seinem Team führt das Projekt nach den Strukturen des Projektmanagements durch.

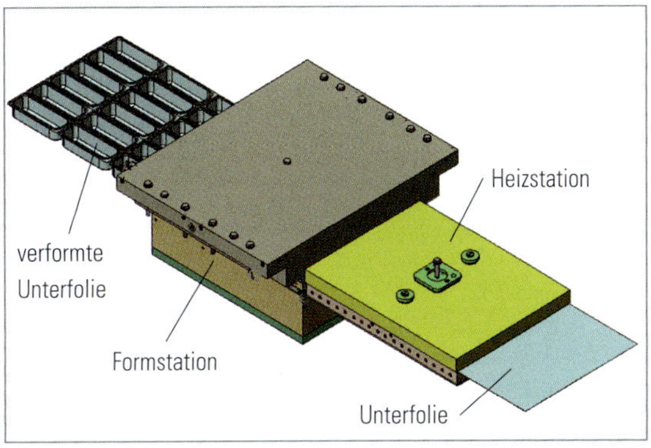

***1** Heiz- und Formstation*

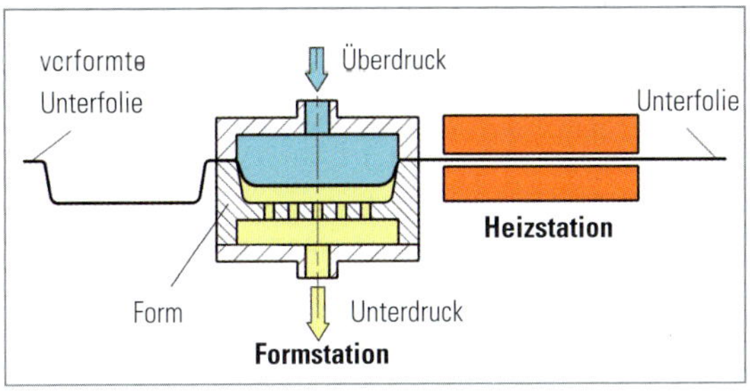

***2** Formstation: Verformung der Folie mit Über- und Unterdruck*

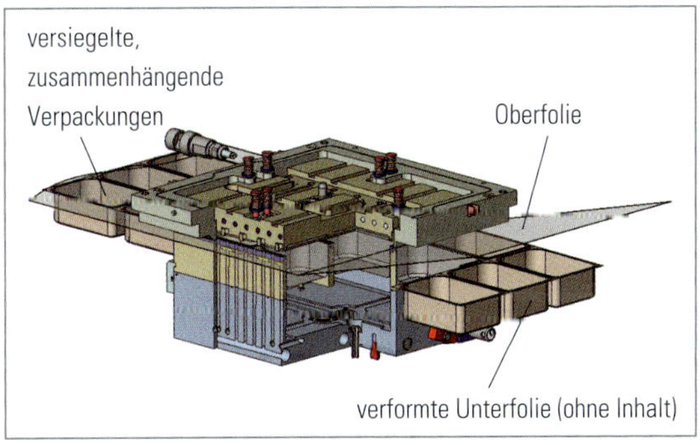

***3** Siegelstation*

1.3 Kundengespräch

Nachdem das Lastenheft bei GEA gesichtet wurde, wird ein Gespräch mit dem potenziellen Kunden vereinbart. In diesem Fall dient das Kundengespräch dazu, die einzelnen Projektziele genau zu beschreiben.
Ein **Projektziel** *(project target)* ist dann exakt beschrieben, wenn es drei Fragen beantwortet:

■ Was soll erreicht werden?	z. B. Verpackungen für Salami
■ In welchem Ausmaß soll es erreicht werden?	4000 Verpackungen pro Stunde
■ Bis wann muss das Ziel erreicht sein?	Inbetriebnahme beim Kunden am 11.01.2017

Der mögliche Auftragnehmer möchte im Kundengespräch
- die Wünsche und Vorstellungen des Kunden genauer kennenlernen, um diese umsetzen zu können
- mögliche Probleme der Aufgabenstellung erkennen und dem Kunden verdeutlichen
- dem Kunden Lösungsmöglichkeiten vorstellen
- dem Kunden darstellen, welche wirtschaftlichen Vorteile er durch den Erwerb des Produkts erhält
- vom Kunden Entscheidungen für unterbreitete Lösungsvorschläge erhalten
- möglichst alle bislang nicht geklärten Details gemeinsam mit dem Kunden festlegen.

Beim Kundengespräch (Seite 556 Bild 1) steht bei den Unternehmensvertretern die **Kundenorientierung** *(customer orientation)* im Vordergrund. Sie kennen die Abhängigkeit des Unter-

1) vergl. DIN 69901

1 Kundengespräch

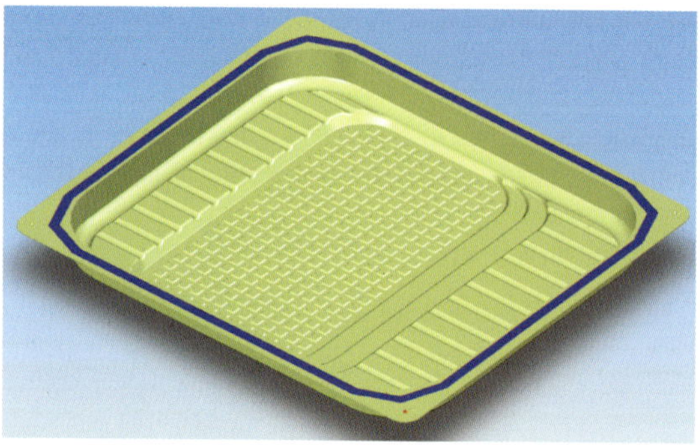

2 Verformte Unterfolie der geplanten Verpackung

nehmens vom Kunden. Deshalb wollen sie auch nicht die maximal mögliche Leistung erbringen, sondern genau die, die der Kunde verlangt. Für das Unternehmen ist der Kunde König. Die Erfüllung von Kundenerwartungen wird als ein entscheidender Wettbewerbsvorteil angesehen. Unter diesem Aspekt erfolgt auch die Vorbereitung des Kundengesprächs.

Eine **wertschätzende** und **zielorientierte Gesprächsführung** erfordert Übung und kann trainiert werden. Eine entsprechende Vorbereitung des Kundengesprächs sollte immer erfolgen. Dabei sind folgende Fragen zu beachten:

- Was ist das Gesprächsziel?
- Was ist bislang zu der Aufgabenstellung bekannt?
- Welche Probleme sind noch zu lösen?
- Welche Fragestellungen sind noch offen?
- Um welche(n) Gesprächspartner handelt es sich?
- Welche Erfahrungen und Kenntnisse bringen der/die Gesprächspartner mit?
- Welche Erwartungen haben der/die Gesprächspartner an mich bzw. uns?
- Ist Expertenunterstützung für das Gespräch nötig?
- Wie wird das Gespräch strukturiert?
- An welchem Ort findet das Gespräch statt?
- Welche Unterlagen werden benötigt?
- Welche Medien und Materialen sind erforderlich?

Während und nach dem Kundengespräch muss der Kunde das Gefühl haben, dass

- auf seine Wünsche, Gedanken und Vorstellungen eingegangen wurde
- sich genug Zeit für ihn genommen wurde
- seine Interessen im Vordergrund standen
- freundlich mit ihm umgegangen wurde
- ihm fachspezifische Zusammenhänge verständlich vermittelt wurden
- ihm fachkundige und wirtschaftliche Lösungen vorgeschlagen wurden
- der Gesprächspartner nicht nur fachlich, sondern auch sozial kompetent ist
- er dem Gesprächspartner vertrauen und sich eine weitere Zusammenarbeit mit ihm gut vorstellen kann.

Während der verschiedenen Projektphasen sind oft weitere Kundengespräche erforderlich, die je nach Anlass vorzubereiten und entsprechend zu strukturieren sind. Das endgültige Aussehen der Verpackung (Bild 2) wurde auch in einem Kundengespräch gemeinsam festgelegt.

1.4 Pflichtenheft

Nachdem die bisherigen Wünsche und Anforderungen des Kunden an das Produkt bekannt sind, verfasst der mögliche **Auftragnehmer** *(agent)* ein Pflichtenheft *(dutybook)*. Da das Lastenheft lediglich ein Grobkonzept lieferte, umfasst das Pflichtenheft detailliert und vollständig alle Anforderungen an das Produkt. Der Auftragnehmer prüft bei der Erstellung des Pflichtenheftes, ob es im Lastenheft und in den Anforderungen des Kunden Widersprüche gibt.

Im Lastenheft stehen die Wünsche und Erwartungen des Kunden. Das Pflichtenheft führt die Details aus, wie und womit der Auftragnehmer die Vorgaben des Kunden umsetzen will. Das Lastenheft ist somit mit der Nachfrage und das Pflichtenheft mit dem Angebot vergleichbar.

MERKE

Im Pflichtenheft beschreibt der Auftragnehmer die Realisierung des Produkts aufgrund des vom Auftraggeber vorgegebenen Lastenhefts[1].

Das Pflichtenheft definiert, **WIE** und **WOMIT** die Anforderungen zu realisieren sind[2].

Je nach Produkt kann das dafür zu erstellende Pflichtenheft unterschiedlich aufgebaut sein. Eine mögliche Gliederung zeigt Bild 1 auf Seite 557.

Für GEA ist das Lastenheft Bestandteil des Pflichtenhefts. Im Pflichtenheft bestätigt, verneint oder ergänzt GEA das Lastenheft (Seite 553 Bild 1).

Der Auftraggeber muss das Pflichtenheft genehmigen. Nach der Genehmigung wird das Pflichtenheft die verbindliche Vereinbarung für die Realisierung und Abwicklung des Projektes für Auftraggeber und Auftragnehmer und darf nicht ohne die Zustimmung beider verändert werden. Beide Parteien sollten vertraglich eine Vorgehensweise vereinbaren, wie im Fall nachträglicher Änderungswünsche oder Störungen vorgegangen wird.

1) vergl. DIN 69905

2) vergl. VDI 2519 Blatt 1 und 2

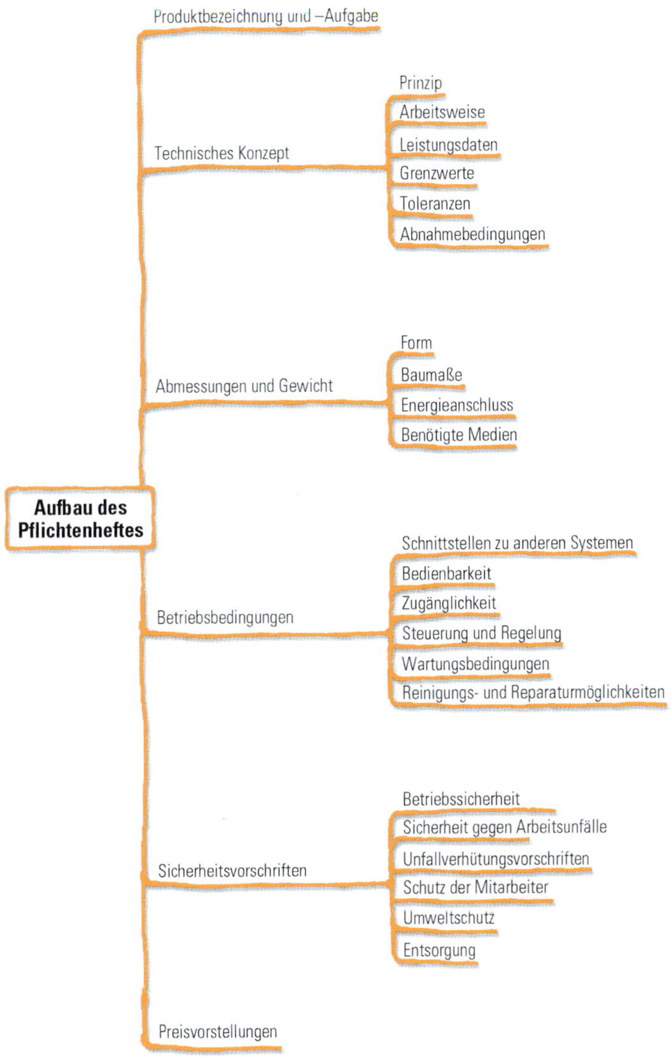

***1** Beispielhafter Aufbau eines Pflichtenhefts*

Das Pflichtenheft (Bild 1) ist meist die Grundlage für

- Angebotserstellung
- Auftragserteilung
- Produkterstellung und
- Abnahme des Endprodukts

MERKE

Mit dem Pflichtenheft sind die Aufgabenstellung und deren Realisierung ausführlich definiert. Alle Punkte des Pflichtenhefts müssen so formuliert sein, dass sie überprüfbar sind.

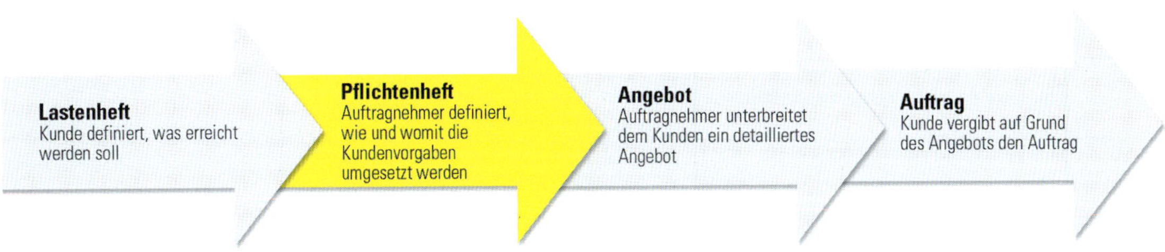

***2** Stellung des Pflichtenhefts während der Projektdefinition*

Dokumenten-Nr.	1.0-100	**Pflichtenheft**	GEA
Pflichtenheft-Version	V2.0 / 02-09-16		
Lastenheft-Version	V3.5 / 18.08.2016		
Datum:	02.09.2016		
Seiten:	1 / 2		

Maschinen-Nr.: 5611	**Auftrags-Nr.:** 1106-2016-15	**Kunde:** REIHA

Lft.-Nr.	**Lastenheft des Kunden**	**Pflichtenheft** Konform	Kommentar
1.	Aufgabenstellung: Auf einer Tiefzieh-Verpackungsmaschine soll Salami in ansprechende Packungen für den SB-Markt verpackt werden. Die bisher hergestellten Packungen dienen als Muster, müssen aber ansprechender sein und in der Form den neuen Anforderungen an die Packung angepasst werden. Zu verpackendes Produkt: ➢ Salami ➢ in Scheiben geschnitten ➢ 200 g/Packung	---	---
2.	Vor- und nachgeschaltete Maschinen/ Vorgänge: ➢ Das Produkt wird automatisch zugeführt. ➢ Die fertigen Packungen werden über eine automatische Entnahmeeinheit entnommen und kartoniert. ➢ Herstellungsdatum und Erzeugerinformation sollen mittels eines Etikettes auf der Packung angebracht sein.	Ja ☒ Nein ☐	➢ Signalaustausch erfolgt über potentialfreie Kontakte. ➢ Etikettiersystem wird Teil unserer Verpackungsmaschine.
3.	Zu verwendende Folien: Oberfolie: PA/PE 85 µm 455 mm Unterfolie: APET 800 µm 460 mm	Ja ☒ Nein ☐	---
4.	Packungsanforderung: ➢ wieder verschließbar ➢ Schutzbegasung	Ja ☒ Nein ☐	MAP-Packung Schutzgaszufuhr über Düsenleiste. Vorheizung, Verformung mittels Druckluft und Vakuum
5.	Design-Vorschläge und Musterpackungen sind vor Auftragsvergabe zu erstellen.	Ja ☒ Nein ☐	Kommt es nicht zu einer Auftragsvergabe, wird der Aufwand in Rechnung gestellt!
6.	Maschinenleistung: 4000 Packungen/Stunde	Ja ☒ Nein ☐	Bei einer Formatunterteilung 3.2 und einem Vorzug von 500 mm entspricht dies einer Taktleistung von 11 Takten/Minute.
7.	Ausschussquote max. 1%.	Ja ☐ Nein ☒	Auf Grund von nicht absehbaren Schwierigkeiten mit vor- und nachgeschalteten Maschinen garantieren wir eine Ausschussquote von 1,5%.
8.	Maschine wird hergestellt nach geltenden EU-Maschinen- und Hygienerichtlinien.	Ja ☒ Nein ☐	Maschine wird nach EU-Maschinenrichtlinie 2006/95/CE hergestellt.
9.	(Um-)Rüstzeit max. 20 Minuten.	Ja ☒ Nein ☐	Wechsel der Formatwerkzeuge in der geforderten Zeit möglich.
10.	Maschine muss für den 3-Schichtbetrieb geeignet sein.	Ja ☒ Nein ☐	---

***1** Pflichtenheft der Firma GEA*

ÜBUNGEN

1. Wozu dient ein Lastenheft?
2. Welche Angaben sollte ein Lastenheft enthalten?
3. Erstellen Sie für ein von Ihnen gewähltes Produkt ein Lastenheft.
4. Welche Kennzeichen besitzt ein Projekt?
5. Nennen Sie Gründe für ein Kundengespräch.
6. Welche Überlegungen sind vor einem Kundengespräch anzustellen?
7. Was erwartet der Kunde von seinem Gesprächspartner?
8. Wer erstellt das Pflichtenheft?
9. Erstellen Sie für das von Ihnen gewählte Produkt ein Pfichtenheft.

2 Projektorganisation und -planung

In der Organisations- oder Planungsphase werden sowohl die einzelnen Tätigkeiten als auch der zeitliche Ablauf definiert. Diese Phase ist die Grundlage für die sich anschließende Projektdurchführung.

Bei der Planung ist besonders zu beachten, dass das Projektziel nicht nur durch das Sachziel definiert ist, sondern der Projektendtermin und die Projektkosten sind ebenso wichtig (Bild 1). Es ist die Aufgabe des **Projektmanagements** *(project management)*, diese drei Ziele gleichzeitig zu realisieren.

1 *Das magische Dreieck des Projektmanagements*

MERKE

Das Projektmanagement umfasst alle Führungsaufgaben, -organisationen, -techniken und -mittel für die Abwicklung eines Projekts[1].

Dabei werden zwei Bereiche des Managements unterschieden:

- Personal- und Konfliktmanagement und
- Sachmittelmanagement

Das **Personal- und Konfliktmanagement** *(staff and conflict management)* umfasst die Personalführung sowie die Erkennung und Auflösung von Konflikten.

Über das **Sachmittelmanagement** *(material management)* erfolgen die Planung, Organisation, Durchführung, Kontrolle und Bewertung der Projektziele.

Das Projektteam und die Projektleitung im Besonderen sind für die Abwicklung des Projekts und somit auch für das Projektmanagement zuständig.

2.1 Personal- und Konfliktmanagement

2.1.1 Projektteam

In Projekten sind viele neue Aufgaben zu erledigen, die am besten von einem Team übernommen werden. Das Team besteht aus mehreren Personen, die ein gemeinsames Ziel verfolgen. Dabei steht jedes Teammitglied mit den anderen in sozialem Kontakt. Die Kommunikation zwischen den Mitgliedern ist direkt und vielfältig. Der Teamleiter hat dabei die Aufgaben, das Team nach außen zu vertreten und nach innen zu leiten.

Der Erfolg einer funktionierenden Teamarbeit gründet sich auf verschiedene Faktoren:

- Teams zeigen hohe Einsatzbereitschaft und hohes Engagement.
- Teams sind flexibel, weil ihre Mitglieder nicht auf eine Rolle festgelegt sind.
- Teams identifizieren sich mit ihrer Aufgabe, weil ihre Mitglieder gemeinsame Werte und eine gemeinsame Teamkultur haben.
- Teammitglieder kommunizieren miteinander und respektieren sich.
- Teams sind motiviert, weil jedes Mitglied weiß, welchen Sinn seine Arbeit hat.

Bei richtiger Teamzusammensetzung arbeiten die Teammitglieder gerne und erfolgreich, weil sie ihre Arbeitsstrukturen selbst gestalten oder mitgestalten können. Der **Teamgeist** *(team spirit)* ist aber nicht mit der Zusammenstellung eines neuen Teams vorhanden, sondern muss sich entwickeln.

2.1.2 Teamuhr

Im Entwicklungsprozess eines Teams werden auf der einen Ebene Sachfragen geklärt und gleichzeitig auf der emotionalen Ebene Beziehungen geknüpft.

Die **Sachebene** *(logical level)* ist durch den Projektauftrag bestimmt. Im Mittelpunkt stehen das Projektziel und dessen Umsetzung.

Die **Beziehungsebene** *(emotional level)* wird durch die Persönlichkeiten der Gruppenmitglieder und deren Lebenserfahrungen bestimmt. Im Mittelpunkt steht hier die Frage, wie die Beziehungen im Team aussehen und welche Bedeutung diese für das Team und seine Arbeit haben.

[1] DIN 69901

Ein neu zusammen gestelltes Team durchlebt mehrere Phasen, bevor es seine volle Leistungsfähigkeit erreicht. Die Teamuhr (Bild 1) beschreibt den **Entwicklungsstand** des Teams.
Bei der Zusammensetzung des Teams spielen die fachlichen Qualifikationen der einzelnen Mitglieder eine entscheidende Rolle. Aber genauso wichtig sind ihre sozialen Fähigkeiten. Die Teammitglieder müssen auch als Menschen zueinander passen, damit das Team möglichst zügig seine volle Leistungsfähigkeit entwickeln kann.

Forming

In der **Formierungsphase** *(forming)* lernen sich die Teammitglieder kennen und tasten sich gegenseitig ab. Diese Phase ist geprägt durch Höflichkeit, vorsichtiges Abtasten und Streben nach Sicherheit. Alle fragen sich wohl, wer unterhalb der Teamleitung das Sagen und den größten Einfluss hat. Jeder möchte als gutes Teammitglied akzeptiert werden, gleichzeitig aber auch einen wichtigen Platz innerhalb der Gruppe einnehmen.

Storming

Die **Konfliktphase** *(storming)* ist durch unterschwellige Konflikte, Selbstdarstellung der Teammitglieder, den Kampf um Führungsplätze und Cliquenbildung geprägt. Die Teammitglieder finden gegenseitig heraus, wer welchen Platz in der Gruppe hat. Dies ist nur möglich, wenn die Personen die Höflichkeit ablegen und ausprobieren, wie weit sie im Team gehen können. Diese Phase ist ein wichtiger Schritt in der Teamentwicklung und keine Störung. Die Konflikte und Auseinandersetzungen sind ein notwendiger Schritt innerhalb der Teamentwicklung.

Norming

In der **Regelphase** *(norming)* entwickeln sich neue Gruppenstandards und neue Umgangsformen. Meist steht jetzt nicht die Leistung des Teams im Mittelpunkt, sondern Überlegungen zur gegenwärtigen Situation des Teams. Die Teammitglieder sollten in dieser Phase alle empfundenen Schwierigkeiten mit dem Ziel auflisten, gemeinsame „Spielregeln" zu vereinbaren. Diese Regeln sollen als Richtschnur für die zukünftige Arbeit gelten. In dieser Phase muss offen miteinander kommuniziert werden, um die Krise zu überwinden.

Performing

In der **Arbeitsphase** *(performing)* erreicht das Team seine volle Leistungsfähigkeit. Das gestiegene Selbstvertrauen des Teams führt dazu, dass sich die Mitglieder den auftretenden Schwierigkeiten stellen. Sie versuchen, eine von allen getragene Problemlösung zu finden. Sie spornen sich gegenseitig an und sind stolz auf erzielte Ergebnisse. Das selbstbewusste Handeln fördert die Freude an der Teamarbeit. Alle Mitglieder freuen sich, im Team mitarbeiten zu können. Es ist ein **Teamgeist** („Wir-Gefühl") entstanden, der durch Offenheit, Solidarität, Flexibilität und zielgerichtetes Handeln geprägt ist. Die Führungsrolle ist nicht mehr eindeutig dem Teamleiter zugeordnet. Sie geht an andere Gruppenmitglieder, je nach Diskussionsstand, über. Die Verantwortung für das Ergebnis wird nicht mehr allein beim Teamleiter ge-sehen, sondern beim gesamten Team. Dieses hat jetzt das Optimum seiner Leistungsfähigkeit erreicht.

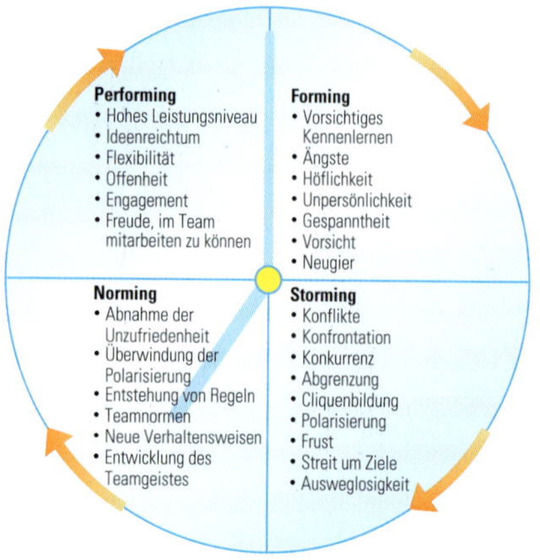

1 *Die Teamuhr beschreibt den Stand der Teamentwicklung*

MERKE
In einem neu zusammengestellten Team laufen die vier Teamentwicklungsphasen nahezu gesetzmäßig ab. Das Team kann lediglich die Intensität und die Dauer der Phasen durch sein Verhalten beeinflussen.

2.1.3 Konflikte und deren Bewältigung

Ähnlich wie bei einem Eisberg (Bild 2) gibt es auch in der zwischenmenschlichen Kommunikation im Team zwei Ebenen. Eine, die für jeden sichtbar ist und eine andere, die sich unter der Oberfläche im Verborgenen befindet.

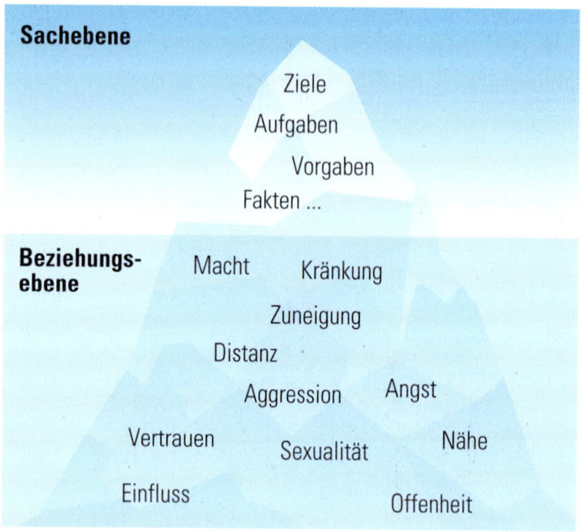

2 *Eisbergmodell*

Auf der **Sachebene** *(logical level)* geht es um die sachlichen Themen, Fakten, Aufgabenstellungen und Lösungsmöglichkeiten. Das Teammitglied stellt sich hier z. B. folgende Fragen:

- Was ist unser Projektziel?
- Was habe ich zu tun?
- Welche Unterstützung benötige ich?
- Wie weit ist das Projekt fortgeschritten?

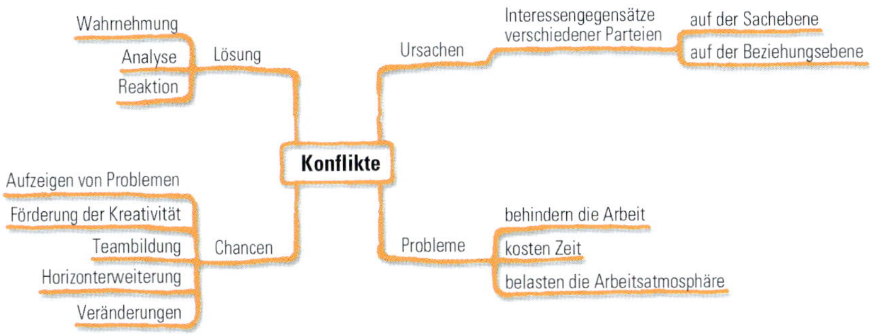

1 *Probleme und Chancen von Konflikten*

Auf der **Beziehungsebene** *(emotional level)* geht es um **Gefühle** *(emotions)*, persönliche Erfahrungen und Erwartungen, Hoffnungen und Ängste. Das Teammitglied hat z. B. folgende Fragen und Einstellungen:

- Was wird von mir erwartet?
- Was darf ich und was darf ich nicht?
- Wie werde ich im Team behandelt?
- Ich mag die Kollegin A nicht.
- Bei der Aufgabe habe ich Angst, dass ich versage.
- Ich freue mich darauf, mit dem Kollegen B zusammenzuarbeiten.

Beide Ebenen stehen in einer engen Wechselbeziehung. In Teams geschieht es oft, dass auf der Sachebene ein **Konflikt** *(conflict)* entsteht, dessen Ursachen eigentlich auf der Beziehungsebene liegen.

Konflikte behindern einerseits die Teamarbeit, kosten Zeit und belasten die Arbeitsatmosphäre. Andererseits sind sie jedoch der Motor für Veränderungen (Bild 1).

MERKE

Der richtige Umgang mit Konflikten ist eine wichtige Voraussetzung für den Projekt- und Teamerfolg. Wo keine Auseinandersetzungen bzw. Konflikte stattfinden, gibt es auch keine Veränderung.

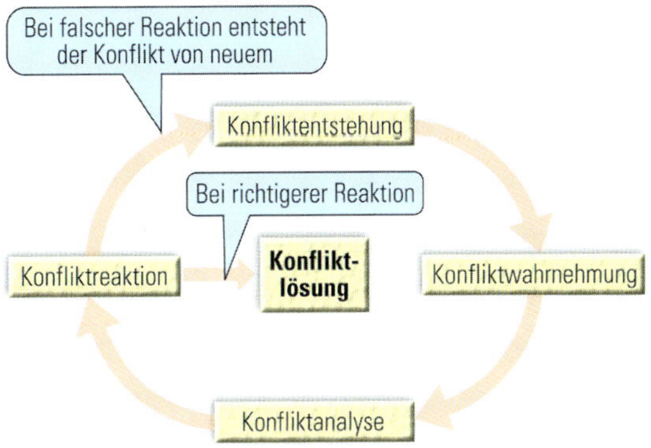

2 *Konfliktschema*

Obwohl Konflikte sehr unterschiedlich verlaufen können, besitzen sie meist ein ähnliches Ablaufschema (Bild 2).

Konfliktentstehung

Bei einem Konflikt prallen die Interessen von zwei oder mehreren Parteien aufeinander. Die Parteien verfolgen ihre unterschiedlichen Interessen mit großer innerer Anteilnahme. Wut, Aggression, aber auch Angst und Enttäuschung zeigen, dass eine Lösung auf der Sachebene alleine nicht möglich ist, sondern die Beziehungsebene einzubeziehen ist (Bild 3). Die Gefahr der Konfliktentstehung *(emergence of conflicts)* im Team ist umso größer,

- je unterschiedlicher die Kenntnisse und Erfahrungen sind
- je unklarer die Rollen, Funktionen und Kompetenzen sind und
- je weniger die Projektziele definiert, bekannt und verstanden wurden

Überlegen Sie!

1. *Nennen Sie Teams, in denen Sie tätig waren oder sind, bei denen Konflikte auftraten.*
2. *Welches sind nach Ihrer Meinung die Konfliktursachen?*

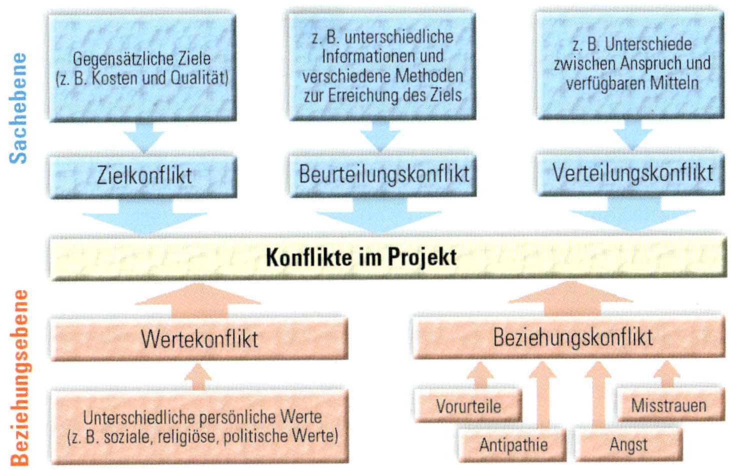

3 *Konfliktentstehung*

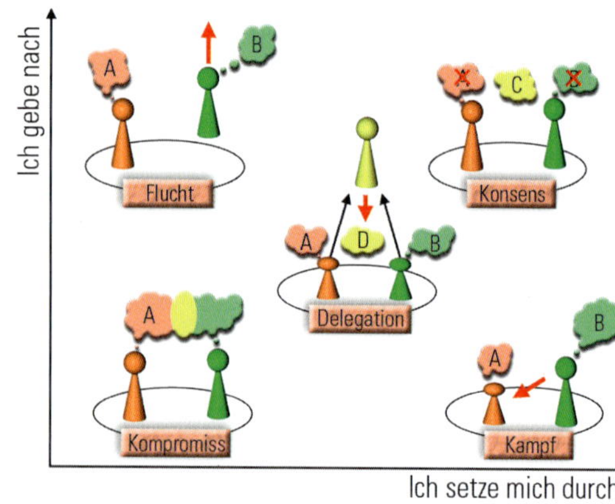

1 Typische Konfliktlösungsmöglichkeiten

Konfliktwahrnehmung

Die Wahrnehmung von Konflikten *(perception of conflicts)* ist nicht immer einfach. Bevor der Konflikt offen ausbricht, ist häufig folgendes Verhalten zu beobachten:

- **Aggressivität und Feindseligkeit** *(aggressiveness and hostility)*: z.B. unfreundlicher Umgang, verbale Attacken, ironische Bemerkungen, böse Blicke usw.
- **Desinteresse** *(disinterest)*: z.B. Unaufmerksamkeit, Vermeidung von Augenkontakt, Dienst nach Vorschrift usw.
- **Ablehnung und Widerstand** *(refusal and opposition)*: z.B. ständiger Widerspruch, geringe Ansprechbarkeit, Weigerung, Aufgaben zu übernehmen, Blockieren von wichtigen Informationen, Sabotieren von Entscheidungen usw.
- **Uneinsichtigkeit und Sturheit** *(unreasonableness and stubbornness)*: z.B. rechthaberisches Verhalten, kaum Änderungsbereitschaft, keine Kompromissbereitschaft usw.
- **Flucht** *(escape)*: z.B. Abwesenheit, Bevorzugung anderer Arbeiten usw.
- **Nichteinhalten von Vereinbarungen** *(breaking of engagements)*: z.B. Unpünktlichkeit, Unzuverlässigkeit usw.

Die gesendeten Signale sind umso leichter zu interpretieren, je besser sich die Teammitglieder kennen, weil sie dann als Verhaltensänderungen leichter zu erkennen sind.

Konfliktanalyse

Um Konflikte behandeln und lösen zu können, ist eine Analyse des Konflikts *(analysis of conflict)* nötig. Dabei sollten folgende Fragestellungen beantwortet werden:

- Welche Personen sind am Konflikt beteiligt?
- Wo liegen die Ursachen des Konflikts (Sach- oder Beziehungsebene)?
- Welche Ziele verfolgen die beteiligten Parteien?
- Welche Macht- und Einflussmöglichkeiten haben die Gegner?
- Wie wichtig ist die Streitfrage?
- Wer hat den größten Gewinn, wenn der Konflikt nicht gelöst wird?

MERKE

Ein Konflikt sollte nicht nur vom eigenen Standpunkt betrachtet werden. Wichtig ist es, sich in die Situationen aller beteiligten Parteien zu versetzen, um deren Motive verstehen zu können.

Konfliktreaktion

Bei Konflikten lassen sich fünf Grundmuster der Konfliktbewältigung *(conflict resolution)* beobachten (Bild 1). Immer geht es darum, die eigenen Interessen mehr oder weniger durchzusetzen. Allerdings stellt sich die Frage, welcher Preis dafür zu zahlen ist.

Flucht *(escape)* ist das einfachste und älteste Muster der Konfliktlösung. Der Konflikt wird verdrängt oder geleugnet bzw. „unter den Teppich gekehrt". Damit wird der Konflikt aber nicht gelöst. Die Ursache, die zum Konflikt geführt hat, bleibt erhalten, da eine Partei sich der Auseinandersetzung entzieht. Der Angreifende kann seine Interessen nicht durchsetzen. Der Fliehende räumt das Feld. Da der Konflikt nicht wirklich gelöst wurde, gibt es keinen Verlierer.

Kampf *(fight)* ist das Gegenteil zur Flucht. Jede der Parteien will den Konflikt für sich entscheiden. Der Gegner wird entweder vernichtet oder unterworfen. Der Konfliktgegner wird abgestempelt, zum Sündenbock gemacht, auf ein Abstellgleis gestellt oder aus dem Projekt gedrängt. Die unterlegene Partei muss die Lösung der überlegenen übernehmen.

Bei der **Delegation** *(delegation)* übertragen die Konfliktgegner die Lösung des Konflikts an eine übergeordnete Instanz (z.B. einen Vorgesetzten). Beide Parteien unterwerfen sich der durch die neutrale Stelle gefundenen Lösung. Es gibt weder Sieger noch Verlierer. So lange die neutrale Instanz anerkannt ist, ist es eine sichere und verbindliche Lösung.

Beim **Kompromiss** *(agreement)* kommen die Konfliktparteien schrittweise durch Verhandlungen zu einer Einigung. Jede Partei rückt allmählich von ihrer ursprünglichen Position ab. Das ist nur möglich, wenn beide Seiten eine Lösung durch Verhandeln anstreben. Durch den Kompromiss wird eine für beide Seiten tragbare Lösung gefunden.

Der **Konsens** *(consensus)* ist die ideale Lösung für Konflikte. Er ist die einzige Möglichkeit, Konflikte wirklich zu lösen, bei denen die Ziele der Parteien genau entgegengesetzt sind. Ein Beispiel dafür ist, wenn die Kostenstelle des Betriebs die Herstellungskosten des Produkts minimieren und die Konstruktionsabteilung dessen Qualität steigern will. Eine Konfliktlösung ist nur dann möglich, wenn beide Parteien die widersprüchlichen Ziele akzeptieren und bereit sind, sich ernsthaft mit dem anderen Standpunkt auseinanderzusetzen. Die Konfliktlösung ist ein Prozess, der beide Seiten zu einer Lösung zwingt, die sie zum Beginn des Konflikts nicht sehen. Am Ende entsteht etwas Neues, das die alten widersprüchlichen Teile in sich vereinigt. Bild 1 auf Seite 563 stellt die Vor- und Nachteile der verschiedenen Konfliktlösungsstrategien gegenüber.

Lösungs-strategie	Vorteile	Nachteile
Flucht	■ Weg des geringsten Widerstands ■ Sicherheit	■ Scheinlösung ■ Konflikte werden aufgeschoben
Kampf	■ schnelle Konflikt-bewältigung ■ Abschreckung	■ Scheinlösung ■ Rachegefühle
Dele-gation	■ schnelle und sach-liche Konfliktlösung	■ Schiedsspruch wird nicht akzeptiert
Kompro-miss	■ Verhandlung ■ Interessen aller wer-den berücksichtigt	■ hoher Zeitaufwand ■ Gefahr der Mani-pulation
Konsens	■ endgültige Lösung ■ positive Wirkung	■ hohe Anforderungen an die Beteiligten ■ hoher Zeitaufwand

1 *Typische Konfliktlösungsmöglichkeiten*

MERKE

Der Gewinner eines Konflikts, der einen Verlierer zurück lässt, wird meist früher oder später auch zu einem Verlierer. Es ist eine Gewinner-Gewinner-Situation *(win-win situation)* anzustreben.

2.2 Sachmittelmanagement

In einem Projekt sind sehr viele, voneinander abhängige Aufgaben von verschiedenen Menschen zu unterschiedlichen Zeiten durchzuführen. Je nach Umfang des geplanten Projekts können die Aufgabenstellungen sehr umfangreich und komplex sein. Nachdem der Projektauftrag eindeutig definiert ist, wird bei der weiteren Projektplanung schrittweise vorgegangen (Bild 2). Die Planung ist dabei ein **dynamischer Prozess**, wobei oft einmal festgelegte Plandaten durch neue Erkenntnisse der nachfolgenden Planungsschritte verändert werden müssen.

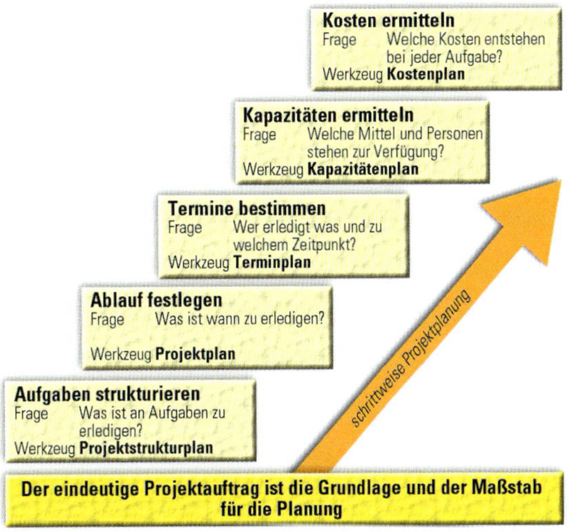

2 *Schritte der Projektplanung*

2.2.1 Projektstrukturplan

Zum Beginn der Planung wird das Projekt in überschaubare und abgrenzbare Aufgaben zerlegt, um einen Überblick für alle notwendigen Aktivitäten zu erhalten. Anschließend sind die gesamten Aktivitäten zu ordnen. Der **Projektstrukturplan (PSP)** *(work breakdown structure)* (Bild 3) gliedert die Aktivitäten hierarchisch in

- **Teilaufgaben** *(subtasks)*: Projektteile, die noch weiter aufgegliedert werden können und
- **Arbeitspakete** *(work packages)*: Projektteile, die nicht weiter aufgegliedert sind und die auf beliebigen Gliederungsebenen liegen können[1].

MERKE

Im Projektstrukturplan ist das **WAS** und nicht das **WIE** so genau zu beschreiben, dass die nachfolgenden Planungsschritte durchführbar sind.

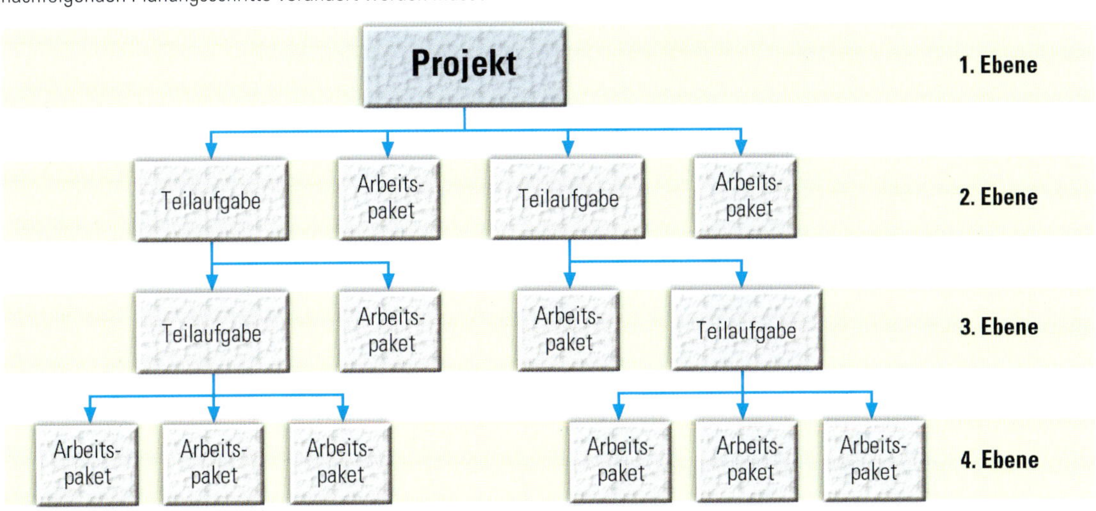

3 *Projektstrukturplan*

1) DIN 69901

Projektstrukturpläne können objekt-, funktionsorientiert oder aus einer Mischung von Objekt- und Funktionsorientierung gegliedert werden.

Die **objektorientierte Gliederung** zerlegt den Projektgegenstand in einzelne Komponenten, Baugruppen und möglicherweise auch Einzelteile. Bild 1 zeigt einen Ausschnitt für eine objektorientierte Gliederung für die eingangs beschriebene Verpackungsmaschine. Dabei sind lediglich für die Mechanik der Teilaufgabe „Formstation" die Arbeitspakete beschrieben.

Mit der objektorientierten Gliederung wird aber nur ein Teilbereich des Gesamtprojekts erfasst. Wichtige Teile wie z. B. die Konstruktion oder die Tests der Maschine sind im Projektstrukturplan nicht enthalten.

Bei einer **funktionsorientierten Gliederung** (Seite 565 Bild 1) kann auf der zweiten Ebene nach den großen Funktionsbereichen des Betriebs strukturiert werden. So besteht im Projektstrukturplan die Möglichkeit, die Struktur der Ablauforganisation des Betriebes darzustellen.

In der Praxis gibt es oft auch Projektstrukturpläne, in denen beide Gliederungsprinzipien verwirklicht sind.

Beim Erstellen der Projektstrukturpläne gibt es zwei Möglichkeiten:

- Ausgehend von der zweiten Ebene werden die Teilaufgaben immer mehr nach unten verfeinert, bis nur noch Arbeitspakete vorliegen *(top-down)*.
- Ausgehend von der untersten Ebene werden die einzelnen Arbeitpakete bzw. Teilaufgaben nach oben hin zu größeren Teilaufgaben zusammengefasst, bis die zweite Ebene erreicht ist *(bottom-up)*.

2.2.1.1 Arbeitspakete

Die Arbeitspakete müssen so beschrieben werden, dass ihre Erfüllung anhand der Beschreibung überprüfbar ist. Ihre Beschreibung soll Auskunft auf folgende Fragen geben:

- Zu welcher Teilaufgabe gehört das Arbeitspaket?
- Welche Tätigkeiten sind durchzuführen?
- Welche Voraussetzungen müssen vorliegen?
- Wer ist für das Arbeitspaket verantwortlich?
- Zu welcher Zeit ist das Arbeitspaket abzuarbeiten?

Für das Arbeitspaket „Formstation" ist die Arbeitspaketbeschreibung im Bild 2 auf Seite 565 dargestellt.

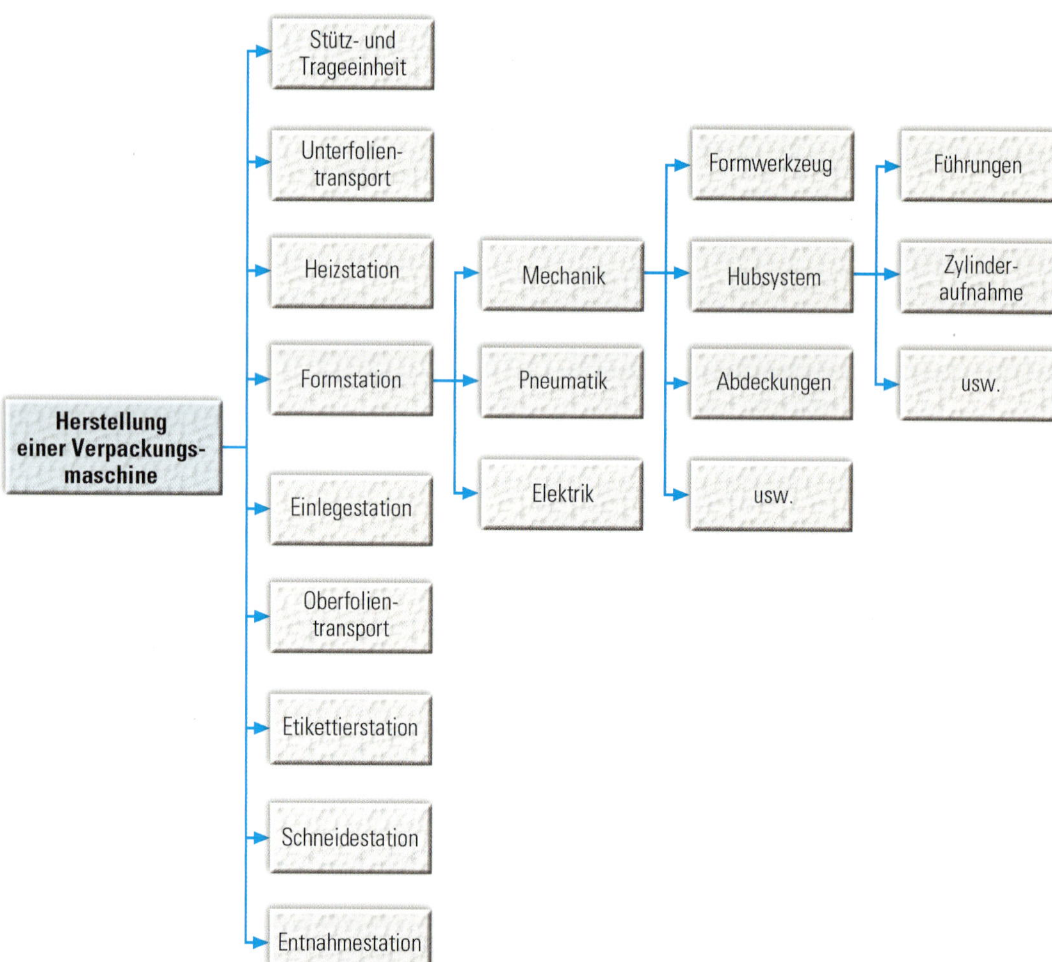

1 *Objektorientierter Projektstrukturplan für die Teilaufgabe „Hubsystem der Formstation"*

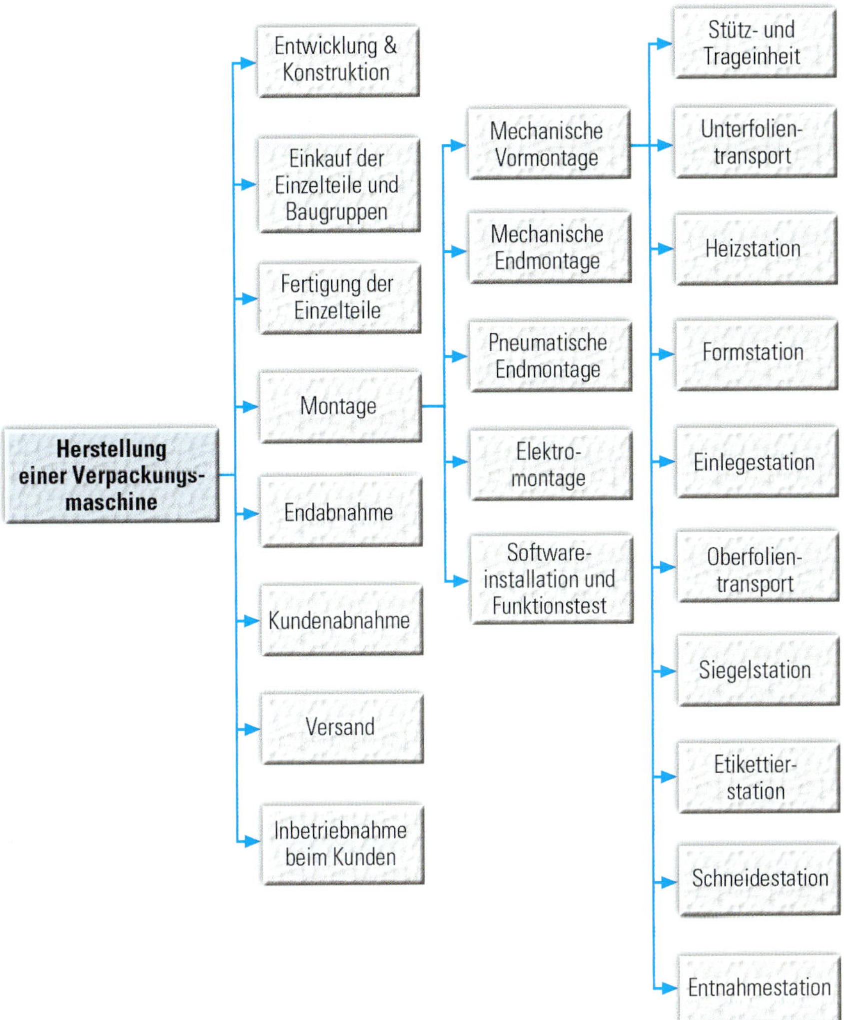

***1** Funktionsorientierter Projektstrukturplan für die Teilaufgabe „mechanische Vormontage"*

Maschinen-Nr.:	5611	**Arbeitspaket-Beschreibung**	GEA
Auftrags-Nr.:	1106-2016-15		
Kunde:	REIHA		
Datum:	02.11.2016		
Seiten:	1 / 1		

Arbeitspaket:
Vormontage der Formstation mit Funktionstest

Bestandteil der Teilaufgabe:
Vormontage

Durchzuführende Tätigkeiten:
- Prüfen der bereitgestellten Einzelteile auf Vollständigkeit und Richtigkeit
- Montage der Einzelteile nach Montagebeschreibung
- Funktionsprüfung
  - mechanisch
  - pneumatisch
  - elektrisch
- Erstellen des Prüfberichtes

Voraussetzungen:
- Alle Einzelteile und Komponenten sind durch das Lager bereitgestellt
- Alle erforderlichen Montagebeschreibungen liegen vor
- Prüfstand ist funktionsfähig

Arbeitspaketverantwortlicher:
Axel Meier

Geplante Termine:
- Beginn: 15.11.2016
- Ende: 21.11.2016

***2** Beschreibung für ein Arbeitspaket*

2.2.1.2 Meilensteine

MERKE

Meilensteine *(milestones)* sind wichtige Ereignisse im Projektverlauf[1] und markieren den Abschluss von wichtigen Projektschritten.

Meilensteine sind meist Zwischenziele im Projekt. Erst nach dem Erreichen des jeweiligen Meilensteins ist ein weiterer Fortschritt im Projekt möglich.

GEA hat für das Projekt „Verpackungsmaschine" *(packaging machine)* die folgenden Meilensteine festgelegt:

- Auftragseingang *(incoming order)*
- Ende der ersten Projektplanung *(project planning)*
- Ende der Konstruktion *(engineering)*
- Ende der Materialbeschaffung *(material procurement)*
- Ende der Vormontage *(sub-assembly)*
- Ende der Kundenabnahme *(customer approval)* im Werk
- Ende der Inbetriebnahme *(start-up)* beim Kunden

Die Meilensteine werden terminiert. Sie unterstützen die Überwachung des Projektfortschritts. Während der Projektdurchführung ist darauf zu achten, dass die Meilensteine eingehalten werden. Da sie Ereignisse darstellen, kann eindeutig festgestellt werden, ob sie erreicht wurden oder nicht.

2.2.2 Projektablaufplan

Nachdem bestimmt wurde, welche Aufgaben zu erledigen sind, sind nun die Zeiten für die Arbeitspakete und deren Reihenfolge festzulegen. Bei der Erstellung des Projektablaufplans *(project workflow)* sind folgende Fragestellungen zu beantworten:

- Welche Zeiten sind für die einzelnen Arbeitspakete nötig?
- Welches ist die logische Reihenfolge für das Abarbeiten der Arbeitspakete?
- Welche Arbeitspakete können parallel bearbeitet werden?
- Welche Termine ergeben sich daraus?

Der **Projektplaner** *(project scheduler)* schätzt die Zeiten für die einzelnen Arbeitspakete. Diese Schätzung ist umso sicherer, je mehr Erfahrungen mit ähnlichen Projekten vorliegen.

Für das Projekt der Verpackungsmaschine sind die geschätzten Zeiten in Bild 1 dargestellt.

Die logische Reihenfolge der Arbeitspakete und der sich daraus ergebende Terminplan entstehen aus den Abhängigkeiten und geschätzten Zeiten der Arbeitspakete. So ist es z. B. nicht möglich, Baugruppen zu montieren, bevor die dafür erforderlichen Einzelteile bereit gestellt sind. Mithilfe von spezieller Software[2] lassen sich die Beziehungen der Arbeitspakete leicht herstellen und grafisch darstellen.

Im **Gantt[3]-Diagramm** *(Gantt-graph)* (Seite 567 Bild 1) ist die Projektplanung übersichtlich dargestellt, sodass die Beziehungen und Abhängigkeiten der Arbeitspakete zu erkennen sind. Die Bereitstellung der Vormontageteile ist z. B. erst dann möglich, wenn alle Einzelteile gefertigt bzw. von der Materialwirtschaft zur Verfügung gestellt sind. Daher weisen im Gantt-Diagramm auf dieses Arbeitspaket zwei Pfeile, die dessen Beginn definieren. Da die Einzelteilfertigung später als die Materialwirtschaft beendet ist, bestimmt sie den Beginn der Bereitstellung für die Vormontageteile.

Entwicklung und Konstruktion	
Konstruktion von Einzelteilen und Baugruppen	15 Tage
Stücklistenerstelltung	3 Tage
Erstellung von technischen Unterlagen für Montage	5 Tage
Einkauf und Materialwirtschaft	
Verhandlung mit Zulieferern	7 Tage
Bestellung und Lieferung von Einzelteilen	3 Tage
Fertigung der Einzelteile	
Blechteile	7 Tage
Drehteile	4 Tage
Frästeile	5 Tage
Lager	
Bereitstellung der Endmontageteile	1 Tag
Bereitstellung der Vormontageteile	1 Tag
Montage	
Vormontage	
Stütz- und Trageinheit	3 Tage
Unterfolientransport	2 Tage
Heizstation	2 Tage
Formstation	5 Tage
Einlegestation	2 Tage
Oberfolientransport	2 Tage
Siegelstation	4 Tage
Einlegestation	1 Tag
Entnahmestation	2 Tage
Endmontage	
Mechanische Endmontage	15 Tage
Pneumatische Endmontage	5 Tage
Elektromontage	5 Tage
Softwareinstallation und -test	2 Tage
Endabnahme durch GEA	2 Tage
Kundenabnahme	
Kundenabnahme im Werk	3 Tage
Versand	
Demontage der Stationen	3 Tage
Verpackung	1 Tag
Transport zum Kunden	3 Tage
Installation beim Kunden	
Aufbau	3 Tage
Inbetriebnahme	4 Tage

1 *Zeiten für die einzelnen Arbeitspakete*

Überlegen Sie!

1. *Welche Arbeitspakete legen den Start für die Endmontage fest?*
2. *Wodurch wird der Start der pneumatischen Endmontage bestimmt?*
3. *Welche Gründe sprechen für die gewählten Meilensteine?*

1) DIN 69900 2) z. B. MS-Projekt 3) Henry L. Gantt, amerikanischer Ingenieur und Unternehmensberater, 1861-1919

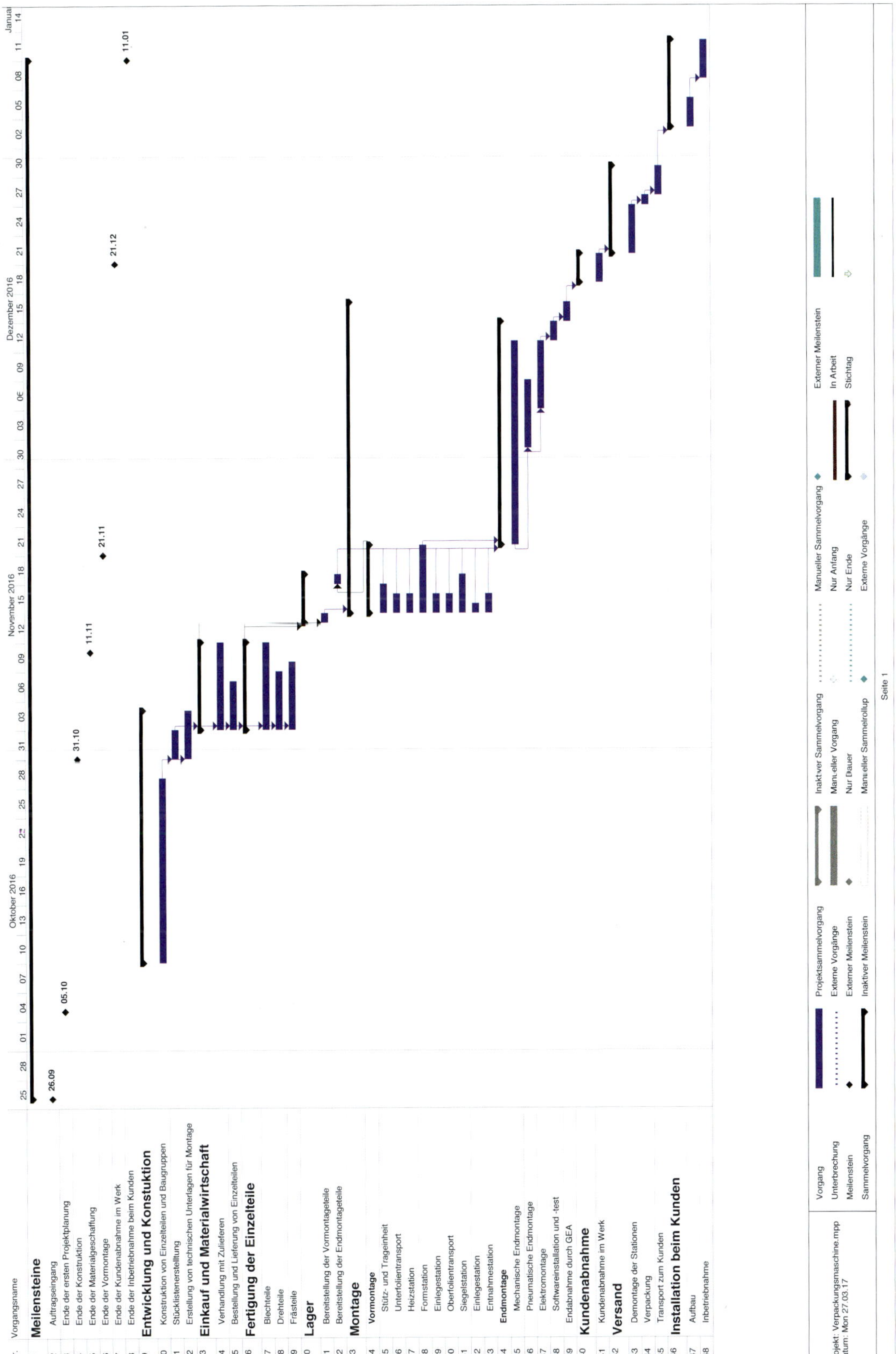

1 *Projektablaufplan mit Terminen und Meilensteinen (Gantt-Diagramm)*

2.2.3 Ressourcen- und Kostenplanung

Ressourcen sind Personal und Sachmittel, die zur Durchführung von Vorgängen, Arbeitspaketen oder Projekten benötigt werden[1]. Dazu gehören:

- Personen: Mitarbeiter, Experten, Berater usw.
- Material: Werk-, Hilfs-, Rohstoffe usw.
- Ausstattung: Räume, Maschinen, Computer usw.

Damit die Arbeitspakete zu den geplanten Terminen abgeschlossen werden können, muss das Projektteam bei der **Ressourcenplanung** *(capability planning)* des Projekts folgende Schritte unternehmen:

- Ermitteln des Bedarfs
- Feststellen der Verfügbarkeit
- Beheben von Überlastungen

Nachdem die Ressourcen dem Projekt zugeteilt wurden, kann die **Kostenplanung** *(cost planning)* erfolgen. Dazu werden die Kosten für

- Personal
- Material und
- Ausstattung

für jede geplante Projektwoche ermittelt. Dadurch ist es möglich, den wöchentlichen Finanzierungsbedarf für das Projekt zu bestimmen. Wird bei der Kostenplanung festgestellt, dass der vorgegebene Kostenrahmen nicht einzuhalten ist, hat das Konsequenzen für das gesamte Sachmittelmanagement. So kann es z. B. erforderlich werden, günstigere Fertigungs- und Montagemethoden zu entwickeln oder kostengünstigere Werkstoffe bzw. Zukaufteile zu verwenden.

ÜBUNGEN

1. Welche Ziele verfolgt das Projektmanagement?
2. Worauf basiert der Erfolg einer funktionierenden Teamarbeit?
3. Unterscheiden Sie bei der Projektarbeit Sach- und Beziehungsebene.
4. Beschreiben Sie die Phasen der Teamentwicklung.
5. Nennen Sie Gründe für das Entstehen eines Konflikts.
6. Woran können Sie erkennen, dass ein Konflikt vorliegt?
7. Beschreiben und bewerten Sie Konfliktreaktionen.
8. Wozu dient der Projektstrukturplan?
9. Nach welchen Kriterien können Projektstrukturpläne gegliedert sein?
10. Erstellen Sie einen Projektstrukturplan für ein selbst gewähltes Projekt.
11. Welche Anforderungen sind an die Beschreibung eines Arbeitspakets zu stellen?
12. Wozu dienen Meilensteine bei der Projektplanung?
13. Legen Sie Meilensteine für Ihr selbst gewähltes Projekt fest.
14. Welche Aufgabe hat ein Projektablaufplan?
15. Erstellen Sie einen Projektablaufplan für Ihr selbst gewähltes Projekt.
16. Erklären Sie die Begriffe „Ressourcenplanung" und „Kostenplanung".

3 Projektdurchführung

3.1 Übernahme und Erledigung der Arbeitspakete

Die Firma GEA besitzt eine **Matrixorganisation** *(matrix organisation)* (Seite 569 Bild 1). Die verschiedenen **Abteilungen** *(departments)* sind für unterschiedliche Aufgaben zuständig. Sie besitzen die Verantwortung für ihren Fachbereich. Die **Projekte** *(projects)* werden von verschiedenen Projektteams organisiert. Die Teams besitzen die Verantwortung für das von ihnen betreute Projekt. Sie verteilen zu den entsprechenden Terminen die Arbeitspakete an die jeweiligen Fachbereiche oder Abteilungen.

Jeder Projektleiter möchte sein Projekt fristgerecht abschließen und daher von den Fachabteilungen die Arbeitspakete zum vorgesehenen Zeitpunkt erledigt wissen. Oft sind die Projektleiter gegenüber den Fachabteilungen nicht weisungsbefugt. Wenn

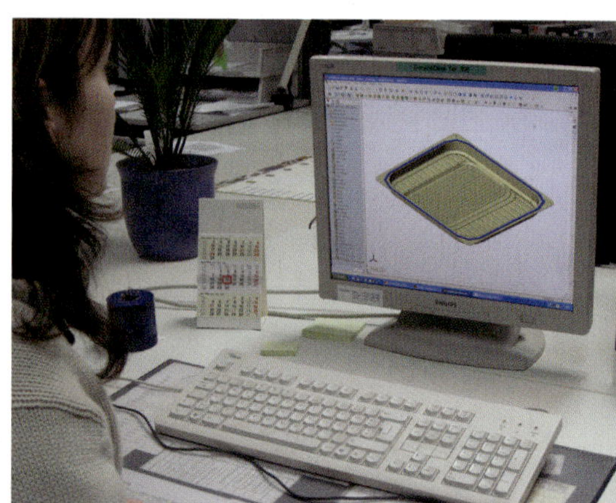

1 Konstruktion des Werkzeugs zum Formen der Unterfolie

dann nicht ausreichende Ressourcen in den Fachabteilungen zur Verfügung stehen, kann das zu Konflikten zwischen Projekt- und

1) DIN 69902

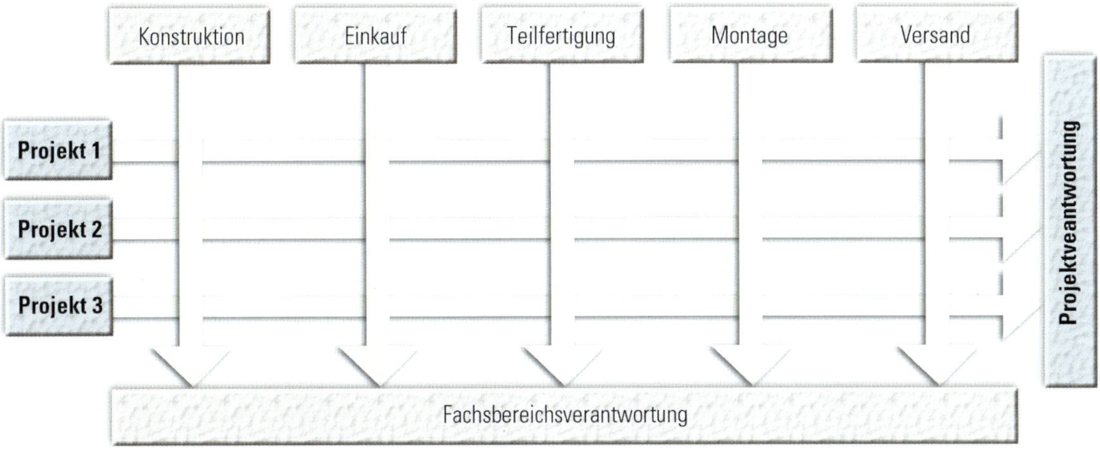

1 *Matrixorganisation*

Abteilungsleitung führen.

Die Projektdurchführung beginnt in der **Konstruktionsabteilung** *(department of engineering)*. Hier sind alle erforderlichen Einzelteile und Baugruppen zu entwickeln, die für die Herstellung der speziellen Verpackung benötigt werden. Das betrifft vor allem die Komponenten in den Bereichen der Form-, Siegel- und Schneidstation. Deshalb verteilt der für das Arbeitspaket „Konstruktion" zuständige Konstruktionsleiter die Teilpakete „Formstation", „Siegelstation" und „Schneidstation" an verschiedene Mitarbeiter. Im Bild 1 auf Seite 568 modellierte eine Konstrukteurin am CAD-System das Werkzeug zum Formen der Unterfolie.

In der Konstruktionsabteilung stehen genügend Ressourcen bereit, um den vom Projektmanagement gesetzten Meilenstein einhalten zu können. Alle Einzelteile und Baugruppen sind konstruiert, die Stücklisten erstellt und die technischen Unterlagen für den Kunden und die Montagefachkräfte fertiggestellt. Von der Konstruktionsleitung bekommt das Projektteam die Information, dass das von ihr übernommene Arbeitspaket erledigt ist.

Damit stehen **Einkauf und Materialwirtschaft** *(purchasing and materials logistics)* alle erforderlichen Informationen zur Bestellung der speziellen Einzel- und Normteile dieser Maschine zur Verfügung. Hier wird entschieden, ob es sich um Kaufteile oder Fertigungsteile handelt. Alle benötigten Teile und Baugruppen werden bestellt bzw. deren Fertigung wird veranlasst. Gleichzeitig werden die Liefertermine überwacht und wenn nötig angemahnt (Bild 2). Die Firma GEA stellt nicht alle Fertigungsteile im eigenen Haus her. Bauteile, die alle Verpackungsmaschinen dieses Typs benötigen, werden teilweise von Zulieferern bezogen. Das erfordert wegen der Vereinbarungen, die mit den Lieferanten zu treffen sind, eine entsprechende Vorlaufzeit. Mit den Zulieferern ist dabei mindestens zu vereinbaren:

- wie die technischen Ausführungen erfolgen
- wodurch die Qualitätssicherung gewährleistet ist
- welche Menge zu welchen Terminen zu liefern ist
- welche Preise zu welchen Terminen zu zahlen sind.

2 *Mitarbeiter der Abteilung Einkauf mahnt pünkliche Lieferung an*

3 *Schweißkonstruktion zur Aufnahme der Unterfolienrolle*

Ein Beispiel für außer Haus gefertigte Komponenten ist die Schweißkonstruktion für die Aufnahme der Unterfolienrolle (Bild 3).

Die **Fertigungsabteilung** *(production shop)* erhält von der Materialwirtschaft die Aufträge über die Teile, die im eigenen Haus herzustellen sind. Für die Verpackungsmaschine sind vorrangig Blech-, Fräs- und Drehteile herzustellen. Die erforderlichen Materialien mit den dazu gehörenden Aufträgen werden bereitgestellt. Für das Formen der Unterfolie werden z. B. zwei Werkzeuge aus Aluminium benötigt.

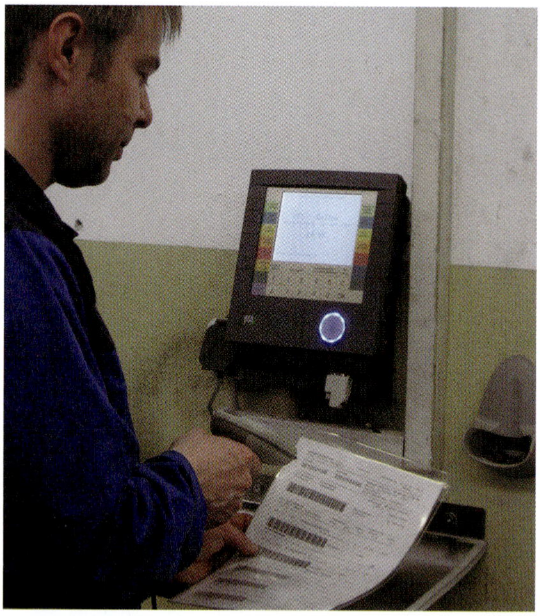

1 Scannen des Auftrags für das Fräsen der Werkzeuge zum Formen der Unterfolie

2 Hubeinrichtung für Formstation

Der Maschinenbediener erhält die Rohlinge und den Auftrag. Bevor er mit dem Rüsten der Fräsmaschine beginnt, scannt er den Barcode auf dem Auftrag ein (Bild 1). Damit wird der Beginn der Auftragsbearbeitung erfasst. Die nun anfallenden Arbeits- und Maschinenzeiten werden auf den gescannten Auftrag gebucht. Nach dem Fräsen der zwei Werkzeuge wird der gleiche Barcode erneut gescannt und damit dokumentiert, dass der Auftrag abgeschlossen ist.

So werden ständig die **anfallenden Kosten** erfasst, die das Projektteam mit den **geplanten** vergleicht. Dieser Soll- und Istwert-Vergleich ist nötig, um frühzeitig Fehlentwicklungen zu erkennen und entsprechende Steuerungsmaßnahmen einzuleiten.

Ebenso wie die Werkzeuge zum Formen der Unterfolie werden alle anderen Fräs-, Dreh- und Blechteile dem Teilelager zugeführt.

Das **Teilelager** *(parts store)* befindet sich in der Montagehalle. Die Mitarbeiter stellen zunächst alle Fertigungs- und Kaufteile, die für die Vormontagen der einzelnen Stationen benötigt werden, stationsspezifisch zusammen. Mithilfe von Transportwagen befördern sie die Einzelteile zu den Vormontagestationen.

Auch in der **Montageabteilung** *(assembly department)* erfolgt die projektspezifische Zeiterfassung durch Einscannen des Montageauftrags. Für die Vormontage der verschiedenen Stationen sind unterschiedliche Fachkräfte verantwortlich. Beispielsweise sind für die Formstation die Hubeinrichtung (Bild 2) und der Formatsatz (Bild 3) vorzumontieren. Der Formatsatz besteht im Wesentlichen aus den Werkzeugen zum Formen der Unterfolie. Während der spezifische Formatsatz im Haus montiert wird, kann die Hubeinrichtung, die für alle Formstationen gleich ist, als komplette Baugruppe von einem Lieferanten bezogen werden.

3 Formatsatz für Formstation

Zu einem späteren Zeitpunkt, wenn die Vormontagen fast abgeschlossen sind, werden im Teilelager die noch fehlenden Teile für die **Endmontage** *(final assembly)* zur Verfügung gestellt. Neben den Baugruppen- und Gesamtzeichnungen stehen den Fachkräften **Montageanweisungen** *(assembly instructions)* als Arbeitsunterlagen zur Verfügung. Die Bilder auf den Seiten 209 und 210 zeigen Auszüge der Montageanweisung für die Endmontage des Hubtischs.

Die Montageanweisungen sollen

- der Fachkraft die Montage erleichtern
- gewährleisten, dass der Montageprozess – unabhängig von der jeweiligen Fachkraft – immer auf die gleiche Weise erfolgt
- sicherstellen, dass die Montagequalität möglichst gleich bleibt.
- spezielles Fachwissen dokumentieren und auf Dauer bereitstellen
- für neue Fachkräfte die Einarbeitungszeit verkürzen

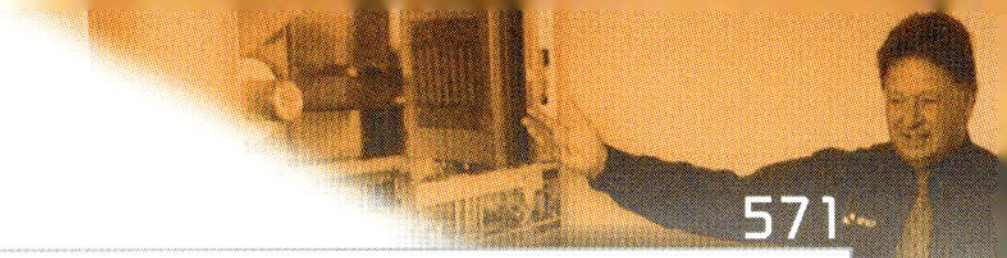

Montageanweisung
Einbau Hubsystem Formstation

Gültigkeitsbereich:	Mechanik	Dokumenten-Nr.:	MAW-0014
Erstellt:	Frank Grebe	Datei-Name:	MAW-0014.doc
Datum:	17.06.2016	Version:	1.0

Dokumenten-Information:

Bezeichnung der Montageanweisung	Montageanweisung zum Einbau des Hubsystems in die Formstation einer *PowerPak*	
Montageanweisung Nr.	MAW-0014	
Gültigkeitsbereich	Mechanik	
Ersetzt Version	n/a	
Status	Freigegeben	

1 Freigabe

Dokumenten Genehmigung				
	Name	**Titel oder Bereich**	**Unterschrift**	**Datum**
Erstellt	F. Grebe	QHSE	Im Original unterschrieben	17.06.2016
Geprüft	H. Schad	QMT	Im Original unterschrieben	17.06.2016
Freigegeben	A. Möller	Engineering	Im Original unterschrieben	17.06.2016

2 Inhaltsverzeichnis:

1 *Anweisung für die Endmontage des Hubtischs (Auszug Seite 1)*

Montageanweisung Einbau Hubsystem Formstation		GEA	
Gültigkeitsbereich:	Mechanik	Dokumenten-Nr.:	MAW-0014
Erstellt:	Frank Grebe	Datei-Name:	MAW-0014.doc
Datum:	17.06.2016	Version:	1.0

4.3 Benötigte Schutzausrüstung

Neben der am Arbeitsplatz vorgeschriebenen Schutzausrüstung wird folgende, zusätzliche Schutzausrüstung für die Montage der in dieser Anweisung beschriebenen Baugruppe benötigt:

Nr.	Schutzausrüstung
1)	PSA Krane

5 Montage

1. Ösen **A** einschrauben und Anschlagmittel einhängen (Abb. 1).
2. 4 Befestigungsklötze **B** so ausrichten, dass die Klemmschrauben nach innen zeigen (Abb. 1).
3. Hubsystem mit Kran an Maschine fahren (Abb. 2).
4. Mit Hilfe einer zweiten Person das Hubsystem in Rahmen der Formstation einlassen.
5. Ausrichtung des Hubsystems kontrollieren und ggf. korrigieren (Abb. 3).
6. Anschlagmittel und Ösen entfernen.
7. Entsprechend dem Format „grob" einstellen (Abb. 4).

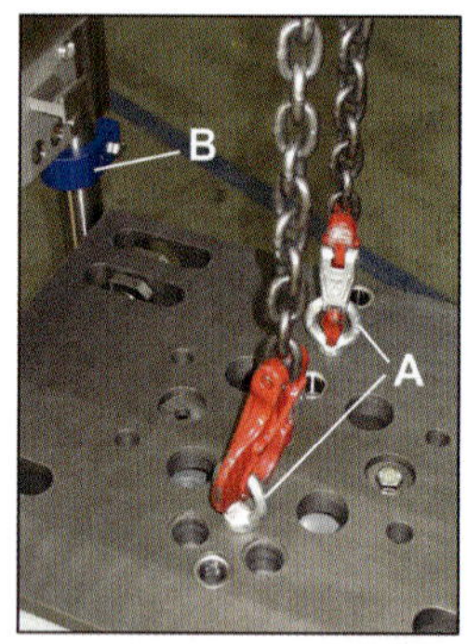

Abb. 1

Abb. 2

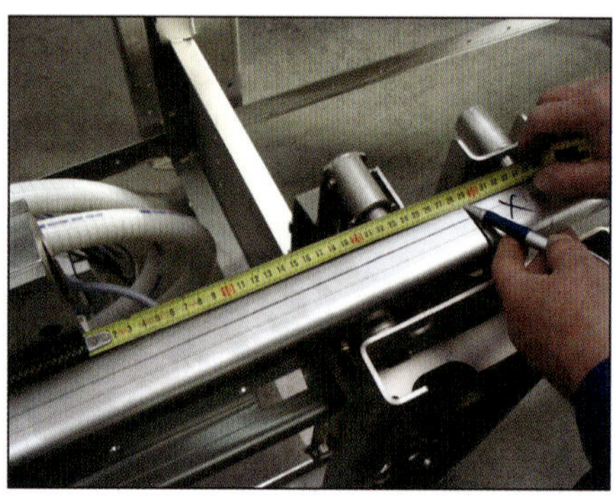

Abb. 3

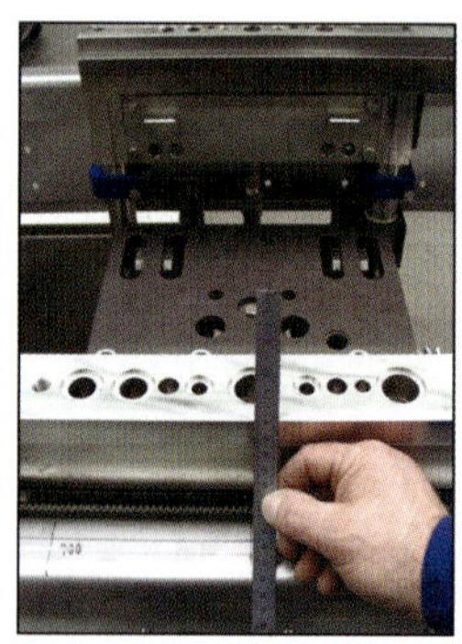

Abb. 4

6 Prüfen der Montage

Die ordnungsgemäße Montage wird im nächsten Montageschritt kontrolliert.

1 *Anweisung für die Endmontage des Hubtischs (Auszug Seite 3)*

3.2 Projektüberwachung und -steuerung

Während der Projektdurchführung *(project execution)* überwacht das Projektteam vorrangig

- die Entwicklung der Projektkosten und
- das Einhalten der geplanten Meilensteine

Es stellt sich dabei immer wieder die gleichen Fragen:

- Sind wir noch termingerecht?
- Sind wir noch kostentreu?
- Stimmen die bisherigen Ergebnisse mit den Zielvorgaben überein?
- Müssen Maßnahmen ergriffen werden, um die Zielvorgaben zu erreichen?

Das Projektteam informiert sich ständig über den Fortschritt der Arbeitspakete und die Kostenentwicklung. Das geschieht durch

- die Rückmeldungen aus den Fachabteilungen
- die Analyse der Arbeitszeiten, die auf die Arbeitspakete gebucht wurden
- die Kontrolle der Kosten für eingegangene Lieferungen und externe Dienstleistungen
- Besprechungen mit den Abteilungsleitungen
- Besuche vor Ort und Gespräche mit den Mitarbeitern

MERKE

Die Projektüberwachung und -steuerung stützt sich auf definierte Informations- und Kommunikationsprozesse, die von allen Beteiligten eingehalten werden.

Wenn die Arbeitspakete zu dem geplanten Termin abgeschlossen sind, steht einer fristgerechten Lieferung nichts entgegen. Dies ist aber leider nicht immer der Fall. Denn oft stehen die erforderlichen Ressourcen nicht in vollem Ausmaß zur Verfügung, weil sie durch andere Projekte ausgelastet sind. Dann muss vom Projektteam oder von den Leitungen der Fachabteilungen steuernd eingegriffen werden. Um die Ressourcen zu erhöhen, stehen verschiedene Möglichkeiten zur Verfügung.

Aufträge an Zulieferfirmen *(orders to ancillary companies)*
Da in der Dreherei ein Engpass aufgetreten ist, werden die für das Projekt benötigten Drehteile bei einer Lohndreherei in Auftrag gegeben. Diese Entscheidung trifft die Leitung der jeweiligen Fertigungsabteilung. Bei drei Firmen werden Angebote für die benötigten Drehteile eingeholt. Jedoch nur zwei Firmen ist es möglich, fristgerecht zu liefern. Da beide Firmen aufgrund der bisherigen Erfahrungen die geforderte Qualität liefern können, erhält die preisgünstigere den Zuschlag. Somit wird das Rohmaterial mit den Einzelteilzeichnungen von der Firma GEA zur Lohndreherei transportiert, die die fertigen Drehteile innerhalb von drei Tagen liefert.

Arbeitszeitkonto *(working hours account)*
In vielen Firmen gibt es Arbeitszeitkonten, um die Auftragsschwankungen ausgleichen zu können. Geschäftsleitung und Betriebsrat vereinbaren, dass die Mitarbeiter bei sehr guter Auftragslage Mehrarbeit auf ihr Arbeitszeitkonto ansparen. Verschlechtert sich die Auftragslage, werden die Mehrarbeitsstunden abgebaut. So kann z. B. das persönliche Arbeitszeitkonto ±40 Arbeitsstunden betragen.

Überstunden *(overtime)*
Bei der Blechteilfertigung sind die Ressourcen ausgelastet, weil eine dringende Reparatur eine größere Anzahl von Blechteilen erfordert. Die Arbeitszeitkonten der Mitarbeiter sind gefüllt. Eine externe Blechbearbeitung ist kurzfristig nicht möglich, sodass für die Mitarbeiter der Blechbearbeitung Überstunden angeordnet werden müssen. Dazu ist die Zustimmung des Betriebsrats erforderlich. Da die Überstunden mit einem Zuschlag bezahlt werden, verteuern sich nun die zu fertigenden Blechteile. Das wird jedoch in Kauf genommen, weil dadurch der Liefertermin gehalten werden kann.

Zeit- bzw. Leiharbeiter *(temporary workers or day-wage men)*
Wenn alle betrieblichen Mitarbeiter ausgelastet sind, jedoch die anstehenden Arbeiten (z. B. Montage) in der Firma zu erledigen sind, werden oft Zeit- bzw. Leiharbeiter eingesetzt. Sie sind nicht bei der Firma angestellt, bei der sie arbeiten, sondern bei einer Zeit- bzw. Leiharbeitsfirma, die sie gegen Bezahlung ausleiht.

MERKE

Ressourcen können kurzfristig erhöht werden durch

- Aufträge an Zulieferfirmen
- Arbeitszeitkonten
- Überstunden und
- Zeit- bzw. Leiharbeiter

Wenn Meilensteine nicht zum geplanten Zeitpunkt erreicht werden, die Ergebnisse nicht in der gewünschten Qualität vorliegen oder der Kunde Änderungswünsche hat, sind Eingriffe in den Projektablauf erforderlich. Sowohl die Planung als auch die Durchführung sind davon betroffen. Vereinfacht stellt das einen Regelkreis dar (Bild 1).

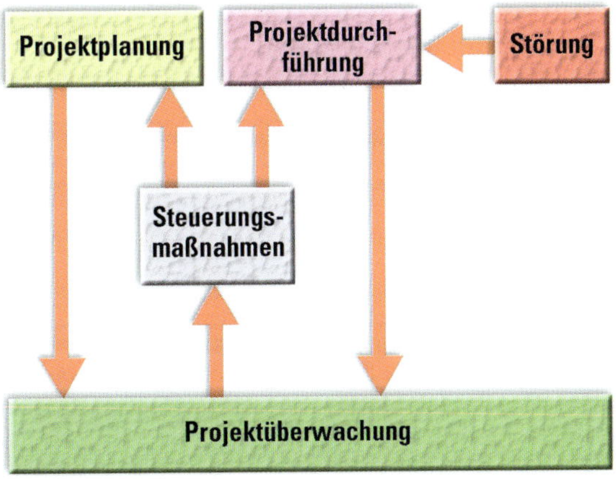

1 Projektmanagement als Regelkreis

3.3 Qualitätsmanagement

Jeder Mitarbeiter ist für die Qualität seiner Arbeit bzw. des von ihm hergestellten Produkts verantwortlich *(quality management)*. So bescheinigt die Fachkraft beispielsweise, dass sie alle in der Arbeitsanweisung aufgeführten Tätigkeiten durchgeführt hat (Bild 1). Dieses Protokoll wird wie alle anderen Dokumente im **Projektordner** abgeheftet, der bei der Firma GEA verbleibt. Auf diese Weise ist auch nach Auslieferung der Verpackungsmaschine nachzuvollziehen, wer welche Arbeiten erledigt hat und auf welche Ursachen eventuelle Störungen zurückzuführen sind.

Für die Qualität der zugelieferten Baugruppen (z. B. Hubeinrichtung für Formstation) ist der Zulieferer verantwortlich. Er verpflichtet sich in der **Qualtitätssicherungsvereinbarung** *(quality supply agreement)* mit GEA, dass er alle Vorschriften eingehalten und die entsprechenden Funktionstests durchgeführt hat. Ist die Funktion nicht gewährleistet, beseitigt der Zulieferer auf seine Kosten den Mangel.

Baugruppen, die die Firma GEA herstellt und montiert, werden so früh wie möglich einem Funktionstest unterzogen. Dadurch werden mögliche Funktionsstörungen früh erkannt und die Kosten für die Fehlerbehebung möglichst gering gehalten. An besonderen Prüfständen erfolgen diese Tests.

Bei der Vakuumprüfung des Formwerkzeugs (Seite 575 Bild 1) prüft die Fachkraft z. B. dessen Dichtigkeit. Dabei evakuiert sie die Luft aus dem Formwerkzeug auf einem absoluten Druck von unter 10 mbar. Wenn danach innerhalb von 15 Sekunden der Druck um nicht mehr als 5 mbar steigt, ist das Werkzeug in Ordnung. Ansonsten sind die Dichtungen bzw. deren Klebungen zu überprüfen.

Die Heizstation zum Erwärmen der Unterfolie wird zum einen auf ihre elektrischen Eigenschaften getestet (Seite 575 Bild 2). Weiterhin wird mit einer Wärmebildkamera die Temperaturverteilung an der Heizstation überprüft. Bei jeder der Prüfungen werden Protokolle (Seite 575 Bild 3 und Seite 576 Bild 1) erstellt, die wie alle anderen Dokumente auch im Projektordner für die spezielle Maschine abgeheftet werden. Würden die Funktionsstörungen erst nach der Endmontage erkannt, wären deren Behebungen wesentlich schwieriger und somit auch kostenintensiver.

Pre Delivery Inspection Checklist
Abnahme Checkliste

GEA

Type: PowerPak	Created by: Frank Grebe	Version: 2016-07-13

Machine No. *Maschinen-Nr.* 3	5611	Customer *Kunde* 3	REIHA
Order number *Auftrags-Nr.* 3	1106-2016-15	Country *Land* 3	Deutschland

5.2.2. Forming Station
Formstation

	Checkpoints *Kontrollpunkte*	F-ID	Check according to: *Geprüft nach:*	Criterion accept? *Kriterium erfüllt?* Yes	No	Inspector *Prüfer*
1.	Lifting system – check easy adjustability and parallelism to frame *Hubsystem – auf leichte Verstellbarkeit und Parallelität zum Rahmen prüfen*	2M	MAW-0014	X	O	Mü
2.	Lifting system – adjust attenuator *Hubsystem – Dämpfer einstellen*	2M	MAW-0143	X	O	Mü
.						
.						
.						
10.	Testing function of swivel device motors *Motore der Schwenkvorrichtung auf Funktion prüfen*	2M	MAW-0075	X	O	Mü
11.	Testing function and easy adjustability of the tensioning shaft *Spannwelle auf Funktion und leichte Verstellbarkeit prüfen*	2M	MAW-0258	X	O	Mü

...ID	Remarks	Inspector

1 *Bestätigung der durchgeführten Montagearbeiten (Auszug)*

1 Prüfung der Formwerkzeuge auf Dichtigkeit

2 Prüfung der Heizstation

MERKE

Je früher eine Funktionsstörung erkannt wird, desto geringer sind die Kosten zu deren Beseitigung.

Prüfprotokoll

GEA

Projektnummer:	1106 2016 15
Kunde:	REIHA
Prüfer:	W. Maier
Maschinentyp:	PowerPak
Datum:	16.11.2016 / 14:39
Artikelnummer:	Sonder_400_3_N_P
Produktgruppe:	Sonder
Artikelbezeichnung:	Sonderheizung 3/N/PE

				Ergebins
1.	**Sichtprüfung des Prüflings!**			
	Sind alle Verbindungen korrekt verdrahtet und kontaktiert?			Ja
	PE-Anschlüsse einzeln und gekennzeichnet?			Ja
	Keine Verunreinigungen, wie z.B. Späne oder Flüssigkeiten?			Ja
2.	**Schutzleiterprüfung_1**			
	Rmin = 0.010 Ohm	Rmax = 0.200 Ohm		0.019 Ohm
3.	**Schutzleiterprüfung_2**			
	Rmin = 0.010 Ohm	Rmax = 0.200 Ohm		0.095 Ohm
4.	**Îsolationsprüfschritt**			
	Rmin = 1.000 MOhm	Rmax = ------- MOhm		2,99 Mohm
5.	**Funktionstest**			
	Imin(1) =0.00A	Imin(2) =0.00A	Imin(3) =0.00A	6.91 / 6.83 /7.01 A
	Imax(1) =20.00A	Imax(2) =20.00A	Imax(3) =20.00A	
6.	**Sichtprüfung des Prüflings!**			
	Wurde die Temperatur des Fühlers angezeigt?			Ja

3 Prüfprotokoll für Heizstation (Elektrik)

Wärmebilder
Heizplatte

Masch.-Nr.:	5611	**Auftrags-Nr.:**	1106-2016-15	**Kunde:**	REIHA
Format:	2.1	**Vorzug:**	310 mm	**Datei-Name:**	Waermebild.doc

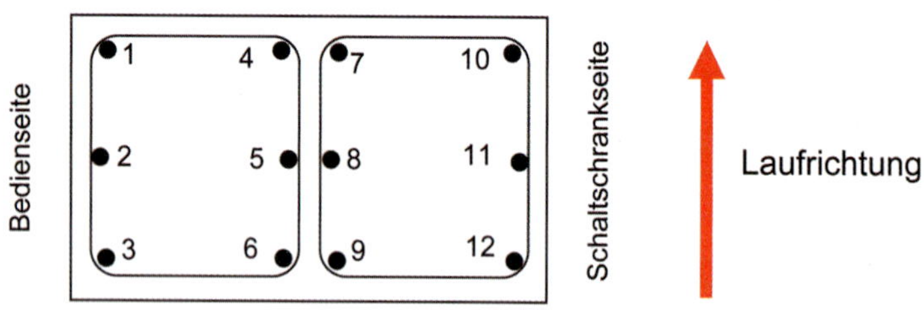

Mess-punkt	Wert [°C]	Mess-punkt	Wert [°C]	Mess-punkt	Wert [°C]	Mess-punkt	Wert [°C]
1	142,8	**4**	150,4	**7**	149,6	**10**	142,6
2	145,6	**5**	152,5	**8**	152,4	**11**	145,9
3	143,1	**6**	149,4	**9**	149,2	**12**	144,0

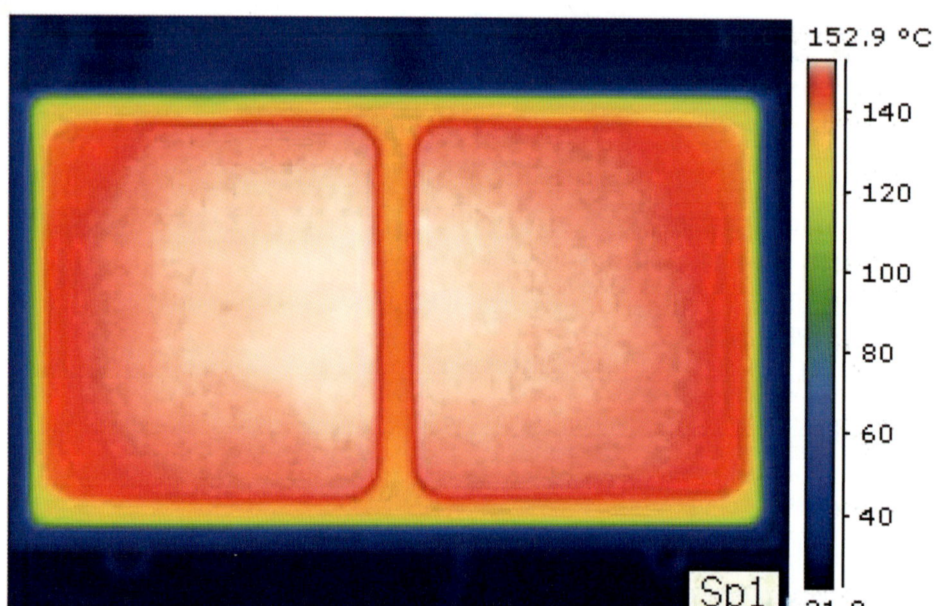

***1** Prüfprotokoll für Heizstation (Temperaturverteilung)*

ÜBUNGEN

1. Beschreiben Sie die Kennzeichen einer Matrixorganisation.
2. Nennen und beschreiben Sie die Aufgaben der Abteilungen, die in Ihrer Firma bei der Durchführung eines neuen Projekts beteiligt sind.
3. Beschreiben Sie Aufgaben von Montageanweisungen?
4. Worauf achtet die Projektüberwachung und -steuerung?
5. Beschreiben Sie Maßnahmen, durch die die Ressourcen erhöht werden können.
6. Warum und wo werden Funktionsprüfungen schon vor der Endmontage durchgeführt?

4 Projektabschluss

Wenn die einzelnen Baugruppen während der Endmontage zu einem Gesamtsystem montiert und steuerungstechnisch miteinander verkettet sind, beginnt der Test der Gesamtfunktion.

4.1 Endabnahme

In dieser Phase wird zunächst vom Endmontageteam, das aus Industriemechanikern und Elektronikern besteht, das Zusammenspiel der einzelnen Stationen getestet und optimiert.

4.1.1 Abnahme durch den Hersteller

In dieser Zeit führen die Fachkräfte eine Sichtkontrolle durch und testen alle Funktionen der Maschine. Die Ergebnisse der Tests werden dokumentiert. Im Bild 1 sind die Tests für die Formstation aufgeführt, die der Mitarbeiter durchführen und dokumentieren muss.
Die Grundsoftware, die an allen Maschinen des gleichen Typs verwendet wird, ist an die speziellen Bedingungen der jeweiligen Maschine anzupassen. Die Verpackungen werden ohne Inhalt hergestellt und das Gesamtsystem wird optimiert. Das Ziel des **Optimierungsprozesses** *(optimization process)* (vgl. Lernfeld 15) ist erreicht, wenn die vorgeschriebene Anzahl der Verpackungen pro Stunde erreicht bzw. überschritten ist und die Form und das Aussehen der Verpackung den gestellten Anforderungen entsprechen.

4.1.2 Abnahme durch den Kunden

Ist die Abnahme durch den Hersteller erfolgreich verlaufen, kommt der Kunde ins Werk und überzeugt sich von der Funktionsfähigkeit der Anlage. Er bringt das zu verpackende Produkt in entsprechendem Umfang mit, um die Tests unter möglichst realen Bedingungen durchführen zu können. Jetzt wird auch mit den Folien gearbeitet, die der Kunde

2 Originalverpackte Ware des Kunden

5.4.2 Forming Station *Formstation*							
Checkpoints *Kontrollpunkte*			**F-ID**	Check according to: *Geprüft nach:*	Criterion accept? *Kriterium erfüllt?* Yes	No	Inspector *Prüfer*
1.	Jumbo reel *Großrolle*	Function lifting/lowering checked and OK. *Funktion Heben/Senken geprüft und i.O.*	1E	MAW-2512	☒	☐	Ka.
		Unwinding/rotational direction checked and OK. *Abspulung/Drehrichtung geprüft und i.O.*	1E	MAW-2536	☒	☐	Ka.
2.	Lifting system *Hubsystem*	Function tested and OK. *Funktion geprüft und i.O.*	1E	MAW-2545	☒	☐	Ka.
		Proximity switch adjusted. *Näherungsschalter eingestellt.*	1E		☒	☐	Ka.
		Attenuator adjusted. *Dämpfer eingestellt.*	1E		☒	☐	Ka.
3.	Bottom film end: Function and interaction checked and OK of: *UFO Ende: Funktion und „Zusammenspiel“ geprüft und i.O. von:*	Brake *Bremse*	1E	MAW-2563	☒	☐	Ka.
		Advance notice *Voranzeige*	1E		☒	☐	Ka.
		Cylinder *Belastungszylinder*	1E		☒	☐	Ka.
4.	Heating: Function and description checked and OK. *Heizung: Funktion und Bezeichnung im Bedienpult geprüft und i.O.*		1E	MAW-2581	☒	☐	Ka.
5.	Plug: Function tested and OK. *Stempel: Funktion geprüft und i.O.*		1E	MAW-2551	☒	☐	Ka.
6.	Lifting adjustment: Function tested and OK. *Hubhöhenverstellung: Funktion geprüft und i.O.*		1E	MAW-2543	☒	☐	Ka.
7.	Valve forming station: Function of valves checked with help of the test-function mode and OK. *Ventile Formstation: Funktion der Ventile mit Hilfe der Testfunktion geprüft und i.O.*		1E	MAW-2555	☒	☐	Ka.

1 Checkliste für die Formstation

im seinem Haus einsetzt, sodass nun Originalverpackungen mit Inhalt entstehen (Seite 577 Bild 2).

Der Kunde ist zufrieden, wenn

- die im Pflichtenheft vereinbarte Verpackungsleistung in einem Dauertest von acht Stunden erreicht oder überschritten wird
- die Form der Verpackung seinen Ansprüchen genügt
- die Restfoliendicke im Bereich starker Verformung nicht zu dünn wird
- die Schweiß- bzw. Siegelnähte die gewünschte Festigkeit besitzen
- die Sicherheit der Anlage gewährleistet ist

Entspricht z. B. die Siegelnaht von Ober- und Unterfolie nicht den gestellten Forderungen, wird die Anlage im Beisein des Kunden optimiert. Alle mit dem Kunden durchgeführten Tests werden dokumentiert und im Projektordner abgeheftet. Im Bild 1 ist das Protokoll vom Testen der Siegelnaht dargestellt.

4.1.3 Installation beim Kunden

Der Spediteur liefert die Anlage in Einzelsegmenten beim Kunden an. Meist übernehmen ein bis zwei Monteure die Installation *(installing)* beim Kunden. Sie richten die Maschine aus und bauen die Einzelsegmente zusammen. Der Kunde stellt die im Vertrag vereinbarten Anschlüsse für Elektrik, Druckluft und Vakuum zur Verfügung. Nachdem die Anlage mit den Anschlüssen verbunden ist, erfolgt die Einweisung des Bedienungspersonals, das Optimieren der Maschine und der Dauertest.

Obwohl die Maschine schon vom Kunden beim Hersteller abgenommen wurde, können beim Kunden Probleme auftreten, die

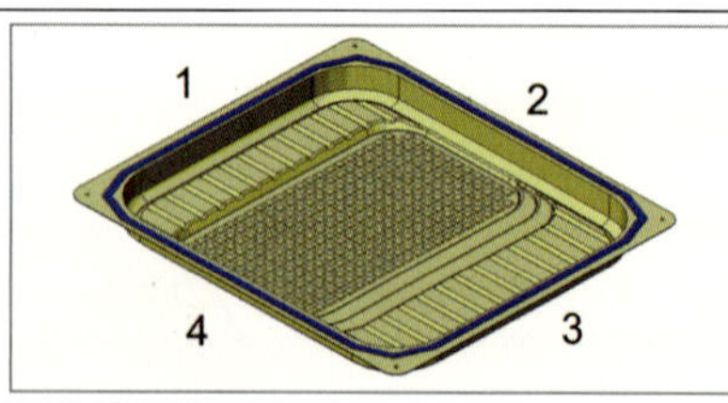

		„Prüfungstyp“	„Schälen, Reißen und Reibung“
		„Methodenname:“	„c:\SFT\Reiha.mtG“
		„Name:“	„Packgut: Salami“
		„Prüfer“	„Grebe“
		„Firma:“	„Reiha“
		„Abteilung:“	„QHSE“
		„Prüfdatum:“	„18.11.2016“
		„Temperatur:“	„20 °C“
		„Anmerkung 1:“	„Siegeltemp. 155 °C; Siegelzeit 1,5 s“
		„Geometrie:“	„180° schälen“
Prüfling	**Probe am Prüfling**	**Test Nr.**	**„Durchschnittswert N“**
1	1	„1“	3,08
1	2	„2“	2,75
1	3	„3“	2,97
1	4	„4“	2,63
2	1	„5“	3,18
2	2	„6“	2,69
2	3	„7“	3,00
2	4	„8“	3,06
3	1	„9“	3,01
3	2	„10“	2,68
3	3	„11“	3,23
3	4	„12“	2,89
4	1	„13“	2,95
4	2	„14“	2,96
4	3	„15“	3,03
4	4	„16“	2,58
5	1	„17“	3,07
5	2	„18“	3,00
5	3	„19“	3,20
5	4	„20“	2,93
6	1	„21“	3,06
6	2	„22“	2,70
6	3	„23“	3,37
6	4	„24“	3,33
7	1	„25“	3,49
7	2	„26“	2,30
7	3	„27“	3,32
7	4	„28“	3,03
8	1	„29“	2,87
8	2	„30“	2,84
8	3	„31“	3,14
8	4	„32“	3,22
9	1	„33“	3,31
9	2	„34“	3,02
9	3	„35“	3,10
9	4	„36“	2,35
10	1	„37“	3,04
10	2	„38“	2,54
10	3	„39“	2,76
10	4	„40“	2,56
		„Mittelwert“	**2,96**
		„Minimum“	**2,30**
		„Maximum“	**3,49**

1 *Protokoll zum Siegelnahttest (Auszug)*

beim Hersteller nicht vorlagen. So ergab sich bei der Firma REIHA ein Problem mit der Taktleistung der Maschine. Als Ursache erkannten die Monteure, dass die taktweisen Bewegungen, die von Pneumatikzylindern eingeleitet wurden, zu langsam waren. Ursache dafür war die zu geringe Druckluftleistung der Versorgungsleitung. Da der Luftverbrauch beim Takten nicht ausreicht, aber zwischen den Takten weniger Luft benötigt wird, machen die Monteure den Vorschlag, einen Druckluftspeicher in die Maschine einzubauen.

Der Kunde möchte möglichst schnell auf der Maschine produzieren und sieht ein, dass er für das Problem verantwortlich ist. Daher stimmt er dem Vorschlag der Monteure zu und ist bereit, die Mehrkosten für den Druckluftspeicher und dessen Montage zu tragen.

Die Monteure müssen alle Punkte der Installations-Checkliste abarbeiten und als durchgeführt abzeichnen. Wenn der Kunde die Maschine abgenommen und das Übergabeprotokoll (Bild 1) unterzeichnet hat, ist die Übergabe an den Kunden erfolgt.

Ab diesem Zeitpunkt beginnt die Gewährleistung bzw. eine darüber hinausgehende Garantieleistung des Herstellers (vergl. Lernfeld 12).

4.1.4 Dokumentationen

Nach Abschluss des Projekts liegen eine Menge Dokumentationen *(documentation)* vor, die der Hersteller zum Teil auch dem Kunden aushändigt (Seite 580 Bild 1). Der Anteil der Dokumentationen, die auf Datenträger gespeichert sind, nimmt ständig zu. Der Kunde erhält z. B. die Bedienungsanleitung sowohl in Papierform als auch auf CD.

Übergabeprotokoll GEA

Zu unserem Auftrag Nr. 1106-2016-15

Kunde : REIHA
Straße : Musterweg 7
Ort : 12345 Musterdorf

Übergebender: GEA FS Germany GmbH
Name: GREBE

Machinetyp & Nummer : PowerPak 5611
Projekt nr. : /
Baujahr : 2016

Eingewiesene Personen : Herr Meier, Frau Müller

Datum Empfang Machine : 29.12.2016
Anfang Installierung : 04.01.2017

Eingefahrene Formate : 3.2
Taktleistung : 11 TAKTE/MIN.
Erstellte Programme : 1
Produkte : SALAMI

CFS hat die Maschine ordnungsgemäß aufgestellt und installiert. Der Kunde erkennt die Maschine als in jeder Hinsicht vertragsgemäß an. Die Funktion der Maschine wurde eingehend geprüft.

☐ Es wurden keine Restp

1 *Übergabeprotokoll (Auszug)*

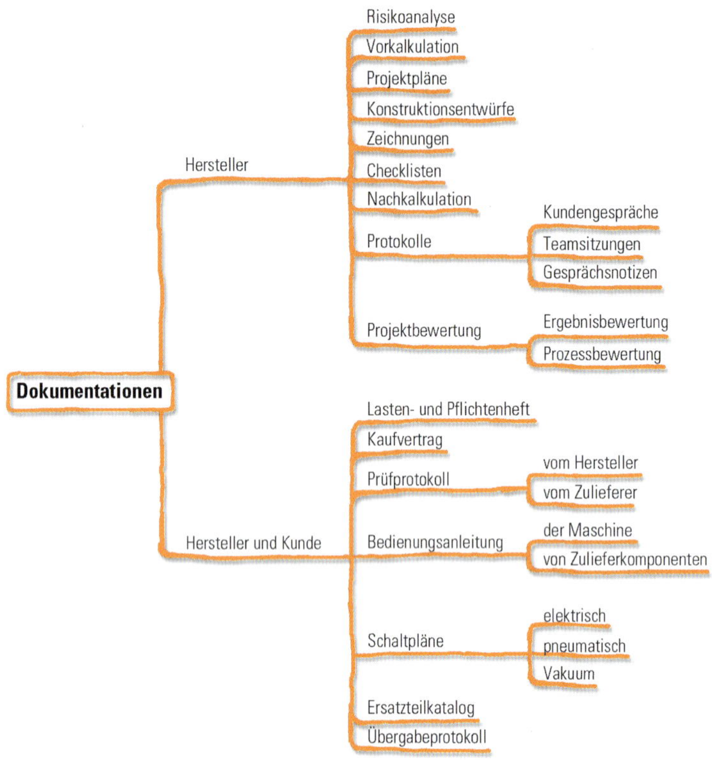

1 *Dokumentationen*

4.2 Projektbewertung

Nach dem Projektabschluss sollte eine systematische Projektbewertung (Projektevaluation/*project evaluation*) erfolgen, um daraus für die nächsten Projekte die entsprechenden Konsequenzen zu ziehen. In der Praxis gibt es oft Gründe, die das be- oder verhindern. So ist z. B. oft keine oder zu wenig Zeit dafür da, weil die Mitarbeiter schon im nächsten Projekt eingebunden sind. Trotzdem sollte das Projektmanagement sich die Zeit für die Evaluation nehmen. Denn die Fremd- und Eigenbewertung sind die Grundlage für Veränderungen, Verbesserungen und Standardisierung von Prozessen.

MERKE

Die **Evaluation** *(evaluation)* des Projektverlaufs ist die Basis für Veränderungen und Grundlage eines lernenden Systems.

Bei der Bewertung des Projekts wird nicht nur das Sachergebnis mit den Zielvorgaben verglichen, sondern es wird auch der Projektprozess analysiert.

4.2.1 Ergebnisbewertung

Spätestens in der Projektabschlusssitzung sind die im Bild 1 auf Seite 581 dargestellten Fragestellungen zu beantworteten und in einem **Projektabschlussbericht** *(final project report)* festzuhalten.

Um die Fragestellungen beantworten zu können, ist eine entsprechende Datenbasis erforderlich. Dazu stehen die Daten zur Verfügung, die während der Projektabwicklung entstanden sind. Die **Technologie** *(technology)* (Leistungsfähigkeit der Maschine) wurde während der Installation beim Kunden getestet und ermittelt. Sie wird mit den im Pflichtenheft definierten Werten verglichen, sodass eine eindeutige Bewertung vorgenommen werden kann.

Den für die Herstellung der Maschine entstandene **Kosten** *(costs)* stehen die geplanten gegenüber. Da der Verkaufspreis um den Gewinn über den geplanten Kosten liegt, ist der finanzielle Erfolg oder Misserfolg des Projekts einfach zu ermitteln.

Bei den **Terminen** *(dates)* sind die Soll- und Istwerte ebenfalls leicht gegenüberzustellen und Aussagen über die Termintreue zu treffen.

Die Daten, die nicht während des Projekts dokumentiert wurden, können z. B. mithilfe von Interviews und Fragebögen erfasst werden. Die Befragung (Seite 581 Bild 2) soll die **Kundenzufriedenheit** *(customer satisfaction)* mit dem Projektverlauf und -ergebnis ermitteln. Das Profildiagramm (Seite 582 Bild 1) stellt die Ergebnisse übersichtlich dar.

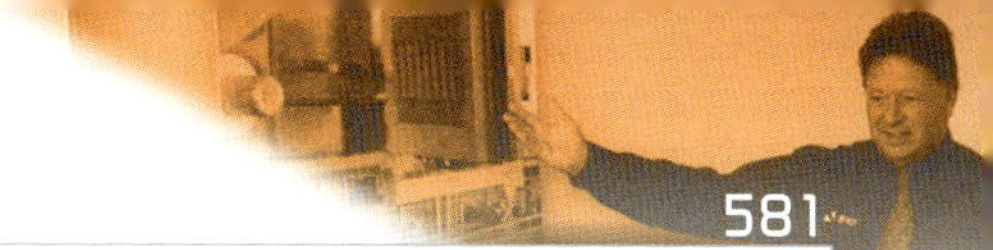

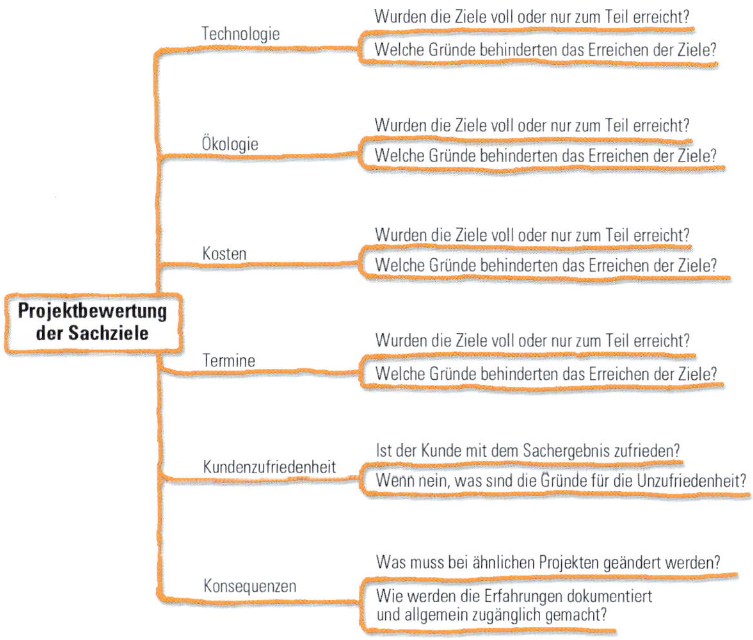

1 *Bewertung der Sachziele*

Result questionnaire sales of equipment

GEA

Project Number: 1106-2016-15
Customer name: REIHA
Questionnaire completed by: H. Müller
Machine type(s): PowerPak

	Excellent	Good	Fair	Poor	Very poor
Sales					
1. Consulting on application and GEA product		X			
2. Quality and speed of quotation	X				
3. Identification of your requirements		X			
4. Customer-friendly approach		X			
Delivery					
5. Delivery of materials according to order confirmation		X			
6. Quality of materials according to data sheet		X			
7. Installation and commissioning	X				
Equipment					
8. Equipment performance		X			
9. Cleaning and hygiene	X				
10. Equipment safety		X			
11. User friendliness	X				
12. Maintainability	X				
13. Quality of documentation and manuals		X			
14. Quality of final product		X			
Service					
… of contact person	X				
	X				

2 *Kundenbefragung (Auszug)*

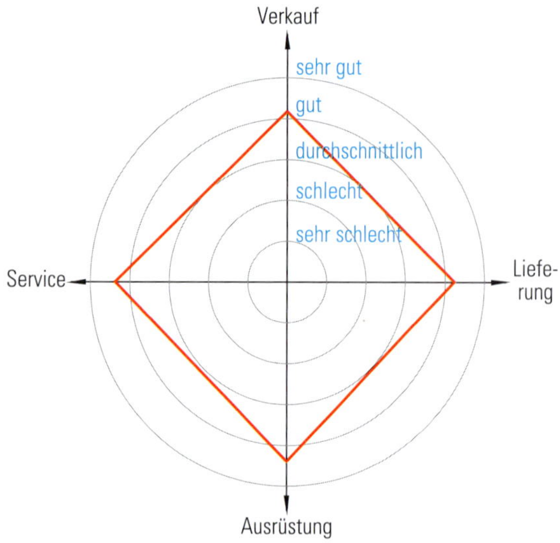

1 Auswertung der Kundenbefragung als Profildiagramm

4.2.2 Prozessbewertung

Mithilfe von Mitarbeiterbefragungen kann ermittelt werden,

- wie die Fachabteilungen die Projektdurchführung unterstützten
- welche Umstände die Projektdurchführung erschwerten
- wie das Klima im Projektteam war
- wo die Organisation verbessert werden könnte

Die Rückmeldungen zum Prozess und das ständige Bestreben des Herstellers, die Projektabwicklung zu optimieren und zu standardisieren, führten zur Entwicklung und Anwendung des **V-Modells** (Bild 2).
Danach definiert der Kunde zunächst seine Erwartungen (Lastenheft). Daraufhin legt der Lieferant die erforderlichen Funktionen und einen Lösungsvorschlag vor. Bevor das Konzept als Pflichtenheft dem Kunden vorgelegt wird, erfolgt eine Risikoabwägung, die sich auf die Preisgestaltung auswirken kann. Während der Montage- und Installationsphase wird ständig überprüft, ob die konstruktiven Vorgaben umgesetzt wurden. Bei der Endabnahme testet GEA alle geforderten Funktionen. Während der Inbetriebnahme beim Kunden wird gemeinsam mit dem Kunden die Leistungsfähigkeit des Systems überprüft.

ÜBUNGEN

1. Wie erfolgt in Ihrem Betrieb die Endabnahme?
2. Welche Protokolle und Dokumentationen entstehen bei der Projektabwicklung?
3. Beschreiben Sie die Bedeutung des Übergabeprotokolls.
4. Aus welchen Gründen werden Projektbewertungen vorgenommen?
5. Unterscheiden Sie Ergebnis- und Prozessbewertung.
6. Entwickeln Sie einen Fragebogen zur Kundenbefragung zu dem von Ihnen selbst gewählten Produkt.

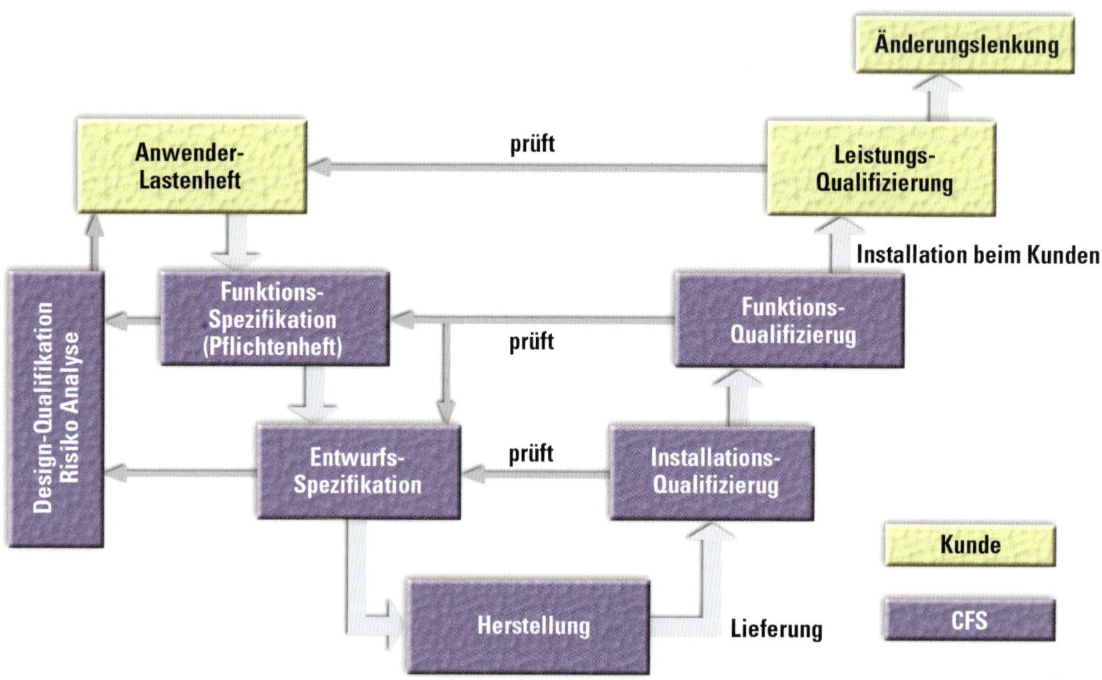

2 Überprüfung während der Projektdurchführung (V-Modell)

5 A Documentation Report

This documentation report is an original, official document prepared by a group of experts in this subject for English-speaking customers. First an overview shows the main items of this plant and secondly the working principle is given. (See also chapter 1.2 p. 554).

Documentation Report
Powerpak

I. General Information

1.1 General Description of Equipment:

Tiromat Powerpak belong to the category of form-, filling and seal machines.
Tiromat Powerpak is a Thermoformer

Overview :

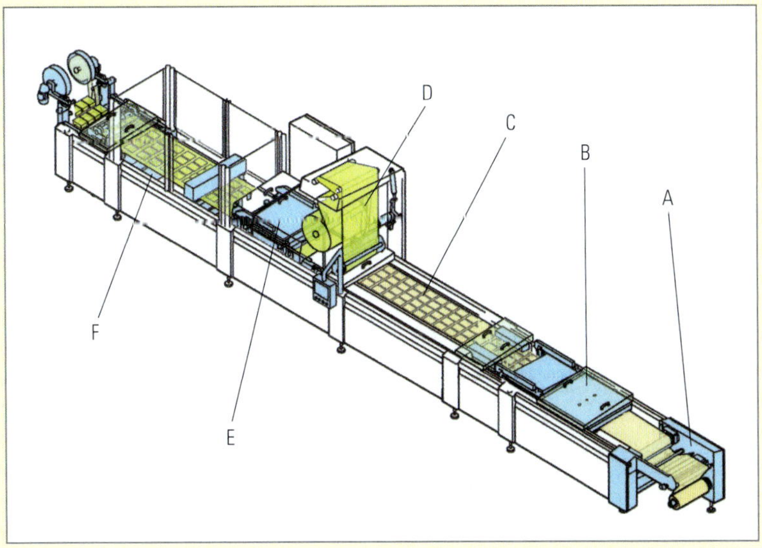

Main items

A Bottom film in-feed
B Forming station with heating and forming system
C Loading area
D Top film unwind
E Sealung station with sealing system
F Cutting area with cross and longitudinal cutting devices and product out-feed

Working principle

Within the machine, from the bottom film in-feed system to the cutting area, the following main functions are identified. These functions represent the working of the machine.

Bottom film infeed system

- holds the bottom film reel;
- fixes the bottom film in axial direction;
- clips on and pulls the bottom film with steady tension towards the forming station.

Top film unwind system

- holds the topfilm reel;
- fixes the top film in axial direction;
- pulls the top film with a steady tension towards the sealing system.

Forming station

- heats the bottom film up to a selected (programmed) temperature;
- forms, in one single cycle, a certain number of packages;
- allows the formed packages to cool down.

Sealing station

- removes air from the tray;
- fills in protective gas for the product;
- seals the packages with the top film.

Loading area

- punches holes along both sides of the bottom-film to create a vacuum or to allow the protective gas to be filled in;
- is provided with a facility to install an automatic loading station;
- gives acces to fill the packages manually.

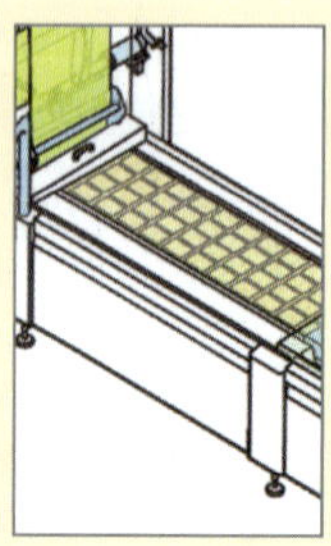

Cutting area

- cuts the web of packages in length and cross direction into single product units;
- removes the film waste from the machine.

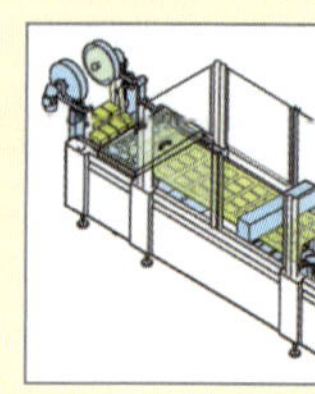

Assignments:

Have a look at the 'General Information'.

1. What is the name of the complete plant?
2. To which category does this machine belong?

Now answer questions on the 'Overview'.

3. Below the drawing you will find 'Main items' A-F. Please match these terms with the German expressions, 1-6, given in the box below. The translations are given by the manufacturer.

1. Einlegestation	4. Unterfolieneinführung
2. Oberfolienabwicklung	5. Heiz- und Formstation
3. Evakuier- und Siegelstation	6. Schneidestation mit Quer- und Längsschneid-vorrichtungen sowie Entnahmestation

4. Look at the drawing of the plant and find out what kind of 'Former' it is. This word also appears on this page.

Finally look at the 'Working principle'.

5. The translations below relate to the titles 'Bottom film in-feed system', 'Forming station' and 'Loading area' but the range is mixed. Please find the correct arrangements and write the result, as well as the translation of the titles, into your exercise book.
   - ermöglicht die Installation einer automatischen Einlegestation
   - spannt die Unterfolie unter Zug in Richtung Formstation
   - ermöglicht eine Abkühlung der Formpackungen
   - hält die Unterfolienspule
   - stanzt Löcher zu beiden Seiten der Unterfolie, um ein Vakuum bzw. die Zuführung von Schutzgas zu ermöglichen
   - erhitzt die Unterfolie auf Richttemperatur
   - ermöglicht die Packungen manuell zu füllen
   - formt in einem Arbeitsgang eine festgelegte Anzahl von Packungen
   - befestigt die Unterfolie in axialer Richtung
6. Now there are the remaining 3 figures with titles,'Top film unwind system','Sealing station' and 'Cutting area'. Translate the sentences beside the titles by using your English-German voc.list.
7. Why has the bottom film to be heated?
8. Why are punches necessary on both sides of the bottom film?
9. What additional advantage does the loading area have?
10. Why is it important to remove air from the tray? (also see p. 554).
11. Why is it essential to remove the film waste from the machine?
12. Create a mind-map of this 'Thermoformer' and fill in the main items as well as the main function of each.

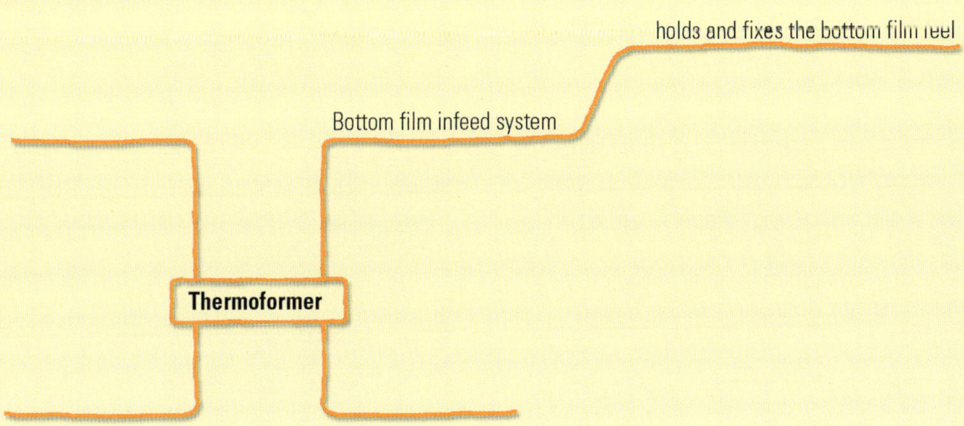

A Documentation Report

handwerk-technik.de

Work With Words

In future you may have to talk, listen or read technical English. Very often it will happen that you either **do not understand** a word or **do not know the translation**.

In this case here is some help for you!

Below you will find a few possibilities to describe or explain a word you don't know or use opposites[1] or synonyms[2]. Write the results into your exercise book.

1. Add as many examples to the following terms as you can find for different types of stations and managements.

station:	heating station forming station _____	*management:*	project management staff management _____

2 Explain the two terms in the box:
Use the words below to form correct sentences. Be careful the range is mixed!

purchasing:	of buying /the act/something/ It is	*temporary worker:*	for only a short time/in a particular situation/that works/It's a person/

3. Find the opposites[1]:

principal:	_____	*loading area:*	_____
specifications:	_____	*project planning:*	_____

4. Find synonyms[2]:
You can find two synonyms to each term in the box below.

department:	_____	*order:*	_____
costs:	_____	*graph:*	_____
rate, office, charge, area		plan, diagram, arrangement, table	

5. In each group there is a word which is the **odd man**[3]. Which one is it?

a) packaging machine, logical level, emotional level,
b) forming, storming, project workflow, performing, norming,
c) work breakdown structure, installing, subtasks, work packages,
d) incoming order, project planning, engineering, ancillary company, material procurement, sub-assembly, customer approval, start-up,

6. Please translate the information below. Use your English-German Vocabulary List if necessary.

In a cutting area packages are cut in length and cross direction. Also the film waste is removed from the machine.

1) *opposite:* Gegenteil 2) *synonym:* Synonym, ähnliches Wort, Ergänzung 3) *odd man:* Außenseiter, überzähliges Wort, fünftes Rad am Wagen

Lernfeld 15:
Optimieren von technischen Systemen

Gute Idee!

15

Lernfeld

Der Erfolg eines Unternehmens hängt nicht zuletzt von dem Wissen seiner Mitarbeiterinnen und Mitarbeiter ab. Auch wenn die Produkte, Abläufe und die Zusammenarbeit in einem Betrieb von hoher Qualität sind, kann doch immer etwas verbessert werden, um im Marktvergleich „eine Nasenlänge" weiter vorn zu sein.

Die Ideen aller Betriebsangehörigen können und sollen dazu beitragen, Gutes noch besser zu machen.

Das **Ideenmanagement** ermöglicht dies und unterstützt die Einreicher von Verbesserungsvorschlägen, sodass ihre großen und kleinen Ideen in Form von Verbesserungsvorschlägen aufgenommen, geprüft und möglichst umgesetzt werden.

Eine Idee ist nicht mehr und vor allem nicht weniger als eine neue Kombination bereits bekannter Elemente.

Mit kreativen Ideen kann viel verbessert werden:

- Geschäftsprozesse
- Arbeitsplätze bezüglich der Arbeitsaufgaben, -methoden, -organisation, -qualität und Arbeitsbedingungen
- Produktqualität
- Wirtschaftlichkeit
- Dienstleistungsqualität
- Arbeits-, Gesundheits- und Umweltschutz

„Ich bin ein guter Schwamm, denn ich sauge Ideen auf und mache sie dann nutzbar.
Die meisten Ideen gehörten ursprünglich anderen Leuten, die sich nicht die Mühe gemacht haben, sie weiterzuentwickeln."

THOMAS ALVA EDISON (1847 – 1931); amerikanischer Erfinder

„Wenn es besser werden soll, muss es anders werden. Wenn es anders wird, wird es deshalb nicht unbedingt besser."

„Besser" wird es nur dann, wenn sich die Ideen auch umsetzen lassen – „machbar" sind – und zu einer tatsächlichen Verbesserung führen.

Obiges Bild macht jedoch deutlich, dass jeder Eingriff in ein funktionierendes System ungeahnte Folgen haben kann und dass deshalb möglichst **alle** Folgen eines Eingriffs bedacht werden müssen. Meist steht daher am Anfang eine gründliche Analyse des störungsfrei arbeitenden Systems, der Produktionsabläufe und der **Arbeitsorganisation** am Ort der Veränderung.

Wichtig ist, dass die Analyse, der Verbesserungsvorschlag und alle Vorgänge, die zur endgültigen Entscheidung geführt haben, dokumentiert und vom **Wissensmanagement** des Betriebs verwaltet werden.

1 Optimierung eines störungsfrei arbeitenden Systems

Eingriffe in ein störungsfrei arbeitendes System können nur nach sorgfältiger Planung und nach Abstimmung mit allen zuständigen Abteilungen vorgenommen werden. Ziel einer Veränderung ist es, einen Prozess zu optimieren. Allgemein wird Optimierung *(optimization)* als eine Verbesserung *(improvement)* eines Vorgangs, eines Zustands oder als die „beste Lösung" unter den gegebenen Umständen verstanden. Die Verbesserung kann sich z.B. auf folgende Aspekte beziehen:

- **Verbesserung der Wirtschaftlichkeit** *(economy)* (Kostenersparnis) durch:
  - Produktivitätssteigerung
  - Verringerung der Anzahl der Mitarbeiter
  - Einsatz neuer Technologien, Werkstoffe und Maschinen
  - Senkung der Ausfallzeiten von Mitarbeitern und Maschinen
  - Fehlervermeidung
- **Qualitätsverbesserung** *(quality improvement)* des Produkts durch:
  - den Einsatz neuer Werkstoffe und Hilfsstoffe
  - konstruktive Änderungen
  - ergonomische Gestaltung (siehe Kap. 1.2)
- **Verbesserung der Arbeitsbedingungen** *(working conditions)* **und -abläufe** durch:
  - ergonomische Gestaltung
  - umweltspezifische Untersuchungen
  - Verwendung von Hilfsmitteln und Vorrichtungen
  - Schulung, Fortbildung und Qualifizierung der Mitarbeiter
  - übersichtliche, gut lesbare Arbeitsanweisungen
- **Stärkung der Identifikation** *(strengthening of identification)* der Mitarbeiter mit dem Produkt, mit dem Betrieb z.B. durch:
  - Weiterbildungsangebote
  - ein betriebseigenes Vorschlagswesen mit Prämien
  - flexible Arbeitszeitgestaltung
  - einen Betriebskindergarten
  - Prämien, Gewinnbeteiligung

Eine Optimierung gilt dann als gelungen, wenn nicht nur ein Aspekt, sondern mehrere Aspekte verbessert werden. Eine Verbesserung kann auch andere Aspekte negativ oder positiv beeinflussen. Produktivitätssteigung kann zu zusätzlichen Belastungen der Mitarbeiter führen. Kostenersparnis kann die Entlassung von Mitarbeitern zur Folge haben. Fehlervermeidung senkt die Reparaturkosten. Die Verwendung von Vorrichtungen und Hilfsmitteln kann die körperliche Belastung senken usw.

MERKE

Eine Optimierung wird als die beste Lösung unter den gegebenen Umständen verstanden.

Überlegen Sie!

1. *Auf welche Aspekte kann eine Optimierung Einfluss nehmen?*
2. *Welche Nebenwirkungen kann eine Optimierung haben?*

1.1 Beschreibung des Systems

Ist eine Verbesserung an einem technischen System geplant, so ist zunächst das **störungsfrei arbeitende System** als Gesamtheit zu betrachten. Das in Kapitel 2 beschriebene Projekt stammt aus der Endmontage von Gabelhubwagen *(fork lift trucks)* aus Baugruppen und Einzelteilen (Bilder 1 bis Bild 3).

1 *Gabelhubwagen*

2 *Einzelteile*

3 *Baugruppen*

Ein **technisches System** *(technical system)* ist nach außen abgegrenzt und erfüllt im Inneren seine Funktion zwischen Eingang und Ausgang (siehe Lernfeld 3).
Zunächst muss die Gesamtaufgabe, die von einem störungsfrei arbeitenden System gelöst wird, betrachtet werden. Erst danach kann über einen Eingriff in das System und dessen mögliche Folgen entschieden werden.
Je komplizierter ein technisches System ist, desto schwieriger ist dessen Optimierung. Bevor in einem Systemteil eine Veränderung, eine Optimierung, ausgeführt werden kann, ist deren Einfluss auf das Gesamtsystem genau zu untersuchen. Handelt es sich, wie in dem folgenden Beispiel um eine Montage, so muss der Einfluss auf das Montagesystem untersucht werden. Bei der Montage werden grundsätzliche drei Arten unterschieden:
Die **Einzelplatzmontage** *(individual place mounting)*: Hier montiert die Fachkraft eine Baugruppe oder ein Gerät unabhängig von der Fertigung, der Vormontage oder der folgenden Montage (Bild 1). Montiert werden Kleinserien, die in Zwischenlager oder Ersatzteillager kommen. Eine Optimierung kann hier ohne direkte Einwirkung auf weitere Montagen vorgenommen werden. Andere Arbeitsplätze sind nicht direkt betroffen bzw. die Auswirkung auf andere Arbeitsplätze kann im Einzelfall von der Arbeitsvorbereitung berücksichtigt werden.
Die **Reihenmontage** *(series mounting)*: Hier montieren die Fachkräfte an speziellen Arbeitsplätzen Baugruppen bzw. bauen diese in Geräte ein. Es besteht keine direkte zeitliche Abstimmung mit den anderen Arbeitsplätzen in der Reihe. Jeder arbeitet nach seinen speziellen Taktvorgaben. Der unterschiedliche Zeitbedarf der einzelnen Takte wird jeweils durch einen Puffer aufgefangen. Puffer (Bild 2) sind Zwischenlager, die dem Zeitausgleich zwischen den einzelnen Arbeitsplätzen dienen. Eine Optimierung muss hier mit dem Takt- und Puffersystem der Reihe abgestimmt werden.
Die **Fließmontage** *(continuous mounting)*: Hier montieren die Fachkräfte in einer Linie (Bild 3). Die Linie besteht aus einzelnen Arbeitsplätzen, die alle die gleiche Taktzeit haben. Das zu montierende Gerät wird jeweils zum Taktende an den nachfolgenden Arbeitsplatz weitergegeben. Diese Form der Montage ist effektiv und wirtschaftlich. Sie stellt aber höchste Anforderungen an die Teilebeschaffung, die Lagerhaltung, die Arbeitsvorbereitung und an die Einhaltung aller Fertigungs- und Durchlaufzeiten. Die Optimierung innerhalb eines Takts in einer Linie kann die gesamte Umstrukturierung der Linie zu Folge haben. Sie muss sorgfältig geplant werden.

1 *Einzelplatzmontage*

2 *Puffer zum Zeitausgleich bei der Reihenmontage*

3 *Fließmontage*

Arbeitsorganisation

Zur Beschreibung eines störungsfrei arbeitenden Systems gehört die Arbeitsorganisation *(work plan)*. Sie beschreibt:

- die einzelne Handlung einer Fachkraft,
- den Ablauf der Arbeitsgänge eines Takts,
- oder übergeordnet die Folge der Takte in der Linie.

Die Arbeitsorganisation umfasst sowohl die Aufnahme des Ist-Zustands als auch die Beschreibung der Veränderung durch die Optimierung. Dazu muss der bisherige Zustand analysiert werden, damit die vorgeschlagene Optimierung – der Verbesserungsvorschlag – deutlich wird. Der Verbesserungsvorschlag muss neben der **Beschreibung** *(job specification)* der beobachteten Situation einen konkreten **Lösungsvorschlag** *(suggested solution)* enthalten. Darin wird z. B. der verbesserte Handlungsablauf und die neue Arbeitsorganisation am Arbeitsplatz der Fachkraft beschrieben.

MERKE
Die Beschreibung der Arbeitsorganisation zeigt den Unterschied zwischen Ist-Zustand und Veränderung.

Die Arbeitsorganisation, die während der Planung und Durchführung einer Optimierung anfällt, wird vom **Ideenmanagement**, vom Ideenmanager, durchgeführt (siehe Kap. 2.3).

Überlegen Sie!
1. *Warum kann bei der Einzelplatzmontage eine Optimierung ohne große Folgen vorgenommen werden?*
2. *Erklären Sie die Aufgabe eines Puffers in der Reihenmontage.*
3. *Welche Folgen hat die Änderung einer Taktzeit in der Fließmontage?*

1.2 Ergonomische Gestaltung

MERKE
Ziel der Ergonomie *(ergonomics)* ist die Schaffung geeigneter Arbeitsbedingungen für den Menschen.

Zur ergonomischen Gestaltung gehören die **sachgerechte Gestaltung des Arbeitsraums** *(working chamber)* ebenso wie die **optimale Bedienfreundlichkeit** *(ease of operation)* von Maschinen bzw. die **optimale Handhabung** *(mechanical handling)* der Werkzeuge und Geräte. Es muss z. B. untersucht werden:

- Liegen die Werkzeuge *(tools)* funktionsbereit in Arbeitshöhe (Bild 1)?
- Welche körperliche Anstrengung *(strenuousness)* ist erforderlich?
- Welche Bewegungen *(movements)* müssen ausgeführt werden?
- Welcher Arbeitsraum *(working chamber)* steht zur Verfügung?
- Welche Unfallgefahren *(risks of accident)* bestehen?
- Welche technischen Informationen *(technical information)* liegen vor?

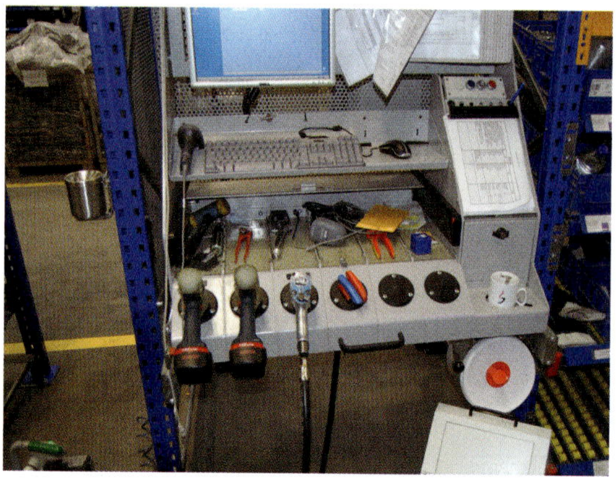

1 *Funktionsgerechte Anordnung der Werkzeuge in Arbeitshöhe*

- Welcher Informationsbedarf *(information demand)* ist zur Durchführung eines Auftrags erforderlich?
- Stören die Sicherheitseinrichtungen *(safety devices)*?

Zu einer ergonomischen Untersuchung gehört die Untersuchung der **Gebrauchstauglichkeit** *(serviceability)*. Dabei wird zwischen der Ausführbarkeit und der Benutzerfreundlichkeit unterschieden. Die **Ausführbarkeit** *(practicability)* beinhaltet die Fähigkeit einer Fachkraft, eine bestimmte Arbeit zu verrichten bzw. einen bestimmten Auftrag zu erfüllen. Die Fachkraft muss körperlich in der Lage und fachlich qualifiziert sein, ihre Arbeit in der vorgegebenen Zeit zu verrichten.
Die **Benutzerfreundlichkeit** *(useability)* beinhaltet die Anpassung der Werkzeuge an die Körperkräfte und Bewegungsräume, an die physischen und kognitiven Fähigkeiten der Fachkraft. Texte und graphische Anweisungen müssen gut lesbar sein. Die Abfolge der Arbeitsgänge muss eindeutig und übersichtlich sein.

Überlegen Sie!
1. *Nennen Sie zwei Ziele einer ergonomischen Untersuchung am Arbeitsplatz.*
2. *Welche Voraussetzungen muss eine Fachkraft erfüllen, um eine Arbeit zu verrichten?*
3. *Erklären Sie mit einem Beispiel den Begriff „Benutzerfreundlichkeit".*

1.3 Gesundheitsschutz am Arbeitsplatz

Der Arbeitsplatz *(workplace)* ist gesundheitsgerecht *(in conformity with health and safety standards)* gestaltet, wenn Belastungen durch Enge, zu große Massen, Geräusche, Licht, Klima und Gefahrenstoffe vermieden werden.
Der Arbeitsablauf wird so gestaltet, dass Krankheiten nach menschlichem Ermessen auszuschließen sind.
Dazu müssen Arbeitsbedingungen untersucht werden wie z. B.
- gesundheitsgerechte Gestaltung des Arbeitsplatzes
- Belastungen am Arbeitsplatz
- Arbeits- und Schutzkleidung
- Bewegungsraum
- Störungen durch Sicherheitseinrichtungen

1.4 Bestimmungen zum Schutz der Umwelt

Bestimmungen zum Schutz der Umwelt enthalten Richtwerte und Grenzwerte im Umgang mit Stoffen, Geräuschen, Beleuchtung usw. Die Umwelt *(environment)* bzw. das Umfeld (*surroundings*) kann schon der benachbarte Arbeitsplatz sein. Geräusche, Gerüche oder Stäube können die Fachkräfte in unmittelbarer Nähe belästigen bzw. gesundheitlich schädigen. Mithilfe von Messungen und Analysen werden z. B. Geräusche und Gefahrenstoffe überwacht und kontrolliert. Ebenso gehört dazu die fachgerechte Lagerung, Verarbeitung und Entsorgung der Werk- und Hilfsstoffe (Bild 1).

1.5 Beurteilung der Wirtschaftlichkeit

Der wirtschaftliche Aspekt *(economic aspect)* einer Optimierung hat für den Betrieb eine entscheidende Bedeutung. Bevor ein störungsfrei arbeitendes System verändert wird, bevor zusätzliche Kosten anfallen, muss eine **Kosten-Nutzen-Analyse** erstellt werden, die eine **Amortisationsrechnung** beinhaltet. Nachdem alle Vorschriften und Bestimmungen zur Arbeitssicherheit beachtet sind, ist überwiegend der wirtschaftliche Aspekt bestimmend.

2 Planung einer Optimierung (Projekt)

2.1 Ausgangssituation

In einer Firma werden Förderfahrzeuge *(material-handling vehicles)* wie z. B. Gabelhubwagen in einer Taktstraße *(assembly line)* oder Linie montiert (Bilder 2 bis 4). Die einzelnen Takte sind von der Arbeitsvorbereitung zeitlich aufeinander abgestimmt. Nach Ablauf des Takts, nach ca. 14 Minuten ertönt ein Signal (Seite 592 Bild 1). Jede Fachkraft muss den Montagewagen an den nächsten Arbeitsplatz übergeben (Seite 592 Bild 2). Am Ende der Linie erfolgt eine Funktionskontrolle *(function check)* der Gabelhubwagen *(lift truck)*.

Die Fachkräfte einer Linie werden nach einem Gruppenlohnsystem bezahlt. Neben einem festen Basislohn erhalten sie bei fehlerfreier Arbeit eine Zulage. Die Zulage richtet sich nach der durch die Taktfrequenz bestimmte höchste Anzahl montierter Fahrzeuge.

Ein Eingriff in einen Takt der Linie kann nur nach gründlicher Vorbereitung und Dokumentation vorgenommen werden. Eine Änderung innerhalb des Arbeitsablaufs eines Takts kann eine zwangsweise Änderung aller Takte zur Folge haben. Wird eine Taktzeit kürzer oder länger, so müssen alle anderen Einzeltaktzeiten neu festgelegt werden. Das ist aber nur möglich, wenn die einzelnen Arbeitsinhalte neu aufgeteilt werden. Zum Teil müssen die Plätze neu gestaltet werden bzw. umgestaltet werden. Die Arbeitsvorbereitung muss neue Montageanweisungen zur Verfügung stellen. Es ergibt sich eine neue Einarbeitungs-

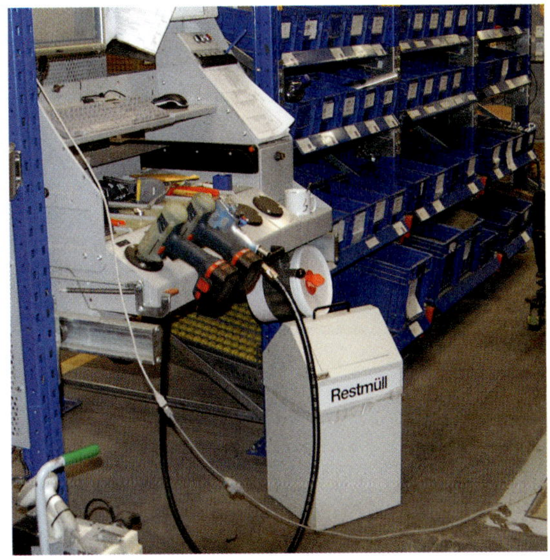

1 *Fachgerechte Müllentsorgung am Arbeitsplatz*

3 *Takt 1: Bestückung des Transportwagens*

4 *Letzter Takt: Fertig montierter Gabelhubwagen*

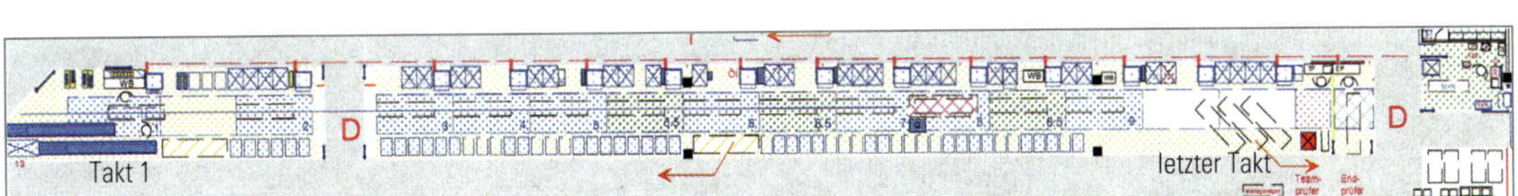

2 *Linie mit Einzeltakten*

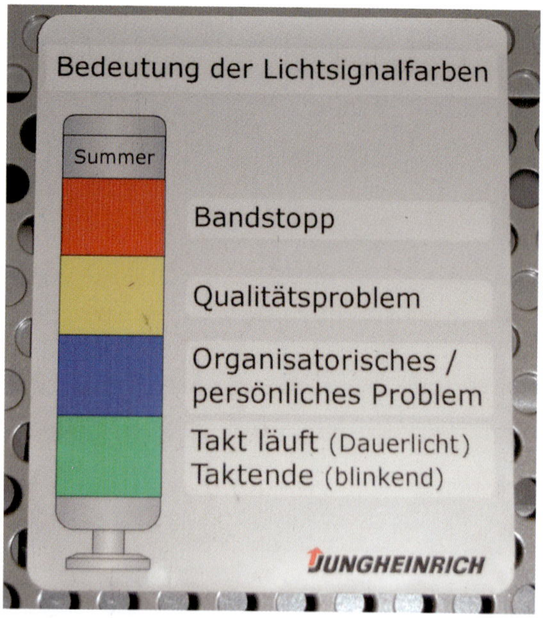

1 *Kontrolleinheit*

2 *Übergabe zum nächsten Takt*

3 *Werkzeug zum Einschlagen der Seriennummer*

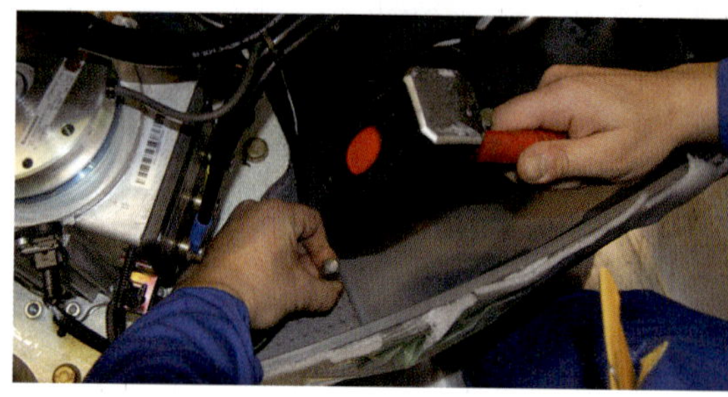

4 *Einschlagen der Seriennummer mit einem 3-kg-Hammer*

Überlegen Sie!

1. *Wie werden die Fachkräfte der Taktstraße, der Linie, entlohnt?*
2. *Welche Fehler können beim Einschlagen der Seriennummer auftreten?*

phase in andere Abläufe, in den Umgang mit neuen Geräten, Vorrichtungen und Hilfsstoffen.

Ausgangspunkt für eine Verbesserung in der gezeigten Linie ist der Takt, in dem die Seriennummern eingeschlagen werden. Der Optimierung dieses Takts liegen Beobachtungen zu Grunde. Diese beinhalten zum einem die **Verletzungsgefahr beim Einschlagen der Ziffern** und zum anderen die **Vermeidung von Fehlern** wie z. B. Zahlendreher oder falsche Ziffern durch geeignete Hilfsmittel.

Die Seriennummern der Förderfahrzeuge werden während der Montage an diesem Arbeitsplatz in der Fließmontage eingeschlagen. Für diese Tätigkeit werden Schlagzahlen und ein 3-kg-Hammer benötigt (Bilder 3 und 4). Jede Ziffer muss mit nur einem einzigen kräftigen Schlag eingeschlagen werden. Wiederholtes Zuschlagen führt zu Doppelungen, die eine Ziffer nicht mehr genau erkennen lassen. Bei einer Taktdauer von 14 Minuten müssen pro Schicht ca. 30 mal 8-stellige Zahlen fehlerfrei eingeschlagen werden. Dies stellt eine hohe körperliche Belastung dar.

2.2 Gesundheitliche Beobachtung

Vom Vorarbeiter der Linie wurde beobachtet, dass der Mitarbeiter, der die Seriennummern *(serial numbers)* einschlägt, etwa zweimal pro Jahr durch Verletzung ausfällt. Immer wieder waren gebrochene Finger zu beklagen. Jeder Bruch führte krankheitsbedingt zu einem Ausfall des Mitarbeiters von ca. 8 Wochen. Die Ursache für diese Häufung wird zum einen in der Unaufmerksamkeit, die sich bei wiederholender Tätigkeit einstellt, vermutet. Zum anderen hat nach Aussage der Arbeitsvorbereitung auch die Ermüdung des Mitarbeiters, hervorgerufen durch das Gewicht des Hammers (3 kg), eine entscheidende Rolle gespielt.

Die Geräuschmessung ergab einen Spitzenpegel von ungefähr 128 dB(A)[1].

1) dB(A): Einheitenzeichen für den Schalldruckpegel **Dezibel**. Der Zusatz (A) besagt, dass bei der Schalldruckpegelmessung der Bewertungsfilter A verwendet wurde. Dieser Filter bewertet hohe, schrille Töne stärker als tiefe und entspricht somit dem subjektiven menschlichen Hörempfinden.

1 Aushang zum betrieblichen Vorschlagswesen

JUNGHEINRICH

Ideenmanagement

An: Ideenmanagement PK-I Werk Norderstedt	Eingangsdatum:	PK-I, Ideenmanagement Werk Norderstedt (T-NO) Telefon: 040 5269 Telefon: 040 6948 Telefax: 040 6948 Ideen an: idee@jungheinrich.de

Verbesserungsvorschlag

Name:	Vorname:	Abt.:	Tätigkeit:	Pers.-Nr.	Telefon
Mein Vorschlag betrifft:				VV-Nr.	
So sieht die Sache jetzt aus:					
Mein Verbesserungsvorschlag:					

(Falls der Platz nicht ausreicht, bitte Beiblätter verwenden)

Ich habe den Vorschlag selbstständig verfasst:	ja	nein
Der Vorschlag betrifft mein eigenes Aufgabengebiet:	ja	nein
Ich bestehe auf Anonymität:	ja	nein

Ort und Datum Unterschrift

2 Ideenmanagement – Verbesserungsvorschlag

Der Vorarbeiter will mit einem **Verbesserungsvorschlag** *(suggestion for improvement)* für diesen Arbeitsschritt die Verletzungsgefahr verringern. Am Aushang findet er die notwendigen Hinweise, wie ein Verbesserungsvorschlag einzureichen ist (Bild 1). Neben dem Briefkasten liegen Formulare auf denen er seinen Verbesserungsvorschlag einreichen kann (Bild 2).

2.3 Ideenmanagement

Der wirtschaftliche Erfolg eines Unternehmens hängt vom fachlichen Wissen und Können der Mitarbeiterinnen und Mitarbeiter ab. Die hohe Qualität der Produkte und der Arbeitsorganisation können nur durch ständige Optimierung erhalten werden. Dazu tragen insbesondere innerhalb des Herstellungsprozesses die Verbesserungsvorschläge der Mitarbeiter bei. Das Ideenmanagement *(concept management)* ist die Organisationseinheit des betrieblichen Vorschlagswesens. Ziel eines Ideenmanagements ist es, die Fachkräfte zum schöpferischen Mitdenken zu motivieren, Ideen zu entwickeln und dadurch die Effizienz zu steigern und Kosten zu senken. Verbessert werden können:

- Produktqualität
- Arbeitsplätze bezüglich der Arbeitsaufgaben, der Arbeitsmethoden, der Arbeitsorganisation, der Arbeitsqualität und der Arbeitsbedingungen
- Arbeits-, Gesundheits- und Umweltschutz
- Dienstleistungsqualität
- Geschäftsprozesse

Jede Firma hat ihr eigenes spezielles Management im Umgang mit den Ideen der Mitarbeiter. Die Grafik (Bild 3) zeigt eine Struktur von der Idee bis zur Prämie. So oder ähnlich ist der Ablauf in vielen Betrieben geregelt. Wenn ein Verbesserungsvorschlag eingereicht wird, bestimmt das Ideenmanagement einen Ideenmanager.

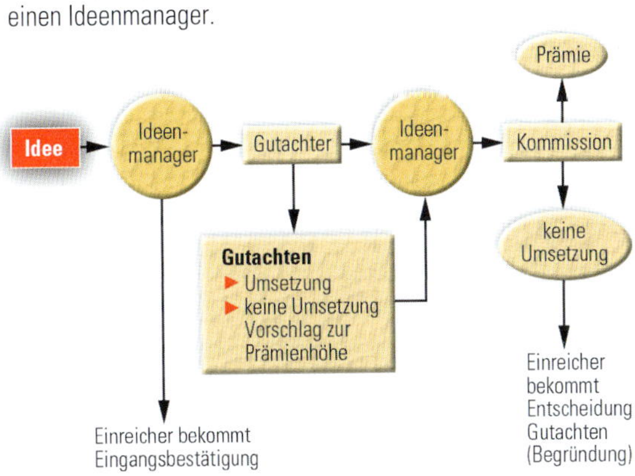

3 Aufbau eines Ideenmanagements

2.3.1 Ideenmanager

Der Ideenmanager *(concept manager)* verwaltet, koordiniert und dokumentiert die Umsetzung eines Verbesserungsvorschlags. Er ist zuständig für den Informationsaustausch zwischen den beteiligten Abteilungen und den Mitarbeitern und er ist deren ständiger Ansprechpartner. Des Weiteren erstellt er Sitzungsprotokolle, archiviert die Zwischenergebnisse und schlägt Prämien vor. Bei seiner Tätigkeit übernimmt der Ideenmanager auch eine Filterfunktion. Aufgrund der Stellungnahmen der beteiligten Abteilungen kann er einen Verbesserungsvorschlag begründet ablehnen. Wird ein Verbesserungsvorschlag angenommen, vertritt er den Einreichenden in den Sitzungen.

MERKE

Der Ideenmanager bearbeitet und dokumentiert den Verbesserungsvorschlag.

Überlegen Sie!

1. *Welche Funktionen übernimmt der Ideenmanager gegenüber dem Einreichenden?*
2. *Nennen Sie drei Aufgabenbereiche des Ideenmanagers.*

2.3.2 Verbesserungsvorschlag

Ein Verbesserungsvorschlag innerhalb des betrieblichen Vorschlagwesens geht üblicherweise über die Aufgaben und die Verantwortung der Fachkraft hinaus. Er ist eine schriftlich formulierte Idee. In dem Vorschlag wird beschrieben, wie eine Veränderung, Verbesserung oder Einsparung gegenüber dem Ist-Zustand aussehen kann. Wichtig ist es, einen Lösungsvorschlag *(suggestion for solution)* für die Durchführung zu machen.

MERKE

Ein Verbesserungsvorschlag enthält neben der Beschreibung der beobachteten Situation einen konkreten Lösungsvorschlag.

Im vorliegenden Beispiel gilt es, die **gesundheitliche Gefährdung** *(health threat)* (siehe Kap. 2.2.) abzustellen und die **Geräuschentwicklung** *(noise emission)* zu reduzieren (siehe Kap. 2.6). Hinzu kommt eine **Kostenersparnis** *(saving of costs)* (siehe Kap. 2.4 und 2.6).

2.4 Wirtschaftliche Begründung

Bei fehlerhafter Beschriftung, das sind falsch oder undeutlich eingeschlagene Ziffern einer Seriennummer, muss ein Fahrzeug sofort aus der Taktstraße herausgenommen werden. Es werden Extrazeiten für die Fehlerbehebung *(fault repair)* benötigt. Die falschen Ziffern müssen entfernt werden. Dies geschieht durch Schleifen. Dabei wird die lackierte Oberfläche beschädigt. Als Korrosionsschutz muss neu grundiert und später lackiert werden (Bild 1). Die Fehlerbehebung muss so sorgfältig durchgeführt werden, dass sie am ausgelieferten Fahrzeug nicht zu sehen ist. Erst jetzt kann die richtige Seriennummer eingeschlagen werden.

***1** Beschriftung*

Diese notwendige und aufwendige Fehlerbehebung verursacht unnötige Kosten. Jede Verzögerung senkt außerdem die Tagesproduktion und damit auch den Gruppenlohn der in der Linie Beschäftigten.

Diese Fehlerquelle *(cause of defect)* ist durch Montagevorgaben bzw. Festlegung einzelner Arbeitsschritte nicht einzudämmen. Es geht also darum, diese Arbeitsschritte durch Hilfsmittel zu ersetzen. Da die Fehler eindeutig durch die Tätigkeit eines Mitarbeiters bestimmt sind, liegt es nahe, diese Tätigkeit durch ein Gerät zu ersetzen. Es muss die körperliche Belastung verringern und immer die richtigen Seriennummern prägen.

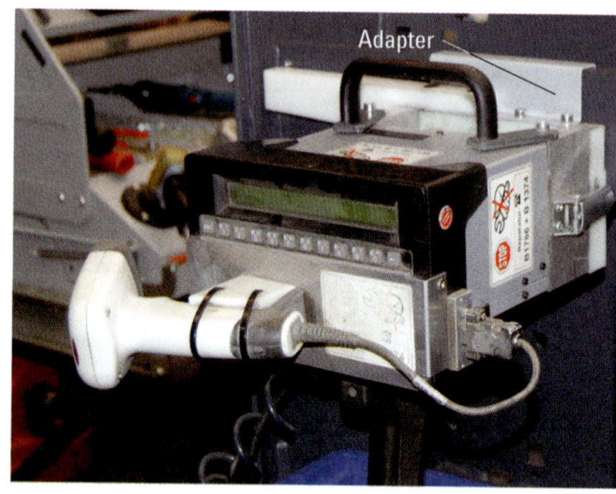

***2** Nadelpräger im Einsatz*

Während eines Messebesuchs fiel einem Mitarbeiter der Arbeitsvorbereitung ein **Nadelpräger** *(needle stamping gadget)* (Bild 2) auf, mit dessen Hilfe die beschriebene Fehlerquelle umgangen werden kann. Mit diesem Gerät können die Seriennummern in die Gehäuse eingeschlagen werden. Es entfällt

Von: Bode
Gesendet: Montag, 1. Dezember 2003 16:00
An: S. Hartwig
Betreff: Preise

Hallo Sebastian

Der Nadelpräger kostet 8170,00 € (einer) und der Barcodescanner 773,00 €

Mit freundlichem Gruß
Bode

Jungheinrich AG
Lawaetzstraße 9-13
22488 Norderstedt

dabei die Tätigkeit des Einschlagens der Zahlen von Hand. Zusätzlich können die Seriennummern von einem Barcodescanner eingelesen werden. Es entfallen möglicherweise falsch eingeschlagene Ziffern und damit deren aufwendige Korrektur.
Zur wirtschaftlichen Untersuchung gehört auch die Ermittlung der Kosten eines Nadelprägers mit Barcodescanner. Zu diesem Zweck wurde ein Kostenangebot von der Abteilung Betriebsmittelbau für einen Nadelpräger und einen Barcodescanner eingeholt (siehe Preisangebot Seite 594).

2.5 Veränderungen

Der Arbeitsgang des Einschlagens der Seriennummer soll verändert werden. Die Tätigkeit des Einschlagens mit Schlagzahlen und 3-kg-Hammer soll durch ein Nadelprägegerät *(needle stamping gadget)* mit Barcodescanner ersetzt werden. Durch den Einsatz eines Nadelprägers ergeben sich folgende Veränderungen:

- Die körperliche Belastung der Fachkraft entfällt oder wird verringert.
- Die Fachkraft muss in die Bedienung des Nagelgeräts und des Barcodelesers eingewiesen werden.
- Der Arbeitsplatz muss so umgestaltet werden, dass der Einsatz der neuen Geräte problemlos eingefügt werden kann.
- Die Verwendung einer Haltevorrichtung erleichtert den Einsatz, den Transport und die Lagerung des Nadelprägers am Arbeitsplatz.
- Die Gefährdung der Gesundheit, die Verletzungsgefahr, entfällt.
- Weniger Lärm. Der Geräuschpegel, gemessen in dB(A), soll deutlich gesenkt werden.

2.6 Bearbeitung im Ideenmanagement

Der erste Teil der Bearbeitungsphase ist mit dem Ergebnis abgeschlossen worden, dass der Einsatz eines Nadelprägers und eines Barcodescanners vorgeschlagen wird. Die gewünschte Optimierung wird in das Ideenmanagement eingebracht. Die betroffenen Abteilungen werden informiert. Dazu gehören z. B. die Arbeitsvorbereitung, die Fertigung, die Arbeitssicherheit, der Betriebsmittelbau, die Abteilung Design, der Einkauf und die Rechnungsabteilung. Alle Stellen prüfen aus ihrer Sicht den Verbesserungsvorschlag und seine Auswirkung auf den bisherigen Zustand. Sie geben eine Stellungnahme ab, die vom Ideenmanager zusammengefasst und verteilt werden.
Der Vorschlag wird allgemein positiv bewertet. Es gibt unterstützende Hinweise zum Verbesserungsvorschlag und einige abteilungsspezifischen Forderungen, die mit seiner Umsetzung verbunden sind.

Wichtige Entscheidungsmerkmale sind:

- Die Arbeitsplatzbelastung wird deutlich verringert.
- Die Umweltbelastung, die Geräuschbelastung, am Arbeitsplatz nimmt ab.
- Die Arbeitssicherheit wird entscheidend erhöht.
- Das Unfallrisiko geht gegen null.
- Für die Lage der Seriennummer wird eine einheitliche Platzierung angestrebt.
- Es soll eine Vorrichtung mit Höhenverstellung für einen flexiblen Einsatz gebaut werden.
- Die Einsatzhäufigkeit wird erhöht durch einen Adapter für den Ansatz an den verschiedenen Fahrzeugtypen.
- Die Seriennummer soll von außen sichtbar angebracht werden.
- Ein defektes Gerät ist schnell austauschbar, da durch Adaption das Grundgerät gleich bleibt.
- Durch Verwendung des Scanners geht die Fehlerquote nahezu gegen null.
- Bei erhöhter Fahrzeugstückzahl verringert sich die Amortisationszeit.
- Es reicht ein Reservegerät für alle Linien.

Nach Abgleich der Stellungnahmen überträgt der Ideenmanager der überwiegend betroffenen Abteilung die Verantwortung für eine Optimierung. In dem vorliegenden Beispiel wurde von der Bereichsleitung als Grundlage für eine endgültige Entscheidung eine wirtschaftliche Überprüfung gefordert. Diese wird in einer Amortisierungsberechnung[1] dargelegt.

Überlegen Sie!

1. *Nennen Sie vier an der Bearbeitung beteiligte Abteilungen.*
2. *Ordnen Sie jeder Abteilung aus Frage 1 ein Entscheidungsmerkmal zu.*

2.7 Amortisationsberechnung

Mithilfe einer Amortisationsrechnung *(payback period rule)* wird untersucht, ob durch den Einsatz eines Nadelprägers mit Barcodescanner für die Firma ein wirtschaftlicher Vorteil entsteht (siehe Seite 596). Die Tabelle zeigt eine Kostenanalyse. In den drei Spalten sind der Ist-Zustand, die Variante 2 und die Variante 3 durchgerechnet. Im Ist-Zustand sind die zur Zeit entstehenden Kosten für das Einschlagen der Zahlen enthalten. Die Variante 2 enthält die Kosten für den Einsatz des Nadelprägers mit manueller Zahleneingabe. Die Variante 3 beschreibt die Kosten für den Einsatz des Prägers mit gescannter Zahleneingabe. Grundlage der Berechnungen sind die Arbeitszeiten für die einzelnen Arbeitsschritte aufgrund der Zeitermittlung nach Ablaufanalyse/REFA[2]. Diese Kosten-Nutzen-Analyse gibt einen Überblick über die Wirtschaftlichkeit eines Eingriffs zur Optimierung eines störungsfrei arbeitenden technischen Systems. Weitere Untersuchungen in Bezug auf Ergonomie, Gesundheit und Umwelt folgen im Anschluss.

1) Die Amortisationsrechnung ist ein Verfahren zur Beuteilung des wirtschaftlichen Nutzens einer Investition
2) REFA: Verband für Arbeitsgestaltung, Betriebsorganisation und Unternehmensentwicklung e.V. Ursprünglich: „**Re**ichsausschuss **f**ür **A**rbeitsstudien“

Arbeitsvorbereitung
Qualitätstechnik

JUNGHEINRICH

S. Hartwig

11.09.2003

Amortisationsrechnung für einen Nadelpräger

Daten:

Barcode Scanner	773 €
Nadelpräger	8.170 €
Produktion HK/min	x
Schriftgröße	10 Arial
Einsatzhäufigkeit	3505

Einbringen der Seriennummer

Amortisationsrechnung am Beispiel eines Gerätes aus der Linie D

Ist Zustand
Mit Schlagzahlen

Papiere einsehen Schlagzahlen suchen Einbringen/Hammer 3000gr Ablegen der Schlagzahlen	1,30min
Schutzschild holen Schutzschild kleben	0,40min
	1,70min
te 1,7min*Produktions HK/min	2,65€/St
Ergebnis €/St* Einsatzhäufigkeit = Gesamtergebnis p.A	9.295,26 €

Variante 2
Nadelpräger und manuelle Zahleneingabe

Gerät holen/bringen	0,40min
Papiere einsehen/Zahlen eingeben	0,50min
gravieren	0,33min
Schutzschild holen Schutzschild kleben	0,40min
	1,63min
te 1,63min*Produktions HK/min	2,54€/St
Ergebnis €/St* Einsatzhäufigkeit = Gesamtergebnis p.A	8912,514 €

Variante 3
Nadelpräger mit gescannter Zahleneingabe

Gerät holen/bringen	0,40min
Papiere einsehen/Zahlen sannen	0,25min
gravieren	0,33min
Schutzschild holen Schutzschild kleben	0,40min
	1,38min
te 1,63min*Produktions HK/min	2,1528 €/St
Ergebnis €/St* Einsatzhäufigkeit = Gesamtergebnis p.A	7545,564 €

Ergebnis Ist-Zustand - Variante3 = **1.749,70 €** Amortisation: Preis Nadelpräger : Einsparung= **4,67 Jahre**
Ergebnis Variante2 - Variante3 = **1.366,95 €** Amortisation: Preis Scanner: Einsparung= **0,56 Jahre**

Zeitermittlung nach Ablaufanalyse / Refa

1 *Amortisationsberechnung*

2.8 Entscheidung

Die Variante 3 ergibt nach der Amortisationsberechnung die größte Kosteneinsparung *(cost savings)*. Zusätzlich wird durch den Einsatz des Barcodescanners die Fehlerquote auf nahezu null gesenkt (siehe Kap. 2.6). Die Amortisation für die Geräte wird in Einzelabrechnungen vorgenommen (siehe Kap. 2.7). Jedes Gerät muss eigenständig gebucht und abgerechnet werden, da diese Geräte einzeln bestellt werden.

Bei 3505 Anwendungen pro Jahr beträgt die Einsparung zwischen:

a) dem Ist-Zustand und der Varianten 3: 1749,70 €.
   Aus der Berechnung 8170,00 €/1749,70 €/Jahr folgt, dass der Nadelpräger nach 4,67 Jahren amortisiert ist.
b) der Varianten 2 und der Varianten 3: 1366,95 €.
   Aus der Berechnung 773,00 €/1366,96 €/Jahr folgt, dass der Barcodescanner nach 0,56 Jahren amortisiert ist.

Die Amortisationsrechnung belegt den wirtschaftlichen Nutzen für den Betrieb. Der Ideenmanager informiert alle betroffenen Abteilungen. Das sind die Leitung der Linie, die Arbeitsvorbereitung, die Fertigung, die Arbeitssicherheit und der Betriebsmittelbau. Ihre Vertreter beschließen das weitere Vorgehen in einer Teamsitzung: Durchführung oder Ablehnung. Die eingereichte Optimierung soll durchgeführt werden.

Als nächster Schritt erfolgt eine Erprobung mit ergonomischen, gesundheitlichen und umwelttechnischen Untersuchungen. Mit diesen Untersuchungen beauftragt der Ideenmanager die Abteilung Arbeitsvorbereitung. Weiterhin muss die Abteilung Design eingeschaltet werden. Sie ist zuständig für Bedienungsanleitungen, Typenschilder usw. Entsprechende Angleichungen und Veränderungen müssen mit Beginn der Einführung vorgenommen sein. Parallel dazu wird vom Ideenmanager nach folgendem Muster die Prämie für die Fachkraft vorgeschlagen und an die zuständigen Gremien weiter geleitet (Bild 1).

Überlegen Sie!

1. Begründen Sie, warum der Nadelpräger und der Barcodescanner einzeln abgerechnet werden.

2. a) Wie groß ist die Zeitersparnis eines einzelnen Arbeitsgangs zwischen dem Ist-Zustand und der Varianten 3?

b) Wie viel Zeit wird nach Aufgabe 2a) pro Jahr gespart, wenn 46 Arbeitswochen zugrunde gelegt werden?

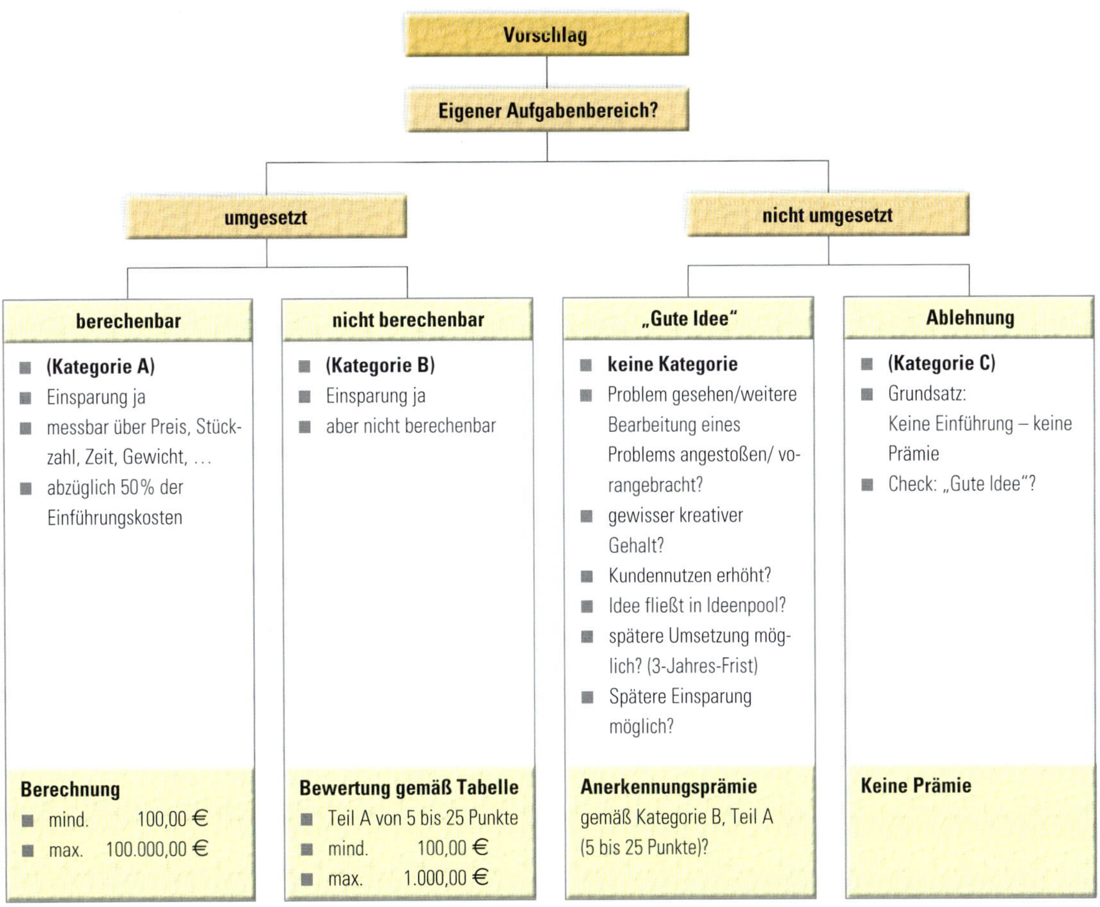

1 *Entscheidungsbaum mit Prämienvorschlag*

2.9 Dokumentation der Planungphase

Einreicher	**Prozessschritt**	**Dokumentation Output**	**Wissensmanagement Datenbank**
Verbesserungsvorschlag formulieren und einreichen			Ideenmanager bestimmen
Einreicher wird regelmäßig über den Fortlauf informiert	Informationsmanager erhält Verbesserungsvorschlag	Bestätigung an Einreicher	
		Akte für Verbesserungsvorschlag anlegen	
	Kontrolle des eingereichten Vorschlags		Checkliste aller Verbesserungsvorschläge
			Patente prüfen
			Gebrauchsmuster prüfen
			Entwicklungsabteilung einbeziehen
			Rückmeldung an Ideenmanager
	Stellungnahmen (Gutachten) der betroffenen Abteilungen und Mitarbeiter einholen	In Akte und Gutachten an Beteiligte weiterleiten	
	Preise einholen		
	Sitzung aller Beteiligten	Protokoll Entscheidungsmerkmale beschreiben	
	Amortisationsberechnung durchführen	Ergebnis an Abteilungen und Mitarbeiter	
	Sitzung aller Beteiligten	Protokoll	
			Protokoll
	Prämienvorschlag ausrechnen		Umsetzung des Verbesserungsvorschlags
			Prämie
Einreicher erhält Prämie			Prämie bestätigen, Auszahlung veranlassen
	Umsetzung des Verbesserungsvorschlags	Vorgang an umsetzende Abteilung und Mitarbeiter weiterleiten	
	Sitzung nach erfolgter Umsetzung	Abschlussprotokoll an alle Abteilungen	
			Abschlussprotokoll

1 *Prozess Ideenmanagement*

Zur Dokumentation der Planungsphase gehören

- der Verbesserungsvorschlag
- die Notizen der Beobachtung des Leiters der Linie über die arbeitsbedingten Verletzungen
- der Lösungsvorschlag
- das Fax der Firma, die die Nadelpräger anbietet
- die Amortisationsrechnung, die den wirtschaftlichen Nutzen nachweist und
- die Protokolle der Gespräche und Teamsitzungen.

Ablauf und Dokumentation *(documentation)* einer Veränderung sind für den Betrieb im **betrieblichen Vorschlagswesen** zwischen Betriebsleitung und Betriebsrat in einer Vereinbarung festgeschrieben[1].

Wissensmanagement

Das hier beschriebene Beispiel eines Verbesserungsvorschlags muss als Innovation und Veränderung in einer **Datenbank** gespeichert werden. Diese Speicherung gilt allgemein für alle innerbetrieblichen wie außerbetrieblichen Informationen, die für den Betrieb von Bedeutung sein können. Dazu gehören neben dem Verbesserungswesen z. B.:

- die Bereitstellung von Fachartikeln, Normen und Katalogen
- Beobachtung des Marktes, der die Produkte einsetzt
- die Aufarbeitung der Kundeninformationen und die Häufigkeit von Reparaturen beim Kunden

Jede Firma ist bemüht, das für ihre Produkte erforderliche Wissen immer auf dem bestmöglichen Stand zu halten.

Auch Wissen kann und muss organisiert und verwaltet werden. Es müssen Informationen aufgearbeitet und den entsprechenden Mitarbeitern zur Verfügung gestellt werden. Dafür werden **Zugriffsberechtigungen** erteilt. Nicht jeder darf alle Informationen einsehen und verwenden können. Es müssen Abläufe (Prozesse) organisiert werden. Diese Aufgabe wird vom Wissensmanagement *(knowledge management)* wahrgenommen. Ziel ist es, die Effizienz der Firma zu erhöhen. Das Wissensmanagement erstellt, strukturiert und pflegt eine Datenbank. In ihr wird alles gespeichert, was im Betrieb zur Lösung von Aufgaben benötig werden könnte wie z. B.:

- **Daten** (Konstruktionsdaten, Produktionsdaten, Maschinendaten, Arbeitsorganisationen, Zulieferer, Eigenleistungen, …)
- **Informationen** (Betriebsanleitungen, Instandhaltungvorschriften, Servicebetreuung, Intranet, Zulieferer, Kataloge, …)
- **Ideenmanagement** (betriebliches Vorschlagswesen, Ideenmanager, …)
- **Fähigkeiten** (Mitarbeiter, Weiterbildung, Qualifizierung, Experten, …)
- **Vereinbarte Abläufe bzw. Vorgaben**[2] machen die einzelnen Prozesse für alle Beteiligten übersichtlich. Sie legen die notwendige Dokumentationen und die Kompetenzen fest (Seite 598 Bild 1)

Die Fachkräfte werden für ihre Arbeitskraft am jeweiligen Arbeitsplatz entlohnt. Über das Wissensmanagement werden Weiterbildung, Qualifizierung und im Rahmen der betrieblichen Verbesserungsvorschläge die Bereitschaft der Fachkräfte gefördert, neue Aufgaben zu übernehmen sowie über ihren Arbeitsauftrag hinaus mit Ideen und Lösungsvorschlägen die Effizienz der Firma zu erhöhen (Humankapital).

MERKE

Das Wissensmanagement verwaltet und organisiert Wissen und Kompetenzen einer Firma.

3 Durchführung einer Optimierung (Projekt)

3.1 Durchführung eines Probelaufs

Der Probelauf *(test run)* wird unter **Realbedingungen** *(real conditions)* in der Linie durchgeführt. So wird sichergestellt, dass die gemessenen Parameter in den Takt und in die Linie passen. Bevor das Gerät in die Produktion *(manufacturing)* übernommen werden kann, müssen die im Probelauf gewonnenen Ergebnisse in den Takt übernommen werden.

- Der Arbeitsplatz muss verändert werden.
- Die Bedienung muss geübt werden.
- Die Geräuschentwicklung muss gemessen werden.

3.1.1 Umgestaltung des Arbeitsplatzes

Die Arbeitsvorbereitung muss die einzelnen Takte in der Linie neu ermitteln. Dazu gehört insbesondere der Einsatz des neuen Geräts. Zunächst wird festgelegt, in welchem Takt die Seriennummer einzutragen ist. Hierfür ist der Arbeitsplatz des Bedieners entsprechend zu gestalten *(rearrangement of work place)*. Der Nadelpräger mit dem Barcodescanner wird in einer Vorrichtung griffbereit gelagert (Bild 1). Die Vorrichtung kann an die zu prägende Stelle heran gefahren werden. Für die richtige Anlage am Gabelhubwagen sorgt ein Adapter (Seite 594 Bild 2).

***1** Standort des Nadelprägers am Arbeitsplatz*

1) Grundlage hierfür ist das Betriebsverfassungsgesetz (BetrVG)

2) Wichtige Veränderungen und Entscheidungen, die über den einzelnen Fall hinaus gehen, werden vom Wissensmanagement gesondert dokumentiert und bei Bedarf Abteilungen und Mitarbeitern zugänglich gemacht.

1 Heranfahren an den Gabelhubwagen

2 Einlesen der Seriennummer über Barcode

Der Nadelpräger muss nicht gehoben werden (Bild 1). Diese Rücken schonende Maßnahme ist eine gesundheitliche Verbesserung im Arbeitsprozess. Über den Barcodescanner wird die jeweilige Seriennummer zweifelsfrei eingelesen (Bild 2). In der Vorrichtung ist eine einstellbare Aufnahme für den Nadelpräger. Die Aufnahme kann in der Höhe verstellt werden. Die Einstellungen werden justiert, können aber für eine andere Serie verändert werden. Damit wird erreicht, dass bei Ausfall eines Prägegeräts jedes Gerät einer anderen Linie eingesetzt werden kann, bzw. dass ein Ersatzgerät als Reserve für alle Montagelinien ausreicht.

Die fertige Prägung wird mit einer Schutzfolie überzogen. Dies soll eine mögliche Korrosion verhindern. Die Seriennummer ist durch die Folie nur leicht bedeckt und kann durch Rubbeln hervorgehoben werden (Bild 3).

Überlegen Sie!

1. *Welchen Vorteil hat die Vorrichtung für die Fachkraft?*
2. *Wodurch wird erreicht, dass die Geräte in verschiedenen Montagelinien eingesetzt werden können?*

3.1.2 Untersuchung zur Ergonomie und Gesundheit

Die ergonomische Untersuchung *(checking)* zeigt, dass die Belastung am Arbeitsplatz vermindert wird. Der Nadelpräger wird an das Gehäuse des Hubwagens heran gefahren und rastet in der Aufnahme ein. Eine direkte gesundheitliche Gefährdung durch Verletzung mit einem 3-kg-Hammer ist ausgeschlossen.

Überprüfung der Bedienerfreundlichkeit

Die Fachkraft rollt den Wagen mit dem Nadelpräger und dem Barcodescanner in Arbeitshöhe auf der Vorrichtung innerhalb des Takts vor und zurück. Das Gerät muss nicht gehoben und abgesetzt werden. Der Wagen wird seitwärts abgestellt und behindert die Fachkraft nicht bei weiteren Arbeitsschritten im Arbeitsraum (Seite 599 Bild 1). Im Auslieferungszustand fällt die außen angebrachte Nummer nicht auf. Sie darf die lackierte Fläche nicht beeinträchtigen.

3 Seriennummer mit Schutzfolie

Protokoll

Teilnehmer: Arbeitsvorbereitung, Fertigung (Leitung, Meister, Fachkraft), Betriebsmittelbau, Design

Kurzbeschreibung:
Am 10.09.03 wurde in Linie D je ein Fahrzeug des Typs I, II und III, wie in der Einladung beschrieben, mit der Seriennummer beschriftet.
Schriftgröße soll **9 mm**
Schrifttyp DIN 1451
Lage **siehe Foto** (Bild 1)
Schalldruck in dB(A):

Grundpegel	76,0 dB(A)
Typ I	84,0 dB(A)
Typ II	82,6 dB(A)
Typ III	80,6 dB(A)

Mit freundlichem Gruß
S. Hartwig
Ideenmanager

Ein Vergleich mit dem für den Hammerschlag gemessenen Geräuschpegel (ca. 128 dB(A)) zeigt, dass auch hier eine deutliche Verbesserung zum Schutz der Umwelt – hier der Fachkräfte – erreicht worden ist. Umweltschutz gilt nicht nur allgemein, sondern insbesondere auch für die direkt betroffenen Fachkräfte und die in der näheren Umgebung arbeitenden Fachkräfte.

Lärmbelästigung führt nicht nur zu Gehörschäden, ebenso kann sie eine verminderte Konzentration zur Folge haben.

Überlegen Sie!

Begründen Sie den Einsatz der Geräuschmessung am Arbeitsplatz vor und nach der Optimierung.

3.2 Vorarbeiten der Arbeitsvorbereitung

In Probeläufen wird die Einsatzdauer ermittelt (siehe Kap. 2.7). Sie ist geringer als die bisherige Zeit, die für das Einschlagen von Hand erforderlich war. Es wird Arbeitszeit eingespart, aber die Takte müssen neu bestimmt werden. Jede Änderung hat eine Neueinteilung aller Einzeltakte einer Linie zur Folge.

3.3 Übertragung auf das System

Zum Abschluss dieses Projekts werden alle zuständigen Stellen informiert. Diese wichtige Information stellt das Ende der Optimierung dar. Ab diesem Zeitpunkt ist das neue Gerät überall im Einsatz.

Dieses Beispiel aus der Praxis zeigt, wie entscheidend für einen Eingriff in ein störungsfrei arbeitendes System exakte Untersuchungen, Kosten-Nutzen-Analysen und Dokumentationen sind. Dies ist nur möglich, wenn die Mitarbeiter von der ersten Beobachtung bis zum Abschluss sorgfältig arbeiten, die innerbetrieblichen Informationswege beachten und mit den entsprechenden Abteilungen und Zuständigkeiten zusammenarbeiten. Der Ablauf zeigt, wie viele Abteilungen und Mitarbeiter in diese einfache Veränderung einbezogen sind. Es wird doch nur das Einschlagen der Seriennummer mit Schlagzahlen und Hammer durch einen Nadelpräger mit Barcodescanner ersetzt.

Ideenmanager S. Hartwig HT3015 22.6.2004

Leiter der Produktionslinie
Designer
Serienbetreuung
Arbeitsvorbereitung (Vertreter der einzelnen Linien)
Fertigung (Abteilungsleitung und Meister, Vorarbeiter und Fachkraft der Linie.

Betr.: *Einbringen der Seriennummer an allen Serienfahrzeugen, außen und von oben sichtbar.*
Ein zusätzlicher Nadelpräger ist linienübergreifend als Reserve einsatzbereit.

Sehr geehrte Herren
Heute wurde der letzte Nadelpräger in Linie 4 in Betrieb genommen. Damit ist dieses Projekt abgeschlossen. Alle Fahrzeuge sind nun von außen sichtbar mit der Seriennummer gekennzeichnet. Das Einbringen von Schlagzahlen mit all seinen Nachteilen gehört damit der Vergangenheit an.
Kollegen der Arbeitsvorbereitung:
Bitte ändert die Arbeitsanweisungen auf die neue Arbeitsmethode bzw. den neuen Arbeitsgang – Einsatz des Nadelprägers mit Scanner – um.
Zukünftige Änderungswünsche oder Reparaturen bitte an den Betriebsmittelbau richten.

Danke an alle für die Zusammenarbeit, die dieses Projekt erfolgreich zum Abschluss gebracht haben.

Mit freundlichen Grüßen
S. Hartwig

4 Safety Regulations and Controls

All companies that produce machines, gadgets or devices have to compile operating instructions for their customers. These instructions give information about the correct application of the product, special descriptions, transport and commissioning, maintenance and safety instructions. A fitter may have to read and understand operating instructions in English if no German translation is available. Especially he needs to understand the sections about safety regulations. Below you will find sections from original operating instructions for fork lift trucks concerning safety regulations. These contain information about driver's authorisation; driver's rights, obligations and responsibilities; unauthorised use; damage and faults; repairs; hazardous areas and safety devices as well as warning signs.

Operation

Safety Regulations for the Operation of Forklift Trucks

1. **Driver authorisation:** The forklift truck may only be used by suitably trained personnel, who have demonstrated to the proprietor or his representative that they can drive and handle loads and have been authorised to operate the truck by the proprietor or his representative.

2. **Driver's rights, obligations and responsibilities:** The driver must be informed of his duties and responsibilities and be instructed in the operation of the truck and shall be familiar with the operator manual. The driver shall be afforded all due rights. Safety shoes must be worn for pedestrian operated trucks.

3. **Unauthorised use of truck:** The driver is responsible for the truck during the time it is in use. The driver must prevent unauthorised persons from driving or operating the truck. Do not carry passengers or lift other people.

4. **Damage and faults:** The supervisor must be immediately informed of any damage or faults to the forklift truck or attachment. Trucks which are unsafe for operation (e.g. wheel or brake problems) must not be used until they have been rectified.

5. **Repairs:** The driver must not carry out any repairs or alterations to the industrial truck without the necessary training and authorisation to do so. The driver must never disable or adjust safety mechanisms or switches.

6. **Hazardous area:** A hazardous area is defined as the area in which a person is at risk due to truck movement, lifting operations, the load handler (e.g. forks or attachments) or the load itself. This also includes areas which can be reached by falling loads or lowering operating equipment.

7. **Unauthorised persons** must be kept away from the hazardous area. Where there is danger to personnel, a warning must be sounded with sufficient notice. If unauthorised personnel are still within the hazardous area the truck shall be brought to a halt immediately.

8. **Safety devices and warning signs:** Safety devices, warning signs and warning instructions shall be strictly observed.

Bedienung

Sicherheitsbestimmungen für den Betrieb des Flurförderzeuges

A. Sicherheitseinrichtungen und Warnschilder: Die hier beschriebenen Sicherheitseinrichtungen, Warnschilder und Warnhinweise sind unbedingt zu beachten.

B. Reparaturen: Ohne besondere Ausbildung und Genehmigung darf der Fahrer keine Reparaturen oder Veränderungen am Flurfahrzeug durchführen. Auf keinen Fall darf er Sicherheitseinrichtungen oder Schalter unwirksam machen oder verstellen.

C. Rechte, Pflichten und Verhaltensregeln für den Fahrer: Der Fahrer muss über seine Rechte und Pflichten unterrichtet, in der Bedienung des Flurförderzeuges unterwiesen und mit dem Inhalt dieser Betriebsanleitung vertraut sein. Ihm müssen die erforderlichen Rechte eingeräumt werden.

D. Fahrerlaubnis: Das Flurförderzeug darf nur von geeigneten Personen benutzt werden, die in der Führung ausgebildet sind, dem Betreiber oder dessen Beauftragen ihre Fähigkeiten im Fahren und Handhaben von Lasten nachgewiesen haben und von ihm ausdrücklich mit der Führung beauftragt sind.

E. Unbefugte müssen aus dem Gefahrenbereich gewiesen werden. Bei Gefahr für Personen muss rechtzeitig ein Warnzeichen gegeben werden. Verlassen Unbefugte trotz Aufforderung den Gefahrenbereich nicht, ist das Flurförderzeug unverzüglich zum Stillstand zu bringen.

F. Verbot der Nutzung für Unbefugte: Der Fahrer ist während der Nutzungszeit für das Flurförderzeug verantwortlich. Er muss Unbefugten verbieten, das Flurförderzeug zu fahren oder zu betätigen. Es dürfen keine Personen mitgenommen oder gehoben werden.

G. Gefahrenbereich: Der Gefahrenbereich ist der Bereich, in dem Personen durch Fahr- oder Hubbewegungen des Flurförderzeuges, seiner Lastaufnahmemittel (z. B. Gabelzinken oder Anbaugeräte) oder des Ladegutes gefährdet sind. Hierzu gehört auch der Bereich, der durch herabfallendes Ladegut oder eine absinkende/herabfallende Arbeitseinrichtung erreicht werden kann.

H. Beschädigungen und Mängel: Beschädigungen und sonstige Mängel am Flurförderzeug oder Anbaugerät sind sofort dem Aufsichtspersonal zu melden. Betriebsunsichere Flurförderzeuge (z. B. abgefahrene Räder oder defekte Bremsen) dürfen bis zu ihrer ordnungsgemäßen Instandsetzung nicht eingesetzt werden.

Assignments:

1. Read the section 'Operation' in English as well as in German.
2. Match the numbers and the letters.
3. Why is a driver authorisation only given to suitably trained personnel?
4. When is the wearing of safety shoes necessary?
5. Why must the supervisor be informed immediately after damages or faults have occurred?
6. Does a driver normally do repairs on a truck? Please give arguments for and against.
7. What is a hazardous area? Are there any in your company? If yes, describe them.
8. When is it essential that a warning is sounded?
9. What has to be strictly observed when using a truck?

Another important part of the safety regulations is an overview of the controls and displays as shown below.

Controls and Displays

Item	Control / Display		Function
1	Main switch / isolator (emergency disconnect)	●	The circuit is interrupted, all electrical functions are cut out and the truck automatically brakes.
2	"Horn" button	●	Triggers a warning signal.
3	"Lower" button	●	Lowers the lift mechanism.
4	"Lift" button	●	Raises the lift mechanism.
5	Brake button	●	The truck brakes at the maximum rate until it comes to a halt.
6	Controller	●	Controls the direction of travel and the travel speed.
7	Jet Pilot Tiller	● ○	Steers the truck. Steers the truck.
8	Forward "pedestrian / walk-along operation" button	○	Travel starts in pedestrian mode in the forward direction (V) (slow travel).
9	Stop button	○	The electrical functions are deactivated and the truck automatically brakes.
10	Reverse "pedestrian / walk along" button (not for "Touch mode only in drive direction" option)	○	Travel starts in pedestrian mode in the reverse direction (R) (slow travel).

● = Standard equipment ○ = Optional Equipment

Assignments:

1. Draw a chart for a German company that looks the same as the English one above and use the terms given in the box below.

Beschreibung der Bedien- und Anzeigeelemente

Pos.	Bedien-/ Anzeigeelement	Funktion
1	Hauptschalter (Notaus)	Der Stomkreis wird unterbrochen. ...
2	Taster ...	Xxxxxxxxxxxxxx
3	Taster ...	Xxxxxxxxxxxxxx

Warnsignal zwangsbremsen Bremstaster Deichsel
Heben Taster „Mitgänger" rückwärts Senken Fahrregler
auslösen Langsamfahrt Jet-Pilot Stoptaster
Hubeinrichtung Taster
Serienausstattung Zusatzausstattung
„Mitgänger" vorwärts lenken Mitgängerbetrieb
nicht für Option „Tastbetrieb nur in Antriebsrichtung" heben zwangsbremsen

Now look at the chart 'Controls and Displays' as well as on the drawing on p. 605.

2. What happens if the main switch or isolator is used and where is it placed on the truck?
3. What triggers a warning signal?
4. What happens after the "lower" and the "lift" buttons are used?
5. Which word can be read on the brake button?

6. What can be done by using the controller?
7. Have a look at the drawing. Describe where you can find the tiller and the jet-pilot.
8. Describe the difference between the brake button and the stop button.
9. Why is a button "pedestrian/walk along" important?
10. Describe the difference between standard equipment and optional equipment.

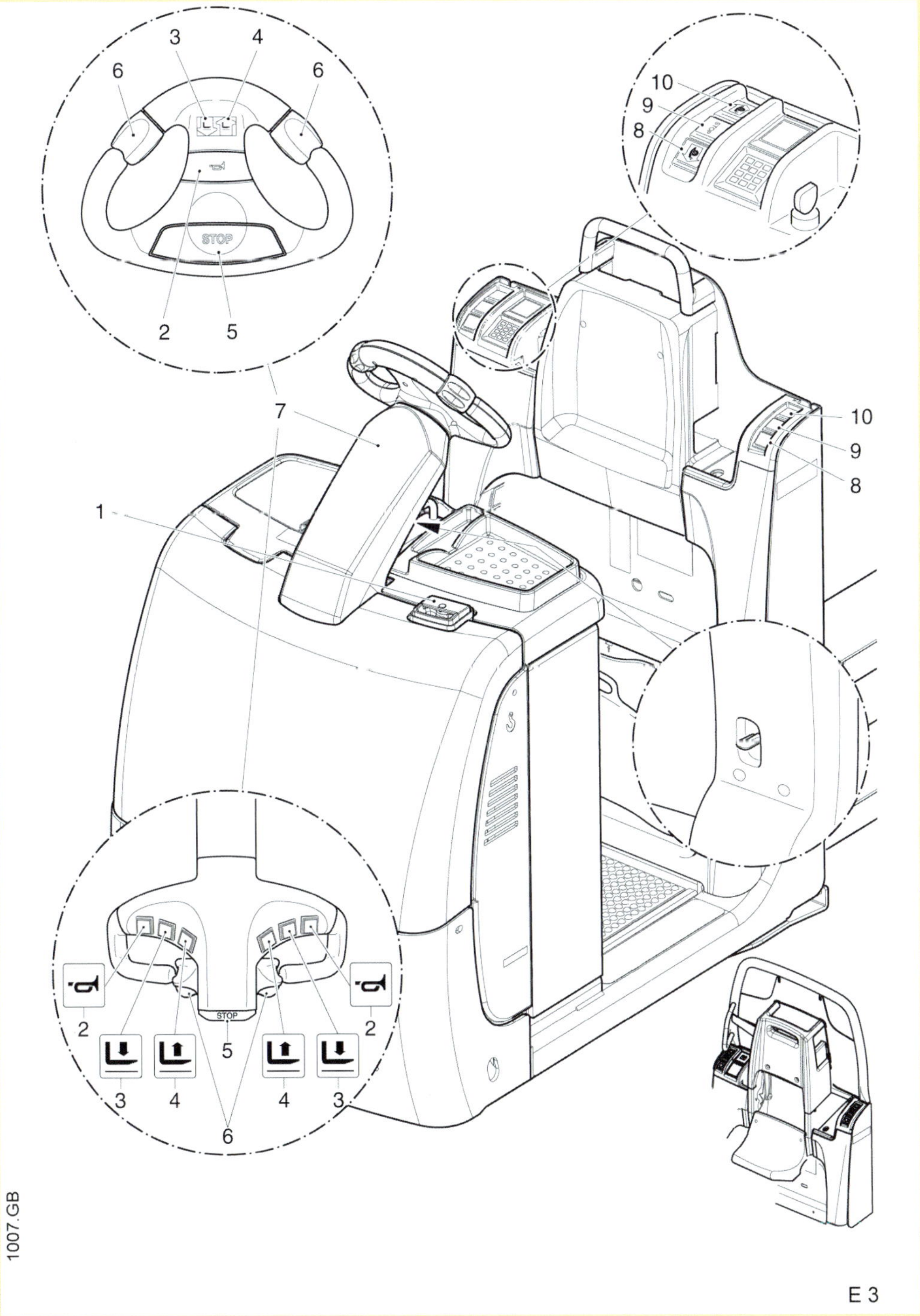

Work With Words

In future you may have to talk, listen or read technical English. Very often it will happen that you either **do not understand** a word or **do not know the translation**.

In this case here is some help for you!

Below you will find a few possibilities to describe or explain a word you don't know or use opposites[1] or synonyms[2]. Write the results into your exercise book.

1. Add as many examples to the following terms as you can find for improvement and serviceability.

improvement:	optimization	*serviceability:*	practicability

2 Explain the two terms in the box:
Use the words below to form correct sentences. Be careful the range is mixed!

strenuous activity: or energy/involves or requires/ a lot of effort/A strenuous activity

economy: is the system/according to which the money,/and trade of a country/ An economy/or region are organized/ industry,

3. Find the opposites[1]:

individual place mounting:
cause of defect:

test run:
assembly line:

4. Find synonyms[2]:
You can find two synonyms to each term in the box below.

movement:
documentation:
paper, change, certificate, activity

environment:
checking:
surroundings, examine, inspect, setting

5. In each group there is a word which is the **odd man**[3]. Which one is it?

a) continuous mounting, cost savings, individual place mounting, series mounting
b) optimization, improvement, concept management, serial number
c) documentation, noise emission, work plan, technical information
d) knowledge management, needle stamping gadget, lift truck, material-handling vehicle

6. Please translate the information below. Use your English-German Vocabulary List if necessary.

Ergonomics is the study of how working conditions, machines, and equipment can be arranged, in order that people can work with them more efficiently.

1) *opposite:* Gegenteil 2) *synonym:* Synonym, ähnliches Wort, Ergänzung 3) *odd man:* Außenseiter, überzähliges Wort, fünftes Rad am Wagen

Englisch-deutsche Vokabelliste

Aussprache der englischen Vokabeln:

- Benutzen Sie die Internetseite der technischen Universität München: *http://dict.leo.org/*
- Klicken Sie auf das Lautsprechersymbol der englischen Vokabel. Sie werden dann durch einen Link mit dem Merriam-Webster Online Dictionary verbunden.
- Klicken Sie dort auf das rote Lautsprechersymbol 🔊 der Vokabel und die Aussprache ertönt.

In dieser Vokabelliste finden Sie fast alle Vokabeln, die im deutschen Text *blau-kursiv* abgedruckt sind. Ferner finden Sie eine Auswahl der wichtigsten englischen Vokabeln aus den englischen Seiten sowie den Seiten Work with Words. Diese Wortliste ersetzt kein Wörterbuch!

A

ABC analysis	ABC-Analyse
abrasion	Abrasion, Verschleiß
absolute dimensioning	absolute Bemaßung
absolute measurement	absolute Maßangabe
absolute measuring system	Absolutmesssystem
absolute pressure	absoluter Druck
acceleration	Beschleunigung
acceptance report	Abnahmeprotokoll
access	Zugang, Zugriff
accessibility	Bauteile
accessories	Zubehör
accomplish (to)	ausführen
according to	gemäß
accumulator	Akkumulator
accumulator pressure	Betriebsdruck
accuracy characteristic	Genauigkeitskenngröße
accuracy of guidance	Führungsgenauigkeit
achieve (to)	erzielen
acoustic measurement	Geräuschmessung
action chart	Funktionsdiagramm
action limit	Eingriffsgrenze
activate (to)	einschalten
actual value	Istwert
actual value display	Istwertanzeige
adaptive control	Anpasssteuerung
additional	Zusatzoption
additional information	Zusatzinformation
additional option	maschinenspezifische Zusatzfunktion
additional parameters	Hilfsparameter
adhesion	Adhäsion
adhesive	Klebemittel
adhesive bonding	Kleben
adjusting command	Stellbefehl
adjusting guard plate	Nachstellschutzblech
admissible stress	zulässige Spannung
after sales	Kundendienst
ageing	Alterung
agent	Auftragnehmer
aggressiveness	Aggressivität
agreement	Kompromiss
aids	Hilfsmittel
air consumption	Luftverbrauch
air withdrawal	Luftentnahme
alloyed cast iron	legiertes Gusseisen
alloyed steel	legierter Stahl
alternating current motor	Wechselstrommotor
alternating voltage	Wechselspannung
analog controller	analoger Regler
analog signal	analoges Signal
analysis of conflict	Konfliktanalyse
analysis of damage	Schadensanalyse
analysis of error cause	Fehlerursachenanalyse
ancillary company	Zulieferfirma
angle	Winkel
angle of twist	Verdrehwinkel
angularity	Winkeligkeit
annealing	Glühen
anti-friction-slideway	Wälzführung
antipollution measure	Umweltschutzmaßnahme
anvil	Amboss
appliance	Einrichtung, Gerät
application	Einsatz, Einsatzgebiet
apply (to)	ausführen
approach (to)	anfahren
arbor press	Einpressdorn
arc welding	Schutzgasschweißen
arm length	Armlänge
arranged mounting	angestellte Lagerung
arrangement of bearings	Lageranordnung
ascertain (to)	ermitteln, sicherstellen
assemble (to)	zusammenbauen
assembling	Montage
assembly	Montage
assembly department	Montageabteilung
assembly disc	Montagescheibe
assembly drawing	Gesamtzeichnung
assembly instruction	Montageanweisung, Montageplan
assembly interval	Montageschritt
assembly line	Fertigungsstraße, Taktstraße
assembly pick and place	bestücken
attributive characteristic	attributives Merkmal
audit	Audit
austenite	Austenit
austenite structure	Austenitgefüge
austenitic cast iron	austenitisches Gusseisen
automated hardness test	automatisierte Härteprüfung
automated processes	Herstellung durch Automaten

automated system	automatisiertes System
automatic programming system	Programmiersystem
automatically driven	maschinengesteuert
automation system	Automatisierungssystem
auxiliary component	Hilfsmittel
availability	Verfügbarkeit
available	verfügbar
average peak-to-valley height	gemittelte Rautiefe
average roughness	arithmetischer Mittenrauwert
average smoothing depth	gemittelte Glättungstiefe
average value	Mittelwert
axial bearing	Axiallager
axial piston pump	Axialkolbenpumpe
axial plunger pump	Axialkolbenpumpe
axis	Achse
axis range monitoring	Achsbereichsüberwachung
axis motion	Achsbewegung
axle	Achse

B

back pressure slab	Gegendruckplatte
backing shell	Stützschale
balanced	vorgesteuert
ball bearing	Kugellager
ball screw	Kugelgewindetrieb
ball shaped anvil attachment	Kugelaufsatz
ball-shaped	kugelförmig
ball thrust test	Kugeleindruckversuch
bar graph	Säulendiagramm
basic hole system	Einheitsbohrung
basic pitch diameter	Flankendurchmesser
basic reach	Grund-Reichweite
basic setting	Grundeinstellung
basic shaft system	Einheitswelle
battery	Batterie
beam impact test	Kerbschlagbiegeversuch
bearing	Lager
bearing clearance	Lagerspiel
bearing force	Lagerkraft
bearing material	Lagerwerkstoff
bearing type	Lagerart
behavioural characteristic	verhaltensbezogenes Merkmal
belt	Riemen, Transportband
belt drive	Riemengetriebe
belt guide	Riemenführung
belt pulley	Riemenscheibe
belt slippage	Riemenschlupf
bending	Biegung
bending strength	Biegefestigkeit
bending test	Biegeversuch
bevel gear	Kegelradgetriebe
bevel wheel	Kegelrad
bill of sale	Kaufvertrag
binary	binär
binary output signal	binäres Ausgangssignal
blowpipe guidance	Brennerführung
boiling point	Siedepunkt
bolt	Bolzen
bond (to)	verkleben
bore code	Bohrungskennzahl
borehole of the bearing	Lagerbohrung
bottom film	Unterfolie
bottom film in-feed	Unterfolieneinführung
bottom film in-feed system	Unterfolieneinführung
bottom film reel	Unterfolienspule
bourdon tube manometer	Manometer mit Rohrfeder
Box Plot method	Box Plot Methode
brake automatically (to)	zwangsbremsen
brake button	Bremstaster
branch	Strang
branch piping	Stichleitung
brass	Messing
breakdown costs	Ausfallkosten
breaking	Nichteinhalten
Brinell test	Prüfverfahren nach Brinell
brittle	spröde
brittleness	Sprödigkeit
broad vee belt	Breitkeilriemen
buckling	Knickung
bush chain	Buchsenkette
button	Taster

C

cage	Käfig
calculate (to)	errechnen
calibrate (to)	vermessen
calibration	Kalibrierung
call of cycle	Zyklusaufruf
calliper	Messtaster
capability planning	Ressourcenplanung
capable machine	fähige Maschine
capacitive calliper	kapazitive Taster
capacitive sensor	kapazitiver Sensor
capacitor	Kondensator
carbide ball	Hartmetall-Kugel
carbon	Kohlenstoff
carbon content	Kohlenstoffgehalt
cardan shaft	Gelenkwelle
carry out (to)	durchführen
cartesian coordinates	kartesische Koordinaten
case hardening	Einsatzhärten
case hardening steel	Einsatzstahl
cast iron	Gusseisen
cast iron with laminar graphite	Gusseisen mit Lamellengrafit
cast iron with nodular graphite	Gusseisen mit Kugelgrafit
cast steel	Stahlguss

casting material	Gusseisenwerkstoff, Gusswerkstoff
cause of damage	Schadensursache
cause of defect	Fehlerquelle
cause of malfunction	Störungsursache
cavitation	Kavitation
cavitation damage	Kavitationsschaden
cementite	Zementit
center distance	Achsabstand
central lubrication units	Zentralschmieranlage
centrifugal clutch	Fliehkraftkupplung
centrifugal pump	Kreiselpumpe
centrifugal test	Fliehkraftversuch
certification	Zertifizierung
chain drive	Kettentrieb
change of rotational speed	Umdrehungsfrequenz-änderung
change of shaft position	Veränderung der Wellenlage
change of state	Zustandsänderung
changing the grinding wheel	Schleifscheibenwechsel
characteristic	Kenngröße, Kennlinie, Merkmal
characteristic of hardness	Härtekennwert
characteristic of material	Werkstoffkennwert
chart of machine mal-function	Maschinenstörungskarte
charpy impact test	Kerbschlagbiegeversuch
check	Kontrolle
check (to)	prüfen
check of belt tension	Riemenspannung
check of function	Funktionskontrolle
check plan	Prüfplan
check valve	Rückschlagventil
checking	Überprüfung, Untersuchung
checking of programmes	Programmüberprüfung
chip	Span
chipping	Zerspanung
choice of material	Werkstoffauswahl
choice of pipes	Auswahl der Leitungen
chrome steel	Chromstahl
chromium	Chrom, Chromgehalt
chuck	Spannfutter
circuit diagram	Schaltplan
circuit switch (to)	schalten
circular arc	Kreisbogen
circular lubrication	Umlaufschmierung
circular run-out	einfacher Lauf
circular run-out lateral	Planlauf
circular run-out radial	Rundlauf
circular slide	Rundführung
circulate (to)	umwälzen
circulating lubricating oil	Umlaufschmieröl
clamping element	Spannelement
clamping of work piece	Werkstück
clamping screw	Spannschraube
clamping set	Spannsatz
clamping sleeve nut	Spannhülsenmutter
classification	Einteilung
claw	Klaue
claw coupling	Klauenkupplung
cleaning	Reinigung
clearance	Spiel
clearance dependent	intervallabhängig
clearance fit	Spielpassung
cleavage fracture	Trennbruch
clockwise	rechtsgängig, im Uhrzeigersinn
closed loop	Regelkreis
closed loop control	Regeln, Regelung
clutch	Kupplung
CNC-lathe	CNC-Drehmaschine
CNC-manufacturing	CNC-Fertigung
CNC-programme	CNC-Programm
cohesion	Kohäsion
cold work steel	Kaltarbeitsstahl
collet tool	Spannzange
combination of signal	Signalverknüpfung
combinatorial logical control	kombinatorische Verknüpfungssteuerung
comment	Vermerk
commissioning	Inbetriebnahme
commitment to quality	Qualitätsverständnis
compatibility	Verträglichkeit
compensation	Ausgleich
compile (to)	erstellen
complete machining	Komplettbearbeitung
component	Bauelement
compound	Bauteil
compressed air	Druckluft
compressed air piping	Druckluftleitung
compression	Druck
compression joint	Pressverbindung
compression test	Druckversuch
compressive strength	Druckfestigkeit
compressive yield strength	Quetschgrenze
compressor	Verdichter
Computer Aided Design	rechnerunterstützte Konstruktion
Computer Aided Manufacturing	rechnerunterstützte Fertigung
Computer Integrated Manufacturing	computerintegrierte Fertigung
Computerized Numerical Control	computerunterstützt numerisch gesteuert
concentricity	Koaxialität
concept management	Ideenmanagement
concept manager	Ideenmanager
condition monitored maintenance	zustandsüberwachende Instandhaltung
conduct (to)	leiten

Englisch-deutsche Vokabelliste

conductor	Leitung
cone notch method	Kegel-Kimme-Verfahren
conflict	Konflikt
conflict management	Konfliktmanagement
conflict resolution	Konfliktbewältigung
conical	kegelförmig
conical borehole	kegelige Bohrung
conical hub	kegeliger Sitz
conical socket	Kegelhülse
connect (to)	verknüpfen
connection	Verbindung, Verschraubung
connection of function	Funktionszusammenhang
connection method	Schaltungsart
connection type	Anschlussart
connector	Anschluss
connection of function	Funktionszusammenhang
consensus	Konsens
consistency	Konsistenz
consistency class	Konsistenzklasse
consistent quality	gleich bleibende Qualität
constant discharge pump	Konstantpumpe
consumer protection	Verbraucherschutz
consumer right	Verbraucherrecht
consumption lubrication	Verbrauchsschmierung
contact breaker	Öffner
contactor	Schließer
contactless	berührungslos
contactless measuring	berührungsfreies Messen
contactless testing	berührungslose Messung
contaminant	Verschmutzung, Verunreinigung
continuous control	Regelung
continuous dimensioning	steigende Bemaßung
continuous duty	Dauerbetrieb
continuous mounting	Fließmontage
continuous path control	Bahnsteuerung
continuous path controlled	bahngesteuert
continuous seam welding	Rollennahtschweißen
contour point	Konturpunkt
contours	Konturen
control	Bedienelement, Steuerung
control cam	Steuerscheibe
control chart	Qualitätsregelkarte
control line	Steueranschluss
control of inspection, measuring and test equipment	Prüfmittelüberwachung
control panel	Bedienfeld
control piston	Schaltstellung
control unit	Regeleinrichtung
control valve	Regelventil
controlled machine	beherrschte Maschine
controlled system	Regelstrecke
controller	Regler
conveyor	Förderband

coolant	Kühlschmierstoff
cooling	Abkühlen
coordinate axis	Koordinatenachse
coordinate measurement	Koordinaten-Messung
coordinate measuring machine	Koordinaten-Messmaschine
coordinate system	Koordinatensystem
copper	Kupfer
core	Herzstück
correction of tool path	Werkzeugbahnkorrektur
corrosion	Korrosion
cost estimate	Kostenvoranschlag
cost planning	Kostenplanung
cost saving	Kosteneinsparung
costs	Kosten
costs for loss of production	Produktionsausfallkosten
costs for maintenance	Instandhaltungskosten
costs for overhauling	Instandsetzungskosten
counter flange	Spannflansch
coupling	Kupplung
coupling catalogue	Kupplungskatalog
covering	Überdeckung
cowl	Abdeckhaube
crack valve	Spaltdrossel
cross and longitudinal cutting device	Quer-und Längsschneide-vorrichtung
cross-sectional variation	Querschnittsveränderung
crown gear	Tellerrad
crystal lattice	Kristallgitter
cumulative curve	Summenkurve
cumulative frequency	Summenhäufigkeit
cupping test	Tiefungsversuch
current carrying conductor	Strom durchflossener Leiter
current draw	Stromaufnahme
current intensity	Stromstärke
current path	Strompfad
curved tooth coupling	Bogenzahnkupplung
customer approval	Kundenabnahme
customer order	Kundenauftrag
customer orientation	Kundenorientierung
customer satisfaction	Kundenzufriedenheit
cut	Schnitt
cutting	trennen, trennend
cutting area	Schneidestation
cutting edge radius	Schneidenradius
cutting station	Schneidestation
cut-off length	Abschnittlänge
cycle	Arbeitsgang
cycle call	Zyklusaufruf
cylindrical borehole	zylindrische Bohrung
cylindrical lagging	zylindrischer Außenmantel
cylindrical plug gauge	Kalibrierdorn
cylindrical slide	zylindrische Führung

D

damage	Beschädigung
damage (to)	beschädigen
damage analysis	Schadensanalyse
damage of cavitation	Kavitationsschaden
date	Termin
daughter company	Tochtergesellschaft
day-wage man	Leiharbeiter
debugging	Fehlersuche
declaration of conformity	Konformitätserklärung
deep drawability	Tiefziehfähigkeit
deep-drawing quality	Tiefziehfähigkeit
defect in welding	Schweißfehler
define (to)	bestimmen, festlegen
defined	bestimmt
defined procedure	festgelegte Anweisung
definition of cycle	Zyklusdefinition
definition of project	Projektdefinition
deflexion	Durchbiegung
deformability	Verformbarkeit
deforming	Verformen
degree of freedom	Freiheitsgrad
delay (to)	verzögern
delegation	Delegation
delivered condition	Lieferausführung
delivery	Versand
delivery volume	Fördervolumen
demounting instruction	Demontagehinweis
density	Dichte
department	Abteilung
department of engineering	Konstruktionsabteilung
design drawing	Konstruktionszeichnung
determination	Bestimmung
determine (to)	ermitteln, übermitteln, feststellen
determining	Bestimmung
development experience	Entwicklungserfahrung
development result	Entwicklungsergebnis
device	Gerät
device for signal input	Baugruppe zur Signaleingabe
dia. = diameter	Durchmesser
diagnosis of error cause	Feststellung der Fehlerursache
dial gauge	Messuhr
diameter series	Durchmesserreihe
diaphragm pressure gauge	Manometer mit Plattenfeder
difference of pressure	Druckunterschied
differential cylinder	Differentialzylinder
digital controller	digitaler Regler
dimension	Maß
dimensional tolerance	Maßtoleranz
dimensioning	Bemaßung
direct current drive	Gleichstromantrieb
direct current motor	Gleichstrommotor
direction key	Richtungstaste
directional valve	Wegeventil
directional valve normally closed	Wegeventil in Ruhestellung
direction of rotation	Drehrichtung, Drehsinn
direct voltage	Gleichspannung
disassemble (to)	demontieren
disassembly	Demontage
disc coupling	Scheibenkupplung
discharge	Tankanschluss
discontinuous control	Regelung, unstetige Regelung
disinterest	Desinteresse
disc	Scheibe
dismantle (to)	ausbauen
dismantling	Ausbau
displacement	Verschiebung
display	Anzeige, Bildschirm
display accuracy	Anzeigegenauigkeit
disposal	Entsorgung
distance washer	Distanzring
distortion	Verformung
distribution of compression	Druckverteilung
documentation	Dokumentation
documentation report	Dokumentation
documentation required	Dokumentationspflicht
dominate	dominiert
double-acting cylinder	doppelt wirkender Zylinder
double-acting cylinder with end cushion	doppelt wirkender Zylinder mit Endlagendämpfung
double bench grinder	Doppelschleifmaschine
double helical gearing	Doppelschrägverzahnung
double pressure valve	Zweidruckventil
dovetail slide	Schwalbenschwanzführung
drag pointer	Schleppanzeiger
drift expanding test	Aufweitversuch
drill spindle	Bohrspindel
drilling cycle	Bohrzyklus
drilling operation	Bohroperation
drive	Antrieb
drive direction	Antriebsrichtung
drive motor	Antriebsmotor
drive unit	Antriebselement
driven machine	Arbeitsmaschine
driver's authorization	Fahrerlaubnis
driver's obligation	Pflicht des Fahrers
driver's right	Recht des Fahrers
driving belt	Antriebsriemen
dry friction	Trockenreibung
dry running meter pump	Trockenläuferpumpe
dry slide bearing	Trockengleitlager
ductile fracture	Verformungsbruch
ductile yield	Bruchdehnung
dummy block	Vorgelegescheibe
durability guarantee	Haltbarkeitsgarantie
dutybook	Pflichtenheft

duty point	Betriebspunkt
dye penetration testing	Farbeindringprüfung
dynamic-alternating loading	dynamisch-wechselnde Belastung
dynamic effect	Kraftwirkung
dynamic loading	dynamische Belastung
dynamic method of testing for hardness	dynamisches Härteprüfverfahren
dynamic-pulsating loading	schwellende Belastung
E	
earth	Erde, Masse
ease of operation	Bedienfreundlichkeit
easily soiling	Schmutzempfindlichkeit
eccentric shaft	Exzenterwelle
eccentricity	Exzentrizität
economic aspect	wirtschaftlicher Aspekt
economy	Wirtschaftlichkeit
effect	Einwirkung
effective value	Effektivwert
efficiency	Maschinenproduktivität
elastic cam coupling	elastische Nockenkupplung
elastic pin coupling	elastische Bolzenkupplung
elastomers	elastomerer Kunststoff
electric filter	Elektrofilter
electric motor	Elektromotor
electrical apparatus	elektrische Betriebsmittel
electrical drive	elektrischer Antrieb
electrical energy	Energie
electrical equipment	Betriebsmittel
electrical field	elektrisches Feld
electrical motor	Elektromotor
electrical machine	elektrische Maschine
electrical operation	elektrische Betätigung
electrical resistance	spezifischer elektrischer Widerstand
electrical signal	elektrisches Signal
electrohydraulic	Elektrohydraulik
electromagnet	Elektromagnet
electromagnetic	elektromagnetisch
electromagnetic valve	elektromagnetisches Ventil
electromechanical drive	elektromechanischer Antrieb
electropneumatic	Elektropneumatik
eliminate (to)	überflüssig machen
emergence of conflicts	Konfliktentstehung
emergency cutout	NOT-AUS
emergency disconnect	Notaus
emergency light	Notbeleuchtung
emergency plan	Notfallplan
emotion	Gefühl
emotional level	Beziehungsebene
end block	Endmaß
end effector	Werkzeug
end of screw hose	Schlauchende
end stop	Anschlag
endurance limit	Zeitfestigkeit
energy	Energie
engagement	Vereinbarung
engine	Motor
engineering	Konstruktion
ensure (to)	gewährleisten
environment	Umwelt
environmental characteristic	umweltbezogenes Merkmal
epicyclic gear	Planetengetriebe
equipment	Ausrüstung
ergonomic characteristic	ergonomisches Merkmal
ergonomics	Ergonomie
error characteristics	Fehlermerkmal
error diagnostics	Fehlersuche
error of measurement	Messfehler
error rate	Fehlerhäufigkeit
error signal	Regeldifferenz
escape	Flucht
establish (to)	feststellen
eutectic composition	Eutektoid
eutectic point	eutektoider Punkt
evaluate (to)	beurteilen
evaluation	Auswertung, Evaluation
event-driven sequential control	prozessabhängige Ablaufsteuerung
evidence	Nachweis
exact guiding device	genaue Führung
exceed (to)	überschreiten
exciting current	Erregerstrom
exhaust freedom	Abgasfreiheit
expanding joint	Dehnverbindung
expansion slippage	Dehnschlupf
explosion-proof location	Explosions-Schutz Bereich
external gear pump	außenverzahnte Zahnradpumpe
external influence	äußerer Einfluss
external limit gauge	Grenzrachenlehre
external measuring	externes Messen
external order	externer Auftrag
external thread	Außengewinde
F	
facilitating	Ermöglichen
fail-safe device	durchschlagsichere Baureihe
fail-safe software	sichere Software
failure behaviour	Ausfallverhalten
failure caused maintenance	störungsbedingte Instandhaltung
failure caused overhauling	störungsbedingte Instandsetzung
failure curve	Ausfallkurve
fasten (to)	anschlagen
fastening screw	Befestigungsschraube
fatigue	Ermüdung
fatigue failure	Dauerbruch
fatigue fracture	Ermüdungsbruch
fatigue strength	Dauerschwingfestigkeit

fatigue test	Dauerschwingversuch
fault	Mangel
fault finding	Fehlersuche
fault location	Fehlereingrenzung
fault repair	Fehlerbehebung
fault responsibility	Fehlerverantwortung
feather key	Passfeder
feather key joint	Federverbindung
feed	Vorschub
feed device	Vorschubgerät
feed drive	Vorschubantrieb
feed motion	Vorschubbewegung
feed speed	Vorschubgeschwindigkeit
feeler	Taster
ferrite	Ferrit
ferrous metal	Eisenmetall
ferrous product	Eisenwerkstoff
field-assembly	Schraubmontage
field bus	Feldbus
field of application	Einsatzgebiet
fight	Kampf
figure	Abbildung
filling machine	Einfüllmaschine
film waste	Verschnitt
final assembly	Endmontage
final controlling element	Stellglied
final drive ratio	Gesamtübersetzungsverhältnis
final inspection	Endkontrolle
final project report	Projektabschlussbericht
financial consideration	finanzielle Überlegung
financial reporting	finanzielle Berichterstattung
fine finishing	Feinschleifen
fine tuning	Feinabstimmung
finish-machined	Feinbearbeitung
finished part	Fertigteil
finished piece	Fertigungsstück
fit	Passung
fit system	Passystem
fitting	Armatur, Nippel
fitting and dismantling	Ein- und Ausbau
fixed bearing	Festlager
fixing bolt	Befestigungsschraube
flame and induction hardening	Flamm- und Induktionshärten
flanged joint	Flansch-Verbindung
flashpoint	Flammpunkt
flat	flach
flat belt	Flachriemen
flat slide	Flachführung
flexible	beweglich
floating mounting	schwimmende Lagerung
flow control valve	Stromventil
flow diagram	Stromlaufplan
flow rate	Durchflussmenge
flow regulating valve	Stromregelventil
fluid	Flüssigkeit
fluid friction	Flüssigkeitsreibung
fly wheel	Schwungrad
folding test	Faltversuch
foolproof	betriebssicher
force fitting	Einpressen
force locking	kraftschlüssig
forecast	Prognose
fork lift truck	Flurförderzeug, Gabelstapler
form deviation	Gestaltabweichung
form machine	Formmaschine
form testing instrument	Formprüfgerät
former	Former
forming	Formierungsphase
forming station	Formstation
forming station with heating and forming system	Heiz- und Formstation
forward pedestrian	„Mitgänger" vorwärts
frame of reference	Bezugssystem
free-cutting steel	Automatenstahl
free-wheel	Freilauf
free-wheel clutch	Freilaufkupplung
frequency	Frequenz, Häufigkeit
frequency converter	Frequenzumrichter
frequency regulated three-phase motor	frequenzgesteuerter Drehstrommotor
friction	Reibung
friction coupling	Reibkupplung
friction surface	Reibfläche
frictional resistance	Reibwiderstand
frontal	frontal
functional characteristic	funktionales Merkmal
function	Funktion
function analysis	Funktionsanalyse
function chart	Funktionstabelle
function check	Funktionskontrolle
G	
gadget	Vorrichtung
Gantt-graph	Gantt-Diagramm
gap	Luft
gas	Gas
gas metal arc welding	Metall-Schutzgasschweißen
gauge	Lehre
gauging	Lehren
gauging of a surface	Abtasten der Oberfläche
Gaussian curve	Gaußkurve
gear drive	Zahnradgetriebe
gear pump	Zahnradpumpe
gear rack	Zahnstange
gear transmission ratio	Übersetzungsverhältnis
gear unit	Getriebe
gear wheel	Zahnrad
gearing	Getriebe
gearing layout	Getriebeplan

gearless drive	Direktantrieb
general information	allgemeine Angabe
generator	Generator
geometric function	G-Wort
geometrical characteristic	geometrische Kenngröße
geometrical information	geometrische Information
gib key	Nasenkeil
given value	Sollwert
glass spark guard	Funkenschutzglas
glide slippage	Gleitschlupf
go screw ring gauge	Gutlehrring
graduated scale	Skale
graphical representation	grafische Darstellung
graphite paste	Graphitpaste
grease gun	Fettpresse
grease lubrication	Fettschmierung
grease paste	Schmierpaste
grindability	Zerspanbarkeit
grinding tool	Schleifscheibe
grinding wheel	Scheibe, Schleifscheibe
gripper	Greifer
gripper tool	Greifwerkzeug
grooving	Einkerbung
guarantee	Garantie
guard	Abdeckung
guidance control	Führungssteuerung
guide	Anleitung
guide (to)	führen
H	
handbook	Betriebsanleitung, Tabellenbuch
handle	Griff
handling	Handhabung
handling device	Handhabungsgerät
handling process	Handhabungsvorgang
handling robot	Handhabungsautomat, Handlingroboter
hammer forging press	Freiformschmiedepresse
hard wired programmed logic control	verknüpfungsprogrammierte Steuerung
harden (to)	härten
hardening	Härten
hardening and tempering	Vergüten
hardening temperature	Härtetemperatur
hardness	Härte
hardness data	Härtekennwert
hardness of ball indentation	Kugeleindruckhärte
hardness test	Härteprüfung
hardness test of plastics	Härteprüfung von Kunststoffen
hardness testing	Härteprüfung
hardware configuration	Hardwarekonfiguration
hazardous area	Gefahrenbereich
hazardous waste	Sondermüll
head loss	Druckverlust

heading	Überschrift
health threat	Gefährdung
heat insulated	wärmedämmend
heat strain	Wärmedehnung
heat treated	wärmebehandelt
heat treatment	Wärmebehandlung
heat treatment instruction	Wärmebehandlungsplan
heat treatment process	Wärmebehandlungsverfahren
heating	Erwärmen
heating cabinet	Wärmeschranke
heating plant	Erwärmungsanlage
heating plate	Heizplatte
heating ring	Anwärmring
heating station	Heizstation
heavy metal	Schwermetall
height difference	Differenzhöhe
helical gearing	Schrägverzahnung
herringbone gearing	Pfeilverzahnung
hexagon head bolt	Sechskantschraube
hexagon head cap screw	Sechskantschraube
hexagon head nut	Sechskantmutter
hexagon nut	Sechskantmutter
hidden fault	versteckter Mangel
high-grade steel	Qualitätsstahl
high-quality	hochwertig
high service life	Lebensdauer
high speed steel	Schnellarbeitsstahl
high speed tool steel	Schnellarbeitsstahl
high temperature steel	Warmarbeitsstahl
histogram	Histogramm
hoist	Hebezeug
holding device	Spannteil
hollow shaft	Hohlwelle
homogenizing annealing	Diffusionsglühen
honing	Langhubhonen
honing stone	Honstein
honing tool	Honahle
horn button	Warnsignal
hose	Schlauch
hose assembly	Schlauchleitung
hose cable	Schlauchleitung
hose fitting	Schlaucharmatur
hostility	Feindseligkeit
hot work steel	Warmarbeitsstahl
hot-brittle	warmbrüchig
H-tolerance	H-Toleranz
h-tolerance	h-Toleranz
hydraulic assembly	hydraulische Montage
hydraulic assembly aid	hydraulische Montagehilfe
hydraulic clamping element	hydraulischer Kraftspanner
hydraulic control	hydraulische Steuerung
hydraulic cylinder	Hydraulikzylinder
hydraulic disassembly	hydraulische Demontage
hydraulic fluid	Hydrauliköl

hydraulic hose	Hydraulikschlauch
hydraulic lift	hydraulischer Aufzug
hydraulic lifting platform	hydraulische Hebebühne
hydraulic motor	Hydraulikmotor, Hydromotor
hydraulic oil	Hydrauliköl
hydraulic power unit	Hydraulikaggregat
hydraulic press	hydraulische Presse
hydraulic pump	Hydraulikpumpe
hydraulics	Hydraulik
hydrodynamic slide bearing	hydrodynamisches Gleitlager
hydro-electrical manometer switch	hydro-elektrischer Druckschalter
hydrostatic slide arrangement of bearings	Gleitlagerung
hypereutectoid	übereutektoid
hypoeutectoid	untereutektoid
hypoid gear	Hypoidgetriebe
I	
identical measure	gleiches Maß
identification plate	Typenschild
illustration facility	Darstellungsmöglichkeit
impact bushing	Schlagbuchse
impact test	Kerbschlagbiegeversuch
impact work	Kerbschlagarbeit
impeller	Flügelrad
impending production	bevorstehende Produktion
implement (to)	umsetzen
improvement	Verbesserung
in conformity with health and safety standards	gesundheitsgerecht
incidence of extraneous light	Fremdlichteinfall
inclined-bed engine	Schrägbettmaschine
incoming order	Auftragseingang
increase (to)	betragen
increase of pressure	Druckerhöhung
incremental dimensioning	inkrementale Bemaßung
incremental measurement	inkrementale Maßangabe
indicator for direction of rotation	Pfeil, Drehrichtung
individual duty	Einzelbetrieb
individual lubrication	Einzelschmierung
individual manufacturing	Einzelfertigung
individual place mounting	Einzelplatzmontage
induction voltage	Induktionsspannung
inductive pickup for measuring data	induktiver Messwertaufnehmer
inductive pre-heating burner	induktives Anwärmgerät
inductive sensor	inductiver Sensor
inductor	Spule
industrial hydraulics	Industriehydraulik
industrial robot	Industrieroboter
inert gas	Inertgas
information demand	Informationsbedarf
infrared light	Infrarotlicht
initial step	Anfangsschritt

inner ring	Innenring
input	Eingang
input signal	Eingangssignal
input sub-assembly	Eingabebaugruppe
inquiry	Ermittlung
insert (to)	einführen
inserted screw joint	Einschraubverbindung
inspect (to)	überprüfen
inspection	Inspektion, Prüfung, Überprüfung
inspection chart	Fehlersammelkarte
inspection feature	Prüfmerkmal
inspection schedule	Inspektionsplan
inspection sheet	Prüfprotokoll
installation	Montage
installation manual	Einbauanleitung
installed subassembly	fertige Baugruppe
installing	Installation
instruction manual	Bedienungsanleitung
instruction set	Anweisungsliste
insulation class	Isolierstoffklasse
interface	Schnittstelle
interference	Übermaß
interference fit	Übermaßpassung
interlinked power system	Verbundnetz
intermediate gearbox	Vorgelege
intermediate measurement	Zwischenmessung
internal gear pump	innenverzahnte Zahnradpumpe
internal measuring	internes Messen
internal order	interner Auftrag
internal tab washer	Sicherungsblech mit Innennase
internal thread	Innengewinde
intersection	Schnittpunkt
interrupt (to)	unterbrechen
iron	Eisen
iron-carbon phase diagram	Eisen-Kohlenstoff-Diagramm
iron-carbon alloy	Eisen-Kohlenstoff-Legierung
irregular profile	unregelmäßiges Profil
Ishikawa-chart	Ishikawa-Diagramm
isolator	Isolator
J	
Jet Pilot	Jet-Pilot
job specification	Beschreibung
joining material	Verbundwerkstoff
joint	Verbindung
justification	Ausrichtung
K	
keep up to date (to)	auf dem neuesten Stand halten
key	Taste
keyed joint	Keilverbindung
key-hub joint	Welle-Nabe-Verbindung
kind of axis movement	Achsbewegung

kind of belt	Riemenart
kind of corrosion	Korrosionsart
kind of customer complaint	Reklamationsart
kind of fracture	Bruchart
kind of machine	Art der Maschine
kind of structure	Gefügeart
kinematic characteristic	kinematische Kenngröße
kinematics	Kinematik
kinetic energy	Bewegungsenergie
knowledge management	Wissensmanagement
L	
labeling station	Etikettierstation
labour protection law	Arbeitsschutzgesetz
ladder diagram	Kontaktplan
lag	Fluchtungsfehler
laid-in key	Einlegekeil
lamp	LED-Lampe
lap (to)	läppen
lap plate	Läppscheibe
lapping	Läppen
laser beam hardening	Laserstrahlhärten
laser light	Laserlicht
laser measurement	Laser-Messung
laser measuring device	Laser-Messgerät
lathe tool	Drehwerkzeug
lead angle	Steigungswinkel
leakage line	Leckölanschluss
leakproofed	leckölsicher
leave gap	Luft lassen
left-handed thread	Linksgewinde
length	Länge
length of hose cable	Schlauchleitungslänge
length of pipe	Länge der Leitung
level	Füllstand
lever	Hebel
lift (to)	fördern, heben
lift mechanism	Hubeinrichtung
lift truck	Hubwagen
light curtain	Lichtvorhang
light metal	Leichtmetall
light-section procedure	Lichtschnittverfahren
limit	Grenze
limit gauge	Grenzlehre
limit of wear	Abnutzungsgrenze
limitation of axis	Achsbegrenzung
limitation period	Verjährungsfrist
linear induction motor	Linearmotor
linear motor	Linearmotor
linear rolling bearing guideway	lineare Wälzlagerführung
link	Brücke (bei Klemmleiste)
list of devices	Geräteliste
list of equipment	Geräteliste
load	Belastung
load-bearing medium	Tragmittel
load-carrying equipment	Lastaufnahmemittel
load characteristic	Belastungskenngröße
load-dependent	lastabhängig
load-independent	lastunabhängig
load suspension device	Lastaufnahmeeinrichtung
loading area	Einlegestation
loading station	Einlegestation
lock washer	Federring
locking of signals	Verriegelung von Signalen
locknut	Kontermutter
logical control	Verknüpfungssteuerung
logical level	Sachebene
long term guarantee	Langzeitgarantie
longitudinal compression joint	Längspressverbindung
longitudinal sliding valve	Längsschieberventile
loop	Ringleitung
low alloyed	niedriglegiert
low alloyed high-grade steel	niedriglegierter Qualitätsstahl
low noise level	Geräuscharmut
low working temperature steel	Kaltarbeitsstahl
lower (to)	senken
lubricant	Schmiermittel, Schmierstoff
lubricate (to)	schmieren
lubricating film	Schmierfilm
lubricating grease	Schmierfett
lubricating oil	Schmieröl
lubricating technique	Schmierverfahren
lubrication	Schmierung
lubrication bore relief	Schmiertasche
lubrication chart	Schmierplan
lubrication instruction	Schmieranweisung
lubrication interval	Nachschmierfrist
M	
machinable	zerspanbar
machine axis	Maschinenachse
machine capability	Maschinenfähigkeit
machine capability study	Maschinenfähigkeitsuntersuchung
machine components	Schleifmaschinenbeschreibung
machine downtime	Stillstandszeit
machine function	M-Wort
machine side	Maschinenseite
machine tool	Werkzeugmaschine
machine tool slideway	Führung
machine-tool manufacturer	Maschinenhersteller
machine zero point	Maschinennullpunkt
machining	Zerspanen
machining centre	Bearbeitungszentrum
machining cycle	Bearbeitungszyklus
machining plan	Bearbeitungsplan
machining plane	Bearbeitungsebene

macroscopic investigation	makroskopische Untersuchung
MAG-welding	Metall-Aktivgasschweißen
MAG-welding process	MAG-Schweißverfahren
magazine	Magazin
magnet clamping plate	Magnetspannplatte
magnet valve	Magnetventil
magnetic field	Magnetfeld
magnetic particle testing	Magnetpulververfahren
magnetic switch	Magnetschalter
magnetizable	magnetisierbar
main control piston	Hauptsteuerkolben
main drive	Hauptantrieb
main item	Hauptelement
main limit switch	Sicherheitsendschalter
main program	Hauptprogramm
main switch	Hauptschalter
maintaining	Halten
maintenance	Wartung
maintenance concept	Instandhaltungskonzept
maintenance downtime	Ausfallzeit
maintenance expenditure	Instandhaltungsaufwand
maintenance free	wartungsfrei
maintenance freedom	Wartungsfreiheit
maintenance instruction	Wartungshinweis
maintenance management	Instandhaltungsmanagement
maintenance schedule	Wartungsplan
maintenance strategy	Instandhaltungsstrategie
maintenance unit	Wartungseinheit
maintenance work	Wartungsarbeit
malfunction	Störung
malfunction diagnostic	Störungsdiagnose
malfunction of a heat treatment	Fehler bei einer Wärmebehandlung
management responsibility	Verantwortung der Leitung
manifold	Druckluftverteilung
manipulator	Manipulator
manometer	Manometer
manometer switch	Druckschalter
manual	Gebrauchsanweisung
manual operation	Handhilfsbetätigung
manual programming	manuelle Programmierung
manual	Bedienungsanleitung
manually driven	handgesteuert
manufactured part	produziertes Teil
manufacturer	Hersteller
manufacturer's instruction	Maschinenherstellerangaben
manufacturing	Produktion
manufacturing method	Fertigungsverfahren
manufacturing process	Fertigungsprozess
manufacturing tolerance	Herstelltoleranz
manufacturing tool	Fertigungswerkzeug
market feedback	Bedarfsrückmeldung
martenite	Martensit
mass	Masse
material	Werkstoff
material cutting off	Material-Abtrennen
material depositing	Material-Auftragen
material-handling vehicle	Förderfahrzeug
material identification	Materialerkennung
material malfunction	Werkstofffehler
material management	Sachmittelmanagement
material measure	Maßverkörperung
material procurement	Materialbeschaffung
material property	Werkstoffeigenschaft
material request	Materialabfrage
material specific	stoffspezifisch
material specific part	stoffspezifischer Anteil
material test	Werkstoffprüfung
material testing	Werkstoffprüfung
material treatment	Werkstoffbearbeitung
materials logistics	Materialwirtschaft
matrix organisation	Matrixorganisation
means	Mittel
measure	Maß
measure (to)	messen
measured quantity	Messgröße
measured value	Messwert
measurement of circularity	Rundheitsmessung
measurement proramming	Aufmaßprogrammierung
measuring	Messen
measuring accuracy	Messgenauigkeit
measuring equipment	Mess-, Prüfmittel
measuring gauge	Maßlehre
measuring instrument	Messgerät
measuring microscope	Messmikroskop
measuring nozzle	Messdüse
measuring programme	Messprogramm
measuring projector	Messprojektor
measuring range	Messbereich
measuring screw	Messschraube
measuring stand	Messständer
measuring system	Messsystem
measuring tool	Messraster, Messwerkzeug
measuring unit	Messsystem
mechanical disassembly	mechanische Demontage
mechanical handling	Handhabung
mechanical method of testing	mechanisches Prüfverfahren
mechanical press	mechanische Presse
mechanical strain	mechanische Beanspruchbarkeit, Beanspruchung
mechanical strength property	Festigkeitskennwert
melting point	Schmelzpunkt
meridional section procedure	Achsenschnittverfahren
medium to be pumped	Fördermedium
metal	Metall
metal active gas	Aktivgas
metal pin	Metallnocken

metallographic method of testing	metallografisches Prüfverfahren
method of testing	Prüfverfahren
metric fine thread	metrisches Feingewinde
micrometer	Bügel-Messschraube
micrometer with dial gauge	Feinzeiger-Messschraube
microscopic investigation	mikroskopische Untersuchung
MIG-welding	Metall-Inertgasschweißen
MIG-welding process	MIG-Schweißverfahren
milestone	Meilenstein
mill	Mühle
milling cutter	Fräser
milling cutter centre path	Fräsermittelpunktbahn
milling cycle	Fräszyklus
milling machine	Fräsmaschine
milling operation	Fräsoperation
misalignment	Verlagerung
miscibility	Mischbarkeit
mixed friction	Mischreibung
mixed fracture	Mischbruch
mobile hardness test	mobile Härteprüfung
mobile hydraulics	Mobilhydraulik
mode	Bedienart
model	Typ
module	Modul
monitoring	Überwachung
monitoring of pressure	Überwachung des Drucks
motion of axis	Achsbewegung
motor	Motor
motor disc	Motorscheibe
motor-gear unit	Motor-Getriebe-Einheit
motor protecting relay	Motorschutzrelais
motor protecting switch	Motorschutzschalter
mount straight (to)	geradesitzen
mounting	Einbau, Montage
mounting depth	Einbautiefe
mounting hole	Aufnahmebohrung
mounting instruction	Montagehinweis
mounting ring	Montagering
mounting sleeve	Montagehülse
movable bearing	Loslager
movement	Bewegung
multi-disc clutch	Lamellenkupplung
multipole	Multipol
multipurpose machine	Multifunktionsmaschine
N	
nanotechnology	Nanotechnologie
needle stamping gadget	Nadelprägegerät, Nadelpräger
neutral conductor	Neutralleiter
nitride formers	Nitridbildner
nitride hardening (to)	nitrieren
nitriding	Nitrierhärten
nitriding steel	Nitrierstahl
nitrite measurement	Nitritmessung
no obstructions	freier Durchgang
noise	Geräusch
noise emission	Geräuschentwicklung
nominal current	Nennstrom
nominal diameter	Nenndurchmesser
nominal exciting voltage	Nennerregerspannung
nominal length	Nominallänge
nominal load	Nennlast
nominal power	Nennleistung
nominal rotational frequency	Nenndrehfrequenz
nominal torque	Nenndrehmoment
nominal voltage	Nennspannung
nomogram	Nomogramm
non-destructive method of testing	zerstörungsfreies Prüfverfahren
non-detachable joining	unlösbare Verbindung
non-ferrous metal	Nichteisenmetall
non-metal	Nichtmetall
non-positive joint	kraftschlüssig
non-positive locking	kraftschlüssig
non-return valve	Sperrventil
nonwearing	verschleißfrei
normalising	Normalglühen, Normalisieren
normal distribution	Normalverteilung
normally closed contact	Öffner
normally open contact	Schließer
norming	Regelphase
north pole	Nordpol
not go ring gauge	Ausschusslehrring
notch	Kerbe
notch-impact energy	Kerbschlagarbeit
notch-impact strength	Kerbschlagarbeit
notching effect	Kerbwirkung
note	Bemerkung
O	
object	Gegenstand
objective	Richtwert
objective testing	objectives Prüfen
occupational safety measure	Arbeitschutzmaßnahme
occur (to)	auftreten
oil jet pump	Ölinjektor
oil lubrication	Ölschmierung
oilbath	Ölbad
on-condition overhauling	zustandsabhängige Instandsetzung
on-site guarantee	Vor-Ort-Garantie
one-way photoelectric relay	Einweg-Lichtschranke
online-diagnostic system	Online-Diagnosesystem
open loop control	Steuerung, Steuern
operand	Operand
operand part	Operandenteil

operate (to)	bedienen
operating condition	Betriebs-, Bedingung
operating instruction	Bedienungsanleitung
operating line	Arbeitsanschluss
operating manual	Bedienungsanleitung
operating mode	Betriebsart
operating noise	Laufgeräusch
operating pressure	Betriebsdruck
operating space	Bewegungsraum
operation by lever	Handhebelbetätigung
operation manual	Gebrauchsanleitung
operation part	Operationsteil
operation sequence	Funktionsablauf
operational reliability	Betriebssicherheit
operational test	Funktionsprüfung
operator	Bediener
operator's guide	Bedienungsanleitung
opposition	Widerstand
optical form and longitudinal testing	optische Form- und Längenprüfung
optimization	Optimierung
optimization process	Optimierungsprozess
optimize (to)	optimieren
option	Option
optional arm extension	verlängerter Arm
optional equipment	Zusatzausstattung
opto-electronic measuring system	opto-elektronisches Messsystem
optoelectric sensor	optoelektrischer Sensor
order	Auftrag
order no.	Bestell-Nr.
ordering of spare parts	Ersatzteilbestellung
original data chart	Urwertkarte
O-ring	O-Ring
outer ring	Außenring
outer wheel cover	äußere Abdeckung
output	Ausgang
output signal	Ausgangsignal
output sub-assembly	Ausgabebaugruppe
overall management task	Führungsaufgabe
overhauling	Instandsetzung
overhauling print out	Instandsetzungsprotokoll
overhauling procedure	Instandsetzungsmaßnahme
overhauling regulation	Instandsetzungsvorschrift
overhauling strategy	Instandsetzungsstrategie
overload	Überlastung
overtime	Überstunden
overview	Übersicht, Überblick
P	
packaging	Verpackung
packaging machine	Verpackungsmaschine
packing	Dichtung
pair of magnets	Magnetpaar
pair of poles	Polpaar
paragraph	Absatz

parallel conductors	paralleler Leiter
pareto analysis	Pareto-Analyse
part	Bauteil
part of agreement	Vereinbarungsteil
part of surface	Flächenanteil
parts list	Stückliste
parts store	Teilelager
path repeat accuracy	Bahnwiederholgenauigkeit
path-step diagram	Weg-Schritt-Diagramm
path-time diagram	Weg-Zeit-Diagramm
payback period rule	Amortisationsrechnung
payload	Nutzlast, Traglast
pearlite	Perlit
pedestrian mode	Mitgängerbetrieb
peel adhesion	Haftkraft
pendulum	Pendelhammer
perception of conflicts	Konfliktwahrnehmung
performing	Arbeitsphase
permanent magnet	Dauermagnet
permanent position coding	feste Platzcodierung
permanent process capability	ständige Prozessfähigkeit
permanent process control	Prozessüberwachung
permissible	zulässig
personal security	Personenschutz
phase conductor	Außenleiter
phase diagram	Zustandsdiagramm
photoelectrical cell	Fotozelle
photo-electronic material measure	photo-elektronische Maßverkörperung
physical characteristic	physikalisches Merkmal
physical method of testing	physikalisches Prüfverfahren
pick-and-place robot	Einlegegerät
pillar drilling machine	Säulenbohrmaschine
pilot network	Leitnetz
pin chain	Bolzenkette
pin coupling	Nockenkupplung
pin gage	Prüfstift
pin valve	Nadeldrossel
pinion	Ritzel
pipe system	Rohrleitungssystem
pipe wall	Rohrwandstärke
piston area	Kolbenfläche
piston speed	Kolbengeschwindigkeit
piston valve	Kolbendrossel
pitch	Steigung, Teilung
pitch diameter	Flankendurchmesser, Teilkreisdurchmesser
pitch of the helix	Zahnschräge
place of choke	Drosselstelle
plan development	Planerstellung
planned maintenance	vorausschauende Instandhaltung
plant	Anlage
plant for galvanisation	Galvanisieranlage

plasma arc welding process	Plasmaschweißverfahren
plastic pipe	Kunststoffrohr
plastic tube	Kunststoffschlauchleitung
plug weld	Stichlochtechnik
plug-in assembly	Steckmontage
plunger cylinder	Plungerzylinder
plunger pump	Kolbenpumpe
pneumatic control	pneumatische Steuerung
pneumatic length measurement	pneumatische Längenmessung
pneumatic multipole	pneumatischer Multipol
pneumatics	Pneumatik
point-to-point control	Punktsteuerung
point-to point controlled	punktgesteuert
polar coordinates	Polarkoordinaten
polarity	Polarität
polygon shaft	Polygonwelle
poly-v-belt	Poly-V-Riemen
poor wettability	Benetzbarkeit
porous bearing	Sinterlager
port directional control valve pulse operated	Wegeimpulsventil
portable	tragbar
position	Lage
position closed loop	Lageregelkreis
position measuring system	Wegmesssystem
position of shaft	Wellenlage
position of tool	Werkzeugposition
position tolerance	Ortstoleranz
positional tolerance	Lagetoleranz
positioning accuracy	Positioniergenauigkeit
positioning of axis	Anordnung der Achse
positive displacement pump	Verdrängerpumpe
positive joint	formschlüssig
positive locking	formschlüssig
positive pole	Pluspol
postprocessor	Postprozessor
pour point	Pourpoint
power	Leistung
power cable with plug	Netzstecker, -kabel
positive locking	formschlüssig
power generating set	Stromerzeugungsaggregat
powered roller conveyer	Rollenförderer
practicability	Ausführbarkeit
precise	präzise
precision steel tube	Präzisionsstahlrohr
preparatory function	Wegbedingung
press fit joint	Pressverbindung
pressure	Druck
pressure convertor	Druckübersetzer
pressure drop	Druckabfall
pressure ratio	Verdichtungsverhältnis
pressure reducing valve	Druckminderventil
pressure relief valve	Druckbegrenzungsventil
pressure sensor	Drucksensor
pressure side	Druckseite
pressure valve	Druckventil
preventive overhauling	vorbeugende Instandsetzung
preventive overhauling procedure	vorbeugende Instandsetzungsmaßnahme
price	Preis
price guarantee	Preisgarantie
primer	Haftvermittler
principal	Auftraggeber
principal axis	Hauptachse, Körperachse
principle of displacement	Verdrängungsprinzip
prism	Prisma
prism slide	Prismenführung
procedure	Anweisung, Verfahrensanweisung
process	Prozess
process annealing	Spannungsarmglühen
process control	Prozessüberwachung
process of optimisation	Optimierungsprozess
process quality	Prozessqualität
process visualisation	Prozessvisualisierung
processing equipment	Produktionseinrichtung
producer	Hersteller
product	Produkt
product development	Produktentwicklung
product failure	Produktausfall
product liability	Produkthaftung
product liability act	Produkthaftungsgesetz
product observation	Produktbeobachtung
product out-feed	Entnahmestation
product quality	Produktqualität
product recall	Rückrufaktion
product safety	Produktsicherheit
production	Produktion
production accompanied testing technology	fertigungsbegleitende Prüftechnik
production costs	Fertigungskosten
production line	Fertigungsstraße
production method of testing	fertigungstechnisches Prüfverfahren
production planning	Fertigungsplanung
production process	Ferigungsverfahren
production shop	Fertigungsabteilung
profile	Profil
profile diagram	Profildiagramm
profile gauge	Formlehre
profile projector	Profilprojektor
profile shaft	Profilwelle
program generating	Programmerstellung
programmer	Programmiergerät
programming	Programmierung
programming guide	Programmieranleitung
programming of contours	Konturprogrammierung
progress planning	Arbeitsplanung
project	Projekt

project evaluation	Projektevaluation
project execution	Projektdurchführung
project management	Projektmanagement
project manager	Projektleiter
project planning	Projektplanung
project scheduler	Projektplaner
project target	Projektziel
project workflow	Projektablaufplan
property	Eigenschaft, Stoffeigenschaft
property of material	Werkstoffeigenschaft
proportional servo valve	Stetigventil
proportional valve	Proportionalventil
protection class	Schutzklasse
protective arrangement	Schutzmaßnahme
protective conductor	Schutzleiter
protective gas	Schutzgas
protective lip	Schutzlippe
protective system	Schutzart
provide (to)	breitstellen
provisional process capability	vorläufige Prozessfähigkeit
puller	Abziehvorrichtung
pulley	Riementrieb, Riemenscheibe
pump	Pumpe
pump characteristic	Pumpenkennlinie
punch (to)	stanzen
puncture proofed coupling	durchschlagsichere Kupplung
purchaser	Käufer
purchasing	Einkauf
purchasing of spare part	Ersatzteilbeschaffung
pure iron	reines Eisen
purposive sample	bewusste Auswahl
Q	
QM assurance manual	QM-Handbuch
quality	Qualität
quality assurance	Qualitätssicherung
quality control	Qualitätskontrolle
quality control plan	Prüfplan
quality evidence	Dokumentationspflicht
quality goal	Qualitätsziel
quality improvement	Qualitätsverbesserung
quality in servicing	Wartungsqualität
quality management	Qualitätsmanagement
quality management centre	Qualitätsmanagement-Center
quality management system	Qualitätsmanagementsystem
quality plan	Qualitätsmanagementplan
quality policy	Qualitätspolitik
quality supply agreement	Qualtitätssicherungsvereinbarung
quantity of flow	Volumenstrom
quenched and tempered steel	Vergütungsstahl
quenching	Abgeschrecken
quenching and tempering	Vergüten
quick coupling	Schnellkupplung
R	
rack gear	Zahnstangengetriebe
radial ball bearing	Radiallager
radial bearing	Radiallager
radial plunger pump	Radialkolbenpumpe
radial shaft seal	Radial-Wellendichtring
radius	Radius
random test	Stichprobe
range	Einsatzbereich
rapid feed	Eilgang
rate of failure	Ausfallrate
rated duty	Nennbetriebsart
rated switching	Nennschaltabstand
reach	Reichweite
real condition	Realbedingung
re-approach (to)	wieder anfahren
rearrangement of work place	Umgestaltung des Arbeitsplatzes
recarburise (to)	aufkohlen
recess	Einstich
reconditioning	Nacharbeit
recovery valve	Verzögerungsventil
recrystallization annealing	Rekristallisationsglühen
rectifier circuit	Gleichrichterschaltung
recycle ratio	Umlaufverhältnis
recycling	Wiederverwertung
reduction at fracture	Brucheinschnürung
reed contact	Reedkontakt
reference (to)	referieren
reference length	Bezugslänge
reference list	Zuordnungsliste
reference point	Referenzpunkt
reference point approach	Anfahren des Referenzpunkts
reference point value	Referenzpunktwert
reflection light scanner	Reflexions-Lichttaster
reflection photo electric	Reflexionslichtschranke
refusal	Ablehnung
regular profile	regelmäßiges Profil
relate to (to)	sich beziehen auf
regulating shaft	Stellwelle
regulation of error rate	Bestimmung der Fehlerhäufigkeit
reheating	Wiedererwärmen
reject rate	Ausschussquote
relay	Relais
relay control	Relaissteuerung
removal from packing	Entnahme
removing station	Entnahmestation
repair	Reparatur
repair guarantee	Reparaturgarantie
repairing	Reparatur
repairing sleeve	Reparaturhülse

repairs and maintenance expense	Instandhaltungsaufwand
repeat accuracy	Wiederholgenauigkeit
repeatability	Wiederholgenauigkeit
repeating	Wiederholfunktion
replacement	Austausch
replacing	Austauschen
reposition (to)	positionieren
representation	Darstellung
resistance	Widerstand
resistance data	Festigkeitskennwert
resistance pressure welding	Widerstands-Pressschweißverfahren
resistance spot welding	Widerstands-Punktschweißen
respectively	beziehungsweise (bzw.)
responsibility	Verhaltensregel
retaining ring	Sicherungsring
reverse pedestrian	„Mitgänger" rückwärts
revolving	umlaufend
right-hand thread	Rechtsgewinde
rigid	starr
rigid coupling	starre Kupplung
rigid line	Rohrleitung
rigidity	Steifigkeit
rigidly mounted	stabil eingebaut
ring gear	Hohlradgetriebe
risk analysis	Gefährdungsanalyse
risk area	Gefahrenraum
risks of accident	Unfallgefahr
robot tooling	Roboterwerkzeug
Rockwell test	Prüfverfahren nach Rockwell
roller bearing	Rollenlager
roller bearing grease	Wälzlagerfett
roller calliper with idling return stroke	Rolltaster mit Leerrückhub
roller chain	Rollenkette
rolling	Walzen
rolling bearing	Wälzlager
rolling element	Wälzkörper
rotary joint	Drehverbindung
rotary motion	drehende, rotatorische Bewegung
rotary shaft	Rotorwelle
rotary shaft seal	Radial-Wellendichtring
rotating motion	Drehbewegung
rotation	Drehbewegung, Drehung
rotation axis	Rotationsachse
rotational freqency	Umdrehungsfrequenz
rotational speed	Drehzahl, Umdrehungsfrequenz
roughness	Rauheit
rubber	Gummi
rubber tube	Gummileitung
S	
safety	Sicherheit
safety aspect	Sicherheitsaspekt
safety clutch	Sicherheitskupplung
safety data sheet	Sicherheitsdatenblatt
safety device	Schutz-, Sicherheitseinrichtung
safety factor	Sicherheitsfaktor
safety instruction	Sicherheitsanweisung
safety regulation	Sicherheitsvorschrift, -bestimmung
safety system	Sicherheitseinrichtung
safety valve	Sicherheitsventil
satisfaction guarantee	Zufriedenheitsgarantie
satisfactory capability	Tauglichkeit
saving of costs	Kostenersparnis
screw fitting	Anschlussnippel
screw hose end	Schlauchende
screw joint	Schraubverbindung
screw pitch gauge	Gewindeschablone
screw thread micrometer	Gewindemessschraube
scroll (to)	verschieben
seal	Dichtung
seal (to)	versiegeln
seal machine	Versieglungsmaschine
sealing	Abdichten
sealing lip	Dichtlippe
sealing ring	Dichtring
sealing station	Siegelstation
sealing station with sealing system	Evakuier- und Siegelstation
seat valve	Sitzventil
secondary damage	Folgeschaden
section	Absatz
sectional drawing	Schnittzeichnung
secure (to)	sichern
security of plants	Anlagenschutz
security rating	Risikoeinschätzung
select	Auswahl
select (to)	wählen
selected temperature	Richttemperatur
selection of lubricant	Schmierstoffauswahl
selection series	Auswahlreihe
semi-automated device	teilautomatisierte Vorrichtung
sensor	Sensor
sensor system	Sensorik
sequence	Reihenfolge
sequence chain	Ablaufkette
sequence valve	Zuschaltventil
sequencer	Schrittkette
sequential control	Ablaufsteuerung
serial number	Seriennummer
serial production	Serienfertigung
series mounting	Reihenmontage
series production	Serienfertigung
serrated lock washer	Fächerscheibe

serrated shaft	Kerbzahnwelle
service and maintenance instruction	Instandhaltungshinweis
service department	Kundendienst
service life	Lebensdauer
service life lubrication	Lebensdauerschmierung
serviceability	Betriebsfähigkeit, Gebrauchstauglichkeit
servo motor	Servomotor
servo valve	Servoventil
setting standard	Einstellmaß
settling time	Einschwingzeit
shaft	Welle
shaft misalignment	Wellenverlagerung
shape	Form
shape specific	formspezifisch
shape specific part	formspezifischer Anteil
shaped casting	Formguss
shaping	Umformen, umformend, Formgebung
shear	Abscherung
shear pin clutch	Abscherkupplung
shearing	Abscherung
shear strength	Scherfestigkeit
shear test	Scherversuch
shelter	Schutzraum
shielding	Abschirmung
shock free running	stoßfreier Lauf
short coming	Beeinträchtigung
shouldered shaft	abgesetzte Welle
shrink hole	Lunker
shrink joint	Schrumpfverbindung
shut down (to)	stilllegen
shuttle valve	Wechselventil
signal crossover	Signalüberschneidung
signal	Signal
signal element	Signalglied
signal input	Signaleingabe
signal line	Signallinie
signal processing	Signalverarbeitung
signal switching-off	Signalabschaltung
silhouette procedure	Schattenbildverfahren
simplified assembly	vereinfachte Montage
single-acting cylinder	einfach wirkender Zylinder
sine bar rule	Sinuslineal
single part production	Einzelfertigung
Single-phase alternating voltage	Einphasen-Wechsel-spannung
site	Einsatzort
site plan	Lageplan
sleeve	Hülse
slide (to)	passen
slide bearing	Gleitlager
slide ring seal	Gleitringdichtung
slideway	Gleitführung
slideway oil	Gleitbahnöl
sliding layer	Gleitschicht
sliding valve	Schieberventil
sling	Anschlagmittel
slip over (to)	aufsetzen
slotted screw	Schlitzschraube
slow cooling	langsames Abkühlen
slow travel	Langsamfahrt
small appliance	Kleingerät
smoothing	Schlichten
smoothing depth	Glättungstiefe
socket	Fassung
socket base	Fassungsboden
soft annealing	Weichglühen
software limit switch	Software-Endschalter
solid cooling lubricant	Kühlschmierstoff
solid lubricant	Festschmierstoff
solution	Lösung
solvent concentration measurement	Konzentrationsmessung
south pole	Südpol
spare part drawing	Ersatzteilzeichnung
spare parts list	Ersatzteilliste
spark glass guard	Funkenschutzglas
spark protection assembly	Funkenschutzeinrichtung, Funkenschutzgläser
specific value	Kennwert
specification for surface	Oberflächenangabe
specification plate	Leistungsschild
specifications	Lastenheft
spectrum analysis	Spektralanalyse
speed	Geschwindigkeit
speed closed loop	Geschwindigkeitsregelkreis
speed range	Drehzahlbereich
spindle	Messspindel, Spindel
spindle disc	Spindelscheibe
spindle sleeve	Pinolenhülse
spindle speed	S-Wort
spline profile shaft	Polygonprofilwelle
spline shaft	Keilwelle
splined shaft	Zahnwelle
split coupling	Schalenkupplung
spread (to)	streuen
spring	Feder
sprocket wheel	Kettenrad
spur gear	Stirnrad, -getriebe
stability standard	Stabilitätsregel
staff management	Personalmanagement
stainless	nicht rostend
stainless steel	Edelstahl, nicht rostender Stahl
stand	Halter
standard	Norm
standard deviation	Standardabweichung
standard equipment	Serienausstattung

standard test surface	Oberflächenvergleichsmuster
standstill	Stillstand
start-up	Inbetriebnahme
start-up of motor	Motoranlauf
starting	Anlaufvorgang, Inbetriebnahme
starting motor	Anlasser
starting position	Ausgangsstellung
state	Zustand
statement of conformity	Konformitätserklärung
static	statisch
static torque	Drehmoment
statistical method of testing for hardness	statisches Härteprüfverfahren
statistical quality control	statistische Qualitätsregelung
statistical technique	statistische Methode
steel	Stahl
steel for rolling bearings	Wälzlagerstahl
steel tube	Stahlrohr
steep	steil
steer (to)	lenken
step	Stufe
step motor	Schrittmotor
stick together (to)	zusammenhalten
stop	Anschlag
stop button	Stoptaster
stop plug	Blende
storage	Aufbewahrung, Lagerung
stored program control	speicherprogrammierbare Steuerung
storming	Konfliktphase
straight line control	Streckensteuerung
strength	Festigkeit
strength test	Festigkeitsprüfung
strengthening of identification	Stärkung der Identifikation
strenuousness	Anstrengung
stress	Beanspruchung
stress crack	Riss
stress peak	Spannungsspitze
stress-strain diagram	Spannungs-Dehnungs-Diagramm
strip chart recorder	Streifenschreiber
stroke	Hub
structural steel	Baustahl
structure	Aufbau
stubbornness	Sturheit
stud welding	Lichtbogenbolzenschweißen
study	Wissenschaft
stylus	Tastspitze
stylus-type system	Tastsystem
stylus-type testing	Tastschnittverfahren
sub-assembly	Vormontage
subassembly	Baugruppe, Gruppe
subassembly drawing	Baugruppenzeichnung
subject	Gegenstand
subjected (to)	von etwas abhängig sein
subjective testing	subjectives Prüfen
subprogramme	Unterprogramm
subroutine	Unterprogramm
subroutine technology	Unterprogrammtechnik
subsequently cooling	langsames Abkühlen
subsidiary	Filiale
subsystem	Teilsystem
subtask	Teilaufgabe
suction capacity	Ansaugleistung
suction side	Saugseite
suggested solution	Lösungsvorschlag
suggestion for improvement	Verbesserungsvorschlag
suggestion for solution	Lösungsvorschlag
suitably trained personnel	geeignete Person
superfinish	Kurzhubhonen
superrefined steel	Edelstahl
supervisor	Aufsichtspersonal
supply	Druckanschluss
supply of grease	Fettvorrat
support	Auflager
surface	Oberfläche
surface deviation	Gestaltabweichung
surface disruption	Oberflächenzerrüttung
surface finish	Oberflächenbeschaffenheit
surface hardening	Oberflächenhärten
surface layer	Randschicht
surface measuring instrument	Oberflächenmessgerät
surface measuring system	Oberflächenmesssystem
surface pressure	Flächenpressung
surface quality	Oberflächengüte, -qualität
switch	Schalter
switch symbol	Schaltsymbol
switchboard	Schaltschrank
switchboard side	Schaltschrankseite
switching valve	Umschaltventil
symbol	Symbol
symbols	Abbildungen
synchronize (to)	synchronisieren
system layout	Anlagengestaltung
system of measurement	Messeinrichtung
T	
table	Tabelle
tangent key joint	Tangentialkeilverbindung
tap	Armatur
taper gauge	Kegellehre
taper gear tooth forming	Kegelverzahnung
taper plug gauge	Kegellehrdorn
taper roller bearing	Kegelrollenlager
taper sunk key	Treibkeil
tapping cycle	Gewindebohrzyklus
task	Arbeit, Aufgabe
teach pendant	Programmierhandgerät

team spirit	Teamgeist
technical data	technische Daten
technical data sheet	Datenblatt
technical information	technische Information
technical system	technisches System
technological characteristic	technologischer Kennwert
technological information	technologische Information
technological method of testing	technologisches Prüfverfahren
technology	Technologie
teeth	Verzahnung
telescopic cylinder	Teleskopzylinder
temper (to)	vergüten
temperature	Temperatur
tempered	Anlassen
tempering steel	Vergütungsstahl
temporal characteristic	zeitbezogenes Merkmal
temporary worker	Zeitarbeiter
tensile strength	Zugfestigkeit
tensile test	Zugversuch
tensile yield strength	Streckgrenze
tension	Zug
tension-compression diagram	Spannungs-Stauchungs-Diagramm
tension-extension diagram	Spannungs-Dehnungs-Diagramm
terminal	Klemme
terminal connection diagram	Klemmenanschlussplan
terminal diagram	Klemmenbelegungsplan
terminal number	Klemmennummer
terminal strip	Klemmleiste
test (to)	überprüfen
test object	Prüfgegenstand
test plan	Prüfplan
test report	Prüfprotokoll
test result	Messergebnis
test run	Probelauf
test specimen	Probe
testing	Prüfen
testing instrument	Prüfmittel
testing of threads	Gewindeprüfung
testing operation	Prüfvorgang
testing technology	Prüftechnik
thermal conductivity	Wärmeleitfähigkeit
thermal expansion	thermische Wärmedehnung
thermal expansion coefficient	Wärmeausdehnungskoeffizient
thermal linear expansion coefficient	thermischer Längenausdehnungskoeffizient
thermoformer	Thermoformer
thermoplastics	thermoplastischer Kunststoff
thermosetting plastics	duroplastischer Kunststoff
thickness	Dicke
thickness gauge	Fühlerlehre
thread	Gewinde
thread angle	Flankenwinkel
thread cutting cycle	Gewindeschneidzyklus
thread external limit gauge	Gewinde-Grenzrachenlehre
thread gauge	Gewindelehrdorn
thread pin gage	Gewinde-Prüfstift
thread pitch	Gewindesteigung
thread ridge	Gewindekamm
thread ring gauge	Gewindelehrring
three-phase current	Drehstromnetz
three-phase induction motor	Drehstrom-Asynchronmotor
three-phase motor	Drehstrommotor
three-phase synchronous motor	Drehstrom-Synchronmotor
three-phase system	Drehstromsystem
three-wire method	Drei-Draht-Methode
three-wire sensor	Dreileiter-Sensor
throttle	Drossel
throttle check valve	Drosselrückschlagventil
throttle valve	Drosselventil
tighten (to)	festziehen
tiller	Deichsel
time for overhauling	Instandsetzungszeit
time-oriented sequential control	zeitgeführte Ablaufsteuerung
tolerance	Toleranz
tolerance centre	Toleranzmitte
tolerance of circularity	Rundheitstoleranz
tolerance of form	Formtoleranz
tolerance of position	Lagetoleranz
tolerance related consideration	Toleranzüberlegung
tolerance zone	Toleranzbereich, Toleranzfeld
tool	Werkzeug
tool adjusting point	Werkzeugeinstellpunkt
tool change	Werkzeugwechsel
tool-coordinate system	Werkzeug-Koordinatensystem
tool for manufacturing	Werkzeug zur Fertigung
tool load	Werkzeuglast
tool plan	Werkzeugplan
tool rest	Werkstückauflage
tool steel	Werkzeugstahl
tooth profile	Zahnflanke
tooth rim	Zahnkranz
tooth thickness	Zahndicke
toothed belt	Zahnriemen
toothed chain	Zahnkette
toothed coupling	Zahnkupplung
toothed shaft	Zahnwelle
top film	Oberfolie
top film reel	Oberfolienspule
top film unwind	Oberfolienabwicklung
top film unwind system	Oberfolienabwicklung
torque	Drehmoment

torque limiter	Drehmomentbegrenzer
torque range	Drehmomentenbereich
torsion	torsion
torsional flexible claw coupling	drehelastische Klauenkupplung
torsional stiff coupling	drehstarre Kupplung
total function	Gesamtfunktion
total peak-to-valley height	maximale Rautiefe
touch mode	Tastbetrieb
tough	zäh
toughness	Zähigkeit
traction drive	Zugmittelgetriebe
training	Schulung
training requirement	Schulungsbedarf
transformer	Transformator
transient response	Einschwingverhalten
transition chamfer	Übergangsfase
transition fit	Übergangspassung
transition radius	Übergangsradius
transition tolerance zone	Übergangstoleranzfeld
translation axis	Translationsachse
translation motion	lineare, translatorische Bewegung
translational motion	lineare, translatorische Bewegung
transmission device	Übertragungsteil
transmission ratio	Übersetzungsverhältnis
transmit (to)	übertragen
transmitted light procedure	Durchlichtverfahren
transport	Transport
transverse compression joint	Querpressverbindung
traverse (to)	verfahren
tray	Mulde
tremendous	enorm
triangulation	Auflichtverfahren
tribochemical reaction	tribochemische Reaktion
tribology	Tribologie
trigger (to)	auslösen
troubleshooting	Fehlerbehebung, Störung
truth table	Wahrheitstabelle
Tungsten-inert gas welding	Wolfram-Inertgasschweißen
turbine	Turbine
turning moment	Drehmoment
turret	Werkzeugrevolver
two-point measurement	Zweipunkt-Messung
two- position controller	Zweipunktregler
two-wire sensor	Zweileiter-Sensor
type of current	Stromart
type of guarantee	Garantieart
type of friction	Reibungsart
type of hose	Schlauchtyp
type of mistake	Fehlerart
types of control	Steuerungsarten
tyre coupling	Reifenkupplung

U

ultimate strain	Bruchdehnung
ultrasonic inspection	Ultraschallprüfung
unalloyed	unlegiert
unalloyed casting material	unlegierter Gusseisenwerkstoff
unalloyed steel	unlegierter Stahl
unalloyed structural steel	unlegierter Baustahl
unauthorised use	Verbot der Nutzung für Unbefugte
unifacial coupling	Einflächenkupplung
unit	Einheit
universal hardness testing machine	Universalhärteprüfmaschine
universal motor	Universalmotor
universal testing machine	Universalprüfmaschine
unlockable check valve	entsperrbares Rückschlagventil
unreasonableness	Uneinsichtigkeit
useability	Benutzerfreundlichkeit
user interface	Bedientafel
utilize (to)	umsetzen

V

valve	Ventil
valve cluster	Ventilinsel
valve rocker	Kipphebel
vane pump	Flügelzellenpumpe
variable characteristic	variables Merkmal
variable discharge pump	Verstellpumpe
variable position coding	variable Platzcodierung
V-belt	Keilriemen
vendor	Verkäufer
verify	Nachweis
Vickers test	Prüfverfahren nach Vickers
view	Ansicht
viscosity	Viskosität
viscosity data	Zähigkeitskennwert
visual inspection	Sichtkontrolle
visual testing	Sichtprüfung
voltage	Spannung
volume flow rate	Volumenstrom
volume of displacement	Verdrängungsvolumen
volume of working envelope	Arbeitsraumvolumen
V-ribbed belt	Keilrippenriemen
V-ring seal	V-Ringdichtung

W

warning sign	Warnschild
warranty claim	Gewährleistungsanspruch
warranty of defect	Mängelgewährleistung
waviness	Welligkeit
wear	Versatz
wear-free	verschleißfrei
wear mechanism	Verschleißmechnismus
wear-resistant	verschleißfest

wearing aspect	Abnutzungserscheinung
wearing reason	Abnutzungsursache
web of packages	Verpackungsverbund
weight force	Gewichtskraft
weldable	schweißbar
welding facility	Schweißanlage
welding robot	Schweißroboter
wet-running meter pump	Nassläuferpumpe
whitworth pipe thread	Whitworth-Rohrgewinde
whole depth	Zahnhöhe
wide V-belt	Breitkeilriemen
width of wide V-belt	Breitkeilriemenbreite
width series	Breitenreihe
win-win situation	Gewinner-Gewinner-Situation
wiring	Verdrahtung
wooden case for micrometer	Holzkasten für Bügel-Messschraube
work	Arbeit
work breakdown structure	Projektstrukturplan
work capacity	Arbeitsvermögen
work package	Arbeitspaket
work plan	Arbeitsorganisation
work procedure	Arbeitsanweisung
work tolerance	Fertigungstoleranz
working chamber	Arbeitsraum
working condition	Arbeitsbedingung
working hour's account	Arbeitszeitkonto
working material	Werkstoff
working plan	Arbeitsplan
working principle	Arbeitsgrundsatz
working space	Arbeitsraum
working spindle	Arbeitsspindel
workpiece	Werkstück
workpiece zero reference point	Werkstücknullpunkt
workplace	Arbeitsplatz
workshop method of testing	Werkstattprüfung, -prüfverfahren
workshop orientated programming	werkstattorientierte Programmierung
world-coordinate system	Welt-Koordinatensystem
worm drive	Schneckengetriebe
wrist	Hand-, Nebenachse
X	
x-ray inspection	Röntgenprüfung
Y	
yield point	Streckgrenze
yield strength	Dehngrenze
Z	
zero shift	Nullpunktverschiebung
zinc plated	verzinkt

Sachwortverzeichnis

AC	Alternating Current (Wechselstrom)
AGB	Allgemeine Geschäftsbedingungen
AGW	Arbeitsplatzgrenzwerte
AK	Produktionsausfallkosten
ArbSchG	Arbeitsschutzgesetz
ASI	Aktor-Sensor-Interface
BGB	Bürgerliches Gesetzbuch
BGV	Berufsgenossenschaftliche Vorschrift
BVP	Barverkaufspreis
CAD	Computer Aided Design (rechnerunterstützte Konstruktion)
CAM	Computer Aided Manufacturing (rechnerunterstützte Fertigung)
CAN	Controller Area Network
CAQ	Rechnerunterstützte Qualitätssicherung
CD	Compact Disc
CD-R	Compact Disc Recordable (beschreibbar)
CD-RW	Compact Disc Re-Writeable (wiederbeschreibbar)
CE	EG-Konformitätserklärung
CIM	Computer Integrated Manufacturing (computerintegrierte Fertigung)
CNC	Computerized Numerical Control
CP	Continuous Path (stetige Bahn)
CPU	Central Processing Unit (Hauptprozessor)
DC	Direct Current (Gleichstrom)
DDC	Direct Digital Control
DIN	Deutsches Institut für Normung
DVD	Digital Versatile Disc
DVM	Deutscher Verband für Materialprüfung
EDV	Elektronische Datenverarbeitung und -übermittlung
EG	Europäische Gemeinschaft
EK	Ersatzteilbeschaffungskosten
EN	Europäische Norm
EVA	Eingabe – Verarbeitung – Ausgabe
Ex	Explosionsschutz
FBS	Funktionsbausteinsprache
FGK	Fertigungsgemeinkosten
FI	Fehler-Strom
FK	Fertigungskosten
FLK	Fertigungslohnkosten
FMEA	Fehler-Möglichkeits- und Einfluss-Analyse
FUP	Funktionsplan
G	Gewinn
GS	Geprüfte Sicherheit
GSG	Gerätesicherheitsgesetz
GUV	Gesetzliche Unfallversicherung
HD	Hard Disk (Festplatte)
HK	Herstellkosten
HTML	Hypertext Markup Language
http	Hypertext Transport Protocol
HVBG	Hauptverband der gewerblichen Berufsgenossenschaften
IP	International Protection
ISO	International Organization for Standardization
JIT	Just-In-Time
KOP	Kontaktplan
KVP	Kontinuierlicher Verbesserungsprozess
LH	Left Hand (Kennzeichnung für Linksgewinde)
LK	Lagerungskosten
LON	Local Operating Network
LVP	Listenverkaufspreis

M	Mittelwert
MAG	Metall-Aktivgasschweißen
MEK	Materialeinzelkosten
MGK	Materialgemeinkosten
MFU	Maschinenfähigkeitsuntersuchung
MIG	Metall-Inertgasschweißen
MK	Materialkosten
MPI	Multi Point Interface
MSG	Metall-Schutzgasschweißen
MSS	Maschinenstundensatz
OB	Organisationsbaustein
OEG	Obere Eingriffsgrenze
OGW	Oberer Grenzwert
OWG	Obere Warngrenze
PC	Personal Computer
PELV	Protective Extra Low Voltage
PFU	Prozessfähigkeitsuntersuchung
PK	Personalkosten
ppm	parts per million
PPS	Produktionsplanung und -steuerung
PR	Provision
ProdHaftG	Produkthaftungsgesetz
PTP	Point to Point (Punkt-zu-Punkt-Bewegung)
QM	Qualitätsmanagement
QRK	Qualitätsregelkarte
RAL	Deutsches Institut für Gütesicherung und Kennzeichnung e. V. (ursprünglich Reichs-Ausschuss für Lieferbedingungen)
RAM	Random Access Memory (wahlfreier Zugriffsspeicher)
RCD	Residual Current Protective Device (Reststromschutzvorrichtung)
REFA	Verband für Arbeitsgestaltung, Betriebsorganisation und Unternehmensentwicklung (1924 gegründet als Reichsausschuss für Arbeitszeitermittlung)
ROM	Read Only Memory (Nur-Lese-Speicher)
SEK	Sondereinzelkosten
SELV	Safety Extra Low Voltage
SK	Selbstkosten
SPC	Statistical Process Control (statistische Prozessregelung)
SPS	Speicherprogrammierte Steuerung
TCP	Tool Center Point (Werkzeugarbeitspunkt)
TCP/IP	Transmission Control Protocol/Internet Protocol (Internetprotokoll)
TQM	Total Quality Management
UEG	Untere Eingriffsgrenze
UGW	Unterer Grenzwert
URL	Uniform Resource Locator
USB	Universal Serial Bus
UVV	Unfallverhütungsvorschrift
UWG	Untere Warngrenze
VDE	Verband der Elektrotechnik, Elektronik und Informationstechnik
VDI	Verein deutscher Ingenieure
VGA	Video Graphics Array (Grafikkartenstandard)
VPS	Verknüpfungsprogrammierte Steuerung
VVGK	Verwaltungs- und Vertriebskosten
WIG	Wolfram-Inertgasschweißen
WOP	Werkstattorientierte Programmierung
WWW	World Wide Web
ZTU	Zeit-Temperatur-Umwandlung
ZVP	Zielverkaufspreis

Formelzeichen

Längen, Flächen, Volumen

x, y, z	kartesische Koordinaten
ϱ, φ, z	Kreiszylinder-Koordinaten
α, β, γ	ebene Winkel
l	Länge
b	Breite
h	Höhe, Tiefe
d	Dicke
r	Radius
d, D	Durchmesser
s	Weglänge, Kurvenlänge
A, S	Flächeninhalt, Fläche, Oberfläche, Querschnittsfläche
A_0	Oberfläche
A_M	Mantelfläche
V	Volumen

Raum und Zeit

t	Zeit
T	Periodendauer, Schwingungsdauer
f	Frequenz
ω	Kreisfrequenz
n	Umdrehungsfrequenz
i	Übersetzungsverhältnis
ω	Winkelgeschwindigkeit
λ	Wellenlänge
v	Geschwindigkeit
a	Beschleunigung
g	Erdbeschleunigung
$\dot{V}$	Volumenstrom

Mechanik allgemein

m	Masse
m'	längenbezogene Masse
m''	flächenbezogene Masse
ϱ	Dichte
F	Kraft
F_G	Gewichtskraft
F_H	Hangabtriebskraft
F_N	Normalkraft
F_R	Reibkraft
F_U	Umfangskraft
F_Z	Zugkraft
M	Drehmoment
M_b	Biegemoment
p	Druck
Δp	Druckdifferenz
p_{abs}	absoluter Druck
p_{amb}	umgebender Atmosphärendruck
p_e	effektiver Druck, Überdruck
σ	Normalspannung, Zug- oder Druckspannung
σ_B	Biegefestigkeit
σ_{dB}	Druckfestigkeit
σ_{dF}	Quetschgrenze
τ	Schubspannung
τ_{aB}	Abscherfestigkeit
ε, e	Dehnung, Extensometerdehnung
ε_d	Stauchung
A	Bruchdehnung
E	Elastizitätsmodul
σ, R_m	Zugfestigkeit
R_e	Streckgrenze
R_p	Dehngrenze
$R_{p0,2}$	0,2%-Dehngrenze
S_0	Anfangsquerschnitt
ν	Sicherheitsfaktor
μ	Reibungszahl
μ_0	Haftreibung
μ_G	Gleitreibung
μ_R	Rollreibung
W	Widerstandsmoment
W	Arbeit
E, W	Energie
E_p, W_p	potentielle Energie
E_k, W_k	kinetische Energie
P	Leistung
P_{ab}	abgegebene Leistung
P_{zu}	zugeführte Leistung
η	Wirkungsgrad

Fertigung

N	Nennmaß
T	Toleranz
es, ES	oberes Abmaß
ei, EI	unteres Abmaß
l_R	Rohlänge
V_R	Volumen des Rohlings
V_W	Volumen des Werkstücks
α	Biegewinkel
α	Freiwinkel
β	Keilwinkel
γ	Spanwinkel
ε	Eckenwinkel
κ	Einstellwinkel
λ	Neigungswinkel
R	Schneidenradius
a_p	Schnitttiefe
a_e	Arbeitseingriff
h	Spanungsdicke
b	Spanungsbreite
f	Vorschub
f_Z	Vorschub pro Zahn
R_t	Rautiefe
A	Spanungsquerschnitt
v_c	Schnittgeschwindigkeit
v_f	Vorschubgeschwindigkeit
F_c	Zerspankraft
k_c	spezifische Schnittkraft
P_c	Schnittleistung

Zahnradmaße

z	Zähnezahl
m	Modul
p	Teilung
d	Teilkreisdurchmesser
d_a	Kopfkreisdurchmesser
d_f	Fußkreisdurchmesser
a	Achsabstand
c	Kopfspiel
h	Zahnhöhe
h_a	Zahnkopfhöhe
h_f	Zahnfußhöhe
b	Zahnbreite
s	Zahndicke
l	Zahnlücke

Elektrotechnik

Q	elektrische Ladung
U	elektrische Spannung
I	elektrische Stromstärke
R	elektrischer Widerstand, Wirkwiderstand
G	elektrischer Leitwert
ϱ	spezifischer elektrischer Widerstand
E	elektrische Feldstärke
C	elektrische Kapazität
L	Induktivität
P	elektrische Leistung
φ	Phasenverschiebungswinkel
$\cos\varphi$	Leistungsfaktor
N	Windungszahl

Temperatur und Wärme

T t	thermodynamische Temperatur (Kelvin-Temperatur)
t, ϑ	Celsius-Temperatur
$\Delta T, \Delta\vartheta$	Temperaturdifferenz
Q	Wärme, Wärmemenge
α	thermischer Längenausdehnungskoeffizient
γ	thermischer Volumenausdehnungskoeffizient
c	spezifische Wärmekapazität
Δl	Längenausdehnung
l_0	Länge vor Temperaturänderung
V_0	Volumen vor Temperaturänderung
λ	Wärmeleitfähigkeit

Inhalt der digitalen Zusatzmaterialien

Hinweis: Die enthaltenen Videodateien wurden zum größten Teil dankenswerter Weise von verschiedenen Firmen bzw. Institutionen bereitgestellt, bei denen auch die Rechte an diesen Dateien liegen. Ebenso liegt die Verantwortung für Inhalt und Darstellung bei den Inhabern dieser Rechte. Wir weisen ausdrücklich darauf hin, dass die Auflösung in den meisten Fällen nur für eine Darstellung auf dem Monitor ausreicht und **nicht** für eine Darstellung auf einer Projektionsfläche.

zu Lernfeld 7:

LF7_01: Animierte GIF-Dateien zu Wälzlagern

zu Lernfeld 8:

LF8_01: *CNC_Programm_Antriebswelle.txt* zu Kap. 3.2

LF8_02: *CNC_Simulation_Antriebswelle.wmv* zu Kap. 3.5

LF8_03: *CNC_Simulation_Lagergehaeuse.wmv* zu Kap. 4.3

zu Lernfeld 9:

LF9_01: *Betriebsanleitung Bohrmaschine.pdf* zu Kap. 2.1.3

zu Lernfeld 10:

LF10_01: *Getriebe.wmv* zu Kap. 1.2

LF10_02: *Schraegverzahnung.wmv* zu Kap. 1.2

LF10_03: *Planetenradgetriebe.swf* zu Kap. 1.2.5
Zum Starten dieses Programmes ist ein Internet Browser mit installiertem Adobe® Flash® Player erforderlich. Der Adobe® Flash® Player kann von der Internetseite www.adobe.com/de/ heruntergeladen werden.
Das Programm wurde erstellt von DI Dr. techn. Michael Bader, DI Dr. techn. Friedrich Faber, DI Helmut Puschnig, DI Raimund Reinisch von der Technischen Universität Graz, Österreich

LF10_04: *Harmonic-Drive.wmf* zu Kap. 1.2.6l
Video der Firma Harmonic Drive AG

LF10_05: *Stirnradgetriebe SK 63.pdf* von Seite 378

LF10_06: *Kegel Stirnradgetriebe.pdf* von Seite 390

LF10_07: *Reibkupplung.pdf* von Seite 396

zu Lernfeld 11:

LF11_01: *Histogramm_Gausskurve.xls*
zu Kapitel 3
Zur Nutzung dieser Datei müssen die **Makros aktiviert werden**. Dazu muss die Sicherheitsstufe von Excel auf „Mittel" gestellt werden.
Gehen Sie dazu bitte wie folgt vor:
Extras → Makro → Sicherheit → Mittel

Version V12 DEMO- & FREEWARE
der Firma Q-DAS GmbH
Anleitung Q-DAS V12.pdf
Einsetzbar zu den Kapiteln 5 und 6

LF11_02: *Qualitätsregelkarte.pdf* zu Seite 463

zu Lernfeld 12:

LF12_01: *Zugversuch.wmv* zu Kap. 5.2.1.1

LF12_02: *Haertepruefung_Brinell.wmv* zu Kap. 5.2.1.3

LF12_03: *Haertepruefung_Vickers.wmv* zu Kap. 5.2.1.3

LF12_04: *Haertepruefung_Rockwell.wmv* zu Kap. 5.2.1.3

zu Lernfeld 13:

LF13_01: *Gasflaschenwerk.wmf* zu den Kapiteln 1 und 2
Video der Firma Erl Automation GmbH zum automatisierten Anschweißen von Griffen an Gasflaschen

LF13_02: *Proportional-Wegeventil.avi* zu Kap. 4.1

LF13_03: *Lageregelung_Sollwertkarte.avi* zu Kap. 4.2 Seite 546

Die Version **V12** der **Q-DAS Demoversion und Freeware** wurde freundlicherweise von der Q-DAS GmbH zur Verfügung gestellt. Die jeweils aktuelle Demoversion kann auch von der Q-DAS Homepage heruntergeladen werden.
Weiterhin bietet Q-DAS eLearning Kurse zum Thema „Qualität und Statistik" an. Das aktuelle Angebot der eLearning Kurse finden Sie unter:
www.q-das.de/de/kompetenzcenter/elearning
Der Verlag übernimmt keine Haftung und keinen Support für die Software. Bitte wenden Sie sich direkt an den Hersteller:

Q-DAS GmbH
Eisleber Straße 2
69469 Weinheim
Tel.: +49/06201/3941-0
Fax: +49/06201/3941-24
E-Mail: q-das@q-das.de

Die jeweils aktuelle Version der Software können Sie von folgender Internetseite herunterladen:
Homepage: www.q-das.de

Zusatzmaterialien sind erhältlich unter dem Link: handwerk-technik.de/links/3017